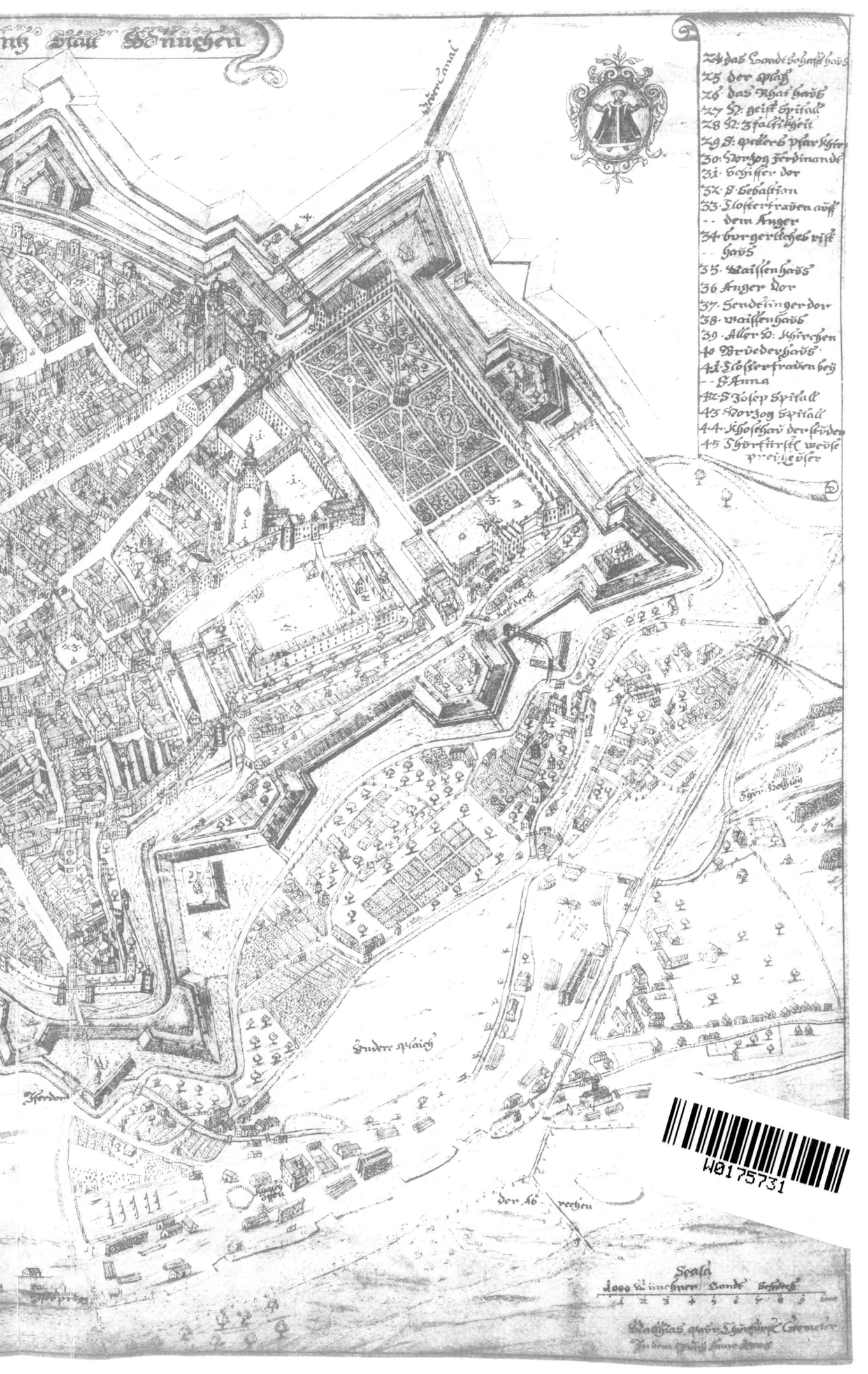

Denkmäler in Bayern
Landeshauptstadt München
Mitte

Drittelband 1

Denkmäler in Bayern

herausgegeben vom
Bayerischen Landesamt für Denkmalpflege

Denkmäler in Bayern

Band I.2/1

Heinrich Habel · Johannes Hallinger · Timm Weski

Landeshauptstadt München Mitte

Die Bezirke Altstadt und Lehel, Maxvorstadt sowie der Englische Garten

Ensembles · Baudenkmäler
Archäologische Denkmäler

Aufnahmen von Joachim Sowieja und Michael Forstner

mit Beiträgen von Christian Behrer, Karl Gattinger, Heinrich Habel, Johannes Hallinger, Gerhard Ongyerth, Uli Walter und Timm Weski

Erstfassung zum Entwurf der Denkmalliste der Stadt München von Heinrich Habel, Helga Himen, Hans-Wolfram Lübbeke und Margaret Thomas Will mit Fortschreibungen durch Helga Himen und Burkhard Körner; vorläufiges Verzeichnis der archäologischen Geländedenkmäler von Erwin Keller, Erstellung der Gesamtliste der archäologischen Denkmäler durch Timm Weski

EDITION LIPP

Karl · M · Lipp · Verlag · München

Die Denkmaltopographie München-Mitte wurde als gemeinsames Projekt des Bayerischen Landesamtes für Denkmalpflege und der Landeshauptstadt München als Mitherausgeberin erarbeitet und finanziert. Für finanzielle Unterstützung gilt unser Dank der Ernst von Siemens Kunststiftung, München.

Bibliographische Informationen der Deutschen Bibliothek

Die Deutsche Bibliothek verzeichnet diese Publikation in der Deutschen Nationalbibliographie; detaillierte bibliographische Daten sind im Internet über http://dnb.ddb.de abrufbar.

Drittelband 1:

Umschlag Vorderseite: München von Südwesten (BLfD, Luftbildarchiv, Aufn. Klaus Leidorf, 2007)

Umschlag Rückseite: oben: Dreifaltigkeitskirche, Kuppelfresko von Cosmas Damian Asam (Ausschnitt), 1714/15; Aufn. Michael Forstner, 2008 (BLfD, Nr. 06002090); unten: Schutzmantelmadonna, Ölgemälde von Jan Polak in der Frauenkirche, um 1500 (Erzbischöfliches Ordinariat München)

Vorsatz: „Chvrfürstl Havbt und Residentz Statt München", von Matthias Paur, 1705 (Stadtarchiv München, Planslg A84)

Nachsatz: Plan der Haupt und Residenzstadt München, Topograph. Büro, Joseph Consoni, 1806 (Münchener Stadtmuseum)

Drittelband 2:

Umschlag Vorderseite: München von Südwesten mit Ludwigsvorstadt, Maxvorstadt und westlicher Altstadt (BLfD, Luftbildarchiv, Aufn. Klaus Leidorf, 2007)

Umschlag Rückseite: links: Rathaus, Südwestecke, Lindwurmfabel, nach 1898; Aufn. Michael Forstner, 2008 (BLfD, Nr. 06002541); rechts: Georgenstraße 8, Deckenfresko im Treppenhaus, um 1882; Aufn. Michael Forstner, 2008 (BLfD, Nr. 06002037);

Vorsatz: „Plan der Koenigl. Haupt und Residenzstadt München", Gustav Wenng, 1858/59 (Stadtarchiv München)

Nachsatz: Plan von München und Umgebung (Ausschnitt), 1891, Städtisches Vermessungsamt (Stadtarchiv München)

Drittelband 3:

Umschlag Vorderseite: München von Osten mit Isarkai, nördlich Lehel, Englischer Garten, Schönfeld- und Maxvorstadt (BLfD, Luftbildarchiv, Aufn. Klaus Leidorf, 2007)

Umschlag Rückseite: oben: Kammerspiele, Deckenbeleuchtung im Foyerbereich; unten: Kammerspiele, Flügeltür, beides um 1901; Aufn. Michael Forstner, 2008 (BLfD, Nrn. 06002005 und 06002004)

Vorsatz: Stadtkarte von München (Ausschnitt), 1934/39 (Städtisches Vermessungsamt)

Nachsatz: Verwaltungskarte von Bayern (mit freundlicher Genehmigung des Landesamtes für Vermessung und Geoinformation)

Schriftleitung: Text- und Bildgestaltung: Danica Tautenhahn M. A., Dr. Karlheinz Hemmeter
Redaktionelle Mitarbeit: Dr. Karl Gattinger (inkl. Archivrecherche), Heike Mrasek M. A. (Register), Stefan Pongratz M. A.
Redaktionelle Vorarbeiten: Nina Dürr M. A., Ulrich Hoffmann, Katja Hofmann M. A., Kathrin Müller M. A., Barbara Six M. A.
Scans und Bildbearbeitung: Michael Forstner, Johann Rauch
Plan- und Kartenbearbeitung: Dipl.-Geogr. Johannes Valenta, Dipl.-Geogr. Roland Wanninger

ISBN 978-3-87490-586-2

Inhalt

Odeonsplatz, Feldherrnhalle und Theatinerkirche von Norden

Geleitwort

Seit Jahren ist ein steigendes Interesse der Öffentlichkeit für Fragen des Denkmalschutzes und der Denkmalpflege festzustellen. Mit wachsender Sympathie werden die Bemühungen des Staates, aber auch der privaten Denkmaleigentümer beobachtet und begleitet, die sich die Wahrung unseres historischen Erbes zum Ziel gesetzt haben. Zu diesem Erbe gehören die unter der Erde verborgenen Spuren menschlicher Geschichte wie auch die sichtbaren Zeugnisse menschlicher Kultur, also die Fülle der Bodendenkmäler und der Baudenkmäler. Denkmäler sind mit all den Veränderungen, die sie im Lauf der Geschichte erfahren haben, Geschichtsdokumente, ja sie sind für Jahrtausende schriftloser Geschichte sogar die einzigen Quellen. Folgerichtig versteht sich die moderne Denkmalpflege als angewandte Geschichtswissenschaft.

Einem Auftrag des Bayerischen Denkmalschutzgesetzes von 1973 folgend hat das Bayerische Landesamt für Denkmalpflege eine umfassende Denkmalliste zusammengestellt. Sie verzeichnet nicht nur die „klassischen" Denkmäler wie Kirchen und Klöster, Burgen und Schlösser, Rathäuser und Stadtmauern, sondern auch das weite Feld historischer bäuerlicher und bürgerlicher Wohnbauten, Denkmäler der Technikgeschichte und volkskundliche Zeugnisse; im Rahmen des Ensembleschutzes erfasst sie historische Baugruppen und ganze Altstadtbereiche. Außerdem enthält sie auch alle derzeit bekannten ober- und unterirdischen Bodendenkmäler.

Die Denkmalliste ist ein offenes Verzeichnis, das jederzeit ergänzt und korrigiert oder in Zukunft einem gewandelten Denkmalverständnis angepasst werden kann. Diese Offenheit der Denkmalliste hat sich in den Jahrzehnten seit dem Erlass des Denkmalschutzgesetzes gut bewährt; ihr Charakter als Handbuch der Denkmalpflege hat sich mit Erfolg durchgesetzt.

Die Erstellung der Denkmalliste erfolgt in enger Kooperation mit den Gemeinden und den Unteren Denkmalschutzbehörden, und sie war und ist Thema von Bürgermeisterbesprechungen, Stadtratssitzungen und Bürgerversammlungen sowie unzähliger Einzelgespräche mit Denkmaleigentümern. Die Denkmalliste ist Öffentlichkeitsarbeit im Interesse des Denkmalschutzes.

Darüber hinaus ist die Erstellung der Denkmalliste eine große wissenschaftliche Leistung. Mit der vorliegenden Publikation aus der Reihe „Denkmäler in Bayern" wird nunmehr auch für die „Stadt München-Mitte" das Ergebnis dieser wissenschaftlichen Erfassung der Öffentlichkeit zugänglich gemacht.

Neben den in Buchform vorliegenden Veröffentlichungen der Denkmalliste spielt heute aber auch die Präsentation im Internet eine immer größere Rolle. Der BayernViewer-denkmal bildet tagesaktuell die Ergebnisse ab und bietet durch Kartierungen, Texte und Bilder eine wichtige Informationsquelle für Kommunen, Planer und Bürger.

Der Band umfasst die beiden Stadtbezirke Altstadt Lehel (1) und Maxvorstadt (3), der Englische Garten wurde, obwohl nur mit seinem kleineren südlichen Teil zum Altstadt-Bezirk gehörig, zur Gänze behandelt. Mit ihm wird der geschichtlich wie kunstgeschichtlich bedeutsamste Bereich der Stadt abgedeckt. Der Kernbereich der Stadt München, die 1983 in den Rang eines Ensemble-Denkmals erhobene Altstadt, enthält mit der gotischen Frauenkirche, der Renaissancekirche St. Michael, der frühbarocken Theatinerkirche oder der spätbarocken Asamkirche sakrale Bauten von europäischem Rang und mit der Residenz der Wittelsbacher einen in Jahrhunderten gewachsenen, international bekannten Herrschafts- und Kunstkomplex. Vom zeitweilig hohen Selbstbewusstsein der bürgerlichen Stadt schließlich zeugen die beiden Rathausbauten am Marienplatz oder die von der Stadt geplanten und realisierten Straßenzüge der Prinzregenten- und Widenmayerstraße.

Die frühen, mit der Beseitigung der Stadtmauern ab 1791 einsetzenden Stadterweiterungen im Nordosten gehören bereits zur Maxvorstadt. Diese ist in ihrem südlichen, an die Altstadt grenzenden Bereich noch heute durch die „von königlicher Hand" geplanten und in erster Linie auf Repräsentation bedachten Straßenzüge und Platzanlagen der ersten Hälfte des 19. Jahrhunderts geprägt – zu nennen wären etwa der Maximiliansplatz und die Max-Joseph-Straße, die Brienner Straße mit Wittelsbacher-, Karolinen- und Königsplatz oder die vom Odeonsplatz ausgehende Ludwigstraße mit Geschwister-Scholl- und Professor-Huber-Platz. Den nördlichen Teil der Maxvorstadt charakterisieren schließlich die an langen, geraden Straßenzeilen entlang aufgeführten Mietshausbauten des späten Historismus, den östlichen die von Künstlervillen durchsetzte gehobene Architektur der vornehmen Schönfeldvorstadt.

Das Lehel, ehemals behördlicherseits als St.-Anna-Vorstadt bezeichnet, steht für einen in München beispiellosen Wandel einer einfachen, von Gewerbe und Wasser geprägten Vorstadt hin zum großbürgerlichen Viertel palastartiger Wohnhausbebauung, wovon nicht zuletzt die erhaltenen Bereiche der Widenmayerstraße Zeugnis ablegen.

Die Stadt München und vor allem die in diesem Band behandelten Stadtteile haben im Zweiten Weltkrieg enorme Schäden erlitten. Der „konservative" Wiederaufbau unter Beibehaltung bzw. Wiederherstellung der Stadtquartiere und Stadtsilhouette, der Bauvolumina und herausragenden Einzeldenkmäler, war nicht nur eine große Leistung der Bevölkerung, der verantwortlichen Politiker, Planer, Architekten und Handwerker, er war auch bei der hier vorliegenden Darstellung in einer dem Ganzen wie dem einzelnen Objekt adäquaten Weise zu fassen. Im Besonderen galt es, das Ensemble München-Altstadt als Ensemble des Wiederaufbaus zu würdigen.

Die Denkmalliste erscheint nicht nur in aktualisierter Form, sie wurde auch durch Kommentare und eine umfassende Bilddokumentation ergänzt. Bayern leistet auf diese Weise erneut seinen Beitrag zur „Denkmaltopographie Bundesrepublik Deutschland".

Der Band „Stadt München-Mitte" wird sicher bei allen Freunden unserer bayerischen Heimat und insbesondere bei den Denkmaleigentümern großes Interesse finden.

München, im Februar 2009

Dr. Wolfgang Heubisch
Bayerischer Staatsminister für Wissenschaft,
Forschung und Kunst

Geleitwort

„Die Altstadt München, auf dem Grundriss der hoch- und spät-mittelalterlichen Herzogstadt zur barocken Residenzstadt umge-staltet, im 19. Jahrhundert als Haupt- und Großstadtkern über-formt, kann als Ensembledenkmal gelten, weil der Wiederaufbau nach den Zerstörungen des Zweiten Weltkrieges mit Erfolg ihre Identität zu sichern versucht hat." Bereits in diesem ersten Satz der Beschreibung des Altstadtensembles zeigt sich die Bandbrei-te an historischen Schichtungen und Überlagerungen, die im Kern der Landeshauptstadt stecken. Nach der ersten Stadtanlage im 12. Jahrhundert auf einer Niederterrasse über der Isar wächst die Stadt im 13. und 14. Jahrhundert rasch an und blüht auf. Im 17. und 18. Jahrhundert wird sie zur barocken Residenzstadt mit umfangreichen Befestigungsanlagen ausgebaut. Erst mit der

Städtisches Hochhaus (Blumenstr. 28 b)

Aufgabe der Befestigungsanlagen Ende des 18. Jahrhunderts steht der Weg für die weitere flächenmäßige Ausdehnung der Stadt offen. Aus der bis dahin überschaubaren Haupt- und Resi-denzstadt wird eine Millionenstadt.

All das ist noch heute in der Münchner Altstadt ablesbar, und das ist nicht selbstverständlich. Prägend für das heutige Erschei-nungsbild der Innenstadt sind die Entscheidungen der Wieder-aufbaujahre nach dem Zweiten Weltkrieg: Die Altstadt ist da-mals zu 70 % zerstört. Während in anderen deutschen Städten ein radikaler städtebaulicher und baulicher Neuanfang durchge-führt wird, entscheidet sich der Münchner Stadtrat in einer kla-ren Weichenstellung bereits im August 1945 für den traditionel-len Wiederaufbau. Dadurch bleibt die städtebauliche Anlage der Stadt erhalten; die historische Straßen- und Parzellenstruktur, die Dimension des öffentlichen Raums und seiner Kanten wird vom Grundsatz her gewahrt, auch wenn man an einigen Stellen zu Aufweitungen greift. Reste des überlieferten Baubestandes werden nach Möglichkeit erhalten und wiederaufgebaut. So blei-ben die historischen Straßenzüge, vom Stachus zum Isartor und vom Odeonsplatz zum Sendlinger Tor mit dem Achsenkreuz am zentralen Marienplatz, in ihrem historischen Verlauf erlebbar.

Ergänzend entstehen aber auch neue Freiräume, wie die Passa-gen zwischen der Diener- und der Theatinerstraße oder der Ma-rienhof. Die Monumentalbauten werden in einer rekonstruieren-den Grundhaltung wieder aufgebaut, um der Stadt die zerstörten architektonischen Merkzeichen zurückzugeben. Bei den Bürger-bauten wird Wert auf ein „gutbürgerliches" Aussehen gelegt, die Straßenfassaden sollen als Lochfassaden mit Bemalung ausge-führt werden. Aber auch zeitgenössisch-moderne Tendenzen aus dieser Zeit finden sich in der Münchner Altstadt wieder, hier sei nur an die Maxburg von Sep Ruf und Theo Pabst erinnert. Die Architektur der Nachkriegszeit war lange Zeit weder im Blick-feld der Fachwelt, noch bei den Bürgerinnen und Bürgern The-ma. Erst in den letzten Jahren ist ein verstärktes Interesse an die-ser Zeit zu erkennen. Die vorliegende Denkmaltopographie der Münchner Altstadt präsentiert auf diesem Feld viele neue Erkenntnisse und macht den hohen Wert unserer Innenstadt deutlich. In drei Teilbänden werden die ungeheuren Werte in-ventarisiert, die in ihrer Summe dann das Stadtbild der Altstadt-ensembles ausmachen.

Die Denkmaltopographie ist in der Zusammenarbeit zwischen dem Landesamt und der Unteren Denkmalschutzbehörde, aber auch im Dialog mit den Antragstellerinnen und Antragstellern ein unverzichtbares Werkzeug. Sie ist die fachliche Basis für den laufenden Diskurs über Fragen der Stadtgestaltung. Dabei geht es mir vor allem auch um das Verständnis der Stadt als „Living Heritage", also um den Umgang mit dem lebendigen Erbe, mit dem sich jede Generation neu auseinandersetzen muss. Die Münchner Innenstadt ist weit davon entfernt, ein Museum zu sein. Sie ist ständig in Bewegung und Veränderung. Sicher kann man am Stadtbild die Geschichte ablesen. Geschichte entsteht aber auch jeden Tag neu, und das soll und darf das Gesicht einer Stadt auch prägen. Ich hoffe, dass das Werk neue Impulse für die weitere intensive Auseinandersetzung und Diskussion über Pfle-ge und Weiterentwicklung unserer Stadt geben wird.

München, im Januar 2009

Elisabeth Merk

Dr. (I) Elisabeth Merk
Stadtbaurätin der Landeshauptstadt München

Geleitwort

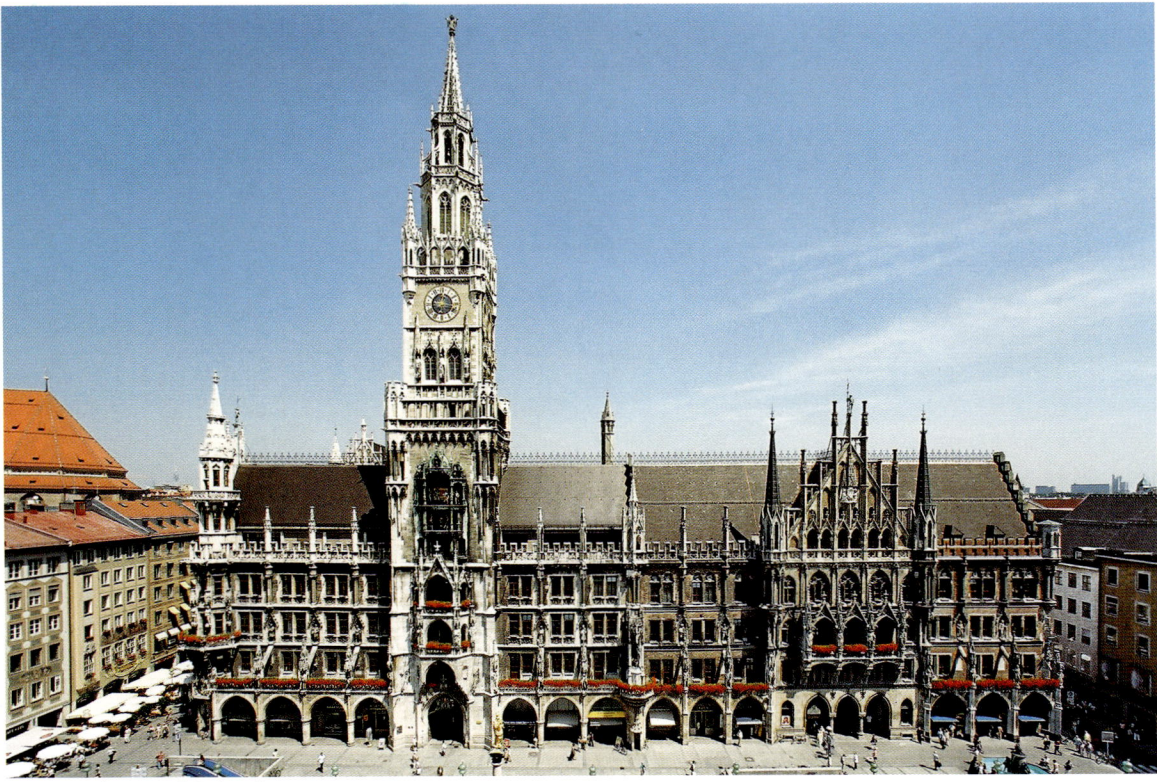

Neues Rathaus am Marienplatz

Auf die Frage „Was verbinden Sie mit München?", bekomme ich regelmäßig als erstes eine Reihe von Einzelbaudenkmälern und Ensembles genannt: Die Frauenkirche, das Neue Rathaus, der Alte Peter, aber auch das Olympiagelände oder das BMW-Hochhaus sind untrennbar mit dem Erscheinungsbild Münchens verbunden und in aller Welt bekannt. Dabei ist das städtebauliche und bauliche Erbe der Landeshauptstadt nicht nur schöne Kulisse; es erzählt zugleich die Geschichte unserer Stadt, ihrer Bürgerinnen und Bürger und schafft Identität bei ihren Bewohnerinnen und Bewohnern. Darüber hinaus sind die Baudenkmäler und Ensembles maßgeblich für das heutige Image und das sprichwörtliche Lebensgefühl in München mitverantwortlich.

Im Bewusstsein dieses unschätzbaren und nicht reproduzierbaren Wertes nimmt die Landeshauptstadt München Denkmalschutz und Denkmalpflege als wichtige Aufgabe wahr. Schließlich hat die 850-jährige Geschichte der Stadt ein umfangreiches Denkmalerbe hinterlassen, das Bauten vom Mittelalter bis zur Nachkriegsepoche umfasst. Im täglichen Spannungsfeld zwischen ökonomischer Wertschöpfung, sich immer schneller wandelnden Nutzungsanforderungen und individuellen Wünschen tritt die Denkmalpflege für den substantiellen Erhalt und die verträgliche Weiterentwicklung des Denkmalbestandes ein. Dabei werden in der Diskussion zwischen den Bauherren und ihren Planern sowie dem Bayerischen Landesamt für Denkmalpflege, dem Heimatpfleger der Landeshauptstadt und der Unteren Denkmalschutzbehörde in den allermeisten Fällen gemeinsame Lösungen erarbeitet, die eine nachhaltige Sicherung und Entwicklung der Denkmäler gewährleisten. Die heftige Anteilnahme der Bevölkerung bei denkmalrechtlichen Fragestellungen macht deutlich, dass die Denkmalpflege heute zu einem selbstverständlichen Besitzstand in der städtebaulichen Debatte über die Weiterentwicklung unserer Stadt geworden ist.

Nach den fachlichen Feststellungen des Bayerischen Landesamtes für Denkmalpflege sind rund 9.000 Einzelbaudenkmäler, also rund 7 % des gesamten Gebäudebestands, und zahlreiche Ensembles im Stadtgebiet vorhanden und in die Denkmalliste der Landeshauptstadt München eingetragen. Mit dem Projekt der Denkmaltopographie wird dieser Bestand in höchst verdienstvoller Weise wissenschaftlich dokumentiert und anschaulich präsentiert. Jedes Einzelbaudenkmal wird ausführlich gewürdigt und anhand von Foto- und Planmaterial illustriert. Zeugnisse aus 850 Jahren Münchner Bau- und Kunstgeschichte sowie die Archäologie der Stadt werden so zum Sprechen gebracht und so manches verborgene Kleinod der Öffentlichkeit präsentiert.

Das vorliegende dreiteilige Werk der Denkmaltopographie Altstadt stellt zweifellos das Kernstück dieser Bestandsaufnahme dar. Die Landeshauptstadt ermöglicht als Mitherausgeberin mit ihrer finanziellen Beteiligung die Auflage dieses anspruchsvollen Werkes. Nach der Topographie Süd-West und den jetzt vorliegenden Altstadt-Bänden sollen weitere gemeinsame Projekte folgen. Ich danke allen an der Arbeit zur Denkmaltopographie Beteiligten für ihre Beiträge und wünsche diesem Werk, dass es neben dem Fachpublikum auch große Aufmerksamkeit und Verbreitung bei den an der Baugeschichte der Stadt interessierten Bürgerinnen und Bürgern finden möge.

München, im Januar 2009

Christian Ude
Oberbürgermeister der Landeshauptstadt München

Englischer Garten mit Monopteros

Vorwort

Der Freistaat Bayern hat mit der Publikation der Denkmallisten zu den Baudenkmälern in den Bänden I–VII der Reihe „Denkmäler in Bayern" als erstes deutsches Bundesland bereits 1985/86 ein Verzeichnis seiner Baudenkmäler und obertägigen Bodendenkmäler vorgelegt. Die weiteren Einzelbände in der Reihe der Denkmaltopographie können nun auf der Grundlage der seit 2006 nachqualifizierten Denkmallisten der Landkreise und Städte vorgestellt werden. Die Einteilung dieser nach Bedarf jeweils in enger Zusammenarbeit mit den kommunalen Gebietskörperschaften erstellten Bände hält sich an das bereits für die Sammelbände I–VII entwickelte System mit der Nummerierung 1–96 für die bayerischen kreisfreien Städte und Landkreise. Die Bände folgen im Aufbau, in der Art der Denkmalbeschreibung und in der Zielsetzung den Grundsätzen, wie sie bei der Bearbeitung der Reihe der „Denkmaltopographie der Bundesrepublik Deutschland" gelten. Diese Grundsätze gehen auf eine gemeinsame Vereinbarung der Vereinigung der Landesdenkmalämter in der Bundesrepublik Deutschland im Jahre 1980 zurück, sie wurden jedoch in der Praxis landesspezifischen Entwicklungen angepasst.

Mit dem Inkrafttreten des bayerischen Denkmalschutzgesetzes 1973 wurden Denkmalschutz und Denkmalpflege im Freistaat Bayern auf eine neue rechtliche Grundlage gestellt. Um einen für Bürger und Behörden überschaubaren praktischen Vollzug zu gewährleisten, gibt das Denkmalschutzgesetz nicht nur eine Definition der Denkmäler, die in seinen Geltungsbereich fallen, es enthält darüber hinaus den Auftrag, eine Denkmalliste zu erstellen und fortzuführen. In dieses Verzeichnis sind nach Begutachtung durch das Bayerische Landesamt für Denkmalpflege „von Menschen geschaffene Sachen oder Teile davon aus vergangener Zeit, deren Erhaltung wegen ihrer geschichtlichen, künstlerischen, städtebaulichen, wissenschaftlichen oder volkskundlichen Bedeutung im Interesse der Allgemeinheit liegt", als Denkmäler einzutragen.

Die bayerische Denkmalliste hat den Charakter eines nachrichtlichen Verzeichnisses. So kann ein Objekt durchaus die Eigenschaften eines Denkmals haben und den Schutz des Gesetzes genießen, auch wenn es nicht in die Liste eingetragen ist. Die Denkmalliste ist offen für fortlaufende Ergänzungen und Berichtigungen, wobei neue Erkenntnisse und Wandlungen des Denkmalverständnisses Anlass zur Neuaufnahme oder Streichung von Objekten geben können. Aktualisierbarkeit und Anpassungsfähigkeit der Liste gewährleisten also eine sinnvolle Fortschreibung und den beteiligten Behörden eine zuverlässige Grundlage für den praktischen Vollzug des Denkmalschutzgesetzes. Veränderungen oder die Beseitigung von in der Liste verzeichneten Objekten bedürfen der Erlaubnis der Unteren Denkmalschutzbehörde oder einer Baugenehmigung. Im Rahmen dieser Verfahren werden die verschiedenen privaten und öffentlichen Interessen mit den Belangen des Denkmalschutzes angemessen abgewogen.

Als Verwaltungsinstrumente sind Denkmallisten in Bayern bereits auf Grund von Verordnungen in den Jahren 1830, 1882, 1892, 1904 und 1908 angelegt worden. Auch die Erfassung der ca. 129 000 Baudenkmäler und ca. 43 000 Bodendenkmäler nach dem Inkrafttreten des Denkmalschutzgesetzes fußt auf der seit den 1890er-Jahren vom „Kgl. Generalkonservatorium der Kunstdenkmale und Altertümer Bayerns" (seit 1917 „Bayerisches Landesamt für Denkmalpflege") geleisteten Inventarisationsarbeit („Die Kunstdenkmäler von Bayern" u.a. Reihen) sowie zahlreichen archäologischen Publikationen. 1978 waren sämtliche Denkmallisten der 96 Landkreise und kreisfreien Städte Bayerns abgeschlossen. Die Listen wurden in enger Zusammenarbeit mit den Gemeinden ständig weiter verbessert, zuletzt durch ein Projekt des BLfD zur Nachqualifizierung und Revision der Bayerischen Denkmalliste.

In den Landkreisbänden der Bayerischen Denkmaltopographie ist die Darstellung der Denkmäler nach den in alphabetischer Folge aufgeführten kreisangehörigen Gemeinden geordnet. Bei den kreisfreien Städten und großen Kreisstädten stehen diese am Anfang der Darstellung, alphabetisch angeschlossen die Ortsteile.

Die Grundlage der Darstellung der Denkmäler ist stets die zum Zeitpunkt der Herausgabe aktualisierte Denkmalliste. Wegen der im Bayerischen Denkmalschutzgesetz vorgesehenen ständigen Fortschreibung der Denkmalliste kann eine Topographie nur begrenzte Zeit nach ihrem Erscheinen sichere Auskunft über den aktuellen Denkmalbestand einer Stadt oder eines Landkreises bieten. Die Denkmaltopographie enthält eine ausführlichere Beschreibung der Denkmalüberlieferung. Sie richtet sich an alle interessierten Bürgerinnen und Bürger, die etwas über die Art und Bedeutung ihrer Denkmäler erfahren wollen, sowie an die Verantwortungsträger in den Kommunen und Verwaltungen, die mit ihren Planungen und durch ihre Entscheidungen den Rahmen für die Denkmalerhaltung schaffen.

Die Zielsetzungen der Denkmaltopographie bedingen, dass die Denkmalwerte über das Denkmalverzeichnis hinaus mit den Mitteln der historischen Wissenschaften erläutert und in Schrift, Bild und Karten anschaulich ausgebreitet werden. Deshalb stehen am Anfang einer Denkmaltopographie ausführliche Abhandlungen über die Entwicklung der Kulturlandschaft, über die Zeugnisse der Vor- und Frühgeschichte, historische und architektur- oder kunstgeschichtliche Überblicke. Dabei wird versucht, von einem Gesamtüberblick ausgehend die historischen und räumlichen Bezüge in das Land hinaus herzustellen.

Darauf folgt die Vorstellung der Ensembles und Einzeldenkmäler. Die meisten Orte und dort, wo es die Denkmalüberlieferung nahelegt auch Straßen und Plätze, erhalten einen kurzen geschichtlichen, die Eigenart und die topographischen Verhältnisse beschreibenden Vorspann, der möglichst durch einen Lageplan aus dem Urkataster sowie aus jüngster Zeit ergänzt wird.

Die Ensembles und Einzeldenkmäler werden durch Beschreibungen (Texte) erläutert, die Hinweise auf die Geschichte des Denkmals und die Denkmalbedeutung geben. Der Umfang dieser Texte richtet sich nach dem Erläuterungsbedarf und der Denkmaldichte. Jedes Denkmal wird auch mindestens durch eine Photographie, die reicheren, die z. B. auch schützenswerte Innenausstattungen besitzen, durch mehrere Ansichten und eventuell einen Grundriss vorgestellt. Die Erschließung des Denkmälerbestandes ermöglicht ein Register; ein Literaturverzeichnis und ein thematischer Kartenteil ergänzen den Band.

Der vorliegende Band „Stadt München-Mitte" behandelt die Baudenkmäler, die Ensembles und die archäologischen Denkmäler der Kernstadt innerhalb der ehemaligen Stadtmauer, des frühesten, im Norden daran anschließenden Erweiterungsgebietes, der Maxvorstadt, des Lehels und der gesamten Parkanlage des Englischen Gartens.

Die umfangreiche Dokumentation wäre ohne die Unterstützung zahlreicher Bürgerinnen und Bürger, Behörden und Institutionen nicht zustande gekommen. Dank gilt zuallererst dem Initiator des Werkes, meinem 1999 aus dem Amt geschiedenen Vorgänger Prof. Dr. Michael Petzet sowie Frau Stadtbaurätin Dr. (I.) Elisabeth Merk und ihrer Vorgängerin Prof. Christiane Thalgott, in deren Amtszeit die Arbeiten an dieser Topographie auf den Weg gebracht wurden. Dank auch den Mitarbeitern der Zentralregistratur der Lokalbaukommission, Christine Haberkorn, Günter Fembacher, Erich Hainz, Andreas Huber und Peter Kiendl, für die großzügig gewährte und jederzeit freundlich ermöglichte Einsicht in die Bauakten. Für die wertvolle Hilfestellung bei der Suche nach historischem Photo- und Planmaterial sei den Mitarbeitern des Stadtarchivs, insbesondere Archivdirektor Hans-Joachim Hecker, Dr. Eva-Maria Graf (Fotosammlung), Anton Löffelmeier M. A. (Plansammlung) und Ulrike Trummer (Lesesaal), sowie den Mitarbeitern des Stadtmuseums gedankt. Weiteres historisches Abbildungsmaterial stellten das Bildarchiv Foto Marburg, die Bayerische Verwaltung der staatlichen Schlösser, Gärten und Seen (Barbara Weis M. A. und Daniel Mooz M. A.), das Erzbischöfliche Ordinariat (Dr. Norbert Jocher), die Abteilung IV Kriegsarchiv des Bayerischen Hauptstaatsarchivs (Dr. Lothar Saupe), das Architekturmuseum der TU München (Klaus Altenbuchner M. A.), das Bildarchiv des Bayerischen Landtags (Dr. Markus Nadler), das Richard-Wagner-Museum Bayreuth (Dr. Gudrun Föttinger), schließlich das Deutsche Theatermuseum, die Städtische Galerie im Lenbachhaus (Dr. Jonna Gärtner) und die Israelitische Kultusgemeinde zur Verfügung. Eine große Anzahl von Vorlagen stammt aus unseren eigenen Sammlungen, dem Photoarchiv, dem Luftbildarchiv und der Plansammlung; für die Durchsicht und Zusammenstellung ist besonders Dr. Markus Hundemer, Annerose Schnürch M. A., Anton Brandner, Angelika Oettl M. A. und Elisabeth Söllner M. A. zu danken. Für die Erlaubnis zum Abdruck zahlreicher Karten und Pläne sei dem Landesamt für Vermessung und Geoinformation, München, und dem Stadtvermessungsamt gedankt.

Ein besonderer Dank gilt auch den privaten und kirchlichen Denkmaleigentümern und den Leitern und Mitarbeitern öffentlicher Einrichtungen in Baudenkmälern, die Zugang zu ihren Häusern gewährten und die Bearbeitung und Photodokumentation unterstützten.

Die Baudenkmäler der vorliegenden Publikation bearbeiteten Dr. Heinrich Habel, langjähriger früherer Mitarbeiter des Landesamtes in der praktischen Denkmalpflege wie der Inventarisation, und Dr. Johannes Hallinger, der Leiter des Referats Dokumentationswesen. Sie stellten auch das Literaturverzeichnis zusammen. Die Bearbeitung konnte sich auf die von Dr. Habel und Dr. Helga Himen unter Mitarbeit von Dr. Hans-Wolfram Lübbeke und Margaret Thomas Will M. A. erstellte Ersterfassung der Denkmalliste sowie auf deren kontinuierliche Fortschreibung durch Dr. Himen und Dr. Burkhard Körner sowie den Mitarbeitern der Nachqualifizierung, Birgit Seidenfuß M. A., Friederike Dhein M. A. und Constanze Seuß M. A., stützen. Die Texte zu den Bodendenkmälern verfasste Dr. Timm Weski; die Abbildungen dazu stellte Dr. Dorit Reimann zusammen. Hier lag bisher nur ein Verzeichnis der obertägig sichtba-

ren archäologischen Geländedenkmäler von Dr. Erwin Keller aus den 1970er-Jahren vor.

Die fortgeschriebene Fassung der Denkmalliste hat im Zuge der Erstellung der Denkmaltopographie und der gleichzeitig laufenden Nachqualifizierung vereinzelt Änderungen erfahren: Präzisierungen der Listentexte, Nachträge und Streichungen. Im Übrigen sind alle weiteren Änderungen dem BayernViewer-denkmal auf der Homepage des BLfD (www.blfd.bayern.de) zu entnehmen. Im vorliegenden Text sind abgegangene Gebäude, die bedeutend für die Stadtgeschichte oder Stadtgestalt waren, sowie andere Objekte, die nicht als Denkmäler in die Denkmalliste eingetragen sind, die aber für den Straßenzug, für eine bestimmte Typologie oder im Werk eines Künstlers eine Bedeutung haben, in eckige Klammern gesetzt. Insgesamt wurden im Zuge der Nachqualifizierung im Untersuchungsgebiet zwölf Gebäude gestrichen, bei sieben davon hat sich die Landeshauptstadt München gegen die Streichung ausgesprochen. Sie sind zusätzlich durch einen Stern gekennzeichnet.

Die Ensemblekarten zeigen neben den Baudenkmälern und den Ensembleflächen erstmals auch weitere bedeutsame Bestandteile des Ensembles: Straßen- und Platzbilder besonderer Bedeutung sowie historische Wasser- und Grünflächen. Damit werden über die Darstellung der Einzeldenkmäler hinaus bestimmte, aus der Sicht des Landesamtes für die jeweiligen Ensembles besonders aussagekräftige Elemente herausgehoben, die bisher nur aus den einzelnen Ensemblebeschreibungen ersichtlich waren. Mit der kartographischen Darstellung werden diese besonderen Werte zusätzlich markiert. Die Ensemblewerte werden dadurch präzisiert. Der rechtsverbindliche Umgriff des Denkmals Ensemble ergibt sich aus der jeweils aktuellen Denkmalliste und der Darstellung im erwähnten BayernViewer-denkmal. Die beigegebenen Straßenkarten zeigen die Baudenkmäler (dunkelgrau) und die Gartendenkmäler (gepunktet).

Die photographischen Aufnahmen zu den Einzeldenkmälern und Ensembles stammen hauptsächlich von den Amtsphotographen Joachim Sowieja und Michael Forstner, die Luftaufnahmen von Otto Braasch und Klaus Leidorf. Die Digitalisierung übernahm Johann Rauch.

Für Redaktion und Layout zeichnet das Publikationsreferat des Landesamtes unter Leitung von Dr. Karlheinz Hemmeter verantwortlich: Dr. Karl Gattinger (Archivalienhebung und -auswertung, Redaktion, Bildauswahl und -beschaffung), Heike Mrasek M. A. (Register), Stefan Pongratz M. A. (Redaktion), Nina Dürr M. A. (Recherche) und besonders Danica Tautenhahn M. A., welche die Gesamtredaktion und das Layout besorgte, sei für ihr Engagement gedankt. Dem Karl M. Lipp Verlag sei für die Herstellung des Bandes in der gewohnten Qualität gedankt.

Mein ganz besonderer Dank gilt der Ernst-von-Siemens-Stiftung in München, insbesondere Herrn Dr. Heribald Närger, für finanzielle Unterstützung.

Prof. Dr. Egon Johannes Greipl
Generalkonservator

Topographie und Stadtgestalt

Zur Morphologie und Entwicklung der Stadtlandschaft am Fluss

Gerhard Ongyerth

Die Isar gilt als Zentralfluss der südbayerischen Donaulande und als zentralherrschaftsbildende Mittelachse des altbayerisch-wittelsbachischen Territoriums vom Karwendel bis zur Flussmündung im Raum der Grafen von Bogen.[1] Der Wasserreichtum auf den nacheiszeitlichen Terrassen zwischen der Schwanthalerhöhe und dem Gasteig dürfte eine wesentliche Rolle bei der Auswahl des Gründungsplatzes für München gespielt haben, lange vor der urkundlichen Ersterwähnung einer Siedlung auf der Flur „Munichen" im Jahre 1158, vor ihrer Einbeziehung in den mitteleuropäischen Fernhandel und vor der Erlangung von Brückenzoll, Marktrecht und Salzhandelsprivileg. Bis ins 20. Jahrhundert hinein waren die Isar und ihre als Stadtbäche nutzbaren Nebenarme bestimmende Lebensadern des alten Münchens.[2] Die geomorphologische Unterlage der Altstadt, Verlauf und Systeme der Stadt-(graben)bäche sowie eine daraus entwickelte und bis heute nachvollziehbare Gestalt der Stadtlandschaft am Fluss sind Schlüssel zum Verständnis von Topographie und Städtebau Münchens.[3]

Der Münchner Untergrund

Die Münchner Schotterebene, die entlang der Isar Seitenterrassen bildet, prägt die geomorphologische Zusammensetzung und Gestalt der Unterlage[4] der bayerischen Landeshauptstadt. München sei ein „goldener Sattel auf magerem Pferd", soll Gustav Adolf 1632 gesagt haben, als er in die Stadt einzog.[5] Pointiert charakterisierte der

Schwedenkönig den damals für ihn überdeutlichen Gegensatz zwischen der blühenden Residenzstadt und dem in ihrem Bedeutungsschatten liegenden kargen Umland, bezogen auf die geringe Fruchtbarkeit der Böden auf der Münchner Schotterebene und eine angenommene allgemeine Armut der Münchner Landschaft.[6]

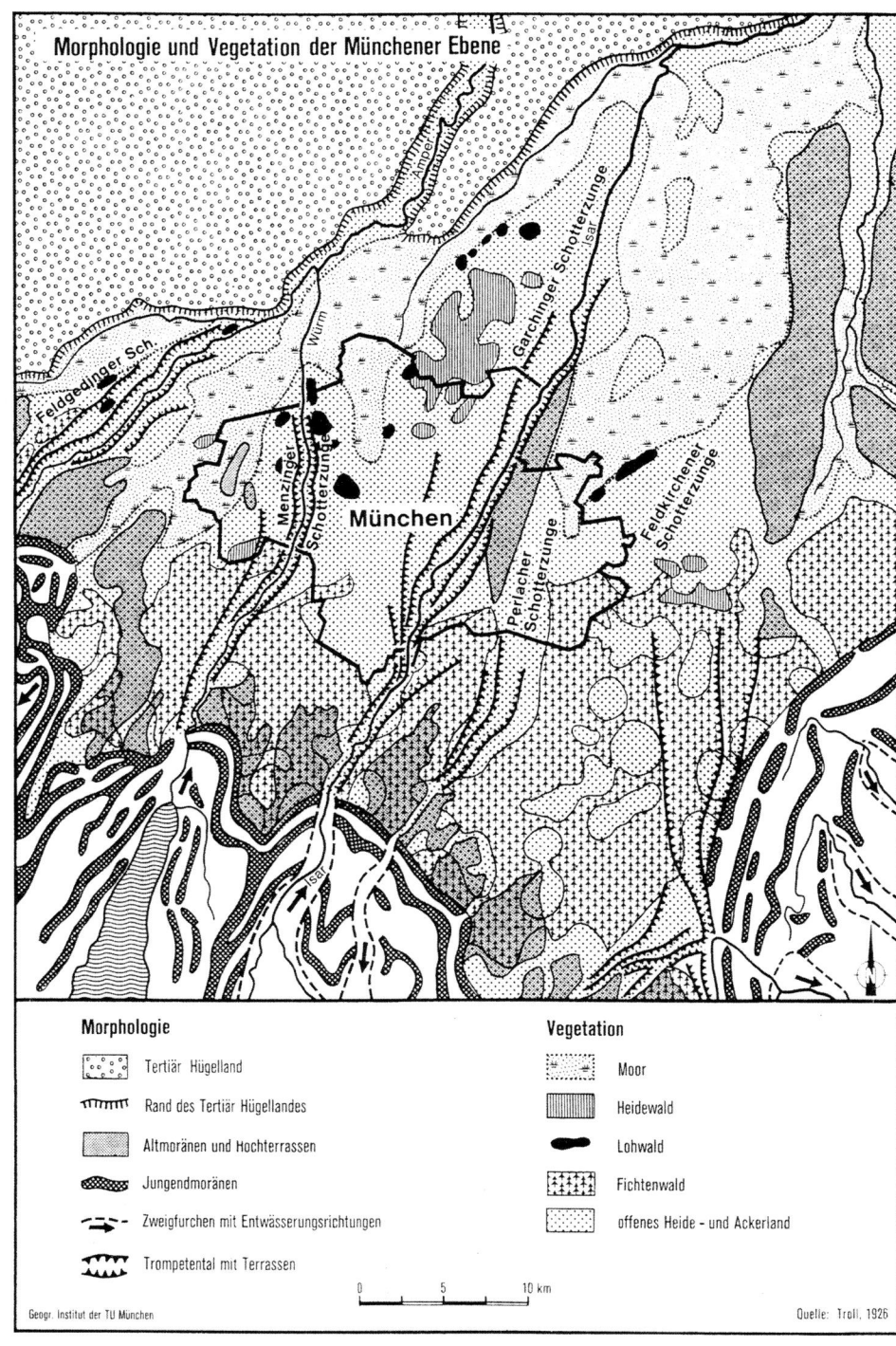

Abb. 1. Geomorphologie und Vegetation der Münchner Ebene. Lang gestreckte eiszeitliche Abflussrinnen gliedern die schiefe Münchner Schotterebene. Die Isarterrassen zeugen von der Ausdehnung des ehemals stark mäandrierenden Urstroms bis zum Rückzug ins eigentliche Flussbett und bis zu den Isarregulierungen im 19. Jahrhundert ▷

Morphologie und Vegetation der Münchner Ebene

München

Morphologie

- Tertiär Hügelland
- Rand des Tertiär Hügellandes
- Altmoränen und Hochterrassen
- Jungendmoränen
- Zweigfurchen mit Entwässerungsrichtungen
- Trompetental mit Terrassen

Vegetation

- Moor
- Heidewald
- Lohwald
- Fichtenwald
- offenes Heide - und Ackerland

Geogr. Institut der TU München

0   5   10 km

Quelle: Troll, 1926

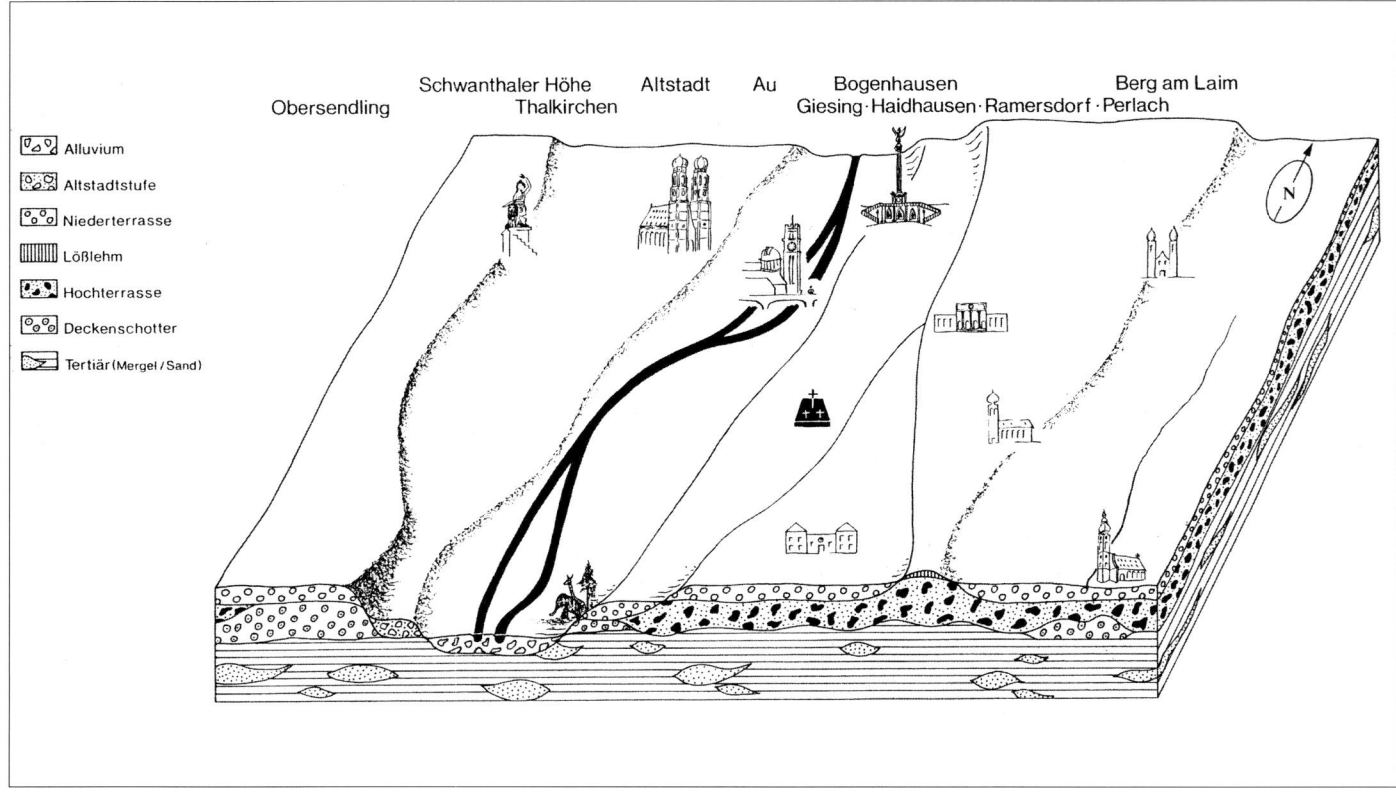

Abb. 2. München im geologischen Blockbild: Die Bavaria erhebt sich auf der westlichen Hauptniederterrasse, die Frauenkirche auf der Altstadtterrasse, das Deutsche Museum auf einer Isarinsel in Höhe der Hirschauer Terrasse und der Friedensengel auf der schmalen östlichen Giesinger Terrasse

Als nahezu gleichschenkliges Dreieck erstreckt sich die Münchner Schotterebene vom würmeiszeitlichen Endmoränenkranz des Isar-Loisach-Gletschers bei Leutstetten und Hohenschäftlarn in Richtung Nordnordost bis nach Moosburg, dem natürlichen Gefälle folgend und an Mächtigkeit abnehmend. Sie ist aus Niederterrassenschottern aufgebaut, unterlagert von älteren Hochterrassen- und Deckenschottern, die während der Würmeiszeit vom Schmelzwasser des Isar-Loisach- und Inn-Chiemsee-Gletschers nach Norden bewegt wurden. Wegen der Durchlässigkeit der Kiese und Sande auf der Schotterebene versickern Niederschläge fast vollständig bis zum Flinz, einer wasserstauenden Schotterunterlage der Molasseablagerung. Auf dem Flinz treiben sie als mächtiger Grundwasserstrom zum nördlichen Rand der Schotterebene, steigen dort an die Oberfläche und bilden die Grundlage des Dachauer, Freisinger und Erdinger Mooses. Am Übergang der Schotterebene zu den Moorgebieten entwickelte sich auf wechselweise nebeneinander liegenden trockenen und feuchten Böden ein nach Norden bis Eching reichender Lohwaldgürtel (Abb. 1).[7]

Ursprünglich überdeckte ein locker bestockter Laub-Nadelmischwald das Gebiet der Münchner Altstadt, durchzogen von Wiesen, Heideland, Strauchwerk, Lohwald sowie dem Kiefern-, Weiden- und Erlenbewuchs in den Hart- und Weichholzauen der Isar. Die Lößlehmbedeckung des Oberföhringer Höhenrückens und die Lehminsel von Berg am Laim boten seit dem Mittelalter das Ausgangsmaterial für die Ziegel der Stadtmauern und Großbauten der „Münchner Backsteingotik".

Lang gestreckte eiszeitliche Abflussrinnen, durch Vorgänge der Tiefen- und Seitenerosion zu Flusstälern ausgeformt, gliedern die schiefe Münchner Schotterebene. Südlich vor München öffnet sich das Isartal trompetenförmig über flussparallele lang gestreckte Hangterrassen. Über diese Hangterrassen steigt das Relief vom Auenbereich stufenförmig an bis zur Schwanthalerhöhe im Westen und zum Gasteig (= „gacher", steiler Anstieg) im

Osten der Altstadt. Die Isarterrassen zeugen von der Mächtigkeit und Ausdehnung des ehemals stark mäandrierenden Urstroms der Isar bis zum Rückzug ins eigentliche Flussbett und bis zu den Isarregulierungen seit dem frühen 19. Jahrhundert. Infolge der Gefällerichtung und der ableitenden Kraft der Solifluktion erfolgte die Talbildung der Isar[8] asymmetrisch, mit Druck gegen die östliche Talseite. Diese wurde am Hangfuß stärker abgetragen; der Anstieg zur Hauptniederterrasse der Schotterebene erscheint im Osten um ein Vielfaches steiler und höher als im Westen. Diese markante Hangkante der obersten Stufe der Isarterrassen reicht im Raum München auf der westlichen Isarseite von Thalkirchen über Sendling, den Harras und die Schwanthalerhöhe, über das Areal um die Hackerbrücke mit den Brauereien und über das Maßmannbergl bis zum Luitpoldpark in Schwabinger Gemarkung. Richtung Isar fällt das Gelände von der Hauptniederterrasse um bis zu 24 Meter zur Altstadtterrasse ab. Auf der Theresienwiese ist der Rand der Hauptniederterrasse besonders deutlich als westliche Begrenzung der historischen Freifläche zu erkennen, die bereits zur tiefer liegenden Altstadtterrasse gehört. Der östliche Rand der Altstadtterrasse reicht von Thalkirchen zum Sendlinger Tor, entlang der Sendlinger Straße zum Rindermarkt, streicht von dort nach Osten um das Petersbergl, dann wieder der Gefällerichtung folgend entlang der Burgstraße zum Alten Hof, östlich an der Residenz vorbei zur Königinstraße, nach Schwabing und Garching. Die bis zu fünf Meter hohe Terrassenstufe fällt östlich der genannten Linie in den Bereich der ehemals weit ausgedehnten Isarauen ab. Sehr deutlich zeigt sich der Anstieg zur Altstadtterrasse am westlichen Rand des Viktualienmarktes um das Petersbergl, im Hofgraben unterhalb des Alten Hofes sowie zwischen dem Hofgarten und der Staatskanzlei. Unterhalb der Altstadtterrasse setzte sich im Zuge der 1806 begonnenen Flussregulierung und der ungewollten Eintiefung der Isar in ihr Hochwasserbett die Hirschauer Terrasse von der gegenwärtig bis zu acht Meter weiter eingegrabenen heutigen Isaraue ab. Auf der Hirschauer Terrasse liegen der Straßenzug Tal, der Viktualienmarkt, die östliche Altstadt, die Isarvorstadt, das Lehel und der Englische Garten mit der nördlich anschließenden Hirschau (Abb. 2).

Östlich der Isar liegen die Kernbereiche der Siedlungen Au, Untergiesing sowie der Herzogpark ebenfalls auf der Hirschauer Terrasse. Die Altstadtterrasse hat auf der östlichen Isarseite wegen der asymmetrischen Talbildung bis auf einen kleinen Vorsprung unterhalb von Bogenhausen keine Entsprechung. An ihre Stelle tritt die Giesinger Terrasse, deren Kante von Harlaching (Hochleite) zum Tierpark Hellabrunn, über das Grünwalder Stadion, die Giesinger Heilig-Kreuz-Kirche, den Nockherberg und das Maximilianeum nach Bogenhausen verläuft.

Der Verlauf dieser Geländeterrassen bestimmt wesentlich den Verlauf alter Straßenzüge in Süd-Nord-Richtung im Raum München. Bis zu ihrer Regulierung floss die Isar in einem breiten, sich ständig verlagernden Flussbett mit ausgedehnten Kiesbänken, weiten Uferzonen und sich vielfach verästelnden Flussarmen. Isarwasser reichte im Großen Stadtbach bis an die Altstadtterrasse im Westen und im Auer Mühlbach bis an die Giesinger Terrasse im Osten heran. Die natürliche Dynamik der Wildflusslandschaft ist in Resten in der Pupplinger sowie in der Ascholdinger Au bei Wolfratshausen zu beobachten. Einige Siedlungen in den ehemaligen Isarauen waren bis zur Errichtung der Talsperre des Sylvensteinspeichers im Jahre 1959 regelmäßig von Hochwasser bedroht und hatten zudem unter hohem Grundwasser zu leiden. Im Raum München waren daher vor allem die östliche Altstadtterrasse entlang der heutigen Sendlinger Straße[9] mit der dort vermuteten präurbanen Siedlung Altheim, das nach Osten ausbuchtende Petersbergl und die spätere Burgstraße mit der Erhebung unter dem Alten Hof prädestiniert für eine dauerhafte Besiedelung. Dieser sich durch die heutige Altstadt ziehende Terrassenrand befand sich in Wassernähe, war auch in der Zeit vor den jüngeren Eingrabungen der Isar hochwassersicher und lag an breitem, flachwelligem Gelände.

Anders als die lange Zeit nicht beherrschbare Isar mit einem alpinen Abflussregime und stark schwankender Wasserführung konnten von der Isar gespeiste Stadtbäche – hier ist vor allem der Glockenbach zu nennen – in künstlichen (Befestigungs-)Gräben mit dem Gefälleschub auch durch die westliche Altstadtterrasse eingegraben und gelenkt werden. Im Wasser liegende Dämme regelten und hoben den Zufluss, Wehre und Schleusen dürften die Abfließgeschwindigkeit reduziert haben. Die Stadtbäche setzten sich aus vier verschiedenen Bachsystemen zusammen, aus den inneren und äußeren Bächen, dem Dreimühlenbach, dem Triftkanal im Lehel und dem Auer Mühlbach auf der östlichen Isarseite. Die inneren und äußeren Bäche waren bis ins 19. Jahrhundert Münchens Stadtbäche im eigentlichen Sinn.[10] Das verzweigte Nebenarmsystem der Isar unterhalb des Abfalls der Altstadtterrasse wurde in erheblichem Maße gewerblich genutzt (Abb. 3).

Abb. 3. Die Münchner Stadtbachsysteme zwischen dem Großen Stadtbach in Thalkirchen (Zulauf) und dem Eisbach mit Schwabinger Bach im Englischen Garten (Ablauf); am Palaisbachl nordwestlich der Residenz setzte der sogenannte Schwabinger Kanal an

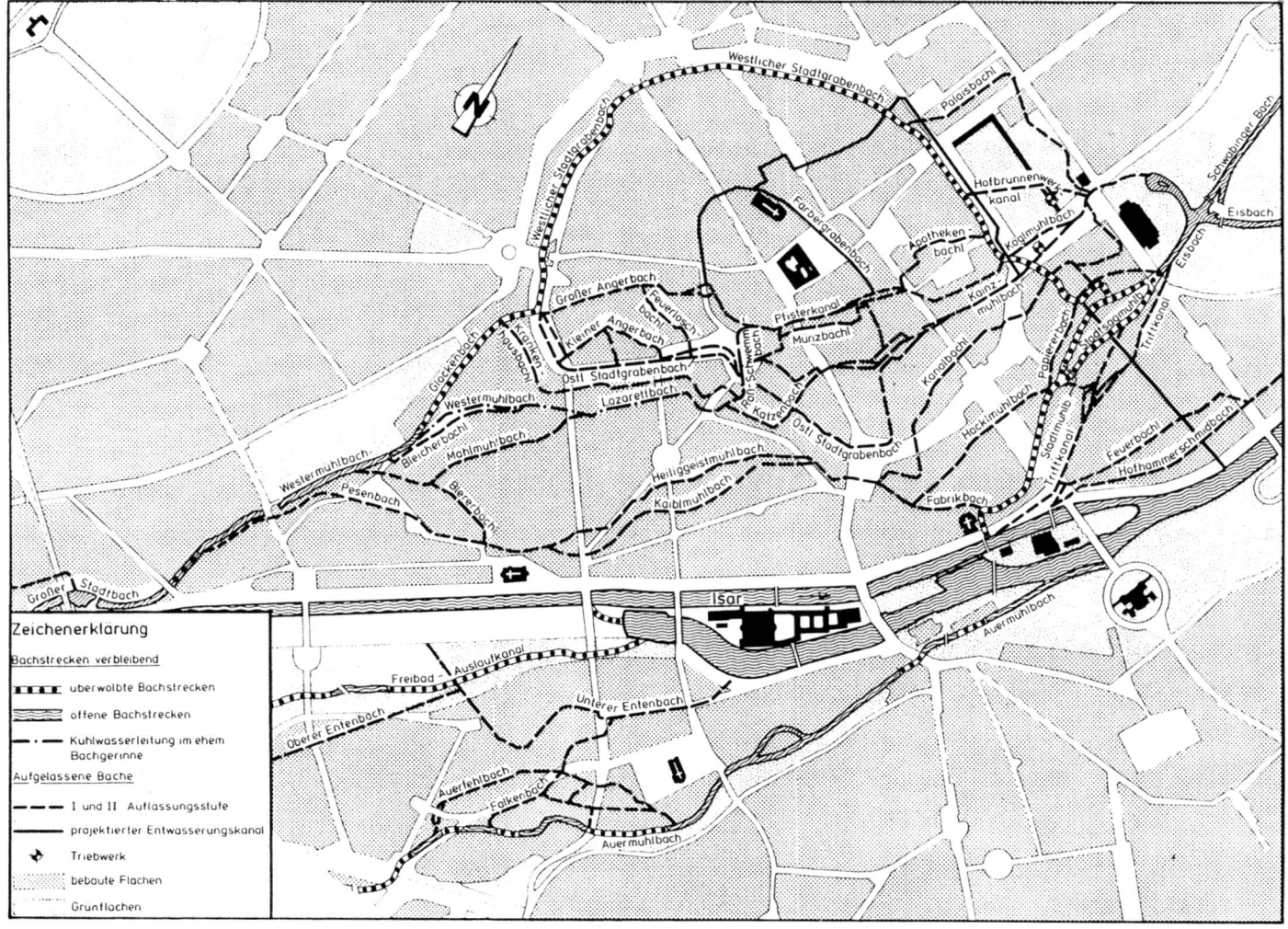

Stadtbefestigung und Stadtbachsysteme

Die geomorphologische Unterlage der Stadt München sowie die Möglichkeit der Bündelung und Lenkung des verzweigten Nebenarmsystems der Isar in Gräben und Stadtbächen um den Siedlungskern auf der Altstadtterrasse beeinflussten den städtebaulichen Grundentwurf der Stadt im 12. Jahrhundert entscheidend. Determinanten der frühen Stadtgestalt waren daneben auch der Verlauf alter Straßenzüge, die auf sie bezogene Lage der Stadttore und die ringförmigen Stadtbefestigungswerke. Festzuhalten bleibt, dass die älteren Siedlungen in der Umgebung Münchens an Straßen entstanden waren, die an der jungen Siedlung München vorbeiliefen, Die einzige Ausnahme bildet eine Straßenverbindung von Thalkirchen nach Schwabing.[11]

Die ersten landwirtschaftlich tätigen Bewohner im Raum München dürften nach der Analyse von Getreidepollen nach 4000 v. Chr. eingewandert sein. Die Münchner Landschaft wurde wohl seit dem Aufkommen der Metallwirtschaft und des Fernhandels in der Bronzezeit von einem Netz fester Verkehrs- und Handelswege durchzogen, deren Verlauf sich an natürlichen Leitlinien wie Tälern, Flussrändern und Höhenzügen orientierte. Die Aneinanderreihung vorgeschichtlicher Fundstätten an Würm, Isar und Hachinger Bach lässt vermuten, dass bereits in vorgeschichtlicher Zeit parallel zu den in Süd-Nord-Richtung verlaufenden Flusstälern Straßen angelegt waren. Vorgefundene Lichtungen und die Ränder des Laub-Nadelmischwaldes nahe der Altstraßen waren bevorzugte Siedelgebiete und Ausgangspunkte des Rodungswerkes. Wie Perlen an einer Schnur reihen sich entlang der mittleren Isar dann auch für die Entwicklung Münchens wichtige Nachbarorte wie Lenggries und Tölz (Isar-Flößerei), Wolfratshausen (Zentralort der Grafen von Andechs mit weitreichendem Landgerichtsbezirk, Loisach-Flößerei), Schäftlarn (eines der sogenannten Urklöster Bayerns mit Grundbesitz im alten München), Grünwald (römischer Isarübergang), Oberföhring (Isarübergang des Hochstifts Freising mit Salzhandelsprivilegien), Freising (geistig-territoriales Zentrum der Region mit zum Hochstift gehörendem Grundbesitz im alten München) und Landshut (Residenzstadt und Rentamtssitz). Zwei römische Kunststraßen und mehrere Stränge einer von Reichenhall kommenden Salzstraße erschlossen das Gebiet um München ergänzend in West-Ost-Richtung: Die Römerstraße zwischen Salzburg und Augsburg überquerte die Isar bei Grünwald, die frühmittelalterliche Salzstraße bei (Ober-)Föhring.[12] Am östlichen Rand des heutigen Landkreises München zog sich eine alte Süd-Nord-Straße vom Mangfallknie über Großhelfendorf und Aying, durch den Höhenkirchner Forst, Feldkirchen, Aschheim und das Sempttal zur Isar.

Obwohl der Bereich der Münchner Altstadt reichhaltige archäologische Funde und eine bekannte vorgeschichtliche Siedlungsstelle auf dem Gelände des Alten Hofs aufweist, tritt eine namentlich erwähnte Siedlung erst lange nach benachbarten Zentren wie Freising, Augsburg, Regensburg oder Salzburg in das Blickfeld der Geschichte.[13] Ein Grund mag – wie oben dargestellt – die anfängliche Lage abseits großer Fernhandelsstraßen gewesen sein. Das änderte sich in den Jahren 1157/1158. Heinrich dem Löwen war 1156 von Kaiser Friedrich Barbarossa das um Österreich reduzierte Herzogtum Bayern zugesprochen worden. Seine in den folgenden Jahren erkennbare Strategie in Bayern zielte auf eine rasche und umfassende Kontrolle des Salzhandels und der Fernwege ab. Wenig später lag die Salzstraßen-Brücke des Bischofs von Freising bei Föhring zerstört darnieder und der Isarübergang sowie das ehemals Föhringer Marktrecht befanden sich nach Süden verlagert auf Münchner Territorium. Über die Rechtmäßigkeit der Föhringer Brücke mit Markt, Münze und Zollstelle, aber auch über die Richtigkeit der Brücken- und Marktverlegung auf Münchner und damit herzog-

liches Territorium besteht Unklarheit, vor allem da wenig Kenntnisse über den Status und die möglicherweise von Heinrich dem Löwen legal gewählte Durchsetzung des kaiserlichen Fluss- und Straßenrechts im 12. Jahrhundert gegen monopolistische Bestrebungen des Freisinger Bischofs vorliegen. Dieser war zur Entschädigung[14] an den wachsenden Einnahmen der jungen Händlersiedlung zu beteiligen. Ein weiterer bedeutender Grundherr im Münchner Territorium waren die Grafen von Andechs-Meranien, die 1157 als Nachfolger der ausgestorbenen Linie der Grafen von Wolfratshausen an Einfluss gewannen. Im Jahre 1180 lösten die Wittelsbacher dann zumindest die Herrschaft Heinrichs des Löwen ab und ließen sich 1240 fest in der Stadt nieder. Bereits 1239 trug die Siedlung erstmals das Stadtwappen, 1255 wurde München oberbayerische Residenzstadt und war unter Ludwig dem Bayern von 1314 bis 1347 kaiserlicher Hof und ein kulturelles und geistiges Zentrum Europas.

Die bis zur Mitte des 13. Jahrhunderts „leonische" Stadt entwickelte sich innerhalb der ersten etwa eiförmigen Befestigung um die Kreuzung der Landstraße Thalkirchen–Schwabing mit der Salzstraße Reichenhall/Hallein–Augsburg im Verlauf Tal–Neuhausen. Determinanten der Befestigung waren im Westen das Obere Tor beim Augustinerkloster, im Osten auf der Isarseite das Untere Tor (heute alter Rathausturm), im Süden das Innere Sendlinger Tor beim Rindermarkt sowie im Norden das Vordere Schwabinger Tor am Ende der Dienerstraße mit dem Inneren Schwabinger Tor am Ende der Weinstraße. Ein für die Jahre 1173/74 überlieferter Mauerring – möglicherweise in der ersten Zeit nur als Palisadenwehrzaun[15] ausgebildet – könnte die Stadttore verbunden haben. Wasser aus dem Großen Stadtbach umfloss in Befestigungsgräben die Anlage. Der Große Stadtbach zweigt oberhalb der Thalkirchner Überfälle (zwischen Marienklausenbrücke und Flaucher) von der Isar ab, der Dreimühlenbach wurde durch den sogenannten Dreimühlen-Senkbaum in Höhe der heutigen Großhesseloher Brücke aus der Isar ausgeleitet und vereinigt sich nach rund zwei Kilometern mit dem Großen Stadtbach in Höhe des heutigen Freibads Maria Einsiedel.[16] Westlich der Braunauer Eisenbahnbrücke geht der Große Stadtbach im Westermühlbach auf, von dem sich einst mehrere offene und überbaute Kanäle und Bachläufe in die Isaraue verzweigten, die erst wieder am nordöstlichen Rand des Hofgartens mit Wasser aus dem Färbergrabenbach und Pfisterbach zusammentrafen.

Für die westlichen Teile der Befestigung musste Wasser aus dem Großen Stadtbach an den Rand der Altstadtterrasse vor den Rindermarkt gebracht werden. Dieser Zufluss des inneren Strangs der Stadtbäche verließ den Westermühlbach unterhalb des Südlichen Friedhofs im Glockenbach und speiste im weiteren Verlauf den Großen Angerbach, Pfisterbach und Köglmühlbach. Um ein Gefälle für das Wasser auf der Altstadtterrasse zu erhalten, musste ein vier bis fünf Meter tiefer und etwa fünf Meter breiter, insgesamt halbkreisförmiger Graben[17] um die westliche Ortsbefestigung gezogen werden. Durch das Grabensystem Färbergraben-Hofgraben wurde schließlich der Färbergrabenbach geleitet. Den damaligen östlichen Siedlungsrand begrenzte der Pfisterbach, der noch im 18. Jahrhundert die alternative Bezeichnung „Kanal" trug.[18] Durch die Gräben wurden Erhebungen auf der durch die Ansiedlung München gefassten Altstadtterrasse noch stärker betont: das Petersbergl, der Bereich des Alten Hofes und das Frauenbergl.[19] Sehr wahrscheinlich unterstützte der Aushub der Gräben den Aufbau von Erdwällen um die junge Siedlungsgründung Heinrichs des Löwen.[20] Ein durch Grabung fassbar gewordener Einschnitt entlang der Altenhofstraße und unter der Toreinfahrt zum Alten Hof lässt die Deutung zu, dass auch die Herzogsburg eine Befestigung mit vielleicht wassergefüllten Erdwerken hatte, die dann in die Stadtbefestigung einschließlich des weiter nördlich verlaufenden Hofgrabens einbezogen wurde.[21] Der westliche Rand der damaligen Siedlung erhielt durch die Gräben einen künstlichen Terrassenrand. Der Färbergrabenbach[22] wurde im späten 19. Jahrhundert zunehmend überbaut, überwölbt und wie der Pfisterbach in den Jahren 1966 und 1968 aufgelassen (Abb. 4).

Der weitere Ausbau und die gewerbliche Nutzung der Isarnebenarme als Stadtbäche[23] verlief parallel zum Ausbau der Stadtbefestigung und der bedeutenden Stadterweiterung,[24] die einem Repräsentationsbedürfnis der Landesherren und dem wirtschaftlichen Aufschwung der Stadt entsprachen. Der zweite, weiter nach außen gesetzte Mauerring wurde wegen der Dauerhaftigkeit der Anlage Determinante und zugleich Barriere der weiteren räumlichen Entwicklung der Stadt bis zum Schleifen der Festungsmauern nach 1792, der Anlage der Isarbefestigungen im frühen 19. Jahrhundert, dem Auflassen der meisten Stadtbäche zwischen 1966 und 1968 im Rahmen des Baus der U-Bahn sowie der Errichtung des Tunnels der S-Bahn. Das neue München wächst außerhalb der Kernstadt.

Seit Mitte des 13. Jahrhunderts unterschied man eine Innere Stadt und eine Äußere Stadt. Letztere hatte sich um die Heinrichsstadt entwickelt und reichte im Osten über das ausbuchtende „Tal" und den „Gries" (= Stadterweiterung auf dem Isarkies) von der Altstadtterrasse in die Isaraue hinab. Der Stadtgrundriss glich einem Halbkreis an der Westseite, mit einem hervorspringenden Dreieck an der Ostseite. Als Schutzgürtel war vom Ende des 13. Jahrhunderts und bis zur Fertigstellung des Isartors im Jahre 1337 ein neuer Mauerring mit einem zweiten, der neuen Mauer vorgelagerten Stadtgrabensystem und den „äußeren" Bächen um die auf das Sechsfache angewachsene Stadtfläche gezogen worden. Die Einleitung des Wassers aus dem Glockenbach in den Westlichen Stadtgrabenbach erforderte zur Überwindung der Höhe der Altstadtterrasse eine Grabensohle von bis zu sechs Metern bei einer Grabenbreite von etwa vier Metern. Der Östliche Stadtgrabenbach musste nur unwesentlich eingegraben werden. Die Zuleitung erfolgte im Bereich der heutigen Kreuzung Pestalozzistraße/Blumenstraße, die Ableitung am nordöstlichen Rand des Hofgartens über den Köglmühlbach. Das Stadtmodell von Jakob Sandtner (1572)[25] und der älteste Stadtplan Münchens von Tobias Volckmer (1613 [Situation von ca. 1605])[26] zeigen erstmals zusammenhängend die Führung der Stadtbäche und Gräben. Ansichten vom Sendlinger Tor und Karlstor aus dem frühen 19. Jahrhundert veranschaulichen den

Abb. 4. Höhenschichtplan des Altstadtkerns von München mit Verlauf des Färbergrabenbachs im inneren Graben

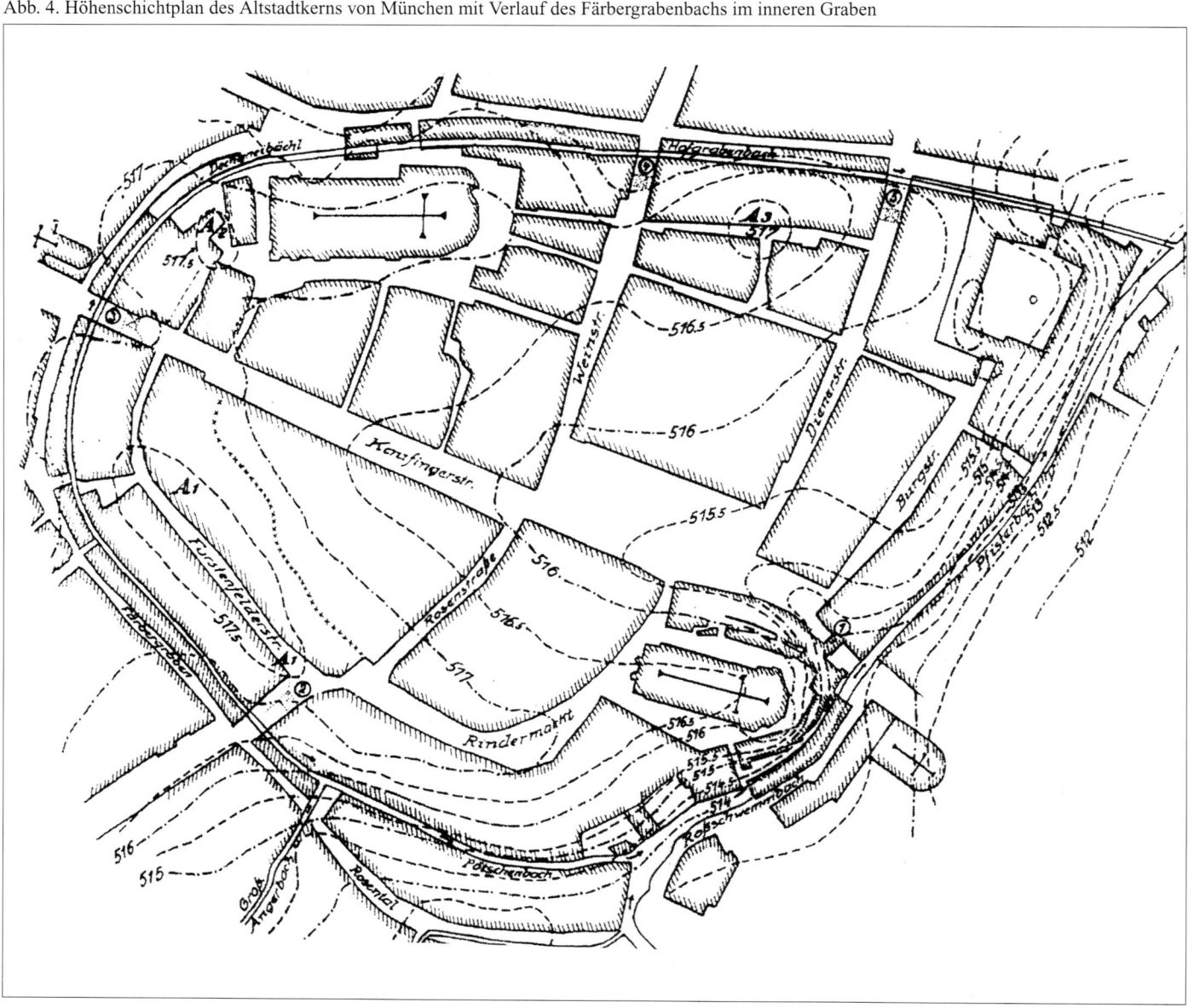

tiefen Einschnitt des äußeren Stadtgrabenbaches vor dem west-lichen Mauerring in die Altstadtterrasse.[27] Der Westliche Stadt-grabenbach fließt seit den 1960er Jahren unterhalb des Straßen-niveaus in Betonbecken verschalt im Halbkreis vom Sendlinger Tor zum Karlstor, westlich der Herzog-Wilhelm-Straße, unter der Herzog-Max-Straße, Rochusstraße, Jungfernturmstraße, zum Standort des ehemaligen Schwabinger Tors und neben der Hof-gartenstraße zur Staatskanzlei. Der Kanal liegt am Eintritt in die Altstadt 4,90 Meter unter dem Gelände. Die Schüttung beträgt vier bis maximal fünf Kubikmeter Wasser je Sekunde.[28] Der Öst-liche Stadtgrabenbach wurde ganz aufgelassen. Seinen ehemali-gen flachkurvigen und nur im Bereich des Tals Richtung Isar ausbuchtenden Verlauf zeichnen in etwa die Blumenstraße ab dem Standort des ehemaligen Angertors (Marionettentheater), die Frauenstraße und das Isartor nach; den Verlauf zur Residenz in etwa die Herrenstraße, Neuturmstraße mit der Ableitung durch den Mauerring im Verlauf der Wurzerstraße.

Zwischen Innerer und Äußerer Stadt durchflossen der Kleine Angerbach, der Feuerlöschbach, der Katzenbach (Verlauf Radl-steg und Hochbrückenstraße im Tal), das Münzbächl und das Apothekenbächl (Residenz) das befestigte München. Die meis-ten Mühlen[29] und wasserständigen Einrichtungen der Stadt lagen an dem verzweigten „inneren" Bachsystem zwischen der Altstadtterrasse und der Stadtmauer. Die inneren Stadtbäche dienten – im engen Nebeneinander nicht konfliktlos – der Ener-giegewinnung, der Abwasser- und Abfallbeseitigung (Abb. 5 und 6).[30]

Nach den Hussitenstürmen im 15. Jahrhundert sowie in der Zeit vor Ausbruch des Dreißigjährigen Krieges und bis 1645 er-folgten Ausbauten an der von Stadtgräben gefassten Befestigung Münchens. Es entstand ein etwas niederer Mauerring vor der al-ten äußeren Stadtmauer[31] und schließlich eine vorgelagerte baro-cke Wallbefestigung. Die scharf umrissene Figur der ehemaligen tief gestaffelten Fortifikation mit Umwallung, Bastionen, Erd-

Abb. 6. Eintritt des Glockenbachs in die Münchner Altstadt;   ▷
Radierung von Tobias Volckmer, 1613. Zwischen dem Sendlinger Tor
und dem Angertor (rechte Bildmitte) leitete ein Erddamm das gefasste
Isarwasser dem Großen Angerbach zu. Seitliche Fallwehre des Erddamms
ermöglichten die Flutung des großen Stadtgrabenbaches nach Westen
sowie nach Osten. Weitere Dämme oder Wehre (westlich des Sendlinger
Tores, nördlich am Angertor) behinderten das Abfließen des Wassers im
Stadtgrabenbach

Abb. 7. Plan der Stadt München mit den barocken   ▷
Verteidigungsanlagen und der Isarniederung aus der Vogelschau;
Kupferstich von Matthäus Merian, 1644

Abb. 5. Stadtbachsysteme und Mühlenstandorte in München,
15.–20. Jahrhundert

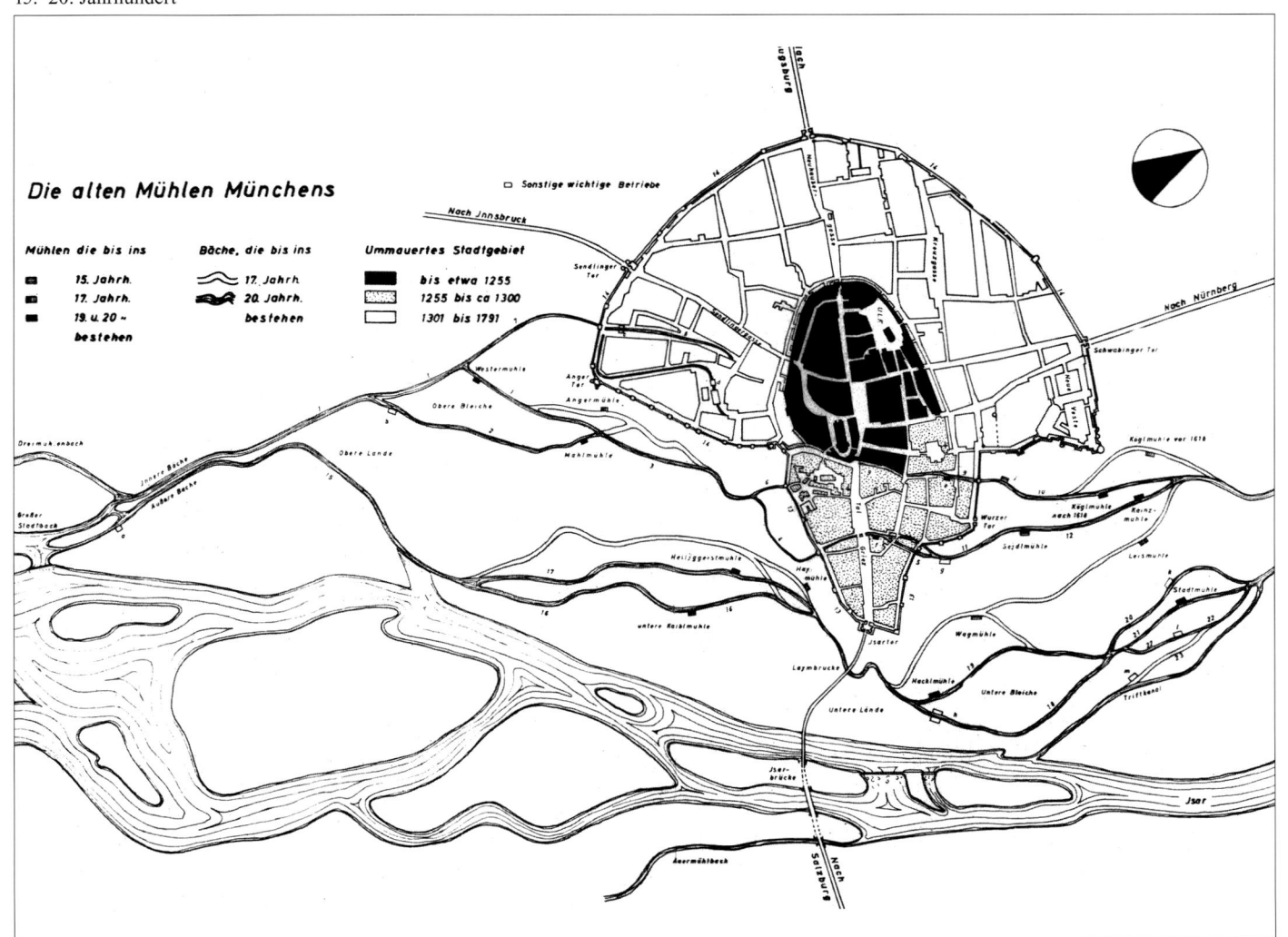

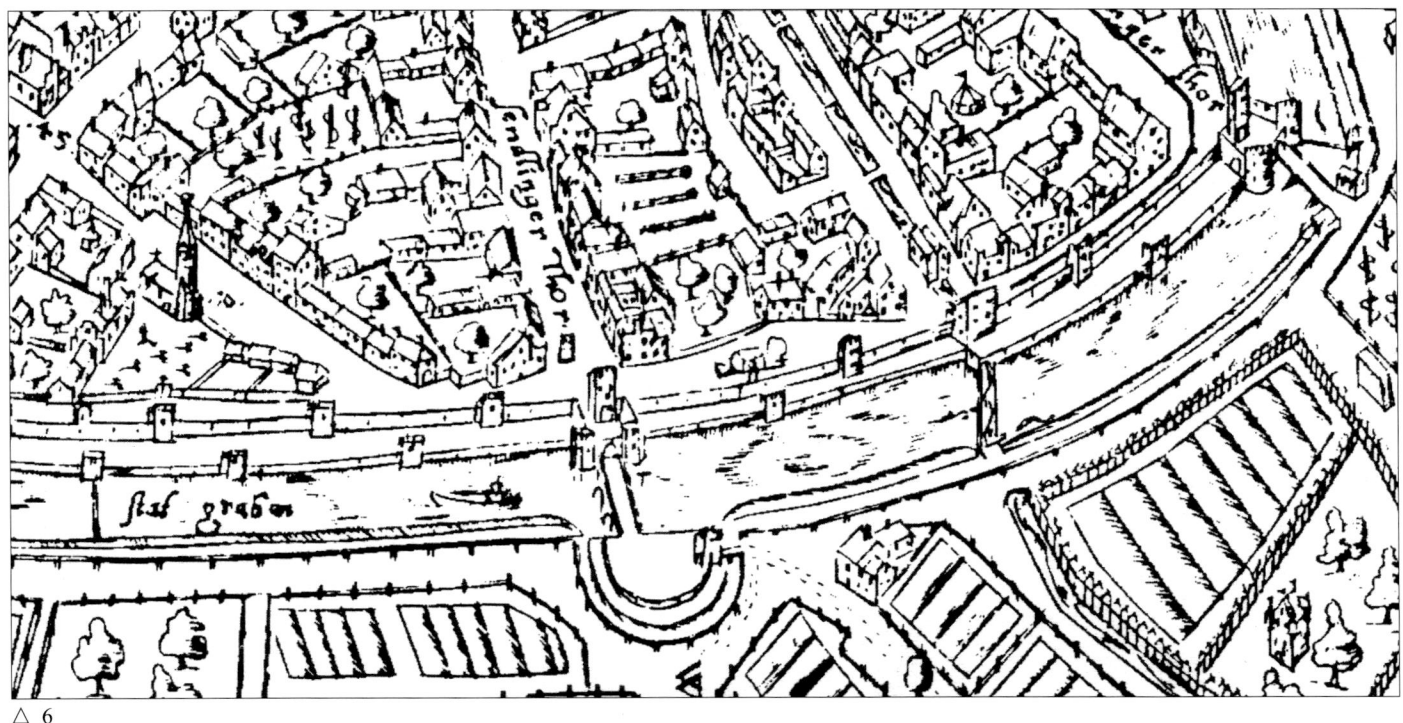

△ 6

▽ 7

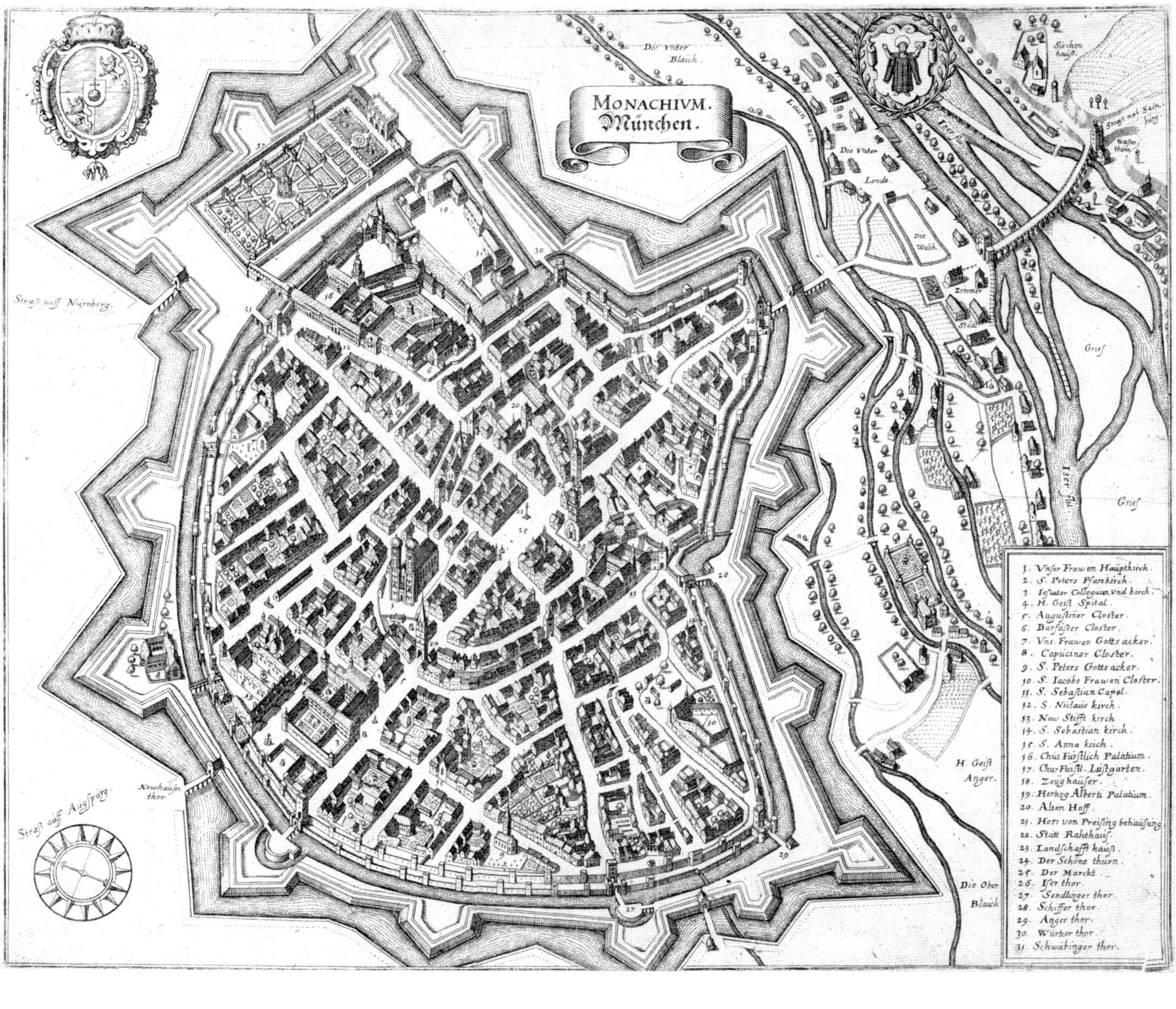

MONACHIVM.
München.

Der Vnter
Blaich.

Isar bach.

Suchen
hauß.

Straß nach Salzburg.

Waſſer
thurn.

Die Vnter
Lende.

Die Walck.

Zimmer

Straß auff Nürnberg.

Grieß

Grieß

Neuhauſer
thor.

Straß auff Augſpurg.

H. Geiſt
Anger.

Die Ober
Blaich.

1. Vnſer Frawen Hauptkirch.
2. S. Peters Pfarrkirch.
3. Jeſuiter Collegium und kirch.
4. H. Geiſt Spital.
5. Auguſtiner Cloſter.
6. Barfüſſer Cloſter.
7. Vns. Frawen Gottsacker.
8. Capuciner Cloſter.
9. S. Peters Gottsacker.
10. S. Jacobs Frawen Cloſter.
11. S. Sebaſtian Capel.
12. S. Niclaus kirch.
13. New Stifft kirch.
14. S. Sebaſtian kirch.
15. S. Anna kirch.
16. Chur Fürſtlich Palatium.
17. Chur Fürſtl. Luſtgarten.
18. Zeughäuſer.
19. Herßog Alberti Palatium.
20. Alten Hoff.
21. Hett von Preiſing behauſung.
22. Statt Rahthauß.
23. Landſchafft hauß.
24. Der Schöne thurn.
25. Der Marckt.
26. Iſer thor.
27. Sendlinger thor.
28. Schiffer thor.
29. Anger thor.
30. Würßer thor.
31. Schwabinger thor.

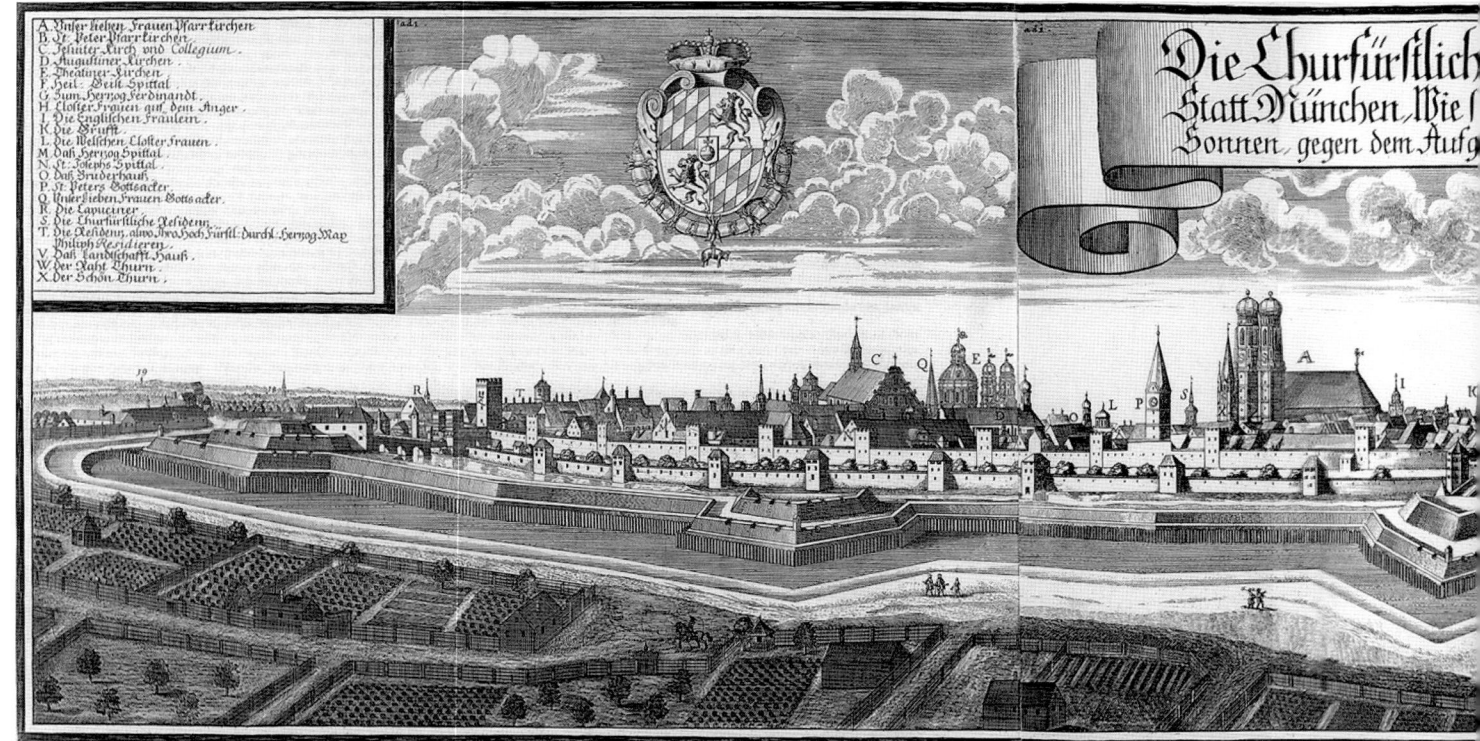

Abb. 8. Ansicht der Stadt München mit den Festungswerken und dem Angertor; Kupferstich von Michael Wening, 1701

wall mit Palisaden, einem Wassergraben und dem Glacis zeigt sich heute noch im Verlauf und in der Weitständigkeit der Bebauung des Altstadtringes. Der bis zu 30 Meter breite Wassergraben war nur streckenweise ständig geflutet. Seine wechselnde Tiefe lag bei durchschnittlich etwa drei Metern. Einen etwas anders verwirklichten Idealplan der Verteidigungsanlagen hat Matthäus Merian 1644 in einem Kupferstich festgehalten.[32] Michael Wening schließlich fertigte 1701 einen Kupferstich mit der Ansicht der Stadt München und ihren südwestlichen Festungswerken.[33] Darin zeichnete er den Glockenbach als in Erddämmen und über Trogbrücken geführten Zulauf zum Wassergraben der Fortifikation sowie zu den Stadtgrabenbächen des Mauerrings. Ein System von Wehren und Schleusen sollte das Anfüllen des Wassergrabens sowie der Stadtgrabenbäche in Notzeiten sicherstellen.[34] Den Mauerdurchlass bewehrte ein Einlaufwerk mit dem Heyturm.[35] Östlich des Zulaufs fällt in der Darstellung Wenings das Gelände mit dem Wassergraben deutlich zur Isaraue ab. Diese Kante der Altstadtterrasse ist gegenwärtig noch 2,40 Meter hoch (Abb. 7 und 8).[36]

Im 17. Jahrhundert bildete die Fortifikation mit den Bastionen einen prismatisch gebrochenen Sockel, über dem sich die Krone der Stadtmauer und die vieltürmige Silhouette der Stadt erhoben.[37] Der militärische Nutzen der Anlage war nie ernsthaft geprüft worden. Eine echte Schutzfunktion hatte sie wohl nicht besessen. Der Beschuss Münchens von den Gasteighöhen im Osten sowie von der Theresienhöhe im Westen über die Wälle hinweg war durchaus möglich. Noch während des Dreißigjährigen Krieges entstanden auf den Wällen, Bastionen und in den Gräben „wilde" Gartenhäuschen und Werkstatthütten, Gärten und Baumpflanzungen – mitunter pittoreske Stadtgrabenszenerien. Der Generalauditor an der Warschauer päpstlichen Nuntiatur schrieb 1652 über dieses München: „Sehr schön in einer Ebene gelegen, ist sie völlig von Mauern und doppelten Gräben mit fließendem Wasser umgeben. Die Stadt betritt man durch zwei

Tore (...) und mittels Zugbrücke über zwei breite Gräben. In ihnen strömt ein Arm des Flusses Isar (...)."[38] Schon 1782 hatte Lorenz von Westenrieder eine später Realität werdende Vision: „Ich sah nichts mehr von den Wällen und Mauern, womit die Stadt ehemals umgeben war, sondern an deren Stelle standen (...) ungemein prächtige Hauptstraßen (...). Die Gassen führten überall durch geräumige, äußerst reinliche Plätze (...)."[39] Die Festungseigenschaft Münchens wurde 1791 aufgehoben, die Befestigung ab 1792 aufgelassen, das bis dahin vertraute Stadtbild ging verloren.[40] Der Stadt- und Umgebungsplan von 1812 zeigt die Stadt dann schon ohne den Gürtel der Fortifikation. Reste der dreieckigen Bastionen sind noch vorhanden, werden jedoch als Garten- und Grünflächen genutzt. Ein Kranz von Vorstädten wuchs auf die Stadt zu, Eingemeindungen zeichneten sich ab. In den weitgehend baufreien Isarauen floss eine ungebändigte, erst in wenigen Abschnitten regulierte Isar als letzte natürliche Barriere gegen das weitere Wachstum der Stadt. Dieses bestimmten zunächst Repräsentationsbedürfnisse der Monarchen, deren Kosten die Stadt zu überfordern drohten. Erst 1869 setzte eine echte kommunale Selbstverwaltung des Stadtbauamtes ein. In dieser Zeit wurden wichtige Infrastrukturen neu aufgebaut: Kanalisationen und die Wasserleitung, die sich später als Hemmnisse eines modernen Wiederaufbaus der Kernstadt nach dem Zweiten Weltkrieg herausstellen sollten (Abb. 9 und Farbtf. VI.1, S. XXIX).[41]

Entwicklung der inneren Stadtgestalt

Die Stadtbefestigung war – wegen der von topographischen Leitlinien bestimmten Lage und Führung –, neben dem Schutz, den sie bot, eine Barriere für die weitere Stadtentwicklung. Sie hielt die Stadt „zusammen" und bewirkte bauliche Verdichtungen nach innen durch die Überbauung von Gärten und Hofarealen sowie die Aufstockung der durchschnittlichen Geschosszahl der

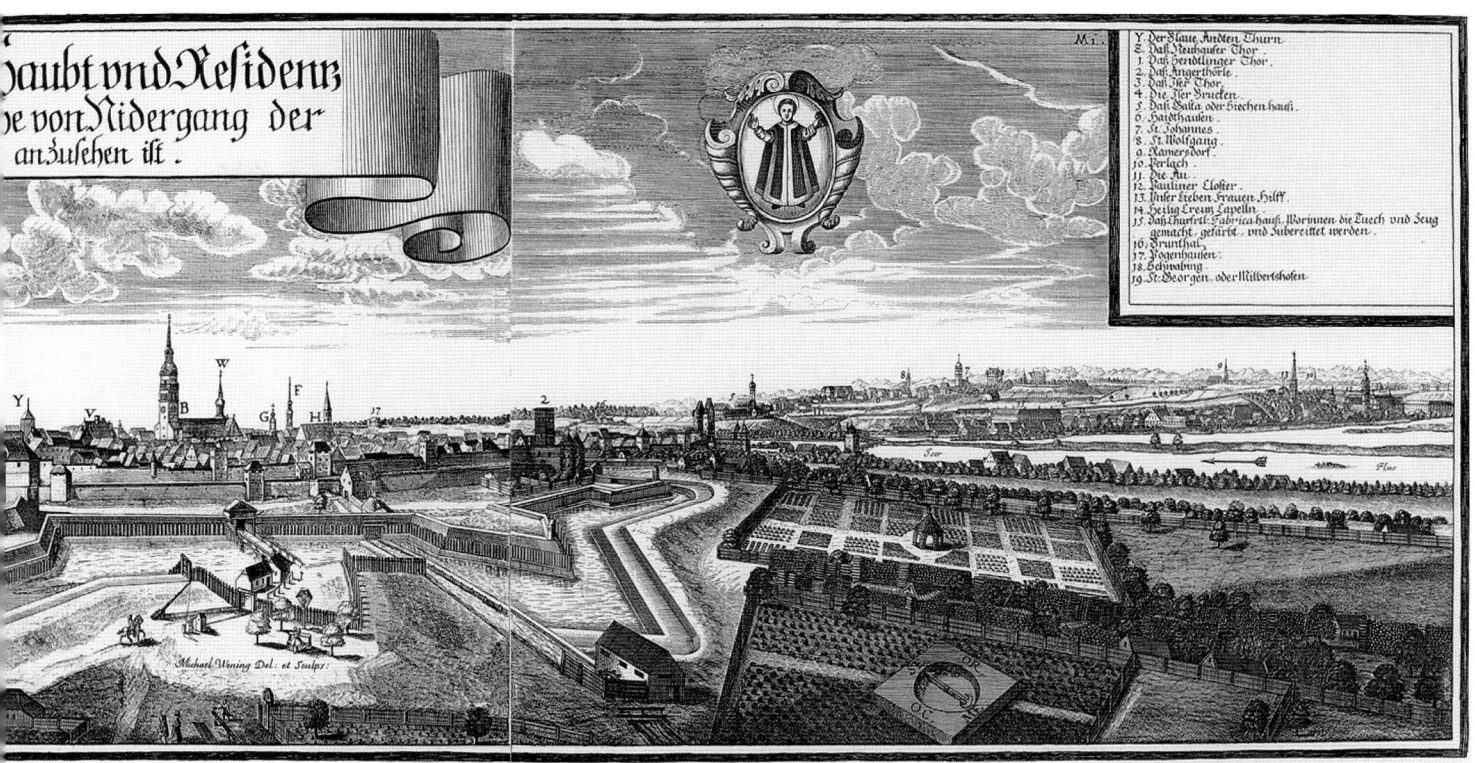

Gebäude von drei auf vier bis fünf Geschosse.[42] Wie für das Verständnis der äußeren Stadtgestalt sind geomorphologische Verhältnisse sowie Verlauf und Systeme der Stadtbäche innerhalb der Altstadt auch ein Schlüssel zum Verständnis der Entwicklung der inneren Stadtgestalt Münchens. Die immer wieder zitierten drei „Hügel" im Verlauf der leicht welligen Altstadtterrasse – Petersbergl, Frauenbergl und die Erhebung unter dem Alten Hof – von denen die bauliche Entwicklung Münchens im 12. Jahrhundert ihren Ausgang nahm, wurden durch den Färbergrabenbach und den Pfisterbach stärker herausmodelliert und mit einer entsprechend aufragenden Bebauung in der sich entwickelnden Stadtkrone sichtbar gemacht. Die älteste topographische Ansicht Münchens in der Weltchronik „Liber Chronicarum" von Hartmann Schedel um 1493[43] zeigt diese Spiegelung der Bodengestalt deutlich in Form der Kirchen St. Peter, Unserer Lieben Frau, des Talburgtors (Ratsturm/Altes Rathaus), des Burgtorturms vom Alten Hof und der Anlage des Wasserschlosses Neuveste am Rand der Altstadtterrasse (Abb. 10).

Abb. 9. Der Maximiliansplatz um 1830 noch ohne Parkanlage, mit dem noch nicht überdeckten Westlichen Stadtgrabenbach; Zeichnung von Joseph Puschkin, um 1890 (Ausschnitt)

Abb. 10. Darstellung Münchens; Holzschnitt von Michael Wolgemut in der Weltchronik „Liber Chronicarum" von Hartmann Schedel, 1493

Die Darstellung zeigt auch die wirtschaftlichen Grundlagen der Stadt: Das offene Isartor leitete die Salzstraße Reichenhall/Hallein–Augsburg auf die Altstadtterrasse. Zu dieser Zeit sollen jährlich allein 7940 Fuhrwerke mit 190.600 Zentnern Salz[44] die Isarbrücke überquert haben. Östlich des späteren Marienplatzes kreuzte die Salzstraße die ältere Landstraße Thalkirchen–Schwabing, die in der südlichen Stadthälfte in zwei (Rindermarkt, Rosenstraße) und in der nördlichen Stadthälfte in drei Äste gespalten ist (Wein-, Diener-, Burgstraße). Im Zusammenhang mit der damals schon mehrere Jahrhunderte alten Flößerei auf Loisach und Isar hatte München Privilegien als Warenumschlagplatz für den Floßhandel und für die Holztrift an sich gebracht. Die mächtigen Holzstapel an der Floßlände unterhalb des Isartors und zahlreiche Isarflöße sind unübersehbar. Zu der Zeit sollen es jährlich 3640 Flöße gewesen sein, die in München anlandeten.

Auf dem Höhepunkt der Isarflößerei, zwischen 1860 und 1876, kamen jährlich über 8000 Flöße nach München.[45] Bis zur Anlage der Kaimauern im Jahre 1886 lag der Haupthafen Münchens als großflächiger Umschlagplatz Untere Lände zwischen der Ludwigsbrücke (Ländstraße [sic!], Steinsdorfstraße) und dem Lehel.[46] Praterwehr und Streichwehr stellten einen für die Flößerei notwendigen hohen Wasserstand im Umgriff der Lände her. Eine Floßgasse führte noch 1972 durch das Praterwehr auf das Unterwasser beim Kabelsteg. Gestapelt wurden vor allem in großen Mengen benötigtes Bau-, Werk- und Brennholz aus den Nadelwäldern im Isarwinkel; Holzkohle und Kohle aus dem Oberland (Kotzberg, Dürnberg oder Zirbennussberg) für eine Reihe von Gewerben und Baustoffe wie Nagelfluh aus den Grünwalder Steinbrüchen, Tuffstein aus stadteigenen Brüchen bei Wolfratshausen, Steine, Kalk aus den Tölzer Kalköfen, Pflastersteine, Mühl- und Wetzsteine; dann auch Sommerbier und Möbel aus Tölz sowie Wein aus Südtirol. Der zweite Umschlagplatz Obere Lände lag bis 1899 in der Isarvorstadt, im Bereich der Holz- und Baumstraße [sic!] unterhalb des Alten Südlichen Friedhofs. Kalksteinflößer steuerten am Hinterbrühler See südlich der Stadt eine Kalkbrennerei (heute Einkehr Hinterbrühl) an. Die Zentrallände wurde 1899 in Maria Einsiedel bei Thalkir-

chen eröffnet. Ein Floßverkehr von München abwärts findet nicht mehr statt. Oberhalb von München verkehren Flöße zum touristischen Vergnügen (Abb. 11).

An der Umgriffgestaltung der Peterskirche, Frauenkirche, des Marienplatzes mit Rathaus und der Residenzen lässt sich der politische und soziale Wandel des Bürgertums und der Einfluss der Wittelsbacher auf die Stadtgestalt ablesen; ebenso aber auch der unmittelbare Zusammenhang zwischen der frühen städtebaulichen Entwicklung Münchens mit den geomorphologischen Verhältnissen und dem Verlauf der Stadt(graben)bäche.[47]

Für eine Besiedelung des Petersbergls lange vor der Gründung Münchens gibt es keine Hinweise. Die Überbauung des Areals mit einer Kirche wird in der zweiten Hälfte des 12. Jahrhunderts angenommen.[48] Die erste Marienkapelle auf dem Frauenbergl ist in der zweiten Hälfte des 12. Jahrhunderts nachweisbar. Wohl in der ersten Hälfte des 13. Jahrhunderts entstand eine dreischiffige Marienkirche, die 1271 zur zweiten Pfarrkirche Münchens erhoben wurde und dem 1468–88 erbauten Liebfrauendom weichen musste. Die früher ungleich imposantere Wirkung des massigen Baukörpers mit wuchtigen Türmen und einem gewaltigen Dach inmitten einer dicht bebauten Umgebung wurde durch Verfüllen des Färbergrabenbachs, Einebnungen im Domumgriff um 1800 und zuletzt im Zuge der Gestaltung der Fußgängerzone abgeschwächt. Aus dem Frauenbergl war der Frauenplatz geworden.[49] Die Anordnung der Marktfreiheit durch Ludwig den Bayern war von großer Bedeutung für die Ausbildung einer klaren Mitte der Stadt. Nach 1315 wird der Hauptmarkt/Marienplatz baufrei gehalten. Wichtigste öffentliche Gebäude in der Mitte Münchens waren das (Alte) Rathaus mit Gericht und die Münzstätte. Auf dem Hauptmarkt wurde mit Getreide, Brot, Fleisch, Fisch, allen übrigen Lebensmitteln und Wein, aber auch mit Stoffen und Schuhen gehandelt.[50] Der Alte Hof birgt für München bislang einzigartige vorgeschichtliche Siedlungsspuren im Boden. 1253 wurde die Anlage Stadtresidenz der Herzöge von Oberbayern. Diese rangen ab 1240 mit den Patriziern im Inneren Rat und Handwerkern im Äußeren Rat um eine führende politische Rolle in München.

Träger der städtischen Macht blieben lange Zeit die wohlhabenden Kaufleute, Salz- und Tuchhändler der Inneren Stadt. Für die Handwerker und Gewerbetreibenden der Äußeren Stadt waren bisweilen nachts die Tore zur Heinrichsstadt verschlossen. Als Anlieger am Färbergrabenbach vor den Toren der Inneren Stadt sind erst nach dem Jahre 1480 Färber bezeugt. Auch weitere Straßen- und Bachnamen im Umgriff des überdeckten und dann aufgelassenen Grabenbachs weisen auf wasserständige Gewerbe hin, die die Schutzdienste dieses Teils der ersten Befestigungsanlage Münchens bald überlagert hatten: Sattlerstraße, Schäfflerstraße, Schrammerstraße (Bad der Familie Schramm), Münzstraße, Pfisterbach, Rossschwemme und Rindermarkt. Südwestlich des Färbergrabenbachs verdichten sich städtebauliche Hinweise auf die Lage der präurbanen Siedlung Altheim vor der Inneren Stadt und den „Einbau" von Anschlüssen zur Inneren Stadt vor der planmäßigen Anlage der gleichartig gerasterten Straßenzüge des Hackenviertels: Straßenrücksprünge im Verlauf von Altheimer Eck und Brunnstraße/Hackenstraße, unregelmäßige Anschlüsse zur Inneren Stadt über die (heutige Sackgasse) Hofstattstraße und die Hotterstraße sowie die lang gezogene Form einiger Grundstücksstreifen und Durchgänge zur Sendlinger Straße.[51]

Das grundsätzliche Verteilungsmuster fürstlich und bürgerlich bestimmter Bereiche in der Inneren Stadt, umgeben von Gewerbe und Handwerk der Äußeren Stadt, blieb nach der Vergrößerung der Stadtfläche im 14. Jahrhundert bestehen. Große staatliche Bauten übernahmen, teilweise aus Bürgerhand, Standorte in der Nordstadt: das Wasserschloss Neuveste und die Hofgärten; die Kirche St. Michael mit hohem dynastischen Anspruch, das baulich weit ausgreifende Jesuiten-Gymnasium und die nördlich daran anschließende Maxburg Wilhelms V. Große städtische und kirchliche Bauten prägen die Innere Stadt: das (Alte) Rathaus, flankiert von den Pfarrkirchen. Ein Kranz mittelalterlicher Klosteranlagen der Augustiner, Franziskaner, Englischen Fräulein, Klarissinnen, Karmeliter, Salesianerinnen, Theatiner, Nonnenhäuser der Pütrich und Ridler sowie das Heiliggeist-Bürgerspital[52] entstanden um die Innere Stadt. Die Anlagen gingen nach 1802 in säkularisierten Baukomplexen auf.[53]

Verfolgt man den mit älteren Karten parzellenscharf rekonstruierbaren Lauf der inneren Bäche, werden Verteilungsmuster der Gewerbe- und Handwerkeransiedlung innerhalb des Mauerrings erkennbar, die lange Bestand hatten.[54] Im Angerviertel und in der Graggenau (Südosten und Nordosten des mittelalterlichen Stadtgevierts),[55] unmittelbar unterhalb der Altstadtterrasse auf

Abb. 11. Die „Untere Lendt"; Radierung (Ausschnitt) von Tobias Volckmer, 1613. Der Haupthafen Münchens erstreckte sich von der „Isser Brücken" (Ludwigsbrücke) bis ins Lehel hinein. Der Landekai und das Praterwehr in der Isar waren mit Holzbohlen befestigt. Vorder- und rückseitig steuerbare Flöße lagen vertäut am Kai. Holzstapel, Holzschlagarbeiten, ein „Kalck offen" sowie der umzäunte „Loater Ramen und Walck" der Tuchhändler prägten das Gewerbegebiet. Am nordwestlichen Bildrand sind in der „Vorderen Blaich" zum Trocknen aufgespannte Tücher zu erkennen

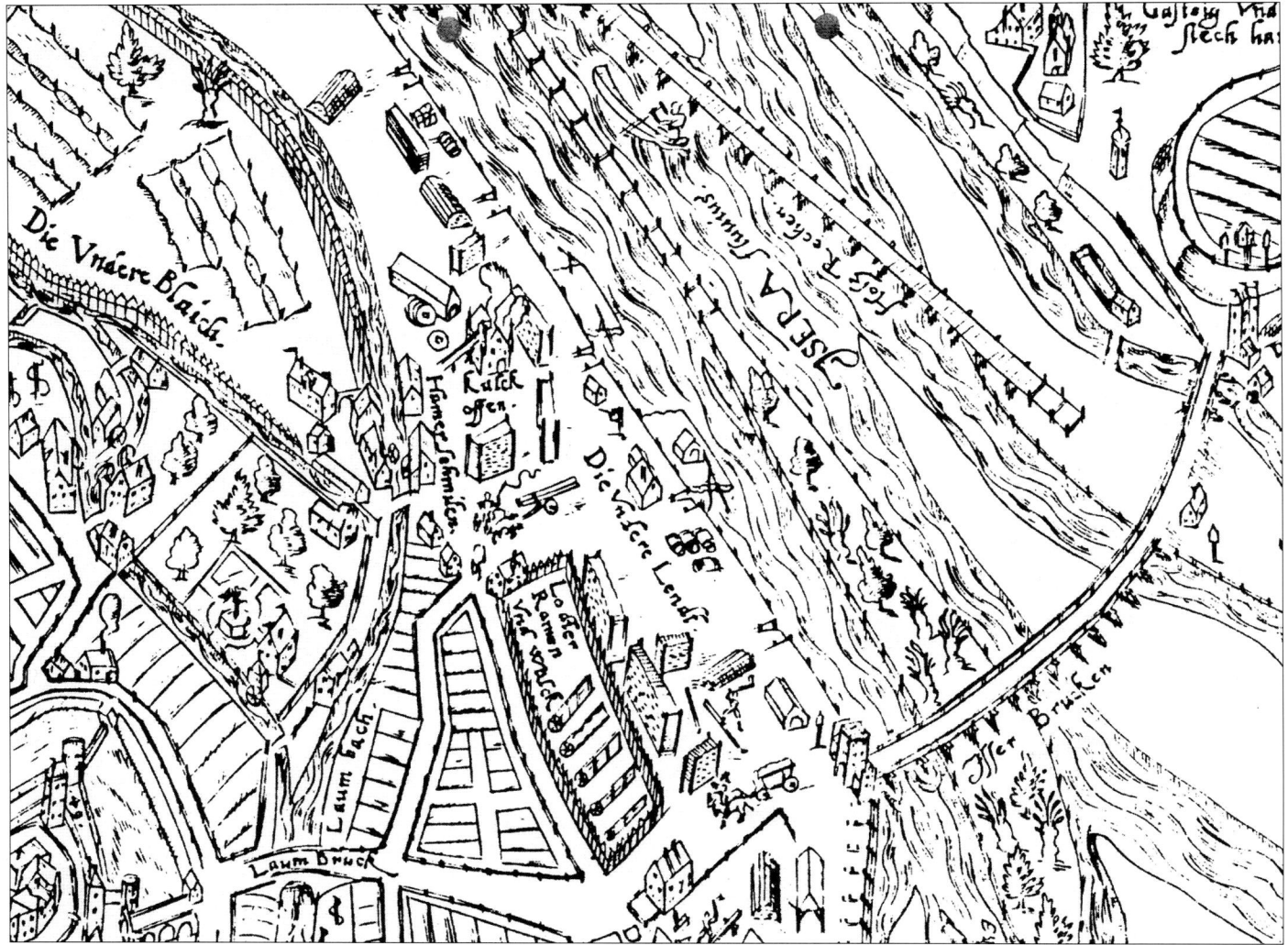

ebenem und feuchtem Grund, waren die wichtigsten Gewerbe ansässig: Am Großen Angerbach standen die Walk- und Schleifmühle, Angermühle, Wäschereien, Bleichen, das Gighanbad verschiedener Bader- und Wundärzte (heute ORAG-Haus), das Manghaus zum Walken und Glätten der Stoffe sowie das Färbhaus der Wirker und Weber. Am Pfisterbach lagen die Fleischerbänke der Metzger und Schlachthäuser,[56] Tuchmacherhäuser und -werkstätten, die 1945 zerstörte Pfistermühle, die Pferdeställe der Residenz (im Gebäude Alte Münze und im Marstall). In der Alten Münze diente das Wasser aus dem Pfisterbach dem Ausmisten der Ställe und später auch dem Antrieb der Münzprägestöcke per Wasserrad.[57] Am Katzenbach im Tal standen die Hochbrückmühle, an der Irchergasse (Ledererstraße) der 1241 erwähnte ehemalige Lohstampf der Lederer und Gerber,[58] vor dem Wurzertor die Walkmühle, der Maderbräu (Weißes Bräuhaus), das Hofbräuhaus und die Hofbräuhaus-Kunstmühle (Neuturmstraße 3).[59] Dieser einzige noch bestehende Mühlenbetrieb in der Innenstadt war 1703 gegründet worden, um Malz für die benachbarten kurfürstlichen Brauhäuser zu brechen. Der Malzmühlbach wurde 1967 aufgelassen und der Mühlantrieb auf Strom umgestellt.[60] Das Graggenauerviertel war daneben Sitz höfischer Institutionen und Wohngebiet der Hofangehörigen (Abb. 12).

Im Hackenviertel (südwestliches Stadtgeviert) waren Hopfen-, Kraut- und Gemüsegärten vorherrschend sowie Einrichtungen der bürgerlichen und höfischen Wohlfahrtspflege (Herzogspital, Josephspital). Entlang der Sendlinger Straße ließen sich zahlreiche „braxatore" und „prewmaister" nieder: der Singelspielbräu, Oberottlbräu, Unterottlbräu, Unterpollingerbräu oder Hackerbräu.[61] Das Bierbrauen war landesherrliches Vorrecht. Über die Vergabe der Brauberechtigung in Verbindung mit Ausschank und Beherbergung entschied der Herzog. Ausschlaggebend für die Konzentration von Brauereien in und um das Hackenviertel waren oben erwähnte Hopfengärten und die Lage an den Durchgangsstraßen nach Sendling und Neuhausen.

Auf dem Promenadeplatz im Kreuzviertel (Nordwesten des Stadtgevierts) entwickelte sich der Salzmarkt. In der Nähe befanden sich auch die Schäfflerwerkstätten und Wohnhäuser einiger Salzhändlerfamilien. Nach der Verstaatlichung des Salzhandels um 1587 wurde das Kreuzviertel das Quartier der Hofangehörigen, des Adels und in ihrer Nachfolge das der Banken und Versicherungen.[62]

Abb. 12. Mühlen und wasserständige Gewerbe am Großen Angerbach; Radierung (Ausschnitt) von Tobias Volckmer, 1613

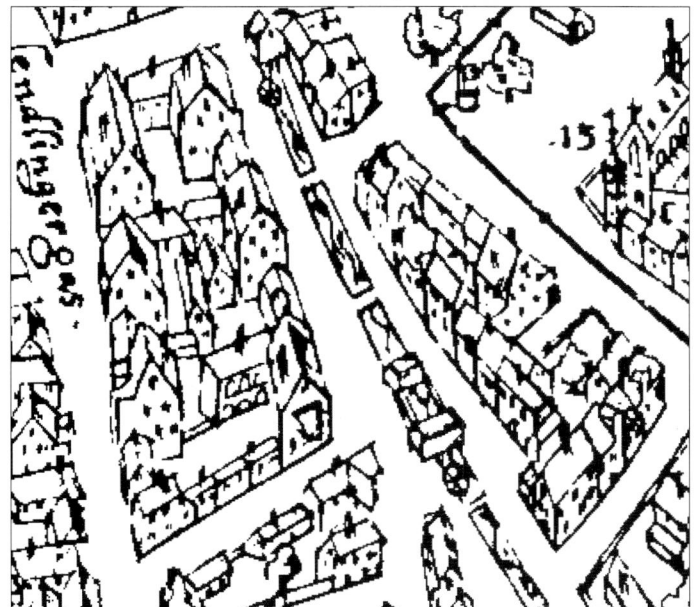

Mit der Maxburg beanspruchten Bauten des Münchner Residenzbaukomplexes auch im Kreuzviertel größere Areale. Das vom Pfisterbach abgezweigte Apothekenbächl speiste mit dem Westlichen Stadtgrabenbach den Schutzgraben um das Wasserschloss Neuveste. Hierhin wurde ab 1385 die Residenz aus dem Alten Hof verlagert und bis zur nach dem Zweiten Weltkrieg weitgehend rekonstruierten Gestalt vergrößert. Zugang zum Wasserschloss boten Grabenstege und Brücken. Am Standort der heutigen Allerheiligen-Hofkirche führte eine Holzbrücke von der Neuveste über die Kante der Altstadtterrasse zum ersten Hofgarten. Die topographisch-historische Situation des Schutzgrabens auf und unterhalb der nun verschliffenen Kante der Altstadtterrasse ist ungeklärt. Teile des östlichen Residenzareals und des späteren Marstallgeländes wurden im Zuge der Errichtung von Zeughausbauten und wohl auch der Wallbefestigung (Ravelins) im 17. Jahrhundert abgegraben.[63] Jenseits der mittelalterlichen Stadtmauer entstanden unter Einbezug des Kainzmühlbachs sowie vor allem des Köglmühlbachs von Bachläufen begleitete Lust- und Hofgärten der Residenz: vor 1409 ein „Baumgarten auf dem Bach", im frühen 16. Jahrhundert der Lustgarten Herzog Wilhelms IV. – der Köglmühlbach überquerte auf Stelzen einer Trogbrücke den Stadtgrabenbach – und 1613–17 nördlich des Residenz- und späteren Marstallgeländes, anstelle von Krautäckern und Gärten, der noch erhaltene Hofgarten nach dem Vorbild italienischer Renaissanceanlagen. Wohl schon im 16. Jahrhundert drückte ein Brunnenhaus an der Stelle der Zusammenführung von Köglmühlbach, Stadtgrabenbächen und Kainzmühlbach Wasser über den Hofbrunnwerkkanal zur Residenz hoch.[64] Zum späteren Englischen Garten und zur Hirschau bestand ein fließender grüner Übergang (Abb. 13).

Bis in das mittlere 19. Jahrhundert hinein spielten die Stadt(graben)bäche eine wesentlichere Rolle für die städtebauliche Entwicklung Münchens als die Isar. Erst in seiner gebändigten und regulierten Gestalt konnte der Fluss in die bebaute Stadt[65] einbezogen werden. Die Stadt(graben)bäche sind ebenso wie die inneren Stadtbäche heute weitgehend aus dem Stadtbild verschwunden. Die wachsende Stadt und der Fortschritt hatten wasserständige Gewerbebetriebe von den Stadtbächen und schließlich auch diese selbst verdrängt. Nur mehr der Glockenbach, der Westliche Stadtgrabenbach, ein Abschnitt des Westermühlbachs mit Kühlwasser für das Heizkraftwerk Müllerstraße sowie im Lehel der Stadtmühlbach und der Stadtsägmühlbach als Zulauf des Eisbachs im Englischen Garten existieren noch, überwiegend jedoch in Rohren im Münchner Untergrund.[66] Folgt man auf aktuellen Flurkarten den ehemaligen Trassen aufgelassener Stadtbäche, so vermitteln Straßenverläufe und Parzellenzuschnitte, ungewöhnlich schräge Abschlussmauern und Gebäudekanten oder die lineare Abfolge von Innenhöfen die fortbestehende städtebauliche Bedeutung der ehemaligen Stadt(graben)bäche für München. Ansonsten überraschende Mauerreste in Kellern finden so ihre Erklärung. Immer wieder diskutierte Bach-Konzepte scheitern an den Kosten der Freilegung oder stehen nicht im Einklang mit neueren städtebaulichen Konzeptionen.[67] Der erforderliche Geländeabtrag im westlichen Bereich der Altstadt für ein Fließgewässer ohne Hebewerke liegt immerhin bei ca. fünf Metern.

Lehel (St.-Anna-Vorstadt) und Englischer Garten

Im Gebiet der äußeren Stadtbäche zwischen dem Hofgarten und der Isar lagen bis zur Errichtung der Wallbefestigung des 17. Jahrhunderts ausgedehnte kirchliche und private Gärten sowie der fürstlichen Hofhaltung und dem Jagdrevier Isarauen (Englischer Garten) vorgelagerte Gebäude, wie möglicherweise die bislang nicht lokalisierte „neue fürstliche Schwaige".[68] Allerlei Gewerbe an Stadtbächen und Isar gaben dem Lehel schon

Bestandsplan des Englischen
Gartens von Carl Effner, 1830   ▷

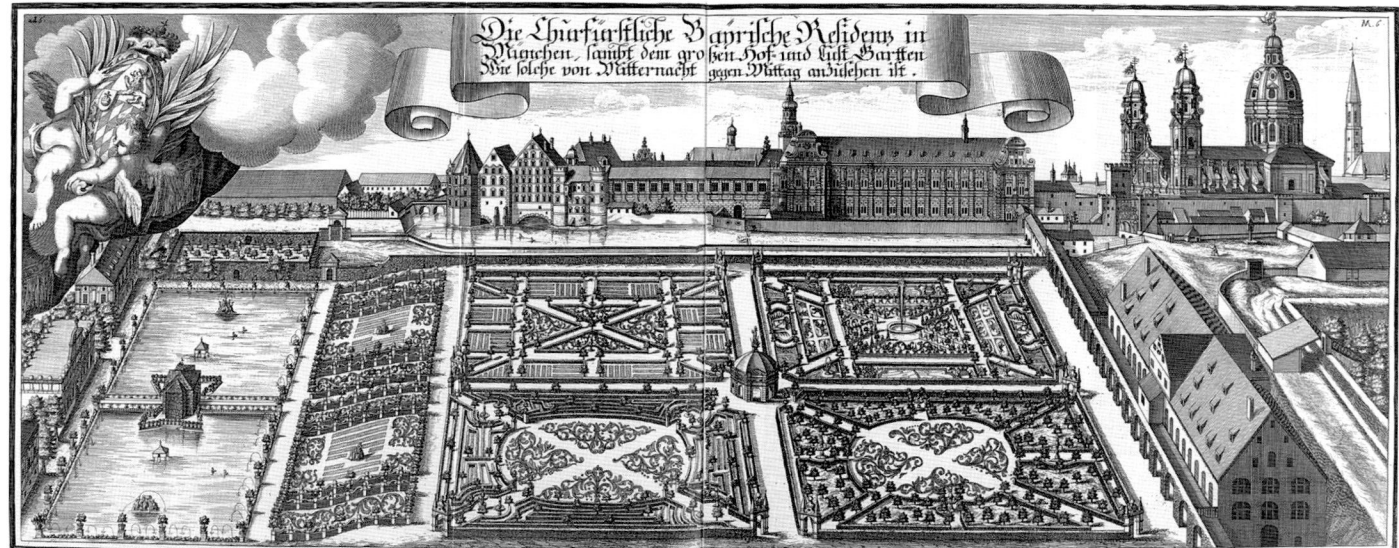

Abb. 13. Die kurfürstliche Residenz in München mit dem Hofgarten; Kupferstich von Michael Wening, 1701

im Mittelalter eine eigene Prägung. Die älteste Vorstadt Münchens[69] war im lichten Lohwald der Isaraue, also „auf dem Lehel" entstanden und als unzusammenhängende Kleinhausagglomeration aus dem Lehen des Grafen Tattenbach im Jahre 1724 dem Münchner Burgfrieden zugeschrieben worden. Kurfürst Max Emanuel hatte damit die Stadt für die Ausgemeindung der Hirschau als kurfürstliches Jagdrevier entschädigt. Auf Bitten der Leheler, denen die Münchner Stadtkirchen zu weit entfernt lagen, wurde ab 1727 das St.-Anna-Kloster für Eremiten des hl. Hieronymus im Lehel errichtet; die Klosterkirche wurde ungeachtet der Rechte des Liebfrauendoms zugleich Vorstadtkirche (Abb. 14).

Die strukturelle Eigenständigkeit der Vorstadt zeigte sich nach dem Schleifen der Wallanlagen um München deutlich auf dem Umgebungsplan der Stadt von 1812[70]: Das Arbeiten und Wohnen am Köglmühlbach, Kainzmühlbach[71], Kanalbächl, Papiererbach, Stadtmühlbach, Stadtsägmühlbach (jetzt St.-Anna-Pfarrstraße), Feuerbächl (Sternstraße/Oettingenstraße), Hofhammerschmiedbach (Reitmorstraße), Triftkanal (Triftstraße), an den Deichen des Holzgartens[72], an der Floßlände, bei der „Taback Fabrik" und am Hofwaschhaus mit Bleichwiesen für die Wäsche (Umgriff Oberste Baubehörde)[73], um den großflächigen und durch die Stadtbäche bestens bewässerten Hofküchen-Garten (Tattenbachstraße) sowie um die „Churfürstliche Cotton-Manufaktur" (Persfabrik, Pers = bedrucktes Baumwollzeug, Kattun; Kreuzung Adelgundestraße/Mannhardtstraße)[74] bestimmte das Leben der Tagelöhner, Fischer, Wäscher, Wachsbleicherinnen, Müller[75], Flößer und Triftarbeiter. Wegen des Wasserbezuges wurden sie mit dem Beinamen „Lecheler Patscher" bedacht. Das säkularisierte St.-Anna-Kloster war 1812 noch als Kaserne in Nutzung, erst 1827 zogen Franziskaner in das Kloster ein (siehe Abb. 15, S. XXVIII).

Nach 1853 erschlossen Abzweigungen der Maximilianstraße[76] und nach 1891 auch der Prinzregentenstraße[77] das Gebiet für Liegenschaften der privaten und öffentlichen Verwaltung und leiteten die Überwölbung sowie weitgehende Auflassung der Bäche und Kanäle vor allem in den 1940er Jahren im Lehel ein. Auf den Wasserläufen entstanden zumeist Fahrstraßen. Zur „Canäle-Überbrückung" musste die Maximilianstraße auf einem meterhohen Damm von der Oper bis zur Maximiliansbrücke geführt werden, der deutlich sichtbar geblieben ist. Als Ende des 19. Jahrhunderts die Isar weitgehend reguliert war, hatte sich der Wasserspiegel im Lehel um sechs Meter gesenkt, die Überschwem-

mungsgefahr war gebannt. Infolge dieses Standortwandels und der Ausweisung großer Teile des Lehels im Flächennutzungsplan von 1965 als Kerngebiet entwickelte sich die ehemalige Vorstadt armer Leute zum bevorzugten Wohn- und Geschäftsviertel[78] des Großbürgertums.

Der überwölbte Stadtmühlbach und der Stadtsägmühlbach sind die verbliebenen Zuläufe des Eisbachs. Sie werden – wie der aufgelassene Triftkanal – östlich der evangelischen Pfarrkirche St. Lukas im Stau des Prater-Wehrs mit 30 m³/s Isarwasser versorgt und erreichen östlich des Hauses der Kunst den Englischen Garten. Die „Abrecherbrücke" für Treibholz in der Isar befand sich anstelle der heutigen Praterwehrbrücke, am ehemaligen Beginn des Triftkanals. Am Standort des 1876/77 errichteten Wilhelmsgymnasiums lag eine „Deichenbeiz",[79] ein Platz zum Bohren und Präparieren von Röhrenstämmen für Brunnen und Wasserleitungen. Auf dem weitläufigen staatseigenen Gelände des königlichen Holzgartens entstanden nach dessen Auflassung im Jahre 1887 die Gebäude des Bayerischen Nationalmuseums (1894–1900), des Bayerischen Staatsministeriums für Wirtschaft und Verkehr (ehemals Luftgaukommando Süd, 1937–1939) und des Landesamtes für Vermessung und Geoinformation (Stammgebäude 1901).

Nördlich der Prinzregentenstraße öffnet sich die Stadt dem Englischen Garten. Seine städtebauliche Bedeutung erhält der Landschaftspark als Gegensatz zur umgebenden dicht bebauten Stadt als im Sinne des 19. Jahrhunderts gestaltetes „Bild der Natur".[80] Ein Teil der Schwabinger Aue war bereits um 1387 als Jagdrevier mit Hirschgehege von der fürstlichen Hofhaltung in der etwa gleichzeitig errichteten Neuveste genutzt worden. In den Jahren 1789 bis 1814 erfuhr die umwucherte Auenlandschaft des Hirschangers mit dem Hirschangerwald und der Hirschau zwischen Schwabinger Bach, Eisbach und kleinen Isar-Rinnsalen eine Umgestaltung zum Landschaftspark nach englischem Vorbild. Grundlagen der Umgestaltung waren die Hochwassersicherung der Aue durch den um 1790 aufgeschütteten „Riedl-Damm" (Riedelstraße/Ifflandstraße) und die Loslösung aus dem höfischen Nutzungskontext. Es entstand eine geplante Kunstlandschaft mit wohldurchdachtem Wegenetz, anmutend „wie eine gewachsene Naturszene". Ein Teil der Entwässerungsarbeiten, der Dämme sowie der Baumpflanzungen geht auf die Anlage von „Militärgärten" durch ein Armeekorps bayerischer Soldaten zurück. Diese Übungsgärten lagen zwischen der heutigen Königinstraße und dem Eisbach (Schönfeldwiese). Daneben konnten die Soldaten in landwirtschaftlichen Musterbetrieben einer Schweizerei mit Kleewiesen und Hornviehzucht und einer Schäferei mit Weide, Ackerbau- oder Baumschule dienen. Bis ins frühe 19. Jahrhundert nutzten Betriebshöfe, ein Sägewerk und Mühlenbetriebe beim „großen Wasserfall" (Kreuzung Schwabinger Bach/Eisbach) die Wasserläufe im Englischen Garten.

Doch schon 1792 hat man den „Karl-Theodor-Park" zur allgemeinen Ergötzung als Volkspark zugänglich gemacht, das Auengelände über den Militärgarten hinaus entwässert sowie Brücken, Straßen und Wege angelegt. Um 1800 entstand die Geländevertiefung des Kleinhesseloher Sees am Nordrand des Parks durch Abbau von Isarschlamm, der zur Bodenverbesserung neuangelegter Äcker in der Hirschau benötigt wurde. Der Entwicklungsplan für den Englischen Garten von 1807 sah dann die bis 1812 ausgeführte Vergrößerung des Sees zur 8,6 Hektar großen Wasserfläche vor. Zur Betonung und Rhythmisierung von Sichtbeziehungen sowie zur Aufladung mit Geschichte wurden an geeigneten Orten Denkmalstaffagen als Erinnerungsstätten aufgebaut: die halbrunde Steinbank mit der bezeichnenden Inschrift „Hier wo ihr wallet da war sonst Wald nur und Sumpf"; das Rumford-Denkmal, das Sckell-Denkmal mit Säule und Bank, das Werneck-Denkmal sowie pittoreske Schauarchitekturen wie der erstmals 1790 im Hirschangerwald errichtete Chinesische Turm mit „Chineser-Wirthshaus" und Tanzplatz oder der Rundtempel Monopteros auf einem künstlichen Ziegelhügel am Rand der Werneckwiese, umgeben von bewusst platzierten Baumgruppen und herausmodellierten „Bodenwellen".[81] Carl Effner hat das Erscheinungsbild des Englischen Gartens, das einer lang gestreckten Achterschleife um den Hirschangerwald mit innenliegenden offenen Wiesenflächen gleicht, auf dem ersten großen, heute für Pflegekonzepte des Gartendenkmals wichtigen Bestandsplan von 1830 festgehalten. Von Friedrich Ludwig von Sckell, dem eigentlichen Schöpfer des klassischen Landschaftsgartens, sind nur Einzelentwürfe zu Teilen der Anlage hinterlassen (siehe Farbtf. IV, S. XXV).[82]

Maxvorstadt und ehemaliger Schwabinger Kanal

Die Siedlungsentwicklung Münchens im 19. Jahrhundert[83] orientierte sich nach der Niederlegung des einengenden Mauerrings[84] vor allem an den Stadterweiterungsachsen Brienner Straße, Ludwigstraße, Prinzregentenstraße, Maximilianstraße, äußere Sendlinger Straße (heute Lindwurmstraße) und an der Ringstraße um die westliche und südliche Altstadt mit neugestalteten Stadteinfahrten. Sie bemühte sich um die Einbindung der Isarlandschaft mit ihren Auen etwa im Englischen Garten und der isarnahen Vorstädte durch Eingemeindungen. Es entstanden neue Brückenanlagen und Isarkais. Die Einbindung der Siedlungen entlang der von Westen nach München kommenden Eisenbahntrasse wurde vorgenommen, die in funktionaler Hinsicht Nachfolger der nördlichen Römerstraße, Salzstraße und der Isar als Floßhandelsweg wurde.

Die Brienner Straße trug zunächst die Bezeichnung „Königstraße" und entstand im Wesentlichen von 1808 bis ca. 1824. Im Zuge der ersten planmäßigen Stadterweiterung wurde sie die erste der großen Straßenanlagen des 19. Jahrhunderts in München und die bestimmende Ost-West-Achse der neuen Maxvorstadt.[85] Zusammen mit der ab 1816 entwickelten Süd-Nord-Achse Ludwigstraße[86] bildete sie den Bezugsrahmen für eine erstmalige blockmäßige Erschließung und geometrische Neubebauung auf freiem Gelände außerhalb der Altstadt. Das moderne München bekam Gestalt. Die Lage der Straßen und Bauplätze galt als attraktiv wegen der Nähe zu den adeligen Stadtpalästen um die Prannerstraße sowie zur Residenz mit Hofgarten und Englischem Garten. Hochwasser waren anders als im Lehel nicht zu befürchten, die Luft war ohne umgebende Gewerbe rein. Große Teile des Areals standen zudem als Besitz ehemaliger geistlicher Stiftungen seit der Säkularisation unter der Verwaltung der öffentlichen Hand. Der Generallinienplan von 1808 zur nordwestlichen Stadterweiterung sah dann die Einteilung der geplanten Maxvorstadt in große, rechtwinklig einander zugeordnete Baublöcke von 232 m Länge und 189 m Tiefe vor, in offener Bauweise mit Villenarchitektur, großen Gartenanlagen und „Landschaftsgrün". Die Weite und Offenheit des Raums gaben Maß und Rahmen für ihre Setzung. Nicht Beschränkungen durch die Topographie oder bestehende Gebäude, sondern die Abfolge von Freiräumen ordneten die neue Vorstadt (siehe Farbtf. VI.2, S. XXIX und Abb. 16).

Zunächst noch städtebauliche Ansatzpunkte, bald aber Gegensätze zum starren Rechteckrasterplan der Straßenachsen waren der Fürstenweg des 17. Jahrhunderts von der Münchner Residenz zum Schloss Nymphenburg und der Dammzug des Schwabinger Kanals Max Emanuels von 1702–04.[87] Schließlich erfolgte die Begradigung des Fürstenwegs zugunsten einer freien Rhythmi-

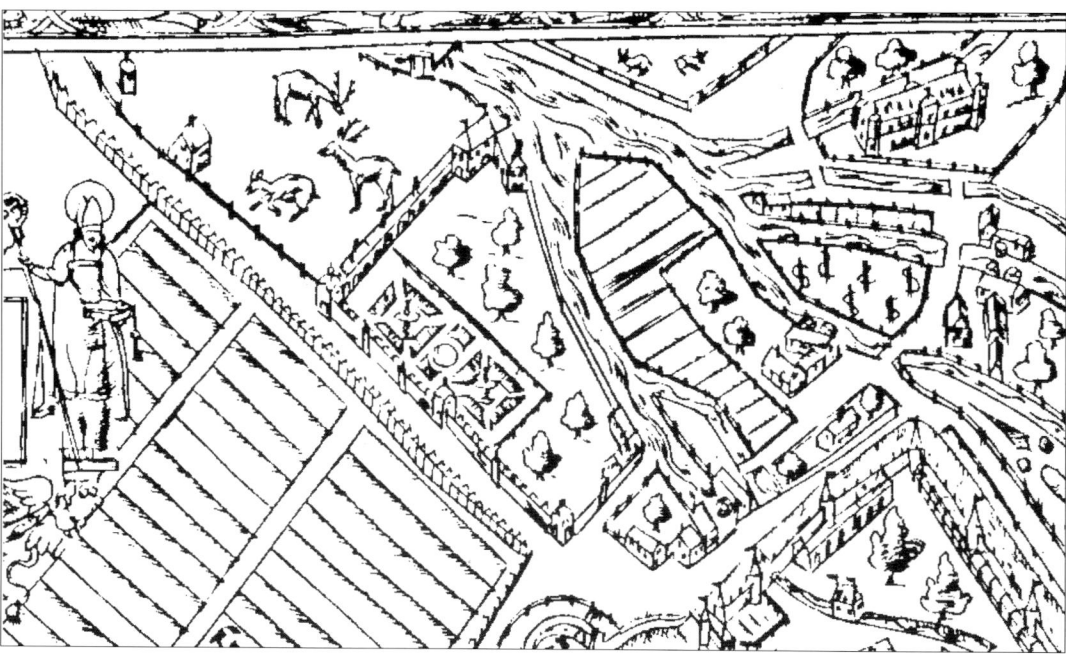

Abb. 14. Teil des Hirschangers mit Gehege und Hirschen (oberer Blattrand); Radierung (Ausschnitt) von Tobias Volckmer, 1613. Ausgangspunkt der Kultivierung der Isarauen nördlich von München zur Nutzung als kurfürstliches Jagdrevier   ▷

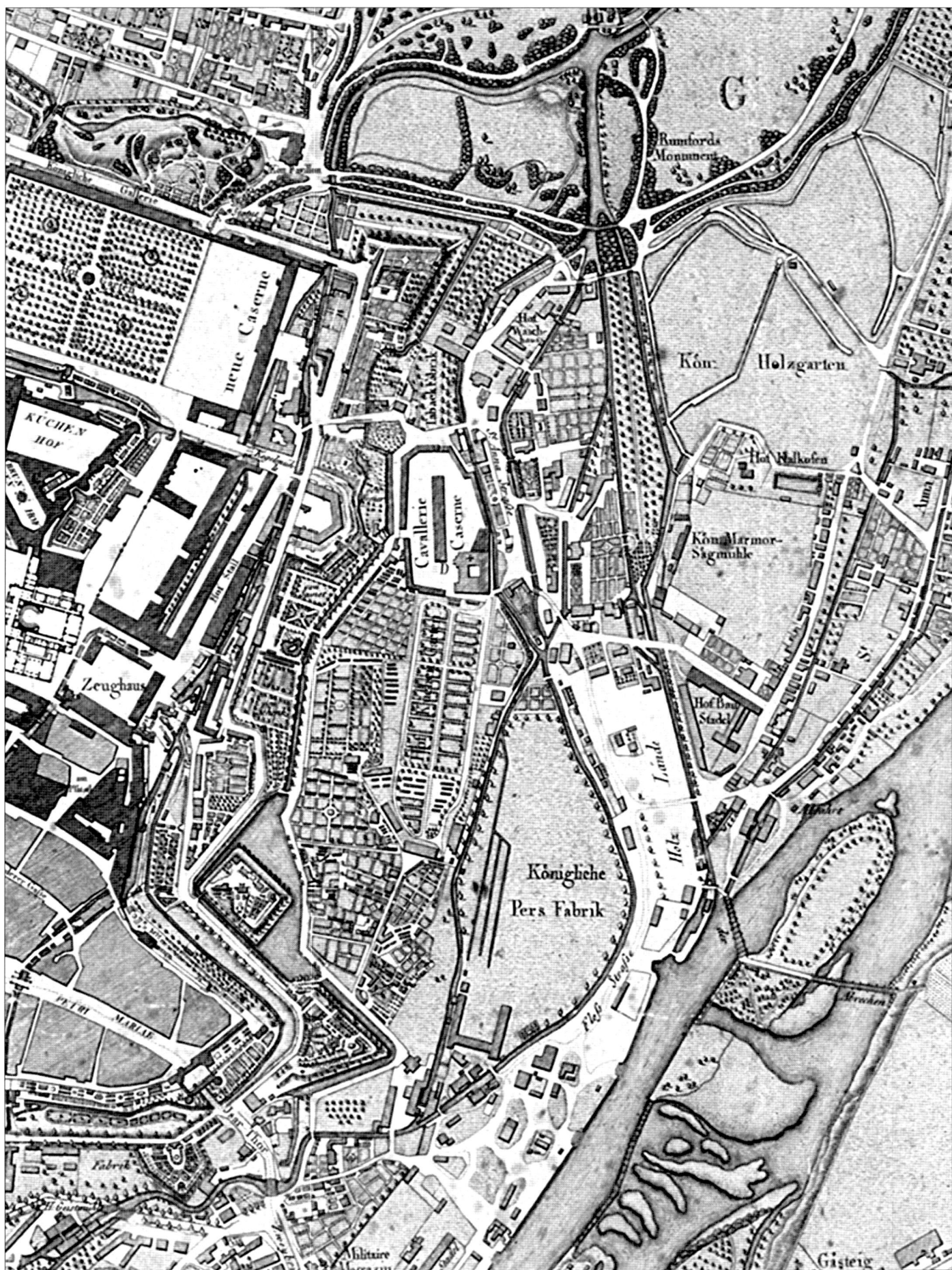

Abb. 15. Das Lehel zwischen der Altstadt und der Isar; Kupferstich (Ausschnitt) von Johann Carl Schleich nach Johann von Rickauer, 1812. Zahlreiche Bäche ordneten die Bebauung und gewerbliche Nutzung der feuchten Isarniederung. Die eigentliche „St.-Anna-Vorstadt" lag unmittelbar an der Isar. Westlich schloss ein Gewerbeband mit dem „Kön.[iglichen] Holzgarten", der „Kön. Marmor-Sägemühle", der „Holz Länd" und der „Königliche[n] Pers Fabrik" an. Das St.-Anna-Kloster war noch Kaserne. Der Stadt benachbart lagen Gärten, Beete und der „Hof Küchen-Garten"

1 Die entfestigte Stadt; Kupferstich (Ausschnitt) von Johann Carl Schleich nach Johann von Rickauer, 1812. Reste der Bastionen wurden als Garten- und Grünflächen genutzt. Die in nur wenigen Abschnitten regulierte Isar war noch die letzte natürliche Barriere gegen das weitere Wachstum der Stadt

2 Auf den Flurkarten von 1808–33 sind im nordwestlichen Stadterweiterungsgebiet der Fürstenweg des 17. Jahrhunderts von der Münchner Residenz zum Schloss Nymphenburg sowie der Dammzug des 1811 aufgelassenen Schwabinger Kanals Max Emanuels noch zu erkennen

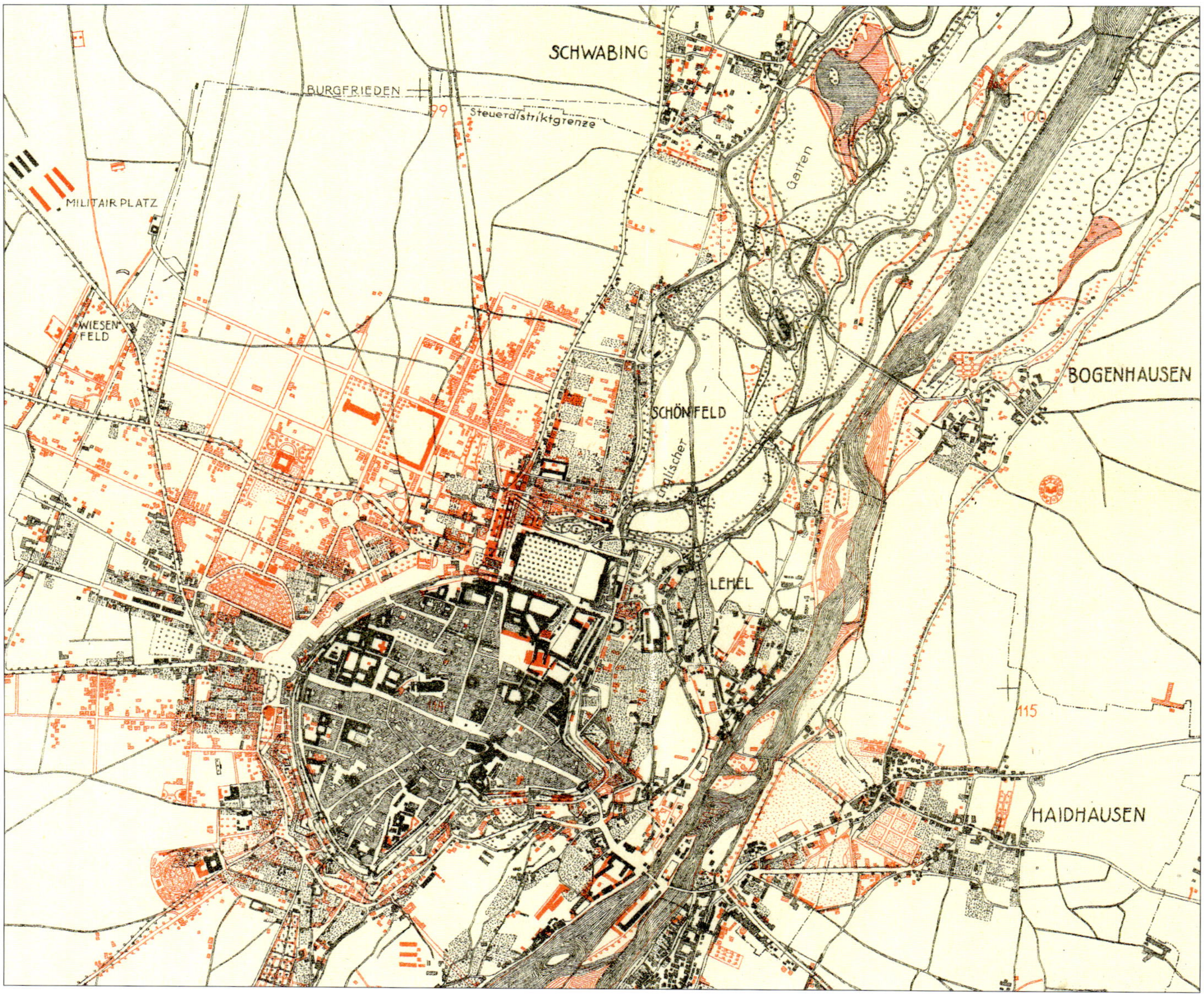

Abb. 16. Biedermeierliche Szene vor den Toren der Stadt; Stich von Friedrich Weber, um 1805. Als Bilddiagonale erscheint der Fürstenweg von der Münchner Residenz zum Schloss Nymphenburg. Drei Jahre später wird mit der Umsetzung des starren Rechteckrasterplans der Straßenachsen für die neue Maxvorstadt begonnen

sierung einzelner Straßenabschnitte der Brienner Straße und der Anlage von sehr unterschiedlich ausgebildeten Plätzen an ehemaligen Kreuzungen des Fürstenwegs. Dem Schwabinger Kanal war kein langes Überdauern beschieden. Selbst seine Bezeichnung scheint nicht festzustehen. In Verwechslung mit dem 13 Jahre älteren Dirnismaninger Kanalbau,[88] an dem türkische Kriegsgefangene beteiligt waren, wird er als „Türkengraben" bezeichnet, ähnlich auch die nahe Türkenstraße, die lediglich die ehemalige Kanaltrasse kreuzt. Wegen einer geplanten Verlängerung zum Schleißheimer Schlosspark trug die Wasserstraße auch den Namen Neuer Schleißheimer Kanal.

Der Schwabinger Kanal als peripherer Teil des Münchner Stadtbächesystems wurde im Zuge des rasterförmigen Aufbaus der Maxvorstadt 1811 endgültig aufgegeben. Im nicht dauerhaft gefüllten „Georgenschwaigkanalgrund" zwischen der heutigen Karl-Theodor-Straße und dem Scheidplatz ließen sich schon 1792 Handwerks- und Gewerbetreibende in kleinen Häusern nieder.[89] Dabei hatte Max Emanuel noch 1701 voller Stolz an Gräfin Arco geschrieben, er werde „ein beträchtliches Werk unternehmen, an welchem die ganze Infanterie arbeiten wird. Es ist ein Kanal, welcher in gerader Linie vom Münchner Palais zu jenem im Bau begriffenen [in Schleißheim] geht; und (…) den Hofgarten durchstoßen bis zum Palast [der Münchner Residenz]. Er wird von der Türe des einen Hauses zur anderen gehen und den Kanal von Nymphenburg bei St. Georg [Gut Georgenschwaige] treffen."[90] Dazu kam es nicht. Max Emanuel verbrachte nach der Niederlage vor Höchstädt die Jahre 1704–15 im südniederländischen und Pariser Exil. Der ehemalige Zulauf des Kanals ist in dem Münchner Stadtplan des Matthias Paur von 1705[91] dargestellt. Nördlich des Turniergebäudes (heute „Bazargebäude" am Odeonsplatz), an der Nordwestspitze der früheren spätbarocken Bastion um den Hofgarten und die Münchner Residenz speiste Isarwasser aus dem Westlichen Stadtgrabenbach, im Ablauf Palaisbachl genannt, den Kanal. Eine Holzbrücke mit Ablasswehr und Bootsanlegestelle markierte den Kanalanfang. Zwischen der Münchner Residenz und der Georgenschwaige

konnte der Kanalgraben dann gut sieben Meter Gefälle nutzen.[92] Der ehemalige Verlauf des Schwabinger Kanals kann vom Freibad Georgenschwaige bis nahe der Münchner Residenz im Straßennetz und an einigen Gebäudegrundrissen mit ungewöhnlich schrägen Abschlussmauern abgelesen werden. Die Belgradstraße, die nur knapp 40 Meter parallel nebeneinander geführten Kurfürstenstraße und Nordendstraße sowie die kurze Fürstenstraße nördlich des Oskar-von-Miller-Rings verlaufen entlang der Linie der ehemaligen Dämme des Kanals.

Stadtlandschaft am Fluss

Die bis 1979 gültig gebliebene Staffelbauordnung von 1904,[93] der nicht nur aus Pragmatismus, sondern traditionsbewusst grundrissnahe Wiederaufbau der Münchner Altstadt nach erheblichen Kriegszerstörungen[94] am Ende des Zweiten Weltkriegs und die Schaffung der Fußgängerzone mit Passagen durch die oft sehr tiefen Bebauungsblöcke mit zugleich großflächiger Verkehrsführung um die Altstadt brachten sowohl Persistenz[95] als auch Wandel[96] in die Stadtgestalt. Die „großen Ideen" einer auch denkmalverträglichen Stadtplanung in der Altstadt sind vor dem Hintergrund aktueller baurechtlicher Entwicklungen zunehmend schwerer zu realisieren. Das denkmalpflegerische Interesse an der Stadtgestalt richtet sich weniger auf das Stadtbild als historisch-ästhetische Ganzheit als auf das Stadtbild und die Stadtlandschaft als Bedeutungsträgerin, Identitätsstifterin und vor allem Bewahrerin historischer Spuren, Strukturen und Substanz der baulichen und städtebaulichen Entwicklung. Diese steht seit jeher im Spannungsfeld der Amortisation und Bewirtschaftung gewerblicher Nutzflächen.[97] Der schonungslose und verlustreiche Umgang mit dem Café Annast (Tambosi, Odeonsplatz/Hofgarten), dem Café Frech (Kaufingerstraße), dem Roman-Mayer-Haus (Kaufhof, Marienplatz) sowie Pläne zur Flächensanierung um den Knöbel-Block (Lehel) in den 1960er Jahren förderten den Erlass des Bayerischen Denkmalschutzgesetzes 1973.

Die offenkundige Geschichtlichkeit und Zeugniskraft der Straßen, Plätze und Freiräume[98] der Altstadt mit dem Lehel und der Stadterweiterung Maxvorstadt erstrecken sich nicht nur auf historische Gebäude und Quartiere sowie auf ihren Umgriff, sondern geben den topographisch nachvollziehbaren Ursprüngen der Großstadt und dem im Verlauf der Urbanisierung gewachsenen Stadtbild durch den Gestaltungswillen der Menschen eine unverwechselbare Prägung als Stadtlandschaft. Diese über das Einzelgebäude hinausgehende Prägung hat der Landesdenkmalrat unter anderem durch die Ausweisung der Denkmalensembles Altstadt, Ludwigstraße/Odeonsplatz, Maximilianstraße, Platzfolge Lehel, St.-Anna-Platz (Lehel), Widenmayerstraße (Isarkai), Maxvorstadt I und II sowie Prinzregentenstraße gewürdigt.[99]

Einer Großstadt historisch erlebbare Gestalt geben, bedeutet in München Integration der vorgefundenen Naturlandschaft durch Verklammerung der Altstadt mit den Isarauen. Die Hangkanten des urgeschichtlich besiedelten Isartals in Giesing, der Au oder in Haidhausen sowie der Altstadtterrasse sollen von großmaßstäblicher Bebauung frei gehalten werden. In den 1960er Jahren errichtete Großbauten über dem Nockherberg oder der Theresienwiese werden als „Ausreißer" angesehen. Das natürliche Gefälle in der Stadtlandschaft (z. B. den Höhenunterschied Petersbergl – Marstallplatz – Englischer Garten) respektiert die Stadtplanung als topographische Vorgabe. Geschlossene Bebauungen an den Isarkais werden nach der um 1900 gesetzten Maßstäblichkeit fortgeführt. Im Rahmen des auf etwa zehn Jahre angesetzten „Isar-Plans" sollen die südliche Isar, ihre Ufer und Hochwasserflächen von der Großhesseloher Brücke bis zur Museumsinsel „naturnahe" zurückgebaut werden.[100]

Einer Großstadt historisch erlebbare Gestalt geben, bedeutet in München ebenso Integration der vorgegebenen Kulturlandschaft durch Erhaltung alter Ortskerne im erweiterten Stadtgebiet, eingebettet liegender Landmarken wie Kirchtürme und die Betonung von Erlebnissequenzen beim Durchfahren der Stadtlandschaft,[101] welche der Mobilität des großstädtischen Lebens entsprechen. Gerade weil es in der Nachfolge Theodor Fischers keine Baustaffeln mehr gibt und baurechtlich hinzunehmende Nachverdichtungen drohen, konzentrieren sich historisch-städtebauliche Qualitäten zunehmend um die Blickachsen zur Münchner Residenz, zum Liebfrauendom und zu anderen historischen Dominanten der Stadtkrone.[102] Sie konzentrieren sich an erkennbaren baulich-strukturellen Übergängen in markant voneinander abgesetzten Quartieren der Altstadt, von der Altstadt zu ehemaligen Dorfkernen[103], Vorstädten und Villenkolonien, zur Flusslandschaft der Isar und zur umgebenden Münchner Landschaft.[104] Die Erhaltung dieser Qualitäten[105] unterstützt das Bemühen, geomorphologische, kulturlandschaftliche und siedlungshistorische Grundlagen der Stadtentwicklung denkmalpflegerisch erlebbar zu halten.

Anmerkungen

1 Bosl 1983, S. 40, 45.
2 Diese einführende Darstellung bezieht sich zum einen auf die Stadt innerhalb des 1792 aufgehobenen Befestigungsrings mit dem Areal der vorgelagerten Stadtgrabenbäche, zum anderen auf das Gebiet der ältesten Vorstadt Münchens, des Lehels (St.-Anna-Vorstadt) mit Englischem Garten und zum dritten auf das Gebiet der ersten planmäßigen Stadterweiterung Münchens nach der Entfestigung der Altstadt, auf die Maxvorstadt mit dem ehemaligen Schwabinger Kanal (Türkengraben), unter Berücksichtigung topographischer und städtebaulicher Gesichtspunkte der Denkmalpflege.
3 Mit dem Tenor schon Schneider 1950, S. 181–195.
4 Mit weiterführender Literatur Frank/Jung/Werner 1983, S. 27–32. Zu den geomorphologischen Oberflächenformen und ihrer Entstehung Feldmann 1991; Schaefer 1978.
5 Mayer 1992, S. 114.
6 Der Begriff diente im frühen 20. Jahrhundert zur Beschreibung der München umgebenden Kulturlandschaft. Vgl. Wolf 1921; Ponten 1928, S. 305–339; Ongyerth 1997, S. XIII–XXIV.
7 Sand, Kies und Knochen 1981, S. 4, 7, 22–29.
8 Geipel 1987, S. 171, 176–182.
9 Habel 1998, S. 507 f., Anm. 2.
10 Kohl 1969, S. 8; Geipel 1987, S. 180.
11 Mit Karten zur Wegeführung in Stahleder 1995, S. 237–246; Winghart 1995, S. 17–25, Abb. 8 und 9 mit dem Verlauf römischer Straßen, Abb. 10: „Einzel- und Reihengräber des 6.–8. Jahrhunderts und ergrabene frühmittelalterliche Siedlungen im Münchner Raum"; Hochhausstudie 1996, Karte Topographie und Grundelemente der Stadtstruktur nach S. 70; Behrer 2001, S. 24–26.
12 Weitere Flussübergänge der Salzstraße waren Wasserburg am Inn und Landsberg am Lech.
13 Fundstellenkartierung in Behrer 2001, vordere Buchinnenseite, S. 47–60. Grabungen im Alten Hof brachten 1995/96 Keramikscherben aus der Zeit zwischen etwa 1500 und 700 v. Chr. ans Tageslicht: Grabung 1996; Habel 1990, S. 661 ff.; Wagner 1958.
14 Maier 1992, S. 22 ff.; Heydenreuther 1983, S. 58–63.
15 Behrer 2001, S. 110–142; Schneider 1950, S. 187.
16 Im Jahre 1907 wurde das Wasserkraftwerk Südwerk I am Hinterbrühler See in Betrieb genommen. Die Ableitung erfolgt auf Höhe der Großhesseloher Brücke. Es nutzt Teile des Großen Stadtbachs als „Werkkanal" bis zur Roecklplatzstraße. 1922 wurde der Werkkanal nach Norden verlängert und treibt das Südwerk II am Flauchersteg und das Südwerk III an der Braunauer Eisenbahnbrücke an. Dort erfolgt die Rückleitung des Wassers in die Isar. Michel 1987, S. 134–154; Glaspalast 1978, S. 47–51.

17 SCHNEIDER 1950, S. 188 und Abb. 3; MÜLLER 1914, S. 670; RÄDLINGER 2004, S. 28.

18 Bayerisches Hauptstaatsarchiv München, Fasc. 24, Nr. 88: Baulichkeiten der Hofpfisterei und am Kanal. Der Name Pfister rührt von der dortigen herzoglichen Bäckerei mit angeschlossener Mühle her. Sie wurde 1331 als „Tarantzmül" bezeichnet (von Tarras = Wall, Mühle an der Stadtmauer).

19 STAHLEDER 1995, S. 261–270.

20 MÜLLER 1911/12, S. 3–6, 192.

21 BEHRER 2001, S. 47–60; Grabung 1996; STAHLEDER 1995, S. 246–259, 266.

22 MÜLLER 1914, S. 669–671.

23 GEIPEL 1987, S. 180, Karte der Münchner Stadtbäche S. 179; KLÜHSPIES 1980a; KLEEMAIER 1983, S. 79–93; MICHEL 1987, S. 81–87. Auf archivalische Bestandserfassungen vor der endgültigen Auflassung greift zurück KORTMANN, HEINRICH: *Die Nutzung der Wasserkräfte an den Münchner Stadtbächen im Wandel der Zeit*, Probearbeit im Ausbildungsabschnitt II des Fachgebietes Ingenieurbau, Vertiefungsgebiet: Städtischer Ingenieurbau vom 27.12.1966 (unveröffentlicht, Bibliothek Oberste Baubehörde, Nr. 236).

24 SCHATTENHOFER 1984a, S. 53–65; BEHRER 2001, S. 145–205; RÄDLINGER 2004, S. 28 ff.

25 Stadtatlas 2003, S. 50 f. Mit zahlreichen Gegenüberstellungen Sandtnermodell – Luftbild BEHRINGER 1987; AUFLEGER/TRAUTMANN 1897a.

26 Tobias Volckmer, „Monachium Bavariae München. Hauptstad in Herzogtumb Bairn Sampt dero gelegenheit unnd benamenden orten wie volgt", 1613, Radierung (Stadtmuseum München); Stadtatlas 1999, S. 22 f.

27 Heinrich Adam, „Das Sendlinger Tor mit Stadtgraben und Stadtgrabenbrücke", Schrägansicht von Südosten, Aquarell über Bleistift, um 1840; Joseph Carl Cogels, „Das Sendlingertor mit Stadtgraben und Stadtgrabenbrücke", Schrägansicht von Nordwesten, Gemälde, 1817 (beide Münchner Stadtmuseum). Übersicht in Ausst. Kat. Stadtbild 1990, S. 75–82.

28 KLÜHSPIES 1990, S. 151, 153.

29 KOHL 1969; HILBLE, 1968.

30 PETTENKOFER, MAX: *Das Kanal- oder Siel-System in München. Gutachten*, München 1869; Stadtentwässerung 1985, S. 8-12.

31 Michael Wolgemut, „München", aus: SCHEDEL 1493, Holzschnitt auf zwei Buchseiten.

32 Matthäus Merian d. Ä., „Monachium. München", aus MERIAN 1644 (Stadtmuseum München). Übersicht der Planwerke von 1613–1985 in Ausst. Kat. Stadtbild 1990, S. 50–53; WINKLER 1993, S. 73–80. Weniger bekannt sind der sogenannte Heidemann-Plan um 1660 und der Vogelschauplan von Wenzel Hollar/F. de Witt um 1630/1695; Stadtatlas 2003, S. 58 f.

33 Michael Wening, „Die Churfürstliche Haubt und Residentz Statt München, Wie solche von Nidergang der Sonne, gegen dem Aufgang anzusehen ist", in: WENING 1701.

34 Wehre in den Stadtgrabenbächen zeigt schon der Stadtplan von Tobias Volckmer, wie Anm. 26; SCHIERMEIER 2003, S. 54 f. Zur Wasserversorgung der Münchner Befestigung BETZ 1969; RÄDLINGER 2004, S. 53–58.

35 Wächterturm auf Fundamenten der für die Schanzarbeiten 1638 abgebrochenen Haymühle. KOHL 1969, S. 21.

36 KLÜHSPIES 1990, S. 152.

37 LEHMBRUCH/DISCHINGER 1988, S. 30–33.

38 DUSSLER 1971, S. 58 ff.

39 WESTENRIEDER 1782, S. 13 ff.

40 LEHMBRUCH 1987a, bes. S. 1–22, 42–45, 333–343; FISCH 1988a, S. 153 ff.; Überlagerungskarte 1791/1812/1901 in Stadtatlas 2003, S. 150 f.

41 Johann Carl Schleich nach Johann von Rickauer, „Umgebungen von München herausgegeben auf allerhöchsten Befehl Sr. Majestät des Königs von der Königlichen Direction des statistischen topographischen Bureau im Jahre 1812", Kupferstich (Stadtmuseum München); Stadtatlas 2003, S. 84 f.; FISCH 1988a, S. 167 ff.

42 HEIMERS 1992, S. 214 ff.

43 Michael Wolgemut, wie Anm. 31; weitere Gesamtansichten 1493–1761 in Ausst. Kat. Stadtbild 1990, S. 83–85.

44 DIRR 1934/36, Taf. 16. Für das Jahr 1395 sind 26.480 schwere Lastfuhrwerke mit Alltagsgütern und 3310 mit kostbaren Waren festgehalten.

45 SCHATTENHOFER 1983, S. 77.

46 SCHATTENHOFER 1983, S. 64–78; GEIPEL 1987, S. 181 f.; SPENGLER 1960, S. 235; Forstverwaltung 1928–33; Darstellung der spätmittelalterlichen

Flößerei um München in Romanform bei RÖTZER, RICHARD: *Der Wachsmann*, München 1997.

47 Ausführlich in SCHNEIDER 1950, S. 181–195.

48 BEHRER 2001, S. 82 f.

49 Ebd., S. 84–110.

50 STAHLEDER 1995, S. 217–233; SCHATTENHOFER 1984a, S. 66–98.

51 MAIER 1992, S. 32 ff.; SCHNEIDER 1950, S. 185.

52 Das Heiliggeistspital erhielt 1271 wie die Marienkirche Begräbnis- und Pfarrrechte.

53 STAHLEDER 1995, S. 256–259; BRAUNFELS 1977, S. 178–185.

54 STAHLEDER, in: Bauer 1992, S. 121–132; KOHL 1969, Mühlen S. 10–28 und sonstige Betriebe S. 39–49, Übersicht. S. 44 f.; MEGELE 1951–1960; FEHN 1968, S. 238 f.; RÄDLINGER 2004, S. 32–35, 102–107.

55 Die Altstadtviertel werden erstmals im Ratsbuch III von 1363 erwähnt.

56 Der „Kommunale Schlacht- und Viehhof zu München" entstand erst 1878 an der Zenettistraße im später sogenannten Schlachthofviertel.

57 Mit Abbildungen der Bachdurchläufe im Münzekeller in PETZET 1996, S. 18, 27, 36, 78.

58 KOHL 1969, S. 39.

59 STAHLEDER 1982, S. 108–116.

60 Glaspalast 1978, S. 21, 29.

61 STAHLEDER 1982, S. 70–84, 140–142, 145 f., 153 f., zwei Kartenbeilagen; HERRLEIN, THEO: *Als der Hopfen noch in der Stadt angebaut wurde*, in: Süddeutsche Zeitung/Münchner Stadtanzeiger West, 3.1.1991.

62 Ausst. Kat. Stadtbild 1990, S. 47.

63 HABEL 1993, S. 14; Kriegsarchiv A VI 6 b fasc. 56.

64 Darstellung im ältesten Stadtplan von München bei Tobias Volckmer, wie Anm. 26. HABEL 1993, S. 7–14, 21, 74–88.

65 Ausst. Kat. Stadtbild 1990, S. 36; HEMMETER 1995b, S. 149–178.

66 Die verrohrten Bachläufe wurden im Wesentlichen wegen der angeschlossenen Regenauslasskanäle der Stadtentwässerung in Betrieb gehalten. KLÜHSPIES 1990, S. 151–159; KLÜHSPIES 1980b, S. 18 ff. Im Zuge der Gestaltung der Außenanlagen der Staatskanzlei wurde 1992 ein Teil des Wassers des Westlichen Stadtgrabenbachs, in etwa im Verlauf des ehemaligen Köglmühlbachs, in eine karge Parklandschaft um den Neubau eingebunden. Der Lauf des Stadtmühlbachs im Lehel wurde 1996, auf Stelzen geführt, in den Gebäudekomplex „Wackerblock" an der Prinzregentenstraße integriert.

67 Vgl. Abbildungen in LEHMBRUCH 1987a, S. 317, 320 und 323. Die verschiedentlich geforderte Freilegung des mittelalterlich angelegten Westlichen Stadtgrabenbachs vor der Residenz zum Hofgarten steht im Konflikt mit dem aus der 1. Hälfte des 19. Jahrhunderts stammenden Raumwirkungskonzept der Residenz. Eine neuere Darstellung in RÄDLINGER 2004, S. 129–134.

68 Erkennbar in Tobias Volckmer, wie Anm. 26. HABEL 1993, S. 10–13. Habel sieht in dem bisher unerforschten Bau mit reicher Bauzier am heutigen Standort der Obersten Baubehörde eine Parallele zum Stuttgarter Lusthaus.

69 WANDINGER 1994; St. Anna 1989; WAGNER 1960.

70 Johann Carl Schleich nach Johann von Rickauer, wie Anm. 41; Stadtatlas 1999, S. 86 f.

71 Diese Wasserläufe waren noch den inneren Stadtbächen zugehörig.

72 Der Holzgarten diente der höfischen und städtischen Brennholzversorgung seit seiner Einrichtung im Jahre 1584 durch Herzog Wilhelm V. Über einen Abrecher wurde das periodisch in die Isar geworfene Treibholz durch einen Seitenkanal in den Holzgarten gelenkt. Mit Abbildungen in DOMBART 1972, S. 51, 97.

73 Abbildung der 1984 abgetragenen letzten „Waschmadlhäuschen" am Straßenzug Am Gries in GEIPEL 1987, S. 298; WANDINGER 1994, S. 40–43.

74 Eingerichtet 1747 mit Förderung des Kurfürsten Max III. Josef, aufgegeben um 1839. Mit Abbildungen in WANDINGER 1994, S. 51 f.

75 KLEEMAIER 1983, S. 85–92; KOHL 1969, S. 17–28, 41 f., 44.

76 HAHN 1992, S. 29–37.

77 FISCH 1988b, S. 82–89.

78 Gegen den Terziärisierungstrend, gegen Ansätze zur umfassenden Flächensanierung und als Wohnraumschutz wurde 1972 die Zweckentfremdungsverordnung erlassen. FRIEDRICH-KUHN 1985, S. 343–365.

79 GEIPEL 1987, S. 286.

80 Ausführlich und mit zahlreichen Einzelnach- und Kartenhinweisen DOMBART 1972; SCHMID 1983, S. 106–118; LEHNER-LÖHR/SCHMID/HEYM: 1989.

81 GRILL, MICHAEL: *Der Englische Garten soll werden, wie er war*, in: Süddeutsche Zeitung, 16.7.1998, S. L3 (Beilage).

82 Plan des Königlichen Englischen Gartens zu München, vermessen von Carl Effner, gezeichnet von J. B. von Sell (Bayerische Verwaltung der staatlichen Schlösser, Gärten und Seen; Gärtenabteilung); LEHNER-LÖHR/SCHMID/HEYM 1989, S. 8–10.

83 HUSE 1990, S. 143–181; FISCH 1988a; SELIG 1978; WIEDENHOFER 1916.

84 LEHMBRUCH 1987a.

85 LEHMBRUCH 2004, S. 46–53; LEHMBRUCH 1980a, S. 29–36; LEHMBRUCH 1980b, S. 199–207; im Seitzmodell bei SCHIERMEIER 2000, S. 24 f.

86 LEHMBRUCH 1987b, S. 17–34.

87 Mit Planunterlagen LEHMBRUCH 1980b, S. 204 ff.

88 HIERL-DERONCO 2001, S. 179, 183 f.

89 PONTEN 1928, S. 337 f.

90 Bayerisches Hauptstaatsarchiv, Abt. I, Kasten schwarz 8289; zur Bauweise FASTJE 1988, S. 193–225.

91 Stadtarchiv München, Plansammlung A 84. Eine etwa zeitgleiche Ansicht fertigte Michael Wening als „München, Churfürstl. Haupt- u. Residenzstadt, von Norden“, in WENING 1984, Blatt M 2.

92 „Aufriss des Schwabinger Kanals oder Türkengrabens“ in MICHEL 1985, S. 57; Original im Bayerischen Hauptstaatsarchiv, Abt. I, Plansammlung 7064; PONTEN 1928, S. 347.

93 STEINHAUSER 1904; HENRICI, KARL: *Preisgekrönter Konkurrenzentwurf zu der Stadterweiterung Münchens*, München 1893; FISCH 1988a, S. 256 ff.; Stadtatlas 2003, S. 116 f.

94 HEMMETER 1995a, S. 89–161; MEITINGER 1946; Stadtatlas 2003, S. 132–135.

95 GRÄSSEL 1917; HOFFMANN 2004, S. 107–115. Als Anleitung zur Spurensuche in der Gegenwart: ZUBER 1984; ZUBER 1987; ZUBER 1989; ZUBER 1991; ONGYERTH 1996, S. 35–106.

96 Auflösung der Ränder der Altstadt, der Abgang der Substanz der Monumentalbauten der Herzogs- und Kurfürstenzeit, veränderte Gebäude- und Quartiersgrundrisse. Vgl. BREUER 1977, S. 193–210.

97 WIEDEMANN, CHRISTOPH: *Immer Ärger mit der Idylle. Vom schwierigen Umgang mit der gebauten Vergangenheit – Münchens Altstadt zwischen Ästhetik und Amortisation*, in: Süddeutsche Zeitung, 15.1.1999, S. 15; Planungsreferat der Landeshauptstadt München: Ausstellung „Zukunft findet Stadt“, München 1999, Rathaus, Sparkassensaal.

98 Freiräume 1984.

99 Ein Ensemble ist nach dem bayerischen Denkmalschutzgesetz eine bauliche Anlage, eine größere oder kleinere Anzahl von Gebäuden, die zusammen ein erhaltungswürdiges Orts-, Straßen- oder Platzbild ausmachen. Ensembles stellen anschaulich gewordene und geschichtlich geprägte bauliche Anlagen dar, deren Individualität auch von einem hypothetisch herangetragenen und zu beweisenden Gestaltungswillen der Menschen bestimmt wird. Zum Ensemble Altstadt München zuletzt PAULA 1997, S. 8–31, 84 ff., 92 ff., 98–103, 106 f., 150–155, 159, 174.

100 Landeshauptstadt München, Baureferat (Hrsg.): *Auf zu neuen Ufern – Neues Leben für die Isar*, München im Juli 1998 (Projektvorstellung). Eine Leitlinie der Stadtplanung lautet dazu: Die Isar mit „grünen“ Ufern durch die Stadt führen.

101 BREUER 1992, S. 266; HEMMETER 1995b, S. 149–178.

102 ONGYERTH 2006, S. 291; Sichtachsen 2002, zwei Karten nach S. 16 mit den Sichtachsensystemen; Hochhausstudie 1996, Karte Stadtprofil in schutzwürdigen Bauräumen nach S. 78.

103 Neben den Bestimmungen des Ensembleschutzes existiert zur Erhaltung der Ortskerne ein Stadtratsbeschluss, der in der Praxis der Lokalbaukommission große Bedeutung besitzt.

104 PAULA/WESKI 1997.

105 Denkmalschutz 1999, S. 8–14. Brennpunkte des Städtebaus im Bereich der Altstadt waren und sind u. a. der St.-Jakobs-Platz, der Marstallplatz-Süd, der Alte Hof, die Residenzpost, die Schrannenhalle, das SZ-Areal an der Sendlinger Straße und der Marienhof.

Abb. 1. Widenmayerstraße/Liebigstraße, urnenfelderzeitliche Hortfunde

Vor- und frühgeschichtliche Besiedlung

Timm Weski

München und sein Umland

Geographische Voraussetzungen

München befindet sich etwa im Zentrum der gleichnamigen Schotterebene, die in ihrer heutigen Form im Wesentlichen nach der letzten Eiszeit entstanden ist. Sie wird von der Würm, der Isar und dem Hachinger Bach durchschnitten, die von Südsüdwest nach Nordnordost fließen. Im nördlichen Teil befinden sich die ausgedehnten Niedermoore des Dachauer und Erdinger Mooses. Auf der nach der Eiszeit offen liegenden Schotterfläche bildete sich eine Verwitterungslehmschicht, die sogenannte Rotlage oder Blutlehm, deren Bodenbildung bis heute anhält. Auf dieser Zwischenschicht konnte sich nur eine „verbraunte" Pararendzina von mittlerer bis schlechter Qualität ausbilden.[1] Stellenweise existieren auch nur sehr schlechte Böden. Lediglich auf dem linken Isarufer, wo eine bis zu zwei Meter starke Auelehmbildung anzutreffen ist, sind gute Böden vorhanden.[2] In vor- und frühgeschichtlicher Zeit ist im Bereich der Moose mit einem Lohwaldgürtel zu rechen, der zur Gruppe der Linden-Eichen-Ulmen-Eschen-Mischwälder zählt. Auf den Schotterflächen standen vermutlich ein Hainsimsen-Buchenwald und ein Waldmeister-Tannen-Buchenwald der Hügelland-Form.[3] Ferner konnte sich in den Gegenden mit niedrigem Grundwasserstand eine baumlose Steppenheide ausbilden.[4]

Die Münchner Schotterebene galt lange Zeit als archäologische Wüste, da abgesehen von obertägigen Denkmälern kaum Fundstellen bekannt waren. Dies hängt u. a. damit zusammen, dass der grobe Kies, anders als etwa Lehm oder Löß, die zum Verstreichen von Flechtwerkwänden oder zum Töpfern verwendet werden können, keinen Wert für den Menschen in früheren Zeiten hatte. Deshalb legte er auch keine Materialentnahmegruben an, die später mit Siedlungsabfällen hätten verfüllt werden können. Stattdessen blieben die Siedlungsabfälle an der Oberfläche liegen und vergingen nach einiger Zeit vollständig. Ferner ackerten in neuerer Zeit die Bauern so flach wie möglich, um zu verhindern, dass die unfruchtbare Rotlage den Humus verschlechterte. In anderen Gegenden wurden die Siedlungsgruben im Laufe der Zeit angepflügt und die darin enthaltenen Funde an die Oberfläche verlagert, wo sie bei Feldbegehungen entdeckt wurden, die seit der Mitte des 19. Jahrhunderts von in historischen Vereinen organisierten ehrenamtlichen Mitarbeitern durchgeführt wurden. Daher war bis zur Einführung der systematischen Luftbildarchäologie 1978 der Kenntnisstand über die Dichte der Bodendenkmäler in der Münchner Schotterebene mehr als unzureichend. Aus diesem Grund war es nur selten möglich, im Vorgriff auf Baumaßnahmen archäologische Untersuchungen durchzuführen, um die unkontrollierte Zerstörung der Fundstellen zu verhindern. Unklar ist, inwieweit Bodenerosion zur Zerstörung von archäologischen Hinterlassenschaften beigetragen hat. In hügeligem Land lässt sich sehr gut nachweisen, dass auf den Höhen gelegene Siedlungen fast vollständig aberodiert sind, während in Talauen Befunde dank der Sedimentüberdeckung oft sehr gut erhalten sind. Bei dem geringen Neigungswinkel der Münchner Schotterebene dürfte, abgesehen von den Gewässerrändern, Wassererosion keine große Rolle gespielt haben. Über das Ausmaß der Winderosion existieren nur Vermutungen, die sich aber nicht verifizieren lassen. Auf den Auelehmflächen des rechten Isarufers hatte die Abziegelung dieses Materials seit dem Mittelalter zur undokumentierten Zerstörung sämtlicher Bodendenkmäler geführt. Die wenigen Beobachtungen in Unter- und Oberföhring aus der Mitte des letzten Jahrhunderts lassen erahnen, wie hoch der Verlust sein könnte.

Die vorgeschichtlichen und frühmittelalterlichen Fundstellen orientieren sich an den drei Wasserläufen und Moosrändern, da nur hier Oberflächenflächenwasser zur Versorgung von Mensch und Vieh zur Verfügung stand. Hinzu kommen die Zonen, in denen der Grundwasserspiegel nicht tiefer als vier bis sechs Meter lag und mit Brunnen erreicht werden konnte.[5] Die Baufälligkeit der Gebäude, die Erschöpfung der schlechten Böden und die Abholzung der näheren Umgebung machten in vor- und frühgeschichtlicher Zeit eine Verlegung oder Aufgabe der Siedlungen nach wenigen Jahrzehnten notwendig. Wegen des Fehlens besonderer topographischer Situationen wie markanter Erhebungen, Spornlagen an der Einmündung eines kleineren in ein größeres Fließgewässer oder leicht nach Süden geneigter Hänge, die sonst in früheren Perioden gerne als Wohnplätze genutzt wurden,[6] fand nur selten eine Wiederbesiedlung exakt der gleichen Stelle statt. Stattdessen liegen Hausgrundrisse und Bestattungen in dichter bis lockerer Abfolge nebeneinander, wobei man sich aber klar machen muss, dass nur die wenigsten der Gebäude gleichzeitig bestanden haben dürften. Deshalb täuschen die Verbreitungskarten, Luftbilder oder Ausgrabungspläne,[7] da die archäologischen Datierungsmöglichkeiten nicht fein genug sind, um differenzierte Siedlungsabläufe erfassen zu können.

Im Mittelalter existierte ein bedeutender Handel mit Salz aus dem Raum Berchtesgaden–Salzburg, der das hier thematisierte Gebiet in west-östlicher Richtung durchquerte und für die Gründung von München eine große Rolle spielte. Ein vergleichbarer Handelsweg kann auch für vorgeschichtliche Epochen angenommen werden, da an Plätzen wie Hallstatt und Hallein in Österreich Salz in großem Umfang abgebaut wurde. Jedoch hinterließ dieser Handel keinerlei archäologische Spuren. Südlich von München bildet das tief eingeschnittene Isartal mit seinen sehr steilen Rändern ein natürliches Hindernis für den West-Ost-Verkehr. Im Stadtgebiet weichen die westlichen Terrassenränder zurück und verflachen, während der östliche Steilrand sich noch weiter nach Norden erstreckt. Möglicherweise bot am rechten Isartalrand das Zusammenstoßen von zwei verschieden alten Terrassen im Bereich des heutigen Gasteigs die Möglichkeit für einen problemlosen Aufstieg aus dem Isartal.[8] Allerdings fehlen jegliche Hinweise für die Nutzung dieser nach der Gründung Münchens wichtigen Trasse in vor- und frühgeschichtlicher Zeit. Bei Oberföhring, etwa im Bereich des heutigen Isarwehres und südlich von Grünwald bei der sogenannten Römerschanze hatten römische Fernverbindungen die Isar gequert,[9] von denen die nördliche noch im Hochmittelalter genutzt wurde,[10] da nach der Überlieferung Heinrich der Löwe die dort befindliche Isarbrücke zerstören ließ.

Archäologische Forschungsgeschichte

Bereits zu Beginn des 19. Jahrhunderts hatten erste systematische Ausgrabungen in Grabhügeln in Grünwald, Lkr. München

(1812), und Oberschleißheim, Lkr. München (1833–39), stattgefunden.[11] Zu nennen wären auch noch die Untersuchungen im Reihengräberfeld von Allach, die in den 1890er Jahren durchgeführt wurden.[12] Noch vor dem Ersten Weltkrieg schlossen sich mehrfach größere Feldkampagnen an Zufallsfunde von Reihengräbern an, so z. B. mehrfach in Sendling[13] und in Giesing[14]. Diese Arbeiten führte teilweise das Bayerische Landesamt für Denkmalpflege, teilweise die Prähistorische Staatssammlung durch. In den 1930er Jahren wurden etwa die Reihengräberfelder in Feldmoching und Aubing[15] – dort erstreckte sich die Untersuchung bis in die 1960er Jahre – ausgegraben. Zusätzlich wurden in Denning ein römischer Gutshof und ein Reihengräberfeld freigelegt und beim Autobahnbau in Unterhaching, Lkr. München, ein umfangreicher Bestattungsplatz der Urnenfeldzeit untersucht.[16] Während des Baubooms nach dem Zweiten Weltkrieg fanden, abgesehen von kleineren Notbergungen, kaum nennenswerte Ausgrabungen statt, sodass mit umfangreichen Verlusten zu rechnen ist. Diese Situation änderte sich, als nach der Einführung moderner Prospektionsmethoden (Luftbild und Geophysik) die Besiedlungsdichte der Münchner Schotterebene bekannt wurde. Dank flächendeckender, bauvorgreifender Untersuchungen kann nach einem Vierteljahrhundert intensiver bodendenkmalpflegerischer Betreuung das Umland von München als eines der besterforschten Gebiete in Bayern gelten.

Abriss der Besiedlung

Die eiszeit- und nacheiszeitlichen Jäger und Sammler der Alt- und Mittelsteinzeit hinterließen in der Schotterebene keinerlei Spuren, da das gesamte Oberflächenrelief erst durch nacheiszeitliche Vorgänge gestaltet wurde. Auch für die frühen Ackerbauern und Tierhalter der Jungsteinzeit, die ab ca. 5500 v. Chr. z. B. auf den Lößböden in Niederbayern siedelten, bot die Umgebung Münchens nur wenig Verlockendes, sodass diese Epochen ebenfalls im archäologischen Fundgut fehlen. Diese Situation wandelte sich im Spätneolithikum und in der Frühbronzezeit, als die neuen Rohstoffe Kupfer und Zinn veränderte Wirtschaftsweisen mit sich brachten und neue Handelswege eröffneten. Zwar dürfte die Haupthandelsroute mit alpinem Kupfer am Ostrand der Münchener Schotterebene verlaufen sein, doch die dort entstandenen Machtkonstellationen, die sich beispielsweise im Wagengrab von Poing manifestieren[17], wirkten sich auch auf andere Bereiche der Münchner Schotterebene aus. Möglicherweise boten die Heideflächen optimale Bedingungen zur Aufzucht von Pferden.[18] In der Eisenzeit zeichnet sich ein ähnliches Siedlungsmuster wie in der vorangegangenen Bronze- und Urnenfelderzeit ab.[19] Aus römischer Zeit sind eine Reihe von Straßen, Gutshöfen (Villae rusticae) und Bestattungen bekannt, wie sie auch in anderen Teilen Süddeutschlands und Österreichs anzutreffen sind. Eine Besonderheit stellen aber Körpergräber der sogenannten Heimstettener Gruppe aus der Mitte des 1. Jahrhunderts n. Chr. dar, in denen neben provinzialrömischen auch in keltischer Tradition stehende, metallene Kleidungsbestandteile aufgefunden wurden. Ihren Hauptverbreitungsschwerpunkt besitzt diese Gruppe in der östlichen Münchner Schotterebene.[20] Eine weitere regionale Besonderheit stellen die hölzernen römischen Gutshöfe dar, die sonst im 2. und 3. Jahrhundert aus Stein erbaut wurden.[21] Aus der Merowingerzeit sind neben zahlreichen Reihengräberfeldern vor allem Siedlungen mit mehrschiffigen Pfostenbauten, Grubenhäusern und Brunnen zu nennen.[22] Nach Ende der sogenannten Reihengräberzivilisation war es für eine Generation üblich, die Toten innerhalb der Siedlungen zu bestatten, die oft entlang von Wegen angelegt wurden.[23] Anzeichen für eine frühe Christianisierung bietet der Grundriss eines Pfostenbaus am Rande des Gräberfelds von München-Aubing.[24]

Die Kernstadt Münchens

Topographische Situation

Die Altstadt von München mit der Ludwigsvorstadt liegt auf der ersten Isarterrasse, während sich das Lehel im eigentlichen, hochwassergefährdeten Isartal befindet. Letzteres dürfte wegen des stark mäandrierenden Flusses in vor- und frühgeschichtlicher Zeit eher siedlungsungünstig gewesen sein, bzw. Hochwasser und Veränderungen im Flussbett haben die Siedlungsspuren vollständig zerstört oder mit Sedimenten überlagert. Allerdings sind auch von dort einige Funde bekannt. Im Gegensatz dazu stellt die Isarterrasse, insbesondere der Rand zum Flusstal hin, eine begehrte Siedlungslage dar, wie verschiedene Verbreitungskarten der Münchner Schotterebene zeigen.[25] Durch das Wachsen der Stadt zu einem Zeitpunkt, als noch keine staatliche Denkmalpflege existierte bzw. der Gedanke an archäologische Fundstellen überhaupt noch nicht entwickelt war, sind die meisten der sicherlich ehemals vorhandenen Siedlungsplätze und Bestattungen unerkannt zerstört worden.

Sekundärfundstellen

Bei den wenigen aus dem hier behandelten Gebiet bekannten Funden kommt erschwerend hinzu, dass es sich um Sekundärfundstellen handeln kann, d. h. der Fund nicht ursprünglich am Auffindungsort in den Boden kam, sondern zunächst aufgesammelt und anschließend woanders weggeworfen wurde. So wurden mindestens vier römische Münzen, deren Herkunft völlig offen ist, in der ersten Hälfte des 19. Jahrhunderts im Wechselgeld von Kaufleuten und Wirten entdeckt: „Die Magd dieses Letzteren (Chirurg Herr Eckart am Radlsteg. Anm. Verf.), beauftragt, alles Geld mit besonderem Gepräge ihrem Herrn einzuliefern, brachte öfter auch eine römische Münze nach Hause. So bekam sie einmal einen Constantin dritter Größe vom Schmidbäcker im Thal heraus, ein anderesmal einen Antonin zweiter Größe vom Högerbräuer u.s.w. Hr. Eckart selbst erhielt einmal bei Kaufmann Rizler im Thal einen Domitian von Silber, welcher sich im Ladengeld befand"[26]. Auch beim Fundort des Denar des Vespasian[27], der 1828 im Innenhof der Alten Münze aufgefunden wurde, handelt es sich sicherlich nicht um den Originalfundplatz, da sich im zweiten Geschoss des Gebäudes die herzogliche Kunstkammer befand, aus deren Inventar römische Münzen bekannt sind.[28] Deshalb darf man mit Sicherheit annehmen, dass die Münze ursprünglich zu dieser Sammlung gehörte. Schwieriger sind die römischen Münzen zu beurteilen, die bei der Anlage des Alten Botanischen Gartens und im Lehel ans Tageslicht kamen.[29] In der Umgebung des Alten Botanischen Gartens sind auf dem Urkataster Ziergärten verzeichnet, denen Wirtschaftsgärten vorausgegangen sein könnten. Daher wäre es durchaus möglich, dass durch die Düngung mit Latrineninhalten und Mist aus der Tierhaltung in der Stadt für wertlos erachtete Münzen mit auf dem Gelände verteilt wurden. Die mitaufgefundenen mittelalterlichen Münzen und Rechenpfennige könnten so eine Erklärung finden.[30] Über die Herkunft der römischen Stücke lässt sich nur spekulieren, aber es ist nicht auszuschließen, dass sie im Bereich der Altstadt aufgesammelt wurden. Die Funde aus dem Lehel könnten ebenfalls mit der Düngung dorthin gelangt sein, da auf dem Urkataster gelegentlich Gärten verzeichnet sind, vor allem befand sich dort der Holzgarten der Hofhaltung, der sicherlich sorgfältig unterhalten wurde. Zwar ist aus den ausgeführten Gründen für den Botanischen Garten eine Sekundärfundstelle nicht völlig auszuschließen, aber gerade die Tatsache, dass die Münzen dort nur zu zwei Zeitpunkten, 1809 und 1831, entdeckt wurden, deutet eher auf eine Siedlung oder einen Münzhort hin.

Dies könnte als Indiz dafür gewertet werden, dass sich in der Nähe eine römische Siedlung, vermutlich ein Gutshof, eine Villa rustica befunden hatte. Auffällig ist auf jeden Fall, dass Stücke, die vor 276/283 geprägt wurden, fehlen. Die beiden Münzen des byzantinischen Kaisers Justinian (527– 565), die 1809 und 1831 im Botanischen Garten aufgesammelt wurden,[31] können kaum zu einer Sekundärfundstelle gehören, da Münzen dieses Kaisers relativ selten sind. Da zwei Stücke mehr oder weniger an derselben Stelle gefunden wurden, spricht dies eher für ein zerstörtes Grab.

Das ungewöhnlichste Fundstück in sekundärer Fundlage ist zweifelsohne das Grabrelief des Eutaktos, vermutlich aus Paros, des 2. vorchristlichen Jahrhunderts, das beim Abtragen der Wälle am ehemaligen Schwabinger Tor bei der Anlage des Odeonsplatzes zum Vorschein kam und heute in der Glyptothek ausgestellt ist. Über diese Fundumstände schrieb Leo von Klenze bereits 1822 an König Ludwig: „(…) wohin es, Gott weiß wie, gekommen sein mag."[32]

In der Tat lässt sich über die Ursache, warum ein Fundstück wieder weggeworfen wurde, nur spekulieren. Oft war es das Hobby eines Einzelnen, alte Stücke zu sammeln, die nach seinem Tod von den Erben vernichtet wurden. Auch der Zeitgeist spielte eine nicht zu unterschätzende Rolle. In der Renaissance war es modern, antike Stücke in seinen Wohnräumen zu zeigen. In späteren Jahrhunderten galt diese Mode als veraltet, und manches Objekt ist bei einer Wohnungsrenovierung zuerst auf dem Speicher und später auf dem Müll gelandet. Schließlich soll auch noch auf den Versuch, eine Straftat zu vertuschen, hingewiesen werden.

Fundstellen

Vorgeschichte

Angesichts der geschilderten Umstände ist es umso erstaunlicher, dass 2003 bei der Bebauung des Grundstücks Salvatorstraße 14 neben spätmittelalterlichen und frühneuzeitlichen Bauresten und Funden eine ca. 10 cm starke Kulturschicht mit Scherben des Spätneolithikums bzw. der frühen Bronzezeit angeschnitten wurde.[33] Die Zeitstellung dieses Befundes passt gut in das allgemeine Bild, da in diesen Epochen die intensive Besiedlung der Münchner Schotterebene einsetzte. Der kleine Grabungsausschnitt erlaubt jedoch keine weiteren historischen Aussagen.

Abb. 2. Alter Hof; Befundskizze von 1944

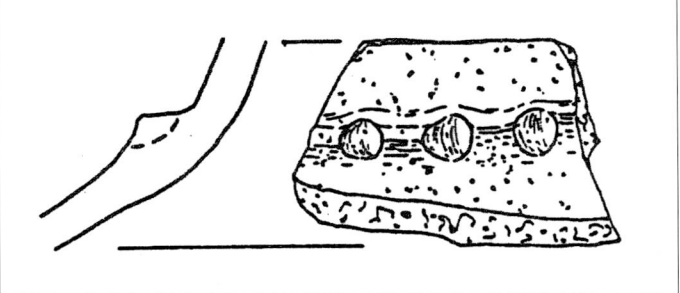

Abb. 3. Alter Hof, vermutlich urnenfelderzeitliche Randscherbe

sagen. Dennoch handelt es sich um den einzigen ungestörten Hinweis auf die frühe Besiedlung des Areals der heutigen Münchner Altstadt.

Bei Renovierungsarbeiten im Alten Hof mussten 1995 auch Teile des ehemaligen Grabens untersucht werden. Dabei kamen, leider nur als Streufunde, auch vorgeschichtliche Scherben zum Vorschein, deren Zeitstellung nicht eindeutig zu bestimmen ist, sich aber am ehesten der Hallstattzeit zuordnen lassen.[34] Selbst wenn die Originalfundlage nicht mehr bekannt ist, so können sie doch als Indiz dafür gewertet werden, dass der markante Punkt am Terrassenrand, auf dem später der Alte Hof errichtet wurde, bereits in früheren Jahrhunderten zur Besiedlung einlud.

Das nordwestlich an die Altstadt angrenzende Gebiet, das bis 1849 durch die Anlage der Ludwigstraße größtenteils überbaut wurde, liegt ebenfalls auf der erwähnten Niederterrasse. Beim Bau der Häuser konnten einige archäologische Funde geborgen werden. An der Ludwigstraße befanden sich Gräber der Hallstattzeit,[35] deren Funde verschollen sind. Ebenfalls in die Hallstattzeit oder in die vorangegangene Urnenfelderkultur dürfte ein heute nicht mehr erhaltener „eherner" Eimer gehören, der an der Ecke Gabelsberger-/Türkenstraße beobachtet wurde.[36] In die Urnenfelderkultur datiert ein nicht näher lokalisierbares Antennenschwert aus der Theresienstraße, das möglicherweise außerhalb des Arbeitsgebiets gefunden wurde.[37] Die beiden Depotfunde der älteren Urnenfelderzeit,[38] die an der Straßenkreuzung Widenmayer-/Liebigstraße (Abb. 1), direkt an der Isar, zum Vorschein kamen, sind kulturgeschichtlich nicht leicht einzuordnen. Das Vorhandensein von stark abgenutzten Stücken zusammen mit Fragmenten, Gusskuchen und -tropfen sowie einem Zinkbarren sprechen für einen Brucherzhort, der als Händlerdepot gedeutet wird.[39] Wegen ihres Fundortes in der Flussaue könnten sie aber auch zur Gruppe der Gewässerfunde gehören, die wahrscheinlich kultische Niederlegungen darstellen. Gegen diese Interpretation spricht aber, dass es sich bei Opferfunden weder um Einzelstücke noch um mehrere Objekte gleichen Typs handelt.[40] Der Fundort im Flussbett der Isar passt gut zu weiteren bronze- und urnenfelderzeitlichen Objekten, die außerhalb des Arbeitsgebietes zu verschiedenen Zeiten in der näheren und weiteren Umgebung zum Vorschein kamen[41] und in der Regel die Kriterien für Opferfunde erfüllen. Trotzdem deuten diese Funde nicht auf Siedlungen in der Isaraue. Andererseits ist jedoch anzunehmen, dass die Menschen dieser Epochen in nicht allzu großer Entfernung zur Isar siedelten und den Göttern opferten.

Römische Zeit

Bis auf die bereits erwähnten römischen Münzen fehlen jegliche Funde aus dieser Epoche. Bei den Stücken aus dem Lehel könnten ebenfalls Opferfunde vorliegen, sofern es sich nicht um Sekundärfundstellen handelt. Bemerkenswert ist aber, dass von den 21 Münzen aus dem Arbeitsgebiet,[42] einschließlich der im Wechselgeld gefundenen, nur eine einzige, ein Denar des Domitian

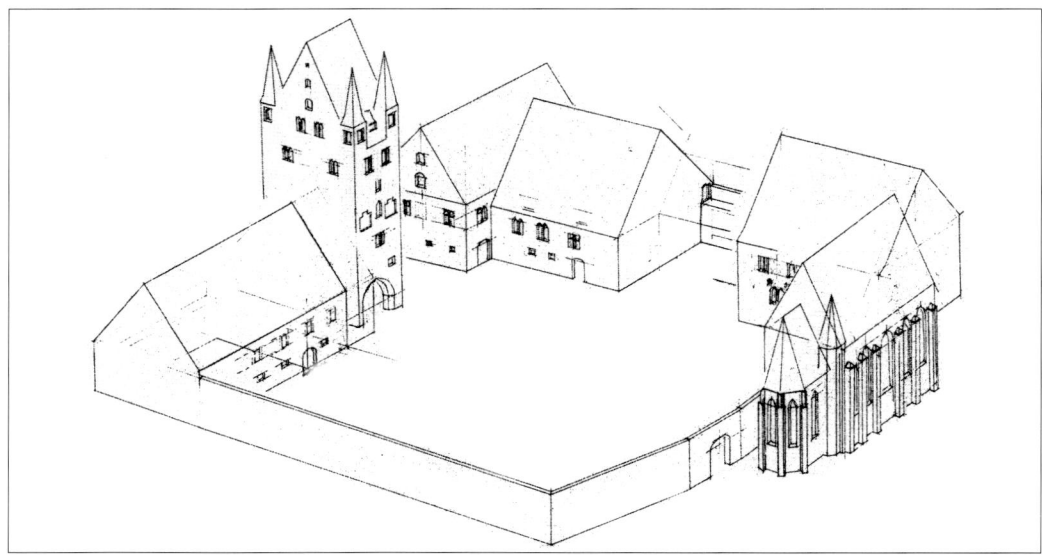

Abb. 4. Alter Hof (Zustand Mitte 14. Jahrhundert); Rekonstruktionszeichnung nach den Ergebnissen der baubegleitenden Untersuchungen 2001–03, von K. Schniedinger

Abb. 5. Alter Hof, Zwingerstock,
ehemalige Burgmauer

Abb. 6. Alter Hof, Fundamente der ehemaligen Heizanlage

Abb. 7. Alter Hof, Fundament des Braunen Brauhauses von 1590/91 unter
dem Brunnenstock

Abb. 8. Alter Hof, Brunnenstock, ehemaliger
Brunnen auf Natursteinen mit Ziegelaufsatz

Abb. 9. Alter Hof, Pfisterstraße, Mauer mit
mittelalterlichen Schwemmschichten und Ab-
drücken der Uferbebauung

Abb. 10. Alter Hof, Lorenzistock, Blick in den
verrohrten ehemaligen Stadtbach

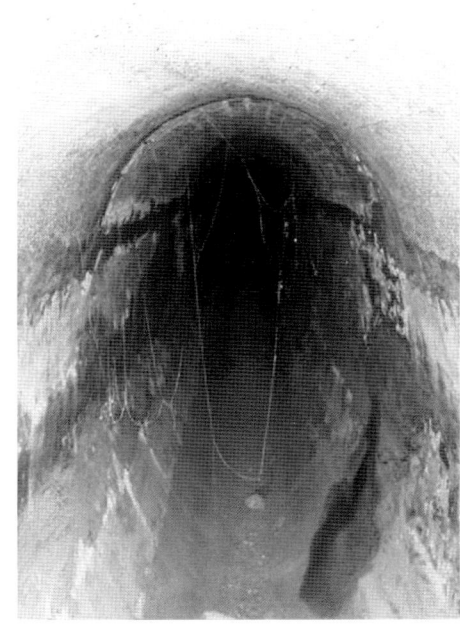

1) Schrammerstraße, 2) Nördl. Außenwand des ehem. Institus der Englischen Fräulein 3) Stadtbach Kanaltunnel 4) ältester Mauerzug um 1400 5) nicht unterkellerte Bereiche

Abb. 12. Frauenplatz, Bestattungen des 17./18. Jh.; links die mittelalterliche Hangmauer, rechts die Fundamente des Nordturms der Frauenkirche

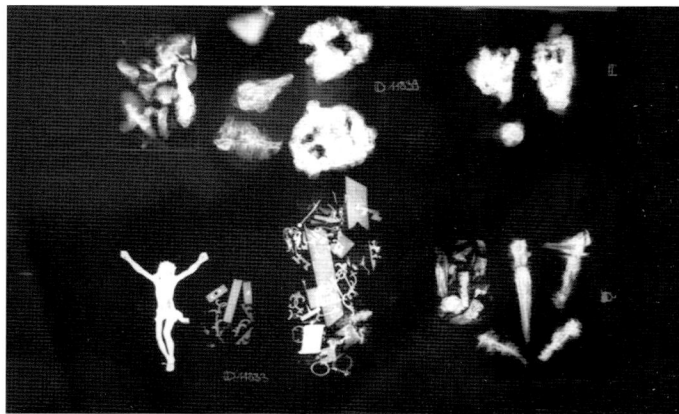

Abb. 13. Frauenplatz, Röntgenbild von Schnallen, Rosenkranzfragmenten und Kruzifix des 17./18. Jahrhunderts vor der Frauenkirche

Abb. 14. Marstallplatz, Fragment eines Renaissance-Kachelofens vom Gartenpavillon Herzog Wilhelms IV.

Abb. 15. Residenz, östliches Vorfeld; baubegleitende Untersuchungen bei der Neugestaltung des östlichen Vorfeldes; Blick von Westen (Apothekenstock) auf die freigelegten Reste der unter Herzog Albrecht V. angelegten Brücke von der Neuveste über den Stadtgraben in den östlich angrenzenden „Herrengarten" Albrechts V. und das spätere Zeughausgelände Kurfürst Maximilians I.

Abb. 16. Residenz, Apothekenhof; baubegleitende Untersuchungen bei der Sanierung der Dachentwässerung und der haustechnischen Leitungen; Blick von Norden (Festsaalbau) in die Baugrube mit freigelegten Resten der mittelalterlichen Stadtmauer am Neuveste-Graben

Abb. 17. Residenz, Brunnenhof; baubegleitende Untersuchungen bei der Sanierung der Dachentwässerung und der haustechnischen Leitungen, Bodenöffnung im östlichen Teil des Brunnenhofes mit freigelegten Resten des spätmittelalterlichen stadtseitigen Zugangs zur Neuveste; Übersicht von Südwesten (Antiquarium)

Abb. 18. Marstallplatz, Marstallgrabung Nord (1994/95); Grabungsschnitt mit den freigelegten Resten des kreuzförmigen „Hauses auf Säulen" aus dem Lustgarten Herzog Wilhelms IV.; Übersicht von Süden

Abb. 19. Marstallplatz, Marstallgrabung Süd (2000/01); Grabungsschnitt mit den Fundamenten des „Baus aus Stein" aus dem Lustgarten Herzog Wilhelms IV., das unter Herzog Albrecht V. als Sommerhaus genutzt wurde; Draufsicht auf den archäologisch erhaltenen westlichen Teil

Abb. 20. Residenz, Comité-Hof (ehem. Foyer-Hof); baubegleitende Untersuchungen bei der Sanierung des Cuvilliéstheaters, Baugrube mit der freigelegten nordwestlichen Längswand des Ballhauses an der linken Grabenseite; Übersicht von Nordosten

△ 14   15 ▽   16 ▽   17 ▽

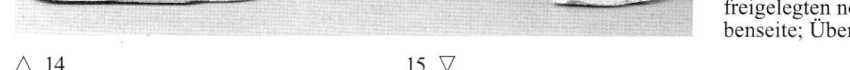

△ 18

△ 19

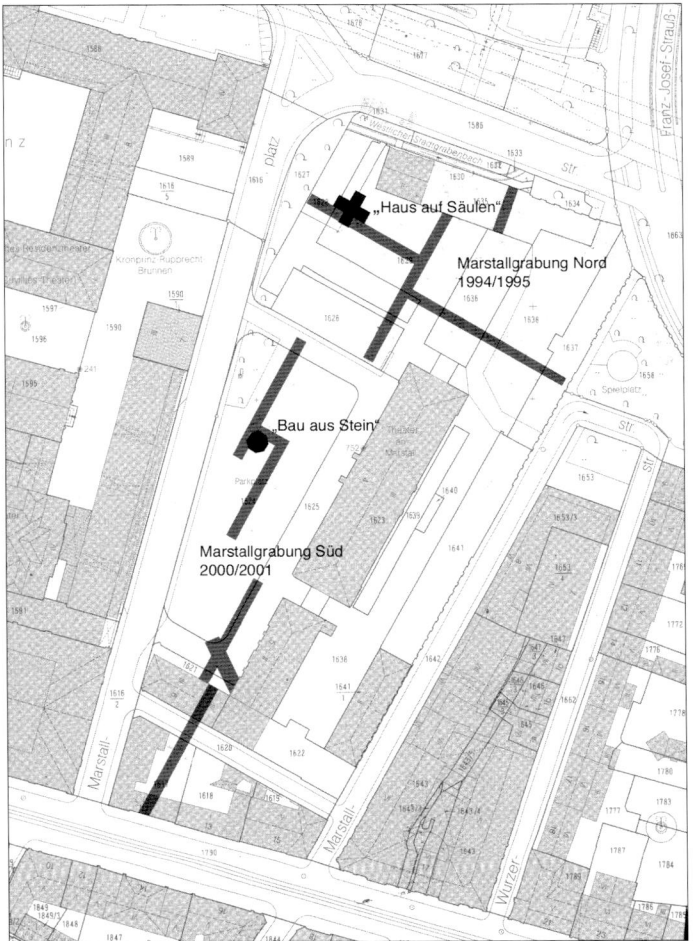

△ 21   22 ▽

Abb. 21. Marstallplatz; Stadtgrundkarte von 1979 mit Schnitten der Marstallgrabung Nord (1994/95) und der Marstallgrabung Süd (2000/01) sowie
den ergrabenen Gebäuden aus dem Lustgarten Herzog Wilhelms IV., „Haus
auf Säulen" (1995 festgestellt) und „Bau aus Stein" (2000 freigelegt)

Abb. 22. Residenz, Kabinettsgarten; baubegleitende Untersuchungen anlässlich der Instandsetzung der Allerheiligen-Hofkirche und des Kabinetts-
gartens, freigelegte Reste der mittelalterlichen Stadtmauer mit dem erhaltenen Ansatz des ehemaligen Greymoltsturmes; Blick auf den Grabungs-
befund am nördlichen Seitenschiff

Abb. 23. Residenz, Comité-Hof; Blick auf die nordwestliche Längswand des
ehemaligen Ballhauses mit dem Steingewände eines bauzeitlichen Zwillings-
fensters, das bei der Auffüllung des Neuveste-Grabens zugesetzt wurde

▽ 20

23 ▽

(81/96)[43], früher als der Antoninian des Gallienus (259/268) datiert. Dies könnte eventuell als ein Hinweis gewertet werden, dass eine intensivere römische Nutzung des Geländes erst nach diesem Zeitpunkt erfolgte. Möglicherweise hängt diese Entwicklung mit der römischen Reokkupation bis zur Donau nach den Germaneneinfällen im 3. Jahrhundert zusammen. Dieses zeitliche Spektrum weicht deutlich von dem der Au ab, wo im Bereich des Maria-Hilf-Platzes fünf Münzen bekannt sind, deren Reihe mit einem As des Augustus (16/15 v. Chr.) beginnt und mit einem Dupondius des Caracalla (212/217) endet.[44]

Früh- und Hochmittelalter

Über die nachrömische Besiedlung des Arbeitsgebietes ist nur wenig bekannt. Die zwei bereits erwähnten Münzen des Justinian I (527/565),[45] die ebenfalls aus dem Alten Botanischen Garten stammen, können wegen der unsicheren Fundumstände nur mit Vorsicht als Beleg herangezogen werden, aber ein zerstörtes Grab ist nicht völlig auszuschließen. Unter dem Bürgersteig vor der Akademie der Schönen Künste konnten insgesamt fünf merowingerzeitliche Gräber aufgedeckt werden.[46] Es muss offen bleiben, ob es sich dabei um eine kleine Gruppe handelt oder ob sie ursprünglich zu einem größeren Gräberfeld gehörten, mit dem möglicherweise auch die Lanzenspitze aus der Kaulbachstraße in Verbindung stehen könnte.[47] Diese datiert ins 7. Jahrhundert und stammt vermutlich aus einem zerstörten Grab. Die Frage nach der Ausdehnung der ehemaligen Fundstelle stellt sich auch bei der Frauenbestattung aus der zweiten Hälfte des 7. Jahrhunderts an der Einmündung der Martiustraße in die Leopoldstraße.[48] Ob das beigabenlose Skelett, das 1909 auf dem Grundstück Leopoldstraße 14 zutage kam, ebenfalls in die Merowingerzeit zu setzen ist, muss offen bleiben.[49] Bei den merowingerzeitlichen Funden aus der Isar bei der Maximiliansbrücke handelt es sich nicht um Opferfunde,[50] da in dieser Epoche kultische Deponierungen in Gewässern nicht üblich waren. Vermutlich stammen sie aus Gräbern auf dem rechten Isarhochufer oder einer Hangterrasse, die der Hangerosion zum Opfer fielen. Vielleicht besteht ein Zusammenhang zu den zehn Reihengräbern, die 1880 zwischen Haidhausen und Bogenhausen zerstört wurden.[51]

Aus Mangel an Funden fehlen jegliche Hinweise auf Siedlungen oder Gräber der Karolingerzeit und jüngerer Epochen. Daher muss auch offen bleiben, wo sich im 12. Jahrhundert die Ansiedlung im Arbeitsgebiet befand, in deren Nähe die heutige Stadt gegründet wurde.

Die wenigen erhaltenen Funde und Fundmeldungen sowie weitere Funde in der näheren Umgebung des Arbeitsgebietes, wie die spätneolithische oder frühbronzezeitliche Hockerbestattung in der Antwerpenstraße, der frühbronzezeitlicher Hortfund aus der Kurfürstenstraße, die Bronzenadel aus der Heimstättenstraße, die vermutlich aus einem zerstörten Grabhügel stammt, oder die vier 1841 gemeldeten merowingerzeitlichen Gräber in der Situlistraße in Freimann[52] zeigen, dass wir tatsächlich mit einer relativ dichten vor- und frühgeschichtlichen Besiedlung am Terrassenrand zu rechnen haben, auch wenn sich diese archäologisch nicht nachweisen lässt.

Anmerkungen

1   BRUNNACKER 1957, S. 57 ff.; BAUER/KÜSTER/WESKI 1993, S. 125 Anm. 2; SCHEFZIK 2001, S. 14.
2   Bodengütekarte 1962.
3   SCHEFZIK 2001, S. 26.
4   WINGHART 1997, S. XXVI.
5   Ebd., S. XXXIX ff.; SCHEFZIK 2001, Pl. 51; CHEVALLEY/WESKI 2004, S. CXL.
6   Z. B. SCHIER 1990, S. 166 ff.
7   Z. B. PAULA/WESKI 1997, S. 10, 146; CHEVALLEY/WESKI 2004, S. CXL Abb. 1, S. 710 f.; SCHEFZIG 2001, S. 140 ff., 152 ff., Pl. 1 ff.; SCHEFZIK/VOLPERT 2003, Beil. 1, 2.
8   BRUNNACKER 1957, Taf. II.
9   Fundst.-Nr. 7835/0029 u. 7835/0298 (Oberföhring); Fundst.-Nr. 7935/0007 u. 7935/0008 (Straße; Forstenrieder Park u. Grünwalder Forst); 7935/0002 (Römerschanze); PAULA/WESKI 1997, S. 328 f; SCHWARZ 1989, S. 30 ff., 38 ff.
10 SCHWARZ 1989, S. 45 ff.
11 Fundst.-Nr. 7935/0016; WAGNER 1958, S. 89 Nr. 1. mit ält. Lit; FUNDCHRONIK 2000, S. 5 f. (Grünwald); Fundst.-Nr. 7735/0165; KOSSACK 1959, S. 214 Nr. 231 mit ält. Lit.; PAULA/WESKI 1997, S. 215 (Oberschleißheim).
12 Fundst.-Nr. 7834/0079; WAGNER 1958, S. 42 Nr. 4d, Abb. 13 mit weit. Lit.
13 DANNHEIMER/ULBERT 1956, S. 25 ff.; CHEVALLEY/WESKI 2004, S. 715 f.
14 Fundst.-Nr. 7835/0129; DANNHEIMER/ULBERT 1956, S. 41 Nr. 35 mit ält. Lit.; FURTMAYR 1995.
15 Fundst.-Nr. 7735/0011; DANNHEIMER/ULBERT 1956, S. 7 ff. (Feldmoching); Fundst.-Nr. 7834/0041; DANNHEIMER 1998c (Aubing).
16 Fundst.-Nr. 7835/0052; CZYSZ 1974; NIEMELA 2004, S. 27 ff. (Denning); Fundst.-Nr. 7935/0068; MÜLLER-KARPE 1957, S. 32 ff. Taf. 14–29, 51, 53–56 (Unterhaching).
17 WINGHART 1990, S. 74 ff.; WINGHART 1999, S. 515–532.
18 WINGHART 1997, S. XXXI f.
19 Ebd., S. XXXVIII ff.; SCHEFZIK 2001, S. 69 ff.
20 KELLER 1984; PAULA/WESKI 1997, S. 147; VOLPERT 2002, S. 79 ff.; VOLPERT 2006, S. 196.
21 PIETSCH 2006, S. 339 ff.
22 FRIES-KNOBLACH 2006, S. 339 ff, bes. Abb. 24, 25, 29–34, 38.
23 Ebd., Abb. 25, 34.
24 DANNHEIMER 1998c, S. 29 ff.; WESKI 2004, S. CXLIV Abb. 7, S. 707.

25 WINGHART 1997, S. XXVI; SCHEFZIK 2001, S. 26.
26 FERCHL 1839, S. 136; KELLNER 1960, S. 184 Kat. Nr. 1194.
27 KELLNER 1960, S. 161 Kat. Nr. 1182, 1.
28 FICKLER 2004, S. 102 Nr. 1018A.
29 Fundst.-Nr. 7835/0112; 7835/0114; 7835/0115.
30 FERCHL 1839, S. 135 f. Kat. Nr. 49.
31 Ebd.
32 Ausst. Kat. KLENZE 1985, S. 83.
33 Fundst.-Nr. 7835/0194; FUNDCHRONIK 2003/2004, S. 25; SCHEFZIK 2001, S. 84.
34 Fundst.-Nr. 7835/0167; MITTELSTRASS 1996 S. 177 f. Abb. 130, 1.
35 Fundst.-Nr. 7835/0136; WAGNER 1958, S. 26 Kat. Nr. 4 mit weit. Lit.
36 Fundst.-Nr. 7835/0109; WAGNER 1958, S. 26 Kat. Nr. 5 mit weit. Lit.
37 QUILLFELDT 1995, S. 208 Nr. 219, Taf. 75, 219 mit weit. Lit.
38 Fundst.-Nr. 7835/0101; MÜLLER-KARPE 1961, S. 111 f. Taf. 45.1, 46, 47 A, 79.2; STEIN 1979, S. 154 Nr. 352; QUILLFELDT 1995, S. 170 Nr. 166, Taf. 57, S. 166, 187 Nr. 190 u. 193, Taf. 65.
39 STEIN 1976, S. 28 ff.
40 TORBRÜGGE 1970/71, S. 1 ff.; STEIN 1976, S. 111 ff.
41 Fundst.-Nr. 7835/0001; 7835/0034; 7835/0049; 7835 0075; 7835/0076; 7835/0108.
42 KELLNER 1960, S. 161 Kat. Nr. 1182, S. 184 Kat. Nr. 1194.
43 Ebd., S. 184 Kat. Nr. 1194,1.
44 Ebd., S. 162 Kat. Nr. 1183.
45 Ebd., S. 162 f. Kat. Nr. 1183, 15 u. 16.
46 Fundst.-Nr. 7835/0100; WAGNER 1958, S. 26 Kat. Nr. 7 mit weit. Lit.
47 Fundst.-Nr. 7835/0183; WESKI 2002/03, S. 96.
48 Fundst.-Nr. 7835/0036; WAGNER 1958, S. 29 Kat. Nr. 6 mit weit. Lit. Für die Datierung danke ich Dr. Arno Rettner, Archäologische Staatssammlung München.
49 Fundst.-Nr. 7835/0032.
50 Fundst.-Nr. 7835/0163.
51 Fundst.-Nr. 7835/0165, meist unter Gasteiganlagen geführt.
52 Fundst.-Nr. 7835/0031; WAGNER 1958, S. 29 Kat. Nr. 2 (Antwerpenstraße), Fundst.-Nr. 7835/0030; ebd., S. 29 Kat. Nr. 3 mit weit. Lit., dort meist mit falscher Lokalisierung; Fundst.-Nr. 7835/0038 (Kurfürstenstraße); Fundst.-Nr. 7835/0035; KOSCHIK 1981, S. 189 Nr. 123 (Heimstättenstraße); WAGNER 1958, S. 30 Kat. Nr. III, 3 mit nicht identifizierbarer Ortsangabe (Situlistraße).

Bodendenkmalpflege in München

Christian Behrer

Die Geschichte Münchens, der Landeshauptstadt, ist wie die kaum einer anderen Stadt schon früh ausführlich in Quelleneditionen, Forschungsarbeiten und Veröffentlichungen erforscht und beschrieben worden. Fixiert aber auf ihre Rolle als Residenz- und Hauptstadt vor allem im 18. und 19. Jahrhundert blieben ihre Anfänge als unbedeutender Fleck auf der Karte der Staufer darin weitgehend unbeachtet. Die Fokussierung der Geschichtsschreibung auf die Blütezeiten der Stadt liegt aber auch an ihren bis heute sichtbaren Strukturen, die größtenteils geprägt sind von neuzeitlichen Bauten vor allem des 19. und 20. Jahrhunderts. Vereinzelte Kirchenbauten des 17. und 18. Jahrhunderts spielen in ihrer kunsthistorischen Bedeutung zwar eine wichtige Rolle, setzen im Bild der Innenstadt aber nur punktuelle Akzente. Das gleiche gilt für die wenigen erhaltenen Bürgerhäuser dieser Zeit. Auch die Bausubstanz aus Renaissance und Mittelalter wird in der Münchener Innenstadt weitgehend nur in der sakralen Architektur und in spärlichen Resten in den höfischen Bauten sichtbar. Durch den behutsamen Wiederaufbau nach dem Zweiten Weltkrieg behielt das Straßenbild der Innenstadt zwar großteils sein altes, historisch gewachsenes Aussehen, doch ist sehr wohl ein großer Verlust an historischer Bausubstanz festzustellen. Vor 1944 prägte oft noch eine kleinteilige Bebauung ganze Straßenzüge. Mittelalterliche und frühneuzeitliche Bausubstanz mit ihrem oft reichen Fassadenschmuck und den prägnanten steilen Dächern mit kleinen Giebeln, den sogenannten Ohrwascheln, drückten der Münchner Innenstadt ihren Stempel auf. Auch nach dem Krieg konnten noch viele Straßenzüge bis weit in die 60er Jahre des letzten Jahrhunderts ihr kleinteiliges Gefüge erhalten. Spätestens aber mit den 1970er Jahren setzte dann ein städtebaulicher Umbruch ein, der zum Verlust historischer Bausubstanz ebenso beitrug wie zu einer oftmals sehr unsensiblen Schließung der durch den Krieg entstandenen Baulücken. Der unbestritten größte Eingriff vor allem auch in den teilweise noch ungestörten Boden setzte mit einem massiven Bauboom in den 1990er Jahren ein. Ausgelöst durch die gestiegenen Anforderungen an die Geschäftshäuser wurden ganze Bebauungsblöcke vollständig überformt, die zusammen mit ausgedehnt flächigen Unterkellerungen und Tiefgaragen kaum eine Chance zum Erhalt des Bodendenkmals Innenstadt ließen.

Spätestens hier stellt sich die Frage nach der Bedeutung archäologischer Untersuchungen in der Innenstadt Münchens und danach, welche Rolle dem Erhalt bzw. der Untersuchung von Bodendenkmälern auch des Mittelalters zugewiesen wird. Lange Zeit schien hier das Fehlen einer römischen Vergangenheit – meist Auslöser einer etablierten, institutionalisierten Stadtarchäologie in Bayern – und die vermeintlich klare Siedlungs- und Entwicklungsgeschichte Münchens keine Notwendigkeit für eine etablierte Stadtkernarchäologie zu ergeben.

Eine erste Zäsur in der Münchner Geschichte der Stadtkernarchäologie war 1927 eine kleine Ausstellung der Prähistorischen Staatssammlung, die unter dem Titel „Aus Münchens Vorzeit" alle archäologischen Funde zusammentrug und präsentierte.[1] Zwar waren, dem Selbstverständnis der damaligen Archäologen entsprechend, die Ergebnisse fast ausschließlich auf das Gebiet der Vor- und Frühgeschichte im Münchner Raum beschränkt, und mittelalterliche Befunde und Funde wären, selbst wenn es welche gegeben hätte, wohl kaum beachtet worden, aber ein erster Schritt war getan.[2]

Erste konkrete Ansätze und Grundlagen zur Erforschung der frühen Geschichte Münchens und damit auch Anstoß seitens der Geschichtswissenschaft für die Archäologie wurden 1937 mit dem Erscheinen der „Denkmäler des Münchner Stadtrechtes", eine Quellenedition von Pius Dirr, gegeben.[3] Bis heute gilt dieses Werk neben der vielfältigen grundlegenden Arbeiten von Helmuth Stahleder als Basis jeder archäologischen Forschung über München.[4]

Nach den Kriegszerstörungen der Jahre 1944/45 ließen die Notwendigkeit eines raschen Wiederaufbaus und die Bewältigung der alltäglichen Probleme verständlicherweise die einmalige Chance von umfassenden archäologischen Untersuchungen in den Hintergrund rücken: Außer zwei Beobachtungen noch während des Krieges anlässlich von Luftschutzbaumaßnahmen (Alter Hof, Hottergasse), den Untersuchungen während des Wiederaufbaus der Frauenkirche und von St. Peter und später noch bei den Aufbauarbeiten der Residenz[5] spielte die Archäologie bis weit in die 70er Jahre des letzten Jahrhunderts in München kaum eine Rolle. Die damals noch angewandte Grabungsmethodik, die ausschließlich anhand von Bauformen und Mauerwerkstechniken freigelegter Mauerzüge datierte und die hierfür so wichtigen Kleinfunde außer Acht ließ, macht darüber hinaus die wenigen Ergebnisse für so manchen Kritiker fragwürdig.

Zur 800-Jahr-Feier der Stadt München im Jahre 1958 erschien eine erste Zusammenfassung zum damaligen Stand der Forschung im Rahmen einer Sonderausstellung „Münchens Vorzeit, Denkmäler, Fundstätten und Funde der Vorzeit Münchens und seiner Umgebung"[6].

Auch in den 60er und 70er Jahren des letzten Jahrhunderts, auf dem Weg zur blühenden Metropole und Olympiastadt, hat es für die Archäologie kaum Chancen gegeben. Ausgrabungen wurden – mit einigen wenigen Ausnahmen – als baubehindernd empfunden. Wohl auch in der irrigen Annahme, die vielen Neubauten der Jahrhundertwende und der Jahre vor dem Krieg, vor allem aber auch der Krieg selbst hätten jede archäologisch wichtige Substanz im Boden Münchens zerstört. So blieben einige wenige kleinere Notuntersuchungen seitens der damaligen Prähistorischen Staatssammlung (heute Archäologische Staatssammlung) die einzigen archäologischen Ausgrabungen in der Innenstadt. 1988 konnte dann zum ersten Mal ein Resümee mit einer Ausstellung gezogen werden, deren Schwerpunkte diesmal im Mittelalter und in der Neuzeit lagen. Bezeichnenderweise trug sie zum ersten Mal den Titel „Stadtarchäologie in München".

Die archäologischen Untersuchungen auf dem Max-Joseph-Platz 1982, an der Stadtmauer beim Isartor 1984, die ein in den Neubau der Sparkasse integriertes Stück Stadtmauer zum Ergebnis hatten, und die Untersuchungen im Hofgarten im Vorfeld des Neubaus der Bayerischen Staatskanzlei 1986 sensibilisierten, sodass in der Folge mehrere größere Grabungen durchgeführt wurden. Höhepunkt bildeten die Untersuchungen auf dem Marienhof 1989, die auch in der Methodik eine neue Ära der wissenschaftlichen Dokumentation einläuteten. Waren es hier die beiden Fachdisziplinen Archäologie und Bauforschung, konnten bereits in der Mitte der 90er Jahren die ersten Untersuchungen von spezialisierten Mittelalterarchäologen durchgeführt werden.

Gleichzeitig mit der Erstellung einer ersten Übersicht und Materialvorlage aller bis 2000 durchgeführten Grabungen[7] entschloss sich die Landeshauptstadt, mit einem Archäologischen Stadtkataster ein Kartenwerk zu erstellen, das bei Bauprojekten Planungs- und Kostensicherheit für den Bauherrn schafft. In diesem Kataster sind parzellengenau alle Flächen, in denen sich noch historische Kulturschichten oder ältere Bausubstanz unter der heutigen Oberfläche erhalten haben, in ihrer Größe erfasst. Dies können neben nicht überbauten Innenhofflächen auch überbaute, aber nicht unterkellerte Bereiche sein. Dazu zählen alle Straßen und Plätze, bei denen sich zum Teil infolge von Straßenverbreiterungen noch vollständige Hausgrundrisse unter dem heutigen Asphalt erhalten haben. Der Stadtkataster hilft zum einen, die Wünsche und Belange des Bauherrn mit denen der Archäologen zu koordinieren, zum anderen können durch das Wissen über den Untergrund Münchens auch die Belange der Denkmalpflege exakter formuliert und dort, wo es notwendig ist, auch Bodendenkmäler gezielt geschützt werden.

Die Anfänge und Überblick

Die Münchner Schotterebene spielt seit der Bronzezeit eine zentrale Rolle im Fernhandel von Süden nach Norden.[8] Direkt nördlich von München lag bereits zur Römerzeit ein ganzjährig passierbarer Isarübergang auf Höhe des Ortes Föhring. Urkundlich 750 das erste Mal erwähnt, bis 903 in karolingischem Besitz, ging Föhring danach als Schenkung an den Bischof von Freising.[9] Der Inhalt der Schenkung ist unbekannt, aber offensichtlich gehörte zu dem bischöflichen Markt als Fähren- und Brückenort weder anfänglich noch nachträglich eine königliche Regalienkonzession zum Betreiben eines Fernhandelsmarktes und zur Erhebung der damit verbundenen Zölle. Dennoch beanspruchte der Bischof die Zölle für das auf diesem Weg zwischen Salzburg und Augsburg transportierte und gehandelte Salz für sich.

Auf der westlichen Isarseite lagen das 782 erstmals erwähnte Schwabing und das 779 erstmals erwähnte Sendling.[10] Beide Orte grenzten mit ihren Besitzungen aneinander – der Grenzverlauf lag in etwa auf der Höhe der heutigen Kaufingerstraße – seit dem 12. Jahrhundert befanden sie sich teilweise innerhalb der Grenzen des Münchner Burgfriedens. 1158 taucht das erste Mal der Ort „Munichen" in den Quellen auf.[11] Zunächst in einer durch Kaiser Friedrich Barbarossa in Augsburg ausgestellten Urkunde, in der die vom bayerischen Herzog Heinrich dem Löwen gegen die territorialen Interessen des freisingischen Bischofs durchgesetzte Existenz eines Marktes München genehmigt wird. Gleichzeitig mit der Zerstörung der Brücke bei Föhring – die allerdings erst in einer zweiten Urkunde von 1180 erwähnt wird – errichtete Heinrich der Löwe einen neuen Markt mit einem neuen Isarübergang. Hier nutzte er wohl eine saisonal passierbare Furt über die heute sogenannten Kohleninseln, einem Bereich starker Mäanderungen der Isar (heute steht dort das Deutsche Museum). Neben der Furt bot die natürliche Topographie ideale Voraussetzungen für eine Siedlung (Abb. 1). Der neue Markt München liegt unmittelbar am Rande einer natürlichen, zum Überschwemmungsgebiet der Isar abfallenden Terrassenkante. Kern des neu gegründeten Marktes ist die auf Höhe des heutigen Marienplatzes verbreiterte neue Salzstraße, die sich als breiter Hohlweg von der Isar kommend auf der Kartierung des ursprünglichen Geländes abzeichnet. Zwei Tore, jeweils im Osten und im Westen des neuen Marktes bildeten die Zollstationen, die den nun über München führenden Fernhandelsweg zwischen Salzburg und Augsburg kontrollierten. Drei markante Erhebungen dienten der frühen Stadtherrschaft als Mittelpunkte ihrer baulichen Repräsentation: Nördlich der Hauptstraße finden sich die Hügel, auf denen die Frauenkirche und der Alte Hof lie-

gen, wobei der nördliche Zwingerstock als ältester Bauteil des Alten Hofes exakt auf der höchsten Stelle steht; südlich liegt das sogenannte Petersbergl mit seiner frühen Befestigung.

München wurde in einem Gebiet gegründet, das bereits seit dem 8. Jahrhundert, wie Lorenz Maier sich ausdrückt, „fiskalisch dicht besiedelt" und fest in der Hand von Ministerialen der verschiedensten Einflussbereiche war.[12] Auf welche Ministerialität Heinrich der Löwe sich bei der Gründung Münchens stützen konnte, vor allem, wo ein entsprechender, eventuell befestigter Ansitz oder eine kleine Siedlung gelegen haben könnte, sozusagen als „Keimzelle" Münchens, ist und bleibt immer noch Anlass von Spekulationen.

So ist in der Literatur z. B. häufig von einem Burgstall die Rede, der möglicherweise auf dem Gelände der heutigen Residenz, nördlich des Alten Hofes, gelegen war.[13] Auffallend ist in diesem Zusammenhang die spätere direkte Verfügungsgewalt des Herzogs über dieses nördliche Gebiet. So wurde etwa an dieser Stelle ab 1284 den Franziskanern vom Herzog Baugrund für ein Kloster übertragen,[14] ab dem späten 14. Jahrhundert entstand auf dem nördlich anschließenden Gelände die Neue Veste, die neue Residenz der Wittelsbacher. Ein weiterer, häufig diskutierter Standort ist die Erhebung, auf der die Peterskirche steht. Hier ist eine ältere Bebauung für das 12. Jahrhundert nachgewiesen, die durchaus ein ehemaliger befestigter Ansitz gewesen sein könnte. Auch für den nördlich gelegenen Alten Hof, ebenfalls auf einer Erhebung gelegen, ist ein befestigter Ansitz nachgewiesen. Sowohl für den Alten Hof als auch für das sogenannte Petersbergl gilt jedoch, dass keine der beiden exponierten Stellen vor dem 12. Jahrhundert bebaut war.

Heftig diskutiert wird heute vor allem immer wieder der lange Zeit eigenständige Steuerbezirk Altheim, ein kleines Gebiet außerhalb der ersten Stadtmauer südwestlich des ehemaligen „Schönen Turms".[15] Es wird in etwa begrenzt vom Altheimer Eck, der Damenstift-, Brunn-, Hotter-, bis über die Hofstatt-

Abb. 1. Hochmittelalterliche Topographie Münchens: Höhenlinien Meterabstand. Schräge Schraffur: Überschwemmungsgebiet der Isar bei Hochwasser. Künstlich dürfte der Hohlweg an der heutigen Kreuz-/Damenstiftstraße und die Auffahrt vom alten Rathausturm zum Marienplatz sein. Karte auf Grundlage der Bodenaufschlüsse und Bohrungen anlässlich des U-Bahnbaus. 1. Nikolauskapelle, 2. Frauenplatz, 3. Alter Hof, Zwingerstock, 4. St. Peter

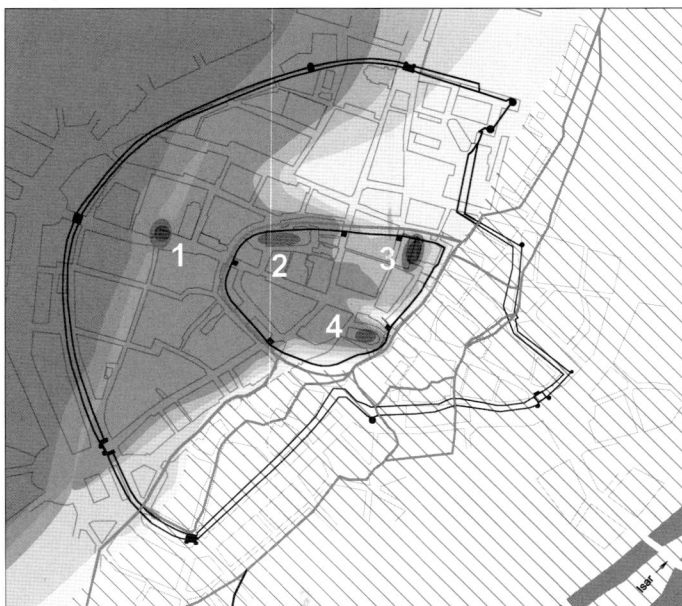

straße und gehört zu einem ca. 100 m breiten Streifen, der sich südlich des Färbergrabens, den Verlauf der ältesten Stadtmauer nachzeichnend, etwa vom heutigen Altheimer Eck bis über die Sendlinger Straße erstreckt. Noch auf dem Katasterplan von 1806 fällt dieser Bezirk, wie schon auf dem Stadtmodell von Sandtner, innerhalb der sonst sehr gleichmäßigen Bebauung in der inneren und äußeren Stadt des Mittelalters durch seine etwas anders geartete Struktur auf: verwinkelte Straßenführungen und Bebauungsgrenzen in der sonst so regelmäßig strukturierten Innenstadt und von der Hauptstraße abzweigende Sack- und Stichstraßen, die es nur in diesem Teil der Altstadt gibt. Dies und der Name „Altheim", der möglicherweise auf einen „alten" Stadtteil hinweist, führte zu der Theorie, Altheim sei eine Vorgängersiedlung gewesen.[16] Stahleder hingegen hält den Bezirk Altheim eher für eine vorstädtische Siedlung, die sich vor den Toren der Stadt in gleichmäßigem Abstand zur Mauer ausgebreitet hat. Dafür sprechen seiner Meinung nach auch Straßennamen wie „hinter der Schmalzgassen bei der Linde", „im grünen Ängerlein", „im Hagken bei der Linde", die viel eher auf ein landwirtschaftlich genutztes, vorstädtisches Gebiet deuteten.[17] Der gleichen Ansicht sind auch Michael Schattenhofer[18] und Gustav Schneider[19]. Die Archäologie lieferte für diesen Teil der Stadt bisher leider noch keine Ergebnisse.

Schließlich zählt auch die Jakobskirche mit dem Angerkloster am heutigen Jakobsplatz zu einem Bereich innerhalb der mittelalterlichen Stadt, der Hinweise auf eine präurbane Keimzelle Münchens geben könnte. Die Ursprünge der Kirche liegen, wie Astrid Brosch in ausführlicher Weise beschreibt, schon zwischen 1160 und 1230.[20] Die Untersuchungen am St.-Jakobs-Platz lieferten für den nördlich der Kirche und dem Kloster liegenden „Anger" einen ältesten Siedlungshorizont, der allgemein in das 12. Jahrhundert datiert werden kann.[21] Die direkte Kirchenumgebung sowie das Areal des Klosters konnten bisher nicht untersucht werden.

Die einzige Ausgrabungsstätte, die deutlich älteres Fundmaterial erbracht hat, liegt am inneren Rand der Stadterweiterung, in der heutigen Salvatorstraße 14. Hier konnte eine Kulturschicht nachgewiesen werden, die eine Vielzahl an Funden enthielt, deren Datierung abweichend von den anderen ältesten Funden im mittelalterlichen München deutlich in der ersten Hälfte des 12. wenn nicht vielleicht sogar im 11. Jahrhundert liegt. Gewicht bekommt dieses Grabungsergebnis vor dem Hintergrund der von Richard Bauer dargelegten Besitzverhältnisse und einer Grundbesitzabtretung des Klosters Weihenstephan an die Herren von Bogenhausen 1147.[22] Zunächst unter freisingischem Einfluss stehend, kann dieses Areal der „Schwaige" zusammen mit dem östlich der heutigen Residenzstraße gelegenen Burgstall eine wichtige Rolle im frühen München gespielt haben.

Für alle hier vorgestellten Gebiete innerhalb der mittelalterlichen Stadt München können allerdings bisher keine Beweise für eine präurbane Keimzelle des „Munichen" um 1158 erbracht werden. Dies ist die zukünftige Aufgabe der Archäologie.

Mittelalterlicher Sakralbau in München

Siedlungstopographische Schwerpunkte werden im mittelalterlichen München von den Kirchen gebildet (Abb. 2). Sie besetzen nicht nur zwei – mit der abgegangene Nikolauskapelle wohl drei – der ehemals vier topographischen Erhebungen im Areal der mittelalterlichen Stadt, sondern sind auch zentrale Bezugspunkte im Straßensystem der frühen Stadt. Aus der schriftlichen Überlieferung bekannt sind in der mittelalterlichen Stadt 14 Kirchen und Kapellen, die zwischen dem 12. und dem 15. Jahrhundert errichtet wurden, nur von zweien liegen umfangreiche archäologische Untersuchungen vor, die über die frühen Bauphasen Auskunft geben können.

Die älteste Pfarrkirche Münchens ist die Peterskirche. Sie wird 1225/26 das erste Mal schriftlich erwähnt.[23] Dass sie als Kirche aber schon vorher bestanden haben muss, ist einer Urkunde zu entnehmen, die von 1167 bis 1170/71 einen „Heribort decanus de Munichen" als Pfarrer nennt.[24] Da die Frauenkirche erst 1271 zur zweiten Pfarrkirche erhoben wird, kann es sich nur um den Pfarrer der Peterskirche handeln.

Archäologische Untersuchungen des Architekten Erwin Schleich 1952–55 während des Wiederaufbaus der Kirche lieferten teils gesicherte, teils interpretationsbedürftige Erkenntnisse über die Bauabfolgen und deren Datierung.[25] Dem wohl erst nach dem Stadtbrand von 1327 erfolgten Neubau der gotischen Kirche[26] (21. November 1346 Altarweihe[27]) ging ein romanischer dreiapsidiger Bau voraus. Anders als vom Ausgräber interpretiert, dürfte diese Kirche im späten 12. Jahrhundert errichtet und bis zu ihrem Neubau mehrfach erweitert worden sein (Schleich weist vier romanische Phasen aus). Beobachtungen und Funde aus der direkten Umgebung der Kirche 1869 durch den Archivrat v. Destouches[28], 1954 durch Eugen Wankmüller[29] und schließlich 1974 durch Hermann Dannheimer[30] lassen eine gesicherte Datierung des ältesten Siedlungshorizontes auf dem Petersbergl in das 12. Jahrhundert zu. In einer Zusammenschau aller Befunde ergibt sich für das 12. Jahrhundert eine mindestens zweiphasige, umwehrte ovale Anlage, zu der neben massiven Befestigungsmauern auch der sogenannte Alte Raum gehört. Wie bei dem befestigten Ansitz des Alten Hofes kann man für die Erhebung des Petersbergls einen Ansitz postulieren, in dessen Mitte erst im späten 12. Jahrhundert eine romanische Basilika errichtet wurde.

1271 wird die Pfarrei St. Peter wegen der „ins immense" gewachsenen Bevölkerungszahl der Stadt geteilt[31] und die Frauenkirche (Weihe des Hochaltars am 12. Juli 1277[32]) als zweite Pfarrkirche erstmalig erwähnt. Dem heutigen spätgotischen Bau von 1467–1494[33] ging eine dreischiffige romanische Basilika mit Doppelturmfassade im Westen voraus. Archäologische Untersuchungen unter Adam Horn aus den Jahren 1949–53 lieferten hierzu umfangreiche Aussagen.[34] Neben dem direkten Vorgängerbau konnte Horn auch einige ältere Mauerzüge nachweisen. Sie gehören zu einer teilweise profanen Bebauung, deren Siedlungshorizont durch Kleinfunde aus den Grabungen von W. Titze 1953 im Bereich des Westportales anlässlich des Einbaus einer Heizungsanlage eindeutig dem 12. und frühen 13. Jahrhundert zugewiesen werden kann. Bauliche Hinweise auf einen in den Quellen genannten ersten Kirchenbau vor 1271, einer „simplex capella" ohne spezieller Namensbezeichnung, erbrachten die Befunde Horns nur ansatzweise, ohne eine Rekonstruktion dieses Baues zu ermöglichen.

Untersuchungen der Jahre 2000 in der nördlichen Domsakristei und 2005 auf dem Frauenplatz lieferten konkretere Ergebnisse zur Datierung der in diesem Zusammenhang stehenden ältesten Bebauungsspuren sowie auch zum Bauhorizont der romanischen Basilika. Die Frage nach der zum Bau der gotischen Frauenkirche abgebrochenen Michaelskapelle auf dem Friedhof vor dem Chor muss trotz eines massiven älteren Mauerbefundes weiterhin ungeklärt bleiben.[35]

Die Grundsteinlegung der romanischen Basilika dürfte nach Auswertung aller Grabungen im Bereich der Frauenkirche etwa in die Zeit Ludwigs II., des Strengen, fallen. Diese Zeit scheint für München eine bewegte Epoche des allgemeinen Aufschwungs gewesen zu sein. Die ersten großen Bauten des Alten Hofes entstanden unter Ludwig dem Strengen, die große Stadterweiterung wurde unter ihm begonnen. Für die Errichtung der ersten größeren Frauenkirche wären dann die Jahre von frühestens 1253, dem Regierungsantritt Ludwig des Strengen, bis 1277 anzunehmen.

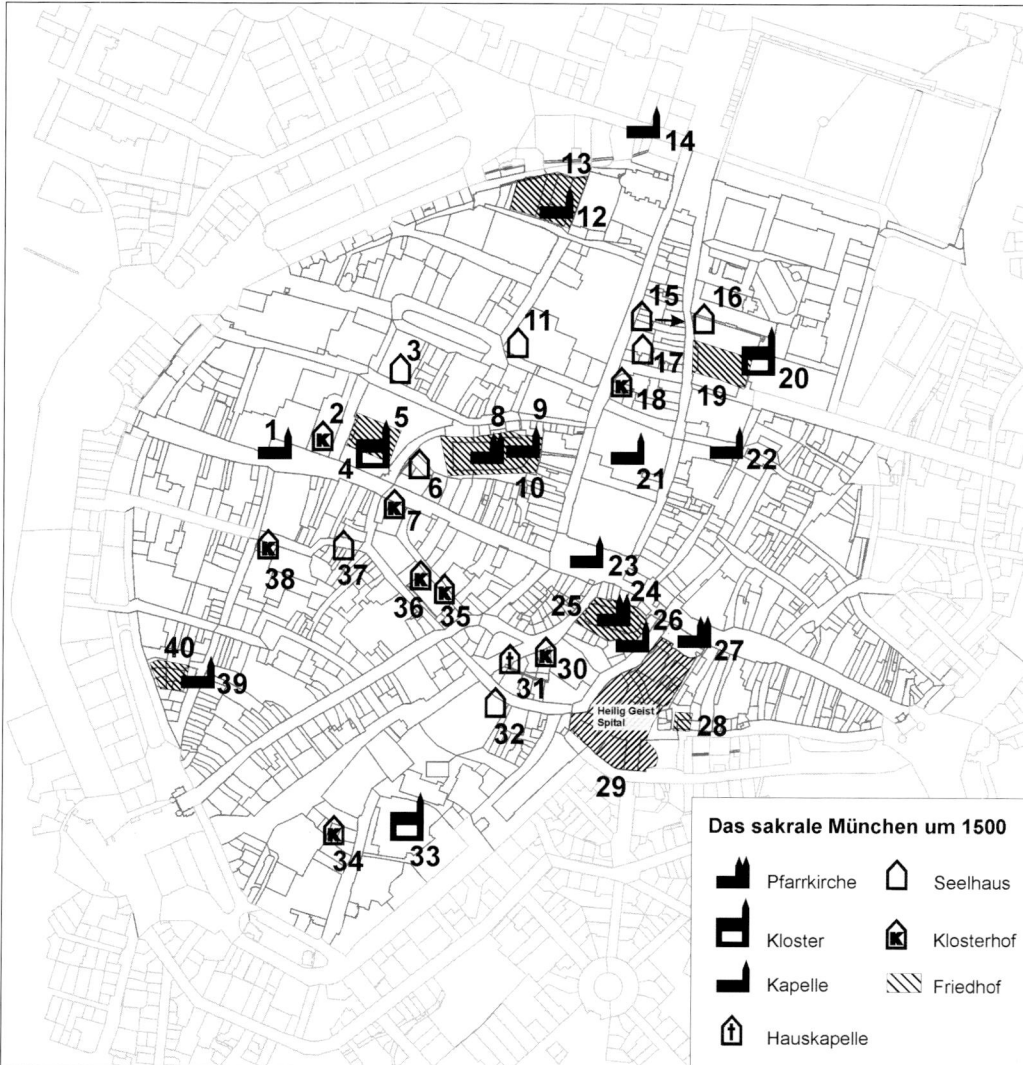

Das sakrale München um 1500

◣	Pfarrkirche	⌂	Seelhaus
◰	Kloster	Ⓚ	Klosterhof
◣	Kapelle	▨	Friedhof
🏠	Hauskapelle		

Abb. 2. Das sakrale München 1158–1500

 1 St. Nikolaus, vor 1302–1583
 2 Klosterhof Schäftlarn, vor 1300–1573
 3 Seelhaus der Pienzenauer, vor 1411–1609
 4 Kloster Augustiner-Eremiten, vor 1294
 5 Friedhof der Augustiner-Eremiten (aufgelassen 1802)
 6 Seelhaus der Schluder, vor 1431–?
 7 Klosterhof Ettal, 1480–1753
 8 Frauenkirche, vor 1250
 9 Kapelle St. Michael, vor 1467, Abbruch 1468
10 Friedhof, vor 1250–1774/88
11 Seelhaus der Katzmair, 1476–1827
12 St. Salvator, 1492
13 Friedhof, 1480–1789
14 St. Salvator vor dem Schwabinger Tor, 1345–1493
15 Ridler-Kloster, 1295–1395
16 Ridler-Kloster, 1395–1803
17 Pütrich-Kloster, vor 1284–1803
18 Klosterhof Scheyern, vor 1295–1661
19 Friedhof, 1282–1776
20 Kloster der Franziskaner, 1282–1802
21 Synagoge vor 1442, Gruftkirche, Neustiftkapelle bis 1867

22 Hofkapelle (Unsere Liebe Frau, St. Margaret, St. Lorenz), 1321–1816
23 Gollirkapelle, 1315–1486
24 Pfarrkirche St. Peter, um 1170/71
25 Friedhof, 1789 aufgelassen
26 St. Salvator- und St. Nikolauskapelle (Wieskapelle), 1318–1880
27 Pfarrkirche Heilig Geist, 1208 (?)–1250
28 Friedhof, 1543–1769
29 Heiliggeistspital, 1208 (?)–1885, mit Friedhof, 1262–1769
30 Klosterhof Benediktbeuern, vor 1296–1393
31 Kapelle im Pötschner-Haus, 1477–1895
32 Seelhaus der Rudolf, vor 1380–1810
33 Angerkloster, 1180 (?) mit Kirche St. Jakob
34 Klosterhof Tegernsee, vor 1300–1803
35 Klosterhof Fürstenfeld, vor 1289–1801
36 Klosterhof Ebersberg, vor 1297–1510
37 Seelhaus der Sendlinger, vor 1397–1780
38 Klosterhof Indersdorf, 1462/82
39 Allerheiligen am Kreuz, 1480–85
40 Friedhof, 1478–1783/89

Neben diesen beiden Hauptkirchen sind für das mittelalterliche München drei weitere Kirchen urkundlich belegt: Vor den Toren der hochmittelalterlichen Stadt, 1250 das erste Mal erwähnt, wahrscheinlich aber bereits seit 1208 existierend, hat sich der Gründungsbau der Pfarrkirche Heiliggeist wahrscheinlich nur mehr in baulichen Resten im heutigen Bau erhalten. Bereits 1583 abgebrochen, scheint die in der Neuhauserstraße gelegene Nikolauskapelle eine wichtige Rolle gespielt zu haben.[36] Sie ist vermutlich als Bodendenkmal noch teilweise erhalten. Auch die dritte Kirche, die Jakobskirche, lag zur Zeit ihrer ersten urkundlichen Erwähnung mit dem Angerkloster am heutigen Jakobsplatz extra muros. Die Ursprünge dieser Kirche liegen zwischen 1160 und 1230.[37] Sehr viel genauer lässt sich die Erbauungszeit und das Erscheinungsbild der Kirche nicht fassen, da sie infolge starker Kriegsschädigungen 1951/52 abgebrochen und durch einen Neubau ersetzt wurde.

Nur mehr den schriftlichen und bildlichen Quellen zu entnehmen ist die Vielzahl mittelalterlicher Kapellen, wie z. B. die im nördlichen Teil des Alten Hofes gelegene Hofkapelle mit dem Patrozinium St. Margaret und St. Lorenz, von der trotz archäologischer Untersuchungen nur noch Maßwerkfragmente im Bauschutt des Lorenzistockes nachgewiesen werden konnten. Ebenfalls nicht mehr erhalten sind die auf dem Marienplatz gelegene Gollirkapelle (Abbruch 1486), die St. Salvator- und St. Nikolauskapelle (Wieskapelle) östlich der Peterskirche (Abbruch 1880) und die ehemalige Synagoge auf dem heutigen Marienhof (Synagoge von 1380–1442, danach Gruftkapelle).[38]

Von den ehemals drei größeren Klöstern im mittelalterlichen München hat sich nur die Kirche der Augustiner-Eremiten (Augustinerkirche) erhalten (Kirchenbau ab 1291/1294). Das Angerkloster mit der Jakobskirche existiert heute genauso wenig in seiner ursprünglichen Bausubstanz wie das im Bereich des heutigen Max-Joseph-Platzes und des Nationaltheaters gelegene Franziskanerkloster, von dem allerdings einige Untersuchungen aus den Jahren 1957/61/63 vorliegen.[39]

Mit dem Neubau der Frauenkirche Ende des 15. Jahrhunderts wurde auch die Umstrukturierung der Friedhöfe erforderlich. Neben den neu angelegten Friedhöfen mit Kirchenneubauten im Süden im Hackenviertel mit der Kirche Allerheiligen am Kreuz (Weihe 1480, Friedhof 1783–89 aufgelassen) und im Norden im Kreuzviertel mit der St.-Salvator-Friedhofskapelle (Weihe 1492–94, Friedhof 1789 aufgelassen) wurde weiterhin, allerdings stark reduziert, auf den verkleinerten älteren Friedhöfen um die St. Peters- und die Frauenkirche bestattet (bis etwa 1777/1789), wie auch Untersuchungen belegen. Der Friedhof des Franziskanerklosters wurde 1776 aufgelassen (archäologische Untersuchungen 1957/61/63 und 1982). Das Heiliggeistspital hatte ebenfalls einen eigenen Friedhof mit Kapelle. Er lag im zweiten Spitalhof (ab 1262) und wurde 1543 zum Dreifaltigkeitsplatz verlegt, wo er 1769 aufgelöst wurde.

Zur Sakraltopographie des mittelalterlichen Münchens gehört neben den Kirchen und Klöstern auch eine Vielzahl von Seel- und Klosterhäusern. Die wohlhabende Oberschicht sicherte sich ihr Seelenheil durch die Stiftung von sogenannten Seelhäusern, Häuser, in denen Seelnonnen für das Heil der Stifter beteten und sich um die Krankenversorgung kümmerten. Von den bekannten Einrichtungen der Familien Katzmair (seit 1476, heute Teil von Kardinal-Faulhaber-Straße 14), Pienzenauer (seit 1411, heute Teil von Löwengrube Nr. 8), Pütrich (erstmalig erwähnt 1284, Ecke Perusa-/Residenzstraße 11/12), der Ridler (erstmalig erwähnt 1295, Residenzstraße neben dem Franziskanerkloster mit Kapelle St. Johann Baptist und Evangelist), der Rudolf (1380 bereits existent, Rosental), der Sendlinger (erstmals erwähnt 1397/9, Altheimer Eck 15) und der Schluder (erstmals erwähnt 1431, Augustinerstraße/Ecke Löwengrube) haben sich keine erhalten.

Auch die Klosterhöfe sind nicht überkommen. So hatte das Kloster Benediktbeuern am Rindermarkt 5 ein Haus (erstmalig erwähnt 1296), das Kloster Ebersberg an der Fürstenfelderstraße neben dem Klosterhof Fürstenfeld, das Kloster Ettal in der Kaufingerstraße südlich anschließend an den Schönen Turm, das Kloster Fürstenfeld den St.-Leonhardshof (heute Sattlerstraße 1) in der nach ihm benannten Fürstenfelderstraße, das Kloster Indersdorf in der Damenstiftstraße 1 mit der Kapelle St. Anna, das Kloster Schäftlarn im Bereich der heutigen Michaelskirche, das Kloster Scheyern an der südlichen Ecke Theatiner-/Perusastraße und schließlich das Kloster Tegernsee südlich der heutigen Tegernseer Klosterhofstraße.

Höfische Bauten

München als herzogliche Residenzstadt findet im Mittelalter seinen architektonischen und städtebaulichen Ausdruck in den beiden herzoglichen Residenzen Alter Hof und Neue Veste, der späteren Neuen Residenz. Am Nordostrand der mittelalterlichen Stadt gelegen, bilden sie durch ihre Lage und ihre wehrhafte Architektur eine städtebauliche Dominante nicht nur innerhalb der Stadt, sondern viel mehr auch in ihrer Außenwirkung zur Isar hin.

Als erster befestigter Sitz der Herzöge in der Stadt wurde bereits im 12. Jahrhundert das Areal des heutigen Alten Hofes befestigt und repräsentativ ausgebaut.[40] Die Konturen des im Norden und Osten hier ehemals fast 5 m steil abfallenden Geländes mit einer kleinen Erhebung im Bereich des heutigen Zwingerstockes haben sich durch die moderne Bebauung zum größten Teil verwischt. Von den ehemals den Alten Hof umgebenden Burg-

gräben zeugen heute noch im Osten der Pfisterbach (Sparkassenstraße) und im Norden der alte Hofgraben, der im Straßennamen weiterlebt (auch hier floss unterirdisch ein kanalisierter Stadtbach, der Kanal ist noch erhalten). Die stadtseitigen Gräben, die westlich und südlich den Alten Hof schützten, sind heute noch durch die freien Hinterhofflächen zwischen der Bebauung an der Dienerstraße und der Altenhofgasse ablesbar.

Direkte Quellen, die die Existenz eines Herzogsitzes im 12. und 13. Jahrhundert in München belegen könnten, gibt es nicht. Auch indirekte Rückschlüsse auf die Frühzeit des Alten Hofes sind erst verhältnismäßig spät möglich. So lässt sich in der gesamten Regierungszeit Heinrichs des Löwen (1155–80) kein Aufenthalt des Herzogs in München nachweisen.[41] Es scheint sogar, dass in diesen ersten Jahrzehnten für offizielle Anlässe die Peterskirche und das dazugehörige Pfarrhaus als einzige große repräsentative Gebäude genutzt wurden. 1255 wurde das Herzogtum unter den Brüdern Heinrich XIII. (Unterland) und Ludwig II. (Oberland), genannt der Strenge, aufgeteilt.[42] Ludwig der Strenge regierte von 1253 bis 1294. In dieser Zeit, am 7. Oktober 1259, ist eine Familienfeier des Herzoghofes in München festgehalten, die wohl ohne eine umfangreiche Hofhaltung nicht möglich gewesen wäre.[43] In der Forschungsgeschichte gilt heute allgemein 1255 in Verbindung mit den bald darauf einsetzenden ersten schriftlichen Quellen als einigermaßen gesicherter Zeitpunkt für die Erbauung des Alten Hofes. Eine frühere Entstehungszeit des Alten Hofes, die Pius Dirr (er spricht von einem herzoglichen Fronhof)[44] oder Sigmund Riezler (er geht von einer vorwittelsbachischen Burgstelle aus)[45] zur Diskussion stellten, ist anhand von Quellen nicht nachweisbar, seit kurzem aber durch archäologische Untersuchungen belegbar.

Die Sanierung des in staatlicher Hand gebliebenen westlichen Zwingerstockes und des südlichen Burgstockes (1995–2003) sowie der Umbau des nördlichen Lorenzistockes und Neubau des Pfister- und Brunnenstockes (2003–05) lieferten für die Baugeschichte des Alten Hofes die bisher umfangreichsten Ergebnisse.

Die ersten Siedlungsspuren auf dem Gelände des Alten Hofes stammen aus der Bronze- bis frühen Hallstattzeit (ca. 1500–700 v. Chr.).[46] Die singulären Funde waren eingestreut in den ersten nachweisbaren Siedlungshorizont des 12. Jahrhunderts.

Untersuchungsfenster im Innenhof des Alten Hofes förderten einen ersten Nutzungshorizont zutage, zu dem mehrere Pfostenbauten unterschiedlicher Größe, ein Brunnen im Bereich des heutigen Südturms und eine Buntmetall verarbeitende Werkstatt gehörten. Die randlich situierten Gebäude ließen eine große Hoffläche frei. Zu dieser ersten Bauphase gehört auch eine massive Umwehrung mit einer Zweischalenmauer, die in Aufbau und Höhe der ersten Stadtmauer entspricht. In der Nordwestecke der Burganlage befand sich ein festes Haus aus Stein. Der erste Zugang zum Alten Hof lag an der Westseite zur Dienerstraße auf Höhe der von Westen auf die Burganlage zulaufenden Gruftgasse. Trotz fehlender schriftlicher Urkunden kann aufgrund der archäologischen Untersuchungen diese erste Bauphase in das 12. Jahrhundert datiert werden. Ein etwas schiefwinkliges in der Hofmitte situiertes großes Grubenhaus, das durch ein Feuer zerstört wurde und mit sekundär verbrannter Keramik verfüllt war, gibt den Beleg von mindestens zwei Nutzungsphasen im 12. Jahrhundert. Der schon erwähnte, im Bereich des heutigen Südturmes gelegene Brunnen wurde erst in der Mitte bis zweiten Hälfte des 13. Jahrhunderts aufgegeben zugunsten des Baus eines ersten kleineren Vorgängertores. Somit erhielt die Burgstraße erst ab dieser Zeit ihre heutige Bedeutung.

Bauhistorische Untersuchungen im Burg- und Zwingerstock führten zu der Erkenntnis, dass sich neben der Außenmauer, die die Wehrmauer aus dem 12. Jahrhundert integriert, umfangreiche Bausubstanz des 12. und 13. Jahrhunderts erhalten hat.

Im 14. Jahrhundert gewinnt der Alte Hof als vorübergehende Kaiserpfalz Bedeutung. Unter Herzog Ludwig dem Bayern (1294–1347), Kaiser von 1328–1347, wird der Alte Hof 1319 das erste Mal als „castrum" bezeichnet.[47] Die repräsentativen Funktionen, die der Alte Hof nun erfüllen muss, finden Ausdruck im Neubau des östlichen Burgstockes, dem mittleren Zwingerstock als eingeschossiger Saalbau und dem Ausbau des westlichen Burgstockes. Für das 14. und 15. Jahrhundert ist eine aufwendige Fassadenbemalung mit polychromen und schwarz-weißen Rauten nachgewiesen, aus dem 16. Jahrhundert eine Quadermalerei.

1321 wird ein Burgkaplan erwähnt, der die gleichen Rechte innehatte, wie sie mit der Peterskirche und der Frauenkirche verbunden waren.[48] Dies ist die erste indirekte Erwähnung der Lorenzkirche. Sie war die damalige Burgkapelle und bildete den nördlichen Abschluss des Alten Hofes. Sie lag bereits außerhalb des umfriedeten Bereichs des Alten Hofes und stand unter Kaiser Ludwig dem Bayern als Aufbewahrungsort der Reichskleinodien im Mittelpunkt der kaiserlichen Hofhaltung. Die Lorenzkirche wurde während der Säkularisierung im Sommer 1816 für den Neubau des Lorenzistockes abgerissen.[49] Die Untersuchungen erbrachten nur wenige Architekturfragmente dieser Kirche, die in den Fundamenten des Neubaus verbaut waren.

Der bauliche Umfang des Alten Hofes im 14. Jahrhundert geht aus Quellen des Jahres 1364 hervor. Erwähnung finden vier Steinhäuser, ein Gang an der Innenseite der Ostmauer und der Lorenzkirche (solche Gänge wurden als Verbindungsgänge zwischen den einzelnen Gebäuden über der alten Stadtmauer angelegt), mehrere Abwasserkanäle, eine Küche an der Ostseite zur Sparkassenstraße, die bei den Untersuchungen 2004/05 nachgewiesen werden konnte, eine weitere Küche am Graben, neue Öfen in der „Dürnitz" des heutigen Burgstocks und schließlich noch eine Instandsetzung des „Häusels über der Stiege über dem großen Keller". Bei dem „Häusel" handelt es sich um einen Vorbau vor dem östlichen Burgstock, der bei den Grabungen 1995/96 untersucht werden konnte und auf den Zeichnungen und Plänen aus dem 19. Jahrhundert noch zu sehen ist.[50] Die rechteckige Anlage war mit einem künstlichen Graben als Annäherungshindernis umgeben, der um 1400 aufgelassen und überbaut wurde.[51]

Trotz Bau der nördlich gelegenen Neuveste ab 1385 blieb der Alte Hof zentrale Örtlichkeit der herzoglichen Repräsentation, im 15. und 16. Jahrhundert ging sein Ausbau unvermindert weiter. Dies belegen neben den auf 1425 (nördlicher Zwingerstock), 1463 (westlicher Burgstock), 1562 (mittlerer Zwingerstock) dendrodatierten Dachstühlen[52] auch die 1848/50 freigelegten Wandgemälde im Zwingerstock aus dem späten 15. Jahrhundert, die sich heute im Bayerischen Nationalmuseum befinden.[53] Auch die Pfeilerhalle des östlichen Burgstockes stammt aus dem 15. Jahrhundert, genauso wie der sogenannte Affenerker mit seinen mindestens zwei Bauphasen.

Neben den zentralen Bauten gehörte eine Vielzahl von weiteren Häusern direkt zum Alten Hof, die sowohl in schriftlichen und bildlichen Quellen belegt ist, als auch durch umfangreiche archäologische Untersuchungen im Bereich des Pfister- und Brunnenstockes nachgewiesen werden konnte: so etwa die zum Pfisterbach gelegene spätmittelalterliche Hofküche, der Ursprungsbau des Hofbräuhauses von 1590, die Pfistermühle und die Fundamentreste der 1579–81 von Hofbaumeister Wilhelm Egckl errichteten Hofbibliothek. Untersuchungen in der benachbarten Burg- und Altenhofstraße sowie am Marienhof, in der Dienerstraße, im Zerwirkgewölbe an der Sparkassenstraße/Ecke Ledererstraße, dem ehemaligen herzoglichen Marstall, vervollständigen das Bild der ausgedehnten und umfangreichen mittelalterlichen Hofhaltung in einer aufstrebenden Stadt.

Nach der Verlagerung der Hofhaltung in die Neuveste um 1550 wurde der Alte Hof als Sitz der herzoglichen Verwaltung genutzt. Mit dem Abbruch des ursprünglichen südlichen Torturmes 1813, der markanten Lorenzkirche 1816 und des herzoglichen Brauhauses 1831 wurden auch die letzten Attribute einer herzoglichen Burg geschliffen. Die abwechslungsreiche, über Jahrhunderte gewachsene Struktur aus unterschiedlichen Bauten wurde mit den seit 1816 neu errichteten Bauten zu einer homogenen, blockartig wirkenden Hofrandbebauung vereinheitlicht. Durch den Einzug der zentralen Steuer- und Finanzbehörden ab dem 19. Jahrhundert verschwand der Alte Hof als mittelalterliche Burg endgültig aus dem Gedächtnis der Stadt. Zur Beseitigung der Kriegswunden wurden nach 1945 der südliche Burg-, der westliche Zwinger- und der nordwestliche Lorenzistock unter Einbeziehung der alten Bausubstanz wiederaufgebaut, der Brunnen- und der Pfisterstock vollständig abgebrochen und 1959–61 im Stil der 1950er Jahre neu errichtet. 1995–2003 wurden der Burg- und der Zwingerstock umfassend saniert, 2003–2005 der Lorenzistock umgebaut sowie der Pfister- und Brunnenstock neu errichtet.

Während der Alte Hof den mittelalterlichen Herrschaftsanspruch des Herzogs in München manifestiert, übernimmt diesen spätestens mit dem 16. Jahrhundert die nördlich gelegene Neue Veste. 1384 wird das erste Mal vom Bau einer neuen Befestigung innerhalb der Stadtmauern berichtet, der Alte Hof 1400 folglich als „alte vest" bezeichnet.[54] Während des Wiederaufbaus der stark kriegszerstörten Residenz konnten Untersuchungen zur Baugeschichte durchgeführt werden, die für die Zeit vor 1385 Reste eines Kellerraumes und Fundamente eines Turmes sowie die Stadtmauer als älteste Bauphase erbrachten. Ebenso wie der Alte Hof war die neue Befestigung direkt an der Kante zur Isarterrasse errichtet und mit der Befestigung der Stadterweiterung ebenfalls in die Nordostecke gelegt worden. Zwischen 1385 und 1570, der Darstellung auf dem Sandtner-Modell, konnte Meitinger insgesamt sechs Bauphasen dokumentieren.[55] Bei den anlässlich der Sanierungsmaßnahmen 2005 bis 2007 durchgeführten Untersuchungen konnten diese Ergebnisse im Detail noch präzisiert werden. Bei archäologischen Grabungen im Vorfeld des Baues eines Verwaltungszentrums der Max-Planck Gesellschaft auf dem ehemaligen Marstallgelände 1994/95 und 2000/2001 wurde ein Teil des achteckigen Pavillons Herzog Wilhelms IV. (1508–1550), den er in seinem Lustgarten errichten ließ, freigelegt.[56]

Stadtbefestigung

Kennzeichen einer mittelalterlichen Stadt ist ihre Befestigung als zentraler Ausdruck ihres rechtlichen Status'. Die Erforschung und Erhaltung der Befestigungsanlagen stand deshalb schon immer im Fokus der Wissenschaft. Mit der Aufgabe Münchens als Festungsstadt 1791 steht vor allem der Erhalt der prägenden Stadttore im Mittelpunkt der Diskussion. Während die Stadtmauer der Stadterweiterung mitsamt ihren Wehrtürmen aus dem 14. Jahrhundert Stück für Stück überbaut und dafür teilweise auch vollständig abgebrochen wurde, hatte sich bis zu den letzten Kriegszerstörungen 1944/45 vor allem vom inneren Stadtbefestigungsring als Bestandteil vieler Häuser eine relativ umfangreiche Bausubstanz erhalten.

Die erste Stadtmauer

Der Grundriss der ersten urkundlich fassbaren Siedlung „München" im 12. Jahrhundert zeichnet sich noch heute im Stadtbild als ovaler Kernbereich ab (Abb. 3). Nachgezeichnet wird er von der Bebauung und einem auf älteren Ansichten und Plänen noch gut zu verfolgenden Wasserlauf. Dieser Wasserlauf, Überrest des alten Stadtgrabens, wurde vom sogenannten großen Angerbach gespeist, der, von Süden kommend, im Rosental auf den Graben traf. Er umschloss die gesamte ältere Stadt und floss im Norden über den Pfisterbach wieder dem breiten Bett der Isar zu. Er hat sich, kanalisiert und zum größten Teil unterirdisch in Röhren gefasst, teilweise bis heute erhalten.[57]

Der einzige urkundliche Hinweis auf eine frühe steinerne Befestigung ist ein um 1173/74 erwähnter Ortolf, der „der Mauer vorsteht" („qui praeest muro").[58] Lipowski[59] und Riezler halten ihn für einen Festungs- oder Stadtkommandanten, Arnold und Nagler[60] eher für einen „Ingenieuroffizier vom Platze", den „Chef der Festungsbaudirektion München". Mit der Erwähnung des westlichen Stadttores 1239 mit einem „Cunradus iuxta portam superiorem" (Konrad bei dem oberem Tore) wird erstmals auch ein Tor genannt (der spätere Kaufingerturm oder Schöne Turm).[61] Ein „oberes Tor" setzt natürlich ein unteres Tor als Pendant voraus, das denn auch 1301 als „porta inferior" in einer Urkunde auftaucht. Es handelt sich um das östliche, neben dem Alten Rathaus gelegene Talburg- oder Talbrucktor.[62] Neben diesen beiden, den Hauptverkehrsweg von West nach Ost abriegelnden Toren gab es drei weitere Tore. Nach Norden verließen zwei Straßen die Stadt an deren Ende jeweils ein Tor lag: westlich an der Weinstraße, auf Höhe der ehemaligen Hausnummer 13, der erstmals 1325 als „turris apud amphoram" erwähnte Wilbrechtsturm, der bereits 1691 abgebrochen wurde; die östlich parallel gelegene Dienerstraße fand ihren Abschluss im Larosée- oder Polizeiturm. Für dieses „innere Schwabinger Tor",[63] wie es ursprünglich hieß, gibt es ab dem frühen 14. Jahrhundert Quellenhinweise. Als letzter Turm der inneren Stadtbefestigung wird er am 25. November 1842 abgebrochen. Nach Süden ist aus den Quellen nur ein Tor bekannt, der Pütrichturm, später auch inneres Sendlinger Tor genannt. Es lag in der Sendlinger Straße auf Höhe des Ruffinihauses und wird 1289 erstmalig erwähnt.[64] Wegen seiner Bemalung nannte man ihn ab 1536 auch Blauententurm.[65] 1808 wurde der Turm abgebrochen.

Abb. 3. Die Befestigung Münchens: der innere Stadtring des 12. und 13. Jahrhunderts mit 5 Stadttoren (enge Schraffur), die erste Stadterweiterung nach Osten mit dem Kaltenbachtor (6), die zweite Stadterweiterung bis 1334, die Zwingeranlage von 1430–72 und die in mehreren Schritten von 1619–48 errichteten Bastionen

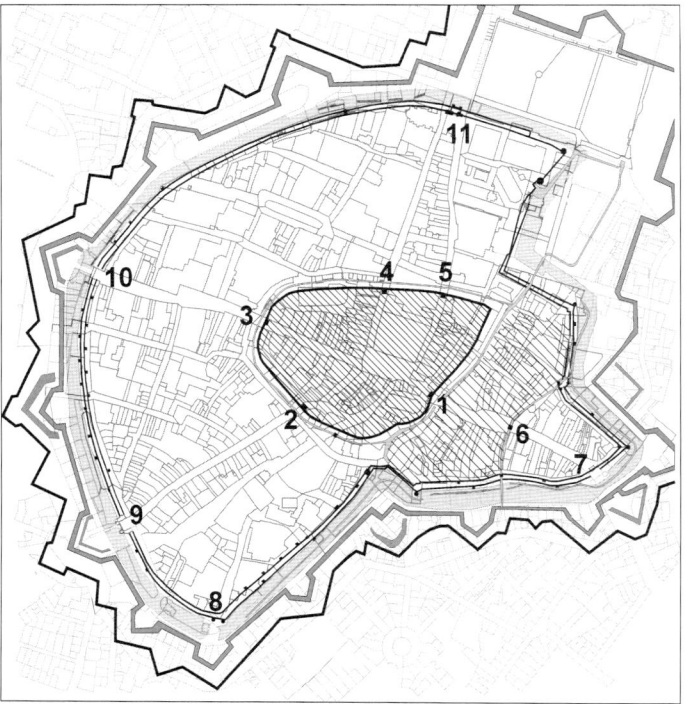

Keines der Tore hat sich erhalten. Während der kriegszerstörte Turm des Alten Rathauses nach seinem Abbruch 1971/72 nach historischem Vorbild wiederaufgebaut wurde, haben sich die Fundamente des Pütrich-, des Larosée- und des Wilbrechtsturmes noch unter der Straße im Boden erhalten. Nur der Schöne Turm in der Kaufingerstraße ist durch den S-Bahnbau vollständig beseitigt worden. Seinen Grundriss kann man heute im Pflaster der Fußgängerzone ablesen.

Zwar hat sich auch die erste Stadtmauer aus dem 12. Jahrhundert als freistehendes Denkmal an keiner Stelle erhalten, jedoch ist ihr Verlauf weitestgehend nachvollziehbar. Dies ist vor allem dem Umstand zu verdanken, dass die Mauer mit dem Beginn der Stadterweiterung und dem damit verbundenen Bedeutungsverlust im Folgenden in die Neubauten integriert und der Stadtbach mitsamt dem Grabenbereich überbaut wurde.[66] Auf dem Sandtner-Modell sind noch deutlich Abschnitte der ehemaligen Stadtmauer um den ältesten Stadtkern zu erkennen. Hinweise auf die älteste innere Stadtbefestigung liefern darüber hinaus ältere Stadtansichten und Pläne, die Bestandspläne und Baueingabepläne des späten 19. und frühen 20. Jahrhunderts,[67] einige Beobachtungen anlässlich von Abbrucharbeiten sowie einige wenige archäologische und bauhistorische Aufschlüsse aus jüngster Zeit. Zusätzlich ergaben die Erhebungen zum archäologischen Stadtkataster Hinweise auf noch erhaltene Mauerpartien im rezenten Baubestand.

Die Bestands- und Baupläne des 19. Jahrhunderts zeichnen ein fast vollständiges Bild der ehemaligen Stadtmauer, die sich in Hof- und Kellermauern vieler Münchner Bürgerhäuser bis zur Jahrhundertwende, oftmals noch bis 1945 erhalten hatten. So zum Beispiel in der Fürstenfelderstraße 16, in der sich die Mauer mit 1,90 m im Erdgeschoss und im ersten Obergeschoss noch mit 0,80 m Stärke erhalten hatte.[68] Ein ähnliches Bild zeigte sich bei den Häusern Fürstenfelderstraße 13,[69] Rindermarkt Nr. 9[70] oder Rindermarkt Nr. 8.[71]

Eindeutige Aufschlüsse lieferten Hausabbrüche, bei denen sich die Stadtmauer so deutlich zeigte, dass sie sogar in den Tageszeitungen Erwähnung fand, so im Anwesen Rindermarkt Nr. 7,[72] im benachbarten Rindermarkt Nr. 6 (dem sogenannten Haslinger Durchgang) bei Abrissarbeiten 1949,[73] in der Burgstraße 12 bis 17 (heute Burgstraße 4) 1952 bei Abbrucharbeiten[74] und beim Abbruch der gesamten Häuserzeile Weinstraße 10 und 11 (1889)[75] sowie des Häuserblockes im Bereich Schäfflerstraße/Ecke Weinstraße (1914)[76] bis hin zum Frauenplatz 11 im Jahr 1911.[77]

Im heutigen Bestand erhalten hat sich die Stadtmauer aus dem 12. Jahrhundert in einigen Häusern der Burgstraße (Nrn. 2, 6, 8, 10 und 12), wobei in der Hausnummer 8 sehr eindrucksvoll ihr Nachweis bis in das erste Obergeschoss gelang.[78] Die Nordostecke der ersten Stadtbefestigung bildete der Alte Hof, in dessen westlicher und südlicher Außenwand ebenfalls eine massive, ca. 1,80 m starke Zweischalenmauer mit einem Füllmauerwerk aus in Lagen geschichteten Flusskieseln in Mörtel aufgedeckt[79] und damit eine eindeutige Datierung in das späte 12. Jahrhundert archäologisch belegt werden konnte.

Ein direkter archäologischer Datierungsnachweis der Stadtmauer (wenn man von der eben genannten Zweischalenmauer am Alten Hof absieht, die aber als ein Teil der Befestigung des Herzogshofes nicht unbedingt gleichzeitig mit der Stadtmauer entstanden sein muss) konnte allerdings noch nicht erbracht werden, obwohl die Untersuchungen auf dem Marienhof[80] und in der nördlichen Domsakristei 1999/2000 einige Indizien für diesen Mauerverlauf erbrachten, wenn auch die Mauer selbst dort nicht nachgewiesen werden konnte.[81]

Nähere Aussagen lassen sich auch über den alten Stadtgraben machen. Er verlief in gut 10 m Abstand vor der angenommenen Stadtmauerflucht und der festgestellten Fundamentbettung. Bei den Grabungen am Marienhof, am Alten Hof, am Löwenturm und vor allem im Innenhof des Grundstücks Rosental 7/Rindermarkt 4 stieß man auf ein etwa 3,60 m breites, ursprünglich offenes Gerinne mit mehreren aufeinanderfolgenden Bauphasen unterschiedlicher Uferbefestigungen. Seit dem 15. Jahrhundert wurde der Graben zur Baugrundgewinnung sukzessive überwölbt. Der Zufluss des Wassers erfolgte über den Angerbach von Süden her und wurde durch eine künstliche Rinne westlich um die Stadt gelenkt. Im Süden floss das Wasser ungehindert das Rosental Richtung Roßschwemmbach hinunter, ebenso im Norden durch den Hofgraben zum Pfisterbach, der dann das Wasser zur Isar hinausleitete. Zur Regulierung eines unkontrollierten Wasserabflusses nach Osten mussten auf Höhe des Alten Hofes und des Löwenturmes Stauwehre liegen. Im Untergeschoss des Löwenturmes, das direkt über dem Bach liegt, konnte eine mögliche Funktion als Stauwehr nicht belegt werden, anders hingegen direkt nördlich am Alten Hof, wo der archäologische Nachweis eines Stauwehres geglückt ist.

Art und Bauweise der Stadtbefestigung gleichen sich an allen Stellen, an denen die Mauer nachgewiesen werden konnte. Die festgestellte Mauerstärke betrug überall dort, wo die Mauer vollständig erhalten war, etwa 1,70 m, an einigen Stellen sogar bis zu 2 m. Bei der Mauerwerkstechnik handelte es sich stets um ein Zweischalenmauerwerk mit einem Füllmauerwerk aus sorgfältig in Mörtel geschichteten Kieselsteinen. Die verwendeten Ziegel hatten fast überall das gleiche Format. Die Mauer war im Allgemeinen auf eine flache Kies-Mörtel-Unterlage gesetzt, ein regelrechtes Fundament fehlte fast immer. Um die Mauer zog sich als weiterer Schutz in einem Abstand von ca. 10 bis 15 m der bereits erwähnte Stadtgraben. Die Grabensohle lag auf der wasserführenden Flinzschicht, der Wasserstand im Graben muss im Schnitt bei 2 m gelegen haben. Zwischen Mauer und Graben lag ein freies Vorfeld von 10 bis maximal 15 m Breite, nur an der Burgstraße ist es mit 8 bis 8,50 m wegen der dortigen topographischen Verhältnisse deutlich schmäler.

Die häufig zu beiden Seiten des Grabens gefundenen, auffallend massiven Uferbefestigungen stammen nicht aus der Zeit der Errichtung der Stadtmauer. Sie wurden erst später mit der zunehmenden Verfüllung des Grabens, häufig in mehreren Schritten, in die Höhe gezogen.

An keiner Stelle konnten Reste einer Zwingeranlage nachgewiesen werden. Die einzige Datierungsmöglichkeit der ersten Befestigungsanlage ergibt sich aus den Grabungen am Alten Hof. Danach muss die erste Ummauerung noch im 12. Jahrhundert entstanden sein. Fraglich bleibt, ob sie schon zum Zeitpunkt der Stadtgründung um 1158 begonnen wurde.

Die erste Stadterweiterung

Die erste Stadterweiterung, die auf die Befestigung des ältesten Stadtkerns folgte, fand vermutlich schon im frühen 13. Jahrhundert unter Herzog Ludwig I. statt.[82] Sie umfasste nur das Gebiet östlich anschließend an die Peterskirche und den Alten Hof in das Tal hinunter. Sie dürfte mit der Errichtung des Heiliggeistspitals um 1208 eingeleitet worden sein, sicher aber um 1250 endgültig bestanden haben, denn wir wissen für 1253, dass um diese Zeit im Tal schon Bürgerhäuser standen.[83] Die Annahme eines Zwischenschrittes in der Stadterweiterung ist einzig durch die Existenz des Kaltenbachtores begründet,[84] das erst 1337 durch das Isartor abgelöst wird. Die Ostgrenze der Stadt wurde demnach auf die heutige Linie Radlsteg/Hochbrückenstraße vorgeschoben und mit dem Kaltenbachtor abgeschlossen. Südlich umfasste sie dann das Gebiet um das Heiliggeistspital, nördlich bezog sie das östlich vom Alten Hof gelegene Handwerkerviertel in die Stadtgrenzen mit ein.

Die zweite Stadterweiterung

Die zweite, sehr viel größere Stadterweiterung wurde unter Herzog Ludwig II., dem Strengen (1253–1294) eingeleitet und schließlich unter Ludwig dem Bayern (1294–1347) abgeschlossen.[85] Sie umfasste die heutige Kernstadt innerhalb des sogenannten Altstadtringes. Die Grenzen wurden gebildet durch die neue Residenz im Norden, das Anger- und das Sendlinger Tor im Süden, sowie das Neuhauser Tor[86] im Westen und das Isartor im Osten. Die neue Befestigungsanlage blieb bis in das 17./18. Jahrhundert erhalten und ist auf dem Sandtner-Modell sowie vielen alten Stichen noch vollständig abgebildet und durch schriftliche Quellen hinreichend bekannt.

Urkundlich genannt wird das neue Neuhauser Tor im Westen zum ersten Mal am 5. Januar 1302. 1315 war der Mauerbau soweit abgeschlossen, dass die Münchner Bürger ihre Befestigungsanlagen innerhalb und außerhalb der Ringmauer in Verteidigungsbereitschaft setzen konnten.[87]

Um 1337 wurde mit der Fertigstellung des Isartores der Befestigungsbau abgeschlossen.[88] 1419 wurden die Stadtmauer und Türme in den Farben Schwarz und Braunrot bemalt.

Ab 1424 wurde wegen der drohenden Hussitengefahr mit dem Bau einer Zwingeranlage begonnen. In den schriftlichen Quellen greifbar wird diese Baumaßnahme ab 1430.[89] Der Ausbau dauerte bis zum November 1472.[90] Erst im Dreißigjährigen Krieg wurde der Befestigungsring noch einmal der Kriegswaffenentwicklung angepasst und ab 1619–30 unter der Leitung des Hofbaumeisters Heinrich Schön mit einem neuen Festungswerk in Form einer Wallanlage hinter dem Stadtgraben umgeben.[91] Ende des 17. Jahrhunderts wurden dann aber schon große Teile der Befestigung an Privatleute übereignet. Für den neuen Eigentümer war damit zwar auch eine Instandhaltungspflicht verbunden, die frühere Wehrhaftigkeit der Festungsanlagen war aber nicht mehr gegeben, sie nahm rapide ab.[92] Ab 1791 wurde damit begonnen, die Bastionen Schritt für Schritt zu schleifen, 1804 hat man die Festung München endgültig aufgegeben.[93] Unter Aufsicht der neu gegründeten Münchner Baupolizeikommission wurde das Gelände der ehemaligen Stadtmauer und der vorgelagerten Gräben und Befestigungen bebaut. Von dieser Stadtbefestigung haben sich, allerdings stark überformt, das Isar-, das Sendlinger und das Neuhauser Tor erhalten, sowie Reste der Stadtmauer an der Jungfernturmstraße und am Lueg ins Land. Von der Bastionärsbefestigung ist nur mehr die nördliche Gartenbastion im Garten des Prinz-Carl-Palais überkommen.

Der archäologische Nachweis der zweiten Stadtmauer gelang an mehreren Stellen in der Stadt. Die aufschlussreichsten Ergebnisse lieferten sicherlich die Untersuchungen 1984 im Bereich nördlich des Isartores (Stadtmauer mit Zwingermauer; siehe Abb. S. 523).[94] 1987 und 1988 konnte in einer anschließenden Untersuchung auch das Vorgelände im Bereich des zur Zwingeranlage gehörigen Prinzessturmes untersucht und die Abfolge der Befestigungsbauten rekonstruiert werden. In der Bräuhausstraße konnten in den 1950er Jahren die Reste der Stadtmauer und des Bachauslasses des Mälzbaches aufgenommen werden. Während des U-Bahnbaues wurde die gesamte Bastion vor dem Neuhauser Tor freigelegt.[95] Auch die 1957–62 freigelegten Teile der Stadtmauer bei Ausgrabungen in der Residenz[96] waren Teil des städtischen Befestigungsringes. Ebenso wie am Isartor konnte auch für die Stadtmauer an der Jungfernturmstraße festgestellt werden, dass die Mauer selbst auf einem Wall von ca. 1 m Höhe errichtet worden war.

Die im 15. Jahrhundert vorgelagerte Zwingermauer mit Wehrtürmen in 7 bis 8 m Entfernung von der Stadtmauer konnte an mehreren Stellen direkt nachgewiesen werden.

Die Bastionen des 17. Jahrhundert zeichnen sich teilweise noch im Verlauf der Straßenzüge und Bebauung ab. Vollständig hat sich nur mehr die Gartenbastion westlich des Prinz-Carl-Palais erhalten, archäologisch untersucht werden konnte die Heuturmbastion am Karl-Scharnagl-Ring[97] und die Haiturmbastion an der Pestalozzi-/Blumenstraße.

Mit dem Befestigungsring der zweiten Stadterweiterung wurde vorausplanend und fast zukunftsweisend ein Bereich umgeben, der bis ins 19. Jahrhundert ausreichen sollte. Er reichte im Osten bis an das heutige Isartor, im Norden bis über die neue Residenz hinaus, im Westen bildete das heutige Karlstor den Abschluss und im Süden steht noch heute das Sendlinger Tor als Zeuge der ehemals gewaltigen Anlage. 63 Wehrtürme in der Art des Lueg ins Land waren in die Stadtmauer integriert, mehr als 50 Zwingertürme in der Art des Prinzessturmes schützten die Stadt zusätzlich.[98] Seine Wehrhaftigkeit musste der Mauerring allerdings nicht unter Beweis stellen, ernsthaften kriegerischen Auseinandersetzungen war die Anlage nie ausgesetzt.

Die Ausgrabungen brachten im Wesentlichen eine Bestätigung der durch Quellen belegten Kenntnisse. Darüber hinaus konnten die Bauweise der Mauer und die schrittweise Entwicklung der Stadtbäche präzisiert werden. Anders als bei der ältesten Stadtmauer gab es hier Hinweise, wenn auch unklare, auf eine mögliche Vorgängerbefestigung in Form einer Wallanlage. Sie sind allerdings für eine endgültige Aussage noch nicht eindeutig genug.

Stadtentwicklung/Parzellen

Versuche, die Stadtentwicklung anhand von Stadtansichten, Plänen und dem Sandtnerschen Stadtmodell zu rekonstruieren, sind vielfältig unternommen worden.[99] Zurückreichend bis 1570 liegt für München eine lückenlose Dokumentation mittels Plänen, Modellen[100] und der Besitzgeschichte in Form der Münchener Häuserbücher vor. Für den innersten Stadtkern reicht diese besitzgeschichtliche Dokumentation mit dem Älteren Häuserbuch teilweise sogar bis in das 14. Jahrhundert zurück.[101] Es führt neben den Besitzern auch die jeweiligen Mieter auf. Alle Versuche aber, die baugeschichtliche Entwicklung in der Zeit vor 1570 zu erhellen, beruhen lediglich auf Annahmen. Hier hilft nur die bauhistorische und archäologische Forschung weiter. Punktuelle Untersuchungen und flächige Großgrabungen ergeben ein Bild, das es uns zumindest ansatzweise erlaubt, die Stadtgeschichte Münchens mit ihren Häusern und Parzellen bis zu ihren Anfängen zurückzuverfolgen, ohne auf bloße Vermutungen angewiesen zu sein.[102]

Straßen

Die Gründung Münchens ist eng verbunden mit dem Fernhandelsweg, der die Schotterebene in Ost-West-Richtung querte. Die älteren nord-süd-orientierten Siedlungswege, an denen unter anderem auch die viel älteren Orte Schwabing und Sendling liegen, spielen im 12. und 13. Jahrhundert nur mehr eine untergeordnete Rolle. Diese Verschiebung spiegelt sich auch in der Bedeutung der Straßen im mittelalterlichen München wider. Die Hauptverkehrsader war die Ost-West-Verbindung durch die Kaufingerstraße. Hier lagen mit dem „oberen" und „unteren" Tor auch die beiden wichtigsten Zolltore. Eine Zollerhebung am nördlichen Schwabinger Tor und am südlichen Sendlinger Tor lässt sich erst für das Jahr 1414 nachweisen und auch dann nur für den relativ unbedeutenden Pflasterzoll.[103] An der neuen Ost-West-Achse orientierten sich auch die neu angelegten Wege zu den die neue Siedlung München direkt umgebenden älteren Orten.

Im Verlauf der Kaufinger- und Neuhauser Straße ergeben sich zwei auffällige, für das Stadtbild Münchens eher untypische Straßenbilder. Auf Höhe der heutigen Michaelskirche und Alten Akademie weicht die Straße leicht nach Süden aus, um dann in unveränderter Richtung weiterzulaufen, im Bereich des Marienplatzes weitet sich die Straße zu einem rechteckigen Platz. Während die Richtungsänderung in der Neuhauser Straße durch die früher dort gelegene Nikolauskapelle, die an einer ehemaligen Straßenkreuzung lag, ihre Erklärung findet, stellt sich die Entwicklung am Marienplatz etwas anders dar. Zwar fehlen archäologische Untersuchungen zu diesem Platz, Stahleder konnte jedoch nachweisen, dass der Platz ursprünglich um gut zwei Drittel kleiner war als heute und bis in das späte 15. Jahrhundert im Nordwesten bis zur Linie Kaufingerstraße eng bebaut war.[104] Nächst dem heutigen Rathaus stand an der Westseite des Platzes das lang gestreckte Stadtrichterhaus, auch Rechts- oder Dinghaus genannt. Im Erdgeschoss beherbergte es die Brotbänke. Südlich vor dem Rechtshaus lag die Münzschmiede, weiter nach Osten schlossen sich die Fleischbänke an. Auf der verbleibenden freien Fläche lagen der Wein- und Kornmarkt, der Fischmarkt und der Kräutl- oder Eiermarkt.[105] 1294 wurde die Münze von den Bürgern anlässlich eines Bürgeraufstandes gegen den Herzog zerstört, an ihrer Stelle errichtete der Bürger Ainwig Gollier eine Allerheiligenkapelle.

Der Marienplatz stellte aber nicht nur baulich den zentralen Platz im mittelalterlichen München dar. Hier wurde Recht gesprochen, hier lag das wirtschaftliche Herz der Stadt. Der für die Zolleinnahmen wichtige Stapelzwang für das Salz bestand an dieser Stelle, in den angrenzenden, öffentlich genutzten Kellern der Patrizieranwesen wurden Waren aller Art zwischengelagert. Direkt vor den Häusern lagen die Marktstände. Im Laufe der Zeit wurden diese Stände überbaut, aus ihnen entwickelten sich Lauben, die sogenannten finsteren oder dunklen Gewölbe, in deren Schutz man seinen Geschäften vom Wetter unabhängig nachgehen konnte.

Mit Zunahme der wirtschaftlichen Bedeutung Münchens wurde der zentrale Marktplatz zu klein. Es entstanden nach und nach spezialisierte Nebenmärkte wie der Rindermarkt (1242/51 „in foro peccorum")[106] am heutigen Rindermarkt, der Saumarkt am heutigen Altheimer Eck, Ecke Damenstiftstraße[107], und der nach Norden in die Stadterweiterung verlagerte Salzmarkt mit den Salzhäusern am heutigen Promenadeplatz.[108] Während der zentrale Marktplatz der einzige Platz auch mit zentralörtlicher Funktion blieb, sind aber die anderen „Plätze" eher als eine Aufweitung von Straßen zu sehen, deren Funktion als Märkte einem starken Wandel unterlag.

Der heutige Marienplatz gehörte wohl ursprünglich der Stadtherrschaft. 1315 wurden mit der Verkündigung einer besonderen Marktfreiung durch den Herzog die Rechte an diesem Platz an die Kommune übergeben und ein allgemeines Bauverbot für den Marktplatz verhängt.[109] In direkter Folge auf die Freiung wurden nun zwar die Fleischbänke verlegt, auf die enge Bebauung hatte die Freiung aber keinen direkten Einfluss. Erst sehr viel später, 1486, wurde die durch den Bürger Ainwig Gollier errichtete Kapelle abgebrochen, nur fünf Jahre zuvor war das große Rechtshaus niedergelegt worden. Mit der Stadterweiterung ab dem späten 13. Jahrhundert wurde neben dem späteren Promenadeplatz, der allerdings auch weniger als ein Platz, sondern eher als eine Aufweitung einer Straße zu sehen ist, nur ein einziger größerer Platz angelegt bzw. freigelassen, der St.-Jakobs-Platz, der ehemalige Anger. Auf ihm fand alljährlich der größte Markt in München statt, die Jakobidult. Beginnend mit den ersten Baumaßnahmen seit dem späten 16. Jahrhundert war er aber bereits um 1700 fast vollkommen zugebaut.[110] Eine zentralörtliche Funktion hatte er ebenso wenig wie der neu angelegte Promenadeplatz.

Das sich bis heute erhaltene Straßenbild der auffallend breiten Straßenfolge Tal–Marienplatz–Kaufingerstraße–Neuhauser Straße ließ genug Platz für die unterschiedlichsten Märkte. Dass diese Straßen ursprünglich noch breiter waren, zeigen nicht nur die Laubengänge auf dem Sandtner-Modell, sondern belegen auch die baurechtlichen Verordnungen, die immer wieder versuchten, die Überbauung der den Häusern vorgestellten Buden durch Verbote zu verhindern. Dass es allerdings im Verlauf der Stadtentwicklung und des immer knapper werdenden Wohnraumes gerade an diesen Plätzen zu Straßenverengungen kam, zeigt recht eindrücklich die Untersuchung im Anwesen Neuhauser Straße 37. Die Hausfassade lag gegenüber der heutigen Front etwas zurückgesetzt, ein laubenartiger Vorbau nahm eine Schmiedewerkstatt auf und wurde erst im 15./16. Jahrhundert überbaut. Analog stellt sich die Entwicklung der Laubengänge um den Marienplatz dar, die im Laufe der Zeit zu einer immer stärkeren räumlichen Verdichtung und einer damit einhergehenden Straßenverengung führte.

Für die innerhalb der mittelalterlichen Stadt verlaufenden Straßen zeigen die historischen Pläne eine erstaunliche Kontinuität. Überall dort, wo eine Straße auch archäologisch nachgewiesen werden kann, wird diese Beobachtung bestätigt.

Für den Bereich der hochmittelalterlichen Stadt konnten die Untersuchungen Frauenplatz und Frauenkirche, auf dem Marienhof und im Alten Hof hierzu wichtige Aufschlüsse liefern. So ist die von Süden kommende Mazaristraße durch die früheste festgestellte Bebauung des 12. und 13. Jahrhunderts unter der Frauenkirche ebenso in ihrer nördlichen Verlängerung nachgezeichnet wie die nach Osten zur Weinstraße führende Sporererstraße und die parallel dazu verlaufende Filserbräugasse. Die Bebauungsgrenzen und Straßenzüge in diesem Teil der Stadt standen demnach schon sehr früh fest. Sie sind bis heute erhalten geblieben, wobei die zur Bebauung vorgesehenen Blöcke sich im Laufe der Jahrhunderte nur durch Straßenverbreiterungen oder -verengungen oder ausnahmsweise durch einmalige Großprojekte, wie den Bau der Frauenkirche, ihre Gestalt veränderten. Diese Beobachtung scheint auch für das Gelände des heutigen Marienhofes und des Alten Hofes zuzutreffen. Die Gruftgasse, deren scheinbares östliche Ende in der Dienerstraße liegt, bildete ursprünglich eine direkte Verbindung vom ältesten Tor des Alten Hofes über die Albertgasse zum ältesten Vorgängerbau unter der Frauenkirche. Die Straße verlief ebenso wie die Burgstraße parallel zur Stadtmauer und begrenzte den zunächst freien Raum hinter der Mauer zur Stadt. Hier gelang es, den Nachweis einer Straßenkontinuität seit dem 12. Jahrhundert zu erbringen.

Parzellen

Der Urkataster der Stadt München zeigt in ganz auffälliger Weise deutliche Unterschiede zwischen den Parzellen im alten Stadtkern und denen der Stadterweiterung. Sind Detailaspekte bisher noch ungeklärt, wie vor allem die Entwicklung der Eckgrundstücke, so sind es vor allem die Parzellenbreiten, die in der spätmittelalterlichen Stadterweiterung eindeutig schmäler ausfallen als im Kernbereich.

Der Katasterplan von 1806 zeigt besonders in den Gebieten der Stadterweiterung eine sehr regelmäßige Einteilung mit schmalen langen Parzellen, die meist von einer Straße zur anderen durchgehen. Diese Struktur lässt sich bis in das 16. Jahrhundert zurückverfolgen. Die Auswertung der schriftlichen Quellen ergibt in diesen Parzellen eine immer gleichartige Nutzung mit Wohn- und Geschäftshäusern an der vorderen Straßenseite und einer im Wesentlichen aus Wirtschaftsbauten bestehenden lockeren Bebauung im rückwärtigen Teil. Oft taucht hierfür die Beschreibung „Haus, Hof und Stadel" auf. Sehr viel weiter als bis in das 16. Jahrhundert lässt sich die Entwicklung der Parzellen über die schriftlichen und bildlichen Quellen nicht klären.

Auch hier ist es die Aufgabe der Archäologie, diese Lücke zu schließen. Einige Untersuchungen konnten hierzu Ergebnisse liefern. Bereits 1995 gelang es durch die Untersuchungen am Dreifaltigkeitsplatz das erste Mal, eine Parzellenecke mit ihren Bauabfolgen bis zur frühesten Nutzung zurückzuverfolgen. Mit seiner langen schmalen Form entsprach das ursprüngliche Grundstück den im Katasterplan von 1806 und auf dem Sandtner-Modell vorgegebenen Parzellen. Die archäologischen Untersuchungen konnten nachweisen, dass die Fixierung der Parzellengrenzen tatsächlich bereits mit der ersten Besiedelung festgelegt und bis heute eingehalten wurde. Eine erste Teilung der Parzelle fand gegen Ende des 14. Jahrhunderts statt, um für die Bebauung mit Häusern für umgesiedelte Fischer Platz zu schaffen,[111] die ursprüngliche Westgrenze an der heutigen Heiliggeiststraße wurde aber als Bebauungsgrenze nicht angetastet.

Galten diese langen schmalen Grundstücke bislang als Kennzeichen für die europäische Stadt des späten Mittelalters, zeigen weitere archäologische Befunde in München, dass dies hier nicht unbedingt für das 12. und 13. Jahrhundert gilt. Die Untersuchungen für die Startschächte der Bahnsteigerweiterung der U-Bahn unter dem Rathaus im südlichen Bereich des Marienhofs erbrachten hochmittelalterliche Kommunmauern, die zu deutlich breiteren Parzellen gehörten. Während für den ältesten Stadtbereich hierfür bisher zu wenige Ergebnisse vorliegen, kann das im Kataster von 1806 gezeigte Parzellenbild durch die Untersuchungen am St-Jakobs-Platz (Abb. 4) und am südlich anschließenden Oberanger 35/37 sowie in der Neuhauserstraße 37, in der Salvatorstraße oder am Dreifaltigkeitsplatz gesichert bis in das späte 13. und frühe 14. Jahrhundert zurückgeführt werden. Man kann heute davon ausgehen, dass zumindest ab der zweiten Hälfte des 13. Jahrhunderts die Parzellengrenzen festgeschrieben waren und nicht mehr verändert wurden. Eine Aufteilung der Parzellen, im Allgemeinen aber ohne Veränderung der ursprünglichen Grenzen, ist zwar im späten 14. Jahrhundert (Dreifaltigkeitsplatz/Heiliggeiststraße) sowie im späten 15. und 16. Jahrhundert am Oberanger nachweisbar, die ursprünglichen Parzellengrenzen aber blieben weitgehend bis in die Neuzeit bestehen.

Hintergrund dürften mit Ludwig dem Strengen verbundene politische Veränderungen und der daraus resultierende Bevölkerungszuwachs sein. Die in der zweiten Hälfte des 13. Jahrhundert begonnene Stadterweiterung zog allerdings keine Umstrukturierung der alten Kernstadt mit sich. Die Stadt wurde nach allen Seiten planmäßig in logischer Verlängerung des Straßennetzes erweitert, die Hauptstraßen einfach verlängert. Der

Abb. 4. Die ehemaligen Häuser Oberanger 2–5, die in ihrer Baugeschichte bis in das 14. Jahrhundert zurückreichen; die länglichen Parzellen mit ihren Kommunmauern gehen teilweise auf das 12. Jahrhundert zurück

Raum, der durch die nun obsolet gewordene alte Stadtbefestigung (Mauergasse, Mauer und Graben) frei geworden war, wurde vom Landesherrn an Klöster und Bürger zur Bebauung vergeben.

Mit der Etablierung eines Inneren (zuständig für die innere Stadt) und Äußeren (zuständig für die durch die Stadterweiterung neu entstandenen Gebiete) Rates wurde die neue Struktur auch in der Stadtverwaltung umgesetzt, ohne viel Einfluss auf die realen Machtverhältnisse in der Stadt zu gewinnen. Die so gewachsene Stadt veränderte sich bis in das späte 15. Jahrhundert nur in wenigen kleineren Bereichen. Massive bauliche Eingriffe nahm erst im 16. Jahrhundert der herzogliche Landesherr vor. Sie prägten vor allem im nördlichen Teil der Stadt das Straßenbild und machten den direkten Einfluss des Herzogs deutlich (Jesuitenkolleg, Herzog-Max-Burg). Erst durch ein Verlassen der Stadtmauern seit dem frühen 19. Jahrhundert fand die unmittelbare Repräsentation des nunmehr wittelsbachischen Königshauses auch in der Anlage von Prachtstraßen und Plätzen statt (Ludwigstraße, Maximilianstraße, Königsplatz).

Bürgerhäuser/Mittelalterliche profane Bauten vor 1500

Der wirtschaftliche Aufschwung Münchens im 19. Jahrhundert, Kriegszerstörungen der Jahre 1943–45, der Wiederaufbau nach dem Krieg und in den 1970er Jahren der Wandel zur Olympiastadt ließen die mittelalterliche Bausubstanz in der Innenstadt auf wenige erhaltene Bauten schrumpfen. Dass die Anzahl der erfassten, vor 1500 zu datierenden Bauten und Bauteile in den letzten Jahren dennoch anstieg, ist vor allem der wachsenden Zahl von bauhistorischen und archäologischen Untersuchungen zu verdanken.

Neben den überkommenen Resten der mittelalterlichen Stadtmauer stehen vor allem die Repräsentationsbauten der Herzöge und öffentliche Bauten im Blickpunkt. So haben sich in München beachtliche Reste mittelalterlicher Bausubstanz im heutigen Alten Rathaus erhalten, im Zeughaus am St.-Jakobs-Platz (1491–93 Lukas Rottaler), im Burg- und im Zwingerstock des Alten Hofes mit einem Dachstuhl aus dem 15. Jahrhundert und Mauerzügen, die bis in das 12. Jahrhundert zurückgehen, und ebenso Reste der Neuveste, die man heute noch unterirdisch begehen kann. Meist kann hier die bauliche Entwicklung auch noch gut nachvollzogen werden. Bei den Bürgerhäusern im mittelalterlichen München dagegen lässt sich die Entwicklung trotz

detaillierter Darstellung von Einzelgebäuden auf dem Sandtnerschen Holzmodell von 1570–72 nur ansatzweise erschließen, dies vor allem wegen der geringen Zahl an erhaltenen Bauten.

Besonders für die Bürgerhäuser bis 1500 fehlen darüber hinaus historische Ansichten und genauere schriftliche Quellen, sodass Erkenntnisse zu ihrer Entwicklung nur durch bauhistorische und archäologische Untersuchungen gewonnen werden können. Verallgemeinernde Ergebnisse sind deshalb auch erst möglich, wenn eine ausreichende Zahl von Beobachtungen und flächenmäßig größeren archäologischen Untersuchungen, die die komplette Parzelle einnehmen, vorliegen.

Dennoch ergaben die Befunde der letzten Jahre interessante Einzelheiten. Für das 12. und 13. Jahrhundert erbrachten mehrere großflächige Untersuchungen eine Dominanz von Pfostenbauten unterschiedlicher Größe. Auch im Alten Hof überwogen im hohen Mittelalter neben einem Steinhaus und der massiven Wehrmauer einfache Pfosten- und Grubenhäuser. Häuser aus (Ziegel-)Stein sind für München nach den schriftlichen Quellen erst für die Zeit ab 1342/47 zu erwarten, nachdem mehrere Brände ganze Stadtteile zerstört hatten und die Stadt eine neue Bauordnung erließ.[112] Aus den ersten Bauordnungen kann man einige Rückschlüsse ziehen, so etwa, dass 1342, 15 Jahre nach dem großen Stadtbrand, steinerne Kamine und Ziegeldeckung für Neubauten obligatorisch wurden, und dass neue Häuser aus Stein errichtet werden sollten. Ab 1347 waren laut Stadtrechtsbuch Strohdächer grundsätzlich verboten. All diese Verordnungen setzten sich aber nur sehr langsam durch, denn über das gesamte 14. Jahrhundert hinweg galten Steinhäuser offenbar immer noch als etwas Besonderes, sie werden in den Quellen explizit vermerkt.[113]

Ist zunächst nur von einzelnen Bauten auszugehen, die in Stein aufgeführt wurden, setzte sich die Mauertechnik aus Ziegelsteinen und großen Rollsteinen aus der nahe gelegenen Isar im Laufe des 15. Jahrhunderts im gesamten Stadtgebiet durch. Während die Mauern ab dem 15. Jahrhundert großteils Vollziegelmauern sind, bestehen die Mauern des 13. und 14. Jahrhunderts aus Ziegelschalen und einem Füllmauerwerk aus einem Mörtel-Stein-Gemisch. Der archäologische Nachweis dieser Steinwerdung wird allgemein in das späte 14. Jahrhundert datiert (St.-Jakobs-Platz, Oberanger 35/37, Burgstraße 7 und 8; Abb. 5). Bei einigen frühen Steinhäusern kann die Datierung präzisiert werden: Die älteste Steinbauphase im Haus Sterneckerstraße 2 ist dendrodatiert auf das Jahr 1346, das ehemalige nördliche Eckhaus Burgstraße 7 zur Altenhofstraße wird schriftlich das erste Mal 1403 erwähnt. Es wurde vom Herzog gleichzeitig mit der Grabenverfüllung ab 1385 errichtet. Das Eckhaus Heiliggeiststraße 3, dessen Kommunwand zum Anwesen Dreifaltigkeitsplatz Nr. 1 archäologisch in das späte 14. Jahrhundert datiert werden kann, wurde nachweislich um 1385 für die umgesiedelten Fischer aus dem isarnahen und hochwassergefährdeten Gries erbaut. Einen deutlich älteren Datierungsansatz lieferte bisher nur eine Kommunwand aus der Untersuchung der Startschächte für die Bahnsteigerweiterung der U-Bahn unter dem Rathaus. Sie gehört zu einer Kulturschicht des späten 12. und 13. Jahrhunderts. Bei den frühen Steinbauten dürfte es sich zunächst allerdings um Gebäude gehandelt haben, die noch überwiegend aus Holzkonstruktionen bestanden und einen kleineren Steinbau integrierten (so in der Sterneckerstraße 2, Dreifaltigkeitsplatz 1).

Typisch für die frühen Steinbauten sind Kommunwände, die, als gemeinsame Wand ausgeführt, direkt auf der Grundstücksgrenze standen und sowohl eine Grenz- als auch eine Brandschutzfunktion hatten. Eine Regelung hierfür gibt es bereits 1347.[114] Dem Umstand einer von zwei Häusern gemeinsam genutzten Wand ist es zu verdanken, dass es vor allem die Kommunwände sind, die sich als letztes Zeugnis mittelalterlicher Baugeschichte in einigen Münchner Bürgerhäusern erhalten ha-

Abb. 5. Ausgrabung der ehemaligen Hofapotheke und Löwenwärterhaus Burgstraße 7; der Kern des Hauses stammt aus der Zeit zwischen 1380 und 1400; es wurde in den südlichen Burggraben des Alten Hofes gesetzt

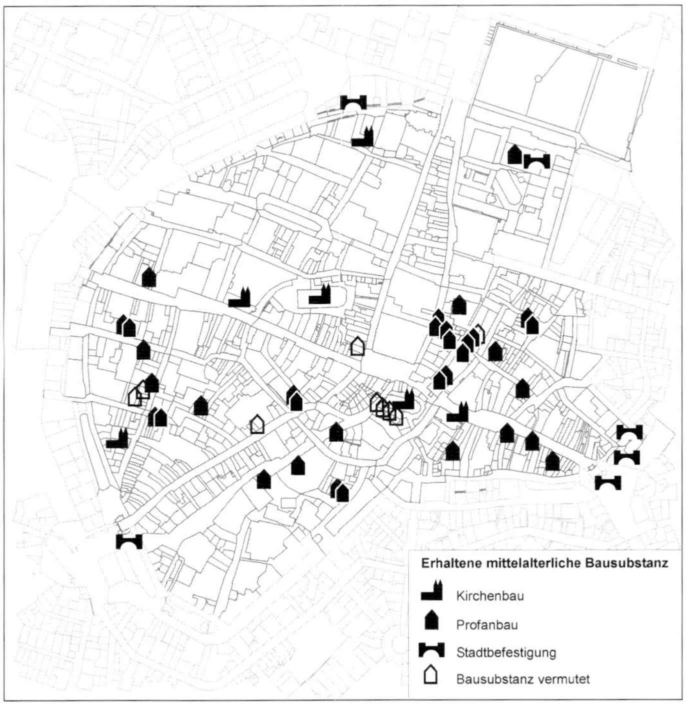

Erhaltene mittelalterliche Bausubstanz

◀ Kirchenbau

◆ Profanbau

Ⴈ Stadtbefestigung

⌂ Bausubstanz vermutet

Abb. 6. Erhaltene mittelalterliche Bausubstanz in München; die Karte erhebt keinen Anspruch auf Vollständigkeit, sondern spiegelt vielmehr den Forschungsstand von 2007 wider

ben (z. B. Neuhauser Straße 37). Gerade in Stadtteilen, die noch eine erhaltene ältere Parzellenstruktur aufweisen, wie das Hackenviertel (Brunnstraße 7 und 9, Damenstiftstraße 16 und 18, Herzogspitalstraße 5, 14, 16) und die Bebauung beiderseits des Tales (Tal 16, 28), haben sich auf diese Weise beachtliche Reste mittelalterlicher Bausubstanz erhalten (Abb. 6). Mittelalterliche Bausubstanz im größeren Umfang weisen deshalb auch einige ältere Bürgerhäuser wie Altenhofstraße 4, Burgstraße 8, Dienerstraße 16 und 18, Hotterstraße 18, Ledererstraße 7, 10 und 12, Am Platzl 2 und 3, St.-Jakobs-Platz 15, Neuhauser Straße 12, Sebastiansplatz 6 und 7, Sterneckerstraße 2 auf. Ebenfalls Bauteile vor 1500 enthalten einige Häuser, die an die innere Stadtmauer gebaut waren und diese integrierten, so Burgstraße 2, 6, 10, 12 sowie Färbergraben 11 und Sendlinger Straße 2. Neben älteren Kommunwänden gibt es auch Hinweise auf mittelalterliche Kelleranlagen, vor allem in der Häuserzeile Petersplatz 9–11, Rindermarkt 1 sowie im Haus Marienplatz 2, wobei einschränkend gesagt werden muss, dass ein bauhistorischer Beleg für diese Keller bisher nicht erbracht worden ist.

Wie sich allerdings an den vorliegenden Ergebnissen zeigt, bildet das Sandtnersche Stadtmodell von 1570–72 einen baulichen Zustand der Einzelgebäude ab, der überwiegend aus der Zeit des späten 15. und Mitte des 16. Jahrhunderts stammt. Hintergrund ist die Entwicklung Münchens unter Herzog Sigmund (1463–67), Albrecht IV. (1465–08) und vor allem nach den Landshuter Erbfolgekriegen unter Wilhelm IV. (1508–1550), die einen starken Bevölkerungszustrom und wirtschaftliche Blüte brachte. 1505 wurde München die Hauptstadt des neuen vereinigten Herzogtums. War das Erscheinungsbild des mittelalterlichen München vor 1500 noch eher geprägt durch eine kleinteilige, sehr heterogene, niedrige Holz-Stein-Bebauung, die, wie noch zwei auf dem Sandtner-Modell abgebildete Häuser am Marienplatz eindrucksvoll zeigen, in ländlich alpiner Bauweise ausgeführt waren, so ging mit dem Ausbau der landesherrlichen Zentralverwaltung unter Albrecht V. in München, der Herausbildung eines modernen Beamtenapparates, der damit verbundenen steten Vergrößerung des Hofstaates und dem daraus resultierenden ökonomischen Aufschwung auch eine Wandlung der inne-

ren Struktur Münchens einher, die sich dann in der baulichen Veränderung niederschlug, wie sie im Sandtner-Modell in vollendeter Form dargestellt ist.[115]

Handel und Handwerk

Die wirtschaftliche Grundlage des mittelalterlichen München bildete neben dem Salzhandel von Anbeginn an eine Einwohnerstruktur, die schon sehr früh eine gesunde Verteilung von Handwerkern und Händlern in der Stadt aufzeigt. Bereits im 12. Jahrhundert finden unter anderem Kürschner und Fischer Erwähnung.[116] Die ausgedehnten Gebiete der mäandrierenden Isar mit ihren Nebenarmen boten die Voraussetzung für die bereits frühe Einrichtung vieler Mühlen innerhalb des Burgfriedens und zogen Lohstampfer und Lederer an.[117] Viele Berufe fanden Niederschlag in den Namen von Straßenzügen (Färbergraben, Sattlergasse, Schäfflerstraße, Sporergasse), wenn auch zu beobachten ist, dass die namengebenden Handwerker dort oft nur für eine kurze Zeit ansässig waren.[118] Außer den Bäckern wechselten die meisten Gewerbe innerhalb der Stadt öfter ihre Produktionsstätten. Hinweise auf die Standorte einzelner Gewerbe lassen sich nicht nur den Steuerlisten, die seit 1380 geführt wurden, entnehmen, auch durch archäologische Untersuchungen können die einzelnen Gewerke im mittelalterlichen München lokalisiert werden. Neben Funden wie Spinnwirteln, kleineren bearbeiteten Knochenabfällen und Befunden wie kleinere Öfen, die eher auf eine häusliche Produktion für den Eigenbedarf oder einen kleinen Nebenerwerb schließen lassen, sind es vor allem die größeren Fundkomplexe, die für die Produktion eines Handwerksbetriebes stehen. Die Menge von Knochenabfällen, Halb- und Fertigprodukten wie Beinringe, Knochenperlen und Würfel am St.-Jakobs-Platz belegen z. B. eine umfangreiche Produktion der Paternosterer oder Ringler. Sie waren um den heutigen Platz ansässig und fertigten dort kontinuierlich vom 12. bis in das 18. Jahrhundert. Die erstaunliche Menge der Abfälle lässt auf einen umfangreichen Handel nicht nur mit der Münchner Bevölkerung schließen. Das nahe Kloster sowie die alljährliche Jakobidult, ein Markt von überregionaler Bedeutung, boten einen lukrativen Absatzmarkt. Die gerade hier sehr hohe Dichte von Metzgern lieferte dafür den notwendigen Rohstoff. Neben der Knochenverarbeitung lassen sich zudem die unterschiedlichsten Berufe finden, die aus den „Abfällen" der Metzger ihre Produktion bestritten. Vor allem sind dies die lederverarbeitenden

Abb. 7. Einer von mehreren Öfen des 12. Jahrhunderts auf dem Grundstück Oberanger 34/36. Die gewerblich genutzten Öfen (vermutlich Buntmetallverarbeitung) lagen zur Zeit ihrer Nutzung außerhalb der Stadtmauer. Auf dem benachbarten St.-Jakobs-Platz ergaben die Untersuchungen ebenfalls Hinweise auf eine frühe gewerbliche Nutzung im 12. und 13. Jahrhundert

Berufe wie Handschuhmacher,[119] Pirmenter (Pergamentmacher), die Lederberaiter und Schuster.[120] Auch sie haben auffallend viele Häuser gerade in diesem Viertel der Stadt, sodass man mit der nötigen Vorsicht für einen gewissen Zeitabschnitt im 15. und 16. Jahrhundert von einem Handwerkerviertel des Ledergewerbes sprechen kann.

Während sich für die Lederverarbeitung vielfältige, teils auch eigens in Zünften organisierte Berufe nachweisen lassen, tauchen für die Knochenverarbeitung in den schriftlichen Quellen nur die Ringler und Würfler auf. Sie sind zusammen in einer Zunft organisiert und stellen neben Würfeln auch Ringe für Gewänder und Paternosterschnüre her.

Reste von Bronzegussformen aus dem hohen und späten Mittelalter vom St.-Jakobs-Platz und aus der Salvatorstraße (Nr. 14) geben Hinweise auf ein Buntmetall verarbeitendes Gewerbe. Für das 15. Jahrhundert sind neben Gießern im Bereich der heutigen Prannerstraße eine herzogliche Gießhütte im Bereich des späteren kurfürstlichen Zeughauses (heute Salvatorplatz) und eine städtische Gießhütte, etwa 300 m südlich des Angertores gelegen, nachweisbar, an der Sendlinger Straße und am Unteren Anger arbeiteten Rot- und Zinngießer (1423/30, 1470/80).[121] Sie stellten nicht nur Glocken für die Münchner Kirchen her, sondern auch Geschirr wie Grapen und Kessel für den täglichen Bedarf. Die Fundkomplexe an der Salvatorstraße und am Oberanger/St-Jakobs-Platz gehören dem späten Mittelalter an, das ist insofern von Bedeutung, als damit deutlich wird, dass feuergefährliche Gewerbe, wie eben Gießereien, zu dieser Zeit zwar schon innerhalb der Stadt gelegen waren, man aber versuchte, sie möglichst an ihren Rand zu platzieren.

Manchmal bleiben allerdings eindeutige Funde von Zwischen- und Endprodukten aus, sodass die Art der Erzeugnisse nur sehr schwer festgestellt werden kann (Abb. 7), so beispielsweise auf dem Grundstück am Oberanger 34/36 und am Dreifaltigkeitsplatz Nr. 1, wo eine erstaunliche Vielzahl von Öfen aus dem 12. und 13. Jahrhundert nur allgemein auf eine intensive Produktionsstätte schließen lässt. Diese nachgewiesenen Produktionsstätten, damals außerhalb der Stadtmauer gelegen, vermitteln ein nicht unerwartetes Bild von stadtnahen Betrieben, die sich entlang der Ausfallstraßen niederließen und ab 1300 dann in die Stadt integriert wurden. Eindrucksvoll hierfür ist auch die Lokalisierung einer Schmiede an der Neuhauser Straße 37, zu der auch die namentliche Nennung von Schmieden um 1400 und die zunächst unter einem hölzernen Vorbau liegende straßenseitige Arbeitsstätte mit rückwärtigem Wohnhaus ein beredtes Bild des mittelalterlichen Handwerkbetriebes abgibt. Überraschend hingegen ist der Fundkomplex eines Glas verarbeitenden Betriebes direkt südlich des Löwenturmes (heute Rindermarkt 3/4). Das dort gefundene Glas, Pfeifenabschläge, Ofen- und Tiegelreste gehören dem 14. Jahrhundert an, der Betrieb lag zu dieser Zeit also nicht mehr am Rande, sondern bereits mitten in der umwehrten Stadt.

Die zahlreichen und vielfältigen Produktionsstätten deckten zum einen den Eigenbedarf der Stadt, zum anderen aber auch den Bedarf der Händler, die entlang des Hauptverkehrsweges (Marienplatz–Kaufinger- und Neuhauser Straße) ihre Läden hatten. Diese lagen nach einer bestimmten Marktordnung an der Straße, anfänglich als hölzerne Buden, wie die bereits angesprochene Schmiede (archäologischer Nachweis an der Neuhauser Straße 37), später überbaut hinter Laubengängen.[122] Neben dem regionalen Handel konnte sich in München auch sehr früh ein florierender Fernhandel etablieren, der in der Hand des Münchner Patriziats lag, das zunächst mit Salz, für das in München ein Stapelzwang herrschte, dann aber vor allem mit Gütern aus Italien seinen Reichtum mehrte. Bereits im späten 12. und frühen 13. Jahrhundert werden Münchner Kaufleute erwähnt – z. B. die vor allem am Rindermarkt ansässigen Bürgergeschlechter und

Abb. 8. Glaskomplex um 1400 aus dem Brunnen 1 auf dem Marienhof. Der Brunnen gehörte zum Eckhaus Schrammerstraße/Theatinerstraße, dem „Spiegelbrunneneck". Das Haus besaß im späten 14. Jahrhundert der Ratsherr und Kaufmann Ott Spiegel. Seit 1423 ist für diesen Bau eine Gaststätte belegt, die schon länger Bestand hatte

Ratsmitglieder wie die Pütrichs, Rudolfs oder Schrencks[123] –, die Handelsbeziehungen bis nach Venedig unterhielten,[124] woher die hochwertigen Glasfunde aus dem Fundkomplex am Löwenturm stammen. Daneben handelten sie auch mit Tuchen und Weinen und betrieben oftmals auch Weinlokale in ihren Häusern (Abb. 8). Zudem besaßen diese Kaufleute die größten Parzellen, die sich vom Rindermarkt bis zum heutigen Anger erstreckten, wo ihre Lagerhäuser standen. Mehrere Rindermarktanwohner hatten zusätzlich noch weiteren umfangreichen Besitz auf dem südlich gelegenen Anger und im Hackenviertel. Damit und mit ihren weitreichenden Beziehungen bildeten die Kaufleute im Mittelalter das wirtschaftliche Rückgrat der Stadt.

München um 1250

Die Untersuchungen in der Innenstadt von München ergaben bisher keine eindeutigen Belege einer Siedlung weit vor der ersten urkundlichen Erwähnung von 1158.

50 Jahre später – um 1200 – hat sich in einem dicht besiedelten Gebiet, umgeben von mehr als 400 Jahre älteren Siedlungen (Schwabing, Sendling), eine neue Siedlung etablieren können, die wirtschaftlich autark den Grundstein für eine insgesamt über 850 Jahre alte Stadtgeschichte legte (Abb. 9). Die älteste Siedlung, die sich heute noch im Stadtbild nachvollziehen lässt, vom heutigen Alten Rathaus im Osten bis zum späteren Schönen Turm im Westen reichend, nach Norden den Alten Hof und den heutigen Frauenplatz umfassend und nach Süden an der Fürstenfelderstraße entlang über den Rindermarkt und um das Petersbergl ziehend, kann man sich mit einer lockeren Bebauung, wenigen großen Steinbauten und ansonsten überwiegend einfachen Holzhäusern vorstellen. Auch der Herzogssitz selbst, auf dem Geländes des Alten Hofs kaum viel früher oder später als die neue Stadt angelegt und bis in die Zeit Kaiser Ludwig des Bayern ohnehin nur als Pfalz und nicht als ständiger Wohnsitz genutzt, war wohl anfangs nicht mehr als ein unbefestigter Ministerialenhof mit schlichten Holzbauten.

Baulich wie besitzrechtlich lässt sich vom frühen München das Bild einer zweigeteilten Stadt zeichnen mit jeweils einem befestigten Ansitz in jeder Hälfte. In der nördlichen Hälfte finden wir den befestigten Alten Hof als Sitz eines anfänglich wohl welfischen Ministerialen, später der Wittelsbacher; im Süden eine zunächst kleine Befestigung wohl von bischöflich-freisingischen Ministerialen, die mit dem Bau der ersten nachgewiesenen

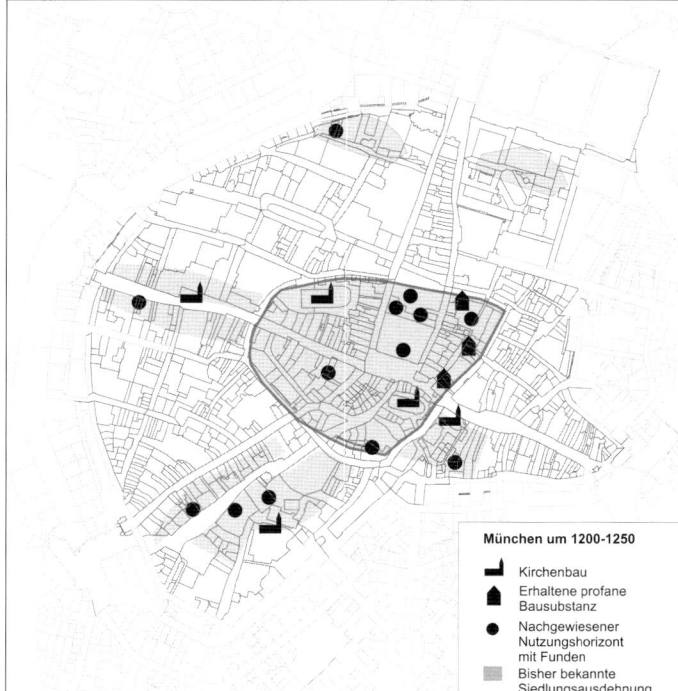

Abb. 9. Das Bild Münchens um 1200–1250. Zu der mauerumwehrten Kernstadt gehörten um 1200 bereits intensiv genutzte Bereiche entlang der Ausfallstraßen sowie das vermutlich ab 1208 existierende Heiliggeist-spital. Grau unterlegt sind die Areale mit archäologischem Fundnieder-schlag oder urkundlich gesicherten Erwähnungen

größeren Peterskirche einer Kirchenburg ähnlich ist. Auf der Grenze, allerdings in der nördlichen Hälfte gelegen, befindet sich der gemeinsame Marktplatz, der anfänglich fast vollständig bebaut war. Auf ihm standen das Brothaus, das Rechts- oder Dinghaus und die Münze. Dieser erste Markt wurde zwischen 1158 und 1180 mit einer massiven Mauer umgeben, die die beiden burgähnlichen Anlagen in die neue Stadt einband. Diese erste umwehrte Stadt umfasste um 1200 ca. 17 ha und bot etwa 2 500 Einwohnern Platz.[125]

Bereits früh entstanden an den wichtigen Ausfallstraßen nach Sendling und Schwabing Werkstätten, Lagerhäuser, Häuser aus Stein und Gärten, im Süden bildete sich ein größerer Platz, der

sogenannte Anger(-platz). Er blieb bis weit in das 18. Jahrhundert hinein der einzige Platz dieser Art.

Mit der Häufung von urkundlich bezeugten Aufenthalten Herzog Ludwigs des Kelheimers in München (1200, 1207, 1210, 1214, 1218, 1222, 1225/26) dürfte ein erster Aufschwung verbunden sein, der sich auch baulich niederschlägt. In diese Zeit fällt die Gründung des Heiliggeistspitals (wohl um 1208), eine Erweiterung der Peterskirche, die erste Erwähnung der Leprosen auf dem Gasteig 1213 und auch eine erste kleine Stadterweiterung nach Osten mit dem Thalbrucktor als östlichem Abschluss.

1255, als München nach der Teilung des Herzogtums Bayern zum Sitz des Herzogs von Oberbayern wurde, begann für die Stadt unter Ludwig dem Strengen (1253–1294) eine Zeit der wirtschaftlichen Blüte und damit verbunden weiterer größerer Bauaktivitäten.

Im Alten Hof gehen wahrscheinlich sowohl der östliche Burgstock als auch der südliche Torturm auf Herzog Ludwig zurück, die Burgstraße wurde Hauptzufahrtsweg zum Alten Hof. Wohl gleichzeitig wird auch der Hauptverkehrsweg nach Norden von der Dienerstraße in die Weinstraße verlegt. In die gleiche Zeit fiel auch der Neubau der ersten großen Basilika auf dem Frauenplatz, des Vorgängerbaus der heutigen Kirche. Vor allem aber leitete Ludwig der Strenge in München die letzte, zukunftsorientierte und vorausschauende Umstrukturierung und Erweiterung des Mittelalters ein, die das Bild der Stadt bis weit in das 19. Jahrhundert prägte: Unter ihm begannen die Planungen und Arbeiten zur zweiten großen Stadterweiterung. Der Stadtgrundriss wurde axial ergänzt um eine nun wichtige Nord-Süd-Achse. Abgeschlossen wurde dieses Jahrhundertwerk erst gegen 1340 (1334 mit dem Bau des Isartores), als München bereits Sitz eines deutschen Kaisers war.

Dem Salzhandel gesellte sich jetzt der Warentransfer zwischen dem Alpenraum und dem fränkisch-böhmischen Markt hinzu (z. B. Wein, Tuche), der über die wittelsbachischen Besitzungen in Tirol in nördliche Gebiete vermittelt wurde (in Tradition der andechs-meranischen Besitzungen).

Die Stadtanlage des 13. und 14. Jahrhunderts war als wirtschaftlicher Zentralort Süddeutschlands geplant. In den gut 160 Jahren, die seit dem Bau der ersten Mauer vergangen waren, hatte sich die Fläche der Stadt nun um mehr als das Fünffache auf ca. 90 ha vergrößert. Diese Stadterweiterung befriedigte die Bedürfnisse einer wachsenden Stadt vorausschauend bis um 1800. Ihre Ausmaße veranschaulicht eindrucksvoll das Stadtmodell des Jakob Sandtner aus der Zeit um 1570–72.

Anmerkungen

1   Ausst. Kat. Münchens Vorzeit 1927. – GEIDEL 1938 schreibt zur Frage der Gründung Münchens: „Viel scharfsinnige Forscherarbeit ist daran verwendet worden, über diese älteste Siedlung und ihre Bedeutung für das neue München Klarheit zu gewinnen, doch ist man über unsichere Thesen und mehr oder weniger kühne Vermutungen nicht hinausgekommen."

2   Die wichtigsten Thesen sind ausführlich diskutiert bei: MAIER 1992, in: BAUER 1992, S. 13–60.

3   DIRR 1934/1936.

4   STAHLEDER 1995a.

5   Zur Peterskirche: SCHLEICH 1985. – Zur Frauenkirche: HORN 1952, S. 59–72; HORN 1954, S. 114–116. – Zur Residenz: MEITINGER 1970.

6   WAGNER 1958.

7   BEHRER 2001.

8   WINGHART 1995, S. 7–47.

9   BHStA, Hochstift Freising, Lit. III, A 1, Nr. 3a, fol. 9.

10 Hierzu ausführlicher: BAUER 2003, S. 7 ff.

11 STAHLEDER 1995a, S. 9 ff.

12 MAIER 1992, S. 19.

13 MEITINGER 1970, S. 20 f.; STAHLEDER 1992, S. 81 f.

14 STAHLEDER 1995a, S. 52 f.

15 STAHLEDER 1992, S. 55 f.

16 FASTLINGER 1935, S. 481 ff.; MAIER 1992, S. 34.

17 STAHLEDER 1992, S. 55 f. und auch seine Ausführungen zur „Hofstatt", die im Bezirk Altheim lag, S. 155 f.

18 SCHATTENHOFER 1984a, S. 15.

19 SCHNEIDER, GUSTAV: Aus der Frühgeschichte Münchens, in: SZ, Münchner Stadtanzeiger, Nr. 1 vom 4. Jan. 1962 und 16. Febr. 1962.

20 BROSCH 1997, S. 223–295.

21 BRAND 2007.

22 BAUER 2002, S. 1–163.

23 STAHLEDER 1995a, S. 28 f.

24 STAHLEDER 1995a, S. 12.

25 SCHLEICH 1958.

26 STAHLEDER 1995a, S. 101.

27 STAHLEDER 1995a, S. 129.

28 STEFFEN 1929, S. 749–752.
29 WANKMÜLLER 1976, S. 150–156.
30 DANNHEIMER 1998a, S. 327–332; DANNHEIMER 1998b, S. 333–336.
31 STAHLEDER 1995a, S. 44.
32 STAHLEDER 1995a, S. 48.
33 STAHLEDER 1995a, S. 415 und 569 f.
34 HORN 1952, S. 59–72; HORN 1954, S. 114–116.
35 STAHLEDER 1995a, S. 413.
36 BAUER 2002, S. 149 ff.
37 BROSCH 1997, S. 223–295.
38 SELIG 1988, S. 16 ff.
39 KÜCKER 1963, S. 1–158; Ergänzungen dazu S. 223–230.
40 BEHRER 2001; BURMEISTER 1999; SCHNIERINGER 2002.
41 HEYDEL 1926, S. 1–166.
42 STAHLEDER 1995a, S. 36.
43 STAHLEDER 1995a, S. 40.
44 DIRR 1937, S. 155; OESTREICH 1950.
45 RIEZLER 1867, S. 139–226.
46 Nach Aussage von Herrn Dr. Uenze an der Prähistorischen Staats-sammlung sind die Randstücke wohl der Urnenfelderzeit zuzuordnen.
47 HAEUTLE 1892, S. 1.
48 DIRR 1934/1936, S. 103/105.
49 LIEB 1988, S. 23.
50 OEFELE 1874, S. 341–346. Ältere Quelle: *Die älteren Residenzen der Bayernfürsten zu München. 1. Der Alte Hof,* Morgenblatt zur Bayer. Zeitung (1863), Nr. 275, 276.
51 1413 war sie auf jeden Fall abgeschlossen, denn zu diesem Zeitpunkt wird in einer schriftlichen Quelle zum ersten Mal das Anwesen Burg-straße 7/Ecke Altenhofgasse erwähnt. StadtAM, GB 146/7, 148 10, 150/5, 157/4.
52 Dachwerkuntersuchung der Dachstühle des Zwinger- und Burgstockes 1992 durch das Büro für Denkmalpflege und Bauforschung Franz Hölzl, Wörthsee.
53 Inventar Bayerisches Nationalmuseum MA 4252. Die Akte über die Beobachtungen Föringers liegt im BHStA, MK 14575. – FÖRINGER 1851–52, S. 266–282.
54 STAHLEDER 1995a, S. 209.
55 MEITINGER 1970.
56 WINKLER 1998, S. 152–160.
57 STAHLEDER 1995b, S. 237–283.
58 STAHLEDER 1995a, S. 14.
59 LIPOWSKY 1814, S. 91.
60 NAGLER 1848, S. 211–218 und NAGLER 1850/51, S. 234–261.
61 STAHLEDER 1995a, S. 593 f.
62 STAHLEDER 1995a, S. 73.
63 STAHLEDER 1992, S. 595 f.
64 STAHLEDER 1992, S. 615 f.
65 STAHLEDER 1992, S. 559 f. und 615 f.
66 DIRR 1934/1936, S. 38/39.
67 OESTREICH 1950; SCHNEIDER 1950, S. 188.
68 StadtAM LBK 2948.
69 OESTREICH 1950, Abb. 20.
70 StadtAM LBK 8081.
71 StadtAM LBK 8080.
72 Nach Mitteilung von Herrn Prof. Dr. Ing. Jelinek, TH München, in: *Aus der Frühgeschichte Münchens.* SZ, Münchner Stadtanzeiger, Nr. 1–7, 1962. – StadtAM LBK 8079.
73 Foto bei: OESTREICH 1950, Abb. 25. – SZ, Nr. 60 vom 24. Mai 1949.
74 MEYER, WERNER: *Bericht über die Untersuchungen an einem Teil der ältesten Münchner Stadtbefestigung an der Sparkassenstraße,* Unge-druckt, StadtAM Av. Bibl. Nr. 6773
75 ARNOLD, HUGO: *Von der leonischen Stadtmauer,* in: Münchner Neu-este Nachrichten vom 16. Febr. 1889, Nr. 62. – ARNOLD, HUGO in: Bei-lage zur Allgemeinen Zeitung vom 29. Jan. 1889, Nr. 29.
76 MÜLLER 1911/12, S. 3–6, 192/193; MÜLLER 1903, S. 507–509, 519–521, 531–533, 549–551, 555–557; MÜLLER, KARL in: Münchner Neueste Nachrichten vom 8. Mai 1914.
77 MÜLLER 1911/12, S. 3–6.
78 EBELING 2003, S. 163–185.
79 Die baubegleitenden Untersuchungen im Bereich des Zwingerstockes und des westlichen Burgstockes wurden im Jahr 2000 vom Verfasser durchgeführt, eine abschließende Auswertung lag bei Drucklegung noch nicht vor.
80 FASTJE 1989, S. 20–36. Die Untersuchungen wurden größtenteils von der Baudenkmalpflege durchgeführt. Brunnen- und Grubenverfüllun-gen wurden von Prof. Hagn geborgen, die Funde aus dem Bereich des Grabens sind allerdings verschollen. Dem Verfasser liegen nur die Fundzettelblöcke vor.
81 BEHRER 1999, S. 186–187; BEHRER 2000, S. 130–132.
82 STAHLEDER 1995b, S. 217–283.
83 STAHLEDER 1992, S. 315/316.
84 1319 wird in der Kammerrechnung noch nicht das Isartor, dafür aber das weiter westlich gelegene „porta in valli super Chaltenbach" – das Kaltenbachtor genannt. STAHLEDER 1992, S. 589 f.
85 GILARDONE 1935, S. 672 f.; KLEEMANN 1890.
86 STAHLEDER 1995a, S. 73.
87 STAHLEDER 1995a, S. 85.
88 STAHLEDER 1995a, S. 112.
89 STAHLEDER 1995a, S. 281, 285, 289, etc.
90 STAHLEDER 1995a, S. 439.
91 GILARDONE 1935, S. 692 f.
92 GROBE 1970, S 21.
93 GROBE 1970, S 23 f.
94 HAGN 1985, S. 166–169. Die Stadtmauer ist in der Schalterhalle der heutigen Sparkasse am Isartor sichtbar konserviert erhalten.
95 STAHLEDER 1995a, S. 570.
96 MEITINGER 1970, S. 20 f.
97 MITTELSTRAß 2001, S. 157–160.
98 KLEEMANN 1890.
99 OESTREICH 1950; SCHAFFER 1942, S. 37 f.
100 Stadtatlas 2003.
101 DIRR 1934/1936; STAHLEDER 1995a; STAHLEDER 1992; Häuserbuch I–V.
102 BEHRER 2001.
103 STAHLEDER 1995a, S. 187.
104 STAHLEDER 1995a, S. 64 f.
105 Zur Rekonstruktion der ehemaligen Bebauung des heutigen Marien-platzes ausführlich bei: STAHLEDER 1995b, S. 217 ff.
106 STAHLEDER 1995a, S. 34 f.; STAHLEDER 1992, S. 265.
107 STAHLEDER 1992, S. 282.
108 STAHLEDER 1992, S. 260 f.
109 STAHLEDER 1995a, S. 82.
110 Märkte, Mauern, Horizonte 2004.
111 Die Gasse heißt nachweislich seit 1390 Fischergasse, 1399 Unter den Fischern. Seit 1806 findet sich in den Stadtplänen eine Teilung: der vor-dere Teil zum Tal heißt Heiliggeiststraße, der südliche zur Stadtmauer gehende Teil Fischergasse; heute durchgehend Heiliggeiststraße. STAHL-EDER 1992, S. 149.
112 STAHLEDER 1995a, S. 122.
113 Erwähnung von drei Steinhäusern am Talburgtor 1315; STAHLEDER 2006, S. 70.
114 WIEDENHOFER 1916.
115 BAUER 1992, S. 149.
116 STAHLEDER 1995a, S. 14 f. und 29. – 1174/74 und 1227/30 Münchner Kürschner („pellifex"). Er gehört mit seiner ganzen Familie zu den Zinsleuten der Freisinger Kirche.
117 STAHLEDER 1995a, S. 33.
118 STAHLEDER 1995b, S. 217 ff.
119 StadtAM LBK 685, 17640 (Bestand 1903–1950/1978 Abbruch). Auf-maß: Stadt München, Untere Denkmalschutzbehörde. – Häuserbuch IV, S. 534–537. – Registratur LBK, Landeshauptstadt München LBK 685, 17640 (Bestand 1903-1950/1978 Abbruch)
120 Häuserbuch IV, S. 527 f.
121 ERNST 1971, S. 56 ff.
122 STAHLEDER 1995b, S. 217 ff. – Stahleder konnte in seiner Arbeit über die Stadtplanung und Stadtentwicklung Münchens im Mittelalter zurück-reichend bis in das frühe 14. Jahrhundert teilweise auch den Standort einzelner Berufsgruppen und ihrer Läden festmachen. 1253: Ein Be-reich in der Stadt wird „inter watmangerios" genannt, „unter den watmangern" (Tuchhändler); wahrscheinlich ist die Häusergruppe am Marienplatz, zwischen dem Alten Rathausturm und der Einmündung des Rindermarktes in den Marienplatz gemeint. STAHLEDER 1992, S. 322/323.
123 BAUMGARTNER 1988, S. 275 ff. Weitere Funde sind vor allem bekannt aus Tarquinia, Genua, Monte Lecco, Torretta, Cividale del Friuli.
124 STAHLEDER 1995a, S. 82 f.
125 SCHATTENHOFER 1984a, S. 53 f.

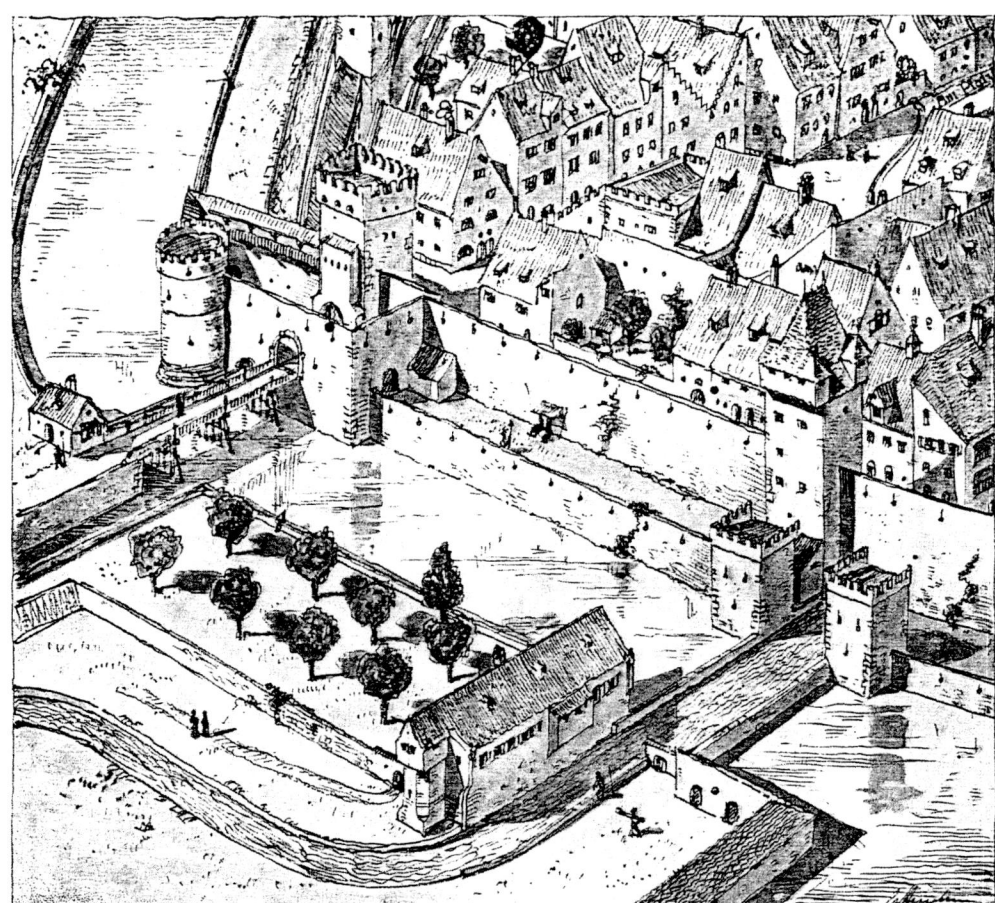

◁ Abb. 1. Kosttor (auch Wurzertor genannt; links) und Falkenturm (rechts)
auf einer Ansicht von Gustav Steinlein, 1920 (nach dem Stadtmodell von
Jakob Sandtner, 1570)

▽ Abb. 2. Ältester Stadtkern auf dem
Stadtmodell von Jakob Sandtner,
1570

München – ein entwicklungs- und kulturgeschichtlicher Überblick

Heinrich Habel

Die Stadt im Mittelalter

München gehört zur Gruppe hochmittelalterlicher Stadtgründungen auf wesentlich älterem Kulturboden. Archäologische Befunde haben zu der Erkenntnis geführt, dass die von Natur aus karge Münchner Schotterebene einen an präurbanen Strukturen auffallend reichen Siedlungsraum darstellt; von Feucht- und kaum erschlossenen Waldgebieten umgeben, lag er im Schnittpunktbereich alter Verkehrswege.[1] Im heutigen Stadtgebiet sind Siedlungsspuren seit dem jüngeren Neolithikum nachgewiesen. Bedeutsam zu nennen ist vor allem eine 1928/29 in Denning freigelegte dorfartige Ansiedlung der römischen Kaiserzeit mit Badegebäude und zwei späteren Reihengräberfriedhöfen, die in der Nachfolge weit älterer Niederlassungen steht.[2] Im Unterschied etwa zur geopolitischen Lage von Bayerns erster Hauptstadt Regensburg – Goethe 1786: „Die Gegend musste eine Stadt herlocken" – war an der exakten Stelle des nachmaligen München eine Stadtanlage nicht zwingend, doch an einem der Isarübergänge im Nahbereich zu erwarten. Das die Region durchziehende, von Nord-Süd-Verkehrswegen überschnittene Römerstraßensystem zwischen den Städten Augsburg und Kempten (bzw. Epfach) im Westen sowie Salzburg und Wels im Osten – zwischen denen keine weitere Siedlung mit Stadtrecht existierte – ist hinsichtlich Verlauf bzw. eventuell unterschiedlicher Gewichtung neuerdings in die Diskussion geraten.[3] Ein Isarübergang jedenfalls war unweit südlich der heutigen Stadtgrenze bei Grünwald situiert, ein anderer im Norden wurde zumindest annäherungsweise der Vorläufer der mittelalterlichen, von – oder unter – Heinrich dem Löwen beseitigten Brücke bei Oberföhring. Lange vor dem im Zusammenhang mit diesem Vorgang 1158 erstmals erwähnten, doch nicht neu benannten und somit schon vorauszusetzenden „Munichen" werden viele von dessen später eingemeindeten Vororten urkundlich erwähnt, z. B. Föhring 750, Sendling 760, Pasing 763, Bogenhausen um 776, Schwabing 782, Giesing 790, Haidhausen 808, Menzing 817. Pfarrsitz für den Bereich links der Isar bis hinab nach Schwabing war Sendling (mit Pfarrkirche in Thalkirchen).

Neuerdings wird der „Gewaltakt" von Föhring relativierend in Frage gestellt und zeitlich gleichsam entzerrt wie auch die Beteiligung des (bzw. eines) Pfalzgrafen Otto von Wittelsbach (um 1175), ja sogar ein Einverständnis des Bischofs in Betracht gezogen.[4] Die Beseitigung der bischöflich freisingischen (hölzernen) Brücke bei Föhring zur Zeit Heinrichs des Löwen, dem Kaiser Friedrich I. 1156 das um Österreich reduzierte Herzogtum Bayern übertragen hatte, und die Verlegung des Übergangs flussaufwärts in den dafür günstigen Bereich von Isarinseln und Kiesbänken unterhalb des Gasteig und nahe einer bestehenden Siedlung auf der westlichen Niederterrasse wird von der heutigen Forschung nicht als vereinzelter Willkürakt und Übergriff eines machtgierigen weltlichen Fürsten interpretiert, sondern als Regalienstreit im Zusammenhang mit Bestrebungen in der Reichspolitik, die expandierende geistliche Territorienbildung einzuschränken. Gerade auch in Bayern, dessen wenige urbane Zentren sämtlich Bischofssitze waren, sahen sich die Herzöge – nach dem Sturz Heinrichs des Löwen seit 1180 aus dem Hause Wittelsbach – zu Stadtneugründungen veranlasst.[5]

Die Verlegung des Isarübergangs an der wichtigen „Salzstraße" zwischen dem Reichenhaller Raum und Augsburg bzw. dem welfischen Oberschwaben (Landsberg–Mindelheim–Memmingen) erfolgte somit wohl im Rahmen einer zielstrebigen Territorialpolitik, in der Heinrich der Löwe seine Position im neu übernommenen Herzogtum festigen wollte; für seine wittelsbachischen Nachfolger galten die gleichen Voraussetzungen. Die Anlage des von ihm mit Marktrecht, Zoll und Münze ausgestatteten Ortes auf der hochwasserfreien westlichen Isarterrasse erfolgte in Anbindung an eine offenbar vorhandene Siedlung mit gemäß ihrem Namen mönchischen bzw. klösterlichen Bezügen, die seit jeher ebenso unterschiedlich interpretiert und gewertet wurden wie das präurbane, westlich außerhalb des ältesten Stadtbefestigungsringes situierte „Altheim", das im Straßennamen Altheimer Eck bis heute fortlebt. Richard Bauer hat im Rahmen seiner jüngsten Forschungen zur Münchner Frühgeschichte auf Schäftlarner, aber auch Tegernseer Klosterbesitz im Altstadtbereich und im Umfeld hingewiesen.[6] Wie weit Anlage, Ausbau und Befestigung des neuen Marktortes unter Herzog Heinrich oder erst unter seinen Nachfolgern verwirklicht bzw. vollendet wurden, ist nicht eindeutig festzustellen; jedenfalls wurde die von Kaiser Friedrich I. 1180 angeordnete Zerstörung und Rückverlegung nach Föhring nicht durchgeführt, doch mussten die Wittelsbacher bis 1240 Herrschaftsrechte und Einnahmen weitgehend den Freisinger Bischöfen überlassen.

Das von der „Salzstraße" als etwa 400 Meter langer Ost-West-Achse durchschnittene Oval der neu angelegten Marktsiedlung zeichnet sich noch deutlich lesbar im Stadtgrundriss ab; Straßennamen wie Färbergraben (im Südwesten) und Hofgraben (im Nordosten) erinnern an den ältesten Befestigungsring; Torsituationen sind nur noch an der Ostseite im (rekonstruierten) Turm des Alten Rathauses (ehem. Talburgtor) und im sog. Schlichtingerbogen, einem alten Durchgang unweit nördlich (neben Burgstraße 8) anschaulich. Die Tortürme im Norden, Westen und Süden existierten noch bis in die Neuzeit, das westliche Obere oder Kaufinger Tor wurde 1479/84 stadtturmartig ausgebaut („Schöner Turm", 1807 abgebrochen). Mittelpunkt der Stadt ist bis heute der als nordseitige Erweiterung der Ost-West-Achse in der kleinteilig-dichten Bebauung der Urstadtanlage ausgesparte, lang gestreckte, von zwei parallelen Nord-Süd-Achsen überquerte Marktplatz (später Schrannen-, ab 1854 Marienplatz; Abb. 2). Als Keimzelle der Siedlung dürfte die südlich davon auf einer hochwasserfreien Erhebung, dem „Petersbergl" gelegene älteste Pfarrkirche St. Peter anzusehen sein; schon 1167 wird ein „decanus de Munichen" erwähnt. Einen anderen alten Siedlungskern bildete wohl die Jakobskirche am Anger, die als Pilgerstation bereits vor der Gründung des angeschlossenen Klosters existiert haben dürfte. Das durch Gewerbe, vor allem aber durch lebhaften Handel mit Salz, Wein und Tuch rasch aufblühende Gemeinwesen, 1214 und 1221 als Stadt erwähnt, wurde bei der Landesteilung von 1255 Besitz und in der Folge zunehmend auch Sitz der in Oberbayern regierenden Linie des Herzogshauses. Ihre in der Nordostecke der damaligen Stadt gelegene (durch jüngste Grabungen bereits für das 12. Jahrhundert gesicherte) Residenz, den in Jahrhunderten gewachsenen und veränderten Vierseitkomplex des „Alten Hofes", verband die Burgstraße mit dem Bereich des Marktplatzes und von St. Peter.

Schon im 13. Jahrhundert wuchs München weit über den ersten Befestigungsring hinaus, vor dem wahrscheinlich 1208 im Osten das Heiliggeistspital gegründet wurde und vor dem die Bettelorden ihre Klöster errichteten – die Franziskaner im Süden bei St. Jakob am Anger (angeblich schon 1221/22) und nach Überlassung dieses Klosters an die Klarissen 1284 im Norden am heutigen Max-Joseph-Platz, die Augustiner 1294 im Westen am Beginn der Neuhauser Straße. An allen Gründungen war herzogliche Initiative beteiligt. In die Stadterweiterung einbezogen wurde das unweit südlich der Augustinerkirche gelegene, vielleicht um die heute noch „Hofstatt" genannte Sackgasse gruppierte präurbane Altheim. Die Filialkirche zu Unserer Lieben Frau im nordwestlichen Randbereich der welfisch-frühwittelsbachischen Urstadt wurde wegen des großen Bevölkerungszuwachses 1271 zur zweiten Pfarrei erhoben, deren Sprengel die Nordhälfte der Stadt mit der Ost-West-Achse als Grenze umfasste. Gleichzeitig erhielt auch das sich zu einem gesonderten südöstlichen Stadtbereich entwickelnde Heiliggeistspital eigene Pfarrrechte.

Seit dem Ende des 13. Jahrhunderts wurden die gesamten äußeren Siedlungsbereiche durch einen neuen, aufwendigen Befestigungsring mit turmbewehrter – im 15. Jahrhundert außenseitig verdoppelter – Stadtmauer zusammengefasst, westseitig in einem weiten Halbkreis (Abb. 3). Nach Osten hin waren dem Wachstum wegen des von Wasserläufen durchzogenen Geländes Grenzen gesetzt, eine Erweiterung erfolgte hier nur in Keilform im Anschluss an das älteste Stadtoval, und zwar in einer ersten Etappe bis zum 1318 erstmals erwähnten Taltor am Kaltenbach, dann bis zum 1337 vollendeten Isartor, dem einzigen von einst vier Haupt- und drei Nebentoren, das mit seinem Hauptturm erhalten geblieben ist. Die Achse dieser Osterweiterung, das annähernd 400 Meter lange Tal, hat die Gestalt eines der üblichen Straßenmärkte und übernahm als Vormarkt ergänzende Funktionen zum vergleichsweise kleinen eigentlichen Marktplatz. Die das bestehende Hauptachsensystem der Urstadt fortsetzende sukzessive Bebauung entlang der Ausfallstraßen wurde in den großzügigen Stadterweiterungsbereich einbezogen und bis zu den neuen, äußeren Haupttoren verlängert. In den Zwischenzonen ist ein planmäßig angelegtes Straßensystem zu erkennen, so nördlich des heutigen (erst im späten 18. Jahrhundert nach Abbruch der dortigen Salzstadel freigelegten) Promenadeplatzes und vor allem in der regelmäßigen Straßenraster-Lückenfüllung des südwestlichen Quartiers zwischen Neuhauser Straße im Norden und Allerheiligenkirche am Kreuz im Süden. Weniger regelmäßige, da z. T. schon ältere Strukturen wies der seit dem Zweiten Weltkrieg bis in die Gegenwart mehrfach gründlich veränderte Bereich um die Straßenzüge des Oberen und Unteren Angers sowie den St.-Jakobs-Platz, den einstigen Anger, auf – letzterer zunächst der zweite, vor allem für die 1311 erstmals erwähnten Dulten – die Messen der Fernkaufleute – bestimmte Marktplatz, dessen ursprüngliche gewichtige Funktion mit dem allmählichen Bedeutungsverlust der Dulten und sukzessive erfolgter, in jüngster Zeit mit dem neuen Jüdischen Zentrum nachvollzogener Binnenbebauung kaum mehr erkennbar blieb. Das die Altstadt aufteilende Achsenkreuz aus der der „Salzstraße" folgenden Ost-West-Achse zwischen Isartor und Neuhauser (heute Karls-)Tor – der 1200 Meter langen Folge von Tal, Marienplatz, Kaufinger- und Neuhauser Straße – und der 1400 Meter langen Hauptverbindung zwischen dem ehem. Schwabinger Tor im Norden und dem Sendlinger Tor im Südwesten mit Theatiner-, Wein-, Rosen- und Sendlinger Straße teilte die Stadt auch in verwaltungsmäßig – zur Brandsicherung und Verteidigung bedingte – Quartiere, deren bis heute geläufige Namen Graggenauer-, Kreuz-, Hacken- und Angerviertel seit dem Spätmittelalter überliefert sind.[7]

Abb. 3. Historische ▷
Befestigungssysteme,
projiziert in Stadtplan
des frühen bzw. späten
19. Jahrhunderts

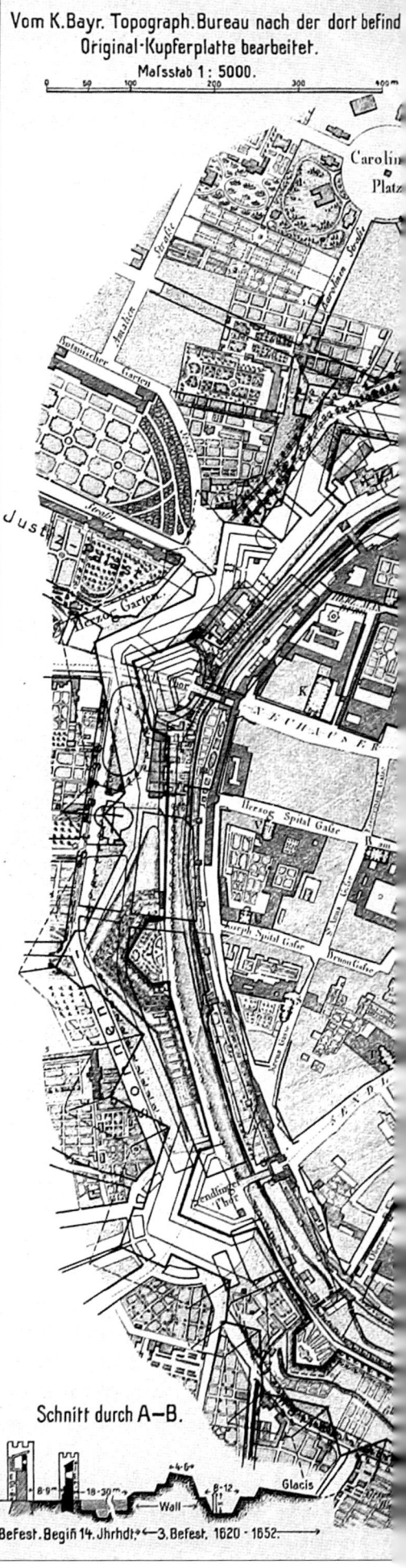

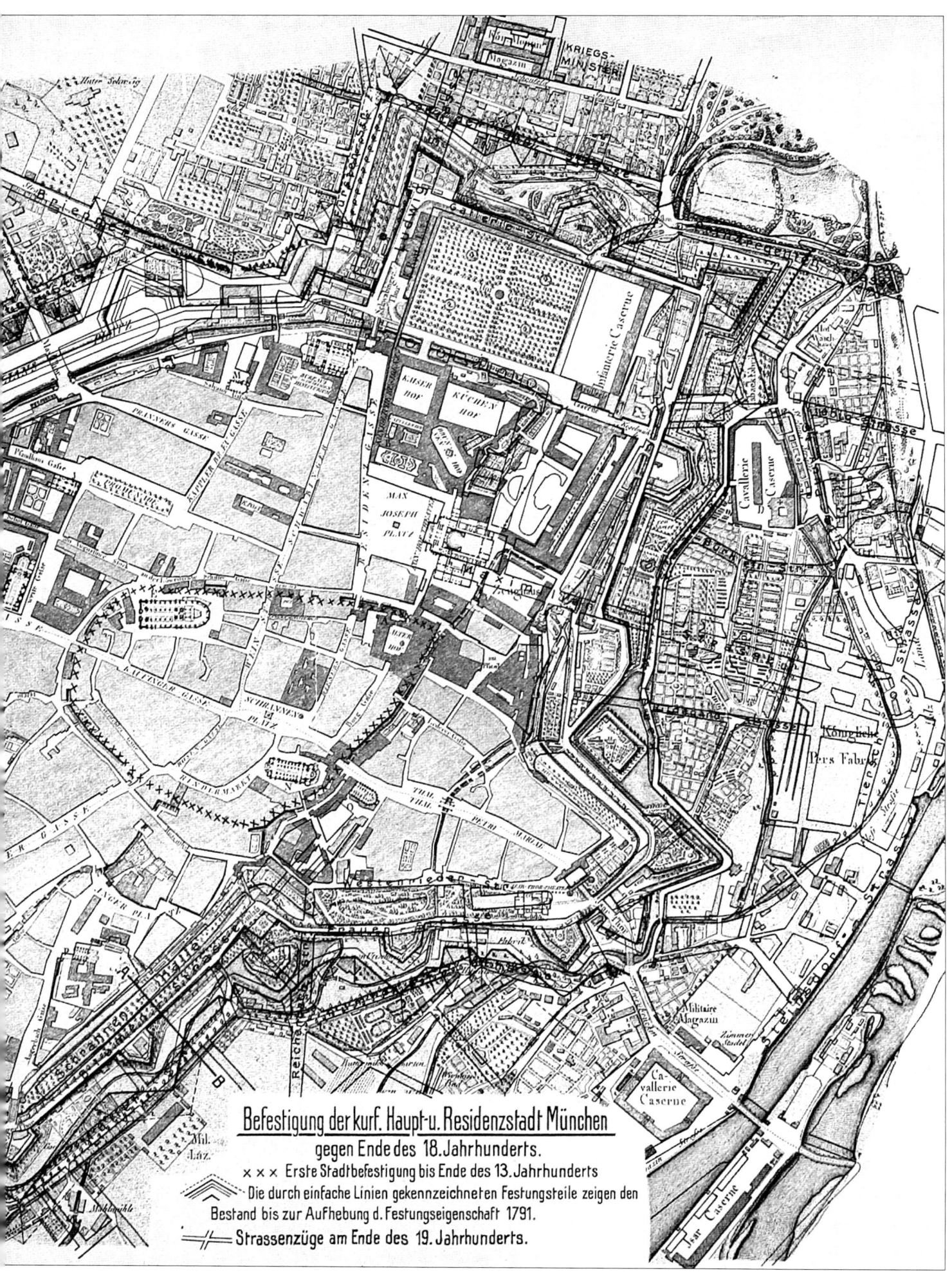

Befestigung der kurf. Haupt-u. Residenzstadt München
gegen Ende des 18. Jahrhunderts.
××× Erste Stadtbefestigung bis Ende des 13. Jahrhunderts
Die durch einfache Linien gekennzeichneten Festungsteile zeigen den
Bestand bis zur Aufhebung d. Festungseigenschaft 1791.
Strassenzüge am Ende des 19. Jahrhunderts.

Die Zeit Ludwigs des Bayern (geb. 1282 wohl im Alten Hof, † 1347), der – zunächst mit seinem allmählich von der Macht verdrängten älteren Bruder Rudolf († 1319) – ab 1294 in Bayern-München und der seit 1214 wittelsbachischen Pfalz regierte, war der erste Höhepunkt in der Geschichte der Stadt, die – trotz der durch die Zeitumstände bedingten, noch weitgehend in der traditionellen Form des Reisekönigtums ausgeübten Herrschaftsweise – für einige Jahrzehnte ein Mittelpunkt des Reiches und der Aufbewahrungsort der Reichskleinodien wurde. Ludwig wurde nach dem frühen Tod Heinrichs VII. als Repräsentant der luxemburgischen Fraktion 1314 zum König gewählt, setzte sich in dem erst durch die Schlacht bei Mühldorf 1322 entschiedenen Thronstreit gegen den Habsburger Friedrich den Schönen (seinen Vetter) durch und ließ sich – in voll entbranntem Konflikt mit der Kurie – 1328 in Rom zum Kaiser proklamieren und krönen. Nach seinem Rückzug aus Italien wurden der Münchner Hof und das Franziskanerkloster zum Sammelpunkt der den Herrscher in seiner Auseinandersetzung mit dem avignonesischen Papsttum unterstützenden, für die Entwicklung der modernen, weltlichen Staats- und Gesellschaftstheorien maßgeblichen Denker wie William Occam, Marsilius von Padua, Johann von Jandun, Michael von Cesena und Bonagratia von Bergamo.[8] Das Münchner Bürgertum, das dem Kaiser in seinen Konflikten einen starken Rückhalt bot, stattete er großzügig mit Vorrechten aus. Von besonderem Gewicht waren die Goldene Bulle von 1332 (Bestätigung des Salzmonopols, Stapelrecht), die Stadtrechtskodifizierung von 1340 und das Baurecht von 1342, gemäß welchem Neubauten möglichst in Stein (d. h. als massive Putzbauten) aufzuführen und mit Ziegeln zu decken waren. In Baudenkmälern ist die Zeit Kaiser Ludwigs allerdings nicht mehr anschaulich,[9] abgesehen von dem später mehrfach erweiterten und umgebauten Isartor, das König Ludwig I. 1835 restaurieren und durch ein Wandgemälde gleichsam zu einem Denkmal für seinen Ahnherrn umformen ließ.

Die Epoche nach Kaiser Ludwig, der vorübergehend die wittelsbachischen Lande geeint und durch Neuerwerbungen im Reich beträchtlich vermehrt hatte, ist durch erneute Erbteilungen, welche die Dynastie zugunsten der rivalisierenden Häuser Luxemburg und Habsburg schwächten, durch Spannungen zwischen den Münchner Patriziern und den Zünften – die nach Unruhen einige Jahre (bis 1403) die alleinige Macht in der Stadt ausübten – und durch Machtkämpfe zwischen den Bürgern und den ihrerseits untereinander zerstrittenen Landesherren gekennzeichnet. Aus Sicherheitsgründen ließen die Herzöge deshalb im späteren 14. Jahrhundert eine Wasserburg in der Nordostecke der erweiterten Stadt anlegen, die sogenannte Neuveste, die erst allmählich den Alten Hof als bevorzugter fürstlicher Wohnsitz ablöste und in jahrhundertelangem Wachstum zur Residenz, Münchens historisch und künstlerisch bedeutendstem Baudenkmalkomplex, expandieren sollte. Im 15. Jahrhundert ergab sich schließlich ein Gleichgewicht zwischen den Landesherren und der Stadt, die ihre weitgehende Selbstbestimmung durchgesetzt hatte, aber in ihrer Eigenschaft als Fürstensitz auch Ansehen und Nutzen zu mehren verstand.

Die künstlerische Blüte im Zeitalter der Spätgotik beruhte zu einem wesentlichen Teil auf der Symbiose von Hof und Bürgertum. Von der Wirtschaftskraft der damals etwa 13.000 Einwohner zählenden Stadt und dem Organisationstalent des von ihr berufenen Baumeisters Jörg von Halsbach († 1488) zeugt der mächtige, einzigartig schnell durchgeführte Neubau der Frauenkirche: 1468 legte Herzog Sigismund den Grundstein, bereits 1479 war der Rohbau samt Dachstuhl fertig. Ihre Bedeutung als herzogliche Hofkirche und Grablege, Anlass auch für die nach ihrer Vollendung 1494 erfolgte hierarchische Erhöhung zum Kollegiatstift, wird heute zugunsten des dominierenden bürgerlichen Anteils manchmal zu wenig gewürdigt. Ähnliches gilt auch für das Alte Rathaus desselben Meisters Jörg, dessen großer Fest- und Tanzsaal (1470/80) auch höfischen und gemeinsamen Veranstaltungen diente[10] und an der Holzwölbung und im Fries ein umfassendes heraldisches Programm aufwies, das Rang und Anspruch des Hauses Wittelsbach im Rahmen des Reiches, zugleich aber auch Münchens Selbstbewusstsein als Residenzstadt demonstrierte. Ein gleichartiges Bildprogramm schmückte die Ostseite des um 1480 als städtebauliches Gegenstück zum Alten Rathausturm stattlich ausgebauten Schönen Turmes.

In die neue Frauenkirche wurden viele Kunstwerke aus dem Vorgängerbau übernommen, heute nur in Resten erhaltene Zeugnisse der bruchstückhaft fassbaren Produktion der Münchner Werkstätten der drei ersten Viertel des 15. Jahrhunderts. Als deren Hauptvertreter können als Maler der sog. Drusiana-Meister (Altarflügel aus der ehem. Augustinerkirche), Gabriel Angler d. Ä., die Meister der Pollinger Tafeln und der Münchner Domkreuzigung und Gabriel Mäleskircher, die Steinmetzen Hans, Matthäus und Markus Haldner und der Bildhauer Ulrich Neunhauser gen. Kriechbaum gelten. Als Rarität ist der steinerne, farbig gefasste Schrenck-Altar von etwa 1400 in St. Peter hervorzuheben.

Wesentlich überschaubarer ist die Leistung der Künstlergeneration am Ende des Jahrhunderts mit dem Bildhauer Erasmus Grasser, zu dessen Hauptwerken die Moriskentänzer im Rathaussaal (jetzt im Stadtmuseum; Abb. 4) und das Aresinger-Epitaph in St. Peter zählen, dem sog. Meister der Blutenburger Apostelfiguren und dem Maler Jan Polack, der die Hochaltäre für St. Peter und die ehem. Franziskanerkirche schuf. Die beiden letztgenannten arbeiteten in der Schlosskapelle Blutenburg zu-

Abb. 4. Drei der Moriskentänzer von Erasmus Grasser (heute im Stadtmuseum)

sammen, die – wie die benachbarte Wolfgangskirche in Pipping – als „Gesamtkunstwerk" der Münchner Spätgotik ungewöhnlich vollständig erhalten geblieben ist. Beide Kirchen an der Würm erfreuten sich der Förderung Herzog Sigismunds († 1501), in dem uns gleichsam der erste Mäzen aus dem als besonders kunstverständig geltenden Hause Wittelsbach entgegentritt. Erhaltene Hauptwerke der spätgotischen Domausstattung sind die postume Grabplatte Kaiser Ludwigs, Grassers Chorgestühlfiguren, zahlreiche Glasgemälde mit Peter Hemmels Scharfzandtfenster von 1493 als Höhepunkt sowie die Großplastiken der hll. Georg, Rasso und Christophorus aus dem Leinberger-Umkreis (um 1515/25).

Am wirtschaftlichen Aufstieg wirkte sicher Münchens seit dem 13. Jahrhundert nachweisbare Judengemeinde mit, die – schon 1286 Opfer eines Pogroms – von Albrecht III. definitiv ausgewiesen wurde, der 1442 die Synagoge am Nordrand des ältesten Stadtkerns (im Bereich des heutigen Marienhofs) seinem Leibarzt überließ (die aus ihr hervorgegangene Gruftkirche wurde 1803 abgebrochen).[11] Dieser Mediziner, Dr. Johannes Hartlieb, war nicht nur gelehrter Fachschriftsteller, sondern u. a. auch Verfasser eines verbreiteten Alexanderromans (um 1445); er wie auch der Chronist Jakob Pütrich und der Geschichtsschreiber und epische Schriftsteller Ulrich Fuetrer bezeugen die literarischen Interessen im Umkreis des Münchner Hofes im ausgehenden Mittelalter.

Die am Ende des Mittelalters in voller Blüte stehende Stadt ist in Hartmann Schedels 1493 in Nürnberg erschienener „Weltchronik" auf einem wohl Michael Wolgemut zuzuschreibenden Holzschnitt von Osten gesehen dargestellt, einer der eindrucksvollsten und zudem durch besondere topographische Detailtreue ausgezeichneten Ansichten in der den damaligen Bildungsvorrat zusammenfassenden Großpublikation.[12] Aufmerksamkeit verdient hier auch die Charakterisierung Münchens als „under der fürsten stetten in teutschen landen hohberümbt und in bayerland die namhaftigst. Aber wiewol dise stat für new geachtet wirdt so fürtrift sie doch andere stett an edeln gemaynen (= öffentlichen) unnd sunderlichen gepewen." Das den Zeitgenossen demnach als neu, vergleichsweise modern erscheinende München hatte freilich unter den damaligen Fürstenstädten im Reich – wenn man von den sich dem Vergleich entziehenden Königs- und Kaiserresidenzen Prag und Wien absieht – noch wenig nennenswerte Konkurrenz; die Mehrzahl großer Zentralorte waren Reichsstädte (bzw. weitgehend freie Kommunen), Bischofssitze oder auch beides zugleich.

München als Fürstenstadt (16.–18. Jahrhundert)

Erst mit dem sich herausbildenden neuzeitlichen Absolutismus bereitete sich die zunehmend dominierende Rolle der Residenzorte vor. Auch München entsprach vom 16. Jahrhundert ab in wachsendem Maß den Merkmalen einer „Fürstenstadt", wie sie Max Weber um 1914 in seiner vergleichenden Typologie der Städte definierte.[13] Neben schwindender kommunaler Selbstbestimmung kennzeichnet diese Periode die sich reduzierende Mitwirkung der Landstände am Regiment. Seine wirtschaftliche Bedeutung konnte das bürgerliche München immerhin bis zum Dreißigjährigen Krieg leidlich bewahren. Einen beträchtlichen Machtzuwachs für die landesfürstliche Zentralgewalt brachte die Vereinigung von Ober- und Niederbayern nach dem Landshuter Erbfolgekrieg, deren Dauer das Primogeniturgesetz Albrechts IV. von 1506 garantierte. München fiel somit definitiv die Rolle der einzigen Landeshauptstadt zu. Der Hof und die vom Herzogshaus als Vormacht der Gegenreformation in Deutschland gestützte katholische Kirche[14] waren fortan die Hauptauftraggeber von Architektur und Kunst. Repräsentationsbedürfnis, humanistische Bildungsideen und der fast familientypische Kunst-

sinn, der auch wiederholte politische Rückschläge kompensierte, bildeten die Voraussetzungen der fürstlichen Sammelleidenschaft und Kulturpflege, die im 16. Jahrhundert Münchens Bedeutung als „Kunststadt" begründeten. Der von Johannes Aventinus humanistisch erzogene, von seinem fähigen Kanzler Leonhard von Eck beratene Wilhelm IV. (1508–50), der östlich der Neuveste im Bereich des späteren Marstallplatzes den ersten Renaissance-Hofgarten ausgestalten ließ und Ludwig Senfl als Kapellmeister berief, war der Auftraggeber eines Zyklus von Historienbildern mit Albrecht Altdorfers „Alexanderschlacht" als künstlerischem Höhepunkt. Im damaligen humanistischen Umfeld schuf der Stadtschreiber und -poet Simon Schaidenreisser die erste deutsche Übersetzung der Odyssee (1537). – Herzog Albrecht V. (1550–79) erbaute das (von Montaigne bewunderte) Marstall- und Kunstkammergebäude mit Arkadenhof (die spätere Münze, heute Landesamt für Denkmalpflege), den großen (nicht erhaltenen), typologisch vorbildhaft wirkenden Georgssaal der Neuveste und das Antiquarium für seine Antikensammlung, gründete die Hofbibliothek und gewann den europaweit begehrten Orlando di Lasso als Leiter der Hofkapelle. Der an seinem Hof wirkende Maler Hans Mielich (Müelich) schuf vor allem vorzügliche Porträts und in Prunkhandschriften zusammengefasste Miniaturen, u. a. zu Orlandos Bußpsalmen.[15] – Wilhelm V. (1579–97) setzte mit weiteren, vor allem um den Grottenhof und den Schwarzen Saal gruppierten Trakten die Entwicklung der Neuveste zur großräumigen unbefestigten Residenz fort. Im Zusammenwirken mit dem 1556 berufenen Jesuitenorden wurde Bayern – offensiv im Kurkölnischen Krieg von 1583 – maßgebend für die Erhaltung und Festigung des Katholizismus im deutschen Westen und Süden, wie es auch die Habsburger bei der Rekatholisierung ihrer Länder animierte und unterstützte. St. Michael (erbaut 1583–97), neuartiger Einheitsraum mit mächtiger Tonne und beherrschendem Hochaltar, ist somit nicht nur der monumentalste, für die Architekturentwicklung wichtigste Sakralbau des 16. Jahrhunderts nördlich der Alpen, sondern – zusammen mit dem nur in Resten erhaltenen Jesuitenkollegium – die eindrucksvollste Verkörperung geschichtlich wirksam gewordener Kräfte und Inhalte, die München aufzuweisen hat. Durch den für die Herzöge tätigen Kreis internationaler wie heimischer Künstler – u. a. Friedrich Sustris, Peter Candid, Hubert Gerhard, Carlo Pallago, Hans Krumpper – stand München in Austausch und Wettbewerb mit den Nachbarzentren Augsburg, Prag und Wien und im Schnittpunkt des kulturellen Spannungsfeldes zwischen Italien und den Niederlanden.

Den Gipfel seiner politischen Geltung und der geistig-künstlerischen Entfaltung erreichte Bayern unter Maximilian I. (1597–1651), der als Haupt der katholischen Liga im Dreißigjährigen Krieg 1623 die Kurwürde und die Oberpfalz gewann. Ein streng absolutistisches Regiment bildete die Voraussetzung solcher Erfolge. Sein konformer Ausdruck ist die großzügige Vierflügelanlage der maximilianischen Residenz mit Kaiserstiege und (1985 rekonstruiertem) Kaisersaal sowie nördlich vorgelegtem Hofgarten – insgesamt eine vorbildhaft wirkende, von Gustav Adolf bei der vorübergehenden Besetzung 1632 bewunderte Anlage. Damals war die 1619 begonnene moderne Wallbefestigung, die München bis ins späte 18. Jahrhundert schützte und beengte, noch nicht vollendet gewesen. Dankeszeichen für den 1620 auf dem Weißen Berg bei Prag errungenen Sieg war der mächtige Hochaltar der Frauenkirche mit dem noch erhaltenen Gemälde von Peter Candid; zum neuen Einrichtungskonzept gehörten weiters der prächtige Überbau des Kaisergrabes und ein Triumphbogen für die Reliquien des hl. Benno, die schon Wilhelm V. aus dem protestantisch gewordenen Meißen erworben hatte. Dank für Errettung aus Kriegsnöten bezeugte die 1638 aufgestellte Mariensäule, die eine kaum zählbare Nachfolge gefunden hat. Als Kunstsammler erwarb Maximilian I. vor allem Werke

Albrecht Dürers, so 1627 die „Vier Apostel" aus Nürnberg. Das vom Jesuitengeist geprägte München wurde damals ein Zentrum der neulateinischen Literatur – Jakob Bidermann, Jeremias Drexel, Jakob Balde –, während die zukunftsträchtige deutsche Sprachkunst vor allem in Schlesien aufblühte.

Das barocke kurfürstliche München ist durch das eindeutige Übergewicht des Hofes bei wirtschaftlicher Stagnation infolge des großen Krieges und langsamen Wachstums der Bevölkerung – von 22.000 um 1620 auf nur 38.000 (mit Vororten ca. 46.000) um 1780 – gekennzeichnet. Während die Hofhaltung zu den glänzendsten und aufwendigsten Europas gehörte, blieb die Stadt in ihrer Entwicklung zurück und wurde an Einwohnerzahl um 1700 von Berlin und Dresden überholt, die zu Königsresidenzen aufgestiegen waren.

Unter dem nach den Verheerungen des Krieges notwendig auf die Erhaltung des Friedens bedachten Kurfürsten Ferdinand Maria (1651–79), den sein Kanzler Kaspar von Schmid beriet, bahnte sich die folgenreiche politische Annäherung an Frankreich an. Die Aktivitäten seiner Gemahlin Henriette Adelaide von Savoyen wurden maßgebend für das Einströmen der italienischen Barockkultur in Bayern, die Veranstaltung höfischer Feste und Konzerte, Opern und Ballette; in dieser Ära verstärkte sich Münchens bis heute spürbare Affinität zum Süden. Weithin vorbildhaft wirkendes Hauptdenkmal der importierten Barockkunst wurde die aufgrund eines Gelöbnisses des Kurfürstenpaares anlässlich der Geburt des Thronfolgers Max Emanuel erbaute Theatinerkirche von Agostino Barelli und Henrico Zuccalli mit ihrer prächtigen Stuckdekoration. In diese Zeit gehen auch die Anfänge der später enorm gewachsenen Schlossanlage Nym-

phenburg zurück; nur noch in Resten erhalten sind die (später sogenannten) Päpstlichen Zimmer der Kurfürstin in der Residenz, an die anschließend eine bereits vorhandene, zweiseitig belichtete Galerie als Gedenkraum für den in seiner historischen Bedeutung damals schon gewürdigten Maximilian I. ausgestattet wurde.

Kurfürst Max Emanuels Regierung von 1679 bis 1726 verkörpert den an Widersprüchen, Glanz und Schwächen überreichen Höhepunkt des Barockzeitalters in Bayern. Sein Selbstbewusstsein als Feldherr in den Türkenkriegen und seine weitgespannten politischen Ambitionen, die im Spanischen Erbfolgekrieg scheiterten,[16] spiegeln die riesigen Schlossanlagen in Nymphenburg (Abb. 5) und Schleißheim wider, die er auch nach seiner Rückkehr aus zehnjährigem Exil – nunmehr mit Joseph Effner statt Zuccalli als bevorzugtem Hofbaumeister – mit ungebremstem Eifer weiterführte. In diesem Zusammenhang erhielt die Ebene nördlich von München durch ein niederländischen Vorbildern verpflichtetes Kanalsystem zwischen Würm und Isar ihr Gepräge.

Das politische Ungeschick Max Emanuels wiederholte sich ähnlich bei seinem Sohn Karl Albrecht (1726–45), der – mit der Kaisertochter Maria Amalia vermählt – im Österreichischen Erbfolgekrieg erfolglos seine Ansprüche verfocht. Die 1742 erlangte Kaiserkrone brachte, da Karl VII. bereits drei Jahre später verstarb, keine bleibenden Ergebnisse für Land und Dynastie. In Erwartung seiner Rangerhöhung stattete der Kurfürst die Flucht der Reichen Zimmer in der Residenz wie die darunter gelegene Ahnengalerie mit einem Höchstmaß an repräsentativem Aufwand und gestalterischem Raffinement aus. Hier wie in der Amalien-

Abb. 5. Schlossanlage Nymphenburg; Aufnahme 1983

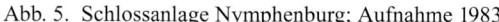

1 München von Osten, Gemälde von Bernardo Bellotto, gen. Canaletto, 1761

2 Cefalù, Wandbild aus dem Italien-Zyklus in den Hofgartenarkaden, von Carl Rottmann, um 1830/33; Aufnahme Carl Lamb, 1944

△ 1   2 ▽   3 ▽

◁◁ Sendlinger Straße 62, Kath. Kirche St. Johann Nepomuk (Asamkirche), Blick zum Chor; Aufnahme 2008

◁   1 St.-Anna-Straße 21, St. Anna im Lehel, Deckenfresko im Chor
„Die Tugenden der hl. Anna" von Cosmas Damian Asam (zerstört);
Aufnahme Eva Bollert, 1943/44

2 Asamkirche, versilbertes Stuckrelief von Egid Quirin Asam; Aufnahme Carl Lamb, 1943/44

3 Theatinerstraße 22, Theatinerkirche St. Cajetan, Nebenraum,
Gemälde „Hl. Cäcilia" von Christian Wink

▽ Residenzstraße 1, Residenz, sog. Cuvilliéstheater, Zuschauerraum;
Aufnahme 2008

Pacellistraße, Dreifaltigkeitskirche, Kuppelfresko „Caelum Monacense" von Cosmas Damian Asam; Aufnahme 2008

◁ Neuhauser Straße 14, Bürgersaal, Schutzengelgruppe von Ignaz Günther; Aufnahme 2007

1 Residenz, Reiche Kapelle, Laterne, Decken-   ▷
dekoration; Aufnahme von Karl Henseler, 1943/44

2 Residenz, Antiquarium; Aufnahme von   ▷
Karl Henseler, 1943/44

3 Luisenstraße 33, Lenbachhaus, ehem.   ▷
Wohnbereich im 1. Obergeschoss

1 Sendlinger Straße 1, Ruffinihaus; Aufnahme 2008

2 Georgenstraße 8, Treppenhaus; Aufnahme 2008

3 Neuhauser Straße 27, Augustiner-Bräu, Muschelsaal im Restaurant-Bereich; Aufnahme 2008

4 Maximilianstraße 26/28, Kammerspiele, Foyer im 1. Obergeschoss; Aufnahme 2008

burg im Nymphenburger Park erreichte das höfische Rokoko im Zusammenwirken einer sorgsam ausgewählten und ausgebildeten Künstlerschaft mit François Cuvilliés und Johann Baptist Zimmermann an der Spitze den Gipfel erlesener Verfeinerung. Die andauernde Bindung an Frankreich wird am unmittelbaren Einströmen der jeweils modernsten Pariser Stilnuancen sichtbar, die allerdings eine eigenständige Abwandlung erfahren haben.

Im kirchlichen Bereich wie überhaupt draußen im Land gehen diese modischen Einflüsse eine Synthese ein mit einheimischem Formgefühl, mit volkstümlichen Auffassungen und eigenen Traditionen, in die auch das italienisch-barocke Erbe und manche Anregung aus den Habsburgischen Ländern eingeschmolzen ist. Es entsteht jene von Frömmigkeit durchwirkte, geschlossene und alle Lebensbereiche umfassende Kultursphäre, die bis heute als geglückteste Ausprägung bayerischer Wesensart empfunden wird. Noch während der österreichischen Besetzung wurde Giovanni Antonio Viscardis Dreifaltigkeitskirche mit ihrer guarinesken Prachtfassade und frühen Deckenbildern Cosmas Damian Asams begonnen (1711–16). Die sakrale, die verschiedenen Künste zusammenfassende Gesamtinszenierung des bayerischen Spätbarock und Rokoko repräsentieren in der Hauptstadt vollendet die maßstäblich intime Johannes-Nepomuk-Kirche (1733–46) der Brüder Asam und zwei Kirchenbauten Johann Michael Fischers, der ovale Wandpfeilerraum von St. Anna im Lehel (1727–39) mit (zerstörtem) Asamfresko und die zweitürmige Wallfahrtskirche St. Michael in Berg am Laim (1738–44), ein von dem Kölner Kurfürsten Clemens August von Bayern gefördertes Projekt, an dem die führenden Münchner Ausstattungskünstler der Zeit, Johann Baptist Zimmermann als Stuckator und Freskant und Johann Baptist Straub als Bildhauer und Altarbauer, mitwirkten (Abb. 6). Von dem bei Straub geschulten Ignaz Günther sind in München vor allem die Schutzengelgruppe im Bürgersaal sowie mehrere Arbeiten in der Peterskirche zu nennen. Diese erfuhr im 17. und 18. Jahrhundert, ebenso wie die benachbarte, im Kern gleichfalls mittelalterliche Heiliggeistkirche, eine völlige barocke Überformung.

Dem zum Verzicht auf die Großmachtpolitik und zur Sparsamkeit gezwungenen Kurfürsten Max III. Joseph (1745–77) sind immerhin solche Hauptleistungen des späten Rokoko zu verdanken wie das Alte Residenztheater und der Steinerne Saal in Nymphenburg, beide von Cuvilliés mit Fresken von J. B. Zimmermann, überdies auch die noble Ausgestaltung des Speisesaales in Schleißheim. Die Bildhauer-Modelleure Franz Anton Bustelli und Dominikus Auliczek führten die Nymphenburger Porzellanmanufaktur auf ihren künstlerischen Höhepunkt. Mit der Gründung der Akademie der Wissenschaften 1759 gewann Bayern Anschluss an das Geistesleben der frühen Aufklärung, erhielt München einen – nach Aufhebung des Jesuitenkollegiums (1773) an Bedeutung noch gewinnenden – Mittelpunkt von Forschung und öffentlicher Belehrung, der später (1826) auch die Verlegung der alten Landesuniversität in die Hauptstadt konsequent nach sich zog.

Zur Zeit des nach Erlöschen der bayerischen Linie der Wittelsbacher 1778–99 in München residierenden Kurfürsten Karl Theodor von Pfalzbayern ist die Stagnation unverkennbar, trotz gewisser, vor allem dem zum Reichsgrafen von Rumford erhobenen Amerikaner Benjamin Thompson zu verdankender militärischer und sozialer Reformversuche, mit denen auch die Anlage des Englischen Gartens ab 1789 im Zusammenhang steht. Karl Theodor öffnete auch den Hofgarten, die an seiner Nordseite neu eingerichtete Gemäldegalerie und die ins aufgehobene Jesuitenkollegium übertragene Hofbibliothek der Allgemeinheit. Ab 1791 leitete er die Entfestigung der Hauptstadt ein; längst schon war die militärisch nie erprobte Wallbefestigung mit ihren Bastionen samt Gräben und Glacis weitgehend privater Nutzung durch Gärten und gewerbliche Anlagen überlassen worden.

Abb. 6. St. Michael, Berg am Laim, Blick zum Chor; Aufnahme 1982

Die Topographie des kurfürstlichen München ist keineswegs nur auf das Gebiet innerhalb der Mauern beschränkt – zu ihr gehören die umliegenden kurfürstlichen Landresidenzen Nymphenburg, Schleißheim und Dachau, die Jagdschlösser Fürstenried und Neuhausen sowie ein Netz sie untereinander und mit der Stadt verbindender, weit ausgreifender Achsen wie Nymphenburger Straße und Auffahrtsallee samt Kanal, Hirschgartenallee und Fürstenrieder Straße. Zu ihr gehören die kurfürstlichen Jagdreviere, Forsthäuser und Fasanerien sowie ein reicher Kranz von einstigen Edelsitzen, Hofmarksschlössern und Sommerschlösschen mit z. T. aufwendigen Barockgärten. Erhalten sind davon nur wenige, darunter das Suresnes- und das Stubenrauchschlösschen in Schwabing, der Edelsitz Birkenleiten in Giesing und das Gut Freiham am heutigen westlichen Stadtrand. Zur Stadtlandschaft gehören die suburbanen Wallfahrtskirchen in Ramersdorf, Berg am Laim, Harlaching, Forstenried – mit romanischem Kruzifix als Gnadenbild – und Thalkirchen samt der auf dem Weg dorthin gelegenen Schmerzhaften Kapelle.

Außerhalb der Mauern entwickelten sich vorörtliche Bebauungen vor allem im Osten um das Hieronymitenkloster St. Anna im Lehel mit gewerblichen Betrieben an den Mühlbächen, wuchernden Kleinhausagglomerationen und der Floßlände an der Isar; im Süden entstanden Stephanskirche und Friedhof, im Südwesten die Klöster der Elisabethinerinnen und der Barmherzigen Brüder als Keimzellen des späteren Klinikviertels. Der Englische Garten im Nordosten hatte die Anlage des Schönfeldviertels (ab 1795) an seinem Westrand mit offener, villenartiger Bebauung zur Folge.

Von größter Bedeutung im Lebenszusammenhang der Stadt waren die amtlich erst 1854 eingemeindeten Vororte rechts der Isar, von Norden gezählt Bogenhausen (seit 1892 zur Stadt) mit seinen Edelsitzen, Ausflugslokalen und Ziegeleien, Haidhausen mit seinen Gartenschlössern und Bierkellern, vor allem die volkreiche Au mit dem Paulanerkloster und dem Frauenkloster am Lilienberg, mit Gewerben und Manufakturen und einer in und für München tätigen Arbeiterbevölkerung, schließlich Giesing im Südosten – insgesamt ein unlösbar mit der Stadt verbundenes Umfeld, in dem die alten dörflichen Strukturen durch eine an südosteuropäische Siedlungsgewohnheiten erinnernde übervölkerte Kleinhausbebauung[17] – vielfach der Rechtsform nach sogenannte Herbergen mit mehreren Eigentumsanteilen – erweitert worden waren.

Königliche Haupt- und Residenzstadt – die „Kunststadt"

Kurfürst bzw. (ab 1806) König Max I. Joseph († 1825) aus der bis 1918 regierenden Linie Pfalz-Zweibrücken, schon seiner westlichen Herkunft nach frankophil gestimmt, persönlich der Typ des volkstümlichen „Landesvaters" mit fast bürgerlicher Lebensart, stellte in einem sich glücklich ergänzenden Zusammenwirken mit dem rücksichtslosen Reformer und Organisator Maximilian Graf von Montgelas den bayerischen Staat auf neue Grundlagen und verstand es, ihn beträchtlich erweitert über die Stürme der napoleonischen Zeit hinweg zu erhalten. Allein ein Faktum wie der akklamierte Einzug Napoleons in München 1805 (anders als bald darauf in Wien und Berlin) macht Bayerns sich von den konservativen Großmächten der nachmaligen Heiligen Allianz unterscheidende Entwicklung – bis 1813 im Rheinbund – zu einem sich an französische Vorbilder anlehnenden, fortschrittlichen Staatswesen anschaulich, das 1818 (nach Montgelas' Sturz) eine mit Begeisterung aufgenommene Verfassung erhielt. Unter Max Joseph begann München sich von der antiquierten Territorialfürstenresidenz zur modernen Hauptstadt eines in deutschem wie europäischem Maßstab großen Mittelstaates zu entwickeln. Die durch den Bedeutungssprung und entsprechenden Funktionsbedarf ausgelöste, bis zum Ersten Weltkrieg fortgesetzte großmaßstäbliche bauliche Entfaltung machte gerade München wie kaum sonst eine europäische Stadt zur anschaulichen architektonisch-urbanistischen Verkörperung der konstitutionellen Staatsform, wobei auch der verbleibende (allmählich schwindende) Spielraum für zu weitgespannten Aktivitäten gestimmte und begabte Monarchen deutlich wird.

Münchens nunmehr sprunghaft einsetzendes Wachstum wurde mit dem auf der Grundlage eines Wettbewerbs von 1808 entwickelten, abschließend von Karl von Fischer und dem Gartenarchitekten Friedrich Ludwig von Sckell redigierten Generalplan für die rasterförmige Anlage der Maxvorstadt (Hauptachse: Brienner Straße) bevorzugt auf den Bereich nordwestlich der Altstadt konzentriert. Bezeichnend ist das bezuglose Nebeneinander alter und neuer Strukturen, die ungenügende Anbindung an die Altstadt, die erst Leo von Klenze durch seine nachträglich angefügte Ludwigstraße wenigstens an einer entscheidenden Nahtstelle städtebaulich meisterhaft korrigierte. Der Umstand, dass es nur an der Westseite der Altstadt gelang, die ehem. Wallbefestigung durch boulevardmäßige Neuanlagen – Maximiliansplatz, Lenbachplatz, Karlsplatz mit Halbrondell vor dem Tor, Sonnenstraße und Sendlinger-Tor-Platz – zu ersetzen, wirkt sich bis heute als Mangel aus. Von der großzügig homogenen, im Detail schlichten Erstbebauung dieser Ringstraße ist fast nichts mehr erhalten. – Durch F. L. von Sckell, Hofgartenintendant seit 1804, erhielt der Englische Garten – an dessen Zugang 1804–06 Karl von Fischers nobles Frühwerk, das Salabert-(Prinz-Carl-) Palais entstand – erst seine eigentliche künstlerische Gestaltung, ebenso der Nymphenburger Schlosspark seine anglisierende Überformung.

Nicht zu vergessen sind andererseits die in dieser Umbruchszeit eingetretenen gravierenden Verluste, vor allem auch infolge der Säkularisation, so der Abbruch des Franziskanerklosters an der Stelle des neuen Max-Joseph-Platzes, des Kapuzinerklosters am späteren Lenbachplatz und der geschichtlich ehrwürdigen Laurentiuskirche des Alten Hofes sowie die Profanierung der Augustinerkirche und der architektonisch originellen Paulanerkirche in der Au (1621–23 von Hans Krumpper, 1902 abgebrochen).

Für München als künftiges Zentrum der bildenden Künste maßgebend wurde die Gründung der kgl. Kunstakademie 1808 (in Fortsetzung einer bis 1766 zurückgehenden Institution). Der die Ära Max Josephs schlechthin repräsentierende Großbau wurde zeittypisch Karl von Fischers klassizistisches Hof- und Nationaltheater (1811–18), für ein halbes Jahrhundert das größte in Mitteleuropa. Architektonische und künstlerische Initiativen überließ der König in der Folge dem hierfür prädestinierten Thronfolger Ludwig, dessen Wirken für die städtebauliche Entwicklung Münchens mit der Berufung Klenzes und mit dessen ersten Bauten einsetzte – 1816 begann er die Glyptothek am Königsplatz und das Leuchtenberg-Palais am nachmaligen Odeonsplatz, eine ungewöhnlich frühe Auseinandersetzung mit der italienischen Renaissance.

Während seiner Regierung (1825–48) entfaltete König Ludwig I. († 1868) dann größte architektonische und künstlerische – fördernde wie sammelnde – Aktivitäten im Rahmen seines restaurative wie fortschrittliche Züge vereinenden staats- und kulturpolitischen Programms, das ihn als Repräsentanten der romantischen Generation kennzeichnet.[18] Durch ihn wurde München – nach der in Bayern besonders radikalen Säkularisation – zu einem weit ausstrahlenden Zentrum der neuen Sakralbaukunst. Leider ist von den entwicklungsgeschichtlich bedeutsamen frühen Gesamtschöpfungen romantisch-nazarenischen Gepräges nur die Ludwigskirche erhalten geblieben,[19] während die Bonifatiusbasilika – Ludwigs Grablege –, die neugotische Mariahilfkirche mit durchbrochenem Turmhelm und die Allerheiligen-Hofkirche mit ursprünglich reicher Polychromie nur fragmentarisch den Bombenkrieg überdauerten; Jean-Baptiste Métiviers klassizistische (alte) Synagoge von 1824–26 stand nur bis 1889, der quer gerichtete Zentralbau der evangelischen Matthäuskirche (1827–33 von Johann Nepomuk Pertsch) wurde 1938 abgebrochen. An der Ausstattung der Kirchen hatten die von Ludwig wiederbelebte Glasgemäldetechnik – 1827 gründete er die kgl. Glasmalereianstalt – und die von ihm besonders geförderte monumentale Wandmalerei wesentlichen Anteil; 1826 berief er Peter Cornelius als Akademiedirektor und übertrug ihm große Aufgaben vor allem in der Glyptothek und in St. Ludwig (Jüngstes Gericht).

Ludwigs Bautätigkeit zeigte städtebaulich großes Format – Ludwigstraße mit Odeonsplatz und Universitätsforum, abschließende Bebauung und Gestaltung der Brienner Straße samt Wittelsbacher-, Karolinen- und Königsplatz sowie des Marstall- und Max-Joseph-Platzes –, sie war auch typologisch innovativ, da außer dem ehem. Jesuitenkollegium, den Klöstern der Augustiner und Theatiner und der Herzog-Max-Burg – sämtlich antiquierte Komplexe – keine älteren Monumentalbauten zur Adaptierung für neue Funktionen verfügbar waren. So entstanden gerade in München markante Frühbeispiele neuer Bauaufgaben wie Museum (Glyptothek), Galerie (Alte und Neue Pinakothek), Universität, Staatsbibliothek, Konzertsaal (Odeon), Ausstellungsgebäude, Verwaltungsbauten (Kriegsministerium, Salinendirektion), sämtlich mit neuem Öffentlichkeitscharakter. Die vom König energisch verteidigten Rechte der Krone im Rahmen der Verfassung von 1818 machte er durch die Erweiterung der Residenz anschaulich, der er mit Königs- und Festsaalbau und mit der Allerheiligen-Hofkirche ihre abschließende Gestalt gab.

Generationsmäßig gehörte Ludwig zu den frühesten Hauptvertretern nationalromantischer Ideen. Von seinen zahlreichen Nationaldenkmälern sind diejenigen mit bayerisch-patriotischen

Abb.7. Propyläen und Königs-   ▷
platz; Ölgemälde von Leo von
Klenze, 1848

und zugleich dynastischen Bezügen großenteils auf München konzentriert: die Ruhmeshalle und davor die Bavaria – Hauptleistung der wiederbelebten Erzgießerei und Kolossalplastik –, Obelisk, Feldherrnhalle, Siegestor und das denkmalhaft restaurierte Isartor; die Propyläen (Abb. 7) bezeugen Ludwigs philhellenische Gedankenwelt und Politik, in deren Konsequenz sein Sohn Otto 1832 den neuen griechischen Königsthron bestieg.

In der Pluralität ihres stilistischen Spektrums verkörpern Ludwigs Bauschöpfungen eine frühe Stufe des Historismus. Von seinen bevorzugten Baumeistern vertrat Klenze entschieden die im zeitlosen Sinn klassische, sich auf die Antike und die von ihr abgeleiteten neuzeitlichen Richtungen seit der Renaissance berufende Variante, während Friedrich von Gärtner seinen zweckhaften, mitunter etwas nüchternen „Rundbogenstil" auf der Grundlage italienisch-mittelalterlicher Elemente entwickelte (Staatsbibliothek, Ludwigskirche, Universität, Salinendirektion). Klenzes Leistung als Städtebauer ist heute weithin noch oder wieder erlebbar, seine bedeutendsten Raumschöpfungen jedoch – Glyptothek, Odeon, Hofkirche, Reitschule, Alte Pinakothek mit Loggia, Thronsaal und Treppe im Festsaalbau, Interieurs im Leuchtenberg- und (dem 1937 abgebrochenen) Herzog-Max-Palais – wurden im Zweiten Weltkrieg zerstört bzw. – soweit wiederaufgebaut – unter Verzicht auf ihre Ausstattung.

Hier ist auch der um diese Zeit sowohl aus dem Geist wissenschaftlicher Sachlichkeit wie der Romantik sich formierenden Denkmalpflege zu gedenken, zu deren Protagonisten Ludwig I. zu rechnen ist. Mehrere Verordnungen von 1826–30, insbesondere das Kabinettsreskript von Colombella (1827), stehen am Beginn der amtlichen Denkmalpflege in Bayern, doch konnten deren erste Leiter, Sulpice Boisserée (ab 1835) und Friedrich Gärtner, in diesem Bereich noch keine intensive Aktivität entfalten.[20] Die von Ludwig I. initiierten oder geförderten Restaurierungs- bzw. Ergänzungs- und Vollendungsmaßnahmen am Münchner Isartor, an den Domen von Speyer, Regensburg, Bamberg und Köln wie am Münster in Heilsbronn spiegeln beispielhaft die zeitgenössische Auffassung des Umgangs mit Baudenkmälern wider. Epochal wurde sein Einsatz für Schutz und Wiederherstellung der Athener Akropolis, womit Klenze 1834 beauftragt wurde. Die dem Geschichtsbewusstsein des Königs entsprungenen Initiativen, so auch die Förderung der Historischen Vereine, waren natürlich in hohem Maße staatspolitisch und dynastisch-patriotisch, nicht primär wissenschaftlich motiviert.

Maximilian II. (1848–64), der vor allem Wissenschaft und Literatur förderte, erschloss durch die nach ihm benannte Monumentalstraße den Bereich von der Innenstadt bis über die Isar hinaus. Mit ihrer in einem Wettbewerb (1851) ermittelten synkretistischen Formensprache, in der gotisierende Elemente dominieren (sog. Maximilianstil), blieb sie ein Experiment. Durch Einbeziehen von Geschäften, Restaurants und Begrünung unterschied sie sich absichtsvoll von der objektiven Strenge der Ludwigstraße; im europäischen Zusammenhang steht sie als eigene Leistung neben den ersten Boulevards Baron Haussmanns und der Konzeption der Wiener Ringstraße. Der aus dem Landschaftspark der Maximiliansanlagen am östlichen Isarhang prospekthaft aufragende Abschlussbau, das Maximilianeum von Friedrich Bürklein, wurde bei seiner hinausgezögerten Fertigstellung in renaissancistisch-rundbogigen, „modernen" Formen redigiert. Die Studienstiftung Maximilianeum wie Gründung und Gebäude des (Alten) Bayerischen Nationalmuseums am Forum der Maximilianstraße bezeugen die staatspolitisch wie dynastisch motivierte Bildungsfürsorge des Königs. Seine Aufgeschlossenheit für Zeitströmungen kommt in der ersten deutschen Industrieausstellung von 1854, für die August von Voit den (1931 abgebrannten) Glaspalast errichtete, und dem gleichzeitigen „Gesamtgastspiel", einem Vorläufer des Festspielgedankens, zum Ausdruck. Während mit der Frauengebäranstalt an der Sonnenstraße (später zum Postscheckamt umgebaut) ein Musterbau des Maximilianstils erhalten blieb, wurden andere Großbauten dieser Ära wie Bürkleins Hauptbahnhof, das Beamtentöchterstift hoch am Isarhang und die mächtige Eisenkonstruktion der Schrannenhalle (an der Blumenstraße) zerstört – letztere schon abschnittweise vor dem Zweiten Weltkrieg (ein transferierter Restteil wurde 2005 am alten Standort wiederaufgestellt).

Technische Innovation, vielfach in Verflechtung mit künstlerischer Invention und Serienproduktion, wurde ein für Münchens auch wirtschaftlichen Aufstieg im 19. Jahrhundert bedeutsamer Faktor. Das hier ab 1797 von Aloys Senefelder – 1809–27 kgl. Inspektor der Lithographie – entwickelte Flachdruckverfahren war eine der Grundlagen für die breite Entfaltung des graphischen Gewerbes und eines damit verbundenen Publikationswesens (z. B. „Fliegende Blätter" ab 1844 in der xylographischen Anstalt von Braun und Schneider).[21] Internationalen Ruf erlangten das Optische Institut von Fraunhofer und Utzschneider (erhalten ist das klassizistische Gebäude Müllerstraße 40) wie auch die 1854 von Karl August Steinheil gegründete optische Werkstätte. Weltweit tätig wurde die kgl. Erzgießerei unter ihren Inspektoren Johann Baptist Stiglmaier von 1824 bis 1844 und Ferdinand von Miller d. Ä. von 1844 bis 1887 sowie unter dessen gleichnamigem Sohn, der – zugleich Bildhauer – das 1873 privatisierte Unternehmen weiter leitete. Zu einem die „Kunststadt" kennzeichnenden, blühenden Gewerbezweig entwickelten sich mehrere vor allem Kirchenausstattungen aller Art liefernde Werkstätten, z. B. die 1847 gegründete Mayersche Hofkunstanstalt und die von den Architekten Johann Marggraff 1863 und Josef Elsner 1878 etablierten Werkstätten für kirchliche Kunst; weiters die seit 1870 bzw. 1873 tätigen Glasmalereianstalten von Franz Xaver Zettler und von Gustav van Treeck.[22] – Hier nur hingewiesen werden kann auf das weltweit exportierende Brauereigewerbe und den höchst erfolgreichen Lokomotivbau in den Firmen Josef Anton Maffei (ab 1841) und Georg Krauss (ab 1866). Die Bedeutung von Münchens Industrie wird vielfach unterschätzt, da sie – wie auch in anderen multifunktionalen, von Kultur geprägten Zentren – nicht das charakteristische, historisch gewachsene Stadtbild dominiert, wie auch der Arbeiterstand nur eine Komponente in der städtischen Gesellschaft bildete.

Für die exzentrische Persönlichkeitsentwicklung Ludwigs II. (1864–86) zum Objekt eines nachhaltigen „Märchenkönig"-Mythos maßgebend war u. a. der aus der Niederlage im Deutschen Krieg von 1866 resultierende, mit der Reichsgründung von 1871 verbundene Machtverlust Bayerns, das immerhin eine Reihe von Reservatrechten bewahren konnte. Die Akzeptanz der „Übernahme" wurde durch die Teilhabe am Kriegserfolg von 1870/71 erleichtert, Münchens Rückgang an politischer Geltung durch eine verstärkte gesamtdeutsche, besonders auch kulturelle Ausstrahlung verbunden mit wirtschaftlichem Aufschwung kompensiert und damit bis heute fortwirkend seine besondere Rolle im Wettbewerb der deutschen Großstädte festgelegt. Nach dem Scheitern des von Gottfried Semper 1864–68 ausgearbeiteten Projekts für das Richard-Wagner-Festspielhaus auf der Isarhöhe samt Brücke und Auffahrtsstraße verlagerte sich die expandierende private Bautätigkeit Ludwigs II. auf seine „Königsschlösser" im Oberland, von denen allerdings die Leistungsfähigkeit und der Ruf des Münchner Kunsthandwerks wesentlich mitbestimmt wurden. Der Rückzug des Monarchen aus der Öffentlichkeit kongruiert mit dem allgemeinen Übergang von Kompetenzen an Regierung und Verwaltung. Die beiden großen Staatsbauten dieser Ära, die (völlig zerstörte) Technische Hochschule[23] und die Kunstakademie, entwarf Gottfried von Neureuther in dem Geiste Sempers verpflichteten Renaissanceformen. Für die Stadtentwicklung werden hinfort private Spekulation (Anlage des radial um den kreisrunden Gärtnerplatz und das 1865 eröffnete Actien-Volkstheater gruppierten Viertels) und vor allem die kommunale Planung maßgebend (Anlage des sog. Französischen Viertels in Haidhausen auf einem, vom 1872–76 erbauten Ostbahnhof ausgehenden Dreistrahlgrundriss).[24] Gerade diese beiden dem System des geometrischen Städtebaus verpflichteten Quartiere mit ihrer typologisch homogenen, wenn auch vorzugsweise für Kleinbürger und Arbeiter bestimmten Mietshausbebauung erfreuen sich heute wegen ihres urbanen Milieus einer erhöhten Wertschätzung. Die Münchner Bauordnung von 1873 (revidiert 1879; Neufassung 1895) war erfolgreich bemüht, eine massierte bauliche Verdichtung speziell in den Blockinnenbereichen, wie sie etwa in Berlin und Wien stattfand, zu reduzieren. Durch akute Notstände gedrängt, nahm München dank des Einfluss Max Pettenkofers im letzten Jahrhundertdrittel auf dem Gebiet der Stadthygiene eine führende Rolle ein. Mit dem sukzessiven Ausbau des Kanalnetzes entstand ein in seiner historischen Wertigkeit noch kaum gewürdigtes „unterirdisches Mün-

chen". Zwischen 1880/83 und 1912 erhielt die Stadt eine in der Qualität nur mit Wien vergleichbare Wasserversorgung aus dem Mangfalltal.

Im zunehmend bürgerlich geprägten Verwaltungsstaat spielte Prinzregent Luitpold (1886–1912) zwar fast nur noch eine repräsentierende Rolle, doch verkörperte er die existierenden günstigen Rahmenbedingungen für die Entfaltung kultureller Aktivitäten (die nach 1918 spürbar fehlten). München, mit einer halben Million Einwohnern im Jahre 1900, war zu einer selbstbewussten Kommune mit viel beachteten Initiativen hinsichtlich der Bewältigung großstädtischer Organisationsaufgaben geworden: vor allem im sozialen Bereich, etwa im Bau von Schulen, Brause- und Hallenbädern, Krankenhäusern, Altersheimen und der Anlage von Friedhöfen. Als typisch „münchnerisch" galt die Verbindung fortschrittlicher Funktionsmodelle mit traditionsbezogenen, gestalterisch anspruchsvoll vorgetragenen Formen. Für das Niveau des städtischen Bauwesens maßgebend waren Architekten wie Hans Grässel (Friedhöfe, Heiliggeistspital), Carl Hocheder (Volksbad), Richard Schachner (Großmarkthalle, Schwabinger Krankenhaus) und vor allem Theodor Fischer (Schulen Haimhauserstraße und Elisabethplatz), der auch für die fast bis in die Gegenwart die Stadtstruktur bestimmende, für ihre Zeit bemerkenswerte Staffelbauordnung (1900 ff.) die Voraussetzungen schuf. Dieses bis heute viel gerühmte Bebauungsreglement humanisierte und harmonisierte das Stadtbild, freilich zum Teil eher in einer restriktiv-provinziellen als großstädtisch-zukunftsorientierten Weise. In der Stadtplanung erfolgte damals der Übergang von der geometrischen Tradition, wie sie noch das vornehme Quartier um den Bavariaring verkörperte, zum „malerischen" Städtebau im Gefolge der Theorien Camillo Sittes.[25] In Georg Hauberrissers sich an den Kommunalbauten Flanderns orientierendem, bis heute volkstümlichem Rathaus gab die Stadt ihrem Selbstbewusstsein Ausdruck; mit der Standortwahl an der Nordseite des Marienplatzes wurde, freilich unter Opferung eines ganzen Bürgerhausblockes, der historische und geometrische Stadtmittelpunkt kraftvoll markiert und funktionell bis heute gefestigt.

München genießt bis heute den Vorzug, dass bauliche wie kulturelle Initiativen von Kommune und Staat einander – wenn auch nicht immer reibungslos – ergänzen und ansehnlich summieren. So wird das Erscheinungsbild der Landeshauptstadt bis heute von den großen Staatsbauten der Prinzregentenzeit mitbestimmt, die nicht zuletzt auch Bayerns auf kulturelle Leistungen sich stützende Eigenständigkeit und das Beharren auf den Reservatrechten wie eigenen Verkehrsanstalten sowie Militärhoheit (im Frieden) veranschaulichen sollten.

Ein hoher Qualitätsanspruch kennzeichnete Großprojekte wie den Justizpalast von Friedrich Thiersch mitsamt dem jüngeren originellen Ergänzungsbau desselben Architekten, Theodor Fischers Polizeipräsidium, das (weitgehend abgegangene) Verkehrsministerium von Carl Hocheder mit das Bahnhofsviertel ehemals prägender Kuppeldominante, das Hauptzollamt von Joseph Kaiser und Gustav Freiherr von Schacky (mit eindrucksvoller, weitgehend erhaltener Schalterhalle) sowie den bemerkenswert reformistischen Universitäts-Erweiterungsbau von German Bestelmeyer. Vom einstigen Armeemuseum ist immerhin der im Stadtbild unverzichtbare, konstruktiv innovative Kuppelbau trotz vehementer Anfeindungen als Bestandteil der neuen Staatskanzlei erhalten geblieben. Der zeittypisch asymmetrische Gruppenbau des Bayerischen Nationalmuseums von Gabriel von Seidl mit dem vorgelagerten, ehemals künstlerisch gestalteten Forum und das Säulendenkmal des Friedensengels jenseits der Isar sind die Hauptakzente an der jüngsten der Münchner Monumentalachsen, der Prinzregentenstraße, die bezeichnenderweise eine Schöpfung der Stadtplanung ist. Zu den gelungenen stadtlandschaftlichen Baumaßnahmen der Zeit gehört die als Hochwasserschutz motivierte Neugestaltung der Isarkais einschließlich der technisch und gestalterisch bemerkenswerten Brückenfolge, die den Zweiten Weltkrieg überstanden hat. Entlang der Innenstadtseite der regulierten Isar konnte somit eine lange großstädtische Mietshauszeile von herrschaftlich-vornehmem Charakter entstehen – die Steinsdorfstraße beiderseits des mächtigen Zentralkuppelbaus der evangelischen Lukaskirche und nördlich anschließend die Widenmayerstraße mit Uferallee und großenteils noch originalem Häuserbestand.[26]

„München leuchtete" – Thomas Manns viel zitiertes, nach seiner Art doppeldeutiges Lob, heute meist kritisch hinterfragt, bezog sich eben auf diese und keine andere Stadt. Trotz sozialer Gegensätze – vor allem in den kleinmaßstäblichen, retrospektiv verklärten Herbergenvierteln rechts der Isar und am Gries konzentrierten sich die Notstände – erlebte München um die Jahrhundertwende den Höhepunkt seiner nationalen und europäischen Geltung. Neben der hier vorzugsweise gewürdigten Architektur und Kunst sind im kulturellen Gesamtzusammenhang auch Musik und Theater, Literatur und Wissenschaft zu beachten. Während im Hinblick auf den freilich nicht scharf zu begrenzenden Gegensatz von Traditionalismus und Erneuerung „Münchens Niedergang als Kunststadt"[27] diskutiert wurde (im Wettbewerb etwa mit Berlin, Dresden und Wien), wirkten hier die Künstler der „Secession", der „Scholle", der „Phalanx" und anderer Gruppen, die Dachauer Malerkolonie, die Ažbe-Schule[28], die Malschule des Polen Jósef Brandt, das Lehrinstitut von Wilhelm Debschitz und der Nagybánya-Kreis; hier lebten und schrieben neben vielen anderen Henrik Ibsen, Thomas und Heinrich Mann, Stefan George, Frank Wedekind, Ludwig Thoma und der seiner Heimatstadt spannungsvoll-kritisch verbundene Josef Ruederer, erschienen die „Gesellschaft", der „Simplicissimus" und die „Jugend", die der deutschen Spielart des Art nouveau ihren Namen gab,[29] und blühte das Kabarett („Elf Scharfrichter"). Schwabing mitsamt der südlich benachbarten Maxvorstadt erlebte um die Jahrhundertwende seine legendäre Blütezeit als Künstler- und Bohème-Viertel; bis heute sind hier nicht wenige Jugendstil-Mietshäuser mit nordseitigen Atelieraufbauten erhalten. – Münchens Ruf als Musikstadt war schon unter Ludwig II. durch die Uraufführung von vier Bühnenwerken Richard Wagners und die nach seinen Direktiven 1867 erfolgte Gründung der kgl. Musikschule (der heutigen Hochschule für Musik und Theater) gemehrt worden. In der Geburtsstadt von Richard Strauss fand die Mozart-Renaissance statt, wurde die Drehbühne konstruiert und das Prinzregententheater für Opernfestspiele errichtet. In München gelangten Gustav Mahlers „Symphonie der Tausend" und „Lied von der Erde" zur Uraufführung und 1917, schon mitten im Kriege, Pfitzners „Palestrina".

Von den vielen Architekten der Prinzregentenzeit wurde und wird noch heute Gabriel von Seidl (1848–1913) dank seiner künstlerisch freien Abwandlung historischer Vorbilder und ihrer gewandten Anpassung an zeitgenössische Bedürfnisse als der schlechthin kennzeichnende Repräsentant einer „münchnerischen" Auffassung am Ende des Historismus empfunden. Der ähnlich gesinnte, doch stärker regionalbezogene Franz Zell stand zugleich als Volkskundler an der Wiege der Heimatschutzbewegung. In allen Stilarten versiert und dabei von erlesenem Geschmack waren Deutschlands führender Theaterbauer Max Littmann (Prinzregententheater, ehem. Künstlertheater, Hofbräuhaus, Warenhäuser Tietz und Oberpollinger, Anatomie) und Emanuel von Seidl (Villen und Privathäuser). Franz von Stuck, 1892 Mitbegründer der die Vorherrschaft des „Künstlerfürsten" Franz von Lenbach relativierenden „Secession"[30] – der ersten dieses Namens – verwirklichte mit seinem eigenen Wohnhaus an der neuen Prinzregentenstraße 1897/98 das Erstlingswerk eines mit Jugendstilanklängen durchsetzten Neuklassizismus.

Gleichzeitig setzt im langen Schaffen Martin Dülfers die Jugendstilphase ein (Häusergruppe Ohm-/Königinstraße; Leopoldstraße 77 mit rekonstruierter Fassade; ehem. Allgemeine Zeitung). Von seinen phantasievollen Fassadengestaltungen, wie denen seiner Nachfolger Franz Popp und Max Langheinrich, haben nur wenige die Kriegs- und Nachkriegszeit überdauert. In ihrer originellen Polychromie restauriert werden konnten die extravaganten Schwabinger Mietshäuser Ainmillerstraße 22 und Römerstraße 11 von Henry Helbig und Ernst Haiger. Verloren ist die bis heute legendäre, abstrakt-dekorative Fassade des Fotoateliers Elvira von August Endell (1897/98). Seine originale Gestaltung zeigt hingegen noch das Schauspielhaus von Richard Riemerschmid (1900/01), einem der wichtigsten Vertreter der architektonischen Reform wie der Erneuerung kunsthandwerklicher Gesinnung. Er war sowohl an der Gründung der „Vereinigten Werkstätten für Kunst und Handwerk" 1898 – zusammen mit Hermann Obrist, Peter Behrens, Bernhard Pankok, Bruno Paul u. a. – wesentlich mitbeteiligt wie auch an der Gründung des Deutschen Werkbundes in München 1907. Die Gebäude der Ausstellung „München 1908" auf der Theresienhöhe, einer künstlerischen und kunstgewerblichen Leistungsschau, wurden zum Kern des nachmaligen (alten) Messegeländes. – Eine führende Stellung nahm München auf dem Gebiet des graphischen Gewerbes, der Buchkunst und des Verlagswesens ein, ebenso in der Entwicklung der Lichtbildkunst (u. a. Fotoateliers Franz Hanfstaengl und Joseph Albert).

In der nach politischem Bedeutungsschwund vor allem kulturell florierenden, ihre Lebensfreude zelebrierenden, touristisch anziehenden Großstadt, dem geschäftstüchtigen Zentrum des „guten Geschmacks" und Schauplatz aufwendig inszenierter Künstler- wie intimer Atelierfeste, ausgelassenen Faschingstreibens und eines heiter-kultivierten geselligen Lebens wie etwa im prominenten Künstlerverein „Allotria" hat man vielleicht zu wenig die kryptischen Vorzeichen drohenden Unheils wahrgenommen – wäre freilich selbst auch nicht mehr imstande gewesen, es abzuwenden. Am Ende des verlorenen Weltkrieges, zwei Tage eher als in Berlin, wurde in München handstreichartig und unblutig die Monarchie gestürzt, von deren vielfältigem Erbe die einstige „Fürstenstadt" bis heute zehrt und selbstgenießerisch wie vermarktend nicht schlecht zu leben versteht – selbst da, wo sie ihre Vergangenheit mit kritischem Aufwand analysiert.

Umbruch – Stagnation – „Hauptstadt der Bewegung"

Mit dem Umbruch von 1918 waren altüberlieferten, für allgemeingültig gehaltenen Wertvorstellungen und auch künstlerischen Maßstäben die Grundlagen entzogen. Geradezu symbolhaft muten die gehäuften Todesfälle der Folgezeit an; so starben 1921 der Bildhauer und klassische Kunsttheoretiker Adolf von Hildebrand (Schöpfer des Wittelsbacherbrunnens von 1893–95) wie auch der Architekt und einflussreiche Hochschullehrer Friedrich von Thiersch, deren Werk in zeitlos traditionellen Auffassungen wurzelte.[31] Wie eine Fügung mag es erscheinen, dass Max Weber, Promotor der modernen Gesellschaftswissenschaften, seine Laufbahn in München beendete und hier 1920 unvermutet starb; die in einer seiner bedenkenswerten Münchner Reden 1919 geäußerte Befürchtung, es könnte angesichts der drückenden Nachkriegsregelungen „der Frieden diskreditiert sein, nicht der Krieg", sollte sich bewahrheiten.[32] Die Nachkriegs-Äußerungen des 1921 vorzeitig verstorbenen, vormals geistvoll-liberalen Kritikers Ludwig Thoma veranschaulichen die verbreitete Verstörtheit. Das Ausmaß von Desillusionierung, mentaler Irritation, geistiger wie politischer Orientierungslosigkeit und sozialer Destabilisierung, abgründig verstärkt durch die Inflation von 1923 und – nach kurzzeitiger Erholung – die Weltwirtschaftskrise von 1929 ff., wird in unserer durch Jahrzehnte der „Normalität" verwöhnten Gegenwart oft nicht genügend nachvollzogen. Das vormals „leuchtende" München wurde – gemäß Richard Bauers Formulierung – zum „Exerzierplatz politischer Extremisten".[33] Nach anfänglich sich etappenweise bis zur Räterepublik entwickelnder Linksregierung – 1919 schien sich einen Augenblick lang eine weltrevolutionäre Achse Petrograd–Budapest–München abzuzeichnen – gewann als Reaktion hierauf kleinbürgerlich-konservative Gesinnung das Übergewicht, die Bayern überdies zur „Ordnungszelle" im Reich im Gegensatz zur als chaotisch empfundenen Instabilität Berlins auszugestalten bestrebt war. Der rechtsextreme Hitlerputsch wurde zwar 1923 niedergeschlagen, der symbolhafte Marsch zum ehem. Kriegsministerium an der Engstelle neben der Feldherrnhalle aufgehalten, doch entwickelte sich in der Folge gerade München zum Ausgangs- und Mittelpunkt der nationalsozialistischen Partei, die 1930 das ehem. Palais Pallavicini zu ihrem Hauptquartier, dem „Braunen Haus", einrichtete (dessen Grundmauern 2006 ausgegraben wurden). – In dieser Phase gewann die ständige Kunststadt-Diskussion[34] nunmehr begründete Aktualität, gipfelnd in der dem Thema „Kampf um München als Kulturzentrum" am 30. November 1926 in der Tonhalle gewidmeten Veranstaltung, bei der u. a. Thomas und Heinrich Mann warnende Reden hielten, deren schlimmste Befürchtungen durch die Realität noch übertroffen werden sollten. Rückblickend beschwor Thomas Mann nochmals die liberale, heitere, kulturell fruchtbare Atmosphäre Münchens vor dem Krieg, „die sich von der Berlins so charakteristisch unterschied".

Unter den Zeitumständen erscheinen die – in Berlin zumindest in kultureller Hinsicht „goldenen" – Zwanziger Jahre in Münchens Entwicklung eher als eine Phase der Stagnation.[35] Die Bautätigkeit gerade in der Kernstadt war, wirtschaftlich bedingt, äußerst gering; die akute Wohnungsnot suchten die Stadt und Wohnbaugenossenschaften durch großmaßstäbliche Block- und Zeilenbebauungen in den Kernstadt-Randbereichen zu mildern. München galt zunehmend als ein vergangenheitsbezogenes, abgeschlossenes Gesamtkunstwerk gemäß den gerade ungültig gewordenen städtebaulichen und architektonischen Prinzipien. Es erwies sich jetzt auch, dass die vermeintlich „münchnerische" Bauweise des Seidl- und Grässel-Kreises trotz hoher künstlerischer und human-atmosphärischer Qualitäten nicht eigentlich zukunftsträchtig war (im Unterschied zur Wiener Otto-Wagner-Schule). Radikalen Neuerungen in der Art etwa des Bauhauses, des Stijl oder der Brünner Funktionalisten war man in München durchweg abgeneigt.[36] Die zeitgenössische Moderne wurde (bis 1933) in erster Linie durch eine Reihe qualitätvoller Projekte der 1920 neu errichteten, weitgehend selbständig agierenden Postbauabteilung Bayern unter Robert Vorhoelzer und Walther Schmidt vertreten (u. a. Postgebäude Tegernseer Landstraße und Fraunhoferstraße sowie – städtebaulich besonders exponiert – am Harras und am Goetheplatz; Rundbau des Paketzustellamtes Arnulfstraße).[37] Von Theodor Fischer sind einige respektable Spätwerke zu nennen wie das Ledigenheim an der Bergmannstraße und die polygonale evangelische Waldkirche in Planegg (beide um 1925); seine sozialgeschichtlich bemerkenswerte Kleinwohnungssiedlung Alte Heide (1919–27) wurde mit ihrer Zeilenstruktur zum Prototyp ungezählter ähnlicher, freilich einer ansprechenden Atmosphäre meist entbehrender Anlagen bis in die Gegenwart. Um diese Zeit beginnt die folgenschwere, bis heute fortgesetzte Auflösung der geschlossenen städtischen Bebauung. Ein zwar in sich geschlossener, jedoch im umgestalteten vorstädtischen Umfeld isolierter Komplex ist die zurückhaltend moderne Wohnsiedlung der Borstei (1924–30 von Bernhard Borst und Oswald E. Bieber), die unter Einsatz historisierender Elemente ein um Gartenhöfe mit Plastiken gruppiertes harmonisches, menschliches Ambiente realisierte und bis heute begehrte Wohnlage von „münchnerischem" Charakter gilt. Her-

mann Leitenstorfers Städtisches Hochhaus von 1926–29 am Südende der Altstadt[38] suchte – ähnlich zeitgleichen Großbauten in den Hansestädten – mit seiner Rohbacksteinverkleidung den Anschluss an heimische, speziell im Spätmittelalter geprägte Baugewohnheiten. Seine Pfarrkirche (Neu-)St. Martin in Moosach (1922/23), die einen – damals als wahlverwandt empfundenen – romanischen Typus auf die schlichteste Grundform reduziert, ist beispielhaft für die in dieser Übergangsphase verbreitete Annäherung an moderne Sachlichkeit mittels Vereinfachung und Dekorverzicht.

Die Erzdiözese freilich protegierte in den Zwanziger Jahren eine die Blütezeit heimischer Religiosität evozierende, neobarocke Variante des Sakralbaus wie St. Theresia, St. Franziskus, die zweitürmige Kirche St. Korbinian in Sendling (1924–26 von Herrmann Buchert, mit Zweiturmfront im Fischer-von-Erlach-Stil und kolossalem Deckenfresko von Richard Holzner) oder schließlich die formal bereits stark vereinfachende ovale Christkönigskirche in Nymphenburg von August Blößner (1928). Während die genannten Beispiele nach Kriegsschäden meist vereinfacht wiederhergestellt wurden, präsentiert sich Hans Grässels Spätwerk, die Kirche des Altersheims St. Josef von 1925–27, ein letztes Mal als aufwendiges, auf jede Reduktion bewusst verzichtendes Gesamtkunstwerk des Neubarock. – Alternativ zu dieser historisierenden Richtung entstanden als frühe Auseinandersetzung mit der Moderne die Pfarrkirchen St. Gabriel und St. Sebastian von Eduard Herbert und Otho Orlando Kurz und – schon in der NS-Zeit – 1936/37 die demonstrativ stattliche, auch durch ihr Patrozinium bemerkenswerte Pfarrkirche Maria Königin des Friedens von Robert Vorhoelzer, mit Chorfresko von Albert Burkart.

Nach der „Machtergreifung" blieb München, amtlich 1935 zur „Hauptstadt der Bewegung" und in der Folge auch zur „Stadt der deutschen Kunst" erklärt, weiterhin Sitz der baulich im Bereich um das „Braune Haus" expandierenden NS-Parteiverwaltung; die wahre Machtzentrale war natürlich der Regierungssitz Berlin. Neben Berlin und Nürnberg bildete München einen der Schwerpunkte nationalsozialistischen Bauens und Planens. Paul Ludwig Troost († 1934) prägte mit den beiden Parteiverwaltungsgebäuden am als Aufmarschforum und Gedenkstätte für die Toten von 1923 umgestalteten Königsplatz und mit dem „Haus der Deutschen Kunst" an der überdies durch das neue Luftgaukommando von German Bestelmeyer stark veränderten Prinzregentenstraße den diese Ära kennzeichnenden offiziellen Monumentalstil. Die Mehrzahl der geplanten Maßnahmen wurde zwar nicht mehr realisiert, doch waren die gewaltsamen Eingriffe in die Stadtstruktur, etwa im Bereich um den Königsplatz, an der Ludwigstraße (u. a. Abbruch von Klenzes Herzog-Max-Palais), an der verbreiterten Von-der-Tann-Straße (Vereinfachung des Ateliers Elvira) und der Prinzregentenstraße, bereits schwerwiegend genug. Das umfassendste der Projekte war die mit der Verlegung des Hauptbahnhofs nach Westen verbundene Anlage einer zu ihm führenden Monumentalstraße, überschnitten von einer auf ein Opernhaus im Norden ausgerichteten Querachse (vgl. Chevalley/Weski 2004, S. CXXVII). Innere Widersprüchlichkeiten offenbart der Gegensatz zwischen übersteigerter klassizisierender Monumentalität einerseits und propagierter Bodenständigkeit, wie sie kleinmaßstäbliche Siedlungen – an erster Stelle die Mustersiedlung Ramersdorf – repräsentieren. Ideologisch schwer zu bewältigen war die Gattung des großstädtischen Mietshauses als Heimstatt der Bürgerlichkeit und der Arbeiterklasse.[39] Der 1938 angeordnete, gewaltsam durchgeführte Abbruch erst der neuromanischen Hauptsynagoge am Lenbachplatz (1884–87 von Albert Schmidt) – schon Monate vor der Reichspogromnacht – und dann der klassizistischen protestantischen Matthäuskirche erscheint rückblickend als Vorbote der folgenden Katastrophe.

Zerstörung – Wiederaufbau – neuer Aufstieg

Durch Luftangriffe[40] wurden 1943–45 gerade die kompakt bebauten zentralen Stadtteile unterschiedlich schwer zerstört (Abb. 8 und 9), manche Bereiche wie Lehel oder Isarvorstadt nur etwa zur Hälfte, sodass architektonische Zusammenhänge im Straßenbild hier vielfach noch nachvollziehbar blieben; fast flächendeckend vernichtet wurde die Maxvorstadt vom Hauptbahnhof bis ins westliche Schwabing. An den Prachtstraßen des 19. Jahrhunderts blieben nur wenige Gebäude unbeschädigt; am ehesten war der Ensemble-Charakter noch an der Maximilianstraße er-

kennbar. Die Residenz war ein einziger Ruinenkomplex. Von den Altstadtkirchen waren nur die Dreifaltigkeitskirche und – mit Ausnahme des Dachreiters und des bei späterer Restaurierung heiß umstrittenen Chorschlusses – die Asamkirche erhalten. Vernichtet wurde auch Münchens ältestes Baudenkmal, die romanische Apsis von St. Jakob am Anger. Inmitten von Trümmermassen und drückenden Existenznöten war in einem kurzen Zeitraum eine heute kaum vorstellbare Fülle von Entscheidungen über Erhaltung oder Abriss zu treffen, die nachträglich im Einzelnen zu kritisieren müßig ist. München erlitt nach 1945 weitere beträchtliche Verluste von noch aufbaufähiger wie von

Abb. 8. Schadenskarte der Stadtmitte, aufgenommen um 1945

unzerstörter historischer Substanz, vor allem aber durch Vereinfachungen und Modernisierung. Da die für minderwertig erachtete Architektur des späten Historismus und des Jugendstils erst
etwa um 1970 rehabilitiert und wissenschaftlich gewürdigt wurde, ist in der Wiederaufbauphase vor allem der in der Prinzregentenzeit ausgeprägte großstädtisch-urbane Charakter des Stadtbildes spürbar reduziert worden – es genügt an den Abbruch des zur
Hälfte zerstörten Großkomplexes des Verkehrsministeriums mit
seiner das Bahnhofsviertel beherrschenden Kuppel zu erinnern.
Bestürzend ist der weitgehende Verlust historischer Interieurs
vom Klassizismus bis zur Jugendstilzeit im öffentlichen wie
noch mehr im privaten Bereich, beginnend schon aufgrund sozialer Umstrukturierungen in der Zwischenkriegszeit, weitgehend fortgesetzt durch Kriegsschäden und danach durch Modernisierungen infolge Verständnislosigkeit. Insgesamt jedoch hat
München dank der Wiederherstellung der meisten stadtbildprä-
genden sakralen und profanen Monumentalbauten, weitgehender Erhaltung des Stadtgrundrisses und einer zurückhaltend-
neutralen, gleichsam lückenfüllenden Bauweise in den älteren
Quartieren im Vergleich mit anderen zerstörten Großstädten viel
von seinem überlieferten Erscheinungsbild und Charakter bewahrt bzw. zurückgewonnen. Ausschlaggebend hierfür waren
nicht so sehr die angesichts der Zeitnöte und Mangelzustände
ohnehin eher theoretischen Wiederaufbauplanungen für die
Stadtmitte um 1945 – so vor allem der die historischen städtebaulichen Strukturen weitgehend berücksichtigende Meitinger-
Plan – wie auch nicht vorrangig denkmalpflegerische Prämissen,
sondern die Bewahrung der Grundeigentumsverhältnisse verbunden mit den vorhandenen wertvollen Infrastrukturen und In-
stallationen sowie pragmatisch die notwendige Nutzungsrückge-
winnung der mehr oder weniger kriegsgeschädigten öffentlichen
Gebäude wie auch der historischen Kirchen, in deren meist in

Abb. 9. Maxvorstadt, rechts Ludwigstraße, unten Altstadt-Nordrand; US-Luftaufnahme von 1945

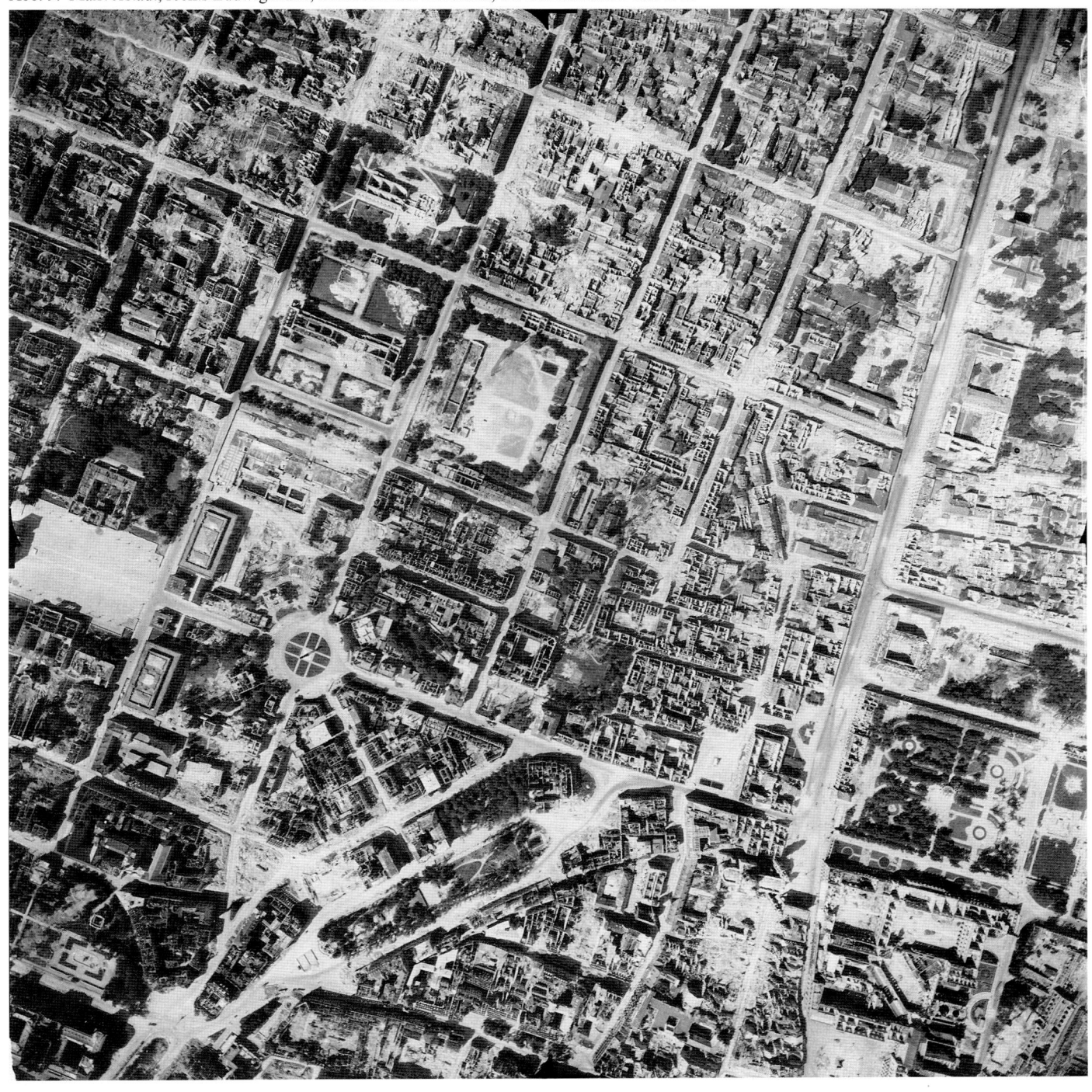

Abb. 10. Görresstraße nach Westen   ▷
(ab Augustenstraße): Beispiel für den
Wiederaufbau; Aufnahme 2008

mehreren Etappen erfolgter, weitgehend rekonstruierender Wiederherstellung Wille und Selbstverständnis des jeweiligen kirchlichen Bauträgers zum Ausdruck kam. Materielle Unterstützung, vor allem aber ideelle Anstöße kamen von den Bürgervereinigungen, die sich u. a. für den Wiederaufbau des wahrzeichenhaften Alten Peters, des Nationaltheaters und der Residenz einsetzten. Die umfassende Wiederherstellung des weitläufigen, immense Kulturwerte beinhaltenden Residenz-Komplexes unter Leitung der Bayerischen Schlösserverwaltung wurde zur größten denkmalpflegerischen Leistung der Nachkriegsjahrzehnte, in deren Verlauf die unterschiedlichsten Methoden und Modelle des Umgangs mit historischer Substanz wie mit Fehlstellen erprobt werden konnten. Hier ist überhaupt auf den wesentlichen Anteil des 1945 wieder erstandenen, sich selbst in historischer Kontinuität verstehenden Freistaates Bayern an dem heutigen, sich von anderen kriegszerstörten deutschen Städten positiv unterscheidenden Erscheinungsbild Münchens hinzuweisen.

Wenn Münchens heute Verwunderung und angesichts der NS-Vergangenheit Befremden erregender Wiederaufbau[41] in der von Kargheit zum „Wirtschaftswunder" mutierenden Zeit schneller erfolgte als in anderen deutschen Städten und bereits im 800. Jubiläumsjahr der Stadtgründung 1958 das Stadtbild sich in weitgehend geschlossenem Zustand präsentierte – wenige markante Fehlstellen wie Hofgarten-Ostseite, Marstallplatz, St.-Jakobs-Platz, Türkenkasernengelände und Marienhof blieben Problemzonen bis in jüngste Zeit –, so war dies einer Bündelung günstiger Umstände mit zu verdanken, so der sich als Vorzug erweisenden Zugehörigkeit zur US-Zone, zentraler Lage im freien Europa und der Übernahme mancher Funktionen und Institutionen von an den Rand gedrängten, geteilten oder durch den Eisernen Vorhang abgetrennten ostmitteleuropäischen Zentren, aus denen auch Prominenz hier Zuflucht fand oder zuwanderte. Das wirtschaftlich wie kulturell wieder aufblühende, zum erstrangigen modernen Industriestandort sich entwickelnde, eine große Anziehungskraft entfaltende München, seit 1957 Millionenstadt, wurde in der Folge von einem Magazin zu Deutschlands „heimlicher Hauptstadt" gekürt.[42]

Der meist undifferenziert gebrauchte Begriff „Wiederaufbau" beinhaltet sehr unterschiedliche Modalitäten – vom völligen Neubau (eventuell auf altem Kellergeschoss oder unter Verwendung von Restsubstanz) über Wiederherstellung unter Einbeziehung eines fallweise verschieden großen Anteils von altem Mauerwerk, über mehr oder weniger weit rekonstruierend-ergänzen-

den oder aber verändernd-vereinfachten Wiederaufbau bis hin zur vollständigen Kopie meist wegen zu stark destabilisierten oder durchfeuchteten Mauerwerks bzw. aus städtebaulichen Gründen. (Der allgemeinere Begriff „Aufbau" [bzw. Aufbauzeit] beinhaltet auch Neubauten auf bisher nicht bebautem Grund.) – In der Altstadt dominierten – abgesehen von vereinzelten barockisierenden Fassaden der frühesten Wiederaufbauphase[43] – in der Folge individuelle, nicht koordinierend aufeinander abgestimmte Neubauten, die auf historisierende Details verzichteten und sich lediglich den baurechtlichen Vorgaben unterordneten; allenfalls wurde mit dem Versuch, die einst verbreitete Gattung der Fassadenmalerei in moderner Form wiederzubeleben, oder mit gelegentlich als Zitat angebrachten Halbgiebelgauben (sog. Ohrwascheln) Altstadtmilieu suggeriert.

Bei der Ende des vorigen Jahrhunderts einsetzenden wissenschaftlichen Bearbeitung und denkmalpflegerischen Rezeption der baulichen Hinterlassenschaft der Wiederaufbauzeit bis etwa 1970 wurde das Phänomen außer Acht gelassen, dass die Mehrzahl der in München (wie überhaupt im Nachkriegsdeutschland) das Stadtbild prägenden Neubauten durch einen auf architektonische Gestaltungsmittel weitgehend, oft auch völlig verzichtenden Minimalismus, eine belanglose Biederkeit gekennzeichnet ist, die im internationalen Vergleich nicht zu bestehen vermag.[44] Es genügt, auf die in dieser Hinsicht besonders typischen monotonen Häuserzeilen in der wiederaufgebauten westlichen Maxvorstadt hinzuweisen (Abb. 10). Inmitten der Fülle überwiegend bescheiden-mittelmäßiger, zudem noch der Baustaffel der letzten Jahrhundertwende verpflichteter, durch eine unentschlossene Haltung der Moderne gegenüber und unabhängig davon durch mangelnde Urbanität gekennzeichneter Architektur der Wiederaufbauzeit fallen bestimmte eigen geprägte Werkgruppen auf, etwa die feinfühligen Auseinandersetzungen Josef Wiedemanns mit historischen Vorgaben (Wiederaufbau des ehem. Odeons als Innenministerium und der Glyptothek; Bayer. Landesbausparkasse, Karolinenplatz 1) oder das isoliert gebliebene Phänomen der zurückhaltend-vereinfachenden, gleichsam archäologischen Ergänzungsmaßnahmen von Hans Döllgast (Alte Pinakothek, St. Bonifaz, Südfriedhof, Alter Nordfriedhof), dem sich der reduzierte Wiederaufbau des Siegestores anschließt. Stellenweise moderne Akzente setzten im zentralen Stadtbereich Stahlbeton-Skelettbauten mit Flachdach wie der stattliche Kaufhof am Stachus (1950/51 von Theo Pabst), das achtgeschossige scheibenförmige Wohnhaus Theresienstraße 46/48 (1950–52 von Sep Ruf), die

Neubaugruppe mit Geschäften und Justizbehörden an der Stelle der kriegszerstörten Herzog-Max-Burg (1953–57 von Pabst und Ruf), der neue Hauptbahnhof mit mächtiger Bahnsteighalle von Franz Hart und lang gestrecktem Fassadentrakt (1956–60 von Heinrich Gerbl), der mit der mittigen Glasfront der Schalterhalle (mit Glasmosaik von Rupprecht Geiger) samt elegant geschwungenem Vordach und dem kleinteiligen, zart profilierten Raster der flankierenden Flügel den Zeitstil eindrucksvoll repräsentiert (heute jedoch nicht geschätzt wird). Am Isarkai setzte das Deutsche Patentamt (1953 von Hart und Georg H. Winkler) einen gewichtigen Akzent, am neuen Oskar-von-Miller-Ring das Siemens-Verwaltungsgebäude mit seinem Hängedach (1954–56 von Eduard von der Lippe und Hans Maurer). An der Peripherie entstanden offene Großwohnanlagen mit ersten Hochhäusern wie die Siemenssiedlung in Obersendling von Emil Freymuth (1952–1954) und die Parkstadt Bogenhausen (1954–56).

Unter den zahlreichen Kirchenbauten nach 1945 hervorzuheben sind die Herz-Jesu-Klosterkirche an der Buttermelcherstraße (1953–55 von Alexander von Branca und Herbert Groethuysen) wegen ihrer Synthese moderner Formensprache und Materialien mit sakraler Raumwirkung sowie die ästhetisch strengen, liturgisch innovativen Pfarrkirchen St. Laurentius in Gern (1954/55 von Emil Steffann und Siegfried Östreicher) und St. Johannes Capistran in der Parkstadt Bogenhausen, ein Rundbau von Sep Ruf (1959/60); die Kernstadt erhielt mit der als Ersatz für den 1938 zwangsabgebrochenen Vorgänger an anderer, städtebaulich markanter Stelle neu errichteten Matthäuskirche, Sitz des evangelischen Landesbischofs, mit sphärischem Dach und hohem Turm ein neues Wahrzeichen (1953–55 von Gustav Gsaenger).

In den Jahrzehnten seit dem (fließenden) Abschluss des Wiederaufbaus, in dessen Rahmen einige Wiedereröffnungen der Stadt zu erneuter Geltung verhalfen (1955 Alte Pinakothek, 1958 Residenz mit Rokoko-Ausstellung des Europarats und Cuvilliéstheater, 1964 Nationaltheater, 1972 Glyptothek, Neue Pinakothek in Neubau von Alexander v. Branca) hat München als Schauplatz einer langen Reihe internationaler und nationaler Großveranstaltungen erfolgreich am Wettbewerb der Metropolen teilgenommen. In der gern selbstgenügsam-beharrenden, mit dem Epitheton „Millionendorf" kokettierenden, wegen ihrer Spannweite und der ihr zum Teil glückhaft zugewachsenen Vielseitigkeit beneidenswerten Weltstadt wider Willen wurden, mehrfach erst durch Großereignisse bedingt und reichlich spät, doch dann meist umso eindrucksvoller, bauliche Projekte und Infrastrukturmaßnahmen realisiert wie z. B. das Schnellverkehrsnetz im Zusammenhang mit den Olympischen Sommerspielen 1972 oder in der Folge das Europäische Patentamt am Isarkai (1975–80 von Gerkan, Merg und Partner), das städtische Kulturzentrum am Gasteig samt Philharmonie (1978–85), die neue Messe an der Stelle des alten Flughafens Riem (1998), der neue Großflughafen weit außerhalb der Stadtgrenzen (1992) oder die Allianz-Arena in Fröttmaning (2002–05 von Herzog und de Meuron). Mit dem baulichen Ensemble des Olympiaparks von Günther Behnisch samt benachbartem Olympiaturm (Fernsehturm, 1968) und Karl Schwanzers BMW-Hochhaus von 1970–73 oder mit dem privater Initiative zu verdankenden Stadtteil Arabellapark in Bogenhausen samt dem Hochhaus der (ehem.) Bayer. Hypotheken- und Wechselbank (1975–81 von Walther und Bea Betz) entstanden inmitten baulich amorpher Vorstadt-Szenerien in sich geschlossene, markante Epizentren außerhalb des moderne Großstrukturen und Bauaufgaben nicht mehr zu fassen vermögenden, bis etwa 1920 gewachsenen, dicht bebauten Kernstadtbereichs, dessen historische Baudenkmäler und Ensembles vorrangig die Erhaltung der Identität Münchens – wie vergleichbarer Städte im „Alten Europa" – gewährleisten müssen – die in Jahrhunderten reicher Kulturentwicklung gewachsene, unnachahmliche Eigenart, welche in den immer hektischeren globalen Wettbewerb der Metropolen als Geltungsfaktor eingebracht werden kann.

Der Problemfall des Olympiastadions,[45] das als unbezweifelbar höchstrangiges Baudenkmal zwar unverändert erhalten blieb, jedoch seiner eigentlichen sportlichen Nutzung entzogen wurde, lässt Grenzen eines künftigen Denkmalschutzes bei großflächigen, einer stetigen technischen Innovation unterworfenen Funktions- und Verkehrsanlagen erkennen. Eine derartige Fragestellung ergibt sich auch bei hinsichtlich Sozialverträglichkeit und Milieuwert umstrittenen Großwohnsiedlungen und Trabantenstädten (z. B. Hasenbergl, Fürstenried, Westkreuz, Neuperlach mit seinem monströsen „Wohnring" als Zentrum), die von der Architekturkritik als zumindest interessante Konzeptionen und von der Denkmalpflege wohl über kurz oder lang als Zeitdokumente gewertet werden. Durch ein nobel-gestyltes Level hinsichtlich Lebensform und -qualität gekennzeichnet ist das erwähnte Bürohaus- und Wohnquartier „Arabellapark". Alle diese als Ganzes geplanten Anlagen bilden, nur durch großzügige Verkehrsachsen verbunden, in sich geschlossene Bezirke in der ansonsten amorphen, expandierend zersiedelten und verbauten Vorstadtlandschaft und lassen im Übrigen auch keinerlei Bezug zur kompakten, historisch geprägten Kernstadt oder auch zu benachbarten kleinformatigen, im Detail meist entstellend veränderten Dorfkernen erkennen – man kann hier zeitgemäß leben, ohne mit Geschichtlichkeit konfrontiert – oder durch sie belastet und belästigt – zu werden (was demnächst wohl wiederum als Kennzeichen einer weiteren historischen Phase analysiert und interpretiert wird); letzlich erscheinen derartige neue Stadtviertel beliebig austausch- und versetzbar (Fürstenried z. B. könnte überall stehen).

Wohl zu früh ist es noch, ein definitives Werturteil abgeben zu wollen über eingreifende Baumaßnahmen der letzten Phase in der Altstadt, etwa die Staatskanzlei am Hofgarten (1990–93 von Diethard Johannes Siegert unter Einbeziehung des Armeemuseums-Kuppelbaus), die am Marstallplatz die Hofreitschule von Klenze flankierenden Neubauten (Max-Planck-Institut, Betriebsgebäude der Staatsoper, Geschäftshausgruppe „Maximilianhöfe"), die als notwendig hinsichtlich Altstadt-Umbau und -Erschließung deklarierte Umstrukturierung des Geschäftszentrums „Fünf Höfe" und des südlich benachbarten „Schäfflerhofes" (Herzog und de Meuron, Hilmer und Sattler, Ivano Gianola) im Bankenviertel und die Neugestaltung und Überbauung des St.-Jakobs-Platzes mit dem Jüdischen Gemeindezentrum (2003–07 von Wandel Hoefer Lorch) und dem Geschäftshaus Angerhof (demnächst erfolgt die Umstrukturierung des Komplexes der Süddeutschen Zeitung zwischen Sendlinger- und Hotterstraße). Im Bereich der älteren Stadterweiterungen gelten die Pinakothek der Moderne (1996–2002 von Stephan Braunfels) auf dem Gelände der Türkenkaserne und die Herz-Jesu-Kirche in Neuhausen (1997–2001 von Allmann Sattler Wappner) als herausragende Beispiele zeitgenössischen Bauens. Insgesamt ist in der jüngsten Phase eine nach Umfang wie – zumindest derzeitigen Maßstäben entsprechender – Qualität fast erstaunliche Expansion gestalterisch anspruchsvoller, internationalen Trends folgender, überwiegend neo-puristisch geprägter Architektur zu beobachten.[46] Dem „Zeitstil" pflegt sich im Sinne einer als „interessanter Dialog" verstandenen aktuellen Kontrastästhetik unverkennbar auch die Interpretation restaurierter Baudenkmäler[47] wie auch neues Bauen in Denkmalnachbarschaft und im Ensemblebereich anzuschließen – gemäß stereotyper Formel unter „Vermeidung von peinlicher Anbiederung an Vorgaben der Vergangenheit", deren bauliche Dokumente gleich archäologischen Relikten höchst aufwendig präpariert werden. Insgesamt ist der Trend unübersehbar, die nach eigenem wie fremdem Vorurteil München zeitlos kennzeichnende „Hölle der Gemütlichkeit"[48] zu konterkarieren.

Anmerkungen

1 WINGHART 1995, S. 7 ff. – Dass. (wenig verändert) in: PAULA/WESKI 1997, S. XXV ff.

2 CZYSZ 1974.

3 BAUER 2006, S. 67 ff.

4 SCHOLZ 2007.

5 Vgl. analoge Vorgänge bei der „Gründung" von Landshut 1204 durch Herzog Ludwig den Kelheimer unter Beseitigung eines vom Regensburger Bischof unterhaltenen nahen Isarübergangs.

6 BAUER 2002 (S. 57 ff.: Kloster Schäftlarn und München). – BAUER 2003b, S. 1 ff. – BAUER 2004, S. 11 ff.

7 Vgl. im Einzelnen STAHLEDER 1992, S. 38 ff.

8 Vgl. grundlegend BOSL 1960, S. 97 ff. – Sowohl die Bedeutung des Alten Hofes als ständige Residenz wie die der keineswegs institutionalisierten „Hofakademie" werden neuerdings relativierend-differenzierter interpretiert, vgl. zusammenfassend MENZEL 2003, S. 134 ff.

9 SUCKALE 1993 nennt von Münchner Kunstwerken nur die Salmdorfer Pietà (aus der einstigen Gruftkirche) sowie Skulpturen aus der ehem. Laurentiuskirche des Alten Hofes, S. 144 bzw. 58 – Zu erwähnen wären ferner der Chorbau der (alten) Frauenkirche nebst Resten der plastischen Ausstattung (Konsole mit Christophorusrelief, Schmerzensmann, Hochgrab der Königin Beatrix), der thronende Jakobus aus St. Jakob am Anger, ein Kreuzpartikel in Maria Ramersdorf sowie städtebauliche und stadtfortifikatorische Initiativen.

10 Erst 1562 schuf sich der Herzogshof mit dem Georgssaal der Neuveste einen eigenen weiträumigen Festraum. – Gerade in den 1560er Jahren setzten sich auch mit der Niederschlagung der Adelsfronde und Entmachtung der Landstände die absolutistischen Tendenzen verstärkt durch.

11 STAHLEDER 1988, S. 11 ff.

12 RÜCKER 1988, Kat. Nr. 19.

13 WEBER, MAX: Die Stadt. Eine soziologische Untersuchung. Erstmals in: Archiv für Sozialwissenschaft und Sozialpolitik 47 (1921/22), S. 621 ff. – Studienausgabe der Max-Weber-Gesamtausgabe Band I/22–5, Tübingen 2000.

14 Grundlegend für die gesamte bayerische Religionspolitik der Folgezeit wurde das auf der Grünwalder Konferenz 1522 zwischen den Herzögen Wilhelm IV. und Ludwig X. vereinbarte Aktionsprogramm.

15 Zu Mielichs Hauptwerken zählt der in seiner programmatischen Bedeutung und gegenreformatorischen Aussage erst neuerdings voll gewürdigte, von Albrecht V. gestiftete Flügelaltar im Münster zu Ingolstadt. Vgl. WIMBÖCK 1998.

16 Nach dem unerwarteten Tod des testamentarisch zum Universalerben des spanischen Weltreichs eingesetzten bayerischen Kurprinzen Joseph Ferdinand 1699 war die Position Max Emanuels im Kräftespiel der Großmächte denkbar ungünstig, wie auch immer er im Erbfolgekrieg Partei ergreifen mochte.

17 In Buda (Ofen) z. B. war die seit Ende des 17. Jahrhunderts in der Senke zwischen Burg- und Gellértberg durch vor den Türken geflohene Serben entstandene Siedlung Tabán hauptsächlich in den 1930er Jahren im Hinblick auf das würdige Erscheinungsbild der Hauptstadt beseitigt worden; 1982 wurde an die nunmehr als malerisch empfundene Kleinhausbebauung in einer Fotoausstellung des städt. Historischen Museums auf der Burg erinnert. Vgl. BARÓTI, JUDIT: Volt egyszer egy Tabán, Budapest o. J. (10 S.). – Der Verf. hat Bebauungsreste ähnlichen Charakters an den Hängen über den ansonsten völlig modernen Stadtkernen von Thessaloniki und Patras beobachtet. – Mit den Münchner ehemaligen Kleinhaus-Agglomerationen „Am Gries" links der Isar ist das gleichnamige Tölzer Quartier von sichtlich vorstädtischem Habitus typologisch nicht zu vergleichen. – Vgl. zuletzt Ausst. Kat. Münchner Lebenswelten 2008.

18 GOLLWITZER 1986 hat die realistischerweise schwerpunktmäßig kulturfördernde Politik des Königs herausgearbeitet. Deren negative Begleitumstände betont NERDINGER 1987, S. 9 ff., der abschließend resümiert: „Ludwigs Kunstpolitik basierte dagegen auf Unterdrückung und Ausbeutung und zielte nur auf Beweihräucherung und Verewigung eines Despoten."

19 Vor der zeitüblichen Purifizierung wurde das romantische Gesamtkunstwerk des Innenraums von St. Ludwig, das den Luftkrieg weitgehend überstanden hatte, in erster Linie durch Erwin Schleich bewahrt, der die Restaurierung von 1955/57 leitete. – Zur Würdigung der lange Zeit missachteten sakralen Architektur des Historismus vgl. HABEL 1971, S. 7 ff. (basierend auf einem Vortrag im Zentralinstitut für Kunstgeschichte, München).

20 Wirkungsvoller ausgebaut und praktiziert wurde die Denkmalpflege – bis 1908 in Personalunion mit der Direktion des Bayerischen Nationalmuseums – erst durch Jakob Heinrich von Hefner-Alteneck (1868–85) und Wilhelm Heinrich Riehl (1885–97). Vgl. Denkmalpflege in Bayern 1983. – LÜBBEKE 1985.

21 HENKER/SCHERR/STOLPE 1988.

22 Die (Er-)Zeugnisse der von Münchner Kunstwerkstätten weit ausstrahlenden Ausstattungstätigkeit vor allem im kirchlichen Bereich sind in Deutschland überwiegend dem in dieser Radikalität vorwiegend hierzulande allzeit aktiven, ideologisch motivierten, moralisierenden Purismus zum Opfer gefallen.

23 Die Gründung (Reorganisation) der „Polytechnischen Schule" erfolgte 1868 durch Ludwig II. (ab 1877 Technische Hochschule, seit 1970 Technische Universität).

24 Es erscheint einigermaßen paradox, dass die Anlage des sog. Franzosenviertels – mit Platz- und Straßennamen nach den Kriegsschauplätzen von 1870/71 – gerade zur signifikanten Leistung eines an französischen Vorbildern orientierten Städtebaus wurde. HELAS 1991, S. 44, bemerkte in anderem Zusammenhang: „Nach dem Sieg über Frankreich 1870/71 gelangten Motive der französischen Renaissance als geistige Trophäen nach Deutschland."

25 Zu Stadterweiterungsplanung ab 1891, Stadterweiterungswettbewerb 1891–93 und Stadterweiterungsbüro ab 1893 vgl. die Ausführungen von Denis A. Chevalley in CHEVALLEY/WESKI 2004, Bd. 1, S. LXX ff. (mit Farbtafel IX/Staffelbauplan). – Erstmals wurde die lange verrufene Stadtplanung des späten 19. Jahrhunderts untersucht, zusammengefasst und in ihren positiven Aspekten gewürdigt von SELIG 1983.

26 Zur sukzessiven, erst um die Wende zum 20. Jahrhundert abgeschlossenen Integration der bis dahin ungezähmten Isar in Bild und Gefüge der Stadt vgl. HEMMETER 1995, S. 149 ff.

27 ENGELS 1902.

28 Ausst. Kat. Ažbe-Schule 1988. – Die herausragende Rolle Münchens als Künstler-Ausbildungs- und -Wirkungsstätte für die gesamte Osthälfte Europas – viele Künstler studierten und/oder lebten abwechselnd in Paris und München – wurde hier fast bis heute zu wenig verifiziert (im Rahmen der traditionellen Vernachlässigung und Unterschätzung der Kultur der – freilich auch durch die „Sprachbarriere" von uns getrennten – Nationen des Ostens). In München lebten und wirkten zwischen 1850 und 1914 allein fast 500 polnische Maler (nach Halina Stępień in Ausst. Kat. Albrecht Adam 1981, S. 30). – Erst in der Jubiläums-Publikation der Kunstakademie werden in „Länder-Essays" ausländische Künstler thematisiert: GERHART/GRASSKAMP/MATZNER 2008.

29 HIESINGER 1988 (englische und deutsche Ausgaben; aus Anlass einer für die USA erarbeiteten, dann auch im Münchner Stadtmuseum gezeigten Ausstellung). – Ausst. Kat. Jugendstil 1996. – RAMMERT-GÖTZ 1994. – NEUMANN-ADRIAN 2006. Im Abschnitt „Münchner Stadtmuseum – Wo die Meisterwerke wohnen" (S. 121 ff.) wird an den seit jeher zu beklagenden Raummangel erinnert, der eine adäquate Präsentation der Sammelbestände von Weltrang bislang verhindert.

30 HARZENETTER 1992. U. a. wird nachgewiesen, dass die Secession keineswegs in der gemeinhin angenommenen Weise Lenbachs Vorherrschaft in der Gesellschaft gebrochen hat, sonder primär neue Wege der Entwicklung zu eröffnen bemüht war. – Ausst. Kat. Secession 2008.

31 Den Einfluss Hildebrands – „er prägte der Stadt die Zeichen seiner Noblesse, seines so sinnlich und geistig lebendigen wie bewahrenden Maßes auf" – würdigte rückblickend 1947, nach dem nächsten Umbruch, Wilhelm Hausenstein in seinem Vortrag „München – gestern, heute, morgen" im provisorischen Brunnenhoftheater. Zu bestätigen ist auch seine Charakterisierung der „münchnerischen" Architektur – „hatte nicht selbst die historische Bauweise eines Gabriel Seidl ihren sympathischen Anstand, verglichen mit dem wilhelminischen Berlin?".

32 Die Vorträge „Wissenschaft als Beruf" und „Politik als Beruf" hielt Max Weber 1917 bzw. 1919 im Steinickesaal, Adalbertstraße 15. Am 14. Juni 1920 starb er im noch erhaltenen Haus Seestraße 16 (früher 3) in Schwabing.

33 BAUER 2003a, S. 147.

34 Rückblickend ist wohl festzustellen, dass die Gattung „Kunststadt" allgemein ihre Geltung verloren hatte. Heute wird man diese Bezeichnung nur Kulturzentren mit mehrere Epochen umfassender Kontinuität und opulentem Bestand an Kunstdenkmälern und Sammlungen zubilligen und nicht auf Orte mit lediglich aktueller avantgardistischer Aktivität oder spektakulärem Kunsterwerb beziehen; d. h. es entstehen keine

neuen Kunststädte mehr. Allenfalls in München wird der obsolet gewordene Begriff retrospektiv weiterhin unermüdlich strapaziert. – Man sollte vielleicht erwägen, München im Vergleich mit anderen (meist älteren) Zentren und schon im Hinblick auf seine Entstehung oder „Gründung" als „künstliche Stadt" zu charakterisieren, die – vielfach nicht ohne den Beigeschmack des Unechten – ihre Rolle als urwüchsige, historisch gewachsene und eben auch als Kunst-Stadt sehr gekonnt und selbstüberzeugt spielt – hierin wiederum der bayerischen Veranlagung zum Theatralischen unwiderstehlich sympathisch verpflichtet.

35 Ausst. Kat. Zwanziger Jahre 1979. – BILLETER/GÜNTHER/KRÄMER 2002. – Münchens kulturelles Potenzial war natürlich auch in dieser Krisenzeit beachtlich; Symptome von Stagnation und Übergewicht des traditionellen Erbes kennzeichneten damals auch andere europäische Zentren.

36 Im Hinblick auf die gewohnte, die jeweilige Avantgarde fokussierende Wertschätzung (und demgemäß bevorzugte wissenschaftliche Würdigung) ist zu bedenken, dass die internationale Architekturszene nur zu einem Bruchteil durch das Neue Bauen repräsentiert wurde und dass z. B. in den anglophonen wie auch in den mediterranen Ländern von Spanien über Griechenland bis zu den beiden Metropolen Ägyptens ebenso wie in Nord- und Lateinamerika, in New Delhi oder Shanghai aufwendige (jeden „Wilhelminismus" übertrumpfende) Spätvarianten des Beaux-Arts-Stils, fallweise verbunden mit Art-déco- oder „expressionistischen" Elementen, dominierten. Auch die großen Gemeindebauten im „roten Wien" waren keineswegs durch das „Neue Bauen" geprägt und doch höchst zeitgemäß. Ein Phänomen wie Jože Plečniks interpretierende Umgestaltung von Ljubljana kann in deutschen Städten Neid erwecken. Am ehesten konnte der „Funktionalismus" in der neu gegründeten, sich bewusst von der habsburgischen Vergangenheit distanzierenden Tschechoslowakei sich einem Nationalstil nähernde Gültigkeit erlangen.

37 Ausst. Kat. Vorhoelzer 1990.

38 Es handelt sich um das einzige realisierte Beispiel einer um diese Zeit von verschiedenen namhaften Architekten (u. a. Otho Orlando Kurz, Theodor Fischer) vorgeschlagenen, an städtebaulichen Schwerpunkten um die Altstadt gruppierten Hochhäusern. Vgl. Ausst. Kat. Hochhäuser 1998. – Dem allzeit aktuellen, bis in die Gegenwart München erregenden Reizwort „Hochhaus" galt – wie ähnlich der Restriktion von Leuchtschriftwerbung – vielfach mehr Aufmerksamkeit als den Bemühungen um qualitätvolle Architektur.

39 Als Beispiele der bisher wenig untersuchten Gattung in diesem Band erwähnt: Barer Straße 41, Schellingstraße 50. – Ferner Baugruppen Kurfürstenplatz/Westseite (Nr. 3, 5, 7 mit Hohenzollernstraße 35) von Hanns Atzenbeck, (Äußere) Prinzregentenstraße/Nordseite Nr. 99–111 (mit Hochbunker am Blockende). Lang gestreckte Zeilen an der Ungererstraße/Ostseite von Hermann Leitenstorfer und entlang der Olympiastraße (Oberlandsiedlung von Franz Ruf, Sep Ruf und Hans Holzbauer); vgl. CHEVALLEY/WESKI 2004, Bd. 1, S. CXXI, 165 ff. – Die geplanten weiträumigen, monoton-homogenen Neubauviertel hätten sich – abgesehen von öffentlichen Bauten – meist aus typisierten Mietshäusern im klassizierenden Monumentalstil zusammengesetzt, der jede Individualität ausschloss. Vgl. RASP 1981, S. 179 ff. (Neue Nordstadt, Neue Südstadt u. a.).

40 BAUER 1997b. – BERTHOLD/MATERN 1983.

41 ROSENFELD 2004. – Für die ersten Nachkriegsjahre grundlegend: Ausst. Kat. Aufbauzeit 1984.

42 Spiegel, 18. Jg., Nr. 39, Sept. 1964.

43 Z. B. Emil Freymuths Geschäftshaus Loden-Frey (Maffeistraße 7/9) von 1949; weiters u. a. Kaufingerstraße 10 (früher 11), Rosenstraße 7, Schäfflerstraße 3, Theatinerstraße 3, Unterer Anger 12, Weinstraße 8 (ehem. Heilmann-u.-Littmann-Haus).

44 Es ist freilich zu bedenken, dass in der Nachkriegs-Notzeit die primäre Sorge dem massenhaft fehlenden „Dach über dem Kopf" gelten musste, doch entwickelte sich eine auch durch Nachwirkungen von Heimatschutzstil und NS-Volkstumsästhetik geprägte, zugleich als Reaktion auf offizielle NS-Monumentalität repräsentations- und pathosfeindliche Bescheidenheitsarchitektur, in die dann kontrastierend der grobschlächtige Brutalismus der Sechziger und Siebziger Jahre einbrach.

45 HIMEN/WALTER 2006, S. 47 ff.

46 HABERLIK 2004.

47 Z. B. Restaurierung und Teil-Neubau des Alten Hofes; transparente Einsargung der (Rest-)Säulenhalle des klassizistischen Hofmarstalls am Marstallplatz.

48 Titel einer Studio-Ausstellung in der Pinakothek der Moderne 2008 (unter Verwendung eines nicht auf München bezüglichen Zitats von Carl Spitteler von 1906).

Struktureller Wandel der Münchner Altstadt

Karl Gattinger

Im Jahr 1825, König Ludwig I. hatte gerade die Regierungsgeschäfte in Bayern übernommen, zeichnete der Passauer Lithograph Gustav Wilhelm Kraus eine bemerkenswerte Darstellung der Münchner Weinstraße, einer der vier Hauptstraßenzüge der Münchner Altstadt (Abb. 1): Als Standpunkt wählte Kraus die Einmündung der Kaufingerstraße in den zentralen Schrannen-/ heute Marienplatz, der Blick richtet sich nach Norden; am linken Bildrand ist die Königliche Hauptwache mit paradierenden Soldaten zu sehen, es folgen, mit dem einen Turm der Theatinerkirche als Point de vue, behäbige Bürgerhäuser in langer Reihe. Den rechten Bildrand dominieren stattliche Bürgerhäuser der Barockzeit, dahinter drängt sich das ehemalige Institut der Englischen Fräulein markant in die Bildmitte.

Wählt man heute in etwa denselben Standpunkt – man hätte den Kaufhof am Marienplatz zu seiner Linken und die Filiale des Herrenmodeunternehmens Wormland im Rücken – bietet sich ein gänzlich verwandeltes Bild (Abb. 2): Auf den Parzellen sämtlicher Bürgerhäuser der rechten Bildhälfte steht das Neue Rathaus, und der ehemalige Institutsbau der Englischen Fräulein wurde nach Kriegsschäden ersatzlos demoliert (seine Fläche ist heute Teil des Marienhofs). Die Giebelhäuser der linken Straßenseite sind allesamt in Geschäftshäuser des frühen 20. und 21. Jahrhunderts aufgegangen; nur die Türme der Theatinerkirche und die ehemalige Hauptwache, diese freilich mittlerweile um zwei Geschosse aufgestockt und im Erdgeschoss zu einer Ladenzeile umgestaltet, können als historische Vermittler dienen.

Der Vergleich der beiden rund 180 Jahre auseinander liegenden Ansichten verdeutlicht auf das Anschaulichste einen tiefgreifenden Wandel, der freilich nicht nur für die letzten zwei Jahrhunderte charakteristisch ist; vielmehr handelt es sich hierbei um ein Phänomen, das für die Struktur der Münchner Altstadt seit jeher kennzeichnend ist.

△ 1

2 ▽

Abb. 1. Blick in die Wein- und ▷ Theatinerstraße nach Norden; Lithographie von Gustav Wilhelm Kraus, 1825

Abb. 2. Blick in die Wein- und Theatinerstraße nach Norden; Aufnahme 2008

Eingrenzung der Münchner Altstadt (siehe Abb. 3 und 4)

Der heute als *Münchner Altstadt* bezeichnete Kernbereich der Münchner Innenstadt hatte durch den unter den Herzögen Ludwig II. (dem Strengen) beziehungsweise Ludwig IV. (Kaiser Ludwig dem Bayern) errichteten sog. zweiten Mauerring schon früh seine Eingrenzung gefunden. Das Ende der Bauarbeiten am Isartor im Jahr 1337 markierte die Fertigstellung einer Stadtmauer, die, verstärkt durch einen nur wenige Meter versetzt errichteten äußeren Mauerring im 15. Jahrhundert, für rund 450 Jahre Bestand hatte; bei einer Gesamtlänge von circa vier Kilometern umschloss sie ein Gebiet von knapp einem Quadratkilometer (93 Hektar).[1] Dieser doppelte Mauerring tritt bereits auf der ältesten bekannten Stadtansicht Münchens, dem Holzschnitt aus der 1493 in Nürnberg gedruckten Weltchronik „Liber chronicarum de temporibus mundi" des Hartmann Schedel, markant in Erscheinung (vgl. S. XXII).

Letzte nachvollziehbare Reste hiervon finden sich oberirdisch an der Jungfernt$r$mstraße sowie, integriert in den Sparkassen-Neubau Thomas-Wimmer-Ring 1/1a, im nordöstlichen Umgriff des Isartors; auch in den Kellerräumen des Hotels Mandarin Oriental in der Neuturmstraße 1 hat sich ein kurzes Teilstück erhalten. Isartor, Sendlinger Tor und Karlstor markieren noch heute drei der ursprünglich vier Hauptzugänge in die Stadt; die Bezeichnungen Am Kosttor, Am Einlaß und Angertorstraße erinnern an weitere, inzwischen abgegangene Einlässe, die Straßennamen Lueg ins Land und Jungfernturmstraße an ehemalige Turmbauten der Mauer; von diesen existiert heute, als östliche Fassadenseite des Vindelikerhauses, nur noch die ehem. Nordwand des um 1330/40 errichteten Lugerturms (vgl. Marienstraße 21).

Die umfangreichen, bis 1645 fertiggestellten Wall- und Befestigungsanlagen des Dreißigjährigen Krieges, deren Bau der bayerische Herzog und spätere Kurfürst Maximilian I. zur besseren Verteidigung der Residenzstadt 1619 befohlen hatte, wirkten sich nur auf das äußere Erscheinungsbild der Stadt aus; als quasi „dritter Mauerring" umschlossen auch sie das seit dem 14. Jahrhundert festgelegte Gefüge der mittelalterlichen Stadt. Durch die neuen Bastionen, von denen sich rudimentäre Reste im Finanzgarten (vgl. Franz-Josef-Strauß-Ring 5) erhalten haben, wurden lediglich drei kleinere Randbereiche neu mit einbezogen: im Norden der Stadt der 1613 angelegte Hofgarten, im Nordosten der 1616–24 anstelle des bisherigen Lustgartens errichtete kurfürstliche Zeughauskomplex[2] sowie, westlich der Herzog-Max-Burg, das 1601–05 unmittelbar vor dem Mauerring erbaute Kapuzinerkloster, an dessen Stelle sich heute der Wittelsbacherbrunnen befindet.[3] Bis auf wenige Ausnahmen, wie etwa die Baulichkeiten der Isarlände, zahlreiche Mühlen und Bleichen vor allem im Osten der Stadt oder das Gasteig-Spital jenseits der Isar, lag die gesamte frühneuzeitliche Stadt innerhalb des dreifachen Mauerrings, dessen Verlauf damit exakt jenes Gebiet umreißt, das heute als die *Münchner Altstadt* gilt (siehe Befestigungsplan S. LXI).

Veränderungen der Stadtstruktur im 15. Jahrhundert

Das bürgerliche München hatte seine wirtschaftliche und politische Hochblüte im Laufe des Spätmittelalters erreicht. Damit einhergegangen war eine rege öffentliche Bautätigkeit, die zu ersten strukturellen Veränderungen innerhalb des Stadtgebietes führen sollte. Der Bau eines städtischen Salzstadels am Promenadeplatz 1406–07 bedeutete die Verlegung des Salzmarktes vom Schrannenplatz hinaus in den nordwestlichen Randbereich und damit eine Entzerrung der beengten Marktverhältnisse im Zentrum der Stadt.[4] (Bereits zuvor hatte Herzog Ludwig der Bayer 1315 im

Sinne einer Neuordnung des Schrannenplatzes die dortigen festen Einbauten entfernen lassen; im Zuge dieser Maßnahme wurden zum Beispiel die Fleischbänke hinunter an den Fuß des Petersbergls verlegt, östlich unterhalb des Chors der Peterskirche, in etwa an jene Stelle, an der sich noch heute die Metzgerzeile am Viktualienmarkt befindet; vgl. Viktualienmarkt 2).

Die öffentliche Bautätigkeit des 15. Jahrhunderts konzentrierte sich nahezu ausschließlich auf das im südöstlichen Bereich der Stadt gelegene Angerviertel; dieses entwickelte sich in der Folgezeit zu einem dezidierten Viertel städtischer

Abb. 3. Heutige Altstadt im Jahr 1613; Plan von Tobias Volckmer

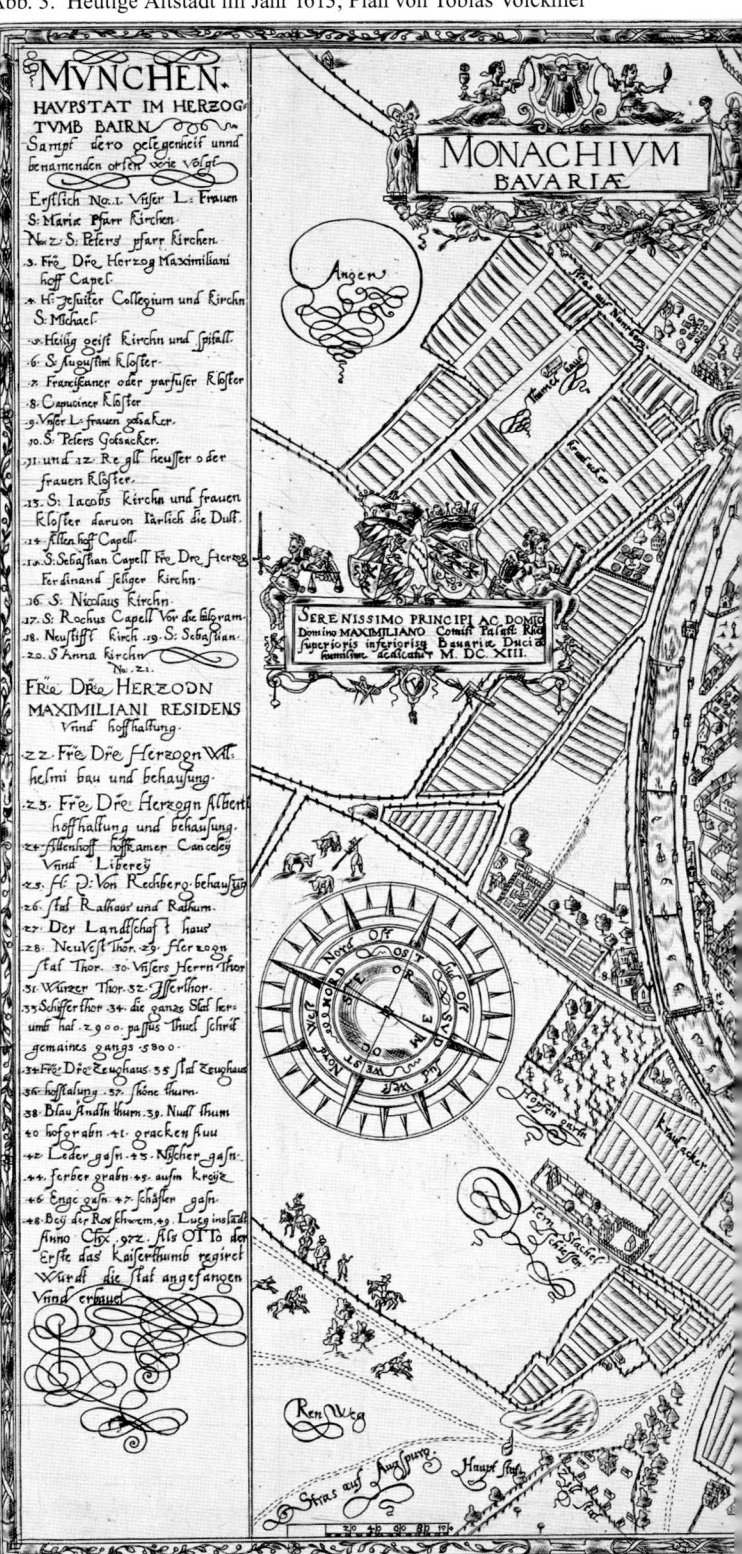

Gewerbe- und Verwaltungsbauten (noch im 20. Jahrhundert sollten große städtische Bauprojekte, wie das Verwaltungsgebäude der Gaswerke, die Hauptfeuerwache oder das städtische Hochhaus, vor allem hier im Angerviertel angesiedelt werden; siehe unten). Zunächst errichtete die Stadt 1410–13 das Stadthaus am Anger, das als städtische Remise und Marstall in einem der Unterbringung des städtischen Fuhrparks samt den dazugehörigen Pferden diente. Der ständig wachsende Komplex wurde 1431 um ein Büchsenhäusl, 1454 um einen Kornkasten und 1489–90 um ein Feuerwehrgerätehaus erweitert, 1491–93

schließlich erfolgte der eingreifende Um- und Neubau zum städtischen Zeughaus (heute Münchner Stadtmuseum; vgl. St.-Jakobs-Platz 1).

In dessen näherer Umgebung entstanden bald weitere Bauten der städtischen Infrastruktur: Verwiesen sei auf die 1417 über dem (1876 überwölbten und 1966 aufgelassenen) Großen Angerbach errichtete städtische Schleifmühle[5] im heutigen Kreuzungsbereich Rossmarkt/An der Hauptfeuerwache, auf das 1433 erbaute neue Frauenhaus, einen städtischen Bordellbetrieb, später Wohnhaus des Totengräbers und seit Beginn des 18. Jahr-

hunderts schließlich Stadtkrankenhaus (vgl. An der Hauptfeuerwache 8), auf das 1443 errichtete städtische Färbhaus für feines
wollenes Tuch[6] (heute Meisterschule für Mode, vgl. Rossmarkt
15), auf den 1450–53 aufgerichteten Eichstadel[7] am Angerplatz
(heute Orag-Haus, vgl. Oberanger 9) sowie auf die 1451–52 erbaute neue Mang am Oberen Anger[8] (zu den städtischen Mang-
häusern vgl. St.-Jakobs-Platz 20). Als eine der wenigen städtischen Einrichtungen außerhalb des Angerviertels ist das 1480
errichtete Stadtbruderhaus in der Kreuzstraße, nördlich der Allerheiligenkirche am Kreuz, zu nennen; auch das 1775 eingerichtete städtische Waisenhaus direkt gegenüber fand seinen Platz
hier im Hackenviertel (vgl. Straßentext Kreuzstraße).

Die beiden markantesten Zeugen bürgerlichen Selbstbewusst-
seins setzte sich die Stadt außerhalb des Angerviertels. Nahezu
gleichzeitig begann sie mit den Großbauprojekten der Frauenkirche (Grundsteinlegung 1468) als sakralem sowie des heute als
Altes Rathaus bezeichneten Tanzhauses (Baubeginn 1470) als
gesellschaftlich-politischem Mittelpunkt der Stadt. Letzteres erfüllte mit dem Stadtgefängnis samt Wohnung für den Gefängnis-
wärter sowie mit einem Leinwandkeller und einem Brothaus mit

Abb. 4. Ehem. Verlauf der Stadtmauern; Stadtgrundkarte von 2008

dazugehörigen Verkaufsständen zusammen mit dem das gesamte obere Geschoss einnehmenden Tanz- oder Festsaal gleich mehrere Funktionen innerhalb der städtischen Infrastruktur (vgl. Marienplatz 15).[9]

Beide Bauwerke stehen zweifellos für den Höhe-, zugleich aber auch für den Endpunkt bürgerlicher Schaffenskraft; in den folgenden fast vier Jahrhunderten ist eine nennenswerte Bautätigkeit durch die Stadt nicht mehr zu beobachten. Mit Ausnahme weiterer Baumaßnahmen am städtischen Zeughaus 1520–21 sowie des Umbaus der Stadtschreiberei samt städtischem Weinkel-

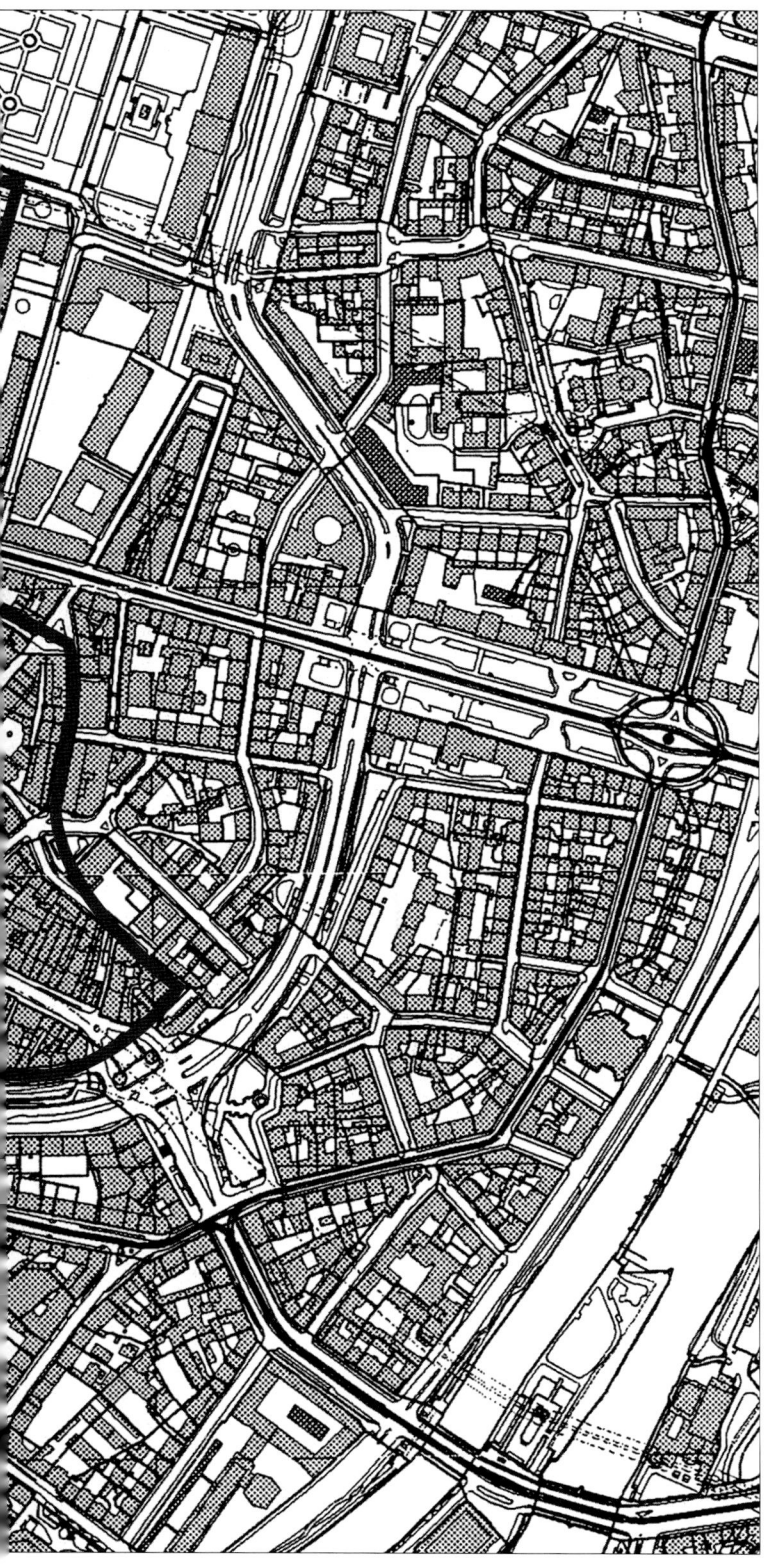

ler in der Burgstraße (vgl. Burgstraße 5) in den Jahren 1551–52 kam die städtische Bautätigkeit nahezu vollständig zum Erliegen. Erst mit dem Baubeginn des Neuen Rathauses am Marienplatz 1867 sollte die Stadt als Bauherrin wieder neue Akzente in die Struktur der Münchner Altstadt setzen.[10]

Frauenkirche und Altem Rathaus gleichermaßen wird gemeinhin ein hoher Symbolwert für den Gipfelpunkt bürgerlichen Selbstverständnisses in München beigemessen; und dennoch tritt gerade in ihnen der im späten 15. Jahrhundert einsetzende Wandel Münchens von der Bürger- zur Residenzstadt augenfällig entgegen: Den Grundstein für die Frauenkirche legte ein Wittelsbacher, Herzog Sigmund (1439–1501). Das landesfürstliche Interesse an diesem Kirchenbau, ohnehin Pfarrkirche des Hofes und herzogliche Grablege (in der Wittelsbacher-Gruft unter dem Chor liegen u. a. die Herzöge Albrecht IV., Wilhelm IV. und Albrecht V.), war bedingt durch ein zu dieser Zeit allgemein steigendes herzogliches Repräsentationsbedürfnis, das sich seit der Vereinigung der Teilherzogtümer Ober- und Niederbayern 1505 verstärkt auf München konzentrierte; hingewiesen sei in diesem Zusammenhang auf die gewaltige Dimensionierung der Kirche, nicht zuletzt Ausdruck eines landesfürstlichen Unabhängigkeitsstrebens gegenüber den reichsfürstlichen Bischöfen, hier des Freisingers, sowie auf die 1494–95 erfolgte Rangerhöhung zum Kollegiatsstift.[11]

Auf ähnliche Weise darf auch das Tanzhaus/Alte Rathaus als eine „Symbiose von Hof und Bürgertum"[12] gedeutet werden, diente doch der große Saal im Obergeschoss, dessen heraldisches Programm in der Holzdeckengestaltung den „internationalen" Rang des Hauses Wittelsbach demonstrieren sollte, in erster Linie gemeinsamen Festveranstaltungen; auch die Tatsache, dass die zwischen 1475 und 1669 nach München einberufenen Landtage allesamt im Festsaal des Alten Rathauses abgehalten und dort vom Landesherrn eröffnet wurden (mit nur zwei Ausnahmen: 1550 fand die Eröffnung im Alten Hof, 1669 im Herkulessaal der Residenz statt),[13] zeugt von der Bedeutung des „Tanzhauses" als Ort landesherrlicher Repräsentation, der somit eine rein städtische Funktion weit überstieg.

Der Wandel von der Bürger- zur Residenzstadt

Das Münchner Patriziat als Vertreter städtischer Macht hatte den Zenit seiner Bedeutung in den Jahrzehnten nach 1403 – in diesem Jahr war mit der Besiegelung des Stadtgrundgesetzes die neue Organisation des bürgerlichen Gemeinwesens zu ihrem Abschluss gekommen – erreicht. Die Blütezeit, begleitet von einer beachtlichen Bautätigkeit, währte nur rund ein Jahrhundert, im Laufe des 15./16. Jahrhunderts begann der Stern des Patriziats zu sinken. In dieser Zeit starben viele der bedeutendsten Familien der Stadt aus (genannt seien etwa die in München heute nur noch durch Straßennamen präsenten Familien der Diener, Impler, Rushamer, Tulbeck, Stupf, Wilbrecht, Schluder oder Katzmair), während sich die Überlebenden zunehmend auf ihre seit dem 14. Jahrhundert erworbenen Besitzungen auf dem Land, meist Edelsitze und Hofmarken, zurückzogen. Die Ausgaben, die sich in den Kammerrechnungen der Stadt am Ende des 15. Jahrhunderts alleine an Botenlöhnen verzeichnet finden, um den auf ihren Landsitzen weilenden Stadträten über die Vorkommnisse in München Nachricht zu geben, sprechen für sich.[14]

Die zunehmende Absenz der städtischen Führungsschicht ging einher mit einer Vernachlässigung ihrer eigentlichen Amtsaufgaben, nämlich derjenigen für die Stadt; stattdessen übernahmen – bedingt auch durch die Universitätsgründung im nahen Ingolstadt 1472 als Voraussetzung für die hierzu nötige geistige Ausbildung – mehr und mehr Patrizier landesherrliche Ämter: „Der Bürger trat in den Schatten der Residenz."[15] Dem Landesherrn seinerseits war es gelungen, durch eine verstärkte Aufsicht über die Ratsgremien der Stadt – verwiesen sei nur auf die zunehmende Abhängigkeit der Bürgermeister vom Wohlwollen des Landesherrn – die Souveränität der städtischen Selbstverwaltung empfindlich einzuschränken.[16] Größte Symbolkraft kam in diesem Zusammenhang der Errichtung der Mariensäule auf dem Münchner Schrannenplatz zu (Abb. 5): Durch ihre Aufstellung am 7. November 1638, mitten hinein in das Zentrum der Stadt (die rechtmäßige Entscheidungshoheit über diesen Platz wäre nach wie vor bei der städtischen Obrigkeit gelegen) und von Maximilian I. dem Stadtmagistrat erst wenige Tage zuvor schriftlich mitgeteilt, wurde die Säule ein „höchst bedeutungsvolles Denkmal für die Besitzergreifung Münchens durch die Landesherrschaft. (…) Durch die Säule des Landesherrn auf dem Münchner Schrannenplatz wandelt sich dieser vom Herzen der Stadt zum Herzen des Landes.“[17]

Mit der Aufstellung der Mariensäule und dem damit zum Ausdruck gebrachten Verständnis des Landesherrn von München als „seiner“ Haupt- und Residenzstadt fand eine strukturelle Entwicklung ihren Höhepunkt, die von den Wittelsbacher Herzögen seit dem frühen 16. Jahrhundert mit tatkräftigem Eifer verfolgt wurde: der systematische Ausbau Münchens zu einem für das gesamte Land repräsentativen Fürsten- und Verwaltungssitz. Diese Entwicklung zeigt sich auch in zeitgenössischen Darstellungen der Stadt: Auf einer 1530 von Hans Sebald Beham angefertigten Ansicht Münchens (Abb. 6) etwa tituliert das Schriftband „Die furstlich Statt München“, und fast selbstverständlich rückt jetzt die in stetigem Ausbau begriffene Neuveste (als solche wurde die neben dem Alten Hof neu entstehende Residenz erstmals 1389 genannt) in den Vordergrund der perspektivischen Darstellungen. Zwei dieser Ansichten, entstanden 1558/59, zeigen im Bereich der Neuveste einen Baukran – Ausdruck der unter Albrecht V. verstärkt einsetzenden herzoglichen Bautätigkeit.[18]

Die Verlegung des Herzogssitzes infolge eines Bürgeraufstandes 1385 in den nordöstlichen Winkel der Stadtmauer hatte ein Zurückweichen des Landesherrn aus dem inneren Kernbereich der Stadt hinaus in eine Randlage bedeutet; zur weiteren Abgrenzung der Stadtgemeinde gegenüber war der burgartige, im Wesentlichen unter Herzog Wilhelm IV. (reg. 1508–50) abgeschlossene Bau, dessen Lage im heutigen östlichen Bereich des Festsaalbaus/Apothekenhofs der Residenz zu verorten ist, mit einem breiten Wassergraben umzogen worden. Unter Herzog Albrecht V. (reg. 1550–79) begann mit der Anlage des prunkvollen Georgssaals, eines Ball- und eines Lusthauses sowie des Antiquariums der entscheidende Ausbau der Neuveste zur fürstlichen, dem Herrschaftsanspruch der Wittelsbacher angemessenen Residenz.

Herzog Wilhelm V. (reg. 1579–97) schließlich griff mit seinem Bauprogramm weit über das abgegrenzte Areal hinaus: Mit dem Vorrücken des sog. Witwenstocks (1580–81 als Wohnsitz für Wilhelms Mutter Anna) sowie des für den Thronfolger Maximilian errichteten Erbprinzentraktes (1591–94) an die Ostseite der Vorderen Schwabinger Gasse (heute Residenzstraße), einer stark frequentierten öffentlichen Straße, setzte die zum fürstlichen Komplex angewachsene Residenz erstmals eine wichtige Dominante im öffentlichen Raum.

War die Bautätigkeit Herzog Albrechts V. auf freiem Feld, jenseits des Stadtgrabens erfolgt, ging die Erweiterung der Residenz ab Wilhelm V. ausschließlich zu Lasten der bürgerlichen Stadt: Alleine für den Erbprinzentrakt hatte Wilhelm 1586 sechs bürgerliche Anwesen erwerben lassen; diese befanden sich hier, im unmittelbaren Umgriff der Neuveste, freilich zum überwiegenden Teil im Besitz herzoglicher Beamter und Hofbediensteter wie Ratsschreiber, Kastner, Gärtner, Trompeter oder Vogelwart,[19] was den Ankauf der Häuser erleichtert haben dürfte. Die Häuser standen zum Teil in der Jägergasse, die als östliche Verlängerung der heutigen Viscardigasse von der Schwabinger Gasse (heute Residenzstraße) hinunter zum heutigen Marstallplatz führte.[20] Die öffentliche Gasse, noch 1584 auf Kosten der Stadt gepflastert, ging zur Gänze in den Wilhelminischen Erweiterungsbauten auf; sie ist heute noch in der schmalen, gassenartigen Enge des Kapellenhofs nachvollziehbar.

Unter Herzog und Kurfürst Maximilian I. (reg. 1598–1651) schritt die „Entbürgerlichung“ im Bereich der Residenz unvermindert fort. Zwischen April 1599 und Mai 1612 kaufte Maximilian fünf Parzellen an der nördlichen Schwabinger Gasse (von denen wiederum vier Parzellen im Besitz höfischer Bediensteter waren).[21] Das gewonnene Areal zwischen Erbprinzentrakt und Schwabinger Tor im Norden ließ Maximilian mit der großzügigen Vierflügelanlage des Kaiserhofs überbauen (1613–18). Durch die Verlängerung auf insgesamt 31 Achsen war die

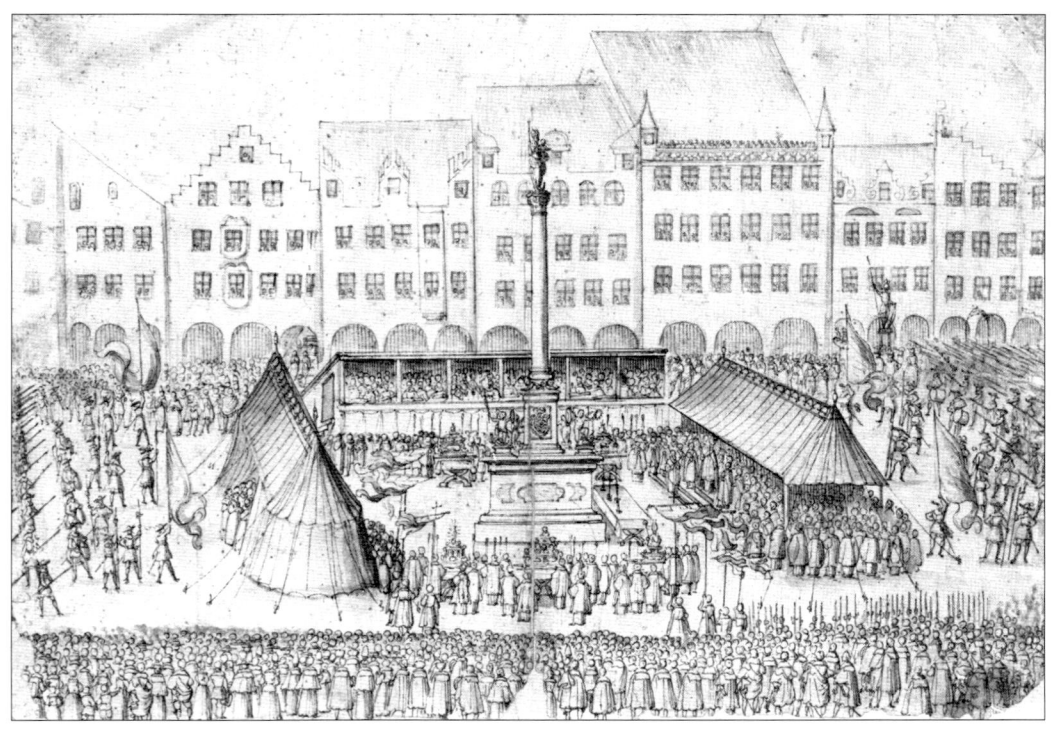

◁ Abb. 5. „Einweihung der Mariensäule“; Federzeichnung, 1638

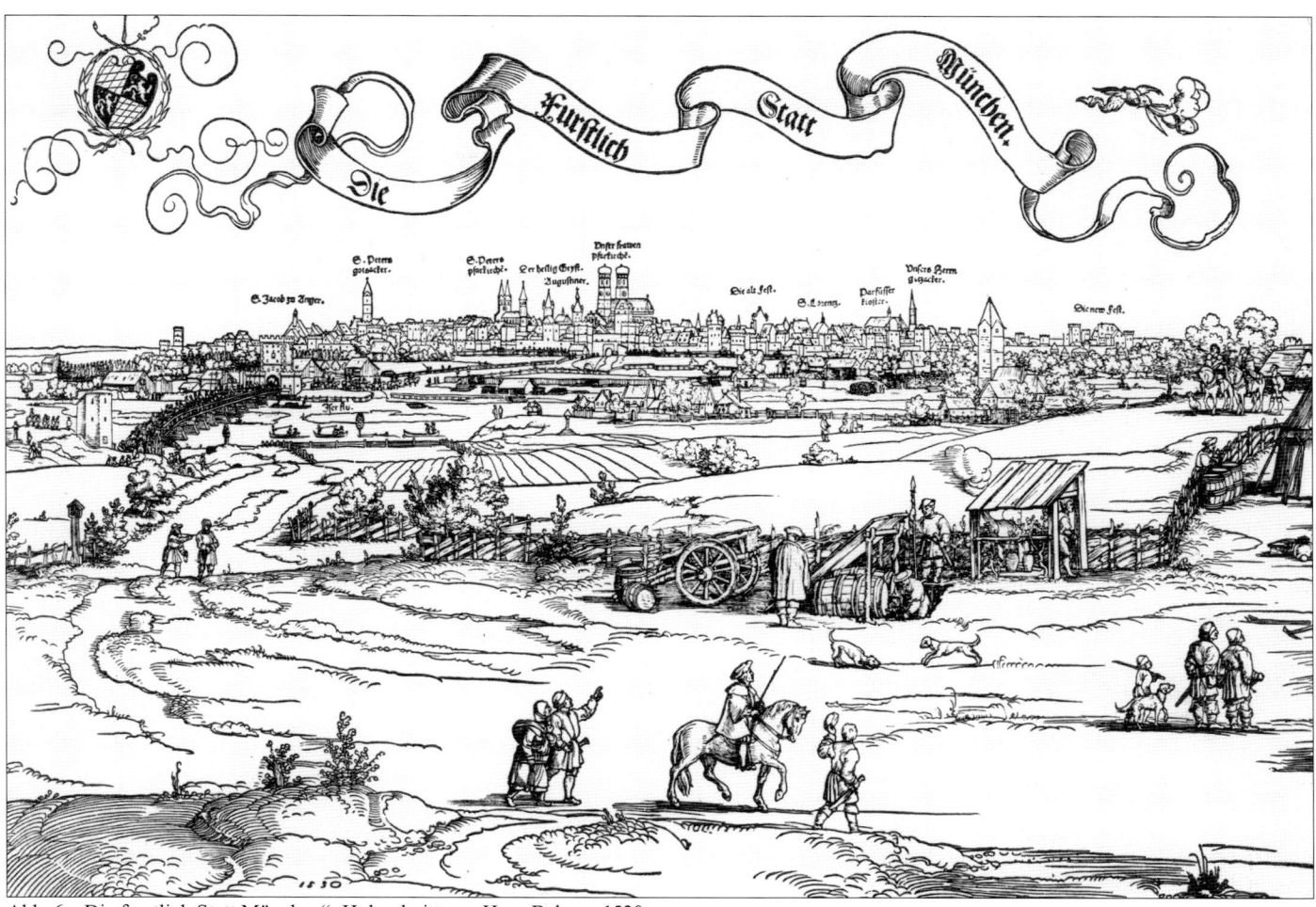

Abb. 6. „Die furstlich Statt München"; Holzschnitt von Hans Beham, 1530

schließlich rund 130 Meter lange Fassade an der Schwabinger Gasse und damit die Herzogsresidenz allgemein zur entscheidenden städtebaulichen Dominante entlang dieser wichtigen Einfallsstraße geworden. Die herrschaftliche Wirkung dieses Bereiches, für jeden von Norden her Kommenden erster Eindruck der Stadt, wurde später verstärkt durch den 1663 begonnenen Bau der Theatinerkirche als Hofkirche und Wittelsbacher Grablege und des ihm angeschlossenen Klosters. Für den hierfür nötigen Baugrund mussten weitere sechzehn, überwiegend bürgerliche Parzellen aufgekauft und die bestehenden Häuser abgebrochen werden[22] (vgl. Theatinerstraße 20/21 und 22).

Wie rasch die neuen Verhältnisse entlang der Schwabinger Gasse akzeptiert wurden, zeigt die baldige, spätestens 1683 erfolgte Umbenennung der Straße in den noch heute gebräuchlichen Namen Residenzstraße. Ihren „krönenden" Abschluss fand diese Entwicklung durch die repräsentative Gestaltung des Platzes vor dem Schwabinger Tor unter der noch jungen Monarchie. Die Gestaltung des zunächst als „Fürstenplatz" bezeichneten herrschaftlichen Eingangsbereiches in die seit 1806 königliche Haupt- und Residenzstadt erfolgte, nach einem ersten Projekt Leo von Klenzes 1816, in seinen Grundzügen 1820–26. Durch den Abbruch des beliebten Gasthauses „Bauerngirgl" zugunsten der Feldherrnhalle (1841–44) verlor das bürgerliche München weiter an Boden.

Die Graggenau als Zentrum landesherrlicher Gewerbebetriebe

Mit der zunehmenden Bedeutung Münchens als Haupt- und Residenzstadt des Herzogtums begannen sich die Strukturen der Graggenau, jenes nordöstlichen Bereiches der Altstadt, der west-

lich durch den Straßenverlauf Theatiner-/Weinstraße beziehungsweise südlich durch den breiten Straßenzug des Tals begrenzt wird, insgesamt zu verändern. Hier waren die Wittelsbacher Herzöge spätestens seit der Mitte des 13. Jahrhunderts durch ihre erste Residenz, den Alten Hof, ansässig. Mit zunehmendem Ausbau der Neuveste und dem damit verbundenen Umzug der Hofhaltung dorthin verlor der Alte Hof seine Funktion als Repräsentationssitz des Herzogs; stattdessen zogen nach und nach Behörden der landesherrlichen Verwaltung in seine Mauern. Ende des 18. Jahrhunderts befanden sich hier die beiden Zentralbehörden Hofkammer und Hofrat sowie das Siegel- und das Bräuamt; das braune Hofbrauhaus lag im östlichen, entlang des Pfisterbaches gelegenen Trakt.

Ein erstes Ausgreifen des Landesherrn in diesem Bereich bedeutete der Bau neuer Stallungen unter Herzog Albrecht V.; auch hier war dies nur auf Kosten bürgerlicher Bausubstanz möglich: Für das in unmittelbarer Nähe zur Stadtmauer errichtete sog. Marstallgebäude (1563–67), in dessen oberen beiden Stockwerken Wohnungen für die Hofbeamten und die herzogliche Kunstkammer untergebracht waren, hatte der Herzog drei Häuser aus bürgerlichem Besitz erworben und abbrechen lassen[23] (vgl. Hofgraben 4); und auch für den Neubau der nahen Hofpfisterei samt angeschlossener Hofmühle (1578–79) wurde ein bürgerliches Doppelanwesen durch den Herzog aufgekauft und niedergelegt[24] (vgl. Pfisterstraße 4).

Unter Maximilian I. wandelte sich die Graggenau endgültig zum Zentrum landesherrlicher Versorgungs- und Gewerbebetriebe: Zunächst ließ Maximilian 1607 an der Ostseite des Platzls – den Baugrund hierzu hatte sein Vater Wilhelm V. 1585/86 durch den Kauf und Abbruch zweier bürgerlicher Wohnhäuser bereitet[25] – das herzogliche weiße Brauhaus errichten (das Weißbier war, erstmalig 1602, bis dahin im Tag- und Nachtschichtwechsel in den Räumlichkeiten des Hofbrauhauses im Alten Hof gebraut worden; der rasche Erfolg der neuen Biersorte machte den baldigen Neubau eines eigenen Brauereigebäudes notwendig).[26] Die kontinuierliche Ausbreitung des weißen Brauhauses entlang der Ostseite des Platzls und schließlich in den gesamten nördlichen Bereich der Falkenturmstraße hinein – hier entstand in der zweiten Hälfte des 17. Jahrhunderts der mächtige, 62 Meter lange Satteldachbau des kurfürstlichen Malz- oder Dörrhauses (vgl. Straßentext Falkenturmstraße) – machte zusammen mit dem Bau der herzoglichen Münze in den Jahren nach 1620 entlang der Nordseite der heutigen Münzstraße die Graggenau mit dem Platzl als Zentrum endgültig zum herzoglichen Gewerbegebiet.

Der Wandel der Graggenau zu einem herzoglich geprägten Stadtviertel schlug sich nicht zuletzt in einer Veränderung der Bewohnerstruktur nieder, wie sich gerade an den Beispielen Pfisterstraße und Platzl exemplarisch nachvollziehen lässt: Seit dem Ende des 16. Jahrhunderts ist hier ein verstärkter Übergang von Anwesen bürgerlicher Handwerker in den Besitz fürstlicher Hofbediensteter – der Hofstaat insgesamt war zwischen 1465 und 1573 von 164 auf 711 Mitglieder angewachsen[27] – zu beobachten. Am Beginn dieser Entwicklung standen der fürstliche Trabant und spätere Torwächter in der Neuen Veste, Jakob Wagner, der im September 1579 das Anwesen des Schneiders Leo Pöttinger in der Pfisterstraße (heute Haus Nr. 8) erwarb, sowie Hanns Wallner, seines Zeichens Hofmetzger, der im August 1583 den Erben des Wiener Handelsmannes Colman Egerer das heutige Anwesen Platzl 1a abkaufte.[28] Neben zahlreichen weiteren Hofhandwerkern und -bediensteten ließen sich zu dieser Zeit mit dem Hofkapellmeister Orlando di Lasso (um 1570 im Besitz von Platzl 4A) und dem u. a. an der Ausmalung des Antiquariums in der Residenz beteiligten Maler Hans Donauer (im August 1575 Kauf von Pfisterstraße 4B) auch namhafte Hofkünstler im Bereich Platzl/Pfisterstraße nieder.[29]

Der Adel folgt dem Landesherrn: Wandel des Kreuzviertels

War die Graggenau zu einem Viertel des Hofstaats bzw. der Hofversorgung geworden, erhielt das westlich benachbarte Kreuzviertel ein höfisches Gepräge ganz anderer Art. Die Regierungszeit Herzog Wilhelms V. markierte nicht nur für die unmittelbare Umgebung der herzoglichen Residenz den Beginn tiefgreifender struktureller Veränderungen; mehr noch als in diesem Bereich griff die landesherrliche Bautätigkeit in die aus dem Mittelalter überkommene kleinteilige Struktur des Kreuzviertels ein.

Wegweisende Wirkung zeitigte die Anlage der Wilhelminischen Veste (seit den 1630/40er Jahren Herzog-Max-Burg genannt), die sich Wilhelm V. ab 1593 in bewusster Nachbarschaft zum Jesuitenkolleg als Zweitresidenz hatte errichten lassen. Für den Altersruhesitz des 1598 zurückgetretenen Herzogs mussten 54 überwiegend in bürgerlichem Besitz befindliche Parzellen erworben[30] und deren Bebauung beseitigt werden. Die Anlage eines dazugehörigen Gartens, in dem Wilhelm V. die 1582 zugunsten des Neubaus von St. Michael abgebrochene St.-Nikolaus-Kirche hatte neu errichten lassen (vgl. Karmeliterstraße 1), machte den Ankauf und Abbruch weiterer vier Bürgerhäuser erforderlich.[31] Die Dimensionen der in den mittelalterlichen Stadtkern eingreifenden herzoglichen Bautätigkeit waren gewaltig: Insgesamt machten die von Wilhelm V. in Auftrag gegebenen Baumaßnahmen (inklusive des Jesuitenkollegs, s. unten) zusammen eine Fläche von rund 50.000 m^2 aus, rund 5 % der Gesamtfläche der Altstadt; hierfür mussten rund 100 Bürgerhäuser, über 6 % des damaligen Häuserbestandes der Stadt, weichen.[32]

Mit der Fertigstellung der Herzog-Max-Burg hatte nun auch das Kreuzviertel neben der Residenz im Nordosten der Stadt eine herzogliche Hofhaltung erhalten. Die Nähe hierzu sowie die verhältnismäßige Ruhe dieses durch große kirchliche Komplexe wie Frauenkirche (und die dazugehörigen Messhäuser am Frauenplatz), Jesuitenkolleg, Augustinerkloster und Salvatorkirche samt Friedhof geprägten Viertels machten es zum geeigneten Boden für den Adel. Dieser hatte bis in das 16. Jahrhundert hinein bevorzugt ein Leben auf dem Land geführt. Der bayerische Historiker Johannes Aventinus zeichnete noch 1526 ein Bild vom bayerischen Adel, das diesen als „auf dem land, außerhalb der stet" wohnend und den Hof weitestgehend meidend beschrieb.[33] Für die Zeit vor 1550 lassen sich gemäß Häuserbuch der Stadt München im gesamten Stadtgebiet nur zwei Adelige als Hausbesitzer nachweisen.[34] Die Einrichtung einer regelrechten „Stadtresidenz" durch die aus dem vorderen Bayerischen Wald stammende hochrangige Adelsfamilie der Degenberger um 1550 im Zentrum der Graggenau, am Platzl,[35] bildete zunächst die Ausnahme (die Familie war zwei Jahre zuvor in den exklusiven Besitz eines lukrativen Weißbierprivilegs gekommen).

Der zunehmende Ausbau Münchens zur glänzenden Residenzstadt bewirkte auch in Bayern eine durchgreifende Veränderung des adeligen Lebensstils. Nach und nach verlagerten die bedeutenden Geschlechter ihren Lebensmittelpunkt in die Residenzstadt – eine für Barockresidenzen allgemein gängige Entwicklung – und ließen sich dort, die Nähe nun ausdrücklich suchend, in nächster Umgebung des Hofes nieder. Ausschließliches Quartier des Adels wurde das Kreuzviertel, das, neben seiner zentralen Lage zwischen Herzog-Max-Burg und Residenz, mit dem kurfürstlichen Opernhaus am Salvatorplatz (1657 anstelle eines herzoglichen Kornkastens errichtet) sowie mit dem vor allem gesellschaftlichen Anlässen dienenden Redoutenhaus in der Prannerstraße für die Bedürfnisse des Adels ideale Voraussetzungen bot.

Als eines der frühesten Beispiele für den strukturellen Wandel des Kreuzviertels ist das Palais Berchem anzusehen, das der aus der näheren Umgebung Münchens stammende kurfürstliche geheime Rat Anton von Berchem nach dem Erwerb zweier bürgerlicher Parzellen sowie einer Parzelle aus dem Besitz des benachbarten Theatinerordens an der nordwestlichen Ecke Theatiner-/Salvatorstraße ab 1676 hatte errichten lassen.

Für die weitere Entwicklung des Kreuzviertels richtungsweisend wurde die Anlage des Palais Fugger in der damaligen Pranger Gasse (heute Kardinal-Faulhaber-Straße): Drei zweigeschossige Kleinhäuser, nachzuvollziehen auf dem Sandtner-Modell von 1570, gelangten 1622 in adelige Hand und wurden von selbiger zu einem einzigen Wohnhaus umgebaut. 1693 erwarb eine Reichsgräfin von Fugger das Anwesen und ließ es nach Plänen des Hofbaumeisters Enrico Zuccalli zu einem prächtigen Barockpalais ausbauen (vgl. Kardinal-Faulhaber-Straße 12).

Konzentriert auf die Straßenzüge Theatiner-, Kardinal-Faulhaber- und Prannerstraße sowie auf den Promenadeplatz entstand schließlich in rascher Folge eine Fülle an Adelspalais, von denen sich freilich nur die wenigsten, wie etwa das Palais Preysing in der Residenzstraße oder die beiden Palais Fugger-Portia und Holnstein in der Kardinal-Faulhaber-Straße, bis heute erhalten haben. Um das Jahr 1700 befanden sich von den 235 Anwesen des Kreuzviertels bereits 130, also mehr als die Hälfte, in nichtbürgerlichem Besitz.[36]

Den Endpunkt dieser Entwicklung markiert das ehem. Palais Montgelas am Promenadeplatz: Im späten 18. Jahrhundert hatten hier, im nordöstlichen Eckbereich des Platzes, die Reichsgrafen von Perusa zwei mittelalterliche Bürgerhäuser samt einem angrenzenden städtischen Salzstadel erworben; die Dreiergruppe gelangte 1803 durch Kauf in den Besitz des bayerischen Staatsministers Maximilian Freiherr von Montgelas. Der Minister musste allein für den ehemaligen Salzstadel, für den Reichsgraf Perusa achtzehn Jahre zuvor 3.200 fl bezahlt hatte, die vergleichsweise hohe Summe von 65.000 fl begleichen[37] – ein sprechendes Beispiel für die rasant steigenden Immobilienpreise im damaligen Kreuzviertel (gerade der Promenadeplatz hatte durch den Abbruch der beiden Salzstadel 1778 im westlichen sowie der Mauthalle 1804 im östlichen Bereich und der damit einhergehenen Verkehrsberuhigung enorm an Wert gewonnen). Montgelas ließ auf diesem Areal 1810–13 ein stattliches, klassizistisches Wohnpalais errichten (vgl. Promenadeplatz 2), das letzte seiner Art im Kreuzviertel; der frühe Verkauf des Palais schon 1817, nach der Entlassung des Ministers, an den bayerischen Staat und seine weitere Nutzung als Ministerium des Kgl. Hauses und des Äußeren steht symptomatisch für eine heraufziehende neue Zeit: Der Hochadel begann sich nun, im jungen Königreich, von der zunehmend als beengt angesehenen Altstadt abzuwenden und zog hinaus in die breiten Straßen der gerade im Entstehen begriffenen Stadterweiterung vor allem im nördlichen Umfeld. Am Beginn dieser Entwicklung standen das 1804–05 nördlich des Hofgartens errichtete Prinz-Carl-Palais, das Palais Moy am nördlichen Ende der Theatinerstraße sowie, am Odeonsplatz, das Palais Leuchtenberg, beide begonnen 1817 (vgl. die Ensembles Ludwigstraße/Odeonsplatz und Maxvorstadt II).

Die Bedeutung des Kreuzviertels als nahezu ausschließliches Wohnquartier des Adels im 17. und 18. Jahrhundert – Karl Erdmannsdorffer verzeichnet dreißig Palais[38] – unterstreicht ein Blick auf die wenigen Ausnahmen. Außerhalb des Kreuzviertels lassen sich nur vereinzelt Palais finden, von denen wiederum eines, das 1726 im bürgerlichen Hackenviertel errichtete sog. Palais Lerchenfeld, einer kritischen Hinterfragung nicht standhält. Für den drei bürgerliche Kleinhäuser ersetzenden großzügigen Neubau in der Damenstiftstraße zeichnete mit Johann Sigmund Spruner keine Adelspersönlichkeit, sondern lediglich der Verwalter der den Grafen Törring gehörenden Hofmark Seefeld als Bauherr, das Anwesen ist demnach als ein „bezeichnenderweise wappenlose(s) Quasi-Palais" (vgl. Damenstiftstraße 8) zu interpretieren; auch die 1588 in das nördliche Angerviertel zwischen Rindermarkt und Rosental gesetzte Residenz Herzog Ferdinands, eine umfangreiche Palastanlage samt Garten und Kapelle (vgl. Straßentext Rindermarkt), vermag als Beispiel nicht zu überzeugen, stand der Bruder Wilhelms V. doch im Verständnis der damaligen Zeit nach seiner Heirat mit Maria Pettenbeck dem bürgerlichen Stand näher als dem Hochadel.

Als Ausnahmen zu nennen wären lediglich das 1692–93 erbaute Palais Törring-Seefeld im Rosental sowie das 1678 inmitten des Hackenviertels ausgeführte Palais der Freiherren und späteren Grafen von Rechberg (vgl. Hackenstraße 7), die wohl vor allem den großzügigen Garten ihres Anwesens zu schätzen wussten, ein Vorteil, den das dicht bebaute Kreuzviertel bei aller Pracht seiner Palais nicht bieten konnte.

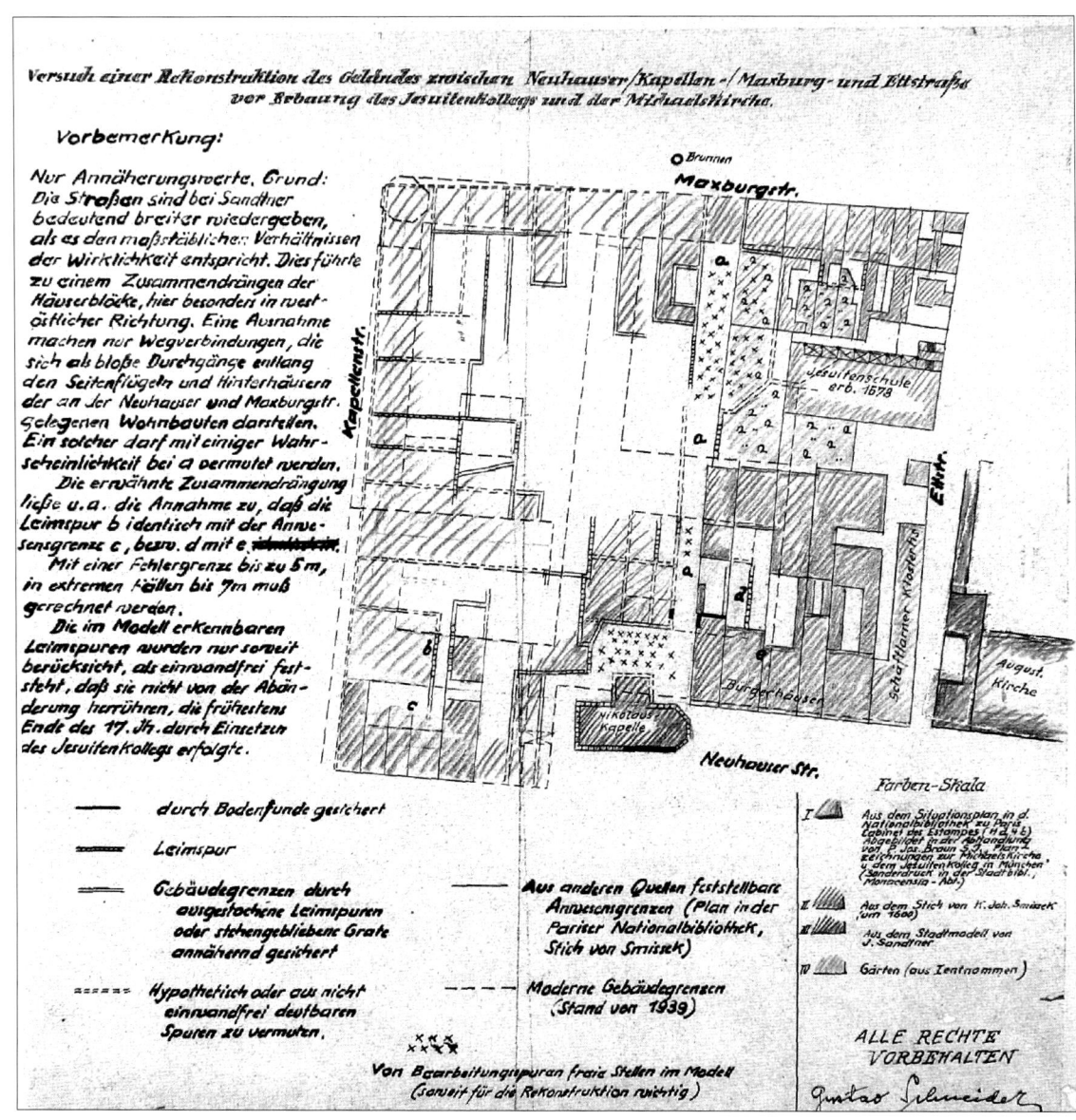

Abb. 7. Vorbebauung ▷ des Jesuitenkollegs; Plan von G. Schneider, 1939

Zunehmende „Sakralisierung" der Innenstadt seit der Reformation

Mit der Weihe der beiden Münchner Friedhofskirchen, der im Hackenviertel gelegenen, als Bestattungskirche für St. Peter um 1485 erbauten Allerheiligenkirche am Kreuz und der von Herzog Albrecht IV. als Friedhofskirche für die Frauenpfarrei gestifteten Kirche St. Salvator (Weihe 1494) war die kirchliche Struktur der Münchner Altstadt für nahezu ein Jahrhundert festgelegt: Im Angerviertel standen mit der Pfarrkirche St. Peter, der Klosterkirche St. Jakob und der Spitalskirche Heilig Geist drei der ältesten Hauptkirchen der Stadt, während das handwerklich geprägte Hackenviertel in der Friedhofskirche am Kreuz nur ein einziges sakrales Gebäude aufwies. Das Kreuzviertel dominierten die Frauenkirche, seit 1488 mächtigster Sakralbau der Stadt, sowie der ebenfalls breiten Raum einnehmende Komplex des 1294 gegründeten Augustinerklosters; hinzu kam seit 1494 die Friedhofskirche St. Salvator. In der Graggenau hatten sich drei Klöster niedergelassen: Der Komplex des 1284 gegründeten Franziskanerklosters umfasste den Bereich des heutigen Max-Joseph-Platzes, östlich und nördlich noch über diesen hinausgreifend; westlich gegenüber, im heutigen Kreuzungsbereich Residenz-/Perusastraße befand sich der Nonnenkonvent des Pütrichklosters und im nordwestlichen Bereich des Max-Joseph-Platzes, sich an den Franziskaner-Komplex anlehnend, das Ridlerkloster, ebenfalls ein kleiner Frauenkonvent. Der Herzog hatte mit der Hofkapelle St. Lorenz im Nordflügel des Alten Hofs seinen eigenen Kirchenraum.

Zum „deutschen Rom" oder „gottseligen München", wie spätere Jahrhunderte die Stadt in teils barocker, teils romantisierender Diktion auch nannten,[39] war München erst nach der Reformation geworden. Gerade die Wittelsbacher sahen sich, als politisches Haupt der Gegenreformation, zur Gründung zahlreicher Klöster berufen. Die vier Herrschergenerationen Wilhelm V., Maximilian I., Ferdinand Maria und Max Emanuel holten insgesamt zehn Orden nach München, von denen sieben ihren Platz innerhalb der Stadtmauern fanden. (Außerhalb angesiedelt wurden die Kapuziner am Lenbach-/Promenadeplatz, die Paulaner in der Au und die Hieronymitaner im Lehel).

Der mit den Ordensniederlassungen verbundene enorme Platzbedarf innerhalb der durch ihre Mauern begrenzten Stadt ging zu Lasten vor allem der bürgerlichen Bausubstanz. Herzog Wilhelm V. hatte für den religiös-politisch motivierten Neubau des monumentalen Renaissancekomplexes von *Jesuitenkolleg* und *-kirche* innerhalb des Gevierts der heutigen Neuhauser-, Ett-, Maxburg- und Kapellenstraße seit 1582 insgesamt 27 bürgerliche Anwesen aufkaufen lassen, dazu zwei Besitzungen des Klosters Schäftlarn, die St.-Nikolaus-Kirche samt Messhaus sowie vier weitere Messstiftungen;[40] sie alle wurden niedergelegt und durch den Jesuiten-Neubau ersetzt (Abb. 7).

Für den anspruchsvollen Klosterkomplex der 1661 durch Kurfürstin Henriette Adelaide, Gemahlin Ferdinand Marias, nach München geholten *Theatiner* mussten neben kurfürstlichen Baulichkeiten wie Falkenhof und Hundezwinger überwiegend bürgerliche Parzellen aufgekauft und die bestehenden Häuser, allein rund fünfzehn Anwesen an der heutigen Theatinerstraße, abgebrochen werden (vgl. Theatinerstraße 20/21 und 22).

Ebenfalls auf Wunsch der Kurfürstin kamen 1667 die *Salesianerinnen* in die Stadt. 1675 erwarb Henriette Adelaide aus dem Besitz des in finanziellen Schwierigkeiten steckenden Klosters Indersdorf einen größeren, entlang der heutigen Damenstiftstraße im Hackenviertel gelegenen Komplex, bestehend aus einem „zweigeschossigen Klosterhof mit Satteldach und der spätgotischen St.-Anna-Kapelle. Beides wurde abgebrochen und durch einen barocken Klosterneubau ersetzt (vgl. Damenstiftstraße 1).

Das 1627 gegründete Institut der *Englischen Fräulein* erhielt durch eine Stiftung Kurfürst Max Emanuels in den Jahren 1690 ff. einen monumentalen barocken Klosterkomplex an der östlichen Seite der Weinstraße (gegenüber Weinstraße 11/12, heute Marienhof). Hierfür musste mit dem aus dem Mittelalter überkommenen sog. Wilbrechtsturm sowie dem daran anschließenden Eckhaus eine besonders markante Vorbebauung niedergelegt werden (vgl. Straßentexte Weinstraße und Marienhof).

Für den Neubau eines Klosters für die 1710 ebenfalls unter Kurfürst Max Emanuel aus Prag gerufenen *Unbeschuhten Karmelitinnen* im ohnehin bereits klosterreichen Kreuzviertel wurden zwischen 1710 und 1724 drei Bürgerhäuser in der Rochusstraße abgebrochen (vgl. Rochusstraße 6/7), dem dazugehörigen Kirchenneubau der *Dreifaltigkeitskirche* – diesen hatten die drei Landstände ausgelobt – musste ein weiteres bürgerliches Doppelanwesen weichen; eines der beiden war 1608–12 im Besitz des herzoglichen Hofbaumeisters Hans Krumpper (vgl. Pacellistraße 12) gewesen.

Ohne Tribut an bürgerlicher Bausubstanz vollzog sich nur die Ansiedlung der *Unbeschuhten Karmeliter*: Dem um 1630 aus Prag gerufenen Orden wurde zur Errichtung seines Klosters (endgültige Ausführung 1654–57) von Maximilian I. und seinem Bruder Albrecht VI. ein nördlich des Jesuitenkollegs und östlich der Herzog-Max-Burg gelegener Grund geschenkt, der bereits seit Wilhelm V. in Wittelsbacher Besitz war (vgl. Karmeliterstraße 1).

Das neben dem Jesuitenkolleg im Kreuzviertel den größten Raum einnehmende „geistliche" Areal der Münchner Altstadt bildete die weiträumige, vom 16. bis in das 18. Jahrhundert unter Verdrängung zahlreicher bürgerlicher Anwesen kontinuierlich gewachsene Baugruppe Herzogspital, Josephspital und Servitinnenkloster (Abb. 8). Der im Luftkrieg beinahe vollständig zerstörte Komplex mit zwei Kirchen, zwei Spitälern, einem Klostergeviert sowie drei großzügigen Gartenanlagen umfasste nahezu das gesamte Geviert zwischen der Herzogspitalstraße im Norden, der Stadtmauer (heute Herzog-Wilhelm-Straße) im Westen, der Josephspitalstraße im Süden und der Damenstiftstraße im Osten.

Das *Herzogspital*, auch Hofspital zur Hl. Elisabeth genannt, war ab der Mitte des 16. Jahrhunderts durch eine Stiftung Herzog Albrechts V. zur Aufnahme armer/kranker Hofbediensteter entlang der Südseite der Herzogspitalstraße anstelle von fünf bürgerlichen Anwesen[41] errichtet worden; die dazugehörige Kirche St. Elisabeth wurde 1572 geweiht (vgl. Herzogspitalstraße 7). Das südlich an den Komplex anschließende *Josephspital* ging auf eine 1626 getätigte Stiftung Kurfürst Maximilians I. zurück. Nach dem Erwerb von insgesamt sieben bürgerlichen Anwesen an der Nordseite der Josephspitalstraße[42] erfolgte der sukzessive Ausbau des Spitals, der schließlich 1682 ff. durch Finanzierung Max Emanuels in einem monumentalen, dreigeschossigen Barockbau mit eigener Kirche mündete (vgl. Herzog-Wilhelm-Straße 11). Als schließlich Kurfürstin Therese Kunigunde, Gemahlin Max Emanuels, 1715 Ordensschwestern der *Servitinnen* aus Venedig hatte holen lassen, wurde für deren Behausung 1728 ff. im östlichen Anschluss an die Herzogspitalkirche, jetzt zugleich Klosterkirche, ein mehrhöfiger, lang gestreckter Klosterneubau aufgerichtet. Für die Planierung des Baugrunds mussten drei Häuser,[43] darunter ein erst rund fünfzig Jahre zuvor erbautes bürgerliches Barockpalais, erworben und abgebrochen werden (vgl. Herzogspitalstraße 7).

Noch im 16. Jahrhundert war an der Nordseite der Herzogspitalstraße, dem später entstandenen Servitinnenkloster direkt gegenüber, eine weitere geistliche, in der Folgezeit zu beträchtlicher Größe angewachsene Einrichtung entstanden, das *Gregorianische Seminar*. 1574 von Herzog Albrecht IV. als Studentenwohnheim gegründet, wurde das von den Jesuiten geleitete Seminar, dessen Areal mit lang gestrecktem Innenhof und annä-

hernd quadratischem Garten bis zur Neuhauser Straße durch-
reichte, sukzessive erweitert und umfasste schließlich mit seiner
vielachsigen Barockfassade entlang der Herzogspitalstraße die
heutigen vier Hausnummern 6/8/10/12 (vgl. Herzogspitalstraße
8/10/12); für die dazugehörige, 1645–46 errichtete Seminarkirche
St. Maria und Gregor brach man ein bürgerliches Bäckeranwe-
sen in der Neuhauser Straße ab (vgl. Neuhauser Straße 33).

Zwei weitere Kirchenbauten des frühen 18. Jahrhunderts waren zwar nicht landesherrlichen Initiativen zuzurechnen, dünn-
ten den bürgerlichen Häuserbestand der Altstadt dennoch weiter
aus: Für den Neubau des *Bürgersaals* 1709–10, Versammlungs-
raum der 1610 gegründeten Marianischen Deutschen Kongrega-
tion der Herren und Bürger Mariä Verkündigung, wurden an der
Nordseite der Neuhauser Straße drei bürgerliche Anwesen frei-
geräumt (vgl. Neuhauser Straße 14); und die Gebrüder Asam
hatten als Baugrund für ihre Hauskirche *St. Johann Nepomuk* im
März 1733 das bürgerliche Wohnhaus des Leutnants Karl Anton
de Viller aufgekauft und niederlegen lassen (vgl. Sendlinger
Straße 32).

Neben den genannten Ordensniederlassungen nahmen auch
die sog. Benefiziaten- oder Kaplanhäuser einen beträchtlichen
Anteil innerhalb des Altstadtgefüges ein, Wohnhäuser, die von
den bürgerlichen Familien der Stadt den ihre Messe lesenden
Geistlichen zur Verfügung gestellt wurden. 1462 zum Beispiel
befanden sich 33 solcher Häuser in der Stadt. Aufgrund ihrer
Steuerbefreiung und ihrer Sonderrolle innerhalb des Münchner
Immobilienmarktes trugen diese auch als „Besitz in der toten
Hand" bezeichneten Häuser ebenfalls zur Auszehrung des bür-
gerlichen Grundbesitzes bei.[44]

Der zunehmenden Präsenz klösterlicher und kirchlicher Niederlassungen innerhalb der Stadtmauern stand die Stadtverwaltung argwöhnisch gegenüber, bedeutete doch der Verlust jedes
einzelnen Bürgerhauses steuerliche Einbußen für den Stadtsäc-
kel. Bereits 1710, anlässlich des Klosterneubaus für die Karmelitinnen in der Rochusstraße, äußerte der Rat der Stadt seine Bedenken, und als sich nur wenige Jahre später auch noch die
Barmherzigen Brüder in der Stadt niederlassen wollten – dies
geschah schließlich erst 1752 vor dem Sendlinger Tor – protes-

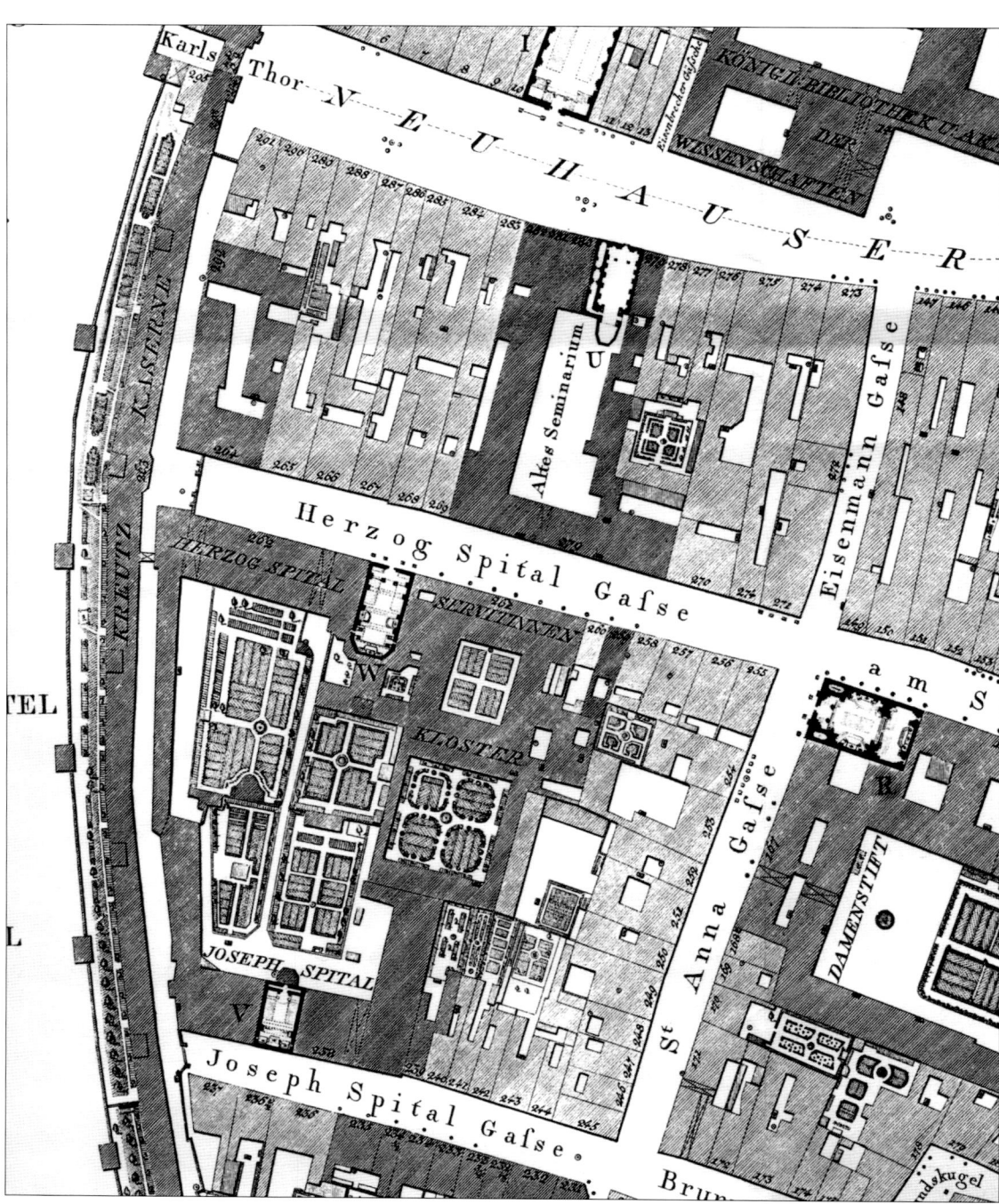

Abb. 8. Geistliche ▷
Konzentration im west-
lichen Hackenviertel; Plan
von J. Consoni, 1806

tierten die Ratsherren, es werde „von München bald wenig übrigbleiben, das nicht unter Klausur stehe."[45] Der Bestand an kirchlichen Liegenschaften war seit dem 17. Jahrhundert derart angewachsen, dass schließlich im 18. Jahrhundert rund ein Viertel der gesamten Stadtfläche in klerikalem Besitz war – und dies, obwohl die rund 1.000 Münchner Geistlichen weniger als 4 % der Bevölkerung ausmachten.[46]

Zäsuren an der Wende zum 19. Jahrhundert

Die Bevölkerung der Stadt München war, für eine damalige Stadt dieser Größe und Funktion durchaus üblich, im 18. Jahrhundert stark angewachsen. In den dreihundert Jahren zwischen 1500 und 1800 war die Einwohnerzahl von rund 13.500 auf 40.000 Menschen gestiegen, wovon alleine 10.000 Personen, also rund ein Viertel, dem Hofstaat bzw. dem kurfürstlichen Beamtentum zuzurechnen waren.[47] (Die ohnehin hohe Zahl an Angehörigen des Hofes war durch den Antritt Karl Theodors als neuer Kurfürst im Jahr 1777, der seinen Hof von Mannheim nach München verlegt hatte, um weitere 2.000–3.000 Personen angewachsen.[48])

Als Folge dieser Entwicklung hatte die Münchner Altstadt eine starke Verdichtung erfahren. Die einst zahlreichen Gärten, auf dem Sandtnerschen Stadtmodell von 1570 anschaulich sichtbar, wurden zunehmend mit Wohnhäusern überbaut, alleine zwischen 1704 und 1781 war der Häuserbestand von 980 auf 1.488, also um rund fünfzig Prozent, angestiegen. Die Zahl der Haushalte hatte sich im selben Zeitraum von 2.266 auf 8.829 nahezu vervierfacht.[49] (Zum Vergleich: In der St.-Anna-Vorstadt lebten im selben Jahr 1781 2.225 Menschen, verteilt auf 507 Herdstätten in insgesamt 188 Häusern.[50]) Die bestehenden Häuser wurden, um dem steigenden Bedarf an Wohnraum gerecht zu werden, nach und nach aufgestockt oder durch Neubauten höherer Geschosszahlen ersetzt; auch das System der Untervermietung einzelner Stockwerke oder auch nur Räume war in München relativ früh zu beobachten.[51] Die zunehmende Enge innerhalb der Stadtmauern hatte nicht zuletzt zu einem enormen Anstieg der Mietpreise geführt; diese hatten sich innerhalb des letzten Drittels des 18. Jahrhunderts nahezu verdoppelt.[52]

Die Lösung dieses immer dringlicher werdenden Problems war alleine in der Anlage planmäßiger Stadterweiterungen zu finden. Außerhalb der Mauern boten bis dahin lediglich das noch innerhalb des Burgfriedens gelegene Lehel sowie die ein eigenes Gericht bildende Vorstadt Au die Möglichkeit günstigen Wohnens.[53] Der zunehmenden Beengung konnte auch die Mitte des 18. Jahrhunderts begonnene und in erster Linie hygienisch bedingte Verlegung städtischer Groß-Einrichtungen hinaus vor die Tore der Stadt nicht wirkungsvoll entgegenwirken. 1778 etwa waren die Salzstadel auf dem Promenadeplatz abgebrochen und im Bereich des heutigen Hauptbahnhofes neu aufgebaut worden, zehn Jahre später hatte man die innerstädtischen Friedhöfe aufgelassen und durch die Anlage des Südfriedhofs ersetzt.[54]

Angeregt und beraten durch den amerikanischen Generalmajor Benjamin Ritter von Thompson, späterer Reichsgraf von Rumford, leitete Kurfürst Karl Theodor schließlich die Entfestigung Münchens ein. Bereits die ersten, am 18. März 1791 begonnenen Baumaßnahmen im Bereich des Neuhauser Tores, Ende des 18. Jahrhunderts am stärksten frequentiertes Ein- und Ausfallstor der Stadt, zeigten die damit verfolgten Ziele auf: Durch die Einebnung der Bastion im Vorfeld sowie durch den Umbau des Tores – Begradigung der zuvor schräg gestellten Gewölbegänge – wurde die Zufahrt in die Stadt erheblich erleichtert, durch die Schaffung des Karlsplatzes in Form eines weit geschwungenen Rondells erhielt die Stadt einen weiteren Raum öffentlicher Bestimmung, und die Nutzung der Rondellbauten

als Mietshäuser sollte als Musterbeispiel für die Schaffung neuen, dringend benötigten Wohnraums dienen.[55]

Die Beseitigung der Wallbefestigungen war für München von größter Bedeutung: In ihrer Folge entstanden, beginnend im Norden, planmäßige Vorstädte wie die Schönfeld- oder Maxvorstadt und leiteten eine neue, für München entscheidende Entwicklung ein (vgl. die Ensembles Maxvorstadt I und Maxvorstadt II). Die Altstadt dagegen blieb von den Maßnahmen zunächst relativ unberührt, „das neue München wächst außerhalb der alten Kernstadt."[56]

Auswirkungen der Säkularisation

In die innere Struktur der Münchner Altstadt tief eingreifend erwies sich die im letzten Drittel des 18. Jahrhunderts einsetzende, durch eine Denkschrift des Maximilian Freiherrn von Montgelas im September 1801 ministeriell vorbereitete und schließlich durch die Aufhebungsinstruktion vom 25. Januar 1802 kurfürstlich sanktionierte Säkularisation der bayerischen Klöster: Alleine in München wurden insgesamt 19 Ordensniederlassungen aufgehoben, davon 13 innerhalb der Altstadt;[57] hiervon ausgenommen blieben einzig die noch heute bestehenden Servitinnen an der Herzogspitalkirche, deren Weiterbestand wohl in erster Linie ihrer Mädchenschule zu verdanken war.[58]

Das bis dahin gerade durch seine zahlreichen Klöster geprägte München verlor innerhalb weniger Jahre einen Großteil seines religiösen Charakters. Der im 16. Jahrhundert eingesetzten „Sakralisierung" des heutigen Stadtkerns folgte jetzt eine Profanisierung, deren Endgültigkeit trotz relativierender Versuche König Ludwigs I. bis heute nachwirkt. Ganze Klosterareale, unter ihnen die Konvente der Franziskaner und der Kapuziner, wurden dem Abbruch freigegeben, zahlreiche Kapellen und kleine Kir-

Abb. 9. Das Stadttor als Hindernis; Rekonstruktion des Neuhauser Tors von Gustav Steinlein nach Jakob Sandtner, 1570

Abb. 10. Abbruch der Stadt- ▷
mauer am Sebastiansplatz; Aquarell von C. A. Lebschée, 1849

chen verschwanden aus dem Stadtbild: 1803 wurden St. Rochus in der Rochusstraße sowie die Gruftkirche im Bereich des heutigen Marienhofs abgebrochen, die Dreifaltigkeitskapelle am gleichnamigen Platz in eine Knabenschule umgewidmet und die Wieskapelle St. Salvator am Petersplatz durch die Pfarrei an die Stadt verkauft (1880 abgebrochen); 1806–08 wurden in der Neuhauser Straße die Kirche St. Maria und Gregorius sowie im Rosental die Wartenberg- und die Sebastianskapelle niedergelegt, die St. Nikolauskapelle am Petersplatz profaniert.

Diejenigen Klöster, deren bauliche Hülle erhalten blieb, wurden einer öffentlichen, zumeist schulischen oder behördlichen Nutzung übergeben: Das *Karmeliterkloster* wurde zum königlichen Schulhaus, in das im Laufe des 19. Jahrhunderts die renommiertesten Gymnasien der Stadt einzogen (zunächst das Wilhelms- und das Ludwigs-, später auch das Maximiliansgymnasium, seit 1905 schließlich das „Albertinum"), das *Damenstift* nahm zunächst die polytechnische, später auch die Ludwigs-Realschule auf. Einen Einzelfall stellt das *Klarissinnenkloster* St. Jakob am Anger dar: Dessen bereits bestehende Mädchenschule wurde nach der Klosteraufhebung 1803 zunächst verstaatlicht, konnte jedoch auf Weisung König Ludwigs I. 1843 wieder in weibliche Ordenshände, nun diejenigen der *Armen Schulschwestern*, übergeben werden. In das *Theatinerkloster* zogen staatliche Ministerien ein, im Institut der *Englischen Fräulein* in der Weinstraße nahm, nach einer vorübergehenden Nutzung durch das Staatsministerium des Innern (1812–26), die königliche Polizeidirektion Quartier, und das im Dezember 1802 an die Stadt verkaufte Kloster der *Karmeliterinnen* wurde zum städtischen Pfandhaus.

Vielfältigsten Nutzungsänderungen waren die beiden umfangreichen Klosterareale an der Neuhauser Straße, diejenigen der Jesuiten bzw. der Augustiner, unterworfen. Das Schicksal des weitläufigen *Kollegs der Jesuiten*, deren Auflösung auf Anordnung Papst Clemens XIV. 1773 erfolgt war, mag den Säkularisten um Montgelas als wegweisendes Beispiel gedient haben. Noch im Jahr der Auflösung zogen die Polizeidirektion sowie kurfürstliche Ratskollegien in die Räumlichkeiten ein, ein Jahr später folgte die fürstliche Bibliothek (1790 der Öffentlichkeit

zugänglich gemacht, 1843 in die Ludwigstraße verlegt); im Jahr darauf kam es – im Nordflügel entlang der heutigen Maxburgstraße – durch die Einquartierung des Kadettencorps (1775–1826) zu einer vorübergehenden militärischen Nutzung. Wissenschaftliche Einrichtungen folgten ab 1783: Bis zur Kriegszerstörung 1944 benutzte die Akademie der Wissenschaften mitsamt ihren umfangreichen Sammlungen wie dem 1809 eröffneten Museum für Naturgeschichte Räumlichkeiten im Obergeschoss; im Erdgeschoss fanden das Landes- bzw. Reichsarchiv (1784–1844) sowie die Schule der Maler und Bildhauer Platz (bis 1808). Weitere bedeutende Einrichtungen der Kultur und Lehre folgten mit der königlichen Akademie der Bildenden Künste (1808–85), die 1841 einen eigenen Antikensaal entlang der Kapellenstraße einbauen ließ, und schließlich mit der von Landshut nach München verlegten bayerischen Landesuniversität (1826–40). Ab Mitte des 19. Jahrhunderts dominierten wiederum staatliche Behörden die ehemaligen Klosterräume: 1842–66 verschiedene Staatsministerien, 1845–68 das Landtagsarchiv, 1844–57 der Schwurgerichtshof und seit 1845 auch das Oberste Landesgericht (vgl. Neuhauser Straße 8).

Die Klostergebäude der *Augustinereremiten*, ein gewaltiger Komplex entlang der Ett- und Augstinerstraße sowie der Löwengrube, dienten bis zur Errichtung des neuen Justizpalastes (1906–08) der Unterbringung verschiedener Justizbehörden; sie wurden nach deren Auszug niedergerissen und durch den monumentalen Neubau des Polizeipräsidiums (1911–13) ersetzt. Die 1803 profanierte Kirche St. Johannes, ein mächtiger Basilika-Bau aus gotischer Zeit, nahm zunächst die Mauthalle auf; 1914–1915 wurde eine Zwischendecke eingezogen, der obere Bereich daraufhin zum „Weißen Saal", das Erdgeschoss zu einer Ladenzeile bzw. zu einer Turnhalle samt Amtsräumen für das benachbarte Polizeipräsidium umfunktioniert. 1966 schließlich eröffnete in den Räumen der ehem. Klosterkirche das Deutsche Jagd- und Fischereimuseum.

Zum wohl größten Nutznießer der Säkularisation wurde der Landesherr, also jene Institution, die in den Jahrhunderten zuvor meist als Begründer bzw. Stifter eben derselben Klöster aufgetreten war. Dieser, beziehungsweise der Staat, profitierte zum

◁ Abb. 11. Franzis-
kanerkloster vor
dem Abbruch;
Aquarell von
C. A. Lebschée
nach A. Quaglio,
1802

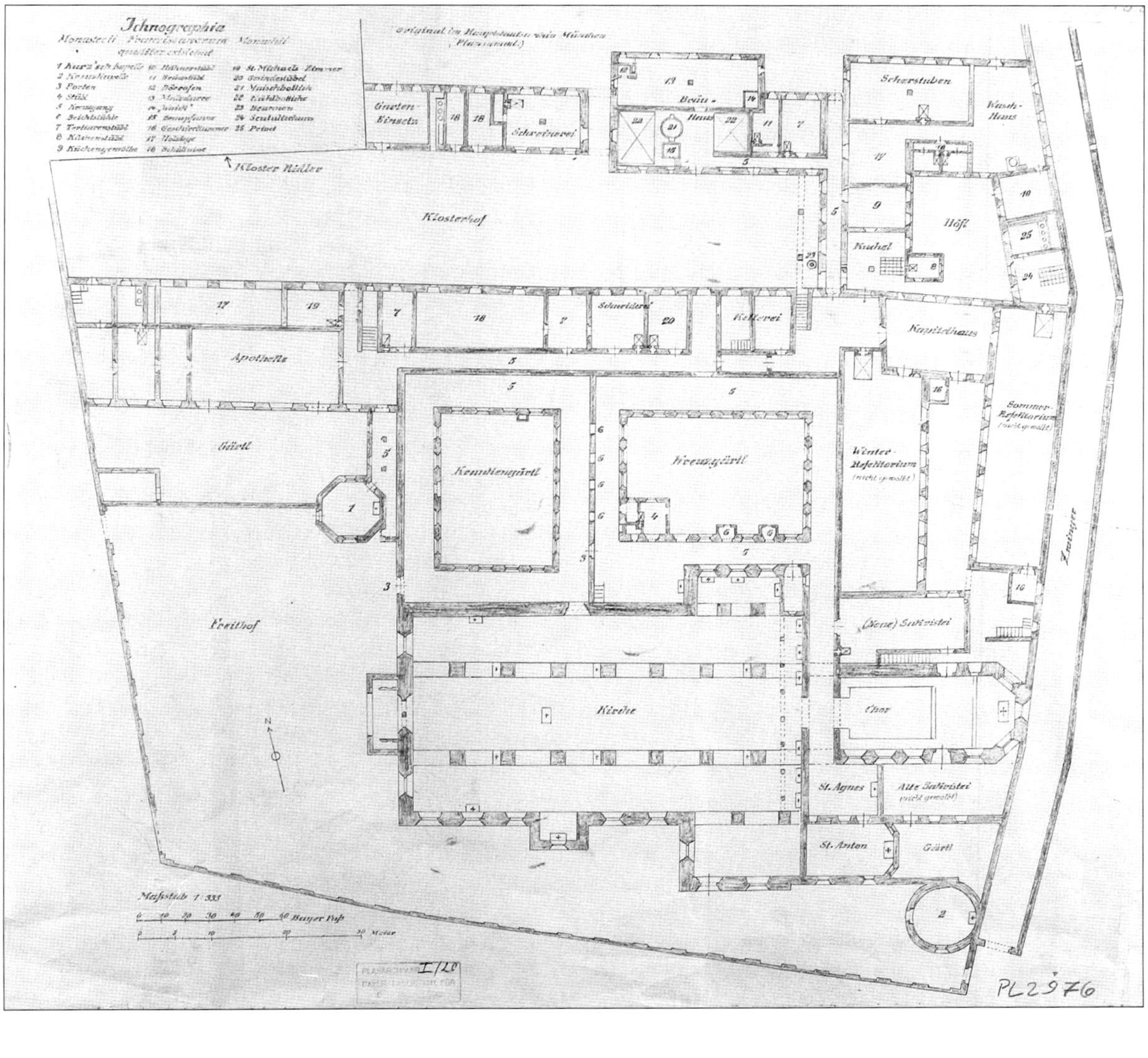

◁ Abb. 12. Franzis-
kanerkloster am
Max-Joseph-
Platz; Gesamt-
grundriss

Abb. 13. Abbruch des Franziskanerklosters; Kupferstich von P. Trog, 1802

einen dadurch, dass, wie das Beispiel Jesuitenkolleg zeigt, durch die aufgelösten und leer gewordenen Klosteranlagen der für staatliche Einrichtungen und Institutionen dringend benötigte Raum nun kostengünstig zur Verfügung stand; zum anderen schuf man durch den teilweisen Abbruch der Klöster jenen Raum in der eng gewordenen Altstadt, der für die groß dimensionierten neuen Repräsentationsbauten des sich anbahnenden Königreichs erforderlich war.

Am anschaulichsten zeigt sich dieser Wandel wohl am Beispiel des erst zu Beginn des 19. Jahrhunderts entstandenen Max-Joseph-Platzes: Der Herstellung der mit rund 125 auf 150 Metern Weite gewaltigen Freifläche wurden mit dem Franziskanerkloster und dem Ridler-Frauenkloster zwei der ältesten Klöster der Stadt geopfert.

Das *Franziskanerkloster* (Abb. 11 und 12), von Herzog Ludwig dem Strengen 1282/84 hierher in unmittelbare Nähe zum Alten Hof verwiesen, bildete mit seiner rund 75 Meter langen Kirche, zwei Kreuzgängen, einem Friedhof sowie mehreren Höfen und Wirtschaftsgebäuden, darunter ein geräumiges Brauhaus mit Bräustüberl, einen ausgedehnten Komplex im nordöstlichen Bereich des späteren Max-Joseph-Platzes, heute zum Teil überbaut durch das National- bzw. Residenztheater. Nach seiner offiziellen Aufhebung am 6. Februar 1802 war im November mit dem Abbruch begonnen worden (Abb. 13).

Noch erweitert wurde die Fläche durch den 1803 erfolgten Abbruch des bereits 1782 zugunsten eines Schulfonds aufgehobenen *Ridler-Frauenklosters* mitsamt seiner Kirche St. Johannis auf der Stiege; an seiner statt entstand 1826–35 der sog. Königsbau der Residenz. Das dritte Kloster in diesem Bereich, das im späten 13. Jahrhundert gegründete und 1802 aufgehobene *Pütrich-Frauenkloster*, das mit seiner dem hl. Christophorus geweihten Kirche (im Bereich des heutigen Eckhauses Residenzstraße 11) sowie einem lang gestreckten Gartenhof die gesamte Nordseite der heutigen Perusastraße zwischen Residenz- und Theatinerstraße eingenommen hatte, wurde zugunsten einer Verbreiterung der Perusastraße ebenfalls zum Abbruch freigegeben.

Die solcherart geschaffene Freifläche wurde zunächst wohl überwiegend als Exerzierplatz in unmittelbarer Nähe der Residenz benutzt; erst im Laufe der nächsten drei Jahrzehnte erhielt der Platz durch das Nationaltheater (1812–18), durch den sog. Königsbau der Residenz (1826–35) sowie durch die Umgestaltung des ehem. Törring-Palais zur Hauptpost (1834–38) seinen repräsentativen, der neuen Würde einer nun königlichen Haupt- und Residenzstadt Rechnung tragenden Charakter. Positiv formuliert, wurden also erst durch die konsequent vollzogene Säkularisation der innerstädtischen Klöster jene Voraussetzungen geschaffen, die für den Wandel Münchens von der kleinstädtischen Residenz- zur modernen Hauptstadt eines europäischen Territorialstaats unabdingbar waren.

Verlagerung der Märkte

Am Beginn des 19. Jahrhunderts änderte die Münchner Innenstadt mit dem Auszug zahlreicher Märkte hinaus in die neu entstehenden Vorstädte sowie durch die gleichzeitige Konzentration der verbliebenen Märkte auf den 1807 ins Leben gerufenen Viktualienmarkt in einem weiteren Punkt ganz entscheidend ihr Gepräge. Ausschlaggebend hierfür war die Absicht einer Freiräumung des zunehmend als überlastet empfundenen Schrannenplatzes (später Marienplatz), der spätestens an der Wende zum 14. Jahrhundert zu Münchens wichtigstem Warenumschlagszentrum aufgestiegen war.

Am Beginn dieser Entwicklung stand der Eier- und Kräutlmarkt, eine Art Lebensmittelmarkt für den täglichen Bedarf.[59] Dieser hatte seinen angestammten Standort zunächst im östlichen Randbereich des Schrannenplatzes, vor dem Alten Rathaus, in unmittelbarer Nachbarschaft zum Fischmarkt. Seine Bedeutung für die Stadt erschließt sich nicht zuletzt aus einem Kupferstich Michael Wenings, der seine um 1700 angefertigte Darstellung des Alten Rathauses ausdrücklich mit „Das Rahthauß sambt dem Kreütl Marckh zu München" titulierte (siehe Abb. S. 549). Mit dem Anwachsen der Stadt breitete sich auch der Markt stetig aus, hinein ins Tal, in die Burgstraße und gegen den Rindermarkt zu. Seine Auflösung wurde zur eigentlichen Voraussetzung des Viktualienmarktes. Für den Neubau des Eckhauses Marienplatz/Burgstraße (später Café Greif, seit 1954 Teil des Kaufhauses Ludwig Beck) im Jahre 1801 musste der Markt – sehr zum Unmut der Händler – in den ehemaligen Friedhofsbezirk von St. Peter verlegt werden. Der sprachlichen Mode der Zeit entsprechend firmierte der Markt von nun an unter dem latinisierten Begriff Viktualienmarkt. Diesem wurde mit Allerhöchster Entschließung des Königs Max I. Joseph vom 10. März 1807 als neuer Standort der Hof des säkularisierten Heilig-Geist-Spitals zugewiesen; im Sinne eines neuen Marktzentrums erwog man zugleich die Umwandlung der Spitalskirche in ein Kaufhaus. Die Kirche blieb zwar erhalten, den für den wachsenden Markt nötigen räumlichen Zugewinn jedoch schuf die Stadt, indem sie bis 1823 das gesamte Spital aufkaufte und sukzessive abbrechen ließ. Des Weiteren ließ der Magistrat das „Corrections Haus" – an der Stelle des ehemaligen Gefängnisses kam die Freibank zu stehen (seit 2005 „Wirtshaus Der Pschorr") – sowie weitere einengende Baulichkeiten, darunter fünf eigens von der Stadt zu diesem Zweck aufgekaufte Häuser an der Roßschwemme, demolieren.

Als letztes „störendes" Gebäude wurde 1884 das sog. Weiberhaus des ehemaligen Spitals, ein mächtiger, quer vor der Kirchenfassade liegender Riegel, abgebrochen (vgl. Prälat-Miller-Weg 1). Die so geschaffene neue Freifläche kam auch dem Fischmarkt zugute. Dieser war spätestens seit dem 13. Jahrhundert ebenfalls auf dem Schrannenplatz beim Fischbrunnen abgehalten worden und wurde 1831 auf den Viktualienmarkt verlegt, in jenen Bereich an der Westenriederstraße, an dem er sich noch heute befindet.

Wichtigster Markt der Stadt war der bereits 1296 als Kornmarkt erwähnte Getreidemarkt (siehe Abb. 14). Auch er fand, zweimal wöchentlich, auf dem zentralen Schrannenplatz statt. Rasch zum größten Getreidemarkt in Bayern aufgestiegen, führte seine Abhaltung im Herzen der Stadt seit jeher zu massiven Verkehrsproblemen, die man durch eigene Verkehrs- und Schrannenordnungen zu bewältigen versuchte. Eine rege stadtpolitische Diskussion über die Verlegung des Marktes hatte bereits Ende des 18. Jahrhunderts begonnen, der Entschluss hierzu fiel jedoch erst 1849. Für die hierfür neu zu erbauende und 1853 fertiggestellte Schrannenhalle wurde der durch die Niederlegung der Stadtmauern frei gewordene weitläufige Platz entlang der Blumenstraße zwischen dem Angertor im Süden und dem Vik-

◁ Abb. 14. Der Getreide-
markt auf dem heutigen
Marienplatz; Aquarell
von F. K. Heinzmann,
1836

tualienmarkt im Norden gewählt. Nach dem Abbruch der Halle im frühen 20. Jahrhundert – mit weit über 400 Metern Länge wurde sie schon bald als stadtmauerähnliches Bollwerk und somit als störend empfunden (in den Jahren 2000 ff. in Fragmenten wieder aufgestellt und seither überwiegend gastronomisch genutzt) – wechselte der Markt in die 1910–11 errichtete neue Großmarkthalle in Sendling.

Eine ähnliche Entwicklung erlebten die Viehmärkte. Der ursprünglich innerhalb des ersten Stadtmauerrings, auf dem Rindermarkt abgehaltene Viehmarkt war schon früh, wohl noch im 14. Jahrhundert, auf den Anger verlegt worden. Dort befand sich spätestens seit 1369 auch der Münchner Pferdemarkt, in einem Bereich, der erst 1957 seiner ehemaligen Bestimmung gemäß in Rossmarkt umbenannt wurde. Später kamen Viehverkaufsplätze im Tal, im Färbergraben und entlang der Sendlinger Straße hinzu, 1851 eröffnete ein neuer Viehmarkt in der Herrnstraße. Hierher wurde auch der Pferdemarkt verlegt, der zuvor zugunsten des neuen Feuerwehrhauses am Anger von dort auf den Maximiliansplatz gewechselt hatte. Mit der Fertigstellung des Schlachthofs in der Isarvorstadt 1878 verließen schließlich sämtliche Viehmärkte den Altstadtbezirk. Auf dem Areal des ehemaligen Viehmarktgeländes in der Herrnstraße wurde 1881–82 das zweite protestantische Schulhaus Münchens errichtet.

Ein weiterer einstmals bedeutsamer Markt, der Weinmarkt, hatte sich zu dieser Zeit bereits von selber erledigt. Zunächst in der Weinstraße abgehalten, wechselte auch er noch im 14. Jahrhundert auf den Schrannenplatz. Dort erlangte er eine derartige Bedeutung, dass noch zu Beginn des 17. Jahrhunderts die Bezeichnung Weinmarkt zuweilen als Synonym für den gesamten Platz verwendet wurde (dies ist nicht weiter verwunderlich, gehörte der Wein doch bis zum Beginn der frühen Neuzeit zum wichtigsten Volksgetränk in Bayern. Erst das 1516 von den beiden Herzögen Wilhelm IV. und Ludwig X. erlassene bayerische Reinheitsgebot, maßgeblich verstärkt durch das 1602 von Maximilian I. begründete Weißbiermonopol der Wittelsbacher mitsamt wirkungsvoller landesherrlicher Maßnahmen zur Förderung des Bierkonsums bei gleichzeitiger Behinderung des Weinabsatzes, führte zu einem spürbaren Niedergang des Weinhandels).[60] Der schrumpfende Weinmarkt zog sich immer weiter

vom Marktplatz zurück, hinein in die städtischen Weinkeller, etwa unter der ehemaligen Ratstrinkstube an der Ecke Marienplatz/Dienerstraße oder im Stadtschreiberhaus an der Burgstraße; zu Beginn des 19. Jahrhunderts schließlich waren die städtischen Umschlagplätze für Wein allesamt aufgelassen.

Auch Münchens wichtigster Jahrmarkt, die einmal jährlich stattfindende Jakobidult, war diesem Standortwechsel unterworfen. Sie wurde seit dem Mittelalter auf dem großen Anger vor der Jakobskirche abgehalten. Nachdem sie sich im Laufe der Zeit immer weiter ausgedehnt hatte – weit hinein in die Sendlinger und Kaufingerstraße – wurde sie 1801 zunächst auf den Promenadeplatz verlegt, von dem sie 1822 auf den jenseits der ehemaligen Stadtmauer arrondierten Maximiliansplatz und von dort in den 1870er Jahren auf den Johannisplatz in Haidhausen wechselte; seit 1905 wird sie auf dem Mariahilfplatz in der Au abgehalten.

Vorübergehende Innenstadt-Präsenz des Militärs

Mit Ausnahme des an der Schwelle zum 16. Jahrhundert errichteten städtischen Zeughauses am St.-Jakobs-Platz (heute Teil des Stadtmuseums) sowie eines kleinen, hölzernen Wachlokals auf dem Schrannenplatz befanden sich bis in die Zeit nach dem Dreißigjährigen Krieg keinerlei militärische Einrichtungen innerhalb der Stadtmauern. (Das Zeughaus des Landesherrn, bis 1599 am Salvatorplatz, war nach einem Brand 1615 im Bereich des heutigen Marstallplatzes und damit vor der Stadt neu aufgebaut worden.) Bis zum Ende des 18. Jahrhunderts blieb die innere Struktur der Münchner Altstadt von Bauten des Militärs weitgehend unberührt.

Die Errichtung ständiger Truppenunterkünfte war erst unter Herzog und Kurfürst Maximilian I. mit der Einrichtung eines stehenden Heeres notwendig geworden. Für die anfangs zahlenmäßig noch recht kleine Garnison genügten zunächst drei einfache Barackenbauten außerhalb der Stadt, vor dem Schwabinger Tor.[61] Auch die frühe Kosttor-Kaserne, zu Beginn des 18. Jahrhunderts in unmittelbarer Nähe des Kosttors errichtet, befand sich zwar hart an, aber noch außerhalb der Stadtmauer, dort, wo sich heute Wurzer- und Maximilianstraße kreuzen.[62]

Die ersten Kasernenbauten innerhalb der Stadtmauern entstanden unter Kurfürst Ferdinand Maria, freilich noch direkt in deren Schatten: Um 1670/71 zog man südlich des Neuhauser Tors, angelehnt an die innere Stadtmauerseite, „20 Paraquen oder Soldatenhäusl" hoch.[63] Diese aufgrund ihrer Nähe zur Allerheiligenkirche am Kreuz als Kreuzkaserne bezeichnete reihenhausartige Wohnanlage für Soldaten wurde um 1704/14 durch die Einbeziehung eines ehemaligen, südlich anschließenden städtischen Salzstadels zu einer Gesamtlänge von mehr als 300 Metern erweitert[64] (heute entspricht dieser Bereich der nördlichen Herzog-Wilhelm-Straße). Auf der gegenüberliegenden Straßenseite wurde, ebenfalls noch im 18. Jahrhundert, als Versorgungsbau der Garnison anstelle eines alten Bürgerhauses ein mit rund fünfzig Metern Länge durchaus stattliches Provianthaus mit Militärbäckerei, Brotmagazin und Kornspeicher gebaut (Abb. 15); hieran schloss nördlich das sog. Kernsche Haus an, ein dreigeschossiger Militärbau mit Mannschaftsquartieren und Speicherböden im Dachstuhl.[65] Damit war der noch um 1600 mit „Hinter der Zollmauer" benannte nördliche Straßenabschnitt der heutigen Herzog-Wilhelm-Straße zu einem nahezu geschlossenen militärisch genutzten Raum geworden, für den sich schließlich die Bezeichnung „Kreuzkaserngasse", verkürzt auch „Kaserngasse", einbürgerte.[66]

Einen ähnlich markanten Akzent setzte das kurfürstliche Militär ansonsten nur noch am heutigen Marienplatz. Hier hatte die Hauptwache 1771 ein von der Stadt erworbenes, von François Cuvilliés d. J. eigens zu diesem Zweck umgebautes Eckgebäude an der Westseite des Platzes (heute Marienplatz 1) bezogen;[67] ein großes kurfürstliches Wappen an der Fassade verdeutlichte für jeden sichtbar die unmittelbare Präsenz des Landesherrn an diesem neuralgischen Punkt der Stadt.

Mit der sich anbahnenden Säkularisation begann die Landesregierung, verstärkt militärische Einrichtungen in den bis dato hiervon weitgehend frei gebliebenen Altstadtbereich zu verlagern. Die Aufhebung des Jesuitenkollegs St. Michael 1773 wurde dazu genutzt, in dessen frei gewordenen Seitentrakt an der heutigen Maxburgstraße das kurfürstliche Kadettenkorps einzuquartieren; diese auf dem Consoni-Plan von 1806 als „MILITÄR-AKADEMIE" bezeichnete Ausbildungsanstalt für junge Offiziere hatte sich bis dahin außerhalb der Stadtmauern, vor dem Sendlinger Tor, befunden.[68] Die zugehörige Kirche St. Michael wurde mit Einführung einer eigenen Militärpfarrei für den Garnisonsstandort München zur Garnisonskirche. Auch die nördlich gegenüberliegende Herzog-Max-Burg, deren ursprüngliche Funktion als Nebenresidenz nicht regierender Wittelsbacher beziehungsweise als Wohnsitz verwitweter Herrschergattinnen im Laufe des 18. Jahrhunderts zunehmend an Bedeutung verloren

hatte, wurde verstärkt für die Belange der militärischen Verwaltung verwendet. Mit Beginn des 19. Jahrhunderts benutzten u. a. die Rechnungsregistratur, die Generallazarett-Inspektion und der Kriegsökonomierat den gewaltigen Renaissancebau als Dienstgebäude; Kriegsschule und -akademie folgten 1867.

Obwohl der Gedanke an die Umwandlung von Klöstern in Kasernen im Sommer 1801, also noch vor der eigentlichen Säkularisation, von offizieller Seite weitergesponnen wurde, unterblieb mit Ausnahme des angeführten Jesuitenkollegs die Durchführung innerhalb der Altstadt; lediglich das Kloster der Hieronymitaner im Lehel wurde 1806–07 zu einer Kaserne für 250 Soldaten und 220 Pferde umfunktioniert. Die Umwandlung der innerstädtischen Klosterareale in moderne Kasernen erschien wegen des schlechten baulichen Zustands der Klöster, aber auch im Hinblick auf die hohe Volksverehrung derselben mit zu großen Schwierigkeiten verbunden. Kurfürst Max IV. Joseph, der spätere König Max I. Joseph, entschloss sich daher, in unmittelbarer Nähe zur Residenz, im östlichen Bereich des Hofgartens, einen kompletten Neubau, die in ihren Ausmaßen monumentale „Neue Infanteriekaserne am Hofgarten", errichten zu lassen. Spätere Überlegungen Max Josephs, rund um den Königsplatz ein eigenes Militärviertel entstehen zu lassen, kamen dagegen nicht zur Ausführung.

Die Präsenz des Militärs in der Innenstadt währte nur kurz: Bereits in der zweiten Hälfte des 19. Jahrhunderts begann, bedingt durch die neu entstandenen großen Militärbauten überwiegend im Westen der Stadt, der allmähliche Auszug des Militärs. Mit Ausnahme des gegenüber dem Dom gelegenen Dechanthofs – der ehem. Pfarrhof der Frauenkirche war 1803 durch die Säkularisation an den bayerischen Staat gefallen und 1848 in eine Kaserne für rund 130 Offiziere samt ihren Mannschaften umgewandelt worden – entstanden keine nennenswerten Militärbauten mehr; für das umfangreiche militärische Neubauprogramm König Maximilians II. war die Innenstadt zu eng geworden; die zum Teil enorme Ausmaße aufweisenden Kasernenneubauten wurden deshalb weit außerhalb, auf den großen Brachflächen des Mars- beziehungsweise Oberwiesenfeldes, errichtet. Die Militärgebäude der Innenstadt wurden nach und nach abgebrochen oder einer neuen Nutzung zugeführt: Die Kasernenbauten an der Herzog-Wilhelm-Straße etwa wurden, bereits 1815 in ein Militärgefängnis umgewandelt, mit Eröffnung des neuen Garnisonsgefängnisses an der Corneliusstraße 1883 geschlossen, die Kosttor-Kaserne brach man 1855 zugunsten der Neutrassierung der Maximilianstraße ab; und auch der Dechanthof verlor bald wieder seine militärische Bedeutung: 1865 durch das Domkapitel zurückgekauft, wurde er im folgenden Jahr zugunsten der Neugestaltung des Domvorplatzes niedergelegt.

Dass das München des 19. Jahrhunderts trotzdem gerade bei ausländischen Besuchern einen merkwürdig martialischen Eindruck hinterließ, lag in erster Linie wohl daran, dass jeder Heeresangehörige auch außerhalb der Dienstzeit zum Tragen seiner Uniform verpflichtet war; die daraus resultierende Dominanz der Uniform im Bild der sich so kunstsinnig gebenden Stadt kommentierte beispielsweise der englische Privatgelehrte Edward Wilberforce mit Unverständnis: „Dieses allgegenwärtige Militär in München hängt einem wirklich zum Halse heraus."[69]

Abb. 15. Herzog-Wilhelm-Straße nach Norden, links Kreuzkaserne, rechts Provianthaus an der Herzogspitalstraße

Auszug der großen Betriebe aus der Altstadt

Die Jahrzehnte des frühen Königreichs bedeuteten für München, beginnend mit der Maxvorstadt im Nordwesten, die Zeit der großen Stadterweiterungen; die Altstadt blieb in dieser Zeit von größeren Veränderungen unberührt. Erst in der Mitte des 19. Jahrhunderts setzte eine neuerliche strukturelle Veränderung ein, eine Entwicklung, die bis heute nachvollziehbar geblieben ist: Die

Auflösung der kleinteiligen Strukturen des Mittelalters bzw. der frühen Neuzeit in ein großflächiges, großzügig dimensioniertes Geschäftszentrum. War die strukturelle Entwicklung bisher nahezu ausschließlich von politischen Faktoren geprägt, wie etwa Stärke bzw. Schwäche des Bürgertums, Ausbau zur Residenzstadt oder Säkularisation, übernahm jetzt die Wirtschaft die Rolle des verändernden Moments. Wenn nicht ausgelöst, so doch entscheidend verstärkt durch den aufkommenden Eisenbahnverkehr (1840 Verlängerung der – privaten – Bahnlinie bis Augsburg, 1844 Verstaatlichung der Bahnen, 1849 Eröffnung des repräsentativen Hauptbahnhofs), setzte etwa um diese Zeit, einhergehend mit einem starken Bevölkerungszuwachs, ein enormes Wirtschaftswachstum ein.

Eine erste spürbare Veränderung betraf das Münchner Brauereigewerbe. Dieses war bis zum Ende des 18. Jahrhunderts von einer relativen Kleinteiligkeit und Statik geprägt. Mit dem Ende des Dreißigjährigen Krieges war die Anzahl der Braustätten in München behördlicherseits auf 54 begrenzt worden, eine Bestimmung, die schließlich dazu führte, dass sich mit dem Bevölkerungsanstieg und der damit einhergehenden steigenden Nachfrage nach Bier die Brauereien zwangsläufig vergrößern mussten.

Mit der Aufhebung der strikten Begrenzungsverordnung am Beginn des 19. Jahrhunderts setzte eine starke Konzentration im nun konkurrierenden Braugewerbe ein: Von 52 Brauereien im Jahr 1810 blieben bis 1871 nur fünfzehn übrig. Die überlebenden Brauereien wiederum expandierten derart stark, dass sich ihre angestammten Braustätten – diese lagen vor allem entlang der beiden Hauptachsen Kaufinger-/Neuhauser Straße sowie Sendlinger Straße – schon bald als zu eng erwiesen; als neue Standorte erwarben sie große Grundstücke weit außerhalb der Altstadt, bevorzugt im Osten, am Isarhochufer zwischen Gasteig und Wiener Platz, oder im Westen, entlang der neu entstandenen Bahnanlagen.

Als erste Brauerei[70] verlegte der Zengerbräu, nachdem seine Braustätte in der Burgstraße durch Feuer zerstört worden war, 1842 seinen Braubetrieb in die Haidhauser Kellerstraße, es folgte die Löwenbräubrauerei, die schon 1825 damit begonnen hatte, außerstädtische Grundstücke im Bereich des südlichen Oberwiesenfelds aufzukaufen; 1851 war der komplette Umzug der Brauerei von der Löwengrube hinaus an die Nymphenburger Straße abgeschlossen; im selben Jahr begann die Spatenbrauerei, ihre Braustätte von der Neuhauser Straße hinaus an die Marsstraße zu verlegen. Allein zwischen 1863 und 1865 verließen vier Brauereien den althergebrachten Brauereistandort Sendlinger Straße: Münchner-Kindl- sowie Singlspielbrauerei zogen an die Rosenheimer Straße, Hackerbräu in die Bayerstraße sowie Franziskaner-Leist-Bräu auf die Isaranhöhe oberhalb der Au. Schließlich verließen auch die beiden Großbrauereien Pschorr und Augustiner ihre Stammsitze in der Neuhauser Straße: Erstere wechselte 1877 in die Bayerstraße, die zweite 1885 in die Landsberger Straße. Als letzter der innerstädtischen Münchner Braubetriebe schloss 1896 die königliche Hofbräubrauerei ihre seit 1607 betriebene Sudstätte am Platzl und verlegte sie hinaus nach Haidhausen (und von dort schließlich 1988 nach Riem, unmittelbar vor die Stadtgrenze).

Andere Gewerbe mit hohem Flächenbedarf folgten dem Auszug aus der Altstadt: Die „Maschinenbaugesellschaft" Friedrich

◁ Abb. 16. Börsenbazar (Mitte) mit Innenräumen und Vorbebauung (unten); Zeichnung von P. Herwegen, 1881

Ungerer zum Beispiel zog 1851 vom Altheimer Eck hinaus in die Dachauer Straße, die 1589 im Tal gegründete Wachszieherei Gautsch verlagerte ihren gesamten Geschäftsbetrieb 1860 an die Nymphenburger Straße, wo sie rasch zur Hofwachswarenfabrik aufstieg, die Handschuhfabrikation Roeckl, noch 1839 in der Kaufingerstraße gegründet, errichtete 1871–72 im südlichen Glockenbachviertel ein großes Fabrikgebäude an der Isartalstraße, und die im Windschatten der Münchner Brauereien stark expandierende Fassfabrik Strobl zog 1876 von ihrem Gründungshaus am Färbergraben in die Westendstraße; die Senf- und Feinkostfabrik Develey schließlich wechselte von ihrem Stammhaus in der Kaufingerstraße hinaus in die Thalkirchner Straße.[71]

Finanzplatz München: Neuerlicher Wandel des Kreuzviertels

Der Auszug der großen Gewerbebetriebe bedeutete für die Altstadt keineswegs eine Verödung; dem produzierenden Gewerbe folgten neue Handelszweige, unter denen das Bankgewerbe zunächst die Führungsrolle übernahm; Ausgangspunkt hierfür war der hohe Bedarf an Kapital, das die mit Beginn des 19. Jahrhunderts auch in München erwachende Wirtschaft und deren Protagonisten benötigten.

Als erstes Bankinstitut in München wurde 1835 die *Bayerische Hypotheken- und Wechselbank* gegründet, die ihr erstes Quartier – freilich zunächst zur Untermiete – im vornehmen Preysing-Palais gegenüber der Residenz bezog (das Palais ging 1848 in den Besitz der Bank über, 1880 wurde der Innenhof als Schalterhalle überdacht; vgl. Residenzstraße 27).

Das Bankhaus hatte damit eine Entwicklung vorweggenommen, die eine Generation später, im Wirtschaftsboom der Gründerzeit, die Struktur eines ganzen Stadtviertels verändern sollte: der Einzug des Bankgewerbes in das bis dahin durch den Adel geprägte Kreuzviertel.

Das stark expandierende Bankgewerbe suchte für seine Niederlassungen ausgesprochen repräsentative Anwesen, die es in den Adelspalais entlang der Kardinal-Faulhaber-, Pranner- und Maffeistraße sowie am Promenadeplatz fand. Zahlreiche Palais kamen auf diese Weise in den Besitz von Bankinstituten, die sie zu ihren Zwecken umbauen bzw. durch gründerzeitliche Neubauten ersetzen ließen.[72]

Zu einem regelrechten Finanzzentrum entwickelte sich das kleine Fingergässl zwischen Theatinerstraße und Promenadeplatz. Die zunächst rund drei Meter schmale Gasse wurde unter Preisgabe der gesamten südlichen Häuserzeile – unter den Anwesen befand sich auch der stadtbekannte Schleibingerbräu – 1873–1874 auf dreizehn Meter verbreitert. Auf der freigeräumten Fläche entstand bis 1877 der monumentale und für seine Zeit höchst fortschrittliche Wohn- und Geschäftshauskomplex des sog. *Börsenbazars* (Abb. 16). (Die 1832 eröffnete Börse saß bis dahin in Räumlichkeiten der Weingaststätte Hoffmann in der Kaufingerstraße). Der fünfzehn Fensterachsen breite Neurenaissancebau dominierte mit seiner lang gestreckten Arkade und den Schaufenstern der aneinandergereihten Geschäftsläden den gesamten Straßenraum der neu geschaffenen Maffeistraße. 1883 folgte die Erweiterung um einen südlichen Neubau an der Schäfflerstraße, der neben weiteren Verkaufsräumen dem Börsenparkett sowie der Erweiterung des pompösen Börsencafés Platz bot.[73]

Den westlichen Anschluss entlang der Maffeistraße besetzte die *Bayerische Handelsbank*, die hier 1874–76 den ersten eigenständigen Bankhaus-Neubau der Stadt errichten ließ;[74] nur wenige Jahre zuvor war die 1869 gegründete *Bayerische Vereinsbank*, die ihren Sitz bis dahin in der nahen Prannerstraße gehabt hatte, in das gegenüberliegende Palais Rechberg, den Eckbau an der Kardinal-Faulhaber-Straße, eingezogen.

Abb. 17. Ehem. Palais Fugger-Zinneberg, zugunsten eines Bankhaus-Neubaus abgebrochen in den 1890er Jahren

Beide Bankhäuser entschlossen sich in den folgenden Jahrzehnten gesteigerter wirtschaftlicher Prosperität zur Errichtung repräsentativer Neubauten. Die *Bayerische Vereinsbank* ließ ihr Palais 1884 abbrechen und durch einen Aufsehen erregenden, hochmodernen Bankpalast ersetzen. Der aufwendige Bau eines Berliner Architekten (Wilhelm Martens), ein mustergültiges Beispiel seiner Gattung, setzte einen markanten Akzent in das altstädtische Straßenbild seiner näheren Umgebung (vgl. Kardinal-Faulhaber-Straße 14). Die *Bayerische Handelsbank* auf der gegenüberliegenden Straßenseite folgte mit einem modernen Neubau 1901–05, ebenfalls nach Plänen eines Berliner Architekten (Emil Schmidt).

Die weitere Geschichte gerade der *Bayerischen Vereinsbank* steht symptomatisch für die zunehmende Ausbreitung der Banken innerhalb des Kreuzviertels: 1887 erwarb das Geldinstitut zu Erweiterungszwecken das östlich anschließende Gebäude der ehemaligen Domschule, 1890 das nördlich angrenzende Hotel Kappler. Fünf Jahre später folgte der Kauf eines weiteren Anwesens an der nördlichen Seite der Maffeistraße, 1934 schließlich der Erwerb des stattlichen Palais Portia in der Kardinal-Faulhaber-Straße.

Spätestens am Ende des 19. Jahrhunderts waren die alten Palais nur noch ihrer Grundstücksgröße bzw. ihrer prominenten Lage wegen von Interesse. Die *Königliche Filialbank*, spätere *Bayerische Staatsbank* zum Beispiel ließ im Bereich Kardinal-Faulhaber-/Pranner-/Salvatorstraße drei alte Adelspalais abbrechen, unter ihnen das im Stil Enrico Zuccallis errichtete Palais Rheinstein-Tattenbach, und in zwei Schritten durch einen monumentalen Großbau (1893–94 und 1907–08) nach dem Vorbild der Frankfurter Bank in Frankfurt ersetzen (vgl. Kardinal-Faulhaber-Straße 1). Das an der Prannerstraße westlich anschließende, im Stil Cuvilliés' erbaute Rokoko-Palais Neuhaus-Preysing, von der Filialbank 1898 zu Erweiterungszwecken erworben, blieb dagegen vom Abbruch verschont (vgl. Prannerstraße 2).

Wiederum in der Kardinal-Faulhaber-Straße hatte die *Bayerische Hypotheken- und Wechselbank* zwischen 1886 und 1894 vier Grundstücke in ihren Besitz gebracht und deren Bebauung demolieren lassen. An deren Stelle errichtete 1895–96 der Berliner Architekt Emil Schmidt einen pompösen Bankpalast im Wilhelminischen Neubarock (vgl. Kardinal-Faulhaber-Straße 10), der freilich unter den zeitgenössischen Kritikern nicht nur auf Zustimmung stieß. Der den bankgewerblichen Neubauten gegenüber ohnehin skeptische Franz Paul Zauner („Zu den am wenigsten erfreulichen Objekten im Architekturbild einer Stadt gehören unstreitig die Bankbauten") urteilte über das Erscheinungsbild: „Diesem Gebilde mit den ungeheuren Figuren kann wohl niemand Geschmack abgewinnen."[75]

Auch für die Erweiterung entlang der Theatinerstraße wurde ein weiteres Stück „Alt-München" beseitigt: Bereits 1886 hatte das Bankhaus das ehem. Palais Fugger-Zinneberg (Abb. 17) erworben, einen Palastbau mit bedeutsamer Cuvilliés-Fassade, der als zeitweiser Sitz der Akademie der Wissenschaften sowie der Hofbibliothek auch zum damaligen Zeitpunkt durchaus schon eine gewisse historische Bedeutung für sich reklamieren konnte. Nachdem das Bankinstitut schließlich 1891 noch die beiden nördlich angrenzenden Bürgerhäuser, darunter das einstige Wohnhaus des Hofbaumeisters und Bildhauers Hans Krumpper, gekauft hatte, ließ es die drei Gebäude abbrechen und 1896–98 durch einen monumentalen Bankhaus-Neubau, wiederum nach Plänen Emil Schmidts, doch mit Fassadengestaltung durch zwei Münchner Architekten, ersetzen (vgl. Theatinerstraße 11).

Als spätes Beispiel für die Verdrängung alter Bausubstanz durch moderne Bankhäuser wäre noch die *Dresdner Bank* zu nennen, die im südöstlichen Bereich des Promenadeplatzes drei bebaute Parzellen erworben hatte und dort, als letzten „Bankpalast" vor dem Ersten Weltkrieg, in den Jahren 1906–07 durch das Münchner Baugeschäft Heilmann & Littmann ebenfalls einen markanten Neubau errichten ließ (Abb. 18; vgl. Promenadeplatz 7). Zu diesem Zeitpunkt hatten bereits über 75 % aller in München ansässigen Bank- und Wechselgeschäfte ihren Standort in der Altstadt.[76]

Im und nach dem Ersten Weltkrieg hielt der Zuzug von Bankinstituten in das Kreuzviertel an: 1916 hatte die in Ludwigshafen beheimatete *Pfälzische Hypothekenbank* das spätbarocke Palais Spreti – unter sachlicher Umgestaltung des Erdgeschosses – bezogen (vgl. Kardinal-Faulhaber-Straße 6), und 1936 erwarb die *Süddeutsche Holzwirtschaftsbank* das Palais Arco-Gise (vgl. Prannerstraße 9).

Abb. 18. Promenadeplatz, Südseite, Dresdner Bank und ehem. Ballinhaus neben Bürgerhäusern des 18. Jahrhunderts (von links); Aufnahme 2008

Auch die „Tradition" des Palais-Abbruchs fand seine Fortsetzung: Die spätbarocke und im Luftkrieg teilzerstörte, aber gesicherte Fassade des ehemaligen Maffei-Palais an der Nordseite des Promenadeplatzes wurde 1951 zugunsten eines sechsgeschossigen Neubaus der ehem. *Bank für Gemeinwirtschaft* demoliert (Abb. 20 und 21). Anders verfuhr die *Deutsche Bank* gegenüber, auf der Südseite des Platzes, als sie dort 1959–60 im Zuge eines groß angelegten, drei Parzellen umfassenden Neubaus auch das 1959 erworbene Grundstück des ehemaligen Gunetzrhainer-Hauses neu bebauen ließ; die Ruine der zu den qualitätvollsten ihrer Art zählenden Rokokofassade wurde zwar ebenfalls abgebrochen, ihrer hohen Bedeutung wegen jedoch in allen Einzelheiten rekonstruiert und dem Neubau vorgeblendet (vgl. Promenadeplatz 15).

◁◁ Abb. 19. Theatinerstraße 16, Palais Piosasque de Non nach Schaufenstereinbauten (zerstört)

◁▽ Abb. 20 und 21. Promenadeplatz 8, Palais Maffei (vor Zerstörung) und Neubau unten

Vom Wohn- und Geschäftshaus zum Kaufhaus

Ebenfalls in der Mitte des 19. Jahrhunderts setzte, nahezu im gesamten Bereich der Münchner Altstadt, eine Verdrängung des Bürgerhauses durch das moderne Wohn- und Geschäftshaus ein, dessen Erdgeschossbereich (und oft auch das erste Obergeschoss) einer gewerblichen, die Geschosse darüber einer Wohnnutzung vorbehalten waren.[77]

Als eines der frühesten Beispiele seiner Art darf das Wohn- und Geschäftshaus des Großhändlers Ludwig Ignaz Lebling an der Kardinal-Faulhaber-/Ecke Prannerstraße gelten. Lebling hatte hier zwei nebeneinanderliegende Häuser aufgekauft und 1855–57 durch das bestehende Geschäftshaus ersetzen lassen. Das Erdgeschoss wurde in zahlreiche Läden mit jeweils eigenem Schaufenster aufgeteilt, darüber wurde ein eigenes Geschoss nur für Lagerräume eingerichtet. Die Wohnräume begannen im zweiten Obergeschoss (vgl. Kardinal-Faulhaber-Straße 15).

Während dieser neuartige Haustypus in der gleichzeitig entstandenen Maximilianstraße für einen ganzen Straßenzug prägend wurde, setzte er sich innerhalb der Altstadt erst in den siebziger Jahren des 19. Jahrhunderts durch. Hier machte sich die neue Zeit zunächst vor allem durch die Auswechslung der überkommenen Läden in den Erdgeschoss-Zonen bemerkbar. Das typische Münchner Ladengeschäft bestand bis dahin aus dem zumeist gewölbten Erdgeschoss-Raum, nach außen hin erweitert durch eine Laube oder ein weit auskragendes Vordach (Abb. 22). Nun begann man, nicht immer zum Vorteil des äußeren Erscheinungsbildes, die Erdgeschoss-Bögen durch große Schaufenster aus Glas zu ersetzen (Abb. 19).[78]

Ein prägnantes Beispiel für die laufenden Veränderungen hat sich in dem ehemaligen Bürgerhaus Residenzstraße 17 erhalten. Auf Sandtners Stadtmodell von 1570 dreigeschossig mit ansteigendem Pultdach, besaß es noch 1822 eine gewölbte Erdgeschoss-Halle (Abb. 23). Spätestens 1869 erfolgten eine Aufstockung des Hauses sowie der Einbau von Schaufenstern im Erdgeschoss (Abb. 24). 1890 schließlich, das Haus gehörte mittlerweile einem Hofjuwelier, schloss man den alten Lichthof mit einem modernen Glasdach und brach in die beiden unteren Geschosse der Fassade eine großflächige Schaufensterkonstruktion aus Glas und Eisen ein (Abb. 25).

Abb. 22. Schaufenster einer Tuchhandlung in der Kaufingerstraße; Radierung von F. W. Bollinger, 1805

Zur endgültigen Durchsetzung des Wohn- und Geschäftshauses mussten erst durch die Verbreiterung der zum Teil engen Altstadtgassen die räumlichen Voraussetzungen geschaffen werden. In die 1870er Jahre fielen etwa die Verbreiterung der Maffeistraße sowie, in der Graggenau, von Orlando- und Neuturmstraße oder, im geschäftigen Hackenviertel, von Hackenstraße, Färbergraben und Altheimer Eck. Weitere für die Geschäftsentwicklung bedeutsame Aufweitungen folgten, noch vor der Jahrhundertwende, in der Rosen- und Liebfrauenstraße sowie in der Kaufingerstraße. Von besonderer Bedeutung war die Anlage der Pettenbeckstraße 1895–96, die den verkehrstechnisch wichtigen Durchbruch vom Oberanger zum Rindermarkt (und über die Rosenstraße weiter zum Marienplatz bzw. zur Neuhauser Straße) herstellte.[79]

In der Folge entstanden im nahezu gesamten Altstadtgebiet moderne Wohn- und Geschäftshäuser. Die alten Bürgerhäuser und mit ihnen die unpraktikabel gewordenen Grundstückseinteilungen in Form langer, schmaler Parzellen, die sogenannten „Münchner Leichentücher", wurden zunehmend durch breite, meist fünfgeschossige Wohn- und Geschäftshäuser ersetzt, eine Entwicklung, die vor allem in den großen Geschäftsstraßen wie Theatiner-, Kaufinger-, Neuhauser- und Sendlinger Straße sowie im Tal zu beobachten war (anschauliche Beispiele haben sich

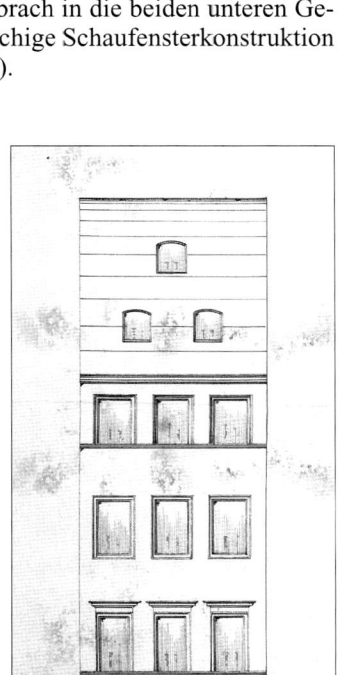

◁◁ Abb. 23. Residenzstraße 17; Zustand 1822

◁ Abb. 24. Residenzstraße 17; Zustand 1869

Abb. 25. Residenzstraße 17; Zustand 1890 ▷

Abb. 26. Geschäftshaus Knagge & Peitz im Färbergraben (vor Zerstörung)

Abb. 27. Neuhauser Straße, rechts Vorbebauung des Kaufhauses Oberpollinger; Aufnahme vor 1905

etwa mit der Residenzstraße 24 und 25, Sparkassenstraße 5 und 11, Sendlinger Straße 29/31 und 45, Tal 20 oder Theatinerstraße 38 erhalten); an den beiden nebeneinanderliegenden Häusern Dienerstraße 19 und 18 lässt sich die Wirkung eines solchen modernen Geschäftsbaus (Nr. 19 wurde 1898 errichtet) neben einem spätbarocken Bürgerhaus noch deutlich nachvollziehen (siehe Abb. S. 172); freilich fand bei letzterem schon 1853 eine erste geschäftsbedingte Umgestaltung des Erdgeschosses statt, weitere folgten 1896 und nach dem Zweiten Weltkrieg.

Am Ende dieser Entwicklung standen das Büro- und Geschäftshaus beziehungsweise das reine Geschäfts- oder Warenhaus, unter denen wohl das im April 1889 eröffnete Herren- und Knabenbekleidungsgeschäft Knagge und Peitz am Färbergraben[80] als eines der ersten anzusehen ist (Abb. 26). Als weitere frühe Beispiele sind zu nennen das Geschäfts- und Bürohaus Domhof in der Liebfrauenstraße (1897–98) sowie die in einem zeitgemäßen Jugendstil errichteten Kaufhäuser Uhlfelder im Rosental (1903–04) und Isidor Bach in der Sendlinger Straße (1903–05, heute Konen; vgl. Sendlinger Straße 3).

Wie sehr das beginnende 20. Jahrhundert noch als Zeit des Umbruchs zu bewerten ist, zeigt das Beispiel Ruffini-Block/Warenhaus Oberpollinger. Im Jahr 1901 hatte die Stadt ein weiträumiges, weitgehend von kleinen Geschäften belegtes Altbau-Areal zwischen Sendlinger Straße, Pettenbeckstraße und Rosental zugunsten einer großzügigen Neubebauung niederlegen lassen; zur Ausführung an dieser prominenten Stelle kam jedoch nicht der von Architektenseite propagierte Entwurf eines groß dimensionierten Warenhauses, sondern die vielgestaltige, „malerische" Häusergruppe des Ruffini-Blocks, dessen Binneneinteilung in zahlreiche kleine Ladenräume wiederum an den Bedürfnissen des Einzelhandels ausgerichtet wurde (1903–05). Zur selben Zeit, im Februar 1905, eröffnete mit dem Kaufhaus Oberpollinger in der Neuhauser Straße der erste monumentale Kaufhausbau der Münchner Altstadt. Für den Neubau waren drei Mitte des 19. Jahrhunderts errichtete Häuser abgebrochen worden, unter ihnen das fünfgeschossige Hotel Oberpollinger (Abb. 27); das Sandtnersche Stadtmodell von 1570 zeigt an dieser Stelle sechs mittelalterliche Bürgerhäuser (vgl. Neuhauser Straße 18).

Bei den in den letzten Jahren vor dem Ersten Weltkrieg ausgeführten Bauprojekten innerhalb der Altstadt handelte es sich fast nur noch um reine Geschäftshäuser; dies war die Folge eines durch den Wirtschaftsboom ausgelösten erheblichen Kommerzialisierungsdrucks, der gerade auf den besten Geschäftslagen

lastete. Bezeichnend hierfür steht der 1909 für die Schuhfirma Salamander ausgeführte Neubau des Geschäftshauses Weinstraße 4, für dessen Projektierung maßgebend gewesen war, „das in der besten Stadtlage befindliche (...) Grundstück intensiv auszunützen und dabei große Geschäftslokalitäten zu schaffen."[81]

Prominente, im Krieg weitgehend verschont gebliebene Beispiele hierfür sind, neben dem ehemaligen Salamanderhaus in der Weinstraße, die Geschäftshäuser Arco-Palais (1908–10) und Gablerhaus (1910–11, jetzt Teil der HypoVereinsbank) in der Theatinerstraße, das Geschäftshaus Ballin am Promenadeplatz (1909–10, heute Bankhaus Maffei & Co.), das Bekleidungsgeschäft Hage & Poelt am Marienplatz/Ecke Rindermarkt (1910–11, heute Deutsche Bank), das Zechbauerhaus in der Residenzstraße (1910–11), das Geschäftshaus Rappeneck in der Sendlinger Straße (1911, heute SportScheck), die Jugendstil-Häuser Nr. 31 (Spielwaren Schmidt, 1910) und Nr. 35 (1911/12) in der Neuhauser Straße oder das fünf mittelalterliche Parzellen einnehmende Delikatessengeschäft Dallmayr in der Dienerstraße (1912). Noch im Jahr des Kriegsausbruches entstanden der Geschäftshauskomplex Sendlingerblock am Sendlinger-Tor-Platz, das Geschäftshaus Hirmer in der Kaufingerstraße sowie das Geschäftshaus Frauenplatz 11/Weinstraße 11, von dem sich nur noch die weiten Schaufensterbögen des Erdgeschosses erhalten haben.

Wandel durch Reichtum: Gastronomie und Hotellerie in der Innenstadt

Der Mitte des 19. Jahrhunderts einsetzende wirtschaftliche Aufschwung und die damit einhergehende Kommerzialisierung der Münchner Altstadt wirkten sich ganz erheblich auch auf das innerstädtische Gastgewerbe aus. Bis dahin hatten zur Verköstigung und Beherbergung in erster Linie die einfachen Schankstätten der kleinen Bierbrauereien gedient, für gehobene Ansprüche standen alleine die etwas besser ausgestatteten Gasthöfe der Weinwirte zur Verfügung, wie etwa der Schwarze Adler in der Neuhauser Straße (später Hotel Detzer) oder der Goldene Hirsch in der Theatinerstraße.

Grundlegende Veränderungen brachte zunächst die Eisenbahn. 1841, die Bahnstrecke München–Augsburg war gerade in Betrieb genommen worden, öffnete mit dem – von König Ludwig I. höchstpersönlich angeregten – „Bayerischen Hof" am Promenadeplatz der erste gehobene Hotelbetrieb der Stadt seine

Abb. 28. Lenbachplatz, Südseite, Hotel Leinfelder, links Vorbebauung des Künstlerhauses; Aufnahme um 1885

Pforten; für den mit rund 200 Gästezimmern im komfortablen Stil ausgestatteten Neubau (siehe Abb. S. 845) waren vier frühneuzeitliche Bürgerhäuser abgebrochen worden (Abb. 29).

Weitere Hotels ließen sich in der Altstadt nieder: in der Dienerstraße die Hotels Zur blauen Traube (1872 in Englischer Hof umbenannt), und – als Garni – Dosch, das großzügig dimensionierte Hotel Leinfelder am Lenbachplatz (Abb. 28) oder das Hotel Max-Emanuel am Promenadeplatz, dessen Café und Restauration in zeitgenössischen Reiseführern als „elegant und großartig"[82] gerühmt wurde; der 1842 aus einer stillgelegten Brauerei hervorgegangene Gasthof Zum Oberpollinger in der Neuhauser Straße wurde 1861 zum Hotel, und der 1823 in derselben Straße eröffnete Bamberger Hof wurde 1869 um ein angrenzendes Anwesen erweitert und firmierte fortan ebenfalls als Hotel. Unmittelbar vor der Altstadt ließen sich, in der Maximilianstraße, das Hotel Vier Jahreszeiten und, am Karlsplatz, das Hotel Bellevue (heute Königshof) nieder. Zur selben Zeit eröffneten mit dem großräumigen Café Probst in der Neuhauser Straße (Abb. 30) und dem Café Perzel am Marienplatz die ersten vornehmen, mit aufwendigem Interieur ausgestatteten Kaffeehäuser in der Altstadt.[83]

Die rasche Ausbreitung der Hotels und Cafés in der gesamten Altstadt – ein Reiseführer des Jahres 1863 listet bereits 18 Kaffeehäuser in diesem Quartier auf[84] – ist auch im Zusammenhang mit einem erwachenden internationalen Tourismus zu sehen, auf den sich die Stadt als neue Erwerbsquelle rasch einzustellen wusste. Bereits 1863 wurde zur Bequemlichkeit der Fremden eine achtstündige Omnibus-Rundfahrt zu den Sehenswürdigkeiten der Stadt angeboten; Einstiegsplatz war in der Weinstraße.[85]

Infolge des stark prosperierenden Fremdenverkehrs – zwischen 1875 und 1910 stieg die Zahl der Touristen in München von 157.000 auf 582.000[86] – mehr aber noch als Ergebnis und Ausdruck eines gestiegenen Wohlstandes, nicht zuletzt aber auch aus einem neuartigen kulturellen Anspruchsdenken heraus entwickelte sich, nach dem Vorbild von Wien oder Paris, in den Jahren nach der Reichsgründung ein neuer gastronomischer Typus: das luxuriöse „Etablissement".

Exemplarisch zeigt sich die neue Entwicklung in der Neuturmstraße, einem anstelle der 1875 abgebrochenen Hofbräuhaus-Malzmühle angelegten kurzen Straßenzug entlang der ebenfalls niedergelegten Stadtmauer zwischen Kosttor und Bräu-

Abb. 29. Promenadeplatz, Nordseite, Teil der Vorbebauung des Hotels Bayerischer Hof; Radierung von F. W. Bollinger, 1805

Abb. 30. Café Probst in der Neuhauser Straße; Holzstich, 1856

hausstraße. Zwei private Investoren erwarben die gesamte Westseite der Straße und ließen sie im einheitlichen Stil der monumentalen Neurenaissance bebauen: Im Norden, zum Kosttor hin,
ließen sie ein Hotel mit Café-Restaurant aufführen (Hotel Roth,
vgl. Straßentext Neuturmstraße), an der Ecke zur Bräuhausstraße den beherrschenden Monumentalbau der sogenannten
„Centralsäle". Die ersten Pläne von 1876, die noch ein Wohn-
und Geschäftshaus mit Gaststätte im Erdgeschoss und Wohnungen darüber vorgesehen hatten, waren, unter Zurücknahme der
Wohnnutzung, schon bald zugunsten eines regelrechten Fest-
saalgebäudes revidiert worden. Unter Beibehaltung der großzügigen Gastwirtschaft im Erdgeschoss wurde im Stockwerk darüber nun ein elegantes Restaurant mit Vertäfelung und Stuckdekor eingerichtet. Das zweite und dritte Obergeschoss nahm
nahezu vollständig ein großer, prächtig gestalteter Festsaal ein,
der bis zur Eröffnung des Deutschen Theaters als Hochburg des
Münchner Faschings galt (vgl. Neuturmstraße 1). Vor dem Hintergrund, dass auf der dem Neubau gegenüberliegenden Freifläche noch bis 1878 ein Teil der Münchner Viehmärkte abgehalten wurde, erscheint ein solcher Strukturwandel hier in der Graggenau als geradezu eklatant.

Neben den 1880 eröffneten Centralsälen kam wohl auch dem
1883 im Börsenbazar in der Maffeistraße eingerichteten luxuriö-
sen Börsencafé eine entscheidende Vorreiterrolle zu. Beide standen am Beginn einer Entwicklung, die die innerstädtische Gastronomie innerhalb kurzer Zeit rasant verändern sollte. In der
Folgezeit entstanden nahezu in der gesamten Altstadt neuartige
Restaurants, Cafés und Hotels für den gehobenen Anspruch.

Als Restaurants „ersten Ranges" galten etwa das Restaurant
im Künstlerhaus (mit erhaltenem sog. „Venezianischem Zimmer", siehe Abb. S. 465), das in seiner historistischen Ausstattung fast vollständig erhaltene Weinhaus Neuner in der Herzogspitalstraße (siehe Abb. S. 301 f.) oder das Weinrestaurant
Schwarzwälder in der Hartmannstraße (heute Weinhandlung);

im Luftkrieg untergegangen sind die Kaiserhalle in der Neuhauser Straße, das Hoftheater in der Residenzstraße (heute Spaten-
haus), der Domhof in der Kaufingerstraße und das als „feines
reizendes Weinrestaurant"[87] gerühmte Lokal im Kunstgewerbe-
haus in der Pacellistraße.

Unter den Kaffeehäusern wären exemplarisch zu nennen das
Residenzcafé und das Café Corso in der Theatinerstraße, das
Café Kaiser Ludwig Ecke Rindermarkt/Rosental, das „Wiener
Cafe" Orlando di Lasso am Platzl, das Café Biedermeier in der
Neuhauser Straße, das Café Plendl in der Rosenstraße oder, als
letzte ihrer Art vor dem Ersten Weltkrieg, die beiden 1912 eröff-
neten Kaffeehäuser Rathaus am Marienplatz und Fürstenhof in
der Neuhauser Straße.

Auch die Hotellerie veränderte ihr Gesicht: Der Bayerische
Hof am Promenadeplatz (siehe Abb. S. 845) und der Englische
Hof in der Dienerstraße gaben sich durch aufwendige Umbauten
ein neues, ausdrücklich luxuriöses Gesicht, der traditionelle
Gasthof zum Schwarzen Adler in der Kaufingerstraße legte sich
den vornehmeren Namen „Dom-Hotel" zu (was allerdings nicht
verhindern konnte, dass das Haus 1898 verkauft und durch einen
Geschäftsbau ersetzt wurde) und das Restaurant Kaiserhalle in
der Neuhauser Straße wurde zum vornehmen Hotel Deutscher
Hof ausgebaut; im Herz der Stadt, direkt am Marienplatz, eröffnete mit dem Hotel Peterhof eine weitere vornehme Unterkunfts-
möglichkeit.

Freilich bleibt festzustellen, dass sich gerade die jeweils präch-
tigsten Vertreter ihrer Gattung im unmittelbaren Randbereich
der Altstadt niederließen, so etwa das Café Luitpold (siehe Abb.
S. 136) und das Weinrestaurant Schleich in der Brienner Straße,
das Café Kaiser Franz Joseph sowie die Hotels Continental, Re-
gina-Palast-Hotel und Russischer Hof (siehe Abb. S. 745) entlang des Maximiliansplatzes, das Café Viktoria in der Maximilianstraße oder das Café Prinzregent am Beginn der Prinzregentenstraße (siehe Abb. S. 818).

Abb. 31. Gasthaus zum Kreuzbräu vor Abbruch; Aufnahme 1894

Abb. 32. Neubau des Kreuzbräu; Aufnahme 1932

Eine spezifisch münchnerische Note dagegen trugen die neu entstehenden Großgaststätten der Bierbrauereien in die altstädtische Gastronomie. Die Münchner Brauereien nutzten nach der Verlegung ihrer Sudstätten aus der Innenstadt die frei gewordenen Grundstücke – und wohl auch den ausgebrochenen Boom auf dem Gastronomiesektor – und ließen ihrerseits regelrechte Bierpaläste errichten.

Allein in den zwölf Jahren zwischen 1896 und 1908 entstanden sechs neue gastronomische Großbetriebe in der Altstadt. Den Beginn machten 1896 die Pschorrbräu-Bierhallen in der Neuhauser Straße mit insgesamt 1.500 Sitzplätzen, es folgten 1897 der Neubau des Hofbräuhauses am Platzl mit zwei Bierhallen und einem Festsaal für alleine über 1.000 Gäste und 1898 der Abbruch und Neubau des Kreuzbräus in der Brunnstraße (Abb. 31 und 32) sowie, einzig authentisch erhaltenes Beispiel seiner Art, des Augustinerbräus in der Neuhauser Straße mit Schwemme, Festsaal und Restaurant für den gehobenen Anspruch. Weitere Neubauten als innerstädtische Ausschankstätten errichteten der Sterneckerbräu (1902) und die Weißbierbrauerei Georg Schneider (Weißes Bräuhaus, 1904), beide im Tal, sowie Paulaner in der Kaufingerstraße (1908).[88]

Zwischen volksnahen Bierpalästen und sich mondän gebenden Luxusrestaurants und -cafés konnte sich gegen Ende des 19. Jahrhunderts ein weiterer, bisher unbekannter Lokaltyp in der Münchner Altstadt etablieren: das exotische Lokal.

Zu den ersten Lokalen mit „fremdländischer" Küche dürfte das 1887 am Viktualienmarkt eröffnete Café Restaurant & Weinkeller Italia gehört haben, das neben italienischen Speisen und Weinen freilich auch noch deutsche und Wiener Gerichte im Angebot führte. Als frühes Beispiel einer um exotisches Flair bemühten Inneneinrichtung darf das um 1890 eröffnete Restaurant zum Eberlbräu am Karlstor gelten, das mit großformatigen Wandbildern mit orientalischen und asiatischen Motiven glänzte; weitere Lokalitäten besonderer Exotik fand der Münchner im Chinesischen Teesalon Marco Polo in der Burgstraße, im Japanischen Teesalon Tokyo in der Neuturmstraße, im Kakaoausschank Van Houten in der Residenzstraße oder in einer Holländischen Teestube in der Herzog-Wilhelm-Straße. Die neue Welt nach amerikanischem Vorbild suchte man seit 1894 in der American Bar und im English Grill Room im Färbergraben oder in der Central-Bar gegenüber vom Hofbräuhaus.[89] Mit dem vegetarischen Restaurant Café Ceres in der Löwengrube und der Vegetarischen Restauration in der Hackenstraße zogen zwei bis dahin den Münchnern ebenfalls völlig neue (und wohl auch exotisch anmutende) Lokale in die Altstadt.[90]

Als letzter Gastronomietypus sei noch auf den des Automaten-Restaurants hingewiesen, der ebenfalls um die Jahrhundertwende an besonders frequentierten Stellen der Altstadt, etwa in der Theatinerstraße, am Färbergraben oder in der Neuhauser Straße, auftauchte und nicht nur der prompten Bedienung gegen Geldeinwurf wegen, sondern wohl in erster Linie auch aufgrund der allgemeinen Begeisterung für technische Neuerungen für Aufsehen sorgte;[91] ein für den eklatanten Wandel der altstädtischen Gastronomie im Besonderen wie auch der Altstadt im Allgemeinen besonders sprechendes Beispiel war der „City-Automat" in der Neuhauser Straße.[92]

Wohl nicht zuletzt angelockt durch das enorm gestiegene gastronomische Angebot in der Altstadt suchte ein weiterer, bisher in der Altstadt noch nicht anzutreffender Typ nun die unmittelbare Stadtmitte als neues Zuhause: das Korpshaus. 1899 eröffneten, jeweils in einem eigens aufgerichteten Neubau, mit der Rheno-Palatina, der Makaria und der Frankonia gleich drei Studentenverbindungen ihre Korpshäuser am Platzl, das Corps Bavaria zog im Jahr darauf an denselben Ort. Bis zum Ausbruch des Ersten Weltkriegs folgten die Cisaria in der Münzstraße, die Germania in der Stollbergstraße und der Akademische Gesangsverein mit der besonders stattlichen „Scholastika" in der Ledererstraße.

Das Phänomen der „City-Bildung"

Der noch vor der Wende zum 20. Jahrhundert einsetzende Wandel der Münchner Altstadt zum kommerziellen Geschäftszentrum der enorm wachsenden und weit ausgreifenden Großstadt wurde bereits von den Zeitgenossen als eine Zäsur empfunden, die sie mit dem Begriff der „City-Bildung" zu umschreiben versuchten. Namensgebend für den von dem Stadtplaner Reinhard Baumeister 1876 eingeführten Begriff war die „City of London", deren Einwohnerzahl zwischen 1851 und 1871 von 128.000 auf 75.000 gesunken war.[93]

Zum Hauptkennzeichen dieser Entwicklung, die auch in deutschen Großstädten wie Berlin, Hamburg, Leipzig und Dresden zu beobachten war, wurde die Umwandlung von Wohnraum in Gewerbefläche. Für München ist diese Innenstadt-Entwicklung ab 1885, dem Zeitpunkt der höchsten Einwohnerzahl der Altstadt (50.000), festzustellen: Bei einem gleichzeitig rasanten Zuwachs der Münchner Gesamtbevölkerung verlor die Altstadt bis 1910 ein Fünftel ihrer Bewohner[94] (zum Vergleich: Alleine zwischen 1900 und 1905 waren die Einwohnerzahlen in den Vorstädten Schwabing, Neuhausen und Laim um 35–45 % angewachsen[95]); die Hauptgeschäftsstraßen, an der Spitze standen die Wein- und Theatinerstraße, verloren in diesem Zeitraum bis zu 60 % ihrer Wohnbevölkerung.[96]

Weitere Zahlen vermögen die massive Umfunktionierung der Altstadt zu verdeutlichen: Zwischen 1890 und 1905 verlor die Altstadt 1.271 Wohnungen, während zwischen 1895 und 1907 die Zahl der Arbeitsplätze von 27.000 auf über 35.000 stieg, rund ein Fünftel sämtlicher Arbeitsplätze im Stadtgebiet.[97]

Der Hauptgrund für den Wegzug zahlreicher Bewohner lag in erster Linie an dem mit der zunehmenden Attraktivität der Altstadt für die Geschäftswelt gewaltig gestiegenen Wert der innerstädtischen Grundstücke. Lagen die Quadratmeterpreise in der Maxvorstadt, etwa in der Türken- oder Gabelsbergerstraße, 1904 selbst in der Spitze bei deutlich unter 300 Mark, waren sie in den bevorzugten Geschäftsstraßen der Altstadt auf weit über 1500 Mark explodiert. Die Spitzenplätze nahmen hier, hinter der Westseite des Marienplatzes mit 1813 Mark, die Kaufinger-, Wein- und Dienerstraße mit Preisen um die 1700 Mark ein.[98]

Die enorm hohen Mietkosten machten das Wohnen in der Altstadt gerade für kinderreiche Familien nahezu unmöglich; diese war um 1900 zu Münchens „ältestem" Stadtbezirk mit dem niedrigsten Kinderanteil geworden.[99] Innerhalb der Altstadt wiederum betraf diese Entwicklung am weitaus stärksten das Kreuzviertel, das zwischen 1885 und dem Ersten Weltkrieg 40 % seiner Bewohner verlor (von 10.000 auf 6.000). Am wenigsten betroffen war das traditionell bürgerliche Angerviertel.[100]

Neben der unverhältnismäßig hohen Mietpreissteigerung in der Altstadt spielte wohl auch der freiwillige Abzug eine nicht zu unterschätzende Rolle. Mancher Bewohner zog den modernen Wohnkomfort und die luftige Weite der neu entstandenen Stadtviertel der relativen Enge der Altstadt vor. Auch verkehrstechnische Neuerungen kamen nun zum Tragen: Etwa in dieselbe Zeit fiel der effektive Ausbau des Münchner Straßenbahnnetzes, das nun eine rasche Verbindung mit den Vorstädten ermöglichte. Auch die Gründung einer „Allgemeinen Autobusgesellschaft G.m.b.H" sowie die etwa um 1900 einsetzende rasche Verbreitung des nun in Massenfabrikation hergestellten Fahrrades trugen erheblich dazu bei, die Distanz zwischen dem Geschäftszentrum Altstadt und den Wohnsiedlungen der Vorstadt bequem und schnell zu überwinden.[101]

Das Phänomen der „City-Bildung" zeigte sich zudem in einer Veränderung der innerstädtischen Berufsstruktur, wie sie eben auch in München zu beobachten war. Während in erster Linie die Angehörigen des Arbeiterstandes wegzogen, drängte die Berufsgruppe der Selbständigen nach, unter ihnen vor allem Rechtsan-

◁ Abb. 33. Marien-
platz, Nordseite;
Aufnahme Ende
19. Jahrhundert

wälte und Ärzte; um 1905 lebte nahezu ein Fünftel der in München ansässigen Angehörigen dieser beiden Berufsgruppen im
Anger- bzw. im Kreuzviertel.[102]

Wie sehr sich in dieser Zeit althergebrachte Strukturen auflös-
ten, zeigt das Schicksal des Anwesens Damenstiftstraße 12: Das
Haus, seit 1488 nachweisbar ununterbrochen im Besitz von
Bäckern, wurde 1888–89 durch den Neubau eines Wohn- und Geschäftshauses ersetzt; der Bauherr, auch er noch ein Bäckermeister, verkaufte es schließlich 1897 an ein Rechtsanwaltsehepaar.[103]

Verstärkte Bautätigkeit durch die Stadt

Eine die Struktur der Altstadt bestimmende Bautätigkeit der
Münchner Stadtgemeinde war spätestens in der Mitte des 16.
Jahrhunderts nahezu zum Erliegen gekommen. Für die folgenden Jahrhunderte waren der Landesherr, die Kirche und der Adel
maßgebend gewesen. Dies änderte sich erst, nachdem die Stadt
unter König Maximilian II. durch die 1869 erlassene Revision
des Gemeindeedikts von 1818 eine Stärkung ihrer Selbstverwal-
tungsrechte erfahren hatte. Diese Stärkung des städtischen
Selbstwertgefühls schlug sich, beflügelt und finanziert durch
den enormen Wirtschaftsaufschwung jener Jahre, umgehend in
einer regen städtischen Bautätigkeit nieder.

Zum sichtbarsten Ausdruck des neuen kommunalen Selbst-
verständnisses wurde das monumentale Großbauprojekt des
Neuen Rathauses am Marienplatz (Abb. 33). Ausgangspunkt des
in drei Bauabschnitten (1867–1908) zu fast 10.000 m² bebauter
Fläche angewachsenen Komplexes war das seit seinem Umzug
in das neue Regierungsgebäude an der Maximilianstraße 1864
leer- und zum Verkauf stehende Landschaftsgebäude an der
Nordseite des Platzes. Durch weitere Zukäufe von insgesamt 25
Bürgerhäusern kam das gesamte Geviert zwischen Marienplatz,
Landschafts-, Diener- und Weinstraße in städtischen Besitz; des-
sen Abbruch und anschließende Neubebauung durch das Neue
Rathaus „bedeutete flächenmäßig den größten Eingriff in das In-

nenstadtgefüge seit den Baumaßnahmen Wilhelms V. im späteren 16. Jahrhundert" (siehe Marienplatz 8, S. 556).

Weniger spektakulär, doch ebenfalls noch heute im Bild der
Altstadt nachvollziehbar, geriet der seit den 1860er Jahren ein-
setzende städtische Schulhausbau. Angehalten durch das 1861
erlassene Schulbedarfsgesetz, das für die städtischen Schulen eine maximale Klassenstärke von 100 Schülern vorsah,[104] ließ die
Stadt im gesamten Altstadtgebiet neue Schulhäuser errichten:
Zwischen 1866 und 1901 entstanden Schulbauten am Isartor, im
Rosental (Ecke Viktualienmarkt), am Sendlinger-Tor- und am
Salvatorplatz sowie in der Frauenstraße. Für die protestantischen
Schüler wurde, nachdem die erste Schule dieser Konfession,
jene in der Herzog-Wilhelm-Straße, zu klein geworden war,
1881–82 ein zweites Schulgebäude an der Herrnstraße errichtet
– auf einer Brachfläche, die noch drei Jahre zuvor zur Abhaltung
des letzten innerstädtischen Viehmarktes gedient hatte.

Zum neben dem Rathausbau wohl bedeutendsten städtischen
Eingriff in die Altstadtstruktur geriet, aufgrund seiner prominenten Lage, der Neubau der Stadtsparkasse im Tal. Anstelle von
acht schmalen Bürgerhäusern im Tal, darunter ein aufwendig
stuckiertes Barockhaus sowie die hier seit 1595 ansässige Stadtschreiberei, ließ die Stadt 1898–99 einen groß dimensionierten,
entlang der neu angelegten Sparkassenstraße über 100 Meter
langen Neubau aufführen; eine Erweiterung für städtische
Dienststellen folgte, unter Beseitigung der Häuser Tal 1 und 2,
1906–08.

Weitere dominante Neubauten errichtete die Stadtverwaltung
im südlichen Angerviertel: 1902–07 den stattlichen, aus mehreren Gebäuden bestehenden Block der Hauptfeuerwache entlang
der Blumenstraße und des Unteren Angers sowie 1913–17, nach
Abbruch des nutzlos gewordenen Kriminalgefängnisses, den bewusst monumental gehaltenen Verwaltungskomplex der städtischen Gaswerke. Der Bau des Technischen Hochhauses 1927–28
am südlichen Ende des Unteren Angers, im Bereich des vormaligen Angertors, setzte den wirkungsvollen Schlusspunkt städtischer Architektur im südlichen Angerviertel.

Stagnation in unruhiger Zeit: Die Jahre 1918–1945

Der verlorene Erste Weltkrieg und das 1918 auf der Theresienwiese ausgerufene Ende der bayerischen Monarchie markierten für die nunmehr ehemalige „Königliche Residenzstadt" eine Zäsur. Die nun folgende Zeit politischer Umbrüche und Unsicherheiten, erinnert sei an die Inflation 1923 und die Weltwirtschaftskrise 1929, bedeutete ein abruptes Ende des zuvor nahezu ungebremsten wirtschaftlichen Aufschwungs. Gerade der in den Jahren vor dem Krieg mit rasanter Geschwindigkeit vorangetriebene Ausbau der Altstadt zur Geschäftscity kam zum Stagnieren, und auch die Bautätigkeit der Stadt fand, mit Ausnahme des Technischen Hochhauses, nicht mehr in der Altstadt statt. Die wenigen nennenswerten Baumaßnahmen der Zwischenkriegszeit versuchten zuvorderst, der akut hereingebrochenen Wohnungsnot entgegenzuwirken und entstanden weit außerhalb der Altstadt.

Innerhalb der Altstadt kam es, neben dem bereits erwähnten Technischen Hochhaus am Unteren Anger, als größerem Bauprojekt lediglich zum 1923–25 ausgeführten (jedoch schon ab 1911 an dieser Stelle geplanten) Polizeidienstgebäude in der Hochbrückenstraße, freilich auch dies ein öffentliches Bauprojekt. Unter den hierfür abgeräumten Anwesen befand sich das Eckhaus Ledererstraße 11, dessen Schicksal für den eklatanten Wandel der Altstadtstruktur gerade in der Graggenau bezeichnend ist: Seit 1570 im Besitz von Lederern (vgl. den Straßennamen) und Gerbern, vererbte es der Rotgerbermeister Nikolaus Burghard 1913 an seine neun Kinder. Diese vereinigten sämtliche Anteile auf drei ihrer Brüder, einen Fabrikanten, einen Kaufmann und einen Sattler, allesamt bereits aus der Altstadt ausgezogen und in Pasing wohnend, die zwei Jahre später das 1740 von ihrem Ururur-Großvater erworbene Haus an den „Bayerischen Staats-Finanzärar" veräußerten.[105]

Die Machtübernahme durch die Nationalsozialisten im März 1933 bedeutete für München die parteioffizielle Ernennung zur „Stadt der deutschen Kunst" und schließlich 1935 zur „Hauptstadt der Bewegung". Trotz der großangelegten Versuche, München zur monumentalen Bühne nationalsozialistischer Weltanschauung umzubauen, blieb die Altstadt von derartigen Projekten unberührt. Die nationalsozialistische Stadtplanung setzte außerhalb der ehemaligen Stadtmauern an; den in monumentalen Dimensionen denkenden Nationalsozialisten war die Münchner Altstadt schlicht zu klein, auch sollte wohl ihre „altdeutsche" Atmosphäre weitgehend unangetastet bleiben.

Pläne wie der Neubau eines Kulturzentrums in der Nähe des Stadtmuseums, ein großflächiger Neubaublock – unter kompletter Überbauung der Burgstraße – nördlich des Alten Rathauses oder der Durchbruch vom Max-Joseph-Platz zur Theatiner- und weiter zur Prannerstraße kamen über das Stadium eines ersten Vorschlags nicht hinaus. Auch von der 1937 ins Auge gefassten Sanierung des Angerviertels mittels eines „Auskernungsplans" kam lediglich das 1939 am Oberanger fertiggestellte Bauzunfthaus zur Ausführung; hierfür wurde die alte, fünf Parzellen umfassende Bürgerhausbebauung zwischen Schmid- und Singlspielerstraße abgebrochen.[106] Außer diesem mittlerweile mehrfach veränderten Verwaltungsgebäude (Oberanger 32, heute Bayerischer Bauindustrieverband) haben sich als bauliche Relikte der Jahre 1933–45 einzig die beiden 1941 aufgestellten Hochbunker an der Blumen- beziehungsweise Hotterstraße erhalten.[107]

Zunehmende Kommerzialisierung nach dem Zweiten Weltkrieg

Nach dem Ende des Zweiten Weltkriegs und seiner verheerenden Luftangriffe – die letzten Sprengbomben waren am 26. April 1945 auf die Stadt gefallen – wurde der Wiederaufbau der zerstörten Stadt zum vordringlichen Problem. Für die Altstadt hatte sich der Münchner Stadtrat schon früh, im August 1945, zu einem dem Vorkriegsbild möglichst entsprechenden Wiederaufbau bekannt: „Wir müssen unter allen Umständen trachten, die Erscheinungsform und das Bild der Altstadt zu retten",[108] so das Postulat des damaligen Stadtbaurats Karl Meitinger. Freilich bezog sich diese Forderung, die im Übrigen auch praktischen Überlegungen wie der unzerstörten unterirdischen Infrastruktur geschuldet war, in erster Linie auf die optische Wirkung des Stadtbildes, also auf die Straßenverläufe sowie auf die Hausfassaden.

Die Struktur der Altstadt wurde nach dem Krieg der nun wieder mit unvermittelter Wucht einsetzenden City-Bildung anheimgestellt. Zwar wurde versucht, durch den Erhalt der sogenannten Blockrandbebauung, also der Baukörper und ihrer Traufhöhen, sowie durch die Einhaltung der überkommenen Baulinien der Straßenzüge das traditionelle Erscheinungsbild so weit wie möglich zu bewahren bzw. zu rekonstruieren, ansonsten jedoch trug man den Bedürfnissen der durch die Wirtschaftswunderjahre wieder enorm an Fahrt gewinnenden Wirtschaft Rechnung.

Den inneren Strukturen der beschädigten Häuser wurde wenig Erhaltungswert beigemessen; ihre Neugestaltung geschah in der Regel unter wirtschaftlichen Gesichtspunkten, ein Ansatz, dem auch der damalige Direktor des Bayerischen Landesamtes für Denkmalpflege, Georg Lill, nichts entgegensetzen konnte: Bereits im Juli 1944 akzeptierte er, angesichts der vorangegangenen schweren Bombardements, Überlegungen zur „neuzeitlichen Gestaltung mit wirtschaftlicher Ausnützung" der zerstörten Häuser.[109] Das Ergebnis waren zahlreiche „verkappte Neubauten"[110] hinter rekonstruierten Fassaden.

Die mit dem wirtschaftlichen Aufschwung seit der Gründung der Bundesrepublik 1949 kontinuierlich gestiegenen Immobilien- und damit auch Mietpreise führten dazu, dass der noch erhaltene Wohnraum in den Obergeschossen der nicht zerstörten Häuser in Geschäfts- oder Büroflächen umgewandelt wurde, eine Tendenz, die auch als „vertikale City-Bildung"[111] bezeichnet wird; und unter den Neubauten, die in den Kriegslücken hochgezogen wurden, dominierte das reine Geschäftshaus. Entlang der bedeutendsten Geschäftsstraßen entstanden große, ausschließlich als Verkaufsfläche konzipierte Warenhäuser, während die innerstädtische Wohnfläche im selben Maße abnahm. Eine Wohnungszählung 1968 ergab für die gesamte Altstadt einen Bestand von 465 Wohnhäusern mit exakt 4.441 Wohnungen, in denen 14.232 Menschen gemeldet waren. Im traditionell von der City-Bildung am stärksten betroffenen Kreuzviertel waren es nur noch 23 Wohngebäude mit 395 Wohnungen und 1.321 Bewohnern. Gleichzeitig wies die Altstadt über 80.000 Arbeitsplätze auf, davon alleine im Kreuzviertel fast 37.000.[112]

Bezeichnend für die beschleunigte Kommerzialisierung nach dem Zweiten Weltkrieg steht die Anlage von Geschäftspassagen und damit von zusätzlichen Verkaufs- und Schaufensterflächen. Besaß München bis zum Zweiten Weltkrieg mit der schon 1860 nach Pariser Vorbild ausgeführten und mit einem Baedeker-Stern ausgezeichneten Schüsselpassage zwischen Kaufinger- und Fürstenfelderstraße[113] (1994 als „Kaufinger Tor" neu erbaut) sowie mit der in den 1920er Jahren angelegten Oberottl-Passage (vgl. Sendlinger Straße 46) nur zwei nennenswerte Anlagen dieser Art, entstanden alleine bis zu den Olympischen Spielen 1972 rund zwei Dutzend Passagen über die gesamte Altstadt verteilt, darunter als frühe Beispiele die mittlerweile in den „Fünf Höfen" aufgegangene Hypo-Passage (1953), die Theatiner-Passage (1954–55, vgl. Theatinerstraße 32) oder die Böhmler-Passage im Tal (1955). Heute hält München hinsichtlich seiner Passagendichte deutschlandweit einen Spitzenplatz.[114]

Abb. 34. Parkraum Altstadt: Marienhof nach Norden; Aufnahme um 1950

War die erste Welle der Münchner City-Bildung, jene im ausgehenden 19. Jahrhundert, von einem Aufkommen luxuriöser Cafés und Restaurants begleitet, übernahm jetzt, im Wirtschaftsboom der Nachkriegszeit, das Kino eine zusätzliche Rolle im innerstädtischen Unterhaltungsprogramm: Zwischen 1949 und 1958 eröffneten nicht weniger als zwölf Lichtspieltheater in der Münchner Altstadt.[115]

Mit zunehmendem Erfolg des Wirtschaftswunders wurde die bequeme Erreichbarkeit mit dem Automobil von besonderer Bedeutung. Gab es 1950 in ganz München rund 20.000 Personenkraftwägen, waren es ein Jahrzehnt später bereits über 138.000 (und der Karlsplatz/Stachus mittlerweile der verkehrsreichste Platz Europas); bis zum Jahr 1972 sollte deren Anzahl schließlich auf fast 400.000 ansteigen.[116] Das in jenen Jahren propagierte Diktum von der „autogerechten Stadt"[117] hinterließ in der Struktur der Altstadt augenfällige Spuren: Zunächst wurden, ganz pragmatisch, die durch den Abtrag der Ruinen entstandenen großen Freiflächen, allen voran der Marienhof, als Parkplätze genutzt (Abb. 34); gleichsam als Abschluss des Wiederaufbaus, dieser galt gemeinhin um 1960 als beendet, bekam jedes der vier Altstadt-Quartiere sein eigenes, vielen hundert Fahrzeugen Platz gewährendes Parkhaus: das Hackenviertel in der Fürstenfelderstraße/Färbergraben (1961; Abb. 36), das Kreuzviertel am Salvatorplatz/Jungfernturmstraße (1964–65), die Graggenau in der Hildegard-/Hochbrückenstraße (1965–68) und das Angerviertel am Oberanger (1967; 2005 abgebrochen).

Der mit dem Wiederaufbau unvermindert fortgesetzte Kommerzialisierungsprozess der Münchner Altstadt wurde durch die im April 1966 erfolgte Vergabe der Olympischen Sommerspiele 1972 weiter verstärkt. Der 1964 gefasste Stadtratsbeschluss zum Bau einer U-Bahn und damit zur beschleunigten Verbindung der Altstadt mit den Vororten des Umlandes wurde, ebenso wie die gleichzeitige S-Bahn-Planung der Deutschen Bundesbahn, zügiger als vorgesehen durchgeführt. Heute erreichen rund eine Million Menschen den Marienplatz von ihrem Wohnort aus in maximal einer halben Stunde.[118] Auch die Einrichtung der 1972 eröffneten Fußgängerzone steht im direkten Zusammenhang mit den Spielen. Anfangs gerade von der Geschäftswelt eher skeptisch beurteilt, gilt der Fußgängerbereich heute mit „seinem postmodernen ‚Wohlfühldesign' [als] weltweit anerkanntes Erfolgsmodell."[119] Der Erfolg bezieht sich freilich weniger auf den Erhalt historischer Bausubstanz – so wurde zum Beispiel 2005 ein ins 18. Jahrhundert zurückreichendes Bürgerhaus durch einen modernen Geschäftshausneubau ersetzt (vgl. Neuhauser Straße 37) – als vielmehr auf das Handelsvolumen: Die Kaufingerstraße steht mittlerweile bezüglich ihrer Passanten- und Einzelhandelsumsatzzahlen europaweit an der Spitze.[120]

Die Olympischen Spiele 1972 markieren mitnichten die Spitze des Kommerzialisierungsprozesses der Münchner Altstadt. Eine um 1990 eingeleitete „neue Gründerzeit"[121] verstärkte, nach einem Jahrzehnt relativer Beruhigung, diese Entwicklung bis heute schubartig. Zahlreiche neu eröffnete, im Bau befindliche oder projektierte Büro- und Geschäftshäuser bezeugen die ungebrochene Attraktivität des Konsumstandortes Altstadt.

Als flächenmäßig bis dato am weitesten ausgreifendes Geschäfts- und Büroareal wurden – seinerzeit das größte Innenstadtprojekt Deutschlands – 1999–2003 die „Fünf Höfe" ausgeführt: Auf 24.000 m² Grundfläche entstanden, zwischen Theatiner-, Kardinal-Faulhaber-, Salvator- und Maffeistraße, Verkaufsräume für derzeit 54 Geschäfte, dazu 24.000 m² Büro- und 3.000 m² Wohnfläche. Die „Fünf Höfe" brechen bewusst mit der bis dahin überkommenen Struktur des Kreuzviertels, wandeln das ehemals nahezu geschlossene Bankenviertel in öffentlichen Raum um und versuchen, sich hierbei „mondän und weltstädtisch im sonst eher heimeligen München" zu geben (Abb. 38);[122] aufgrund ihrer Lage, in erster Linie aber wohl vor allem durch ihre Dimensionierung stellen die Höfe, zumindest ihrem Architekten Pierre de Meuron zufolge, „ein Gegenstück zu den historischen Höfen der Residenz dar."[123]

Ein zweites Viertel, das ehemalige Hackenviertel, steht vor einem ähnlichen Umbruch: Durch das derzeit größte Bauvorhaben der Altstadt, die Umstrukturierung des ehemaligen Stammgeländes der Süddeutschen Zeitung, soll mittels eines aufwendigen Passagenprojekts zwischen Sendlinger-, Hacken- und Hotterstraße zur Umlenkung der altstädtischen Passantenströme ein „völlig neues innerstädtisches Quartier"[124] entstehen.

Während sich städtische und auch staatliche Verwaltung zunehmend aus der Altstadt zurückziehen, drängen immer mehr internationale Handels- und Geschäftsketten in die sogenannten „1a und Secondbest-Lagen"[125] der Innenstadt. Bezeichnend steht hierfür der Alte Hof: Gegründet als Herzogssitz, zeitweilig zur Kaiserresidenz aufgestiegen, schließlich jahrhundertelang als landesherrlicher Behördensitz genutzt, verlor er mit dem Auszug der Finanzämter 2003 einen Großteil seiner öffentlichen Nutzung; nach einem grundlegenden Umbau 2003–07 dient er heute überwiegend der Gastronomie, dem Einzelhandel sowie als Bürogebäude und luxuriöser Wohnraum; von seinem historischen Gepräge freilich lässt der ehemalige Herrschaftskomplex der Wittelsbacher nur noch wenig erahnen.

Auch das nahe, 1836 zur Hauptpost ausgebaute Törring-Palais am Max-Joseph-Platz erfuhr in den letzten Jahren einen grundlegenden Wandel seiner inneren Strukturen; seine Räumlichkeiten werden derzeit als Delikatessenlager eines Feinkost-Großhändlers sowie, zur Bespaßung eines überwiegend jungen Publikums, von Betreibern aus der Gastronomie-, Club- und Fitnessszene genutzt (Abb. 37); das „Indoor Golf Munich" im ersten Obergeschoss etwa lockt „zum Golfen in der Maximilianstraße". Das weitere Schicksal der Immobilie ist noch ebenso ungewiss wie dasjenige des ehemaligen Jesuitenkollegs resp. der Alten Akademie in der Neuhauser Straße, in dem seit 1957 das Bayerische Landesamt für Statistik und Datenverarbeitung sitzt.

Nach dem Vorbild neu in Erscheinung tretender, internationaler Handelskonzerne (vgl. etwa die Modeketten Benetton, s.Oliver, H&M oder Esprit in der Kaufingerstraße) versuchen die bereits etablierten Geschäfte, ihre Konkurrenzfähigkeit dadurch zu erhöhen, dass sie durch angepasste Um- und Neubauten ihre Bruttogeschossfläche und vermeintlich auch den Wohlfühlfaktor des Kunden steigern. Der Stachusrondell-Bau Karlsplatz 11 zum Beispiel wurde 1991 zugunsten einer Ausweitung der Geschäftsflächen für die Büchergroßhandlung Hugendubel sowie für das Spielwarengeschäft Obletter komplett entkernt (wobei das zum Erhalt bestimmte Treppenhaus einstürzte und daraufhin rekonstruiert werden musste);[126] der SportScheck in

Abb. 35. Erweiterungsbau des Kaufhauses Oberpollinger an der Maxburgstraße; Aufnahme 2008

Abb. 36. City-Parkhaus im Färbergraben; Aufnahme 2008

Abb. 37. Residenzstraße 2, ehem. Hauptpost, Hof nach Osten; Aufnahme 2008

Abb. 38. Vom Bankpalais zur Einkaufspassage: Zugang in das Passagensystem der „Fünf Höfe" an der Maffeistraße; Aufnahme 2008

der Sendlinger Straße strukturierte unter Preisgabe seiner 1970er-Jahre-Fassade 1996 seine Geschäftsaufteilung neu; im Jahr 2000 wurde mit dem Schäfflerhof zwischen Maffei- und Schäfflerstraße ein ganzes Geschäftsquartier um- und neu gestaltet, und im selben Jahr wurde in der Kaufingerstraße ein Geschäftshausbau der 1960er Jahre durch das „Lifestyle-Kaufhaus" des Modekonzerns Hennes & Mauritz ersetzt.

Weitere Beispiele jüngsten Datums – ohne jeglichen Anspruch auf Vollständigkeit – sind der Neubau des Modekaufhauses Konen entlang Sendlinger Straße/Rosental/Oberanger, der Neubau des Herrenbekleidungsgeschäfts Hirmer entlang des Frauenplatzes/Liebfrauenstraße, die Herstellung von reinen „Schaufensterfassaden" für das Sportgeschäft Schuster in der Rosenstraße beziehungsweise für die Tiroler „Swarovski Group" in der Neuhau-

Abb. 39. Nordseite der Kaufingerstraße, Fußgängerzone mit sog. „Lifestyle-Kaufhäusern"; Aufnahme 2008

Abb. 40. Fußgängerzone im Bereich Neuhauser Straße 35/37/39 (von links); Aufnahme 2008

Abb. 41. Fußgängerzone mit den Geschäftshäusern Kaufingerstraße 15 und 17 (von links); Aufnahme 2008

ser Straße (Abb. 40; nach vorangegangenem Abbruch eines im Kern barockzeitlichen Bürgerhauses) oder der Erweiterungsbau des Kaufhauses Oberpollinger entlang der Maxburgstraße (Abb. 35); die Karstadt Warenhaus GmbH ließ hierfür 2005 die bis dahin durch ein Bauverbot der Stadt München gesperrte Freifläche der 1938 zerstörten Hauptsynagoge mit 20.000 m² Bruttogeschossfläche überbauen. (Der nahezu fensterlose Bau wird von der Kritik bereits „als gelungenes Beispiel für die Anpassung etablierter Handelsunternehmen an zeitgemäßen Verkaufsflächengrößen und -formen"[127] gesehen.)

Der enorme Veränderungsdruck der Marktkräfte führte und führt zu einem ständigen Anpassungsprozess der altstädtischen Geschäftsstruktur, eine zunehmende Filialisierung wirkt sich gerade auf den Fortbestand von Traditionsgeschäften aus. Dieser Entwicklung versucht die Stadt durch die gezielte Vermietung von in ihrem Besitz befindlichen Anwesen, wie etwa den kleinen Läden im gesamten Erdgeschossbereich des Neuen Rathauses, an traditionelle Einzelhandelsgeschäfte entgegenzuwirken.[128] Gleichzeitig ist die städtische Planung bemüht, die Bedeutung der Altstadt als Wohnstandort zu stärken. Wohnten hier um das Jahr 2003 noch etwa 9.000 Menschen, sind es derzeit, 2008, rund 7.000. Durch die Festlegung eines Wohnanteils von 20–30 % bei jedem Neubauprojekt in der Altstadt soll dieser Trend zumindest gestoppt werden; und die aktuellen Neubauprojekte scheinen dies tatsächlich in die Tat umsetzen zu wollen; freilich entsteht hierbei aufgrund des enorm hohen Niveaus der Grundstückspreise in der Altstadt vor allem Wohnraum für gehobene Einkommensschichten. Als jüngste Beispiele wären etwa das 2003–04 realisierte „Palais am Jakobsplatz", ein Büro- und Geschäftshaus mit Panorama-Wohnungen im zurückgesetzten Staffelgeschoss, der „Angerhof" am Oberanger (Baubeginn 2006) mit in den oberen Geschossen rund 5.400 m² Wohnfläche oder das Umstrukturierungsprojekt des Süddeutschen Verlags zu nennen, der auf seinem ehemaligen Stammgelände vor allem entlang der Hotterstraße „88 Wohneinheiten sehr unterschiedlicher Ausprägung [vorsieht.] Geplant sind Etagen-, Galeriewohnungen, Maisonetten und Lofts."[129]

Exemplarisch für den Wandel der Altstadt: das Preysing-Palais

Der derzeitige Wandel der Münchner Innenstadt mag, beim Anblick der unzähligen Baustellen, als wieder einmal eklatant, ja vielleicht Besorgnis erregend erscheinen. Ein Blick auf die letzten fünfhundert Jahre zeigt jedoch einmal mehr, dass es sich hierbei mitnichten um eine neuartige, den aktuellen Zeitumständen geschuldete Entwicklung handelt.

Wohl wie bei nur wenigen Gebäuden der Altstadt kommt dieser ständige, stets auch historischen Brüchen gleichkommende Wandel beim wechselhaften Schicksal des Preysing-Palais in der Residenzstraße sinnfällig zum Ausdruck: Hier, wo das Sandtnersche Stadtmodell 1570 noch insgesamt sechs zum Teil mehrgeschossige Bürgerhäuser zeigt, ließ in der späten Barockzeit Graf Maximilian IV. von Preysing-Hohenaschau durch die führenden Künstler seiner Zeit, Hofbaumeister Joseph Effner und Stuckateur Johann Baptist Zimmermann, den bestehenden Repräsentationsbau als prächtiges Adelspalais errichten. 1843 in den Besitz der Bayerischen Hypotheken- und Wechselbank gelangt, wurde das Palais zum Bankhaus umgestaltet, seine Hauskapelle profaniert und der Innenhof zur Schalterhalle umfunktioniert. 1911 ging das Haus in Staatsbesitz über und wurde durch Gabriel von Seidl zum „Clubhaus Preysing-Palais" umgebaut. Weitere Eingriffe folgten 1936, diesmal für den Deutschen Automobil-Club.

Abb. 42. Preysing-Palais, Südseite, Schaufensterfront und Zufahrtsportal zur Tiefgarage; Aufnahme 2008

Das durch Luftangriffe schwer zerstörte Palais kam 1958 in den Besitz eines privaten Bauunternehmers, der es gemäß der allgemeinen Wiederaufbau-Intention vom Erhalt des altstädtischen Erscheinungsbildes im Äußeren detailgetreu wieder aufbauen ließ; so musste zum Beispiel die Fassade an der Theatinerstraße gesprengt und anschließend als kompletter Neubau rekonstruiert werden.

Im Inneren stellte man zwar das repräsentative Treppenhaus wieder her, führte ansonsten aber, hinter den rekonstruierten Fassaden, einen völligen Neubau als Büro- und Geschäftshaus aus; um einem zu dieser Zeit bereits entwickelten Bauwirtschaftsfunktionalismus Rechnung zu tragen, wurde – mittels eingezogener Zwischengeschosse – die Zahl der Obergeschosse auf insgesamt sieben erhöht (vgl. Schnitt S. 930).[130] Entlang der Viscardistraße fügte man großflächige Schaufenster ein, in die Mittelachse setzte man – Zugeständnis an die autogerechte Innenstadt – die Zufahrt zum von einem Autoaufzug bedienten Garagenkeller, kaschiert durch eine barockisierende Hängelampe (Abb. 42). Die frühere Hofdurchfahrt wurde zur Geschäftspassage (Abb. 43) und somit die Bruttogeschossfläche des ehemaligen Adelspalais einer größtmöglichen kommerziellen Nutzung zugeführt.

Derzeit (Oktober 2008) befinden sich in dem ehemaligen Palais sechs Geschäfte, darunter zwei Modeboutiquen, zahlreiche Arztpraxen und Rechtsanwaltskanzleien sowie Dienstleistungs- und Consultingbüros; eine schmale Türe in der nördlichen Achse an der Theatinerstraße führt zurück in eine vermeintlich mittelalterliche Vergangenheit: hinunter in die Kellergewölbe der angrenzenden Feldherrnhalle, wo in den Räumlichkeiten der „Welser-Kuche" allabendlich ein „Mittelalterliches Schlemmer-Mahl" aufgetischt wird.

Abb. 43. Preysing-Palais, Ostseite, Hauptportal und Einkaufspassage; Aufnahme 2008

Anmerkungen

1 BILLER/RASP 2005, S. 26.
2 HABEL 1993, S. 14–26.
3 WIEDENHOFER 1916, S. 39.
4 STAHLEDER, HELMUTH: *Konsolidierung und Ausbau der bürgerlichen Stadt München im 15. Jahrhundert,* in: BAUER 1992, S. 120–147, hier: S. 125.
5 Ebd., S. 126.
6 STAHLEDER 1992, S. 128, STAHLEDER 1995a, S. 326.
7 STAHLEDER 1995a, S. 336.
8 STAHLEDER, in: BAUER 1992, S. 128.
9 Ebd., S. 129 f.
10 Ebd., S. 130 f.
11 PFISTER, PETER: *Das Kollegiatstift Zu Unserer Lieben Frau in München (1495–1803),* in: Monachium Sacrum I 1994, S. 291–473, hier: S. 313–320.
12 HABEL 2006, S. 722.
13 SCHATTENHOFER 1972, S. 228.
14 STAHLEDER, in: BAUER 1992, S. 132–137.
15 SCHATTENHOFER 1984a, S. 58; vgl. auch STAHLEDER, in: BAUER 1992, S. 138.
16 HEYDENREUTER 1992, S. 196.
17 Ebd., S. 209.
18 BAUER, RICHARD: *München,* in: BEHRINGER/ROECK 1999, S. 312–320, passim.
19 Häuserbuch I 1958, S. 272 f.; vgl. hierzu die Karte bei STENGER 1987, S. 136.
20 STAHLEDER 1992, S. 166.
21 Häuserbuch I 1958, S. 273 ff.
22 Häuserbuch II 1960, S. 340–346.
23 Häuserbuch I 1958, S. 105.
24 Häuserbuch I 1958, S. 248; STAHLEDER 1992, S. 244.
25 Häuserbuch I 1958, S. 269 f.
26 GATTINGER 2007, S. 69 f.
27 STENGER 1987, S. 128; bis zum Jahr 1700 sollte der Hofstaat schließlich auf 1.400 Angehörige ansteigen: KRAUS 1987, S. 88.
28 Häuserbuch I 1958, S. 245 und S. 254.
29 Ebd., S. 259 und S. 237.
30 Häuserbuch II 1960, S. 138–150.
31 Ebd., S. 65 f.
32 ERDMANNSDORFFER 1972, S. 23.
33 Zit. nach: SCHATTENHOFER 1984a, S. 59.
34 STENGER 1987, S. 133.
35 OELWEIN 2003, S. 18–21.
36 SCHATTENHOFER 1984a, S. 59 f.
37 Häuserbuch II 1960, S. 216.
38 ERDMANNSDORFFER 1972, S. 126.
39 LIEB, NORBERT: *Münchens Kirchen,* in: LIEB/SAUERMOST 1973, S. 9–41, hier: S. 9.
40 Häuserbuch II 1960, S. 6–9 und S. 169–173.
41 Häuserbuch III 1962, S. 170.
42 Ebd., S. 236.
43 Ebd., S. 168.
44 STAHLEDER, in: BAUER 1992, S. 140.
45 Zit. nach: SCHATTENHOFER 1984a, S. 59.
46 KUHN, WALTER: *Residenzstadt München,* in: HEINRITZ 2003, S. 28–29.
47 ERDMANNSDORFFER 1972, S. 15 f. und S. 24.
48 HEIMERS 1992, S. 227.
49 Ebd., S. 212.
50 Ebd., S. 216.
51 ERDMANNSDORFFER 1972, S. 24.
52 WIEDENHOFER 1916, S. 36.
53 HEIMERS 1992, S. 215–218.
54 LEHMBRUCH 1987a, S. 11.
55 LEHMBRUCH 1980a, S. 31; vgl. auch LEHMBRUCH 1987a, S. 49–76.
56 LEHMBRUCH 1980a, S. 30.
57 HEYDENREUTER 2003, S. 447; zur Säkularisation in München allgemein: ARNDT-BAEREND 1986.
58 Monachium Sacrum I 1994, S. 216.
59 Hierzu einschlägig und für das Folgende ausnahmslos verwendet: SCHATTENHOFER 1984a, S. 66–98.
60 GATTINGER 2007, insb. S. 42–45 und S. 203–206.
61 SCHATTENHOFER 1974, S. 153; LANKES 1993, S. 21.
62 LANKES 1993, S. 88 f.

63 STAHLEDER 1992, S. 190.
64 LANKES 1993, S. 77.
65 Ebd., S. 269 f.
66 STAHLEDER 1992, S. 189 f.
67 LANKES 1993, S. 222.
68 Für den Garnisonsstandort München für das 19. Jahrhundert einschlägig und für das Folgende ausnahmslos verwendet: LANKES 1993.
69 Zit. nach LANKES 1993, S. 18.
70 Zum Auszug der Brauereien: SCHÄDER 1999, S. 89.
71 Diese und weitere Beispiele in: Alte Firmen 1955.
72 HUBER 2003, S. 60–63.
73 Zum Börsenbazar vgl.: SCHMITT 2002, S. 90–94.
74 HUBER 2003, S. 62.
75 ZAUNER 1914, S. 67 und S. 146.
76 NEUMEIER 1995, S. 157.
77 STEINMÜLLER 1958, S. 15.
78 HÖNIG 1912, S. 308 f.
79 Vgl. hierzu allgemein: WALTER 1987.
80 Alte Firmen 1955, S. IX 18.
81 MB I 1912, S. 319.
82 NAGLER II 1863, S. 6.
83 Vgl. hierzu: BAUER 1987a.
84 NAGLER II 1863, S. 5 f.
85 Ebd., vor S. 1.
86 KRAUSS 1917, S. 57, zitiert nach: BAUER 1987a, S. 11.
87 ZAUNER 1914, S. 165.
88 Hierzu umfassend: WALTER 1992.
89 LESJAK 1997a, passim.
90 LESJAK 1997b, passim.
91 LESJAK 1997c, passim.
92 Ebd., passim.
93 FISCH 1988a, S. 15.
94 STEINMÜLLER 1958, S. 8 f. und S. 44 (Tab. I).
95 HARDTWIG 1990a, S. 83 f.
96 FISCH 1988a, S. 16, Tab. 16.
97 NEUMEIER 1995, S. 156.
98 Die Zahlen aus: MUCKENTHALER 1904, passim.
99 WIEST 1991, S. 69 f.
100 STEINMÜLLER 1958, S. 10 f.
101 STEINMÜLLER 1958, S. 14 f.; zur Auswirkung des städtischen Straßenbahnsystems vgl. auch HARDTWIG 1990a, S. 84–89.
102 NEUMEIER 1995, S. 177; vgl. auch WIEST 1991, S. 69.
103 Häuserbuch III 1962, S. 61 f.
104 SCHATTENHOFER 1984a, S. 179 f.
105 Häuserbuch I 1958, S. 133 ff.
106 RASP 1981, S. 94 ff. und S. 99 f.
107 Vgl. hierzu den Stadtführer DONATH 2007.
108 MEITINGER 1946, S. 18.
109 KRIEG, NINA A.: *Denkmalpflege und Wiederaufbau,* in: Ausst. Kat. Aufbauzeit 1984, S. 41–61, hier: S. 45.
110 KITA 1999, S. 50.
111 Ebd., S. 85.
112 DHEUS 1972, S. 50–52.
113 Alte Firmen 1955, S. IX 17.
114 MONHEIM, ROLF/POPP, MONIKA: *Passagen – Wiederentdeckte Wege für Flaneure,* in: HEINRITZ 2003, S. 106–107, hier: S. 106.
115 Eine Auflistung aller Münchner Kinos bei: SIGL 2008, passim.
116 ENGL/TERHALLE 1984, S. 55.
117 GEIPEL 1987, S. 32.
118 UDE, CHRISTIAN: *Die bauliche Entwicklung in der Innenstadt seit 1990,* in: HEINRITZ 2003, S. 100 f.
119 MONHEIM, ROLF: *Attraktiv durch Vielfalt – Die Innenstadt,* in: HEINRITZ 2003, S. 102–103., hier: S. 102.
120 Wie Anm. 118.
121 Ebd.
122 HABERLIK 2004, S. 50.
123 Zitiert nach HABERLIK 2004, S. 50.
124 Innenstadtkonzept 2007, S. 21.
125 UDE 2003, S. 100.
126 Dieses und die nächsten Beispiele in: KRAUS/WUNDERLICH 2000.
127 Innenstadtkonzept 2007, S. 20.
128 Ebd., S. 75.
129 Ebd., S. 15.
130 Zum Wiederaufbau des Preysing-Palais vgl. SCHLEICH 1960, passim; zum Palais allgemein: VITS 1998.

(Nach-)Bemerkungen zum historischen Bürgerhaus in der Münchner Altstadt

Heinrich Habel

Bei der Erstellung des Entwurfs zur Denkmalliste um 1973 war der umschreibende Begriff „Altmünchner Bürgerhaus" mitunter hilfreich als Kennzeichnung einer zeitlich und stilgeschichtlich nicht eindeutig zu definierenden Gattung von meist unscheinbaren, vielfach zudem verwahrlosten, äußerlich schlichten Putzbauten mit Steildach. Es lag nahe, zu ihrer Einordnung nachzuprüfen, ob sie vielleicht bereits auf Jakob Sandtners Stadtmodell von 1570 vorhanden waren, das den baulichen Zustand Münchens in vorbarocker Zeit zuverlässig darstellt.[1] Als weitere wichtige Quellen zum einstigen Bürgerhausbestand der Altstadt stehen u. a. die naiven Fassadenabwicklungen Johann Peter Stimmelmayrs von ca. 1770–1800[2] und das Stadtmodell von Johann Baptist Seitz aus dem mittleren 19. Jahrhundert zur Verfügung, das den Zustand vor den gravierenden Einbrüchen der sog. Gründerzeit vor Augen stellt.[3] Noch das Seitz-Modell, das die Veränderungen, Aufstockungen und Neubauten der Barockzeit, des Klassizismus und des Biedermeier beinhaltet, zeigt ein – von Kirchen und öffentlichen Gebäuden abgesehen – baulich überaus dicht gefügtes, kleinteiliges Altstadtbild, dessen aus der Vogelschau auffallendstes Element die Menge der stattlichen Steildächer ist. Die vor allem auch durch die kleinteilig-dichte, unre-

gelmäßig gewachsene Bebauung in den Innenbereichen der Häuserblöcke geprägte vielgestaltige Dachlandschaft der Altstadt wird sogar noch auf den Luftbildern der Zeit vor den Zerstörungen im Zweiten Weltkrieg und der nachfolgenden Ausdünnung und großflächigen Erneuerung einigermaßen anschaulich.

Trotz dieser noch prägenden, wenn auch baulich laufend veränderten und erneuerten Dachlandschaft war das „Altmünchner Bürgerhaus" aus der Zeit vor der um 1800 einsetzenden Stadterweiterung bereits zur Rarität geworden. Da der haupt- und großstädtische Veränderungsdruck gerade in den durch aufwendigere Bebauung gekennzeichneten Mittel- und Schwerpunktbereichen wirksam geworden war, blieben ältere Bürgerhäuser fast nur in weniger bevorzugter Lage und sozial geringwertigeren Randbereichen erhalten, das heißt zudem auch einfachere bis unansehnliche Beispiele der Gattung, was zur Folge hatte, dass sie in dem vermeintlich so traditionsverhafteten München kaum beachtet, als historisch interessante Objekte gar nicht wahrgenommen wurden; in ihrer schlichten Bescheidenheit hatten sie auch kaum auffällige Details und gestalterische Qualitäten aufzuweisen. Von der von Reisenden früherer Jahrhunderte einmütig gerühmten Schönheit der durch Fassadendekor und -malerei

◁ Abb. 1. Stadtmitte mit Markt nach Süden; Stadtmodell von Jakob Sandtner, 1570

Abb. 2. Stadtmitte nach Nordwesten; Stadtmodell von Jakob Sandtner, 1570

Abb. 3. Tal, Nordseite; Teilansicht von Gustav Steinlein (1920) nach Jakob Sandtner, 1570

gekennzeichneten Straßenbilder war nach dem ernüchternd wirksamen, radikalen Geschmackswandel der klassizistisch-biedermeierlichen Phase, in der die Altbauten zudem funktionell und substanziell erneuert werden mussten, kaum etwas übrig geblieben. Münchens Ausstrahlung und seine touristische Attraktivität, die wesentlich durch Ludwigs I. Neubauten und Sammlungen begründet wurde, beruhte nicht auf der historischen Bürgerhaussubstanz der zudem altmodisch gewordenen Altstadt, sondern wurde allenfalls von deren Lebensart und überliefertem Milieu mitbestimmt. (So erlebt auch heute noch der durchschnittliche Besucher Münchens „Altstadt" vorzugsweise an den Schwerpunkten Glockenspiel – Hofbräuhaus – Viktualienmarkt, die nicht Gestaltungen aus eigentlich altstädtischer Zeit vor 1800 sind.)

Geblieben war, auch aufgrund neuer Schwerpunktbildungen in den glanzvollen Stadterweiterungen, das enge historische Grundrissgefüge der Altstadt, das auch nach den Verwüstungen des Luftkriegs trotz einzelner Veränderungen nicht zugunsten der „autogerechten Stadt" oder modischen Abgehens von der Blockrandbebauung aufgegeben wurde, was auch für die Festlegung als Ensemble im Sinne des Denkmalschutzgesetzes zu einer wesentlichen Begründung geworden ist. Doch war das Erscheinungsbild der Altstadt schon vor dem Luftkrieg in keiner Weise mit der eindrucksvollen Homogenität großer Fachwerkstädte wie Nürnberg, Ulm, Frankfurt, Kassel, Hannover oder Braunschweig vergleichbar noch mit den „südländisch" anmutenden Inn-Salzach-Städten wie Innsbruck, Salzburg, Passau oder (am nächsten) Wasserburg, geschweige mit der grandiosen typologischen Einheitlichkeit von Bern. Münchens historisches Stadtbild „vor 1800" war gerade dadurch gekennzeichnet, dass es von keinem eigenen, durchgehend das Bild bestimmten Haustypus geprägt war, sondern im Gegenteil durch eine geradezu einzigartige vielgestaltige Mischung unterschiedlicher Typen, die auf den genannten Stadtmodellen anschaulich wird und die als „romantisch-malerisch" im Sinne des 19. Jahrhunderts hätte gelten können, wenn die Erhaltung in ihrer Gesamtheit freilich nicht anders als durch Stagnation der Entwicklung möglich gewesen wäre.

München lag im Schnittpunkt bzw. Überlagerungsbereich verschiedener Hauslandschaften. Ein Blick auf Sandtners Modell von 1570 zeigt uns eine gleichsam willkürliche Mischung oft nebeneinander verschieden hoher giebel- und traufständiger Bürgerhäuser mit mächtigen Steildächern, zwischen die mitunter Pultdachhäuser mit Halbgiebeln und vereinzelt auch Vorschussmauern vom Inn-Salzach-Typ eingefügt sind. München unterschied sich in seinem Erscheinungsbild grundlegend von dem

der gleichfalls in Sandtner-Modellen dargestellten anderen bayerischen Herzogsstädte Landshut und Ingolstadt mit deren langen, homogenen Giebelhausreihen. Eher wenn auch nicht generell sind gewisse Gemeinsamkeiten mit dem typologisch gleichfalls nicht homogenen Augsburg festzustellen, wie dessen Vogelschauansicht von Wolfgang Kilian (1626) erkennen lässt. Dort war auch das als „münchnerisch" geltende Element des sog. Ohrwaschels – der seitlichen Halbgiebelgaube an traufständigen Häusern – durchaus geläufig.[4]

Grundvoraussetzung für die Entwicklung der mittelalterlichen Münchner Bürgerhausarchitektur, wie sie auf Sandtners Stadtmodell von 1570 dominiert und noch bis in die Barockzeit das Stadtbild prägte, war der aus Feuerschutzgründen im 14. und frühen 15. Jahrhundert sukzessive erfolgte Übergang vom Holz- zum Massivbau, wie ihn vor allem Kaiser Ludwigs Verordnung von 1342 vorsah (aber noch nicht zwingend vorschrieb). Ortsüb-

Abb. 4. Weinstraße 1, ehem. „Zum Donisl" (zerstört); Schnitt

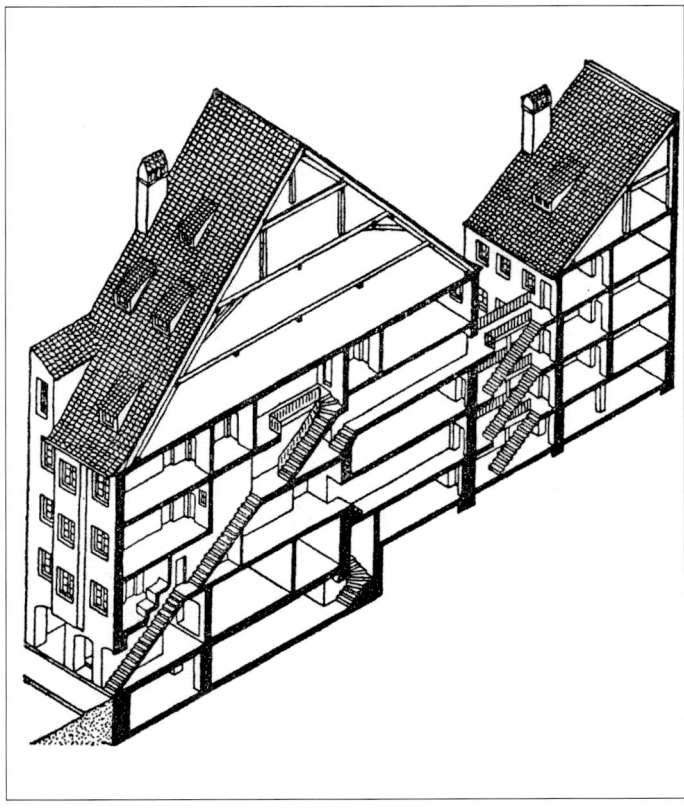

licher Baustoff wurde aufgrund der heimischen Lehmvorkommen der Ziegel in Verbindung mit Verputz und ziegelgedecktem Steildach, die in München über alle Stilwandlungen hinweg vorherrschende Bauweise, die erst in neuester Zeit zunehmend, doch nicht völlig von modernen Materialien und konsequent von Flachdächern abgelöst bzw. im Stadtbild, mitunter sogar bei einzelnen Gebäuden nicht gerade harmonisch mit der tradierten Typologie vermengt wurde.

Einige Hauptmerkmale des Altmünchner Bürgerhaus-Normaltyps seien hier kurz benannt. Die Bauparzellen waren schmal (oft nur drei Fensterachsen) bei vielfach großer Tiefenerstreckung (vgl. Brunnstraße 9, Tal 28)[5], in vielen Lagen bis zur Parallelstraße durchgehend und demnach mit Vorder- und Rückgebäude besetzt, bei je nach Bedeutung der Straße zu unterscheidender, nicht immer eindeutiger Gewichtung (vgl. Burgstraße 5, ehemals verbunden mit Dienerstraße 20). Bei besonderer Tiefenerstreckung kam es – vielfach erst im Zuge der sich im 17./18. Jahrhundert verdichtenden Bebauung – zur Entstehung eines zusätzlichen, mitunter sogar eines zweiten Hofgebäudes mit trennenden kleinen Zwischenhöfen, dann meist mit einseitiger Verbindung der einzelnen Teile des Anwesens durch als erschließendes Element vorgelegten Hoflauben, sei es in der anspruchsvolleren Form massiver Arkadengänge (vgl. Burgstraße 5, Residenzstraße 13), sei es durch hölzerne vorgelegte Lauben, sogenannte Altanen (vgl. Dienerstraße 16, Sebastiansplatz 3 und 4, Hochbrückenstraße 8, ehemals Weinstraße 10). Die wenigen erhaltenen Beispiele haben z. T. auch nur fragmentarischen Charakter, die hölzernen sind zudem substanziell stark erneuert. Die Grundstücksenge bedingte entsprechend äußerst schmale, lang gestreckte und finstere, an eine der Kommunmauern gelegte Flure, denen vielfach einseitig parallel die einläufige, an Antritt und Ausmündung leicht gewendelte Treppe angegliedert war. Die verbreitete Alternative war die sog. Himmelsleiter, die in einem einzigen geraden, von Podesten unterbrochenen Lauf mehrere Stockwerke erschließende Treppe (vgl. Burgstraße 5, St.-Jakobs-Platz 20, Sterneckerstraße 2).

Abb. 5. Kaufingerstraße 4 (alt), Claudi-Cler-Haus; Ansicht von 1805 (Bemalung um 1580 und 1715

Von den auf dem Stadtmodell von 1570 äußerst verbreiteten Flacherkern (vgl. Pfisterstraße 10, Altenhofstraße 4) waren viele gemäß Ansichten aus dem 18. und 19. Jahrhundert inzwischen wieder verschwunden. Längerlebig waren naturgemäß die beliebten Polygonalerker in städtebaulich oft prominenter Ecksituation. Die wohl durch raues Winterklima wie notwendige Lagernutzung, oft schon durch die überbaute Grundstückstiefe bedingten, in München schier ungewöhnlich mächtigen Dachwerke – mit längs- oder quergerichtetem First –, deren Höhe nicht selten die des massiven Gebäudes selbst übertraf, wiesen dementsprechend oft mehrere Schleppgaubenränge auf (vgl. Burgstraße 8). Infolge der Tradition des hochentwickelten Zimmererhandwerkes blieb das Steildach auch in der Ära des Barocks und Klassizismus üblich, im Falle von Ecklage bzw. Freistellung in entsprechend abgewalmter Form (vgl. Roßmarkt 15, Rindermarkt 1, auch noch die abgegangene Erstbebauung der Sonnenstraße und des Maximiliansplatzes). Traufständige Bauten (z. T. durch Vereinigung von Parzellen bedingt) wiesen mitunter Zwerchhäuser, verbreitet jedoch die schon erwähnten seitlichen (oder beiderseitigen) Halbgiebelgauben („Ohrwaschel") mit Lastenaufzugsöffnungen zu den Dachspeichern auf.[6] Fast als Münchner Besonderheit gelten kann das vor allem in Ecksituationen, die keine Hofbildung erlaubten, nicht seltene Pultdach mit der wichtigeren Straße zugewendetem Halbgiebel (vgl. Hotterstraße 18), mitunter mit einem Nachbarhaus spiegelbildlich zu einem Vollgiebel vereint. Die auf dem Sandtner-Modell noch verbreiteten gotischen Giebelgestaltungen etwa mit vertikalen Lisenen und Zinnen sind auf späteren Ansichten meist nicht mehr zu finden.

Der als spätgotisch zu bezeichnende „Normaltypus" bzw. seine möglichen Varianten wurden bis ins 17. Jahrhundert fortgeschrieben und jeweils modisch bzw. den Bedürfnissen entsprechend überformt und ausgebaut, häufig auch aufgestockt, und blieben in sozial bescheideneren Situationen sogar noch länger üblich. Im Falle barockzeitlicher weitgehender oder völliger Neubauten – die Parzellen zusammenfassenden Adelspalais bleiben hier außer Betracht – ist jedoch die Tendenz zu neuartig symmetrischer, übersichtlicher Grundrissbildung mitsamt Podesttreppen (statt der veralteten, doch weiterhin auch noch üblichen Laubengänge) festzustellen (vgl. Hackenstraße 10). Bei Umbauten wurden die „Himmelsleitern" mitunter durch neue Treppenhäuser ersetzt oder teilweise reduziert und in den oberen Geschossen durch neue Aufgänge ergänzt. Grundrissänderungen waren bemüht, sich einer großzügigeren, symmetrisierenden Disposition anzunähern (vgl. Westenriederstraße 29, bemerkenswert auch durch das erhaltene, regelmäßig disponierte Rückgebäude 27a mit bescheidenen Mietseinheiten).

Auf die barockzeitliche Erneuerungswelle (2. Hälfte 17./18. Jahrhundert), die – wiederum von den Adelspalästen abgesehen – das Stadtbild durch viele aufwendige Fassadengestaltungen mit Stuckdekor und/oder Malerei bereicherte (vgl. Asamhaus, Sendlinger Straße 34), folgte die schon angesprochene verbreitete Auswechslung oder zeitgemäß nüchterne Überarbeitung in klassizistisch-biedermeierlicher Zeit. Bei Begehungen alter Bürgerhäuser in den Jahrzehnten nach dem Zweiten Weltkrieg konnte fast regelmäßig das Dominieren in nachbarocker Phase eingebrachter Details festgestellt werden.

Bereits das (wie noch bis ca. 1960 üblich nur Objekte aus der Zeit vor etwa 1800 erfassende) amtliche Kunstdenkmäler-Inventar (erschienen 1902)[7] begnügte sich im Abschnitt „Privatgebäude" mit ganzen elf Seiten, wobei großenteils Adelspalais, aber auch einige kurz zuvor abgebrochene Bürgerhäuser behandelt wurden; eine Reihe weiterer alter Häuser wurde abschließend lediglich unter Angabe der Hausnummer summarisch aufgeführt. Nach späterer, zumal heutiger Wertung wäre noch eine erheblich größere Anzahl zu erfassen gewesen, die freilich nach damali-

Abb. 6. Marienplatz, Südseite, Westteil; Aufnahme um 1890 (vgl. S. 552)

gem (im Grunde noch bis ca. 1960/70 geltendem) Begriff, da unscheinbar und schlicht, nicht als „Kunstdenkmäler" angesehen, das heißt nicht beachtet wurden.

Auch Karl Erdmannsdorffer in seinem grundlegenden Bürgerhausbuch von 1972[8] hat unter Hinweis auf den spärlichen Bestand Adelspalais einbezogen wie auch die nicht zu den Bürgerhäusern zu rechnende Gattung der (gleichfalls weitgehend abgegangenen) vorstädtischen Kleinhäuser, die in München herkömmlicherweise verallgemeinernd mit dem (an sich rechtlich beschränkteren) Begriff „Herbergen" bezeichnet werden.

Wenn 1959/60 die stark zerstörte Prachtfassade des Gunetzrhainerhauses (siehe Promenadeplatz 15) rekonstruiert wurde, so im Hinblick auf ihre für unverzichtbar gehaltene künstlerische Qualität. – Gleichfalls Hochwertigkeit war der Anlass für die Restaurierung des sog. Weinstadels 1962/63 unter Freilegung der reichen Fassadenmalerei des mittleren 16. Jahrhunderts – das Haus Burgstraße 5 (siehe dort) gilt nach wie vor als „Münchens ältestes Bürgerhaus" und repräsentiert zumindest dessen Normaltypus in anspruchsvoller Weise in (leider) einzigartiger Anschaulichkeit.

Erwin Schleich wollte 1969 mit seiner in privater Initiative durchgeführten (freilich überaus eingreifenden) Sanierung des verwahrlosten sog. Moradellihauses (siehe Hochbrückenstraße 8) ein Beispiel setzen (die nördlich anschließende Häusergruppe wurde um diese Zeit durch zurückhaltend-schlichte Neubauten ersetzt). Den nach den Verlusten durch den Luftkrieg fortgesetzten Schwund historischer Bürgerhausarchitektur hat er in seiner Publikation „Die zweite Zerstörung Münchens" 1978 angeprangert.[9]

Erst in der (auch durch die Nostalgiewelle gekennzeichneten) Phase, die auch das Bayerische Denkmalschutzgesetz (1973) zeitigte, begann – im Grunde zu spät – ein langsamer Umdenkungsprozess. Doch fand vorerst weiterhin die äußerlich anspruchslose, in den inneren Strukturen verwinkelte, laufend umgebaute, nach genauerer Untersuchung als kaum bzw. nur mit

unangemessenem Aufwand sanierbar konstatierte Bausubstanz dieser Denkmalgattung, zudem in Hinblick auf die meist sehr geringe Geschosshöhe,[10] wenig Akzeptanz. Als Beispiele genannt seien die Entkernung von Burgstraße 12 (1976/77) und Ledererstraße 10/12 (1980/81) und die Neubauten von Sendlinger Straße 36 (1979) und Prälat-Zistl-Straße 8 (1979) mit Nachbildungen der schmucklosen alten Fassaden vom Ohrwaschel-Typus, doch auch die Rekonstruktion des aufwendiger gestalteten Hauses Tal 16 durch die Stadtsparkasse (1967, mit leicht gesteigerter Geschosshöhe).

Abb. 7. Platzl 2/3/Pfisterstraße, östlicher Hof (sog. Platzlgassen); Aufnahme 2008

Gleichsam ein Pilotprojekt sollte die (in manchem Detail trotzdem zu eingreifende) Sanierung des lange verwahrlosten, biographisch wie typologisch bedeutsamen Ignaz-Günther-Hauses durch die Stadt sein (1975/76, vgl. St.-Jakobs-Platz 20/Oberanger 11); bei ihr wurde immerhin eine bis dahin unbekannte Holzbalkendecke von in München sonst nicht mehr erhaltenem Typ freigelegt.

Abb. 8. Sendlinger Straße 36 (rechts Nr. 34/Asamhaus); Aufnahme 2008

Die größte im Zusammenhang erhaltene Bürgerhausgruppe, die sog. Seifensiederhäuser an der Nordseite des Sebastiansplatzes (siehe dort Nr. 3–8), in der Zeit um 1980/2000 baugeschichtlich untersucht und sukzessive saniert, repräsentiert freilich in der ehemals eher peripheren Lage nahe der Stadtmauer nicht den Charakter der eben (bis auf Burgstraße 5) so gut wie restlos untergegangenen großbürgerlich-patrizischen Bebauung in zentraler Lage, am eindrucksvollsten einst an der Südseite des Marienplatzes. Als interessanter Restbestand ist auch die Gruppe Hackenstraße/Ecke Hotterstraße zu nennen, mit dem schon erwähnten barock-symmetrisch strukturierten Haus des Bildhauers Johann Baptist Straub (siehe Hackenstraße 10; saniert 1980–84) und dem Pultdach-Eckhaus Hotterstraße 18 (siehe dort). – Vom Bayerischen Landesamt für Denkmalpflege missbilligt wurde die 1987/88 durchgeführte eingreifende Sanierung der z. T. stark verfallenen Baugruppe Platzl 2, 3 mit Pfisterstraße 6, 8, 10 (siehe dort), deren als Passage geöffnete Innenhöfe, jetzt Platzlgassen genannt, in ihrem inszenatorischen Streben nach Aufwertung gleichsam etwas vom Geist der späthistoristischen Neubebauung im Umfeld (Platzl, Pfisterstraße, Am Kosttor) wieder aufleben ließen. – Den bescheidensten innerhalb der Altstadt vertretenen sozialen Standard verkörpert die ehemals hinter der Stadtmauer gelegene Kleinhausgruppe Kreuzstraße 23, 25, 27 mit Herzog-Wilhelm-Straße 29, 31 (vgl. jeweils dort), die freilich bei näherer Untersuchung sich als verhältnismäßig jung, z. T. erst im 19. Jahrhundert zur heutigen Gestalt verändert, erweist.

Die in jüngster Zeit erfreulich intensivierte Bauforschung und Archäologie ermöglichte denkmalpflegerisch geglückte Sanierungen wie z. B. die des Cuvilliés-Hauses (siehe Burgstraße 8), von Tal 16 (siehe dort), Westenriederstraße 19/Rgb. (siehe dort) oder Sterneckerstraße 2 (siehe dort), letzteres aufgrund der nachgewiesen z. T. bis ins 14. Jahrhundert zurückgehenden Bausubstanz das nach heutigem Kenntnisstand „älteste erhaltene Bürgerhaus" Münchens. Solche vor allem wissenschaftlich höchst bemerkenswerten Erkenntnisse und Ergebnisse können freilich nicht darüber hinwegtäuschen, dass das einstige, aus „Altmünchner Bürgerhäusern" gebildete, geschlossene historische Straßenbilder formierende Kontinuum nicht wiederzugewinnen, durch die Ungunst wechselnder vergangener Zeitumstände bis auf heute isolierte Einzelbeispiele verloren gegangen ist.

Anmerkungen

1 Jakob Sandtner fertigte um 1570/74 im Auftrag Herzog Albrechts V. Holzmodelle der fünf bayerischen Hauptstädte; heute sämtlich im Bayerischen Nationalmuseum.
2 STIMMELMAYR 1980.
3 SCHIERMEIER 2000.
4 Auch auf den älteren Plänen von Jörg Seld (1521) und Hans Rogel (1563) zu erkennen. Vgl. PFAUD 1976. – W. Kilians Plan ist bezüglich Details wie Stockwerks- und Fensterachsenzahl wesentlich genauer als Tobias Volckmers Vogelschauansicht von München (dat. 1613), die in der Folge Wenzel Hollar (nach 1623) und Matthäus Merian (1644) mehr oder weniger wiederholten.

5 Die Hinweise beziehen sich auf den Katalogteil.
6 Das als altmünchnerisch geltende Motiv wurde mitunter bei Neubauten nach dem Zweiten Weltkrieg zitiert (z. B. Marienplatz 16, Rindermarkt 5).
7 KDB 1902, S. 1180–1191.
8 ERDMANNSDORFFER 1972.
9 SCHLEICH 1978.
10 Hinsichtlich der oft sogar moderne Minimalvorschriften unterschreitenden Raumhöhe (vgl. Sterneckerstraße 2) wird dem Denkmalpfleger gern entgegnet: „Früher waren die Menschen kleiner".

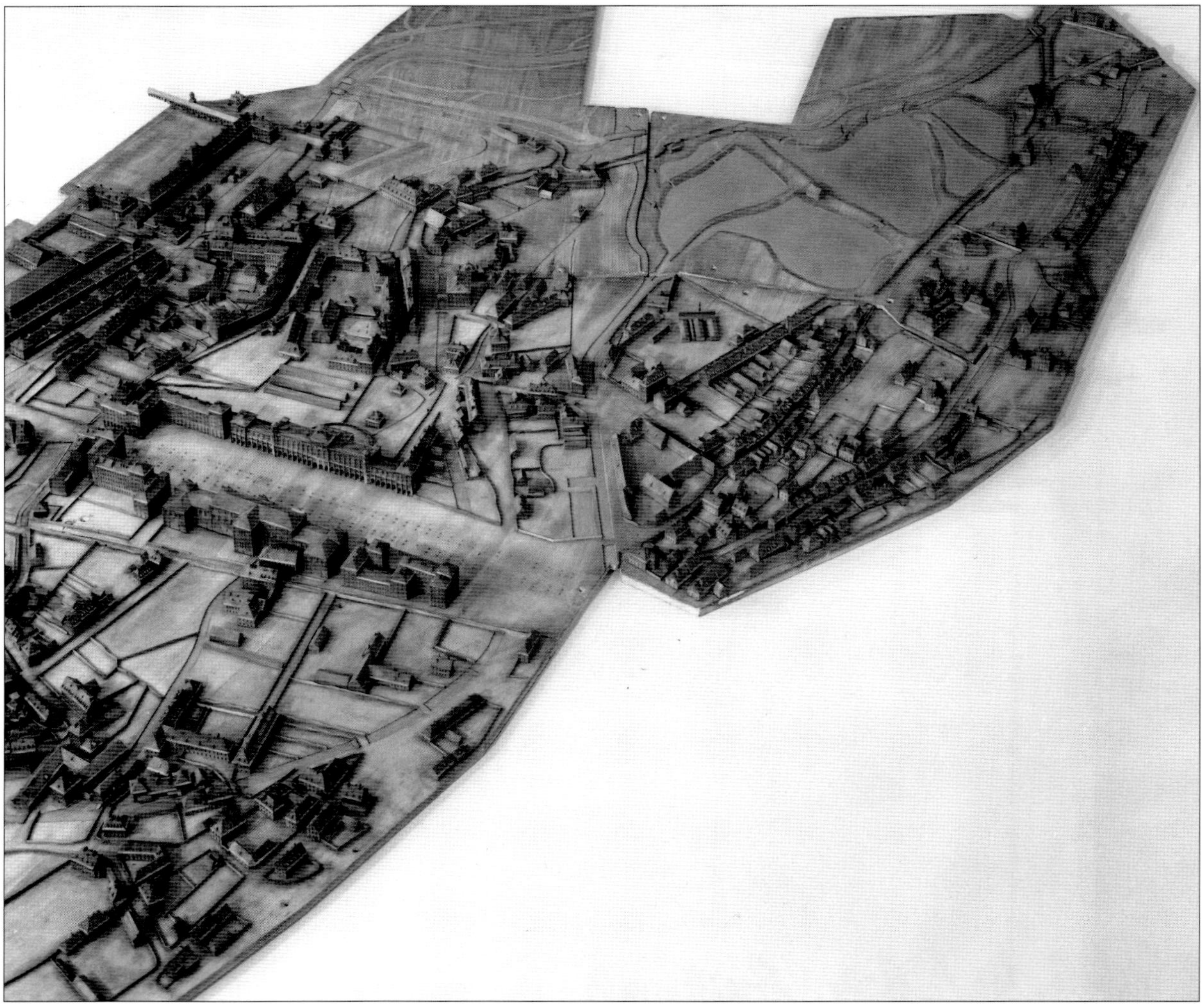

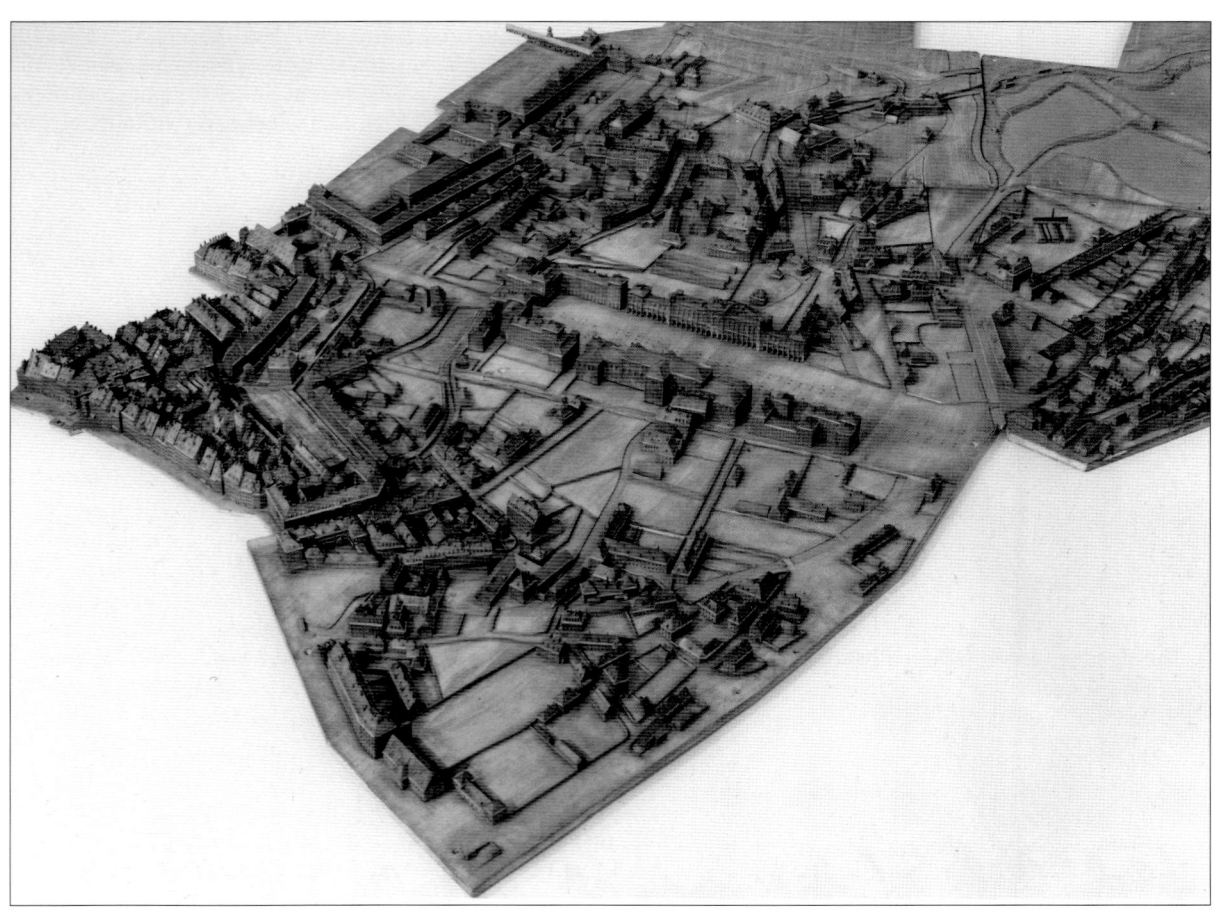

◁ Abb. 1. Ma-
ximilianstraße
und nördli-
ches Lehel;
Stadtmodell
von Johann
Baptist Seitz,
Franz von
Seitz und
Anselm
Sickinger,
1850/63

◁ Abb. 2. Süd-
liches Lehel:
Mitte rechts
der Einlauf
des Triftka-
nals und sein
nach Nordos-
ten abkni-
ckender Ver-
lauf in Rich-
tung des
Holzgartens
(vgl. Abb. 1);
Stadtmodell
von Johann
Baptist Seitz,
Franz von
Seitz und
Anselm
Sickinger,
1850/63

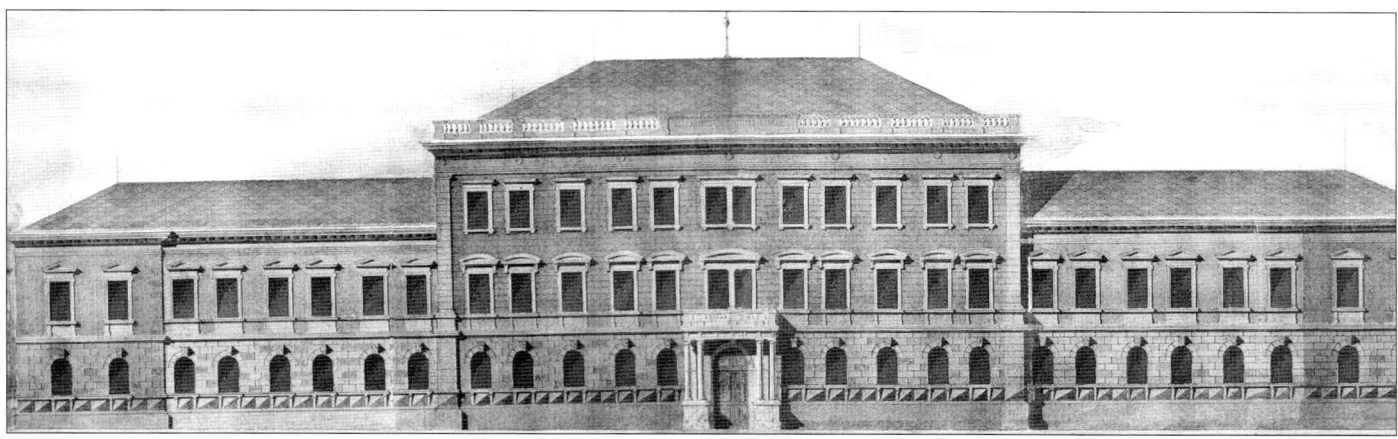

Abb. 3. Fassade des Hauptbaus der Königlichen Brandversicherungskammer an der Sternstraße; lavierte Zeichnung von „Baucand." Robert Kargus, 1881

Die Erschließung des Lehels

Urbane Entwicklung durch bauliche Konfrontation

Johannes Hallinger

Anstelle einer Einleitung

Ein Schriftsteller erinnert sich

„In meiner Schulzeit lag vor dem Siegestor ein behäbiges Dorf mit einer netten Kirche; heute dehnen sich dort fade Straßen in die Länge, die genau so aussehen wie überall, wo sich das Emporblühen in Geschmacklosigkeit ausdrückt. Damals lagen noch die Flöße vor dem Grünen Baum, der behaglichsten Wirtschaft Münchens, und weiter unten an der Brücke lag die Klarermühle, in der die Säge kreischte, wie irgendwo im Oberland. Jetzt gähnt uns eine Steinwüste an, Haus neben Haus und eine Kirche aus dem Anker-Steinbaukasten",[1] so beschreibt Ludwig Thoma im Rückblick seinen Schulweg von der Frauenstraße 2 ins Wilhelmsgymnasium, das er ab 1879 besucht hatte.

Das Gebäude des Wilhelmsgymnasiums war zur Zeit von Thomas Eintritt gerade einmal zwei Jahre alt. In prächtigen Neurenaissanceformen konfrontierte der Staatsbau von Karl Leimbach die so ganz anders bebaute Umgebung, italienische Palastarchitektur setzte Maßstäbe in kleinteilig bebauter Umgebung.

Unzählige Privatbauten entstanden in den 1870er und 1880er Jahren in Neurenaissanceformen und können stilistisch als Reflex auf das öffentliche Bauen aufgefasst werden. Und östlich hinter dem Gymnasium entstand 1875–79, also beinahe gleichzeitig mit dem Bildungsinstitut, die Königliche Brandversicherungskammer (Abb. 3), stilistisch ebenfalls am italienischen Palastbau orientiert und bis zu ihrer Aufstockung ein elegantes Staatsgebäude.

Die vom Schriftsteller angeprangerte Entwicklung findet nach dessen eigenen Worten ihre Erklärung in Folgendem: „Ein Stück Altmünchen nach dem anderen wurde dem Zeitgeist oder richtiger der Spekulation geopfert. Seit Mitte der achtziger Jahre haben Gründer und Bauschwindler ihr Unwesen treiben dürfen,

haben ganze Stadtviertel von schlecht gebauten, häßlichen Häusern errichtet, und keine vorausschauende Politik hat sie daran gehindert"[2].

Die „Gründer", das ist ein beinahe literarischer Terminus für die von Zinsen lebenden, vielleicht „Realitätenbesitzern", die eben in der sogenannten Gründerzeit durch Bauspekulation zu Geld gekommen waren und freilich weniger die Erhaltung einer kleinteilig engen, vorstädtischen Bebauung im Sinn hatten als eine Gewinnmaximierung aus dem Mietszinsertrag.[3] Soweit der Schriftsteller Thoma.

Ein Kulturhistoriker über die Gründerzeit in München

Als historische Tatsache kann gelten, dass in dem von Thoma im Rückblick betrachteten Zeitraum in München und vor allem im Untersuchungsgebiet, dem Lehel, ein enormer Bauboom herrschte, den die städtische, aber auch die Politik des Herrscherhauses mit angeschoben hatte, und den dann die Ordnungsämter nur mehr bedingt regeln konnten.

Es wurde viel und schnell gebaut (Stichwort: Trockenwohnen bei geringer Miete unmittelbar nachdem der Bauwerber die Wohnungskonzession erhalten hatte). Bisweilen wurde Kritik an der Eile laut, mit der man die Häuser hochzog, bisweilen wurden die im modernen Sinne „einstürzenden Neubauten" zum Gegenstand von Spott. So schreibt Jakob Burckhardt, der sich im August 1877 in München aufhielt, an den befreundeten Architekten Max Alioth: „Die Tagesevenements sind hier Einstürze von im Bau begriffenen Häusern, bis jetzt vier binnen zehn Tagen"[4]. Und Burckhardt berichtet von einem Gespräch mit einem „Philister" im Pschorr: „(...) das Haus werde gewöhnlich, noch bevor es fertig sei, geschwind einem Toren angehenkt, und wenn es dann einstürze oder, kaum bezogen, gleich wieder geräumt werden müsse, so gebe das eine schöne Reputation für die ‚kenigliche Residenzstadt München‘“. Die Schilderung der Ereignisse des Folgetags begann der Schweizer Gelehrte im gleichen Brief an Alioth mit: „Es hat wieder ein im Bau begriffenes Haus gestern eilig apart gestützt werden müssen“[5].

Die Geschwindigkeit des Ausbaus Münchens, der Überformung alter Quartiere und Vorstädte erfuhr nationale und auch internationale Beachtung. Stellvertretend können die beiden Berühmtheiten der schreibenden Zunft dafür stehen, bei höchst unterschiedlicher Ausrichtung freilich.

Das Lehel aus Sicht eines Pfarrers aus dem Oberland

Lange bevor Investoren, Spekulanten und „Gründer“ auf den Plan traten, waren schon Stimmen von „Betroffenen“ laut geworden, denen an einer sanitären und überhaupt städtebaulichen Aufwertung des Lehels gelegen war. So Pfarrvikar Marian Walli, der sich im Dezember 1808 „allerunterthänigst“ an das Königliche General-Kreiskommissariat des Isarkreises wandte und in sechs Punkten seine Vorstellung von einer Verbesserung der Verhältnisse im Lehel vortrug. Marian Walli, er war der erste Pfarrvikar der 1808 errichteten Pfarrei St. Anna – bis zur Säkularisation war er Konventuale im Kloster Rott am Inn gewesen –, verstarb schon 1812, noch bevor er seine Investitur erlebt hatte.[6]

Das erste Anliegen des Pfarrers war die Neubenennung der Vorstadt: „Sollten die Wünsche der hiesigen Bewohner mit Allergnädigster Erfüllung gekrönt werden, Lehel zu einer Vorstadt zu erheben, so dürfte der ganze Dißtrikt dem Schwabinger Thore links bis zum Isar-Thore rechts nun nicht mehr Lehel, sondern St. Anna Vorstadt heißen“[7]. In der Tat wurde diese neue Bezeichnung behördlicherseits üblich, wirklich durchsetzen konnte sie sich über den administrativen Gebrauch hinaus jedoch nicht.

Unter Punkt zwei regte der Pfarrer an, „daß die beinahe unergründlichen Straßen und Wege vom Moraste |: der vielleicht in Baiern seines gleichen nicht hat :| gereiniget, mit frischem Kiese, der der Nähe der Isar wegen leichter zu haben ist, aufgeschüttet, und (…) mit Trottoir versehen würden“[8]. Nicht eingeplante Abbundplätze waren dem Priester ein Dorn im Auge, unter Punkt drei schildert er anschaulich, man solle „alle im Wege stehenden hölzernen Hütten, Bauhölzer-Gelagen, Bretten-Stöße, |: worunter besonders der Weg von der Hackl-Mühle bis zur Reinweller Fabrike, wo die aus der Stadt häufig kommenden Fußgänger oft über aufgelegte Dachstühle klettern, oft mit Gefahr nahe bei den Pferden vorbei schlüpfen müssen, gehört :| an schicklichere Orte versezen“[9]. Völlig klar ist für Walli: „Daß auch die vor den Häusern liegenden Unraths-Haufen, die mitten in einer engen Straße stehenden Schweineställe, als Gesund- und Schönheit störend, weggeschafft werden sollen“[10].

Er berichtet der Regierung sodann, dass beim Holzlagerplatz der Stadtsägemühle[11] (in der Lage von Liebigstraße 4, hinter der alten St.-Anna-Schule) Schnittbäume ungesichert aufgestapelt und durch „unverhoffte Loswälzung“ Fußgänger bereits lebensgefährlich bedroht worden seien (Abb. 4). Auch berichtet Walli vom Fehlen eines notwendigen Geländers in diesem Abschnitt des Stadtsägmühlbaches. (Die Stadtsägemühle bestand als Gebäudegruppe bis 1910, sie wich der Mädchen-Oberrealschule. Es fanden sich dort auf weniger als 2.000 Quadratmetern ein unterkellertes Wohnhaus, Schneidgattern mit Radschupfe, Stallungen mit Gesindewohnung und Waschküche, Holzlege, Lagerplatz für Schnittholz, zwei Brunnen und eine Jauchegrube.)

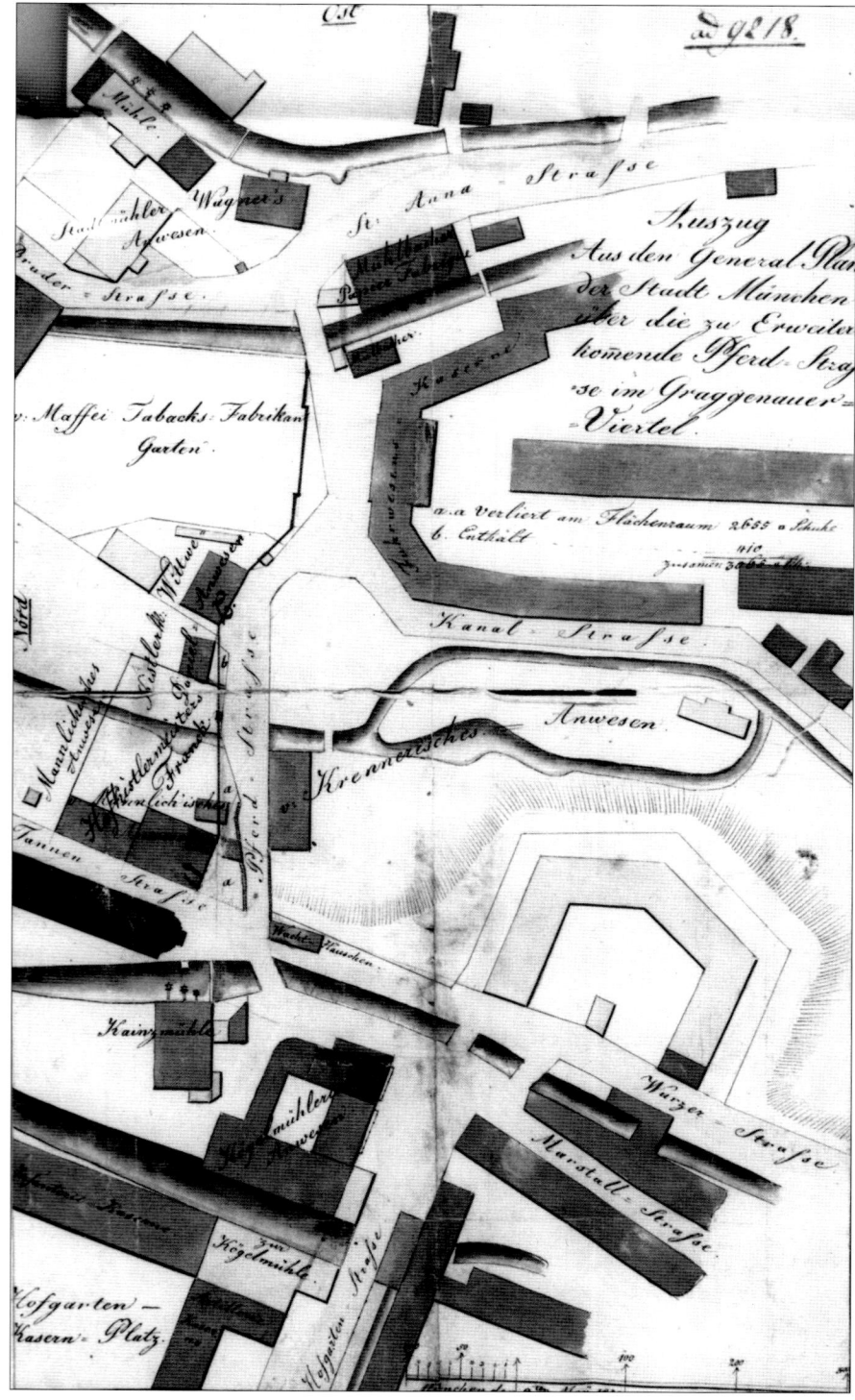

Abb. 4. „Auszug aus dem Generalplan der Stadt München über die zu Erweiterung kommende Pferdstraße“ vom 9. Mai 1822; der Plan ist nach Osten ausgerichtet und zeigt die östlich der Köglmühl-Bastion befindliche Hoffuhrwesen-Kaserne, weiter oben die Papiermühle (an der späteren Ecke St.-Anna-/Christophstraße) sowie weiter im Nordosten die Stadtmühle

Ferner regt Walli Fuhrwerksbrücken vor den Gewerbebetrieben an, damit das Trottoir nicht zerstört würde und weist auf die Notwendigkeit einer Straßenbeleuchtung hin. Mit einer beifälligen Bemerkung charakterisiert der Pfarrer seine Pfarrkinder: „Ueberhaupt, dächte ich aber, daß (…) sich auch die Sorgfalt und Aufsicht der Königl. Polizei auf diesen Theil der Stadt eben so wie auf die Stadt selbst erstrecken sollte, besonders da durch ihre thätige Unterstützung mancher Unfug verhütet, manche nüzliche Anstalt, die öfters in dem Eigensinn der Bewohner den muthigsten Gegner findet, befördert würde"[12]. Und abschließend teilt Walli mit, dass er „von dem lebhaftesten Pflichts-Gefühle" motiviert, dieses Schreiben abgefasst habe.[13] Es erlaubt dem Leser, zweihundert Jahre später, Einblicke in die Zustände im Lehel, bevor die Vorstadt in den Sog der boomenden Stadt München geraten sollte. Seine Beschreibung der beinahe ländlichen Zustände gilt für einige Quartiere des Lehels sicherlich bis in die zweite Hälfte des 19. Jahrhunderts.

Diesen Eindruck vermitteln auch, beinahe drei Generationen nach Pfarrer Marian Walli, die Erinnerungen der Maria Walser, der 1875 geborenen letzten Besitzerin der Hacklmühle: „Da ich meine freien Stunden nicht wie ein Stadtkind zwischen vier Wänden, sondern meistens außer dem Haus, bald in dem kleinen Garten zwischen Fabrikstraße und Bach, bald im Pferde- oder Kuhstall, bald bei den Hühnern oder vor der Säge (…) oder im alten Ökonomieanwesen zubrachte, so gestalteten sich auch meine Erlebnisse mannigfaltiger, als bei vielen anderen Kindern"[14]. Maria Walser bezieht ihre Schilderung auf den Umgriff der alten Hacklmühle (Abb. 5), an der heutigen Ecke Thiersch-/Liebherrstraße gelegen und 1901 bis auf das Triebwerk abgebrochen. Ihre Erinnerungen beschreiben exemplarisch den Zustand vor dem rasanten Wandel, der sich in der Vorstadt Lehel ab den 1890er Jahren vollzog.

Die Entwicklung des Lehels zum angesagten bürgerlichen Wohnquartier – bei seinen spätesten Bauten am Isarkai (Steinsdorfstraße und Widenmayerstraße) durchaus mit einer mondänen Tendenz – war die zwangsläufige Folge der bevölkerungsmäßig explodierenden Stadt. Die „unerbittlichen Funktionen"[15] einer beständig wachsenden Stadt brachten es mit sich, dass die von Malern und Schriftstellern beschworene, behäbige Vorstadt nicht in einen romantischen Beharrungszustand verfallen konnte, sondern gleichsam wie in einem Sog von der Großstadt mitgezogen werden sollte. Die steigenden Bodenpreise und die Ausschöpfung der baurechtlichen Gegebenheiten ergaben ein Wechselspiel, das zwangsläufig in die Spekulation mit neu gebauten oder im Bau befindlichen Wohnhäusern münden musste.

Abb. 5. Blick auf die Hacklmühle (auch Walser-Mühle genannt); Detail aus einer Ballonaufnahme von 1898

Der Name „Lehel"

Johann Andreas Schmeller trägt in seinem Bayerischen Wörterbuch eine ausgesprochen differenzierte Lautlehre von „das" bzw. „der Lôh" vor.[16] Schmeller kennt das dumpfere „Louhh" wie auch das offene „Laəhh", und außerdem referiert er als Diminutivform „Lœhlein" und seltener „Lêhhl". Letztere Bezeichnung für eine Flur, die mit niedrigem Gebüsch bewachsen ist, deckt sich am ehesten mit der in den Quellen überlieferten Ortsbezeichnung „Lehel". Für das „Lœhlein", das auch „Lêchl" genannt werden konnte, nennt Schmeller Beispiele bei Rimberg, bei Harlaching und bei München (!). Mit Status im Jahr 1837 führt Schmeller also das stärker aspirierte „Lêhhl" gleich geltend neben „Lêchl", eben mit gutturalem Ch-Laut an. Die moderne Diskussion, ob „Lehel" nun gehaucht oder mit kehligem Ch auszusprechen sei, kann also schon für die erste Hälfte des 19. Jahrhunderts nicht letztgültig geklärt werden, da auch zu dieser Zeit beide Versionen nebeneinander existierten.[17] Und der Sprachforscher erklärt vertiefend: „Als Appellativum [Eigenname, der zur Gattungsbezeichnung dient] veraltend [Status 1837], ist das Wort Lôh heutzutage mehr als Eigenname von Wäldern und Waldparzellen oder Orten, wo ehemals solche standen, gebräuchlich"[18].

So decken sich die Beobachtungen Schmellers mit den historischen Gegebenheiten des leicht erhöhten, von Osten nach Westen, vom linken Isarufer zur Münchner Kernstadt hin stetig ansteigenden Schwemmlandes, das über die Jahrhunderte bis ins mittlere 19. Jahrhundert hinsichtlich der nur bedingt berechenbaren Isar unsicher und von daher bis in diese Zeit vergleichsweise dünn besiedelt war. Die Felder waren von Krüppelgewächsen[19] bestanden, dienten vor allem zur Bleiche und zur Weide (siehe Abb. 1).

Hingewiesen sei noch auf die zu „Lehel" verwandt lautenden Bezeichnungen für zwei alte Gewerke. Da ist zum einen das Auswaschen von mit Seife gereinigter Wäsche, für das Schmeller im oberdeutschen Sprachraum noch die Worte „lühen" und „lihhə" greifen konnte.[20] Und da ist zum anderen die alte, und eben auch in Altbayern gebräuchliche Bezeichnung für die Stampfmühlen aufzurufen; als „Loher" oder „Lohrer" oder auch „Lober" bezeichnete man die Lodenmacher[21] und die fast immer an Wasserwerke angeschlossenen Stampfmühlen verkürzt als „Loh-Stampf".

In aufschlussreicher Entsprechung zu diesen sprachkundlichen Folgerungen weisen die frühen Kartenwerke zu München, so die Vogelschaupläne des Tobias Volckmer von 1613 und des Wenzel Hollar nach 1623, das Areal der späteren Häckl- oder Hackl- oder Walsermühle als „Lodter Ramen und Walck" aus. Die Rede ist vom Vorgänger-Wasserwerk samt Wagenanger der Hacklmühle, in etwa Ecke Thiersch-/Liebherrstraße gelegen, 1900/01 abgebrochen und schließlich durch ein Elektrizitätswerk ersetzt, das dann exakt als Haus Nr. 15 an der Liebherrstraße verortet werden kann.[22] Die Mühle stand also zwischen unterer Lände (O) und dem von Bleichwiesen gesäumten Laimbach[23] (W). Mit seiner südlichen Grundstücksgrenze reichte die Loh-Stampfe an die wichtigste und meistfrequentierte Einfallstraße von Osten her, an die spätere Zweibrückenstraße heran. Nicht selten waren die Hauptcharakteristika an den wichtigsten Verbindungsstraßen maßgebend für die Benennung ganzer Stadtgebiete, aber bei aller phonetischen Ähnlichkeit, muss die Herleitung von „Lehel" aus dem Wortstamm „Loh" in dessen Bedeutungszusammenhang mit der Lodenwalkerei Wägung bleiben.

In Abrede zu stellen ist die Annahme, dass „Lehel" von „Lehen" herrühre. Die Gleichsetzung des sogenannten Tattenbachischen Lehens (vgl. Thierschplatz 3, 4 und 5 sowie Tattenbachstraße 1) in der ähnlich klingenden Ableitung mit dem ganzen Gebiet ist äußerst unwahrscheinlich.[24] Denn von diesem Teil ist stets als vom „Tattenbachischen", also immer in Verbindung mit den Inhabern der darauf ruhenden Hofmarksgerechtigkeit die Rede, und außerdem ist der Lautwechsel von „Lehen" zu „Lehel", also der Begriff für ein kleines Lehen, schlicht nicht weiter bekannt.

„Auf dem Layl" heißt es auf dem 1742 edierten München-Plan des Augsburger Stechers Matthäus Seutter, und diese Bezeichnung diskutiert auch Ludwig Wagner in seiner wertvollen Darstellung des Lehels (freilich setzte der Lehrer den Schwerpunkt auf die Schulgeschichte dieses Stadtteils). „Layl" als „Wäldchen" mag das Ergebnis einer solitär gebliebenen Verhochsprachlichung des älteren Wortes „Lêchl" oder „Lêhhl" sein, setzte sich weiter nicht durch und kann daher ebenfalls in Abrede gestellt werden.

Lage und Umgrenzung des Lehels

Vom Isartor ostwärts verläuft die Verlängerung des Tals zweifach nach Süden abknickend, und also (bis heute) ziemlich unregelmäßig zum Strom hin. Der hiesige Übergang über den Gebirgsfluss, über zwei Brücken, da ein hoher Schwemmkegel (die spätere Museumsinsel) erlaubte, die Spannweite zu teilen, ist eine der ältesten Münchens. Diese Straßenverbindung bildete seit alters her die südliche Begrenzung des Lehels (siehe Abb. 2).

Der isarabwärts, also nordwärts gelegene, nächste Übergang über die Isar, war über Jahrhunderte die sogenannte Bogenhauser Brücke. Sie lag und liegt (als seit 1879 sog. Max-Joseph-Brücke/Neubau 1901–02) in Luftlinie 2,1 Kilometer von der Ludwigsbrücke entfernt. Die linke Saumstraße entlang der Isar, die alte Äußere Isarstraße, heute Steinsdorfstraße[25] (seit 1888) und Widenmayerstraße (seit 1896) beschreibt parallel zum Flusslauf einen zweifach leicht geschwungenen Lauf und hat dabei eine Länge von 2,2 Kilometern. (Der geringe Längenunterschied zwischen Luftlinie und Uferstraße rührt von der gezielten Isarkorrektion Mitte des 19. Jahrhunderts her. Man hatte mit Wasserbau-Maßnahmen dafür gesorgt, dass durch eine erhöhte Fließgeschwindigkeit die Isar Geschiebematerial gewissermaßen selbst

nach Norden in die Oberföhringer und Ismaninger Ebene abtrug und dass sich das Gerinne auf diese Weise tiefer eingrub. Hochwasser wurden so berechenbarer, die Ufer, Isarkais genannt, konnten befestigt werden, da die „schlankere" Isar an den Uferkanten nicht mehr unberechenbar einzubrechen drohte.)

Die Isar bildet seit jeher die natürliche östliche Begrenzung des Lehels. Dabei schlug man der Vorstadt den Prater zu, da diese Insel nur vom Lehel her zugänglich war und das Praterwehr schon früh funktionell in die Trift eingebunden war, einem entscheidenden Gewerk der am Fluss gelegenen Vorstadt und saisonale Arbeitgeberin (Abb. 6).

Die nördliche Grenze des Lehels ist schwer bestimmbar. Theodorpark und Tucherpark könnten als eigene Siedlungseinheiten begriffen werden. Doch dehnte sich Anfang des 20. Jahrhunderts die Bebauung entlang der Oettingen- und Lerchenfeld- und vor allem der Widenmayerstraße en bloc bis zur Südkante der Max-Joseph-Brücke hin aus. Es wurde hier innerhalb weniger Jahre vorher unbebautes Terrain parzelliert und bebaut. Der Nordrand des Lehels ist mit der Tivolistraße eben die jüngste der feststellbaren Quartiersgrenzen.

Hingegen scheint die Westgrenze des Lehels gut greifbar, war sie doch über Jahrhunderte unverrückbar. Die Felder und Wiesen, von zahlreichen Bächen durchzogen, die zwischen dem Isartor (S) und der Köglmühl-Bastion (N) zur Isar hin lagen, bildeten das Lehel, die Westgrenze stellten hier die östlichen Vorwerke der Stadtbefestigung dar.

Mit der Preisgabe der Festungseigenschaft, dem Abverkauf der Bastionen nach 1795, wurden die Grenzen insbesondere zwischen der Graggenau und dem Lehel verwischt, aber nur scheinbar. Hatten doch die neuen Baulinien bodenmechanische Gegebenheiten zu berücksichtigen, die sich durch die Planierungsarbeiten ergaben. In neu verdichtetem Erdreich konnten Neubauten schwerlich fundamentiert werden, weshalb man die neuen Straßen im Verlauf der alten Festungsgräben anlegte, die Häuser hingegen (meist) auf den schon jahrzehntelang verdichteten Wällen und Werken erbaute. Vereinzelt haben sich Straßen erhalten, deren kuriose Knicke

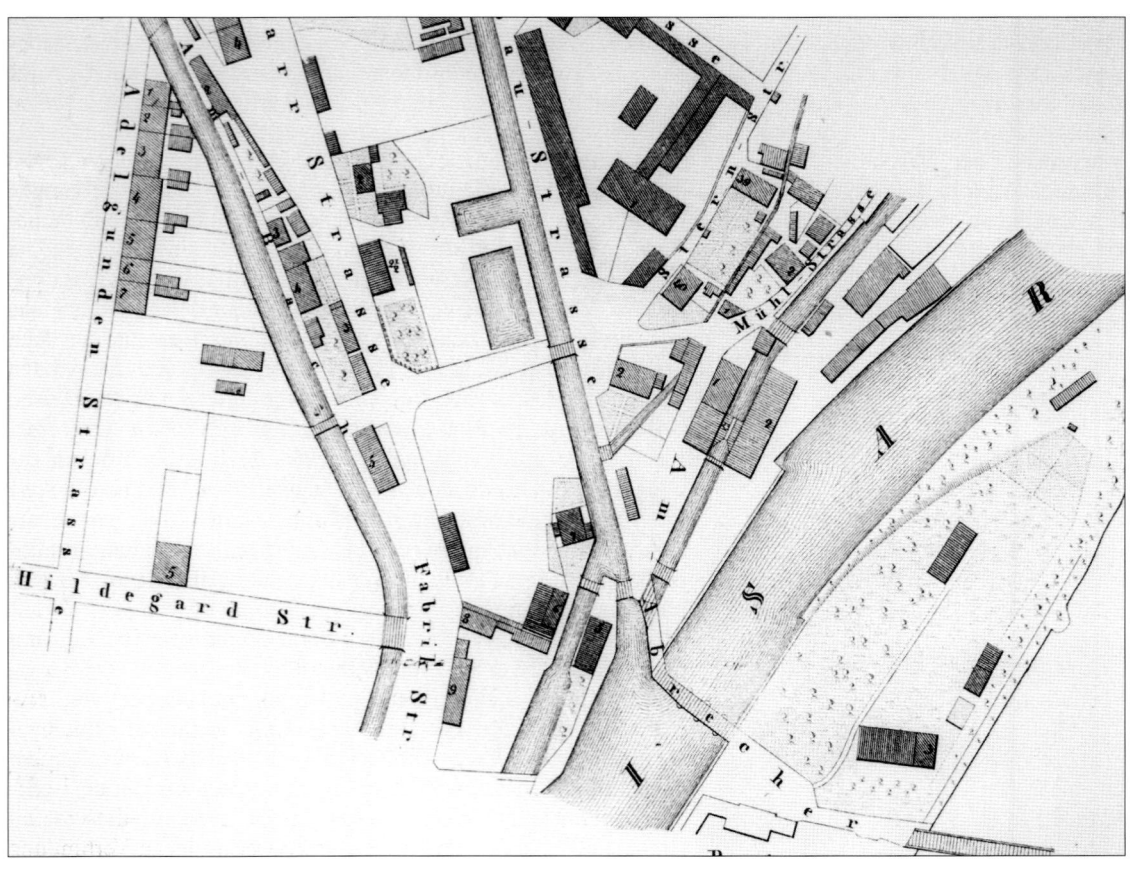

◁ Abb. 6. Situation an der späteren Maximiliansbrücke im Jahre 1851; eingemessen vom Topographischen Büro des Gustav Wenng (= St. Annavorstadt Blatt 5)

Abb. 7. Blick von Osten auf ▷
Maximiliansbrücke und Maximilianstraße, die dritte der Münchner
Prachtstraßen; rechts hinter unbe-
laubten Bäumen das Klarersche
Sägewerk; die zweihüftige Brücke
von 1863 nach Plänen von Arnold
Zenetti wurde ab dem Jahr 1863
verbreitert, nach 1903 schließlich
nach der Planung von Friedrich von
Thiersch neu gebaut; Albumin-Auf-
nahme von 1893

von den Grundlinien der alten Gräben bzw. Festungsbauwerken herrühren: So z. B. die Kanalstraße zwischen Isartorplatz und Knöbelstraße oder der südliche Knick der Seitzstraße, der dem Grundriss einer Bastion folgt, die Maximilian de Groth schon im Jahr 1748 als „Haslangischen Garten" ausweist. Bis zum Ausbau des Mittleren Ringes ließen sich für diese Feststellung weitere Abschnitte vor allem der mehrfach abknickenden Kanalstraße benennen. Allein das die ältere Münchner Stadt schneidende Straßenbauwerk des Mittleren Ringes verwischte die östlichen Festungsabschnitte fast völlig.[26] Die heutige Westgrenze des Lehels ist wohl dieser Mittlere Ring, wenigstens vom Isartorplatz im Süden bis zum Eingang in den Englischen Garten. Dort wiederum ist ein Einsprung vorzunehmen, nach Osten bis zur Lerchenfeldstraße, dieser konvex ins Lehel hineinschwingenden Saumstraße des Hirschangers. Wie schon bei der Diskussion der Nordgrenze angedeutet, ist wohl auch das Gebiet nördlich der Himmelreich- und Paradiesstraße dem Lehel zuzurechnen. Wenngleich Ausflügler, die in historischer Zeit den Paradiesgarten aufsuchten, ebenso gut durch den Englischen Garten, also aus der Schönfeld- oder Maxvorstadt kommen konnten. Doch prägte das Areal östlich des Eisbachs, in etwa in der Lage des Diana-Bads, über Jahrzehnte das Wasserwerk des Leinenwaren-Fabrikanten Johann Georg Frey, also ein für das Lehel typischer Gewerbebetrieb.

Die „alte" und die „neue" Erschließung des Lehels – eine Skizze

Flussübergänge als Direktiven der Straßenverläufe

In der Tat kann man von einer „alten" Erschließung des Lehels sprechen, da über Jahrhunderte die Hauptverkehrswege dieses Stadtteils parallel zur Isar verliefen und auch die zahlreichen Bachläufe, gleichsam als Lebensadern, diese Ausrichtung vorgaben. Und weil zwischen der Ludwigsbrücke (S) und der Bogenhauser Brücke (N) bis 1863 kein für Fuhrwerke geeigneter weiterer Isarübergang bestand, lag es auch nahe, dass die Straßenläufe des Lehels eher in südlich-nördlicher Richtung ausgerichtet waren. Westlich-östliche Verbindungen mussten sich gleichsam als Störungen der alten, gewachsenen Erschließung ausnehmen. Die Maximilianstraße (begonnen 1851) und die Prinzregentenstraße (begonnen 1890) störten als neue und unorganische West-Ost-Verbindungen tatsächlich die gewachsenen Verhältnisse, wie im Folgenden gezeigt werden soll.

Doch zuvor ein kurzer Blick auf die später hergestellten Flussübergänge, dies mit einem Status im Jahr 2008: Die Flussübergänge zwischen der Ludwigs- und der Max-Joseph-Brücke bilden heute, von Süden nach Norden, Mariannenbrücke und Kabelsteg in einer Linie über die Kohleninsel, die Praterwehrbrücke zur gleichnamigen Insel ohne Fortsetzung über die große Isar, dann die Maximiliansbrücke und weiter nördlich die Luitpoldbrücke. Die Mariannenbrücke bestand bis 1928 aus Holz, wurde in diesem Jahr in Stahlbeton errichtet, sie stellte bis dahin keine Fuhrverkehrsverbindung dar. Die Fortsetzung dieses Überganges hinüber zum Ostufer der Isar bildet der Kabelsteg, der 1898 als frühe Stahlbeton-Fußgängerbrücke von der Firma Wayss & Freitag erbaut worden ist.

Die Praterwehrbrücke bedient als Schwergewichtsbauwerk ein Stauwehr, sie wurde seit den 1840er Jahren vielfach erneuert, da sie bis zur Aufgabe der Trift in den 1870er Jahren als letzte Möglichkeit zum Abrechen mitfunktionieren musste. Daneben war sie einfacher Übergang zur Praterinsel, ohne Vermittlung zum Ostufer.

Die Maximiliansbrücke entstand bis 1863 nach Plänen von Arnold Zenetti als Verlängerung der dritten Münchner Prachtstraße und als erweiternder Anschluss der 1854 nach München eingemeindeten Vorstädte Haidhausen, Au und Giesing (Abb. 7). Die Maximiliansbrücke (1904–06 verbreitert) bot eine erste zusätzliche verkehrliche Erweiterung im Blick auf die stadträumliche Erschließung Münchens. Ihr folgte über eine Generation später, 1891, die erste Luitpoldbrücke, als Verlängerung der letzten Münchner Prachtstraße und Anbindung der Orte rechts der Isar.

Bis zur Anlage der Maximilianstraße (ab 1851) und der Prinzregentenstraße (ab 1890) verliefen die wichtigsten Straßen des Lehels über Jahrhunderte von Süden nach Norden parallel zur Isar. Doch die beiden neuen Magistralen sollten diese gewachsenen Verhältnisse konterkarieren, sie erzwangen an den Schnittpunkten mit den alten Straßenläufen neue Baulinien und folglich ein neues Bausystem.

(Zur Ergänzung auf der Grundlage des verkehrlichen Status im Jahr 2008: In der beschriebenen Flussstrecke wird die Isar an zwei Stellen von Untergrund- und Schnellbahn unterquert: einmal 62 Meter nördlich der Ludwigsbrücke die sogenannte S-Bahn-Stammstrecke und das andere Mal 125 Meter nördlich der Maximiliansbrücke, gemessen an der kleinen Isar, als U-Bahn der Linien 4 und 5, in spitzwinkligem Verlauf zur Maximilianstraße auch das Maximilianeum unterfahrend.)

Das Maximiliansforum als Fremdkörper

Betrachtet man die für die Anlage der Maximilianstraße in der Mitte des 19. Jahrhunderts notwendigen Tiefbau-Maßnahmen, wird deutlich, in welchem Maße die damaligen Bauingenieure gegen die historische Erschließung des Lehels anzugehen hatten und wie gezielt und planvoll die gewachsenen Strukturen zurückgedrängt wurden. Es entstand zunächst ein unorganisches Nebeneinander von neuen Prachtbauten des Staates und privaten Kleinhäusern sowie mittleren und kleineren Gewerbebetrieben. Durch die Schritt für Schritt erfolgte Anpassung der Bebauung an die gewünschten neuen Verhältnisse geriet das Alte dann zum Fremdling am angestammten Ort.

Um das Nivellement des Körpers der Maximilianstraße herstellen zu können, entschied man sich zur Aufschüttung eines Straßendammes. Es galt, zehn Stadtbäche zu überwölben; diese waren von Westen nach Osten: das Apothekenbächl, der Pfisterbach, der Kainzmühlbach, der Malzmühlbach, das Kanalbächl, der Hacklmühlbach, der Fabrikbach, der Triftkanal und mit diesem die Abzweigungen von Feuerbächl und Hofhammerschmiedbach.[27] Das Einlaufbauwerk am Abrecher war gänzlich neu herzustellen, denn das westliche Widerlager der Maximiliansbrücke musste exakt hier fundamentiert werden.

Und dabei war dem König an einem völlig neuen Erschließungskonzept gelegen. Das wenige Jahre zuvor in die südliche St.-Anna-Vorstadt trassierte Straßenkreuz, das Hildegard- und Adelgundenstraße bildeten, wurde nicht berücksichtigt, vielmehr erhielt die „Neue Straße" auch einen schnurgeraden Verlauf, aber höchst ungewöhnlich in spitzem Winkel zur zehn Jahre älteren Trasse der Hildegardstraße (vgl. Abb. 6). Die Hildegardstraße war 1842 festgelegt und ein Jahr später nach der ersten Tochter des bayerischen Königs Ludwig I., Erzherzogin von Österreich, benannt worden. (Nach dem Zweiten Weltkrieg und dem Ausbau des Altstadtringes, der den Verlauf der Hildegardstraße radikal zerschnitt, entschloss sich die Stadt München dazu, deren alten östlichen Abschnitt umzubenennen und diesen nominell der Knöbelstraße zuzuschlagen.) Die erwähnte Adelgundenstraße wurde beinahe gleichzeitig projektiert, der Magistrat widmete sie 1843 der zweiten Tochter des Königs. Doch übergingen die Baukonduktoren des Königs und schließlich auch der Magistrat diesen früheren Erschließungsversuch.

Die Maximilianstraße führte man über Baugründe, die sich weitgehend im Besitz der Krone befanden. Ganz im Westen stand die Artilleriekaserne mit der zivilen Hausnummer 12 an der Herrnstraße. Sie wurde zugunsten der neuen Straße bis 1855 abgebrochen. Ihre Belegungskapazität hatte zu dieser Zeit 265 Personen betragen.[28]

Das Gelände zwischen der Herzog-Rudolf-Straße, vormals das Nordstück der Kanalstraße (W), und der Adelgundenstraße machte bis zu dieser Zeit der Hofküchengarten aus. Dieser wurde hier aufgegeben. Den Nordabschnitt der Adelgundenstraße riegelte man mit dem Bau der Regierung von Oberbayern ab (erbaut bis 1864 von Friedrich Bürklein). Private Neubauten entstanden anschließend nicht nur sprichwörtlich, sondern auch tatsächlich „im Schatten" des von höchster Seite veranlassten Baus (Abb. 8).

Das südliche Vis-à-vis der Regierung bildet ein weiterer monumentaler Staatsbau, das erste Bayerische Nationalmuseum (erbaut von 1859–63 von Eduard Riedel), das seit 1926 die völkerkundlichen Sammlungen des Freistaats beherbergt. Ihm war eine Konzeptänderung vorausgegangen, die zur Folge hatte, dass das im Rohbau bereits fertiggestellte Taubstummeninstitut, der 1855 begonnene erste Bau am Maximiliansforum, wieder abgebrochen werden musste. Auch dieser staatliche Fürsorgebau wie später das weiter ausgreifende Nationalmuseum kamen auf Baugründen der Krone zum Stehen.

So ist das „Maximiliansforum" als erste Konterkarikatur der gewachsenen Erschließung des Lehels anzusehen. Nicht nur, dass sich hier Bauformen gleichsam unverträglich gegenüber standen, die Erwerbsverhältnisse der kleinen Leute und die residenzstädtischen Ambitionen der großen Herren kamen einander sprichwörtlich und auch real in die Quere. Die Maximilianstraße und ihre Aufweitung östlich von Kanalstraße (S) und Herzog-Rudolf-Straße (N) hatten den Anfang gemacht.

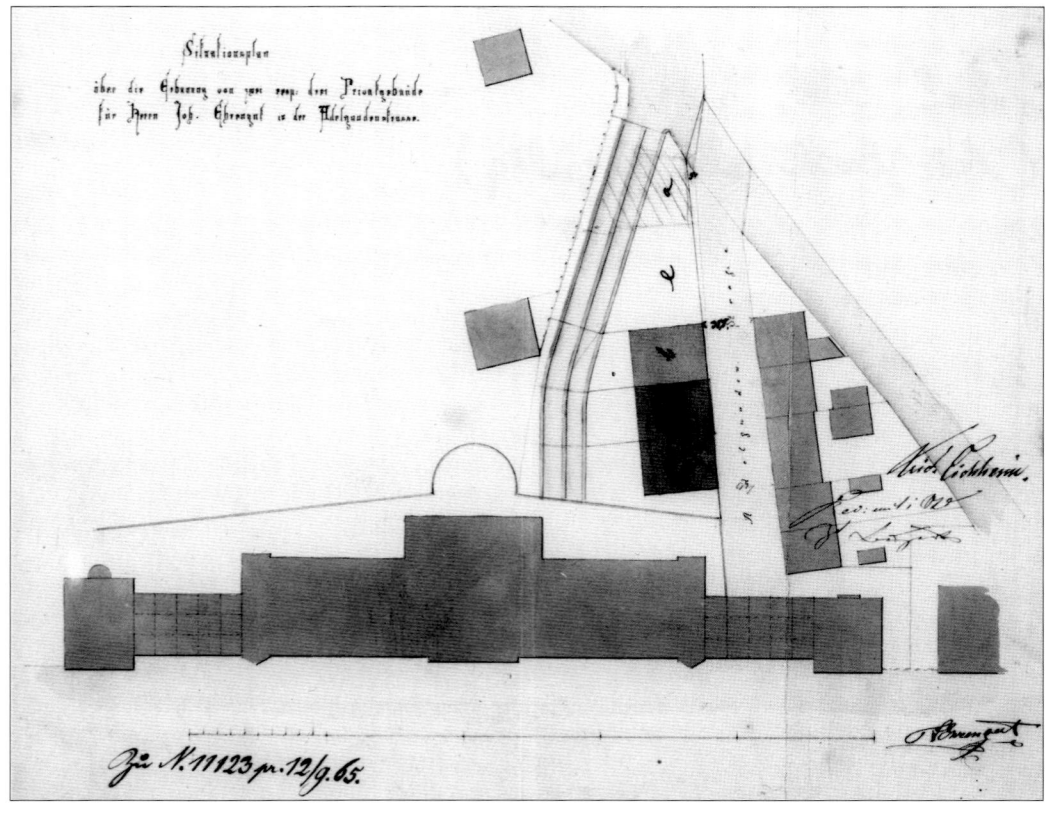

◁ Abb. 8. Situationsplan über die Erbauung zweier Privatgebäude des Johann Ehrengut an der Adelgundenstraße, 1865; buchstäblich im Schatten des Regierungsgebäudes entstanden die Bauten an dem später der St.-Anna-Straße zugeschlagenen Straßenstück

Abb. 9. Grundriss der „Pers-Manufaktur", angefertigt anlässlich ihres Abverkaufs 1841; an der West-seite der südlichen Fabrikstraße gele-gen, beabsichtigte der seinerzeitige Eigentümer, Administrator von Bohn, den parzellierten Grund loszuschlagen, was ihm schließlich auch gelang ▷

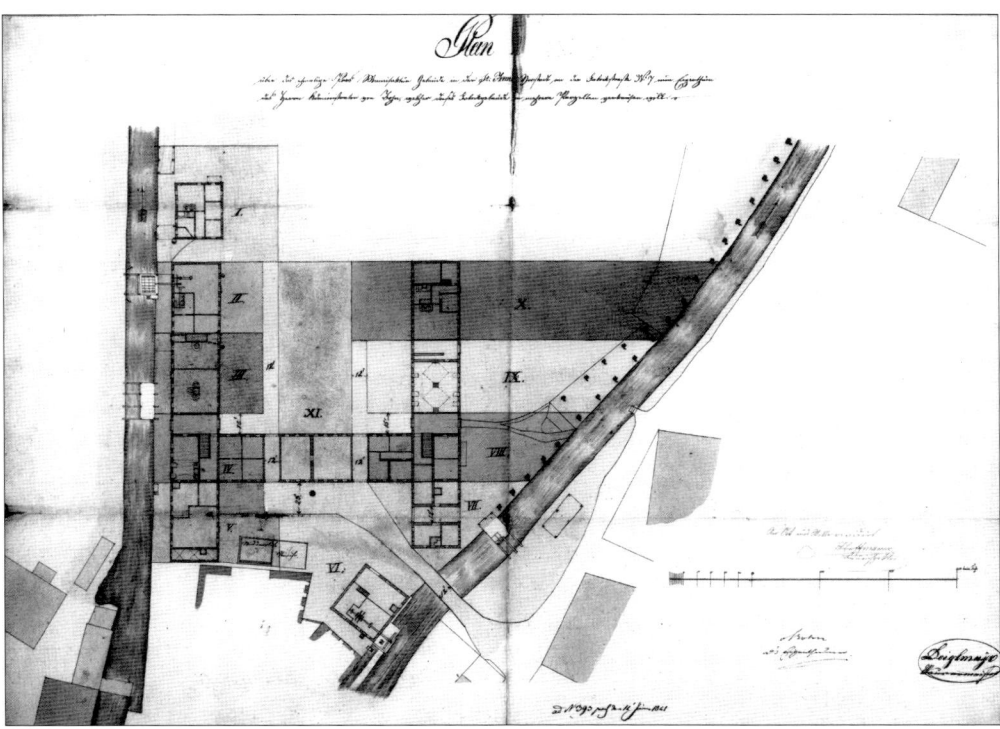

Die alten Hauptstrecken der Erschließung parallel zur Isar

Von Westen nach Osten bildeten und bilden die isarparallele Er-schließung des Lehels: die Kanalstraße, die Fabrikstraße/später Thierschstraße, die Trift-, Wagmüller- und Lerchenfeldstraße, die vormalige Äußere Isar- und spätere Steinsdorfstraße, die Stern-, Oettingen- und Emil-Riedel-Straße, die vormalige Mühl-und spätere Reitmorstraße sowie die Verlängerung der Äußeren Isarstraße, die spätere Widenmayerstraße.

Fabrikstraße/später Thierschstraße

In unregelmäßigem, mehrfach abknickendem Verlauf führte die Fabrikstraße von der Zweibrückenstraße (S) bis zur Pfarrstraße (N)[29], in die sie bis zur Anlage der Maximilianstraße verlängernd überging. Die Prachtstraße trennte diese alte Verbindung. Im Großen folgte die Fabrikstraße dem nach Osten, zur Isar hin aus-schwingenden Fabrikbach auf dessen Ostseite und beschrieb da-bei zusammen mit dem Bachlauf einen großen Bogen.

Der Fabrikbach als Namensgeber des Straßenlaufs, im Jahr 1890 amtliche Umbenennung in Thierschstraße, hieß bis Mitte des 18. Jahrhunderts Laimbach, wie auch die anderen Stadtbach-abzweigungen nach der südlich gelegenen sogenannten Laim-brücke. Erst nach 1746 bürgerten sich für Bach und Straßenlauf die Bezeichnungen Fabrikbach und Fabrikstraße ein, nachdem Kurfürst Max III. Joseph an diesem äußeren Stadtbach eine „Cotton-Manufaktur" errichten hat lassen (Abb. 9).[30] Der Südab-schnitt des Baches wurde bis 1966 aufgelassen, der Nordab-schnitt wird ab dem Anwesen Mariannenplatz 1 und unter die-sem hindurch weiterhin mit Wasser beaufschlagt, mittels eines neuen Einlaufbauwerkes an der Mariannenbrücke (zur Versor-gung der Bäche im Englischen Garten).[31]

Die amtliche Festlegung des südlichen Abschnitts der „Fabrick-Strasse", zwischen der Zweibrücken- und der Ländstraße auf eine Breite von 40 Bayerischen Fuß erfolgte 1860 anlässlich des Neubaus eines Wohngebäudes für den Floßmeister J. Attenber-ger auf dem Areal der heutigen Häuser Thierschstraße 6 und 8. Zu dieser Zeit machten das Gelände zwischen Fabrikstraße und Isar Abbund- und einfachere Holzlagerplätze aus, bedingt durch die hier betriebenen Länden. Der Baugrund war durchwegs grie-sig (= kiesig) und hochwassergefährdet.

Die Ostseite der Fabrikstraße zwischen der Ländstraße (S) und der Obermeierstraße (N) legte man 1892 fest, mit einer Straßen-breite von 17,5 Metern, und damit auch den geregelten Durch-stich der Ländstraße zur Isar hin. 1892 erbaute hier die Firma Karl Stöhr drei beachtliche Wohn- und Geschäftshäuser, Thierschstraße 20 sowie Ländstraße 1 und 3, für den Fabrikanten (Sattler und Wagenbauer) Johann Häusler. Seit 1818 hatte in et-wa auf dem Bauplatz von Thierschstraße 20 ein großes dreiflü-geliges Werkstattgebäude Bestand, das sich der Zimmerer Peter Erlacher errichtet hatte; die Nähe zur Lände auf der einen und zur Stadtsägemühle auf der anderen Seite waren für die Wahl dieses Standortes ausschlaggebend gewesen. Der Lager- und Abbundplatz räumte gehobenem Wohnen das Feld.

Die weitere Festlegung der Fabrikstraße, nach Norden bis zum Mariannenplatz[32] hin, erfolgte dann 1880, begleitet von einer Auf-weitung der Straßenbreite und der Herstellung von Trottoirs. Schon 1878 hatte man nach der entsprechenden Festlegung von Baulinien die Freifläche dort, wo die Fabrikstraße der Isar am nächsten kam, mit Mariannenplatz benannt. Zehn Jahre später entstand als westli-che Begrenzung der Platzsituation die monumentale neubarocke Dreiergruppe Thierschstraße 25/27/29. Und bis dahin war es nicht letztlich klar, welcher Bauaufgabe man diese Freifläche überlassen wollte. Schließlich fiel 1892, als die erwähnte Mietshausgruppe schon drei Jahre vollendet war, die Entscheidung zugunsten einer dritten protestantischen Kirche für München. Diese führte dann bis 1896 in neuromanisch-neugotischen Mischformen als einen Zen-tralbau der renommierte Architekt Albert Schmidt aus (Schmidt hatte zehn Jahre zuvor die neue Synagoge an der Herzog-Max-Straße errichtet). Am Mariannenplatz entstand ein Nebeneinander der Neo-Stile, wie es andernorts in München in dieser Bandbreite und historistischen Aussagekraft nicht erhalten geblieben ist.

Die städtebaulich dominante Dreiergruppe Thierschstraße 25/27/29 verkörpert den „Wechsel der Vorzeichen" eines ganzen Quartiers. Denn die Häuser kamen auf dem eigens umgewidme-ten Areal der Lederwarenfabrik des Anton Schwarzmann zum Stehen. Die monumentalen neubarocken Häuser wurden über dem Fabrikbach errichtet, so als wollte man diesen Bachlauf „unterdrücken" und einfach nicht länger sehen.

Der nördliche Anschluss der Fabrikstraße vor Anlage der Maximilianstraße

Nördlich der Hildegardstraße zog sich die Verlängerung der Fabrikstraße in einem leichten Bogen nach Westen schwingend als Pfarrstraße und nach einem einfachen Übergang über den Fabrikbach (ab dort Stadtsägmühlbach genannt) als St.-Anna-Straße, am alten Hieronymitanerkloster vorbei in die Bruderstraße hinein fort; letztere vollzog wiederum einen leichten Bogen ostwärts. Mit Anlage der Maximilianstraße, spätestens mit Erbauung der symmetrischen Dreiergruppe Maximilianstraße 43/45/47 wurde diese alte Verbindung abgeschnürt. Diese drei Privatbauten entstanden nach neueren Erkenntnissen nach 1863, also kurz vor dem Tod des für den Ausbau der „Neuen Straße" maßgebenden Königs, und somit erst 13 Jahre nach den ersten Plänen für die Herstellung der dritten Münchner Prachtstraße. Das westlich benachbarte Regierungsgebäude wuchs ab 1856 empor, die Bauarbeiten sollten sich dort aber bis 1864 hinziehen.

Im Haus Nr. 47 an der Maximilianstraße befanden sich nicht nur Wohnungen,[33] vielmehr im Erdgeschoss eines der zu seiner Zeit angesagten Cafés in München, das „Victoria". 1875 erhielt es eine Musiktribüne, 1885 wurde es von Friedrich Thiersch modernisiert, 1900 kam ein Billardsaal hinzu und 1913 erweiterte man es um einen rückwärtigen Gartensaal (Abb. 10). Dass sich gleich gegenüber des Wilhelmsgymnasiums eine Vergnügungslokalität befand und befindet, hat somit eine lange Tradition (Theaternutzung von Haus Nr. 47 an der Maximilianstraße seit 1946, sogleich nach der Wiederherstellung nach dem Zweiten Weltkrieg). Der rückwärtige Zuschnitt des Grundstückes ergab die Baulinie des späteren Hauses Nr. 16 an der Pfarrstraße.[34]

Der nördliche Anschluss der Fabrikstraße nach Anlage der Maximilianstraße

Die Festlegung der Fabrikstraße zwischen der Maximilianstraße und der Gewürzmühlstraße[35] erfolgte 1876 im Vorfeld der Errichtung des Wilhelmsgymnasiums. Zu dieser Zeit hatte man die Trift letztendlich aufgegeben, der Triftkanal wurde zügig verfüllt. Die Gewürzmühlstraße war bis dahin regelrecht zweigeteilt, in einen westlichen und einen östlichen Abschnitt. Den Übergang über den die Gewürzmühlstraße querenden Triftkanal leistete eine schmale hölzerne Brücke. Die Erstreckung des Lehelplatzes,[36] 1886 auf Ersuchen der Bevölkerung in Thierschplatz umbenannt, erfuhr ihre Festlegung 1881 (W) und 1882 (N). Im Jahr 1881 ließen der „Hofhutfabrikant" J. C. Zehme und der Hoftheaterdirektor Franz Seitz die Baugründe für Thierschstraße 49, 51 und 53 abstecken, das dortige Wasserwerk musste dann weichen. (Wie auch der sog. Hof-Blumentreibgarten östlich des Triftkanals verschwand.) Es entstan-

den die drei genannten Anwesen in einem Zug, Bauwerber, Baumeister und Investor in Personalunion war Franz Rattenhuber. Nördlich schloss man den Platzraum mit der bis 1884 erfolgten Erbauung des Hauses Thierschplatz 3 ab und legte damit zugleich die Breite der Triftstraße fest.[37] (Hier firmierte wiederum Rattenhuber als Baumeister, Bauwerber war allerdings ein anderer.)

Trift- und Wagmüllerstraße

Die Verlängerung der Fabrik- und nachmaligen Thierschstraße ins nördliche Lehel hinein wird (wohl) seit den späten 1870er Jahren als Triftstraße bezeichnet. Dies jedoch bloß bis zur Liebig-, der alten Schulstraße. Ab hier bezeichnet man den Straßenlauf bis zu seiner Kreuzung mit der Prinzregentenstraße seit 1897 als Wagmüllerstraße. Schon 1866 hatten Lokalbaukommission, Regierung von Oberbayern und Innenministerium wegen einer Verlängerung der Fabrikstraße nach Norden diskutiert, oder eigentlich muss man sagen: „um diese verhandelt".[38]

Die obrigkeitliche Unentschlossenheit (Präpotenzen des Innenministeriums gegenüber der Regierung) zeitigte eine städtebauliche Struktur, die als Vorwegnahme des später so genannten malerischen Städtebaus gelten kann.

Abb. 10. Südliche Einmündung in die Pfarrstraße, Aufnahme 1867; das später der Thierschstraße zugerechnete Straßenstück bezeichneten die Planer zu dieser Zeit noch als „verlängerte Tattenbachstraße"

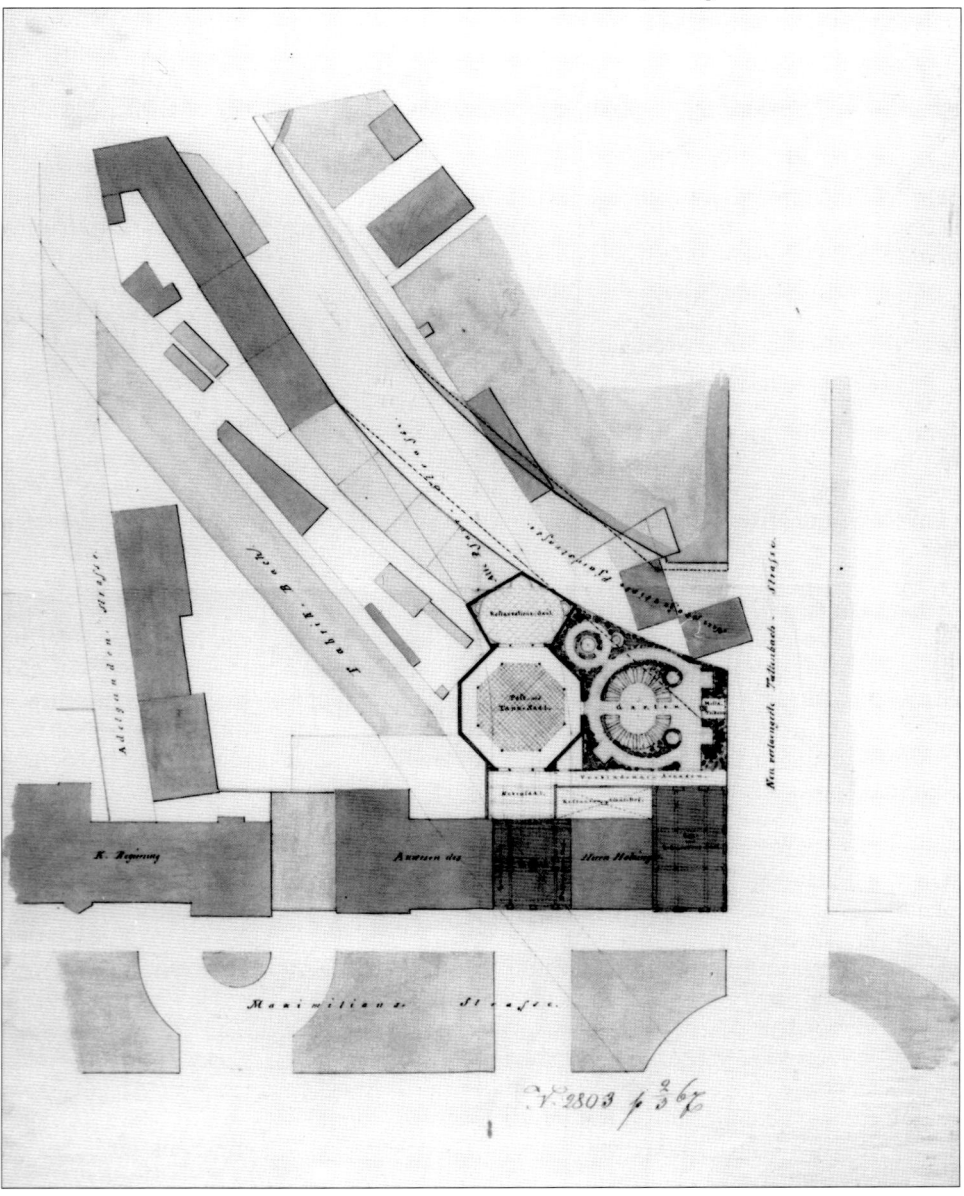

Das südliche Straßenportal der Triftstraße bilden Baumassen, die denkbar unsymmetrisch zueinander in Beziehung stehen: Das Anwesen Thierschstraße 55, mit dem die nordöstliche Ecke Gewürzmühl-/Thierschstraße festgelegt worden ist, war bis 1885 entstanden (Baumeister Lehmpuhl für sich selbst). Das Haus Thierschplatz 3 erhielt im Sommer 1884 die Wohnungskonzession. Damit war die Breite der Triftstraße an ihrer südlichen Anhebung letztlich bestimmt. Nach Meinung der Stadtverwaltung erwies sich der verlängernde Übergang von der Thierschstraße über den Thierschplatz hinweg, hinein in die Triftstraße aber als Engstelle. Deshalb beschloss die Baulinienkommission 1932, im Veränderungsfall den Eigentümern des Anwesens von Thierschstraße 3 (Johann Baptist und Wilhelmine Bauer, Nachfahren des Betreibers der dortigen „Bauerschen Säge") vorzuschreiben, dass sie eine Straßenbreite von 18,5 Metern zu gewährleisten hätten, „zur Erleichterung der Verkehrsabwicklung".[39] Doch ist es bis heute zu keinem Neubau gekommen, die Engstelle ist geblieben.

Bis zur Aufgabe der Trift von Blochholz befand sich im Verlauf der späteren Triftstraße ein mäßig tiefer (weniger als ein Meter), aber vergleichsweise breiter (beinahe sieben Meter) Graben, der zu Triftzeiten schwallartig mit Wasser beaufschlagt worden ist. Östlich neben dem Flutbauwerk verlief parallel der sogenannte Triftgang, ein Arbeitsgang, von dem aus gegebenenfalls Hölzer bugsiert werden konnten. Über weite Strecken war der Wassergang beschlachtet, damit die Prügel sich nicht verhaken, was zur gefährlichen Aufstauung der Hölzer geführt hätte. Die Wasserrückstände nach Schließung der Schleusen im Süden versickerten oder bildeten brackige Lachen. Der Triftkanal bedeutete bisweilen ein Ärgernis, mit dem sich Obrigkeit und Ordnungsämter herumzuschlagen hatten. Als positiv bleibt freilich zu vermelden, dass die herrschaftliche Trift eine saisonale Arbeitgeberin für viele der im Lehel ansässigen Taglöhner war.

Unter Herzog Wilhelm V. hatte man in den 1580er Jahren begonnen, neben Bau- nun auch Brennholz aus dem Oberland heranzutriften. Man unterstellte die Abwicklung einem Triftamt, das beinahe 300 Jahre lang Bestand hatte, und schuf in der Lage des heutigen Nationalmuseums und weiter nordwärts eine bewachte Endlagerstätte, den herzoglichen, danach kurfürstlichen und späterhin königlichen Holzgarten. Lorenz Westenrieder schreibt in seiner Schilderung des Lehels: „(...) und unter anderen ist hier auch der churfürstliche Holzgarten, ein Werk, das jeder Fremde sehen soll. Die Bauern in den Gebirgen sägen in ihrer Heimat die Bäume [Wälder um Bad Tölz], nach einem bestimmten Maß ab [sog. Tölzer Prügel mit sieben Fuß Länge], werfen sie in die Isar, wo sie dann bis München herabschwimmen. Zur Zeit, wo dieß geschieht, schließt man vermög starker Balken den sogenannten Abrechen, oder großen Wasserfall auf allen Seiten, und öfnet einen Seitenkanal, durch welchen dann das ankommende Holz (...) bis nach dem Holzgarten geführt und da niedergelegt wird".[40]

So verfuhr man bis in die 1860er Jahre. Dass das auf dem Wasserweg transportierte Holz hinsichtlich seines Brennwerts geschwächt wurde, galt als Gemeinplatz. Es war letztlich die Eisenbahn, die den Transport mittels Wasserweg und -kraft ersetzte. Nach 1870 gab man die Trift auch infrastrukturell auf, will sagen, dass man 1870 den Triftkanal zur Straße überplante. Sein Verlauf deckt sich mit der Thierschstraße in weiten Zügen, mit der Trift- und Wagmüllerstraße vollständig. Die zügig vollzogene Verfüllung trug die Fahrbahn, Häuser ließ der Magistrat hinter den ehemaligen Beschlachten, auf schon lange gesetztem Grund errichten. Eben unter Beachtung der bodenmechanischen Gegebenheiten erhielt der Straßenzug einen mehrfach leicht verschwenkenden Verlauf, unfreiwillig folgte die Festsetzung der Baulinien den Maßgaben des später sogenannten malerischen Städtebaus.

Die Verlängerung der Triftstraße nach Norden hin bildet die heutige Lerchenfeldstraße, 1891 offiziell so benannt. Die Lerchenfeldstraße entspricht in ihrem Verlauf der alten östlichen Saumstraße des Hirschangers, war leicht erhöht befestigt, als westlicher Damm des Holzgartens.

Steinsdorf-, Stern-, Oettingen- und Emil-Riedel-Straße, aber auch zusätzliche West-Ost-Verbindungen

Weiter nach Osten folgt auf die beschriebene Trasse, die von Thiersch-, Trift-, Wagmüller- und Lerchenfeldstraße formiert wird, ein weiterer Straßenzug, der in die Frühzeit des Lehels zurückreicht und die ursprüngliche, rein isarparallel ausgerichtete Erschließung des Stadtteils erkennen lässt. Diese Trasse, die heute von Steinsdorf-, Stern-, Oettingen- und Emil-Riedel-Straße gebildet wird, erfuhr wiederum durch die Anlage der Maximilianstraße ihre nachhaltige Festlegung. Bis zur Trassierung der „Neuen Straße" bildete die Floßstraße die der Isar am nächsten gelegene Verkehrs- und Transportstraße zwischen der Zweibrückenstraße und dem Abrecher (in etwa bei der späteren Maximiliansbrücke gelegen). Von dort an standen den Fuhrwerken zwei Fahrstraßen nach Norden zur Verfügung, die westlichere Sternstraße, die ab der Holzgartenstraße aufgeweitet in die Bogenhauser Straße überging, oder die östlichere sogenannte Äußere Isarstraße, die über den Gries ebenfalls bis zur Bogenhauser Brücke im Norden führte. Die zwischen Sternstraße und Äußerer Isarstraße gelegene Mühlstraße war für Fuhrwerke nicht passierbar (vgl. die Katalogtexte und den Vorspann zur Reitmorstraße).

Der südliche Abschnitt der beschriebenen Trasse, die Floßstraße, seit 1888 offiziell Steinsdorfstraße genannt, war bis zur Verunmöglichung der Anlandung von Transportflößen infolge des Baus von Kaimauern, was ab 1886 zwischen der Ludwigs- und der Maximiliansbrücke geschah, als Untere Lände eine Art von Lebensmittelpunkt der südlichen St.-Anna-Vorstadt.

Schon in den 1860er Jahren beschäftigten sich das Kgl. Innenministerium und die Regierung mit dem Verlauf der Sternstraße, die man gemeinhin als Verlängerung der Floßstraße ansah, da sie seit alters so fungierte. „Bei der Regulierung der Floßstraße ist die Stadtgemeinde München wesentlich betheiligt, da ein Theil des Areals und der Bauten der städtischen Lände beseitigt werden soll", so das Innenministerium an die Regierung in einem Schreiben vom September 1866 aus dem „Generalakt über die Sternstraße", eine Art Aktenvormerkung, der aber regelrecht programmatischer Charakter zukommen sollte und die an belehrenden Wendungen nicht sparte.[41] Das Schreiben behandelt unter Punkt I.) die Absichten der obersten Baubeamten in der südlichen St.-Anna-Vorstadt und unter Punkt II.) die Änderungsabsichten in der nördlichen St.-Anna-Vorstadt. Unter ersterem Punkt thematisieren die Ministerialbürokraten u. a. die Mitteilung des Magistrats, dass von dessen Seite für weitere Projekte (nach Umsetzung der Anlage der Maximilianstraße) „durchaus keine Opfer zur Realisierung der neuen Projekte gebracht" würden.[42] Die Regierung oder im heutigen Sinne „Oberste" Baubehörde plante nämlich die Verlegung der Fabrikstraße bei deren Kreuzung mit der Maximilianstraße von der rechten auf die linke Seite des Fabrikbaches. Die neuen Baulinien führte sie rigoros über bestehende Gebäude, was schließlich modifiziert auch geschehen sollte. Doch äußerte das vorgesetzte Ministerium wegen der gegebenen „wesentlichen Betheiligung" des Magistrats zunächst Bedenken.

Dann planten die obersten Bauleute der Regierung, von der Abzweigung der Adelgunden- und Fabrikstraße eine west-östliche Verbindung mit der Kanalstraße herzustellen, eben dort, wo die Kanalstraße mit einem scharfen spitzwinkligen Knick am weitesten östlich lag. Das Ministerium gab wiederum zu beden-

Abb. 11. Sternstraße 2, links (d. i. nördlich) daneben die Baulücke   ▷
des kriegszerstörten und abgeräumten Hauses Sternstraße 4; im Hintergrund Rückseite und Rückflügel von Widenmayerstraße 1; Sternstraße 2
war als Zweitbebauung 1883 errichtet worden und wurde 1970 abgebrochen

ken, dass bereits bestehende Bebauung betroffen sei. Dennoch
erfolgte der Durchstich von der Kanalstraße nach Osten hin,
endlich bis zum Mariannenplatz und also zur Isar bis 1899 in
Form der Mannhardtstraße.[43] Die Regulierung des Südabschnitts
der Fabrikstraße zwischen Zweibrückenstraße und Ländgasse
lag ebenfalls in der Absicht der Regierungsbeamten. Hinsichtlich der wirklichen Möglichkeiten des sogenannten Expropria-
tionsgesetzes (= Bestimmungen zur Enteignung von Privatver-
mögen durch die Obrigkeiten) stellte das Innenministerium diese Absicht als beinahe unmöglich dar. Doch die Begradigung
kam mit der Erbauung von Thierschstraße 4 und 6 im Jahre 1881
und Nr. 8 und 10 im Jahre 1883.

(Zusätzlich erschloss man ab 1902 den großflächigen Block
zwischen Zweibrücken-, Thiersch-, Länd- und Steinsdorfstraße
durch die 1899 ausgewiesene Liebherrstraße in südwest-nordöst-
licher Richtung parallel zur letztgenannten Straße an der Isar.
Das zuvor in der Lage der Liebherrstraße[44] befindliche Straßenbahndepot hatte man aufgegeben; vgl. Abb. 12.) Soweit die mi-
nisterielle Einlassung aus dem Jahr 1866 zu den baubehörd-
lichen Absichten bezüglich der südlichen St.-Anna-Vorstadt.

Die Pläne der Regierung für den nördlichen Abschnitt der Vorstadt heben mit Überlegungen zur Verlegung der Baustraße an.
Diese schnurgerade östliche Saumstraße des Triftkanals zwischen Maximilianstraße (S) und Lehelplatz (N) hatte ihren Namen vom östlich benachbarten Hofbaustadel-Areal erhalten; sie
sollte weiter nach Osten gerückt werden. Das neue Alignement
hätte auf Kosten der königlichen Flächenreserven umgesetzt
werden müssen, die Kgl. Hofbauintendanz verweigerte die
Zusage. Die Verlegung der Baustraße kam nicht, vielmehr folgten wenige Jahre später die Aufgabe der Trift und die Herstellung des neuen Straßenkörpers (s. o.) im Verlauf des zugehörigen Kanals.

Abb. 13. Sternstraße 10 (links) und 8 (rechts); das Anwesen Nr. 8 reichte ins Jahr 1869 zurück, Nr. 10 stellte schon
die Drittbebauung der Parzelle dar, Nr. 10 sowie die Reste
von Nr. 8 wurden 1977 abgeräumt

Abb. 12. Straßenbahndepot im Verlauf der späteren Liebherrstraße kurz
vor dem Abbruch; Detail einer Ballonaufnahme von 1898

Die Hofbauintendanz kam also – zunächst – hinsichtlich der
Überlegungen zu Flächenabtretungen ungeschoren davon. Doch
nur ein Jahrzehnt später gab man dann den Hofbaustadel in dieser Lage Zug um Zug auf, um zunächst das Wilhelmsgymnasium (vgl. Thierschstraße 46) und kurz darauf die Kgl. Brandversicherungskammer (vgl. Sternstraße 3) auf dessen Areal zu erbauen. Die erste Absicht konnte also nicht durchgesetzt werden.

Aber wie schon im Zusammenhang mit der aus Sicht der königlichen Beamten notwendigen späteren Mannhardtstraße wid-
meten die Planer zahlreiche ihrer Überlegungen den Ost-West-
Verbindungen, weil sie die mangelnde Durchlässigkeit von der
Kernstadt her als verkehrliche Schwierigkeit erkannt hatten. Entsprechend beabsichtigten die königlichen Planer weiters: „Westlich der Baustraße soll eine neue Straße über den Triftkanal und
durch einen der K. Civilliste gehörigen Bauplatz für Bau- und
Brunnwerkmaterial geführt werden".[45] Die spätere Durchführung der Gewürzmühlstraße wie auch, weiter nördlich, der Kochstraße setzten diesen Vorschlag um, wenngleich nicht in unmit-
telbarem Planungszusammenhang mit den oberbehördlichen
Einlassungen von 1866.

Das Gelände weiter im Norden sollte ebenfalls eine neue West-Ost-Verbindung erhalten. Die Regierung forderte „eine weitere Straße von der Bruder und St.-Annastraße aus gegen Osten durch den Holzgarten bis zur Isar".[46] Also auch die Durchführung der noch Schulstraße genannten Liebigstraße, aber auch der späteren Prinzregentenstraße war hier schon ansatzweise Gegenstand der Überlegungen. Letztere Prachtstraße überlagerte und verlängerte ab 1890 schließlich die alte Winterstraße, ein Straßenstück zwischen Köglmühlbach und Eisbach, 200 Meter nordöstlich des Hofgartens.

Das Bedenken tragende Innenministerium gestand aber bezüglich der geforderten Baulinien-Neufestsetzung zu: „Anderer Art sind die Verhältnisse in der äußeren und inneren Isarstraße, dann in der Mühlgasse, im Kochgässchen, am Hofwinkel und im Gilgengäßchen, wo bereits eine Reihe von Gebäuden aller Art, zum Theil in höchst bedenklichem Zustande und in einer Situierung sich vorfindet, welche den Verkehr erschwert und bei einem entstehenden Brande die Hülfeleistung unmöglich macht".[47]

Die isarparallele Süd-Nord-Verbindung, die von Stern-, Oettingen- und Emil-Riedel-Straße gewährleistet wird, sahen sie in Abhängigkeiten, zum einem vom Aufschluss zur Kernstadt hin und zum anderen von der verlängernden Erschließung zwischen Kernstadt und Isar, eben über das alte Lehel hinweg. Denn die Erschließung des Lehels, auf welche die Planer stießen, war einfach zu bewährt und verbürgt.

Entsprechend gewachsen sind die Verhältnisse etwa der Sternstraße im Neuplanungszeitraum zu denken. Die Sternstraße stellte einen der ältesten Wege im Lehel dar. Es bleibt unklar, seit wann sie ihren Namen trägt. Es wird vermutet, dass sie ihre Bezeichnung einem „Gasthaus zum Stern" verdankt. Aufnahmen von Carl Teufel, entstanden Anfang der 1890er Jahre, zeigen den Straßenzug und seine Bebauung kurz vor der rigorosen Niederlegung der Herbergen und der Parzellierung neuer Bauplätze (vgl. den Vorspann zur Sternstraße).[49] Die Neubebauung des Südabschnitts zwischen Maximilianstraße (S) und Gewürzmühlstraße (N) erfolgte auf dessen Westseite mit dem heutigen Anwesen Nr.

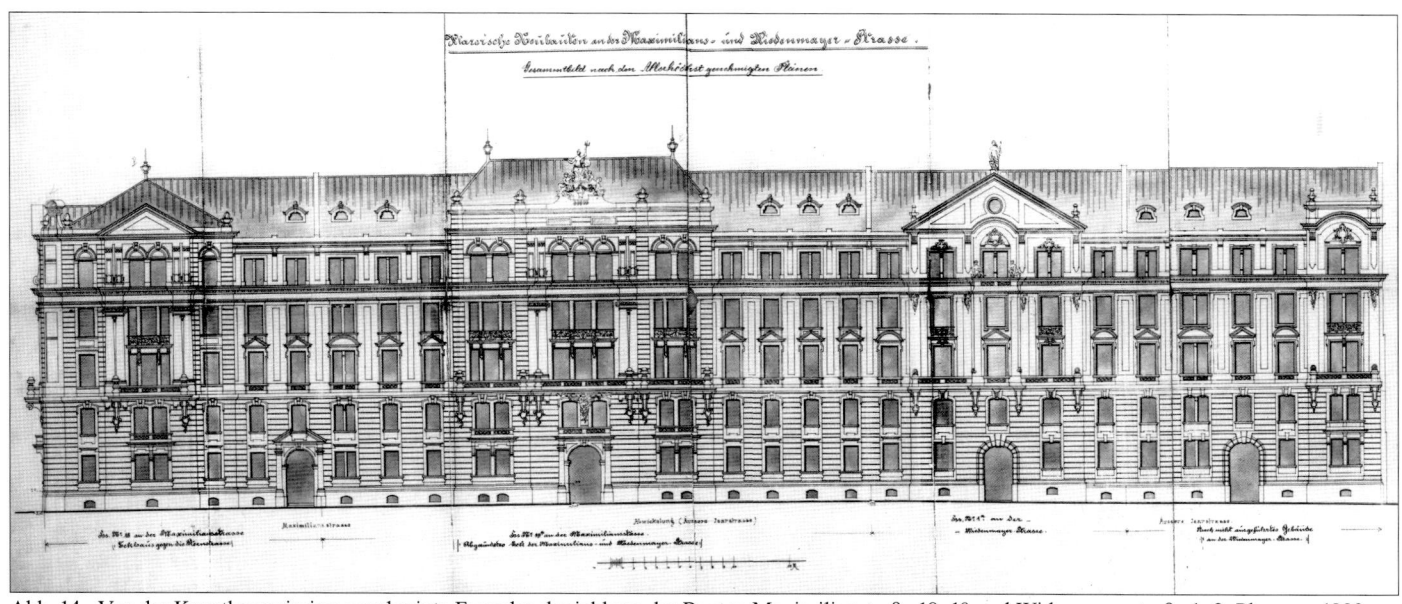

Abb. 14. Von der Kunstkommission genehmigte Fassadenabwicklung der Bauten Maximilianstraße 18, 19 und Widenmayerstraße 1, 2, Plan von 1893; Widenmayerstraße 2 wurde mit alternativer Planung erst später verwirklicht

Das Innenministerium diskutierte die Vorschläge der Regierung offensichtlich dämpfend. „Dabei ist darauf Rücksicht zu nehmen, daß es nur die Aufgabe der Lokalbaukommssion nutzlos erschwert, wenn sich bei der Aufstellung der Baulinienpläne nicht auf das im öffentlichen Interesse Nothwendige und auf das unter dem obwaltenden Verhältnissen sicher Erreichbare beschränkt wird".[48] Abschließend forderte die Oberbehörde einen detaillierten Ausweis der eigentumsrechtlichen Verweise, da bei der beabsichtigten Erschließungsarbeit Grundtausche und -abtretungen die eigentliche Schwierigkeit darstellten. Die verschieden gelagerten Interessen von Königlicher Zivilliste, Staatsärar und Stadtgemeinde waren ins Kalkül der Überlegungen zu ziehen.

Das ausführlich zitierte Papier zeigt die frühen (1866) Überlegungen zur Neufestsetzung von Baulinien im Lehel mit obrigkeitlichem Verweis auf die größeren Zusammenhänge. Die Beamten des Innenministeriums akzeptierten die vereinzelten Eingriffe in die Erschließungszusammenhänge nicht, sie wiesen auf die erwartbaren Widrigkeiten hin und betrachteten auch den weiteren Umgriff der Sternstraße als aufwertungswürdig, vor allem in feuerpolizeilicher Hinsicht.

3 zwischen 1875 und 1879. Dabei spricht der im Kern noch vorhandene, historische Gründungsbau von Sternstraße 3 hinsichtlich seiner Dimensionen für sich: Entlang der namengebenden Straße misst er 75 Meter, sein südlicher Seitenflügel reicht 35 Meter ins Grundstück und entlang der Gewürzmühlstraße im Norden maß der Erstling mehr als 42 Meter (vgl. Abb. 3). Dieser Kernbau entstand nach den Plänen des seinerzeitigen Königlichen Landbauamtes auf einer staatlichen Flächenreserve, dem Areal des Hofbaustadels (die schon 1811 gegründete Bayerische Landesbrandversicherungsanstalt hatte mit der Gesetzesnovelle vom 3. April 1875 ihre behördliche Institutionalisierung erhalten).

Die der Königlichen Brandversicherungskammer gegenüberliegenden Bauten boten sehr bald gleichsam eine Antwort auf die neuartigen Formen inmitten des Lehels. In Neurenaissanceformen entstanden bis 1883 Sternstraße 2 und 4. Nr. 4 zuerst, aber beide als Zweitbebauung anstelle demolierter älterer Häuser (Abb. 11). Schon 1866–69 war die Dreiergruppe Sternstraße 6, 8 und 10 wiederum als Zweitbebauung entstanden. Doch hatte man Nr. 10, also das nördliche Teilhaus des Dreispänners 1881–83 durch einen Neubau ersetzt, diesen wiederum in Neurenaissanceformen (Abb. 13). Diese „Drittbebauung" wurde im Jahr 1977 zugunsten der Erweiterung der Bayerischen Versicherungskammer abgebrochen.

Die entscheidende städtebauliche Veränderung erfuhr das Anhebungsstück der Sternstraße mit Erbauung der Anwesen Maximilianstraße 18 und 19, die in einem Zug mit dem Haus Widenmayerstraße 1 1893–94 erfolgte (Abb. 14). Die Klarersche Hofsäge hatte nach einem advokatisch flankierten, zähen Zwischenspiel zu weichen. Das gewerblich geprägte, gemäß Ludwig Thoma so „oberlandlerische" Quartier erfuhr damit in städtebaulich prägender Situation einen nachhaltigen Austausch seiner Konstanten.

Lange hielten sich die alten Herbergsbauten entlang des Nordabschnitts der Sternstraße zwischen Gewürzmühlstraße (S) und der Prinzregentenstraße (N). 1895 wurden sie schließlich niedergelegt und gleichzeitig verfüllte man den Lauf des Feuerbächls, hinter der östlichen Bebauung der alten Sternstraße gelegen. Letzteres war innerhalb des Stadtbachgeflechtes ein nicht selbständiges, untergeordnetes Gerinne. Unterirdisch zweigte es vom Triftkanal (20 Meter südlich der Grundlinie von Maximilianstraße 18) ab und vereinigte sein Wasser mit dem des östlicher verlaufenden Hofhammerschmiedbaches 600 Meter weiter nordnordöstlich.

Ab der 1876 projektierten und freilich erst später verwirklichten Liebig-/vormals Schulstraße heißt die Verlängerung der Sternstraße Oettingenstraße; so benannt im Jahr 1900 nach Staatsminister Ludwig Fürst von Oettingen-Wallerstein († 1870). Die Oettingenstraße führt nach Norden, mehrfach verschwenkend und ältere Verbindungen überlagernd, bis zur Auffahrt auf die Bogenhauser Brücke. In städtebaulicher Hinsicht ist nur Ungenügendes zu vermelden, da geschlossene Straßenräume nur in kurzen Abschnitten verwirklicht worden sind und so der Ausbau dieser Straße in sprechender Weise inhomogen geraten ist: Die Parzelle von Nr. 6 findet sich bis dato unbebaut, was in Anbetracht des Bodenpreises ungewöhnlich erscheinen muss (Status: 2008). Das Vis-à-vis von Nr. 2, 4 und 8 an der Oettingenstraße bildeten zu deren Erbauungszeit unbebaute Grundstücke, später das Katasteramt (erbaut bis 1901 nach den Plänen von Friedrich Adelung) und nach dessen Kriegszerstörung das staatliche Vermessungsamt; stets mit zurückgesetzter Baulinie. Das Wirtschaftsministerium, vormals Luftgaukommando, wurde bis 1938 erbaut (vgl. Prinzregentenstraße 28). Es entstand auf einer Freifläche, über 35 Jahre nach Abschluss der Arbeiten am gegenüber situierten zweiten Bayerischen Nationalmuseum.

Die nordöstliche Ecke Prinzregenten-/Oettingenstraße war ebenfalls lange unbebaut geblieben. Erst 1937 schloss man die südwestliche Lücke eines riesigen Gevierts, das Prinzregentenstraße 5, Oettingenstraße 10, 12 und 14, Reitmorstraße 35 und 37 sowie die Preußische Gesandtschaft, Prinzregentenstraße 7, formieren. Schon der „Beamtenwohnblock" Oettingenstraße 10, 12 und 14 und Reitmorstraße 35 und 37 ist ein Spätbau: 1925–26 erstellte die Firma Karl Stöhr den staatlichen Großbau nach den Plänen des Landbauamtes. Die Bauten bedeuten noch heute großzügiges Wohnen, sie befinden sich bis dato in Staatsbesitz.

Nordwestlich gegenüber erstreckt sich das Gelände oberhalb des Bayerischen Nationalmuseums, das Terrain des ehemaligen Königlichen Holzgartens, also staatliche Reserveflächen. Hier hinein plante man zwei neue West-Ost-Verbindungen, die Himbsel- sowie die Seeaustraße (Abb. 15).[50] Es ist nur bezeichnend, dass auch in diesen Gevierten hinter dem neuen Nationalmuseum Staatsbauten ausgeführt worden sind: Als Haus Nr. 1 an der Himbselstraße das Königl. Forstamt (heute Kindergarten), 1890–92 nach einem Entwurf des Landbauamtes; in der zweiten Baureihe nördlich dahinter das Kreisarchiv, Himbselstraße 1a, 1890–91 erbaut, ebenfalls nach Entwürfen durch das Landbauamt selbst. Nördlich neben dem Kreisarchiv, adressiert an der Seeaustraße 2, das Landbauamt höchstselbst, ebenfalls erbaut

Abb. 15. Blick auf die Staatsbauten Forstamt, Kreisarchiv und Landbauamt sowie westlich dahinter das Statistische Büro (kriegszerstört, heute Archäologische Staatssammlung); Detail aus einer Überfliegungsaufnahme von 1904 (vgl. Abb. 19)

1890–91, nach einem Entwurf des Baubeamten Metzger. Westlich neben diesen drei Bauten entstand mit dem Statistischen Büro wiederum 1890–91, auch nach den Entwürfen des Baubeamten Metzger, ein weiterer Staatsbau (nach der totalen Kriegszerstörung 1950 vollständig abgebrochen und heute Gelände der Archäologischen Staatssammlung).

Beinahe symptomatisch wollte das Landbauamt weiter östlich auf die immer noch freie Parzelle an der südöstlichen Ecke Oettingen-/Himbselstraße im Herbst 1964 einen Neubau für das Bayerische Landesamt für Denkmalpflege stellen. Die Fachbehörde sollte in einen avantgardistischen Neubau der Nachkriegsmoderne einziehen, geplant von den Münchner Stararchitekten dieser Jahre, Helmut von Werz und Johann Christoph Ottow (vgl. auch Oettingenstraße 33a). Doch kam dieser Bau nicht zustande, der an der Planung beteiligte Generalkonservator des Bayerischen Landesamtes für Denkmalpflege, Torsten Gebhard, trat Mitte des Jahres 1974 in den Ruhestand und sein Nachfolger Michael Petzet (amt. bis 1999) bevorzugte einen „zentralen" Dienstsitz in einem historischen Gebäude. Petzet zog schließlich alle Abteilungen des Amtes – sie waren über München verstreut – mitten in der Münchner Altstadt, in der später sogenannten Alten Münze zusammen (vgl. Hofgraben 4).[51] So lag das Gelände an der Oettingenstraße bis ins Jahr 1997 weiter brach. Dann erstellte man in dieser Lage bis 1999 einen Erweiterungsbau des südlich benachbarten Bayerischen Nationalmuseums, der mit den verschieden ausgerichteten restauratorischen Werkstätten auch den Lehrstuhl für Restaurierung, Kunsttechnologie und Konservierungswissenschaft unter seinem Dach vereinigt. (Der Studiengang Restaurierung an der Technischen Universität München war im Jahr 1997 aus der Taufe gehoben worden.)

Weiter nördlich blieb die Oettingenstraße lückenhaft bebaut. Nr. 23 und 25 entstanden bis 1894, gleich darauf die vier Häuser Nr. 27 und 29 sowie 31 und 33. Oettingenstraße 46 und 48, also Bauten auf der Ostseite, wurden aber erst nach 1905 errichtet (siehe jeweils dort).

Die Oettingenstraße gabelt sich 340 Meter nördlich ihrer Anhebung erstmals, erstere läuft westwärts weiter bis zur Auffahrt auf die Bogenhauser Brücke und überlagert wie schon im Süden die alte Bogenhauser Straße (also eine Fahrstraße). Der erste östliche Arm dieser Süd-Nord-Verbindung heißt seit 1907 amtlich Emil-Riedel-Straße (nach dem Bayerischen Finanzminister Frhr. von Riedel, † 1906), wurde aber über Jahrzehnte als Bogenhauser Fußweg bezeichnet, weil er die Direttissima vom Süden zur Bogenhauser Brücke darstellte.

Die Oettingenstraße vollführt einen sachten Schwung nach Westen und nur 120 Meter nach der Gabelung in die erwähnten Straßenläufe hat der Magistrat eine erneute Teilung älterer Straßenläufe bestehen lassen, die auch hier, in dem Quartier des

Lehels, das unmittelbar vor der Burgfriedensgrenze und also am weitesten nördlich liegt, beinahe eine reine Nord-Süd-/Süd-Nord-Erschließung bestätigt. Der zweite Ostarm der Oettingenstraße, östlich vor dem alten Diana-Bad zweigt er ab, hieß lange Eisbachstraße, wurde dann aber als tatsächliche Verlängerung der Lerchenfeldstraße dieser auch namentlich zugeschlagen.

Die Bebauung des Nordstücks der Oettingenstraße zwischen Paradiesstraße und der Tivolistraße ist bezeichnender Weise wiederum unsystematisch und heterogen. Das villenartige Miets-haus Oettingenstraße 35 steht südlich frei, sein nördlicher Nachbar entstand in den frühen 1920er Jahren und ist ein Vertreter einer an sich nordeuropäischen Landhaus-Bauweise. Dieses, Nr. 39, liegt tief im Grundstück und wurde gegen den Protest der Nachbarn, die aus Wertschöpfungsgründen ein geschlossenes Bausystem eingehalten sehen wollten, ausgeführt. Gegenüber machen die Ostseite dieses Abschnittes der Oettingenstraße hin-gegen Mietshäuser aus, die wiederum zu Baublöcken geschlossen worden sind.

Neben der Himbsel- und Seeaustraße planten die staatlichen und städtischen Erschließer ursprünglich weitere West-Ost-Ver-bindungen in das nördlich Lehel hinein. Doch konnte die 1891 projektierte Himbselstraße dem neuen Nationalmuseum nach Osten über die Bogenhauser Straße hinweg bis zur Isar nicht durchgeführt werden, da man das Vincentinum bis 1903 zuguns-ten der verbreiterten Durchführung der Prinzregentenstraße ver-

legte (vgl. Straßenvorspann zur Prinzregenten- und Oettingen-straße). Die favorisierte jüngste Prachtstraße hatte einer früheren Erschließungsabsicht den Rang abgelaufen. Die Seeaustraße, als zweite West-Ost-Straße rückseits des Museumsbaus ebenfalls 1891 quer durch den ehemaligen Holzgarten projektiert, wurde bei Bauanträgen mehrfach eingezeichnet und ostwärts bis zur Isar durchgezogen (Abb. 16). Doch kam es bis dato zu keiner Verwirklichung. Die Crusiusstraße stellt den östlichen Stutz der Seeaustraße dar. 1934 so benannt, belegt dieses Straßenstück ohne eigene Bebauung die Dominanz der Süd-Nord-Ausrich-tung auch des nördlichen Lehels. Das Straßenportal der Crusius-straße bilden die kunst- und sozialgeschichtlich wertvollen und dicht überlieferten Bauten Widenmayerstraße 29 und 31 (siehe dort). Die Straßenfläche selbst, eigentlich reine Zufahrtsstraße zu den Garagen hinter den Häusern an der Widenmayerstraße, nimmt die potenzielle Parzelle von Widenmayerstraße 30 ein, also eine Hausnummer, die nicht existiert. Darüber hinaus ver-bindet sich mit der Crusiusstraße eine städtebauliche Situation, die kontrastreicher nicht gedacht werden kann. Im Osten hebt sie mit Bauten an, die man hinsichtlich ihres Stils als international reflektiert einschätzen kann, nach Westen führt sie über den Ver-lauf des alten Am Gries hinweg in die Reitmorstraße; doch dort ohne charakteristische Bebauung, gesäumt von unkultivierten Freiflächen und den Rückseiten „nach-postmoderner" Nichtar-chitektur an der Oettingenstraße (Status: 2008).

Abb. 16. Vor Abschluss der Arbeiten am neuen Vincentinum war die Durchführung der Seeaustraße Gegenstand von Planungen der städtischen Bau-linienkommission

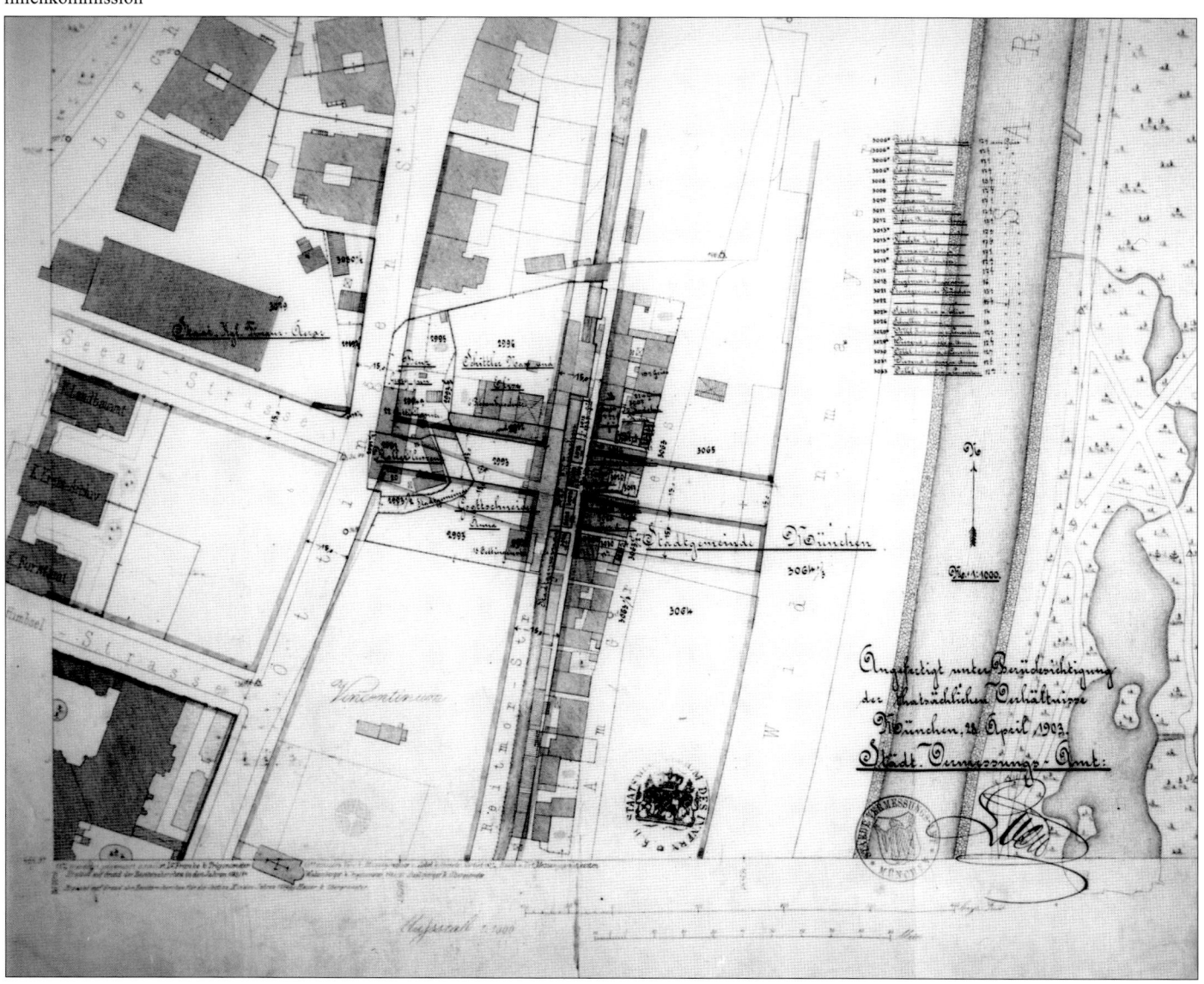

Die Reitmorstraße – Ein „Sonderfall"

Eine weitere alte Süd-Nord-/Nord-Süd-Verbindung im Lehel stellt die Reitmorstraße[52] dar, erst 1898 amtlich so getauft, davor einfach Mühlstraße genannt. Die Mühlstraße hob seit alters am Abrecher an und führte westlich am Hofhammerschmiedbach entlang nach Norden bis zur Holzgartenstraße (in etwa der Verlauf der späteren Liebig-/vormals Schulstraße), kreuzte diese und endete im Hofwinkel ca. 150 Meter weiter nördlich. Der von den Planern im Zuge der Projektierung der Liebigstraße aufgegebene Hofwinkel stellte die weiters unvermittelte Verlängerung der Mühlstraße dar.

Es ist nur bedingt richtig, die Reitmorstraße mit der älteren Mühlstraße zu identifizieren. Denn nur zwischen der Kochstraße (S) und der Prinzregentenstraße (N) überlagert die Reitmorstraße den älteren Straßenlauf. Schon 1894 schnürte das Anwesen Maximilianstraße 19 (später 53) den südlichen Zugang in die Straße ab (Abb. 17). Der Block Stern-/Gewürzmühl-/Widenmayer-/Maximilianstraße nahm den alten Straßenlauf in sich auf. So geschehen bei der planerischen Festlegung des Ostabschnitts der Gewürzmühlstraße.[53] Ebenso verfuhr man weiter nördlich bei der Neufestlegung des Blocks Stern-/Koch-/Widenmayer-/Gewürzmühlstraße.

Das Südstück der alten Mühlstraße und damit der alte Straßeneingang waren ab 1893 auf einer Länge von über 210 Metern ge-

tilgt worden. Doch die Planungen reichten weiter zurück. Diesen baulich verwirklichten Tatsachen entsprechend betitelte das städtische Vermessungsamt bereits im März 1897 einen Ausschnitt aus dem Stadtgrundplan mit „verlängerte Mühlstraße" (Abb. 18) und bezeichnete damit das neue Stück der Straße zwischen der Prinzregenten- und Rosenbuschstraße.[54]

Die heutige Erstreckung der Reitmorstraße zwischen der Kochstraße (S) und der Rosenbuschstraße[55] (N) wartet in baulicher Hinsicht mit Zuständen auf, die nur vor ihrem individuellen historischen Hintergrund verstanden werden können. So bilden wenig spektakuläre Blickpunkte deren südliche und auch nördliche straßenräumliche Begrenzungen. Es sind dies einfache Hausfassaden, Robert-Koch-Straße 22 im Süden und Rosenbuschstraße 1/3 im Norden. Die einst so wichtige Straße des Lehels, für Fuhrwerke zu keiner Zeit passierbar, war domestiziert worden. Ihre Länge misst heute (Status: 2008) 725 Meter.

Nur das neue Südstück von der Kochstraße (S) bis zur Liebigstraße (N) zeichnet sich durch beiderseits geschlossene Straßengewände aus. Im Abschnitt bis zur Prinzregentenstraße hin zeigte der Zeilenschluss auf der Ostseite schon immer Unterbrechungen. Und jenseits der Prinzregentenstraße kam es zu einer regelrechten Konkurrenz der Bausysteme. Dort brachen die magistrale Durchsetzungsfähigkeit und offensichtlich auch die private Investitionsbereitschaft schlicht und einfach ab.

Abb. 17. Verlauf des Hofhammerschmiedbaches hinter Widenmayerstraße 1 (punktiert) und ebenso der Verlauf des Feuerbächls hinter den Häusern Sternstraße 2, 4, 6, 8 und 10; die Parzellen der Relikten (= Hinterbliebenen/Erben) des Fabrikanten Holste sind noch ungeregelt bebaut (Planungsstatus: April 1897)

Abb. 18. Die Verlängerung der Reitmorstraße nach Norden mit der projektierten Durchführung der Seeaustraße nach Osten sowie der nach Norden verlegten Rosenbuschstraße (Status der Überlegungen der städtischen Baulinienkommission: März 1897)

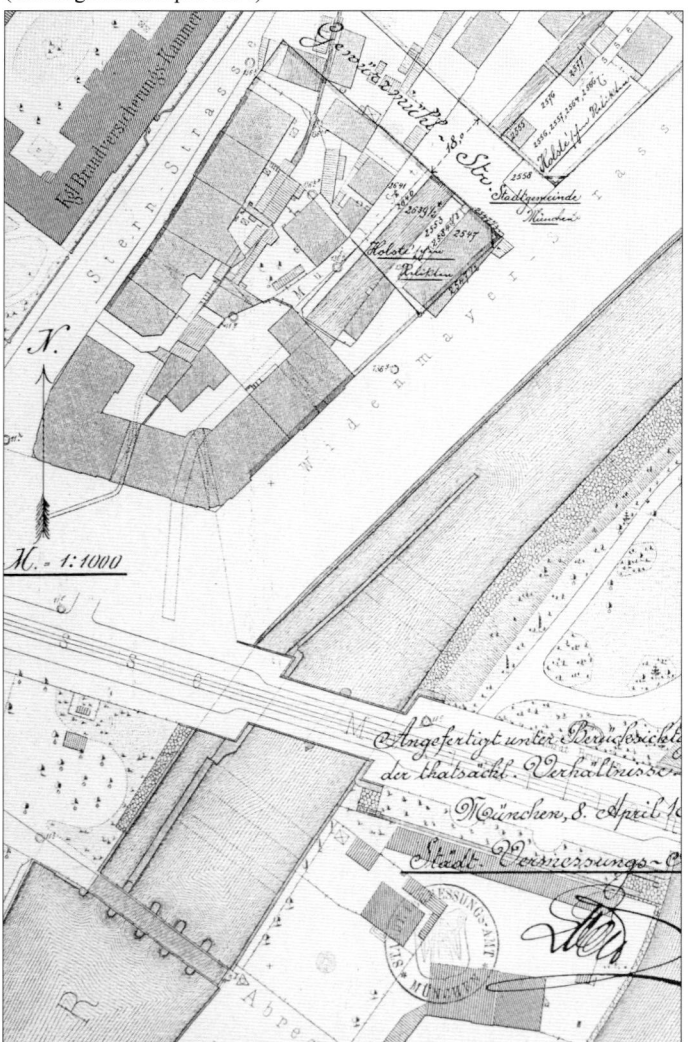

Am Gries – Zur Kuriosität einer unkultivierten Freifläche

Im Nordabschnitt der Reitmorstraße bis zur Rosenbuschstraße, festgesetzt 1897, bestanden prächtige Staatsbauten (die Beamtenwohnhäuser Reitmorstraße 35 und 37, aber auch das neue Vincentinum) und hochgradig ambitionierte Privatbauten (die Häuser Nr. 23 bis 32 an der Widenmayerstraße) neben der angestammten Kleinhausbebauung entlang dem Nordabschnitt des Hofhammerschmiedbaches, und dies tatsächlich bis 1981.

Die „Waschermadl-Häuser", als solche wurden die Kleinhäuser gemeinhin bezeichnet, waren ordnungsamtlich fortgesetzt auffällig. Schon für das Frühjahr 1892 sind Begehungen von Baubeamten aktenmäßig belegt, welche die wenigen Tage der Bachauskehr nutzten, um sich ein Bild von der Lage zu machen. In den Berichten ist nicht selten von „gefahrdrohenden Zuständen" die Rede, da die meisten der Häuser ohne weitere Gründung buchstäblich in den Dreck hinein gebaut worden waren. „Es stellten sich bei den Anwesen N 1, 2, 3, bis 12 an der inneren Isarstraße höchst gefahrdrohende Zustände heraus, welche durch Unterspülung der Umfassungwände die gleichzeitig Bachufermauern sind, herbeigeführt wurden", so Inspektor Stercken an den städtischen Ingenieurassistenten Rasp am 1. April 1892.[56] Beinahe alle der erwähnten 17 Häuser, denn von Nr. 1 bis einschließlich 12 gab es etliche Unterteilungen, waren in den 1840er Jahren entstanden, also zur Zeit der frühen Inspektionen

gerade 50 Jahre alt gewesen. Es ist von einer Bauführung auszugehen, die Solidität vermissen ließ und Vergleiche in den Herbergsbauten der Münchner Vorstädte rechts der Isar, Haidhausen, Au und Giesing findet.

Die kuriose Freifläche zwingt die Denkmaltopographie dazu, weniger eine Baugeschichte als vielmehr eine Rückbaugeschichte, d. i. eine Abbruchgeschichte zu schreiben, um darzustellen, welche Schritte zur bestehenden Stadtgestalt geführt haben.[57]

Die beigebrachte Überfliegungsaufnahme (Abb. 19 und 20) aus dem Kriegsarchiv von 1904 zeigt übersichtlich die Häuser Am Gries 1e im Süden bis Nr. 21 im Norden, wobei die Häuser mit den Nummern 7, 20a und 20b sowie 20c aufgrund des Aufnahmewinkels nicht identifiziert werden können. Hier leistet die Stadtgrundkarte von 1886 ihr Übriges (Abb. 21).

Die Chronologie der Abbrüche stellt sich wie folgt dar: Ende Dezember 1897/Anfang Januar 1898 brach man Am Gries 1a zusammen mit den Altbauten Widenmayerstraße 5, 6 und 6a am Wienerkanal ab, zur Gewährleistung der Erbauung der prächtigen Mietshäuser Prinzregentenstraße 11 und 11a, zur Erbauung von Preußischer Gesandtschaft und Schack-Galerie als Prinzregentenstraße 7 und 9 (ab 1907) und von Widenmayerstraße 23 (ab 1908) sowie von Reitmorstraße 30 (ab 1910). Am Gries 1a war 1842 erbaut worden, für den Zimmerermeister Josef Mayr.[58] Hinter Am Gries 1a befand sich zu dessen Erbauungszeit ein Dampfsägewerk, adressiert als Bogenhauser Staße 11.

Abb. 19. Überfliegungsaufnahme von 1904; das alte Vincentinum wurde kurz davor abgeräumt, es ragte in die jüngst durchgeführte Prinzregentenstraße hinein; das Areal nördlich von Prinzregentenstraße 11/11a ist noch nicht bebaut

Abb. 20. Blick auf den alten Straßenzug Am Gries vor der Erbauung der Häuser Widenmayerstraße 22 bis 31; Detail einer Überfliegungsaufnahme von 1904

Am Gries 1b, 1c und 1d standen unter einem First in einer Zeile. Nr. 1b war 1842–43 für den Maurer Georg Reischbeck erbaut worden und wurde im November 1906 abgebrochen. Es war eine Gastwirtschaft, entsprechend machten das Erdgeschoss ostseits (vgl. die Überfliegungsaufnahme von 1904, Abb. 20) drei große Segmentbogenfenster aus, wie dies für die Durchfensterung von Gaststuben typisch war.[59]

Die beiden Häuser Am Gries 1c und 1d wurden gleichzeitig im Januar 1908 abgebrochen. Sie waren 1843 erbaut worden, Nr. 1c für den Maurer Josef Rex, Nr. 1d für den Maurergesellen Matthias Zwickstetter.[60] Man schuf so Platz für eine Art von Hofraum hinter dem großzügigen Mietshaus Reitmorstraße 30, das aber bis heute (Status: 2008) mit blanker nördlicher Brandmauer dasteht.

Die Häuser Am Gries 2 und 3 reichten in die 1830er Jahre zurück. Sie wurden gleichzeitig im März 1926 abgebrochen. Die Stadt München hatte die Grundflächen dieser beiden Häuser dem Damenschneider Kurzeder abgelöst und ließ die Bauten anschließend niederlegen. Vorausgegangen war ein bautechnisches Gutachten des Haus- und Grundbesitzervereins, das lakonisch die Abbruchreife feststellte. In diesem Jahr schloss man auch die Bauarbeiten am monumentalen Beamtenwohnblock (Oettingenstraße 10/12/14 sowie Reitmorstraße 35/37) ab. Und sogleich zwei Jahre später, 1928, füllte man den Hofhammerschmiedbach

ein (vgl. Abb. 22 und 23). Das Grundstück von Nr. 3 war 1937 und 1947 Gegenstand von Bauanträgen. Dem nicht stattgegebenen von 1937 folgte ein Schwarzbau durch Zimmermeister Ludwig Raith. 1947 widersprach das Bauordnungsamt „aus schönheitlichen und städtebaulichen Gründen". Im November des Jahres 1948 schließlich weist der Stadtbaurat Dr. Fuchs darauf hin, dass die bestehenden Gebäude in der Flucht der zukünftigen Reitmorstraße stünden und der gesamte Verlauf von Am Gries als „baulinienmäßig nicht genehmigte Straße" aufgelassen werden soll.[61]

Das Haus Nr. 11a reichte in die Jahre vor 1850 zurück. Zu unbekannter Zeit erhielt es einen östlichen Anbau mit eigener Abgeschlossenheit, der als Am Gries 11 nummeriert wurde. 1929 wurde Nr. 11a, also der ältere Abschnitt, nach amtlicher Einlassung geräumt. Das Haus war in städtischen Besitz gekommen und wurde dann endgültig 1931 abgebrochen. Nr. 11 blieb als Kleinsthaus bestehen, erhielt 1946 sogar einen neuen (nicht genehmigten) Dachstuhl. Im Rahmen der letzten großen Abbruchaktion sollte es Ende April 1981 beseitigt werden.[62] Die Überfliegungsaufnahme von 1904 zeigt die zurückgesetzten formgleichen Häuser Nr. 11a und 12a (erdgeschossige Satteldachbauten, beide unter einem First) sowie nördlich benachbart das lang gestreckte Haus Nr. 13. Zwischen 12a und 13 befand sich ein schmaler west-östlicher Durchgang.

Abb. 21. Die Bauten von Am Gries; Ausschnitt aus dem Situationsplan zur Korrektion der linksseitigen Isarböschung; 1886

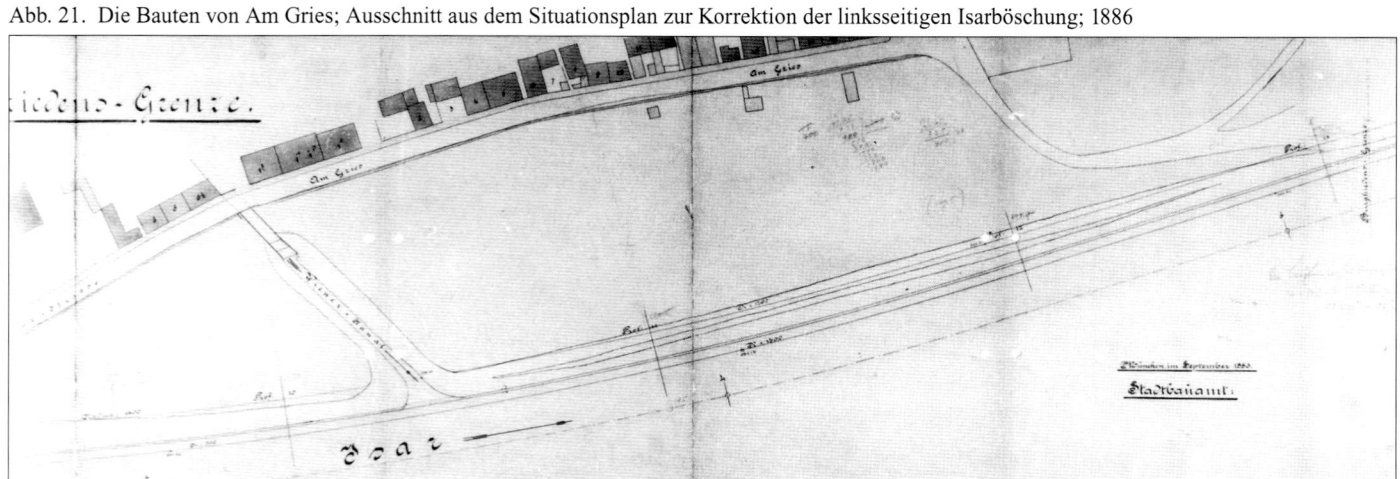

Das Haus Am Gries 1 stand nördlich der nachnummerierten Folge 1a bis 1e. Zwischen Nr. 1e und Nr. 1 lag ein Wegdurchstich in städtischem Eigentum. Das Haus Nr. 1 wurde im Luftkrieg zerstört. Dieses Schicksal teilte das Kleinhaus mit Nr. 5, das total zerstört wurde, Nr. 6 und Nr. 15. Haus Nr. 1 war 1863 erbaut worden. Nach seiner Zerstörung bestand es als Ruine fort. 1964 wurde das Grundstück zum Gegenstand eines Bauantrags für eine Garagenanlage, dem jedoch die Stadt München nicht entsprechen wollte. Die Verhandlungen zogen sich hin. 1967 schrieb das Kommunalreferat/Grundbesitz an die Lokalbaukommission: „Für das Gebiet am Gries lief bisher ein Baulinienänderungsverfahren. Der früher mit Herbergen bebaute schmale Geländestreifen soll als gärtnerisch gestalteter Parkplatz genützt werden. Erhaltenswerte Herbergen sollen stehen bleiben. Zur Erhöhung der Kapazität ist eine Teilunterkellerung vorgesehen. Der Grunderwerb durch die Stadt erfolgt systematisch".[63] 1969 wurde ein Vorprojekt für die Parzelle von Nr. 1 abgelehnt, 1977 das Grundstück mit Baurechtsentzug belegt und damit seitens der Stadt München eine Veränderungssperre verabschiedet.[64] Die Bauwerber hatten vor das Verwaltungsgericht zu ziehen.

Auch Am Gries Nr. 5 war im Luftkrieg total zerstört worden, seine Ruinen wurden im Jahr 1949 abgetragen. Es war bis 1865 für „Herrn Linsinger" erbaut worden, als dreigeschossiges Mansarddachhaus zu vier Achsen. Ab 1904 betrieb der Hoftheatermeister M. Gotter im Erdgeschoss einen Laden. Vor dem amtlichen Kamineinzug und der angeordneten Niederlegung der Umfassungsmauern im Jahr 1949 äußerte sich die Stadtverwaltung 1948 wie folgt: „Die heute bestehende Straße Am Gries soll bei einer künftigen Sanierung des Herbergsviertels aufgelassen und dann als Hoffläche dienen".[65] Gemeint ist wohl eine rückwärtige Hoffläche der Prachtbauten an der Widenmayerstraße.

Infolge von Bombardements war auch Am Gries Nr. 6 unbewohnbar geworden. Es war in den 1840er Jahren erbaut worden, 1850 wird der „Buchdruckergeher" A. Spiessl als Eigentümer genannt. 1951 wollte man eine Werkstätte auf der Parzelle errichten, titularisch als Wiederaufbau. Die Stadt München hielt aber dagegen, dass die „Durchführung der baulinienmäßig genehmigten Reitmorstrasse" dem entgegen stünde und versagte also im Verweis auf die 58 Jahre alten Beschlüsse den geplanten Neubau.[66]

Am 28. November 1944 wurde auch Haus Nr. 15 der Straße Am Gries infolge des Luftkriegs unbewohnbar. Man brach es 15 Jahre später, im Jahr 1959 vollständig ab. Die Häuser Nr. 11 und 12, 13 und 14, 15 und 16 sowie 17 und 18 waren jeweils zu Doppelhäusern zusammengebaut gewesen. Nr. 15 war vor dem Jahr 1850 erbaut worden, als einer der ersten Eigentümer ist Zimmermeister Johann Biegler belegt.[67]

Die Häuser Nr. 13, 14 und 16 (Nr. 15 war kriegszerstört) brach man dann im März 1963 ab. Bei Nr. 13 hatte die Stadtverwaltung der Eigentümerin schon im Jahr 1959 geraten, von kostenintensiven Investitionen abzusehen und auf die Absicht hingewiesen, die Grundfläche des Hauses nach Ankauf durch die Stadt in einer Parkfläche aufgehen zu lassen. Das Haus vereinigte auf sich 83 Quadratmeter Wohnnutzfläche.[68]

Zusammen und gleichzeitig mit Nr. 13 brach man 1963 auch Nr. 14 ab, das firstparallel nördlich zum Ersteren stand. Es war bis 1874 für Max Schittler erbaut worden.[69] In einem Zug mit Nr. 13 und 14 wurde auch Nr. 16 niedergelegt.[70]

Der Abbruch von Am Gries 4 erfolgte bald nach Niederlegung der Anwesen Nr. 13, 14 und 16 am gleichnamigen Straßenlauf im Januar 1964. Dabei stellte Am Gries 4 einen vergleichsweise jungen Bau dar. Er war als dreigeschossiges Mansarddachhaus bis 1881 für den Kupferschmied Anton Sturm erbaut worden, in einem Zug mit dem niedrigeren Hintergebäude. Im Erdgeschoss des Vorderhauses ließ 1902 der Hoffotograf Jakob Seling Auswechslungen vornehmen, um eine Gastwirtschaft einrichten zu können. Das „Gasthaus zum tapferen Bären" wurde hier über Jahrzehnte betrieben.[71]

Noch später als Nr. 4 war Am Gries 1e erbaut worden: Bis 1888 entstanden dort Vorder- und Rückgebäude für die Zimmermeisterswitwe Ursula Böck, Bauführer war Theodor Haseidl. Die Planerstellung dieser Zweitbebauung lag in den Händen der Baufirma Karl Stöhr. Das Haus wurde noch vor der Wohnungsbewilligung an den Holzhändler Anton Landauer abverkauft. Es stellte wohl den größten Komplex der Zeile Am Gries dar. Amtliche Einlassungen wegen unterlassenen Bauunterhalts betrafen das Haus schon 1905, dann 1922, 1927, 1930 und 1933. Stets war die extreme aufsteigende Mauerfeuchte der Grund für die bauaufsichtlichen Beanstandungen. Insbesondere infolge von Luftdruck wurde das Haus Nr. 1e beim Volltreffer in das nördlich benachbarte Haus Nr. 1 erheblich in Mitleidenschaft gezogen. Erst 1948 war es wiederhergestellt; 1949 wurde im Erdgeschoss ein Milchladen eingebaut. Vor dem Abbruch von Nr. 1e wurde 1966 auch die Meinung des Bayerischen Landesamtes für Denkmalpflege gehört, da man auf Seiten der Stadt den Untergang einer spezifischen Bauweise erkannt hatte. Das Amt beschied in Anbetracht der geringen erhaltbaren Substanz eine Hinnahme des Abbruchs.[72]

Von April 1964 bis Juni 1965 wurde schließlich der nicht genehmigte Nachfolgebau von Am Gries 3 abgeräumt.[73] Im Oktober 1967 brach man Am Gries 18 ab, welches bis in die 1840er Jahre zurückreichte und 1873 zur Zweigeschossigkeit aufgestockt worden war. Nach der Erbauung von Nr. 21, gleich östlich angrenzend, stand Nr. 18 sprichwörtlich im Schatten des Nach-

Abb. 22. Das Gerinne des Hofhammerschmiedbaches nördlich der Prinzregentenstraße, hier zwischen den Bauten von Am Gries (Blick nach Süden); Aufnahme 1928

Abb. 23. Die Verfüllung des aufgelassenen Hofhammerschmiedbaches, Blick nach Norden, im Hintergrund das Haus Rosenbuschstraße 3; Aufnahme 1928

Abb. 24. Kleinhäuser des alten Straßenzugs Am Gries, hier Nr. 7, 8 und 10; Aufnahme April 1981

Abb. 25. Abbruch des Kleinhauses Nr. 10 Am Gries am 27./28. April 1981

bargebäudes. Es war wohl eines der bescheidensten Anwesen der Bebauung von Am Gries, es vereinigte auf sich 47 Quadratmeter Grundfläche. Und dabei existierte überdies eine horizontale Eigentumsregelung: Das Erdgeschoss galt als Nr. 18a und der erste Oberstock als Nr. 18b. Das obere Geschoss war schon vor 1967 in städtische Hand gelangt. 1965 wurde amtlicherseits die Bewohnbarkeit in Frage gestellt, schon 1961 hatte man eine Sperrverfügung erlassen. Das Bayerische Landesamt für Denkmalpflege wurde im Vorfeld des Abbruchs gehört, Generalkonservator Torsten Gebhard, Kenner volkskundlich relevanter Überlieferung, meinte: „Dieser letzte Rest Münchner Herbergen in dieser Gegend sollte und könnte dort, ohne der übrigen Bebauung wehzutun, als Kuriosum erhalten und restauriert werden. Dies ist aber nur dann sinnvoll, wenn eine ganze Gruppe, wie sie heute noch besteht, beisammen bleibt"[74]. Der Generalkonservator kannte die Diskussion um vereinzelte Altbauten, die in neuer Umgebung zum Fremdkörper geworden waren, nur zu gut.

Die nächste Abbruchaktion fällt in den August 1975. Die Anwesen Am Gries 19, 20, 20a und b sowie 20c wurden in einem Zug niedergelegt und abgeräumt. Das Haus Nr. 19 hatten in den 1840er Jahren Maurermeister Babenstuber und Zimmermeister Erlacher für den Hammerschmiedgesellen Joseph Brummer erbaut, zweigeschossig, teilunterkellert und mit Dachwohnung. 1875 war im Erdgeschoss das „Gasthaus zum Morgenstern" eröffnet worden, man hatte anstelle von tragenden Wänden mit Gusseisenstützen und Eisenträgern nachgerüstet. Eine Gastwirtschaft blieb das Anwesen für lange Zeit. Der letzte rechtmäßige Eigentümer war Samuel Mann gewesen, er verlor 1936 infolge der Reichsverordnung zur Einziehung jüdischen Besitzes seine Rechte am Anwesen (bis 1943 wurde Mann im Rahmen einer sogenannten Abwesenheitspflegschaft pro forma von einem städtischen Beamten vertreten). Schon ab 1936 plante Max Reininger, Eigentümer des nahen Hauses Widenmayerstraße 31, den Einbau von Autogaragen in die Gaststube, was jedoch vier Jahr lang nicht zustande kommen sollte. Das Haus verfiel zusehends, 1949 stellte die Stadt wiederum „gefahrdrohende Zustände" fest, vier Jahre später ebensolche Zustände, aber „akut". Das Liegenschaftsamt der Stadt beantragte den Abbruch 1966. Im selben Jahr äußerte sich das Landesamt für Denkmalpflege, auch wieder hinnehmend. Der Abbruch erfolgte schließlich weitere neun Jahre später, im August 1975.[75]

In einem Zug mit Nr. 19 ließ das Liegenschaftsamt der Stadtverwaltung auch Nr. 20 beseitigten.

Das Anwesen stand östlich vor Nr. 20c und ist auf der Überfliegungsaufnahme von 1904 sehr gut zu identifizieren. Es war als dreigeschossiges und vierachsiges Mansarddachhaus bis 1862 erbaut worden. Bauwerber war Metzgermeister Joseph Neumaier, Ausführende waren der Maurermeister A. Huber und der Zimmermeister Theodor Haseidl gewesen.[76] Der Wäscher mit Namen Lang hatte 1862 Maurermeister Franz Kil und Zimmermeister Peter Erlacher den Auftrag gegeben, ein älteres Haus zu überbauen (neue Traufhöhe sieben Meter). Es war so ein zweigeschossiges Satteldachhaus mit ausgebautem Dachgeschoss entstanden. 1945 wurden die Nebengebäude durch den Luftkrieg zerstört, im Jahr 1952 schritt man amtlicherseits wegen unterlassenen Bauunterhalts ein. Im Oktober des letzten Kriegsjahres hatte die Stadtverwaltung bereits jede weitere Veränderung unterbunden. Bis nach 1970 war auf dem Gelände in ungeregelten Nebengebäuden wie auch im Hauptgebäude die Werkstätte für Elektromotore Hans Himmelstorfer KG untergebracht.[77]

Südlich von Nr. 20a und 20b befand sich Nr. 20c. Schon 1850 nachweisbar, es befand sich zu dieser Zeit im Eigentum des Wäschers P. Ziegler, ist es wiederum als eines der kleineren Anwesen an der Straße Am Gries anzusprechen. Sein Hofraum maß 4,5 mal 6,8 Meter.[78]

Abb. 26. Südabschnitt (links) der Äußeren Isarstraße (ab 1896 Widenmayerstraße) und Nordabschni[tt] dar, er reichte bis an die Burgfriedensgrenze heran; Situationsplan von 1873

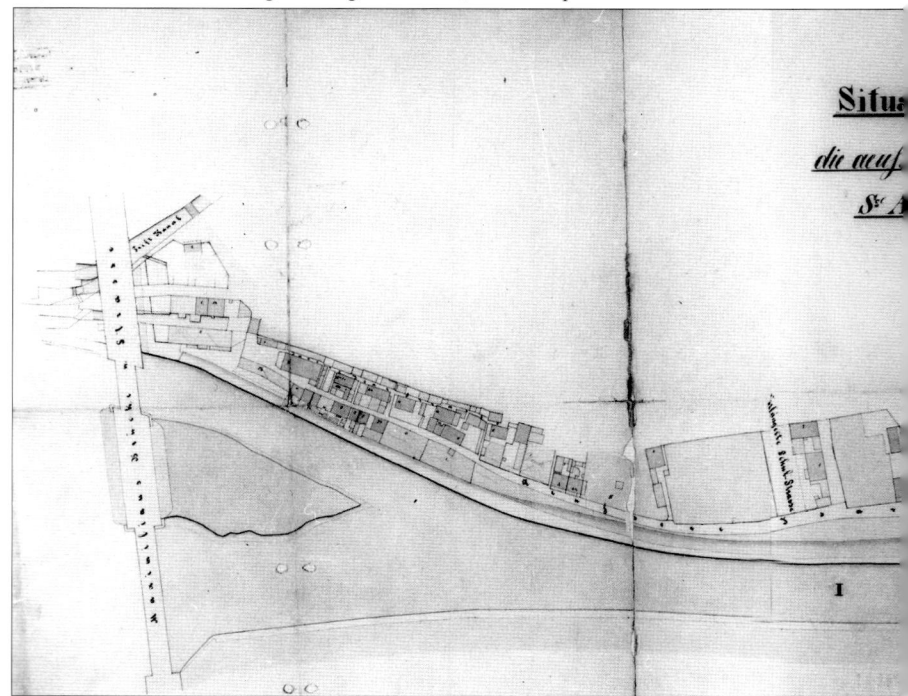

Im Mai 1976 wurde Haus Nr. 21 der Straße Am Gries abgebrochen. Zunächst mit nur zwei Geschossen, hatte man es 1842 erbaut, Bauwerber war ein Zimmermann namens Böck. Zum Abbruchzeitpunkt zählte das Anwesen dann drei Geschosse, wie auch schon auf der Überfliegungsaufnahme von 1904 erkennbar.[79]

Den Abschluss der Freiräumungsmaßnahmen des alten Straßenzugs Am Gries bildeten die Abbrüche der Häuser Nr. 7, 8, 10, 12 und 17 (vgl. Abb. 24 und 25). Dies geschah am 27. und 28. April 1981. Haus Nr. 7 reichte (wohl) in die 1840er Jahre zurück, für das Jahr 1854 sind Baumaßnahmen belegt. Einer der frühen Eigentümer war der Taglöhner J. Schönauer, worin die sozialgeschichtliche Position des Hauses verdeutlicht wird.[80]

Am Gries 8 beseitigte man gleichzeitig mit Nr. 7. Es reichte wie dieses in die 1840er Jahre zurück. Zur Zeit seiner Entstehung befand es sich ebenfalls in den Händen eines Taglöhners namens Michael Liebhaber.[81]

Gustav Wenngs Aufnahme von 1851 referiert als Nr. 10 ein Kleinhaus in der bis 1981 fassbaren Lage als Eigentum des Maurers J. Geberle. Dieses war bis 1867 hart am Hofhammerschmiedbach um ein Waschhaus erweitert worden. Schon 1891 hatte die Stadtverwaltung den Bauunterhalt angemahnt. 1902 und 1927 wurde schließlich die Baufälligkeit des Waschhauses behördlich festgestellt, im letztgenannten Jahr zusammen mit Nr. 10a und 11 (Nr. 11 wurde zu einem unbekannten Zeitpunkt beseitigt). Doch das Vordergebäude überdauerte bis 1981, freilich schon lange nicht mehr bewohnbar. 1975 dokumentiert, wurde das Anwesen auch Gegenstand denkmalfachlicher Gutachten durch das Bayerische Landesamt für Denkmalpflege.[82]

Haus Nr. 12 am ehemaligen Straßenlauf Am Gries brach man ebenfalls am 27. und 28. April 1981 ab. Das Haus reichte im Kern in die 1840er Jahre zurück. Bei Wenng war ein Badergeselle namens J. Schulze der Eigentümer. Zur Abbruchzeit fand sich das Anwesen horizontal, also geschossweise geteilt, es gab ein 12a (= Erdgeschoss) und ein 12b (= Obergeschoss). Auf der Überfliegungsaufnahme ist Haus Nr. 12 unter einem First mit dem südlichen Haus Nr. 11 zu sehen; zu Nr. 13 trennte es ein schmaler west-östlicher Durchgang.[83]

Das nördlichste Haus, das der letzten Abbruchaktion zum Opfer fiel und damit die bestehende unkultivierte Freifläche

Abb. 27. Am Gries zwischen Reitmorstraße 30 (S) und Reitmorstraße 50 (der Crusiusstraße); Aufnahme 2008

überhaupt herstellte, war das Anwesen Am Gries 17. Es reichte in die 1840er Jahre zurück wie die meisten der Häuser von Am Gries und befand sich 1851 im Besitz eines Arbeiters, des Schmiedegesellen M. Fasoll. Auch hierin teilte das Haus Grundcharakteristika seiner Geschichte mit vielen der anderen Bauten von Am Gries. 1874 ist ein Dachausbau aktenkundig: Der Arbeiter „beim Eisenwerk in der Hirschau" Ignaz Huber ließ diesen vornehmen. 1905 und 1910 fand der Zustand des Hauses dann amtliche Beanstandung. 1954 beschrieben Vertreter der Lokalbaukommission den Oberstock des Hauses als einsturzgefährdet. Drei Jahre später wurde das Erdgeschoss gesperrt, gemäß entsprechender Bestimmungen der Landeswohnungsordnung; im Jahre 1959 schließlich nach denselben Bestimmungen auch die Wohnung im Obergeschoss. Ab 1978 war amtlicherseits im Bezug auf die Häuser Nr. 10, 12 und 17 nur mehr von „Ruinen" die Rede.[84]

Auf einer Strecke von über 160 Metern macht die Reitmorstraße in ihrer nördlichen Erstreckung seit 1981 nun eine unkultivierte Wiese aus. Diese Strecke der Reitmorstraße erscheint als „kuriose Freifläche" (Abb. 27). Die Durchführung der Straße wurde bis dato (Status: 2008) nicht verwirklicht. Östlich neben dem Vincentinum bricht die Reitmorstraße einfach unvermittelt ab. Die Zufahrt in das Nordstück der Reitmorstraße gewährleisten Crusius- und Rosenbuschstraße sowie, umständlicher, Am Gries – wie schon vor 150 Jahren.

Dieser in struktureller und städtebaulicher Hinsicht untergeordnete Status der Reitmorstraße war über die Jahrzehnte in dieser Weise nur möglich, weil die Oettingenstraße im Westen und von 1893 an die Widenmayerstraße im Osten den Verkehrsfluss aufgenommen haben.

Verlauf und Bedeutung der Oettingenstraße wurden schon oben beschrieben, die Stellung der Widenmayerstraße als Nachfolgerin der Äußeren Isarstraße im Ausbau der Lehel-Straßen und innerhalb der Erschließung des Lehels steht im Mittelpunkt des folgenden Abschnitts. Die Widenmayerstraße stellt im Ausbau des Lehels eine Art von Höhepunkt dar; dies gerade im Blick auf die gewonnen Bauformen und die äußeren wie auch inneren Dimensionen ihrer Baukörper.

echts); das am weitesten nördlich gelegene Haus auf dem Terrain der Stadt München stellte der Kupferhammer

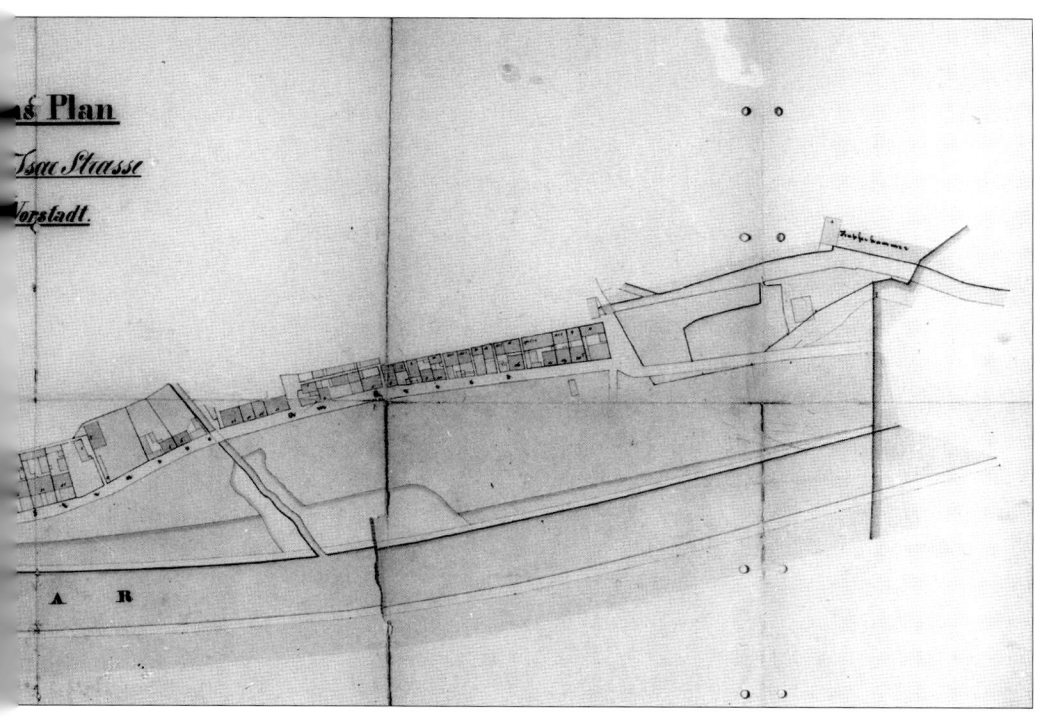

ß Plan

Isar Strasse

Vorstadt.

A   B

Die Äußere Isarstraße/und spätere Widenmayerstraße

Der Anlage der Widenmayerstraße (siehe Abb. 26) ging ein entscheidendes Gutachten über die Auswirkungen der Isarkorrektion voraus, das am 25. September 1885 verfasst worden ist. Die Gutachter stützten sich auf Messungen, die amtlicherseits von 1852 bis 1874 unregelmäßig, dann aber regelmäßig vorgenommen und kartiert worden sind.

Das Isarkorrektionsgutachten von 1885 geht wesentlich von den sogenannten Kremerschen Messungen vom Jahr 1852 aus. Sämtliche Uferhöhen und Wassertiefen sowie die Wasserspiegelfixierungen sowohl der Isar wie auch aller abhängigen Stadtbäche hatte Professor Kremer (Lehrer an der Landwirtschaftlichen Zentralschule in Weihenstephan) in den Jahren 1851 und 1852 erfasst und verzeichnet. Das Gutachten von 1885 berücksichtigte ausdrücklich auch „die Aussagen älterer Leute", insbesondere was Wasserstandsangaben in Hochwasserbereichen anging.[85]

Im Jahr 1852 war die Isar am Punkt der Vereinigung von kleiner und großer Isar (143 Meter unterhalb der Maximiliansbrücke) 80 Meter breit. 500 Meter unterhalb der genannten Brücke (d. i. 35 Meter vor der späteren Luitpoldbrücke) maß sie schon eine Breite von 195 Metern. Weiter flussabwärts, ca. 1.200 Meter unterhalb der Maximilianstraße (der exakte Messpunkt lag beim Einflusskanal des Hofhammerschmiedbaches in die Isar, östlich vor dem späteren Anwesen Widenmayerstraße 44) maß die Isar noch eine Breite von 150 Metern.[86] Diese Angaben bezogen sich auf Niedrig- und Mittelwasserstände.

Das Gutachten von 1885 beschäftigte sich aber auch mit den Hochwasserständen, diskutierte die Inundationsgrenzen (Ausdehnung der Hochwässer), wie sie auf Planmaterial aus dem Jahr 1878 greifbar geblieben sind, und berücksichtigte wiederum Aussagen älterer Bürger. So wird vom Wäscher Johann Lang berichtet, wohnhaft Am Gries 20a, dass derselbe bei den Hochwässern von 1851 und 1853 das Isarwasser zwei Fuß hoch über dem Randstein vor seinem Haus stehen gehabt habe.[87]

Ziel der Isarkorrektion war es, das Inundationsgebiet (Überschwemmungsgebiet) des Flusses innerhalb des Stadtgebiets zu beherrschen bzw. dafür zu sorgen, dass dessen Tendenz zur „Serpentinierung", durch die der Lauf zwangsläufig langsamer wurde, unterbunden wurde. Ein Tiefergraben der Sohle durch die Energie des Flusses selbst erreichte man schließlich durch Tiefbaumaßnahmen, sogenannten Buhnenbauten, durch die das Wasser enger geführt und damit schneller wurde. Das Gutachten bestätigt eine Senkung der Sohle am Pegel bei der Bogenhauser Brücke zwischen den Jahren 1852 und 1885 um 3,5 Meter.[88]

Drei Buhnen hatte man isarrechtsseitig zwischen der Maximiliansbrücke und der Bogenhauser Brücke eingebracht und nahm so dem Wasserlauf allmählich die Möglichkeit, sich auszubreiten. Der dritte und unterste Buhnenbau befand sich vis-à-vis des Hauses Nr. 25 von Am Gries (alte Nummer des Gasthauses zum Morgenstern, in der späteren Nummerierung und zur Abbruchszeit Haus Nr. 19). Mittels Parallelbauwerken schnürte man zwischen den beiden genannten Brücken die Isar immer enger (Abb. 28); das Gutachten spricht von einer Verengung des Mittelwasserlaufs in einem Verhältnis von 130:80.[89] Der Flusslauf sollte das Gerölle im Verlauf seines Durchflusses durch die Stadt nicht antragen, sondern es mit seiner eigenen Energie nach Oberföhring hin abtragen. Schon eingangs berichtet das Gutachten, dass man bei Hochwasserstand unter anderem auf der Reichenbachbrücke das Rauschen des Geschiebes auf der dort befestigten Sohle der Isar durchaus hören könne.[90]

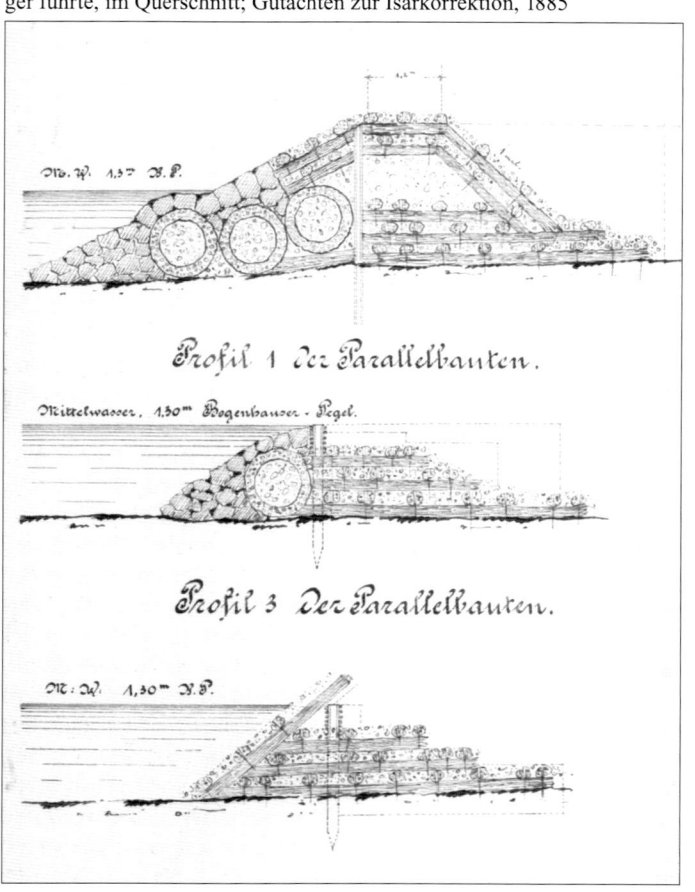

Abb. 28. Die Parallelbauten, mit denen man die Isar schließlich immer enger führte, im Querschnitt; Gutachten zur Isarkorrektion, 1885

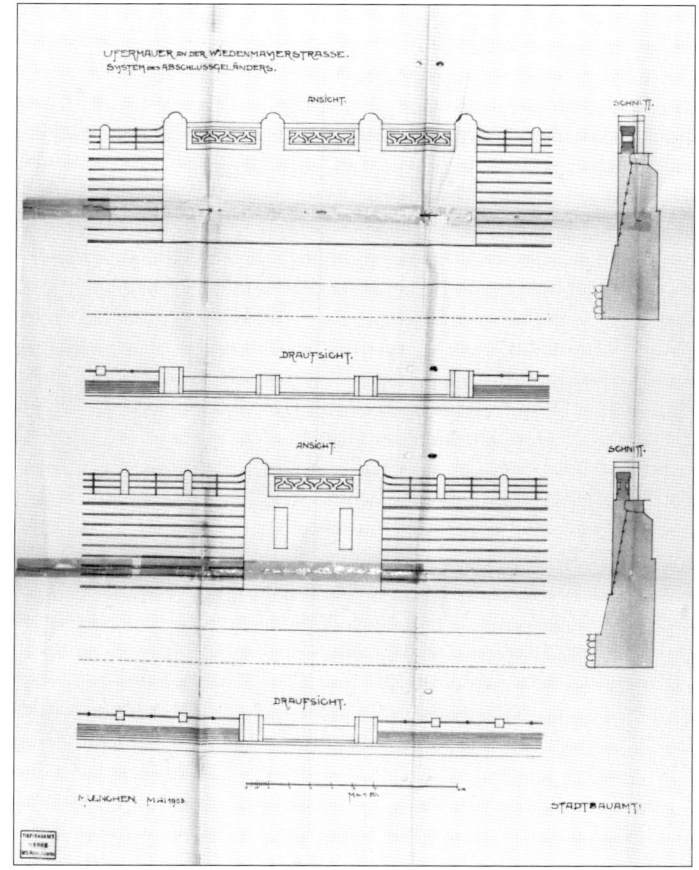

Abb. 29. Ufermauer (Schwergewichtsbauwerk) an der Widenmayerstraße, Ansicht, Draufsicht und Schnitt mit Sohlenanschluss; Planung Tiefbauamt der Stadt München, 1903, ausgeführt zwischen Liebigstraße und Max-Joseph-Brücke bis 1904

Abb. 30. Regu- ▷
lierung des linkssei-
tigen Isarufers nörd-
lich der Maximilians-
brücke und projek-
tierte Baublöcke ent-
lang der Äußeren
Isarstraße (ab 1896
Widenmayerstraße);
Planung Tiefbauamt
der Stadt München,
1893

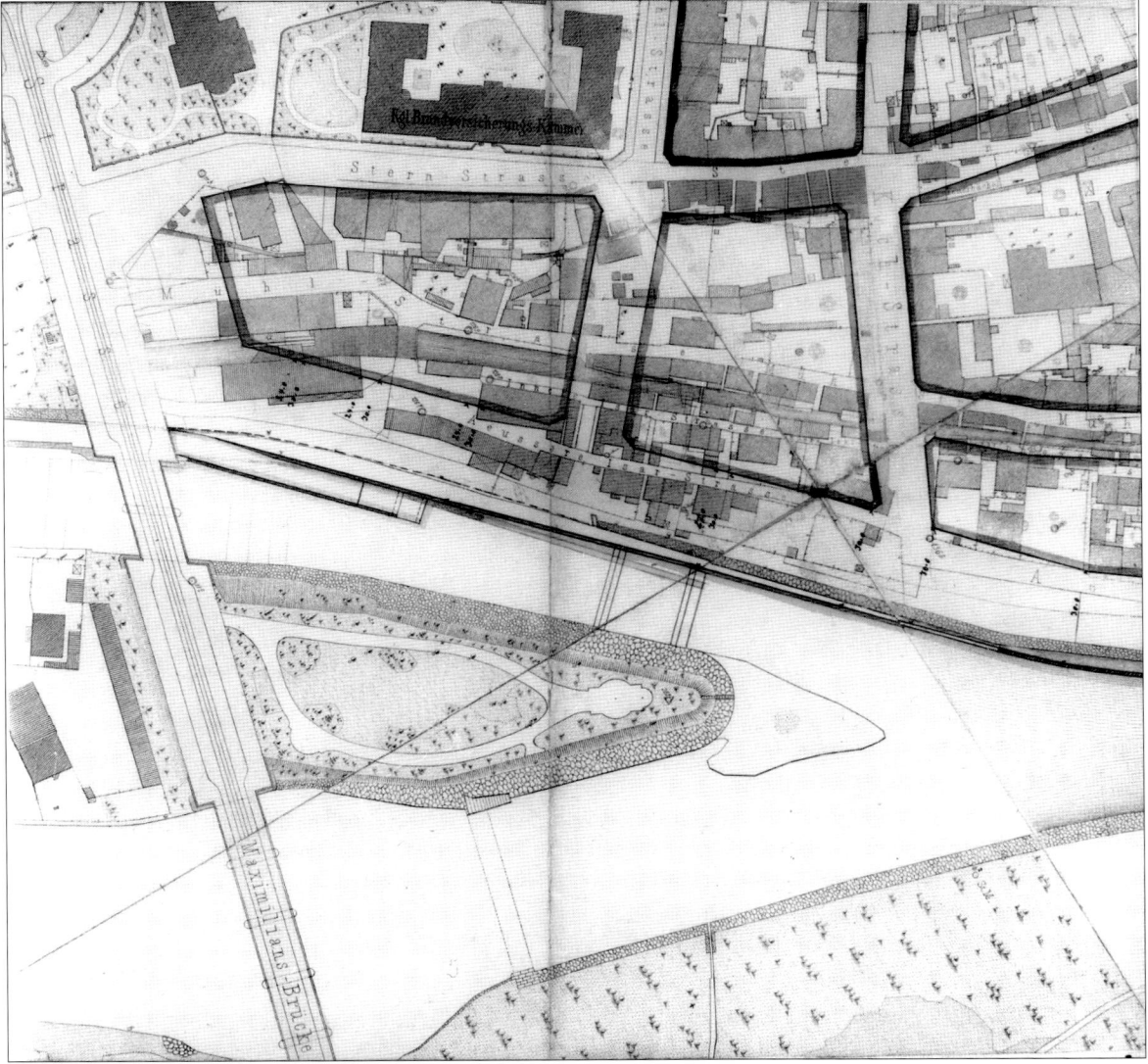

Das hinter den Korrektionsbauwerken befindliche, der Isar gleichsam abgetrotzte Land war zu sichern. Die künstlich provozierte Verlandung hinter den Parallelbauten konnte mit Uferbau- und Verdichtungsmaßnahmen überdies beschleunigt werden. So ergaben sich neue Uferlinien, die von der Maximilianstraße abwärts auch mit Ufermauern gesichert wurden, nach 1893 von der Maximilian- bis zur Liebigstraße (Abb. 29) und 1900–04 weiter nach Norden von der Liebigstraße bis zur Burgfriedensgrenze. Die Parzellierung von Bauplätzen an der alten Äußeren Isarstraße war nach diesen Eingriffen überhaupt erst möglich und vor allem in rechtlicher Hinsicht unverbrüchlich geworden.

Die Bebauung freilich hatte die kurzen Setzungszeiten zu beachten, welche die meisten der Gründe ausmachten (vgl. die einzelnen Katalogtexte zu den Häusern an der Widenmayerstraße sowie den betreffenden Straßenvorspann). Die Straßenbezeichnung „Am Gries" (westlich hinter Widenmayerstraße 23 bis 29 und seit 1981 ohne eigene Bebauung) erinnert noch heute an das Hauptcharakteristikum der Terrainbeschaffenheit, wie sie für den gesamten ufernahen Streifen im nördlichen Lehel angenommen werden muss: Die Baugründe waren griesig (= kiesig und unfest). Dies hat auch und gerade für diejenigen Bauplätze zu gelten, die der alten Straße Am Gries noch östlich vorgelagert errichtet worden sind, eben Widenmayerstraße 23 bis 29 und auch noch Nr. 31.

Das Gutachten von 1885 schließt mit einem entscheidenden Absatz, mit dem es dezidiert darauf hinweist, dass es die staatlichen und eben nicht die städtischen Behörden gewesen seien,

die eine Korrektion der Isar betrieben hätten: „Somit ist der veranlassende Theil der Isarsenkung das Kgl. Staatsärar"[91]. Da das Gutachten die städtische Seite präferiert, kommt es zu dem Schluss, dass alle Folgen der sich fortschreitend immer tiefer eingrabenden Isar, und damit verbunden der eventuellen Auskolkung der Brückenlager, ebenfalls die Krone oder der Staat zu tragen habe.[92] Doch bedeutete dies eine überspitzte Schlussfolgerung eines für den Ausbau des Lehels wichtigen Gutachtens. Mit Sohlenbefestigung und Stauwehren wurde der Prozess der Sohlenabsenkung gemindert und gestoppt bzw. die Brückenfundationen geschützt. Allein die Ausfahrt der Floßfahrtstenne musste mehrmals tiefer gelegt werden, um sie dem gesenkten Wasserspiegel anzupassen; und schließlich favorisierte man eine schwimmende Tenne.

Der Ausbau der Widenmayerstraße begann mit der behördlichen und schließlich zwangsweise justiziabel gewordenen „Niederringung eines harten Brocken" von Bürgersmann. Die Rede ist von Josef Klarer, dem Betreiber der sogenannten Hofsägemühle, die nordöstlich vor der Maximiliansbrücke, aber eben noch östlich vor der St.-Anna-Brauerei und dem Hofhammerschmied-Anwesen stand. Teile der Hofsägemühle ragten in die projektierte neue Äußere Isarstraße hin. Dem Gelände der Mühle schloss sich nördlich ein Areal an, das sich im Eigentum des Herrn Holste befand. Die Stadt München trat nun an beide Eigentümer heran und konfrontierte sie mit den neuen Baulinien (Abb. 30). Mit dem Fabrikanten Holste, Eigentümer der nördlich an die Liegenschaften Klarers angrenzenden Gründe, wurden

◁ Abb. 31. Die „Klarermühle"
von Osten, kurz vor ihrem
Abbruch (Detail aus Abb. 7)

die städtischen Beamten schnell handelseinig. Holste akzeptierte die notwendigen Grundabtretungen; doch konnte die Straße noch nicht ausgesteckt werden.

Verschiedentlich wurden die miserablen Verkehrsverhältnisse an der südlichen Anhebung der Äußeren Isarstraße beklagt, ein direkter Übergang von der ab 1888 sogenannten Steinsdorf-/der alten Ländstraße her war (noch) nicht möglich. Um die Verkehrsverhältnisse zu verbessern, plante die Baulinienkommission, die Äußere Isarstraße an ihrer Anhebung (d. s. die Bauplätze der späteren Häuser Maximilianstraße 19 und Widenmayerstra-

ße 1) von weniger als 19 Metern Breite auf eine Breite von 27,5 Metern an der Ecke Maximilian-/Äußere Isarstraße und im weiteren Verlauf nach Norden auf 24 Meter festzulegen. Für Josef Klarer bedeutete dies eine erhebliche Grundabtretung, die er nicht hinnehmen wollte. Er zeigte sich ernsthaft verhandlungsresistent, was die Stadt dazu veranlassen musste, ihm den Grund abzukaufen. Die nebenan befindliche Hofhammerschmiede hatte die Stadt schon erworben und ließ sie später abbrechen.

Die entscheidenden Auseinandersetzungen datieren in die Zeit von Oktober 1889 bis November 1890. Doch war den Auseinan-

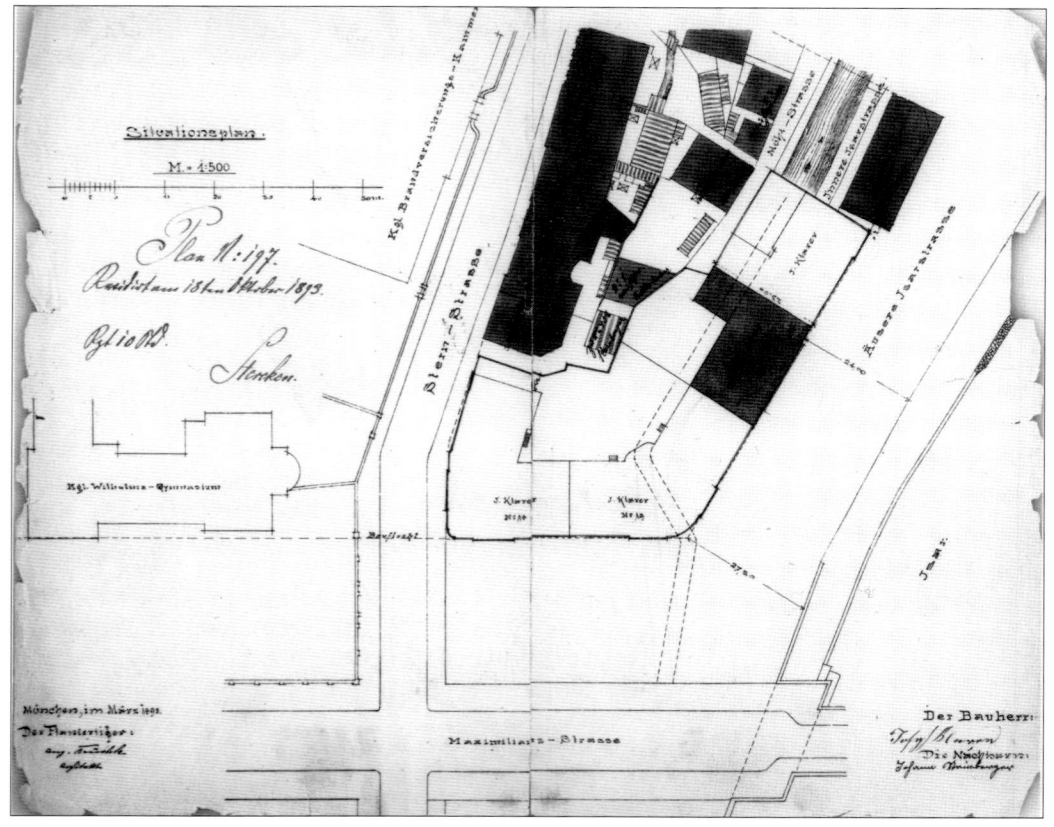

◁ Abb. 32. Situation des Klarerschen Neubaus Äußere Isarstraße 1 (ab 1896 Widenmayerstraße 1), 1893; der Verlauf des Hofhammerschmiedbaches wurde gestrichelt wiedergegeben (vgl. auch Abb. 17)

dersetzungen um die Klarermühle (Abb. 31) ein Prozess vorausgegangen, der neun Jahre zurücklag (am 9.4.1881 Verhandlung vor dem Oberlandesgericht, Urteil am 21.4.1881). Josef Klarer nutzte öffentlichen Straßengrund als Holzlagerstätte, die er dann auch noch teilweise befestigt und mit einem Zufahrtstor versehen hatte. Dies beanstandete die städtische Bauaufsicht und hatte, um sich durchzusetzen, schließlich vor Gericht ziehen müssen.[93]

Im November 1890 beschäftigte sich Bürgermeister von Widenmayer intensiver mit dem Fall, und offensichtlich ziemlich verärgert schrieb er: „Es ist zweifellos auch richtig, daß an der Beseitigung dieses Anwesens ein grosses öffentliches Interesse – u. zwar nicht blos vom ästhetischen Standpunkt aus – besteht, und daß die öffentliche [Seite …] sich wiederholt und laut – vielleicht manchmal zu laut – sich für die Beseitigung desselben und die endliche Fertigstellung der Maximilianstraße ausgesprochen hat"[94]. Es war also immer noch die dritte Münchner Prachtstraße, 1850/51 begonnen, die Argumentationsgrundlage und gestalterisches Ziel war.

Die Ankaufsverhandlungen, in die man mit Josef Klarer schließlich eintrat, scheiterten wegen dessen horrender Forderung. Er wollte neben der kostenlosen Übereignung zweier anderwärts gelegener Grundstücke und als Ablöse des Wasserwerkes der Säge insgesamt 770.000 Mark, was Bürgermeister von Widenmayer unbotmäßig hoch fand (er wurde von den städtischen Gutachtern bestätigt).

Josef Klarer entschloss sich 1892 selbst dazu, die Hofsägemühle abbrechen zu lassen und beauftragte den Architekten August Brüchle, die neu arrondierten Parzellen Maximilianstraße 18 und 19 (später 51 und 53) sowie Widenmayerstraße 1 und 2 mit einem prächtigen Mietshaus-Komplex zu überplanen (Abb. 32). Nur das Haus Nr. 2 kam nicht zustande, stattdessen entstand ab 1897 ein formverwandtes Mietshaus nach den Plänen August Noppers. Die erhaltene Fassadenabwicklung, sie war der Kunstkommission vorzulegen und von dieser genehmigt worden, bestätigt den Anspruch, der im Plantitel mit „herrschaftlich" zum Ausdruck kommt. Der südliche Anhebungsbau der Widenmayerstraße eröffnete programmatisch den Ausbau der prächtigen Kaistraße, die noch vor Aufnahme der Bauarbeiten am Haus Nr. 2 1896 von Äußerer Isarstraße in Widenmayerstraße[95] umbenannt worden ist.

Der Ausbau der Widenmayerstraße erfolgte im Wesentlichen zwischen 1893 und 1914. Aber im Unterschied zur Reitmorstraße, weiter im Westen, war die Bebauung an der Widenmayerstraße im genannten Zeitraum beinahe geschlossen worden (die nördliche Brandmauer von Reitmorstraße 30 steht bis heute blank), außer folgenden Ausnahmen: Die Parzelle von Nr. 9 wurde erst 1927 bebaut (siehe dort), der Bauplatz von Nr. 17 war tatsächlich bis 1986 unbebaut (siehe dort), die Parzelle von Nr. 27 wurde 1923 bebaut und erst nach dem Zweiten Weltkrieg konnte man, dann mit Neubauten, den südlichen Übergang der Prinzregentenstraße in die Widenmayerstraße endlich zeilenartig schließen.

Die Voraussetzung für den Ausbau des Nordabschnittes der Widenmayerstraße war die Ufersicherung zwischen der Liebigstraße (S) und der ehemaligen Burgfriedensgrenze, beim „Lissmann'schen Kupferhammer" (in der Lage der späteren Häuser Emil-Riedel-Straße 6 und 8), die von der Aschaffenburger Firma Sager & Woerner 1900 bis 1904 aufgeführt wurden.[96]

So ließen sich die Bauunternehmer Karl Vogt und Alois Prestele 1897 von Architekt August Nopper Nr. 2 und 3 an der Widenmayerstraße errichten. Und Baumeister Karl Vogt investierte immer weiter in den Ausbau dieses Straßenzugs. Zwischen 1910 und 1912 ließ er sich nach Planungen des Architekten Ludwig Grothe die Häuser Widenmayerstraße 32, 35, 36 und 37 errichten (Nr. 35 kriegszerstört). Derselbe Architekt erbaute bis 1912 auch Widenmayerstraße 34 in einem Zug mit dem westlich benachbarten Haus Reitmorstraße 52, beide für den Schlossermeister Thomas Hupfauf. Architekt Georg Meister plante und erbaute drei Häuser an der Widenmayerstraße: Nr. 16 im Jahre 1909, Nr. 23 im Jahre 1911 und das kriegszerstörte Haus Nr. 26 hatte er 1912 vollendet. Die Häuser Nr. 38[97] und 39 wurden bis nach Kriegsbeginn 1914 nach den Plänen der international beachteten Architekten Eduard Herbert und Otho Orlando Kurz errichtet (Nr. 39 schwer luftkriegsbeschädigt). Zwischen Paradiesstraße (S) und Dianastraße (N) entstanden zwischen 1909 und 1911 in nur zwei Bausommern die vier großen Mietshäuser Widenmayerstraße 42, 43, 44 und 45 in einem Zug nach den Plänen der Architekten Stengel & Hofer. Als Bauwerber für alle vier Bauten trat der Privatier Johann Venzl auf.

Erneut als ein historisches Kuriosum ist der nördlichste Bau an der Widenmayerstraße, das Eckhaus mit der Nr. 52, anzusprechen. Schon im Jahr 1900 war es nach den Plänen von Wilhelm Spannagel vollendet worden. Derselbe Architekt legte zwar eine Planung für den ganzen Block zwischen der Karolinenstraße (S) und der Tivolistraße (N) vor, deren Verwirklichung kam jedoch nicht zustande. Nr. 52 stand anschließend 11 Jahre lang mit blanker südlicher Brandmauer an der Ecke Widenmayer-/Tivolistraße[98] solitär da, bis der Investor Anton Weber, selbst Baumeister, auf den Plan trat und bis 1912 von Architekt Otto Prollius die sieben Riesenbauten Nr. 46 und 46 I bis Nr. 51 umsetzen ließ. Es handelt sich wohl um eines der größten Privatbauprojekte der Jahre vor dem Ersten Weltkrieg. Die nördliche Erstreckung der Widenmayerstraße von Nr. 28 bis 51 (bzw. 52) war zwischen 1909 und 1914 geschlossen bebaut worden. Für die an Neubauten an der Widenmayerstraße armen Jahre zwischen 1902 und 1909 gibt es (noch) wenige Erklärungen.

Der Erste Weltkrieg stellte eine echte Zäsur dar, nicht nur für den Ausbau des Lehels, sondern hinsichtlich der Investitionsfähigkeit des Bürgertums. Der Erste Weltkrieg, sein fürchterlicher Ausgang, die anschließenden Repressionen gegen das Deutsche Reich und die politischen Unklarheiten machten der Wirtschaft, die für den Ausbau der Städte die Grundlage geboten hatte, den Garaus. (Für die 1920er Jahren sind folglich wenige Bauten im Lehel zu nennen.) Denn es waren große Investoren und nicht selten Spekulanten, die fast immer mehr als ein Haus verwirklichen ließen. Und etliche der Architekten, die für die zum Teil riesenhaften Mietshäuser herangezogen worden sind, treten gleich mehrfach als Planer auf (Größe der Wohneinheiten und Erstreckung der Fassadenlänge finden sich in den Katalogtexten meist berücksichtigt).

Bauliche Konfrontation in Permanenz?

Die Erschließung des Lehels stellt sich seit der Durchführung der Maximilianstraße als das Ergebnis eines Prozesses dar, der fortwährenden Stadtkonzept-Änderungen unterworfen war und noch heute ist. Die Erwartungen, mit denen König Maximilian II. an die St.-Anna-Vorstadt herantrat, waren klassen- und also naturgemäß andere als die Erwartungen, welche die dortige Bevölkerung, etwa an die Ausdehnung ihrer Gewerbetriebe, hatte. Der soziologisch und volkskundlich arg strapazierte Begriff des Wandels[99] und der Spannungsbogen dieses Begriffs müssen im Blick auf das Lehel durchaus nicht überdehnt werden. Kann doch der Wandel dieser Vorstadt mit handfesten Realien, eben Bauten und Straßenverläufen belegt werden.

Die Bebauung im Lehel – eigentlich muss man vom „Ausbau" dieser Vorstadt sprechen – scheint in der Tat fortwährend konfrontativ abgelaufen zu sein und zeigt sich auch heute noch so. Baumoden und Architekturstile, kurzlebige wie auch solche, die sich lange hielten, brechen in ältere Umgriffe ein und stehen

Abb. 33. Die Jahn-Turnhalle (Widenmayerstraße 40, erbaut 1904) östlich vis-à-vis von Widenmayerstraße 46; die Zeile Widenmayerstraße 46 bis 51 war abgeschlossen, die Ostfassade der Turnhalle zeigt
bereits Regenwasserschäden

Abb. 34. „Bauliche Konfrontation in Reinkultur": der Kopfbau der Bayerischen Versicherungskammer
(Maximilianstraße 53) neben dem herrschaftlichen Mietshaus Widenmayerstraße 1 (die stilistische Anpassung der südlichen Brandmauer des letzteren Hauses erfolgte später)

ebenso der Bau des Wilhelmsgymnasiums und der Königlichen Brandversicherungskammer. Kirchliche Großbauten wie die neue katholische Pfarrkirche des Lehels St. Anna (vgl. St.-Anna-
Platz 5, Weihe 1892)[100] oder die Evang.-
Luth. Lukaskirche (vgl. Mariannenplatz 3, 1896 geweiht)[101] müssen hier
nicht eigens thematisiert werden, ihre
Vorbebauung und Baugeschichte finden sich im Katalog der Denkmaltopographie in extenso dargestellt. Außerdem billigten private Bauherren der
Bauaufgabe „Kirche" stets einen eigenen Stil zu, ohne sich gezwungen zu sehen, ihre eigenen Neubauten irgendwie
„epigonal" nach dem kirchlichen Großbau einzustimmen.

Vier Bauaufgaben formieren moderne Konstituenten des Städtebaus, vor
allem in einem kernstadtnahen Quartier wie es das Lehel fraglos darstellt:
die Verkehrsplanung im Großen, Büro-
und Verwaltungsbauten im Allgemeinen, dann Staatsbauten (mit einer gewissen Tradition im nördlichen Lehel),
die Kinder- und Seniorenversorgung
sowie die Vorhaltung von Büroflächen.
Freilich können im Folgenden nur
Schlaglichter gesetzt werden, denn insbesondere die Verkehrsplanung im Lehel kann keinesfalls erschöpfend dargestellt werden.

Zugeständnisse an den Autoverkehr

Die großen der beschriebenen Süd-
Nord-/Nord-Süd-Verbindungen hat man
verkehrsplanerisch Einbahnregelungen
unterworfen. So funktionieren die Stern-
und Oettingenstraße als eine einbahnige Einfallstraße, die Widenmayerstraße parallel als einbahnige Ausfallstraße nach Norden.

Abb. 35. Sternstraße 10 (bis 1883 als Zweitbau errichtet) und Sternstraße
8 (erbaut bis 1869, nach 1971 strebepfeilerartig rückgebaut); beide Häuser
wurden 1977 zugunsten des Erweiterungsbaus der Bayerischen Versicherungskammer abgebrochen

einander – irgendwie gleichberechtigt – gegenüber. Die Entwicklung des Ausbaus belegt dann Übernahme oder Ablehnung
des Neuen. Hinzu kommen die neuen Bauaufgaben, die nicht nur
neuartige Formen ins Quartier bringen, sondern eine Umwid-
mung eines ganzen Quartiers regelrecht erzwingen konnten und
können.

Mit diesem Aspekt im Hintergrund sind die historischen Gegensätze im Lehel nicht groß genug zu denken, wie das Nebeneinander der Bauer'schen Säge am Lehelplatz mit dem Wilhelmsgymnasium wenig mehr als hundert Meter weiter südöstlich veranschaulicht. Geänderte Anforderungen an den Umgriff
des Neubaus „vertrieben" schließlich das Sägewerk. Beispiele
für ein historisches Nebeneinander wie dieses ließen sich im
Lehel zu Dutzenden aufrufen.

Die Urbanistik spricht von einem „Strukturwandel", der für
das Lehel in dieser kurzen Einführung allenthalben nachgewiesen werden kann. Dass es sich aber um einen Prozess handelte
und noch handelt, der nicht zur Ruhe kommen kann, das soll nun
in diesem letzten Abschnitt exemplarisch verdeutlicht werden.

Der kolossale Einschnitt, den die Anlage des Maximilians-
forums zeitigte, wurde schon oben mehrfach angesprochen,

Abb. 36. Kriegsbedingte Baulücke zwischen Maximilianstraße 18 und Widenmayerstraße 1; die Rückgebäude von Nr. 19 an der Maximilianstraße stehen noch, wurden aber 1970 zugunsten des Neubaus Maximilianstraße 53 beseitigt

Um den ein- und abfließenden Autoverkehr an den Ostring anzubinden, entschied man sich 1959, eine Isartangente zu schaffen, zu deren nördlichem Anschlussabschnitt zwangsläufig die Widenmayerstraße wurde. Zupass kam den Verkehrsplanern dabei, dass die ehemalige Jahn-Turnhalle, Widenmayerstraße 40 (siehe dort) eine Luftkriegsruine war. Die Turnhalle (Abb. 33) befand sich östlich vor Nr. 46, dem südlichen Anhebungsbau des großen Prollius-Blocks. Zwischen der Karolinen- und der Emil-Riedel-Straße wurde schließlich bis 1962 der Fahrbahnkorridor von 21 Metern auf 45 Meter verbreitert.[102]

Büroflächen kontra Wohnflächen

Die Nähe zur Kernstadt und deren nahverkehrliche Anbindung haben schon in den 1960er Jahren einen Prozess ins Rollen gebracht, der Wohnstätten und damit die angestammte Bewohner-

schaft immer weiter in die Peripherie abdrängt und gegebenenfalls anstelle der alten Mietshäuser Bürobauten errichtet, beziehungsweise Umnutzungen beantragt. Die vom Gerling-Konzern im Lehel aufgebotene Bautätigkeit zielte in diese Richtung (vgl. u. a. Prinzregentenstraße 48, 50 und 52). Doch bilden die Baumassen der zur Versicherungskammer Bayern gehörigen Bauten mit Abstand den größten Bürokomplex im Lehel. Die im Katalog unter Sternstraße 3 eingehend geschilderte bauliche Expansion der Königlichen Brandversicherungskammer, nachmaligen Bayerischen Versicherungskammer und schließlich seit 1995 Versicherungskammer Bayern, vermag diese Tendenz anschaulich zu belegen.

Der Kopfbau Maximilianstraße 53 (Abb. 34 und 36) entstand 1970–72 nach den Plänen des Architekten Peter Lanz anstelle des erhalten gebliebenen Hauses Nr. 18 an der Maximilianstraße und des luftkriegszerstörten Anwesens Nr. 19. Der modische Neubau, der keinerlei stilistischen Bezug zu seiner Umgebung herstellt, ein konfrontierend abgesetzter Neuling ist, erhielt östlich, zur Widenmayerstraße hin, eine um fünf Meter zurückgesetzte Baulinie; dies, weil man weitere Abbrüche entlang der Isarstraße ins Kalkül gezogen hatte.[103] Die Versicherungskammer Bayern überformte den ganzen Block Stern-/Gewürzmühl-/Widenmayer-/Maximilianstraße und verband den neuen Kopfbau mit dem Stammhaus aus dem Jahr 1877 (Abb. 35). Das Vorgehen der Planer, hier von privater Seite, gewissermaßen „hinter" den Häusern an der Widenmayerstraße, war symptomatisch für die Jahre um 1970. Die Stadtverwaltung München führte eine Liste mit Bauten, die infolge ihrer Kriegszerstörung nicht mehr oder nur mehr teilweise bewohnbar waren und aus Gründen der „Stadtbildpflege" vor den Olympischen Spielen beseitigt werden sollten. Die südlichen Häuser der Sternstraße (Abb. 37) waren hier ebenfalls gelistet. (Das Denkmalschutzgesetz brachte ab Herbst 1973 eine Wende für die administrativen Möglichkeiten, um diesen Tendenzen gegenzusteuern. Getragen wurde die Verabschiedung des Gesetzeswerkes von einem gesamtgesellschaftlichen Konsens.) Die Erweiterungsbauten der Bayerischen Versicherungskammer reichen bis in die späten 1980er Jahre (Abb. 38). Und aktuell ist die Verwirklichung des sogenannten „Lehel-Carée" in vollem Gange.

Abb. 37. Haus Sternstraße 2 (links) neben dem herrschaftlichen Mietshaus Maximilianstraße 18 (= Nr. 51 neu); Aufnahme 1951

Abb. 38. Rückgebäude von Widenmayerstraße 2; das irreparable (vom Hausschwamm befallene) Haus wurde 1985 abgebrochen; davor war es Schauplatz der beliebten Fernsehserie „Meister Eder und sein Pumuckl"

Abb. 39. Städtebauliche Situation an der Ecke Liebigstraße/St.-Anna-Straße

Staatsbauten auf staatseigenem Terrain – aber die bauliche Konfrontation bleibt Programm

Das Bayerische Landesvermessungsamt (die später sogenannte Landesvermessungsverwaltung) war bis 1901 an der Nordseite der Liebigstraße zwischen der Alexandrastraße (W) und der Oettingenstraße (O) nach Plänen des Landbauamtes selbst, ausgefertigt von Friedrich Adelung, errichtet worden. Erst im Jahr 1901 war die Bayerische Landesvermessung aus dem Alten Hof ausgezogen. Und seither (Status: 2008) wird die Landesvermessungsverwaltung als Alexandrastraße 4 adressiert. Erheblich kriegszerstört, blieb im Inneren im Zuge des Wiederaufbaus einzig das neubarocke Treppenhaus erhalten, ansonsten ist der Bau mit Hauptgebäude und flankierenden Seitenflügeln ein Zeugnis der Baumaßnahmen bis 1955.

Die baulichen Veränderungen im nördlichen Lehel in der Zeit nach dem Wiederaufbau fanden mit dem Kopfbau der Versiche-

rungskammer Bayern, bei dem die staatlichen Baumaßnahmen und die Neugewinnung von Büroflächen in eins fallen, und eben mit dem Neubau der Vermessungsverwaltung keineswegs ihr Bewenden.

Der geplante und dann nicht verwirklichte Neubau für das Bayer. Landesamt für Denkmalpflege an der Ecke Himbsel-/Oettingenstraße wurde schon erwähnt. Dieselben Architekten, Helmut von Werz und Johann Christoph Ottow, planten und erbauten, weiter westlich im gleichen Baublock gelegen, 1973–75 die Archäologische Staatssammlung (vormals Prähistorische Staatssammlung), einen in seiner Umgebung konfrontativen Bau, dem eine postmoderne Attitüde nicht abgesprochen werden kann. Sechs mehrgeschossige Kuben mit Flachdächern wurden ineinander verschachtelt, undurchfensterte rostbildende Eisenverkleidungen wechseln mit aufgeglasten Flächen an den jeweiligen schlitzartigen Übergangsgelenken ab. In unmittelbarer Nachbarschaft zu den historistischen Bauten (vgl. Himbselstraße 1 und 1a sowie Seeaustraße 2 und vor allem das jüngere Bayerische Nationalmuseum Prinzregentenstraße 3) stellt die Archäologische Staatssammlung eine echte Konfrontation der Bauformen dar, einen selbstbehauptenden und möglicherweise selbstbewussten Beitrag der Moderne im Lehel, ohne jeden baulich-stilistischen Bezug zu seiner Umgebung. Davor befand sich auf dem Gelände der Archäolog. Staatssammlung das Statistische Landesamt, erbaut bis 1891 nach dem Entwurf des Bautechnikers Metzger. Im Luftkrieg schwer getroffen, war dessen Ruine 1950/51 abgetragen worden.

Schulbauten und Altersheime

Gewissermaßen in der „emotionalen Mitte" des Lehels stehen die neue Grundschule, errichtet 1953–55 wiederum von Helmut von Werz und Johann Christoph Ottow, und das 1983 eröffnete „Haus Alt-Lehel", ein Seniorenheim, einander gegenüber (Abb. 39). Die Grundschule war als Ersatzbau ihrer luftkriegszerstörten Vorgängerin erbaut worden. Der Altbau war 1840–41 entstanden, nach den Plänen Karl Muffats im Rundbogenstil, und 1876 aufgestockt worden, da die zu unterrichtenden Kinder immer mehr wurden.[104] Spätestens mit dem Bau der neuen Pfarrkirche (Weihe 1892, vgl. St.-Anna-Platz 5)[105] bildeten Grundschule und Pfarrbauten eine Art von Zentrum im Lehel, wie es bis dahin in dieser Vorstadt nicht greifbar war, da es eine „Mitte" des Lehels (wohl) zu keiner Zeit gab.[106] Die Architekten setzten als Ersatzbau der alten Volksschule, die über 100 Jahre lang ihre Dienste getan hatte, einen Stahlbeton-Skelettbau durch, einen mehrgliedrigen Baukörper mit fünfgeschossigem Klassentrakt und einem niedrigeren, aber städtebaulich markanten Kopfbau (vgl. St.-Anna-Straße 22). In den baulichen Umgriff, der zur Zeit der Erbauung erst ca. 60, maximal 70 Jahre alt war, stellten die gefragten Architekten einen Neubau der

Abb. 40. Die Nordfassade von St.-Anna-Straße 15 (alt Nr. 33) und Christophstraße 14; bis 1962 floss der Papiererbach unter dem dreiachsigen Zwischentrakt (erbaut 1874) hindurch; 1981 wurde der Komplex niedergelegt

Nachkriegsmoderne, dessen Formen im Quartier bislang ungesehen waren. Sie setzten den Schulbau klar von seiner Umgebung ab und forder(te)n damit eine Stildiskussion regelrecht heraus.

Das westlich der Grundschule gegenüberliegende Gelände erlebte bisher zwischen den Jahren 1900 und 1982 wenigstens drei Umwidmungen. Die Bauplätze der heutigen Häuser Christophstraße 12 sowie Seitzstraße 6, 8, 10 und 12 machten im mittleren 19. Jahrhundert der westlich des Papiererbaches gelegene Standplatz der Artillerie- und Fuhrwesenkaserne aus, dies in Nachfolge und als nördliche Erweiterung des alten Klosters bei St. Anna.

Man kann also bis heute auch bei diesem Areal von drei Neuwidmungen seit 1802 sprechen: Zunächst war es Klostergrund, dann diente es der Kaserne, 1901–02 erbaute man hier Mietshäuser.

Mit der Hauptadresse Christophstraße 12 ließ sich ab 1901 der Fabrikant Johann Schneider von Architekt Anton Schneider insgesamt 3.000 m² Grund überbauen (die

Abb. 41. Die Ostfassade von St.-Anna-Straße 15 (alt Nr. 33) vor 1981; das Anwesen markiert den alten Standort der Papierermühle, 1871 aufgegeben und zusammen mit Christophstraße 14 neu erbaut (Überbauung des Bachlaufs „Papiererbach" im Jahr 1874 und Aufstockung zur Viergeschossigkeit 1878)

Hoffläche hatte eine Größe von genau 1.000 m²). Der Mietshaus-Komplex befand sich später, ab den 1930er Jahren im Eigentum der „Grunderwerbs-Gesellschaft St. Anna Vorstadt m. b. H". Im Zweiten Weltkrieg arg in Mitleidenschaft gezogen, brach man Ende der 1960er Jahre den Komplex Schritt für Schritt ab. Es entstand dort ein noch bestehender Verwaltungsbau des Bayerischen Roten Kreuzes.

Mit der Bebauung des Blocks westlich der neuen St.-Anna-Kirche begegnet man dem Spitzenreiter baulicher Überformungen oder eigentlich „Umwälzungen" des kernstadtnahen Lehels. (Die jeweils „wirksamen" Bauformen hatten durch ihre Konfrontation mit dem Alten der Umgebung auch dessen Infragestellung mit sich gebracht.) Geänderte Anforderungen bedingten stets andere Bauformen resp. einen anderen Baustil. Eine ähnlich wechselvolle Umwidmungs-Geschichte wie Christophstraße 12 und seine südliche Erweiterung vereinigen die Bauplätze Christophstraße 14 und Seitzstraße 15 (alt Nr. 33) auf sich.

An der nordöstlichen Ecke des früher sogenannten Straßenlaufs Alte Pferd-Straße (bis 1878, dann Christophstraße) mit der St.-Anna-Straße befand sich seit alters die Papiermühle, deren Eigentümer über das 19. Jahrhundert stets als „Papierfabrikanten" firmierten.[107] Die noch heute am Ostende der Christophstraße nach Norden schwingende Baulinie des Hauses St.-Anna-Straße 15 erinnert die charakteristische Position der Papiermühle am östlichen Beschlacht des gleichnamigen Baches. Der Strumpfwirker Georg Scherr ließ 1871 Christophstraße 14 hart an das westliche Beschlacht des Papiererbaches heranbauen. Die ehemalige Papiermühle diente inzwischen als Gastwirtschaft. Dann entschloss sich derselbe Bauherr 1874, die Bachstrecke überwölben zu lassen und die bestehende Lücke zwischen St.-Anna-Straße 15 (alt Nr. 33) und dem drei Jahre alten Neubau im Westen mit einem dreigeschossigen Zwischenbau zu drei Achsen verbinden zu lassen. 1878 schließlich wurden die beiden Flügel zur Viergeschossigkeit aufgestockt und die Fassaden erhielten einen phantasiereichen Neurenaissancedekor aufgeprägt, der dann 1935 wieder abgenommen wurde (Abb. 40 und 41). Einfache profilierte Fensterrahmungen prägten die Fassaden bis zur Zeit des Abbruchs der beiden Häuser 1981. Die Beseitigung der Bauten geschah in Abstimmung mit dem Bayerischen Landesamt für Denkmalpflege, ebenso die Gestaltung des Neubaus.

Nach den Plänen der Architekten Peter Zänker und Jörg Menzinger entstand der 1983 eröffnete Neubau von „Haus Alt-Lehel" mit 181 Wohneinheiten, 81 Pflegeplätzen und einem Alten-Servicezentrum.

Die Bayerische Staatszeitung charakterisierte den Bau nach seiner Eröffnung wie folgt: „Die beiden Münchner Architekten (…) hatten also die Aufgabe, das Bauwerk in das vorhandene Ensemble einzubinden. Gefragt war nicht eine pompöse Singulär-Architektur, aber auch keine reine Anpassung, da in der Umgebung des Grundstückes auch einige Nachkriegsbauten stehen, die mit ihrer Fassade nicht desavouriert werden sollten"[108].

Das Haus erhielt mächtige dreigeschossige Erker und einen markanten Eckerker (Abb. 39), gewissermaßen an der Fassadenspitze. Voll fassadenwirksam trägt das oberste Geschoss eine mansarddach-ähnliche (steile) Verkupferung. Diese Gestaltung des oberen Fassadenabschlusses hatte man im nördlich gegenüberliegenden Anwesen Liebigstraße 1 schon im Jahr 1981 vorweggenommen: Das dort als Vollgeschoss ausgebildete vierte Obergeschoss erhielt verkupferte Stirnflächen, der dortige Erker bildet das Pendant zum Eckerker an St.-Anna-Straße 15.

Unter Beachtung der städtebaulichen Situation und insbesondere der Korrespondenz-Situation zwischen St.-Anna-Straße 15 und Liebigstraße 1 wird klar, dass Bauformen, die als neu erscheinen wollen, stets konfrontativ auftreten und eben übernommen werden wollen oder Singulärphänomene bleiben. Die Entscheidung zu Letzterem lag im Städtebau außerhalb der Macht des einzelnen Planers und Architekten, da es stets die Genehmigungsbehörden waren, die neue Formen „durchgehen" ließen oder nicht.

Gerade im Hinblick auf die Umbaumaßnahmen, die noch nach Redaktionsschluss vorliegender Stadttopographie an der Versicherungskammer Bayern (Hauptadresse Sternstraße 3) im Gange sind, und unter Berücksichtigung der nun schon länger als eine Generation zurückliegenden Überformung eines großen Baublocks in der emotionalen Mitte des Quartiers, muss klar werden, dass bauliche Konfrontationen im Lehel seit über 150 Jahren gegeben sind.[109] Allein, die Zyklen scheinen kürzer geworden zu sein. Bauliche Konfrontation liegt in Permanenz vor. Für die Unterscheidung von Stil und Mode jedoch bedarf es eines zeitlichen Abstandes – und dies von mindestens einer Generation.

Anmerkungen

1 THOMA 1924, Bd. I (Autobiographisches, ausgewählte Gedichte und ausgewählte Aufsätze), S. 64. Aus Thomas Erinnerungen, die im genannten Band über 200 Seiten ausmachen, ließen sich noch manche Passagen zitieren, welche die baulichen Zustände Münchens aus Sicht des Schriftstellers beschreiben, doch sei hier der Fokus auf das Lehel gesetzt.

2 Ebd., S. 63.

3 Zu den „Gründern" vgl.: „Ich bin ein Gründer froh und frisch/schon heute setz ich mich zu Tisch/als dürft ich mich nicht weiter quälen/als meine Zinsen nur zu zählen. Gottlob, ich weiß mir selber Rat/nicht soll mich kümmern Stadt noch Staat:/Dem Gründerleben treu ergeben,/verschaff' ich mir ein würdig Leben" (Heinrich Hoffmann von Fallersleben im Jahr 1872), abgedruckt in: AHRENS 1983, S. 87.

4 BURCKHARDT 1913, S. 31; Brief vom 3. August 1877.

5 Ebd.

6 Zu Marian Walli vgl. WAGNER 1960, S. 179.

7 Das Schreiben Wallis vom 19.12.1808 befindet sich im Konvolut Baulinien der St.-Anna-Vorstadt in: StadtAM, Bestand LBK 26911. Zitat aus S. 2 des Schreibens.

8 Ebd., S. 2 u. 3.

9 Ebd., S. 3.

10 Ebd., S. 4.

11 Zur Stadtsägemühle vgl. WAGNER 1960, S. 127 f.

12 Ebd., S. 6.

13 Ebd.

14 GRAF/RÄDLINGER 2008, S. 54.

15 Zu den unerbittlichen Funktionen einer Stadt vgl. LEITENSTORFER, HERMANN: *Das Gebilde der Stadt – Erbe und Auftrag*; in: FLÜGEL 1958, S. 267–286. Auf S. 267 schreibt Leitenstorfer denkwürdig: „Das Unmittelbare des eigenen Eindrucks von der Stadt wird durch Erklärungen zunächst zurückgehen, verblassen; das gedankliche Erfassen der Stadt wird steigen und gefestigt werden können. Denn immerhin kann eine Stadt nicht rein als Kunstwerk, sie muss als Gebilde von höchst realen, unerbittlichen Funktionen genommen werden".

16 SCHMELLER 1983, Bd. 1, Sp. 1465 s. v. Leih/Loh.

17 Zu dieser etwas müßigen Diskussion vgl. u. a. FEILER 2006, S. 8.

18 SCHMELLER 1983 ebenda.

19 Schmeller überliefert die spezifisch mittelfränkische Bezeichnung für die Wacholderbeere mit „Lôh=ber", in: SCHMELLER 1983 Bd. 1, Sp. 1467, s. v. Loh/Lüh.

20 SCHMELLER 1983, ebd.

21 Ebd.

22 Zur Hacklmühle vgl. WAGNER 1960, S. 262–264; HILBLE 1968, S. 84 f.; sowie KOHL 1969, S. 27 f. Einen aufschlussreichen Einblick in die Lebens- und Wirtschaftsverhältnisse in einem Mühlenbetrieb gewähren die jüngst erschienenen Lebenserinnerungen der Maria Walser, der letzten Eigentümerin der vormaligen Hacklmühle; vgl. GRAF/RÄDLINGER 2008.

23 Zum Laimbach bzw. den Laimbächen vgl. RÄDLINGER 2004, S. 172.

24 Zum Abverkauf des Gschlössl-Angers vgl. StadtAM, Bestand LBK 25411 (= Baulinien der Tattenbachstraße); die Akte reicht in die 1820er Jahre zurück und benennt die ersten fassbaren Eigentümer an der Sternstraße.

25 Kaspar von Steinsdorf, nach dem der Straßenzug benannt wurde, war 1854–70 Erster Bürgermeister Münchens. Seine Verdienste um die Hebung der hygienischen Verhältnisse in den Vorstädten sind nicht hoch genug einzuschätzen. Er verstarb 1879, neun Jahre nachdem er 73-jährig in den Ruhestand eingetreten war. Weitere neun Jahre darauf benannte man den neu festgesetzten Uferstraßenabschnitt zwischen Ludwigs- und Maximiliansbrücke nach ihm. Vgl. hierzu: SCHWAB, INGO: *Kaspar von Steinsdorf (1854–1870)*, in: HETTLER/SING 2008, S. 47–55.

26 Zu den barocken Bastionen und ihren archäologischen Spuren vgl. MITTELSTRASS 2001, S. 157–160.

27 Eine Kurzdarstellung der Stadtbäche links der Isar hinsichtlich ihrer Verläufe und Auflassung findet sich bei HALLINGER 1999, S. 79, Anm. 5. Eine ausführliche Behandlung aus den Unterlagen im Tiefbauamt der Stadtverwaltung München findet sich bei RÄDLINGER 2004, passim.

28 LANKES 1993, S. 88 f.

29 Zu den Baulinien der Pfarrstraße vgl. StadtAM, Bestand LBK 24982 (= Baulinien an der Pfarrstraße 1866–1906). Es handelt sich ein umfassendes Konvolut, das auch und gerade die Einmündung der Pfarrstraße in die Maximilian- respektive Thierschstraße behandelt.

30 WESTENRIEDER 1782, S. 129 f.

31 Zum Anwesen Mariannenplatz 1 vgl. HALLINGER/WIESNER 2006a, S. 6 f.

32 Zum Mariannenplatz und der Festlegung seiner Begrenzungen vgl. StadtAM, Bestand LBK 24761 (= Baulinien am Mariannenplatz). Schon 1879 favorisierte die Stadtverwaltung einen „Platz oder solitären Prachtbau".

33 Maria Walser, Erbin der Hacklmühle, wohnte hier mit Mann und Sohn von 1901 bis 1904. Sie berichtet von den praktischen Vorzügen der Nähe einer gepflegten Gastronomie, aber den Nachteilen durch Gerüche und auch den Lärm der schon damals vor dem Haus gelegenen Straßenbahnschleife. Vgl. GRAF/RÄDLINGER 2008, S. 142 f. sowie S. 166.

34 Zur Festsetzung der Baulinien an der Pfarrstraße vgl. den Akt im StadtAM: Bestand LBK 24982 (= Baulinien an der Pfarrstraße 1866–1906); hier auch ein umfassendes Konvolut zu Maximilianstraße 15, 16 und 17 (alte Nummerierung = neue Nummern 43, 45 und 47).

35 Der Baulinienakt zur Gewürzmühlstraße ist einer der frühen bezüglich des Lehels: Vgl. StadtAM, Bestand LBK 24200 (= Baulinien an der Gewürzmühlstraße 1840–1868).

36 Zu Lehelplatz/Thierschplatz vgl. StadtAM, Bestand LBK 25436 und 25437 (= Baulinien am Thierschplatz).

37 Zur Festlegung der Triftstraße vgl. StadtAM, Bestand LBK 25458 (= Baulinien an der Triftstraße); 1877/78 war die nähere Bestimmung der westlichen Seite des Triftkanals Gegenstand magistratischer Verhandlungen, 1932 das südliche Anhebungsportal.

38 StadtAM, Bestand LBK 25384, hier: Abschrift zum Generalakt über die Sternstraße aus dem Akt „Baulinien für St. Annavorstadt Ad N° 9092", S. 5.

39 StadtAM, Bestand LBK 25458 (= Baulinienakt Triftstraße).

40 WESTENRIEDER 1782, S. 42.

41 StadtAM, Bestand LBK 25384, hier: Abschrift zum Generalakt über die Sternstraße aus dem Akt „Baulinien für die St. Annavorstadt Ad. N° 4 9092".

42 Ebd., S. 1.

43 Zur Mannhardtstraße vgl. StadtAM, Bestand LBK 24752 (= Baulinien an der Mannhardtstraße). Der Häuserabstand wurde im Westabschnitt auf 14 Meter und im Ostabschnitt auf 15 Meter festgelegt. Thema war auch die Überwölbung des Hacklmühlbaches.

44 Der Baulinienakt zur Liebherrstraße, StadtAM, Bestand LBK 24687 (= Baulinien an der Liebherrstraße) erlaubt Aufschlüsse zum sog. „Straßenbahnschuppen", der Breite der Straße im neu arrondierten Bereich sowie der Straßeneigenschaften im Zusammenhang mit der 1927 erweiterten Kerschensteiner-Schule.

45 StadtAM, Bestand LBK 25384, hier: Abschrift zum Generalakt über die Sternstraße aus dem Akt „Baulinien für die St. Annavorstadt Ad. N° 4 9092, S. 4.

46 Ebd., S. 5.

47 Ebd., S. 6.

48 Ebd., S. 8.

49 Fotografien (Albumine) im Bildarchiv des BLfD, publiziert in: Ausst. Kat. Fenster zur Vergangenheit 2006, S. 24–27.

50 Zu den Baulinien und insbesondere den Absichten, die Straße nach Osten hin bis zur Isar zu verlängern vgl. StadtAM, Bestand LBK 25301 (= Baulinien an der Seeaustraße). 1912 wurde die später sogenannte Crusiusstraße für Max Reininger, der die Grundstücke an der Widenmayerstraße erworben hatte, festgelegt. Die Planungen für dieses Oststück gab man aber 1933 vorerst auf, gemäß einem Antrag des Karosserieerwerks A. G., deren Liegenschaft genau im projektierten Straßenverlauf lag.

51 Einige der Pläne aus der Vorplanung wurden zwischenzeitlich veröffentlicht. Vgl. HALLINGER 2008a, S. 169; sowie HALLINGER 2008b, S. 284.

52 Die Baulinienakte zur Reitmorstraße ist umfangreich; vgl. StadtAM, Bestand LBK 25088 und 25089 (= Baulinien an der Reitmorstraße). Umfangreiche Planungen existieren für eine Entlastung der Isarparallelen, dies schon ab 1959. Doch wurden diese Absichten aufgrund der Klagen betroffener Eigentümer zurückgestellt.

53 Vgl. neben StadtAM, Bestand LBK 25088 und 25089 (= Baulinien an der Reitmorstraße) auch StadtAM, Bestand LBK 24200 (= Baulinien an der Gewürzmühlstraße, Laufzeit 1840–1868.

54 StadtAM, Bestand LBK 25088 und 25089 (= Baulinien an der Reitmorstraße), planerische Festsetzung vom 2. März 1897.

55 Zur Rosenbuschstraße vgl. StadtAM, Bestand LBK 25135 (= Baulinien an der Rosenbuschstraße); ein erstes Projekt zielte auf Vorgartenlinien

an der betreffenden Straße, was am Entgegnen der Anrainer scheiterte. 1908/09 wurden ursprünglich beabsichtigte Pavillonzwischenräume aufgegeben.

56 Protokoll der Begehung im Hausakt zu Am Gries 1a, vgl.: StadtAM, Bestand LBK 3482/1 (Laufzeit 1853–1954).

57 Aus den Beständen der Lokalbaukommission wie des Stadtarchivs sowie den Ortsakten des Landesamtes für Denkmalpflege und dessen Bildarchiv heraus können die Rückbau- resp. Abbruchphasen bündig herausgearbeitet werden, gewissermaßen als Chronologie einer sukzessiven städtebaulichen Verwischung, als Topologie des nicht Denkmalwürdigen.

58 StadtAM, Bestand LBK 3482/1 (= Bauakte Am Gries 1a, Laufzeit 1853–1954).

59 StadtAM, Bestand LBK 3482/2 (= Bauakte Am Gries 1b).

60 Vgl. StadtAM, Bestand LBK 3482/3 sowie 3482/4.

61 Vgl. StadtAM, Bestand LBK 3480 (= Bauakte von Nr. 3, hier auch Unterlagen zu Haus Nr. 2).

62 Vgl. StadtAM, Bestand LBK 19431 sowie die Abbruchaufnahmen im Bildarchiv des BLfD.

63 Schreiben vom 28. März 1967, in: StadtAM, Bestand LBK 19426 (= Bauakte Am Gries 1).

64 Sitzungen vom 4. und 11. Mai 1977, Beschluss in: StadtAM, Bestand LBK 19426.

65 Zu Am Gries 5 vgl.: StadtAM, Bestand LBK 19427.

66 StadtAM, Bestand LBK 19428 (= Bauakte Am Gries 6).

67 StadtAM, Bestand LBK 3489 (= Bauakte Am Gries 15).

68 StadtAM, Bestand LBK 3486 (= Bauakte Am Gries 13).

69 StadtAM, Bestand LBK 3488 (= Bauakte Am Gries 14).

70 Keine Unterlagen im StadtAM sowie im BLfD.

71 Vgl. StadtAM, Bestand LBK 11139 (= Bauakte Am Gries 4) sowie Bildarchiv des BLfD.

72 Vgl. StadtAM, Bestand LBK 10964 (= Bauakte Am Gries 1e) sowie Ortsakt, BLfD, hier das Schreiben des Generalkonservators Torsten Gebhard vom 6. Mai 1966: „Gegen den vorliegenden Abbruchantrag können wir keinen Einspruch erheben".

73 StadtAM, Bestand LBK 3480 (= Bauakte Am Gries 3).

74 StadtAM, Bestand LBK 14046 (= Bauakte Am Gries 18) sowie Ortsakt, BLfD, hier das Schreiben vom 16. Februar 1967.

75 StadtAM, Bestand LBK 14047 (= Bauakte Am Gries 19) sowie Ortsakt, BLfD, hier das Schreiben vom 4. Mai 1966.

76 Vgl. StadtAM, Bestand LBK 14049 (= Bauakte Am Gries 20) sowie das Bildarchiv des BLfD.

77 StadtAM, Bestand LBK 14048 und 14049 (= Bauakte Am Gries 20a und 20b) sowie die Aufnahmen im Bildarchiv des BLfD.

78 StadtAM, Bestand LBK 19432 (= Bauakte Am Gries 20c) sowie die Aufnahmen im Bildarchiv des BLfD.

79 StadtAM, Bestand LBK 16437 (= Bauakte Am Gries 21). Die Überfliegungsaufnahme (BayHStA München, Abt. IV, Fasz. II 5 Nr. 738 rot) zeigt ein dreigeschossiges Mansarddachhaus, nördlich abgewalmt und zu drei Achsen. Seine nördliche Längsseite flankierte den Hofraum von Nr. 18, das seinerseits weit zurückgesetzt, vom Weg am Bach her erschlossen wurde. Vor dem mittleren Fenster des zweiten Obergeschosses existierte ein bewehrter Austritt. Die südliche Außenwand war allem Anschein nach regelmäßig durchfenstert.

80 StadtAM, Bestand LBK 19429 (= Bauakte Am Gries 7) sowie die Aufnahmen von Dieter Komma im Bildarchiv des BLfD.

81 StadtAM, Bestand LBK 19430 (= Bauakte Am Gries 8) sowie die Aufnahmen im Bildarchiv des BLfD.

82 StadtAM, Bestand LBK 16433 (= Bauakte Am Gries 10) sowie die Aufnahmen im Bildarchiv des BLfD.

83 StadtAM, Bestand LBK 16435 (= Bauakte Am Gries 12) sowie die Aufnahmen im Bildarchiv des BLfD.

84 StadtAM, Bestand LBK 16436 (= Bauakte Am Gries 17) sowie die Aufnahmen im Bildarchiv des BLfD.

85 Landeshauptstadt München, Tiefbauamt, Isarkorrektionsgutachten vom 25. September 1885, S. 6.

86 Ebd., S. 8. Gemäß den dortigen Angaben liegt die Bogenhauser Brücke (d. i. die spätere Max-Joseph-Brücke) genau 1.450 Meter von der Maximiliansbrücke entfernt.

87 Ebd., S. 12.

88 Ebd., S. 15 und S. 34 f.

89 Ebd., S. 16 f.

90 Ebd., S. 1.

91 Ebd., S. 39.

92 Ebd., S. 41.

93 StadtAM, Bestand LBK 25579 (= Baulinien an der Äußeren Isarstraße), hier: Schreiben des Bürgermeisters Johannes von Widenmayer vom 25. November 1890.

94 Ebd.

95 Johannes von Widenmayer, Erster Bürgermeister der Stadt München von 1888–93, setzte sich Zeit seines Wirkens für eine Hebung der Lebens- und Wohnverhältnisse vor allem in den Vorstädten ein. Er starb unerwartet 1893 im Alter von 55 Lebensjahren. Es ist bezeichnend, dass diejenige Straße, auf deren Ausbau er selbst viel Energie verwandt hatte, drei Jahre nach seinem Tod nach ihm benannt wurde. Zu von Widenmayer vgl.: HEIMERS, MANFRED PETER: *Johannes von Widenmayer (1888–1893)*, in: HETTLER/SING 2008, S. 65–72.

96 Briefwechsel, Kostenangebote und auch Rechnungen zu diesem Vorgang in: StadtAM, Bestand LBK 25579 (= Baulinien an der Äußeren Isarstraße/Widenmayerstraße).

97 Vgl. HALLINGER/WIESNER 2006b, S. 10 f.

98 Vgl. die eindrucksvolle Abbildung im populären Lehel-Buch von Lorenz Wandinger: WANDINGER 1994, S. 137 unten; sowie die Gegenansicht in der ebenfalls populär gehaltenen veränderten Zweitauflage des Buches unter anderem Autorennamen: FEILER 2006, S. 136 unten.

99 Zu den harten, grundsätzlich rechtlichen Vorbedingungen des Wandels ganzer Stadtquartiere vgl. HALLINGER 2008c, S. 11–18.

100 Vgl. Baulinienakt zum St.-Anna-Platz im StadtAM, Bestand LBK 173 (= Baulinien am St.-Anna-Platz). Zunächst zur Erbauung einer neuen Pfarrkirche 1884–86, dann zur Überwölbung des Stadtmühlbaches 1887. Ferner gibt die Akte Auskunft zu den Besitzverhältnissen am Platz zwischen 1891 und 1894. Eigens diskutiert und verabschiedet wird das Bauvorhaben am St.-Anna-Platz 10 im Jahre 1907. Einen großen Zeitraum nimmt die Verbindung von der Triftstraße zum St.-Anna-Platz ein, die Niederschläge reichen von 1885 bis 1893.

101 Zur Evang.-Luth. Pfarrkirche St. Lukas in München vgl.: St. Lukas 1996.

102 StadtAM, Bestand LBK 25580 (= Baulinien an der Widenmayerstraße, Laufzeit 1959–62).

103 StadtAM, Bestand LBK 25581 (= Baulinien an Widenmayer- und Sternstraße, Laufzeit 1963–74).

104 Die „unerbittlichen Funktionen" einer Stadt sind hier in Betracht zu ziehen; vgl. LEITENSTORFER, in: FLÜGEL 1958, S. 267.

105 Die reichlich verworrene Entstehungsgeschichte, zum einen der selbständigen Pfarrei St. Anna und zum anderen des Neubaus der St.-Anna-Pfarrkirche, stellt dar: WAGNER 1960, S. 179–196.

106 Freilich ist die Diskussion um eine „Mitte" im Lehel eine Frage der Paradigmen. Sicherlich gab es Zentren in wirtschaftsgeschichtlicher und sozialer Hinsicht usf., doch ein echtes Zentrum dieser ältesten Vorstadt Münchens hat es wohl nie gegeben.

107 Vgl. KOHL 1969, S. 42.

108 Bayerische Staatszeitung Nr. 6 vom 11. Februar 1983, S. 8 unter der Rubrik „Neues Bauen in Bayern".

109 Im Bearbeitungszeitraum wurde auch die Westseite der Tattenbachstraße mit einem normalen Neubau geschlossen (Fertigstellung 2008). Der Neubau kam den bauwirtschaftsfunktionalistischen Forderungen und also Anforderungen großzügig entgegen. Ganz im Sinne Heinrich Habels ist der Ausbau der Tattenbachstraße wiederum von einer „Nicht-Architektur" geprägt; doch ist dies erneut ein Zeichen der Zeit. Man hat also eine bauliche Konfrontation in Permanenz zwischen Stil und Mode als Hauptcharakteristikum einer boomenden Vorstadt anzunehmen.

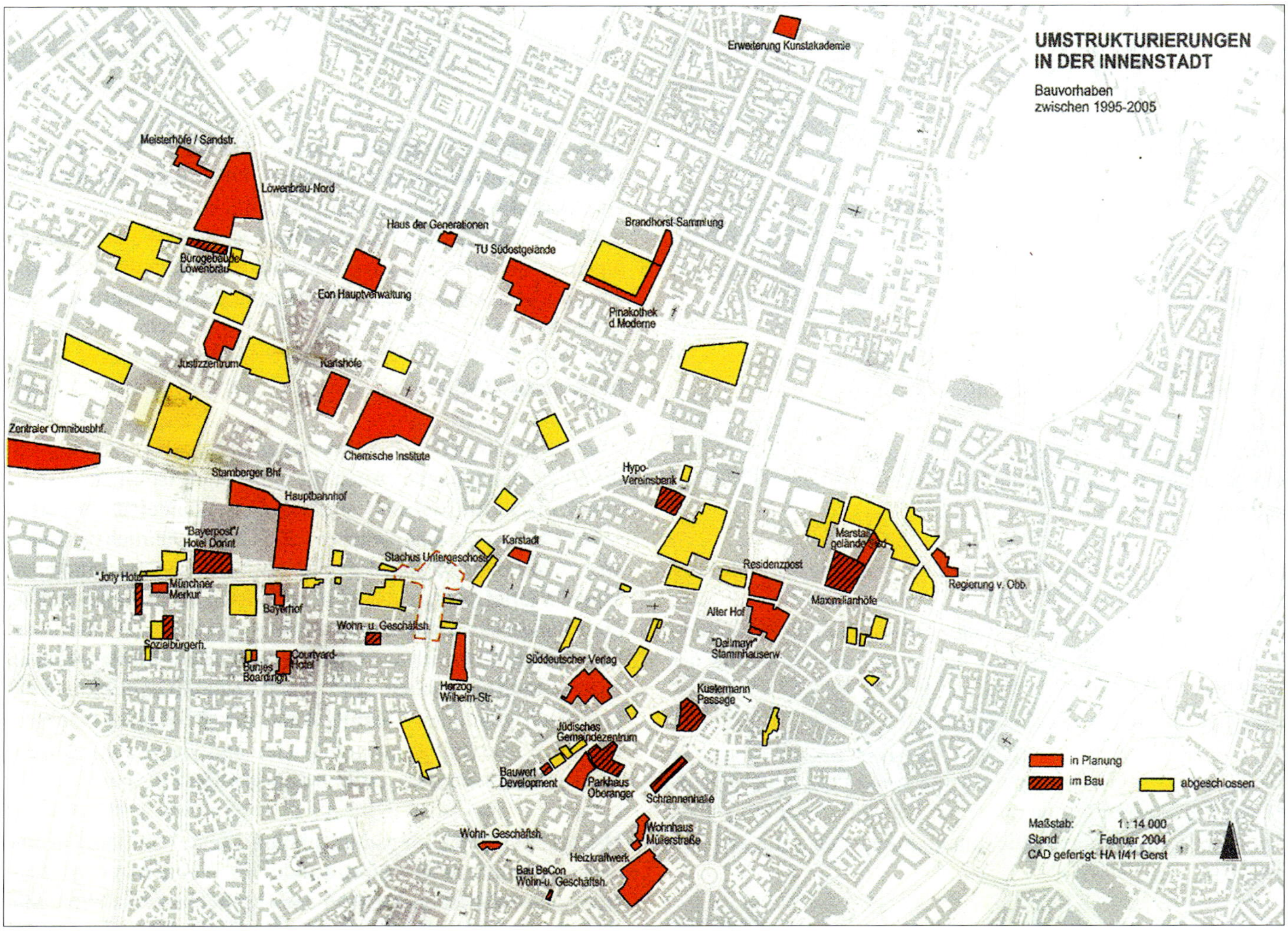

UMSTRUKTURIERUNGEN
IN DER INNENSTADT
Bauvorhaben
zwischen 1995-2005

Erweiterung Kunstakademie

Meisterhöfe / Sandstr.

Löwenbräu-Nord

Haus der Generationen

TU Südostgelände

Brandhorst-Sammlung

Bürogebäude
Löwenbräu

Eon Hauptverwaltung

Pinakothek
d. Moderne

Justizzentrum

Karlshöfe

Zentraler Omnibusbhf.

Chemische Institute

Starnberger Bhf

Hauptbahnhof

Hypo-
Vereinsbank

Marstall-
gelände

"Bayerpost"/
Hotel Dorint

Stachus Untergeschoss

Karstadt

Residenzpost

Maximilianhöfe

Regierung v. Obb

"Jolly Hotel"

Münchner
Merkur

Bayerhof

Wohn- u. Geschäftsh.

Alter Hof

"Dallmayr"
Stammhauserw.

Sozialbürgerh.

Courtyard-
Hotel

Bunies
Boarding.

Süddeutscher Verlag

Herzog-
Wilhelm-Str.

Kustermann
Passage

Jüdisches
Gemeindezentrum

Bauwert
Development

Parkhaus
Oboranger

Schrannenhalle

Wohn- Geschäftsh.

Wohnhaus
Müllerstraße

Heizkraftwerk

Bau BeCon
Wohn-u. Geschäftsh.

in Planung   im Bau   abgeschlossen

Maßstab: 1 : 14 000
Stand: Februar 2004
CAD gefertigt: HA I/41 Gerst

△ 1

2 ▽

Stadtbildpflege im Münchner Wiederaufbau nach 1945

Uli Walter

Seit etwa 1995 erlebt die Münchner Innenstadt ein ungewöhnlich hohes Maß an Neubautätigkeit. Davon besonders betroffen ist das historische und topographische Zentrum, die Münchner Altstadt, ein sensibler Stadtbereich von hohem Symbol- und Wiedererkennungswert zum einen für das touristisch vermarktete München-Bild, zum anderen für das Selbstverständnis der Münchner Bevölkerung. Diese Altstadt hat sich in den vergangenen Jahren teilweise erheblich verändert. Am Marstallplatz oder am St.-Jakobs-Platz wurden lange brachgelegene Nachkriegssituationen durch Neubauten „aufgewertet" und einer kommerziellen bzw. kulturellen Nutzung zugeführt. Daneben wurden Altstadtstrukturen verändert, wie die „Fünf Höfe" zwischen Theatiner- und Kardinal-Faulhaber-Straße zeigen. Es wurden Straßen- und Platzräume neu geschaffen, etwa entlang des Franz-Joseph-Strauß-Rings oder auf dem Gelände der Alten Chemie vor St. Bonifaz. Bestehende Baulücken wurden geschlossen, etwa durch das neue Probengebäude der Münchner Kammerspiele in der Falckenbergstraße, selbst wenn es sich um historisch empfindliche Grundstücke handelte wie den Standort der 1938 abgebrochenen Hauptsynagoge in der Maxburgstraße. Zahlreich sind auch die Fälle, bei denen man schlichte Nachkriegsgebäude durch Neubauten ersetzte, wie in der Neuhauser- und Kaufingerstraße, beim Schäfflerblock, am Löwenturm oder am Alten Hof. Von dem verstärkten Modernisierungsprozess waren auch Baudenkmäler betroffen, sei es durch Entkernung (ehem. Staatsbank in der Kardinal-Faulhaber-Straße; ehem. Postgebäude Bayerstraße 12; ehem. Finanzamt im Lorenzistock des Alten Hofs) oder durch Translozierung in Verbindung mit neuer Nutzung (Schrannenhalle). Die jeweiligen städtebaulichen und architektonischen Ergebnisse fanden allerdings nicht in jedem Fall wohlwollende Aufnahme. So brachte die modernistische Umgestaltung einer typischen Fünfziger-Jahre-Fassade am Marienplatz Nr. 22 dem betreffenden Gebäude nach Abschluss der umfangreichen Baumaßnahme die wenig schmeichelhafte Bezeichnung einer „aufgetakelten Landpomeranze" ein.[1] Die Fassade der Max-Planck-Hauptverwaltung neben Klenzes klassizistischem Marstallgebäude musste in der Planungsphase nach starker Kritik mehrfach überarbeitet werden. Die Entkernungen der Bayerischen Staatsbank oder des letzten intakt erhaltenen Wohngebäudes in der Maximilianstraße riefen öffentliche Proteste hervor.

Die enorme Bautätigkeit und die augenfällige Präsenz der Neubauten im Stadtbild ließen Oberbürgermeister Christian Ude im Jahr 2000 von einer „neuen Gründerzeit" in München sprechen (Farbtf. XIV.1).[2] Dieser Vergleich mit der Stadtentwicklung um 1900, wenn er denn so gemeint gewesen sein sollte, zeigt in der Tat sehr interessante Parallelen, denn auch im „leuchtenden" München der Prinzregentenzeit war die Altstadt einem erheblichen Strukturwandel unterworfen gewesen. Schon damals stell-

te man sich die Frage, ob ein Stadtumbau dieser Art einen vitalen Erneuerungsvorgang darstellt oder ob sich im Umgang mit der „alten Stadt" nicht vielmehr auch Respekt, Kunstverstand und Geschichtsbewusstsein ausdrücken muss. Theodor Fischer, zwischen 1893 und 1901 Leiter des kommunalen Stadterweiterungsbüros in München, schrieb dazu beispielsweise: „Mit der Unerbittlichkeit von Naturereignissen scheint sich in den Großstädten die Umwandlung des Stadtkernes zur reinen Geschäftsstadt, zur City zu vollziehen. Die Frage ist nur, ob und wie weit im besonderen Falle Münchens diese Entwicklung notwendig mitgemacht werden muß (...), ist es doch als eine Lebensfrage unseres Gemeinwesens anzusehen, daß seine Besonderheit nicht verwischt wird, daß nicht jener wenn auch imponierende, so doch kulturell etwas indifferente und infolge der Raschheit im Gange der Entwicklung etwas unvornehme Zug auch hier sich bemerkbar mache, der das gemeinsame Merkmal der Handels- und Industriestädte in Deutschland zu sein scheint."[3]

In Anbetracht der aktuellen Veränderungen in München um die Jahrtausendwende stellt sich die Frage, welche wesentlichen Strukturen die Eigenart des Stadtbilds prägen. Mit anderen Worten: Wie viel Veränderung ist möglich, ohne dass die Unverwechselbarkeit einer Stadt verloren geht und der natürliche Wandel als kollektiver Verlust empfunden wird? Einen inhaltlichen Schwerpunkt innerhalb dieser polarisierenden Fragestellung bildet sicherlich das konservatorische Anliegen um die Bewahrung des althergebrachten Stadtbilds. In dessen Mittelpunkt steht die Erhaltung und kontrollierte Weiterentwicklung von unverwechselbaren, identitätsbildenden, zumeist historischen Straßen- und Platzanlagen. Der Aufgabe der „bewahrenden Stadtbildpflege" widmen sich Behörden wie das Bayerische Landesamt für Denkmalpflege, ehrenamtlich Beauftragte wie der Heimatpfleger der Landeshauptstadt München sowie eine kritische Öffentlichkeit. Die Aufgabe der „aktiven Stadtgestaltung" steht diesen Bemühungen antagonistisch gegenüber. In deren Vordergrund steht weniger die Erhaltung des Alten, als vielmehr das Bemühen um die Gestaltqualität der neuen Architektur und ihre Integration in den urbanen Kontext. Aber: In welcher Form sind diese Aufgaben institutionalisiert? Wer befasst sich heutzutage ernsthaft mit den Belangen der Stadtbildpflege und der Stadtbaukunst? Welche rechtlichen Mechanismen regeln den Zugriff des öffentlichen Gemeinwohls auf die privaten Interessen? Der Typus des Stadtbaumeisters früherer Tage, genannt seien nur Theodor Fischer, Hans Grässel oder Hermann Leitenstorfer, existiert heute nicht mehr. Die heutigen Stadtbauräte und Stadtbaurätinnen verstehen sich eher als verlängerter Arm der baupolitischen Rahmenbedingungen und vertreten einen zunehmend internationalisierten, rasch wechselnden architektonischen Zeitgeschmack. Der Baugenehmigungsbehörde in München, seit 1805 Lokalbaukommission genannt, werden die gesetzlichen Grundlagen zur Beurteilung von Gestaltqualität und Baukultur mehr und mehr entzogen. Im Rahmen der abermaligen „Deregulierung" der Bayerischen Bauordnung sind diese Anforderungen sogar vollständig entfallen. Die Öffentlichkeit ist in die aktuellen Entscheidungsprozesse nur am Rande eingebunden. Die Tagespresse greift nur lokalpolitisch brisante Fälle auf, und auch die Fachzeitschriften beschäftigen sich nur mit ausgewählten exemplarischen Beispie-

---

◁ 1 Die „neue Gründerzeit" Münchens

2 Stadtvision der Fünfziger Jahre (Mosaik im Schulhaus an der Hinterbärenbadstraße)

len. Ein öffentlichkeitswirksames Forum zu Architektur und Städtebau existiert nicht. Nur zu gerne wird die Verantwortung den Vertretern der „bewahrenden Stadtbildpflege" überlassen. Aber: Die Denkmalpflege und die Heimatpflege, zu deren Aufgaben auch die Ensemble- und Stadtbildpflege zählen, besitzen im Vergleich zum Baugesetzbuch und zur Landesbauordnung eine viel schwächere Rechtsposition. Hinzu kommt, dass sie aufgrund ihres segmentierten Erhaltungsauftrags oftmals nicht den politischen Rückhalt besitzen, um ihre fachlichen Belange wirksam durchsetzen zu können. Die Themen der Stadtgestaltung und Stadtbildpflege werden also nicht nur in Fachgremien behandelt, sondern im politischen Raum entschieden. Natürlich bedient sich der Stadtrat einschlägiger Planungs- und Kontrollinstrumente wie etwa Bauleitplänen oder Architektenwettbewerben. In besonderen Fällen wird die Kommission für Stadtgestaltung beigezogen, ein Gremium, das sich aus einem periodisch wechselnden Personenkreis zusammensetzt, darunter Politiker, freie Architekten, Fachleute aus der Bauverwaltung und – zum weitaus geringeren Teil – Vertreter der Denkmal- und Heimatpflege. Auch hier sind die verfolgten Interessen naturgemäß sehr vielfältig. Ein einheitliches Profil der Stadtbildpflege um die Jahrtausendwende ist daher nur schwer zu erkennen.

Insofern mag es sinnvoll sein, einmal den Blick auf die Geschichte und Tradition der Stadtbildpflege in München zu richten. Zwei zeitliche Schwerpunkte lassen sich feststellen. Bereits in der Zeit um 1900 kollidierte das entwickelte Geschichtsbewusstsein mit der Radikalität des gründerzeitlichen Stadtumbaus.[4] Um 1900 setzten daher die ersten konservatorischen Gegenreaktionen ein. Schon damals bildete sich das Bemühen um eine fürsorgliche Pflege wertvoller Straßen-, Platz- und Stadtbilder heraus. Dies kann – wie noch zu zeigen sein wird – am Beispiel Münchens sehr gut nachvollzogen werden. Eine weitere Entwicklungslinie der Münchner Stadtbildpflege nimmt ihren Anfang mit den verheerenden Zerstörungen des Zweiten Weltkriegs. Im Wiederaufbau nach 1945 artikulierten sich die unterschiedlichsten, teilweise widersprüchlichen Vorstellungen und Tendenzen der Stadtbildpflege, sei es nun in der Debatte um eine moderne „münchnerische" Bauweise oder um die Standorte von Hochhäusern im Altstadtbereich. In München setzte sich in spezifischer Weise ein konservativer, am traditionellen Stadtbild orientierter Wiederaufbau durch. Dieses Konzept verlieh München im Vergleich zu anderen bundesdeutschen Städten seine Sonderstellung.[5] Vereinfacht gesagt sollte das Bild der Münchner Altstadt nach 1945 trotz eines Neubauanteils von über 75 Prozent den Eindruck von Geschichte und Kontinuität vermitteln (Farbtf. XIV.1). Im Gegensatz zum programmatisch modernen Wiederaufbau anderer Städte wie etwa Köln oder Frankfurt drückt sich darin die – auch touristisch vermarktete – Besonderheit Münchens aus. Von einer „bewunderungswürdigen Leistung" (Michael Brix) ist die Rede, an der die Stadtbildpflege der Fünfziger Jahre einen hohen Anteil besaß.[6]

Ein abschließend einleitender Gedanke betrifft die Grenzlinie zwischen der Stadtbildpflege und der Fachdisziplin Denkmalpflege. In der populären Auffassung von Denkmalschutz, die auch nach 35 Jahren Gesetzesvollzug noch weit verbreitet ist, wird zwischen Stadtbildpflege und Denkmalpflege fast nicht unterschieden. Die Stadtbildpflege kümmert sich jedoch nur um die Außenerscheinung von Gebäuden, also um Fassaden, Dächer, Farben etc. und nicht um die inneren Gebäudestrukturen. In dieser Hinsicht ist die Stadtbildpflege noch immer der um 1900 entwickelten Vorstellung von Stadt und Architektur als „Bild" verpflichtet. Die heutige Denkmalpflege bemüht sich dagegen um die Erhaltung historischer Nutzungen, Konstruktionen, Grundrisse und Details. Insofern fußt die denkmalpflegerische Kritik an der Stadtbildpflege darauf, dass mit diesen spezifischen Forderungen lediglich „Fassadendenkmalpflege"

betrieben werde und „Potemkin'sche Dörfer" entstünden. Die Ensemblepflege oder städtebauliche Denkmalpflege kann sich daher, auch wenn sie in der Stadtbildpflege einen wichtigen Vorläufer besitzt, nicht mehr auf die Erhaltung bloßer Fassaden beschränken.[7]

Zur Geschichte und Ausgangslage der Münchner Stadtbildpflege

Wurzeln der Stadtbildpflege in der Heimatschutzbewegung um 1900

Seit dem späten 19. Jahrhundert finden sich in den deutschsprachigen Ländern Ansätze zu einer aktiven Stadtbildpflege unter Berücksichtigung gewachsener Ortsbilder. Spätestens nach Camillo Sittes 1889 erschienenem Buch „Der Städtebau nach seinen künstlerischen Grundsätzen" konnte man sich der architektonischen und städtebaulichen Eigenart und Qualität historischer Straßen- und Platzanlagen bewusst werden. Sittes Beobachtung, dass sich auch scheinbar unbedeutende, anonyme Bauten und Gebäudegruppen zu geschlossenen Orts- und Straßenbildern von hoher Signifikanz fügen können, fand raschen Eingang in die Architektur- und Denkmalpflegediskussion der Jahrhundertwende. Mit Hilfe überzeugungskräftiger Publikationen, etwa den „Kulturarbeiten" von Paul Schultze-Naumburg (1906) oder dem „Katechismus der Denkmalpflege" von Max Dvořák (1918), gelang es, die Erkenntnis zu verbreiten, dass alte, gewachsene Dorf- und Stadtbilder im industriellen Zeitalter Besonderheiten darstellen und des Schutzes bedürfen. Baudenkmäler können nicht isoliert, sondern müssen im Kontext ihrer Umgebung gesehen werden, selbst wenn der künstlerische Anspruch dieser Umgebung nicht sonderlich hoch einzustufen ist.

In Preußen wurde 1907 ein Gesetz gegen die Verunstaltung von Ortschaften und landschaftlich hervorragender Gegenden erlassen. Ihm folgten weitere sogenannte Verunstaltungsgesetze vor dem Ersten Weltkrieg, die zumeist auf der Rechtsgrundlage kommunaler Ortsstatuten beruhten.[8] In Bayern waren 1904 und 1905 bereits zwei Ministerialentschließungen mit dieser Zielsetzung ergangen. Ein Münchner Ortsstatut „über Denkmalpflege und Stadtverschönerung" kam jedoch 1906 nicht über das Entwurfsstadium hinaus.

Jedoch lassen sich am Beispiel der Großstadt München sehr gut die grundlegenden Probleme und Tendenzen der Stadtbildpflege um 1900 aufzeigen.[9] München genoss im 19. Jahrhundert den Ruf einer Stadt mit einem geschlossenen, von herausragenden künstlerischen Schöpfungen durchsetzten Stadtbild, das gleichermaßen von sakralen, höfischen und bürgerlichen Bauten geprägt war. Seit der zunehmenden Verstädterung nach dem deutsch-französischen Krieg 1870/71 brach sich jedoch auch hier ein tief greifender Wandel im Stadtbild Bahn. Unter dem zunehmenden Bevölkerungs- und Urbanisierungsdruck wurden alte und winklige Gassen und Plätze innerhalb der Altstadt aufgeweitet und begradigt, vereinzelt auch neue Straßen durchgebrochen. Unregelmäßigkeiten im Stadtgrundriss wurden unter dem massiven Einfluss der kommunalen Stadtplanung zugunsten von mehr Licht und Luft, aber auch von mehr Verkehr und höherer Renditen ausgemerzt. Der Verlust von Grundfläche wurde beim Bau von neuen Geschäfts- und Wohnhäusern durch höhere Geschosszahlen mehr als aufgewogen. Diesem Prozess, der bis zum Ausbruch des Ersten Weltkriegs andauerte, widerstanden nur wenige Einzelfälle. Alte Bausubstanz verschwand zusehends, darunter nicht nur mittelalterliche Bürgerhäuser, sondern auch erstrangige Barockpalais wie das Cotta-Haus oder das Tattenbach-Palais in der Theatinerstraße. Der Prozess der Stadterneuerung und der bereits damals sogenannten City-Bildung war um die Jahrhundertwende in vollem Gang, allerdings nicht ohne Gegenbewegung: Viele Zeitgenossen beklagten die damit verbundenen ästhetischen und geschichtlichen Verluste im Stadtbild und die Uniformität der neu gebauten Architektur.

Die Kritik an der gründerzeitlichen Rasterplanung bei der Anlage neuer Stadtteile hatte bereits unter Stadtbaurat Arnold Zenetti dazu geführt, dass verstärkt künstlerisch tätige Architekten in den Planungsprozess eingebunden wurden. 1885 gründete man die sogenannte Künstlerkommission, um den Magistrat in Fragen der ästhetischen Beurteilung privater Bauvorhaben im neu angelegten, bürgerlichen Wohnviertel um die Theresienwiese zu beraten. In der Folge wurde der Tätigkeitsbereich der Kommission auch auf andere Stadtteile ausgedehnt. Die Kommission bestand aus einem gemischten Gremium von Magistratsmitgliedern und Architekten, darunter Friedrich Thiersch, Gabriel Seidl, Georg Hauberrisser und Carl Hocheder. Der Magistrat und die Lokalbaukommission waren an das Votum der Künstlerkommission nicht gebunden, ebenso wenig musste die Kommission in jedem Fall gehört werden. Vorgelegt wurden Projekte von stadtbildprägender Bedeutung, insbesondere in der Altstadt. Die Staatsverwaltung folgte 1901 mit der Einrichtung einer staatlichen Monumentalbaukommission. Auch sie gab Stellungnahmen zur Gestaltung des Ortsbilds ab.[10]

Darüber hinaus veranstaltete man auch in München Entwurfswettbewerbe für die Neugestaltung von Fassaden in historischer Umgebung als Beitrag zu einer mehrheitsfähigen Weiterentwicklung des Stadtbilds.[11] Das beste Beispiel betrifft die „gute Stube" im Mittelpunkt der Stadt: die Südseite des Marienplatzes gegenüber dem Rathaus. 1888 wurden drei qualifizierte Architektengutachten eingeholt mit der Zielsetzung, „gewisse Stilarten, die sich absolut nicht mit dem ganzen Charakter des Marienplatzes vertragen würden, auszuschließen"[12]. Langfristig bedeutsamer erwies sich, dass in dem 1893 neu geschaffenen Stadtplanungsamt, dem sogenannten Stadterweiterungsbüro unter Theodor Fischer, nicht nur die Schaffung neuer, sondern auch die Erhaltung alter, künstlerisch wertvoller Straßen- und Platzbilder zum kommunalen Planungsziel erklärt wurde. Die erfolgreiche Bemühung um die Erhaltung der Augustinerkirche und um die Neubebauung des sogenannten Augustinerstocks war weniger den damaligen Denkmalschutzbestimmungen, als vielmehr dem öffentlichen Engagement der Architekten Gabriel Seidl und Theodor Fischer zuzuschreiben. Weitere Erfolge waren die Erarbeitung eines Bebauungsschemas für die Westseite des Max-Joseph-Platzes (1908/09) oder die unterlassene Regulierung der Theatinerstraße, die von Theodor Fischer 1913 in der Künstlerkommission als „schönste Straße Münchens" bezeichnet wurde.[13]

Doch bereits damals gab es politische Standpunkte, die dem Anliegen des Denkmalschutzes nicht gerecht wurden. So war Bürgermeister Wilhelm von Borscht 1909 der Ansicht, dass er keine Möglichkeit sehe, der „allmählich und gerade in letzter Zeit rasch fortschreitenden Umgestaltung der Altstadt entgegen zu treten". Ein derartiges Entgegenarbeiten wäre – so Borscht – nicht nur unwirtschaftlich, sondern auch künstlerisch verfehlt, weil eben „jede Zeitepoche dem Stadtbild ihren Stil aufprägt".[14] Selbst Stadtbaurat Hans Grässel vertrat die Ansicht, dass das Stadtbild in seiner Gesamtheit über dem Einzelgebäude stehe: „Es können nicht alle alten Bauten in ewige Zeiten fortbestehen, aber man kann sicherlich mit Recht verlangen, daß das an ihre Stelle tretende Neue wenigstens ebenso gut an die betreffende Stelle passe, wie das verschwindende Alte."[15] Mit diesen Äußerungen sprach Grässel einen Grundkonflikt zwischen der Stadtbildpflege und der Denkmalpflege im engeren Sinn an. Für ihn als Stadtbaurat war das Festhalten am Einzelobjekt dann weniger von Belang, wenn etwas adäquat Neues an seine Stelle trat. Allerdings war dieser Anspruch im Zeitalter des herrschenden

Späthistorismus leichter einzulösen als in den Zeiten der architektonischen Moderne, zu deren Grundauffassung es gehört, jedweden Traditionalismen und Anachronismen zu entsagen.

Stadtbildpflege in der „Kunststadt des Deutschen Reichs"

In der Zeit des Nationalsozialismus behielt München ähnlich wie das „altdeutsche" Nürnberg seinen gepriesenen Nimbus als deutsche bzw. bayerische Stadt – konnte dieses Image doch in paradigmatische Verbindung mit der Funktion Münchens als „Kunststadt des Deutschen Reichs" gebracht werden. Ein Schwerpunkt der Stadtbildpflege lag auf dem Ausbau der Monumentalstraßen. In der Ludwigstraße wurden klassizistische Mietshäuser und das Herzog-Max-Palais durch Neubauten ersetzt. Das Maximilianeum erfuhr eine aufwendige Fassadensanierung.[16] Die Prinzregentenstraße wurde als neue Achse zwischen der Feldherrnhalle und dem Flughafen Riem interpretiert, an der wichtige Repräsentationsbauten des Regimes zu liegen kamen. Ganz der Idylle der heilen Kunstwelt verpflichtet,[17] wurde der Mythos der vorindustriellen Münchner Altstadt von den Machthabern des Dritten Reichs für ideologisch-propagandistische Zwecke instrumentalisiert. Gleichzeitig sah die Stadtsanierung der 1930er Jahre jedoch für die Altstadtkerne eine radikale Säuberung vor: „Was verkommen, gesundheitsschädlich, verkehrswidrig ist, muß unweigerlich fallen."[18] Auch in München existierten Pläne zur kompletten Auskernung der Baublöcke, um mehr Hygiene und Großzügigkeit in die Hinterhöfe zu bringen.[19] Die Fassaden und das Stadtbild blieben selbstredend unangetastet. In Ergänzung dazu entwarf Stadtbaurat Karl Meitinger 1937 ein Ringstraßenprojekt, um die Altstadt vom Verkehr zu entlasten.[20] Beide Vorstellungen – Entkernung und Altstadtring – übernahm er 1946 in seine Schrift „Das Neue München", die zur Grundlage des Wiederaufbaus in München wurde.

Während sich einzelne Denkmalpfleger wie Heinrich Kreisel in seiner 1934 erstmals erschienenen Publikation „München – Die Stadt als Kunstwerk" um eine kunsthistorische Würdigung der nationalsozialistischen Bautätigkeit bemühten,[21] ist über die sonstige Beschäftigung der Denkmalpflege mit dem Stadtbild wenig zu berichten. Nachdem allerdings 1944 das Ausmaß der Kriegszerstörungen unübersehbar wurde, verfassten der Direktor des Landesamts für Denkmalpflege, Georg Lill, und seine Mitarbeiter Joseph Schmuderer und Joseph Maria Ritz eine an Generalbaurat Giesler gerichtete, siebenseitige Stellungnahme zum Thema „Die denkmalpflegerischen Belange beim Wiederaufbau von München".[22] Darin sprach man sich bereits für die Rekonstruktion prägender Monumentalbauten wie der Residenz oder des Alten Peters aus. Aufschlussreich sind aber auch die Äußerungen zur allgemeinen Wiederherstellung des Münchner Stadtbilds: „Es geht uns hier vielmehr um die Erhaltung bzw. Wiederherstellung des wesenhaften Gesichtes der Altstadt. In unseren alten Städten ruhen ja derart große künstlerische und heimatliche Werte, dazu aber auch lebendige Formungskräfte, daß sie für unser völkisches Fortleben in ihrer Wesenheit und Eigenart nicht entbehrt werden können. Ihre Wiederherstellung ist also eine verpflichtende Notwendigkeit (...). Unabdingbar wird sie [d. i. die Denkmalpflege] verlangen müssen, daß die alten Straßen- und Platzräume in ihrer wesentlichen Gestalt erhalten bzw. wiederhergestellt werden." Die Verfasser waren der Meinung, dass bei vollständig verlorenen Fassaden keine Forderung nach Rekonstruktion erhoben werden könne. Vielmehr solle dann auf die Neugestaltung Einfluss genommen werden, denn: „Eine einfache Wiederholung des Alten würde doch nur schwächlich unter allerhand Kompromissen ausfallen und wäre nicht unserer heutigen architektonischen Zeiteinstellung entsprechend. Jedoch müßte die Auflage gemacht werden, daß die Neugestaltung in eine innere Verwandtschaft zu den vorhandenen alten Häusern gebracht wird." Das Einpassen sollte vor allem im Größenmaßstab und im Rhythmus, in der Einhaltung von First- und Trauflinien und in der ortsüblichen Verputztechnik bestehen. Diese Vorstellungen sollten sich nach 1945 im Rahmen des Münchner Wiederaufbaus zum programmatischen Leitziel entwickeln.

Das Münchner Stadtbild nach den Zerstörungen des Zweiten Weltkriegs

Die Bilanz des Zweiten Weltkriegs war verheerend.[23] Durch mehrere Bücher und Ausstellungen seit 1980 ist der Umfang der Zerstörungen durch den Luftkrieg auch für die nachfolgenden Generationen nachvollziehbar geworden.[24] Total zerbombte Anwesen, ausgehöhlte Häuser, leere Fassaden und unbewohnbare Ruinen prägten das Stadtbild (Abb. 1). Die Statistik der Kriegsschäden und die Beschreibung der zertrümmerten Straßen zeigten die verzweifelte Situation nach Kriegsende. Bemerkenswerterweise erschienen bald nach der Währungsreform und mit dem beginnenden Wirtschaftswunder mehrere Publikationen und Bildbände mit historischen Stadtansichten, die das Bild des alten, geliebten München vor der Zerstörung wieder belebten. Es schien, als wollte man damit in Anknüpfung an ältere Publikationen von Aufleger/Trautmann oder Zettler im Nachhall der Fliegerbomben die Wiedergeburt des berühmten, vielleicht sogar überhöhten Münchenbilds beschwören.[25] So veröffentlichte Heinrich Kreisel, von 1957–63 Generalkonservator am Landesamt für Denkmalpflege, schon 1950 eine neue Ausgabe seines München-Buchs.[26] Die Fotos zeigten ausnahmslos den Zustand vor der Zerstörung. Im Text führte Kreisel aus: „Die Wiederherstellung des alten Stadtbildes verlangt die Wiederherstellung seiner Monumentalbauten."[27] Als weitere, beliebig herausgegriffene Beispiele seien Norbert Lieb „München. Lebensbild einer Stadtkultur" (1952) oder das vom „Kreis der Freunde Alt-Münchens" herausgegebene Buch mit dem Titel „München im Wandel der Jahrhunderte" (1957) genannt. Auch hier wurde zunächst der Mythos des legendären Münchner Stadtbilds beschrieben, um danach in eine laute Klage über dessen Untergang zu münden.

Maßgebliche Persönlichkeiten hatten sich schon früh bemüht, durch Vorträge und fachliche Bewertungen auf den Wiederaufbau Münchens Einfluss zu nehmen. So auch Generalkonservator Georg Lill 1946: „München, ohne Zweifel die schönste und architektonisch ausgeglichenste Großstadt Deutschlands, ist im Kerne des eigensten Wesens getroffen; es hat Blessuren, Brüche und Amputationen hinnehmen müssen, die auch die geschickteste und liebevollste Hand nicht mehr tilgen kann."[28] Seine Skepsis im Hinblick auf den möglichen Wiederaufbau begründet sich mit der Haltung des Denkmalpflegers gegenüber dem verlorenen Original, das selbst durch eine detailgetreue Rekonstruktion, sofern diese überhaupt möglich ist, nicht wieder gewonnen werden kann. Lills pessimistische Erwartung wurde jedoch übertönt durch die enorme Wirkung einer kleinen Broschüre des ehemaligen Stadtbaurats Karl Meitinger mit dem Titel „Das Neue München" (1946). Meitinger meldete sich als Mitglied des Großen Wiederaufbauauschusses zu Wort. Seine Vorstellung zum Wiederaufbau vor allem der Altstadt traf die Stimmungslage der Münchner Politik und Verwaltung. Die oft zitierten, eindringlichen Passagen aus seiner Schrift lauten: „Wir müssen unter allen Umständen trachten, die Erscheinungsform und das Bild der Altstadt zu retten und müssen alles erhalten, was vom Guten und Wertvollen noch vorhanden ist. Wo im einzelnen von den baukünstlerisch wichtigen Bauten noch so große Reste bestehen, daß das Ganze rekonstruiert werden kann, soll das alte Bild wieder erstehen; wo nichts mehr vorhanden ist, soll nach modernen Gesichtspunkten, aber im Sinne der Altstadt, neu und frei gestal-

tet werden, damit wir in einigen Jahrzehnten unser liebes München wieder haben wie es war, diese Perle der deutschen Städte mit ihren herrlichen Bauten, mit ihrem südlichen Himmel und dem zauberhaften Gemisch von Fleiß und Gemütlichkeit, dieses München mit dem besonderen Nimbus, das jeden, der einmal da war, immerwieder in seine Mauern zog und in dem jeder gerne wohnte und sich aufhielt."[29]

Zunächst musste jedoch der Kriegsschutt beseitigt werden, eine Sisyphus-Arbeit, die der Architekturhistoriker Winfried Nerdinger zutreffend als „unzweifelhaft größte Leistung der Bürgerschaft in der Münchner Stadtgeschichte" bezeichnete.[30] Aus heutiger Sicht alarmierend, aber im Kontext der damaligen Verhältnisse weitgehend notwendig und nicht hinterfragt, waren die Abbrüche weiterer Baureste und Ruinen im Rahmen der Trümmerbeseitigung. Dazu gehörten auch kleinere Fassaden in der Altstadt. Nach Aussage von Hauptkonservator Josef Blatner geschahen viele dieser Abbrüche zum Teil ohne jede Mitteilung an das Landesamt, zum Teil sogar ohne Genehmigung.[31] Die Meinungen über die Sanierbarkeit der Ruinen waren durchaus geteilt. So wurde 1951 das Palais Maffei in der Nähe des Promenadeplatzes abgebrochen, obwohl die Fassade zum größten Teil erhalten geblieben war. Lediglich der „Münchner Altertumsverein von 1864" protestierte.[32] Das Hans-Mielich-Haus und das Palais Piosasque-de-Non in der Theatinerstraße mussten 1950 dem Neubau der Bayerischen Hypotheken- und Wechselbank nach Entwurf von Adolf Abel weichen. Das klassizistische Volkstheater am Isartor von Herigoyen wurde – bis 1944 mehrfach umgebaut und im Zweiten Weltkrieg teilzerstört – für den geplanten, aber letztlich doch nicht realisierten Durchbruch des Altstadtrings abgebrochen.[33] Weitgehend unbemerkt, aber mit Kenntnis des Landesamts für Denkmalpflege, verschwand das im Kern gotische Bruderhaus von 1480 neben der Allerheiligenkirche am Kreuz.[34] Die Liste der bedauerlichen Abgänge ließe sich fortsetzen, beispielsweise um das Polizeigebäude in der Weinstraße, um das Lotzbeck-Palais am Karolinenplatz[35], um die St.-Jakobskirche, um die Neue Pinakothek oder um die Fassade der Herzog-Max-Burg.[36] Der Hauptbahnhof nach Entwurf von Friedrich Bürklein wurde bis 1960 sukzessive beseitigt.[37] Fast selbstverständlich geschahen Abbrüche im Rahmen der „baulichen Entnazifizierung", wie etwa die 1947 von den amerikanischen Besatzungskräften gesprengten „Ehrentempel" der Nationalsozialisten am Königsplatz.[38]

Die meisten der genannten Gebäude wurden nicht als schutzwürdig im Sinne des Denkmalschutzes gehalten, da sich der gesetzliche Schutz nach Artikel 141 der Bayerischen Verfassung (1949) nach herrschender Auffassung nur auf Objekte aus Epochen bis einschließlich des Klassizismus erstreckte.[39] Bauliche Zeugnisse des Historismus im 19. Jahrhundert galten als verpönt und bis auf wenige Ausnahmen kulturgeschichtlich wertlos. Eine Denkmalliste, welche die Schutzbedürftigkeit auf der administrativen Ebene begründete, existierte nicht, denn schließlich besaß der Denkmalschutz bis zur Einführung eines kodifizierten Rechts 1973 lediglich appellativen Charakter. So ist erklärbar, dass sich parallel zur Abräumung der Ruinen bald die ersten unnötigen Abbrüche gesellten. An prominenter Stelle direkt gegenüber der Residenz wurde die erhaltene Fassade des Gasthofs „Bauerngirgl" nach Entwurf von Gabriel Seidl 1956 zum Abbruch freigegeben, da auf dem Anwesen erheblich mehr Baurecht als drei Vollgeschosse ruhte und aus Verkehrsgründen eine Arkade eingebaut werden sollte. Zusammen mit dem „Bauerngirgl" verschwanden zwei angrenzende, denkmalgeschützte Barock- bzw. Empirehäuser aus der Residenzstraße.[40] Diese waren zwar beschädigt, aber nach Einschätzung der Lokalbaukommission durchaus reparabel gewesen. Auch die Denkmalpflege sprach sich für die Erhaltung der beiden Gebäude sowie der Fassade aus, musste jedoch angesichts der Wirtschaftlichkeitsbere-

Abb. 1. Die kriegszerstörte Altstadt, Blick auf das Quartier um die Frauenkirche; Aufnahme um 1945

chungen des Bauherrn nachgeben. Der Fall des „Bauerngirgl" stellte ein erstes Beispiel dafür dar, dass eine denkmalpflegerisch begründete Erhaltungsforderung politisch nicht durchsetzbar war. Aus stadtbildpflegerischen Gründen sollte die Fassade Residenzstraße 18 durch eine Kopie ersetzt werden,[41] was aber nicht passierte. Die Fassade des Neubaus von 1961/62 könnte man als vereinfachte Annäherung bezeichnen (siehe Abb. 8).

Diese Verluste im Stadtbild geschahen zwar nicht unbemerkt, aber wie es scheint doch ohne wesentlichen Protest aus der Öffentlichkeit. Ein gesellschaftlicher Widerstand regte sich nicht. Dies mag damit zu erklären sein, dass Altbauten, besonders wenn sie das Wohn- und Konsumverhalten bestimmten, oftmals nicht wohl gelitten waren. Für die Mentalität breiter Bevölkerungsschichten in der unmittelbaren Nachkriegszeit drückte sich in alten Gebäuden ein Zeichen von Rückständigkeit, von mangelnder Flexibilität und Modernität aus. Nach zwei Inflationen und einem verlorenen Weltkrieg wiesen die Gebäude in der Regel keinen neuzeitlichen Komfort auf und waren nicht in der Lage, die Anforderungen des Geschäftslebens zu erfüllen. Eine Modernisierung erschien nicht machbar und war mangels Wertschätzung auch nicht erwünscht. Neubauten dagegen entsprachen dem gesellschaftlichen Bedürfnis nach Mobilität und Wachstum. Sie standen als Synonym für Modernität, Hoffnung und Zukunftsglaube und verkörperten geradezu die Aufbruchstimmung nach den Jahren des „Dritten Reichs" und das Nachholbedürfnis an technologischen Innovationen und zivilisatorischen Strömungen aus Europa und Amerika. In manchen Fällen verstand man den Abbruch alter Häuser und die moderne Neubebauung geradezu als kompensatorischen, befreienden Bruch mit den Belastungen der Vergangenheit. Doch schon 25 Jahre nach Ende des Zweiten Weltkriegs machte sich ein Paradigmenwechsel bemerkbar.

Die „zweite Zerstörung" Münchens

Der Begriff der „zweiten Zerstörung" wurde 1970 von dem CSU-Politiker Erich Schosser geprägt,[42] erhielt aber erst durch das anklagende, pamphletartige Buch des Architekten Erwin Schleich (1978) seine schlagwortartige Wirkung (siehe Abb. 2).[43] In Anknüpfung an die „erste Zerstörung" Münchens im Zweiten Weltkrieg führte der Bildband Schleichs die lange Verlustserie Altmünchner Bürgerhäuser und kunstgeschichtlich bedeutender Baudenkmäler vor Augen, die in der Zeit nach 1945 aus dem Stadtbild Münchens verschwunden waren. Polemisch kommentierend nahm er eine schonungslose Abrechnung mit der Trümmerbeseitigung der 1950er Jahre und den städtebaulichen Fehlentwicklungen der 1960er Jahren vor. In schlagkräftiger Verkürzung kritisierte Schleich den vermeintlich unnötigen Abbruch von erhaltungsfähigen Gebäuden wie dem Pfisterstock im Alten Hof (1958), der Wohnhauszeile am Altheimer Eck mit dem Wohnhaus von Richard Strauß (1968), dem Altmünchner Handwerkerhaus Oberanger 49 (1969) oder den fünf Wohnhäusern in der Sendlinger Straße (1972).

Auf die Stadtpolitik und die gewandelten Zielsetzungen der Stadtentwicklungsplanung ging Schleich jedoch nur am Rande ein. Er kritisierte in erster Linie den verkehrsgerechten Ausbau der Stadt nach den Vorgaben des sogenannten Jensen-Plans von 1963. Nachdem bereits Karl Meitinger 1946 die Ziele eines verkehrsgerechten Ausbaus der Stadt formuliert hatte, gab der Münchner Stadtrat 1956 ein Gutachten in Auftrag, das sich mit der städtebaulichen und verkehrstechnischen Situation Münchens befasste. 1959 gründete man eine Arbeitsgemeinschaft für die künftige Stadtplanung Münchens, deren Leitung 1961 der frühere Kieler Stadtbaurat, Herbert Jensen, übernahm. Unter seinem maßgeblichen Einfluss entstand der neue Stadtentwick-lungsplan, der im Oktober 1962 dem Stadtrat vorgelegt und, nach öffentlicher Diskussion, im Juli 1963 verabschiedet wurde. Zu den Ergebnissen der „autogerechten Stadt" gehörten bei-spielsweise der Altstadttunnel unter dem Prinz-Carl-Palais, die Verbreiterung des Oberangers oder der Umbau der Reichen-bachbrücke (1964). Andere Vorschläge unterblieben, wie etwa die geplante Straßenverbindung durch den Alten Nördlichen Friedhof, da sich bereits nach zehn Jahren zeigte, dass die Ziele des Jensen-Plans inhaltlich überholt waren. Interessanterweise wurden einige Auswüchse dieser Verkehrsplanung inzwischen wieder entschärft, wie der teilweise Rückbau des Altstadtrings durch das Forum Maximilianstraße zeigt. Auch wird heute über-legt, die westliche Einfahrt in den Altstadttunnel am Oskar-von-Miller-Ring zu verlagern, um auf diese Weise dem öffentlichen Raum mehr Fläche und Urbanität zurückzugeben.

Die Vorstadtquartiere der Gründerzeit und der Jahrhundert-wende standen aus stadtplanerischer Sicht in vergleichsweise ge-ringem Ansehen: niederer haustechnischer Standard, kaum Komfort im Sinne moderner Wohnvorstellungen, geringe Miet-erträge, gewachsene und ortsgebundene Mieterschaft, nicht sel-ten aus sozial benachteiligten Unterschichten. Aus bürgerlicher Sicht waren Altbauquartiere ausgesprochene Problemviertel. Dazu kam eine ästhetische Geringschätzung der vermeintlich künstlerisch nachrangigen Fassaden und Ausstattungen. Es ist bezeichnend, dass in den 1950er und 1960er Jahren die euphe-mistisch sogenannte „Bereinigung" von Stuckfassaden aus tech-nischen und ästhetischen Gründen im Rahmen kommunaler För-derprogramme mitfinanziert wurde, vordergründig motiviert durch den Schutz vor herabfallenden Fassadenteilen. Doch stie-ßen diese weit verbreiteten Fassadenpurifizierungen um 1970 auf zunehmende Kritik, da mit ihnen eine visuelle Vereinfa-chung des Straßenbilds verbunden war, die zunehmend als Mo-notonie empfunden wurde.

Noch viel extremer wirkte sich die in den 1960er Jahren gän-gige Praxis von Stadtplanern und Investoren aus, in alten Miets-hausquartieren sogenannte Flächensanierungen, also Abbruch und Neubau in veränderter Form vorzunehmen. Die Verdrän-gung der angestammten Wohnbevölkerung an den Stadtrand oder ins Umland war die Folge. Die offenkundige Gefährdung dieser Quartiere rief auch in München Kritik und Widerstand an der „Profitopolis" hervor.[44] Nach seiner Wahl zum Oberbürger-meister 1972 machte Georg Kronawitter (SPD) den Kampf ge-gen die „Zerstörung der Stadtstruktur" zum Thema seiner Kom-munalpolitik. Damit meinte er die zunehmende Verdrängung der Wohnbevölkerung aus der Innenstadt und die Zerstörung preis-werten Wohnraums. Der Kampf der Mieter, Bezirksausschüsse und Sozialpolitiker entzündete sich zumeist an unrenovierten Mietshäusern der Jahrhundertwende, die von gewinnorientierten Investoren entweder abgerissen, gewerblich umgenutzt oder lu-xussaniert werden sollten. Die Zweckentfremdungsverordnung entwickelte sich daher unter Kronawitter zu einem probaten Mit-tel gegen die „Vertreibung unserer Mieter aus den Innenstadt-randgebieten"[45]. Dies kam auch dem Denkmalschutz zugute. Der Abbruch des Baudenkmals Von-der-Tann-Straße 3 durch die Bayerische Handelsbank konnte zwischen 1974 und 1980 auf dieser Grundlage verhindert werden.

Daneben bewirkten prominente Abbrüche von stadtbildprä-genden Gebäuden oder deren entstellender Umbau eine Wende der öffentlichen Meinung in Richtung der erhaltenden Stadter-neuerung. Das Wort der „Bausünde" machte die Runde. Erwin Schleich prangerte mit seinem Buch die Umgestaltung der Klenzefassade an der Hauptpost in der Residenzstraße (1951–1953) oder die Purifizierung des Kirchenraums von St. Rupert an.[46] Besonders empört und aufgewühlt zeigte sich die öffent-liche Reaktion in München auf den Abbruch des Roman-Mayr-Hauses und den dortigen Neubau des Kaufhofs am Marienplatz (1969–72) oder auf die Untertunnelung des Prinz-Carl-Palais. Als schmerzhafte Wunde empfand man den Durchbruch des Altstadtrings durch das Forum der Maximilianstraße.[47] Dem Neubau des Europäischen Patentamts mussten acht gründer-zeitliche Mietshäuser an der Erhardtstraße weichen, worüber die Bürger im Stadtteil lange Klage führten. Die Entkernung des Cafés Annast am Odeonsplatz stieß auf Widerspruch und auch die geplante, aber nicht realisierte Flächensanierung im Lehel, im sogenannten Knöbelblock, rief eine regelrechte Pro-testwelle hervor.[48] Dennoch ist die Bilanz der Abbrüche aus den 1960er und frühen 1970er Jahren in der Rückschau erheblich. Auf der Verlustliste befinden sich sehr stattliche, reiche Bürger-häuser und Villen der Jahrhundertwende, darunter das Gebäude Bavariaring 14 (1963 abgebrochen),[49] das herrschaftliche Ein-familienhaus Königinstraße 19 (1969 abgebrochen),[50] die Ar-nulfstraße 87 (1971 abgebrochen),[51] die Villa des Malers Benno Becker in der Maria-Theresia-Straße 26,[52] der Altwirt in Berg am Laim (1972 abgebrochen),[53] oder das Gebäude der Bundes-bahndirektion (um 1974 abgebrochen) an der Stelle des heuti-gen Elisenhofs.[54] Die aufgeheizte Stimmung in der Münchner Bevölkerung gegen die Abbrüche und die einhellige öffentliche Meinung gegen die Zerstörung der baulichen Umwelt dürfte der Entwicklung und Akzeptanz des Bayerischen Denkmal-schutzgesetzes den Boden bereitet haben. Doch sind zunächst die rechtlichen und verwaltungstechnischen Rahmenbedingun-gen für die Möglichkeiten der Münchner Stadtbildpflege vorzu-stellen.

Abb. 2. Symbol des Umdenkens: Das Buch von Erwin Schleich (1978)

Die Instrumentarien der Stadtbildpflege

In München blieben die beiden historischen Instrumente des kommunalen Planungsrechts, der Staffelbauplan (1904) und der Wirtschaftsplan (1938), bis 1979 bzw. 1965 in Kraft. Der noch 1958 novellierte Wirtschaftsplan wurde erst durch den Flächennutzungsplan abgelöst, der auf dem 1960 in Kraft getretenen Bundesbaugesetz beruhte. In der Altstadt und in manchen Innenstadtrandgebieten wie dem Gärtnerplatzviertel, dem Lehel oder der Maxvorstadt änderte sich mit der planungsrechtlichen Ausweisung als „Kerngebiet" zunehmend die überwiegende Wohnnutzung und damit das überlieferte Erscheinungsbild der historischen Mietshausquartiere. Allerdings bestimmte § 172 BauGB die Ausweisung von Erhaltungsgebieten mit dem Ziel, die angestammte Bevölkerung in den historischen Wohnquartieren zu halten. Im Geltungsbereich der Münchner Erhaltungssatzungen befanden sich demnach auch zahlreiche Baudenkmäler. Das sozialpolitische Ziel, das heißt Vermeidung von Luxussanierungen und Umwandlungen in Wohnungseigentum, kam auch dem Interesse des Denkmalschutzes entgegen. 2001 lebten rund 250.000 Münchner in den 23 Satzungsgebieten. Bis dahin hatten sich auf dieser Rechtsgrundlage 227 Mietshäuser mit 3284 preiswerten Wohnungen erhalten lassen.[55]

Über schützenswerte Orts- und Straßenbilder sagte das Bundesbaugesetz jedoch nichts aus. Ein rechtlich kodifizierter Schutz von Baudenkmälern war lediglich im Rahmen der Bauleitplanung möglich. Auf der Ebene der Landesbauordnung wurde die seit 1863 eingeführte Münchner Bauordnung 1962 durch die landesweit verbindliche Bayerische Bauordnung abgelöst. Der dortige Artikel 107 räumte die Möglichkeit von Ortssatzungen ein, was in München jedoch nicht verfolgt wurde. Keines der genannten planungs- und bauordnungsrechtlichen Instrumentarien war in der Lage, die unkontrollierte Veränderung des Stadtbilds und den Abbruch künstlerisch wertvoller oder stadtbildprägender Bauten zu verhindern. Zum Vergleich: In Frankreich wurde 1962 die „Loi Malraux" erlassen,[56] ein fortschrittliches Gesetz, das sich ebenfalls zum Ziel setzte, die Stadterneuerung in historischen Stadtzentren zu regeln. In diesem Zusammenhang wurden in Paris beispielsweise das gesamte Marais-Viertel und die beiden Seine-Inseln als „secteurs sauvegardés" unter Denkmalschutz gestellt. In Ermangelung juristisch praktikabler Methoden griff die Landeshauptstadt München daher auf „weichere" Mittel zurück, um wesentliche Bauprojekte im Stadtgebiet im Sinne der Stadtgestaltung und Stadtbildpflege zu beeinflussen.

Hier ist – in chronologischer Folge – zunächst die städtische Baukunstkommission zu nennen. Sie griff ab 1946 die Tradition der 1885 gegründeten Künstlerkommission wieder auf.[57] Anhand der fragmentarisch erhaltenen Sitzungsprotokolle lässt sich erkennen, dass überwiegend Neubauprojekte behandelt wurden. Von den Projekten, die Baudenkmäler oder das historische Stadtbild betrafen, seien erwähnt: die Bebauung des südlichen Marienplatzes (1954), der oben genannte Abbruch des „Bauerngirgl" (Residenzstraße 19) und der Neubau des amerikanischen Generalkonsulats (1956), der Wiederaufbau des Alten Hofs (1957), der Neubau des Kulissengebäudes am Marstallplatz (1958),[58] die Erweiterung des Stadtmuseums am St.-Jakobs-Platz (1959) und der Wiederaufbau des Palais Arco-Zinneberg am Wittelsbacherplatz (1959).[59] 1960 wurde unter anderem der Wiederaufbau des Hotels Bayerischer Hof am Promenadeplatz diskutiert. Die Beurteilungspraxis der Kommission sei an nur wenigen Beispielen veranschaulicht. Der Entwurf Josef Wiedemanns für den Kaufhof am Marienplatz wurde 1964 begrüßt; das inzwischen abgebrochene Parkhaus am St.-Jakobs-Platz fand 1965 mit großer Mehrheit Zustimmung und auch dem Parkhaus in der Neuturmstraße wurde 1966 grundsätzlich zugestimmt.[60] Ein besonderes

Engagement für die Erhaltung des historischen Stadtbilds war – vielleicht mit Ausnahme der Ludwigstraße – nicht zu erkennen. Mit Beschluss des Stadtrats vom 27. Juni 1962 erhielt die Baukunstkommission förmliche Statuten, die die Zuständigkeit und die Einbindung der Kommission regelte: „Die Baukunstkommission berät den Stadtrat in allen baukünstlerischen Fragen, die für die Erhaltung oder weitere Gestaltung des Münchener Stadtbildes von erheblichem Einfluß sind. Die baukünstlerische Beratung durch die Kommission betrifft insbesondere die Errichtung oder Änderung von Bauten mit repräsentativem oder monumentalem Charakter, Baumaßnahmen von besonders großem Umfang oder einschneidender Bedeutung für das Stadtbild, sowie die wesentlichen baulichen Veränderungen in historisch oder baukünstlerisch wertvollen Straßen und Plätzen."[61] Die Kommission tagte nur im Bedarfsfall. Die freie Architektenschaft sowie die Verwaltung waren gleich stark vertreten. Die Geschäftsleitung war beim städtischen Hochbaureferat angesiedelt. 1970 wurde die Baukunstkommission von der Kommission für Stadtgestaltung abgelöst.

Daneben sei erwähnt, dass nach 1945 staatlicherseits ebenfalls eine Kommission, nämlich der sogenannte Landesbaukunstausschuss, ins Leben gerufen wurde. Er stand in der Tradition der staatlichen Monumentalbaukommission von 1901.[62] Den Vorsitz führte 1954 Rudolf Esterer. Mitglieder waren Vertreter des Bayerischen Landesamts für Denkmalpflege, der Obersten Baubehörde, die Stadtbauräte von München, Nürnberg und Augsburg, Vertreter des Bundes Deutscher Architekten, der Technischen Hochschule und der Akademie der Schönen Künste München.

Beim kommunalen Baureferat angesiedelt war die sogenannte Denkmal- und Brunnen-Kommission, die, wie der Name besagt, mit der Beurteilung von Brunnen und Erinnerungsmonumenten befasst war und zwar von der Auswahl, über den Standort bis hin zur künstlerischen Ausformung. 1963 wurde die Denkmal- und Brunnen-Kommission, deren Anfänge in die 1920er Jahre zurückreichten, durch die Kommission für Kunst am Bau und im öffentlichen Raum abgelöst.

1969 wurde erstmals der Wettbewerb um den Fassadenpreis der Landeshauptstadt München ausgelobt.[63] Dieser populäre Wettbewerb, der auf eine Anregung von Erwin Schleich und Erhard Pressl zurückgeht, wurde vorbildlich für eine Reihe anderer bayerischer und bundesdeutscher Städte. Nur die Fassaden wurden bewertet, alle anderen – positiven oder negativen – Aspekte der Sanierung blieben unberücksichtigt. Die Zielgruppe sah man zunächst in den Stuckfassaden der Gründerzeit und des Jugendstils.[64] Damit sollte die Wertschätzung der Architektur des späten Historismus und der beginnenden Moderne gefördert werden, die vor 1973 noch nicht unter Denkmalschutz stand. Mit der zunehmenden Rehabilitierung dieser Epoche wurde die Beschränkung jedoch aufgegeben. 1989 entschloss man sich, auch die Zeugnisse der Nachkriegsarchitektur zum Wettbewerb zuzulassen. Die Popularität der Konkurrenz ist ungebrochen: Zwischen 1970 und 2006 wurden bei rund 2.400 Bewerbungen rund 850 Preise verliehen.[65] Die Durchführung des Fassadenwettbewerbs oblag bis 1973 dem Sachgebiet „Stadtbildpflege" innerhalb des kommunalen Baureferats,[66] danach der Unteren Denkmalschutzbehörde.

Mit Stadtratsbeschluss vom 1. Oktober 1970 wurde die Kommission für Stadtgestaltung ins Leben gerufen. Die Geschäftsführung wechselte ins Planungsreferat; die Statuten lehnten sich sehr eng an die der städtischen Baukunstkommission an. Wie diese gibt die Kommission für Stadtgestaltung Empfehlungen an den Stadtrat und die mit den betreffenden Baumaßnahmen befassten Behörden. Zu jeder Sitzung wird ein Wortprotokoll erstellt.

Ebenfalls mit Beschluss des Stadtrats wurde am 15. Juni 1972 eine städtische Heimatpflegesatzung ins Leben gerufen. Auch damit nahm die Landeshauptstadt eine Vorreiterstellung ein, denn erst mit dem Denkmalschutzgesetz (1973) sollte die Anhörung der Heimatpfleger als Träger öffentlicher Belange im Bauleitplan- und Baugenehmigungsverfahren in Bayern erforderlich werden. Ab 1981 wurden die Aufgabenbereiche der Heimatpflege spezialisiert, woraus in München abgeleitet wird, dass für die Beurteilung der baulichen Belange und des Stadtbilds jeweils ein Architekt in dieses Ehrenamt zu berufen ist. Die Erwartungen der Landeshauptstadt München an den Stadtheimatpfleger sind vielfältig.[67] So beurteilt er als einziger Verwaltungsexterner diejenigen Bauvorhaben, deren Umfang oder Bedeutung eine Vorlage bei der Stadtgestaltungskommission nicht rechtfertigen. Die inhaltlichen Schwerpunkte der jeweiligen Heimatpfleger können unterschiedlich ausfallen.[68] Die bisherigen Heimatpfleger waren die Architekten Alexander von Branca (1973–87), Enno Burmeister (1988–2000) und Gert F. Goergens (seit 2001).

Mit Inkrafttreten des Denkmalschutzgesetzes 1973 entstand das Sachgebiet Untere Denkmalschutzbehörde, das zunächst der Abteilung „Generelle Angelegenheiten" unter der Leitung von Erhard Pressl zugeordnet war. Mit der 1980 erfolgten – mittlerweile wieder aufgehobenen – Trennung der Bauaufsicht (Lokalbaukommission) vom Planungsreferat ordnete man den städtischen Denkmalschutz der neu entstandenen „Abteilung für Stadtgestaltung" unter, der bis 2003 Franz-Leopold von Stillfried vorstand.

Der 1978 ins Leben gerufene Wettbewerb Denkmalschutz und Neues Bauen hat zum Ziel, Beispiele zeitgenössischer Architektur im Kontext von Baudenkmälern und Ensembles zu würdigen. Auch hier spielte in erster Linie die Außenerscheinung eine Rolle. Erst seit 1993 werden auch wesentliche Erweiterungen und qualitätvolle Umbauten im Innern von Baudenkmälern als preiswürdige Architekturbeiträge in Betracht gezogen. Seit 1978 wurden unter 143 Bewerbungen insgesamt 20 „Preise für Stadtbildpflege" verliehen.[69] Die ersten Preise erhielten 1979 die Mensa der Technischen Universität in der Arcisstraße, der Erweiterungsbau des Auktionshauses Neumeister in der Barer Straße sowie das Gebäude für die kommunale Datenzentrale in der Herzog-Wilhelm-Straße.

Vor dem Hintergrund dieser planungsrechtlichen und baupolitischen Instrumentarien ist zu würdigen, in welchem Maße stadtbildpflegerische Vorstellungen in München durchsetzbar waren.

Aspekte und Ergebnisse der Münchner Stadtbildpflege nach 1945

Silhouette und Altstadtgrundriss

Die Stadtbildpflege in einer Großstadt wie München besitzt vielfältige Facetten. Die Gestaltung der Stadtsilhouette erforderte nach 1945 in erster Linie die Wiederherstellung und Restaurierung der signifikanten Türme und Kuppeln, die von besonderer Bedeutung für die Fernwirkung der Altstadt sind. Die Turmkuppeln der Frauenkirche und der Theatinerkirche waren unzerstört geblieben. Nachdem 1950 der „Wiederaufbau-Verein Alter Peter" gegründet worden war, stellte man als eine der ersten Maßnahmen den charakteristischen Turmhelm des Alten Peter wieder her (1950/51).[70] 1957/58 folgte die Turmhaube der Heiliggeistkirche. Auch der Spitzhelm der Allerheiligenkirche am Kreuz wurde originalgetreu rekonstruiert. Der Turm der Herzogspitalkirche blieb trotz gravierender Schäden erhalten und wurde 1956/57 in den Kirchenneubau nach Entwurf von Alexander von Branca integriert. Zur Bereicherung des Stadtbilds stelle man auch ursprünglich eingebaute Türme frei, wie dies beim Löwenturm oder beim Turm der Herzog-Max-Burg geschah. Nach dem Verlust von städtebaulichen Merkzeichen wie der 1959 abgebrochenen Kuppel des Verkehrsministeriums in der Arnulfstraße ging man dazu über, vielleicht in einer Art Kom-

Abb. 3. Wiederherstellung der Stadtsilhouette: der Alte Rathaussaal mit seinem fertiggestellten Turm

pensation, längst verlorene Türme der Altstadt wieder neu zu errichten. So entstand 1966–68 der bereits 1813 abgetragene Turm des Alten Hofs über dem Bauteil an der Burgstraße neu. Ebenfalls nach Entwurf von Erwin Schleich erhielt das ab 1952 wieder im Aufbau befindliche Alte Rathaus in den Jahren 1971–74 einen Turm in einer Mischung aus reduziert neugotischer Grundform, barocker Fenstergliederung und einer Fassadenbemalung im Stil der Fünfziger Jahre (Abb. 3).[71]

Zur Pflege der Stadtsilhouette gehörte in gleichsam antagonistischer Weise die Ablehnung von Hochhäusern in Altstadtnähe. Zwischen 1945 und 1958 entstanden zwei technische Gebäude dieser Art, die stark kritisiert wurden. Das Heizkraftwerk an der Müllerstraße mit seiner vorgehängten Aluminium-Glas-Fassade befand sich nach Meinung Vieler zu nahe an der Altstadt. Aber auch am Beispiel des Heizkraftwerks Theresienstraße entzündete sich die Standortdiskussion, weil es von einem beliebten Aussichtspunkt aus gesehen, nämlich dem Monopteros im Englischen Garten, zwischen den Türmen der Ludwigskirche auftauchte. Ab dem Jahr 1958 ist eine zunehmende Akzeptanz gegenüber Hochhäusern festzustellen, auch in städtebaulich sensiblen Bereichen. In markanter Situation am neu errichteten Hauptbahnhof entstand nach Entwurf von Hans Knapp-Schachleiter das Hotel „Deutscher Kaiser" (1958–60) und am Altstadtrand das teilweise elfgeschossige Geschäftshaus „Sonnenblock" an der Herzog-Wilhelm-Straße nach Entwurf von Helmut von Werz und Johann Christoph Ottow (1958/59). Allgemein als unproblematisch, weil weit abgelegen, wurde die Errichtung des Agfa-Hochhauses an der Tegernseer Landstraße nach Entwurf von Georg und Claus Winkler (1957–59) angesehen.

Im Stadtgrundriss wurde die Altstadt durch die Anlage des von Karl Meitinger vorgeschlagenen Verkehrsrings als historischer und städtebaulicher Kern geradezu herauspräpariert, eine unnatürliche Lösung, die es bis dahin nicht gegeben hatte. Die großenteils mehrspurige Straßenanlage wurde von einem historisch ebenfalls nicht abzuleitenden Grünzug wechselnder Prägnanz gesäumt, der vom Maximiliansplatz bis zum heutigen Franz-Joseph-Strauß-Ring reicht. Die drei fragmentarisch erhaltenen Stadttore Karlstor, Sendlinger Tor und Isartor erhielten die neue städtebauliche Funktion, entlang des neu angelegten Altstadtrings eine pittoresk-historische Anmutung mittelalterlicher Stadteingänge hervorzurufen. Zu diesem Zweck wurde das teilweise stark zerbombte Isartor 1946–57 in romantisierender Form wiederaufgebaut; sein stadtseitiger Wehrgang stammt erst aus den Jahren 1971/72. Für die dokumentarisch getreue Anschauung mittelalterlicher Bauformen blieben glücklicherweise die letzten Reste der Stadtmauer an der Jungfernturmstraße erhalten.

Trotz teilweise erheblicher Veränderungen im Grundrissgefüge der Stadt durch die Aufweitung von Straßen und Plätzen sowie durch Straßendurchbrüche und neue Plätze blieb die städtebauliche Physiognomie Münchens bewahrt bzw. wurde im eigentlichen Sinn wiederhergestellt.[72] Erhaltung durch Neuschöpfung, ein Thema von geschichtsphilosophischer Dimension, machte die Besonderheit des Münchner Wiederaufbaus aus. Demonstrativ neue städtebauliche Figuren wie die Neue Maxburg oder flächige Kahlschläge wie am Oberanger blieben im Altstadtbereich die Ausnahme. Die aufgeweiteten Straßen und Plätze erhielten nicht selten Brunnenanlagen wie der Richard-Strauß-Brunnen in der Neuhauser Straße oder der Rindermarktbrunnen an der Stelle eines nach 1945 nicht wiederaufgebauten Baublocks.[73] Zur Finanzierung griff man auf ungewöhnliche Ideen zurück. Im Jubiläumsjahr 1958 wurde beispielsweise ein Tombolaerlös in Höhe von 500.000 DM für die Restaurierung bzw. Neuaufstellung von Denkmälern verwendet, was unter anderem den Denkmälern für Wedekind, Heine, Goethe sowie den Standbildern am Promenadeplatz zugute kam.[74] Zu den zahlreichen neuen Passagen des Kreuzviertels zählte auch jene, die ab 1971 den Arkadenhof des sogenannten Eilles-Hauses in der Residenzstraße der Öffentlichkeit zugänglich machte. In Anlehnung an die die alten Straßen überspannenden Bögen, die für das Altmünchner Stadtbild typisch waren, entstand an der Windenmachergasse beim Kaufhaus Loden-Frey ein entsprechendes, mittlerweile leider abgebrochenes Pendant in der zeitgenössischen Form der Fünfziger Jahre.

Begleitend zu den städtebaulich-architektonischen Aspekten wurden von Seiten der Landeshauptstadt München weitere, sehr populäre Maßnahmen zur Bereicherung des Stadtbilds vorgenommen, in bester Tradition der Verschönerungsvereine des 19. Jahrhunderts. Zum 800-jährigen Stadtjubiläum 1958 wurden beispielsweise rund 40 Blumenpflanzungen in Straßen und Plätzen angelegt. Nach dem Vorbild Wiens versah man darüber hinaus die historisch bedeutenden Bauwerke mit Hinweistafeln. Die Monumentalbauten wurden nachts angestrahlt.[75] Auch im Vorfeld der Olympischen Spiele von 1972 unternahm das kommunale Baureferat weit reichende Anstrengungen zur Aufwertung des Stadtbilds; das diesbezügliche Programm lief unter dem Titel „Beseitigung unansehnlicher Stellen im Stadtgebiet".

Rettung vor dem Abbruch

Für die historische Erscheinungsweise der Stadt spielten natürlich die erhaltenen Altbauten die Hauptrolle. Man muss sich aber vergegenwärtigen, dass vor Inkrafttreten des heutigen Denkmalschutzgesetzes 1973 die Auswahl der geschützten Baudenkmäler vergleichsweise begrenzt war. Unter Denkmalschutz standen le-

diglich die Gebäude von anerkannt hohem kunstgeschichtlichem Rang, in der Regel Monumentalbauten, Kirchen und ausgesprochene Künstlerentwürfe. Die zeitliche Obergrenze wurde in etwa mit den Bauten Klenzes und Gärtners angenommen. Jüngere Gebäude mussten die Qualität der Villa Stuck oder des Jugendstilmietshauses nach Entwurf von Helbig und Haiger in der Ainmillerstraße besitzen, um als geschützt zu gelten. Bereits das Prinzregententheater gehörte nicht dazu.[76] Was fehlte, war die für viele Stadtteile Münchens typische Mietshausarchitektur des 19. Jahrhunderts oder die gesamte Baukunst des 20. Jahrhunderts, von den Zeugnissen bäuerlichen oder proletarischen Lebens, der Technik, der Industrie und des Verkehrs einmal ganz abgesehen. So musste noch um 1970 allen Ernstes um die Erhaltung des Ignaz-Günther-Hauses am St.-Jakobs-Platz debattiert werden, eines der wenigen Altmünchner Bürgerhäuser mit erhaltener „Himmelsleiter". Erst 1975/76 war die Erhaltung und Restaurierung dieses bedeutenden Baudenkmals beschlossene Sache. Für die fachliche Beurteilung der Baudenkmäler war allein das Landesamt für Denkmalpflege zuständig. Ein kommunaler Denkmalschutz existierte nicht, nachdem 1945 die Einrichtung der Planstelle für einen Stadtkonservator gescheitert war.[77]

Die Wertschätzung der Architektur des 19. Jahrhunderts begann erst in den 1960er Jahren zu wachsen, bezeichnenderweise zunächst aus stadtbildpflegerischen Gründen. Erstaunlich früh, nämlich bereits 1957, hatte Erwin Schleich einen Beitrag zum Denkmalwert von Münchner Mietshäusern des 19. Jahrhunderts veröffentlicht.[78] 1963 folgten die Vorschläge zur Aufnahme in die Denkmalliste der Landeshauptstadt München, zusammengestellt von dem Schriftsteller und Lokalpatrioten Wolfgang Johannes Bekh und herausgegeben vom Heimatpfleger des Bezirks Oberbayern.[79] Diese sogenannte Bekh'sche Liste war bis zur systematischen Inventarisation durch das Landesamt für Denkmalpflege die einzige Arbeitsgrundlage und allein daher von hoher Bedeutung, vor allem für die Baudenkmäler in den Vorstädten und eingemeindeten Dörfern. Die Liste wurde dem Stadtheimatpfleger für die Beratung der öffentlichen Stellen zur Verfügung gestellt.[80] Charakteristisch für die Frühform war, dass eine aus heutiger Sicht selektive Auswahl getroffen und beispielsweise die Bauten der Moderne völlig außer Betracht gelassen wurden. Interessanterweise gab es in anderen Städten ebenfalls Ansätze zur einer Listenerfassung von Baudenkmälern.[81]

In den 1960er Jahren formierten sich mehrere Bürgerinitiativen zum Widerstand gegen den zerstörerischen Stadtumbau in München. Großes Aufsehen erregten die publizistischen Aktionen gegen die Untertunnelung des Prinz-Carl-Palais, gegen die Umgestaltung des Viktualienmarkts und für den Wiederaufbau des Nationaltheaters in seiner ursprünglichen Form.[82] Die langlebigste, inzwischen institutionalisierte Form des Bürgerprotests unter der Bezeichnung „Münchner Diskussionsforum für Entwicklungsfragen (Münchner Forum) e.V." wurde 1968 gegründet und ist bis heute aktiv. Der Programmausschuss besteht aus Kommunalpolitikern, Vertretern des öffentlichen Lebens, der Verwaltung und der Wissenschaft. Jeder betroffene oder engagierte Bürger kann ohne Mitgliedschaft oder Formalitäten an den Arbeitsausschüssen teilnehmen. Thematisiert werden Fragen der Stadtentwicklung, der Verkehrs- und Grünplanung, teilweise auch des Denkmalschutzes. Es wird Wert auf eine möglichst bürgernahe Form der Planung gelegt. Diskussionsveranstaltungen, Publikationen oder Ausstellungen gehören zu den Artikulationsformen des Vereins.[83]

Am kunsthistorischen Lehrstuhl der Ludwig-Maximilians-Universität entstand unter der Leitung des Kunsthistorikers Wolfgang Braunfels eine von Studenten erarbeitete, umfassende Dokumentation zur Münchner Architektur des Historismus.[84] Überregionale Beachtung fand die informationstheoretisch angelegte Untersuchung zweier Kunsthistoriker und eines Bauingenieurs zur Quantifizierung und Berechnung der Gestalt- und Informationsdichte von Gründerzeitfassaden.[85] Die Grundlage bildete der kunstsemiotische Ansatz von Max Bense, methodisch übertragen auf den Bereich der Architektur. Diese Untersuchung kämpfte gegen die damals weit verbreitete historismusfeindliche Einstellung, die Bauwerke aus den eklektizistischen Stilepochen für gänzlich wertlos hielt. Es wurden Platz- und Straßenbilder untersucht, um unabhängig von der historischen oder künstlerischen Einzelbeurteilung Argumente für die Stimmigkeit und den Anmutungscharakter von Stadtbildern zu gewinnen. Die Untersuchungsergebnisse wurden auch in Form einer Ausstellung publik gemacht. Eine große propagandistische Wirkung für die kunstwissenschaftliche Rehabilitierung der Mietshausarchitektur des 19. und frühen 20. Jahrhunderts besaß auch die Publikation „Münchner Fassaden" von 1974.[86]

In Anbetracht der geschilderten Entwicklung ließ der Münchner Stadtrat 1969/70 durch das Baureferat eine rund 450 Objekte umfassende Liste der schutzwürdigen Bauten erarbeiten, zunächst begrenzt auf den Bereich innerhalb des Altstadtrings.[87] Die Initiative dazu war im April 1969 von der SPD-Stadtratsfraktion ausgegangen. 1970 gründete sich der „Arbeitskreis Denkmalliste", dem neben den Mitarbeitern des Baureferats auch der Kunsthistoriker Wolfgang Braunfels, der Denkmalpfleger Heinrich Habel, der Heimatpfleger Leo Samberger, der Architekt Erwin Schleich und der Archivdirektor Michael Schattenhofer angehörten. Aufgrund der lebhaften öffentlichen Diskussion über die Erhaltung alter Häuser sollte diese Liste „als wichtiges Hilfsmittel bei den Bemühungen der Landeshauptstadt München um den Erlaß eines wirksamen Denkmalschutzgesetzes durch den Freistaat Bayern" dienen.[88] Außerdem versprach man sich davon die Klärung der Frage, ob die Stadt im Rahmen des Stadtentwicklungsplans und der mittelfristigen Investitionsplanung Vorkehrungen für die generelle Erhaltung dieser Bauwerke treffen könne. Diese im Februar 1970 vorliegende Auflistung setzte inhaltlich die Bemühungen der sogenannten Bekh'schen Liste von 1963 fort.

Die Rettung des Hildebrandhauses in der Maria-Theresia-Straße 23 steht beispielhaft für die ambitionierten Erhaltungsbemühungen im Vorfeld des Denkmalschutzgesetzes (Abb. 4). Trotz ruinösen Bauzustands und trotz eines rechtskräftigen Urteils des Verwaltungsgerichtshofs München für den Abbruch der Villa konnte 1971 durch eine juristische Meisterleistung des kommunalen Rechtsamts in Form einer „Vollstreckungsgegenklage" die Erhaltung und Sanierung des Baudenkmals erzwungen werden.[89] Eine quer durch die Parteien gehende Koalition von städtischen und staatlichen Beamten unterstützte die Aktion, die von dem Kunsthistoriker Wolfgang Braunfels fachlich begründet wurde. Der große öffentlichkeitswirksame Erfolg gegen einen privaten Grundstücksverwerter leistete dem Denkmalschutzgedanken in München enormen Vorschub. Bis dahin war der Abbruch historischer Privatbauten rechtlich kaum zu verhindern gewesen. In der Folge konnten sich Kommunalpolitiker mit einer denkmalfreundlichen Politik profilieren, wie etwa Georg Kronawitter, der sich unter anderem für die Erhaltung der Seidl-Villa am Nikolaiplatz einsetzte, die ebenfalls durch einen Abbruchantrag gefährdet war.

Wiederherstellung des Vorkriegszustands

Die Bombenschäden des Zweiten Weltkriegs waren nach einer über zehnjährigen intensiven Bauphase soweit behoben, dass zum 800-jährigen Stadtjubiläum 1958 der Wiederaufbau für weitgehend abgeschlossen erklärt werden konnte. Nicht klar ist jedoch, was unter „Wiederaufbau" im Einzelfall verstanden werden darf.[90] Die Begrifflichkeit war (und ist) beileibe nicht eindeutig und erst recht nicht am denkmalpflegerischen Sprachge-

Abb. 4.   Das Hildebrandhaus in Bogenhausen konnte 1971 vor dem drohenden Abbruch gerettet werden

brauch orientiert, der zwischen Wiederaufbau (= Neubau) und Instandsetzung (= Reparatur bzw. Ergänzung) unterscheidet. Natürlich sind die Grenzen zwischen Reparatur und Neubau fließend. So kann im Extremfall die Restaurierung einer Fassade die vollständige Erneuerung von Putz, Stuck und Fenstern erforderlich machen. Gerade dieser bautechnische Aspekt ist heute anhand der schlechten Quellenlage aber kaum mehr zu beurteilen. Oftmals ist nur schwer nachvollziehbar, wieviel 1945 von der Fassadenzier noch erhalten war, wieviel restauriert bzw. ergänzt werden musste und auf welcher Grundlage dies geschah. Fast jedes Gebäude in der Münchner Altstadt hatte Fliegerschäden aufzuweisen. Mehr oder weniger große Schäden wurden am Erzbischöflichen Palais[91] oder an der Asamkirche samt Asamhaus und Priesterhaus behoben. Das Tagebuch des Bauleiters Otto Auer oder die Erinnerungen des Bauunternehmers Theo Brannekämper belegen die Bemühungen um die Erhaltung der heute scheinbar unzerstörten, aber eben originalgetreu wiederhergestellten Theatinerkirche St. Kajetan. Auch das Lenbachhaus konnte 1953 nach siebenjähriger Bauzeit wiedereröffnet werden.[92]

Die originalgetreue Wiederherstellung des Vorkriegszustands wurde in der Regel mit „Denkmalpflege" gleichgesetzt, und dies auch, wenn nur noch die Fassaden standen. So drängte das Landesamt für Denkmalpflege auf die Erhaltung der ausgebrannten, stark einsturzgefährdeten Fassaden der Alten Akademie neben der Michaelskirche.[93] Der westliche, winkelförmig anschließende Bauteil musste aus statischen Gründen abgebrochen werden, wurde aber inklusive des Giebeltürmchens originalgetreu wiederhergestellt. Der wiederum anschließende, völlig zerstörte Westflügel des Wilhelminums wurde dagegen für das Kaufhaus Hettlage in moderner Form errichtet, wobei die Fassadengestaltung durchaus historische Evokationen aufwies. Für diesen, in mehrfacher Hinsicht bemerkenswerten architektonischen Entwurf zeichnete der Architekt Josef Wiedemann verantwortlich, bei der Fassadengestaltung war ihm der Künstler Hermann Kaspar behilflich. Auch die Fassade des Dienstgebäudes der Regierung von Oberbayern in der Maximilianstraße wurde 1948–53 unter der Leitung von Baurat Rothenfusser modern hinterbaut.[94] Angesichts der Tatsache, dass hier ein zusätzliches Geschoss untergebracht werden musste, erfuhren die gotisierenden Fenster eine bewusste Neugestaltung im Sinne der sogenannten schöpferischen Denkmalpflege.[95] Das Nationaltheater am Max-Joseph-Platz wurde im Äußeren restaurierend wiederaufgebaut (1958–1963, Giebelfiguren 1972; Abb. 5), das Innere erfuhr eine Neugestaltung.[96] Ähnliche Fälle bildeten das Palais Gise in der Prannerstraße[97] oder das ehemalige Kriegsministerium in der Ludwigstraße, das in der Nachkriegszeit zum Bayerischen Staatsarchiv umgebaut wurde. Die Fassade des Palais Bayrstorff-Almeida in der Brienner Straße 14 nach Entwurf von Jean Baptiste Métivier integrierte man 1952–53 in einen Neubau. Die Reste des früheren Palais Lerchenfeld in der Damenstiftstraße wurden für die Zwecke des städtischen Bestattungsamts erhalten, aber erheblich umgestaltet.[98] Das gegenüberliegende St.-Anna-Damenstift diente als städtische Mädchen-Realschule weiter, wodurch wenigstens die Fassade vor dem Abbruch gerettet werden konnte.[99] Beim sogenannten Ostermaierhaus, dem Wohnhaus von Hofbaumeister Gunetzrhainer am Promenadeplatz, musste die in baufälligem Zustand befindliche Fassade vollständig erneuert werden (1960), eine Aufgabe, die von privater Seite geleistet wurde.[100]

Die authentische Wiederherstellung des symbolhaft vor Augen stehenden Baukomplexes der kurfürstlichen bzw. königlichen Münchner Residenz wurde zwar früh erwogen, aber nur langsam in Angriff genommen. Einen hohen Spezialisierungsgrad erreichten mit der Zeit die handwerklichen und restauratorischen Werkstätten der staatlichen Schlösserverwaltung. Der Fachmann Norbert Lieb attestierte in seinem Standardwerk zur Kunstgeschichte Münchens, dass die Residenz als gedankliches Experimentierfeld und als praktische Lehrstätte der Restaurierung und Denkmalpflege eine hohe Bedeutung für den Wiederaufbau Münchens erlangte.[101] Tatsächlich stieg der Freistaat jedoch erst spät in den Wiederaufbau der Residenz ein. 1956 hatte der Königsbau gerade ein Notdach erhalten. Die Maximilianeischen Trakte entlang der Residenzstraße, der Festsaalbau, das Armeemuseum und das Nationaltheater standen noch in Ruinen.[102] Der Schwarze Saal mit seiner kriegszerstörten Illusionsmalerei von Christoph Schwarz (um 1600) wurde 1977–79 durch den Kunstmaler Karl Manninger rekonstruiert. Der Kaisersaal der Residenz war bereits 1799 durch Einziehen einer Zwischendecke baulich verändert worden. Nach erfolgter Kriegszerstörung entschloss man sich 1980, die frühere Raumform wiederherzustellen, nicht zuletzt um die teilweise erhaltene bewegliche Ausstattung (Gemälde, Gobelins) dort unterzubringen.

Eine völlige Neukonstruktion stellt dagegen der hölzerne Chinesische Turm im Englischen Garten dar (1952). Auch im Alten Rathaussaal ließ man 1980–85 die 1944/45 zerbombten Schnitzereien aus dem späten 15. Jahrhundert wiederherstellen.

Die Kavaliershäuser am Nördlichen Schlossrondell in Nymphenburg blieben unter der Federführung von Rudolf Esterer teilweise erhalten (Nr. 6), teilweise wurden sie nach historischen Planunterlagen in der barocken Form völlig neu gebaut (Nr. 10). Das alte Residenztheater wurde 1956 an neuer Stelle als sogenanntes Cuvilliés-Theater wiederaufgebaut, ein einzigartig gebliebener Fall der Translozierung.[103] Nur beim Prinz-Carl-Palais wurde in den frühen 1960er Jahren debattiert, ob es angesichts der projektierten Untertunnelung nicht doch besser versetzt werden sollte.

Ähnlich selbstverständlich und unwidersprochen wie die originalgetreue Wiederherstellung der königlichen Residenz erfolgte die Restaurierung des Gesamtkunstwerks Ludwigstraße inklusive der angrenzenden klassizistischen Platzanlagen. Auch hier verfuhr man mit den Mitteln der originalgetreuen Nachschöpfung: Die nördlich an die Theatinerkirche angrenzende Fassade des ehemaligen Palais Moy entstand 1950–52 neu, im Erdgeschoss wurden Schaufenster eingebaut.[104] Südlich der Theatinerkirche wurde das äußere Erscheinungsbild des ehemaligen Theatinerklosters 1970–72 durch Architekt Gustav Gsaenger in Form des heutigen Theatinerhofs wiederaufgebaut. Die Fassade des ehemaligen Palais Arco-Zinneberg am Wittelsbacherplatz wurde 1959/60 rekonstruiert, wobei die neue Nutzung als Geschäftshaus erhebliche Veränderungen in der Erdgeschosszone mit sich brachte. Auf die flache Mittelkuppel wurde verzichtet, dafür baute man ein höheres Dach, um mehr Nutzfläche zu gewinnen. Nach Teilzerstörung wurde das Bazargebäude 1951 repariert, gleichzeitig war das Odeon im Bau.[105] Das ehemalige Leuchtenberg-Palais entstand 1963/64 unter der Leitung von Architekt Hans Heid vollständig nach dem alten Vorbild. Lediglich das historische Natursteinportal an der Südseite ist authentisch. In der nördlichen Ludwigstraße war schon 1951/52 der Wiederaufbau des Max-Joseph-Stifts und des Georgianums am Universitätsforum beschlossen worden.[106] Völlig neu entstanden 1960–62 das ehemalige Wohnhaus von Friedrich Gärtner rechts neben der Ludwigskirche und in den Jahren 1960–68 der sogenannte Haslauer-Block an der Ecke Ludwigstraße/Von-der-Tann-Straße nach Entwurf von Erwin Schleich.[107]

Abb. 5. Das ▷ Münchner Nationaltheater nach Abschluss der letzten Restaurierungsmaßnahmen 1972

In ähnlicher, allerdings weniger konsequenter Weise verfuhr man mit der Maximilianstraße. Hier werden die Rekonstruktionsbemühungen bis heute fortgesetzt. Für den dritten Achsenschlag des 19. Jahrhunderts, die Prinzregentenstraße, war dies zu keinem Zeitpunkt geplant, wohl wegen der allzu belastenden Erinnerung an die Funktion der Straße und der nicht zu übersehenden baulichen Veränderung in der Zeit des sogenannten „Dritten Reichs". Auch mag die Geringschätzung der späthistoristischen Architektur vor und nach 1945 dabei eine Rolle gespielt haben.

Historisierende Neugestaltung

Neben die originalgetreuen Restaurierungen und Wiederherstellungen treten in den frühen Fünfziger Jahren auch freie Gestaltungen in historischen Bau- und Dekorationsformen. Der handwerkliche und finanzielle Aufwand für derartige Neuschöpfungen war teilweise erheblich. Aus der Rückschau sind die Ergebnisse ein sprechendes Geschichtszeugnis für das Bemühen, einen stilgetreuen, aber letztlich nicht authentischen Ersatz für ein untergegangenes Original zu generieren. Beim Wiederaufbau des völlig zerstörten Palais Méjan am Wittelsbacher Platz ließ sich Josef Wiedemann beispielsweise von der Vorstellung einer dem Ensemble angepassten, aber frei erfundenen Fassade leiten (1950/51).[108] Doch besonders mit einem Architektennamen verbindet sich der Begriff der historisierenden Neugestaltung: Erwin Schleich. Er erwarb sich besonders bei privaten Bauherren ein hohes Renommee. Die erhalten gebliebene Fassade des Palais Portia in der Kardinal-Faulhaber-Straße wurde von Schleich nicht modern, sondern in historisierender Weise hinterbaut (1950–52).[109] Neue Innenräume in historischer Anmutung scheinen seit den frühen Fünfziger Jahren seine Spezialität gewesen zu sein, so auch bei dem 1956–58 wiederaufgebauten Palais Neuhaus-Preysing in der Prannerstraße bei dem lediglich die abbruchgefährdete Fassade im Original erhalten blieb,[110] oder beim Wiederaufbau des Künstlerhauses am Lenbachplatz (1960/61). Die Restaurierung der Damenstiftskirche, ebenfalls unter der architektonischen Gesamtleitung von Erwin Schleich (1956–59), ist dagegen mehr an der authentischen Form orientiert. Die künstlerisch verfremdete Wiederholung der zerstörten Deckengemälde in einer Grisailletechnik der Maler Josef Lorch und Franz Xaver Marchner (1976) gehört zu den besonderen Leistungen für eine dem Gesamtraum verpflichtete, aber dennoch zeitgemäße Form der Wiederherstellung. Getragen wurde die Instandsetzung der Kirche und ihrer Ausstattung von einer Privatinitiative mit dem Namen „Ehrenwache des heiligsten Herzen Jesu".[111] Sein einschlägiges Meisterstück lieferte Erwin Schleich mit der Restaurierung und weitgehenden Rekonstruktion der Fassaden und des Treppenhauses im Preysing-Palais hinter der Feldherrnhalle in den Jahren 1958–60 für den Eigentümer Hermann Hartlaub.[112] Authentische Substanz und nachempfundene Form sind bei dieser Art des Wiederaufbaus nicht exakt voneinander zu unterscheiden (siehe Abb. S. 930). Hermann Hartlaub war es auch, der im Anschluss daran die erwähnte Klenze-Fassade des sogenannten Haslauer-Blocks in der Ludwigstraße 6/8/10 originalgetreu rekonstruieren ließ.[113] Sein Engagement für das historische Stadtbild wurde nach Auffassung seiner Zeitgenossen als ausgesprochen gönnerhaft und uneigennützig verstanden. Das Projekt wurde in der städtischen Baukunstkommission behandelt und befürwortet.[114]

Dem Ziel der freien historischen Anmutung war auch die sogenannte schöpferische Denkmalpflege verpflichtet, die seit den 1930er Jahren, besonders aber nach 1945 durch den Architekten Rudolf Esterer verkörpert wurde.[115] Esterer stand den demonstrativ modern gestaltenden Architekten wie Sep Ruf oder Robert Vorhoelzer antagonistisch gegenüber.[116] Zu seinen signifikanten Leistungen gehören der Wiederaufbau des Festsaaltrakts mit dem Herkules-Saal in der Münchner Residenz oder der inzwischen stark veränderte Lorenzistock am Hofgraben. Eine ähnliche Entwurfshaltung nahm der Architekt Carl Kergl beim Umbau des Maximilianeums für die Zwecke des Bayerischen Landtags ein (1946–48).

Rekonstruktion längst vergangener Zustände

Mangels kunstwissenschaftlicher Untersuchungen über den Münchner Wiederaufbau können keine quantifizierenden Aussagen über die vielfältigen Facetten der Bautätigkeit gemacht werden. Es scheint aber, dass in der ersten Phase des Wiederaufbaus bis 1958 die originalgetreue Rekonstruktion nicht die Hauptrolle spielte.[117] Bei bloßen Fassaden kam sie früher und häufiger vor (Ostermaierhaus, Alte Akademie) als bei Innenräumen. Erst im weiteren Verlauf und vielleicht unter dem zunehmenden Einfluss von Erwin Schleich ist eine verstärkte Tendenz zur freien bzw. originalgetreuen Rekonstruktion festzustellen.[118] Damit war die amtliche Denkmalpflege gefordert. Unter dem ersten Eindruck der Kriegszerstörungen hatte Georg Lill, von 1929 bis 1950 Direktor des Bayerischen Landesamts für Denkmalpflege, einen skeptischen Standpunkt zur Frage der Rekonstruktion eingenommen. Individuelle künstlerische Raumschöpfungen wie die der Residenzen München und Würzburg galten ihm als für alle Zeiten verloren, während er handwerklich geprägte, vor allem sakrale Bauten durchaus für rekonstruierbar hielt.[119] Auch in den Fünfziger Jahren war die Auffassung, dass jede noch so gute Rekonstruktion aufgrund ihrer fehlenden Authentizität den Zeugniswert des Originals nicht ersetzen kann, natürlich denkmalpflegerisches Gemeingut.[120] Rekonstruktionen wie die der Damenstiftskirche stießen daher im Landesamt auf deutliche Kritik: „Auf die erschreckend zunehmende, gefährliche Tendenz zur Rekonstruktion kann hier nur wieder einmal hingewiesen werden. Bemerkenswert ist jedoch, daß sich eine Stadtmünchner ‚Denkmalpflege' unter Herrn Dr.-Ing. Schleich abzuzeichnen beginnt."[121] Angesichts der hohen Akzeptanz in der öffentlichen Meinung konnte oder wollte man sich von den Rekonstruktionen auch nicht förmlich distanzieren. Die Rekonstruktion der baulichen Wahrzeichen wurde von einer breit artikulierten Zustimmung in der Münchner Bevölkerung unterstützt.[122] Bereits kurz nach Kriegsende hatten sich Wiederaufbauvereine wie die 1945 gegründeten „Freunde der Residenz" oder der 1946 gegründete Kulturbaufonds gebildet.[123] Insofern wurde die für die Nachkriegszeit charakteristische, gesellschaftlich artikulierte Sehnsucht nach vermeintlicher Originalität und künstlerischer Unversehrtheit letztlich auch von der Denkmalpflege mitgetragen. Heute befinden sich selbst vollständige Rekonstruktionen wie selbstverständlich unter Denkmalschutz, manchmal sogar ohne einen entsprechenden Hinweis in der Denkmalliste.

Eine fragwürdige Entwicklung nahmen die Rekonstruktionsbemühungen bei der Wiederherstellung längst vergangener Zustände. So wurde beim Wiederaufbau der Klosterkirche St. Anna im Lehel 1965/66 die Barockfassade nach Entwurf von Johann Michael Fischer neu errichtet, obwohl diese bereits im 19. Jahrhundert einer neuromanischen Zweiturmfassade hatte weichen müssen. Planender Architekt dieser und ähnlicher Maßnahmen war wiederum Erwin Schleich. Der 1813 abgetragene Oberteil des Turms im Alten Hof wurde von ihm 1966–68 auf der Grundlage von Bildquellen wieder neu gebaut (Abb. 6),[124] charakteristischerweise in Verbindung mit der Freilegung fragmentarisch erhaltener, spätgotischer Fassadenmalereien am Westflügel (1963). Beim Wiederaufbau des Alten Rathausturms 1971–74 setzte sich Schleich über die kriegszerstörte neugotische Überarbeitung des Turms nach Entwurf von Arnold Zenetti

Abb. 6. Rekonstruktion längst vergangener Motive: der 1968 wiedererrichtete Turm des Alten Hofs von der Burgstraße aus gesehen

hinweg.[125] Bei der neuen Farbgestaltung der Heiliggeistkirche ignorierte er die zuletzt vorhandene Grünfassung zugunsten einer Farbigkeit, die sich an eine graphische Ansicht des 18. Jahrhunderts im Münchner Stadtmuseum anlehnte. Dass die Heiliggeistkirche 1882 nach Westen verlängert worden war und die barock anmutende Farbgestaltung Schleichs damit einen Anachronismus herstellte, blieb offenbar unreflektiert. Schleichs eigenes Wohnhaus, das frühere Asamschlössl in Thalkirchen, wurde 1958/59 saniert, danach stellte Karl Manninger 1981/82 die schlecht erhaltenen und mehrfach überarbeiteten Fassadengemälde wieder her, vermeintlich originalgetreu nach Cosmas Damian Asam.

Aber nicht nur Erwin Schleich spielte bei der Wiederherstellung längst vergangener Raumkunstwerke eine Rolle. In der Oberkirche des Bürgersaals wurde nach der Kriegszerstörung der Decke nicht das illusionistische Deckengemälde von Martin Knoller von 1774 wiederhergestellt, sondern die durch einen Kupferstich überlieferte stuckierte Erstfassung aus der Errichtungszeit 1710.[126] Der Zuschauerraum des Gärtnerplatztheaters wurde unter der Federführung von Hans Heid zwischen 1964–1969 wieder in die Fassung des 19. Jahrhunderts zurückversetzt, obwohl er bis zur Kriegszerstörung mehrfach umgestaltet worden war.[127] Auch die nach dem Zweiten Weltkrieg reduziert gestaltete Fassade des Gärtnerplatztheaters wurde 1980/81 im Sinne der ursprünglichen Form rekonstruiert.[128] In den Jahren 1976/77 lehnte man sich beim Erweiterungsbau für das Stadtmuseum am St.-Jakobs-Platz an den Baukörper an, der im Sandtner'schen Stadtmodell von 1572 dokumentiert ist. In besonderer Weise sind aber die Innenräume der großen Altstadtkirchen als Rekonstruktionen anzusprechen. Das bis zur

Kriegszerstörung 1944 reich stuckierte Tonnengewölbe der Michaelskirche wurde 1948–53 vereinfacht wiederhergestellt. Die aus den Trümmern geborgenen Stuckreste bildeten die Grundlage für die 1979–83 erfolgte Neustuckierung. Auch mit dem 1954 abgeschlossenen Wiederaufbau von St. Peter war die Neugestaltung noch lange nicht zu Ende. Die schlichte und bewusst vereinfachte Raumdekoration, nebenbei bemerkt ein Musterbeispiel für die bescheidene und zurückhaltende Formauffassung der Nachkriegszeit, wurde in mehreren Schritten farblich und plastisch bereichert, lediglich auf der Grundlage historischer Schwarz-Weiß-Fotografien. Nach 1974, 1985 und 1994 dürfte mit dem neuen Barockgemälde des Künstlers Hermengild Peicker (2000) ein vorläufiger Abschluss erreicht worden sein. Auch in der Heiliggeistkirche wurden die Deckengemälde erst in einer zweiten Phase nach Ende des Wiederaufbaus rekonstruiert (1971–75). Und schließlich sei die Frauenkirche erwähnt, deren schlichtes Nachkriegsgewand nach der jüngsten Restaurierungskampagne der 1990er Jahre wieder verschwunden ist.

Reflektierender Wiederaufbau

Aus heutiger Sicht zählen diejenigen Bauten zu den besonderen Lösungen des Münchner Wiederaufbaus, deren neue Gestalt die Spuren ihrer geschichtlichen Entwicklung, ja selbst ihrer Zerstörung im Zweiten Weltkrieg nicht vergessen macht. Voraussetzung dafür ist ein pfleglicher konservatorischer Umgang mit den baulichen Originalresten und eine zurückhaltende, bewusst auf Kontrast gesetzte Form- und Materialwahl für die neuen Bauteile. Auf diese Weise kann dem Kunstanspruch des Originals durch eine Neugestaltung Rechnung getragen werden, die nicht auf eine mehr oder minder getreue Rekonstruktion zurückgreifen muss. Diese Haltung wird exemplarisch in den Wiederaufbauten des Architekten Hans Döllgast deutlich, etwa bei der Klosterkirche St. Bonifaz (1949/50) oder beim Münchner Ost- und Südfriedhof. Döllgasts populärstes Werk bleibt jedoch der Wiederaufbau der Alten Pinakothek (1956–58; siehe Abb. 7).[129] Obwohl dieser Ansatz eine kritische, geschichtsbewusste und auch formal überzeugende Alternative zur Rekonstruktion darstellte, fand er in München keine wirkliche Verbreitung. Ein entsprechender Vorschlag zum ruinengerechten Ausbau der Frauenkirche blieb unberücksichtigt.[130] Nur Franz Hart konnte mit der Umgestaltung des Siegestors zum Mahnmal gegen den Krieg (1958) ein vergleichbares Zeichen setzen.[131] Auch der Wiederaufbau der Glyptothek (1964–71) durch Josef Wiedemann wird in diesem Zusammenhang genannt.

Vereinfachter Wiederaufbau

In unübersehbarer Anzahl erfolgten jedoch vereinfachte Wiederaufbauten ohne erkennbaren Kunstanspruch und ohne aktiven Beitrag für die Entwicklung des Stadtbilds. In zahlreichen Fällen wurden die Dachzonen historischer Gebäude entweder aufgestockt oder in reduzierter Form wiederaufgebaut wie etwa am Monumentalbau der Akademie der Bildenden Künste. Die noch heute ersichtliche Praxis der Fassadenpurifizierung an zahlreichen Bürger- und Mietshäusern ist ein deutlicher Beleg für einen aus der Not entsprungenen, pragmatischen Umgang mit Altbauten, der zur Verarmung des historischen Stadtbilds durchaus beitrug. Beim vereinfachten Wiederaufbau von Innenräumen wie Klenzes Marstallgebäude hinter der Residenz (1951)[132] oder dem Kirchenraum von St. Elisabeth in der Mathildenstraße (ab 1962) wurde bewusst nur die reine Raumform wiederhergestellt, unter Verzicht auf die dekorative Gestaltung.[133] Dies galt auch für das Treppenhaus der Bayerischen Staatsbibliothek (1950–66) oder für die nördlichen Hofgartenarkaden.

Angepasster Neubau

Bei neu zu errichtenden Geschäftshäusern der Altstadt bestand die Aufgabe darin, die Fassaden und Dächer strukturell ins Altstadtgefüge einzugliedern. Für die Einhaltung dieses stadtbildpflegerischen Anliegens war die Erhaltung bzw. die Rekonstruktion des Originals nicht unbedingt erforderlich. So entstand eine unauffällige Anpassungsarchitektur, ein „Münchner Wiederaufbaustil",[134] zu dessen wesentlichen Merkmalen der traditionalistische Haustyp mit Dach und Lochfassade, die Übernahme der benachbarten Trauf- und Firstlinien, die Fassadengestaltung als verputzter Ziegelbau sowie die dekorative Gliederung mit Bemalung, Keramik oder Kratzputzornamentik zählten. Diese Merkmale galten in der ersten Wiederaufbauzeit als bewusstes Ziel der Münchner Stadtgestaltung. In einem Vortrag zum Thema „Städtebau und Stadtbild" bestätigte 1953 der Bürgermeister und Mitglied der städtischen Baukunstkommission Walther von Miller, dass man in der Altstadt in der Regel auf extreme Neuerungen verzichtete. Er rühmte das kluge Mittelmaß, das nach seiner Auffassung schon immer das Kennzeichen der Münchner Moderne gewesen sei. In die Richtung der Traditionalisten warnte er: „Laßt uns nicht falsches Altes, sondern echtes Neues schaffen!"[135] Diese bewusst zurückhaltenden Fassadengestaltungen der frühen Fünfziger Jahre stellen im heutigen Stadtbild wegen ihrer Schlichtheit bereits eine Besonderheit dar, auch wenn es sich im Einzelfall, wie etwa dem Geschäftshaus Theatinerstraße 1, lediglich um eine „maßvoll-unauffällige Architektur" handelt.[136] Bei deren Bewertung bezog die Denkmalpflege nur eine generelle Position, in der Regel wurde die Beurteilung der Bauanträge der Bauaufsichtsbehörde überlassen. Prominente Fassaden oder aufwendige Gestaltungen wie etwa das Onuphrius-Haus, das Kaufhaus Beck oder der „Donisl" am Marienplatz wurden in den einschlägigen Kommissionen behandelt. In solchen Fällen war es üblich, Künstler wie Hermann Kaspar, Max Lacher oder Blasius Spreng heranzuziehen. So entstanden beachtliche Beispiele für künstlerische Fassadendekorationen, etwa am Wohnungsamt in der Burgstraße oder am Nachfolgebau des „Bauerngirgl" in der Residenzstraße (Abb. 8),[137] beide von Hermann Kaspar. Kaspar war überdies bei vielen farblichen Neugestaltungen in der Altstadt beratend beteiligt.[138]

Kontrastierender Neubau

Im weiteren Verlauf der 1950er Jahre löste man sich bei der Fassadengestaltung von Neubauten zunehmend von den traditionellen Vorgaben im Hinblick auf Fassadenmaterial und Detailgestaltung. Die Rücksichtnahme auf den städtebaulichen Kontext blieb als Anforderung natürlich bestehen, wie der Neubau der Häuserzeile an der Südseite des Marienplatzes und entlang des Rindermarkts zeigt. Hier erfolgte, in bester Tradition der Münchner Stadtbildpflege, 1948 ein städtebaulicher Ideenwettbewerb für die Neugestaltung des Straßen- und Platzbilds.[139] Zu diesen frischen Lösungen, frei von architektonischem Folklorismus, zählte auch das Indanthren-Haus nach Fassadenentwurf von Blasius Spreng (1954). Daneben fanden sich schon relativ früh großflächig verglaste Fassaden wie die des 1953 von Georg Brenninger errichteten Kithan-Hauses am Maximiliansplatz. Auch Gustav Gsaengers Erweiterungsbau für das Stadtmuseum (1959–64) stellt eine qualitätvolle, eigenständige Lösung für das Stadtbild dar, ohne Anbiederung an das mittelalterliche Zeughaus (Abb. 9). Die erste Stahl-Glas-Fassade in der Altstadt entwarf Sep Ruf für ein Geschäftshaus in der Neuhauser Straße. Das Projekt musste deshalb in der städtischen Baukunstkommission behandelt werden.[140]

Die Meinung, dass die damalige Denkmalpflege mehr der traditionalistischen Richtung zuneigte, trifft nicht generell zu. So schrieb Joseph Maria Ritz, von 1950 bis 1957 Direktor des Landesamts für Denkmalpflege und ein grundsätzlicher Vertreter der schöpferischen Denkmalpflege, zum Thema Wiederaufbau und Denkmalpflege (1954): „In großen Städten mit mehr oder weniger noch gegebenem historischen Charakter ist die Aufgabe, beim Wiederaufbau Neues mit Altem zu vermählen, noch schwieriger. Das moderne Leben greift hier stärker ein. Es darf nun niemals der Sinn der Denkmalpflege sein, einen zeitgemäßen Bauausdruck an möglicher oder richtiger Stelle zu verhindern. Dies gilt etwa vom Wiederaufbau des Maxburggeländes in München. Die Staatsbank, von Sep Ruf in Nürnberg, neben St. Lorenz gelegen, beweist, daß ein neuzeitlicher Bau, wenn er gut ist, auch mit der alten Umgebung harmonieren kann".[141] Der angesprochene Neubau der Maxburg nach Entwurf von Sep Ruf und Theo Pabst polarisierte die Meinungen in exemplarischer Weise. Die Bau-

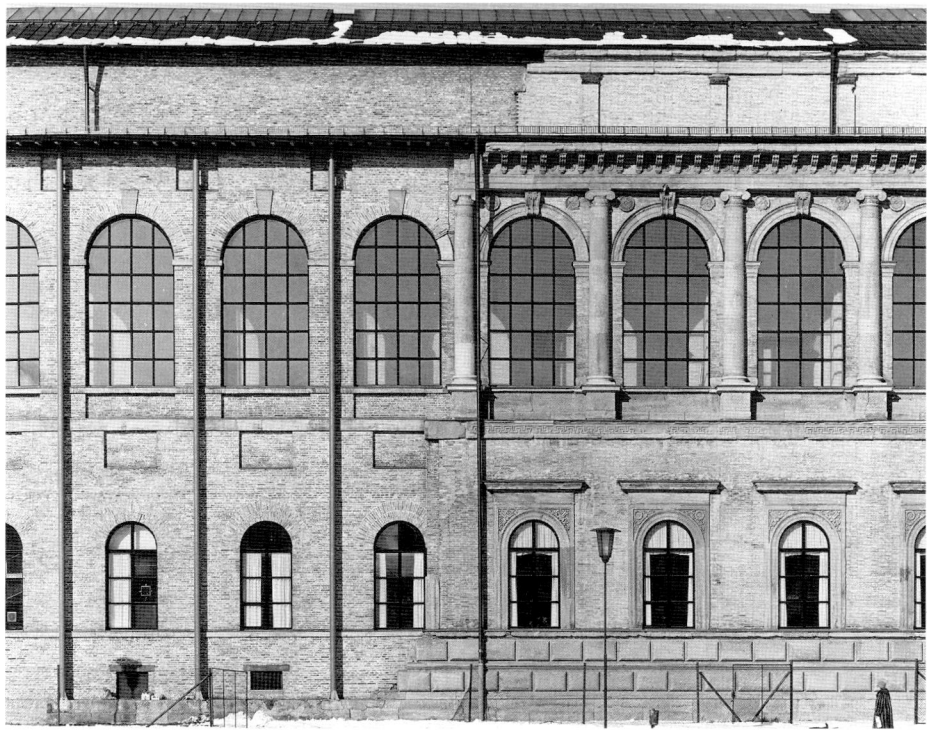

◁ Abb. 7. Geschichtsbewusste Komplettierung der Alten Pinakothek durch Hans Döllgast

Abb. 8. Der Nachfolgebau des „Bauerngirgl" in der Residenzstraße ist einer von vielen dekorativ gestalteten Neubauten in der Altstadt

stelle führte 1953/54 zu einer lebhaften Richtungsdiskussion unter dem Motto „Verliert München sein Gesicht?", wobei sich die Vertreter der Tradition und der Moderne unversöhnlich gegenüberstanden. Weitgehend unverstanden blieb, dass Sep Ruf, der ja auch für die Erhaltung der Kuppel des Verkehrsministeriums votierte, sich sehr wohl mit der alten Maxburg auseinandersetzte.[142] Solcherart moderne Interpretationen der historischen Stadt wie auch bei Josef Wiedemanns Kaufhaus Hettlage (1953–55) blieben die Ausnahme. Auch Wiedemann spielte mit seiner Fassade auf den im Krieg zerstörten Vorgängerbau an, ohne auf historisierende Stilmittel zurückgreifen zu müssen. Die damalige Zeitschrift „baukunst und werkform" sprach von einem prototypischen Beispiel jener Neubauten, bei denen die Moderne mit einem „spielerischen Traditionalismus" verbunden sei.[143]

Farbe im Stadtbild

Beim Thema Farbe ist daran zu erinnern, dass sich die deutschen Städte noch lange Zeit nach dem Krieg in einem einheitlichen, von Vielen als düster und depressiv empfundenen Grau präsentierten. Mit den Neubauten der 1950er Jahre kamen neue Farbakzente ins Stadtbild.[144] Aber auch Altbauten erfuhren eine farbliche Aktualisierung. So wurden beispielsweise 1955 die Fassaden des Ruffini-Blocks zwischen Rindermarkt und Sendlinger Straße nach den zeitgenössischen Farbvorstellungen gestaltet.[145] In den 1960er Jahren kam noch ein weiteres Motiv hinzu: Um der Rehabilitierung der Architektur der Gründerzeit und des Jugendstils Vorschub zu leisten, begann man damit, die teilweise reich stuckierten Mietshausfassaden mit intensiv farbigen Anstrichen zu betonen. Beliebte Grundfarben waren grün, gelb, violett, rot oder grau. Die stuckierten Gliederungen, also Pilaster, Gesimse, Fenstereinfassungen, Giebel etc., setzte man weiß oder hellgrau ab. Auf diese Weise sollte der dekorative Reichtum der Fassaden ins Licht gerückt werden. Eine entsprechende Informationsbroschüre verteilte die städtische Abteilung „Stadtbildpflege" an interessierte Hauseigentümer.[146]
     Eine ungewöhnliche Aufgabe stellte der 1975 von der Landeshauptstadt München ausgeschriebene Fassadengestaltungswett-

bewerb für den Gärtnerplatz dar. Anlass war die beschlossene Rekonstruktion der Theaterfassade sowie die geplante Neubebauung einer Baulücke. Eingeladen waren zwölf Architekturbüros. Den ersten Preis erzielte ein neues Farbkonzept in verschiedenen Rot- und Grautönen nach Entwurf von Hans Heid. In der Würdigung des Preisgerichts wurde behauptet, dass diese Farbwerte eine „konsequente Interpretation der maximilianischen Architekturhaltung" darstellten. In den ersten Jahren ließ der Erfolg auf sich warten.[147] Erst als zwischen 1976 und 1983 städtische Zuschussmittel in beträchtlicher Höhe flossen, ließ sich das Konzept schrittweise realisieren.[148]

     Der gewonnene Überblick über die Nachkriegsentwicklung zeigt deutlich, in wie vielen Facetten sich das Ringen um die Wiedergewinnung des berühmten Münchner Stadtbilds darstellte. Von Seiten der „bewahrenden Stadtbildpflege" wurde in den 1950er und 1960er Jahren manchmal zu wenig für die Erhaltung von Originalsubstanz getan, dafür manchmal zu viel, was die Herstellung anachronistischer Rekonstruktionen und historisierender Neugestaltungen anbelangt. Gerade Letzteres wurde von Architektenseite häufig kritisiert und verspottet.[149] Andererseits wurden von Seiten der „aktiven Stadtgestaltung" einige schmerzliche Bausünden innerhalb der Altstadt zu sorglos hingenommen, man denke nur an Josef Wiedemanns Kaufhof am Marienplatz. Unabhängig vom Einzelfall, sondern mehr im Hinblick auf die generelle Entwicklung des Stadtbilds kann aus heutiger Sicht konzediert werden, dass der Münchner Wiederaufbau angesichts der trostlosen Situation nach Kriegsende geradezu ausgezeichnete Rahmenbedingungen schaffte, um die erhaltenen Altbauten und Baudenkmäler nicht isoliert erscheinen zu lassen, sondern eingebunden in einen städtebaulichen Kontext, der bewusst auf die Silhouette und den Stadtgrundriss des legendären, aber im Zweiten Weltkrieg verloren gegangenen Altmünchen abgestimmt war. So besitzt die Theatinerstraße, trotz weitgehender Neubebauung, noch heute die Maßstäblichkeit und die weiche Bauflucht wie vor dem Krieg. Insofern brachte der konservative und traditionelle Wiederaufbau für das historische Stadtbild überwiegend positive Aspekte mit sich. Diese Qualität geht heute mehr und mehr verloren.

Abb. 9. Gustav Gsaengers Erweiterungsbau von 1964 für das Stadtmuseum zeigt eine qualitätvolle moderne Lösung der Stadtreparatur

Was in den 1950er Jahren nicht oder nur ansatzweise erreicht wurde, ist ein geschichtsbewusster Umgang mit den Ruinen im Sinne von Hans Döllgast, Franz Hart oder Reinhard Riemerschmid. Zu stark war hier der Einfluss Erwin Schleichs, dessen Praxis der freien bzw. originalgetreuen Rekonstruktion auf einen breiten Konsens innerhalb der Medien und der Münchner Bevölkerung traf. Demgegenüber mussten die fachlichen Bedenken kritischer Denkmal- oder Heimatpfleger zurückgestellt werden. Irritierenderweise halten die Rekonstruktionsbemühungen jedoch bis in die Gegenwart an. Nicht selten werden in der Nachkriegszeit purifizierte Fassaden auf Bauherrenwunsch und in Erwartung einer besseren Vermietbarkeit rekonstruiert.[150] Nicht immer geschieht dies auf fachlich vertretbarer Grundlage. Es kommt vor, dass selbst architektonisch veränderte Fassaden wieder ein neues Gewand im Stil der Altdeutschen Renaissance erhalten, abgeschlagene Fassaden nach Geschmack stuckiert und Brandwände stilgerecht verkleidet werden.[151] Doch wer mag beurteilen, wann das Beseitigen von Kriegsspuren und das Heilen städtebaulicher Wunden den Rahmen purer Selbstverständlichkeit verlässt und den Charakter schändlicher Geschichtsklitterung annimmt? Augenfällig ist auch, dass die künstlerische Bescheidenheit und schlichte Formauffassung der Wiederaufbauzeit heutzutage nicht mehr auf allgemeines Verständnis stößt. Davon zeugen die leider zahlreichen Verluste an bescheidenen und zurückhaltenden Bauten der Fünfziger Jahre.

Zur Tradition der Stadtbildpflege und Stadtverschönerung in München gehört es, dass Baudenkmäler vor allem wegen ihres künstlerischen Beitrags zum Stadtbild geschätzt werden. Für die Anmutungsqualität einer Straße ist es unter diesem Aspekt unerheblich, ob es sich um ein wohl überliefertes und pfleglich behandeltes Gebäude handelt oder um ein entkerntes Relikt ohne geschichtliche Aussage. Es finden sich daher in München zahlreiche Beispiele dafür, dass aus Gründen des Stadtbilds und mit dem Siegel kommunalen Denkmalschutzes lediglich die Fassaden stehen blieben und neu hinterbaut wurden. Zu den spektakulärsten Fällen der letzten Jahre gehören neben den bereits genannten Beispielen mehrere Geschäftshäuser am Stachusrondell, am Lenbachplatz und am Isartorplatz. Übertragen auf das Wirken der heutigen Stadtbildpflege in München könnte die pointierte Aussage des Kunsthistorikers Norbert Huse zutreffen: Die Verluste an Originalsubstanz haben sich – im Vergleich zu den 1960er Jahren – nicht verringert. Sie sind nur nicht mehr so sichtbar.[152]

Anmerkungen

1   MATZIG, GERHARD: *Die aufgetakelte Landpomeranze. Das Hugendubel-Haus am Marienplatz – Ein Kompromiss, der Kopfweh macht*, in: Süddeutsche Zeitung vom 28./29.06.1997.

2   Zit. n. GRILL, MICHAEL: *Großbaustelle Innenstadt*, in: Süddeutsche Zeitung vom 17.04.2000.

3   Gutachten Theodor Fischers vom 18.10.1913, zit. n. WALTER 1987, S. 1–2.

4   WALTER 1988a.

5   NERDINGER 1992.

6   BRIX 1984, S. 31.

7   STROBEL 1999.

8   PASCHKE 1972, S. 24, 26, 68.

9   WALTER 1988b, S. 139 f.

10 WALTER 1987, S. 24–27.

11 BRIX 1985.

12 Zit. n. WALTER 1987, S. 60. Der Entwurf Gabriel Seidls ist publiziert in: Ausst. Kat. Prinzregentenzeit 1988, S. 218 f.

13 Zit. n. WALTER 1987, S. 133.

14 Zit. n. ebd., S. 132.

15 GRÄSSEL, HANS: *Die Erhaltung des Charakters der Stadt München*, in: Süddeutsche Bauzeitung 1917, Nr. 3.

16 *Wiederherstellung des Maximilianeums in München*, in: Zentralblatt der Bauverwaltung, Jg. 58, 1938, S. 708–710.

17 SCHRICK 1994, S. 256.

18 LINDNER/BÖCKLER 1939, S. 135, 272.

19 Stadtarchiv München, Bauamt/Hochbau 1058–1059; vgl. auch BÄRNREUTHER 1993.

20 KRIEG 1984, S. 42.

21 KREISEL 1934, S. 81–91.

22 KRIEG 1984, S. 44; das erwähnte Gutachten vom 06.07.1944 befindet sich im BLfD, Akte „Denkmalpflege und Heimatschutz allgemein (bis 1950)".

23 Vgl. die Schadenskartierung bei MEITINGER 1946, S. 14 f. und die Auflistung bei MEGELE 1951 und MEGELE 1958.

24 Die maßgebliche Literatur ist aufgelistet bei HEMMETER 1995, S. 92.

25 AUFLEGER/TRAUTMANN 1897; ZETTLER 1918.

26 KREISEL 1950.

27 Zit. n. KRIEG 1984, S. 60 f.

28 LILL 1946, S. 8.

29 MEITINGER 1946, S. 18.

30 Ausst. Kat. Aufbauzeit 1984.

31 HAHN, A.: *Münchner Rokoko auf dem Schutthaufen*, in: Süddeutsche Zeitung vom 29.11.1952.

32 Ebd.

33 Münchner Merkur vom 12.05.1953; vgl. HEMMETER 1995, S. 89.

34 Süddeutsche Zeitung vom 20.03.1953.

35 HAHN, A.: *Münchner Rokoko auf dem Schutthaufen*, in: Süddeutsche Zeitung vom 29.11.1952.

36 Der Turm der Maxburg wurde dagegen bereits 1952 gegen den Einsturz gesichert. CHRISTLIEB, WOLFGANG: *Wahrt München sein Gesicht?*, in: Süddeutsche Zeitung vom 02.11.1955.

37 KLEIN, DIETER: *Abreißkalender*, 1986.

38 LAMPUGNANI, VITTORIO M.: *Die bauliche Entnazifizierung*, in: Frankfurter Allgemeine Zeitung vom 25.08.1983.

39 BLfD, Akte „München Baukunstausschuß 1954–59", Protokoll der Sitzung vom 15.02.1956, Äußerung von Walther Bertram (BLfD).

40 SCHLEICH 1978, S. 138; BRIX 1984, S. 34.

41 SPENGLER, KARL: *Prüfsteine Münchner Geistes*, in: Münchner Stadtzeitung, Wochenbeilage des Münchner Merkur, vom 15.06.1956.

42 SCHOSSER, ERICH: *Zweite Zerstörung in vollem Gang*, in: Bayernkurier vom 17.10.1970.

43 SCHLEICH 1978. Vgl. dazu die Rezension von Winfried Nerdinger in: Kunstchronik, Jg. 32, 1979, S. 437. Eine ähnliche Zielsetzung wie die Publikation Schleichs verfolgte der „Abreißkalender" von Dieter Klein (ab 1986).

44 SIEDLER 1964; MITSCHERLICH 1965; MEADOWS 1972; TOYNBEE 1970.

45 GRASSER/HETTLER 1998, S. 89 f.

46 HAHN, A.: *Münchner Rokoko auf dem Schutthaufen*, in: Süddeutsche Zeitung vom 29.11.1952; SPENGLER, KARL: *Prüfsteine Münchner Geistes*, in: Münchner Stadtzeitung, Wochenbeilage des Münchner Merkur, vom 15.06.1956.

47 KREISEL 1971; HABEL 1975; SCHLEICH 1978, S. 106.

48 BUTTLAR/SELIG/WETZIG 1972.

49 Entwurf: Emanuel von Seidl; vgl. STREITER 1899, Taf. 4.

50 Erbaut 1911 nach Entwurf der Gebrüder Ludwig, vgl. München und seine Bauten 1912, S. 423.

51 KLEIN, DIETER: *Abreißkalender*, 1986.

52 Errichtet 1903–05 nach Entwurf von Paul Ludwig Troost; vgl. München und seine Bauten 1912, S. 390 f.; KARL 1992.

53 KLEIN, DIETER: *Abreißkalender*, 1986.

54 Ebd.

55 LOERZER, SVEN: *Schutz für gewachsene Viertel. Stadt sieht Erhaltungssatzung als wirksames Instrument*, in: Süddeutsche Zeitung vom 15.03.2001.

56 PASCHKE 1972, S. 29, 186.

57 Der Geschäftsablauf bis 1962 lässt sich bislang leider nur fragmentarisch nachvollziehen. Nach Auskunft der Geschäftsstelle der Kommission für Stadtgestaltung sind Unterlagen aus dieser Zeit nicht mehr erhalten. In der Registratur des BLfD existieren drei Akten mit Sitzungsprotokollen aus der Zeit zwischen 1954 und 1966.

58 CHRISTLIEB, WOLFGANG: *Wahrt München sein Gesicht?*, in: Süddeutsche Zeitung vom 02.11.1955.

59 BLfD, Akte „München Baukunstausschuß 1954–59"; vgl. auch BRIX 1984, S. 34.

60 BLfD, Akte „Städtische Baukunstkommission 1964–66".

61 Ebd.

62 Statuten, Zusammensetzung, Geschäftsleitung und Sitzungsprotokolle der Monumentalbaukommission sind bislang nur ansatzweise bekannt.

63 Denkmalschutz und Denkmalpflege in München 1999, S. 20 f.

64 Münchner Stuckfassaden 1970.

65 Denkmalschutz und Denkmalpflege in München 1999, S. 14. Vgl. auch: Fassadenwettbewerb der Stadt München. Fassadenpreise 1998, München 1999, S. 4 (= Sonderheft der BDB-Nachrichten, hrsg. v. Bund Deutscher Baumeister).

66 Denkmalschutz und Denkmalpflege 1999, S. 8.

67 STILLFRIED 1994, S. 37–39.

68 BURMEISTER 1999b, S. 54 f.

69 Denkmalschutz und Denkmalpflege in München 1999, S. 14.

70 KRIEG 1984, S. 56–58; Der Bauberater, Jg. 35 (1976), Heft 1/2.

71 BURMEISTER 1997, S. 95–99.

72 HIMEN 1984, S. 19, 25 f.

73 BRIX 1984, S. 37.

74 Abendzeitung vom 26.02.1958.

75 *Bessere Gehsteige und helleres Licht*, in: Münchner Merkur vom 26.03.1958.

76 Vgl. die Liste der Baudenkmäler bei BEKH 1963, S. 2–11.

77 KRIEG 1984, S. 46.

78 SCHLEICH 1957.

79 BEKH 1963.

80 Denkmalschutz und Denkmalpflege in München 1999, S. 6 f.

81 Vgl. die gleichzeitige Liste von Wilhelm Neu (1963) oder die Bamberger Häuserliste von August Gebeßler im Auftrag des Landesamts für Denkmalpflege; vgl. PASCHKE 1972, S. 131 f.

82 SCHLEICH 1978, S. 105, 180.

83 http://www.muenchner-forum.de

84 Denkmalschutz und Denkmalpflege in München 1999, S. 7. Der Verbleib dieser Dokumentation ist nicht bekannt.

85 BUTTLAR/SELIG/WETZIG 1972, S. 65–71; BUTTLAR, ADRIAN VON/WETZIG, ALEXANDER: *Die Schönheit der Stadt – berechnet. Informationstheorie als methodischer Ansatz für die Stadtbildpflege*, in: Süddeutsche Zeitung Nr. 103 vom 5./6.05.1973, S. 151 f.

86 HABEL/MERTENS/PETZET 1974.

87 Sachbearbeiter waren die beiden Verwaltungsangestellten Robert Hampel und Norbert Ossadnik.

88 Zit. n.: REISER, RUDOLF: *Münchnerische Bauten – zum Schutz empfohlen*, in: Süddeutsche Zeitung vom Februar 1970.

89 GRASSER/ZIERSCH 1981, S. 95–99.

90 HIMEN 1984, S. 22.

91 SPENGLER, KARL: *Prüfsteine Münchner Geistes*, in: Münchner Stadtzeitung, Wochenbeilage des Münchner Merkur vom 15.06.1956.

92 Münchner Merkur vom 30.09.1953 und 01.10.1953.

93 HAHN, A.: *Münchner Rokoko auf dem Schutthaufen*, in: Süddeutsche Zeitung vom 29.11.1952; BERTRAM 1956a; BERTRAM 1956b; vgl. auch Schleich 1978, S. 76.

94 RITZ 1954a, S. 117–120.

95 WALTER 2006, S. 113–116.

96 BERTRAM 1955; FISCHER 1963; HABEL 1988, S. 43–50.

97 SPENGLER, KARL: *Prüfsteine Münchner Geistes*, in: Münchner Stadtzeitung, Wochenbeilage des Münchner Merkur vom 15.06.1956.

98 HAHN, A.: *Münchner Rokoko auf dem Schutthaufen*, in: Süddeutsche Zeitung vom 29.11.1952; HAHN, A.: *Fassaden-Retter im Rathaus*, in: Süddeutsche Zeitung vom 13.01.1954; SPENGLER, KARL: *Prüfsteine Münchner Geistes*, in: Münchner Stadtzeitung, Wochenbeilage des Münchner Merkur vom 15.06.1956.

99 SPENGLER, KARL: *Prüfsteine Münchner Geistes*, in: Münchner Stadtzeitung, Wochenbeilage des Münchner Merkur vom 15.06.1956; SCHLEICH 1978, S. 128.

100 HAHN, A.: *Münchner Rokoko auf dem Schutthaufen*, in: Süddeutsche Zeitung vom 29.11.1952; SPENGLER, KARL: *Prüfsteine Münchner Geis-*

101 LIEB 1988, S. 591.

102 FLÜGEL, ROLF: *Gang an staatlichen Ruinen vorbei*, in: Münchner Merkur vom 26.05.1956; HUF 1959; KRIEG 1984, S. 60; SPENSBERGER 1998.

103 BERTRAM 1957 sowie BERTRAM 1958; MANNEWITZ 1988.

104 HAHN, A.: *Münchner Rokoko auf dem Schutthaufen*, in: Süddeutsche Zeitung vom 29.11.1952. Architekt war Georg Hellmuth Winkler.

105 Ebd.

106 Ebd.

107 Schleich 1978, S. 34 f.

108 HAHN, A.: *Münchner Rokoko auf dem Schutthaufen*, in: Süddeutsche Zeitung vom 29.11.1952.

109 SPENGLER, KARL: *Prüfsteine Münchner Geistes*, in: Münchner Stadtzeitung, Wochenbeilage des Münchner Merkur vom 15.06.1956.

110 HAHN, A.: *Münchner Rokoko auf dem Schutthaufen*, in: Süddeutsche Zeitung vom 29.11.1952; KARL SPENGLER: *Prüfsteine Münchner Geistes*, in: Münchner Stadtzeitung, Wochenbeilage des Münchner Merkur vom 15.06.1956.

111 Vgl. SCHLEICH 1965; SCHLEICH 1978, S. 128; BRIX 1984, S. 33.

112 HAHN, A.: *Münchner Rokoko auf dem Schutthaufen*, in: Süddeutsche Zeitung vom 29.11.1952; SCHLEICH 1960; VITS 1998.

113 SCHLEICH 1978, S. 34 f.

114 BLfD, Akte „Städtische Baukunstkommission 1960–63".

115 Esterer leitete die Schlösserverwaltung; vgl. SPENSBERGER 1998; FLEISCHNER 1999.

116 VORHÖLZER 1946, S. 38–44.

117 HIMEN 1984, S. 29; HEMMETER 1995, S. 92.

118 EGGERT 1962.

119 LILL 1946, S. 22–24.

120 BRIX 1984, S. 34.

121 BLfD, Altakten Wiederaufbau München, Aktenvermerk von Johannes Taubert vom 27.05.1966.

122 KRIEG 1984, S. 58 f.

123 Ebd., S. 54–56.

124 SCHLEICH 1978, S. 103.

125 BURMEISTER 1997, S. 95–99.

126 ERDMANNSDORFFER 1970.

127 HEID 1984.

128 WACH, GERLINDE: *Gärtnertheater erhält Prunkfassade zurück*, in: Süddeutsche Zeitung vom 21.08.1980, S. 9.

129 RITZ 1957; PETER/WIMMER 1998.

130 KRIEG 1984, S. 59 f.

131 Ebd., S. 48

132 HAHN, A.: *Münchner Rokoko auf dem Schutthaufen*, in: Süddeutsche Zeitung vom 29.11.1952.

133 BLfD, Akte „Städtische Baukunstkommission 1960–63".

134 HEMMETER 1995, S. 92.

135 Süddeutsche Zeitung vom 01.12.1953.

136 BRIX 1984, S. 31.

137 Ebd., S. 34.

138 Das Werk Hermann Kaspars (1904–1986) und sein Einfluss auf den Wiederaufbau Münchens sind noch nicht ausreichend untersucht.

139 HIMEN 1984, S. 27 f.; BRIX 1984, S. 36–38; Aust. Kat. Aufbauzeit 1984, S. 116–123 (Katalog).

140 BLfD, Akte „Städtische Baukunstkommission 1960–63".

141 RITZ 1954b, unveränderter Nachdruck in: HEMMETER 1995.

142 WALTER 1998.

143 BRIX 1984, S. 33.

144 WALTZ, ELLY: *Damit unsere Städte nicht in Grau ertrinken ...*, in: Münchner Merkur vom 07./08.05.1955.

145 Architekt war Erwin Schleich, der ausführende Maler Richard Kunze; vgl. HAHN, A.: *Eine Fassade macht Freude*, in: Süddeutsche Zeitung vom 11.11.1955.

146 PRESSL 1970.

147 VILSER, OTTO: *Stadt sieht am Gärtnerplatz rot*, in: Süddeutsche Zeitung vom 12.09.1977, S. 15.

148 Denkmalschutz und Denkmalpflege in München 1999, S. 13 u. 41.

149 Etwa Christoph Hackelsberger: *München wird schöner* (1977), abgedruckt in: HACKELSBERGER 1981a, S. 37–42.

150 Etwa: Leopoldstraße 6, 67, 77, Am Kosttor 2.

151 Etwa: Richard-Wagner-Straße 15, Konradstraße 5, Tal 24, Deisenhofener Straße 59.

152 HUSE 1999, S. 13.

Relief der Haupt- und Residenzstadt München, von Johann Baptist Seitz, Franz von Seitz und Anselm Sickinger, 1850/63

Ensembles und Einzeldenkmäler der Stadt München (Mitte)

Hinweise zum Katalog

Die Liste der Baudenkmäler, Bodendenkmäler und Ensembles der Landeshauptstadt München, hier Bereich Mitte, gibt den Stand der letzten Aktualisierung vom 31. Dezember 2008 wieder. Da die Denkmalliste ein offenes Verzeichnis ist, muss bei zukünftigen Vorgängen des Denkmalschutzes der jeweils aktuelle Stand der Listenerfassung erfragt werden. Man findet diesen u. a. im BayernViewer-denkmal auf der Homepage des BLfD (www.blfd.bayern.de).

Die Bau- und Bodendenkmäler sind nach Straßenzügen und Nummern sortiert aufgelistet. In eckige Klammern sind Objekte gesetzt, die nicht als Denkmäler in die Denkmalliste eingetragen oder abgegangen sind, die aber für den Straßenzug, für einen Bautypus oder im Werk eines Künstlers eine Bedeutung haben. In eckige Klammern gesetzt und zusätzlich durch einen Stern markiert sind zwölf Gebäude, wobei zum Zeitpunkt der Drucklegung bei einigen Bauten eine unterschiedliche Auffassung zu den Denkmaleigenschaften zwischen BLfD und LH München besteht. Es handelt sich dabei um folgende Bauten: Brunnstraße 1 (bauliche Anlage mit besonderem Aussagewert); Herzogspitalstraße 11; Herzogspitalstraße 18; Kardinal-Faulhaber-Straße 5; Kardinal-Faulhaber-Straße 6 (bauliche Anlage mit besonderem Aussagewert); Ledererstraße 9; Ledererstraße 10; Maximiliansplatz 15; Maximilianstraße 11 (Fassade als bauliche Anlage mit besonderem Aussagewert); Sebastiansplatz 9; Tal 6; Tal 16.

Die im Katalogteil schwarzweiß abgedruckten Straßenkarten zeigen in dunkelgrauer Einfärbung die Baudenkmäler und mit gepunkteten Flächen die Gartendenkmäler, begrenzt auf die Objekte des Bandes München-Mitte. Als Grundlage für die Kartierung wurde die digitale Stadtgrundkarte verwendet, die von der Landeshauptstadt München im Juni 2007 freundlicherweise zur Verfügung gestellt wurde.

Die Umgrenzung und differenzierte Darstellung von Ensembles innerhalb des Bearbeitungsraumes ergibt sich aus den am Ende des Bandes abgedruckten farbigen Karten. Auf eine Beschreibung der Umgrenzung der Ensembles nach Adressangaben wurde verzichtet, um bei möglichen Änderungen von Straßennamen oder Hausnummern keinen veralteten oder verwirrenden Stand wiederzugeben. In der Karte sind neben den Einzeldenkmälern bestimmte, für das jeweilige Ensemble besonders aussagekräftige Elemente hervorgehoben, die am Ende eines Ensembletextes beschrieben sind. Sie dienen dazu, die Denkmalwerte innerhalb eines Ensembles nach Art. 1 Abs. 3 DSchG differenzierter zu bestimmen. Zu ihnen zählen Baudenkmäler, Straßen- und Platzbilder besonderer Bedeutung, historische Wasser- und Grünflächen.

Ensemble Altstadt München von Süden (im Vordergrund Gärtnerplatz); Luftaufnahme von 1996

Landeshauptstadt München

München-Mitte

Ensemble Altstadt München

Die Altstadt München, auf dem Grundriss der hoch- und spätmittelalterlichen Herzogstadt zur barocken Residenzstadt umgestaltet, im 19. Jh. als Haupt- und Großstadtkern überformt, kann als Ensembledenkmal gelten, weil der Wiederaufbau nach den Zerstörungen des Zweiten Weltkrieges mit Erfolg ihre Identität zu sichern versucht hat. Zur Umgrenzung dieses Ensembles geben, soweit noch erkennbar, die Hauptlinien der ehem. Stadtbefestigung Anhalte, gelegentlich auf den spätmittelalterlichen Verlauf reduziert, gelegentlich den barocken Linien folgend, oft, dem Grade der Verwischung entsprechend, dazwischen oder knapp davor.

Das älteste München liegt auf einer Niederterrasse, die sich zwischen beiden Hochufern der Isar bei allmählicher Eintiefung des Flussbettes und Verlagerung seines Wasserlaufes nach Osten durch Anschwemmung herausgebildet hatte. Ihr östlicher Rand zeichnet sich im „Petersbergl" deutlich ab. Die Bezeichnungen „der Anger" und „das Tal" erinnern an die entsprechend niedere Lage späterer östlicher und südöstlicher Stadtquartiere. Auf der rechten Seite der Isar ermöglicht eine Senkung des Hochufers zwischen der Au und Haidhausen unter Ausnutzung einer Insel den Übergang über den Fluss. Sobald die Salzstraße, die vorher bei Oberföhring die Isar kreuzte, diesen Übergang wahrnahm und damit durch Markt und Münzstätte die Ware Salz auf der hochwassersicheren Terrasse besitz- und handelsrechtlich verfügbar machte, konnte der Ort München in das Licht seiner individuellen Geschichte treten. Der Ursprung der neuen Brücken- und Marktzollstätte ist an die Gewalttat Heinrichs des Löwen gebunden, mit der er die bischöflich-freisingische Brücke zerstörte und die an Föhring haftenden Markt-, Zoll- und Münzrechte der bereits bestehenden Siedlung „Zu den Mönchen" übertrug. 1158 erhielt die Handlung die Genehmigung des Kaisers Friedrich Barbarossa. Über die neue Brücke zog jetzt der gesamte Salzhandel von Reichenhall und Hallein nach Schwaben, Südwestdeutschland und in die Schweiz. Im Fuhrverkehr bildete der Ort die erste Tagesrast nach dem Innübergang von Wasserburg; über die nächste Haltestelle, das zwei Jahre später – ebenfalls durch Heinrich den Löwen – gegründete Landsberg, erreichten die Transporte das welfische Schwaben. Dem Nord-Süd-Verkehr dienten die von Innsbruck über Mittenwald und Weilheim kommende „Rottstraße" sowie die Fuhrstraßen von Tegernsee und Tölz.

Die Neugründung der sich zur Stadt entwickelnden bürgerlichen Marktsiedlung ist im engsten Bereich nahe der Pfarrkirche St. Peter auf der vorspringenden Nase der Altstadtstufe zu suchen. Sie entstand auf kirchlichem Boden, auf Grund des Klosters Tegernsee oder Schäftlarn – die Stadt hat später den Mönch im Wappen. Die Geschichte der Siedlung „Zu den Mönchen" ist vor 1158 ungeklärt. Die Annahme einer dörflichen Altsiedlung südwestlich der ersten Stadtmauer, die später in die Stadt einbezogen wurde und dann Altheim hieß, ist hypothetisch.

Das neue München wurde sehr schnell mit Mauer und Graben umgeben, wobei Bäche, die links aus der Isar abzweigten, als Wassergräben den Siedlungsrand schützten. Schon etwa 1175 erscheint ein Aufseher über die Mauer. Die auf der Niederterrasse in einem von Vorsicht gebotenem Abstand zum Fluss angelegte Stadt bildet ein Oval, das, im Osten stark abgeflacht, die natürliche Hangtopographie zu Sicherungszwecken ausnutzt. Sparkassenstraße, Hofgraben, Schäfflerstraße, Augustinerstraße, Färbergraben, Rosental und Viktualienmarkt bezeichnen heute noch die äußeren Grenzen dieser ersten Stadtumwallung. Innerhalb der Mauern dehnt sich die breite Ost-West-Achse der Salzstraße in ihrem östlichen Teil nach Norden zum geräumigen Längsrechteck des Marktplatzes. Der Marktplatz lag also nicht im Mittelpunkt, sondern stark nach Osten gerückt. Mit seinem kleineren Ansatz, dem ehem. Kräutlmarkt, schob er sich dicht an das östliche Stadttor, das Talburgtor, heran. Der offenbar untergeordnete Nord-Süd-Verkehr berührte nur die Schmalseiten des Marktplatzes. Die Schrägführung Sendlinger Straße–Rosental ist eventuell geländebedingt. Die Kurvung des Rindermarktes und dessen Fortführung in die Dienerstraße könnte auf einem alten, Sendling und Schwabing verbindenden Landweg beruhen. Neu geplant dagegen scheinen die Parallelen der Wein-, Diener- und Burgstraße, der Landschaft- und Gruftstraße. Dem Außenrand der Siedlung ist der Zug vom Rindermarkt über die Fürstenfelder Straße zum Frauenplatz angepasst.

Ein neuer Zeitabschnitt begann, als 1180 das Herzogtum Bayern an die Wittelsbacher kam. Nach der Landesteilung von 1255 wurde München die Verwaltungszentrale Oberbayerns, auch Sitz einer landesfürstlichen Hofhaltung. Die Entwicklung von Fürstentum und Landesstaatlichkeit förderte den Aufstieg der Stadt, der auch im Neubau der Marienkirche seit der Mitte des 13. Jh. – 1271 zur zweiten Pfarrkirche erhoben – seinen Ausdruck fand. Für die erste Pfarrkirche, St. Peter, entstand ebenfalls ein vergrößernder Neubau. Die erste Stadtresidenz der Wittelsbacher, der Alte Hof, wurde der äußeren Nordostecke der Stadt angegliedert, eher abgesetzt, an den Außenseiten von Natur geschützt durch den Geländeabfall und den Pfisterbach, stadteinwärts aber mit dem Marktplatz und dem Osttor durch die Burgstraße verbunden. Abgliederung und zugleich Verbindung sind bis heute für das Verhältnis des Alten Hofs zur Altstadt charakteristisch geblieben.

Früh traten Bettelorden auf, als geistliche Gründungen entstanden sie außerhalb der Mauern: Das Franziskanerkloster, das zunächst am Unteren Anger lag, 1284 aber vor die alte nördliche Stadtmauer verlegt wurde; das Klarissinnenkloster, das dann seine Stelle einnahm; das Augustinerkloster (gegründet 1294). Als Spital ebenfalls in charakteristischer Weise außerhalb der Stadt und zudem an einem Wasserlauf, dem Stadtbach vor dem Talburgtor im Osten, war bereits seit 1208 das Heilig-Geist-Spital entstanden, eine bürgerliche Spitalgründung. Eine Stadterweiterung ist zur Zeit der Teilung der Pfarreien wohl schon im Gang gewesen und um 1285 begann die Stadtgemeinde mit einer Neubefestigung.

In dem Wachstum lassen sich planerische Züge erkennen. Die ost-westliche Hauptstraße wird Grenze der beiden Pfarreien. Parallel zu dieser Achse stehen die beiden Pfarrkirchen, vom Verkehr abgerückt. Dagegen liegen die Kirchen des Heilig-Geist-Spitals und der Augustiner der Hauptstraße unmittelbar ostwärts und westwärts an. Die Frauenkirche ist in einer Achsenbeziehung dem Alten Hof zugeordnet. Im Stadtplan markieren die geosteten Kirchen Achsenkreuz und Diagonale. Bei der ersten Stadterweiterung nach Mitte des 13. Jh. wurde das Heilig-Geist-Spital in die Umwehrung miteinbezogen, die neue Tal-Vorstadt dem Handelsverkehr zugunsten sehr breit gehalten. Die neue Befestigung verlief im Süden entlang der Westenriederstraße und bog dann im Zug des Radlstegs und der Hochbrückenstraße nach Norden ab. Bis etwa 1330 folgten Erweiterungen auch nach den anderen Richtungen; unter Ludwig dem Bayern wuchs der Umfang der Stadt auf vier Kilometer, ihr Flächeninhalt auf etwa das Sechsfache der Gründungsstadt. Im Südwesten, Westen und Norden schob man den neuen Bering in einer annähernd halbkreisförmigen Linienführung um rund 400 Meter vor den alten hinaus. Südöstlich des Sendlinger Tors setzte sich diese kreisförmige Umgrenzung der Erweiterung noch rund 300 Meter in die Isarniederung fort. Vom Angertor dagegen führte man die Stadtmauer in nahezu gerader Linie zum Ortsrand des Petersbergls. Die dort ansetzende Erweiterung gegen Osten beschränkte sich auf die beidseitige Bebauung des „Tals", die mit dem neuen Isartor dann doch so weit über das Tor am Kaltenbach hinausreichte, dass die Entfernung von diesem neuen Osttor zur Kreuzung der Hauptachsen am Marienplatz wieder die gleiche ist wie die von dort zum Neuhauser Tor im Westen. Die östliche Mauerfront im Nordteil der zweiten Stadterweiterung ist nicht mehr eindeutig feststellbar, da sie 1385 beim Bau der Neuen Veste verändert wurde.

Der neue Mauerring erhielt vier Haupttore und drei Nebentore. Haupttore waren im Osten das Isartor, im Norden das Schwabinger Tor, im Westen das Neuhauser Tor und im Südwesten das Sendlinger Tor. Davon sind das Sendlinger und Neuhauser Tor nur als Kulissen erhalten, allein das Isartor lässt noch einigermaßen den vollen Bestand seiner Baukörper erkennen. In der Gesamtanlage der Stadterweiterung sind Grundzüge geometrischen Planens ablesbar: Der Abstand des Neuhauser Tors zum Mittelpunkt der Kernstadt im Achsenkreuz westlich des Marktplatzes ist gleich dem Abstand des Sendlinger Tors und Isartors zu diesem Mittelpunkt, wobei sich der Abstand des Neuhauser Tors aus der Straßenverdoppelung nach Westen um den Durchmesser der Kernstadt ergab.

Im Grundriss der Stadterweiterung setzen sich die Hauptstraßen bis zu den neuen Toren fort, erhielten jedoch eigene Namen. Die Einteilung der inneren Stadt in vier Viertel wurde auch im Bereich der Stadterweiterung übernommen. Das Tal blieb als zusätzliches fünftes Viertel zunächst selbständig. Spätestens nach Mitte des 15. Jh. hat man den nördlichen Teil der Graggenau, den südlichen dem Angerviertel zugeschlagen. Im Tal erfolgte die Erweiterung vom Kaltenbach bis zum Isartor beiderseits nur in Blocktiefe. Sonst wählte man bei der Einteilung der neuen Quartiere annähernd rechteckige Blöcke, jedoch nicht nach einem starren Schema. An den Rändern zwang die Mauerführung zu dreieckigen oder trapezförmigen Baublöcken. Mit geringen Ausnahmen sind die Baublöcke größer als die der Innenstadt, die bereits Grundstückstiefen zwischen 20 bis 50 Metern aufwiesen. Die Grundstücke hatten eine durchschnittliche Breite von acht bis zehn Metern. Zur Erschließung der extrem tiefen Grundstücke dienten verschiedentlich sog. Durchgänge zwischen zwei parallelen Straßen.

Die Gliederung der einzelnen Stadtviertel erfolgte in unterschiedlicher Weise. Im nördlichen Teil der Graggenau entstand das Platzl, dessen schmälere Fortsetzung zum Kosttor führte. Der höher gelegene Teil der Graggenau wird in nord-südlicher Richtung durch die Vordere Schwabinger Gasse (jetzt Residenzstraße) unterteilt. Einen großen Teil des östlich davon gelegenen Blocks nahmen das Franziskaner-, das Ridler-Frauenkloster und das Pütrichkloster ein. Alle diese Klöster wurden Anfang des 19. Jh. aufgehoben und abgebrochen. Im neuen Teil des Kreuzviertels hat man die Straßen annähernd rechtwinklig zueinander angeordnet. Ein durchlaufender Straßenzug findet sich nur in Ost-West-Richtung: Fingergäßchen (jetzt Maffeistraße)–Promenadeplatz–Pfandhausgasse (jetzt Pacellistraße). Auf ihrem breiteren Teil errichtete die Stadt 1407 Salzstädel; nach ihrem Abbruch im Jahr 1780 wurde der Platz mit Bäumen bepflanzt und künstlerisch gestaltet. Den ganzen Block zwischen Neuhauser-, Ettstraße, Löwengrube und Augustinerstraße nahm das Augustinerkloster ein. 1480 legte man im Norden im Nahbereich der Stadtmauer einen neuen Friedhof für die Frauenpfarrei mit der Salvatorkirche als Gottesackerkirche an.

Die geringste Gliederung und damit die tiefsten Baublöcke weist das Hackenviertel auf. In Nord-Süd-Richtung wird das Viertel durch den Zug Eisenmannstraße–Damenstiftstraße–Kreuzstraße annähernd geradlinig durchschnitten, in Ost-West-Richtung durch die Züge Altheimer Eck–Herzogspitalstraße und Hacken-

straße–Brunnstraße–Josephspitalstraße. Auffällig sind die Unregelmäßigkeiten dieser Straßenzüge in ihren östlichen Teilbereichen, vielleicht Hinweis auf eine ältere Siedlung Altheim. Die Allerheiligenkirche am Kreuz wurde bei der Anlage des neuen Friedhofs für die Peterspfarrei 1478 erbaut. Ganz unregelmäßig ist die Erweiterung des Angerviertels. Die beiden nord-südlichen Straßenzüge, der Obere und Untere Anger, waren, wie schon ihr Name sagt, verhältnismäßig breit angelegt; ihr Verlauf wurde durch zwei offene Stadtbäche bedingt. Beide Straßenzüge hatten keine Verbindung zur Innenstadt; sie endeten schon an der Dultstraße bzw. am St.-Jakobs-Platz. Dieser große Platz wurde südlich von dem Angerkloster begrenzt; an seine Nordostecke schließt sich der kleinere Sebastiansplatz an.

Die Erweiterung der Stadt unter Ludwig dem Bayern konnte viereinhalb Jahrhunderte lang der Stadtentwicklung Raum geben und die bis 1800 auf etwa das Vierfache wachsende Einwohnerzahl aufnehmen.

Ihre bleibenden Symbole setzte sich in der zweiten Hälfte des 15. Jh. die Bürgerstadt durch die zwei bedeutendsten Bauwerke jener Zeit, durch die Frauenkirche als sakralen und das Rathaus als politischen Mittelpunkt der Stadt. 1505 wurde München alleinige Hauptstadt Bayerns. Die Führung des Gesamtlebens ging in die Hände der Fürsten, seit 1623 Kurfürsten über. Renaissance, Barock und Rokoko veränderten das Gesicht der Stadt, nicht aber ihren Grundriss. Durch die gesteigerte Bautätigkeit des Hofes begann eine Art Auszehrung der bürgerlichen Bausubstanz. Die ersten deutschen Museen entstanden mit der Kunstkammer und dem Antiquarium. Dem Bau des Jesuitenkollegiums und der Michaelskirche 1583–97 durch Herzog Wilhelm V. mussten an die 50 Häuser weichen, nicht viel weniger der 1596 vollendeten Wilhelminischen Neuveste, der Maxburg. Auch die neuen Residenzbauten der Herzöge Albrecht V., Wilhelm V. und Maximilian I. verdrängten zahlreiche Bürgerhäuser. Der große Kurfürst des Dreißigjährigen Krieges und der Gegenreformation errichtete die Mariensäule und seine Residenz. An dieser Residenz hat bis ins 19. Jh. fast jede Stilepoche gebaut. 1613 wurde der Hofgarten angelegt. Ein neuzeitlicher Befestigungsgürtel entstand zwischen 1619 und 1645. Drei Hofspitäler wurden im Zeitraum von wenigen Jahrzehnten errichtet: das Herzogspital (1576), das Rochusspital (1602) und das Josephspital (1626).

Die in der Barockzeit aufbrechende Frömmigkeit brachte eine Kette neuer Klostergründungen durch den Hof. Die Englischen Fräulein wurden 1627 an der Weinstraße angesiedelt, die Karmeliten an der heutigen Pacellistraße, die Salesianerinnen 1675 an der heutigen Damenstiftstraße, die Servitinnen 1727 an der Herzogspitalstraße, die Theatiner 1663 am Schwabinger Tor.

Vom späten 17. Jh. an ging eine große Zahl von Bürgerhäusern in adeligen Besitz über, vor allem im Kreuzviertel nördlich des Promenadeplatzes, an der Theatiner- und Residenzstraße.

1806 wurde München Haupt- und Residenzstadt des neu geschaffenen Königreiches Bayern. Es begann die Umgestaltung der barocken Residenzstadt zur Hauptstadt eines modernen Territorialstaates, zum Kern einer Metropole. Das bis dahin statisch in sich ruhende Gebilde, eingeschlossen und zusammengehalten von dem doppelten Ring der mittelalterlichen Stadtbefestigung und von dem Kranz der barocken Wallanlagen, öffnete sich in das Umland. Die Festungseigenschaft wurde bereits 1791 aufgehoben, es begannen die Arbeiten am Neuhauser Tor, jetzt Karlstor benannt. Das neue München wuchs außerhalb der Kernstadt. Die Altstadt selbst, in ihrem Kernbereich von den neuen Entwicklungen vorerst wenig berührt, öffnete sich nach Westen. An die Stelle der abgetragenen Befestigung traten hier neue, breite Straßenzüge und Alleen mit aufgelockerter, großzügig-schlichter Bebauung. Im Süden und Osten der Stadt unterblieb die Fortsetzung des breiten Straßengürtels, einmal, weil die städtebauliche Situation im Osten von vornherein weniger geschlossen war, z. B. durch die gewerbliche Nutzungsstruktur in den Isarauen, zum anderen, weil eine langjährige verfehlte Grundstückspolitik der Kurfürsten den Staat jetzt in die schwierige Lage versetzte, ehemals verschenkte Grundstücke in diesem Bereich um teures Geld zurückzukaufen.

Dem neuen Königreich gelang eine anspruchsvolle Selbstdarstellung in der endgültigen Gestaltgebung des in Jahrhunderten gewachsenen Komplexes der Residenz, in der Platzschöpfung des Max-Joseph-Platzes und vor allem mit der spektakulären Öffnung nach Norden in die Achse Odeonsplatz–Ludwigstraße. Mit der auf die Isar hin ausgerichteten Achse der Maximilianstraße erhielt dieser Bereich später eine urban-repräsentative Fortschreibung.

Zu einer Demonstration des im mittleren 19. Jh. zu politischer Geltung und wirtschaftlicher Kraft gekommenen Bürgertums wurde dann das Neue Rathaus, in drei Bauabschnitten von 1857–1908 auf dem Grund von 24 Häusern nach Plänen Georg von Hauberrissers mit seinem mächtigen, 80 Meter hohen Turm ins Zentrum der Stadt gestellt.

Abgesehen von diesem Rathausneubau ging der Historismus mit dem vorhandenen Altstadtgefüge relativ sorgsam um. Im Interesse einer Verkehrsdurchlässigkeit wurde die Altstadt an vielen Stellen „durchlüftet". Sämtliche innerstädtisch noch vorhandenen Tore wurden abgebrochen, die Baufluchten an diesen Engpassstellen gedehnt, sodass neue Achsen entstanden: die Kaufinger Straße ging über in die Neuhauser Straße, die Rosenstraße in die Sendlinger Straße, die Diener- in die Residenzstraße. Zahlreiche Straßen wurden aufgeweitet, z. B. Rosental und Rosenstraße, Oberanger, Dultstraße, Schmiedstraße, Maffeistraße, Weinstraße, Landschaftsstraße, Hackenstraße. Baulinienveränderungen erfolgten auch beim Augustinerstock, in der Löwengrube, in der Kaufinger und Neuhauser Straße. Straßendurchbrüche entstanden z. B. zwischen Oberanger und Rosenstraße mit der Pettenbeckstraße. Völlig neu geschaffen wurde die Sparkassenstraße über dem Pfisterbach. Abgelehnt wurden im Stadtrat wiederholt Abbruchanträge für die äußeren Stadttore, ebenso für den Turm der Heilig-Geist-Kirche und den Wilhelmsbogen über der Maxburgstraße.

Zentrale Funktionen, die der Verwaltungs- und Handelsstadt im Zuge ihrer Citybildung in verstärktem Maße oblagen, wurden in München in besonderer Weise architektonisch und städtebaulich ausgebildet, nämlich in einer Art heimisch-traditioneller Formensprache, die unter Verwendung von Stilelementen der deutschen Renaissance eine für die Stadt typische Ausdrucksform des Heimatstilgedankens gefunden hat. Dazu gehören z. B. die Platzfolge Kosttor–Platzl–Orlandostraße, der Dreifaltigkeitsplatz, der Viktualienmarkt, der Ruffiniblock, der Augustinerblock, das Künstlerhaus, das Kaufhaus Oberpollinger, das Polizeipräsidium, die Hauptfeuerwache, die Stadtsparkasse und das Stadtbauamt. Geordnet wurde das Verhältnis von kernbildender Altstadt zur Großstadtlandschaft sowohl im Hinblick auf den Grundriss wie vor allem im Hinblick auf das Relief durch die Staffelbauordnung Theodor Fischers von 1904.

Die Tatsache, dass die hier beschriebene Altstadt Münchens in der Gegenwart wesentlich bestimmende Elemente ihrer geschichtlichen Identität erfahrbar werden lässt, hängt nach ihrer Zerstörung im Zweiten Weltkrieg entscheidend mit der Art und Weise zusammen, in der sie wieder aufgebaut worden ist.

Die Silhouette der Altstadt München ist beharrlich die einer vorindustriellen Stadt. Ihre architektonischen Wahrzeichen verweisen auf ein städtisches Gemeinwesen bürgerlicher Prägung mit Überformung der Renaissance und des Barock. Trotz aller Veränderungen, Störungen und Zerstörungen ist die Altstadt in ihren Grundzügen als bürgerliches Gemeinwesen mit höfischer Vergangenheit zu erfassen. Die planmäßige Anlage des Spätmittelalters hat bis in die Gegenwart mit den Quartiersgliederungen, den Straßenverläufen, den Platzräumen und alten Grundstücksaufteilungen überdauert. Die Struktur der Münchner Altstadt wird immer noch bestimmt von den Volumen der großen herzöglichen Bauten und der königlichen Residenz aus der Zeit, in der sie sich als Metropole eines neu geschaffenen Flächenstaates darstellte, sowie von der Überformung des Historismus durch quasi „heimattümelnde Zellen" in einer für München charakteristischen Stilmischung aus Elementen der deutschen Renaissance und einer heimisch-traditionellen Formensprache aus der Zeit um die Jahrhundertwende.

Der Münchner Wiederaufbau griff bewusst die städtebauliche Tradition und Struktur des alten Münchens und seiner baulichen Eigenheiten auf. Zwischen den Traditionsinseln wurden die Baulücken architektonisch „neutral" gefüllt, d. h., durch Wahrung überkommener Dimensionen und Proportionen, durch Verwendung traditioneller Baumaterialien und Putztechnik und traditioneller Aufteilung von Wandfläche zu Öffnungen ist eine Art Identitätserhaltung gelungen, bei der sich stilistisch kunstgewerbliche Bescheidenheit bis hin zu einer Art „Nichtarchitektur" zurücknimmt. Dieser Münchner Wiederaufbau vollzog sich unter zwei Voraussetzungen: zum einen dem unmittelbar nach Kriegsende durch den Stadtrat gefassten Beschluss, die Altstadt gleich dem bisherigen Stadtbild wieder entstehen zu lassen, zum anderen der Tatsache, dass in Bayern – im Gegensatz zu anderen deutschen Ländern – ein Wiederaufbaugesetz nicht erlassen wurde. Für München bedeutete dies zudem, dass man am Staffelbauplan Theodor Fischers von 1904 auch weiterhin festhielt. Das Bekenntnis zum alten Stadtbild und damit zu einem konservativen Wiederaufbau war in der unmittelbaren Nachkriegszeit durchaus nicht selbstverständlich. Damals stand sich die Haltung der Modernisten, die an die Ideen des Neuen Bauens der zwanziger Jahre anknüpfen wollten – zum Teil mit dem weltanschaulichen Anspruch, über eine Neuordnung und Neugestaltung der zerstörten Städte nach modernen Gesichtspunkten die Hypothek des Dritten Reiches überwinden zu können – der Haltung der Traditionalisten utopisch und hart gegenüber. Der Umstand, dass ein Wiederaufbaugesetz fehlte, sollte sich im Wiederaufbau bei den geringfügigsten städtebaulichen Eingriffen als kaum überwindbarer Hemmfaktor erweisen. Baulinienveränderungen und Baulandumlegungen führten in der Praxis zu komplizierten und langwierigen Verhandlungen zwischen Stadt und Eigentümern. Hierdurch war der Konzeption und der Verwirklichung des Wiederaufbaus der Rahmen gegeben: Bereits in der zweiten Sitzung des Stadtrats nach dem Zweiten Weltkrieg, am 9. August 1945, gab Stadtbaurat Karl Meitinger eine allgemeine Übersicht über Ziele und Prinzipien der Stadtplanung, niedergelegt in der Schrift „Das neue München. Vorschläge zum Wiederaufbau". Dieser erste und einzige grundsätzliche Entwurf zu Fragen des Wiederaufbaues in München seitens der Stadtplanung wurde im Wesentlichen nur durch Stellungnahmen der Denkmalpflege gestützt und ergänzt, die sich frühzeitig in den Wiederaufbauprozeß einschaltete, wobei die selbstverständliche Verwendung des Begriffes „Wiederaufbau" bereits die Tendenz der Zielsetzungen andeutete. Generell lautete die Konsequenz: Die Wiederherstellung des alten Stadtbildes verlangt die Wiederherstellung ihrer Monumentalbauten. Meitinger entwickelte seine Gedanken zur Neugestaltung des gesamten Stadtgebietes unter aufeinander abgestimmten wirtschaftlichen, sozialen und architektonischen Gesichtspunkten. Die Idee ging unter anderem dahin, den übermäßigen Verkehr von der Altstadt abzuleiten und durch Verlegung der großen Unternehmen und Ämter an einen Park- und Verkehrsring um die Altstadt den Durchgangsverkehr in dieser möglichst zu verringern. Damit wurde also eine Dezentralisierung städtischer Funktionen angestrebt.

Dem Konzept von Karl Meitinger sind folgende Prinzipien zu entnehmen: erstens aus dem Bekenntnis zum historischen Erscheinungsbild der Altstadt die Entscheidung zum Wiederaufbau oder zur Rekonstruktion ihrer historischen Wahrzeichen; zweitens die Wahrung des historischen Stadtgrundrisses in seinen Straßen- und Platzräumen; drittens die „Dehnung" der Straßen mittels Zurückversetzen von Baufluchten aus Verkehrserfordernissen heraus anstatt der Einrichtung neuer Straßenzüge und Achsen; wo erhaltenswerte Gebäude die alten Baulinien markieren, werden Arkaden eingebaut; viertens die „Dehnung" von kleineren Straßen nur in ihrem Binnenraum unter Beibehaltung der Engen an ihrem Anfang und Ende, sodass Blickbezüge in der ursprünglichen Enge des Ausschnitts erhalten bleiben; die Steigerung alter Blickbezüge durch Schaffung neuer Platzbildungen vor wichtigen Baudenkmalen, d. h. eine Art Inszenierung dieser Baudenkmale; fünftens die Beibehaltung der Bauhöhen, wie sie durch die Staffelbauordnung festgelegt wurden; und schließlich sechstens die Einrichtung von Arkaden und Passagen zur Entmischung von Fußgänger- und Fahrverkehr.

Auffällig und kennzeichnend an diesen Vorschlägen ist, dass sie sich grundsätzlich an das bereits im Historismus in München praktizierte Verfahren anschließen, den historischen Stadtgrundriss zu schonen und lediglich durch „Dehnung" von Straßen- und Platzräumen und durch Zurückverlegen von Baufluchten eine größere Verkehrsdurchlässigkeit zu erzielen. Realisiert wurden im Münchner Wiederaufbau von Meitingers Vorschlägen im Wesentlichen: die Neugestaltung des Marienplatzes durch Rückversetzung der südlichen Baulinie und Zurücknahme der Baulinien an der Nordostecke sowie durch Einbau von Arkaden an dieser Ecke und an der westlichen Platzwand; an der Südseite wurde auf Arkaden verzichtet. Die durch die Altstadt führenden Nord-Süd- und Ost-West-Achsen wurden geweitet: die südlichen Baulinien der Kaufinger- und Neuhauser Straße wurden zurückgesetzt, in älterem Baubestand Arkaden eingefügt; Arkaden entstanden auch beim Karlstor; entscheidend zurückgenommen wurde die Baulinie des Sparkassenneubaus im Tal gegenüber der Heilig-Geist-Kirche. Die Theatinerstraße erfuhr an ihrer Ostseite insgesamt eine Verbreiterung, an der Westseite unmittelbar vor der Theatinerkirche. Zurückgesetzt wurde die östliche Baulinie der Rosenstraße; die Einmündung des Rindermarktes in den Marienplatz wurde verbreitert.

Zu entscheidenden städtebaulichen Veränderungen kam es im Angerviertel: Um eine direkte Verbindung zum Sendlinger-Tor-Platz zu erzielen, wurde die Blumenstraße westlich der Blumenschule durchgebrochen und mit dem über die ehem. Raspstraße umgelegten und insgesamt verbreiterten Oberanger verbunden, der auch den südlichen Teil der Pettenbeckstraße ersetzt. An Stelle des ehem. Oberangers liegt jetzt der Roßmarkt, ohne Verkehrsdurchgang zum Oberanger. Die ehem. Bebauung zwischen Klosterhofstraße und Ignaz-Günther-Haus am St.-Jakobs-Platz wurde abgebrochen; mit der Neubebauung entstanden neue Strukturen.

Um die Verbindung zwischen Promenadeplatz und Perusastraße zu verbessern, wurde die südliche Baulinie der Maffeistraße zurückgenommen und in das Eckhaus zur Windenmacherstraße wurden Arkaden eingebaut; verbreitert wurde auch die Windenmacherstraße und das sich westlich anschließende Stück der Löwengrube. Binnenräumlich erweitert wurden die kurze Sporer- und Filserbräustraße östlich des Doms.

Die historischen Grundstücksstrukturen wurden weitgehend gewahrt, abgesehen von Neubauprojekten wie der Neuen Maxburg oder dem Stadtsteueramt an der Joseph-Spital-/Herzog-Wilhelm-Straße. Um die oft sehr tiefen Bebauungsblöcke für den Fußgängerverkehr durchlässig zu machen, wurden zahlreiche Passagen eingerichtet, so vor allem im Bereich zwischen Residenz- und Theatinerstraße, zwischen Theatiner- und Kardinal-Faulhaber-Straße, zwischen Tal und Ledererstraße und zwischen Rindermarkt und Rosental.

In der Praxis wurde der Wiederaufbau bestimmt durch einen selbstverständlichen Traditionalismus, der bei den sakralen und profanen Monumentalbauten – nach einer Phase der Instandsetzungsarbeiten – rekonstruierende Tendenzen förderte, stark getragen und gestützt durch Initiativen aus der Bürgerschaft. Als erste der zerstörten Münchner Kirchen wurde die Bürgersaal-Kirche bereits 1945/46 wiederhergestellt, gleichzeitig der Wiederaufbau des Doms, von St. Peter, Hl. Geist, der Theatiner- und Michaelskirche in Angriff genommen. Von den zwölf stark oder weniger stark beschädigten Kirchen der Altstadt wurde nur eine ganz abgebrochen, die Josephspitalkirche, an deren Stelle 1953/54 das Stadtsteueramt als Neubau entstand; eine weitere wurde zwar abgebrochen, aber als Neubau wieder errichtet: St. Jakob am Anger 1955/56; in den Neubau der Herzogspitalkirche von 1954 wurde der alte Turm integriert.

Der eigentliche Wiederaufbau, nicht mehr geprägt durch Material- und Arbeitskräftemangel aus der unmittelbaren Nachkriegszeit, vollzog sich in dem angesichts der umfangreichen Kriegszerstörungen erstaunlich kurzen Zeitraum zwischen etwa 1950 und 1958, wobei das Jahr des 800-jährigen Stadtjubiläums als wesentlicher Antriebsfaktor anzusehen ist. Die Häuser, die in dieser Zeit genehmigt wurden, sollten nach den Vorstellungen des Stadtbauamts nicht durch Stahlbeton und Glas geprägt sein, sondern ein „gutbürgerliches Aussehen" erhalten. Eine Bemalung der Vorderfronten wurde angestrebt. Das Ergebnis dieser konservativen Grundhaltung zeigt sich am deutlichsten an der Südwestseite der Weinstraße, an der Westseite der Theatinerstraße, in der Residenzstraße und Burgstraße (ehem. Städtisches Wohnungsamt). Hier ist den glatten Putzbauten eine architektonische Gliederung aufgemalt oder in Kratzputzornamentik oder Keramikplattenverkleidung eine Gestaltung in einfachen grafischen Formen gegeben. Der sog. Münchner Stil ist durch kunstgewerbliche Bescheidenheit und Neutralität charakterisiert.

Was strukturelle Veränderungen im historischen Stadtkörper anbetrifft, so sind zu nennen – neben der bereits beschriebenen veränderten Verkehrsgestaltung im Angerviertel und der dort vorgenommenen Neubebauung unter Verzicht auf die historische Grundriss- und Aufrisssituation – einmal die Schaffung eines neuen Platzes am Rindermarkt, zum anderen die Verlegung der Schrammerstraße nach Norden, um sie in die Achse Maffeistraße–Hofgraben einzufädeln, und schließlich der Verzicht auf eine Wiederbebauung des Areals nördlich des Neuen Rathauses, also die Auflösung der Bebauung an der ehem. Landschaftsstraße und Gruftstraße.

Die Altstadt Münchens erfuhr nach dem Abschluss der ersten Wiederaufbauphase um 1960 erhebliche Eingriffe in das Stadtbild. Es entstanden Ergänzungen an Stellen, die zuvor nicht bebaut waren, vor allem aber wurden Bereiche und Bauten ein zweites Mal überarbeitet oder neu errichtet und dadurch oftmals gravierend verändert. Zum Olympiajahr 1972 sperrte man zentrale Straßenzüge für den Verkehr und schuf dauerhaft die Fußgängerzone. Schon zuvor war das Roman-Mayr-Haus am Marienplatz abgebrochen worden und bis 1972 wurde hier in modernen Formen ein Kaufhausbau neu errichtet. Zu gleicher Zeit entstanden mit dem Rathausturm am Alten Rathaus und dem Theatinerhof an der Theatinerstraße rekonstruierende Neubauten in der Altstadt.

Zu weiteren Eingriffen kam es in den folgenden Jahren im Quartier zwischen Theatinerstraße und Kardinal-Faulhaber-Straße mit der Anlage der Fünf Höfe und durch die Entkernung der ehem. Staatsbank an der Kardinal-Faulhaber-Straße. An der Falckenbergstraße entstand das neue Probengebäude der Kammerspiele, am Marstallplatz die Erweiterung des Nationaltheaters. Der Bereich Marstallplatz/Alfons-Goppel-Straße wurde insgesamt städtebaulich neu geordnet. Auch am St.-Jakobs-Platz und Oberanger kam es zu einer städtebaulichen Neuordnung insbesondere durch die Errichtung des Jüdischen Zentrums. An der Blumenstraße wurde die Schrannenhalle mit ihrer historischen Eisenkonstruktion wieder errichtet. Zahlreiche schlichte Nachkriegsgebäude wurden dabei durch Neubauten ersetzt, so auch bei der Bebauung des Alten Hofes oder beim Neubau des Schäfflerblocks.

Als prägende Elemente des Ensembles Altstadt München sind zu nennen:

1. Baudenkmäler

Alfons-Goppel-Straße 11, Altenhofstraße 4, Alter Finanzgarten, Alter Hof 2, 3, Altheimer Eck 5, 6, 9, 13, 15, Am Einlaß 1, 3a, 4, Am Kosttor 1, 2, 3, Amiraplatz 1, 1a, An der Hauptfeuerwache 4, 8, 15, Angertorstraße 1, 2, 3, 5, Augustinerstraße 2, 3, Blumenstraße 1, 3, 7, 11/13, 22, 23, 26, 28/28a/28b, 29, 31, 32, 35, 36, 37, 43, Bräuhausstraße 8, Brienner Straße 1, 5, 7, 9, Brunnstraße 5, 7, 9, 11, Burgstraße 2, 3, 4/Sparkassenstraße 5, Burgstraße 5, 6, 8, 10, 12, Damenstiftstraße 1, 3, 4, 6, 8, 11, 12, 16, 18, Dianatempel, Dienerstraße 14/15, 16, 17, 18, 19, 22, Dreifaltigkeitsplatz 1, 2, 3, 4, Ettstraße 2/4, Färbergraben 11, 14, Falckenbergstraße 2, 9, Falkenturmstraße 2, 8, 12, 14, Feldherrnhalle, Franz-Josef-Strauß-Ring 1, 5, hinter 5, Frauenplatz 1, Frauenstraße 4, 6, 8, 9, 10/12, 11, 13, 14, 15, 16, 18, 19, 20, 22, 26, 28, 34, 36, 38, 44, Fürstenfelder Straße 13, Galeriestraße (Ostende), 2/2a/2b/4/4a/6/6a, 8/10, Hackenstraße 3, 4, 5, 6, 7, 8, 10, Hartmannstraße 1, 8, Heiliggeiststraße 2a, 6, Herrnstraße 21, 36, Herzog-Rudolf-Straße 9, Herzogspitalstraße 1, 5, 7, 8, 9, 10, 12, 14, 16, 20, Herzog-Wilhelm-Straße 7, 11, 17, 29, 31, Hildegardstraße 3/5, 8, Hochbrückenstraße 7, 14, 16, 18, 20, Hofgarten, Hofgartenstraße 2, Hofgraben 1a, 4, Hotterstraße 13, 18, Isartorplatz, Josephspitalstraße 2, 4, Jungfernturmstraße, Kardinal-Faulhaber-Straße 1, 7, 10, 12, 14, 14a, 15, Karlsplatz 7/8/10/11, Karlstor, Karmeliterstraße 1, Kaufingerstraße 8, 10, 11a, 14/16, 24, 28, Kreuzstraße 1, 10, 15, 23, 27, Ledererstraße 3, 5, 7, 14, Lenbachplatz, Lenbachplatz 8, Löwengrube 18, Löwenturm, Ludwigstraße 1, 2, 3, 5, 7, 9, 11, Maderbräustraße 2, 4, Maffeistraße 4, Marienplatz, Marienplatz 1, 2, 8, 15, 21, Marienstraße 2, 10, 18, 21, Marstallplatz, Marstallplatz 4, Maxburgstraße 1, 2, 4, Maximiliansplatz 12a, 18, bei 18, 19, Maximilianstraße 2, 6/8, 10/12/14/16, 15, 17/19, 18, 21, 22/24, 29, 32, 33, 34, 36, Max-Joseph-Platz, Max-Joseph-Platz 1, 2, 3, Müllerstraße 10, 12, 22, 24, 32, 34, 40, 42, 44, 56, Münzstraße 2, Neuhauser Straße, Neuhauser Straße 2, 6, 8, 10, 14, 16, 17, 18, 20, vor 20, 25, 27, 31, 33, 35, 37, Neuturmstraße 1, 3/3a, Oberanger 9, Odeonsplatz, Odeonsplatz 1, 3, 4, 5, 6/7/8/9/10/11/12/13/14/15/16/17/18, Orlandostraße 2, 3, 4, 6, Pacellistraße 1/5, 12, 16, Perusastraße 5, Petersplatz 1, 8, 9, 10, Pfisterstraße 3, 4, 5, 6, 7, 8, 9, 10, 11, Platzl 1a, 2, 3, 4/4a, 5, 6, 7, 9, Prälat-Miller-Weg 1, Prälat-Zistl-Straße 4, 6, 14, Prannerstraße 1, 2, 7, 9, 10, 13, Promenadeplatz, Promenadeplatz 2, 6, 7, 9, 12, 13, 15, Radlsteg 2, Residenzstraße 1, 2, 3, 10, 13, 16, 17, 24, 25, 26, 27, Rindermarkt 1, 10, Rochusstraße 5/7, Rosenstraße 6, Rosental 1, 16, Roßmarkt 8, 15, Rumfordstraße 1, 23, 25, 27, 29, 31, 37, 43, Salvatorplatz 1, 2/2a, 3, Salvatorstraße 11, 17, Sebastiansplatz 3, 4, 5, 6, 7, 8, 11, Sendlinger Straße 1, 2, 3, 4, 8, 10, 11, 14, 27, 29/31, 30, 32, 33a, 34, 35, 41, 43, 45, 49, 50/52, 54, 56, 60, 62, Sendlinger-Tor-Platz 10, 11, 14, Sparkassenstraße 1, 2/4, 3, 5, 11, St.-Jakobs-Platz 1, 20, Sterneckerstraße 2, Stollbergstraße 9, 11, 12, 13, 14, 15, 17, 18, 20, 22, Tal 4, 7, 18, 19, 20, 21, 24, 26, 28, 38, 41, 43, 50, Theatinerstraße 7, 8, 22, 23, 32, 38, Thomas-Wimmer-Ring 1/1a, Unterer Anger 1/2, 3, 4, 8/9, 15, 16, Utzschnei-

derstraße 2, 4, 5, 6, 8, 10, 12, 14, Viktualienmarkt 2, 4, 5, 8, 14, Weinstraße 3, 4, 11, Westenriederstraße 13, 14, 15, 16, 18, 20, 21, 23, 27, 27a, 29, 31, 37, 43, 45, 47.

2. Straßen und Platzbilder von besonderer Bedeutung

Damenstiftstraße. Die Damenstiftstraße ist mittlerer Abschnitt des einzigen von Süden nach Norden verlaufenden Straßenzugs innerhalb des Hackenviertels, das im Zuge der zweiten Münchner Stadterweiterung um 1300 entstand. Der kurze und geradlinige Abschnitt steht beispielhaft für das rechtwinklige Straßensystem in diesem spätmittelalterlichen Quartier und ist in seiner historischen Bebauung fast ungestört erhalten. Das Straßenstück in das von Süden der Turm der Kreuzkirche hineinragt, ist auf der Westseite mit viergeschossigen bürgerlichen Wohnhäusern und einem Palais bebaut, die Ostseite ist durch den lang gestreckten Trakt des ehem. Damenstifts bestimmt, nördlich von der Damenstiftskirche St. Anna abgeschlossen. Die strenge Parallelstellung der gleich hohen Straßenwände, die starke Geradlinigkeit der Baufluchten, die konsequente Traufseitbebauung, die in etwa parallelen Dachabschlüsse und Fensterreihungen vermitteln einen starken Eindruck von Geschlossenheit. Die Bebauung steht vorwiegend im Übergang vom Spätbarock zum Frühklassizismus. Jüngere Bauten, spätklassizistisch oder im Stil der Neurenaissance vom Ende des 19. Jh. fügen sich in den klassizisierenden Formenkanon. Typisches Beispiel für die innerhalb des Hackenviertels nur vereinzelt auftretenden Palais ist das der Lerchenfeld, eine große, symmetrische Anlage mit vorgezogenem Mittelrisalit, erbaut 1726 und Beispiel eines Münchner Privathauses, das zwischen höfischer und bürgerlicher Haltung anzusiedeln ist.

Dreifaltigkeitsplatz. Der Dreifaltigkeitsplatz ist ein kleines Platzgebilde, das auf unregelmäßigem spätmittelalterlichem Grundriss eine Aufrissbebauung zeigt, in der eine städtebauliche Durchgestaltung im Sinne der romantisch-historisierenden Stilrichtung des späten 19. Jh. versucht ist. Innerhalb des Platzes, der teilweise den im 15. Jh. hierher verlegten Begräbnisplatz des Heilig-Geist-Spitals umschreibt, stießen ehemals Strohammerbach und Fischerbach zueinander. Der historisch gewachsenen Unregelmäßigkeit des Platzes kommt die Architektur mit ihrer Auffassung von Asymmetrie in malerischem Sinn entgegen.

Kern des Graggenauer Viertels. Zu dem Bereich um den Alten Hof, die älteste Münchner Residenz, die unter den Wittelsbachern in der Mitte des 13. Jh. entstand, gehört auch die die ehem. Hofburg erschließende Burgstraße als Zugangsstraße von Süden nach Norden. Die schon im Mittelalter relativ breit angelegte Burgstraße ist eine der Straßen des ersten Münchner Stadtkerns, wie auch der Alte Hof in die Anlage des ältesten Befestigungssystems miteinbezogen war. Die Hofburg, hinausgeschoben an die Nordostecke dieses Stadtkerns und geschützt von Pfisterbach und Hofgrabenbach, bot den Stadtherren nach zwei Seiten ungehinderten Ein- und Ausgang. Die Burgstraße verbindet die Vierflügelanlage des Alten Hofs mit dem Marktplatz. Der leicht gekrümmte Straßenzug steigt von Süden nach Norden leicht an und mündet im hochragenden Torturm des Alten Hofs. In geschlossener Bebauung folgen die Baufluchten und Hauswände der leichten Krümmung. Auf mittelalterlichem Grundriss ist in der Aufrissbebauung der historische Altstadtcharakter gewahrt, wobei der ursprünglich spindelförmige Grundriss im 19. Jh. in seinem südwestlichen Teil leicht verbreitert wurde. Der die Ledererstraße überbrückende Schlichtingerbogen vermittelte den unmittelbaren Verkehr der Burg ins Gries. In dessen Nähe befindet sich das Zerwirkgewölbe, ein aus dem 13. Jh. stammendes und spätmittelalterlich erneuertes Gebäude mit gewölbten Räumen.

◁ Ensemble Altstadt München:
Damenstiftstraße von Südosten; Luftaufnahme
von 1983 (oben);
Graggenauer Viertel von Südosten; Luftaufnahme
von 1996 (Mitte);
Hackenstraße von Süden; Luftaufnahme von 1983
(unten)

Der Bereich um das Platzl besteht aus einer
sukzessiven Folge von Straßen- und Platzräumen, die auf spätmittelalterlichen Grundrissen und mit Grundrissveränderungen des
19. Jh. entstand und deren Aufrissbebauung
eine städtebauliche Durchgestaltung im Sinne
einer romantisch-historisierenden Stilauffas-
sung des späten 19. Jh. erfahren hat. Von Süden nach Norden folgen auf den geraden Straßenzug der Orlandostraße der unregelmäßige
Bereich des Platzl und schließlich die unregelmäßige Dreiecksplatzbildung Am Kosttor. Die
Orlandostraße, ursprünglich als Seeriedergäß-
chen bezeichnet, ist ein Straßenzug aus der
ersten Münchner Stadterweiterung innerhalb
der zwischen 1255 und 1271 entstandenen Talstadt und lässt mit ihrer Längenentwicklung
das Maß einer Altmünchner Grundstückstiefe
erkennen. Nordwestlich des ehem. Seerieder-
gäßchens, am Zusammenschluß von Münz-
und Bräuhausgasse, wurde als Nordtor der
Talstadt das Graggenauer Tor errichtet. Aus
einer Weggabelung vor dem Graggenauer Tor
entwickelte sich das „Platzl", später ein unregelmäßig trapezförmiger Platz. Mit der zweiten Stadterweiterung um 1300 wurde im Norden der Talstadt die Graggenau in die erweiterte Befestigung miteinbezogen; das neue Graggenauer Tor wurde fast bis zur späteren Maximilianstraße hinausgerückt und bekam im
Lauf der Zeit von einer dort ansässigen Familie Wurzer den Namen Wurzertor. 1449 machte der Patrizier Martin Riedler eine Stiftung für
sechs bedürftige Personen, die hier unentgelt-
lich verköstigt wurden. Der Name blieb dem
Tor. Das Kosttor, auch Brottor genannt, wurde
1872 abgebrochen. Der Platz, der sich vor dem
Kosttor gebildet hatte, wurde 1872 durch
Baulinienveränderung nach Norden hin verschoben.
Die Orlandostraße ist ein gerader Straßenzug,
dessen Ostseite im 19. Jh. um drei bis fünf Meter verbreiternd zurückgesetzt wurde. Die Geschlossenheit der Aufrissbebauung, vor allem
der Ostseite, die 1872 in klassizistischer Tradition mit viergeschossigen Mietshäusern gestaltet wurde, die ausgewogene Proportion von
Geschosshöhen zu Straßenbreite, die perspek-
tivische Wirkung infolge einer optischen Beto-

nung der Horizontalen mit Hilfe gleicher Trauf- und Gesimshöhen, der Kontrast zum nördlich sich verbreiternden Platzl, das alles lässt den kurzen Straßenzug stark raumbildend wirken. Seinen Blickabschluss erhält er im Norden mit dem städtebaulich geschickt platzierten Orlandohaus. Das Platzl beginnt in leichter Verengung durch das von Osten eingerückte Hofbräuhaus, einem mächtigen Satteldachbau mit Schweifgiebel zur Bräuhausstraße hin und massigen Arkaden und Rundbögen zur Platzseite. Die westliche Platzseite ist in ihrer Bebauung geprägt durch die Proportionen und Dimensionen Altmünchner Bürgerhäuser, von denen zwei den Haustyp des 16. Jh. repräsentieren, als schmalachsige Traufseitbauten mit steilem Dach und den charakteristischen „Ohrwascheln". Die restlichen Platzseiten stellen mit ihrer Neubebauung des späten 19. Jh. einen malerischen Zusammenhang her. Der dreieckige Platz Am Kosttor, im Mittelpunkt den Wolfsbrunnen von 1904, nimmt die malerische Architekturauffassung zum Teil auf, ist aber auch schon durch Rück-

Ensemble Altstadt München, Kardinal-Faulhaber-Straße von Nordwesten; Luftaufnahme von 1996

fronten von zur Maximilianstraße gehörigen Gebäudekomplexen geprägt. In den drei städtebaulichen Einheiten Orlandostraße, Platzl und Am Kosttor werden nacheinander wechselnde Raumerfahrungen und Blickbezüge wirksam.

Hackenstraße–Brunnstraße. Die Hacken-/Brunnstraße ist ein in ost-westlicher Richtung verlaufender Straßenzug innerhalb des Hackenviertels, das im Verlauf der zweiten Münchner Stadterweiterung um 1300 entstand. Ein Straßenzug „Hack" ist zum ersten Mal 1371 bezeugt, später lieh er dem ganzen Viertel den Namen. Die Brunngasse erhielt ihren Namen von einem in der Nähe gelegenen Hirtenbrunnen und erinnert damit an Tier- und Viehhaltung auf den ehem. Freiflächen des im Mittelalter sonst stark von Gewerbe geprägten Viertels. Mit dem scharf rechtwinklig geknickten Straßenzug war die einzige Ost-West-Verbindung zwischen Sendlinger Straße und Hackenviertel hergestellt; der Knick wird durch Vorgegebenheiten eines älteren Siedlungsbereichs „Altheim" nördlich der Straße erklärt. Das ursprünglich sehr schmale Hacken-Gäßchen wurde im 19. Jh. durch Zurücksetzen der südlichen Baufluchten erweitert. Der infolge der hochwandigen Anfangsbebauung immer noch relativ schmal wirkende Straßenzug der Hackenstraße zweigt in leichter Krümmung von der Sendlinger Straße ab und mündet nach rechtwinkligem Knick in die Brunnstraße. Die meist viergeschossige Bebauung ist geschlossen, der Struktur nach gemischt. Im Ostabschnitt, in der attraktiven Lage zur Sendlinger Straße, finden sich repräsentative Wohn- und Geschäftsbauten. Westlich nach der Einmündung der Hotterstraße befindet sich eine der letzten Gruppen charakteristischer bürgerlicher Wohnhäuser des 18. Jh. innerhalb der Altstadt.

Kardinal-Faulhaber-Straße. Die Kardinal-Faulhaber-Straße (früher Vordere Prannergasse und Promenadestraße) markiert einen nord-südlich verlaufenden Straßenzug aus der zweiten Altstadterweiterung Münchens um 1300 und verweist durch ihr rechtwinkliges Einmünden in den Promenadeplatz auf das annähernd rechtwinklige Straßenzuordnungsschema im damals erweiterten Kreuzviertel. Der sich nördlich anschließende und städtebaulich zugehörige Bereich um den Salvatorplatz war im Spätmittelalter durch einen Stadtmauerzug von der Altstadt abgetrennt. Er entstand 1480, als man im Norden hinter der Stadtmauer einen neuen Friedhof für die Frauenpfarrei mit der Salvatorkirche als Gottesackerkirche anlegte.

Der leicht gekrümmte Straßenzug der Kardinal-Faulhaber-Straße, bei der Einmündung in den Promenadeplatz sich leicht verengend und mit deutlichem Blickbezug nach Süden auf die Türme der Frauenkirche, vermittelt im Aufrissbild einen intensiven Eindruck von Geschlossenheit, einen im Verhältnis zum schmalen Straßenprofil optisch gesteigerten hochwandigen Charakter bei starker plastischer Durchgliederung fast sämtlicher Fassaden. In der gedrängten Dichte und nahtlosen Aufreihung barocker Adelspalais und neubarocker Banken wird eine signifikante Nähe von Repräsentanz sowohl traditionsreicher, wenn auch nicht ganz aristokratischer Provenienz als auch gründerzeitlicher Erfolgsquoten aus dem Bankgewerbe optisch wirksam.

Ganz andere bauliche Strukturen zeigt der Salvatorplatz. Mit dem von Osten her in den Platz eingerückten Kopfbau des ehem. Theatinerklosters beginnt ein Bauabschnitt, der wesentlich durch den lang gestreckten, schlichten und relativ niedrigen Westtrakt des ehem. Klosters bestimmt wird und dadurch optisch beruhigt erscheint; dem frühbarocken Klostertrakt gegenüber der spätgotische Backsteinbau der Salvatorkirche. Nördlich der Kirche, freistehend, gleichzeitig eine platzartige Situation schaffend, ein Schulbau von 1887 (jetzt Literaturmuseum) in italienischer Renaissance. Der Salvatorplatz wird nach Norden durch Geschäftshäuser am Amiraplatz optisch geschlossen. Es zeigt sich in diesem Bereich eine starke Mischung in Nutzung, Bautypen und Entstehungszeit der Bauten.

Kreuzstraße. Innerhalb des Hackenviertels, das im Zuge der zweiten Münchner Stadterweiterung um 1300 entstand, ist die Kreuzstraße südlicher Abschnitt der einzigen Nord-Süd-Verbindung in diesem Quartier. Die Barockisierung der sich nördlich anschließenden Damenstiftstraße (s. dort), zu der die Kreuzstraße leicht versetzt liegt, hat diesen Abschnitt nicht erreicht. Er hat vielmehr den Charakter einer innerstädtischen Nebenstraße gewahrt, der stark durch den Nähebereich der Stadtmauer vorgegeben war. So entstand um 1480 an der Westseite der Kreuzstraße die Allerheiligenkirche am Kreuz, ihrem Zweck als innerstädtischer Friedhofskirche entsprechend in verkehrsarmer Lage und Stadtmauernähe. Die Bebauung zeigt vor allem an der Ost- und Südostseite mit den schmalen Grundstücksbreiten, den geschwungenen Straßenwänden, der Kleinteiligkeit der Fassadenstruktur – auch in geschickt adaptierter Nachkriegsarchitektur – spätmittelalterliche Züge.

Ensemble Altstadt München, Kreuzstraße von Nordwesten; Luftaufnahme von 1996

Promenadeplatz. Der Gesamtbereich bezeichnet einen Straßenzug aus der zweiten Altstadterweiterung Münchens um 1300: Innerhalb der neu angelegten Quartiersblöcke des erweiterten Kreuzviertels bildete er die einzige Ost-West-Achse. Im Jahre 1407 ließ die Stadt auf dem breiteren, straßenmarktähnlichen Teil des vormals als Kreuzgasse bezeichneten Straßenzuges Salzstadel errichten. Der Platz blieb Standort der Salzlagerhäuser bis zu deren Abbruch 1780. Der nun gewonnene Freiraum diente zunächst militärischen Paradezwecken und wurde deshalb mit Linden bepflanzt. Im Jahre 1804 kam von Seiten Friedrich Ludwig von Sckells – seit 1803 mit der Oberaufsicht über das gesamte Gartenwesen betraut – der Vorschlag, das lang gestreckte Platzforum mitsamt dem Baumbestand einer Publikumsnutzung zu öffnen. Anstelle der 1806 abgetragenen Mauthalle wurde der Platzmitte ein umzäuntes, von je einer Lindenallee begleitetes Rasenfeld eingelagert. Der Promenadeplatz ist erstes und charakteristisches Beispiel für das künstliche Hereinnehmen von Natur in den dicht bebauten Altstadtbereich, verstehbar im Zusammenhang mit einer Stadtplanung, die ihren Anspruch auf eine soziale Sinngebung auch mit Konzentration auf die Schaffung von Grünplätzen, Alleen und gärtnerisch aufgelockerter Architektur realisiert sieht, wie sich das seit den Entfestigungsmaßnahmen um 1800 in München stark ausdrückte. Ein unter dem Kronprinzen Maximilian 1839 entwickeltes Stadtplanungskonzept schreibt dem Promenadeplatz deutlich Square-Charakter zu – ein in sich geschlossener Grünbezirk, von bürgerlicher Wohnarchitektur umgeben und von den Bewohnern nutzbar. Das Planungsprogramm von

1854, das den Square-Charakter des Platzes intensivieren wollte, wurde eingeholt vom Konzept der Monumentalisierung von Einzelbereichen der Stadt durch König Ludwig I. Die Aufstellung des Standbildes von Kurfürst Max Emanuel 1860 im Zentrum des Platzes nahm ihm den Charakter des öffentlichen Spiel-, Erholungs- und Promenadegartens, nachdem er vorher schon durch die Art der Bepflanzung – Auszierung des Platzes mit Blumenfeldern nach dem Muster des barocken Bosketts – teilweise nur noch der optischen Partizipation freigegeben war. Über die Mittellinie des Grünbereiches sind vier (ursprünglich fünf) Bronzestandbilder verteilt: Kurfürst Max Emanuel, Christoph Willibald von Gluck, Orlando di Lasso, Lorenz Westenrieder. Der Charakter von 1860 ist in der Platzanlage bis heute erhalten.

In den kleinen Unregelmäßigkeiten seiner Grundrissstruktur vermittelt der langrechteckige Promenadeplatz die historische Gewachsenheit eines spätmittelalterlichen Straßenzuges. Trotz westlich und östlich mündender Straßen bleibt die Platzwirkung eine geschlossene, da deren Bebauungshöhe über die Breite der Straße dominiert und Blickabschlüsse gewährleistet. Das gleiche gilt für die im Nordosten einmündende Kardinal-Faulhaber-Straße und die von Süden kommende Karmeliter- und Hartmannstraße, alle drei Straßen noch schmaler im Vergleich zu ihrer Bebauungshöhe, gleichzeitig auch leicht schräg angesetzt. Die östliche Platzecke zeigt Staffelungen in der Bebauungslinie, die nordwestliche ist halbrund geschlossen, südwestlich entsteht eine Art Platzwand durch die halbseitig in den Platz gerückte Fassade der ehem. Karmeliterkirche.

Residenz/Hofgarten/Max-Joseph-Platz/Odeonsplatz. Der weitläufige Komplex der Residenz, wie er sich seit dem 16. Jh. entwickelt und vor allem im 19. Jh. städtebaulich pointiert hat, bildet mit den sich um ihn herum gruppierenden Straßen- und vor allem Platzbildern eine Einheit, in der anschaulich wird, wie sich die bis zur Aufhebung der Festungseigenschaft im Jahre 1791 streng in den Ring der mittelalterlichen Stadtbefestigung eingespannte kurfürstliche Residenz unmittelbar nach außen hin und nach allen vier Seiten öffnete, um über neue Platzschöpfungen sich sowohl der Stadt wie dem Umland zuzuwenden und damit gleichzeitig den Zuwachs an Macht- und Repräsentationsanspruch einer jetzt königlichen Residenz durch künstlerisch ausgewählte und zweifellos imperiale städtebauliche Lösungen auszudrücken und architektonisch monumental zu verankern.

Die Residenz war seit dem späten Mittelalter bis zum Jahre 1918 Herrschersitz der Wittelsbacher. Sie entwickelte sich in dieser Zeit von der mittelalterlichen Burg (Neuveste) zum königlichen Stadtschloss, seit 1920 ist sie als „Residenzmuseum" der Öffentlichkeit zugänglich gemacht.

Als der Alte Hof, die erste Stadtresidenz der Münchner Wittelsbacher, durch die sich über diese erste Grenze hinausdehnende Stadt im 14. Jh. in das Innere des Gemeinwesens gerückt wurde und es seit 1384/85 immer wieder zu Konflikten zwischen Bürgerschaft und Herzog gekommen war, verlegte dieser seinen Sitz weiter hinaus an den neuen nordöstlichen Rand der Stadt, um mit der „Neuveste" die verlorene Randlage strategisch wiederzugewinnen. Der Baugrund für die Residenz musste Stück für Stück von privaten Besitzern erworben werden, deren Gebäude mit zugehörigen Gärten sich längs der Vorderen Schwabinger Gasse bis hin zum Schwabinger Tor – dem nördlichen Abschluss der Stadt – erstreckten, sowie vom Franziskanerkloster, das, im 13. Jh. gegründet, schließlich 1803 dem Neubau des Nationaltheaters zu weichen hatte.

Durch Herzog Albrecht V. wurde mit der Anlage des Antiquariums der Mauerring der Neuveste gesprengt: 1569–71 errichtete der Hofbaumeister Wilhelm Egckl den bedeutendsten und größten Renaissancebau nördlich der Alpen für die herzogliche Bibliothek und die antiken Skulpturen. Die Schräglage, bedingt durch den Verlauf des Burggrabens, brachte die Diagonalrichtung des späteren Brunnenhofs in den Residenzkomplex. Unter Herzog Wilhelm V. entstand 1580/81 der sog. Witwenbau, ein zweigeschossiger Flügel an der Vorderen Schwabinger Gasse, an die sich die Residenz jetzt heranzuschieben beginnt und die mit dem senkrecht von ihr abzweigenden Jägergaßl (später Kapellenhof) von nun an die Richtungsachsen bestimmt.

Mit dem „Neuen Gartenbau" – seit 1581 durch den Malerarchitekten Friedrich Sustris errichtet – entstanden westlich des Antiquariums vier zweigeschossige Flügel um einen längsrechteckigen Hof (Grottenhof), in unmittelbarer Folge der sich an diesen anschließende Erbprinzentrakt zur Schwabinger Gasse hin.

Herzog Maximilian I. (seit 1623 Kurfürst) entschloss sich zu Beginn des zweiten Jahrzehnts des 17. Jh. zur Errichtung einer groß angelegten neuen Residenz und ließ die eben erst ausgeführten Gebäude an der Schwabinger Gasse wieder niederlegen. Die symmetrische Anlage eines Vierflügelbaus mit zwei Hauptgeschossen und einem Mezzanin nördlich des Jägergaßls fassten jetzt die Gebäude der Neuveste und die Bauten am Brunnen-, Grotten- und Kapellenhof zu einer in sich geschlossenen Baueinheit zusammen. In Zusammenhang mit diesem Neubau ließ Maximilian I. im Norden einen in seinen Grundzügen noch er-

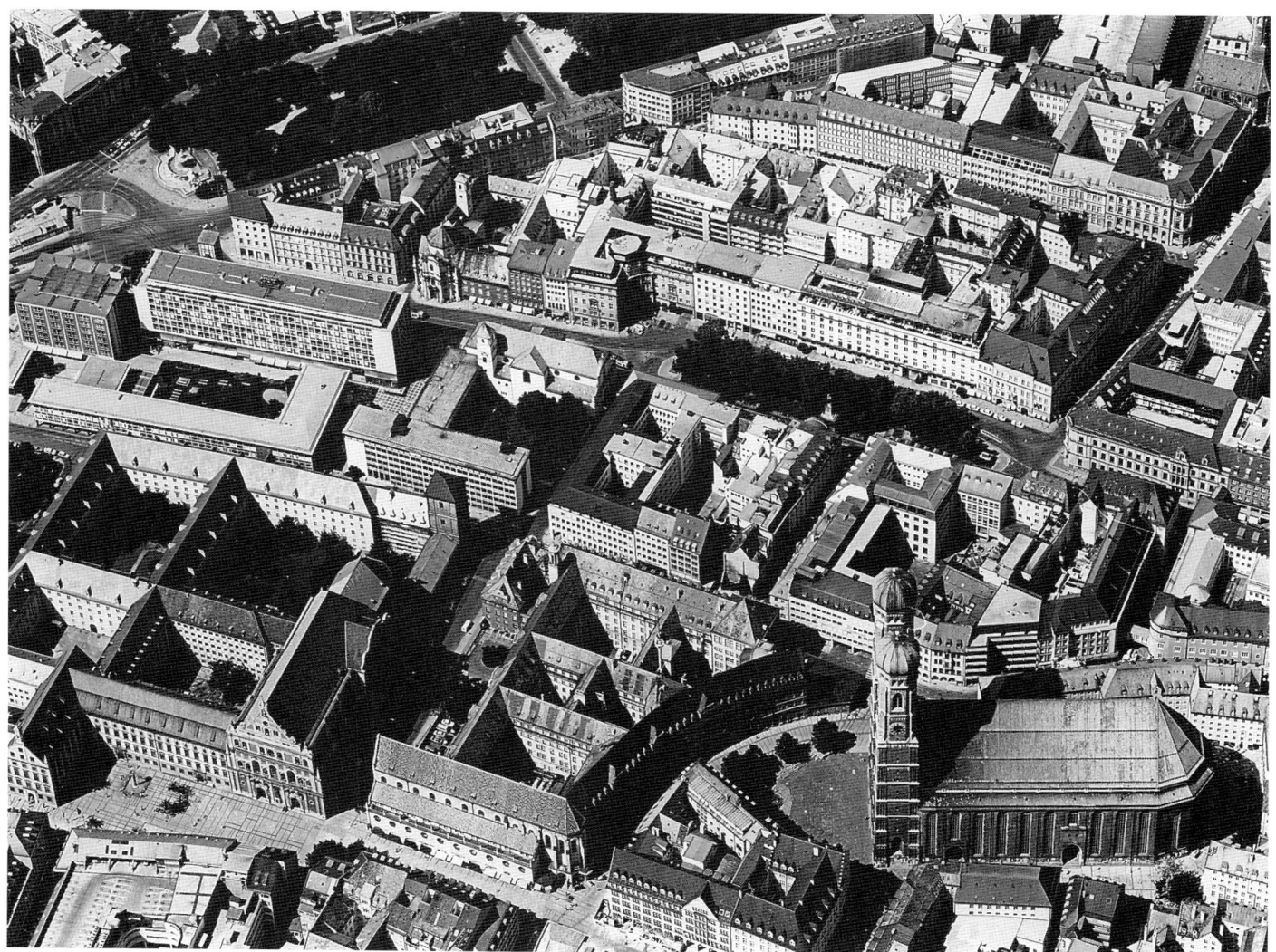

Ensemble Altstadt München, Promenadeplatz von Süden; Luftaufnahme von 1983

Ensemble Altstadt München, Residenz/Hofgarten/Odeonsplatz und Ludwigstraße von Norden; Luftaufnahme von 1996

haltenen Hofgarten anlegen. 1617 dürfte die im Westen und Norden von Arkaden umgebene Neuanlage – die dann in die 1619–38 errichtete Bastionsbefestigung der Stadt einbezogen wurde – im Wesentlichen vollendet gewesen sein. Im Mittelpunkt des westlichen, durch Kreuz- und Diagonalwege unterteilten Gartenstücks steht ein 1615 erbauter zwölfseitiger kleiner Tempel mit vier Muschelbrunnen im Innern.

Die Residenz hatte mit ihren mächtigen Bauten um fünf Höfe jene Ausdehnung gewonnen, die sie mit geringen Ausnahmen bis ins frühe 19. Jh. beibehielt. Sie bildete einen repräsentativen Rahmen für die neue Stellung des 1623 in die Kurwürde erhobenen bayerischen Herrscherhauses. Der Aufstieg des Landesfürsten zur Königswürde 1806 musste sich in einer Neugestaltung der Residenz und ihrer Umgebung ausdrücken. Aufgeführt wurden zunächst bei der Residenz das Hof- und Nationaltheater (1812–18 durch Karl von Fischer) und im Osten der Residenz auf dem Platz der alten Zeughäuser eine neue Reitschule (1818–22 durch Leo von Klenze). Die eigentliche Residenzidee aber griff Ludwig I. sofort nach seiner Thronbesteigung auf. Das Interesse des Königs galt der Nord- und Südseite der Residenz; hier sollten die alten Teile des Herrschersitzes durch zwei neue große Längstrakte zu einem großen, repräsentativen, auch städtebaulich wirksamen Gesamtbereich zusammengefasst werden. Die Bewahrung der maximilianischen Schauseite an der Residenzstraße dokumentiert gleichzeitig historisches Bewusstsein.

Der Hofgarten hatte bereits 1816 durch Leo von Klenze einen monumentalen Eingang durch das Hofgartentor erhalten, 1822 erneuerte er die Westarkaden. Der bereits 1780 der Öffentlichkeit zugänglich gemachte Hofgarten wurde an seiner Ostseite durch die Hofgartenkaserne architektonisch abgeschlossen, dieser Bau etwa 100 Jahre später durch den breit gelagerten Kuppelbau des Armeemuseums ersetzt (jetzt Bayerische Staatskanzlei). Vor der Freitreppe des ehem. Armeemuseums wurde 1911 ein Bronze-Reiterdenkmal für Herzog Otto von Wittelsbach errich-

tet. 1924–26 entstand in der Senke des ehem. Weihers ein Kriegerdenkmal.

Nördlich schließt sich der sog. Finanzgarten an – mit Resten der barocken Wallbefestigung und dem klassizistischen Prinz-Carl-Palais (1804–06 von Karl von Fischer) in der Nordostecke.

Die sich im frühen 19. Jh. vollziehende Öffnung der Residenz nach außen und gleichzeitig nach allen vier Seiten erfolgte in unterschiedlichen städtebaulichen Ausformungen. Während sich die Residenz über den Hofgarten am meisten dem offenen Umland zuwendet, d. h. dem lediglich durch Gärten bebauten „Schönfeld" im Norden, schafft sie sich nach Osten hin ein unmittelbar dem eigenen Bereich einbeschriebenes Platzgebilde: Zwischen der 1818–22 durch Leo von Klenze errichteten neuen Hofreitschule, dem Marstall und der 1826–37 entstandenen Allerheiligen-Hofkirche gegenüber, der östlichen Residenzseite unmittelbar angefügt, sowie dem in der Fortsetzung der Fassadenflucht dieser Kirche errichteten Querflügel zum nördlichen Festsaalbau entstand auf unregelmäßigem Grundriss der Marstallplatz. Die Platzbildung westlich der Residenz vor der Feldherrnhalle und der Odeonsplatz sind eng mit der Errichtung und Gestaltung der Ludwigstraße verbunden.

Der die Residenz am meisten mit dem Stadtkörper verklammernde Platz ist der Max-Joseph-Platz: Er ist innerstädtischer, annähernd quadratischer Platzraum auf nicht ganz regelmäßigem Grundriss mit Straßeneinmündungen, die den Platzkörper nicht durchschneiden, sodass die Geschlossenheit eines großen Raumkörpers gewahrt ist. Nördliche und östliche Platzwand sind durch monumentale und im rechten Winkel aneinandergefügte Elemente bebaut: durch den Königsbau der Residenz und das Nationaltheater mit dem Neuen Residenztheater als verbindenden Teil zur Residenz. Die südliche Platzwand wird gebildet durch die Hauptpost, in deren Flucht als südseitige Tangente die Maximilianstraße beginnt. Die Westseite des Platzes wird durch den leicht gekrümmten Verlauf der Residenzstraße begrenzt, in

die an der Südwestecke die Perusastraße mündet. Die Bebauung der Residenzstraße ist geprägt vom Typus des spätmittelalterlichen Bürgerhauses, traufseitig, mit hohem Dach. Der Verlauf und die kleinteilige Bebauung der Residenzstraße steht in spannungsreichem Gegensatz zur Strenge und Größendimension der maximilianischen Westfassade der Residenz; mit dem nördlichen Verlauf der Residenzstraße gleichzeitig Überleitung zum Odeonsplatz, der mit der Feldherrnhalle optisch eröffnet wird.
Am Max-Joseph-Platz ist durch auf skulptierten Sockeln stehende Kandelaber und durch Ketten verbundene Prellsteine eine kreisrunde, gewölbte Fläche – mit Kieselsteinpflasterung – aus dem Platzareal ausgesondert, in deren Mitte seit 1835 das große Bronzedenkmal des Königs Maximilian I. Joseph – im Typus einer Sitzfigur – den Platz optisch zentriert.

Sebastiansplatz. Die Nordseite des Sebastiansplatzes wird von einer zusammenhängenden Gruppe von sechs Wohnbauten vom Typ Altmünchner Bürgerhäuser gebildet. Die Bebauung am Sebastiansplatz entstand innerhalb der zweiten Münchner Stadterweiterung zwischen 1300 und 1337; im Zwickel zwischen alter und neuer Stadtmauer entwickelte sie sich in der Form eines blockartigen Quartiers, gelegen zwar in direktester Nachbarschaft zum ersten Altstadtkern, gleichzeitig aber in einem verkehrsarmen Winkel des Angerviertels. Die schlichten, einfach verputzten Bauten sind charakteristisch für den spätmittelalterlichen Typ des Münchner Handwerkerhauses, wie es sich um Innenhöfe auf den schmalen und lang gestreckten Parzellen entwickelt hat. Einige Gebäude zeigen die charakteristischen Münchner Dachaufbauten, die sog. Ohrwascheln.

Ensemble Altstadt München, Sebastiansplatz von Südosten; Luftaufnahme von 1983

3. Bauliche Anlagen mit besonderem Aussagewert

An der Hauptfeuerwache 6. Wohnhaus, fünfgeschossiger Traufseitbau mit Mezzanin und flachen Seitenrisaliten, 1885, wiederaufgebaut von Ludwig Woisetschläger, 1948.

Blumenstraße 4. Reste der Eisenkonstruktion der ehem. Maximiliansgetreidehalle, erstellt durch die Maschinenfabrik Cramer-Klett (Nürnberg) unter Mitwirkung der Maschinenfabrik Maffei (München), 1851–53, wiederaufgestellt 2003–05.

Blumenstraße 21. Wohn- und Geschäftshaus, fünfgeschossiger Traufseitbau, spätklassizistisch, ehemals Einheit mit Blumenstraße 21a, 1876; Wiederinstandsetzung von T. Ackermann, 1946.

Blumenstraße 21a. Wohn- und Geschäftshaus, fünfgeschossiger Traufseitbau, ehemals Einheit mit Blumenstraße 21, 1876; Wiederinstandsetzung von Heilmann und Littmann, 1946.

Brienner Straße 3. Wohn- und Geschäftshaus, fünfgeschossiger Traufseitbau mit klassizisierender Fassadengestaltung, von G. Hellmuth Winkler, 1950/51.

Brienner Straße 4. Ehem. Café Odeon, viergeschossiger Traufseitbau mit klassizisierender Fassadengestaltung, von Heilmann und Littmann, 1908, später vereinfacht.

Brienner Straße 6. Teil des Innenministeriums, viergeschossiger Eckbau mit Mezzanin und reduziert-klassizisierender Fassadengliederung, Natursteinportal mit Säulen, von Josef Wiedemann, 1951/52.

Brunnstraße 1. Mietshaus, viergeschossiger Bau mit stuckierter Fassade und Kastenerker, um 1875.

Damenstiftstraße 7. Wohn- und Geschäftshaus, viergeschossiger Traufseitbau mit Putzgliederung und Natursteinverkleidung des Erdgeschosses, von Eugen Drollinger, 1912.

Falckenbergstraße 7. Wohn- und Geschäftshaus, viergeschossiger Eckbau, Neurenaissance, von Anton Roth, 1879/80, 1991 umgebaut.

Frauenplatz 10. Wohn- und Geschäftshaus, fünfgeschossiger Eckbau, über älterem Kern 1946–48 von Josef Hufnagel wiederaufgebaut.

Frauenplatz 12. Kath. Pfarramt, fünfgeschossiger Traufseitbau mit Erker, Putzfelderung der Fassaden, von Franz Jaud, 1956/57.

Frauenplatz 13. Wohn- und Geschäftshaus, fünfgeschossiger Traufseitbau, Putzfelderung der Fassaden, von Franz Jaud, 1956/57.

Frauenplatz 14. Wohn- und Geschäftshaus, fünfgeschossiger Traufseitbau mit Zwerchhaus, Putzfelderung der Fassaden, von Franz Jaud, 1956/57.

Frauenplatz 14a. Wohnhaus, fünfgeschossiger Traufseitbau mit Erker, Putzfelderung der Fassaden, von Franz Jaud, 1956/57.

Frauenplatz 15. Wohn- und Geschäftshaus, fünfgeschossiger Eckbau mit Walmdach, Putzfelderung der Fassaden, von Franz Jaud, 1956/57.

Fürstenfelder Straße 12. Wohn- und Geschäftshaus, viergeschossiger Traufseitbau mit klassizisierender Fassadengliederung, Mitte 19. Jh.

Herrnstraße 15. Wohn- und Geschäftshaus, viergeschossiger Traufseitbau mit neoklassizistischer Fassadengliederung, 1877.

Herzogspitalstraße 3. Wohn- und Geschäftshaus, fünfgeschossiger Traufseitbau, von Franz Dirtheuer, 1948.

Hildegardstraße 10. Wohn- und Geschäftshaus, fünfgeschossiger Eckbau mit Walmdach, 1865, umgebaut 1935 und 2004.

Josephspitalstraße 6. Wohn- und Geschäftshaus, fünfgeschossiger Traufseitbau mit polygonalem Erker, 1899, nach 1945 wiederaufgebaut; mit rückwärtigen Flügeln um Innenhof, im Kern um 1900.

Kapellenstraße 2/4. Bayer. Landesbodenkreditanstalt, viergeschossiger Walmdachbau mit reduziert-klassizisierender Fassadengestaltung in mehreren Flügeln um große Höfe, von Franz Jaud, 1953/54.

Kardinal-Faulhaber-Straße 6. Ehem. Adelspalais, sog. Palais Spreti, viergeschossiger spätbarocker Bau mit Stuckgliederung im 1. Stock, wohl um 1730.

Kaufingerstraße 26 (mit Liebfrauenstraße 1). Ehem. städt. Dienstgebäude, jetzt Geschäfts- und Bürohaus, fünfgeschossiger Eckbau mit Erker und Treppengiebel, von Max Unglerth, 1946-48.

Kreuzstraße 8. Blaschke-Haus, Wohn- und Geschäftshaus, dreigeschossiger Eckbau, nach Plänen der Aufbaugesellschaft Bayern, 1958.

Kreuzstraße 9. Wohn- und Geschäftshaus, viergeschossiger Traufseitbau mit Flacherker, von Paul Rinke, 1951.

Kreuzstraße 12. Wohnhaus, viergeschossiger Eckbau mit Walmdach, wiederaufgebaut von Adam Müller, 1952.

Kreuzstraße 14. Wohn- und Geschäftshaus, viergeschossiger Traufseitbau, mit Natursteinverkleidung im Erdgeschoss und Putzfelderung, von Hanns Huber, 1959.

Kreuzstraße 16. Wohn- und Geschäftshaus, viergeschossiger Traufseitbau, mit Natursteinverkleidung im Erdgeschoss und Putzfelderung, von Hanns Huber, 1957/58.

Kreuzstraße 18. Wohnhaus mit Gaststätte, fünfgeschossiger Eckbau mit Walmdach und Natursteinverkleidung im Erdgeschoss, von Willy Hilz und Karl Laber, 1955.

Kreuzstraße 21. Wohn- und Geschäftshaus, fünfgeschossiger Traufseitbau mit Bänderrustika im Erdgeschoss, wohl Mitte 19. Jh.

Kreuzstraße 25. Wohn- und Geschäftshaus, dreigeschossiger Traufseitbau, im Kern wohl 17./18. Jh., nach Kriegsschäden 1950 wiederaufgebaut.

Ledererstraße 11. Wohn- und Geschäftshaus, dreigeschossiger Traufseitbau, hofseitig Laubenerschließung, im Kern wohl 17./18. Jh.

Ledererstraße 23. Wohn- und Geschäftshaus, viergeschossiger Traufseitbau, im Kern 2. Hälfte 19. Jh.

Maffeistraße 1. Siehe bei Theatinerstraße 3.

Maffeistraße 5. Geschäftshaus, turmartiger fünfgeschossiger Eckbau, vom Emil Schmidt, 1901–05, 1913, 1921 und nach 1945 umgebaut; über Bogen mit Kardinal-Faulhaber-Straße 14 verbunden.

Maffeistraße 6/8. Ehem. Bayer. Vereinsbank, Geschäftshaus, fünfgeschossiger Traufseitbau, Fassade mit Sichtziegel, im Erdgeschoss und 1. Obergeschoss mit Naturstein verkleidet, von Carl Sattler, 1946–52.

Maffeistraße 7. Geschäftshaus Loden-Frey, fünfgeschossiger Walmdachbau, Erdgeschoss mit Arkadengang, Fenster mit barockisierender Rahmung, von Emil Freymuth, 1949.

Marienplatz 11. Kaufhaus Beck, fünfgeschossiger Eckbau, Erdgeschoss mit Arkaden in Naturstein, Fassade mit geometrischem Putzdekor und stilisierten Figuren, von Georg Henneberger, 1948.

Marienplatz 16. Wohn- und Geschäftshaus, viergeschossiger Eckbau mit Turmerker mit „Ohrwaschel", von Hansjakob Lill, bez. 1954.

Marienplatz 17. Onophrius-Haus, Wohn- und Geschäftshaus, fünfgeschossiger Traufseitbau, an Fassade Mosaikbild, von Hans Jakob Lill, 1950.

Marienplatz 18. Wohn- und Geschäftshaus, fünfgeschossiger Traufseitbau mit Bemalung der Fassade durch Johannes Segieth, von Hans Jakob Lill, 1953.

Maxburgstraße 5. Siehe bei Kapellenstraße 2/4.

Müllerstraße 4. Wohnhaus, klassizistischer, ehem. freistehender Walmdachbau, im Kern 1828 von Joseph Höchl, um Mitte 19. Jh. erweitert und aufgestockt.

Müllerstraße 22. Wohnhaus, viergeschossiger Walmdachbau, von Joseph Höchl, 1819.

Müllerstraße 26. Wohn- und Geschäftshaus, viergeschossiger Walmdachbau, 1. Hälfte 19. Jh.

Neuturmstraße 10. Wohn- und Geschäftshaus, viergeschossiger Eckbau, Neurenaissance, von Anton Roth, 1879/80.

Orlandostraße 5. Wohn- und Geschäftshaus, viergeschossiger Eckbau mit Eckerker und Putzfelderung, von Walter Kreb, 1949/50.

Pacellistraße 10. Wohn- und Geschäftshaus, dreigeschossiger Traufseitbau mit langen Fenstern im 1. Obergeschoss und profiliertem Traufgesims, G. M. Kronenbitter, 1952.

Prannerstraße 11. Wohn- und Geschäftshaus, viergeschossiger Traufseitbau mit Dreiecksgiebel über Mittelrisalit und klassizisierender Fassadengestaltung, von Hermann Staudter, 1949.

Residenzstraße 7. Wohn- und Geschäftshaus, fünfgeschossiger Traufseitbau, von Karl Stöhr, 1912, Fassadegestaltung 1950.

Residenzstraße 11. Wohn- und Geschäftshaus, viergeschossiger Eckbau mit historisierender Fassadengestaltung und Natursteinportal mit Wappen, von Oswald Eduard Bieber, bez. 1950.

Residenzstraße 14. Wohn- und Geschäftshaus, fünfgeschossiger Traufseitbau mit Putzdekor, von Jac Lehner, 1948.

Residenzstraße 18. Wohn- und Geschäftshaus, viergeschossiger Traufseitbau mit Mansarddach, Putzfelder mit Blumengirlanden, von G. H. Winkler, 1961.

Residenzstraße 19/20. Wohn- und Geschäftshaus, viergeschossiger Traufseitbau mit Mansarddach, von G. H. Winkler, 1955; Fassadenbemalung mit antikisierenden Szenen von Hermann Kaspar.

Residenzstraße 22. Wohn- und Geschäftshaus, fünfgeschossiger Traufseitbau mit Putzfelderung und Natursteinverkleidung des Erdgeschosses, von G. H. Winkler, bez. 1949.

Residenzstraße 23. Wohn- und Geschäftshaus, fünfgeschossiger Traufseitbau, von Tino Walz, 1957/58.

Rindermarkt 16/17. Wohn- und Geschäftshaus, fünfgeschossige Häusergruppe mit Passage im Erdgeschoss, abschnittsweise mit verschiedenen Fliesen verkleidet, von G. H. Winkler, 1955/56.

Rosenstraße 7. Wohn- und Geschäftshaus, fünfgeschossiger Traufseitbau mit historisierend gestalteter Fassade, von Emil Freymuth, 1951.

Rumfordstraße 35. Wohnhaus mit Gaststätte, fünfgeschossiger Eckbau mit Bänderrustika, 1875, Fassade später vereinfacht.

Rumfordstraße 39. Wohn- und Geschäftshaus, fünfgeschossiger Traufseitbau mit Bänderrustika im Erdgeschoss und 1. Obergeschoss, von J. Thomas, 1875/76.

Schäfflerstraße 3. Geschäftshaus, fünfgeschossiger Traufseitbau mit historisierender Fassadengestaltung, von Hans Schedl, 1949.

Schrammerstraße 3. Wohn- und Geschäftshaus, lang gestreckter sechsgeschossiger Eckbau mit vorspringendem Treppenhaus und Balkon, über

Ensemble Leopoldstraße (Forum) mit Schackstraße von Süden; Luftaufnahme von 1983

Eingang segnender Christus, von Franz Berberich und Otto Knapp, 1955/56.

Sendlinger Straße 13. Wohn- und Geschäftshaus, fünfgeschossiger Traufseitbau mit historisierender Fassadengestaltung, von Hein Grothe, 1947/48.

Sterneckerstraße 1. Wohn- und Geschäftshaus, dreigeschossiger Traufseitbau mit Mittelerker und Rundbögen im Erdgeschoss, wohl Heilmann und Littmann, um 1900.

Tal 1. Geschäftshaus, Teil der Sparkasse, fünfgeschossiger Eckbau, Erdgeschoss mit Passage, Fassade mit Ritzputzdekor, von der Architektengemeinschaft Eichberg, Häffner, Kunze und Baureferat-Hochbau (Delisle und Panitz), bez. 1957.

Theatinerstraße 1. Wohn- und Geschäftshaus, sechsgeschossiger Eckbau mit Putzfelderung, von G. H. Winkler, 1949, 2001 in Schäfflerblock einbezogen.

Theatinerstraße 3. Wohn- und Geschäftshaus, sechsgeschossiger Eckbau mit Erker und historisierender Fassadengestaltung, von Theo Lechner, 1950, 1976 umgebaut; mit Maffeistr. 1.

Theatinerstraße 44. Wohn- und Geschäftshaus, sog. Roecklhaus, sechsgeschossiger Eckbau mit weit überstehender Traufe, Schaufenster mit gekrümmtem Glas, von Franz Berberich, 1954.

Unterer Anger 12. Wohnhaus, fünfgeschossiger Traufseitbau mit Flacherker, von Stadtbauamt, Hochbau 2, 1949.

Unterer Anger 14. Wohn- und Geschäftshaus, viergeschossiger Traufseitbau, von W. Warmbach, 1888, wiederaufgebaut mit veränderter, historisierender Fassade von G. Eglinger, 1949.

Weinstraße 1. Donisl-Haus, Wohn- und Geschäftshaus, sechsgeschossiger Traufseitbau mit Erker und bemalte Fassade, von Baubüro Pschorrbräu, bez. 1954.

Weinstraße 8. Wohn- und Geschäftshaus, fünfgeschossiger Eckbau mit Walmdach und Putzfelderung, über älterem Kern wiederaufgebaut von Toni Ackermann, 1947.

Weinstraße 12. Geschäftshaus, sechsgeschossiger Eckbau mit Putzfelderung und Schäfflerfigur an der Ecke, von Franz Jaud, 1949.

Westenriederstraße 8. Wohn- und Geschäftshaus, viergeschossiger Traufseitbau mit Putzfelderung, 1888, Dach 1996 ausgebaut.

Westenriederstraße 25. Ehem. Nebengebäude zu Nr. 27, Wohn- und Geschäftshaus, viergeschossiger Traufseitbau mit Mansarddach, im Kern wohl noch 16./17. Jh.

Ensemble Leopoldstraße (Forum) mit Schackstraße

Der Beginn der Leopoldstraße hinter dem Siegestor bildet ein verbreitertes Forum, dessen Westseite von der Akademie der Bildenden Künste eingenommen und dessen Ostseite mit einer einheitlich konzipierten Gruppe palastartiger Gebäude – ehemals herrschaftlichen Mietshäusern – begrenzt wird, die in den Jahren um 1900 von namhaften Architekten (Friedrich von Thiersch, Martin Dülfer, Leonhard Romeis) entworfen wurden. Die beiden südlichen Häuser der Gruppe flankieren die völlig einheitlich von Romeis gestaltete kurze Schackstraße. Typisch für den Bereich ist die freistehende Bauweise samt Vorgärten. Akademie und Siegestor als maßgebliche Bauten des Forums bilden eine städtebaulich bedeutende Gelenkstelle zwischen Ludwig- und Leopoldstraße.

Als konstituierende Elemente des Ensembles Ensemble Leopoldstraße (Forum) mit Schackstraße sind zu nennen:

1. Baudenkmäler

Akademiestraße 2, Leopoldstraße 2, 4, 6, 8/10, Schackstraße 1, 2, 3, 4, 6.

Ensemble Ludwigstraße/Odeonsplatz

Die klassizistische Monumentalstraße, mit der die aus dem Ring der mittelalterlichen Befestigung befreite Stadt an der Stelle des ehem. Schwabinger Tors sich nach Norden öffnet, ist als städtebaulich spektakulärste Straßenschöpfung des neuen Königreichs ein Ensemble. Die Idee dieser Monumentalstraße ist zweifellos eigenste Leistung Ludwigs I., der sie als Kronprinz 1816 begann und als nachmaliger König 1850 beendete. Sie trägt seinen Namen.

Erst im Jahre 1816, in dem Ludwig I. als bayerischer Kronprinz die Ausgestaltung der neuen königlichen Hauptstadt übernahm, wurde mit dem Ausbau der Stadt gegen Norden begonnen, der bei den bisherigen Stadterweiterungen vernachlässigt worden war. Im Westen, Süden und Osten waren bereits größere bauliche Anlagen entstanden, die Stadttore im Westen und Süden waren – dem Umland sich öffnend – in eine neue Fassung gebracht, der Maximiliansplatz war angelegt und über ihn die Altstadt auf rationale Weise zum weitmaschigen Quadratnetz der neuen Maxvorstadt geöffnet worden. Nur über die Gestaltung vor dem Schwabinger Tor bestand noch kein verbindlicher Plan. In mehreren Projekten wurde deutlich, dass die ausgedehnte Anlage der Residenz drohte, ins städtebauliche Abseits zu geraten und den Anschluss an die neu entstehende Maxvorstadt zu verlieren. Ausschlaggebendes Hindernis war wohl die mächtige Bastion, die sich westlich und nördlich des Hofgartens bis hin zur späteren Von-der-Tann-Straße (vormals Frühlingsstraße) vorschob und die die von Norden kommende Schwabinger Landstraße in einen umständlichen und dem Schwabinger Tor weit ausweichenden Verlauf gezwungen hatte, bevor sie es von Westen erreichen konnte.

Neben der Bewältigung der baulichen und topographischen Regellosigkeit hatte eine Planung auch die schwierige Aufgabe, sämtliche benachbarte Großbauten in ihre Überlegungen miteinzubeziehen, die Theatinerkirche und vor allem die Residenz, die als großer, uneinheitlicher Komplex mit einer nicht regulierten Hofgartenfront den Nordwesten der Stadt einnahm. Auch war außer über die Schwabinger Landstraße das Schönfeldviertel, das zwischen dieser Straße und dem 1789 angelegten Englischen Garten entstanden war, nicht an die Altstadt angeschlossen.

Durch die Initiative des Kronprinzen selbst wurde jetzt die Stadterweiterung in eine neue Richtung gelenkt. Im Bereich von Residenz und Theatinerkirche, im Zuge der besonders durch Palais des Münchner Adels besetzten Residenz- und Theatinerstraße, in unmittelbarer Nachbarschaft zu dem eben freigelegten Max-Joseph-Platz waren seiner Auffassung nach für die repräsentativen Bauten eines neuen München die richtigen Voraussetzungen gegeben. Als führenden Architekten der Planung setzte er Leo von Klenze ein, dem auch ein wesentlicher Anteil des Ausbaus zukommt. Er fand für die Vorstellungen des Königs die Lösung in einer kühnen Achse, die die mächtige Stadtumwallung durchbrach und in gerader Linie mitten auf die Ausmündung des stadtauswärts führenden Straßenzugs traf, an der Stelle seiner Gabelung in die Landstraßen nach Ingolstadt und Freising. Der 1,25 Kilometer lange Straßenzug schloss die Altstadt in einer Weise auf, die die ehem. Begrenzung durch ein Stadttor kaum mehr ahnen lässt. Der Kronprinz selbst brachte in die Arbeit nicht nur das Gewicht seiner Stellung und seiner finanziellen Mittel ein, sondern trug beharrlich seine eigenen, sehr genauen und detaillierten Vorstellungen zu den Planungen bei.

1816–17 erfolgte die radikale Räumung und Planierung des Geländes vor dem Schwabinger Tor. Durch den Abbruch der Toranlage selbst und des Bauerngirglanwesens an der Mündung von Residenz- und Theatinerstraße wurde vor der Residenz eine neue Platzsituation, eine Art Vorhof geschaffen. Von Westen her wurde die Brienner Straße – in ursprünglicher Planung durch ein Tor – an den Platz herangeführt, um ihn auf der Seite des Hofgartens durch ein Tor zu verlassen.

Die Grundidee Klenzes beruht auf einem System von zwei Plätzen, die sich aus dem Hauptzug, mit dem sich die Stadt in ganzer Breite nach Norden öffnen sollte, zwanglos entwickeln, wobei die Plätze in den Straßenzug integriert, die Straße zu Plätzen erweitert erscheinen. Bei dem – nach dem „Vorhof" – zweiten Platz, dem Odeonsplatz, wurde mit den Bauarbeiten begonnen. Als erster Großbau entstand hier 1816–21 das Leuchtenberg-Palais. Nachdem mit diesem Bau italienische Renaissance für die Architektur des Odeonsplatzes bestimmend wurde, stand bereits 1818 der Rohbau des Anwesens, das sich rechtwinklig dem Leuchtenberg-Palais anschließt, dadurch die Rechteckform des westlichen Platzteils verklammert und zugleich schon den Beginn der Ludwigstraße markiert. Südlich der Brienner Straße

gelang Klenze mit dem Palais Moy 1819 der Anschluss an die Fassade der Theatinerkirche, die damit erst eigentlich zu offener Wirkung kam.

An der östlichen Platzseite waren bereits 1817–18 die Außenflucht der südlichen Hofgartenarkaden und das Hofgartentor angelegt worden. Erst mit dem endgültigen Plan der Anlage der Ludwigstraße erhielt der Platz seine Form; die Ostwand nahm anstelle des einstigen Turnier- und Reithauses seit 1824–26 das sog. Bazargebäude ein. Vollendet wurde der Platz 1826–28 mit dem Odeon in spiegelbildlicher Entsprechung zum Außenbau des Leuchtenberg-Palais. Gleichzeitig mit dem Odeon wurde der südliche Anschluss bis zur Brienner Straße aufgeführt, mit einer der Fassadenform des Nordblocks angeglichenen Einheit palastartiger Wohnhäuser. Als Klenze von 1832 an den neuen Festsaalbau der Residenz schuf, setzte er dem Odeonsplatz mit dem Pavillonbau zur Platzfront hin einen letzten Akzent. Drei Jahrzehnte später fand in der westlichen Bauflucht der Ludwigstraße und in der Achse zwischen Odeon und Leuchtenberg-Palais das Reitermonument Ludwigs I. seine Aufstellung.

Den aus dem Odeonsplatz hervorgehenden ersten Teil der Ludwigstraße formte Klenze bis 1826 aus einer Folge größerer palastartiger Wohnhäuser, im Stil italienischer Renaissance einander verbunden, dabei einzeln doch differenziert. Als Bauträger fungierten begüterte Bürger und höhere Beamte. Die gegenüberliegende Seite wurde zwischen 1820 und 1825 mit Mietshäusern in zur Straßenflucht vorgerückter Reihung bebaut; diese Häuserreihe wurde 1938/39 durch einen einzigen Behördenbau verdrängt. Zwischen Von-der-Tann- und Schönfeld-Straße wurde eine Häuserreihe als geschlossene Einheit aufgeführt, die nach Kriegszerstörungen ab 1960 rekonstruiert wurde.

Inzwischen hatte sich herausgestellt, dass die erstrebte Straße nur durch gehobenes Bauherrentum und höhere Zweckbestimmung erreicht werden konnte. Herzog Maximilian in Bayern, ein Vetter Ludwigs I., ließ sich an der Westseite der Straße durch Klenze einen Stadtpalast erbauen, der allerdings im Dritten Reich abgebrochen und in einer ersten Bauphase 1938/39 als Neubau begonnen und 1949–51 als Landeszentralbank vollendet wurde.

Zur Gestaltung der Straße durch öffentliche Gebäude wurde als erstes durch Klenze mit der Erbauung des Kriegsministeriums begonnen. Schon 1823 errichtete er an der Schönfeldstraße anstelle einer älteren Militäranlage einen dreiflügeligen Ehrenhof, von 1827 an den Haupttrakt an der Ludwigstraße mit offenen Pfeilerarkaden im Erdgeschoss. An der Westseite wurde seit 1828 die Bebauung durch eine symmetrisch aufgebaute Dreiergruppe privater Wohnhäuser fortgesetzt.

Ab der Theresienstraße sollte nach dem Willen des Königs die Fortführung der Straße ausschließlich durch öffentliche Gebäude erfolgen. Gleichzeitig wurde anstelle von Klenze 1827 Friedrich von Gärtner die baumeisterliche Leitung übertragen. Neben das Kriegsministerium setzte er 1832–43 die großvolumige Hof- und Staatsbibliothek als dominierendes Hauptgewicht der ganzen ostseitigen Straßenflucht. Das gegenüber der Staatsbibliothek liegende große Grundstück wurde 1835 dem Damenstift zur Erbauung eines Mietswohnhauses übertragen. Es wurde bis 1839 durch Gärtner als Putzbau in der Tradition barocker Stifts- und Schlossarchitektur aufgeführt. Nordwärts zur Schellingstraße angrenzend entstand 1833–37 das Blindeninstitut.

In der Achse der Schellingstraße steht auf der Ostseite die Kirche St. Ludwig. Gärtner hat den 1829–44 ausgeführten Bau mit zweitürmiger Fassade in einer italienisch vermittelten Neuromanik gestaltet. Sie gilt als Hauptwerk der romantischen Sakralbaukunst. Aus der Kirchenfassade wird beidseitig in zwei symmetrische, offene Pfeilerarkaden übergeleitet, an die außen je ein gleicher, schwach gegliederter Block angefügt ist, nördlich das

Pfarrhaus, südlich das Wohnhaus des Baumeisters Gärtner. An der Nordecke der Schellingstraße wurde zwischen 1838 und 1843 als dreigeschossiger, nach zwei Seiten freistehender, an der Ludwigstraße 17 Achsen einer gleichmäßigen Fensterordnung aufweisender Längsblock das Gebäude der Salinen- und Bergwerks-Administration errichtet.

Die Ludwigstraße weitet sich dann zu einem rechteckigen Platz, dem Universitätsplatz. Hauptbau ist an der Westseite die 1835–1840 als weite Dreiflügelanlage errichtete Universität. In der Mitte des Haupttraktes öffnet sich das Erdgeschoss in hohen Pfeilerarkaden; das 1. Obergeschoss hat große, gekuppelte Fenster mit Hausteinbögen romanischer Art; das zweite kleinere Fensterpaare mit steinernen Mittelsäulen. Die der Universität gegenüberliegende östliche Platzhälfte rahmen auf der Südseite das „Georgianum", eine aus Ingolstadt übertragene herzogliche Priesterseminar-Stiftung, auf der Nordseite das „Max-Joseph-Stift", ein Erziehungsstift für höhere Töchter; beide Gebäude sind in Anpassung an den Universitätsbau errichtet. Die räumliche Anordnung der Baukörper wird durch ein Gartenparterre mit zwei gleichen Schalenfontänen gesteigert; die Brunnen bezeichnen die Symmetrie und Zusammengehörigkeit der beiden Platzhälften, zugleich den Durchzug der Straße.

Aus dem Universitätsplatz führt die Straße noch ein letztes, ursprünglich nur von Baumreihen begleitetes Stück weiter. Zwischen 1877 und 1889 entstand hier an der Westseite eine einheitliche Gruppe von drei Neurenaissancehäusern; gegenüber 1936–1939 das „Haus des Rechts" durch Oswald E. Bieber. Ihren nörd-

lichen Abschluss erhielt die Straße durch das Siegestor. Als Vorbild bestimmte der König den spätantiken Konstantinsbogen in Rom. Der Planungsauftrag kam 1839 an Gärtner, nach seinem Tod übernahm 1847 Eduard Metzger die Leitung, und 1850 war die aus hellgrauem Marmor-Kalkstein gemauerte Architektur vollendet. Ebenso wie das Gegenstück des Siegestors, die 1841–1944 als südlicher Abschlussbau der Ludwigstraße errichtete Feldherrnhalle, ist sie ein vordergründig funktionsloser Bau mit Denkmalcharakter. Auch die Feldherrnhalle ist eine Architekturkopie, Nachbildung der Loggia dei Lanzi in Florenz. Aus der Flucht der Ludwigstraße ist die Feldherrnhalle etwas nach Osten, in die Achse des Odeonsplatzes versetzt.

Als konstituierende Elemente des Ensembles Ensemble Ludwigstraße/Odeonsplatz sind zu nennen (s. auch bei Ensemble Altstadt München):

1. Baudenkmäler

Geschwister-Scholl-Platz 1, Ludwigstraße 6/8/10, 13, 15, 16, 17, 18, 14, 19, 20, 21, 22, 23, 24, 25, 27, 28, 29, 31, 33, Professor-Huber-Platz 1, 2, Schönfeldstraße 3.

Ensemble Maximilianstraße

Vorbemerkung: Das Ensemble Maximilianstraße liegt nur in Teilen – im Bereich westlich, also links der Isar – im Bearbeitungsraum der Denkmaltopographie München-Zentrum. Entsprechend sind in diesem Band nur die Baudenkmäler und konstituierenden Elemente des Ensembles bearbeitet, die sich in dem Bereich westlich der Isar befinden. Der Ensembletext umfasst aber die Beschreibung bis zum Maximilianeum (Max-Planck-Straße 1).

Die auf Veranlassung von König Maximilian II. in einem – als Ergebnis theoretischer Überlegungen gefundenen – einheitlichen Stil zwischen 1853 und 1875 erbaute Monumentalstraße ist als eine in sich geschlossene städtebauliche Konzeption von besonderem Rang ein Ensemble. Die dritte der Münchner Monumentalstraßen (nach der Brienner Straße und Ludwigstraße) ist in ihrem Westteil als urbaner Geschäfts- und Wohnbereich ausgebildet, in ihrem Ostteil zum von öffentlichen Bauten begrenzten und gartenkünstlerisch ausgestalteten Forum verbreitert; den Abschluss jenseits des Monuments für Maximilian II. und der Brücke bildet das hoch gelegene, kulissenhaft breit entfaltete Maximilianeum. Die Anlage des 1,5 Kilometer langen Straßenzugs erschloss das bis dahin städtebaulich ungeordnete Gebiet zwischen Altstadt und Isar. Das an den Bauten der Straße angewandte Ergebnis des – aufgrund eines Wettbewerbs gefundenen – „Maximilianstils" war eine Synthese klassisch proportionierter Baukörper mit als national empfundenen, gotisierenden Formen und einzelnen technischen Elementen; kennzeichnendes Gliederungselement ist die „Strecklisenenordnung", die durch ihre stete Wiederholung den flächigen Fassaden ihr graphisch-dezentes, unplastisches Relief verleiht.

Bereits 1832 hatte der Kronprinz die Absicht geäußert, in Zukunft auf der Isarhöhe einen großen Nationalbau, einen Park, eventuell sogar einen neuen Stadtteil anzulegen. Damit ist erstmals die Idee ausgesprochen, die dann bestimmend und richtunggebend werden sollte für die wichtigste Bautätigkeit unter Maximilians Regierung: für die Erweiterung Münchens nach Osten unter Einbeziehung des Isarflusses in den Stadtbereich. Die Stadtverwaltung hätte dem Ausbau des Isarviertels schon zu der Zeit den Vorzug gegeben, als Ludwig I. seine Straße vom Schwabinger Tor aus nach Norden zu in Angriff nahm. Sie selbst unternahm den ersten Vorstoß in das vernachlässigte Gebiet im Jahre 1840, als sie begann, die Hildegardstraße anzulegen.

Ensemble Maximilianstraße von Westen; Luftaufnahme von 1996

Im Jahr 1850, in dem der Wettbewerb für das Maximilianeum ausgeschrieben wurde, holte der König bei der Obersten Baubehörde ein Gutachten über die Führung der neuen Straße „als eine gerade Verbindung des Max-Joseph-Platzes mit Brunnthal" ein. Am 4. März 1851 legte Friedrich Bürklein seine „Pläne die Verschönerung Münchens betreffend" vor, in denen eine Akropole auf dem Isarufer vorgesehen war. Geplantes Athenäum und die Anlage der neuen Straße waren damit zu einem Projekt zusammengefasst worden. Die schrittweise Entwicklung, Änderung und Konzentrierung des Straßenprojekts zog sich bis 1856 hin, wobei von vornherein die Idee des Forums mit eingegangen war, festgelegt als Rechteckform mit halbrundem Schluss im Osten, anfänglich eher als in sich geschlossener Park, schließlich aber mehr als öffentliche Gartenanlage konzipiert, die die Anforderungen einer Verkehrs- und Verbindungsstraße nach Osten eher erfüllte. Der König selbst verfügte, dass die im Forum außer den Brunnen und einer monumentalen Säule aufzustellenden Bildwerke in die Linie der Bauflucht der Maximilianstraße mit symmetrischer, aber zugleich malerischer Wirkung anzuordnen seien.

Die Maximilianstraße ist zunächst nur im Grundriss konzipiert worden. Der Park des Forums war festgelegt, bevor die umgebenden Bauten auch nur projektiert waren. Erstmals 1853 war die Bebauung des Forums mit öffentlichen Gebäuden eingezeichnet; von ihnen wurde die Regierung von Oberbayern auf der Nordseite als einziges Bauwerk dem angegebenen Grundriss entsprechend errichtet. Drei Bauten der Südseite, von denen Taubstummenanstalt und Gymnasium schon gebaut waren, mussten 1858 dem Bau des Nationalmuseums weichen.

Der Bebauung der Maximilianstraße ging 1852 ein Auftrag des Königs an die Architekten Bürklein, Gottgetreu, Voit, Riedel und Ziebland voraus, „Muster-Fassaden für die Neue Straße" anzufertigen. Wie schon beim Programm für den „Neuen Stil" präzisierte der König seine Vorstellungen bis in Einzelheiten. Er forderte eine zeitgemäße Architektur von praktischer Zweckmäßigkeit, Einfachheit, Schönheit und „Nationalität". Alles Schwerfällige, Strenge sollte vermieden werden, in der Form das Emporstrebende im Vergleich zur Breitenwirkung dominieren. Als Materialien wurden neben farbigem Glas Terrakotta und Gusseisen vorgeschrieben. Um den kleinlichen Eindruck vieler Einzelgebäude zu umgehen, sollten mehrere aneinanderliegende Häuser in einer Fassade zusammengefasst werden. Gegen ihre Monotonie sollten sie Vor- und Rücksprünge, erhöhte Mittel- oder Flügelbauten sowie zwischen den Fenstern auf den Pfeilern abteilende Linien von unten bis oben durch Lisenen und Säulchen erhalten.

Während sich Maximilian II. die künstlerische Gestaltung der Straße vorbehielt, wurde der Stadt die Ausführung des Straßenkörpers selbst überlassen. 1852 teilte der König dem Bürgermeister mit, dass er vorhätte, die Stadt mit der St.-Anna-Vorstadt mittels einer schönen Straße zu verbinden. Er wurde aufgefordert zu berichten, ob sich die Überbrückung und Auffüllung der Kanäle und die Herstellung des Straßenkörpers aus städtischen Mitteln ins Werk setzen ließe. Die Hauptschwierigkeiten machten die Entwässerungsanlagen und die Überbrückungen der sieben Kanäle des vorstädtischen Gewerbegebietes, dessen unebenes Gelände willkürlich von Bächen, diesen Kanälen und engen, krummen Wegen durchzogen war.

Im Oktober 1856 war der Bau des Straßenkörpers beendet. Über die Länge von 1,5 Kilometer zog sich die Straße vom Max-Joseph-Platz bis zur Isar hin; das Forum wurde in 379 Meter Länge und 82 Meter Breite angelegt. Gleichzeitig mit der Errichtung der Brücken über die Isar, die 1863 eröffnet wurden – sie wurden allerdings 1903–05 durch eine neue Brückenanlage von Friedrich von Thiersch ersetzt –, führte die Stadt die Anlage des Straßenkörpers der Äußeren Maximilianstraße (jetzt Max-

Planck-Straße) durch, die den gewünschten Anschluss an die Wiener Straße in Haidhausen brachte. Diese Straße wurde mit Rücksicht auf das Maximilianeum am östlichen Brückenende geteilt und in zwei halbkreisförmigen Armen den Hang hinaufgeführt.

An der Maximilianstraße selbst entstanden Staats- und Privatbauten zeitlich nebeneinander. Entwerfender Architekt der Straße insgesamt wie der meisten Bauten war Friedrich Bürklein. Seine Entwürfe, in denen er zu einer Neugotik, die auf Elementen der historischen Architektur Englands und der Niederlande aufbaute, auch Elemente der italienischen Spätrenaissance kombinierte, entsprachen den Vorstellungen des Königs über einen neuen Baustil offenbar am meisten.

Im Anschluss an die Sequenz der Wohn- und Geschäftsbauten im westlichen Abschnitt kommt am Forum dagegen öffentliche Architektur zur Geltung. Der südliche, 1858–67 nach Entwürfen Eduard Riedels ausgeführte Breitbau war als Taubstummenanstalt begonnen worden. Der bereits stehende Rohbau wurde jedoch abgebrochen, um dann dem Bau des Bayerischen Nationalmuseums Platz zu machen. In städtebaulicher Hinsicht überlegen stellt sich das 1856–64 errichtete Gebäude der „Regierung von Oberbayern" gegenüber dar. Der Platz selbst hat Rasen-, Busch- und Baumbepflanzung erhalten. Den Durchzug der Straße im Platz flankieren vier gleichartige, paarweise gestellte Bronzedenkmäler, die auf der Nordseite dem General Deroy, dem Grafen Rumford, auf der Südseite dem Philosophen Friedrich Wilhelm von Schelling und dem Erfinder Joseph von Fraunhofer gewidmet sind. Die ursprünglich in den Straßenraum selbst gepflanzten Platanen wurden in den neunziger Jahren des 19. Jh. wieder beseitigt, angeblich, weil sie zuviel Licht wegnahmen. In den Schnittpunkt der Maximilians- und Thierschstraße wurde 1875 das Denkmal für König Maximilian II. gestellt. Nordöstlich des Denkmals wurde 1876–77 in Formen italienischer Hochrenaissance das Wilhelmsgymnasium aufgeführt.

Den Fluss überquert die 1903–05 durch Friedrich von Thiersch erbaute Maximiliansbrücke, eine Konstruktion aus Muschelkalkstein und Stahlgelenken, mit steinernen Zierbrüstungen, auf deren nördliche die Kolossalfigur der Pallas Athene (1906 von Franz Drexler) postiert wurde.

1856 hatte der Hofgartendirektor Carl von Effner begonnen, das östliche Isarhochufer landschaftsgärtnerisch auszugestalten. Dort wurde über dem Brückenkopf 1857 der Grundstein zum Maximilianeum gelegt, einer königlichen Stiftung zur Aufnahme begabter Universitätsstudenten aus ganz Bayern. Die umfangreichen Erdarbeiten und schwierigen Fundamentierungen dauerten bis 1861; 1864 war erst das Sockelgeschoss erstellt. Nach dem Tod des Königs im gleichen Jahr stockte der Bauhergang fast völlig; erst 1874 wurde das Gebäude vollendet.

Das Ensemble weist an mehreren Stellen Störungen auf. Am westlichen Teil des Forums fielen 1968/69 fünf Bauten dem Durchbruch des Altstadtrings zum Opfer. Hier entstanden 1983/84 an der Südseite und gegenüber 1996/97 Neubauten mit der Maximilianstraße angepassten Fassadengestaltungen. An der Stelle der langjährigen Kriegslücke der ehem. Maximilianstraße 11 und 13 entstand ab 2002 ein Neubau mit einer rekonstruierenden Fassade. Maximilianstraße 53 ist ein Neubau in nicht dem Ensemble angepassten Formen.

Als konstituierende Elemente des Ensembles Maximilianstraße sind zu nennen (s. auch bei Ensemble Altstadt München):

1. Baudenkmäler

Maximilianstraße 39, 42, 43, 44, 45, 46, 47, 48, 50, 52, 58, Thierschstraße 46.

2. Bauliche Anlagen mit besonderem Aussagewert

Maximilianstraße 54. Wohn- und Geschäftshaus, sechsgeschossiger Eckbau in angepasstem, historisierenden Maximilianstil, von Erwin Schleich, 1965.

Maximilianstraße 56. Wohnhaus, viergeschossig mit historisierender Fassadengestaltung, von Otto Beyer, 1958.

Ensemble Maxvorstadt I

Das Ensemble umfasst den nordwestlichen Altstadtrand und die erste aus der Altstadt herausführende Straßenachse, die Max-Joseph-Straße. Sowohl Maximiliansplatz wie auch Lenbachplatz sind aus dem Gelände der ehem. Wallbefestigung hervorgegangen. Mit der Anlage beider Plätze wurde um 1800 – nach den Entfestigungsmaßnahmen – begonnen. Der Maximiliansplatz wurde in seiner ersten Entstehungsphase zwischen 1802 und 1805 dem rationalen Gestaltungskonzept der Maxvorstadt unterworfen. Die Max-Joseph-Straße – vom Karolinenplatz aus mit Blickbezug auf die Türme der Frauenkirche – ist als rechtwinklige Achse zur Basislinie des Platzes angesetzt, die sich aus dem Verlauf der alten Stadtmauer ergibt. Als Symmetriekonzeption erfolgte die Platzgestaltung: Das aus der Altstadt führende Maxtor ist direkt auf die Max-Joseph-Straße als Achse bezogen. Die Eingangssituation zur neuen Maxvorstadt wurde durch zwei flankierende Bauten mit Grünbepflanzung am Anfang der Max-Joseph-Straße betont. Diese annähernd quadratischen Grundstücke sind mit der heutigen Bebauung von Maximiliansplatz 5 und dem Doppelbaublock Maximilianstraße 8/Max-Joseph-Straße 2 annähernd identisch. Von den zwei weiteren, ebenfalls symmetrisch, dabei schräg in die Platzecken gesetzten Baublö-

cken ist der westliche in die Bebauung am Lenbachplatz eingegangen, der östliche als Neubau in eine Linie mit der nordöstlichen Grünanlage gerückt worden. Beidseitig des Maxtors wurden Mietshauszeilen erstellt, deren rückwärtige Grundstücksgrenzen dem Verlauf der alten Stadtmauer folgten. Diese Grenze ist gegenwärtig noch ablesbar. 1841 war die Auffüllung des einstigen Stadtgrabens in der Gesamtlänge beendet und man begann mit einer gärtnerischen Ausgestaltung, die 1876–78 von Karl von Effner zum Abschluss gebracht wurde. 1881 entstand in diesen Anlagen Michael Wagmüllers Liebig-Denkmal, als Randbebauung des Platzes 1899–01 die „Neue Börse" von Friedrich von Thiersch. Überleitend zum Lenbachplatz ist der Wittelsbacherbrunnen situiert. Der unregelmäßig und auf malerische Wirkung hin angelegte Lenbachplatz ist geprägt durch den wirkungsvollen Neurenaissancebau des Künstlerhauses, mehr noch durch die Reihe monumentaler Geschäftshäuser des späten 19. Jh. an seiner Nordwestseite.

Als konstituierende Elemente des Ensembles Maxvorstadt I sind zu nennen (s. auch bei Ensemble Altstadt München):

1. Baudenkmäler

Lenbachplatz 3, 4, 5, 6, Maximiliansplatz, Maximiliansplatz 8, Max-Joseph-Straße 2, 9, Ottostraße 10.

2. Bauliche Anlagen mit besonderem Aussagewert

Maximiliansplatz 9. Wohn- und Geschäftshaus, fünfgeschossiger Walmdachbau mit Natursteinfassade, von Emil Freymuth, 1958/59.

Ensemble Maxvorstadt II von Westen; Luftaufnahme von 1996

Ensemble Maxvorstadt II

Die Brienner Straße ist die erste der großen Straßenanlagen des 19. Jh. in München und innerhalb der rationalen Schematik der Maxvorstadt als Ost-West-Achse mit besonderer Absicht angelegt, erstmalige residenzstädtische Planungsaktion und radikale Neubebauung auf freiem Gelände. Vorgegeben war dem Verlauf der Brienner Straße eine als „Fürstenweg" bezeichnete Chaussee, welche die Residenz mit Nymphenburg verband; die Gestaltung blieb auf die Strecke vom Odeonsplatz bis zum Königsplatz beschränkt. Die in einem ersten Abschnitt zwischen 1808 und 1824 entstandene Maxvorstadt suchte man durch ein System von Achsen an die Altstadt zu binden. Die Brienner Straße geht vom Hofgarten aus. Senkrecht zu ihr steht die Arcisstraße, ausgerichtet auf den 1813/14 angelegten Alten Botanischen Garten. Ihre östliche Parallele ist die Barerstraße. Im Schnitt von Barer- und Brienner Straße ist der kreisrunde Karolinenplatz angelegt. Dieser nimmt eine Schräglinie auf, die Max-Joseph-Straße, die als Anschlussachse bereits bestand.

Die ursprünglich als Königstraße bezeichnete Hauptachse der neuen Vorstadt, 1808 geplant und bis 1828 im Wesentlichen bebaut, verbindet in additiver Form unterschiedliche Bebauungsprinzipien: geschlossene Bebauung mit anliegender Platzerweiterung, gartenstädtische offene Bebauung um einen axial eingebundenen Sternplatz und einen symmetrisch angelegten, rechteckigen, offen bebauten Platz. Die Brienner Straße gilt als Beispiel für klassizistische Stadtbaukunst, charakterisiert durch den Gedanken des Zusammenfassens eines Stadtteils mittels einer großen Achse mit Blickpunkten und Abgrenzung gegen die freie Landschaft, bei gleichzeitig größerer Weiträumigkeit der Plätze, aufgelockerter Bebauung durch freistehende kubische Baukörper und vor allem dem Grün als neuem Element in der Stadtgestalt. Der westliche – ältere – Teil der Brienner Straße vermittelt noch diese Prinzipien.

Als Bauherren in der auf repräsentatives Wohnen angelegten Straße fungierten Adelige, hohe Beamte, gebildete Bürger, Künstler, entscheidend der Kronprinz und König Ludwig I. Im Ostteil der Straße entstand nach Klenzes Vorstellungen eine dem Odeonsplatz verbundene Kunstarchitektur. Gegenüber dem Hofgarten beginnt die Brienner Straße mit einer geschlossenen Reihung von der Renaissance beeinflusster italienischer Palastarchitektur. Das 1819 entstandene Palais Moy erinnert an dieses Konzept. Von der Straße nur tangential berührt, folgt nördlich der schon 1817 von Klenze konzipierte, bis 1828 vollendete Wittelsbacherplatz, ein saalartiger Architekturplatz nach dem Muster italienischer Renaissance. Westlich anschließend bürgerliche Miethäuser, wieder in den Formen italienischer Paläste, die eine Fassade in römischer Art, die andere durchgebildet mit linearer florentinischer Rustizierung. Nach dem anschließenden Palais Bayrstorff-Almeida macht die Straße, die bis hierher der Flucht einer alten Befestigungslinie folgt, einen leichten Knick nach Nordwesten; damit werden für den Blick von Westen her Kuppel und Türme der Theatinerkirche sichtbar. Zwischen Türken- und Arcisstraße lag der erste, durch Karl von Fischer gestaltete Teil der Brienner Straße. Der ursprüngliche Charakter seines gartenstädtischen Konzepts ist durch die Bebauung des späten 19. Jh. und noch mehr durch die gegenwärtige nur noch in bescheidenem Maße nachvollziehbar; dagegen erinnert die ehem. Galerie Böhler von Gabriel von Seidl, mit dem letzten erhaltenen Vorgarten in diesem Straßenabschnitt, an eine spezifische Münchner Baugattung, den Typus des Kunsthändlerhauses. Sowohl der kreisrunde Karolinenplatz (1809–12) mit seiner zentralen, den Obelisken umgebenden Grünfläche und der zumindest noch in der Anordnung erhaltenen, offenen Pavillonbauweise, als auch der rechteckige Königsplatz mit seinen neuhellenischen Monumentalbauten und den anschließenden Gartenanlagen ge-

hören zu den bedeutenden Schöpfungen klassizistischer Stadtbaukunst.

Einen entscheidenden Eingriff in die bis dahin gut erhaltene klassizistische Anlage nahmen die Nationalsozialisten durch den Bau ihrer Parteigebäude und die Umgestaltung des Königsplatzes vor. Das Konzept von Paul Ludwig Troost hatte nach dessen Tod im Januar 1934 Leonhard Gall weiter geplant und ausgeführt. Den Königsplatz belegte man nach der Niveauangleichung mit mehr als 20.000 Granitplatten und platzierte Kandelaber und Hoheitszeichen am Rande. Die Bauten im Osten des Platzes brach man ab und errichtete dort den sog. Führerbau und den Verwaltungsbau der NSDAP und zwischen diesen beiden Gebäuden die sog. Ehrentempel. Diese „Ehrentempel" sprengte man 1947 und den Plattenbelag des Platzes entfernte man 1987. Nach teilweise schweren Zerstörungen im Zweiten Weltkrieg behielt die Maxvorstadt ihren Charakter im Wiederaufbau bei. Die klassizistische Stadterweiterung mit ihrer Umgestaltung während der NS-Zeit und bewahrenden Wiederaufbau bildet eine herausragende städtebauliche Einheit.

Als konstituierende Elemente des Ensembles Maxvorstadt II sind zu nennen (s. auch bei Ensemble Altstadt München):

1. Baudenkmäler

Alter Botanischer Garten, Brienner Straße 12, 26, 28, Karlstraße 32, 34, Karolinenplatz, 2a, 3, 3a, 4, 5, 5a, 6, Königsplatz 1, 2, 3, Meiserstraße 9, 10, 13, Sophienstraße 7, 7a, Wittelsbacherplatz.

2. Bauliche Anlagen mit besonderem Aussagewert

Königsplatz 1a. Ehem. Funktionsgebäude für Großveranstaltungen der NSDAP, jetzt Werkstätten, lang gestreckter eingeschossiger Pultdachbau, von Arch. Niggl, 1935.

Meiserstraße 5. Wohnhaus, viergeschossig Walmdachbau, Sockelgeschoss gegliedert, mit Fensterrahmungen und Traufgesims, Mitte 19. Jh., 1951 nach Kriegsschäden wiederhergestellt.

Meiserstraße 6/8. Ehem. Verwaltungsbau der NSDAP, lang gestreckter viergeschossiger Walmdachbau mit rundbogiger Tordurchfahrt und Bauzier, vom Bauatelier Troost, 1935/36.

Meiserstraße 11. Ehem. Palais Maffei, jetzt Teil der Evang.-Luth. Landeskirche, freistehender viergeschossiger repräsentativer Bau mit Rund- und Dreiecksgiebeln über den Mittel- bzw. Eckrisaliten, von Albert Schmidt, 1892, vereinfacht wiederaufgebaut nach dem Zweiten Weltkrieg.

Ensemble Platzfolge Lehel: Thierschplatz – Forum Maximilianstraße – Mariannenplatz

Die Thierschstraße mit dem Thierschplatz im Norden und dem Mariannenplatz im Süden sowie dem Forum der Maximilianstraße in der Mitte, auf dessen Ost-West-Achse sie in Höhe des Maxmonuments rechtwinklig bezogen ist, ist als besondere städtebauliche Leistung des späteren 19. Jh. ein Ensemble. Mit der Platzfolge von Thierschplatz, Forum und Mariannenplatz lässt sich das im Lehel seit der Mitte des 19. Jh. wirksame städtebauliche Erschließungssystem in charakteristischer Weise fassen. Entwicklungsgeschichtlich ist für den ehem. Vorstadtbereich, der ursprünglich nur durch Bachläufe und Kanäle der Isar und ein unregelmäßiges Wegenetz strukturiert war, als erste städtebauliche Planung die Führung der schnurgeraden Hildegard- und rechtwinklig dazu der Adelgundenstraße in den vierziger Jahren des 19. Jh. fixierbar. Wie eine breite Bresche legt sich ab 1853 quer über den ganzen Lehelbereich der monumentale Zug der Maximilianstraße, das vorhandene Erschlie-

Ensemble Platzfolge ▷
Lehel: Thierschplatz/
Forum Maximilian-
straße/Mariannenplatz
von Südwesten (Aus-
schnitt); Luftaufnahme
von 1996

ßungssystem konsequent überlagernd. Nach der baulichen Vollendung des Forums wurde ab etwa 1875 der Verlauf der
Thierschstraße festgelegt und damit eine neue Nord-Süd-Verbindung im Lehel hergestellt, wobei das Maxmonument den
Schnittpunkt für das Achsensystem bildet. Der neue Straßenzug
blieb nicht nur Verkehrsverbindung, sondern erhielt seine
städtebauliche Bedeutung durch die beiden Platzbildungen, die
gleichzeitig mit der einheitlichen Überbauung der Thierschstraße gegen Ende des 19. Jh. entstanden. Thierschplatz und
Mariannenplatz sind einmal auf das Maxmonument bezogen,
zusätzlich besteht ein optisches Bezugssystem zwischen den
Plätzen selbst. Der Thierschplatz ist bereits in Grundrissplänen
des frühen 19. Jh. als dreieckige Grundform vorgegeben. Er
verbindet im Norden den älteren Straßenraum der Triftstraße
mit dem jüngeren der Tattenbachstraße und mündet im Süden in
die neu angelegte Thierschstraße. Der unregelmäßig dreieckige
Platz, dessen Mitte ein von Bäumen umstandener Brunnen einnimmt, weist eine homogene und geschlossene Randbebauung
mit Mietshäusern auf, die zwischen 1885 und 1900 im Stil der
Neurenaissance errichtet wurden. Mit den spitzwinklig zueinander stehenden Baufluchten, den einheitlichen Traufhöhen
und den betont horizontal gegliederten, flachplastischen Fassaden erhält der Platz einen stark räumlichen Charakter. In der
Blickachse öffnet er sich nach Süden, wo sich mit dem Verlauf
der Thierschstraße der Blickbezug zum Maxmonument und
weiter auf Chor und Kuppel der St.-Lukas-Kirche am Mariannenplatz herstellt.
Beim Mariannenplatz handelt es sich um einen vergleichsweise
weitläufigen Platz in Rechteckform, der an drei Seiten durch
vornehme Mietshäuser der Gründerzeit geschlossen bebaut ist,
zum Isarkai hin offen bleibt und beherrscht wird durch die in seiner Mitte freistehende Kirche St. Lukas. Der Platz verdankt seine städtebauliche Bedeutung vor allem seiner exponierten Lage
am Isarkai, die durch den monumentalen Zentralbau der Kirche
mit ihrer Oktogonalkuppel und den hohen Portaltürmen zur Isar
hin hervorragend genutzt ist. Auffallend repräsentativ ist die

westliche Platzseite gestaltet. Hier, in leicht zurückgenommener
Bauflucht, entstand 1899 eine stattliche, dreiteilige Baugruppe,
bestehend aus einem risalitartig überhöhten Mittelbau mit betont
prächtiger Hausteinfassade und reichem plastischem Dekor sowie zwei spiegelbildlich angeordneten Eckbauten mit Eckkup-
peln.
Der Mariannenplatz wirkt in seinem überbauten Bereich infolge
der immer leicht schräg einmündenden Straßen durchweg geschlossen. In leichten Abknickungen führt auch die Thierschstraße tangential an ihm vorbei, um dann aber schnurgerade und
in wandartiger Geschlossenheit die Verbindung zu Forum und
Thierschplatz herzustellen. Ihre Kreuzungspunkte mit dem
Forum sind durch risalitartig betonte Kopfbauten markiert. Das
Maxmonument innerhalb seiner Rondellanlage ist Gelenkstelle
für die stadtbaugeschichtlich älteren Blickbezüge nach Osten
zum Maximilianeum hin und nach Westen über das weit ausgreifende Forum mit seinen Parkanlagen und Denkmälern.

**Als konstituierende Elemente des Ensembles Platzfolge Le-
hel: Thierschplatz – Forum Maximilianstraße – Mariannenplatz sind zu nennen** (s. auch bei Ensemble Maximilianstraße):

1. Baudenkmäler

Mariannenplatz 1, 2, 3, 4, Tattenbachstraße 1, Thierschplatz,
Thierschplatz 4, 5, 21, 23, 25, 26, 33, 51, 53.

2. Bauliche Anlagen mit besonderem Aussagewert

Thierschstraße 34. Wohn- und Geschäftshaus, fünfgeschossiger Traufseitbau mit flachen Seitenrisaliten, erbaut 1878, Fassade 1969 erneuert.

Thierschstraße 43. Wohnhaus, fünfgeschossiger Traufseitbau
mit Mittelbalkonen, von F. v. Schmädel und Schönhammer, 1877,
Fassade 1960 vereinfacht.

Ensemble Prinzregentenstraße links und rechts der Isar

Vorbemerkung: Das Ensemble Prinzregentenstraße links und rechts der Isar liegt nur in Teilen – im Bereich westlich, also links der Isar – im Bearbeitungsraum der Denkmaltopographie München-Zentrum. Entsprechend sind in diesem Band nur die Baudenkmäler und weiteren konstituierenden Elemente des Ensembles bearbeitet, die sich in dem Bereich westlich der Isar befinden. Der Ensembletext umfasst aber die Beschreibung bis zur Kreuzung der Prinzregentenstraße mit Leuchtenbergring bzw. Richard-Strauss-Ring.

Die Prinzregentenstraße in ihrem Verlauf zwischen Prinz-Carl-Palais im Westen und Richard-Strauss-Straße/Leuchtenbergring im Osten ist ein Ensemble von besonderer städtebaulicher Bedeutung. Es ist ein anschauliches Beispiel einer großstädtischen Hauptstraße, in der eine Monumentalstraße vom Typus barocker Prospektstraßen mit den Prinzipien des malerischen Städtebaus und seinen wechselvollen Bild-Situationen verbunden ist, wobei auch in vorbildlicher Weise eine künstlerische Beziehung zwischen Stadt und Fluss gewonnen werden konnte. Die besondere städtebauliche Leistung erschließt sich in den wechselnden Bildern einer Art Straßen-Landschaft von beträchtlicher Längenausdehnung vor allem im Bewegungsablauf durch den gesamten Straßenzug links und rechts der Isar, wobei das Friedensdenkmal oberhalb der Luitpoldterrasse eine Gelenkfunktion einnimmt.

Die Prinzregentenstraße ist die dritte der großen Münchner Monumentalstraßen des 19. Jh. Sie wurde – nördlich parallel zur Maximilianstraße – seit 1891 angelegt. Beginnend bei dem klassizistischen Prinz-Carl-Palais im Westen als kompositionellem Ausgangspunkt führt sie nach Osten direkt zur Isar hin, auf die sie rechtwinklig stößt und die sie mit einer – nach der Hochwasserkatastrophe von 1899 – neuen Brücke überquert. Hier, nach einer Strecke von einem Kilometer Länge, findet die Straße in einer Architektur- und Bildwerkszenerie am Isarhochuferhang scheinbar ihren Abschluss. Dieser Teil zwischen Prinz-Carl-Palais und Friedensdenkmal war der repräsentativste Abschnitt der Straße; hier, links der Isar, verkörperte die Prinzregentenstraße ursprünglich den Typus einer Stadtrand-Parkstraße; sie war nur an der Südseite mit Wohnhäusern bebaut, zum Englischen Garten hin dagegen unbebaut, also begrenzt von der Baumwand des Englischen Gartens bis hin zum Bayerischen Nationalmuseum. Mit dem neuen Bayerischen Nationalmuseum und mit dem Bau der Preußischen Gesandtschaft und der Schack-Galerie entstand an der Nordseite der Prinzregentenstraße Kunstarchitektur von öffentlicher Bedeutung. Das Nationalmuseum, 1893–1900 von Gabriel von Seidl als weitläufige Baugruppe gestaltet, zeigt am deutlichsten den malerisch aufgefassten Historismus des späten 19. Jh., wobei der malerische Charakter der Architektur durch die gewollte Verschiebung der Forumanlage davor ursprünglich noch gesteigert wurde. Dieses vor dem Turm-Mittelbau des Nationalmuseums ausgebildete Forum bestand aus einer von Balustraden eingefassten Terrasse mit Baumbepflanzung und abgesenktem Gartenparterre und wurde später mit dem Reiterdenkmal des Prinzregenten von 1913 sowie mit dem Hubertusbrunnen von 1907 bereichert. Das damals moderne städtebauliche Ziel, nämlich innerhalb der Straße einen Platz zu bilden und gekrümmte Straßenlinien zu schaffen, war mit der in die Straße eingestellten Terrasse erreicht. Diese Konzeption wurde 1936/37 durch Umbauten German Bestelmeyers einschneidend verändert. Gegenüber dem Museum wurde das ehem. Luftgaukommando, jetzt Wirtschaftsministerium, errichtet, ein kantiger Bau mit an der Oettingenstraße hochgezogenem, turmartigem Bauteil. Der westliche Umriss des Forums wurde durch eine Gartenmauer mit Brunnentempel geschlossen; Terrasse und Hubertusbrunnen wurden abgetragen, das Reiterdenkmal verändert aufgestellt. Mit dem Umbau ist das Forum auf

eine Platzerweiterung reduziert und letztlich zur Verkehrsader geworden. Eine neue Baumbepflanzung im Jahre 1972 vor dem ehem. Luftgaukommando betont den durchgehenden Straßenverlauf. Als Bestelmeyer 1937 mit den Umbauten begann, war die erste tiefgreifende Veränderung an der Prinzregentenstraße bereits manifestiert: durch den architektonischen Eingriff in die Baumwand des Englischen Gartens durch das Haus der Kunst, erbaut 1933–37 von Paul Ludwig Troost.

Östlich der 1900/01 durch Theodor Fischer errichteten Luitpoldbrücke mit ihren allegorischen Liegefiguren der vier Stämme Bayerns erhebt sich die Luitpoldterrasse mit Friedensdenkmal als Abschluss des Westteils der Straßenachse. Die Luitpoldterrasse, eine monumentale, barockisierende Treppenanlage mit Mittelnische, Laternen, Fontänen und Fontänenbecken wurde 1891 vollendet. Beiderseits der Nische führt eine symmetrisch angelegte doppelte Freitreppe der Mauer entlang nach oben zu einer stadteinwärts gerichteten Aussichtsterrasse. Diese Anlage erhielt eine Steigerung durch das 1896–99 geschaffene Friedensdenkmal. Auf dem Terrassenplateau steht ein der athenischen Korenhalle nachgebildeter offener Tempel, mit farbigen goldglänzenden Mosaiken. Auf diesem Unterbau erhebt sich eine 23 Meter hohe kannelierte Säule, deren korinthisches Kapitell die sechs Meter hohe, vergoldete Erzfigur des Friedens-

Ensemble Prinzregentenstraße von Westen; Luftaufnahme von 1996

engels trägt. Das Friedensdenkmal hat Gelenkfunktion zwischen der Prinzregentenstraße als axialer Repräsentationsstraße.

Für die Fortsetzung des Straßenzuges über das Friedensdenkmal hinaus, das von der Straße in einem ansteigenden Oval umrundet wird, ist die Ausarbeitung des Generallinienplans für Bogenhausen von 1895 unter Theodor Fischer als Leiter des neu eingerichteten Stadterweiterungsbüros von entscheidender Bedeutung. In der Überplanung des neuen Stadtsektors zwischen Haidhausen und dem Dorf Bogenhausen, zwischen Isar und dem Bereich des heutigen Mittleren Rings werden die wichtigsten Prinzipien der Münchner Stadterweiterungsplanung des ausgehenden 19. Jh. anschaulich: Hierzu gehört die Bildung geschlossener Straßen und Platzräume durch Krümmung und Versetzung der Gebäudefluchten, die Strukturierung von Stadterweiterungsgebieten durch die Abfolge unterschiedlich profilierter Räume und die Akzentuierung zentraler Plätze durch geschickt platzierte öffentliche Gebäude sowie der Wechsel zwischen hoher, geschlossener und niedriger, weiträumiger Bebauung. Prinzregentenstraße und Prinzregentenplatz verleihen dem neuen Stadtsektor strukturellen Halt. Als Bereiche größerer Baudichte und fast durchwegs geschlossener Bebauung erhalten sie gegenüber dem Umfeld eine besondere städtebauliche Bedeutung; der Prinzregentenplatz ist städtebaulicher Mittel- und Höhepunkt des auf der Basis des Ideenwettbewerbs von 1892 entwickelten Stadterweiterungsplanes für das Bogenhausener Gebiet. Der Straßenzug beginnt auf der Höhe der Isarkante nach der Grünzone um das Friedensdenkmal, durchzieht in knapper Weitung den Bereich der Villenbebauung an der Möhlstraße, verengt sich dann mit dem Übergang zu einer anderen Baustaffel nach der Kreuzung Ismaninger Straße, weitet sich zum nächsten Ziel des Prinzregentenplatzes, bricht sich an der geschlossenen Platzwand im Osten, setzt sich aber nach leichtem Südknick in östlicher Richtung fort bis zum Mittleren Ring. Der Prinzregentenplatz ist Sammel- bzw. Verteilerbereich für weitere sechs Straßen und damit vor allem Verkehrsplatz, wenn auch im malerischen Sinn. Die Baulinien am Platz sind so angeordnet, dass der Platz einen geschlossenen Raum bilden konnte, der nur auf der Westseite mit Rücksicht auf den Blick zur Stadt offen blieb. Alle Straßen, mit Ausnahme des westlichen Abschnitts der Prinzregentenstraße, sind so auf den Platz geführt, dass dieser erst kurz vor dem Betreten als plötzliches Raumerlebnis erfahrbar wird. Seinen gestalterischen Wert für das heutige Stadtbild erhält er durch die in repräsentativen Formen des barockisierenden Jugendstils errichtete Mietshausbebauung und das in den Platz vorspringende Prinzregententheater, das 1900/01 von Heilmann und Littmann erbaut wurde. Die architektonisch würdige Rahmung des Platzes ist nicht zufällig entstanden. Eigentümer des Geländes in diesem Bereich war die mit der Heilmann'schen Immobiliengesellschaft kapitalmäßig verbundene Prinzregentenplatz-Aktiengesellschaft. Diese hatte in den Jahren 1899/1900 das Gelände im Bereich des projektierten Platzes erworben und bis zur Bebauungsreife vorbereitet. Durch den Bau des Prinzregententheaters wurde eine Aufwertung der benachbarten Wohnbaugründe angestrebt. Dennoch zeigt das Verständnis von Bauherren und Architekten für eine aufwendigere baukünstlerische Gestaltung, dass man das von Theodor Fischer vorgezeichnete städtebauliche Potential zu nutzen verstand: so z. B. mit der Fassade des Hauses Prinzregentenplatz 23, dessen Hauptrisalit mit Kuppelbekrönung noch heute der ganzen Prinzregentenstraße bis zum Friedensengel als Blickfang dient.

In ihrem letzten Abschnitt zwischen Prinzregentenplatz und Leuchtenbergring ist die Prinzregentenstraße moderne Wohnstraße, architektonisch angereichert durch die kath. Pfarrkirche St. Gabriel, einen Rohbacksteinbau, 1925/26 von den Architekten Eduard Herbert und Otho Orlando Kurz errichtet. Als Kulturbau zu nennen ist noch die Stuckvilla und deren Atelierhaus aus dem Jahre 1897/98 bzw. 1913/14 im Stile eines neuklassizistischen Jugendstils.

Bei dem Ensemble Prinzregentenstraße links und rechts der Isar handelt es sich um einen Straßenzug, der nicht als statisches Bild beschrieben werden kann, sondern der im Bewegungsablauf erfahren werden muss, was für den malerischen Städtebau des späten 19. und frühen 20. Jh. in besonderem Maße charakteristisch ist. Die Sequenz der beim Durchfahren wechselnden Bilder besteht aus verschiedenen Elementen: aus dem axialen Blickbezug zwischen Prinz-Carl-Palais und Friedensengel, aus der Erweiterung im Museumsforum, aus dem Flussübergang, aus dem Anstieg am Isarhang, aus dem Durchqueren der Grünzone im Bereich von Isaranlagen und Villengebiet an der Möhl-/Maria-Theresia-Straße, aus der verengten Kreuzung an der Ismaninger Straße mit dem Übergang zwischen zwei Baustaffeln, aus der Weitung zum Prinzregentenplatz hin, aus dem Prinzregentenplatz mit seiner asymmetrischen Anlage mit Verteilerfunktion, aus der Wohnstraße. Im Bereich des Prinz-Carl-Palais ist das Ensemble durch die Anlage des Altstadt-Rings mit Untertunnelung und durch den Bau der Obersten Baubehörde empfindlich gestört.

Als konstituierende Elemente des Ensembles Prinzregentenstraße links und rechts der Isar sind zu nennen (s. auch bei Ensemble Altstadt München):

1. Baudenkmäler

Prinzregentenstraße, Prinzregentenstraße 1, 3, vor 3, 5, 7, 9, 24, 26, 28, 50.

Ensemble Richard-Wagner-Straße

Die kurze, abgeknickte Straße, die um 1900 innerhalb eines großen Straßengevierts der Maxvorstadt angelegt wurde, bildet mit ihrer im Wesentlichen erhaltenen Bebauung mit meist von Leonhard Romeis entworfenen, reich gegliederten Häusern des späten Historismus einen besonders malerischen, in sich geschlossenen Bereich, dem sich auch die Lenbachvilla am Südende anschließt.

Als konstituierende Elemente des Ensembles Richard-Wagner-Straße sind zu nennen:

1. Baudenkmäler

Luisenstraße 33, Richard-Wagner-Straße 5, 7, 9, 10, 11, 13, 15, 17, 18, 19, 27.

Ensemble St.-Anna-Platz (Lehel)

Der St.-Anna-Platz mit der Pfarrkirche St. Anna, der gleichnamigen barocken Klosterkirche und der Platzrandbebauung ist als gelungene Platzschöpfung des späten 19. Jh. ein Ensemble. Die relativ kleine Platzanlage ist repräsentativ für den Versuch, innerhalb eines ehemals vorstädtischen und nur locker bebauten Bereichs einen neuen städtebaulichen Akzent zu setzen. Bis in die Mitte des 19. Jh. waren an älteren Strukturen lediglich der Straßenraum der St.-Anna-Straße und die Klosterkirche St. Anna vorgegeben. Der Klosterkirche, die im Auftrag der Hieronymiten 1727–33 durch Johann Michael Fischer entstand, 1827 den Franziskanern übergeben worden war und zwischen 1807 und 1892 als Pfarrkirche diente, wurde 1852/53 durch August von Voit eine neuromanische Zweiturmfassade vorgeblendet. Ein 1885 auf Münchner Architekten beschränkter Wettbewerb für eine neue Pfarrkirche im Lehel wurde zugunsten der Pläne Gabriel von Seidls entschieden. Weitgehend von Formen rheinischer Romanik inspiriert, entstand zwischen 1887 und 1892 die neue

◁ Ensemble
St.-Anna-Platz
(Lehel) von
Süden; Luftauf-
nahme von 1996

Pfarrkirche als aufwendiger, malerischer Sakralbau in neuroma-nischem Stil, der alten Pfarrkirche direkt gegenübergestellt. Die etwa zur gleichen Zeit erfolgte Platzrandbebauung ist im Nord-osten, Osten und Südosten relativ eng an den neuen Kirchenbau herangezogen und hier, dem niedrigeren Chorbereich entspre-chend, auch optisch niedriger gehalten. Dem Portalbereich mit der hohen Einturmfassade im Westen ist dagegen mehr Platz-raum zugeordnet und die Platzrandbebauung ist hier etwas höher gehalten. Von der auf sehr unregelmäßigem Grundriss erfolgten Randbebauung ist die im Neurenaissancestil gehaltene Häuser-zeile auf der Südseite geschlossen erhalten. Der in der Platzmitte stehende Sakralbau ist durch die ihn umgebende Terrasse aus dem profanen Bereich deutlich abgesetzt. Wichtiger Bestandteil der malerischen Platzkonzeption ist der große Schalenbrunnen auf der Terrasse westlich der Kirche.

Die Rekonstruktion der Klosterkirchenfassade in die barocke Form 1965/66 hat in das Ensemble des 19. Jh. einen fremden Zug hineingebracht.

Als konstituierende Elemente des Ensembles St.-Anna-Platz (Lehel) sind zu nennen:

1. Baudenkmäler

St.-Anna-Platz 1, 1a, 2, 3, 4, 5, 9, St.-Anna-Straße 13, 15, 18, 19, 21, 20, Triftstraße 5.

2. Bauliche Anlagen mit besonderem Aussagewert

St.-Anna-Platz 8. Wohnhaus, viergeschossiger Traufseitbau mit Segmentbogen im Erdgeschoss, Friedrich Lawatsch, 1952.

St.-Anna-Platz 10. Wohnhaus, viergeschossiger Mansarddach-bau, von Otto Weinert, 1950.

Ensemble Widenmayerstraße

Die Bebauung an der Kaistraße entlang der Isar bildet mit den sehr vornehmen, aufwendigen Mietshäusern eine städtebauliche Einheit von großstädtischem Anspruch. Begonnen im Süden an der Maximilianstraße 1893/94 in Formen des späten Historis-mus, fortgesetzt im barockisierenden und klassizisierenden Stil der Zeit vor dem Ersten Weltkrieg. Die vier- bis fünfgeschossige Bebauung zeigt teils reiche Fassadenzier. Das Ufer war bis 1904 befestigt und 1909 ließ die Stadt München die Figur eines hl. Christophorus als Schutzheiligen der Schiffer und Fährleute errichten. Das Ufer begleitet als Promenade eine doppelreihige Baumbepflanzung.

Die ehem. gegenüber von Widenmayerstraße 46, 47 gelegene Turnhalle wurde nach schweren Kriegsschäden mit dem Ausbau der Isartangente 1962 endgültig abgebrochen. Auch an anderen Stellen entlang des Straßenzuges entstanden nach Kriegsschä-den Neubauten, die allerdings in der Bauhöhe der Umgebung eingepasst sind.

Als konstituierende Elemente des Ensembles Widenmayer-straße sind zu nennen:

1. Baudenkmäler

Reitmorstraße 2, 2a, Widenmayerstraße 1, 2, 5, 7, 8, 9, 25/25a, 27, 28, 29, 31, 32, 34, 37, 38, 41, 42, 43, 44, 46a, 48, 49, 50, 51, 52.

Adalbertstraße

Straße der Maxvorstadt, die heute von der Ludwigstraße nördlich der Universität nach Westen bis zur Tengstraße verläuft. Die Adalbertstraße quert dabei im rechten Winkel mehrere Straßen der quasi-hippodamisch geometrisch umgesetzten Stadterweiterung. Sie führt am 1866–69 angelegten Alten Nördlichen Friedhof (s. Arcisstraße 45) vorbei, vor dessen westlichem Abschluss die Isabellastraße nördlich abzweigt. An ihrem westlichen Ende stößt die Adalbertstraße südöstlich der Kirche St. Joseph auf die Tengstraße. Im Jahre 1825 trassiert, wurde die Straße schon 1829 nach Adalbert Prinz von Bayern (1828–75), dem jüngsten Sohn König Ludwigs I., benannt. Zwei Jahre zuvor hatte Ludwig I. noch die Bezeichnung „Letzte Straße" verfügt, als Hinweis auf den nördlichen Abschluss der Maximilians-Vorstadt. 1842 erst wurde der Anschluss der Adalbertstraße an die Türkenstraße vollzogen. Der Gustav Wenngsche Stadtplan von 1852 belegt, dass während dieses Jahrzehnts nur 13 schmale Parzellen an der Adalbertstraße bebaut wurden, aufgereiht an der nördlichen Straßenseite von der Ludwigstraße nach Westen. Noch 1892, sechs Jahre bevor man mit dem Bau der Josephskirche begann, war die Trasse der Adalbertstraße nach Westen bis zur Schleißheimer Straße (!) festgelegt worden. Sie durchschnitt die freien Grünflächen der Rentierswitwe Maria Grünstadl und des Reichsrats, Guts- und Fabrikbesitzers Hugo Ritter von Maffei, beide zwischen Zentner- und Schwindstraße gelegen, sowie das Grundstück des Metzgermeisters Ernst Lindl zwischen Schleißheimer- und Zentnerstraße. Bebauung bestand nur auf vier Parzellen an der nördlichen Ecke Görres-/Schleißheimer Straße.

Doch wurde die zunächst beabsichtigte konsequente Fortsetzung der Rasterung durch die 1898 begonnene Anlage der Josephskirche mit Vorplatz aufgehoben. Das Baulinienkonzept wurde zugunsten der eher malerischen Zielsetzungen Theodor Fischers geändert. Der Turm der Kirche St. Joseph ist heute als Point de vue der südlich/nördlich verlaufenden Augusten-/Adelheidstraße, aber auch der Adalbertstraße anzusprechen. Die ausgewiesene Breite der Adalbertstraße zwischen Ludwig- und Schraudolphstraße wird einzig von der nördlichen Flanke des Universitätsneubaus unterschritten. Ab der Schraudolphstraße wurde die Straßenbreite in Richtung Westen aufgeweitet, und

zusätzlich wurden bis zum westlichen Abschluss des Straßenverlaufs an der Tengstraße die Baulinien soweit zurückversetzt, dass vor den Mietshäusern Vorgärten angelegt werden konnten.

Heute zeigt die Adalbertstraße eine nicht nur kriegsbedingt heterogene Bebauung. Von der ursprünglich zweigeschossigen geschlossenen Erstbebauung zwischen Amalien- und Ludwigstraße, schlichten Vorstadthäusern mit Kleinwohnungen aus den späten 20er Jahren des 19. Jh., hat sich das 1827–30 von Friedrich Schöpke erbaute Haus Nr. 14 erhalten (1841 zur Dreigeschossigkeit aufgestockt). Die hier ab den 60er Jahren des 19. Jh. erfolgte Zweitbebauung bestand aus viergeschossigen Miets- und Geschäftshäusern, dekoriert in den Formen der klassischen Neurenaissance. Eine selbständige städtebauliche Einheit stellte bis zum Zweiten Weltkrieg der Abschnitt zwischen der Barer- und der Schraudolphstraße dar. Zwischen 1882 und 1901 hatte Johann Widmann als Eigentümer der Grundstücke zu beiden Straßenseiten die Parzellen durch seine eigene Baufirma mit fünfgeschossigen Mietshäusern bebaut und nach Fertigstellung in Folge zum Teil verkauft. Im Sinne der deutschen Renaissance mit Backsteinverblendungen und Putzgliederung waren formverwandte Fassadenabwicklungen entstanden, rhythmisiert mit Flacherkern, Eckerkern und Erkertürmchen. Die dreiachsigen Häuser der Nordseite haben eine Wohnung je Etage mit großzügigen Nord-Atelierfenstern, die fünfachsigen der Südseite zwei entsprechend kleinere Wohnungen je Etage. Doch ist der Eindruck der Vorkriegszeit nur mehr bruchstückhaft nachzuvollziehen. Großzügige Doppelwohngebäude aus den Jahren um 1899 (Adalbertstraße 90) bis 1910 (Adalbertstraße 100), freistehend und mit Vorgartenlinie kennzeichnen am Alten Nördlichen Friedhof und an der nördlichen Straßenseite zwischen Isabella- und Tengstraße die Bebauung.

Adalbertstraße 7. Das spätklassizistische Mietshaus wurde auf zuvor unbebauter Parzelle 1864 von Max Verst für den Privatier Franz Stuhler erbaut. Der Hauszugang in der westlichen Achse führt in das rückwärtige eingeklinkte Treppenhaus. Bis zur Wiederherstellung nach Kriegszerstörungen war die Fassade nach der Auffassung der klassischen Neurenaissance dekoriert. Die geraden Verdachungen der Fenster der Hauptgeschosse zeigten in spätklassizistischer Manier Akroterien, wie sie in den 70er

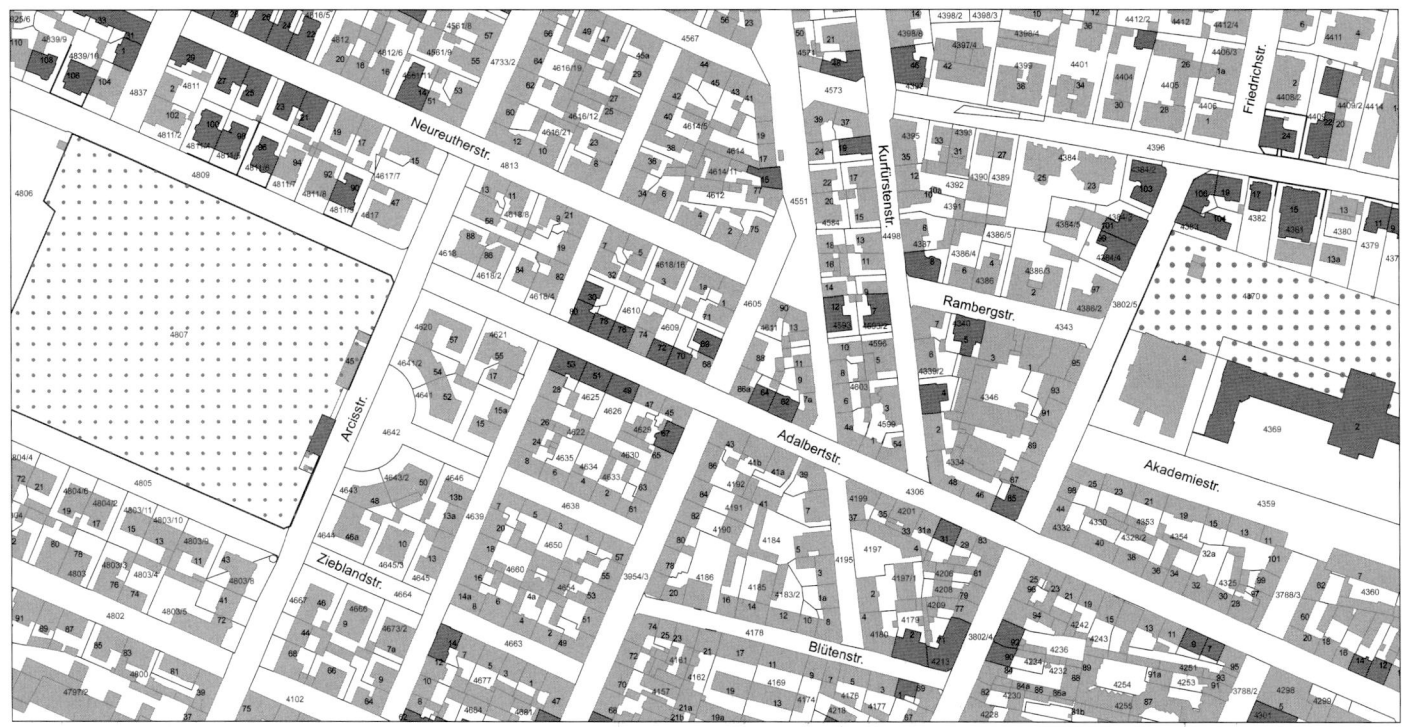

Adalbertstraße, Flurkarte, M. 1:5 000

Adalbertstraße 7/9; Ansicht und Situation von M. Verst, 1864

Adalbertstraße 12. Für den Schreinermeister Johann Reiter errichtete Architekt Georg Seemiller 1898–99 ein schmales Wohn- und Geschäftshaus zu drei Achsen und fünf Geschossen anstelle eines 1827 von Maurermeister Friedrich Schöpke für Bartholomäus Denk erbauten zweigeschossigen Wohn- und Ökonomiegebäudes, das Bestandteil der früheren nördlichen Begrenzung der Maxvorstadt war. Ein moderneres Mietshaus in Formen der deutschen Renaissance trat an die Stelle schlichter biedermeierlicher Vorbebauung. Die Durchfahrt in der westlichen Achse führt zum Hauszugang im eingeklinkten Hofwinkel. Eine doppelläufige Podesttreppe erschließt gemäß Eingabeplan eine Wohnung je Etage, wobei man Magdkammer und Funktionsräume im östlichen Rückflügel unterbrachte. Der vom 3. Geschoss bis zur Traufe reichende, reich dekorierte Erker dominiert die Fassade zentral. Infolge der Kriegszerstörung (leichte Schäden durch einen Luftangriff am 20.9.1942) verschwand der ursprünglich den Erker überhöhende Neurenaissance-Volutengiebel, der, großzügig durchfenstert, ein von Seemiller eingerichtetes Maleratelier belichtet hatte. Ein 1974 beabsichtigter Abbruch des Hauses konnte abgewendet werden. Der bestehende Ausbau des Dachgeschosses im Anklang an den Vorkriegszustand entstand schließlich 1976. Gemäß Eingabeplan sind die Putzrustika des Erdgeschosses sowie die Zieranker original, das Kordongesims über dem 1. Obergeschoss ist eine moderne Zutat.

Adalbertstraße 7   Adalbertstraße 9

Jahren des 19. Jh. in der Maxvorstadt, besonders in der nahe gelegenen Amalienstraße häufig eingesetzt worden sind (vgl. Amalienstraße 77, 79, 81, 83). Das Haus wurde im Zuge einer Nutzungsänderung zu einem Studentenwohnheim 1985–86 teilmodernisiert. Der Umbau der inneren Strukturen (Aufteilung der Wohneinheiten) sowie der Dachausbau erfolgten nach Plänen des Architekten Roland Jäcklin Volkert.

Adalbertstraße 9. Als Bauherr des auf zuvor unbebautem Grund errichteten spätklassizistischen Mietshauses ist der Kaminkehrermeister Michael Kargus aktenkundig. Als Planfertiger und Bauleiter fungierte wie bei Haus Nr. 7 Max Verst. (Im selben Jahr und mit selber Personage entstand auch das westlich benachbarte Anwesen Nr. 11.) Im Jahre 1888 wurden vom Architekten Karl Stöhr für den Folgebesitzer Johann Schwarz im Erdgeschoss Umbauten vorgenommen, um eine Postdienststelle darin unterzubringen. Heute durch Fenster ersetzte Türeinbauten in den beiden westlichen Achsen gewährleisteten den Zugang zur „Brief- und Fahrpostdienststelle" sowie zum Schaltervorplatz; heutiger Ladenzugang aus späterer Zeit. Der Hauszugang in der östlichen Achse führt in das rückwärtig eingezogene Treppenhaus, dessen halb gewendelte Treppe mit einem quadratischen Zwischenpodest gemäß Eingabeplan zwei Wohnungen je Etage erschloss. (1973 wurde das Gebäude generalsaniert.)

Adalbertstraße 14   Adalbertstraße 12

Adalbertstraße 14, Eingang

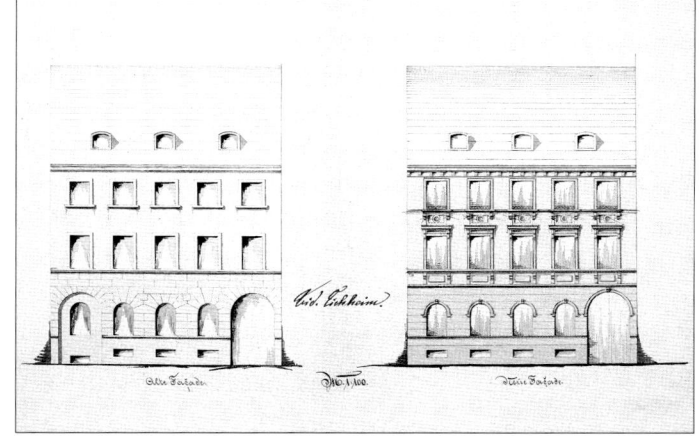

Adalbertstraße 14; Ansicht alter (links) und überformter Fassade (rechts), von A. Wagner, 1874

Adalbertstraße 14. Auf ein biedermeierlich schlichtes, zweigeschossiges Vorstadthaus der 1830er Jahre, errichtet von Friedrich Schöpke, ließ 1841 der Zimmermann Georg Lachner durch Maurermeister Deiglmayr und Zimmermeister Rottmiller ein 2. Obergeschoss aufsetzen. 1850 bestand gemäß Wenngs Stadtplan an der Adalbertstraße lediglich an der Nordseite ihres östlichen Anfangsbereiches eine Bebauung in Gestalt einer geschlossenen Reihe von 13 Vorstadthäusern, von denen heute nur noch Haus Nr. 14 erhalten ist; Nr. 8 war bis Ende der 1990er Jahre leicht verändert erhalten geblieben. Die Durchfahrt in der östlichen Achse führt über ein Zwischenpodest zum westlich danebenliegenden Stiegenhaus. Die halb gewendelte Podesttreppe mit Holzgeländer aus verjüngten Balusterstäben erschließt gemäß Eingabeplan zwei Kleinwohnungen je Etage. Die schlichte klassizistische Fassade von Nr. 14 mit betonten Fenstersohlbänken und einfachem Kastengesims ist z. T. vereinfacht. 1874 war die Fassade von Maurermeister A. Wagner für den Privatier Paul Asam in Neurenaissanceformen überformt worden, alle Öffnungen des Erdgeschosses waren seinerzeit rundbogig geschlossen. Der Einbau eines Ladengeschäfts im Erdgeschoss erfolgte 1897 für den Spenglermeister Johann Morhard durch den Architekten E. Neuhoff (damit verband sich die Beseitigung der charakteristischen Rundbogenfenster). Der Rückflügel des Gebäudes wurde durch den frühen Luftangriff vom 20.9.1942 total zerstört. Das bestehende Anwesen darf als selten gewordenes Beispiel für die stets bescheidene Erstbebauung der Maxvorstadt gelten.

Adalbertstraße 15, Gedenktafel

[**Adalbertstraße 15.** Gedenktafel (1972) für den ehem. Steinickesaal. Im Erdgeschoss des 1944 durch einen Luftangriff zerstörten Hauses befand sich von 1914–41 der Saal des Buchhändlers Georg Karl (gen. Papa) Steinicke (1877–1939), einer der Mittelpunkte des Schwabinger Kultur- und Kleinbühnenlebens (entstanden durch Umbaumaßnahmen nach Plänen von Oswald E. Schiller 1914).]

Adalbertstraße 31. Auf zuvor unbebauter Parzelle ließ sich 1884 die Privatiere Marie Sautner von Bautechniker Jakob Freundorfer ein viergeschossiges Neurenaissance-Mietshaus mit Hausteingliederung und Balkon erbauen. 1896 richtete Baumeister Johann Pausinger für Ignaz Neumair einen Laden im Erdgeschoss ein, der heute noch an den zusätzlichen Fensterausbrüchen nachzuvollziehen ist. Der mittig in die fünfachsige Fassade gesteckte Hauseingang führt in das rückwärtige, eingezogene Treppenhaus; eine doppelläufige Podesttreppe erschließt – laut Eingabeplan – zwei Wohnungen je Etage. Über einer Rustika mit niedrigem Zierbalkon oberhalb des Eingangs gliedern rustizierte Lisenen die Fassade. Sturzfelder und Brüstungszonen der Fenster des 2. und 3. Obergeschosses waren ehedem verklammert. Beachtlich ist das Traufgebälk: Über einem schlichten Architrav, der den flankierenden Vorlagen der Fenster des 3. Stocks aufliegt, haben sich ein Zahnfries sowie darüber das Gesims mit eingestellten Konsolen erhalten. Die vereinfachende Fenstererneuerung zur heutigen Gestalt unter Beibehaltung der Hauptsprossenteilung erfolgte 1977.

Adalbertstraße 31

Adalbertstraße 49. Der Bauunternehmer Johann Widmann ist über 30 Jahre hinweg, bis ca. 1905 als Eigentümer zahlreicher, neu arrondierter Grundstücke in der Maxvorstadt nachzuweisen. Die Erbauung der Gebäude auf den meisten seiner Grundstücke leistete er mit seiner eigenen Firma, teils als Spekulationsobjekte, teils als Eigentum zu Mietzinsertrag. Die Neurenaissancehäuser mit den heutigen Nrn. 49 und 51 errichtete er mit identischer Fassadengliederung und Innenraumaufteilung 1900–01. Johann Widmann schloss damit die Baulinie entlang der Adalbertstraße bis zur Schraudolphstraße hin. Das an dieser Straßenecke stehende Mietshaus Nr. 53, mit den neu entstandenen Gebäuden hinsichtlich der Fassadenbehandlung verwandt, hatte er schon 1882/83 erbaut. (Ferner befand sich an der hinteren Baulinie von Nr. 49 ein dreigeschossiges Ateliergebäude mit an die Kommunmauer des rückwärtigen Anwesens angebautem Pultdach, das Johann Widmann schon 1881/82 errichtet hatte; es wurde durch den Luftangriff vom 7.1.1945 total zerstört.) Die beiden fünfachsigen Häuser Nr. 49 und 51 an der Straßenlinie haben in der mittleren Achse die Hofdurchfahrt. Dabei kam bei Nr. 49 das Stiegenhaus östlich neben der Durchfahrt zum Liegen, bei Nr. 51 westlich. Die großzügig aufgeglasten Stiegenhäuser nehmen halb gewendelte Podesttreppen mit schmalen Augen auf. In jeder Etage sind, gemäß Eingabeplan, zwei Wohnungen unterschiedlichen Zuschnitts untergebracht.

Adalbertstraße 49, 51 und 53 (von links)

Die vertikale Gliederung der Fassade bestimmen kräftige Gurtgesimse. Dabei werden Erdgeschoss, 1. sowie 2. und 3. Obergeschoss zusammengefasst. Eine Raupützstreifen-Rustika wurde vor Erdgeschoss und 1. Obergeschoss gelegt, der rundbogige Abschluss oberhalb der mittigen Durchfahrt bis unter das Gurtgesims über dem 1. Obergeschoss hochgezogen, der 1. Stock also im Sinne überkommenen Bauens mezzaninartig behandelt. Die Fassadenflächen der beiden Hauptgeschosse und des 4. Obergeschosses bilden Blankziegel. Den Fassadenrhythmus bestimmt auf Höhe der Hauptgeschosse der Wechsel von zweiteiligen Querstock- und dreiteiligen Kreuzstockfenstern (1977 Reparaturen, 1995 behutsamer Ersatz). Flacherker, jeweils in der zweiten und vierten Achse, übergreifen das 2. und 3. Obergeschoss und verleihen dem Mietshaus das charakteristische Neurenaissance-Gepräge. Das Dachtragwerk des Anwesens war durch eine Sprengbombe am 17.11.1944 vollständig zerstört worden. (Erneuerung der Dachhaut sowie Instandsetzung der Fassade 1995.)

Adalbertstraße 51. Mietshaus mit Doppelerkerfassade, Neurenaissance, 1899–1900 von Johann Widmann; vgl. Nr. 49 und 53.

Adalbertstraße 53. Die Flächen der heutigen nördlichen Maxvorstadt bestanden bis in die 80er Jahre des 19. Jh. aus Wiesen, vereinzelten Äckern und zahlreichen Gärtnereien. Die Zunahme der Bevölkerung brachte Neuausweisungen auch und gerade zwischen dem alten Schwabing und dem nördlichen Stadtrand Münchens mit sich. Die Bodenpreissteuerung und neue baurechtliche Rahmenbedingungen ergaben ungeahnte Möglichkeiten zu Wertschöpfung und Spekulation. Nicht selten erwarben Bauunternehmer große Flächenkontingente, ließen diese parzellieren und erbauten ganze Straßenzeilen Zug um Zug, so auch Baumeister Johann Widmann. Der Magistrat schrieb vor, zunächst die Häuser in Ecklage aufzuführen, da diesen eine hohe städtebauliche Bedeutung zukommt. 1881 maß man die Grundlinien für den Eckbau Adalbertstraße 53 in freies Feld ein. Der Neurenaissancebau erstreckt sich mit drei Achsen an der Schraudolphstraße und mit fünf Achsen entlang der Adalbertstraße. Die Fünfachsigkeit sollte Johann Widmann auch bei den 1900–01 entstandenen Folgebauten an der Adalbertstraße 49 und 51 als verbindlich aufgreifen. Widmann legte das Stiegenhaus in den Hofwinkel vor eine tiefe Einklinkung der Grundlinien. Der Zugang erfolgt von der mittleren Achse der Fassade an der Adalbertstraße her, ein hohes Tonnengewölbe überfängt den Hauseingang, den Niveauunterschied ins Hochparterre vermittelt ein Zwischenpodest. (Das Stiegenhaus beschreibt ein gestrecktes Sechseck mit langrunder Laterne.) Gemäß Eingabeplan befinden sich in jeder Etage zwei Wohnungen. Das Erdgeschoss ist mit einer Putzrustika versehen, die Blankziegel-Fassade wird

Adalbertstraße 53

von Eckrustiken gegliedert. Putzrahmen umgeben die Fenster. Ein Turmerker setzt über dem in der mittleren Achse liegenden Zugang an der Adalbertstraße an, überspannt das 1. Obergeschoss bis über die Traufe hinweg und wird von einem formal entsprechenden Türmchen mit Zeltdach bekrönt. Der mittleren Achse an der Schraudolphstraße wurde ein Flacherker vorgelegt, der vom unteren Gurtgesims bis zum erstaunlich dicht überlieferten Dachgesims reicht und über einem rustizierten Blendbogen vor dem Erdgeschoss anhebt. (Bei Haus Nr. 51: Erneuerung der Fenster 1977; durchgreifende Renovierung der Fassade, Nachbau der bauzeitlichen Kastenfenster/Drittbestand 1993–95, erneute Instandsetzung der Fenster 2004; bei Nr. 53: Renovierung der Fassade 1993.)

Adalbertstraße 62. Das in den Jahren 1887–88 von Ing. Karl Stierstorfer für Dr. E. Lang und für sich selbst gebaute viergeschossige Mietshaus in den Formen der Neurenaissance entstand auf zuvor unbebauter Parzelle, es ist weitgehend original erhalten. An den mittig in den Grundriss gesteckten Hauszugang schließt sich das rückwärtige Treppenhaus an. Dieses klinkte man über die rückwärtige Grundlinie aus. Eine doppelläufige Podesttreppe erschließt zwei Wohneinheiten je Etage. Ursprünglich schlossen Neurenaissance-Ziergiebel die Seitenrisalite vor der Dachzone ab. Die leicht zurückgesetzte Mittelzone weist in den Obergeschossen bemerkenswerte Gliederungselemente auf. Die dreiachsige Anlage des rustizierten Erdgeschosses wird verlassen zugunsten einer zweiachsigen Ausbildung, bei der jeweils zwei Fenster unter einer geraden Verdachung gekoppelt sind. Die horizontalen Gesimse werden von jeweils drei Pilastern getragen. Die entstandene Horizontalisierung wird von den Dreiecksgiebeln über den Fenstern des 2. Obergeschosses in den Seitenrisaliten ausponderiert. Insgesamt ist ein klassisches architektonisches Netz über die Fassade gespannt. Die tragenden Gliederungselemente werden von Konsolen im Sockelbereich des 1. Obergeschosses vorbereitet, die Wandvorlagen der Mittelzone bestehen aus flachen Pilastern, die der Seitenrisalite aus Halbsäulen. 1970 erfolgte der Ausbau des Dachgeschosses mit den vorhandenen Dachgauben. (Der dicht überlieferte bauzeitliche Bestand ist 2007 durch einen Sanierungsstau gefährdet.)

Adalbertstraße 64. Der Bauunternehmer Johann Widmann besaß zu beiden Seiten der Adalbertstraße Bauplätze, die er mit seiner eigenen Firma zwischen 1880 und 1901 sukzessive bebaute. In Richtung zur Schraudolphstraße hin stellte Johann Widmann einer Folge von fünfachsigen Häusern mit größeren Wohnungen für Familien auf der heute ungeraden Straßenseite (vgl. die erhaltenen Beispiele Nrn. 49, 51, 53) eine Folge von dreiachsigen Häusern mit Atelierwohnungen auf der heute gerade Nummern zählenden Seite gegenüber (vgl. die erhaltenen Beispiele

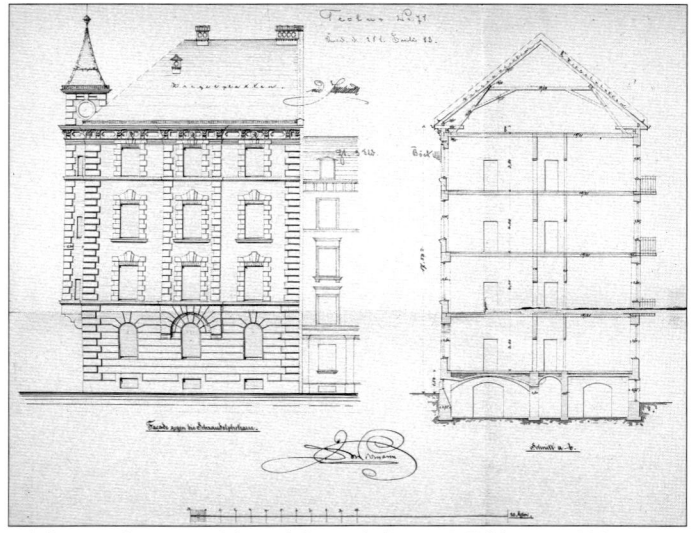
Adalbertstraße 53; Ansicht und Querschnitt von J. Widmann, 1882

Adalbertstraße 64

Adalbertstraße 62

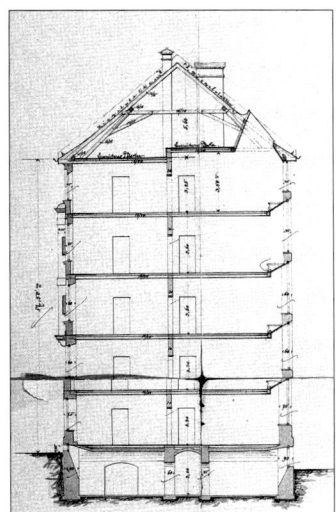

Adalbertstraße 64; Querschnitt von
J. Widmann, 1889

gen Bauten zu vier Geschossen wiesen ein rustiziertes Erdgeschoss und drei backsteinverblendete, mit Putzelementen gegliederte Obergeschosse auf. Mit Ausnahme des Anhebungs- und Schlussbaus an der Ecke Adalbert-/Schraudolphstraße wurde stets die Mitte der Häuser betont, sei es durch einen sich über zwei Geschosse erstreckenden Flacherker (vgl. die Häuser Nr. 72 und 76) oder durch Flacherker über drei Geschosse mit Erkerturm (vgl. die Häuser Nr. 70 und 78). Einheitlich finden sich die Fenster der Obergeschosse mit einfachen Putzrahmungen und keilsteinartigen Scheiteln, vorspringende Mauerkanten sind im Besonderen bei den Erkern durch grobe Putzrustizierungen und Konsolgesimse betont, ganz im Sinne der nordischen Renaissance. So ergab die Fassadenabwicklung der Häuser mit den geraden Nummern von 70 bis 80 einen insgesamt „malerischen Eindruck" im Sinne damaliger Auffassung. Das Haus Nr. 72 ist mit einem nur zwei Geschosse überspannenden Flacherker ohne seitliche Durchfensterung besetzt. Dessen Gebälkzone wurde nach dem Zweiten Weltkrieg (Zerstörung des Dachtragwerks und Schäden an der Fassade durch einen Luftangriff am 16.11.1944) bei der Wiederherstellung des Dachstuhls vereinfacht wiederholt. In den Jahren nach dem Weltkrieg wohnte hier der Bildhauer Mayer-Faßold. Das Haus Nr. 78 glich ursprünglich in Fassaden- und Grundrissgestalt dem Haus Nr. 70. Nach den Kriegszerstörungen (das Anwesen war infolge eines Luftangriffs vom 12.7.1944 ausgebrannt) verblieb das Haus jedoch lange als Ruine, bis 1952 ein stark verändernder Wiederaufbau in Angriff genommen wurde, der auch den Ausbau des Dachgeschosses berücksichtigte. Die Grobgliederung der Fassade in drei Achsen wurde beibehalten, Stockwerkzahl und Fensterformate veränderte man jedoch. Als Anhebungs- und Schlussakzent der Fassadenabwicklung zwischen den Häusern von Nr. 70 bis zur Ecke Adalbert-/Schraudolphstraße sowie in Korrespondenz zum gegenüberliegenden Eckhaus Adalbertstraße 53 vereinigt das Haus Nr. 80 die baulichen Motive der Häuserreihe: den schräg übereck gesetzten flachen Erker mit Türmchen und mittig über dem Eingang an der Adalbertstraße einen zweigeschossigen Flacherker. Mit Aufsetzung von Gauben wurde 1928–29 eine Dachwohnung eingebaut. Der Wiederaufbau des Dachstuhls nach der Zerstörung des Dachtragwerks durch den Luftangriff vom 12.7.1944 erfolgte 1949. (Die Fassade des Hauses Nr. 70 ist hinsichtlich ihrer Gestaltungselemente weitgehend original erhalten; Fassadenrenovierung 1982; Erneuerung der Fenster 1992; Instandsetzung

Nrn. 70, 72, 76, 78, 80). Die Binnengliederungen der Fassaden entsprachen einander in den Grundzügen. Auch das in den Formen der Neurenaissance errichtete Mietshaus Adalbertstraße 64 erbaute Johann Widmann 1889–90 für sich selbst. Vom schmalen Hauszugang in der westlichen Achse, vermittelt über eine halb gewendelte Podesttreppe, die vor der Grundlinie eingezogen bleibt, wird in jeder Etage eine Wohnung erschlossen: gemäß Eingabeplan jeweils drei Zimmer und ein großzügig befensterter Atelierraum. Die ursprünglich bis über das 1. Obergeschoss reichende Rustika ist heute überputzt. Ebenso wurde die ehemals backsteinverblendete Fassade mit einer Putzschicht versehen. Geblieben sind der charakteristische Flacherker, die flachen segmentbogigen Ohrenrahmungen mit Zierscheitel über den Fenstern des 2. und 3. Stocks sowie der intrafenestrale Zahnfries unterhalb der Traufe. Das sich westlich anschließende Haus Nr. 66 war ursprünglich identisch strukturiert.

Adalbertstraße 70/72/76/78/80. Zwischen 1884 und 1888 errichtete Johann Widmann die malerische Gruppe gleichartiger Mietshäuser mit den heute geraden Nummern von 70 bis 80. Infolge der Auswirkungen des Luftkriegs wurde das ursprünglich gleich gestaltete Haus Nr. 74 1960 ersetzt (noch 1956 als Ruine erwähnt). Die Fassaden- und Raumstrukturen hielt Widmann bei den sechs Bauten weitgehend gleich. In jedem Stockwerk war eine großzügige Wohnung mit von Norden belichtetem Atelier untergebracht. Die stets dreiachsi-

Adalbertstraße 76, 78, 80 (von rechts)   Adalbertstraße 70–80 (von rechts)

Adalbertstraße 80

der Fassade und Erneuerung der Dachhaut 1998; bei Haus Nr. 76 ist im Unterschied zu den anderen Häusern aus der Gruppe der Dachgeschossausbau noch nicht vollzogen; hier Erneuerung der Dachhaut 1995; bei Haus Nr. 80: Renovierung der Fassade und Erneuerung der Dachhaut 1992.)

Adalbertstraße 90. Das vom Architekten Hans Schurr, dem Erbauer der nahe gelegenen St. Josephskirche für sich selbst in den Formen der deutschen Renaissance geplante Mietshaus wurde von Hans Moser 1899–1900 auf zuvor unbebauter Parzelle ausgeführt. Der mittig in die östliche Seitenfassade gesteckte Hauszugang führt über ein Zwischenpodest in das am Hofwinkel liegende Treppenhaus. Dieses erschließt gemäß Eingabeplan zwei Wohnungen je Etage. Das Mietshaus ist weitgehend original erhalten, jedoch wurde das Dachtragwerk durch einen Luftangriff am 4.10.1944 zerstört. An Veränderungen seien hervorgehoben: Die südliche, straßenseitige Fassade zu vier Achsen war ursprünglich von einem Neurenaissance-Zwerchgiebel mit mu-

Adalbertstraße 90

schelförmiger Bekrönung überhöht (nach dem Krieg vereinfacht), zur Speicherbelichtung im Osten waren schlichte Schleppgauben aufgesetzt. Die Fenster des 2. Obergeschosses sind ohne Teilungen modern (1980) ersetzt, die ehedem bis zur Traufe reichenden Eckrustizierungen verschwunden. Die nach Osten ausgerichtete Loggia mit einer Haube auf Eichenholzständern sowie die in Stuck reliefierte Muttergottes an der straßenseitigen Fassade sind als gestalterische Akzente hervorgehoben, die Fassade ist in Anbetracht ihrer Entstehungszeit ansonsten zurückhaltend gegliedert.

Adalbertstraße 96. Das Mietshaus wurde 1910–11 von Max Neumann für den Bildhauer Moritz Ungar auf zuvor unbebautem Grund errichtet. Es steht mit seiner Schmalseite an der Adalbertstraße. Der Zugang an der westlichen Längsseite erschloss – gemäß Eingabeplan – über das risalitartig vorgebaute Treppenhaus eine

Adalbertstraße 90, Muttergottes-Stuckrelief

großzügige Wohnung in jedem Stockwerk. Die Fassaden bestechen durch ihre „ernüchterte" Auffassung jugendstiliger Gestaltungselemente. (Beim Luftangriff vom 7.1.1945 wurde das Gebäude bis zum 2. Obergeschoss herunter erheblich beschädigt.) Hochparterre, 2. und 3. Obergeschoss werden von monumentalen Lisenen übergriffen, ein grobes Gebälk sockelt das 3. Obergeschoss auf. Und ebenso wuchtig wird der Hauptakzent in der Fassade zur Adalbertstraße instrumentiert: zwar sind hier Fenstergruppen im konvex ausbauchenden Bodenerker zusammengefasst, doch ist dieses Motiv, das sich vom Dynamisierungswunsch im Jugendstil herleitet, ganz im Gepräge eines klassizisierenden Jugendstils gewissermaßen zu alter Strenge versachlicht. Die nur mehr applikative Stuckzier, die sich ursprünglich auf den Putzlisenen befand, wurde weggeglättet. Die Gauben und Dachhäuser der Dachwohnungen bilden im Mansarddach eine eigene Dachlandschaft aus – ergänzende Dachgeschossausbauten erfolgten 1977 und 1985. Teile der Einfriedung sind original erhalten.

Adalbertstraße 98. Der Bauunternehmer Josef Kalb arbeitete ab 1893 bis zum Ende des Jahrhunderts intensiv mit dem Wegbereiter des Jugendstils, Martin Dülfer, zusammen (vgl. u. a. die Bauten Liebigstraße 37, 39, 41 und Reitmorstraße 23, 25). Zwar sind die Pläne für den 1898 auf eigens eingemessener Parzelle in den Formen eines klassizisierenden Jugendstils errichteten Spekulationsbau an der Adalbertstraße 98 von Dülfer nicht signiert, doch sprechen die Vorentwürfe eine gestalterische Sprache, die nur sein Büro als Urheber annehmen lässt. Ein in die östliche Seitenfassade gesteckter Hauszugang führt über ein Zwischenpodest in das an den Hofwinkel gelegte Treppenhaus, das zwei Wohnungen unterschiedlichen Zuschnitts erschließt. Ein pylongleicher, mächtig herausgestellter Eckrisalit dominiert das Fassadenbild. Ihm sind Ziergiebel und ein Tholos mit flacher Kupferhaube aufgesetzt. In dessen abgerundeter, südöstlicher Ecklisene findet sich auf Höhe des 1. Obergeschosses eine Josephsfigur mit Jesuskind, von kupferner Spitzhaube überdacht. Von der ehemals reichen Stuckzier sind keine Details mehr vorhanden. Die Wiederherstellung nach einer eingreifenden Zerstörung des Hauses im Luftkrieg (1944 war das Atelier ausgebrannt) zog eine Veränderung der Strukturen im Dach- und 3. Obergeschoss sowie geglättete Fassaden nach sich. Das heutige Erscheinungsbild bezeugt die alte Pracht nur mehr rudimentär. (Erneuerung der Dachhaut und Restaurierung des Eckturmes 1987; Instandsetzung des Treppenhauses 2000–01.)

Adalbertstraße 100. Ebenso wie Adalbertstraße 96 errichtete Max Neumann 1910–11 das Anwesen Nr. 100 für den Bildhauer Max Ungar, und ebenso wie dieses auf zuvor unbebautem Grund. Das Mietshaus steht mit seiner Schmalseite an der Straße. Der Eingang an der westlichen Längsseite führt ins Treppenhaus (risalitähnlich vorgebaut), das eine herrschaftliche Wohnung je Etage mit großen Räumen um geräumige Wohndielen erschloss. (Das Dachtragwerk des Anwesens wurde durch einen Luftangriff am 25.2.1945 völlig zerstört, das 4. Obergeschoss für unbewohnbar erklärt.) Der Einbau einer Dachwohnung entspricht dem Erstzustand. Die Fassaden, im Besonderen diejenige zur Adalbertstraße, schaffen das Erscheinungsbild eines „ernüchterten" klassizisierenden Jugendstils. Über dem Hochparterre mit modernen Fenstern ohne Sprossenteilung und von diesem mit einem schmalen Gesims getrennt werden die drei Obergeschosse nicht übergreifend zusammengefasst. In den je äußeren der drei Fensterachsen sitzen vor dem 2. und 3. Obergeschoss flache Erker, deren Unterzüge grob abgetreppt sind und deren oberer Abschluss unter der weit vorkragenden Traufe das umlaufende, stilisierte Gesims aufnimmt. Kantig durchgebildet findet sich auch der vor den Salon des 1. Stocks gestellte Balkon, dem zitatgleich zwei Säulen eingestellt sind. Die bestehende Glätte der Fassade entspricht weitgehend dem Erstzustand, von wenigen Stuckzierraten abgesehen.

Adalbertstraße 106

Adalbertstraße 100

Adalbertstraße 98

Adalbertstraße 96

Adalbertstraße 106. Das für den „Krippenverein München links der Isar" 1902–04 auf eigens ausgewiesener Parzelle von Paul Liebergesell und Fedor Lehmann errichtete Jugendstil-Gebäude wurde bereits in der Erstausführung als Städtische „Krippen-Anstalt" geplant. Als solche wird es auch heute noch in zwei Geschossen genutzt. Der in die westliche Seitenfassade gelegte Hauszugang führt in ein ausmittiges, in den Hof ausgeklinktes Treppenhaus, das über eine doppelläufige Po-

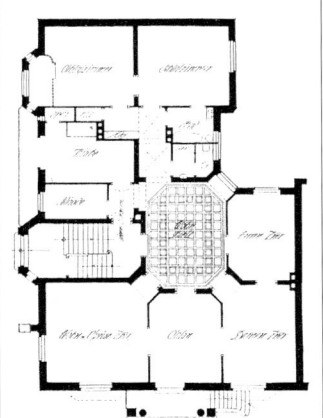
Adalbertstraße 100; Grundriss Erdgeschoss

desttreppe im 2. und 3. Obergeschoss gemäß Eingabeplan je zwei Wohnungen erschloss. Im Inneren ist das Anwesen wechselnden Anforderungen angepasst worden, die entscheidende Nachkriegsveränderung (Teilzerstörung des Hauses durch einen Luftangriff am 25.2.1945) wurde 1956 im Sinne einer zeitgemäßen Krippennutzung vollzogen. So war die straßenseitige Loggia ursprünglich mit einem Mansarddach bedeckt (ohne großzügigen Balkon vor dem 1. Obergeschoss). Die Loggia selbst wurde mit Fenstern zugesetzt. Doch haben Flachreliefs die Fassadenglättung überdauert, zum einen intrafenestral unterhalb der Traufe und zum anderen oberhalb des Hochparterrefensters in der östlichen Fensterachse (als Risalit vorgebaut). Die Reliefs thematisieren programmatisch die Funktion des Hauses als Kinderkrippe, bei demjenigen in der östlichen Fensterachse wird mit einem Madonna-mit-Kind-Relief (in stilisierter Mandorla) der ursprüngliche christliche Ansatz des Münchner Krippenvereins deutlich. Auch die Balkongitter und Abschnitte der Vorgarten-

einfriedung sind original erhalten. (Instandsetzung der Fassade 1980; Erneuerung der Dachhaut 1998; Instandsetzung der Fenster 1999 sowie des Treppenhauses 2004.)

Adalbertstraße 108. Für den Möbelschreiner Oskar Matthes ist das Anwesen 1904 nach Plänen von Carl Jäger auf zuvor unbebautem Grund errichtet worden, die Ausführung lag in den Händen von Paul Liebergesell und Fedor Lehmann. Das Mietshaus in den Formen des Jugendstils musste infolge von Kriegszerstörung und wiederherstellender Fassadenglättung Einbußen seiner historischen Charakteristika hinnehmen (bauzeitliche Balkongitter erhalten). Im zweiflügelig angelegten Mietshaus erschloss das Treppenhaus im straßenabgewandten Hofwinkel gemäß Eingabeplan zwei Wohnungen unterschiedlichen Zuschnitts in jeder Etage. In der Dachzone korrespondiert der erhaltene Zwerchgiebel der Ostfassade mit dem gleich geformten Ziergiebel über dem polygonalen Bodenerker der Straßenfassade. Die Flanken der Zwerch/ Ziergiebel waren ursprünglich mit den um 1905 hochmodernen eckigen Voluten versehen.

Nach massiver Kriegsbeschädigung (das Dachtragwerk war infolge eines Luftangriffs am 25.2.1945 völlig ausgebrannt) wurde die Dachwohnung 1949 wiederhergestellt, 1955 das auffällige Fenster in die Dachzone über der Straßenfassade gesetzt. (Instandsetzung der Fassade und des Treppenhauses sowie Sanierung der Dachhaut 1988–89; erweiternder Dachgeschossausbau zur heutigen Gestalt im Zuge umfangreicher Instandsetzungsarbeiten 1989–1991.)

Adalbertstraße 108

Adalbertstraße 106, Fassadengestaltung mit Flachreliefs

Adalbertstraße 108; Ansichten von C. Jäger, 1904

Adelgundenstraße

Straße der südlichen St.-Anna-Vorstadt, die von der Mannhardtstraße im Süden nach Norden bis zur Maximilianstraße führt, dabei die Mariannenstraße querend und die Knöbelstraße kreuzend. Sie trägt ihren Namen seit 1845 nach Adelgunde Erzherzogin von Österreich-Este (1823–1914), der Schwester Prinzregent
Luitpolds. Der historische Verlauf der Straße führte seit diesem
Jahr durch den ehem. königl. „Pers-Fabrik-Anger" im Süden,
vom sog. Fabrikbach nach Norden, über die spätere Maximilianstraße hinweg bis zum westlichen Ansatz des Straßendreiecks
Adelgunden-, Pfarr- und Gewürzmühlstraße. Mit Anlage des
St.-Anna-Platzes im Zuge der Erbauung der Kath. Pfarrkirche
St. Anna wurde dieser nördliche Abschnitt der Adelgunden-
straße in St.-Anna-Straße umbenannt (vgl. die Beschreibung
St.-Anna-Platz und das Kapitel zu den ersten Straßenachsen im
Beitrag von Johannes Hallinger).

Adelgundenstraße 5b

Adelgundenstraße 3. *„Eduard-Hartmann-Haus".* Auf einem
Areal, das die Wenngsche Einmessung von 1850 als zum Von-
Maffeischen Gelände gehörig ausweist, entstand 1900–01 (bez.
1901) durch Heilmann & Littmann das große Mietshaus (Einheit
mit Mannhardtstraße 10) teilweise über dem Fabrikbach. Der für
den Fabrikanten Eduard Hartmann errichtete und laut Inschrift
nach ihm benannte repräsentative Eckbau in deutscher Renaissance ist hinsichtlich seiner Raumaufteilung und seiner Fassade
weitgehend original erhalten. Der Eingabeplan belegt, dass sich
der Bau ursprünglich drei weitere Achsen entlang der Adelgundenstraße erstreckte (dort heute Neubau), was eine weniger
abseitige Situation des durch eine Ädikula hervorgehobenen
Portals ergab. Der Eingang in der östlichen Achse führt zum
rückwärtigen Treppenhaus, das vor der hinteren Grundlinie eingezogen bleibt. Eigene Vorplätze stellen den Übergang vom
Stiegenhaus zu den Wohnungen (gemäß Erstzustand zwei in jeder Etage) her. Die ornamen-
tierten Lisenen im untersten
und breitesten Register des
Zwerchgiebels an der Adelgundenstraße wurden nach
Kriegszerstörung nicht wieder
bis zu den ihnen zugedachten
Konsolen in Höhe des 4. Obergeschosses heruntergezogen.
Städtebaulich wirksamstes Detail ist der reich gegliederte
Runderker am Fassadenknick.
(1979 kam es zu Fenstererneu-
erungen, 1988 erfolgten Reparaturen an den Fassaden und
am Dach.)

Adelgundenstraße 3

Adelgundenstraße 5b. Das für den Fabrikanten August Rauen-
busch auf zuvor freiem Feld 1882–83 von Carl Del Bondio erbaute neubarocke Mietshaus ist weitgehend bauzeitlich erhalten.
Der nördlich freigestellte Bau wird von zwei Flügeln gebildet,
die Nordfront erhielt eine eigene Fassadengestaltung, südwestlich entstand ein kleiner Hof. Die nördliche Freistellung zog
eine Bewirtschaftung der westlich anschließenden Parzellen
resp. deren Bauten ins Kalkül. Der mittig ins Haus gesteckte Zugang (mit reich stuckiertem Vestibül) von der Adelgundenstraße
her führt zum vergleichsweise knapp eingemessenen Treppenhaus, belichtet vom Hofwinkel her. Gemäß Erstzustand befinden
sich zwei Wohnungen in jeder Etage. Die abgeschrägte Ecke mit
Okulus und Schweifgiebelbekrönung ist mit einem runden
Eckerker besetzt, unter dem sich ursprünglich der heute vermau-
erte Gartenzugang befand. Die beiden rustizierten unteren Geschosse sind durch ein ornamentiertes Gurtgesims von den beiden oberen getrennt; der Mittelteil der Seitenfront als Risalit hervorgehoben. (Im Juli 1944 erlitt das Haus einen Doppeltreffer, es
war bis zum Obergeschoss herunter zerstört. 1980 renovierte
man die Fassaden, 1984–85 baute man das Dachgeschoss aus;
partienweise Auswechslung der Fenster 1989 ff.)

Adelgundenstraße 6. Anstelle einer schon 1850 nachweisbaren
Vorbebauung (bei Wenng kurioserweise ohne Benennung) ließ
der Baumeister Ferdinand Schratz 1892–93 durch Alois Barbist
das bestehende Mietshaus errichten. Der neubarocke Eckbau korrespondiert auch formal mit dem gegenüberliegenden Anwesen
Haus Nr. 5b an der Adelgundenstraße, das schon zehn Jahre früher errichtet worden war. Mittig in der Fassade an der Adelgundenstraße befindet sich der Hauseingang, der zum quer an den
Hofwinkel gelegten Treppenhaus führt; gemäß Eingabeplan sind
zwei Wohnungen in jeder Etage untergebracht. Der abgeschrägten
Ecke des Hauses Nr. 6 wurde ein zweigeschossiger Flacherker an-

Adelgundenstraße 3, Giebel

Adelgundenstraße 3, Portal

Adelgundenstraße 5b, Vestibül

Adelgundenstraße; Flurkarte, M. 1:2 500

Adelgundenstraße 7

Adelgundenstraße 6

gesetzt, der oberhalb des 2. Obergeschosses schweifgiebelförmig verdacht ist und im 3. Obergeschoss polygonal verspringt; darüber bildete man vor der Dachzone eine Art Erkertürmchen aus. Das Mietshaus ist weitgehend original erhalten; die Fensterverdachungen entsprechen dem Eingabeplan von 1892. Ursprünglich war auch das 1. Obergeschoss mit einer Putzrustika überzogen und bauzeitlich waren die Dachgauben von Halbkreisgiebeln abgeschlossen. (Die Erneuerung von Fenstern im Erd- und Dachgeschoss erfolgte 1991, gleichzeitig fand eine Fassadenrenovierung statt. 2002–03 nahm man Umbauten im Dachgeschoss vor.)

Adelgundenstraße 7 (ehem. Nr. 9). Schon Wenng weist eine Folge von Kleinhäusern an der Ostseite des Hacklmühlbaches aus, die freilich nach Osten, zur Adelgundenstraße hin, verkehrlich angeschlossen waren. Diese Bauten können bis in die Zeit des späten 18. Jh. zurückverfolgt werden, wohl als Teil der Kotton-Manufaktur, nachmals kgl. Pers-Fabrik (zwischen 1832 und 1834 aufgegeben). Es ist davon auszugehen, dass das biedermeierliche Haus Nr. 7 wohl in der 1. Hälfte des 19. Jh. und gemeinsam mit Haus Nr. 11 (1998 abgebrochen) durch Überformung eines Abschnitts der ehem. Fabrikgebäude entstanden ist. Ab 1998 betrieben Investoren die modern angepasste Überbauung des gesamten Umgriffs um das schließlich bewahrte Kleinhaus

mit Schopfwalm, das als Rest einer Vorstadtbebauung stark hinter der Straßenflucht zurückbleibt. Dieses kürzte man östlich um eine Achse auf sechs der vorgefundenen sieben und klinkte einen viergeschossigen Glas-Eisen-Pavillon so ins historische Gebäude, dass die westliche Traufseite auf zwei Fensterachsen verkürzt wurde. Ohne Beachtung des Umfelds können die kleinformatigen, dicht auffolgenden Stichbogenfenster sowie der kurze Schopfwalm als charakteristisch für eine Vorstadtbebauung des frühen 19. Jh. angesprochen werden.

[**Adelgundenstraße 9** (ehem. Nr. 11). Das im Kern biedermeierliche Kleinhaus bleibt, gemeinsam mit Haus Nr. 7 an der Adelgundenstraße (vgl. dort), als Rest einer Vorstadtbebauung stark hinter der Hochbebauung der Straßenflucht zurück. Das niedrige Gebäude wurde für die Bäckerei von Karl Leutner über älteren Fundamenten errichtet, es ist ein ehem. Hausmeisterhaus, eine in sprechender Weise schlichte und sparsame Einlösung der Bauaufgabe „Angestelltenwohnung". Dem ausgebauten Dachgeschoss sind drei Zwerchhäuser vorgesetzt: im Osten und Westen jeweils abgewalmte und im Norden eines mit Satteldach. 1914 von Liebergesell & Lehmann formverwandt umgebaut, wurde das Haus 1998 abgebrochen.]

Adelgundenstraße 12. Zusammen mit dem benachbarten Haus Nr. 14 entstand das Mietshaus durch Baumeister Rasch 1877–78 für den Privatier Anton Lindner auf zuvor unbebauter Parzelle. Fassadengestaltung und -dekor des in den Formen einer schlichten Neurenaissance gehaltenen Hauses Nr. 12 entsprachen bis in die 1920er Jahre dem gleichzeitig und ebenfalls für Lindner erbauten Haus Nr. 14. Die Hofdurchfahrt liegt in der nördlichen Achse (erhaltene bauzeitliche Gittertür), ein südlich danebenliegendes Stiegenhaus erschließt gemäß Eingabeplan eine Wohnung je Etage. Ein Besitzerwechsel brachte (noch vor 1934) eine Änderung in der Fassadenauffassung. Es handelt sich um eine Fassadenglättung, die charakteristisch für die Vorstellungen der 1920er Jahre ist und sich von den üblichen Purifizierungen nach dem Zweiten Weltkrieg unterscheidet. Verblieben sind die drei geschossteilenden Kranzgesimse/Fensterbänke sowie der Rhythmus der vierachsigen Fassade, der die mittleren beiden Fensterachsen enger stellt und damit trotz aller Schlichtheit eine Betonung der Mitte erreicht. Die Reduzierung ergab horizontale Bänder, die Fenster- und

Adelgundenstraße 9 (1998 abgebrochen)

Adelgundenstraße 12

Adelgundenstraße 14

Wandzonen voneinander scheiden. (Erneuerung der Fenster 1985.)
Das ebenfalls 1877 errichtete ehem. Waschhäuschen im südlichen Hofbereich zwischen Vorder- und Rückgebäude erhielt seine malerische Gestalt 1897 durch den Aufbau eines Dachstuhls und die Herstellung eines offenen Schutzdaches durch den Architekten Charles Hennek (Auftraggeber war der Privatier Johann Baptist Seel). Der verlängernde Vorbau zugunsten eines PKW-Einstellraumes erfolgte vor 1925.

Adelgundenstraße 14. Wie das benachbarte Haus Nr. 12, mit dem es gleichzeitig (1877–78 durch Baumeister Rasch für den Privatier Anton Lindner) entstand, wurde auch für Haus Nr. 14 der Bauplatz in zuvor unbebautes Terrain arrondiert. Spiegelsymmetrisch zu Haus Nr. 12 liegt die Hofdurchfahrt mit bauzeitlicher Gittertür und angeschlossenem Treppenhaus (vor der rückwärtigen Grundlinie eingezogen) in der südlichen Achse. In jeder Etage ist gemäß Erstzustand eine Wohnung untergebracht. Im Gegensatz zu Haus Nr. 12 blieben bei der Neurenaissancefassade des Hauses Nr. 14 Gliederung und Dekoration erhalten. Gerade Verdachungen schließen die Fenster im 1. und 2. Obergeschoss ab, geohrte Profile die des 3. Obergeschosses. Entsprechend zu Haus Nr. 12 wurde die Fassade durch Eng- und Weitsetzungen der Fensterachsen rhythmisiert. (Erneuerung der Fenster 1985.)

Adelgundenstraße 15

Adelgundenstraße 17

Adelgundenstraße 15. Das Flurstück für die 1876–77 erfolgte Erbauung des Mietshauses (gleichzeitig mit Haus Nr. 17 an der Adelgundenstraße) wurde auf unbebautem Grund eigens eingemessen. Die Bauausführung hatten die Brüder Johann und Franz Kil inne. Der Zugang in der nördlichen Achse führt ins rückwärtige Treppenhaus, eine halbgewendelte Podesttreppe erschließt gemäß Eingabeplan eine Wohnung in jeder Etage. Die Neurenaissancefassade des nach den Plänen des Ingenieurs Michael Sager für sich selbst errichteten Gebäudes ist weitgehend original erhalten (einschließlich der bauzeitlichen Doppelfenster). Das Erdgeschoss ist im Wechsel von erhabenen Rauputzstreifen und zurückgelegten, geglätteten Putzstreifen rustiziert, die Hauptgeschosse sind durch Gurtgesimse zusammengefasst. Die Mitte der Fassade wird durch eng gesetzte Fensterachsen, die vor den Hauptgeschossen jeweils gemein-

sam verdacht wurden, hervorgehoben. Nach Kriegsbeschädigung im Juli 1944 (ein Treffer im Hof) wurde 1946 ein neuer Dachstuhl aufgesetzt. (Der Dachgeschossausbau zur heutigen Gestalt erfolgte 2001.)

Adelgundenstraße 17. Das Anwesen, das die Brüder Johann und Franz Kil 1876–77 für den Ingenieur Michael Sager nach dessen eigenen Plänen erbauten, entstand gemeinsam mit Haus Nr. 15, wie dieses auf eigens eingemessener, zuvor nicht bebauter Parzelle. Mittig in das Mietshaus legte man die Hofdurchfahrt (rundbogig geschlossen), vor der rückwärtigen Grundlinie schließt südlich das Stiegenhaus an. Die halbgewendelte Podesttreppe erschließt gemäß Erstzustand zwei Wohnungen in jeder Etage. Wie beim benachbarten Haus Nr. 15 besticht die Neurenaissancefassade einschließlich der Fenster durch einen hohen Erhaltungsgrad. Das Erdgeschoss ist im Wechsel von erhabenen Rauputzstreifen und zurückgelegten, geglätteten Putzstreifen rustiziert, die Hauptgeschosse sind durch Gurtgesimse zusammengefasst. Die Fenster des 1. Stocks verdachte man wie beim benachbarten Haus Nr. 19 einheitlich mit Dreiecksgiebeln, die des 2. Obergeschosses mit geraden Gesimsstücken. Alle Fenster der Obergeschosse erhielten geohrte Profile, auch hat sich der Zahnfries unterhalb der Traufe erhalten. Eckrustizierungen rahmen die Fassade seitlich ein.

Adelgundenstraße 19. Die Firma A. & K. Hock plante ein Jahr nach Baubeginn der Häuser Adelgundenstraße 15 und 17 das Anwesen Adelgundenstraße 19, errichtet 1877–78 für den Schreinermeister Anton Plank. 1879 erfolgte schließlich durch die gleiche Baufirma die Erhöhung des Dachgeschosses auf die Höhe der Nachbarhäuser. Südlich neben der rundbogigen Hofdurchfahrt in der Mittelachse (vor der hinteren Grundlinie eingezogen) liegt das Stiegenhaus. Gemäß Erstzustand befinden sich in jeder Etage zwei Wohnungen. Hock griff für das Neurenaissance-Mietshaus die Geschosseinteilungen der Häuser Nr. 15 und Nr. 17 auf sowie die entsprechenden Fensterverdachungen in den Hauptgeschossen. Die Fenstereinschnitte im Erdgeschoss haben einen geraden Abschluss. Die ebenfalls gerade geschlossenen Fenster des 3. Obergeschosses werden von Putzlisenen flankiert, die gemeinsam den Architrav des Dachgeschosses tragen. Die symmetrisch gesetzten sieben Gauben in der straßenseitigen

Adelgundenstraße 19

Dachfläche werden von Dreiecksgiebeln verziert, die dem Eingabeplan entsprechen. (1997/98 wurde das Dachgeschoss ausgebaut; eine weitere Erschließung des Dachraums erfolgte 2004/05 in zwei Schritten: nordwestlich baute man eine Dachterrasse aus, 2005 stellte man eine Firstaufglasung her.)

Adelgundenstraße 20. Das viergeschossige, spätbiedermeierliche Mietshaus wurde 1867–68 von M. Fischer für den Zimmermeister Johann Ehrengut auf zuvor unbebautem Areal errichtet. Der mittig in die Fassade gesetzte Hauszugang führt zum rückwärtigen, eingezogenen Treppenhaus, das über eine halbgewendelte Podesttreppe gemäß Eingabeplan zwei Wohnungen je Etage erschließt. Der Dachgeschossausbau erfolgte 1986. (Eine Sprengbombe im März 1944 hatte zur vollständigen Zerstörung des Dachtragwerks geführt.)

Adelgundenstraße 20

Adelgundenstraße 23. Carl Del Bondio, der seine Planungs- und Baufirma im Eckgebäude an der Adelgunden-/Hildegardstraße (dieser Abschnitt der Hildegardstraße wurde nach dem Zweiten Weltkrieg Teil der Knöbelstraße) betrieb, errichtete 1869–70 auf zuvor unbebautem Grund das bestehende, spätklassizistische Mietshaus. Bauwerber war der Schreinermeister Anton Plank. Das Haus schloss an das fünf Jahre vorher von eben demselben aufgeführte nördliche Nachbargebäude an. Der Hauszugang (bauzeitliche Türe erhalten) liegt in der mittleren, von einem flachen Risalit betonten Achse, er führt zum rückwärtigen Treppenhaus, das vor der hinteren Grundlinie eingezogen bleibt. Gemäß Erstzustand befinden sich in jeder Etage zwei Wohnungen. Die Fassade des Hauses ist geglättet überkommen, ursprünglich war sie klassizierend dekoriert. Eine „vereinsamte" Verdachung blieb in der mittleren Achse erhalten, hier vor dem 1. Obergeschoss, ein letzter Hinweis auf die einstige Stilprägung. Die bestehende Fassadenglättung ist kein Ergebnis purifizierenden Wiederaufbaus, wie der Bestandsplan zur Wiederherstellung des im Juli 1944 kriegszerstörten Dachstuhls aus dem Jahr 1946 belegt. Formal ist die Fassade ein ablesbar gebliebenes Zeugnis des Spätklassizismus, auch die Kniestockdurchfensterung ist überkommen. Der Verlust der Fenster (1979) mit ihren charakterisierenden Teilungen hat zu einem krassen Nebeneinander von Wandfläche und Fensteröffnungen, einem Aufbrechen der Fassadenschicht geführt.

Adelgundenstraße 25. Zusammen mit dem nördlich anschließenden Anwesen Knöbelstraße 28 (vgl. dort) an der Ecke Knöbel-/Adelgundenstraße wurde das spätklassizistische Mietshaus 1864 für Franz Diebold erbaut. Der ausführende Architekt Carl Del Bondio betrieb sein Planungsbüro gleich nebenan, in einem eigens errichteten Haus hinter Knöbelstraße 28 (bis nach dem Zweiten Weltkrieg Hildegardstraße). Mittig in das Gebäude gesteckt, führt der Hauszugang zum zentral in den Grundriss gelegten, von oben belichteten Stiegenhaus. Die halbgewendelte Podesttreppe erschließt zwei unterschiedlich große Wohnungen in jeder Etage. Die Fassadendekorierung entsprach ursprünglich derjenigen des Nachbarhauses, doch wurde sie mittlerweile weitgehend geglättet. Geblieben sind der mittige Risalit (bis zum Traufgesims durchartikuliert, mit eigens verspringender Dach-

Adelgundenstraße 23

Adelgundenstraße 25

rinne) in der Achse des Hauszuganges sowie die vertikalen Putzlisenen, die die Fassadenfelder definieren. Gängig wird die Fassade durch eng und weit gesetzte Fensterachsen rhythmisiert. Wie bei Haus Nr. 23 und dem nördlich anschließendem Anwesen Knöbelstraße 28 blieb die Kniestockdurchfensterung erhalten. Bis zur „zweiten Neuinterpretation" der Fassade 2000–01 machte das Erscheinungsbild der Straßenfront ein kontrastreiches Nebeneinander von Fensterausschnitten und geglätteten Fassadenflächen aus.

Adelheidstraße (Südteil bis Georgenstraße)

Straße in Schwabing, die vom St.-Josephs-Platz im Süden bis zur Bauerstraße im Norden führt. Sie schneidet dabei von Süden nach Norden die Georgen-, die Agnes-, die Elisabeth- und die Krumbacher Straße. Im Zusammenhang mit der Anlage des Josephsplatzes und der Erbauung der Kath. Pfarrkirche St. Joseph wandte man sich bewusst vom geometrischen Städtebau ab, dem eher malerisch ausgerichteten zu (vgl. Beschreibung Josephsplatz). Entsprechend gab man die in der südöstlichen Maxvorstadt angelegten quasi-hippodamischen Vorgaben auf und ließ Verschwenkungen des Straßenverlaufs zu. Die Straße wurde im Jahre 1898 nach der bayerischen Kurfürstin Henriette Adelaide von Savoyen (1636–76), der Mutter des bayerischen Kurfürsten Max Emanuel, erstbenannt.

Blick in die Adelheidstraße mit Pfarrkirche
St. Joseph

Adelheidstraße; Flurkarte, M. 1:5000

Adelheidstraße 6   Adelheidstraße 6, Rückgebäude   Adelheidstraße 6; Ansicht von H. Schurr, 1907

Adelheidstraße 6. Hans Schurr, der Erbauer der benachbarten neubarocken Pfarrkirche St. Joseph (s. Josephsplatz 1), errichtete 1907 das Jugendstil-Mietshaus für den Schlossermeister Carl Amesmeier auf zuvor unbebautem Areal. Die innere Struktur des Hauses ist seit der Renovierung und dem Umbau zum ärztlichen Praxishaus stark verändert. Über die in die nördliche Achse gelegte Hofdurchfahrt gelangt man zu einer südlich nebenliegenden, einläufigen Stiege (als eigener Hauszugang ausgebildet), diese führt in das 1. Obergeschoss. Das über der Durchfahrt gelegene Treppenhaus erschloss mittels einer doppelläufigen Podesttreppe gemäß Eingabeplan je Etage eine Wohnung herrschaftlichen Zuschnitts. An der Fassade konnten etliche Details im Sinne des Erstzustandes bewahrt werden, mit Ausnahme der weggeglätteten, um 1905 hochmodernen eckigen Voluten, die das Mansarddach des Zwerchgiebels flankierten. In die südliche der beiden mittleren Fensterachsen (in der Dachzone durch besagten Zwerchgiebel zusammengefasst) ist als beliebtes Architekturmotiv der Jahrhundertwende ein zweigeschossiger Polygonalerker gesetzt, der das 3. Obergeschoss als Balkon bedient. Die exzentrische Position des Erkers ohne Korrespondenz belegt die gestalterische Tendenz des Bauens um 1900, zwingende Symmetrien zugunsten eines malerischen Erscheinungsbildes aufzugeben.

Bereits 1922 war der Einbau einer Dachwohnung vorgenommen worden. 1982–83 schließlich erfolgten der erweiternde Dachgeschossausbau bis in den ursprünglichen Spitzboden hinein und in diesem Zusammenhang der Einbau eines Personenaufzugs sowie eines Dachfensters im Giebelfeld des straßenseitigen Zwerchgiebels. (Ein Luftangriff vom 25.2.1945 hatte zu erheblichen Brandschäden bis zum 3. Obergeschoss herunter geführt.) Rückwärtig östlich schließt ein dreigeschossiger, ursprünglich als Atelier dienender tiefer Rückflügel an, dessen mittig in die Hoffassade gesetztes Treppenhaus als kräftiger, polygonaler Bodenerker ausgebildet wurde; eine doppelläufige Podesttreppe erschloss die Atelierräume der Obergeschosse.

Adelheidstraße 8. Mit östlich angesetztem Rückflügel wurde das Mietshaus Adelheidstraße von Max Neumann 1909–10 an das drei Jahre früher entstandene Haus Nr. 6 angebaut, wie letzteres auf zuvor unbebauter Parzelle für den Schlossermeister Carl Amesmeier. Ein in die nördliche Seitenfassade gesteckter, dekorativ umrahmter Hauszugang führt in das ungewöhnlich hell belichtete Treppenhaus, dessen doppelläufige Podesttreppe gemäß Eingabeplan eine großzügig bemessene Wohnung je Etage erschloss; ein eigener Wohnungszugang führte in den Bereich des Personals, u. a. mit zwei Mägdekammern. (Die Wohnungsaufteilung findet sich heute modernen Zuschnitten angepasst, der Einbau eines Aufzugs in der südlichen Treppenhausmauer erfolgte 1985.) Die Fassade hat ihre ursprüngliche Gestalt weitgehend bewahrt, doch ist ihr historisches Erscheinungsbild

durch die im Zuge der Generalsanierung 1985 aufgesetzte halbrunde Gaube über dem breiten Dachhaus gering verändert worden, ein anschaulicher Kompromiss zwischen historischer Form und moderner Nutzung. Mit drei flachen Polygonalerkern, den für einen klassizisierenden Jugendstil charakteristischen Architekturmotiven der Münchner Bauten in den ersten Jahren nach der Jahrhundertwende, wurde die Fassade rhythmisiert. (Ein Luftangriff vom 25.2.1945 führte zu einer Zerstörung bis ins 3. Obergeschoss herunter, das Haus wurde schließlich für unbewohnbar erklärt.)

Adelheidstraße 9. Mit seinem westlich angesetzten Rückflügel bildet das Mietshaus mit dem Nachbaranwesen Adelheidstraße 11 eine nach Westen offene dreiflügelige Hofbegrenzung und ist südlich freigestellt. Das Anwesen errichtete Hans Hartl 1904–05 (bez. 1905) auf eigens eingemessener Parzelle für sich selbst. Der

Adelheidstraße 8   Adelheidstraße 9

Adelheidstraße 8, Portal

ausmittig in die barockisierende Fassade an der Adelheidstraße gesetzte Hauszugang führt in das Treppenhaus im Hofwinkel (bauzeitliche Holzvertäfelung im Eingangsbereich und im Treppenhaus); eine doppelläufige Podesttreppe erschließt, gemäß Eingabeplan, zwei Wohnungen je Etage. Die straßenseitige Fassade wird von zwei äußeren Polygonalerkern gegliedert, die die mittleren beiden Fensterachsen als Fassadenfeld einspannen.

Diese Erkerform ist für den Mietshausbau um die Jahrhundertwende charakteristisch. Über die beiden Hauptgeschosse ausgreifend bedienen diese die Wohnzimmer des 3. Obergeschosses mit Balkonen. Markant ist in die Dachzone der straßenseitigen Fassade ein Dachhaus gesetzt mit mächtigem, neubarockem, dreiteilig geschweiftem Giebel. In Korrespondenz zu diesem wird die Fassade der straßenabgewandten Hausseite ausmittig von einem Giebelrisalit zu zwei Achsen betont. Der Ausbau des südlichen Dachgeschossbereiches zur Wohnung geschah schon 1926. Die Garteneinfriedung von 1905 ist teilweise erhalten. (1979 erfolgte die Fassadenrenovierung mit weitgehender Modernisierung der Fenster in Anlehnung an bauzeitliche Formen).

Adelheidstraße 10. Das bestehende Mietshaus ließ sich 1909 Baumeister Johann Amend nach Plänen des Architekten Harry Schmeidl auf zuvor unbebautem Areal errichten. Der Hauszugang in der Fassade an der Adelheidstraße führt über ein Zwischenpodest in ein großzügiges, von oben belichtetes Treppenhaus, dessen zweiläufige Podesttreppe gemäß Eingabeplan zwei Wohnungen je Etage erschloss (mittlerweile sind die Wohnungsaufteilungen modernen Ansprüchen angepasst, der Einbau eines Fahrstuhls in das Treppenhausauge erfolgte 2003.) Bei dem eingreifend kriegszerstörten, großzügigen Anwesen handelt es sich um ein typisches Beispiel für Jugendstilarchitektur, die hin zum Klassischen rückgeformt worden ist. Asymmetrien werden dabei nicht gescheut: Der über zwei Fensterachsen breite Flacherker mit schmaler Seitendurchfensterung, der die straßenseitige Fassade dominiert, bildet in seiner südlichen Achse vor dem 2. Obergeschoss einen halbrund überfangenen Austritt mit konvexem Balkonkorb aus, seine Deckplatte bedient das Wohnzimmer des Geschosses darüber mit einem Balkon. In seiner nördlichen Achse reicht der Erker ein Geschoss höher und bedient die rechte Achse des Zwerchhauses mit einem Balkon, also auch

hier eine sprechend asymmetrische Auffassung. Die südliche Fensterachse ist Teil eines Pavillons. Hier hat sich oberhalb des 2. Obergeschosses der Fassadendekor des Erstzustandes erhalten: Ein gerades Kranzgesims mit kannelierten Konsolen und Zahnfries trägt eine Sockelzone und darüber Pilaster, deren Kapitelle seit der Wiederherstellung des Dachstuhls verschwunden sind. Den äußeren Interkolumnien der als rhythmische Travée aufzufassenden Stellung sind Fruchtgirlanden, die von Putten gehalten werden, in reliefiertem Stuck eingesetzt; ein dreiteiliges Fenster mit halbrundem Schluss macht die Mitte aus. Erst 1950 wurden die Kriegszerstörungen (Fassadenschäden durch Luftangriff vom 13.6.1944) behoben und dabei die Fassade weitgehend geglättet. (2001–02 erfolgten ein moderner, auch das Zwerchhaus einbeziehender Dachgeschossausbau sowie die Instandsetzung der Fassade.)

Adelheidstraße 12. Das markant an der südöstlichen Ecke der Kreuzung Adelheid-/Georgenstraße aufragende Mietshaus führte Ernst Mayrhofer 1908–09 als Spekulationsobjekt auf zuvor unbebautem Grund für sich selbst auf. Der ausmittig in die Fassade an der Adelheidstraße gesteckte Hauszugang führt über ein Zwischenpodest in das am Hofwinkel gelegene Treppenhaus. Eine halb gewendelte Podesttreppe erschließt gemäß Eingabeplan zwei unterschiedlich große Wohnungen je Etage. Die Fassade an der Adelheidstraße wird von einem mittigen, zweiachsigen Flacherker akzentuiert, der zweigeschossig die beiden Hauptgeschosse übergreift und das 3. Obergeschoss als Balkon bedient. In der Dachzone darüber befindet sich das hinsichtlich seines Dekors stark vereinfachte Dachhaus, gleichsam als Überhöhung des Architekturmotivs darunter. Der Erker mit seinen abgeschrägten Seitenpartien, in welchen die schmalen seitlichen Durchfensterungen untergebracht sind, stellt einen Rest der vormals jugendstiligen Fassadendekoration dar. Die Wiederherstellung des im Luftkrieg vernichteten Dachstuhls (am 16.7.1944 wurde das Haus bis zum 3. Obergeschoss herunter zerstört) erfolgte 1950 und in diesem Zuge die weitgehende Glättung der Fassade, bei der die Stuckapplikationen der Putzlisenen und die dekorierten Brüstungszonen der Fenster des 3. Obergeschosses verschwanden, wie auch der reich gestaltete Zwerchgiebel über der Fassade an der Georgenstraße nicht wiederhergestellt worden ist. (Erweiternder Ausbau des Dachgeschosses 1985.)

Adelheidstraße 12

Adelheidstraße 10

Adelheidstraße 12; Ansicht von E. Mayrhofer, 1908

Adelheidstraße 10, Fassadendetail

Akademiestraße

Die kurze, das Nordende der Ludwigstraße mit der Türkenstraße im Westen verbindende Straße, die 1876 ihren Namen erhielt, entstand im Zusammenhang mit dem großzügigen Neubau der Kunstakademie (s. Akademiestraße 2; 1874–85 von Gottfried von Neureuther) als ihr fast platzartig breiter, ursprünglich repräsentativ bebauter Vorbereich; die Schmalseite des Siegestores von 1843–50 (s. dort) bildet optisch den östlichen Abschluss. Die der Kunstakademie und deren Rampen- und Vorgartenzone gegenüberliegende Südseite der Straße wurde mit mehrgeschossigen Neurenaissance-Miethäusern bebaut, bei deren Fassadengestaltung – ebenso wie an den drei anderen Seiten um die Akademie – Neureuther das gesetzliche Recht zur Begutachtung und harmonischen Abstimmung auf seinen Monumentalbau vorbehalten war. Das Nordende der Amalienstraße (s. dort) gegenüber dem Mittelrisalit der Akademie wurde durch konkave Eckausrundungen als kleines Halbrondell mit turmbesetzter Dachzone ausgebildet (heute rechteckige Rücksprünge). Von der ursprünglichen, homogenen Miethausreihe der Südseite sind nur noch Nr. 1, 3 und 5 im Osten erhalten; die übrige Nachkriegsbebauung machte keinen Versuch einer dem städtebaulichen Anspruch angemessenen Gesamtlösung. Auch durch den Verzicht auf die ursprünglich höhere, aufwendig gestaltete und ausgezierte Dachzone der Akademie bei deren Wiederaufbau hat das einstige städtebauliche Ensemble an Eigenart verloren. Eine moderne, eigenwillige Akzentuierung erhielt es durch den im westlichen Akademiegarten (Ecke Türkenstraße) errichteten Erweiterungsbau der Akademie 2003–05 von Coop Himmelb(l)au.

Akademiestraße 1. Das von Franz Weideneder 1878–79 für sich selbst auf zuvor unbebautem Areal errichtete viergeschossige Miethaus schloss die zwischen dem östlich gelegenen Anwesen Ludwigstraße 33 (1878 bereits fünfgeschossig) und dem westlich benachbarten Haus Akademiestraße 3 bestehende Baulücke. Die in die östliche Achse gesteckte Hofdurchfahrt führt zum westlich anschließenden, rückwärtig eingeklinkten Treppenhaus, das über eine halb gewendelte Podesttreppe zwei Wohnungen je Etage erschließt, dies gemäß Eingabeplan. In Geschosseinteilung und Fassadengliederung griff Weideneder die Neurenaissanceformen des bestehenden östlichen Nachbarhauses kopierend auf. Zwanzig Jahre nach der Erbauung besorgte

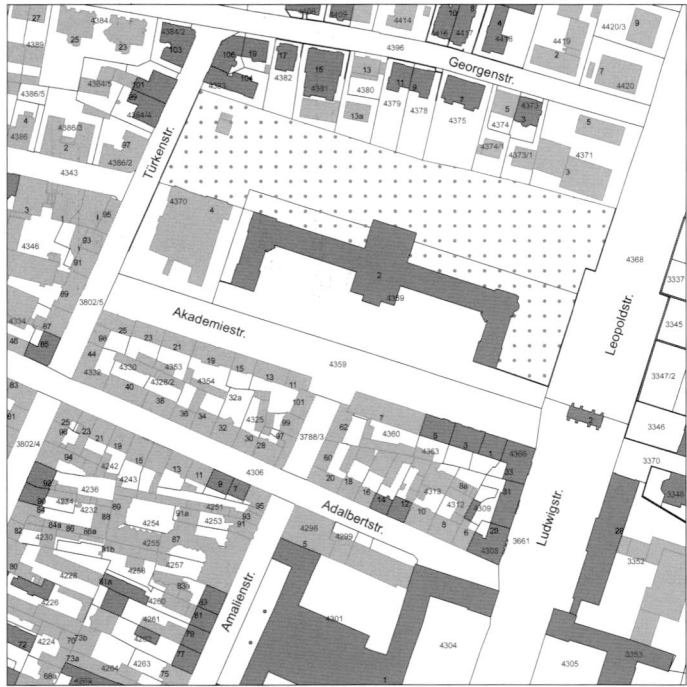

Akademiestraße; Flurkarte, M. 1:5000

Akademiestraße 1 (rechts) mit Ludwigstraße 33 (links)

1897 Josef Vasek für den Rentier Gabriel Heilbronner die Aufstockung des Anwesens zur Fünfgeschossigkeit. Die Fenster des 4. Obergeschosses wurden dabei etwas breiter als beim Nachbaranwesen Ludwigstraße 33 gestaltet. Nordseitig befindet sich ein rechteckiges Einfahrtsfenster mit reichen Ziergittern. (Infolge des Luftangriffs vom 25.4.1944 brannte der Dachstuhl des Anwesens vollständig aus.)

Akademiestraße 2. *Akademie der Bildenden Künste* (vgl. Ensemble Leopoldstraße (Forum) mit Schackstraße).

München, Brennpunkt reichen künstlerischen Schaffens von der Spätgotik bis zum Rokoko, erhielt unter politisch wie geistes- und sozialgeschichtlich veränderten Voraussetzungen mit der am 13. Mai 1808 von König Max I. Joseph und Staatsminister Graf Montgelas auf der Grundlage eines von Schelling formulierten Programms gegründeten Kunstakademie (Nachfolgerin einer seit 1766 bestehenden Kunstschule) einen institutionalisierten Mittelpunkt des nunmehr akademisch fundierten Kunstlebens, der im 19. Jh. nächst Paris europäische Geltung erlangte und vor allem für Mittel- und Osteuropa maßgebend wurde. Für Jahrzehnte war die Akademie unzureichend im Erdgeschoss des ehem. Jesuitenkollegs (Alte Akademie, vgl. Neuhauser Straße 8) untergebracht; Klenzes ideelle wie persönliche Abneigung gegen die Anstalt und ihre (der seinen konträre) romantische Gesinnung unter den Direktoren Peter Cornelius und Friedrich von Gärtner verhinderte einen Neubau. Diesen beantragte erst 1873 Erzgießereiinspektor Ferdinand von Miller im Landtag, der daraufhin 6 Millionen Gulden aus der französischen Kriegsentschädigung für das Projekt aufzuwenden beschloss. Die lange und heftig umstrittene Frage des Standorts – u. a. befürwortete v. Miller einen Neubau nach Plänen Georg Hauberrissers Ecke Luisen-/Gabelsbergerstraße neben der Glasmalereianstalt – wur-

Akademiestraße 2, Akademie der Bildenden Künste; Aufn. nach Kriegszerstörung 1944

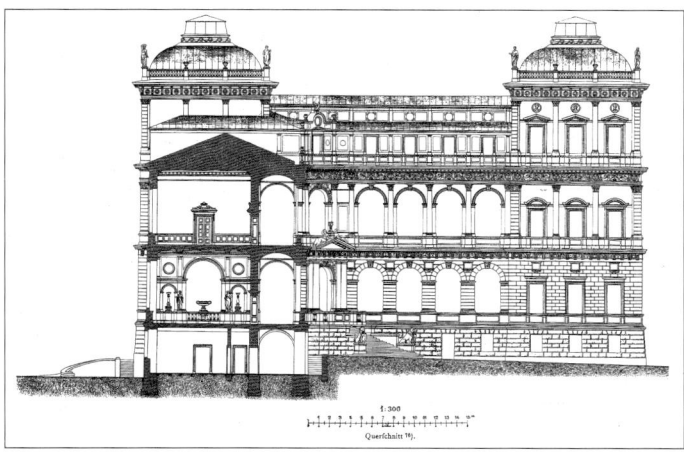

Akademie der Bildenden Künste; bauzeitlicher Querschnitt

Akademie der Bildenden Künste; Aufn. 1995

Akademie der Bildenden Künste; Postkarte, vor 1944

de schließlich zugunsten des vom Staat am 30. November 1874 von der Bayer. Baugesellschaft (Vorstand Baumeister Reinhold Hirschberg) erworbenen Areals westlich des Siegestores, im Grenzbereich zwischen Maxvorstadt und Schwabing, entschieden und der Oberbaurat und Professor an der von ihm erbauten Polytechnischen Schule, Gottfried von Neureuther, in München der Hauptvertreter einer italienisch-klassisch orientierten Neu-

renaissance Semperscher Prägung, am 22. Januar 1875 mit Planung und Bauleitung beauftragt; Ausführung der Maurerarbeiten ab Anfang 1876 durch Firma Michael Reiffenstuel. Am 11. Februar 1876 genehmigte Ludwig II. eine überarbeitete, vierte Projektvariante Neureuthers. Ende 1877 war der Bau bereits bis zum 1. Stock, Ende des nächsten Jahres bis zum Kranzgesims gediehen, 1879 der Rohbau unter Dach mit Ausnahme des Mittelpavillons. Ende 1880 zwangen mit dem Landtag strittige Nachfinanzierungsprobleme zur Einstellung des trotzdem kurz darauf bereits bezogenen Baus, dessen Fertigstellung erst 1884–85 erfolgen konnte. Die förmliche Übergabe fand am 25. August 1886, dem 100. Geburtstag Ludwigs I., des großen Kunstmäzens, statt.

Trotz der bei Großprojekten fast unvermeidlichen Finanzierungsprobleme und der den Architekten († 12. April 1887) psychisch und gesundheitlich belastenden Kontroversen wurde der monumentale Neubau zum adäquaten Ausdruck der Bedeutung Münchens als „Kunststadt" sowie des der Gattung Kunst nach zeitgemäß idealistischer Auffassung gebührenden Ranges, beides in unlösbarer Verbindung mit funktionalen Gesichtspunkten – die Ost-West-Erstreckung von 186 m Länge ermöglichte zugleich ein Höchstmaß an Repräsentation wie ein Maximum an verfügbarem Nordlicht für die an die Rückseite gelegten Unterrichtssäle und Ateliers, die entlang der Vorderseite durch lange, verglaste Loggien (vgl. Alte Pinakothek) als Korridore verbunden sind. Anders als die von Neureuther zum Vergleich besichtigte Wiener Kunstakademie von Theophil Hansen, ein kompakter Vierflügelkomplex, ist Münchens Akademie ein äußerst breit entfalteter, zweigeschossiger Langbau mit um ein Geschoss erhöhtem, stark vortretendem Mittelpavillon und dreigeschossigen Seitenflügeln, die einen flachen, im Vergleich zu barocken Schlossanlagen enorm ausgeweiteten Ehrenhof begrenzen, in dem die Auffahrtsrampe und Freitreppe zum toskanischen, viersäuligen Balkonvorbau über dem Haupteingang liegt. Die Breitenerstreckung wird vom dominierenden Horizontalismus des kräftiger als das 1. Geschoss rustizierten, nutzbaren Sockelgeschosses und der kräftig ausgebildeten, durchgehenden Gurte und Gebälke zwischen bzw. über den einzelnen Geschossen unterstrichen; das Gebälk über dem Erdgeschoss weist Triglyphen, das über dem 1. Stock – an den langen Zwischentrakten das abschließende – einen

Akademie der Bildenden Künste; zeitgenössische Ansicht

Akademiestraße 2, Akademie der Bildenden Künste, Mittelbau

Akademie der Bildenden Künste, Ostseite

prächtigen Girlandenfries mit Büstenmedaillons (alternierend Athena und Apollo) auf. Von den beiden Loggiengeschossen ist das untere eine rustizierte Pfeilerarkadenfolge mit Löwenkopf-Schlusssteinen und Künstlernamen auf in die Zwickel eingelassenen Tafeln; die noch repräsentativere, mit einer korinthischen Halbsäulenordnung kombinierte Arkatur im 1. Stock mitsamt dem Prunkfries paraphrasiert im Historismus hochgeschätzte cinquecenteske Vorbilder etwa von Palladio und besonders Sansovino (Libreria in Venedig; vgl. Sempers Theaterfassaden, u. a. für sein Münchner Festspielhausprojekt). Zur Fortsetzung der Loggien an den Seitenflügel-Innenseiten leiten gerundete Ecken mit im Hochparterre vorgeblendeten Ädikulen über. Sonst weisen die Seitenflügel wie sämtliche Pavillons meist rechteckige Einzelfenster – im 1. und 2. Stock mit Segmentgiebeln – auf, ebenda kombiniert mit achsenweiser Pilastergliederung. Besonders betont ist der Mittelbau mit großen Rundbogenfenstern; die drei mittleren sind als Flachrisalit loggienartig zusammengezogen, die flankierenden Seitenteile haben triumphbogenartigen Aufriss mit Pilastergliederung, in den schmalen Außenachsen (heute leere) Figurennischen samt Künstlerbüsten-Tondi darüber; den Abschluss bildet ein Konsolgesims. Leider nicht erhalten sind die ursprünglich Mittelbau, Längstrakte und Eckpavillons abschließenden, mit Figuren und Vasen besetzten Steinbalustraden, die gewölbten Dächer sämtlicher Pavillons und die das Mitteldach krönende ornamentale Gitterbrüstung. Der Hauptpavillon wurde über den drei Mittelachsen durch eine erhöhte Attika mit Staatswappen betont, welche die Terrakottasta-

tue der Pallas Athene zwischen den allegorischen Liegefiguren von Wissenschaft und Poesie trug. Thomas Dennerleins Athena-Figur, „die der Künstler trotz Anleihen bei der griechischen Skulptur aus dem Geiste und in der Auffassung des 19. Jahrhunderts geschaffen" hatte (Thieme/Becker IX, 1913), wurde von den Zeitgenossen geschätzt (Oberteil im Luftkrieg zerstört). Der Eingangsbalkon trug früher die figürlichen Personifikationen der drei bildenden Künste. Auf den Freitreppenwangen stehen noch die 1886 nach Max Widnmanns Modellen von Ferdinand von Miller gegossenen Bronzereiterbilder des Dioskurenpaares Castor und Pollux, die das menschliche und göttliche Wesen der Kunst symbolisieren sollten.

Die straßenseitigen Fassaden sind aus hellem, von Neureuther selbst in Trient ausgewähltem Marmor. Die lang gestreckte Rückseite im Norden ist mit Ausnahme der drei schlicht gegliederten Risalite als nüchtern-zweckhafter Putzbau lediglich mit Horizontalgesimsen und verschiedenformatigen Atelierfenstern behandelt.

Im Luftkrieg, vor allem am 13. Juli 1944, erlitt das Gebäude schwerste Schäden und brannte größtenteils aus; die Außenmauern blieben im Wesentlichen stehen, lediglich der östliche Querflügel wies – besonders im letzten Geschoss – große Fehlstellen auf. Mit deren Ausnahme waren die bekrönenden Balustraden samt der Mittelattika erhalten, wurden jedoch beim Wiederaufbau (1947–59, Landbauamt München) aus Kostengründen wie auch dem Zeitgeist und -geschmack entsprechend abgebaut; ebenso wurde auf die gewölbten Pavillondächer vom französischen Typ verzichtet und der Bau durch einheitliche flache Satteldächer in seiner Proportionierung verändert und gravierend entstellt.

Auch die weiß gestrichenen Innenräume entbehren seitdem jeglicher Detailgestaltung. Das horizontal geteilte Vestibül flankieren völlig erneuerte Treppenhäuser; im westlichen Teil Gedenktafel an den 70. Geburtstag des Prinzregenten Luitpold 1891, im östlichen an die Gefallenen von 1914–18. Die langen Gänge in beiden Hauptgeschossen sind mit böhmischen Kappen auf Gurten und Wandvorlagen gewölbt.

Erhalten (wiederhergestellt) ist allein die am 10. Juli 1912 eingeweihte Aula, die nach Entwürfen Friedrich von Thierschs (ab 1909) durch das Landbauamt München (Karl Hoepfel) rückseitig am Mittelpavillon angebaut wurde (mitsamt einem Untergeschoss). Der formal dem Stil Neureuthers angepasste, querrechteckige Saal (22 x 13 m; dazu Vorraum) mit drei gewölbten Oberlichtverglasungen wirkt festlich durch seine in Felder ge-

Akademie der Bildenden Künste, Aula

teilte Sockelzone, die mehrfarbig marmorierte Wandgliederung, die toskanischen Graumarmor-Freisäulenstellungen, das Gebälk und den kassettierten Deckenrand. Die Wandflächen füllt ein 1815 von König Max I. Joseph der Akademie geschenkter Zyklus von zehn großen Wandteppichen nach Raffaels Wandbildern in den Stanzen des Vatikan, signiert von (Jean) Lefebre und (Michel) Audran (Paris, 1730–37; aus dem Mannheimer Schloss; vor 1815 im Saal des Alten Rathauses). – Der stattlichste Saal des Neureuther-Baues – der sog. Coloss-Saal mit nach außen vortretender Tribuna – im nordöstlichen Eckpavillon ist heute schmucklos; ihm schloss sich westlich die Folge der Antikensäle (mit Abgüssen) an.

Den 1885–92 von Max Kolb im englischen landschaftlichen Stil geometrisch gestalteten, für Freiluftunterricht und Ausstellungen bestimmten Garten hinter und neben der Akademie, beidsei-

Akademie der Bildenden Künste, Bronzereiterbilder

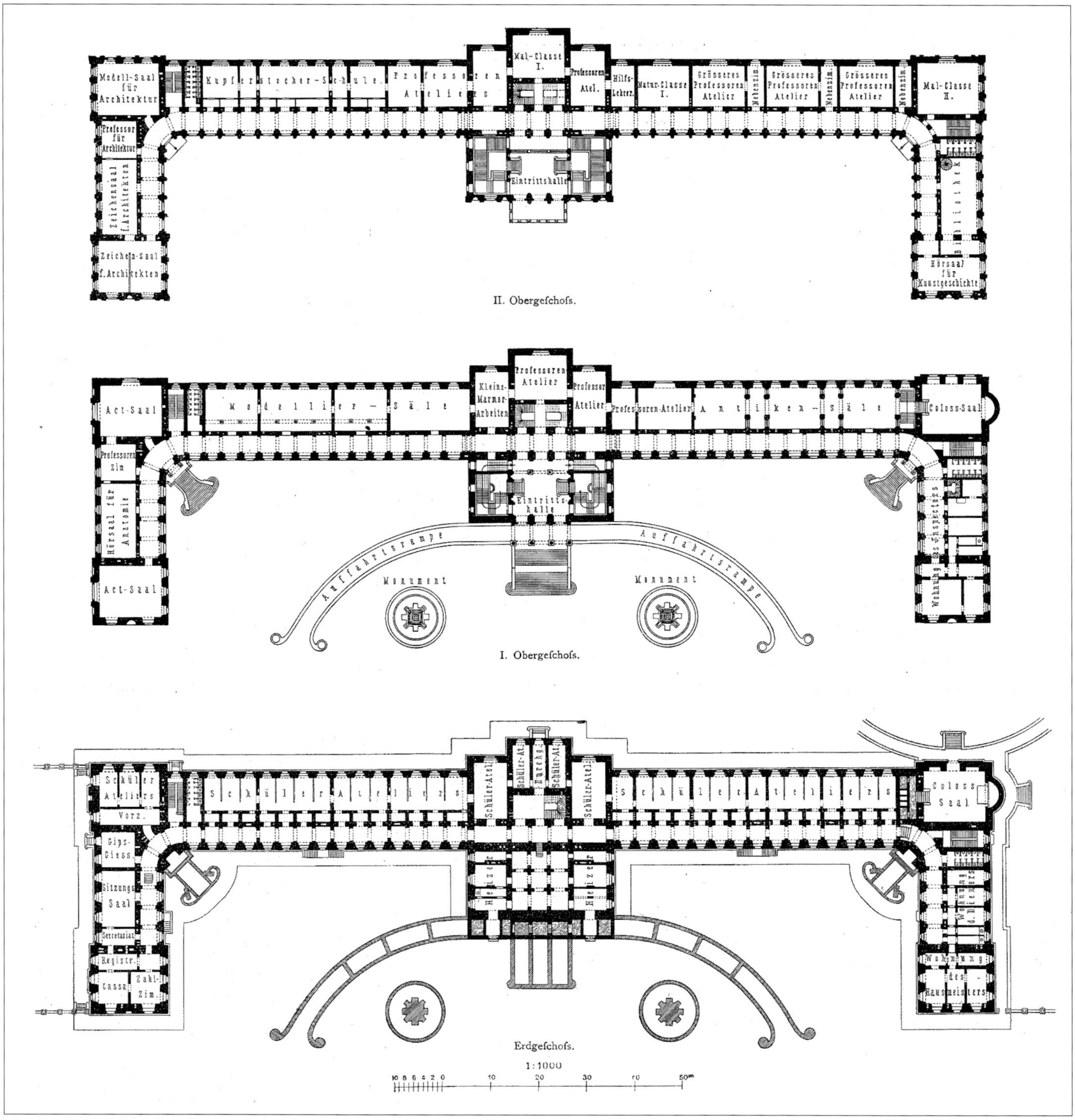

II. Obergefchofs.

I. Obergefchofs.

Erdgefchofs.

1:1000

Akademie der Bildenden Künste; Grundrisse Erd-, 1. und 2. Obergeschoss, ursprünglicher Zustand

Akademie der Bildenden Künste, Erweiterungsbau

tig bis zur Leopold- und Türkenstraße reichend, mit kleinem Weiher im Mittelteil und Alpinum westlich davon, begrenzt ein Gitterzaun mit rustizierten Steinpfeilern, die zu Seiten der Einfahrten beiderseits des Gebäudes und an den Ecken erhöht und (z. T. noch) mit Kugeln besetzt sind. Um 2004 wurde das bemerkenswerte Denkmal der Gartenkunst restauriert.

Neureuther wurde gesetzlich Einfluss auf die Gestaltung der neuen Wohnhausbebauung im Umfeld der Akademie eingeräumt – an der Südseite der Akademiestraße, im Westen an der Türkenstraße, nördlich an der Georgenstraße und im Süden an der in Richtung auf den Mittelpavillon der Akademie verlängerten Amalienstraße.

1999–2007 abschnittweise Gesamtsanierung der Akademie außen wie innen; Längstrakte (zwischen den Risaliten) um verglasten Kniestock erhöht. Im westlichen Gartenareal (bis zur Türkenstraße) Erweiterungsbau 2003–05 nach Entwurf des Wiener Architekturbüros Coop Himmelb(l)au (Gewinner des Wettbewerbs 1992), freistehender, mit dem Altbau kontrastierender Gruppenbau, etwa im Geiste der als dekonstruktivistisch bezeichneten Strömung.

ARCHÄOLOGISCHE BEFUNDE: Unter dem Bürgersteig vor Haus Nr. 2 Körpergräber des frühen Mittelalters (Fundst.-Nr.: 7835/0100). Bei Bauarbeiten kamen 1949 und 1957 insgesamt fünf merowingerzeitliche Körpergräber im Gehwegbereich an der östlichen Auffahrt zur Kunstakademie zum Vorschein.

Akademie der Bildenden Künste, Gartenzaun mit Steinpfeilern

Akademiestraße 3. Das Mietshaus errichtete Baumeister Johann Baptist Heinevetter 1877–78 auf zuvor unbebauter Parzelle für sich selbst. Der mittig in die Fassade gesteckte Hauszugang führt in das eingezogene, rückwärtige Treppenhaus, das gemäß Eingabeplan zwei Wohnungen je Etage erschließt. Im Unterschied zum östlich benachbarten Haus an der Akademiestraße 1 behandelte der Baumeister das 1. Obergeschoss als Mezzanin, wie auch beim westlich angrenzenden Haus, das gleichzeitig und ebenfalls von Heinevetter für sich selbst erbaut worden ist. Im Unterschied zur Fassade bei Nr. 5 – dort ist eine Fensterachse durch einen Bodenerker hervorgehoben – besteht bei Nr. 3 die Rhythmisierung der Fassade einzig in der Engsetzung von Fenstern, die auch gemeinsam verdacht waren. Doch ist die einstige Gestalt der Fassade in strengen Neurenaissanceformen durch die bis 1951 erfolgte, weitgehend glättende Wiederherstellung des erheblich kriegsbeschädigten Gebäudes (Luftangriff vom 25.4.1944) nur mehr eingeschränkt nachvollziehbar. Geschnitzte Haustür mit Gittern. (Instandsetzung der Fassade 2005.)

Akademiestraße 3   Akademiestraße 5

Akademiestraße 5. In einem Zug mit dem östlich anschließenden Anwesen Akademiestraße 3 errichtete Baumeister Johann Baptist Heinevetter 1877–78 das Mietshaus auf zuvor unbebauter Parzelle für sich selbst. Der in die östliche Achse gelegten Hofdurchfahrt schließt sich westlich ein rückwärtiges, vor der Grundlinie eingezogenes Treppenhaus an, dieses erschließt über eine halbgewendelte Podesttreppe eine großzügige Wohnung je Etage (gemäß Eingabeplan). Durch Eckrustikastreifen auch über das 1. Mezzaningeschoss hinaus wird ein Bodenerker betont, der die zweite östliche Fensterachse aufgenommen hat. Die Dekorierung der Fassade ist bis zum 2. Hauptgeschoss hinauf erhalten; dieses sowie das oberste Geschoss des Hauses wurden infolge des Luftkriegs zerstört (durch Luftangriff vom 25.4.1944 brannte das Dachtragwerk aus, das Anwesen wurde bis zum 3. Obergeschoss herunter für unbewohnbar erklärt) und ab 1948 wieder instand gesetzt. Gut nachvollziehbar kamen bei der Fassadengestaltung die für die Neurenaissance charakteristischen Elemente (in der Art von Ludwigstraße 29/31/33) aus dem italienischen Palastbau zum Einsatz: geschossunterschiedliche Rustizierungen, vertikale Gliederungen durch Pilaster und Lisenen, denen aber eine kräftige Horizontalgliederung durch die geschossteilenden Kranzgesimse entgegengesetzt wird. Links rechteckiges zweiflügeliges Tor der Durchfahrt, geschnitzt, mit vergitterten Öffnungen. (Seit 1950 werden die Etagen des 3. bis 5. Obergeschosses als Hotel-Pension genutzt, im selben Jahr erfolgte der Einbau eines Personenaufzugs in das Treppenhaus-Auge.)

Alexandrastraße

Die 1891 nach Prinzessin Alexandra († 1875), Tochter Ludwigs I. und Äbtissin der Damenstifte zu St. Anna in München und in Würzburg, benannte kurze Verbindung zwischen dem Forum der Prinzregentenstraße im Norden und der Liebigstraße im Süden wurde von Staatsbauten des späten Historismus flankiert, westlich (Nr. 3) der Luitpold-Kreisrealschule (1890–91 von Eduard Reuter; nach Kriegszerstörung Neubau der Bezirksfinanzdirektion) und gegenüber dem Katasterbüro (Landesvermessungsamt, s. Nr. 4) sowie dem Flurbereinigungsamt südlich daneben an der Ecke (s. Liebigstraße 25). Das Nordende der Straße ist seit 1937 mit einem Durchfahrtsbogen im Gebäude Prinzregentenstraße 28 (s. dort) überbaut. (Siehe Flurkarte S. 820)

Alexandrastraße 3. ARCHÄOLOGISCHE BEFUNDE: Münzen der mittleren und späten römischen Kaiserzeit (Fundst.-Nr.: 7835/0114). Beim Bau des ehemaligen Luitpoldgymnasiums wurden vier Münzen: Maximinus Thrax (235–238), Philippus I. (244–249), Constantin I. (306–337) oder II. (337–340) und Constans (333–350) gemeldet. Es muss offen bleiben, ob es sich um einen Hort oder um Einzelfunde handelt.

Alexandrastraße 4. *Landesamt für Vermessung und Geoinformation.* Der fünfgeschossige Neubarockbau mit zwei Eckrisaliten straßenseitig im Westen und den Hof flankierenden Seitenflügeln, 1900–01 von Friedrich Adelung erbaut, wurde nach Kriegsschäden bis 1955 in weitgehend vereinfachter Form wiederaufgebaut. Die einst reich gegliederte Westfassade, früher mit drei gebrochenen Schweifgiebeln an den Seitenrisaliten und über der zusätzlich durch einen Dachreiter betonten Mitte, weist heute nur noch die Rustikafugen des unteren Doppelgeschosses sowie Lisenen an den Eckbauten auf. Im Inneren ist lediglich das in der Mitte gelegene stattliche Treppenhaus erhalten, mit zwischen den Geschossen je einem mittleren und vom Umkehrpodest ab zwei seitlichen Läufen im Gegensinn sowie flachkuppeligen Untersichten; den repräsentativen Charakter erhält es vor allem durch die tragenden toskanischen Säulenpaare und die Balustergeländer aus gelbem Treuchtlinger Marmor. – Im Vestibül rechts modernes großes Wandmosaik; vor dem Eingang neue Bronzebüste des Kartographen Philipp Apian (1531–1589). – Der die Hofsituation östlich abschließende sechsgeschossige Erweiterungsbau für das Staatl. Vermessungsamt München an der Oettingenstraße 3 (siehe Liebigstraße 25) entstand 1960–61; südlich davor Denkmal für Georg von Soldner, Geodät und Astronom († 1833), in Globusform (Bildhauer Rolf Nida-Rümelin). Wertvoller Besitz des 1901 aus dem Alten Hof (s. dort) in den Neubau umgezogenen Landesvermessungsamtes sind die ca. 25.000 Lithographiesteine der bayerischen Katasteraufnahme von 1806–60 (Solnhofener Steinplatten, je ca. 60:60:0,8 cm; in die Liste beweglicher Denkmäler eingetragen).

Alexandrastraße 4, Landesamt für Vermessung und Geoinformation, Treppenhaus

Alexandrastraße 4, Landesamt für Vermessung und Geoinformation

Alfons-Goppel-Straße, bis 2005 Marstallplatz, siehe dort.

Alfons-Goppel-Straße 11. (Ehemals Marstallplatz 8.) Bayerische Akademie der Wissenschaften, im Ostteil des Festsaalbaus der Residenz (s. Hofgartenstraße 2); im sog. Apothekenstock 1956–58 das Cuvilliéstheater eingebaut (s. Residenzstraße 1/Altes Residenztheater).

Altenhofstraße

(Vgl. Ensemble Altstadt.) Kurze, sehr schmale, gegen Osten sich leicht verbreiternde Verbindung von der Dienerstraße im Westen zur Burgstraße im Osten, im ältesten Stadtkern des 12. Jh. entlang der Südseite des Burgareals des Alten Hofes (s. dort; zu älteren Bezeichnungen der Gasse vgl. Stahleder 1992). Westteil zwischen den Längsseiten der Eckhäuser Dienerstraße 17 und 18 (s. jeweils dort). An der Südostecke Neubau Burgstraße 7 (s. dort). An der Nordostecke, auf nach Kriegsschäden lange wüstem Grundstück Altenhofstraße 1 (mit 3), parallel zur Südfront des Alten Hofes (z. T. in dessen zugeschüttetem Graben), Neubau (Erweiterung der Firma Dallmayr, s. Dienerstraße 14/15) 2004–05 von Volker Schmücking und Moritz Kock (nach archäologischer Grabung; s. Altenhofstraße 1–3); die Vorgängerbebauung war nach dem Sandtnerschen Stadtmodell (1570) mehrteilig auf (gegen Osten) mehrfach zurückspringender Baulinie; den Ostteil der unregelmäßigen Baugruppe bildeten das sog. Löweneck (alte Nr. Burgstraße 7), bis ins 16. Jh. Wohnsitz des herzoglichen Löwenwärters – auf Ansicht von 1811 (Radierung von Domenico Quaglio) mit nach Osten geneigtem Pultdach und Flacherker, den ein Löwenbild schmückte –, ein im letzten Zustand vor dem Luftkrieg dreigeschossiges Haus schlicht klassizistischen Gepräges mit ostseitig abgewalmtem Dach sowie westlich davon (ehem. Altenhofstraße 3) ein 1909 erbautes neubarockes Wohnhaus mit Weinwirtschaft und weiterhin westlich (alte Nr. 1) ein schmales, fünfgeschossiges Wohnhaus (wohl aufgestockt über altem Kern). (Siehe Flurkarte S. 48)

Altenhofstraße 1–3/Burgstraße 7. ARCHÄOLOGISCHE BEFUNDE: Archäologische Grabungen ergaben Reste des mittelalterlichen, in der 2. Hälfte des 14. Jh. verfüllten Burggrabens, außerdem untertägige mittelalterliche und neuzeitliche Siedlungsspuren in Form von Kellern, Latrinen und Brunnen (Fundst.-Nr.: 7835/0327). Im Vorfeld der Neubebauung der Grundstücke 2002 archäologische Untersuchungen. Der westliche Teil des Areals war 1973 durch Einbau einer Trafostation bereits vollständig zerstört worden. Der 1327 verfüllte Burggraben konnte auf einer Länge von 11,8 m dokumentiert werden. In der Grabenverfüllung lag Keramik der 2. Hälfte des 14. Jh. Möglicherweise befand sich an der Grabensohle eine hölzerne Grabensicherung. Im Eckbereich Altenhofstraße/Burgstraße war ein renaissancezeitliches Keller-

Altenhofstraße 1–3/Burgstraße 7, Keller mit erkennbaren Gewölbeansätzen und noch überwölbtem Nebenkeller

Altenhofstraße 4. Eines der wenigen z. T. noch spätmittelalterlichen Altstadthäuser, mit leicht rückwärtsgeknickter linker Fassadenhälfte schon auf Sandtners Stadtmodell von 1570 dargestellt, damals viergeschossig mit großen Erdgeschossöffnungen (Tür wie heute links), den beiden noch vorhandenen unterschiedlich hohen Flacherkern und einem Ohrwaschel (Halbgiebelgaube) links. Auch Stimmelmayr, wohl im späteren 18. Jh., skizziert „des Goldschmieds Haus" viergeschossig mitsamt den Erkern; es gehörte ab 1723 dem Goldschmied Johann Christoph Steinbrecher bzw. dessen Witwe, ab 1761 ein Jahrhundert lang Silberarbeitern. Eine bis zum Zweiten Weltkrieg vorhandene Aufstockung mit Pultdach stammte demnach aus der Zeit um oder nach 1800. Das Erdgeschoss wurde für Gaststättenzwecke verändert, wohl nachdem der Gastwirt Joseph Wieser 1872 das Anwesen erworben hatte (heute Jodlerwirt).

gewölbe mit Resten von Kreuzrippen erhalten geblieben. Der nördlich daran anschließende Keller besaß noch ein intaktes Tonnengewölbe. Weiterhin ist neben einer Latrine ein neuzeitlich verfüllter Brunnen zu nennen. Aus der Kellerverfüllung stammen Steingutkrüge, Gläser, Steinmörser und diverse Destillationsgeräte, die die Nutzung als Apotheke belegen. Im westlich daran anschließenden Keller der ehemaligen Weinhandlung konnten noch der Lastaufzug dokumentiert und verschiedene Flaschen geborgen werden.

Altenhofstraße 1–3/ ▷
Burgstraße 7, Mörser

Altenhofstraße 1–3/Burgstraße 7, Brunnen

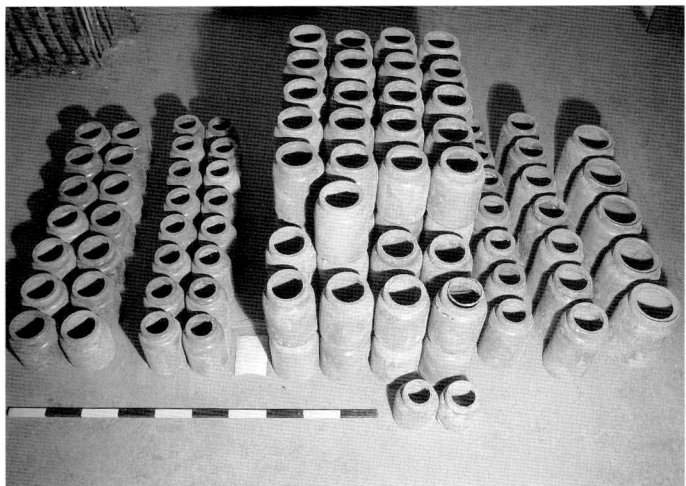

Altenhofstraße 1–3/Burgstraße 7, Vorratskrüge

Altenhofstraße 1–3/Burgstraße 7, Brunnen mit Holzabdeckung

Altenhofstraße 1–3/Burgstraße 7, Latrine

Altenhofstraße 4; Aufn. 1945   Altenhofstraße 4

Das Bürgerhaus auf geringer, angenähert quadratischer Grundfläche ohne eigenen Hof entspricht nicht dem üblichen, in die Tiefe gestreckten Münchner Haustyp; im Gegensinn zu den ostwestlich ausgerichteten benachbarten Parzellen zwischen Burg- und Dienerstraße wurde das Haus allein von der Nordseite belichtet. Vermutlich entstand es durch Ausbau eines Stadels oder Nebengebäudes eines der beiden Nachbarhäuser (eher des westlichen, s. Dienerstraße 18). Den alten Grundriss mit abgewinkelter Treppe entlang der Ost- und damals fensterlosen Südwand zeigt ein Wiederaufbauplan von 1947 (LBK).

Nach Kriegsschäden erfolgte 1949 der Wiederauf- und Umbau durch den Architekten M. Grill für Peter Schraudolph (Weingroßhandlung/Weinstuben Chr. Knecht Nachf.) unter Verzicht auf den jüngeren 4. Stock. Von alter Bausubstanz sind gemäß den Eingabeplänen nur noch Teile erhalten, nämlich die Umfassungsmauern des Kellergeschosses (z. T. mit neuen Zwischenwänden, ausgenommen die beiden straßenseitigen Räume), vom Erdgeschoss und den drei Obergeschossen die Straßenfassade mit Ausnahme der linken Fensterachse und die westliche Kommunmauer; hingegen sind Ostwand, Rückseite zum Nachbarhof und sämtliche Innenwände (mitsamt der Treppe in der Südost-

ecke) neu. An der Stelle der im 19. Jh. veränderten Ladenfront wurden drei Stichbogenöffnungen eingebaut. (Fassadenrenovierungen erfolgten 1970 und 1985.)

Alter Botanischer Garten. Vgl. Ensemble Maxvorstadt II.

Alter Botanischer Garten. Noch auf Pachmayrs Stadtplan von 1802–03 ist das Areal nördlich der (späteren) Elisenstraße bzw. des Clemensschlössels und Herzoggartens (vgl. Elisenstraße 1) ungestaltet, jedoch etwa trapezförmig eingefriedet, hingegen auf Rickauers Plan von 1812 bereits der Botanische Garten mit seinen Binnenstrukturen eingetragen. Im Südteil der Flur „Auf den Ängern" (18. Jh.) befand sich u. a. eine aufgefüllte Sandgrube, zuletzt war das Gebiet eine Herzog Clemens gehörende Wiese.

Im Zusammenhang mit der rasterförmigen Stadterweiterung nach dem Plan von Fischer und Sckell wurde hier gemäß kgl. Reskript vom 26. Juli 1808 bis 1814 der Botanische Garten nach dem Konzept des Gartenarchitekten Friedrich Ludwig von Sckell und des Botanikers Franz von Schrank angelegt, damals eine Einrichtung der Akademie der Wissenschaften (später der Universität), neben dem Nationaltheater eine andere große zukunftweisende Unternehmung König Max I. Joseph, für die er sich persönlich engagierte. Als Vorläufer gilt der Apothekergarten der Universität in Ingolstadt, die zeitgenössischen Vorbilder sind in erster Linie in England zu suchen – Sckell hatte eingehend die Botanischen Gärten Kew und Upton studiert.

Der ursprünglich etwa 1,5 ha große, bis zu 286 m lange Garten war in sich symmetrisch angelegt, mit etwa halbkreisförmigem Umriss, im nördlichen Scheitel abgeflacht, wo das 135 m lange Gewächshaus (1812–13 von Sckell) stand, auf das die Arcisstraße, eine der großen Nord-Süd-Achsen der neuen Maxvorstadt, ausgerichtet wurde; an seine beiden massiven, dorisierenden Eckpavillons schlossen sich nördlich – wohl nach Karl von Fischers Entwurf (1809) – das Direktoren- und das Gärtnerwohnhaus an. Die den Garten nördlich im Bogen umschließende Sophienstraße erhielt ihren Namen 1810, die gerade Elisenstraße im Süden 1808. Das Wegesystem war rasterförmig mit querrechteckigen Beeten für die niedrigen Pflanzen, in den Randzonen westlich und östlich von Baum- und Strauchpflanzungen eingefasst. Zugänge lagen mittig im Süden sowie an den äußersten Enden im Westen und Osten.

Weitaus wichtigster Zugang war das noch erhaltene östliche, der Stadt zugewandte *Tor*, zudem als Zielpunkt einer imaginären Fortsetzung der Maxburgstraße gedacht. Nach Vorplanungen (1809–10) von Karl von Fischer (auch für ein Westtor) und Nikolaus Schedel von Greifenstein kam 1811–12 das gräzisierende Propylon nach Entwurf von Emanuel Joseph von Herigoyen zur Ausführung – freilich nicht in Stein, sondern als verputzter Ziegelbau mit zwei rustizierten Pfeilermassiven und dazwischen eingestellten dorischen, stark verjüngten, kannelierten Säulenpaaren, dreiteiligem Gebälk mit Triglyphenfries und Guttae sowie einer hohen Attika, die stadtseitig die vergoldete, nach H. Stahleder (2005) wohl von Schelling (und nicht, wie bislang angenommen, von Goethe als korrespondierendem Akademie-

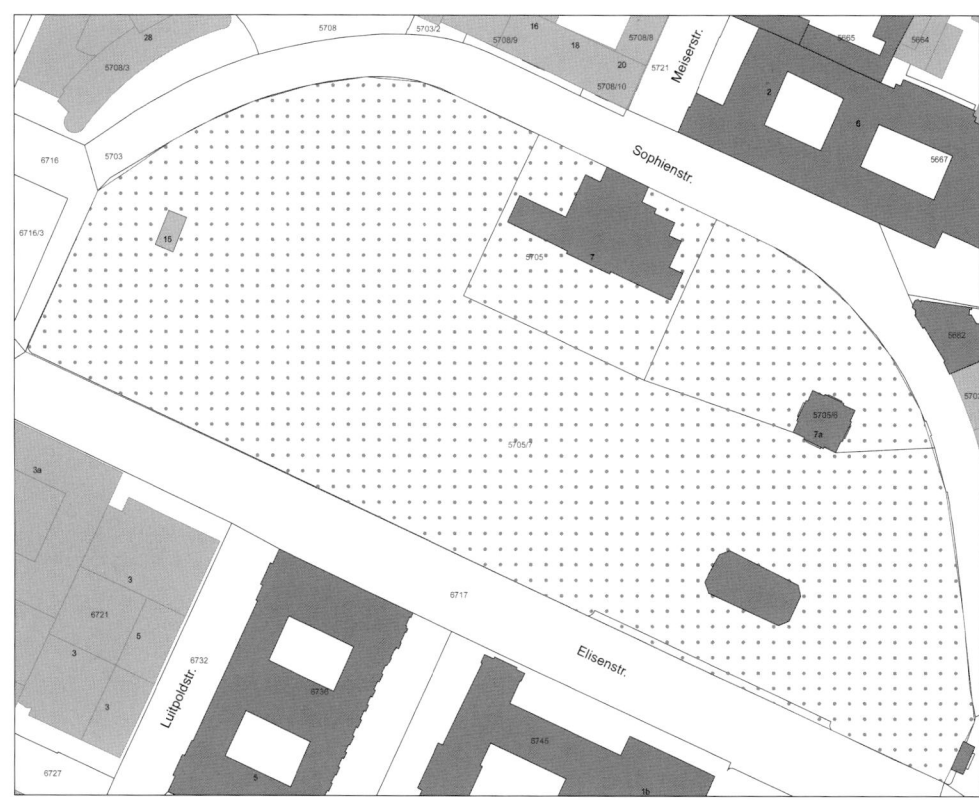

Alter Botanischer Garten; Flurkarte, M. 1:2500

Alter Botanischer Garten, Glaspalast; Ansicht von P. Herwegen, 1854

nische Garten erlitt eine wesentliche Einbuße, als 1853 das Gewächshaus zugunsten des *Glaspalastes* abgebrochen wurde. Der Schwerpunkt der Institution mitsamt neuen Gebäuden verlagerte sich nach Nordwesten in den Erweiterungsbereich jenseits der Sophienstraße (s. Karlstraße 23–29) bis zur Eröffnung des neuen Botanischen Gartens in Nymphenburg (1914).

mitglied) verfasste Antiqua-Inschrift trägt; sie nennt u. a. den königlichen Bauherrn und das Baujahr 1812. Bemerkenswert ist die bei der Renovierung 1972 erkannte, aber mit ungenügender Präzision nachvollzogene mehrfarbige Fassung der Säulen – pompejanischroter Schaft, mehrfarbiger Eierstab auf dem Kapitellwulst – als einer der ersten Versuche, antike Polychromie wieder zu beleben. Der Durchgang ist mit einer Quertonne gewölbt.
Der 1832–64 unter der Direktion des namhaften Gelehrten und Forschungsreisenden Karl Friedrich von Martius stehende Bota-

Alter Botanischer Garten, Glaspalast; Innenansicht, um 1854

Alter Botanischer Garten; Grundriss von 1849 aus Gustav Wenngs „Topographischem Atlas"

Neptunbrunnen, Figurengruppe;
Aufn. um 1950

Alter Botanischer Garten, Neptunbrunnen

König Maximilian II., in seinen Interessen dem britischen Prinzgemahl Albert geistesverwandt, der 1851 die erste Weltausstellung mitsamt dem Bau des Kristallpalastes in London angeregt hatte, beschloss 1853, in München die erste gesamtdeutsche Industrieausstellung zu veranstalten, für die bis Juli 1854 der 234 m lange Glaspalast nach Plänen von August von Voit durch die Nürnberger Firma Cramer-Klett – Leitung Ludwig Werder – aufgeführt wurde, eine dreischiffige Eisen-Glas-Konstruktion mit Galerien in den Abseiten und erhöhtem mittlerem Querschiff. Der für Mitteleuropa technisch wie typologisch bahnbrechend innovative Großbau wurde nach Ausstellungsende nicht, wie erwogen, abgebrochen oder als Gewächshaus adaptiert, sondern diente bis zu seiner Zerstörung durch Großbrand am 5./6. Juni 1931 als vielseitig genutzter Mehrzweckbau den verschiedensten Großveranstaltungen, Ausstellungen und Versammlungen; international zum Begriff wurde er vor allem als Stätte der alljährlichen Kunstausstellung. Gottfried Semper fertigte 1865 im Auftrag Ludwigs II. Pläne und Modell eines für die Entwicklungsgeschichte des modernen Theaterbaus bedeutsamen „provisorischen" Richard-Wagner-Festspielhauses im Glaspalast-Transept.

Schon in den Jahren nach 1918 war es verschiedentlich zu Neubebauungs- und Gestaltungsvorschlägen für den Alten Botanischen Garten gekommen (u. a. von Wilhelm Scherer, Peter Birkenholz, Richard Riemerschmid und Oswald E. Bieber); die Brandkatastrophe des Glaspalastes 1931, der auch unschätzbare Kunstwerke – vor allem Gemälde der deutschen Romantik – zum Opfer fielen, hatte umfassende Planungen für einen Ersatzbau zur Folge, u. a. von Theodor Fischer, Adolf Abel und Paul Ludwig Troost; doch wurde nach der „Machtergreifung" Hitlers das Haus der deutschen Kunst (s. Prinzregentenstraße 1) realisiert.

Stattdessen wurde das Gelände 1935–37 nach Konzept von Oswald E. Bieber und Joseph Wackerle – Ausführung unter Leitung von Fritz Gablonsky – zu einem städtischen Erholungspark umgestaltet, den zwei Hauptachsen erschließen – ein langer Ost-West-Weg entlang der verbreiterten Elisenstraße im Süden, der auf den Torbau von 1812 am östlichen Ende ausgerichtet ist, und eine auf den nördlichen Mittelrisalit des (alten) Justizpalastes bezogene Querachse, die als Gartenparterre mit dem Neptunbrunnen im Zentrum und dem *Ausstellungspavillon* (s. Sophienstraße 7a) als Nordabschluss ausgebildet ist. Eine zweite Nord-Süd-Achse – geometrisch die eigentliche Mitte – führt in Fortsetzung des Freiraums zwischen beiden Justizpalästen auf das neue *Park-Café* (s. Sophienstraße 7) zu, dessen nördlicher Portikus den Zielpunkt der Meiser-/Arcisstraße bildet. Am äußersten Westrand des Parks wurde 1936 der thematisch an sich nationale, formal wohl als zu jugendstilig-unru-

hig geltende *Germanenbrunnen* (1897 von Franz Bernauer) abgetragen, stattdessen im neuen Parterre der mediterrane Vorbilder wirkungsvoll variierende *Neptunbrunnen* geschaffen, nach Modell von Joseph Wackerle (Ausführung Josef Meinert; enthüllt am 29.5.1937) mit tief liegendem Wasserbecken und darin auf Felsblöcken stehender, barockisierend bewegter, zeittypisch monumentalisierter Figurengruppe des in kraftvoller Kontraposthaltung den Dreizack schulternden Gottes Neptun auf Seepferd und Tritonen (Material: Muschelkalk aus Kirchheim südlich von Würzburg; nach Kriegsschäden von 1944 restauriert). Nach Verwüstungen im Zweiten Weltkrieg wurde der Park 1957 z. T. neu gestaltet, u. a. Spielplatz im Westbereich; am Westende heute „Kunst-Plattform" (Freifläche zur Präsentation von Skulpturen).

Ein *Gedenkstein* (unweit nordwestlich des Ausstellungspavillons), den laut Inschrift der Verband deutscher Elektrotechniker im September 1952 aufstellen ließ, erinnert an die Kraftübertragung mit hochgespannten Strömen, die erstmals in der Welt im Oktober 1882 anlässlich der Internationalen Elektrizitätsausstellung im Glaspalast von Oskar von Miller und Marcel Deprez von Miesbach nach München durchgeführt wurde.

ARCHÄOLOGISCHE BEFUNDE: Münzen der späten römischen Kaiserzeit (Fundst.-Nr.: 7835/0115). Bei der Anlage des Alten Botanischen Gartens wurden 1809 und abermals 1831 verschiedene Münzen aufgefunden, darunter auch römische von Probus (276–282) bis Justinian I. (527–565). Die Fundumstände sind unklar, doch können nicht alle römische Münzen einem Hort entstammen. Daher könnten sie, sofern es sich nicht um eine Sekundärfundstelle handelt, auf eine römische Siedlung an dieser Stelle hindeuten. Die Münzen des 6. Jh. könnten aus einem zerstörten, merowingerzeitlichem Grab stammen.

Gedenkstein

Alter Botanischer Garten, Torbau

Alter Hof

Alter Hof 1, 2, 3. Der weitläufige, oft veränderte und mehrfach erweiterte Vierflügelkomplex der ersten Münchner Hofhaltung bildet eine höchst bedeutende historische Konstante im Gefüge der Altstadt. Zu Beginn des dritten Jahrtausends befindet sich der von Behördennutzung großenteils geräumte bzw. umgenutzte Alte Hof, dessen in jüngerer Zeit erneuerte Bauteile privatisiert wurden, in einer umfassenden, von Bauforschung laufend begleiteten Umstrukturierung, Restaurierung und Modernisierung (z. T. auch völlige Neubauten), sodass abschließende Angaben derzeit kaum möglich sind.

Die etwas erhöht auf der im Lauf der Jahrhunderte stark abgeschliffenen Hangkante am Westrand der von zahlreichen Wasserläufen durchzogenen Isarniederung gelegenen Bereiche der Peterskirche und ca. 200 m weiter nördlich des Alten Hofes sind als Ausgangspunkte der Münchner Stadtentwicklung anzusehen. Die vierflügelige Anlage, anfänglich Stützpunkt landesfürstlicher Macht, vom mittleren 13. bis ins mittlere 16. Jh. herzogliche Residenz und seitdem häufig umgebauter Sitz verschiedenster Verwaltungsinstanzen, entstand auf einer heute nur noch wenig wahrnehmbaren Anhöhe in der Nordostecke der ältesten Stadt, umgeben von nicht mehr vorhandenen Gräben: Sie sind stadtseitig im Süden und Westen noch heute als unbebaute Zäsuren nachvollziehbar, feldseitig zugeschüttet im Zuge des westlichen Endes der Pfisterstraße bzw. der „Hofgraben" genannten Straße im Norden (mit kanalisiertem Bach) und der Sparkassenstraße (über dem trockengelegten Pfisterbach) im Osten.

GESCHICHTE: Eine frühe Besiedelung ist für das erhöht gelegene Areal seit der Urnenfelderzeit (10. Jh. v. Chr.) archäologisch nachgewiesen, Kontinuität – so etwa für die Römerzeit wiederholt postuliert – jedoch nicht belegbar. Ältester Bebauungsfund sind Spuren eines Grubenhauses wohl aus dem 12. Jh. im südlichen Hofbereich in nicht auf die rechtwinkligen Strukturen des späteren Komplexes bezogener Schräglage (s. Archäologische Befunde). Für die Entstehung und die mittelalterliche Baugeschichte des Alten Hofes sind die Schriftquellen äußerst unergiebig; die Wasserburg existierte längst vor ihrer zufälligen Ersterwähnung als „Castrum" 1319; ob als ein angesichts der Bedeutung Münchens als Sitz von Zoll, Markt und Münze anzunehmender herrschaftlicher Stützpunkt bereits zur Zeit Heinrichs

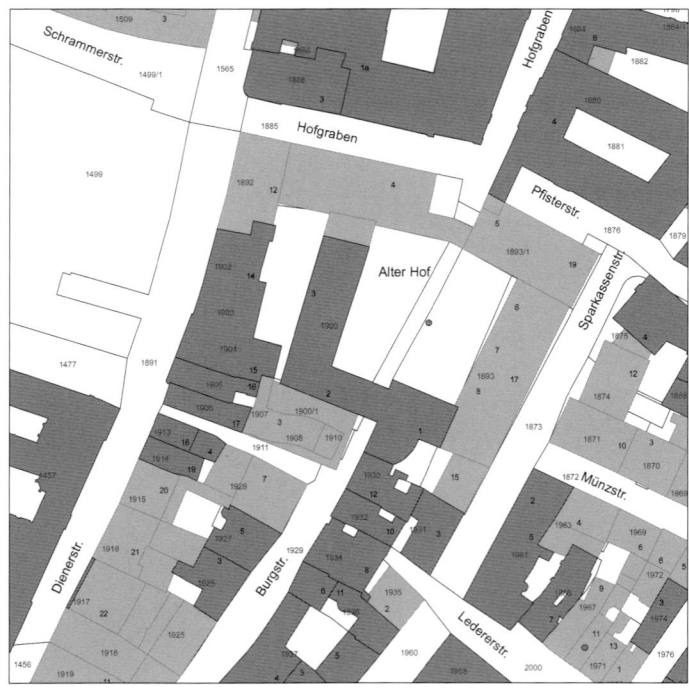

Alter Hof; Flurkarte, M. 1:2500

Alter Hof im Stadtmodell von Jakob Sandtner, 1570 (von Norden)

des Löwen bzw. ab 1180 der drei ersten wittelsbachischen Herzöge wurde in der bisherigen Forschung reichlich, doch letztlich ergebnislos erörtert. Allgemein galt die Landesteilung von 1255 zwischen Herzog Ludwig II. dem Strengen († 1294), der u. a. München übernahm, und seinem Bruder, Heinrich XIII. von Niederbayern, als auslösendes Moment für die Entstehung der Alten Veste bzw. wahrscheinlicher für ihre Erhebung zur – vorerst noch nicht ständigen und alleinigen – Residenz (neben bayerischen Burgen wie Dachau und Wolfratshausen war vor allem Heidelberg von überragender Bedeutung, wo Ludwig II. geboren wurde und verstarb). Ständiger Fürstensitz wurde München wohl erst ab 1294 unter Herzog Rudolf bzw. unter dessen jüngerem Bruder Ludwig dem Bayern (ab 1314 deutscher König, ab 1328 Kaiser, † 1347), sofern er sich in seiner Hauptstadt aufhielt, an deren von ihm gefördertem Bürgertum er einen festen Rückhalt hatte. Falls der Herrscher, wie die Forschung heute annimmt, 1282 in München geboren wurde, so sicherlich im Alten Hof. Die spärlichen Quellen berichten vorzugsweise von höfischen Ereignissen, so von der hier 1259 gefeierten Hochzeit des Grafen Meinhard IV. von Görz-Tirol mit Elisabeth von Bayern (ihr Sohn aus erster Ehe mit König Konrad IV. war der unglückliche letzte Staufer, weshalb Italo A. Chiusano seinen Roman „Konradin" von 1990 im Alten Hof beginnen lässt). Zur Zeit Ludwigs des Bayern wurde die – ursprünglich vielleicht der hl. Margaretha geweihte – St. Lorenzkirche erbaut oder wahrscheinlicher erweitert, die (nach Westenrieder 1782) das Datum 1324 trug und damals (bis 1350) Aufbewahrungsort der Reichskleinodien wie später (ab 1389) vorübergehend des viel verehrten Andechser Heiltümerschatzes war. Nichts Genaues wird über den Umfang der durch den großen Stadtteilbrand 1327 verursachten Schäden berichtet. Im Zusammenhang mit größeren Baumaßnahmen werden 1359 bzw. 1364 vier Steinhäuser (Massivbauten) erwähnt, höchstwahrscheinlich die drei Bauteile des Zwingerstocks und der westliche Burgstock. Seit Errichtung der Neuveste (Kern der späteren Residenz) in der Nordostecke der im Spätmittelalter stark erweiterten Stadt ab 1384 ist – erstmals 1391 – von der „Alten Veste" (1551 vom „Alten Hof") die Rede, die jedoch noch bis ins mittlere 16. Jh. Hauptsitz der Hofhaltung blieb. Erwähnt werden Bauarbeiten am Turm, besonders an dessen neuem Dach, im Jahr 1439, die im Löwenzwinger gehaltenen Wappentiere 1473 und 1492, ein Brandschaden unbekannten Ausmaßes 1484 und Arbeiten am vorgelagerten Stadtgraben 1486. 1470 überließ Herzog Sigismund seinem jüngeren, machtbewussten Bruder Albrecht IV. wie zuvor bereits die Regierung auch noch die Alte Veste (im Tausch gegen Schloss Egenhofen, das spätere Weyhern). Erst nach entsprechendem Ausbau der Neuveste (Rundstubenbau 1540, Georgssaal 1560, Antiquarium um 1570) konnte die Hofhaltung sukzessive verlagert werden; der Alte Hof wurde nur noch für häufig wechselnde Nebenfunktionen genutzt und laufend adaptiert (im Folgenden bei den einzelnen Gebäudetrakten ausgeführt), wobei die landesfürstliche Verwaltung bzw. später staatliche Behörden ökonomische, kulturelle und kirchliche Einrichtungen wie u. a. Braunes Bräuhaus, Hofbibliothek und Hofkirche verdrängten. Als Hauptnutzer nennt L. Westenrieder (1782) das Kollegium der Hofkammer, die wichtigste und weitaus personalstärkste Verwaltungsbehörde des Hofes. Nach den genaueren Angaben von J. P. Stimmelmayr (2. Hälfte 18. Jh.) war die kurfürstliche Hofkammer im Pfisterstock und im Südteil des Zwingerstocks untergebracht, der Hofrat im nördlichen Zwingerstock, das Siegelamt im westlichen Burgstock, das Bräuamt im Brunnenstock und benachbart ebenda sowie im östlichen Burgstock samt Annex an der Burgstraße (neben dem Torturm) das Braune Bräuhaus. Im 19. und 20. Jh. war der gesamte Komplex Sitz staatlicher Behörden (vor allem Finanzämter) und wurde baulich wiederholt verändert, erneuert bzw. nach Luftkriegsschäden wiederaufgebaut (vgl. nähere Angaben zu den einzelnen Trakten). Eingreifend um- und neu gestaltet wurde der Alte Hof 1998–2007: Auszug der Finanzämter (Verlegung des Rechenzentrums nach Nürnberg 1999), Restaurierung der großenteils noch mittelalterlichen Trakte im Süden (Burgstock samt Torturm) und Westen (Zwingerstock) bis 2003 als Sitz von Dienststellen des kulturellen Bereichs und eines Weinrestaurants; die Baumaßnahmen wurden finanziert durch Veräußerung der Nachkriegsbauten im Osten (Brunnenstock) und Nordosten (Pfisterstock) sowie des Lorenzistocks im Nordwesten (im Kern klassizistisch). Nach Wettbewerb ließ die Bayerische Hausbau 2003–07 an der Stelle des Brunnen- und Pfisterstocks Neubauten mit Laden-, Büro-, und Wohnnutzung samt Tiefgarage erstellen (Arch. Auer und Weber) und den Lorenzistock samt sog. Esterer-Bau am Westende (Dienerstraße 12) weitgehend entkernen, umbauen und aufstocken (Arch. Peter Kulka).

BAULICHE ANLAGE UND GEBÄUDETEILE: Die Wohngebäude der Hofhaltung entstanden an der Süd- und Westseite des Hofes, ihre äußeren (stadtseitigen) Umfassungsmauern wurden über (in jüngster Zeit nachgewiesenen) Wehrmauern (aus Backstein) des 12. oder allenfalls frühen 13. Jh. errichtet; an deren Fortsetzung, die einstige Stadtmauer im Norden und Osten, lehnten sich zu-

Alter Hof, Nordseite; Zeichnung von Domenico Quaglio, 1806

Alter Hof, Südseite; Zeichnung von Domenico Quaglio, um 1810

nächst nur innenseitig schmale Nebengebäude an, später entstanden Neubauten auch an der Außenseite, u. a. die an die Nordmauer gelehnte Lorenzkirche. Der älteste Zugang lag (nach Christian Behrer) im Westen; Indizien dafür sind ein heute geschlossener Bauwich zwischen Dienerstraße 14 und 15, der die Zufahrt ermöglichte, sowie das Fundament der unter dem südlichen Torturm nicht unterbrochenen Wehrmauer des 12. Jh. Im Hinblick auf die meist aus dem mittleren 14. und späteren 15. Jh. stammende Bausubstanz des Burg- und Zwingerstocks muss man sich wohl, selbst wenn man mögliche Verluste durch den Brand von 1327 berücksichtigt, den Fürstensitz in seinen früheren Bauphasen vergleichsweise bescheiden und keinesfalls monumental vorstellen – selbst in der Zeit Kaiser Ludwigs, als die Hofhaltung Zentrum der Reichspolitik und ein Brennpunkt geistiger und geistlicher Auseinandersetzungen im Ringen zwischen dem avignonesischen Papsttum und den sich in der sog. Hofakademie um den gebannten Herrscher scharenden „oppositionellen" Theologen und Staatstheoretikern war. Nach E. Burmeister (1999) muss im Hof „ein Bergfried, ein Turm zum Wohnen und zur Verteidigung" angenommen werden; an der Stelle des späteren südlichen Torturms wurde kürzlich ein Brunnen nachgewiesen.

Alter Hof von Norden, im Vordergrund Lorenzistock; Zustand um 1939

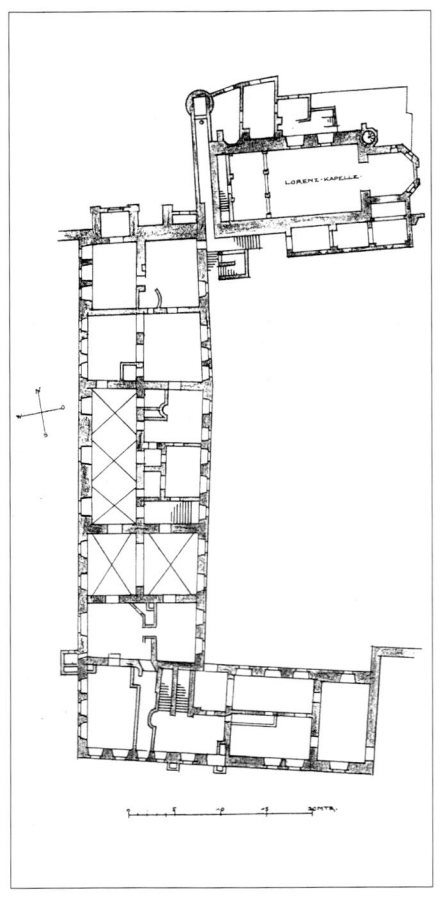

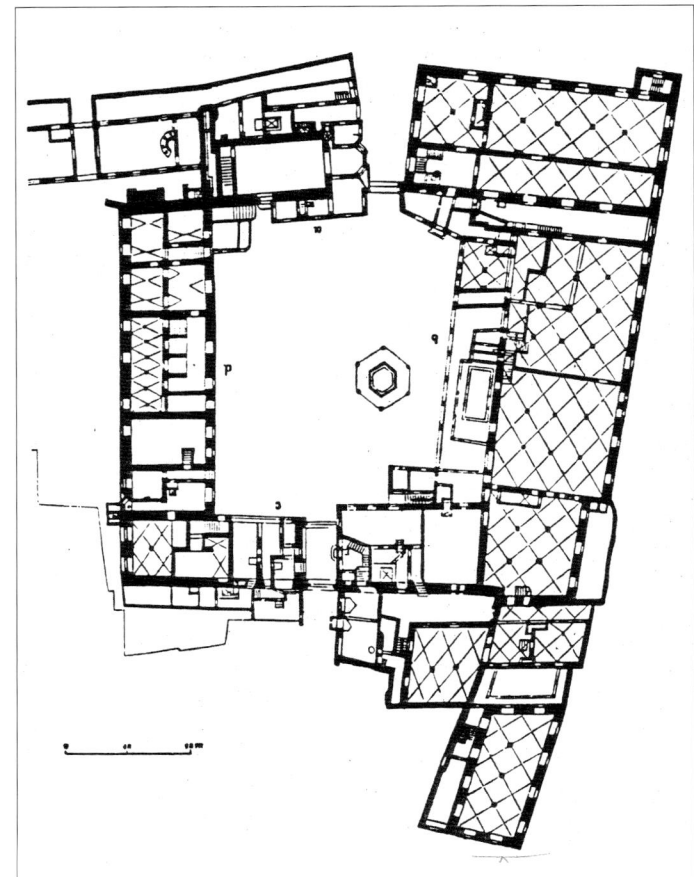

◁ Alter Hof; Grundriss
1. Stock von Zwin-
ger- und westlichem
Burgstock mit
Lorenzkirche,
Zustand Mitte 18. Jh.

Alter Hof; Grundriss
von 1876 mit Zustand
vor 1816 (nach Franz
Reber)   ▷

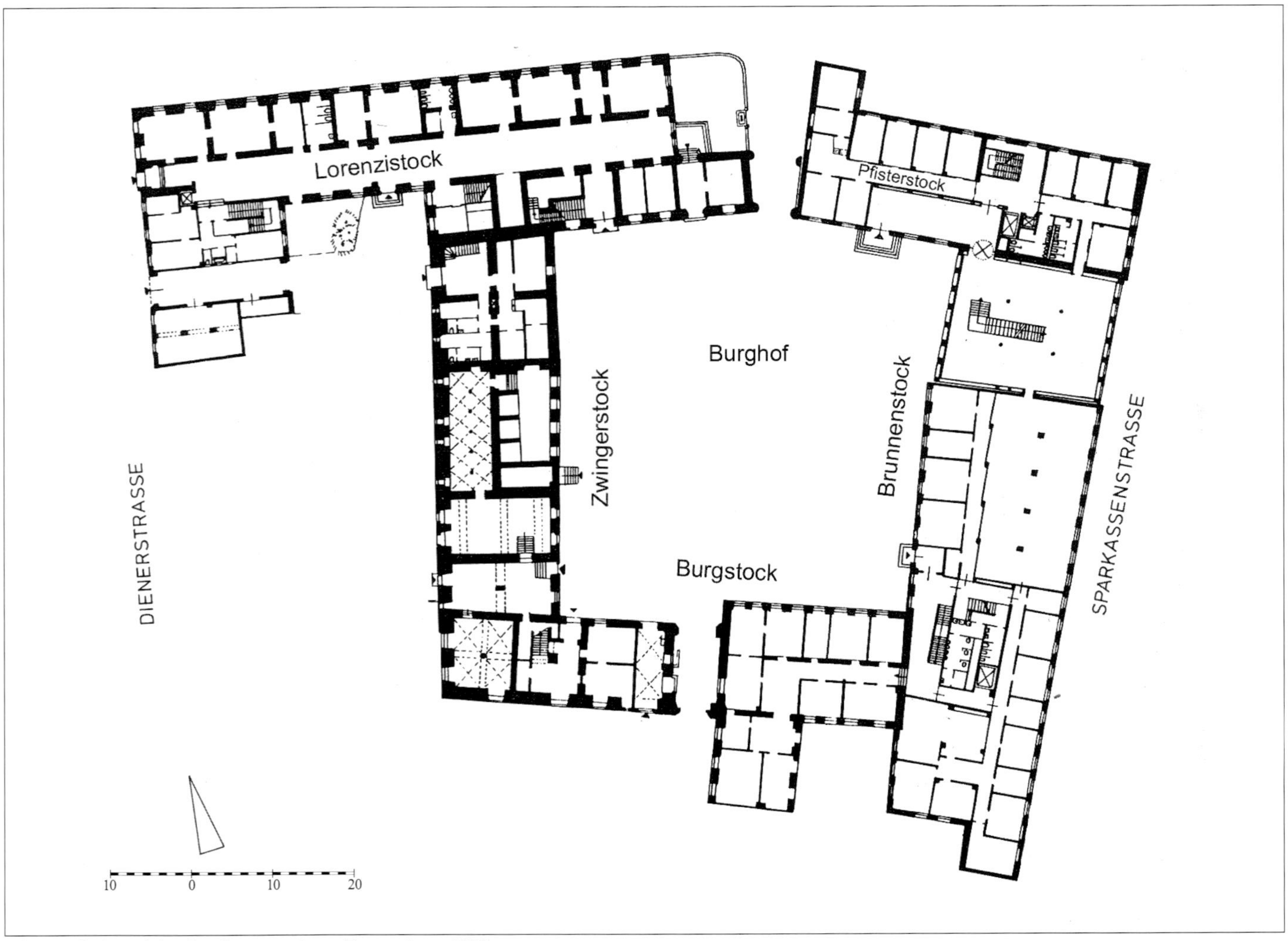

Lorenzistock

Pfisterstock

Burghof

Zwingerstock

Brunnenstock

Burgstock

DIENERSTRASSE

SPARKASSENSTRASSE

10   0   10   20

Alter Hof; Grundriss der Gesamtanlage, Zustand vor 1998

Vom *Burgstock* (heute Alter Hof 1 und 2) im Süden, mit äußerer Baulinie im Verlauf der älteren Wehrmauer, gehen (nach Behrer 2001) der in der Mitte situierte *Torturm* und der Trakt östlich davon zumindest in ihrer Grundlegung höchstwahrscheinlich in die Zeit Herzog Ludwigs II. (nach Mitte 13. Jh.) zurück. Die spitzbogigen Einfahrtsöffnungen des längsrechteckigen Torturmes sind außenseitig profiliert (am Südtorbogen nur noch im Oberteil). Die Torpfeiler der südlichen Einfahrt stehen auf der älteren, hier nicht unterbrochenen Wehrmauer. Bauarbeiten am Turm, insbesondere seinem neuen Dachstuhl, werden 1438 erwähnt. Den 1813 abgebrochenen Oberteil zeigt die Stadtansicht von 1493 in der Schedel-Chronik (wie das Sandtnersche Stadtmodell von 1570 und spätere Darstellungen) mit hohem Quersatteldach und vier spitzen Ecktürmchen. Nach dem Teilabbruch wurde der Unterbau in den westlichen Burgstock mit Übernahme gleicher Traufhöhe und Verlängerung von dessen Dachstuhl integriert.

Burgstock, Südseite   Alter Hof, Südseite mit Torturm
                                        (von der Burgstraße)

Der Oberteil wurde 1966–68 in annähernd ursprünglicher Form, jedoch schematisch und trocken im Detail unter Vermeidung ehemaliger kleiner Unregelmäßigkeiten und mit jetzt streng axialer Fensteranordnung rekonstruiert. Die gotischen Blendnischen mit gestuftem Abschluss, etwa in halber Höhe des Turmes, erhielten nach Entwürfen von Günter Grassmann in Keramik erneuerte Wappen (Nordseite links Kaiser Ludwig IV., rechts Habsburg, Pfalz und Böhmen; Südseite links Bayern/Wittelsbach, rechts Visconti von Mailand, Braunschweig, Grafschaft Görz). Die Stichkappenwölbung der Durchfahrt stammt wohl aus nachgotischer Zeit. Innerhalb der Durchfahrt wurden 1996 ein Brunnen aus der Zeit vor dem Bau der Toranlage (13. Jh.?) sowie Fundamente eines älteren nördlichen Torbogens festgestellt; die Durchfahrt wurde wahrscheinlich im 15. Jh.

Inschrifttafel im südlichen Durchgang

Alter Hof, Blick nach Südwesten auf Burgstock und Zwingerstock (rechts)

nach Norden bis zur Flucht des anschließenden westlichen Burgstocks verlängert (daher der längsrechteckige Grundriss); somit
dürfte die Bausubstanz des Turmes weitgehend aus dieser Zeit
stammen. Im westlichen Burgstock wurde nach dem Zweiten
Weltkrieg parallel zur Durchfahrt ein – ältere Räumlichkeiten
(ehem. Wachraum) öffnender, jetzt wieder geschlossener – Fußgängerdurchgang geschaffen; darin östlich ein Gitter mit Spiral-
ranken sowie in der Westwand eine kleine Solnhofer Inschriftplatte von 1704 (Anlage eines privaten „Kellerl" durch den kurfürstlichen Hofkammerratsdiener Simon Erhardt).
Der *Östliche Burgstock* (Alter Hof 1), äußerlich heute schmuck-
los-modern, enthält in seinem zum Souterrain gewordenen Untergeschoss eine weiträumige zweischiffige Halle mit (um 2000
vom Putz freigelegtem) Ziegelmauerwerk, vier Achteckpfeilern
(der westliche rund verändert) und Kreuzrippengewölben; von
den fünf Jochen wurde das östliche wohl um 1830 verkürzt. Die
südliche Begrenzung wird durch die Wehrmauer des späten
13. Jh. gebildet (zwei Ziegelschalen mit Füllmauerwerk aus Kieseln und Mörtel), die West- und Nordwand stammen aus dem
14. Jh.; in den mittleren Bereich der Westwand wurden ältere
Bestandteile des mittleren 13. Jh. vom Unterbau des Torturmes
(vor dessen Erweiterung nach Norden im 15. Jh.) einbezogen.
Durch die Pfeiler und kräftige Bandrippengewölbe erhielt der
Saal in der 2. Hälfte des 15. Jh. seine heutige Gestalt, die an den
Typus der Dürnitz etwa in Burghausen oder auf der Landshuter
Trausnitz erinnert (vgl. in München die Gewölbe von Burgstraße 5 und im Zeughaus, St. Jakobsplatz 1). Die unregelmäßige
Gewölbefiguration im Mittelteil des nördlichen Schiffes ist
durch einen ehem. hofseitigen Zugang mit Kellerhals bedingt.
Die bis vor kurzem öffentlich nicht zugängliche, untergeordnet
genutzte Pfeilerhalle ist als einer der wenigen erhaltenen Profan-
räume des Spätmittelalters in München höchst bemerkenswert;

Burgstock, Holzdecke (jetzt in Raum 207)

neu verputzt und weiß gefasst, dient sie ab 2007 der multimedia-
len Information zur Geschichte des Alten Hofes und der Stadt.
Der benachbarte, zu einem südlichen Annex gehörige dreischiffige Keller von ca. 1831 mit Wänden (außer im Osten) aus der
Zeit vor 1570 ist über quadratischen gefasten Tuffsteinpfeilern
mit böhmischen Kappen auf flachen Gurtbögen gewölbt. Oberhalb dieser Kellerhallen ist der östliche Burgstock mit seinen
drei Geschossen eine Neugestaltung (zum Teil Innenumbau,
neue Fassade) Georg Friedrich Zieblands von 1831–32, die – zusammen mit dem im rechten Winkel anschließenden Brunnenstock an der Ostseite des Hofes – an der Stelle des einstigen kurfürstlichen Bräuamtes für die Steuerkatasterkommission vorgenommen wurde; die Fassadengestaltung entsprach dem von
Klenze und Gärtner für Amtsbauten etwa an der Ludwigstraße

Gitter im südlichen Durchgang

Östlicher Burgstock, Kellerhalle; Aufn. 1995

Burgstock, Figur Ludwigs des
Strengen, um 1903

Östlicher Burgstock, Kellerhalle; Aufn. 2007

Östlicher Burgstock, Raum neben der Kellerhalle

Burgstock, Erkerturm, Deckengewölbe; Aufn. 1998 (heute weiß überstrichen)

(Kriegsministerium) entwickelten italianisierenden Rundbogenstil. Im Inneren sind noch Spiegeldecken mit stuckprofilgesäumten Hohlkehlen in der hofseitigen Raumflucht des 1. Obergeschosses erhalten. Ansonsten wurde dieser Trakt zusammen mit dem Brunnenstock 1902–03 durch Heilmann und Littmann und das Landbauamt München unter Leitung von Bauamtmann Adolf Schulze völlig umgebaut und erhielt eine neomittelalterliche Fassadengestaltung, die um 1966 zeitüblich schmuckloser Sachlichkeit geopfert wurde. Damals wurde die Kunststeinfigur Ludwigs des Strengen von ca. 1903, die an der neben dem Torturm vorspringenden Ecke im 1. Obergeschoss angebracht war, ins Vestibül des Pfisterstocks übertragen (heute steht sie im Vestibül des westlichen Burgstocks). Ab dem Jahr 2000 erfolgte neuerlich eine grundlegende Außen- und Innensanierung; im Erdgeschoss (über der Gewölbehalle) wurde, zugänglich über eine neue Freitreppe, der Infopoint „Museen und Schlösser in Bayern" untergebracht.

Der *Westliche Burgstock* (Alter Hof 2, einschließlich Turm) an der Südwestecke des Komplexes mit durch den rechtwinklig anschließenden Zwingerstock halb verdeckter Nordseite ist – von der älteren Wehrmauer abgesehen, auf der die südliche und westliche Außenwand steht – ein viergeschossiger, wohl weitgehend homogener Bau des 15. Jh. mit mächtigem, gegen Westen mit einem Schopfwalm endendem Dach. Das zweigeschossige Kehlbalkendach mit Firstriegel, Kreuzstreben und einfach liegender Stuhlkonstruktion – Dendrodaten 1461–63 – stammt aus der Zeit Herzog Sigismunds, der umfangreiche Baumaßnahmen am Alten Hof veranlasste. An der – vor dem Bombenkrieg durch vorgelagerte Bürgerhausbebauung stärker verdeckten – südlichen Außenfassade ist in den beiden oberen Geschossen ein Flacherker angefügt (laut Plan von 1958 „Neubau auf vorhandenen Konsolen"). Der markante polygonale (1966 restaurierte) Erkerturm an der Hofseite im 2. und 3. Obergeschoss und unteren Dachgeschoss ist, wie im Dachstuhl ersichtlich, eine jüngere, doch jedenfalls noch in spätgotischer Zeit hinzugefügte Fachwerkkonstruktion (auf dem Sandtnerschen Stadtmodell von 1570 dargestellt), mit einem gemalten Wappenzyklus in zwei Brüstungsfelderzonen, der mit seinem heraldischen Programm – vergleichbar dem an der Schlosskapelle Blutenburg und am Torbau der Burg Grünwald – die verwandtschaftlichen Beziehungen Herzog Albrechts IV. veranschaulicht (im Einzelnen vgl. Burmeister 1999, S. 161/Anm. 93). Das hölzerne Sterngewölbe innen im 2. Obergeschoss ist bisher auf sein Alter noch nicht untersucht worden. (Die häufige Bezeichnung des Erkers als „Affenturm" ist zumindest in Verbindung mit der legendären Kindsentführung des späteren Kaisers Ludwig durch einen Affen anachronistisch, doch wird von einer solchen in einem anderen Bereich berichtet.) Die Hoffassade des westlichen Burgstocks mitsamt dem Torturm

erhielt in Erneuerung eines 1963 durch Befunde nachgewiesenen spätmittelalterlichen Zustands (vgl. DKD 1963, S. 115/Abb.) eine heraldisch motivierte (etwas zu blass ausgefallene) Rautenbemalung (vgl. Herzogshof in Regensburg auf Ansicht von 1572), die kürzlich renoviert wurde. Im zu Amtszwecken mehrfach, zuletzt ab 2000, modernisierten Inneren ist in erster Linie der Raum am westlichen Ende des Erdgeschosses mit vier flachen Kreuzgratgewölben über mittlerem Rundpfeiler aus Tuffstein bemerkenswert (16. Jh.?; sog. Einsäulensaal). – Völlig widersprüchlich sind die Angaben aus dem 19. Jh. und die darauf basierenden Überlegungen zur ursprünglichen Situation eines mit Fresken ausgestatteten Ahnensaales, aus dem ein Wandgemälde mit 14 Ahnen samt Wappen und Inschriften 1893 in das Bayerische Nationalmuseum (Saal 14) gelangte – Teil einer Serie von ca. 1465, ehemals „in der Vorhalle des zweiten Stocks" (im Burgstock?) laut BNM-Führer von 1911. Franz Reber (1876, S.

Burgstock, Erkerturm

243) sah offenbar noch „gothische Pfeiler- und Gemäldereste im zweiten Stockwerke. Die letzteren bestehen in sieben Figuren von einer Serie bayerischer Herzoge und anderer Fürsten, mit welcher wahrscheinlich Herzog Sigismund durch Gabriel Mächselkircher [Mäleskircher] um 1460–1470 einen Saal hatte ausmalen lassen, der indeß jetzt zu Bürozwecken verbaut worden ist." Enno Burmeister (1999, S. 50) möchte den „Ahnensaal" mit einem ehemaligen Erdgeschossraum des südlichen Zwingerstocks identifizieren. – Hofseitig rechts vom Durchgang ist eine steinerne Gedenktafel aus dem 19. Jh. eingelassen, die an die (vermeintliche) Erbauung des Alten Hofes im Jahre 1253 durch Ludwig den Strengen und an Kaiser Ludwig IV. erinnert.

Der dreigeschossige *Zwingerstock* im Westen (heute Alter Hof 3), benannt nach dem unbebauten Vorfeld (ehem. Graben; Zwischenraum von Befestigungen) ist trotz heute einheitlicher Traufe aus drei Gebäuden entstanden, wie an den kräftigen Zwischenwänden und am unebenen Dachfirst zu erkennen ist. Die Bauteile sind sicherlich mit drei von den um 1359/64 erwähnten vier Steinhäusern (Massivbauten) identisch (das vierte wohl der östliche Burgstock), die jedoch später – vor allem im 15. und 18. Jh. – mehrfach umgestaltet wurden. Nach Burmeister (1999, S. 42 ff.) ist von einer entstehungsgeschichtlich wie gestalterisch inhomogenen Baugruppe auszugehen, die erst in der Neuzeit (16. und 18. Jh.) hinsichtlich gleicher Bauflucht, Traufe und Firsthöhe vereinheitlicht worden ist. Dies bestätigen jüngste Bauforschungen (vgl. Denkmalpflege Informationen B 121 [2002]).

Der *nördliche Zwingerstock* weist an den drei linken Fensterachsen der Hoffront eine nach 1963 freigelegte bzw. nach Befund ergänzte Fassadenbemalung mit imitierter Quaderung und farbigen Rahmungen um die damals auf ihre stichbogig schließende Form zurückgeführten Fenster und in deren tiefen, schrägen Lai-

Nördlicher Zwingerstock

Nördlicher Zwingerstock, Fenster-
bemalung

bungen auf. Die Malerei um die Erdgeschossfenster ist durch Rankenornamentik bereichert; über dem Sturz des Mittelfensters das Brustbild eines Mannes mit Hut und ein 1444 datiertes Spruchband. Das knappe Traufgesims ist profiliert, am linken Ende eine Aufzugsgaube aufgesetzt (schon auf dem Stadtmodell 1570). Das dendrochronologisch 1423/25 datierte dreigeschossige Kehlbalkendach dieses Gebäudeteils, das älteste im Alten Hof bzw. in München überhaupt erhaltene Dachwerk, ist als eines der frühesten Beispiele einer liegenden Stuhlkonstruktion in Bayern von besonderer Bedeutung. Die gefasten Mittelstützen der beiden unteren Dachgeschosse wurden vermutlich erst später eingefügt; weitere verändernde Reparaturmaßnahmen erfolgten um 1760. – Die nördliche Fortsetzung dieses Traktes (mit nach Kriegsschäden ausgewechselter Westfassade) erhielt 2001 eine Fußgängerpassage im Rahmen der angestrebten Erschließung des Alten Hofes sowie statt des zuvor flach geneigten ein steiles Satteldach mit Firsthöhe wie am übrigen Zwingerstock (Sandtners Modell von 1570 zeigt an dessen Nordende einen Schopfwalm). Die Kellerräume des nördlichen Zwingerstocks, ehemals mit Stichkappengewölben, waren um 1966 erneuert worden.

Der *mittlere Zwingerstock* ist äußerlich schmucklos, mit stichbogigen Kellerfenstern beidseitig, Stichbogenfenstern im erhöhten Erdgeschoss, nach dem Zweiten Weltkrieg neu gestaltetem, (kürzlich wieder beseitigtem) Eingang samt vorgelegter kleiner Freitreppe in der linken hofseitigen Achse, bandförmigem Traufgesims sowie Aufzugsgaube am linken Ende. Die westseitige zweischiffige Kellerhalle mit sechs schlanken, quadratischen Pfeilern, Kreuzgratgewölben (ohne Gurten) und spitzen Schildbögen ist, da profillos und modern verputzt, derzeit nicht genauer zu datieren, doch sicher spätmittelalterlich (heute Teil des Res-

taurants). Hofseitig (östlich) grenzt an sie ein lang gestreckter Kellerraum mit Flachtonne und westseitig vier kleinen, durch Zungenwände geschiedenen, mit flachen Quertonnen gewölbten Anräumen (wohl barockzeitlicher Ausbau innerhalb der spätestens in der 1. Hälfte des 16. Jh. erfolgten Erweiterung des Mitteltraktes nach Osten zum Hof hin; Raumstrukturen kürzlich z. T. verändert). Im Erdgeschoss liegt über der zweischiffigen Kellerhalle der sog. *Rittersaal* mit drei Kreuzrippengewölben (samt Nebenräumen in der 2. Hälfte des 20. Jh. als Kantine genutzt, nach 2000 samt Kellerhalle als Restaurant „Vinorant" adaptiert, mit neuem Zugang von Norden). Die später abgearbeiteten Profile der jetzt bandförmigen Steinrippen erschweren eine Datierung des Gewölbes. Die scheibenförmigen Schlusssteine mit Reliefs – von Süden Löwenwappen, Hund (?, naive Darstellung), Rautenwappen – weisen stilistisch ins 14. Jh.; die in die Schmalseitenwände eingelassenen Steintafeln mit den Daten 1506 und 1965 beziehen sich auf Umbaumaßnahmen. Die wohl 1965 im östlichen Nachbarraum eingebaute, dabei im Format leider etwas verkürzte, profilierte Bohlenbalkendecke vom spätgotischen Typus – in München eine Rarität – wurde aus einem anderen Raum übertragen (aus dem sog. Geburtszimmer im 1. Stock über der Nordhälfte des Rittersaals; kürzlich in Raum 207 transferiert). – Die beiden Obergeschosse wurden wohl in der Barockzeit für Amtszwecke zweibündig ausgebaut; im 1. Stock liegen östlich (hofseitig) vom flachtonnengewölbten Mittelgang drei Zimmer mit flachen Kreuzgratgewölben. Das mit ähnlichem Grundriss veränderte 2. Obergeschoss dürfte ursprünglich einen Saal enthalten haben, worauf auch die interessante, nach 1562 entstandene Dachkonstruktion hinweist (Dendrodaten 1541, 1551, 1562) – ein dreigeschossiges Kehlbalkendach mit Firstriegel, einfach liegendem Stuhl im 1. und stehendem Stuhl im 2. Dachgeschoss sowie dreigeschossigem Hängewerk; die drei Schmiedeeisensäulen sowie die ornamentierten Kopfbänder mit reich geschweifter Untersicht im unteren Geschoss scheinen auf eine einigermaßen repräsentative Nutzung hinzudeuten (um 1998 im Untergeschoss statt Hängewerk zusätzliche neue Stützen eingestellt).

Mittlerer Zwingerstock, Wandmalerei im Dachraum

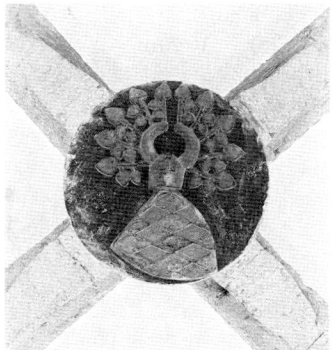

Mittlerer Zwingerstock, Rittersaal, Schlussstein

◁ Mittlerer Zwingerstock, Kellerhalle

Mittlerer Zwingerstock, sog. Rittersaal nach Norden   ▷

Nördlicher Zwingerstock,
Dachstuhl

Mittlerer Zwingerstock, Dachstuhl

Südlicher Zwingerstock, 2. Dachgeschoss

Lorenzkirche von Norden; Stahlstich von C. M. Aretin, 1857

Lorenzkirche, Blick zum Chor; Farblithographie von
C. A. Lebschée, 1857 (Rekonstruktion)

Der *südliche Zwingerstock* ist auf Sandtners Modell (1570) noch um ein Geschoss niedriger; er wurde erst im 18. Jh. wohl im Zusammenhang mit der Ämternutzung dienenden Baumaßnahmen im gesamten Zwingerstock in den Jahren um 1760 (fortgesetzt 1787–89) zur Trauf- und Firsthöhe des nördlich anschließenden Traktes aufgestockt. Der stattliche, von einer sorgfältig in Ziegeln gemauerten Segmenttonne mit drei Gurten quer überspannte, heute halb unterirdische Raum in der Nordhälfte des Kellergeschosses wird neuerdings, so von E. Burmeister (1999) und Chr. Behrer (2001), als „Torhalle" im Zusammenhang mit dem vermuteten ursprünglichen Zugang zum Burgareal von der Westseite her angesprochen (doch dürfte zumindest die bestehende Wölbung nachmittelalterlich sein); bislang war, wegen des hölzernen Transportgalgens an der Ostwand, die Bezeichnung „Galgenkeller" üblich (heute Teil des Restaurants). Im Erdgeschoss (Hochparterre) darüber befindet sich ein zuletzt von der Kantine benutzter Saal mit zwei durch eine große Rundbogenöffnung (in dieser Form wohl von 1965) verbundenen Kompartimenten, deren flache Kreuzgratgewölbe wahrscheinlich aus der Zeit des Barock stammen. Im angrenzenden südwestlichen Eckraum – nach Burmeister dem einstigen „Ahnensaal" – wurden um 1965 Toiletten eingebaut. Zusammen mit der Aufstockung entstand etwa um 1760 auch der bestehende Dachstuhl (Dendrodaten 1747, 1757), eine im Vergleich mit den älteren der benachbarten Trakte weniger robust wirkende Konstruktion – ein dreigeschossiges Kehlbalkendach mit Firstriegel und zweifach liegendem Stuhl, das südlich an die Dachschräge des Burgstocks anläuft. – Die historischen Dachstühle im gesamten Zwinger- wie im westlichen Burgstock wurden 1999 restauriert, die schadhafte Dachdeckung erneuert (Hohlziegel). An den beiden Giebelwänden im Dachraum des mittleren Zwingerstocks wurden bemerkenswerte Reste von gotischen Wandmalereien festgestellt, deren Untersuchung und Interpretation noch nicht abgeschlossen ist: an der Nordwand am Westrand Quadermalerei um eine ehem. Öffnung; an der südlichen Schildwand um ein kleines, vermauertes Spitzbogenfenster ornamentale Malerei mit kleinem Kreuz im Bogenscheitel und Quaderung, weiters Fragmente eines ehemals eine Giebelschräge begleitenden Maßwerkfrieses. Im Dachgeschoss des Zwingerstocks sind (nördlich und südlich) noch zwei Aufzugswinden erhalten geblieben.

Nicht genau festzustellen ist die Entstehungszeit der 1806 geschlossenen, 1816 leider abgebrochenen *Hofkirche St. Lorenz* im Nordwesten des Alten Hofes. Seit 1321 besaß der Hofkaplan pfarrliche Rechte, 1329 (und öfter) wird eine St. Margaretha geweihte Burgkapelle erwähnt, wobei ungeklärt ist, ob es sich um die (nachmalige?) Lorenzkirche oder eine andere (benachbarte?) Kapelle handelt. Nach L. Westenrieder (1782) ließ König Ludwig IV. an das offenbar bereits vorhandene Schiff 1324 „den vor-

Lorenzistock, Stifterrelief, 14. Jh. (Abguss)

deren Chor dazu bauen und einen Altar zu Ehren des hl. Lorenz aufsetzen." Der einschiffige, rippengewölbte Bau mit drei Westemporen (samt an die zweite Empore nördlich angefügter Magdalenenkapelle) und niedrigerem, eingezogenem, dreiseitig schließendem Chor war an die Außenseite der nördlichen Burg-, zugleich Stadtmauer angelehnt; an deren Innenseite angebaut war ein die Burgtrakte verbindender Gang, den u. a. Sandtners Stadtmodell von 1570 sowie eine Hofansicht Stimmelmayrs (2. Hälfte 18. Jh.) zeigt, dem auch eine primitive, doch informative Innenansicht der Kirche mit erklärend bezifferter Einrichtung zu verdanken ist. Das Äußere ist genauer durch Ansichten Domenico Quaglios von 1806 überliefert, das Innere durch eine (historisierend-idealisierte) aquarellierte Zeichnung Wilhelm Rehlens von 1816. Auf der Stadtansicht in Schedels Weltchronik von 1493 weist der Dachreiter (über dem Ostende des Langhausdaches) einen auffallend reichen, krabbenbesetzten Turmhelm auf, den jedoch das Stadtmodell von 1570 in einfacherer (inzwischen

Lorenzistock mit Norddurchfahrt, Blick nach Südwesten mit Reiterbild Kaiser Ludwigs; Aufn. 2004

vereinfachter?) Gestalt zeigt. Schlicht ist der Helm allerdings auch auf dem Stifterrelief (Molasse-Sandstein, mit Resten farbiger Fassung), auf dem Ludwig der Bayer und seine zweite Gemahlin (seit 1324) Margaretha von Holland das freilich schematisch stilisierte Modell der Hofkirche der Muttergottes darbringen. Das Relief gelangte mit anderen Überresten der Bauplastik – drei Gewölbeschlusssteinen mit Wappen des Reichs, von Pfalz/Bayern und Holland sowie Figuren der Heiligen Drei Könige – in das Bayerische Nationalmuseum. Ein Abguss des Stifterreliefs wurde nach dem Zweiten Weltkrieg im nördlichen Fußgängerdurchgang angebracht (kürzlich leider entfernt).

Die altehrwürdige Lorenzkirche und das sich westlich anschließende Polizeihaus mussten dem schon länger erwogenen Neubau eines Amtsgebäudes weichen. Der neue *Lorenzistock* wurde

1816–19 durch den Landbaumeister Math. Th. Reßler (nach Burmeister 1999: Mathias Rösler) und den Kreisbaurat und Landbauinspektor Michael von Riedl errichtet (Chr. Haeutle um 1890). Leonhard Schmidtner, der auf seinem Stadtplan von 1827 am Rande meist zeitgenössische Gebäude mitsamt dem Namen ihres Architekten abbildet, gibt bei Nr. 8 an „K. General Zoll Administration u. milit. topographisches Bureau – Erb. i. J. 1818/Baum. Stahl" (Adam Stahl, ein bisher nicht näher erforschter Baumeister). Der lang gestreckte, ursprünglich dreigeschossige Walmdachtrakt, der sich von der Norddurchfahrt des Alten Hofes entlang dem Hofgraben bis zur Dienerstraße im Westen erstreckt (vgl. das Stadtmodell von Seitz, 1846 ff.; mit in das Kellergeschoss nordseitig einbezogenem Stadtgrabenbach) hatte eine gleichförmige klassizistische Putzfassade mit 19 Fensterachsen an der Nordseite; das Erdgeschoss war rustiziert mit Keilsteinfugen über den Fenstern, die großen Fenster im 1. Obergeschoss standen auf dem Gurtgesims und waren durch gerade Verdachungen betont, das Traufgesims über Konsolen reich profiliert. Dieselbe Traufhöhe und Fassadengliederung wies die schmälere Überbauung der rundbogigen nördlichen Tordurchfahrt auf. 1912/13 erfolgte – über dem erhalten bleibenden Konsolgesims – eine Aufstockung samt Dachneubau (Landbauamt München, Leitung Bauamtmann Adolf Schulze). – An die ursprünglich nur dreiachsige Schmalseite an der Dienerstraße grenzte südlich ein mit dem (1842 abgebrochenen) Turm des inneren Schwabinger Tores der ältesten Stadtbefestigung, dem sog. Krümleins- oder Laroseeturm, verbundenes, lange Zeit in wechselndem Adelsbesitz befindliches, seit 1796 staatliches Anwesen – Dienerstraße 12 –, das um 1895 durch einen Neubau ersetzt wurde; dieser erhielt zusammen mit dem klassizistischen Eckbau von 1818 eine durch Pilaster bereicherte Fassadengliederung und wurde 1912 zusammen mit dem gesamten Lorenzistock aufgestockt. Die Südhälfte dieses Traktes an der Dienerstraße wurde im Luftkrieg 1943/44 zerstört, der übrige Lorenzistock vor allem im Ostteil und Dachbereich schwer beschädigt. Beim Wiederaufbau 1950/51 (für Finanzbehörden) wurde der Trakt an der Dienerstraße, der seitdem sogenannte *Esterer-Bau* (wohl eher im Geiste oder gemäß Konzept von Rudolf Esterer als nach dessen Entwurf), mit vier hohen Geschossen und eigenen Fensterformaten gestalterisch selbständig behandelt, der übrige Lorenzistock um die Aufstockung von 1912 reduziert und ansonsten analog schmucklos wiederhergestellt – insgesamt ein charakteristisches, damals als Vorbild intendiertes Beispiel für handwerklich soliden, gleichsam zeitloskonservativen Wiederaufbau.

Lorenzistock, Blick von Ecke Schrannenstraße/Dienerstraße nach Südosten; Aufn. 2004

Im Inneren des wiederaufgebauten Lorenzistocks blieb damals die zweibündige Disposition erhalten; die lang gestreckten Mittelkorridore im Erdgeschoss und 1. Obergeschoss haben noch Kreuzgratgewölbe mit Gurten, auch die angrenzenden Zimmer Kreuzgratgewölbe. Ein noch um 2000 im Gang des 1. Obergeschosses angebrachtes halbrundes Leinwandbild mit Kreuzigungsgruppe stammte aus barocker Zeit. Der regelmäßige Grundriss des Kellergeschosses im Ostbereich mit tonnen- und stichkappengewölbten Räumen ließ erkennen, dass von der einstigen Lorenzikirche keine Substruktionen erhalten blieben. Im Zuge der Umbaumaßnahmen 2003–07 nach Entwurf von Peter Kulka wurde der Lorenzistock samt Esterer-Bau größtenteils entkernt, aufgestockt und durch transparente, dunkel getönte Elemente (Aufstockung, südliche Hoffassaden, Bedachung) verändert; innen blieben die Gewölbe meist erhalten (heute Ladennutzung im Erdgeschoss). Neu aufgeführt (und kürzlich z. T. verändert) wurde um 1950 auch der Zwischenbau über der Nordeinfahrt und dem neuen, westlich neben ihr angelegten Fußgängerdurchgang. Auf dem abfallenden nördlichen Vorplatz des Tores wurde 1967 ein (zeitgemäß relativ bescheiden dimensioniertes) *Reiterstandbild Kaiser Ludwigs IV.* von Hans Wimmer aufgestellt, eine etwas überlebensgroße Figurengruppe in Bronze auf leicht verjüngtem Nagelfluhsockel (Auftraggeber: Freistaat Bayern; Guss Hans Mayr).

Nach dem Zweiten Weltkrieg völlig neu erbaut worden waren 1957–59 – unter Beseitigung selbst älterer Keller und Substruktionen – der Brunnenstock an der Ostseite und der Pfisterstock im Nordosten des Alten Hofes.
Der Brunnenstock im Osten (Alter Hof 6,7 und 8) und der nordseitig im rechten Winkel anschließende Pfisterstock (Alter Hof 5) entstanden 2003–07 nach Plänen von Auer und Weber völlig neu, mit steinplattenverkleideten Lochfassaden, mit Steildächern und – am Pfisterstock – wiederum hohen Schmalseitengiebeln östlich und westlich. Der südliche Verbindungsbau zwischen Brunnenstock und Zerwirkgewölbe (s. Ledererstraße 3) erhielt – in extremem Kontrast zu letzterem – eine völlig transparente Ostfassade an der Sparkassenstraße, zu der in Nr. 8 eine neu geschaffene Fußgängerpassage mit Stufen hinabführt. Zur historisch vielschichtigen Vorbebauung ist zu bemerken: Der *Brunnenstock*, der die Schmalseite des östlichen Burgstocks (unter Verkürzung der gotischen Halle in dessen Souterrain) tangierend sich entlang der tiefer gelegenen Sparkassenstraße (s. dort; ehemals Pfisterbach) weiter südwärts erstreckte, bestand aus der Kassenhalle am Nordende mit weitgehend verglasten Fassaden zum Hof und im Osten sowie dem südlich anschließenden langen Finanzbehördentrakt, einem Stahlskelettbau mit aus Rücksicht auf die historische Situation traditioneller, verputzter Lochfassade mit Sprossenfenstern, die an der dreigeschossigen Hofseite der des gleichzeitig erneuerten östlichen Burgstockes glich (Ostseite viergeschossig). Vorgängerbau war die 1831/32 nach Entwurf von Georg Friedrich Ziebland erbaute Steuerkatasterkommission im an Klenze und Gärtner orientierten, für Amtsbauten vorbildhaft gewordenen klassizistischen Rundbogenstil mit rustizierten Fensterrahmungen im Erdgeschoss und Archivolten in den Obergeschossen sowie mit Eckrustika und Gurtgesimsen. Wie der gleichzeitig in dieser Art (über der gotischen Kellerhalle) erneuerte östliche Burgstock wurde auch der Brunnenstock 1902/03 durch das Landbauamt München unter Leitung und wohl auch nach Entwurf von Bauamtmann Adolf Schulze (Ausführung Firma Heilmann und Littmann) umgebaut; beide Trakte erhielten eine am späten Mittelalter orientierte, vermeintlich besser zur historischen Baugruppe passende Fassadengestaltung; im Luftkrieg wurden sie nur unterschiedlich schwer beschädigt und danach – notdürftig instand gesetzt – wieder benutzt bis zum Abbruch. – An der Ostseite des

Alten Hofs standen im Mittelalter keine fürstlichen Wohnbauten, sondern laufend veränderte, vielfach Wirtschaftszwecken dienende Nebengebäude (u. a. Hennenhaus und Bad). Seit 1589 befand sich hier das herzogliche, in der Folge kurfürstliche Braune Bräuhaus (im Unterschied zur Weißbierbrauerei) mit mehrschiffigen kreuzgratgewölbten Kellerhallen (vgl. Grundriss des Zustands vor 1816 bei Reber, 1876); das nach Verlegung der Braustätte (1808; s. Platzl 9, Hofbräuhaus) wie des anschließenden, 1644 unter Maximilian I. von Hans Reitter erbauten Bräuamtes längere Zeit leer stehende Gebäude wurde 1831/32 durch den erwähnten Amtsneubau ersetzt. – Zum Komplex des Alten Hofes im weiteren Sinn gehören auch das südlich vom Brunnenstock situierte, 1733–1808 zum Braunbräuhaus gehörige *Zerwirkgewölbe* (s. Ledererstraße 3) sowie die *Pfistermühle* (s. Pfisterstraße 4).

Blick von der Sparkassenstraße nach Nordwesten auf den Alten Hof mit Zerwirkgewölbe; Aufn. 2004

Der 1958 durch das Finanzbauamt München neu erbaute, 2004 abgebrochene *Pfisterstock* im Nordosten des Gevierts, ein stattlicher Baublock zwischen der nördlichen Durchfahrt und der Sparkassenstraße im Osten, vereinte äußerlich traditionelle Charakteristika wie geschlämmtes Ziegelmauerwerk (z. T. aus Abbruchmaterial) und mächtiges Steildach, das östlich mit einem Giebel, westlich einem Schopfwalm endete, mit dem durch zeitgemäße Amtszimmer bedingten spannungslos-monotonen Raster ungeteilter Fenster in zum Hof hin fünf, straßenseitig sechs Geschossen; an der Straßenfront war das sockelartig niedrige Erdgeschoss mit Nagelfluh verkleidet, entlang der Ostseite waren Fußgängerarkaden eingebaut.
Der 1957 vollständig abgebrochene Vorgängerbau, dessen Ostteil an der Ecke Pfister-/Sparkassenstraße am 25. Februar 1945 durch Bomben weitgehend vernichtet worden war, stammte im Kern noch von 1579/81; hier hatten Albrecht V. († 1579) und Wilhelm V. (vielleicht unter Leitung von Wilhelm Egckl) einen anspruchsvoll gestalteten Neubau für die Hofkammer errichten lassen, der vermutlich auch als das mehrfach erwähnte Tanzhaus diente. In den Pfisterstock ließ Maximilian I. um 1599 auch die (zuvor über dem Antiquarium der Residenz untergebrachte) Hofbibliothek übertragen, die hier ihren – keineswegs repräsentativen, ihrer Bedeutung und Vermehrung kaum entsprechenden – Sitz hatte bis zur Verlegung 1778 bzw. 1783 (vgl. Theatinerstraße 11 und Neuhauser Straße 8). Der Pfisterstock von ca. 1580 mit drei Geschossen und gewölbtem Souterrain wurde im Westen und Osten von mit kleinen Obelisken besetzten manieristischen Ziergiebeln abgeschlossen. Die Fassaden wurden um 1830 dem damals neu erbauten Brunnenstock angeglichen und wie dieser abermals um 1902/03 umgestaltet; mit dem um diese Zeit bereichernd überarbeiteten Ostgiebel korrespondierte an der Sparkassenstraße weiter südlich ein ähnlich gestalteter in Fort-

setzung der Firstrichtung des östlichen Burgstocks. – Der Bau von 1580 trat an die Stelle eines auf Sandtners Stadtmodell von 1570 noch dargestellten, wohl spätmittelalterlichen Traktes mit Firstrichtung Nord-Süd und westlicher Bauflucht im Anschluss an diejenige des noch heute vorhandenen, mit einem Gang (zuletzt ein großer Büroraum) überbauten *Verbindungsbogens* zwischen dem Alten Hof und dem ehem. Marstall- und Kunstkammer-Gebäude (s. Hofgraben 4). Er war Bestandteil des die verschiedenen höfischen Gebäudekomplexe vom Alten Hof bis zur Neuveste bzw. Residenz verbindenden Gangsystems. An der Untersicht des das Westende der Pfisterstraße überbrückenden Bogens wurde bei Putzerneuerung 1998 Ziegelmauerwerk nach Art der 2. Hälfte des 16. Jh. festgestellt. Mit weiteren Nebengebäuden vor der Nordostecke der Stadt- bzw. Burgmauer bildet der Pfisterstock auf dem Sandtner-Modell eine dreiflügelige, nach Norden offene Baugruppe mit der (nach Stahleder 1992) 1490/92 entstandenen (alten) Hofpfisterei (samt Mühle), die 1578/79 nach einem Brand auf die andere Seite des Pfisterbaches verlegt wurde (vgl. Pfisterstraße 4; erste Erwähnung der Toratsmühle – seit ca. 1500 Hofmühle genannt – 1331 als Bestandteil einer Messstiftung Kaiser Ludwigs).

Brunnen. Bereits Sandtners Stadtmodell von 1570 zeigt einen Brunnen an der heutigen Stelle oder nahe davon. Auf Stimmelmayrs Ansicht (2. Hälfte 18. Jh.) ist er jedoch (ungenau?) weiter östlich neben einem im frühen 18. Jh. erwähnten, 1737 durch einen Neubau ersetzten und 1785 abgebrochenen Wachhäuschen situiert. Obwohl der Röhrenbrunnen erst 1761 erneuert worden war, entstand unter Kurfürst Karl Theodor 1785 der heutige klassizistische Laufbrunnen aus rötlichem Tegernseer Marmor an der Ostseite der den Hof seit dem 19. Jh. durchschneidenden Fahrbahn, umgeben von erneuerten Pollern und einer Baumgruppe der Nachkriegszeit. Auf einem Antrittspodest steht der sechseckige Wasserkasten mit an den Ecken verkröpfter Einfriedung, die mit hellerem Veroneser Marmor abgedeckt ist. Die runde, von einer Kugel bekrönte Brunnensäule ist mit zwei tropfsteinartig rustizierten Bändern umgürtet. Laut Inschrift errichtet „Den 20. Juli / A. D. 1785"; umgestaltet 1827 (Burmeister 1999), instand gesetzt 1967.

ARCHÄOLOGISCHE BEFUNDE: Funde der Urnenfelderzeit, Siedlung und Burg des hohen und späten Mittelalters sowie untertägige Teile und vermutlich Abschnitte der Stadtbefestigung des Mittelalters und der Neuzeit (Fundst.-Nrn.: 7835/0167, 7835/0324, 7835/0325, 7835/0324, 7835/0326, 7835/0327, 7835/0328, 7835/0402). Im sogenannten Alten Hof fanden zu verschiedenen Zeitpunkten im Zuge von Baumaßnahmen umfangreiche archäologische und bauhistorische Untersuchungen statt (Abb. s. S. XXXVII u. XXXVIII): Bei der Anlage eines Löschwasserbeckens stieß man 1944 auf Mauerreste, die sich 2002 als ein mittelalterlicher Anbau an den nördlichen Risalit erwiesen. Während der Verlegung von Versorgungsleitungen im Bereich des Torgebäudes konnten 1995/96 Scherben vorgeschichtlicher Machart in sekundärer Lage geborgen werden. Die genaue zeitliche Einordnung dieser Funde ist schwierig, aber wahrscheinlich datieren sie in die Urnenfelderzeit. Ferner ergaben sich fünf Siedlungsphasen. Als ältester Baubefund ist ein Grubenhaus mit Funden aus dem 12. Jh. und dem fortgeschrittenen 13. Jh. zu nennen. Darauf folgte ein Pfostenbau und die erste Wehrmauer aus dem 12./13. Jh. Ein Brunnenschacht mit einem Topffragment des 13. Jh. im Bereich der Tordurchfahrt ist älter als der erste Torbau. Daher kann der Zugang von der Stadt nicht immer an dieser Stelle gelegen haben. In der 2. Hälfte des 13. Jh. folgte die Errichtung des Torturmes. Um die Mitte des 13. Jh. fand der Bau des östlichen Burgstockes statt, dessen hölzerner Anbau vermutlich beim Stadtbrand von 1327 zerstört wurde. Der vorgelagerte Burggraben wurde im späten 14. Jh. verfüllt und überbaut (s. Fundst.-Nr. 7835/0327). Anlässlich der Sanierung des Zwingerstockes und des westlichen Burgstockes ließ sich 2000–01 die im östlichen Burgstock festgestellte massive 2 m starke Wehrmauer des 12. Jh. auch in der Außenmauer des westlichen Burgstockes und des Zwingerstockes nachweisen. Ebenso gelang der Nachweis eines frühen Steinbaus im Bereich des südlichen und mittleren Zwingerstockes, dessen Datierung allerdings noch aussteht. Im Frühjahr 2003 wurde eine Fläche innerhalb des Zwingerhofes untersucht. Es gelang der Nachweis von Teilstücken des hochmittelalterlichen Burggrabens. Dieser besaß bei einer Breite von 8 m eine Tiefe von mindestens 4 m. Reste einer Holzkonstruktion aus Stake und schräger Stütze sind möglicherweise als Holzverbau der burgseitigen Berme zu deuten. Im Bereich der untersten Einfüllung ließen sich keine eingeschwemmten Sedimente nachweisen, deshalb war der Graben nicht mit Wasser geflutet. Da auch keine Funde, die auf Abfälle der Hofhaltung hindeuten, entdeckt wurden, muss der Graben sorgfältig gewartet und gereinigt worden sein. Deshalb liegen auch kaum datierbare Kleinfunde aus der Nutzungszeit vor. Als fundreichste Schicht erwies sich hingegen die Verfüllung mit Funden des 14./15. Jh. Im nördlichen Randbereich der Untersuchungsfläche konnte gerade noch das Ende des Grabens erfasst werden, der hier in einem rechteckigen Grabenkopf an einer Erdbrücke ausläuft, welche den ersten Zugang zur Befestigungsanlage bildete. Ferner sind ein barockzeitlicher Backsteinkanal und eine Kalksumpfgrube des 18./19. Jh. zu nennen. Entlang der Nordseite des Pfisterstockes kam 2004 eine mächtige 3 m lange Ziegelmauer mit Tuffquadern im Fundamentbereich zum Vorschein, bei der es sich vermutlich um den Rest der nördlichen Außenmauer des 1579–81 von W. Egckl als Hofbibliothek/Archiv errichteten Gebäudes handelt. Im Bereich des Pfisterstockes hatten sich untertägig mehrere Mauerzüge erhalten, die vermutlich zu der 1758 abgebrannten Hofmühle und der daran anschließenden Harnischkammer gehörten. Unter dieser mittelalterlichen Bebauung befanden sich die Sedimentschichten und Reste der Holzverschalung des mittelalterlichen Stadtbaches, der viel Keramik des 13. bis 14. Jh. enthielt. Ein weiteres Mauerstück am westlichen Rand der Untersuchungsfläche konnte als Teil der mittelalterlichen Befestigung des Alten Hofes erkannt werden. Aus dem Bereich des Brunnenstockes sind Mauerreste der Vorgängerbauten aus verschiedenen Jahrhunderten, darunter Reste der Hofschleiferei oder des 1590/91 errichteten Hofbräuhauses zu nennen. Mittelalterliche Bebauungsspuren waren dort nur sporadisch nachweisbar. In den Randbereichen der Untersuchungsflächen war Wechsel von Holz- zu Steinbebauung vom 13. bis zum 14. Jh. gut zu fassen. Zur Wasserversorgung der Burganlage gehörten neben zahlreichen Brunnen oder Zisternenschächten Wasserleitungen aus Tuffstein des 13. Jh., Holzrinnen des 14. und 15. Jh. und gemauerte Backsteinkanäle jüngerer Zeitstellung.

Alter Hof, Brunnen

Altheimer Eck

(Vgl. Ensemble Altstadt.) Der Name wird von einer viel und kontrovers diskutierten präurbanen, außerhalb der befestigten Stadt des 12. Jh. gelegenen Siedlung Altheim/Altheim abgeleitet. Er wird jedoch erstmals 1369 erwähnt (vgl. Stahleder 1992; mit Namensvarianten aus verschiedenen Zeiten). J. P. Stimmelmayr (gegen 1800) unterscheidet zwischen „Saumarkt", dem geraden Westteil, und „Althamer Eck", dem abgeknickt-unregelmäßigen Ostteil. Auf dem Stadtplan von J. Consoni (1806) wird die gesamte Straße als „Saumarkt" bezeichnet und nur das nordseitige, markant vorspringende Eck zwischen beiden Straßenabschnitten als „Althammer Eck" (phonetisch gemäß üblicher Aussprache). Der gerade westliche Straßenabschnitt mitsamt seiner westlichen Fortsetzung, der Herzogspitalstraße, ist Teil eines Straßenrastersystems im Stadterweiterungsbereich des Hackenviertels, mit dem eine wohl noch unverbaute Restfläche

Ehem. Altheimer Eck 2, Geburtshaus von Richard Strauss

Altheimer Eck 5

Altheimer Eck 5, Erker

Altheimer Eck von Westen, rechts Damenstiftskirche

zwischen innerer und äußerer Stadtmauer erschlossen wurde. Dieser Ost-West-Straßenzug (vgl. südlich parallel Brunnstraße/Josephspitalstraße) fand in der Richtung zum älteren Stadtkern, in einem durch besonders kleinteilige, unregelmäßige Parzellenbildung gekennzeichneten Bereich, nur mittels Knick und Biegung mit (ehemals) uneinheitlichen, springenden Baulinien den Anschluss an den Färbergraben an der Außenseite der ersten Stadtbefestigung. Eine gewisse begradigende Vereinheitlichung der Baulinien begann 1875 mit dem Abbruch des ehem. Hauses Nr. 16 an der Südseite, die in der Folge (östlich des lang gestreckten Damenstiftes, s. Haus Nr. 15) ganz mit Neubauten im Stil des späten Historismus besetzt wurde, u. a. mit dem noch erhaltenen Haus Nr. 5 (alt Nr. 14) von 1899 (s. dort), dessen (zerstörtem) westlichem Nachbarhaus (alt Nr. 12/13, Wohn- und Geschäftshaus Leonhard Schmidbauer, 1914 von Karl

Stöhr, in modifizierter deutscher Renaissance) und dem schräg gestellt zwischen den beiden Straßenabschnitten vermittelnden Geschäftshaus Nr. 13 von 1908/13 (s. dort). Das östliche Ende der Nordseite erhielt mit dem lang gestreckten Neurenaissance-Eckhaus Färbergraben 33 (Hirscheneck, zerstört) in den späten 1880er Jahren ein neues Gepräge. Seit dem Luftkrieg sowie nachfolgenden Abbrüchen und Begradigungen (vgl. Schleich 1978) ist ältere Bausubstanz heute nur noch vereinzelt erhalten. Besonders bedauerlich ist der Abbruch des (nur wenig kriegsbeschädigten) Geburtshauses von Richard Strauss (1864–1949, ehemals Nr. 2) zugunsten des großflächigen Kaufhaus-Neubaus „Oberpollinger am Dom" von 1961/62 (vgl. Neuhauser Straße/Vorspann).

Altheimer Eck 5. Eine erste Bebauung auf dem Grund des heutigen Anwesens Altheimer Eck 5 lässt sich für das späte 15. Jh. nachweisen. Das als „Haus, Stallung und Garten" katastrierte Anwesen bestand aus einem schmalen, zweigeschossigen Traufseitbau zu drei Achsen (mit ortstypischem ‚Ohrwaschel' über der östlichen Achse) sowie einem niedrigeren Rückgebäude. Entsprechend dem mittelalterlichem Gepräge von Straßenverlauf und Baulinie hatte der für den Dekorateur Josef Baum 1899 (bez.) errichtete Neubau eines Geschäfts- und Mietshauses auf einem nur wenige Meter breiten, aber überaus tiefen Grundstück zu erfolgen. Das Erdgeschoss war mit einem straßenseitigen Laden und einer dahinterliegenden Werkstätte konzipiert. Gemäß der 1895 verabschiedeten Änderung der Münchner Bauordnung errichtete Architekt Max Ostenrieder einen Lichthof, kommun mit dem westlich angrenzenden Anwesen Altheimer Eck 7, um Korridore und Nebenräume zu belichten. Der schmale Hauszugang in der östlichen Achse führt zu einem aufgeweiteten „Vorplatz", dem sich westlich ein vom Hof her belichtetes, vor der Grundlinie eingezogenes Treppenhaus anschließt. Eine doppelläufige Podesttreppe (bauzeitliche Holztreppe mit spätklassizistischem Stabgeländer erhalten) führt zu einem weiteren Ladenraum im 1. Obergeschoss sowie, gemäß Eingabeplan, zu je einer Wohnung in den beiden oberen Geschossen. Neben die Schwierigkeit des Bauorts trat die Herausforderung, die Formen der deutschen Renaissance modernen Geschäfts- und Wohnräumen anzupassen. Die Fassade wird dominiert von einem ausmittig dem 3. Obergeschoss vorgesetzten, geschnitzten Eichenholzerker, dem die Initialen des Besitzers eingeschrieben wurden. Durch Luftangriff vom 25.4.1944 brannte das Anwesen bis zum 2. Obergeschoss herunter aus. Arbeiten an der Fassade erfolgten im Zuge der Wiederherstellung nach dem Krieg, in den späten 1980er Jahren sowie 2005.

Altheimer Eck; Flurkarte, M. 1:2500

Altheimer Eck 6. Das Geschäfts- und Mietshaus befindet sich auf einer bezeichnend kleinen Parzelle; diese war stets (seit 1397) Teil eines großen, sich bis zur Neuhauser Straße im Norden erstreckenden Brauereikomplexes. Auf dem Grund von Altheimer Eck 6 befand sich ursprünglich ein Speicherbau, sodann ein Malzhaus (wohl ab 1823) und ab 1861 ein Wohnhaus; in diesem Jahr wurde das ursprünglich dreigeschossige Anwesen von Michael Reifenstuel unter Verwendung des spätbarockzeitlichen Dachtragwerkes aufgestockt und spätklassizistisch umgestaltet. 1904 kam es zur Ladenauswechslung im Erdgeschoss für Gabriel Sedlmayr. Die Tordurchfahrt in der östlichen Achse führt in den rückwärtigen, lang gestreckten Hof, dieser kommun mit dem nördlich anschließenden Anwesen Neuhauser Straße 7. Als nördlicher Annex des Hauses findet sich ein baulich eigenständiges Treppenhaus angefügt, das über eine halb gewendelte Podesttreppe (bauzeitliche Holztreppe mit spätklassizistischem Geländer) gemäß Eingabeplan je eine Wohnung pro Etage erschließt. Im Oktober 1943 erlitt das Haus einen starken Brandschaden. Die heutige Fassadengestalt gibt in den oberen Geschossen die charakteristisch schlichte Behandlung des mittleren 19. Jh. wieder. Der Versprung der Baulinie zum östlich angrenzenden Anwesen Altheimer Eck 4 rührt von einer Neufestsetzung der Baulinien im Zuge der Wiederaufbaumaßnahmen am östlich angrenzenden Baublock her.

Altheimer Eck 9. Bis in das späte 15. Jh. lässt sich am Altheimer Eck 9 eine Bebauung zurückverfolgen. Das Sandtnersche Stadtmodell zeigt ein dreigeschossiges, giebelseitiges Wohnhaus zu vier Achsen, bekrönt von einem steilen Satteldach. Als Eigentümer sind vom späten 16. bis ins 19. Jh. vor allem Personen des fleischverarbeitenden Gewerbes (Metzger und Kuttelwascher) nachweisbar. Das bestehende Wohn- und Geschäftshaus wurde 1875–76 von F. Hintsche für den Ingenieur Clemens Mathieu erbaut, der im Erdgeschoss ein Tapezierer-Geschäft betrieb. Der mittig in die Fassade gesteckte Hauszugang führt in den auswinklig rechteckigen Hof, dieser dient u. a. zur Belichtung des westlich anschließenden Treppenhauses; eine halb gewendelte Podesttreppe erschließt gemäß Eingabeplan zwei unterschiedlich zugeschnittene Wohnungen. Die reich dekorierte Fassade ist weitgehend original erhalten und weist spannende Details auf. So kann die Brüstungszone der gekoppelten Fenster des 2. Obergeschosses zugleich als eine geschweifte Verdachung der Fenster darunter aufgefasst werden. Zwei Festons werden je mittig von architektonischen Phantasiezitaten, die symmetrisch den Frauenköpfen in den Giebelfeldern der Fenster des 2. Ober-

Altheimer Eck 9   Altheimer Eck 6

geschosses entsprechen, gehalten; insgesamt eine phantasiereiche Anverwandlung der klassischen Neurenaissance. 1899 erfolgten für den Lederhändler Salomon Oppenheimer der Dachgeschossausbau sowie die Unterkellerung des Hofes für die Einrichtung eines Lederlagers. 1914/15 wurden weitere Umbauten vorgenommen: Für die G. Birk & Co. GmbH wurde der später wieder in die Mitte zurückverlegte Hofdurchgang nach rechts versetzt. (Beim Luftangriff vom 18.3.1944 erlitt das Anwesen leichte Schäden.)

Altheimer Eck 13. Auf der Grundfläche des bestehenden Anwesens Altheimer Eck 13 standen bis zu ihrer Demolierung zu Beginn des 20. Jh. rechtwinklig zueinander zwei Wohnhäuser, die bis in das 15. Jh. zurückreichten. Beide Anwesen befanden sich vor allem im Laufe des 16., 17. und 18. Jh. bevorzugt im Besitz hoher fürstlicher Beamter. Nach der Vereinigung in der Hand eines Besitzers erbaute die Firma Heilmann und Littmann für die Buchdruckerei und Verlagsanstalt G. Birk & Co. GmbH 1908 einen großzügigen Geschäftskomplex östlich des Damenstiftes St. Anna. Dabei waren straßenseitig nur die Hofdurchfahrt mit der hoch über ihr aufragenden Giebelfront mit jugendstiliger Dekoration zu sehen, der Bau erschloss sich rückwärtig asymmetrisch zwischen zwei Innenhöfen. (Hier war auch das Redaktionsgebäude der sozialdemokratischen „Münchener Post" untergebracht; im November 1923 und im März 1933 von der SA verwüstet.) Nach Zukauf des weiter nördlich an der Straße Altheimer Eck gelegenen Anwesens der „Spielberg-Relikten" errichtete wiederum die Firma Heilmann und Littmann 1912 ein

Altheimer Eck 13

Altheimer Eck 15

erweitertes Geschäftshaus für die Verlagsanstalt anstelle der spätklassizistischen Vorbebauung. Die neu hinzugekommene Fassade wurde übereinstimmend mit der Giebelfront über der Hofdurchfahrt gestaltet. Über den vier Arkadenöffnungen des Ladengeschosses bestimmten vier zweigeschossige, dreiseitige Erker das Erscheinungsbild der Fassade. Die Fenster des 3. Obergeschosses, sowohl die beiden über der Hofdurchfahrt als auch die vier des Geschäftshauses, konnten mit Fensterläden geschlossen werden. So ergab die Fassadengestaltung eine Synthese von jugendstiligen Elementen und solchen des Heimatstils. Die Wiederherstellung des schwer kriegszerstörten Hauses erfolgte erst nach 1954 und erbrachte eine weitgehende Glättung der Fassade sowie eine erhebliche Veränderung der Binnenstruktur, u. a. die Erneuerung des Treppenhauses. (Die den ursprünglichen Charakter des Hauses weiter reduzierende Fensterauswechslung im 2. und 3. Obergeschoss erfolgte in jüngster Zeit.)

Altheimer Eck 15. Nordflügel des *Damenstiftes zu St. Anna* (vgl. Damenstiftstraße 3). Zur Geschichte des Klosters der Salesianerinnen bzw. des Damenstiftes vgl. im einzelnen Damenstiftstraße 1 bzw. 3. Die dort erwähnte Klosteransicht auf einem Ölbild von ca. 1735/40 (heute im Kloster Dietramszell) zeigt den Nordteil des 1733–39 von Johann Baptist Gunetzrhainer erbauten spätbarocken Komplexes noch dreigeschossig und mit einem der beiden Rundbogentore sowie einer Rechtecktür am östlichen Ende wie bestehend; im Zuge der Umwandlung in das Damenstift zu St. Anna wurde er um 1784 offenbar nur aufgestockt und umgebaut (doch stellt schon der nur schwer datierbare J. P. Stimmelmayr den „Stock der Salesianerinnen (…) für Inwohner" viergeschossig dar). Die heutige, 17 Achsen lange Putzfassade zeigt dieselben Stilmerkmale wie der repräsentativer gegliederte Ostbau an der Damenstiftstraße. Die Viergeschossigkeit bedingte eine andere horizontale Aufteilung: die beiden unteren Geschosse sind verschiedenartig rustiziert, der 1. Stock in leichterer, reduzierter Form und durch die Fensterumrahmungen mit den beiden obersten Geschossen verbunden, die durch Kolossallisenen zusammengefasst werden. Ähnlich wie an der Damenstiftstraße wird im Erdgeschoss das Diamantquadermotiv als Schlussstein verwendet. Von den beiden Rundbogentoren ist das westliche heute vermauert; an die Durchfahrt hinter dem östlichen, die zwei Kreuzgratgewölbe überspannen, schließt sich westlich die zwischen den Geschossen jeweils dreiarmige Haupttreppe mit rechteckigem Vierpfeilerkern an, über den Zwischenpodesten und an den Untersichten mit sehr flachen böhmischen Kappen (z. T. auch Tonnen) auf Korbbogengurten

gewölbt; Gittergeländer mit Rauten- und Spiralmotiven. Der nach schweren Kriegsschäden 1949–57 wiederhergestellte Komplex umschließt zwei Innenhöfe. Fassadenrenovierungen 1952, 1975 und 1994.

Zwei moderne *Gedenktafeln* erinnern an die Geschichte des Klosters bzw. Damenstiftes („… seit 1802 ist es nur noch Wohn- und Geschäftshaus des als Präbendenstiftung weiter bestehenden Damenstifts zu St. Anna …") sowie an den Hofmusiker Theobald Böhm (1794–1881), den Erfinder der nach ihm benannten Flöte, der in diesem Haus lebte und seine neuartigen Instrumente baute.

Am Einlaß

Straßenzug der Altstadt, der in kurzem, abgewinkeltem Verlauf die Blumenstraße mit dem nördlichen Abschluss der Müllerstraße verbindet. Seinen Namen erhielt die Straße 1829 nach dem hier befindlichen Einlaßtor, das bereits 1328 als Schiffertor urkundlich belegt ist (Abbruch 1815/26). Da es von sämtlichen Toren der Stadtmauer das letzte war, das geschlossen wurde, also den längsten Einlass in die Stadt gewährte, bürgerte sich der Name ‚Einlaßtor' ein. Das äußere „Einlaßtor durch den Wall", Durchgang durch die 1638/40 vollendeten gewaltigen Wallanlagen des Dreißigjährigen Kriegs, bestand bis 1844 (vgl. Am Einlaß 1). Etwa zur selben Zeit wurde ein durch den Krankenhaus- und Lazarettbach gebildeter kleiner See, der nahezu den gesamten nördlichen Bereich des Straßenzugs Am Einlaß einnahm, trockengelegt und der so entstandene Baugrund mit spätklassizistischen Wohngebäuden überbaut (vgl. Am Einlaß 1 und 2).

Einlaßtor; Gemälde von Michael Neher, 1842 (Neue Pinakothek)

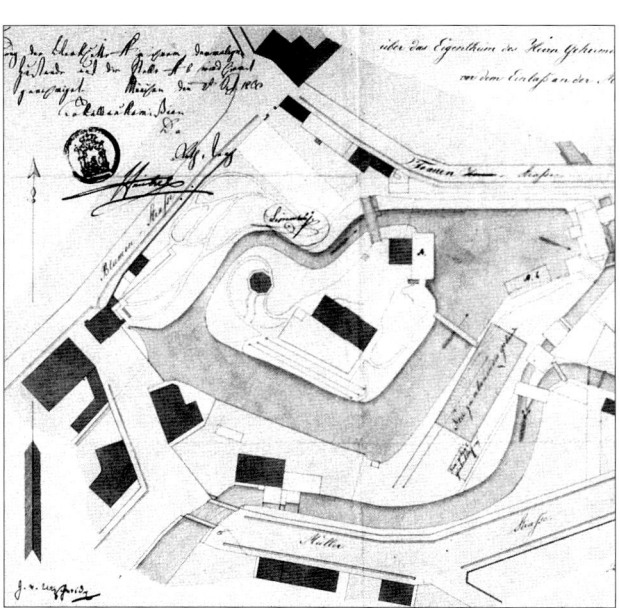

Am Einlaß; Situationsplan von Joseph Höchl, 1830

Am Einlaß; Flurkarte, M. 1:2500

Am Einlaß 1

Am Einlaß 1. Das Areal zwischen dem heutigen Verlauf Am Einlaß im Südwesten, der Blumenstraße im Nordwesten, der Frauenstraße im Nordosten sowie der Rumfordstraße im Süden befand sich bis zu seiner Bebauung nach 1835 im Eigentum des kgl. bayerischen Geheimrats von Utzschneider. In diesem Bereich, vor innerem und äußerem Einlaßtor (1844 abgebrochen, Gedenktafel an der Fassade Am Einlaß), bildeten Krankenhaus- und Lazarettbach einen kleinen See, der noch 1830 nachweisbar ist. Bis spätestens 1845 regulierte man den Bachverlauf und legte das Terrain trocken. An Blumen- und Utzschneiderstraße war in diesen Jahren der sog. Lebold-Block (Utzschneiderstraße 2 und Blumenstraße 3) errichtet worden. Als Erweiterung dieser Bauzeile nach Süden hin entstand nach Niederlegung des äußeren Einlaßtores 1844 das Anwesen Am Einlaß 1. Eigentümer des Wohn- und Geschäftshauses ist um 1850 der „Regierungs-Quartiermeister" Wiesner. Hohe, Erdgeschoss und Entresol übergreifende Stichbogenstellungen prägen die beiden straßenseitigen Fassaden. Der Architekt griff hier ein prägendes bauliches Motiv des Spätklassizismus auf, das kurz vorher an der städtebaulich markanten Ecke Blumenstraße 1/Frauenstraße 2 von Bürklein eingesetzt worden war. Dies gilt auch für die schmiedeeisern bewehrten Austritte oberhalb des Entresols. Auf diese Weise konnte der Eindruck städtebaulicher Einheitlichkeit in der geschlossenen Blockbebauung erreicht werden. Das Erdgeschoss wurde kontinuierlich als Laden genutzt, der Baumeister Johann Grübel nahm 1885 Umbauten für den Großhändler Steinharter vor, 1916 ließ der Großhändler Alfred Rosenhain einen Aufzug nachrüsten. Die Erschließung der Wohnungen oberhalb des Ladengeschosses erfolgt über das Treppenhaus im östlichen Hofwinkel.

[**Am Einlaß 2.** Dem Anwesen Am Einlaß 1 schloss sich nach Südosten hin ein 1845/46 von Baumeister Joseph Höchl zusammen mit dem Zimmerer Franz Erlacher für den Schuhmachermeister J. H. Gäßl errichtetes viergeschossiges Wohngebäude an, das ursprünglich eine Bautengruppe mit dem südlich anschließendem Haus Am Einlaß 3 bildete. Letzteres ist freilich nach seiner Kriegszerstörung nur mehr reduziert nachvollziehbar. Das Haus Am Einlaß 2 sollte 1948 und schließlich 1961 wieder instand gesetzt werden; der Abbruch erfolgte 1978.

ARCHÄOLOGISCHE BEFUNDE: Unter dem Bürgersteig vor Haus Nr. 2 Baubefunde der frühen Neuzeit (Fundst.-Nr.: 7835/0189). Im Zuge von Kanalarbeiten 1992 stieß man bei einer bauarchäologischen Notuntersuchung auf zwei fragmentierte Mauerzüge. Die in Gipsmörtel verlegten Backsteine sprechen für eine Datierung in die Neuzeit.]

Am Einlaß 3a. Über einem flachen Winkel, hart am Beschlacht des Lazarettbaches, erhebt sich das 1889–90 von Architekt Georg Guinin errichtete Mietshaus am Übergang von Am Einlaß zur Rumfordstraße. Es ist ein für die Jahrhundertwende typisches, in überregional verbreiteten Neurenaissanceformen instrumentiertes „Wohn- und Restaurationsgebäude". Sein Eckerker akzentuiert die Straßengabelung und schafft so den optischen Abschluss der Müllerstraße. (Der Bau entstand auf dem Areal einer Tuchschererei, deren Betrieb durch den Lazarettbach bedingt wurde.) Guinin plante ihn als Spekulationsobjekt für den Baumeister und Privatier Andreas Hainthaler. Die Durchfahrt in

Am Einlaß 3a (rechts Rumfordstraße 1, 3)

Am Einlaß 4

der nordwestlichen Achse führt zum rückwärtigen, über die Baulinie ausgestellten Treppenhaus, das gemäß Eingabeplan zwei Wohnungen je Obergeschoss erschließt. 1927 gestaltete der Architekt Max Rose für den Restaurateur Ambros-Albert das bestehende Lokal in ein „Kaffee mit Bierausschank" (Kaffee Museum) um.

Am Einlaß 4. Das zweiflügelige Mietshaus wurde 1823 auf bislang unbebautem Grund über einem stumpfen Winkel am Straßenknick von Am Einlaß und Müllerstraße errichtet. Die nordwestliche Begrenzung des Bauplatzes stellte das Beschlacht des Krankenhausbächl dar. Der Fassadenabschnitt an der Müllerstraße bildet den westlichen Abschluss des Straßenraums der Rumfordstraße. Baumeister Joseph Höchl und Zimmermeister Stitzinger sind als Beteiligte belegt, Bauherr war der Kistlermeister Jakob Staudacher. Innerhalb der städtebaulichen Situation flankiert der Bau die mit großstädtischem Anspruch projektierte Ringchaussee, hier an einem charakteristischen südöstlichen Knick. Entsprechend dem Ringstraßengedanken wurde die Fassade zum Verlauf der Müllerstraße hin über drei Meter zurückversetzt, um einem Vorgartenbereich Platz zu verschaffen. Man erreichte so eine repräsentative Aufweitung des Straßenraums. Das Anwesen besteht aus zwei Teilhäusern, zu je vier Fensterachsen an der Straße Am Einlaß. Die Hofdurchfahrt (durch nachträglichen Einzug eines Zwischengeschosses in ihrer Höhe verändert) in der südlichen Achse des nördlichen Teilhauses führt in den gemeinsamen auswinkligen Innenhof. Die nebenliegende halbgewendelte Treppe erschloss eine Wohnung je Etage. Ein zweites, in den abgerundeten Hofwinkel gestecktes Treppenhaus erschließt das südliche der beiden Teilhäuser, wo über eine halbgewendelte Podesttreppe zwei Wohnungen je Etage zugänglich sind. Gerade in seiner äußeren Kubatur ist das

Anwesen ein gutes Beispiel für die klassizistische Schwere und schlichte Bewältigung von Fassadenflächen. (Der mittig in die Fassade an Am Einlaß gesteckte Erdgeschoss-Zugang ist das Ergebnis einer späteren Nutzungsänderung im Erdgeschoss.) Die Fenster des obersten Halbgeschosses sind modern.

Am Kosttor

(Vgl. Ensemble Altstadt, Kern des Graggenauer Viertels.) Der kleine dreieckige Platz, dank weitgehender Erhaltung der ihn umschließenden Bausubstanz aus der Zeit vor dem Luftkrieg heute mit altstädtischem Milieucharakter, entstand erst in der 2. Hälfte des 19. Jh. (Vgl. Plan S. 199; Name amtlich seit 1869). Auf der heutigen Platzfläche stand bis zu seinem Abbruch im Jahre 1872 das erstmals 1325 erwähnte Graggenauer Tor, schon im 14. Jh. auch als Wurzertor bezeichnet (wohl nach einem Familiennamen) und später (erstmals 1624) vielfach Kosttor genannt (zu diesem unterschiedlich gedeuteten Namen vgl. Stahleder 1992). Das an der Nordostecke der ersten östlichen Stadterweiterung (bis zur Mitte des Tals) gelegene Stadttor entsprach mit seinem viereckigen, zinnengekrönten Torturm und der dem Zwinger vorgelagerten Schildwand mit Spitzbogendurchfahrt und zwei Stufenblenden darüber dem Grundtypus der übrigen spätmittelalterlichen Münchner Toranlagen (vgl. die Stadtmodelle von Sandtner 1570 und Seitz Mitte 19. Jh.). An das Vortor schloss sich östlich, als massive Eckverstärkung der Stadtbefestigung, der im 15. oder 16. Jh. erbaute kräftige, zylindrische Neuturm an, der ab ca. 1770 als Gefängnis benutzt und gleichfalls 1872 abgetragen wurde. Vor dem Tor überquerte bis ins 18. Jh. eine Brücke den Stadtgraben. Die Geschichte der Platzanlage beginnt schon mit dem Bau der sein schmales Nordende flankierenden Eckhäuser Maximilianstraße 18 (s. dort) von 1859/60 im Osten, mit nur schmaler Seitenfront zum Platz, und Maximilianstraße 16 (s. dort) von 1867–70, dessen längere Seitenfront zusammen mit dem Haylerhaus von 1880/81 (s. Am Kosttor 3) die Westseite des kleinen Platzes begrenzt (hier zuvor südöstlicher Eckbereich des bis 1862 genutzten, in der Folgezeit abgebrochenen Zeughaus-Komplexes, vgl. auch Falkenturmstraße/Vorspann). Erst nach dem Abbruch von Stadttor samt Neuturm 1872 konnte die weitere Platzrandbebauung mit Wohngebäuden des späten Historismus erfolgen. Für die Ostseite maßgebend wurde die Neuanlage der hier ansetzenden Neuturmstraße (s. dort) ab 1877. Somit entstanden im Osten in den Jahren um 1880 Nr. 1 und 2 im Außen- und Grabenbereich der ehem. Stadtbefestigung samt Bachläufen, im Westen die Eckhäuser Nr. 3 und Falkenturmstraße 14, an der Südseite das die Ecksituation wirkungsvoll interpretierende Corpshaus Bavaria von 1899 (s. Platzl 5); sein Nachbarhaus Neuturmstraße 5 (s. dort, Vorspann) ist der einzige Nachkriegs-Neubau am Platz (die unter Verwendung von Naturstein-Rustika aufdringlich gestaltete platzseitige Schmalfront wurde kürzlich verändert).
Von der Südwestecke her stellt eine kurze gassenartige, mit beidseitiger Neubebauung um 1899 erweiterte Verengung die Verkehrs- und Sichtverbindung zum benachbarten Platzl (s. dort) her, mit dem Hofbräuhaus-Giebel- und -Erkertrakt als optischem Abschluss; die beiden kleinen Dreiecksplätze formieren sich für den Blick von der Maximilianstraße zu einem malerischen, historisierenden Architekturbild im Sinne damaliger städtebaulicher Zielvorstellungen. Der schmale Nordausgang zur Maximilianstraße ist in der Verlängerung der Marstallstraße (s. dort) situiert, die auf das Stadttor ausgerichtet war. (Siehe Flurkarte S. 774)

Am Kosttor. *Wolfsbrunnen* (oder *Rotkäppchenbrunnen*). Laut am Oberteil des Beckens umlaufender Inschrift „Wolf's-Brunnen/gestiftet im Jahre 1904 / von Grosshändler Adolf Wolf/u. seiner Ehefrau Apollonia geb. Hochreiter"; am Beckenrand nordseitig Inschrift „Gestaltet 1904 von Heinrich Düll und Georg Pezold". Enthüllt am 1. Oktober 1904; im vorausgegangenen Wettbewerb hatte Hugo Kaufmann den zweiten Preis erhalten.

Am Kosttor, Wolfsbrunnen ▷

Maßstäblich auf den kleinen Platz abgestimmte und mittig platzierte, stilistisch wie thematisch unkonventionelle Schöpfung aus Treuchtlinger Marmor; rundes Wasserbecken zwischen vier im Oberteil mit Tierreliefs ornamentierten Streben, darin Postament mit vier wasserspeienden Wolfsköpfen aus Bronze, balusterartige, kannelierte, keiner klassischen Ordnung entsprechende Säule mit skulptiertem Kapitell, darauf Bronzegruppe Rotkäppchen mit Wolf nach dem Märchen der Brüder Grimm; Guss von Cosmas Leyrer. Standfläche ist eine polygonale Granitplatte. – Der prämierte Entwurf von 1903 hatte reicheren Dekor und einen zierlichen gegossenen Baldachin vorgesehen.

Am Kosttor 1. Dem im Bereich der ehem. Stadtbefestigung um 1872 niedergelegten Kosttor folgte als Vorbebauung des heutigen Wohn- und Geschäftshauses das (gemäß Abbruchprotokoll vom 14.5.1881) abgetragene Anwesen des Metzgermeisters Anton Heiler. In Heilers Haus wurde 1873 eine dem Mineralwasser-Fabrikanten Josef Metschl gehörige Trinkhalle transferiert. Rückwärtig wurde die ungewöhnlich unregelmäßig ausgesteckte Parzelle vom Östlichen Stadtgrabenbach sowie dem hier im stumpfen Winkel einmündenen Malzmühlbach begrenzt. Der Neubau von 1881–82 erfolgte im Auftrag der Bankiers Heilbronner und Bauer durch den Baumeister Alois Barbist. Beachtung verdient der Grundriss des Mietshauses, der auf maximale Ausnutzung des Bauplatzes abzielt und parallele Linien nur in der Fassadenlinie zum rückwärtigen Abschluss des Hauses aufweist. Die bis zur Mitte der Haustiefe schräg geführte linke Seitenmauer schafft in allen Etagen sich verjüngende Zimmer, die südliche Seitenmauer ist ab der Hälfte ihrer Tiefe im stumpfen Winkel nach außen geführt, was auf allen Etagen rückwärtig ebenfalls asymmetrische Resträume ergibt. Ein ausmittig in die Fassade gesetzter Hauszugang führt durch ein hohes Vestibül mit von korinthischen Pilastern gegliederten Wänden und Stuckdecke in das ovale Treppenhaus. Eine gewendelte Treppe erschloss ursprünglich je eine großzügig bemessene Wohnung je Etage. (Der Einbau eines Fahrstuhls in das Treppenhaus-Auge im Jahr 1999 führte zum Abbruch des Treppenhauses; auf eine Wiederverwendung bauzeitlicher Elemente wurde verzichtet.) Zum Kosttorplatz hin entstand eine breit gelagerte, siebenachsige Risalitfassade, deren aufwendige Gestaltung in den Formen der klassischen Neurenaissance weitgehend original erhalten ist. Das Erd- und die Hauptgeschosse sind rustiziert. In den seitlichen Risaliten folgen auf die segmentbogig geschlossenen Ladenfenster des Erdgeschosses von Pilastern flankierte und mit Dreiecksgiebel bekrönte Fenster im 1. Obergeschoss, darüber im 2. Obergeschoss Fenster, flankiert von gebälktragenden Karyatiden und bekrönt von gesprengten Segmentbogengiebeln. In rhythmische Travéen, die von zu drei Fünfteln kannelierten Pilastern gebildet werden, sind die rundbogigen Fenster des 3. Obergeschosses eingestellt. Ein unvermittelter Zahnfries sitzt in der mächtigen abschließenden Gebälkzone. Grob wurde in die Rustika des linken Seitenrisalits ein zusätzlicher Ladenzugang gebrochen. Entgegen dem Eingabeplan ist im Ladengeschoss die zweite Öffnung von rechts nicht wie die anderen segmentbogig geschlossen erhalten, sondern mit flachen Laibungen kastenförmig ausgemauert. (Siehe Abb. S. 64)

◁ Am Kosttor 1

Am Kosttor 2 ▷

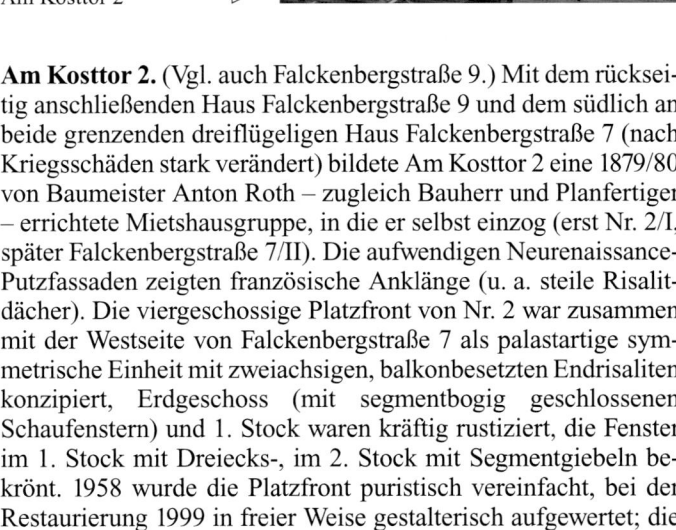

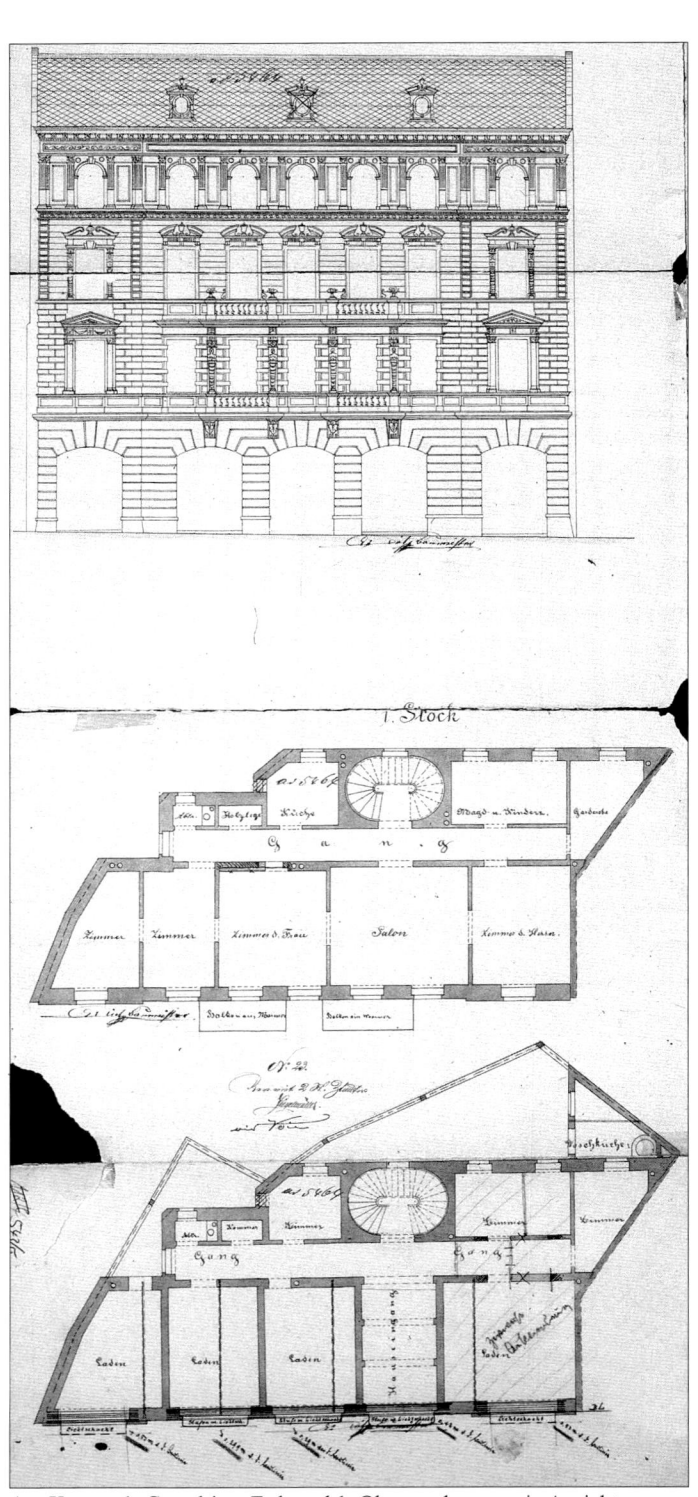

Am Kosttor 1; Grundrisse Erd- und 1. Obergeschoss sowie Ansicht von A. Barbist, 1881

Am Kosttor 2. (Vgl. auch Falckenbergstraße 9.) Mit dem rückseitig anschließenden Haus Falckenbergstraße 9 und dem südlich an beide grenzenden dreiflügeligen Haus Falckenbergstraße 7 (nach Kriegsschäden stark verändert) bildete Am Kosttor 2 eine 1879/80 von Baumeister Anton Roth – zugleich Bauherr und Planfertiger – errichtete Mietshausgruppe, in die er selbst einzog (erst Nr. 2/I, später Falckenbergstraße 7/II). Die aufwendigen Neurenaissance-Putzfassaden zeigten französische Anklänge (u. a. steile Risalitdächer). Die viergeschossige Platzfront von Nr. 2 war zusammen mit der Westseite von Falckenbergstraße 7 als palastartige symmetrische Einheit mit zweiachsigen, balkonbesetzten Endrisaliten konzipiert, Erdgeschoss (mit segmentbogig geschlossenen Schaufenstern) und 1. Stock waren kräftig rustiziert, die Fenster im 1. Stock mit Dreiecks-, im 2. Stock mit Segmentgiebeln bekrönt. 1958 wurde die Platzfront puristisch vereinfacht, bei der Restaurierung 1999 in freier Weise gestalterisch aufgewertet; die geschnitzte Haustür ist original. – Unter dem Baugrundstück vereinigen sich in spitzem Winkel zwei überwölbte Mühlbacharme; das Rückgebäude liegt ganz am östlichen Ufer. Der nordseitige Hofbereich wurde 1897 als Lagerraum überdacht.

Die originalen Gestaltungsdetails im Inneren sind weitgehend noch vorhanden: im Vestibül (rechte, südliche Achse) vertäfelter Sockel, Wandgliederung durch frei variierte ionische Pilaster, Konsolgesims und großteils kassettierte Decke mit Resten von Malerei; der sich verbreiternde Raum geht in das halbrund gewendelte Treppenhaus mit Gusseisen-Stabgeländer über. Über den Wohnungstüren Segmentgiebelaufsätze mit Löwenkopfmasken. Wohnungsgrundrisse zweibündig mit Mittelflur; Türgewände und -blätter im Erdgeschoss, 2. und 3. Obergeschoss erhalten, Decken mit Stuckprofilrand; in einem Raum des 2. Obergeschosses z. T. noch gemalte Sockelvertäfelung.

Am Kosttor 3. *Haylerhaus.* Das Grundstück liegt im Bereich der mittelalterlichen Stadtmauer unmittelbar westlich neben dem 1872 abgebrochenen Kosttor bzw. am Ostende des in der 2. Hälfte des 17. Jh. an der Nordseite der Stadtmauer unter deren Einbeziehung erbauten kurfürstlichen Malz- und Dörrhauses, das 1808–62 als Hauptgebäude des Neuen (Artillerie-)Zeughauses diente und dann abgebrochen wurde. Den 1864 vom kgl. Militärärar versteigerten Bauplatz erwarb 1871 der Kaufmann Friedrich Hayler († 1892; mehrfach wohltätiger Stifter, u. a. für das städt. Waisenhaus) und ließ 1880/81 darauf das bestehende viergeschossige Wohn- und Geschäftshaus im Anschluss an das ältere Eckhaus Maximilianstraße 16 (s. dort) errichten (zusammen mit Falkenturmstraße 6, heute Neubau).

Architekt Georg von Hauberrisser – seinem bevorzugten stilistischen Spektrum gemäß – konzipierte ein zu seiner Zeit viel beachtetes, für München relativ frühes Beispiel einer als Abwendung von der klassizistischen Tradition und der italienischen

Renaissance verstandenen, am nordischen (deutschen, nieder-ländischen, französischen) Manierismus orientierten Fassaden-gestaltung, die durch Asymmetrie und die Verbindung von Roh-backsteinflächen (platzseitig mit einer Musterung durch vor-springende Steine zart reliefiert) mit Gliederungen aus französi-schem Kalkstein gekennzeichnet ist. Den Eindruck beherrscht der in der linken Achse der Platzfront über einer auf Konsolen vorgezogenen Arkade aufsteigende dreiseitige Erker mit seiner betont reichen Gliederung, der um ein Geschoss mit Zeltdach vom französischen Typ samt vorgeblendetem Zwerchgiebel er-höht ist. Die restliche, dreiachsige Fassade rechts davon ist in sich symmetrisch, mit Erdgeschossarkaden und einer geschoß-weise durch Halbsäulen eingefassten Mittelachse, die in einem mit dem Erkerturm korrespondierenden, noch kleineren Zwerch-haus gipfelt. Die neben der Ecke übergiebelte südliche Seiten-front ist vergleichsweise schlicht behandelt, die Fortsetzung an der Falkenturmstraße verputzt und schmucklos (vereinfacht?).

Am Kosttor 3

Im Erdgeschoss mit Kaufläden ist die Durchfahrt – mit toskani-schen Wandpfeilern und drei Kreuzgratgewölben – an den äu-ßersten Nordrand gelegt; links von ihr der gewölbte Vorplatz, der sich mit zwei Arkaden auf toskanischer Graumarmorsäule zur freitragend um einen Rechteckkern gelegten Treppe mit Spiral-eisengeländer öffnet; Haustür und Wohnungstüren in reichen Neurenaissanceformen. – Im Hause lebte drei Jahrzehnte lang die Karikaturistin Franziska Bilek (1906–91).

Am Tucherpark

Der Geländestreifen zwischen Englischem Garten bzw. Hirsch-auer Straße im Westen und Isar bzw. Ifflandstraße in Osten, vor 1960 nur mit einigen Villen am Beginn der Hirschauer Straße (s. dort) sowie dem Komplex der bis März 1969 arbeitenden *Tivoli-Kunstmühle* am Eisbach bebaut (gegründet 1808 von Oberst Adrian von Riedl als Neumühle; ab 1809 im Besitz des Müllers Johann Jakob Schöttl; ab 1837 „Ludwigs-Walzmühle", ab 1871 „Kunstmühle Tivoli", häufig umgebaut und erweitert, u. a. nach Großbrand 1872; großes Silogebäude 1924/25 und 1935 von Gebrüder Rank), wurde nach Abbruch der letzteren zum Bürohaus-Viertel entwickelt, das seinen Namen 1969 nach Hans Christoph Freiherr von Tucher (1904–68, Vorstandsspre-cher der Bayer. Vereinsbank und Rechtsanwalt) erhielt. Im Be-reich der ehem. Mühle entstand 1969–72 nach Plänen von Sep Ruf sowie Curtis & Davis, New York, das sechzehngeschossige *Hotel Hilton* (Am Tucherpark 7) als vertikale Dominante. Als ar-chitektonisch bemerkenswerte Neubauten gelten in der Fachlite-

Technisches Zentrum der ehem. Bayerischen Vereinsbank von Sep Ruf

ratur das Technische Zentrum der (ehem.) *Bayerischen Vereins-bank* (Am Tucherpark 12, 1968–70 von Sep Ruf) und der aus drei Zylindern zusammengesetzte Baukörper des Verwaltungsgebäu-des der *Bayerischen Rückversicherung AG* (Sederanger 4–6, 1976 von Uwe Kiessler und Hermann Schulz).

Am Tucherpark 4. Das ehem. Bürogebäude der Bauunterneh-mung Dr. Ing. Eduard Schmucker, jetzt Bayer. Rückversiche-rung AG, wurde 1954–56 als zweigeschossiger Flachdachbau mit asymmetrisch aufgebauter, verglaster Fassade (über schlan-ken Stützen vorkragendes Vordach), zweifach einspringenden Längsseiten und konvex ausgebildeter Rückfront nach Plänen des Bauherrn errichtet. Der von Schmucker ursprünglich für das Erdgeschoss geplante Kfz-Einstellraum wurde zugunsten eines weiteren Büroraums nicht ausgeführt; 1967–68 wurde durch den Architekten Hermann R. Dürr ein Garagenraum im Unterge-schoss eingerichtet, erschlossen durch eine Rampe entlang der südöstlichen Grundstücksgrenze. Im Inneren geschwungene Treppe mit Galerie über nierenförmiger Grundlinie sowie ein zweigeschossiger Büroraum mit ebenfalls geschwungener Em-pore; Fassadenrenovierung 1988/89.

Am Tucherpark 4

Am Tucherpark 4

Amalienstraße

Straße der Maxvorstadt, die in streng geometrischem Verlauf vom Oskar-von-Miller-Ring im Süden bis zur Akademiestraße im Norden reicht. Der Mittelpavillon der 1874–84 von Gottfried von Neureuther erbauten Akademie der bildenden Künste stellt den nördlichen Point de vue der Amalienstraße her. Die nach Prinzessin Amalie (1801–77), Schwester König Ludwigs I. und spätere Königin von Sachsen, 1812 umbenannte Straße (1808–12 Freudenstraße genannt) reichte im Sinne ihrer 1807 erfolgten Ausweisung nur von der Theresien- bis zur Löwen-, der nachmaligen Schellingstraße (vgl. Stadtplan von 1812, noch ohne Bebauung). Mehrfach erwog man die Verlängerung der Amalienstraße nach Süden bis zur Brienner Straße, hierin der Türkenstraße vergleichbar. Die entsprechenden planerischen Überlegungen der Baulinienkommission datieren in die 1870er Jahre. Doch sollte es zu keiner Zeit zur Verwirklichung kommen. Die Amalienstraße endete bis zum Zweiten Weltkrieg unweit südlich der Gabelsbergerstraße abrupt an der schmalen Glückstraße in einem im Luftkrieg weitestgehend zerstörten, in der Folge durch die Anlage des Oskar-von-Miller-Rings städtebaulich völlig veränderten Bereich; sie ist seitdem im Süden etwas verkürzt. Nahe dem nördlichen Ende entstand ostseitig mit dem platzartigen Vorhof des Universitäts-Erweiterungsbaues (vgl. Geschwister-Scholl-Platz 1) ein neuer, gestalterisch markanter Schwerpunktbereich, der mit zwei Pfeilerdenkmälern ausgestattet ist. Mit ihrer zu beträchtlichem Teil erhaltenen, stilistisch und typologisch gemischten Wohnhausbebauung seit dem 2. Viertel des 19. Jh. hat die Amalienstraße noch viel Vorkriegscharakter der Maxvorstadt bewahrt. Im kriegszerstörten Haus Nr. 25 (alt Nr. 14)/Ecke Theresienstraße (viergeschossig, im Rundbogenstil der Gärtner-Nachfolge) befand sich das als Künstlertreffpunkt und Mittelpunkt der Bohème um 1900 legendäre „Café Stefanie", im Volksmund „Café Größenwahn" genannt. – Nach dem Krieg gründete der Gastronom Friedrich Jahn in Nr. 23 das Stammhaus der nachmaligen „Wienerwald"-Restaurantkette. – Im Anwesen Nr. 47 (alt 11, dann 26) befand sich die vor allem für die Herstellung von Turmuhren berühmte Maschinenfabrik des Mechanikers Johann Mannhardt († 1878), der u. a. die Oberlichtdächer der Alten Pinakothek und den eisernen Dachstuhl der Walhalla konstruierte.

Amalienstraße 10

Amalienstraße 10. Das vorhandene Gebäude stellt das erhaltene südliche Teilhaus eines für den Tischlermeister Peter Riedel 1847 durch Friedrich Bürklein auf zuvor unbebauter Parzelle errichteten Doppelwohnhauses an der Amalienstraße dar. Die Hofdurchfahrt in der nördlichen Achse führt zum nebenliegenden, mittig in das Gebäude gesteckten, von oben belichteten Treppenhaus. Eine halbrunde Podesttreppe erschließt gemäß Eingabeplan zwei Wohnungen je Etage, ehemals mit tiefen Dunkelzonen. Die Fassade des fünfgeschossigen Mietshauses, im frühen Maximilianstil, wird durch einen breiten Flacherker akzentuiert, der über dem 1. Obergeschoss ansetzt und bis zur Traufe reicht. Entgegen der spätklassizistischen Ausrichtung im Münchner Wohnbau in der 1. Jahrhunderthälfte erscheint hier die (mittlerweile geglättete) Fassade „romanischer" durchgebildet. (Instandsetzung der Fassade 1980; Fassadenrenovierung und Erneuerung der Fenster 1988; Dachgeschossausbau 1996.)

Amalienstraße; Flurkarte, M. 1:5 000

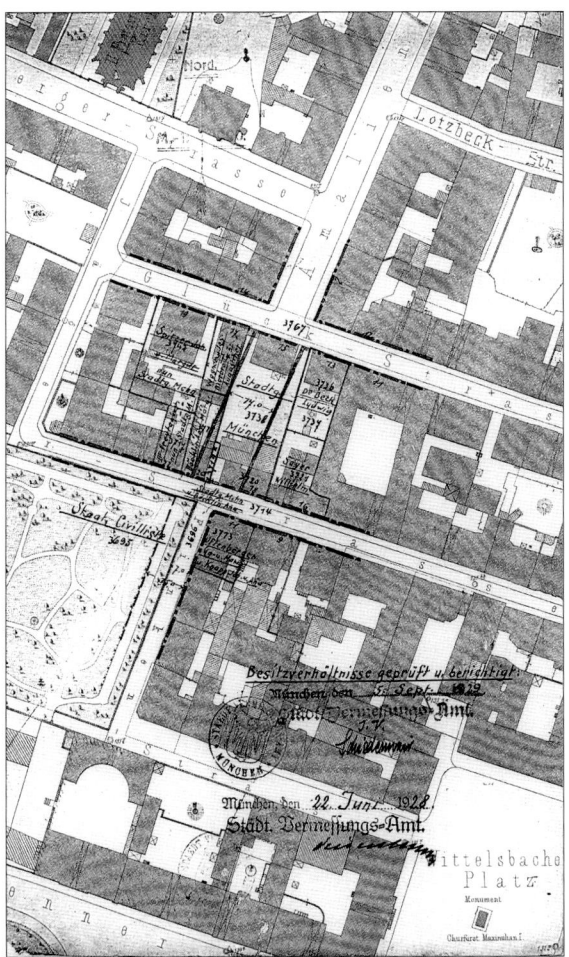

Amalienstraße; Plan zur Arrondierung der Amalienstraße am Südende, 1928

Amalienstraße 11a

Amalienstraße 11a, Eingangstor

Amalienstraße 11a. Für den Privatier Ludwig Erlacher entstand 1853 durch den Baumeister Jordan Maurer das fünfgeschossige Mietshaus auf einem freien Grundstück an der westlichen Seite der Amalienstraße. Erlacher wohnte selbst diesem Neubau gegenüber (im Anwesen ehem. Nr. 57, heute Nr. 16). Das rückwärtig am Hofdurchgang gelegene Treppenhaus erschließt zwei Wohnungen je Etage, die vormals tiefe Dunkelzonen aufwiesen. Das 1. Obergeschoss ist als Vollgeschoss einem Mezzanin gleich behandelt, die beiden Hauptgeschosse werden von Kranzgesimsen prominent ausgeschieden. Lisenen fassen hier die je äußere Fensterachse ein, ein Zahnfries stellt den oberen Abschluss der Hauptgeschosse her. Auch das Konsolgesims der Traufe ist erhalten. Für den Maximilianstil charakteristisch (struktive Verpflichtungen der architektonischen Elemente werden weitgehend aufgegeben) finden sich die Stichbogenfenster des 1. Hauptgeschosses schwebend verdacht. Das prominent akzentuierte Fenster im nördlichen Bereich des Erdgeschosses nimmt auch in seinem schnitzerischen Zierrat deutlichen Bezug auf das Eingangstor, dem es überdies in Form und Dimensionierung entspricht. (Ausbau des Dachgeschosses, Renovierung der Fassade und Erneuerung der Fenster 1982–83; rückwärtig Anbau eines gläsernen Liftschachtes 1995; Instandsetzung der Fassade 2005.)

Amalienstraße 15. Auf eigens eingemessener Parzelle wurde das Mietshaus 1853 von Baumeister Matthias Berger für den Freiherrn von Unterrichter erbaut. Die mittige Hofdurchfahrt

Amalienstraße 22

Amalienstraße 15; Aufn. um 1890

Amalienstraße 15

führte ursprünglich zu einer nebenliegenden Stiege, die das oberhalb der Durchfahrt liegende großzügige Treppenhaus erschloss, querrechteckig und von oben belichtet. (Der heutige Treppenhaus-Zugang erfolgt hofseitig.) In den frühen 1880er Jahren gelangte das Anwesen in den Besitz des Hoffotografen Friedrich Müller, der an der südlichen Hofbegrenzung ein zweigeschossiges Ateliergebäude errichten ließ. Der klassizistischen, ursprünglich viergeschossigen Fassade ist ein kräftiger Mittelrisalit eingeschrieben; diesen betonen geschossübergreifende Pilaster mit korinthischen Kapitellen und ein flacher Drei-

Amalienstraße 15, Rückgebäude

ecksgiebel. Schmale (ursprünglich kräftiger ausgebildete) Gesimse scheiden die Hauptgeschosse aus. Die vereinfachende Wiederherstellung nach dem Krieg (das Anwesen brannte infolge des späten Luftangriffs vom 7.1.1945 total aus) erfolgte 1949 nach Plänen des Architekten Friedrich Otzmann. Dem hohen Erdgeschoss wurde eine 2. Geschossebene eingezogen, die ursprüngliche markante Höhe der Hofdurchfahrt sowie der je äußeren beiden Fenster somit beschnitten. (Umfangreiche Instandsetzungsarbeiten 1991–95 brachten die Wiederherstellung der ehemaligen Rustika im Erdgeschoss/heutigen Sockelbereich des Mittelrisalits sowie eine Rekonstruktion der Sohlbänke und Kapitelle in Anlehnung an das bauzeitliche Erscheinungsbild.)

Zeitgleich mit dem Vordergebäude entstand im westlichen Bereich der Parzelle ein freistehendes Gartenhaus, das mit seinen zwei Geschossen, dem Mezzanin und der Kniestockdurchfensterung weitgehend bauzeitlich erhalten ist. Hauptakzent dieses klassizistisch schlichten Hauses ist der mittig in die Nordfassade gesetzte Erkeranbau im 1. Obergeschoss. (Die westliche Verlängerung um zwei Fensterachsen erfolgte vor 1930.) Der ausmittig in die Nordfassade gesteckte Hauszugang führt in das mittig im Gebäude liegende, großzügige Treppenhaus mit halbgewendelter Podesttreppe und indirekter seitlicher Beleuchtung.

Amalienstraße 22. Der Schäfflermeister Georg Holzapfel ließ sich, auf eigens eingemessener Parzelle, 1844 durch Baumeister Carl Deiglmayr ein viergeschossiges Mietshaus zu fünf Achsen mit Stichbogenfenstern im Erdgeschoss und schlichter spätklassizistischer Fassade erbauen. Die Hofdurchfahrt in der südlichen Achse führt zum nebenliegenden, vor der rückwärtigen Grundlinie eingezogenen Treppenhaus. Zwei vorstädtische Kleinwohnungen mit tiefer Dunkelzone nahmen gemäß Eingabeplan jede Etage ein. 1887 wurden die Wohnungen des Erdgeschosses durch einen Ladeneinbau für den Hafnermeister Joseph Schwarz ersetzt. 1899 schließlich ließ Hermann Kahn das Anwesen um ein Stockwerk erhöhen und jugendstilig überformen. Die ausführende Firma Paul Liebergesell & Feodor Lehmann arbeitete mehrfach mit Martin Dülfer zusammen und war mit dessen Formenrepertoir vertraut. So entstand die innerhalb der Maxvorstadt ohnegleichen gebliebene Fassade mit reifem Jugendstildekor, der erkennen lässt, dass barockisierende Tendenzen bereits überwunden sind. Die Fassade ist weitgehend bauzeitlich erhalten, einzig der florale Stuckzierrat im Giebelfeld des Dachhauses ist abgegangen. Auch die eiserne Ladenfenstereinfassung und die eisernen Rollladenschabraken aus der Zeit der Umformung sind erhalten. 1986–89 erfolgten der erweiternde Dachgeschossausbau, der Einbau eines Personenaufzugs sowie umfangreiche Umbau- und Instandsetzungsarbeiten. (Der späte Luftangriff vom 7.1.1945 hatte dem Anwesen einen vergleichsweise nur leichten Sprengschaden zugefügt.)

Amalienstraße 24. Mit den in der Klenze-Nachfolge zum Standard gewordenen Stichbogenfenstern erbaute 1851 Friedrich Schöpke das Mietshaus für den Privatier Michael Brunner auf einem freien Grundstück an der östlichen Seite der Amalienstraße. Ursprünglich erschloss eine Hofdurchfahrt in der südlichen Achse über ein seitliches Zwischenpodest das mittig in das Haus gesteckte, vor der Grundlinie eingezogene Treppenhaus. Eine doppelläufige Podesttreppe führte, gemäß Eingabeplan, zu zwei Wohnungen je Etage, diese mit spiegelsymmetrischem Grundriss. Infolge einer Auswechslung des Erdgeschosses 1956 wurde der Hauszugang in die Mitte des Gebäudes verlegt und das Treppenhaus durch einen Flur erreichbar gemacht (Plan von Heinz und Else Nolte). Das Erdgeschoss des Hauses in schlichten klassizistischen Formen war ursprünglich rustiziert, kräftige Gurtgesimse trennen die Geschosse, einfache Kastenrahmen umgeben die Fenster. Schon 1853 wurde der Ausbau des Dachgeschosses mit Gauben in der noch heute sichtbaren Form durch G. Fischer ausgeführt. (Der späte Luftangriff vom 7.1.1945 fügte dem Haus leichte Sprengschäden zu.)

Amalienstraße 26. Mit den Anwesen Amalienstraße 26 und 28 wurde die Straßenkreuzung Theresien-/Amalienstraße baulich geschlossen, sie bilden die südöstlichen Anhebungs-/Schlussbauten der Kreuzungsbebauung. Das 1852 durch den Baumeister Gottfried Fischer und den Zimmermeister Georg Bleibinhaus für den Privatier Max Brunner errichtete Wohn- und Wirtschaftsgebäude beherbergte im Erdgeschoss ursprünglich eine Destille. Dem ursprünglich drei Obergeschosse zählenden Mietshaus mit

Amalienstraße 26   Amalienstraße 24

Gaststätte ließ der Privatier Johann Freyhard 1895 durch den Baumeister Josef Stock ein 4. Obergeschoss aufsetzen. Die Hofdurchfahrt in der südlichen Achse führt zum nebenliegenden, rückwärtigen Treppenhaus, dieses erschließt gemäß Eingabeplan zwei schlichte Wohneinheiten je Etage. Die Fassade des Gebäudes prägt spätbiedermeierliche Schlichtheit: Der ansonsten unstrukturierte Bau mit stichbogigen Fenstern in den drei ersten Obergeschossen sowie rechteckigen im niedrigeren, durch ein Gesims abgesetzten 4. Obergeschoss wird lediglich durch äußere Lisenen gegliedert. Bemerkenswert ist bei aller Einfachheit des Typus die weitgehende Erhaltung bauzeitlicher Substanz sowie zahlreicher Ausstattungsdetails wie Kastenfenster, Treppe, Türen und Oberlichten, Hoftore u. a. (Instandsetzung der Fenster 1995, der Fassade und wiederum der Fenster 2001–02; jüngst Dachgeschoss-Ausbau/Gauben mit aufgefasten Wangen.)

Amalienstraße 36. Jetzt *Fremdspracheninstitut der Landeshauptstadt München.* Als Ersatz für die zu klein gewordene Schule Von-der-Tann-Straße 2 (s. dort) entstand nach Plänen des städt. Bauamtmanns Friedrich Löwel vom April 1886 das neue städtische Schulhaus an der Amalienstraße, das am 10. Oktober 1887 eröffnet wurde (als kath. Konfessionsschule der Pfarrei St. Ludwig). Die problematische Situation in der Häuserzeile bedingte mancherlei Abweichungen vom in München in der Phase von ca. 1870–95 üblichen Schulhaustypus, wie er z. B. in Löwels gleichzeitigem Bau Salvatorplatz 1 (s. dort) in reiner Form ausgeprägt erscheint. Wie dort wird die Fassade von turmartig schmalen Risaliten begrenzt, die einen die klassizistische Baulinie unterbrechenden flachen Vorhof einschließen; anders als in der Salvatorschule enthält nur der linke Risalit ein Treppenhaus (und rückseitig die Toiletten), in den anderen wurde die hier notwendige Durchfahrt zum Hof gelegt (in den Obergeschossen Lehrerzimmer), während das zweite Treppenhaus hier die hofseitige Reihe der Klassenzimmer asymmetrisch unterbricht. Wie in der Salvatorschule sind in jedem der drei Obergeschosse jeweils drei Unterrichtsräume vorder- und rückseitig (insgesamt 22) zweibündig zu Seiten eines Mittelganges angeordnet. Im Erdgeschoss wurde straßenseitig im Mittelrisalit die Hausmeisterwohnung untergebracht, ansonsten enthielt es vier Klassenräume.
Im Geist des späten Historismus gestaltete Löwel die aufwendige, viergeschossige Fassade im Hinblick auf die öffentliche

Amalienstraße 36, Mittelrisalit   Amalienstraße 36

Funktion des Gebäudes und ein malerisches Stadtbild in bewusstem Stil- und Materialkontrast zur umgebenden, damals noch klassizistisch geprägten Wohnbebauung (vor allem zu Haus Nr. 38, s. dort) in den Formen des norddeutsch-niederländischen Manierismus als roten Backsteinbau mit gelben Sandsteingliederungen. Die Fenster sind zur besseren Belichtung in Gruppen zusammengezogen. Den Mittelrisalit schließt ein hoher Treppengiebel ab; die Seitenrisalite sind funktionsgemäß verschieden gestaltet, der rechte mit einem Uhrengiebel bekrönt, der linke mit Zeltdach, worin sich eine in der Folgezeit dominierende malerische Asymmetrie ankündet. Die figürliche Plastik (Köpfe) konzentriert sich auf die beiden rundbogigen Rustikaportale (Schlusssteine) und die Verdachungen im 2. Stock des Mittelteils. Das Dach wies ursprünglich eine gemusterte Schieferdeckung auf (M. Ries). Im Inneren sind die beiden Treppenhäuser original erhalten, mit je zwei Läufen zwischen den Geschossen, Schmiedeeisengeländern (Stäbe, dazwischen reiche Spiralformen) und durch Stuckfelder gegliederten Tonnengewölben. Erhalten ist auch die Durchfahrt mit durch Gurte getrennten Kreuzgratgewölben.

Nach 1944 erlittenen Luftkriegsschäden wurde das Gebäude 1951 instand gesetzt. Seit 1977 beherbergt es die 1945 von Stadtschulrat Anton Fingerle gegründete Sprachenschule der Stadt München (heute Fremdspracheninstitut/Fachakademie), für deren Zwecke es 1978–80 im Inneren weitgehend erneuert wurde, während die Straßenfassade eine originalgetreue Restaurierung erfuhr (Arch. Robert R. Schlickewitz). Das im Krieg zerstörte Nebengebäude an der rechten Seite des Schulhofes wurde 1958–59 durch einen Turnhallenneubau ersetzt (Arch. Maximilian Buchart).

Amalienstraße 38. Sog. *Palais Holnstein*. Den Eingabeplan vom 23. Juli 1827 unterzeichneten Hauptmann Stritzl als Bauunternehmer, Maurermeister Franz Xaver Mayr sen. und Zimmermeister Stitzinger sowie – wohl als Begutachter der Baukommission – (Baurat Johann Ulrich) Himbsel, der die anspruchsvolle palastartige Fassadengestaltung im Stil Klenzes beeinflusst haben könnte. Bei der als „Erhöhung des Wohnhauses nebst neu anzubauenden Wohnungen" beantragten Baumaßnahme wurde ein bereits bestehendes (auf dem Stadtplan des topographischen Büros von 1826 eingezeichnetes) kleines Wohnhaus in den Mittelrisalit des lang gestreckten, dreiteiligen Neubaukomplexes miteinbezogen. Der Gesamtgrundriss zeigt in jedem Geschoss drei Wohneinheiten, die Durchfahrt in der Achse rechts vom Mittelrisalit und an sie links angeschlossen das rückseitig an den älteren Mittelbau angefügte neue Treppenhaus. 1844 für den kgl. Kämmerer Karl Theodor Graf von Holnstein adaptiert (durch J. U. Himbsel?; neuer Mitteleingang). Im Hofbereich schlossen sich Nebengebäude und gegen Osten ein Garten an.

Die viergeschossige Fassade des klassizistischen Mietshauses nimmt in der bürgerlichen Bebauung der Amalienstraße durch ihre palastartige breite Proportionierung und den Mittelrisalit mit Dreiecksgiebel bis heute eine Sonderstellung ein. Das Erdgeschoss mit Rundbogenöffnungen – teils Läden, teils die höhere einstige Durchfahrt und ihr nördliches, ehem. blindes Pendant, die heutige Durchfahrt – und Kämpfergesims ist horizontal rustiziert gleich den Ecken des Risalits und

den Flügelenden; Fenster der Hauptgeschosse mit geraden Verdachungen, die niedrigeren des 3. Stocks auf Gurtgesims stehend. Unter dem profilierten Traufgesims ein stuckiertes Palmettenband (Anthemion); der Originalplan sah einen Ornamentfries auch über dem Erdgeschoss vor (jetzt nur Gurtgesims).

Beim Umbau von 1990–93 (Arch. Lorenz Kubizek und Rudolf Pammesberger) wurden die inneren Strukturen im Einzelnen stark verändert, einzelne Teile wie Dachstuhl,

Amalienstraße 39

Holzkonstruktion der Treppe (mit Balusterstabgeländer) und Türen wiederverwendet, an der Hofseite mittig ein neuer Flügel angebaut, östlich freistehend ein weiteres Wohnhaus errichtet. Das Gebäude dient heute als Internationales Begegnungszentrum der Wissenschaft.

Amalienstraße 39. Michael Fatz ersetzte 1873 das nördliche Halbhaus eines schon bald nach der Ausweisung der Amalienstraße errichteten biedermeierlichen Doppelhauses (1818–19 von M. Windwart und B. Betzl), als dessen Besitzerin 1850 die Privatiere Walburga Schretz nachgewiesen ist. Es entstand ein breit gelagertes Mietshaus zu vier Geschossen. Die mittige (ehem.) Hofdurchfahrt führt zu einer nördlich anliegenden Stiege, die das über die Hofdurchfahrt gesetzte Treppenhaus erschließt (1985 moderne Treppenhaus-Gestaltung und veränderte Wohnungsaufteilung). Die Fassade in der Tradition des Spätklassizismus wurde durch verschiedene Fensterbreiten rhythmisiert. So spannen oberhalb des Kranzgesimses über dem Erdgeschoss seichte Fassadenvorlagen mit den Fenstern zu drei Feldern je zwei Fensterachsen (mit Fenstern zu je zwei Feldern) zu Seiten der mittleren breitfenstrigen Achse ein. Über einem kräftigen Gurtgesims wird diese Abfolge im 3. Obergeschoss von Pilastern aufgenommen. Die 1985 im Zuge eines Gesamtumbaus des Anwesens erfolgte disproportionierende Aufstockung mit zusätzlichem Dachgeschoss hat die historische Erscheinungsweise des Gebäudes aufgehoben. (Renovierung der Fassade 1996.)

Amalienstraße 38, sog. Palais Holnstein

Amalienstraße 40   Amalienstraße 44

Amalienstraße 40. Der bestehende Bau ist das Ergebnis einer 1886 erfolgten Aufstockung und Umbaumaßnahme. Im Kern besteht das Anwesen aus einem 1831 von Maurermeister Mayr für den Metzgermeister Adam Kiefmann errichteten, zunächst zweigeschossigen Vorstadthaus. 1847 stockte Maurermeister Kuppelmayr für den Kaufmann Karl Schuller das Mietshaus um ein 2. Obergeschoss auf und steckte das hofseitig zugängliche, durch zwei Fenster hell belichtete Treppenhaus zur Querlage um. Zu dieser Zeit nahmen zwei Wohnungen jeweils eine Etage ein, die von tiefen Dunkelzonen charakterisiert werden (Wohnungsaufteilung zwischenzeitlich verändert). Es entstand ein tiefer Rückflügel entlang der nördlichen Grundstücksgrenze. 1886 erfolgte im Erdgeschoss die Ladenauswechslung zur heutigen Gestalt; Bauherr war Hafnermeister Josef Haltmair, die Ausführung lag in den Händen des Baumeisters Debold. Gleichzeitig kam es zur Herstellung eines 3. Obergeschosses sowie zur Ausführung der bestehenden Fassadengestaltung, die das Ergebnis einer klassizistisch bewahrenden Einführung von Neurenaissanceformen ist. Die behutsame Generalsanierung mit Ausbau des Dachgeschosses erfolgte 1989–94. (Beim Luftangriff vom 25.4.1944 erlitt das Dachtragwerk massive Brandschäden.)

Amalienstraße 41. Das für den Bäckermeister Johann Wenzl erbaute fünfgeschossige Wohn- und Geschäftshaus im Stil der Neurenaissance (bez. 1882) ist weitgehend dem Eingabeplan entsprechend erhalten. Es wurde von Heinrich Hilgert anstelle eines biedermeierlichen Vorstadthauses – als dessen Eigentümer nennt der Wenngsche Plan von 1849 den Glyptothek-Aufseher

Franz Hüther – errichtet. Die ausmittig in die Fassade gesteckte Hofdurchfahrt führt zum nördlich nebenliegenden, vor die Grundlinie eingezogenen Treppenhaus, dessen doppelläufige Podesttreppe – gemäß Eingabeplan – zwei Wohnungen je Etage erschließt. Die Rustizierung des Erdgeschosses verschwand bei Veränderung von Ladeneinbauten nach dem Zweiten Weltkrieg. Die Fassade referiert zahlreiche Elemente aus dem historisierenden Rückgriff auf Bauformen der italienischen Renaissance: die von ionischen Pilastern flankierten und einem gemeinsamen Gebälk überfangenen Fenster des 1. Obergeschosses, diesen folgend ein Register Fenster mit Dreieckgiebeln, sodann Fenster mit Ohrenrahmung und gerader Verdachung im 3. Obergeschoss und agraffenbekrönte Ohrenrahmungen der Fenster im 4. Obergeschoss. Insgesamt sind wesentliche Merkmale italienischer Palastarchitektur auf die Bürgerhausfassade übertragen. (Instandsetzung der Fassade und Erneuerung der Fenster 1981, erneute Instandsetzung der Fassade 2003.)

[**Amalienstraße 42.** Das klassizistisches Mietshaus, 1829 von Friedrich Schöpke erbaut und 1861 um ein 3. Obergeschoss aufgestockt, wies ehemals eine dekorative Fassadenmalerei des späten 19. Jh. auf; im Erdgeschoss hat sich die bauzeitliche Putzrustika erhalten; Dach modern ausgebaut. (Das rückwärtige, 1999 abgebrochene Atelierhaus, wohl aus der Zeit um 1900, beherbergte prominente Mieter, u. a. Georg Schrimpf, Georg Queri, Hans Ludwig Held und Oswald Malura.)]

Amalienstraße 43. Das Miets- und Geschäftshaus wurde nach einem Plan des Bauzeichners Georg Westermeier 1878–79 durch den Baumeister Nikolaus Debold für den Spenglermeister Alois Rieger anstelle einer „zu demolierenden" Vorbebauung (auf dem Wenngschen Plan von 1849 im Eigentum des Wirts Carl Radius) errichtet. Franz Gießl hatte hier 1818 ein zweigeschossiges klassizistisches Wohnhaus erbaut, an dem ein Jahr darauf Rudolph Röschenauer Umbauarbeiten vornahm. Bei dem heutigen Bau führt die mittige Hofdurchfahrt zum südlich nebenliegenden Treppenhaus, dessen doppelläufige Podesttreppe gemäß Eingabeplan zwei Wohnungen je Etage erschloss. In der Neurenaissancefassade des Anwesens waren ursprünglich Erdgeschoss und 1. Obergeschoss von einer einheitlichen Rustika zusammengefasst, die Abschnitte im Erdgeschoss sind jedoch nach dem Zweiten Weltkrieg aufgegeben worden. 1959 wurde das Dachgeschoss ausgebaut, dabei wurden der Dachzone vier breite Gauben eingesetzt, die nicht mit den sechs Achsen der Hauptgeschosse rhythmisch korrespondieren.

Amalienstraße 41

Amalienstraße 43

Amalienstraße 45

Amalienstraße 44. Das Mietshaus wurde 1894–96 von Baumeister Ferdinand Schratz für die Privatiere Therese Geissler anstelle einer in den Jahren um 1855 errichteten biedermeierlichen Vorstadtbebauung (der Wenngsche Plan von 1849 verzeichnet hier noch einen kgl. Anger) erbaut. Die mittig in die Fassade gesetzte Hofdurchfahrt führt zu einer südlich nebenliegenden, offenen Stiege und zum darüberliegenden Treppenhaus. Gemäß Eingabeplan nimmt jede Etage zwei Wohnungen auf. Das Haus sollte ursprünglich eine Fassade mit neubarocken Akzenten erhalten, doch wurde 1896 eine klassizierend veränderte Fassadentektur im Stil der Neurenaissance in Vorschlag gebracht, die schließlich durch die Firma Fritz Geissler zur Ausführung kam. Eine Rustika übergriff ursprünglich Erdgeschoss und 1. Obergeschoss. Das Erdgeschoss findet sich heute als Ladengeschoss mit Schnittsteinen verblendet. Die Hauptgeschosse scheinen weitgehend original erhalten, Stucklisenen übergreifen hier zwei Geschosse und gruppieren die Fensterachsen rhythmisch. (Der freigestellte Treppenhaus-Turm im Hinterhof wurde 2004 errichtet.)
Zeitgleich mit dem Vorderhaus und für dieselbe Bauwerberin errichtete der Baumeister Hans Memminger das viergeschossige Rückgebäude mit kräftig ausgebildetem, zweiachsigem Mittelrisalit und östlich anschließendem Rückflügel. Ein quer liegendes Treppenhaus erschließt hier über eine halb gewendete Podesttreppe zwei Wohnungen je Etage.

Amalienstraße 45. 1894–95 ließ sich der Schlossermeister Carl Amesmaier anstelle einer biedermeierlichen Vorstadtbebauung von Ludwig Seemüller das bestehende Mietshaus mit tiefem westlichem Rückflügel errichten. Die ausmittige Hofdurchfahrt führt zum nördlich nebenliegenden Treppenhaus am Hofwinkel, dessen doppelläufige Podesttreppe gemäß Eingabeplan zwei Wohnungen je Etage erschließt. Bis 1944 wurde die Fassade von einem Zwerchgiebel in den Formen der deutschen Neurenaissance bekrönt, der nach dem Kriegsverlust des Dachstuhls nicht wiederhergestellt wurde. Als ein charakteristischer Kunstgriff der Neurenaissance kann die Rhythmisierung der Fassade durch die Engsetzung zweier Fenster unter eine gemeinsame Verdachung bezeichnet werden. Die prächtigen schmiedeeisernen Gitter der Tordurchfahrten des Vorder- und des Mittelgebäudes sowie der jeweiligen Treppenhaus-Zugänge können der Firma Alois Fischers Relikten zugewiesen werden, die ab 1904 im zugehörigen Rückgebäude zwei Schmiedeessen betrieb. (Renovierung der Fassade 1974.)

[**Amalienstraße 47.** Neurenaissance-Miethaus, 1884 von Zimmermeister Josef Baudrexel für sich selbst erbaut, Erdgeschoss mit Läden 1957 verändert.]

Amalienstraße 51. Baumeister Joseph Baudrexel errichtete anstelle einer biedermeierlichen Vorstadtbebauung 1885–86 das bestehende Wohn- und Geschäftshaus für den Holzhändler Emmeram Keck. Die Bauleitung hatte Peter Guck inne, der nach 1894 im rückwärtigen Bau einen Fechtsaal (in diesem Zusammenhang sind wohl die beiden aufwendig gestalteten Fahnenstangen-Halterungen vor den je äußeren Fenstern im 2. Obergeschoss der Straßenfassade des Vordergebäudes zu sehen) und eine Privatkegelbahn unterhielt. Die an die nördliche Achse gesteckte Hofdurchfahrt führt zum südlich nebenliegenden Treppenhaus im Hofwinkel, dessen doppelläufige Po-

Amalienstraße 39–47 (von links)   Amalienstraße 51

desttreppe gemäß Eingabeplan zwei Wohnungen je Etage erschließt. Ursprünglich überzog eine gemeinsame Rustika Erdgeschoss und 1. Obergeschoss. Der jüngste strukturverändernde Eingriff im Erdgeschoss 1954 machte eine Wiederherstellung der Rustika im Ladengeschoss überflüssig. Auffallend sind die Gesimsverkröpfungen der Sockelzone des 2. Obergeschosses, charakteristisch für die klassische Neurenaissance die Engersetzung und gemeinsame Verdachung zweier Fenster als Mittel der Fassadenrhythmisierung. Ursprünglich waren die vier Gauben des Dachgeschosses von Segmentbogengiebeln abgeschlossen und an den Wangen mit Voluten besetzt. (Das Anwesen erlitt beim Luftangriff vom 12.7.1944 starke Schäden durch Sprengbomben; Fenstererneuerung 1979, Renovierung der Fassade 1987.)

Amalienstraße 52. Ehem. *Forstwissenschaftliche Versuchsanstalt*, jetzt *Historicum der Ludwig-Maximilians-Universität*. Auf zuvor nicht bebautem Gartengrundstück wurde 1898–99 nach Entwurf von Adolf Schulze, Bauamtmann am Landbauamt München, die Forstwissenschaftliche Versuchsanstalt errichtet. Wie zuvor unweit südlich durch die Schule Amalienstraße 36 wurde der Rhythmus der Wohnhäuserzeile von einem breiter proportionierten Baukörper mit höheren Geschossen, Risaliten und Giebeln unterbrochen. Die straßenseitige Fassade war durch eine in ihrer Art in München seltene, „wilhelminisch" zu nennende unruhige Dynamik und Detailfülle gekennzeichnet. Die einachsigen Seitenrisalite treten an die Baulinie der Nachbarhäuser vor und gipfeln in über gesprengten Giebeln aufgesetzten Zwerchhäusern; die Rücklage wird unterbrochen von

Amalienstraße 45, Gitter

Amalienstraße 52;   ▷
Aufn. 2005

dem flacheren, kraftvoll gegliederten Eingangs- und
Treppenhausrisalit, den ein
Segmentgiebel samt Attika
und Obelisk darauf abschloss.
Die Dachzone belebte überdies je eine große Gaube über
den Rücklagenhälften (heute
je zwei moderne Gauben). Die
straßenseitige Fassade wurde
um die feinstrukturellen und
dekorativen Details auf ihre
Rohform reduziert; unverändert erhalten blieb die flächig-
kleinteiliger, gleichwohl reich
gegliederte Hoffassade. Nach

Amalienstraße 52, Hofseite

Verlegung der Forstwissen-
schaftlichen Fakultät nach
Weihenstephan (1992) wurde
der dreigeschossige Neubarockbau als Hauptbestandteil
des sich auch über die Nachbargrundstücke erstreckenden,
1999 vollendeten Historicum
der Universität umgebaut und
dabei weitgehend entkernt
(Verzicht auf die bis dahin original erhaltenen Hörsäle). Erhalten blieben der Fußbodenbelag im Eingangsbereich, das
Treppenhaus mit seinem kraftvollen Holzbalustergeländer
und im nördlichen Risalit die
Durchfahrt mit Wandgliede-

Amalienstraße 52, Durchfahrt

rung durch Pilaster, Blendarkaden und neubarocken Stuckdekor.

Amalienstraße 53. Das wohl nach einem Plan von Ludwig Seemüller von Schlossermeister Carl Amesmaier 1897–98 für sich
selbst erbaute Mietshaus mit tiefem, leicht ausmittigen Rückflügel ersetzte eine bereits vorhandene biedermeierliche Vorstadtbebauung (der Wenngsche Plan von 1849 nennt hier den
Bäckermeister J. N. Schmid als Eigentümer, ebenso wie für das
nördlich anschließende Eckhaus Amalien-/Schellingstraße).
Der modern adaptierte Hauszugang, ausmittig in die Straßenfront gesteckt, führt zum Treppenhaus am Hofwinkel, eine großzügig dimensionierte, doppelläufige Podesttreppe erschließt
gemäß Eingabeplan zwei Wohnungen je Etage. Die reich dekorierte Doppelerkerfassade hat sich in der Fassadengestalt der
Hauptgeschosse weitgehend original erhalten. Ungesehen ist
die Rhythmisierung der Neurenaissancefassade durch breitere
und schmalere Fensteraus-
schnitte sowie die reiche Dekoration durch Muschel- und
Fledermausflügel-Ornamentik
in Stuck. Ursprünglich waren
den Dachgauben Zwerch-
giebel mit rundbogigen Ab-
schlüssen vorgeblendet. Das
ausgefachte Fachwerk im Erdgeschoss ist als verfremdende
moderne Zutat anzusprechen.
(Das Rückgebäude des Hau-
ses wurde durch den Luft-
angriff vom 29.10.1944 total
zerstört; Renovierung der Fassade 1979.)

Amalienstraße 53

Amalienstraße 55

Amalienstraße 55. Der südwestliche Eckbereich der Kreuzung
Amalien-/Schelling-, vormals Löwenstraße befand sich, ebenso
wie das südlich anschließende Anwesen Amalienstraße 53, 1849
im Besitz des Bäckermeisters J. N. Schmid. Nach Demolierung
der bestehenden Vorbebauung errichtete der Baumeister Franz
Xaver Renner 1887–88 das bestehende Wohn- und Geschäftshaus nach eigenen Plänen für sich selbst. Schon 1889 wurde es
an den Bäckermeister Wolfgang Dürnhofer weiterveräußert, der
im Keller des Anwesens eine Backstube einbauen ließ. Der ausmittig in die Straßenfront an der Amalienstraße gesteckte Hauszugang, zweijochig kreuzgratgewölbt, erhält durch einen runden
Okulus zusätzlich Licht; er bildet den Übergang zum rückwärtigen, an der westlichen Hoffassade gelegenen, halbrund ausgebauten Treppenhaus-Bodenerker, eine halbgewendelte Podesttreppe erschließt gemäß Eingabeplan je eine großzügig zugeschnittene Wohnung in den Obergeschossen. Der durch den dreiseitig-polygonalen Flacherker im Osten, den polygonalen Erkerturm an der Ecke und den Mittelrisalit an der schmalen Nordseite sowie Zwerchhäuser und Gauben stark plastisch geformte
Baukörper in den Formen der Backstein-Renaissance interpretiert die Ecksituation wirkungsvoll. Das Haus ist weitgehend original erhalten.

Amalienstraße 57/59. Die klassizistische Erstbebauung an der
Ecke Amalien-/Schelling-, vormals Löwenstraße erfolgte in
zwei Bauphasen. Zunächst entstand auf dem Grundstück des
Maurermeisters und Bauunternehmers Jakob Sterr (Haus Nr. 30,
alte Zählung) eine von ihm selbst ausgeführte zweigeschossige
Eckbebauung mit abgewalmtem Dach (Kartusche der Fassade an
der Amalienstraße bez. 1835). Zwei Jahre später ließ Sterr durch

Amalienstraße 57/59

Maurermeister Carl Deiglmayr ein 2. Obergeschoss aufsetzen und das Gebäude entlang der Amalienstraße mit dem Anwesen des Milchmanns Joseph Huber (Haus Nr. 31, alte Zählung) vereinigen. Der zweite Eingabeplan referiert die Erstbebauung zusätzlich. Die nunmehrige Dimension des Baukörpers wurde 1864 mittels der erneuten Aufstockung durch Carl Deiglmayr um ein Geschoss erreicht. Bauherr war der bürgerliche Bierwirt Georg Reith.

1924 wurde die ursprünglich mit sparsamen klassizistischen Elementen dekorierte Fassade neubarock umgestaltet und damit in einem damals schon nicht mehr zeitgemäßen Sinn neu interpretiert. Das Erdgeschoss ist durch spätere Ladeneinbauten mehrfach verändert. Der Baublock wird durch zwei eigenständige Treppenhäuser erschlossen, beide erreichbar durch die mittig in die Fassade an der Amalienstraße gesteckte Hofdurchfahrt. Das nördlich anliegende Treppenhaus bleibt vor der Grundlinie eingezogen und erschließt über eine halb gewendelte Podesttreppe eine Wohnung je Etage. Das an der Schellingstraße gelegene Teilhaus erschließt das neben der Hofdurchfahrt, am Hofwinkel liegende Treppenhaus. (Renovierung der Fassaden 1974; Erneuerung der Fenster 1983–84; Umbau- und Instandsetzungsarbeiten 1985–87, erneute Instandsetzung der Fassaden sowie Erneuerung der Dachhaut 2005; historisierende Fassadenänderung im Erdgeschossbereich an der Amalienstraße 2006.)

Amalienstraße 63. Im Zuge der ersten Bauwelle in den zwanziger Jahren des 19. Jh. war ein im Kern des heutigen Mietshauses noch vorhandenes zweigeschossiges Wohnhaus entstanden. Dieses wurde 1840 für Herrn von Barthels „ehemals Kammerdiener bey S. M. König von Hannover" durch Jordan Maurer um ein 2. Obergeschoss aufgestockt und das Dachgeschoss ausgebaut. Der Eingabeplan zum Umbau referiert den ersten Bestand von ca. 1827: Ein in der Fassade hoch liegendes Kranzgesims verlief unmittelbar unter der Kante der Fenster des Obergeschosses, sodass dieses als schmales Band zwischen Gesims unten und der Traufe darüber erschien. Diese äußere Gliederung wurde 1840 beibehalten, das Erdgeschoss rustiziert, der Zugang zum rückwärtig oval angebauten Treppenhaus in der nördlichen Achse beibehalten; das Treppenhaus führt über gewendelte Treppe mit schmalen Vorpodesten gemäß Eingabeplan zu einer Wohnung je Etage. 1891 ließ der Malermeister Max Remig zur Erschließung des Hinterhofs durch den Maurermeister Sebastian Vornehm eine Hofdurchfahrt in der südlichen Achse herstellen und den Hauszugang in den westlichen Treppenhaus-Anbau verlegen. Vornehm errichtete noch im selben Jahr das eingeschossige

Amalienstraße 63

Rückgebäude mit einer Malerwerkstätte im Erdgeschoss sowie mit Räumen für die Malerrequisiten im Dachgeschoss. Die heute vorhandene, spätklassizistische Fassadenzier, profilgerahmte Fenster, die gerade Verdachung der Fenster im 1. Obergeschoss sowie die Eckrustika sind Zutaten späterer Zeit, wohl der 1870er Jahre, 1974–75 weitgehend rekonstruiert.

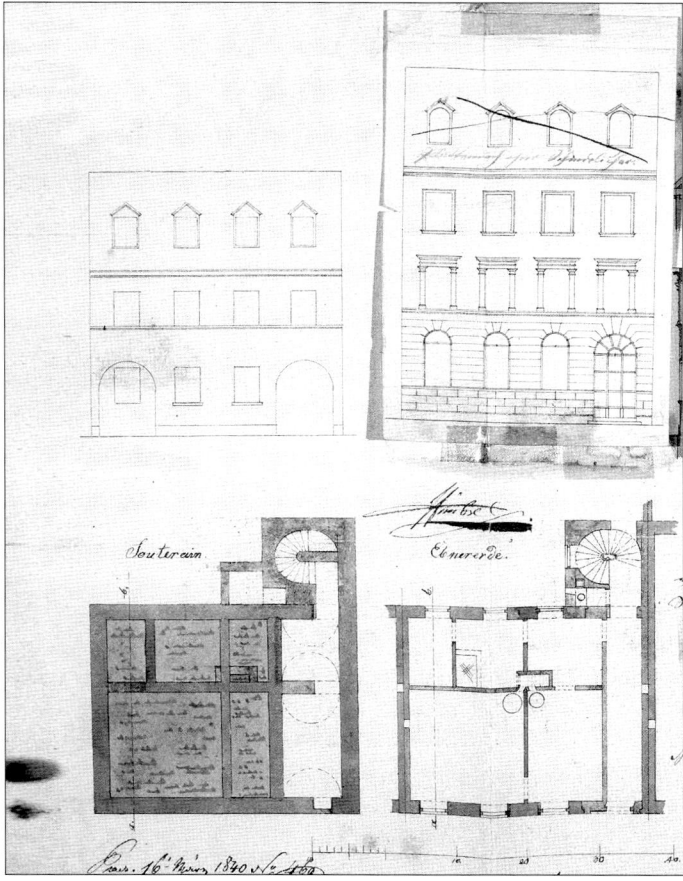
Amalienstraße 63; Umbauplan von 1840

Amalienstraße 65 (links)

Amalienstraße 65. Das weitgehend original erhaltene Mietshaus wurde 1895–96 von Paul Dietze als Zinsanwesen für die Privatiere Magdalena Albrecht anstelle eines abgebrochenen vorstädtischen Anwesens von 1830 erbaut. 1919 erfolgte für den Architekten Max Knörnschild der Einbau eines Ateliers in das Dachgeschoss. Die Hofdurchfahrt in der nördlichen Achse führt zum südlich nebenliegenden Treppenhaus am Hofwinkel; über eine doppelläufige Podesttreppe wird eine Wohnung je Etage erschlossen. Stark plastisch hebt sich der neubarocke Stuckdekor an der von drei je eng gesetzten Fensterpaaren rhythmisierten Fassade ab. Das 1. Obergeschoss ist der Rustika des Erdgeschosses zugeschlagen. Eine kräftige Balusterreihe unter den Fenstern des 2. Obergeschoss sowie ein Kranzgesims über dem 3. Obergeschoss fassen die beiden Hauptgeschosse horizontal zusammen, vertikal geschieht dies durch die seitlichen Rustikastreifen. Geohrte Faschen umgeben die Fenster der Hauptgeschosse, die mit neubarocken Wellengiebeln schwebend verdacht sind. In die Giebelfelder ist Stuckwerk gesetzt. Die Fenster des 4. Obergeschosses werden von Agraffen akzentuiert. (Erneuerung der Fenster in konstruktiver Form 1983.)

Amalienstraße 67

Amalienstraße 69

Amalienstraße 71

Amalienstraße 67. Anstelle eines schlichten vorstädtischen Anwesens, das um 1830 entstanden war, errichtete Baumeister Franz Xaver Ilg das bis heute wenig veränderte Mietshaus (bez. 1897) für den Fabrikanten Max Greil. Die repräsentative Hofdurchfahrt in der südlichen Achse führt zum nördlich nebenliegenden Treppenhaus am Hofwinkel; eine doppelläufige Podesttreppe erschließt eine Wohnung in jeder Etage. Die neubarocke Fassade wird von einem viergeschossigen Flacherker mit abgerundeten Ecken und schmalen Seitendurchfensterungen dominiert, dessen Anhebung in der Dachzone von einem aus der Fassadenflucht zurückgesetzten Dachhaus mit eigener Haube fortgesetzt wird. Im Unterschied zu dem zwei Jahre früher erbauten südlichen Nachbaranwesen Amalienstraße 65 tritt bei Nr. 67 der Fassadenschmuck weniger plastisch vor. Es kommen Binnenformen zum Einsatz, die an gleichzeitigen, jugendstilig anverwandelten Bauten zu finden sind. (Erneuerung der Fassade, der Fenster und der Dachhaut 1993, erneut Instandsetzungsarbeiten 1995–97.)

Amalienstraße 69/71. Die bestehende Häusergruppe bildet die vereinheitlichende Zweitbebauung dreier alter Parzellen, die schon 1829 von Carl Deiglmayr mit einer biedermeierlichen Dreiergruppe bebaut worden waren. Die erhebliche Tiefe der Parzellen ermöglichte eine charakteristische Baumassenvertei-

lung: Die beiden Neubauten bilden gemeinsam eine Staffelung zweier hinterer Binnenhöfe, wobei jeweils Vorderhaus, Mittelhaus und Hinterhaus durch Seitenflügel verbunden wurden; bei Nr. 69 mittels südlicher, bei Nr. 71 durch nördlich angesetzte,

◁ Amalienstraße 65–71 (von links)

Amalienstraße 69; Hofbebauung, Grundrisse Erd- und 1. Obergeschoss sowie Schnitt ▷

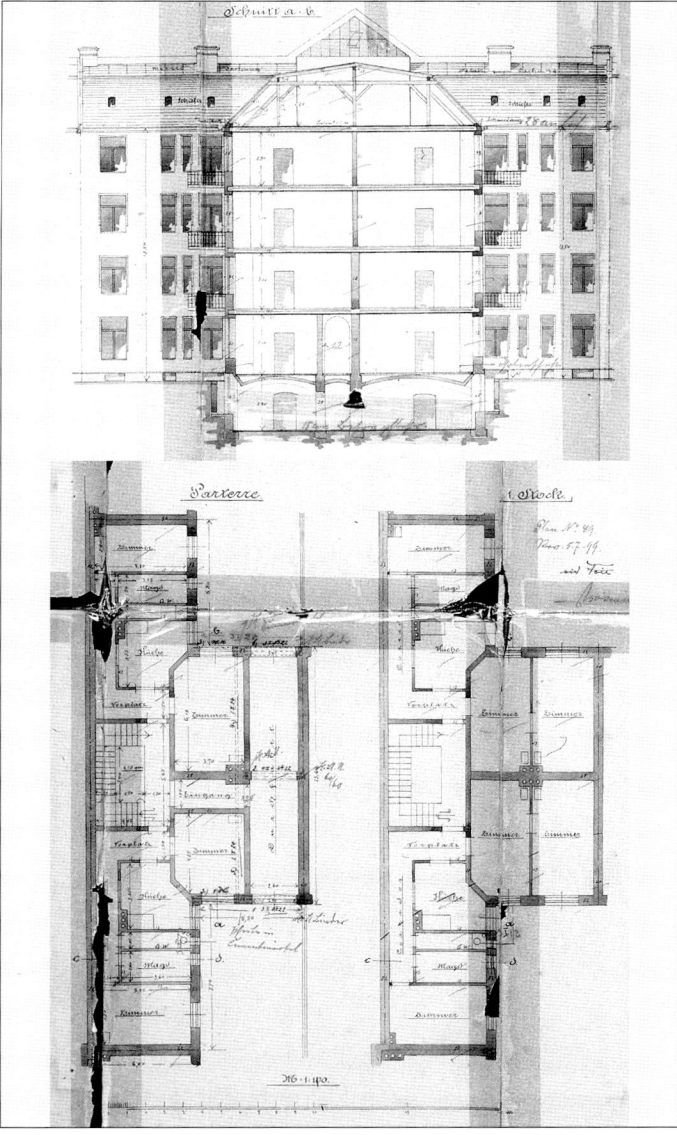

seitliche Rückflügel. Die gebotenen Freiflächen und Häuserab-
stände ergaben sich aus den 1893 modifizierten Vorschriften der
Münchner Bauordnung, die aus hygienisch-sanitären Gründen
auch die Lichteinfallswinkel ins Kalkül zogen. Die bauzeitlich
einheitliche Staffelung dreier Häuser auf einer Parzelle hat sich
bis heute vergleichsweise selten erhalten, es existieren etwa
Beispiele an der Haidhausener Wörthstraße, hier jedoch ohne
verbindende Seitenflügel, und nicht weit von den Neubauten an
der Amalienstraße das Anwesen Türkenstraße 63, geplant ab
1900.
Erbauer der bemerkenswert überlieferten Gruppe war Architekt
Ludwig Seemüller, Bauwerber von Nr. 69 Schreinermeister
Franz Neumeier, und als Bauherr von Nr. 71 ist Schlossermeister Carl Amesmaier belegt. Seemüller ist beim Ausbau der Maxvorstadt als viel beschäftigter Architekt anzusprechen, an der
Amalienstraße sind von ihm die Häuser Nr. 45 (1894 entstanden)
sowie Nr. 53 (1898 erbaut) erhalten geblieben. Bei letzterem Anwesen hatte der Planer ebenfalls mit Schlossermeister Amesmaier kontraktiert.
1899–1901 wurde nach Demolierung der acht Altbauten auf den
drei Parzellen der große Komplex umgesetzt. Nr. 69 schmäler,
mit drei Achsen zur Straße hin, aber gemeinsam mit Nr. 71 ver-
einheitlichend gruppiert. Dieser südliche Abschnitt erhielt eine
eigene Durchfahrt in der nördlichen Achse, hier liegt südlich das
Treppenhaus an (mit doppelläufiger Podesttreppe), das gemäß
Eingabeplan eine Wohnung in jeder Etage erschließt. Dem kurzen südlichen Rückflügel setzte Seemüller ein symmetrisieren-
des Seitengebäude an, dessen Treppenhaus (mit dreiarmiger Podesttreppe, großem rechteckigem Auge und breitem Vorpodest)
zwei mittelgroße Wohnungen in jeder Etage erschließt. Die
westliche der Wohnungen in diesem so entstandenen Mittelbau
erstreckt sich in einen westlichen Rückflügel hinein, dem sich
ein zweites Hintergebäude anschließt, wiederum über zwei Flügel disponiert und mit Zugang vom Hofwinkel her durch eine
gewendelte Podesttreppe erschlossen. Der Treppenhausschacht
liegt vor der westlich rückwärtigen Grundlinie, wird vom dort
vorgeschalteten Lichthof her belichtet. Auch im zweiten Rückgebäude erhielt jede Etage zwei kleinere Wohnungen. Die zu
Nr. 71 zu rechnenden Baumassen verteilte Seemüller ähnlich.
Außer seiner Durchfahrt in der südlichen Achse erhielt hier das
Vorderhaus einen eigenständigen, leicht ausmittig eingesteckten
Hauszugang, der zum annährend quadratischen Treppenhaus
(mit dreiarmiger Podesttreppe) am Hofwinkel führt; zwei Wohnungen kamen in jeder Etage des Riegels an der Straße zum Liegen, die Ladennutzung im Erdgeschoss entspricht der bauzeitlichen Bestimmung. Wie bei Nr. 69 verbinden schmale Rück-
und Vorflügel die Teilhäuser, wobei auf der breiteren, nördlichen
Parzelle größere Wohneinheiten umgesetzt werden konnten. Im
zweiten Rückgebäude von Nr. 71, das einen zusätzlichen, eigenen Lichthof nach rückwärts hin erhielt, betrieb Amesmaier
seine Schlosserei.
Die Fassaden der beiden Häuser können als vereinheitlichte Abwicklung gelesen werden. Seemüller setzte unterschiedliche
Fensterbreiten (ursprünglich dreiteilige Kreuzstock- und zweiteilige Querstockfenster) zur Rhythmisierung ein, schlug die
1. Obergeschosse durch gemeinsame Rustizierung mit den Erd-
geschossen dem Sockelbereich zu und setzte die folgenden
Ober- als Hauptgeschosse von diesen mittels kräftig durchgebil-
deter Gesimse ab. Den Hauptakzent der Fassade von Nr. 69 bildet ein hohes Dachhaus mit mehrfach gebrochenem Schweifgiebel. Dieser sitzt mittig vor der Dachzone und wird im Fassadenzug darunter von einem dreigeschossigen Flacherker mit
schmalen Seitenfenstern vorbereitet. Die Fassade von Nr. 71
wurde entsprechend instrumentiert. Hier besteht der mittlere
Fassadenzug aus einer breiten Zwerchhaus-Front, deren Giebelfeld Seemüller ein altertümelndes Chörlein einschrieb. Dieser

Amalienstraße 77 und 79 (von links)

Mittelzug wird von zwei dreigeschossigen Flacherkern flankiert,
deren Deckplatten oberhalb ihres obersten, loggienartigen Geschosses die Dachhäuser der Dachwohnungen mit Austritten
bedienen. In spätgründerzeitlicher Manier setzte Seemüller Formen deutscher Renaissance malerisch und phantasiereich ein.
(Beim Luftangriff am 29.10.1944 wurden die Anwesen in Mitleidenschaft gezogen. Weitere Veränderungen: Bei Nr. 69 Instandsetzung der Fassade und des Treppenhauses sowie Erneuerung
der Dachhaut 1999; bei Nr. 71 Ausbau des Dachgeschosses 1981
und Einbau eines Personenaufzugs in das Treppenhaus-Auge
1983.)

Amalienstraße 77. Auf bis dahin unbebaut gebliebenem Gelände kamen 1865 die vier Häuser Amalienstraße 77, 79, 81 und 83
zum Stehen. Die beiden Häuser Nr. 77 und 79 entstanden in
einem Zug durch die gleichen Bauleute, Michael Heuberger und
Georg Bleibinhaus. Das ursprünglich spätbiedermeierliche
Mietshaus Amalienstraße 77 wurde 1879 aufgestockt. Bis in die
1930er Jahre waren die Fassaden der Häuser mit schlichtem
Neurenaissancedekor versehen. Die Fenster der Hauptgeschosse
waren einheitlich gerade verdacht, Rosetten akzentuierten die
Sturzfelder, und Akroterien bekrönten die Verdachungen. Die
Fassadenfelder waren unterhalb der Traufe von Zahnfriesen abgeschlossen. Die Rhythmisierung der Fassaden bestand einzig in
der Engsetzung und der zusammenfassenden Verklammerung
von Fensterachsen. Neben ihrer Fassadenzier (von den übergreifenden Putzlisenen abgesehen) haben die Häuser Nr. 77 und
Nr. 79 auch durch die Auswechslung der Fenster viel von ihrer
historischen Erscheinung eingebüßt. Haus Nr. 77 erlitt durch
die Luftangriffe vom 9./10.3.1943 vergleichsweise leichte
Schäden durch eine Stabbrandbombe. (Erneuerung der Fassade
1984.)

Amalienstraße 77, Seitengebäude

Der Privatier Josef Unterberger ließ 1875 durch den Zimmermeister J. Böck ein viergeschossiges Rückgebäude (Kniestock-Durchfensterung wohl aus jüngerer Zeit) errichten. Die Durchfahrt zum zweiten Hinterhof erschließt über einen kurzen Zwischengang einen über der rückwärtigen Grundlinie ausgebauten Treppenhaus-Pavillon, dessen doppelläufige Podesttreppe zu zwei mittelgroße Wohnungen in jeder Etage führt; diese mit tiefen Dunkelzonen. Ein Jahr später, 1876, erbaute A. Lütge für denselben Bauherrn auf dem frei gebliebenen Areal zwischen Vorder- und Rückgebäude ein eingeschossiges Seitengebäude mit Souterrain. Loggienartige, dreibogige Holzveranden schlossen den Bau nach Westen und Osten hin ab. 1922–23 ließ der als „Metallfränkel" bezeichnete Bauwerber Ferdinand Fränkel nach Plänen des Architekten Georg Guinin das bestehende Gebäude großzügig überformen. Guinin verbaute die Veranden zu eigenen Fensterachsen und setzte zusätzlich ein 1. Obergeschoss auf, dieses zur Nutzung als Büroräume und über ein quer liegendes Treppenhaus erschlossen. (Das angrenzende Gartenhaus Amalienstraße 79 schloss ursprünglich nicht bündig mit dem Seitengebäude von Nr. 77 ab, sondern stand leicht östlich versetzt zu diesem; die jetzige symmetrisierende Ausrichtung des kriegszerstörten Seitengebäudes von Haus Nr. 79 ist ein Ergebnis des „Wiederaufbaus" nach 1983.)

Amalienstraße 79. Im Jahr 1865 errichteten Michael Heuberger und Georg Bleibinhaus ein spätbiedermeierliches Mietshaus auf zuvor unbebauter Parzelle; diesem ließ der Arzt Karl Reschreiter durch H. Krafft 1901 ein Stockwerk aufsetzen. 1927 wurde für die Buchhändlerin Adolphine Pondelicek eine Ladenveränderung im Erdgeschoss vorgenommen. Der Dachgeschossausbau des Anwesens erfolgte im Jahr 1977. Durch Luftangriff vom 25.4.1944 entstand dem Haus starker Brandschaden bis in das Erdgeschoss herab. (Erneuerung der Fenster 1998; Instandsetzung der Fassade und des Treppenhauses sowie Auswechslung der Fenster 2002–2006; Personenaufzug als aufgeglaster Turmanbau am Treppenhaus 2003.)

Das rückwärtig zu Nr. 79 gehörige Hinterhaus entstand 1887 ebenfalls für den erwähnten Arzt Karl Reschreiter. Baumeister war Ludwig Deiglmayr. Der Hauszugang in der nördlichen Achse führt in das mittige, von oben belichtete Treppenhaus, dessen halb gewendelte Podesttreppe ursprünglich eine Wohnung je Etage erschloss. Dreigeschossig mit Kniestock-Durchfens-

Amalienstraße 79, Rückgebäude

terung hat es seinen Neurenaissancedekor weitgehend bewahrt und findet sich für diese Phase des Historismus charakteristisch rhythmisiert: Fenster werden eng gesetzt und gemeinsam verdacht, das Hauptgeschoss ist durch kräftige Kranzgesimse ausgeschieden und seine Fenster sind reich mit gesprengten Dreiecksgiebeln verdacht. Doch hat auch hier, entsprechend dem Vorderhaus, die Fensterauswechslung zu solchen ohne Sprossen (mittlerweile bis auf die Erdgeschosszone wieder rückgängig gemacht) das ursprüngliche Erscheinungsbild verändert, die Fassadenschicht aufgebrochen.

Amalienstraße 81. Auf zuvor unbebauten Grundstücken kamen annähernd gleichzeitig die Mietshäuser Amalienstraße 77, 79, 81 und 83 zum Stehen. Die Anwesen Nr. 81 und 83 entstanden 1865–66 in einem Zug und durch die gleichen Bauleute (M. Leit-

Amalienstraße 81   Amalienstraße 83

he und Feodor Haseidl) für den Maurerpolier Johann Jäger. Bei Haus Nr. 81 führt die Hofdurchfahrt in der südlichen Achse zum nördlich nebenliegenden Treppenhaus, das gemäß Eingabeplan eine Wohnung je Etage erschließt. Bis in die 1930er Jahre fanden sich die Fassaden der beiden Häuser mit schlichter Putzgliederung in Neurenaissance-Auffassung dekoriert. Die Fenster der Hauptgeschosse waren einheitlich verdacht, Rosetten schmückten die Sturzfelder und Akroterien die Verdachungen. Im Unterschied zu den benachbarten Häusern wurde bei Nr. 81 und 83 die historische Fensterform bewahrt. Bis 1976 befand sich im Erdgeschoss bei Nr. 81 der Laden der Buchdruckerei Straub, im selben Jahr zur Gastwirtschaft ausgewechselt. (Instandsetzung der Fassade 1975, 1984 und 1989; Erneuerung der Fenster 1989.)

[**Amalienstraße 81a.** Der Maurerpolier Johann Jäger, der um 1865 auch als Eigentümer der beiden Häuser Amalienstraße 81 und 83 ausgewiesen ist, ließ in diesem Jahr und in einem Zug mit den bez. Vordergebäuden auch ein schlichtes zweigeschossiges

Amalienstraße 81a

Hintergebäude errichten. Der im Kern spätklassizistische Bau wurde durch den Architekten Nikolaus Debold 1890 für den Kunstmaler Gustav Goldberg zum Ateliergebäude überbaut und zur heutigen Gestalt verlängert. Der in die nördliche Fassade gesetzte Hauszugang führt in das großzügig bemessene, von Norden her belichtete Treppenhaus, dessen doppelläufige Podesttreppe das Obergeschoss erschließt. (Einbau innen liegender Doppelfenster 1991; Gesamtsanierung 1994–95.)]

Amalienstraße 83. Mietshaus, biedermeierlich, mit schlichter Putzgliederung, 1865–66 von M. Leithe und Feodor Haseidl; Gruppe mit Nr. 77, 79 und 81 (s. dort).

Amalienstraße vor der Universität. *Denkmäler*, auf hohen Pfeilern zwei allegorische Figuren, 1908 von Hermann Hahn; zur Universitätsanlage gehörig, s. Geschwister-Scholl-Platz 1.

Amiraplatz

(Vgl. Ensemble Altstadt/Straßenbild Kardinal-Faulhaber-Straße, sowie Ensembles Maxvorstadt I und II.). Nördliche Fortsetzung der Achse Kardinal-Faulhaber-Straße–Salvatorplatz nach Norden bis zur Brienner Straße, durch einen vorspringenden Bauteil am Südende der Westseite (ehemals Haus Brienner Straße 7, Teil der klassizistischen Knorr-Häuser, heute Teil des Luitpoldblocks) platzartig abgesondert. Durch die früher z. T. weiter vortretende Westfassade des ehem. Theatinerklosters (vgl. Salvatorplatz 2) war der nördlich außerhalb der ehem. Stadtmauer gelegene, von Wohngebäuden des frühen 19. Jh. begrenzte Bereich eine stärker von der Altstadt abgesetzte, einem kleinen Platz gleichende Erweiterung an der Südseite der Brienner Straße und erhielt erst 1931 seinen Namen nach dem Münchner Rechtshistoriker Karl von Amira (1848–1930). Das heutige Architekturbild ist neuklassizistisch aufgrund des Neubaus von 1938/40 an der Ostseite (s. Nr. 1/1a) und des beim Wiederaufbau dem klassizistischen Umfeld angepassten Luitpoldblocks im Westen (vgl. Brienner Straße 11/13, mit Amiraplatz 3). (Siehe Flurkarte S. 129)

Amiraplatz 1/1a (mit Briennerstraße 9). *Vereinigte Werkstätten.* Auf dem Doppelgrundstück mit der ursprünglichen Hausnummer Brienner Straße 4 und 5 verzeichnet erstmals der Katasterplan von 1814 die beiden nachmaligen Rückgebäude, die im westlichen Randteil des vormals Baron Lerchenfeldschen Gartens (vgl. Kataster 1809) entstanden waren. Die Vordergebäude mit jeweils quadratischer Grundfläche – Nr. 5 als Eckhaus – entstanden im Zusammenhang mit der geschlossenen Bebauung an der neu angelegten Brienner Straße in den Jahren um 1820; auf dem Katasterplan von 1826 sind sie bereits vorhanden; 1828 und noch 1849 war Nr. 5 mit dem Rückgebäude Nr. 6 im Besitz des Schneidermeisters Johann Baptist Lechner, wohl des Bauherrn; Nr. 6 gehörte dem kgl. General-Salinen-Administrationsrat Wolf Ludwig (Adressbuch 1833). Die viergeschossigen Mietshäuser mit klassizistischen Fassaden in der Klenze-Nachfolge wiesen Rundbogenöffnungen von geschossweise differenziertem Format auf. Das Eckhaus Nr. 5 verband ein Zwischentrakt mit dem Rückgebäude am (späteren) Amiraplatz, die gesamte Dachzone war in der vor dem Abbruch bestehenden Form als späterer Ausbau zu erkennen. Städtebaulich war die Gruppe im Zusammenhang mit der Brienner Straße wie der Südbegrenzung des Wit-

telsbacherplatzes von hoher Bedeutung. – Das vornehme Weinrestaurant Schleich ließ 1889/90 durch die Fa. Heilmann und Littmann prächtige Galerie in verschiedenen historischen Stilen ausstatten (altdeutsch, Rokoko, Louis XVI, Spiegelsaal). Nicht ausgeführt wurden die Pläne zu einem großen Hotel-Neubau samt Weinrestaurant, die Ludwig C. Lutz 1912 im Auftrag von Friedrich Schleich entworfen hatte.

Der Neubau des Geschäftshauses der Vereinigten Werkstätten, 1938–40 von Robert Seitz – mit den weitläufigen Verkaufsräumen der renommierten, 1898 gegründeten Ausstattungsfirma im Erdgeschoss – steht im Zusammenhang mit den gleichzeitigen Umbaumaßnahmen am südlich anschließenden Kultusministerium (s. Salvatorplatz 2), die eine durchgehende Verbindung von der Brienner Straße über den (1931 nach dem Juristen Karl von Amira benannten) Amiraplatz und den Salvatorplatz zur Promenadestraße (Kardinal-Faulhaber-Straße) bezweckten und die Bebauung an der Ostseite z. T. begradigt neu gestalteten.

Der fünfgeschossige neuklassizistische Baukörper übereck interpretiert in zeitüblicher Weise die anspruchsvolle Situation in einem monumentalisierenden Sinn, vor allem auch mit dem die Traufhöhe der östlichen Anschlussbebauung überschreitenden obersten, freilich niedrigeren und friesartig behandelten Geschoss und durch die Verwendung von Naturstein (Muschelkalk) als Verblendung des mit großen Schaufensterarkaden ausgestatteten Erdgeschosses und für die Fensterumrahmungen in den drei Mittelgeschossen; die besonders hohen Fenster des 1. Stocks sind durch gerade Verdachungen betont. Den Abschluss bildet ein kräftiges Konsolgesims. Der nördliche Bauteil ist als palastartiger Rechteckblock mit sieben Achsen zum Wittelsbacher Platz und drei Achsen gegen Westen von dem leicht zurückgesetzten, schräg anschließenden, 15 Achsen langen Seitentrakt abgehoben. Über drei ausgesuchten Erdgeschossarkaden sind Reliefkartuschen (Kalkstein) appliziert. Im um 1993 z. T. umgebauten Inneren verbindet das aus dem Kreis entwickelte Treppenhaus mit Oberlicht die beiden Trakte.

Amiraplatz 1, 3. Vgl. Ensemble Altstadt, Straßenbild Kardinal-Faulhaber-Straße, sowie Ensemble Maxvorstadt II.

Amiraplatz 3. Vgl. Ensemble Maxvorstadt I. (Ursprünglich klassizistisches Haus; heute nach Osten vorspringender Bauteil des Luitpoldblockes, s. Brienner Straße 11/13/15.)

Amiraplatz 1/1a mit Briennerstraße 9 (links)   Amiraplatz 1/1a, Westseite

An der Hauptfeuerwache 4 (links Nr. 6, 8) mit Unterer Anger 7, 8/9 (rechts)

An der Hauptfeuerwache

(Vgl. Ensemble Altstadt.) 1995 nach der Hauptfeuerwache (s. Nr. 8) benannter Teilabschnitt der bisherigen Blumenstraße (s. dort) zwischen Unterem Anger und Oberanger (altstadtseitige Bebauung und Fahrbahn nordöstlich des mittleren Grünstreifens). (Siehe Flurkarte S. 118)

An der Hauptfeuerwache 4. Die Ecksituation an der Westseite des Unteren Angers und der Mühlgasse (später Teil der Blumenstraße, jetzt An der Hauptfeuerwache), schräg gegenüber dem einstigen Angertor der Stadtmauer, ist auf Sandtners Stadtmodell (1570) mit einem Pultdachhaus besetzt, an das sich westlich vorspringend (gegenüber der Mauer) zwei niedere Kleinbauten, wohl Stadel, nördlich am Anger zwei dreigeschossige Traufhäuser anschließen. Stimmelmayrs Skizze (gegen 1800) zeigt ein stattlicheres, dreigeschossiges Eckhaus mit südseitigem Giebel. In der nach Abbruch der Stadtbefestigung und Begrünung dieses Ab-

An der Hauptfeuerwache 4,
Vestibül

An der Hauptfeuerwache 6,
Treppenhaus

An der Hauptfeuerwache 6,
Durchfahrt

schnitts der Blumenstraße (s. dort) aufgewerteten Ecklage entstand 1885–87 die stattliche, zeitgenössisch-großstädtischem Habitus entsprechende fünfgeschossige Mietshausgruppe Blumenstraße 30 und 30a (heute An der Hauptfeuerwache 4/Eckhaus und 6) sowie Unterer Anger 7 mit einheitlicher aufwendiger Neurenaissance-Fassadengliederung. (In der Denkmalliste ist nur das Eckhaus eingetragen; die Fassade von Nr. 6 ist auf die Grundelemente reduziert, die von Unterer Anger 7 völlig vereinfacht.) Bauherren der Dreiergruppe waren der Akademiker (Kunstmaler) Carl Stitzinger und die Stabsarztgattin Marie Pachmayr geb. Stitzinger. Die Eingabepläne wurden von Baumeister Joseph Kalb (Bauführer, Bauleiter) unterschrieben.

Das Eckhaus Nr. 4 ist zweiflügelig mit straßen- wie hofseitiger Eckabschrägung. Die Außenachsen beider Längsseitenfronten werden von Pilastern flankiert. Erdgeschoss und 1. Stock sind durch Rustika als Sockel behandelt, die Fenster im 2. und 3. Stock durch Segment- bzw. Dreiecksgiebel-Verdachungen ausgezeichnet (im 3. Stock ostseitig nicht erhalten). Unter der Traufe, von den Kniestockfenstern unterbrochen, zeigen die Eingabepläne einen (heute merklich fehlenden) reichen Konsolen- und Girlandenfries. Die Brüstungen der beiden Balkone (Eckschräge 2. Stock, Südseite 1. Stock Mitte) sind heute vereinfacht. Der großzügige moderne Dachausbau stammt von 1997.

Im Eingangsvestibül (südseitig) mit Differenzstufen ist die reiche Wandgliederung mit korinthischen Pilastern und Stuckfries erhalten; eine Rundbogennische in der Schrägachse rechts von der Flügeltür zum Treppenhaus nimmt eine weiß gefasste Mädchenfigur mit zwei Krügen auf. Die anschließende Treppe mit Spiraleisengeländer ist schräg zur Hofecke hin situiert. Jeder der beiden Gebäudeflügel enthielt pro Geschoss eine Großwohnung mit Mittellängsgang, Zimmern zur Straße hin sowie Küche und Nebenräumen hofseitig; an der Ecke jeweils ein gestreckt polygonaler, zur Südwohnung gehöriger Salon. Gewölbte Keller.

In Haus Nr. 6 (s. oben) ist die reich gestaltete Durchfahrt noch original erhalten.

An der Hauptfeuerwache 8 (ehem. Blumenstraße 34). *Hauptfeuerhaus* (vgl. Unterer Anger 8/9). Sandtners Stadtmodell (um 1570) zeigt in der Randsituation gegenüber der Stadtmauer eine niedrige Traufbebauung mit Stadeln sowie an der Ecke Mühlgasse/Oberanger (ehem. Oberanger 18) das seit 1433 bestehende ‚Frauenhaus‘ (Freudenhaus bis zum Verbot unter Wilhelm V. im späten 16. Jh., später Totengräberwohnung, im 18. Jh. zeitweise Stadtkrankenhaus, in der Folge Privatbesitz), einen zweigeschossigen Satteldachbau. Der östlich benachbarte zweiteilige Landbaustadel – ein Magazin des Landbauamtes, im 19. Jh. z. T. auch bewohnt (Blumenstraße 32/34) – wurde 1902 abgerissen (vgl. Ansicht bei Bauer/Valentin 1982, S. 51).

Die als Ersatz für das Hauptfeuerhaus von 1795 am St. Jakobsplatz (s. dort) 1902–04 errichtete Hauptfeuerwache (auch Zentralfeuerhaus genannt) gehört zu den stattlichsten Neubauten, die der damalige Bauamtmann Karl Hocheder (ab 1898 überdies TH-Professor) für die Stadt entworfen hat. Das von ihm ausgearbeitete Projekt wurde durch seinen Amtsnachfolger, den städt. Baurat Robert Rehlen, „nach einer durch Änderung der Eigentumsverhältnisse bedingten Umarbeitung der Grundrissanlage" ausgeführt (MB I 1912).

Der stattliche Gebäudeblock interpretiert die Altstadtrand-Ecksituation an der ab 1873 zum begrünten Boulevard ausgebauten

◁ ▽ An der Hauptfeuerwache 8

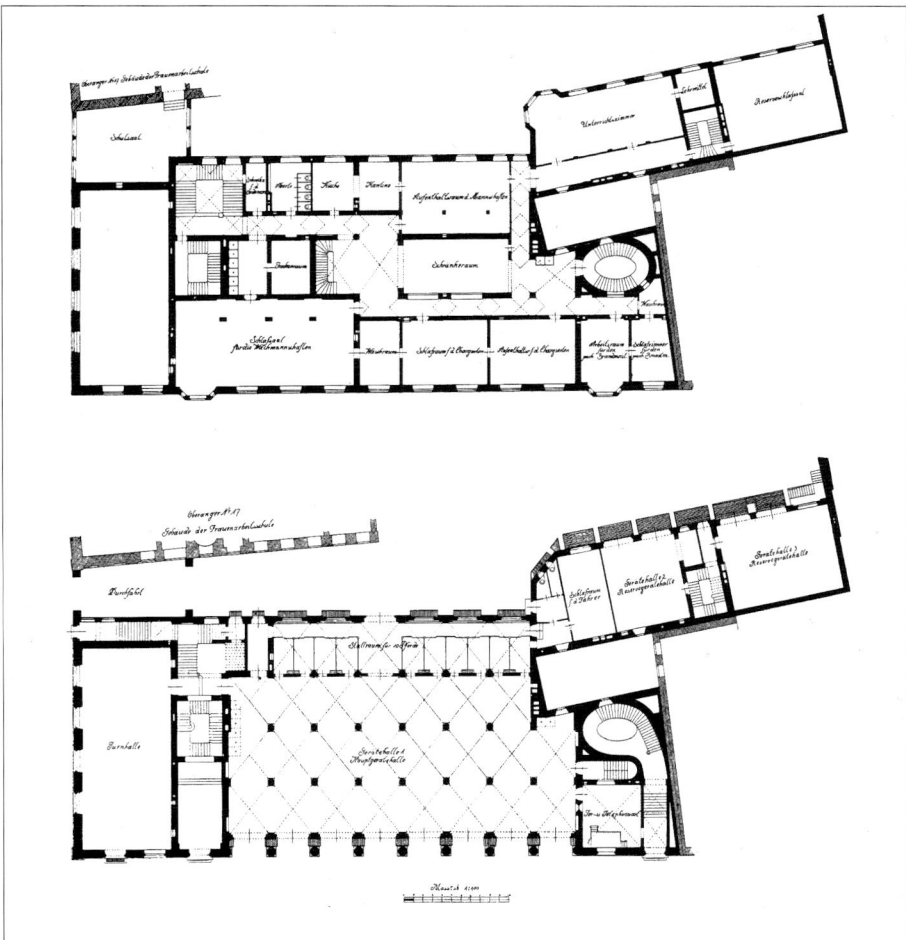

An der Hauptfeuerwache 8; Grundrisse Erd- und 1. Obergeschoss, bauzeitlich

Blumenstraße großstädtischen Dimensionen gemäß, doch bewusst im Sinne einer malerisch-historisierenden, mit asymmetrischen Elementen durchsetzten Gruppenbildung, wobei besonders die oberen Partien (in der Hauptsache mit Dienstwohnungen) äußerst abwechslungsreich gestaltet sind. Bei dem im Grunde fünfgeschossigen Block sind die drei unteren Geschosse flächenhaft behandelt, mit Details eher in der Art der deutschen Renaissance – Arkadenvorhalle mit stämmigen toskanischen Natursteinsäulen an der Längsseite, die Segmentbögen

wie die Rundbogenfenster mit Rustikarahmung –, während die obere Zone stark aufgegliedert ist, längsseitig mit Loggien im 3. und in das Dach integrierten Gauben im 4. Obergeschoss, und vertikal in Zwerchhäusern mit kleineren, an den beiden Enden und seitlich in hohen barockisierenden Schweifgiebeln gipfelt. Die gerade verdachten, meist verdoppelten Rechteckfenster im 3. und 4. Oberschoss haben einen ruhigeren Renaissancecharakter. Das mächtige Dach überragen zwei Oberlichtschächte und die an die Türme der Salzburger Kollegienkirche erinnernde Laterne des ovalen östlichen Treppenhauses. Mit dem dominierenden Glattputz sind Sockel, Gliederungen sowie die beiden neubarocken Erker der Längsseite in Naturstein kombiniert. Seitlich stellt ein kurzer dreigeschossiger Zwischentrakt die (in keiner Weise harmonisierte) Verbindung zum völlig andersartigen Landschaftsgebäude (s. Roßmarkt 15) her. Rückseitig schließen sich ein großer Übungshof und ein schräger Verbindungstrakt zum Erweiterungsbau Unterer Anger 8/9 (s. dort) an.

Eindruckvollster Innenraum ist die große, dreischiffige Gerätehalle zu acht Jochen im Erdgeschoss mit stämmigen Säulen und gurtlosen Kreuzgratgewölben. Den Eckbereich westlich daneben nimmt die Turnhalle ein, außen an den hohen Rundbogenfenstern abzulesen; hofseitig liegen die ehem. Stallung und im östlichen Nebenflügel zwei weitere Geräteräume, im 1. Stock die Diensträume der Wachmannschaften. Im darüberliegenden, um zwei Lichtschächte gruppierten und durch gewölbte Flure sowie zwei Treppenhäuser – westlich ein rechteckiges, das östliche oval – erschlossenen Bereich wurden die weiteren Arbeits- und Verwaltungsräume sowie Dienstwohnungen angeordnet, hofseitig im 2. Stock Bibliothek und Sammlung.

Angertorstraße

In Verlängerung des altstädtischen Unteren Angers (s. dort) vor dem im 19. Jh. etappenweise (um 1810 und 1870) abgebrochenen Angertor aus dem frühen 14. Jh. als kurze Verbindung zwischen Blumen- und Müllerstraße in klassizistischer Zeit (1824/25) angelegt; durchschneidet die ehemals dem Tor vorgelegte Bastions der Wallbefestigung des 17. Jh.

Angertorstraße 1. Den Bauplatz (mit Nr. 3) erwarb zusammen mit dem damaligen Gasthausareal Blumenstraße 29 (s. dort) der Baumeister und Bauunternehmer Ludwig Deiglmayr, der 1888–1889 nach eigenem Plan das fünfgeschossige Neurenaissance-Mietshaus in Ecksituation mit schräg gestelltem Eckerker erbauen ließ (Bauleiter: Bautechniker Josef Ringer). Das in Rauputz rustizierte Erdgeschoss nimmt an den beiden Enden der längeren Front zur Angertorstraße Läden mit erhaltenen Gusseisen-Ladenstöcken und jeweils zugehöriger Wohnung auf. Links vom rechten Laden Eingang, Flur und zweiläufige Treppe mit spiraligem Eisengeländer, die als feuersichere Schmiedeeisenkonstruktion mit Holzstufenbelag, gefertigt von Schlossermeister Georg Rusp, zu ihrer Zeit bemerkenswert war. In den Obergeschossen je eine größere und – im hofseitig vorspringenden südlichen Bauteil rechts von der Treppe – eine kleinere Wohnung. Dieser rechte Bauteil des nun städtischen Hauses, ursprünglich nur viergeschossig mit Mansarddach, wurde 1950 aufgestockt.

Angertorstraße 2 siehe Blumenstraße 31.

Angertorstraße 3. Zugleich mit Nr. 1 von Ludwig Deiglmayr als Bauherr und Planfertiger 1888–90 errichtet (Bauleiter Josef Ringer). Viergeschossiges Mietshaus in Neurenaissanceformen mit ausgebautem Mansarddach, im Erdgeschoss Läden, je Geschoss zwei Dreizimmerwohnungen; rechts von der in der Mitte gelegenen Durchfahrt (mit preußischen Kappen) unbrennbare Schmiedeeisentreppe wie in Nr. 1.

Angertorstraße 5. Das 1827 im Auftrag des Stadtkassiers (Offizianten) Scheiber von Baumeister Joseph Höchl und Zimmermeister Stitzinger errichtete viergeschossige Mietshaus mit Dachwohnung weist eine auf bescheidene bürgerliche Verhältnisse reduzierte Fassadengestaltung auf, die von klassizistischen Palasttypen etwa Fischers oder Klenzes abgeleitet ist: eine auf-

Angertorstraße 1

Angertorstraße 3

Angertorstraße 5

wendige Rauputzrustika im Erdgeschoss mit auf Konsolen ruhender Verdachung über dem Mitteleingang; darüber ein reicher Zierfries; in den Obergeschossen faszierte Fensterrahmungen, im 1. und 2. Stock mit waagrechten Verdachungen, die Fensterformate nach oben abnehmend, die drei mittleren Fensterachsen näher zusammengerückt. Die gewendelte Treppe rückseitig in der Mitte, beiderseits je eine Wohneinheit. 1862 im Keller (in der vorderen linken Ecke) Einbau eines Backofens, zugehörig der Laden darüber. (Jenseits der schräg verlaufenden rechten Kommunmauer wurde das um 1995 abgebrochene dreigeschossige klassizistische Eckhaus Müllerstraße 28, ebenfalls ein Bau Josef Höchls, 1827 um zwei Achsen verlängert, um den Zwischenraum auszufüllen.)

Arcisstraße (bis Georgenstraße)

Eine der langen Nord-Süd-Achsen der im frühen 19. Jh. im rechtwinkligen System angelegten klassizistischen Maxvorstadt, ursprünglich (1808–12) abschnittweise (von Süden) Amalien-, Ludwig- und Maistraße, dann insgesamt Friedrichstraße genannt nach Pfalzgraf Friedrich Michael von Zweibrücken, dem Vater König Max Josephs. Auf Anordnung Ludwigs I. 1826 nach der Schlacht von Arcis-sur-Aube (20./21.3.1814) benannt, an der bayerische Truppen maßgeblich beteiligt waren (vgl. Barer Straße, Brienner Straße). Der Südabschnitt zwischen dem Alten Botanischen Garten und der Brienner Straße (Königsplatz/Ostseite) erhielt 1957 den Namen Meiserstraße (s. dort). Die den Königsplatz (s. dort) ostseitig tangierende Achse erhielt in diesem Bereich 1934–38 durch die monumentalen NS-Parteibauten mitsamt den die Brienner Straße flankierenden (1947 beseitigten) „Ehrentempeln" ein völlig neues Gepräge (vgl. – auch zur Vorbebauung – Arcisstraße 14, Meiserstraße 6/8 und 10). Zwischen Gabelsberger- und Theresienstraße wird die Arcis-

Angertorstraße; Flurkarte, M. 1:2500

straße westlich vom langen, baulich mehrfach erneuerten Komplex der Technischen Universität (Erstbau 1865–68, vgl. Arcisstraße 21) im Westen begrenzt, östlich gegenüber von der Schmalseite der von einer Grünfläche umgebenen Alten Pinakothek (vgl. Barer Straße 27) von 1826–35. Der erst ab ca. 1860 über die Schellingstraße hinaus verlängerte und allmählich mit (meist im Luftkrieg zerstörten) Miethäusern des späten Historismus bebaute nördlichste Straßenabschnitt tangiert die Ostseite des 1865–68 angelegten Alten Nördlichen Friedhofs (vgl. Arcisstraße 45) und mündet knapp jenseits der Grenze der Maxvorstadt (vgl. Georgenstraße) in den Schwabinger Elisabethplatz.

Arcisstraße 12. (Vgl. Ensemble Maxvorstadt II.) Ehem. *„Führerbau" der NSDAP*, jetzt *Staatliche Hochschule für Musik.* Zugunsten des „Führerbaus" wurden im Mai 1933 drei freistehende Wohnhäuser samt Nebengebäuden abgebrochen, ehemals Arcisstraße 20 (im Garten gelegene Villa, 1921 von Theodor Fischer), 22 und 24. Nach Wenngs Atlas 1849 gehörte Nr. 24 damals Carl Frhr. von Aretin, das südliche Nachbarhaus Nr. 22 dem sardischen Gesandten Marchese Fabio Pallavicini, Eigentümer auch des benachbarten Palais an der Brienner Straße (mit alter Nummer 45), das seit 1930 als sog. „Braunes Haus" die Parteizentrale der NSDAP beherbergte. Nach der „Machtergreifung" 1933 wurde der gesamte umliegende Bereich zwischen Königs- und Karolinenplatz, Theresien- und Karlstraße zum Parteiviertel mit Sitz der verschiedenen Dienststellen und Formationen (München seit 1935 offiziell „Hauptstadt der Bewegung"), die bestehende Bebauung teils adaptiert, teils abgebrochen und durch Neubauten ersetzt; das den „Führerbau" funktionell ergänzende, geplante Kanzleigebäude (Modell 1938/39 von Leonhard Gall), für das fünf weitere Häuser an der Arcisstraße (ab Nr. 26) sowie Altbauten an der Südseite der Gabelsbergerstraße (gegenüber der Alten Pinakothek) und an der Barer Straße abgebrochen wurden, kam über die Kellergeschossmauern nicht mehr hinaus (auf denen ab 1965 Institutsbauten der Technischen Universität entstanden, 2007 abgebrochen, vgl. Gabelsbergerstraße/Vorspann).

Vorplanungen Paul Ludwig Troosts für ein von Hitler vorgesehenes Parteigebäude an der Arcisstraße westlich vom „Braunen Haus" gehen bis in den Winter 1931/32 zurück; nach der „Machtergreifung" wurde das zugleich immens expandierende Projekt konkret. Modelle und Pläne für die gesamten Baumaßnahmen im Königsplatzbereich wurden im März 1934 im neuen Kunstpavillon des Alten Botanischen Gartens ausgestellt; u. a. war für den nunmehrigen „Führerbau" nördlich der Brienner Straße ein Verwaltungsbau als Pendant im Süden (heute Meiserstraße 10) vorgesehen. Nach P. L. Troosts unerwartetem Tod am 21. Januar 1934 führte das „Büro Troost" – seine Witwe Gerdy und sein Büroleiter (seit 1911) Leonhard Gall – die Arbeiten nach seinen Entwürfen und in seinem Geiste fort; sie waren vor allem für die noch ausstehende innere Gestaltung verantwortlich. Die Bauleitung übernahmen Josef Heldmann (als amtlicher Bauleiter der NSDAP) und Ludwig Weiersmüller, die Ausführung erfolgte durch die Firma Hochtief AG München. Der „Führerbau", schon im August/September 1933 vor er-

folgter Baugenehmigung begonnen, war im Rohbau Ende August 1934 fertig; am 3. November 1935 fand in Anwesenheit Hitlers das gemeinsame Richtfest zugleich auch für den Verwaltungsbau statt. Eingeweiht wurde der „Führerbau" am 25. September 1937 im Rahmen von Mussolinis Staatsbesuch; am 29. und 30. September 1938 war er Schauplatz des Treffens der Regierungschefs Hitler, Chamberlain, Daladier und Mussolini, die hier das „Münchner Abkommen" zur Abtretung der Sudetengebiete seitens der (hier nicht vertretenen) Tschechoslowakei unterzeichneten.

Mit den beiden Parteigebäuden samt „Ehrentempeln" am Königsplatz wie mit dem gleichzeitigen „Haus der deutschen Kunst" (vgl. Prinzregentenstraße 1) hat Troost die Prototypen der offiziellen Monumentalarchitektur des Nationalsozialismus entworfen, die sich mit ihrer grob vereinfachenden Klassizistikgebärde von dem bei sonstigen Bauaufgaben bevorzugten heimatgebundenen Stil unterscheidet (wobei die Spannweite systemcharakteristischen Bauens bis zu den verschiedenartigen Lagerbarackengruppen reicht). Troosts Formensprache war im Grunde schon vor dem Ersten Weltkrieg, konform einer damaligen archaisierend-neuklassizistischen Strömung, ausgeprägt (sein 1969 leider abgebrochenes Haus des Malers Benno Becker von 1903/05, Maria-Theresia-Straße 26, vereinigte als Zukunftsmöglichkeiten noch neuklassizistische Elemente mit profillos glatter prämoderner Gartenfassade). „Als Eklektizist, der meisterhaft mit dem Formenrepertoire vergangener Zeiten umgehen konnte, stand Troost in den zwanziger Jahren auf der Seite der Gegner funktionalistischer Architektur. Allerdings passte er sich der Konkurrenz der erfolgreichen, im ‚style moderne' eingerichteten Luxusliner aus Frankreich und Amerika an, indem er seine Entwürfe geometrisierte und monumentalisierte" (Eva v. Seckendorff in: Ausst. Kat. Bürokratie und Kult 1995, S. 119). Hitlers Aufträge ermöglichten Troost ein Planen in gesteigerten Dimensionen.

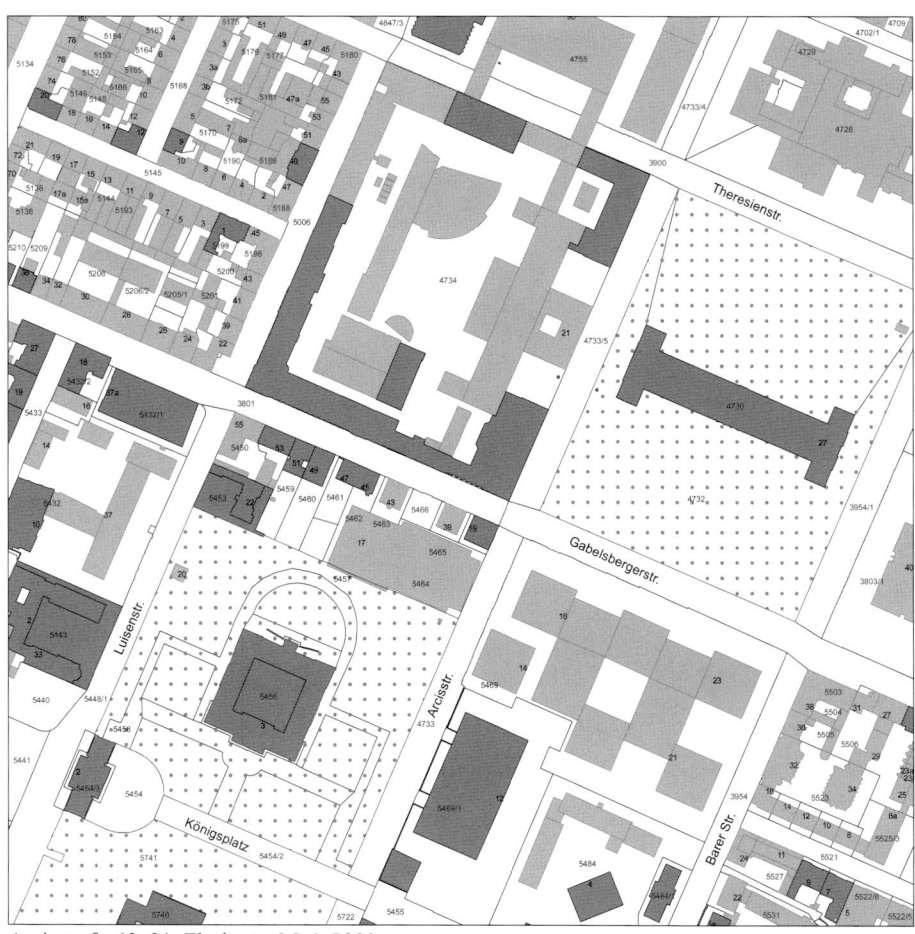

Arcisstraße 12–21; Flurkarte, M. 1:5000

Arcisstraße 12, ehem. Kongressbau der NSDAP, heute Staatliche Hochschule für Musik von Nordwesten

Arcisstraße 12, Nord- und Ostfassade; Aufn. 2007

den Balkonvorhallen (deren kannelierte Pfeiler mit denen der „Ehrentempel" korrespondierten) wurden 1945 beseitigt. An der Rückseite im 1. Stock drei Balkons.

Das Grundrisssystem ist über einem Raster von 4 x 4 m entwickelt; die gemäß Nutzung im Format wechselnden Einzelräume sind außenseitig um den höheren Gebäudekern gruppiert, der den größeren Teil der Fläche einnimmt, mit den beiden dreigeschossigen, verglast gedeckten, von dorisierenden Säulenstellungen (Marmor massiv, im Verwaltungsbau marmorverkleidete Pfeiler) und Erschließungsgängen umgebenen Lichthöfen. Axial in die Mitte der Lichthöfe des „Führerbaus" sind mächtige, zum 1. Stock führende Freitreppen gelegt (vgl. Burgtheater Wien; im Verwaltungsbau sind die Haupttreppen entlang der Lichthof-Innenseite situiert). Im Unterschied zum Verwaltungsbau nahm fast die gesamte straßenseitige Erdgeschossflucht ein lang gestrecktes, kassettengedecktes Vestibül oder Wandelhalle ein (jetzt unterteilt). Im 1. Stock lagen Hitlers Empfangs- und Arbeitsräume, darunter sein Arbeitszimmer mit Austritt auf den südlichen der beiden Pfeilerbalkone, nördlich benachbart – in der Mitte der Straßenseite – eine Wandelhalle, rückseitig im Nordosten ein lang gestreckter Speisesaal. Zwischen den Lichthöfen in der Gebäudemitte (die im Verwaltungsbau die Bibliothek aufnahm) sollte der Führerbau ursprünglich einen westseitig halbrund abschließenden Kongresssaal für ca. 700 Personen erhalten, doch wurde 1937 durch Gerdy Troost und Leonhard Gall eine große Empfangshalle mit Oberlicht eingerichtet, an deren Hochwand über der Vertäfelung der Zyklus von Wandteppichen mit den Taten des Herkules aus dem 16. Jh. aufgehängt wurde (s. Residenz/Festsaalbau, Herkulessaal). Im erst 1938 möblierten 2. Obergeschoss befanden sich Arbeitsräume hoher Parteifunktionäre, u. a. des Kanzlei-Leiters und (ab 1941) Führer-Sekretärs Martin Bormann und des Reichspressechefs Otto Dietrich, sowie in der Mitte der Rückseitenfront eine Bildergalerie. In den drei Geschossen des Keller- und Fundamentbereichs waren u. a. die Küche (Nordostecke), südlich von ihr das von Ernst Haiger ausgestattete Kasino, ferner Kühl-, Vorrats- und Heizungsräume sowie (im Westen) Luftschutzbunker untergebracht. Die gestalterisch (im oberen Bereich) bewusst verdeckte technische Installation war für ihre Zeit höchst entwickelt. Die beiden großen einstigen Parteibauten sind miteinander (wie ehemals mit den benachbarten von der Partei genutzten Gebäuden und den „Ehrentempeln") durch ein unterirdisches Gangsystem verbunden, vor

Äußerlich sind „Führerbau" und Verwaltungsbau trotz verschiedener Funktion – bei freilich gemeinsamem Repräsentationsanspruch und weitgehender Büronutzung – völlig identisch gestaltete Pendants, 85,2 x 45,2 m große Flachdachblöcke (21 zu 11 Achsen) mit 18 m, am herausragenden Mittelteil 24 m Traufhöhe. Die Ziegelmauer- und Stahlbetonkonstruktion ist außen (in repräsentativen Bereichen auch innen) mit hellem Donaukalkstein verkleidet. Über Sockel aus grauem Muschelkalk erheben sich die drei durch doppelte Gesimsbänder getrennten Geschosse. Die hohen Rundbogenfenster der beiden unteren Geschosse liegen vertieft in Rechteckblenden; das niedrigere 3. Geschoss mit Rechteckfenstern schließt ein kräftiges, reich profiliertes Traufgesims mit knapper Attika ab, überragt von dem weit zurückgesetzten, fensterlosen Oberteil des den Mittelsaal und die beiden Lichthöfe enthaltenden Gebäudekerns, der gleichfalls mit profiliertem Gesims samt Attika endet. Der Hauptzugang erfolgt straßenseitig jeweils durch zwei axial den Vestibülen und Lichthöfen vorgeschaltete, weit vortretende Vierpfeilerbalkone samt Freitreppen, welche die steinernen Vorgarteneinfriedungen unterbrechen. An den Eingangsachsen – auch in der Schmalseitenmitte – ist die Gliederung jeweils zurückhaltend betont; die Hoheitsadler im 2. Obergeschoss über allem in der untersten Ebene durch den sog. Diplomatengang, einen Fußgängertunnel unterhalb der Brienner Straße. Funktion und Einrichtung der einzelnen Räume im ehem. „Führerbau" und Verwaltungsbau wurden bisher am ausführlichsten von Eva v. Seckendorff beschrieben (Ausst. Kat. Bürokratie und Kult 1995, S. 119 ff.).

Die beiden großen NS-Bauten, im Luftkrieg nur wenig beschädigt, doch zuletzt verwüstet und geplündert, wurden Ende April 1945 von der US-Armee beschlagnahmt, jedoch entgegen ursprünglicher Anordnung General Eisenhowers in der Folge nicht zerstört, sondern wegen akuten Raummangels genutzt und instand gesetzt (Leitung Dieter Sattler). Sie beherbergten u. a. den Central Collecting Point, die Sammelstelle für verschleppte, laufend zurückerstattete Kulturgüter, und dienten als vielfache, wechselnd genutzte Notunterkünfte für Münchner Kulturinstitutionen, Sammlungen und Hochschulseminare, der ehem. „Führerbau" u. a. der Staatsbibliothek (bis 1952) und dem Hauptstaatsarchiv; die Südhälfte war von Juli 1948 bis 1957 Sitz des Amerikahauses (dann Neubau Karolinenplatz 3, vgl. dort). Nach dessen Auszug und Räumung durch andere provisorische Nutzer übernahm die (bis 1944 im Odeon beheimatete) Musikhoch-

Arcisstraße 12, Lichthof

schule das gesamte Gebäude, das schon im Mai 1948 dem Freistaat Bayern übergeben worden war. Die zentral im 1. Stock gelegene große Empfangshalle mit halbrundem Schluss wurde 1954 durch das Landbauamt München in den amphitheatralischen Konzertsaal der Musikhochschule mit ca. 600 Plätzen umgebaut, der 1959 eine Steinmeyer-Orgel erhielt (um 2000 Kuhn-Orgel). Für die heutige Nutzung sind mehrfach bauliche Veränderungen vorgenommen worden, u. a. die Unterteilung großer Räume wie des Vestibüls, der Wandelhalle und des Speisesaals. Räume mit noch erhaltenen originalen Gestaltungselementen, vor allem Vertäfelungen, befinden sich u. a. im Westflügel (1. Stock) Nr. 105 (heute Kaminzimmer genannt) und Nr. 120/ 121 (heutige Bibliothek mit Schnitzreliefs).

Ehemalige *„Ehrentempel"* (südlicher = Meiserstraße 10, s. dort). Die beiden die Einmündung der Brienner Straße in den neu gestalteten „Königlichen Platz" flankierenden „Ehrentempel" wurden nach Entwurf von P. L. Troost von Frühjahr bis Herbst 1935 errichtet (zur Planungsgeschichte vgl. H. Lehmbruch in: Ausst. Kat. Bürokratie und Kult 1995, S. 37 ff.); die Vorgängerbauten, freistehende klassizistische Zeltdachhäuser – südlich Karl von Fischers eigenes Wohnhaus von 1810, nördlich

das 1832 von Joseph Höchl erbaute Wohnhaus des Malers und Akademieprofessors Julius Schnorr von Carolsfeld –, waren schon im November 1933 abgebrochen worden. Die Kalkstein- und Betonbauten der „Ehrentempel", gleichsam kultischer Mittelpunkt des Parteiforums, waren auf gestuften Sockeln sich erhebende quadratische Hallen von ca. 21 m Seitenlänge mit je 6 x 6 außenseitig kannelierten Pfeilern und dreiteiligem Gebälk, innen mit einem Umgang rings um den hypäthra-

Ehem. „Ehrentempel"

len, vertieften Gruftraum, in dem die jeweils acht gusseisernen Sarkophage der beim Putschversuch am 9. November 1923 bei der Feldherrnhalle ums Leben gekommenen Nationalsozialisten standen (an die damaligen Toten der Landespolizei erinnert heute eine kleine Gedenktafel im Boden vor der Feldherrnhalle). Im Westen führte mittig auf das Niveau des Umgangs eine Freitreppe, auf der eine ständige Mahnwache postiert war. In den Ecken der Halle standen Feuerschalen; die Unterseite der in der Mitte offenen Flachdecke war mit gemustertem Mosaik ausgekleidet.

Die von den Bomben verschonten Hallen wurden gemäß Verfügung der Militärregierung im Januar 1947 gesprengt, im Winter 1956/57 auch die Freitreppen abgetragen. (Die Sarkophage waren schon 1945 eingeschmolzen worden, die Überreste der Toten von 1923 sollten in deren ursprüngliche Grabstätten rückverlegt werden.) Die allein erhaltenen Sockel, für die von 1946 bis in die Gegenwart unterschiedliche Überbauungs-, Nutzungs- und Gestaltungspläne gefertigt, vorgeschlagen und erörtert wurden, sind im Sinne einer Interimslösung durch starken Bewuchs weitgehend der Sichtbarkeit entzogen. Die von der Schlösserverwaltung im Winter 1956/57 vorgenommene Bepflanzung hat sich seitdem so entwickelt, dass sie als Biotop in die städtische Schutzliste aufgenommen wurde. (Die helle Naturstein-Umkleidung der beiden oberen Stufen des nördlichen Sockels stammte von einem 1947 begonnenen, jedoch nicht verwirklichten Ausstellungspavillon nach Plänen von Karl Hocheder d. J.)

Arcisstraße 19. Auf zuvor unbebauter Parzelle errichtete Johann Nepomuk Bürkel 1867–68 für sich selbst das auffällige, freistehende Eckgebäude. Das Mietshaus ist als Anhebung und Schluss der Fassadenabwicklung entlang der Südseite der Gabelsbergerstraße (vorm. Kasernstraße) sowie der Westseite der Arcisstraße zu sehen. Die vergleichsweise strenge klassizistische Behandlung der Fassaden mag ein Reflex der in Sichtweite befindlichen Alten Pinakothek sein. Der Hauszugang wurde mittig in die südliche, der Arcisstraße abgewandte Fassade gesteckt. 1873 nahm Baumeister Nikolaus Debold für den Folgebesitzer, den kgl. Appellationsrat Max von Enhuber, Veränderungen im Inneren vor. Heute dient das Gebäude als Verwaltungsbau der TU München. (Instandsetzung der Fassaden und Erneuerung der Fenster 1987.)

Arcisstraße 19

Arcisstraße 21, ehem. Technische Hochschule, jetzt Technische Universität, Altbau ohne Ergänzungsbauten von 1928; Aufn. 1925

Arcisstraße 21. Ehem. *Technische Hochschule*, jetzt *Technische Universität*. Vorläufer der Institution waren eine nur von 1827–1833 existierende Polytechnische Zentralschule unter Leitung Joseph von Utzschneiders, 1833–40 eine der Universität angegliederte „Technische Hochschule", die 1840 zu einem der vorbereitenden Polytechnischen Schule angeschlossenen Ingenieurkurs reduziert wurde, und eine 1857 aus diesem hervorgegangene Bau- und Ingenieurschule, an der Gottfried Neureuther Civilbaukunde lehrte. Die Errichtung von Realgymnasien in Bayern 1864 bildete die Voraussetzung zur Gründung des Polytechnikums 1868 unter Ludwig II., das 1877 den Namen „Technische Hochschule" und 1901 das Promotionsrecht erhielt (seit 1970 „Technische Universität München").

Neureuther beurteilte in einem Gutachten von 1864 die Adaptierung des Gebärhauses (s. Sonnenstraße 26) wie in der Folge auch andere Gebäude und Grundstücke für unzweckmäßig und empfahl stattdessen das große Geviert westlich der Alten Pinakothek im damals noch wenig bebauten Randbereich der Maxvorstadt; der Staat erwarb das Areal am 24. Mai 1865 von dem Bildhauer Anselm Sickinger. Erste Entwurfsskizzen hatte Neureuther dem König bereits am 26. Februar 1865 vorgelegt; sein Kostenvoranschlag war vom 8. Mai 1865 datiert; am 1. Juli bewilligte der Landtag 1 Million Gulden für den Neubau, am 27. Juli wurde Neureuther, der sich erst gegen die Vertreter des Maximilianstiles hatte durchsetzen müssen, als kgl. Spezialkommissär für den Neubau eingesetzt. Als Bauführer wählte er sich den Baubeamten Jakob Graff; die Ausführung erfolgte durch die Maurermeister Michael Reifenstuel jun. und Kilian Stützel. Nach mehrfachen Plantekturen – u. a. hatte Ludwig II. eine Reduzierung des Aufwandes an plastischen Gliederungen und Dekor verlangt – legte Handelsminister Adolph von Pfretzschner am 30. Juni 1866 den Grundstein. Wegen des Deutschen Krieges verzögerte sich die Fertigstellung des Rohbaus bis Anfang 1868, die Einweihung bis 19. Dezember 1868; die Innenausstattung war erst 1869 abgeschlossen, die vorgesehene reichere Gestaltung der Aula wurde nie vollendet. 1876 errichtete Neureuther noch einen freistehenden Erweiterungsbau mit Zeichensälen auf T-förmigem Grundriss axial hinter dem Mittelbau.

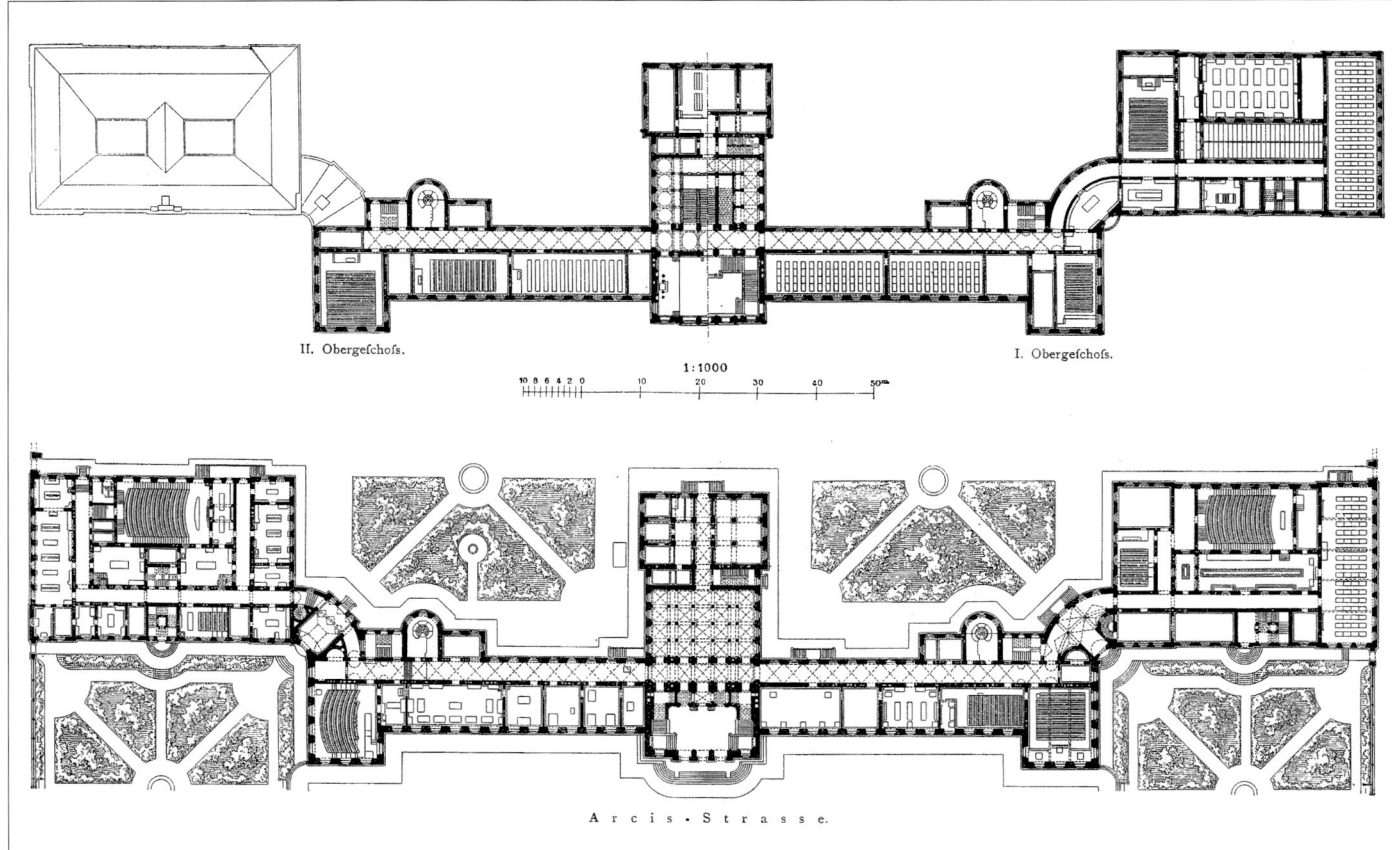

II. Obergeschofs.   I. Obergeschofs.

1:1000

Arcisstraße 21, ehem. Technische Hochschule; Grundrisse Erd- und 1. Obergeschoss von Gottfried Neureuther, 1865

Von Neureuthers *Altbau* – nach W. Nerdinger (1978) dem „neben der Akademie bedeutendsten Bauwerk der Neorenaissance in Bayern" – blieb nach der Zerstörung im Luftkrieg (1944) fast nichts erhalten. Neureuther, Hauptvertreter der Architekturauffassung Gottfried Sempers in München und erkennbar sich an dessen Züricher Polytechnikum orientierend, gruppierte die Baumasse allerdings nicht wie dort um Höfe, sondern streckte sie gleich seiner wenig späteren Kunstakademie in die Breite. Den 237 m lang gedehnten Komplex an der West-seite der Arcisstraße, im rech-

Ehem. Technische Hochschule, Altbau mit Erweiterungsbauten von 1928; Aufn. vor 1940

ten Winkel zur Schmalseite der Alten Pinakothek, staffelte er symmetrisch durch Vor- und Rücksprünge wie der Höhe nach. Der 137 m lange, dreigeschossige Hauptbaukörper in der Mitte wurde durch drei Risalite kräftig gegliedert, deren mittlerer, erhöhter, in die Tiefe sich erstreckender die repräsentativsten Räume, das Vestibül mit zweiarmiger Treppe, die anschließende Haupttreppenhalle mit Umgängen, das Rektorat, im Obergeschoss vorderseitig die Aula und rückseitig die Bibliothek aufnahm, insgesamt ausgestattet mit einem differenzierten, vor al-

Ehem. Technische Hochschule, Vestibül; Aufn. vor 1940

Reste des Altbaus im südöstlichen Hof der Technischen Universität

lem von Eugen Napoleon Neureuther (einem Bruder des Architekten) ausgeführten Bildprogramm. Die lang gestreckten, einbündigen Seitenflügel, mit entlang den hofseitigen Gängen aufgereihter Raumfolge, endeten in Kopfbauten mit Hörsälen. Gerundete Zwischenbauten stellten rückseitig die Verbindung zu den stark zurückgesetzten, nur zweigeschossigen äußeren Gebäudeblöcken mit glasüberdeckten Lichthöfen her. Die Fassaden wiesen einen programmatischen Schmuck mit Plastiken – u. a. Porträtbüsten bedeutender Forscher – von Thomas Dennerlein und (über den konkaven Zwischenbauten) von Elisabet Ney sowie allegorische Sgraffitomalerein (vgl. ETH Zürich) von Ludwig Hövemeier nach Entwürfen von E. N. Neureuther auf. Die Freiflächen vor den Eckgebäuden und hofseitig zwischen letzteren und dem Mitteltrakt wurden nach dem Konzept des Oberhofgärtners Carl von Effner d. J. gestaltet. Von Neureuthers Ursprungsbau sind heute nur noch zwei Fassadenreste unverändert erhalten, nämlich das kräftig rustizierte Erdgeschoss der südlichen Schmalseite und der östlichen Längsseite des einstigen zurückgesetzten, zweigeschossigen Gebäudeblocks im Süden (innen 1915–45 Bibliothek): südlich an der Gabelsbergerstraße acht Achsen, die äußeren als Flachrisalit, an der einem Nebenhof zugewendeten Ostseite von rechts ein zweiachsiger Risalit, vier Achsen Rücklage, der ehem. Mittelrisalit mit von zwei kleinen Rechteckfenstern flankiertem Eingang und links davon drei weitere restliche Achsen; die Rundbogenfenster haben im Scheitel skulptierte Volutenkonsolen oder Büsten. (Obergeschoss verändert bzw. aufgestockt.)

Nichts mehr erhalten ist von den zahlreichen, zwischen 1873 und 1899 errichteten *Ergänzungsbauten* im Westen und Norden, die keinem einheitlichen Gesamtkonzept entsprachen – am markantesten der Neurenaissancetrakt des sog. Theresianums im Norden entlang der Theresienstraße, 1898/99 von Joseph Bühlmann (als baufällig 1979 abgebrochen und durch ähnlichen, gestalterisch einfacheren Neubau ersetzt). Das Chemische Institut im Hofbereich, südlich und südwestlich des Hörsaalgebäudes von 1876, war ein Frühwerk German Bestelmeyers (1903–05; Nordbau 1915). Im Nordwesten des Gevierts, im Eckbereich Luisen-/Theresienstraße, standen noch bis zur Zerstörung im Luftkrieg neun Privathäuser des 19. Jh. Den südwestlichen Eckbereich mit dem Ostermaiergarten erwarb der Staat im Jahre 1905. – Im Wesentlichen erhalten sind die großzügigen *Erweiterungsbauten*, die in der Folgezeit bis zum Ersten Weltkrieg im Westen und Süden entlang den Straßen entstanden sind. Den Mittelteil der bestehenden geschlossenen Bebauung an der Luisenstraße (ehem. Nr. 32/34) bildet die *ehem. Landwirtschaftliche Abteilung*: Nordteil schon 1899, nach Süden erweitert 1908–10 durch

Arcisstraße 21, Technische Universität von Südwesten (rechts Gabelsbergerstraße)

das Landbauamt München (Bauleitung Hermann Buchert) zumindest unter Mitwirkung Friedrich Thierschs an den Entwürfen; die dreigeschossige, in ihrer Gliederung vereinfachte Putzfassade hat drei verschieden breite Risalite, der nördliche mit Balkon über dem Eingang IX, der mittlere mit Eingang VIII breiter mit Lisenengliederung, der Südrisalit schmal, der ganze Trakt mit modernem Dachgeschoss aufgestockt.

Friedrich von Thiersch, 1906 zum Rektor der TH gewählt und mit deren Erweiterung beauftragt, arbeitete 1908–09 drei Projekte aus und wurde am 10. August 1910 zum kgl. Spezialkommissär für die Bauausführung ernannt (mit

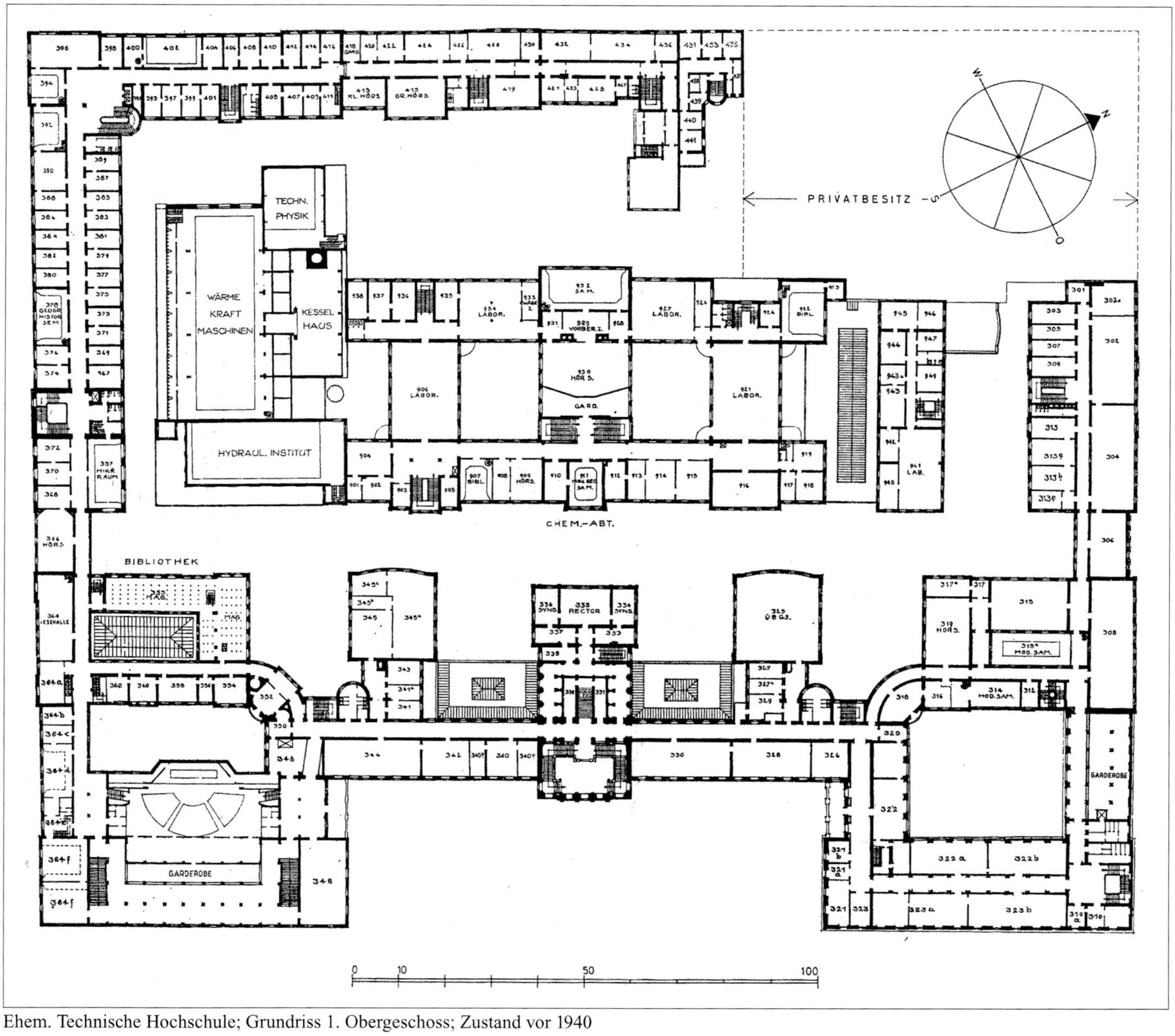

Ehem. Technische Hochschule; Grundriss 1. Obergeschoss; Zustand vor 1940

Bauamtsassessor Hermann Bach). Sein ausgedehnter, im Wesentlichen dreigeschossiger Zweiflügelbau im südwestlichen Eckbereich des Hochschulareals entstand laut Bauinschrift über der Südeinfahrt 1910–16; die durch den Krieg verzögerten Baumaßnahmen erstreckten sich allerdings auch auf weitere Gebäude im Hofbereich und Umgestaltungen im Altbau. Das Richtfest fand am 7. Dezember 1911 statt, der erste Bauabschnitt wurde im Herbst 1912 bezogen, der Neubau am 23. Juni 1913 eröffnet. Stilistisch ist er zwischen Historismus und Moderne angesiedelt, nähert sich in vieler Hinsicht sachlicher Einfachheit. Erdgeschoss, Turm und Gliederungen in Muschelkalk heben sich von den Kalkputzflächen ab. Asymmetrisch angeordnete Risalite, wechselnde Traufhöhe, Dachausbauten und der blockhafte Turm wirken sowohl der Einförmigkeit wie monumentaler Verselbständigung entgegen. Mit der sparsamen, schwerpunktmäßig gezielt verteilten Bauplastik wurden im Juli 1912 die renommierten Münchner Bildhauer Anton Pruska, Georg Albertshofer, Bernhard Halbreiter sowie Heinrich Düll und Georg Pezold beauftragt.

Die zweibündigen, durch lange, gerade Mittelgänge – im 1. Stock mit Rabitz-Kreuzgratgewölben – erschlossenen *Erweiterungstrakte* gliederte Thiersch äußerlich in unterschiedlich breite und hohe Abschnitte. An der Gabelsbergerstraße schließt sich westlich an den (in Resten erhaltenen) Altbau-Südkomplex (der 1915/16 zur 1944 zerstörten Bibliothek umgebaut wurde) die *Einfahrt* zur Hochschul-Binnenstraße an; drei Arkaden, die erhöhte mittlere mit Relief (Putto zwischen Füllhörnern) im Scheitel, öffnen sich zur dreischiffigen, kreuzgratgewölbten Durchfahrtshalle; die Kapitelle der vier gefasten Pfeiler wie die Gewölbekonsolen sind abwechslungsreich skulptiert. (An der Westwand ein großes korinthisches Pilasterkapitell, zu Karl von Fischers Nationaltheater gehörig.) Über der Einfahrt lag ursprünglich nur ein Obergeschoss mit dem Hörsaal Nr. 366 für Physik und Botanik sowie eine Verbindungsterrasse mit Balustrade (um 1925 aufgestockt). – Westlich folgt ein drei Achsen breiter, erhöhter Bauteil repräsentativen Charakters, der – an den verlängerten Fensterformaten im 3. Stock und deren plastisch aufwendiger Bekrönung sowie an den drei Reiterreliefs in den Brüstungsfeldern ablesbar – den großen Hörsaal (Nr. 532, 15 x 18 m) mit Galerie und nicht mehr vorhandener reicher dekorativer und gemalter Ausstattung enthält. – Der westlich benachbarte, massige *Turm* umschließt, wie außen an den versetzt an-

Technische Universität, Westseite an der Luisenstraße

geordneten Fenstern zu erkennen ist, das repräsentative, jedoch auf Dekor verzichtende Treppenhaus mit Mosaikböden, Podesttreppe entlang drei Wänden sowie Wandverkleidungen und Geländer in verschiedenfarbigem Marmor aus dem Lahntal. Das zugehörige Portal V ist außen – zusammen mit dem Oberlicht – durch eine besonders prächtige skulptierte Umrahmung nach Entwürfen von Thiersch ausgezeichnet, gefertigt von Ernst Pfeifer, mit zwei männlichen allegorischen Sitzfiguren auf der Verdachung. In der Höhe, über einem großen Reliefwappen des Königreichs Bayern, trägt das reiche, mit Muscheln dekorierte Konsolgesims einen Umgang mit Gitterbrüstung. Der etwas schmalere Oberteil, eine kupferverkleidete Einsenbetonkonstruktion, ist nach Franz Hart (1968) das „Originellste an der Architektur des Thiersch-Baus" und das „Wahrzeichen der Münchner TH". Dieser betont vertikalisiert lisenengegliederte, mit Zifferblättern besetzte Turmaufsatz sollte Räume für physikalische Forschungen aufnehmen.

Wesentlich einfacher sind die lang gestreckten anschließenden Trakte im Süden an der Gabelsbergerstraße und im rechten Winkel dazu an der Luisenstraße, lediglich geprägt durch den Unterschied des Materials – von den Putzflächen heben sich Erdgeschoss, Gesimse, Fensterrahmungen und Ecklisenen in Muschelkalk ab. Der südwestliche Eckpavillon wie der dreiachsige Risalit am Nordende des Westflügels an der Luisenstraße sind um ein niedrigeres 4. Geschoss mit Walmdächern erhöht, Bau-

Südflügel mit Turm

Portal V

Südflügel, Partie rechts vom Turm

Treppenhaus, Südwestecke, Figur
von Ludwig Dasio

Technische Unversität, Treppenhaus im Turm

plastik betont lediglich die Scheitel der Rundbogenfenster am Eckbau. Das Mauerwerk ist mit Eisenbetonpfeilern durchsetzt, die „Fußböden sind als Massivdecken neuerer Konstruktion durchgeführt" (F. Thiersch). Die Innenräume sind weitgehend schlicht; für die Zeit bemerkenswert war eine gewisse (später auch genutzte) Variabilität der Raumeinteilung durch Träger an den Fensterpfeilern, die ein Versetzen der leichten Zwischenwände ermöglichten. Im Eck-

bereich liegt, von Westen zugänglich durch Portal VI und ein kassettentonnengewölbtes Vestibül mit Mosaikboden, eine weite Treppenhalle mit Mosaikboden und U-förmig gewendelter hofseitiger Treppe (Vertäfelung und Geländer aus Eichenholz nur z. T. erhalten); den Blickfang in der Eingangshalle bildet die auf dem Treppenanfänger stehende, goldfarben gefasste Holzfigur eines weiblichen Genius mit Fackel, bez. „LVDW.DASIO 1913" (nach dessen Modell geschnitzt von Christian Wittmann, Oberammergau). In verschiedenen Räumen sind Reste der originalen Ausstattung erhalten, vor allem im Lesesaal der Bibliothek der Architektursammlung im 2. Obergeschoss, mit verglastem Schrankwerk und Galerie, doch ging die zu ihr führende, virtuos konstruierte Wendeltreppe verloren.
Von den Um- und Neubauten der Ära Thiersch im Hofbereich an der Westseite der Hochschulstraße existiert allein noch der südlichste Teil, die *Maschinenhalle* für die Wärmekraftmaschinen (Heizzentrale, 1912); in dem noch nicht eingedeckten Rohbau fand am 7. Dezember 1911 das Richtfest für die Gesamterweiterung statt. Der auf historisierende Elemente verzichtende Zweckbau ist eine in Mauerwerk ausgefachte Stahlkonstruktion mit Galerie, Oberlicht in der Tonnendecke, originalem Fliesenboden, Kranbahn und z. T. erhaltenen Kraftmaschinen.
Nach dem Ersten Weltkrieg entwickelte Theodor Fischer Ideen zu abermaligen *Erweite-*

rungsbauten im Osten* an der Stelle der Grünanlagen in den beiden Ecken. 1922 ließ sich German Bestelmeyer von der TH Berlin-Charlottenburg nach München auf den Lehrstuhl Friedrich Thierschs zurückberufen unter der Bedingung, dass ihm der Erweiterungsbau übertragen wurde, den er, an Fischers Gedanken anknüpfend, 1923–28 ausführte (1923–26 Südostbau, 1925–28 Nordostbau). Die beiden noch erhaltenen Bestelmeyer-Trakte (nach partiellen Kriegsschäden wiederhergestellt) sind in ihrer klassizierenden Reduktion des Renaissance-Palaststils, der für sich gesehen Tendenzen der Architektur des Dritten Reiches vorwegnimmt, primär als einfühlsame Anpassung an den Neurenaissancebau Neureuthers zu verstehen und nach dessen Vernichtung heute aufgrund des fehlenden Bezugs in die Isolierung geraten. Die begrünten Eckbereiche vor den zurückgesetzten äußeren Flügelbauten des Neureuther-Komplexes überbaute Bestelmeyer mit zwei an den Altbau anknüpfend dreigeschossigen, bis an den Grundstücksrand reichenden, zum Hof hin unterschiedlich tiefen Gebäudeblöcken von Palastcharakter, die mittels je zwei einfacheren Seitenflügeln den rückseitigen Anschluss zur Altbebauung herstellten. Somit entstand anstatt des lang gestreckten, an den Enden zurückgestaffelten Neureuther-Komplexes nunmehr im Osten gegenüber der Alten Pinakothek ein breiter Ehrenhof vor dem alten Mittelgebäude. Dessen ursprüngliche Seitenrisalite verschwanden bzw. wurden in die Neubebauung integriert. Als Übergang von den neuen Eckbaublöcken zum lang gestreckten Altbau konzipierte Bestelmeyer die heute noch erhaltenen dreiachsigen, leicht zurückgesetzten historisierenden Gelenkbauten samt vorgelegten Arkaden im rechten Winkel zur Altbaufassade, deren Gliederung hier weitgehend reproduziert wurde, ausgenommen das neue Motiv der Kreisfenster im 2. Obergeschoss und den entfallenden Gebälkdekor. Im Übrigen ergänzten die neuen Ecktrakte, mit je 15 Achsen im Osten und Walmdächern, die bisherige Hauptschauseite zu einer großräumigen Gruppe von im städtebaulichen Gefüge monumentalerer, geschlossenerer Wirkung. Das Erdgeschoss mit Rundbogenöffnungen, die Ecklisenen, Fensterrahmungen und der von Eduard Pfeiffer modellierte Girlandenfries des Kniestocks samt Konsolgesims sind aus Tuffstein, die restlichen Putzflächen ungegliedert. Die jeweils neun mittleren, größerformatigen Erdgeschossarkaden sind am Nordostbau vergittert und verglast, am Südostbau öffnen sie sich zu einer schmalen, kreuzgratgewölbten Vorhalle; die applizierten Wappenreliefschilder über den Arkaden wurden in der Steinmetzklasse von Josef Wackerle gefertigt; weitere Reliefs besetzen die drei Türstürze in der Vorhalle. Innen enthält der weiter in die Tiefe entwickelte Südbau in der Hauptsache den in den beiden Obergeschossen gelegenen, nach Theodor Fischers Idee halbrund-amphitheatralischen Großen physikalischen Hörsaal mit 658 Plätzen (nach 1945 Auditorium maximum, jetzt Carl-von-Linde-Hörsaal), mit Pfeilerstellung vor dem rückwärtigen Umgang (Geländer von

Josef Wackerle), sowie die zugehörigen Verkehrsräume, vor allem im 1. Obergeschoss eine zweischiffige Pfeilerhalle samt Garderobe. Der weniger tiefe Nordostblock enthält unten Institutsräume, oben Hörsäle. Die verschiedenen Funktionen seiner beiden Baublöcke verbarg Bestelmeyer (wie schon Klenze beim Leuchtenbergpalais und Odeon) hinter gleichartigen Palastfronten. Schlichtere, an die Trakte Thierschs gemahnende Seitenflügel stellten die Verbindung

Maschinenhalle an der Westseite

Südostbau, Vorhalle

Technische Universität, Südostbau

Technische Universität, Nordostbau

zu der vorhandenen Bebauung an der Gabelsberger- und There-sienstraße her. – In dem neu formierten Ehrenhof an der Arcis-straße wurden 1931 zwei Rosselenkergruppen (Bronze) von Bernhard Bleeker und Herman Hahn aufgesellt (s. unten, nach Arcisstraße 21); die von Bleeker modellierte männliche Figur (ohne das kriegszerstörte Pferd) ist 1975 rechts von Bestelmey-ers Südtrakt wieder aufgerichtet worden.

Im Luftkrieg – besonders am 17. Dezember 1944 – wurde das TH-Gelände zu etwa drei Vierteln zerstört bzw. unbenutzbar; am schwersten betroffen war Neureuthers Altbau, doch stand noch dessen Fassade nebst anderen Bauteilen; an deren Erhaltung dachte gemäß damaligen Zwängen und Wertungen niemand. An der Stelle der 1946–48 abgebrochenen Ruine entstand 1949–54 das neue lang gestreckte Hauptgebäude nach Plänen von Robert Vorhoelzer (erster Nachkriegsrektor 1946–47), der zum Spezial-kommissär für den Wiederaufbau ernannt worden war (Mitar-beiter: Grete Wirsing geb. Färber bis 1947, dann Hermann Fries).

Altbau nach Kriegszerstörung; Aufn. 1945

Der *neue Institutsbau*, eine sechsgeschossige Scheibe, zweibün-dig, mit von halbrunden Treppen flankiertem Vestibül und hof-seitig durch drei niedrigere Annexe mit Aula, Bibliothek und Hörsälen erweitert, umfasst auf vertiefter Grundfläche etwa das doppelte Volumen und die dreifache Nutzfläche des Vorgänger-baus. Der verputzte Stahlbetonstützenbau mit Backsteinmauer-werk ist gestalterisch differenziert durch großflächige Fenster in den beiden unteren, Einzelfenster in den oberen Geschossen und ein zurückgesetztes, transparentes Laternengeschoss. Straßensei-tig vorgelegt ist ein ursprünglich zweigeschossiger, einen kleinen Hof umschließender Verwaltungsbau mit Rektorat und Senats-saal (im 1. Stock); dieser Vorbau, bei dessen Konzeption Vorho-elzer noch vom geplanten Abbruch der zerstörten Pinakothek ge-genüber ausgehen konnte, wurde durch die doppelte Aufsto-ckung (samt Verkleinerung des Hofes) von 1967/68 nach Plänen Johannes Ludwigs städtebaulich vermehrt problematisch.

Im Hof des Vorbaus steht seit 1985 eine vom Corps Vitruvia ge-stiftete Bronzebüste des römischen Architekten Vitruvius.

1959–66 wurden an der Stelle der einstigen Privathäuser im nordwestlichen Eckbereich des Gevierts neue Flügelbauten nach Plänen von Georg Werner und Franz Hart errichtet, zuerst ent-lang der Luisen-, dann entlang der Theresienstraße. Das östlich benachbarte ehem. Theresianum von 1899 wurde 1978 abgeris-sen und gleichfalls durch einen Neubau ersetzt, der äußerlich den Vorgaben Bestelmeyers angepasst ist. Im Binnenbereich ent-stand an der Westseite der Hochschulstraße an der Stelle einer vielschichtigen, großenteils zerstörten Vorbebauung 1990–94 nach Plänen von Rudolf Wienand der mit Aluminium verkleide-te neue Komplex aus viertelkreisförmigem Auditorium maxi-mum im Norden, lang gestrecktem Institutstrakt im Westen und kleinem Halbrundbau für CAD im Süden (neben der Maschinen-halle von 1912).

Technische Universität, neuer Institutsbau

Technische Universität, Neubau mit Institutstrakt und Auditorium maximum (Hofstraße westseitig)

Arcisstraße 17 (zu 21), Technische Universität, Mensa

Längst ist die Technische Universität weit über das Stamm-gelände hinausgewachsen, z. T. auf dem neuen Standort Garching/Lkr. München. (Bereits um 1936/38 waren Plan-varianten für die Verlegung nach Nymphenburg entwickelt wor-den.) Der Freistaat erwarb 1952 den Baugrund des benach-barten, völlig kriegszerstörten Wohnhausblockes nördlich der Theresienstraße bis zur Heßstraße. Auf diesem *Nordgelände* entstand 1964–68 der sog. U-Trakt (N 1) von Werner Eichberg – U-förmig (dreiflügelig) durch die beiden mit dem Stamm-gelände verbindenden Brückenbauten über die Theresienstraße hinweg; Ohm-Denkmal im Vorhof s. Theresienstraße 90. Die umgebenden freistehenden Institutsbauten sind z. T. in der Denkmalliste aufgeführt, s. Theresienstraße 90 / N 2 und N 3. – Im Süden – Arcisstraße 17 – entstand 1957–59 die bemer-kenswerte *Mensa* von Franz Hart, Ernst Bogenberger und Gün-ther Eckert (1975 nach Westen erweitert und verändert), im Süd-westen 1959 das ehem. Institutsgebäude Luisenstraße 37a (s. dort; Baudenkmal); 1965–72 folgte die Bebauung des sog. Bun-kergeländes an der Südseite der Gabelsbergerstraße gegenüber der Alten Pinakothek (über Bunker- und Kellergeschossen geplanter NS-Bauten) nach Entwürfen von Franz Hart und Jo-hannes Ludwig (2007 abgebrochen, vgl. Gabelsbergerstraße/ Vorspann).

Arcisstraße 45–59; Flurkarte, M. 1:5 000

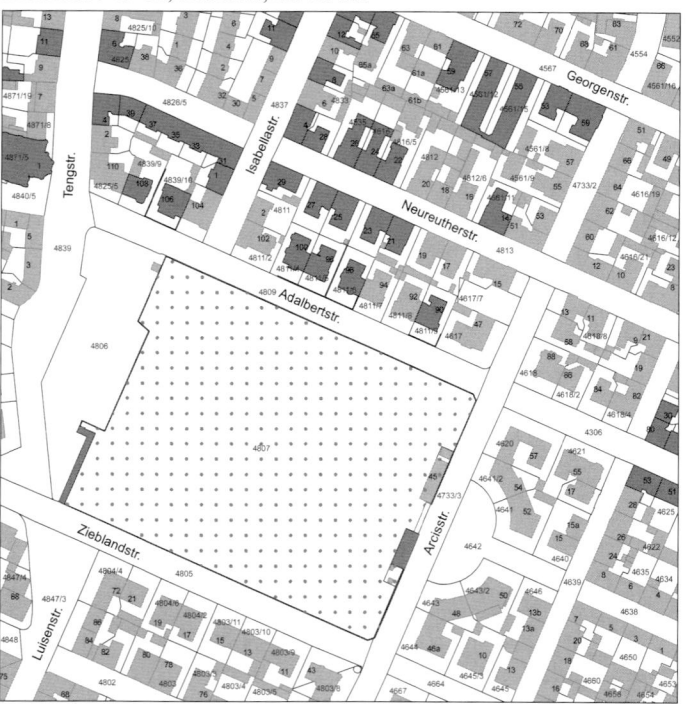

Arcisstraße 21. *Rosselenker,* ursprünglich zwei Bronzefigu-rengruppen im ehem. Ehren-hof der Technischen Universi-tät (vgl. Arcisstraße 21), 1931 aufgestellt; an der Westseite der Straße die allein erhaltene männliche Figur der einen Gruppe von Bernhard Bleeker (Pferd kriegszerstört); östlich der Straße bei der Alten Pina-kothek die Gruppe von Her-mann Hahn.
Den Auftrag für je eine Rosse-lenkergruppe hatten die beiden Künstler 1928 im Zusammen-hang mit der Erweiterung der

Arcisstraße, Rosselenker

Technischen Hochschule durch German Bestelmeyer erhalten. Die heute westlich der Alten Pinakothek aufgestellte, etwa 3,20 m hohe Gruppe weist auf einem Pferdehuf die Signatur H. Hahn auf.

Arcisstraße 45. *Alter Nördlicher Friedhof.* Nach Aufhebung der innerstädtischen Pfarr- und Klosterfriedhöfe (1788) und infolge ungenügender Kapazität des nicht mehr erweiterungsfähigen (Alten und Neuen) Südfriedhofs (s. Chevalley/Weski 2004, Bd. 2, S. 610–618) begann die Ära der dezentralisierten Neuan-lagen in den äußeren Stadtbereichen 1866 ff. mit dem Nordfried-hof am damaligen Nordwestrand der Maxvorstadt; von vorn-herein zu klein und – wie die Kritik voraussah – bald vom wach-senden Mietshausquartier umschlossen, wurde er bereits 1896 ff. durch den (Neuen) Nordfriedhof an der Ungererstraße abgelöst, der in die Reihe der großen, um die Jahrhundertwende angeleg-ten, für die Zeit fortschrittlich konzipierten Friedhöfe Hans Grässels gehört. Von deren gartenkünstlerischer, z. T. land-schaftlicher (Waldfriedhof) Gestaltung unterscheidet sich der Alte Nordfriedhof durch das im 19. Jh. dominierende stereotype, später als monoton und stimmungsarm empfundene Raster-system, wie es in größtem Maßstab der Wiener Zentralfriedhof verkörpert.
Der ab 1863 auf diesem Areal vorgesehene Friedhof wurde nach Plänen des Stadtbaurates Arnold Zenetti ab Juni 1866 angelegt und im Sommer 1869 vollendet; die kirchliche Weihe vollzog Erzbischof Gregor von Scherr am 5. Oktober 1868, am Nachmit-tag folgte die Segnung durch den evangelischen Dekan Meyer. 1939 wurden die Beerdigungen eingestellt; nach schweren Ver-wüstungen im Bombenkrieg 1943–45 wurde um 1950 zeitweilig der Durchbruch einer Verbindung zwischen Luisen- und Isabel-lastraße und die Umwandlung in einen Park erwogen, in der Folge jedoch die tagsüber geöffnete Anlage mitsamt dem stark reduzierten Grabdenkmälerbestand gärtnerisch gepflegt. 1949–51 wurden die Ruinen der Aussegnungshalle samt Kapelle und die größtenteils zerstörten anschließenden Arkaden abgetragen, 1955 die restlichen baulichen Anlagen durch Hans Döllgast in-stand gesetzt bzw. in einfacher Form ergänzt. Von den ursprüng-lich 53 Gruftarkaden blieben nur die 16 südlichen erhalten, von ihren durch Gurtbögen geschiedenen Pendentifkuppeln allein die in A 7.
Der rechteckige Friedhof, südlich von der Ziebland-, östlich der Arcis-, nördlich der Adalbert- und im Westen von der hier schräg ansetzenden Tengstraße begrenzt, ist nach Angabe von Franz Reber (1876) 47.000 m² (4,7 ha) groß, wovon 3068 m² überbaut waren, und umfasste 7304 Grabstellen. Ein Wegeras-ter teilt die Fläche in vier mal vier gleich große Abteilungen; die bevorzugten Grabplätze lagen entlang den Mauern und vor allem in den Arkaden an der westlichen Schmalseite. Die mitt-

Arcisstraße 45, Alter Nördlicher Friedhof, östliche Friedhofsmauer; Aufn. 1983

Alter Nördlicher Friedhof, Südteil der östlichen Friedhofsmauer

lere Ost-West-Achse des in das Straßenraster der Maxvorstadt eingebundenen Friedhofs verbindet als Allee die Schnorrstaße im Osten mit der Görresstraße im Westen, wo allerdings das Hallengebäude den Durchgang blockierte, das andererseits als Point de vue in der Achse wirkte. Gegenüber, vor dem Haupteingang an der Arcisstraße, bildeten (zerstörte) Neurenaissance-Mietshäuser beiderseits der Schnorrstraße einen halbkreisförmigen Vorplatz.

Zenettis romanisierende Rohbacksteinarchitektur orientierte sich sichtlich an Gärtners Neuem Südfriedhof. Durch den Luftkrieg verlor der Alte Nordfriedhof seine wichtigsten Baulichkeiten und Ausstattungselemente – die Aussegnungshalle im Westen (mit allegorischen Plastiken von Johann Halbig und Johann Nep. Hautmann am Äußeren), den größten Teil der beiderseitigen gewölbten Arkaden (mit Fresken von Ludwig Thiersch), den Torbogen des Hauptportals im Osten mit Reliefs von Anselm Sickinger und Figuren von Hermann Oehlmann und Weitze, das große Marmorkruzifix in der Friedhofsmitte von Johann Halbig (1870) mit Sockelreliefs von Oehlmann (hier steht heute ein verhältnismäßig kleines Eisenguss-Kruzifix des 19. Jh., Corpus abgenommen) und das am 26. August 1874 enthüllte, von Arnold Zenetti entworfene aufwendige Kriegerdenkmal für 118 deutsche Soldaten, die 1871 in Münchner Lazaretten gestorben waren

Alter Nördlicher Friedhof, Nebengebäude südlich vom Haupteingang

(Guss von F. Hoerner aus von Ludwig II. gestiftetem Erz erbeuteter französischer Kanonen; gestufter Unterbau mit Löwen und Trophäen, darauf stehende Victoria mit Palmzweig und Kranz; Abb. bei Alckens 1936, S. 171). Erhalten blieb hingegen die 1876 von der französischen Regierung gesetzte Gedenksäule für 193 verstorbene französische Soldaten (s. Feld 7–10–2/3).

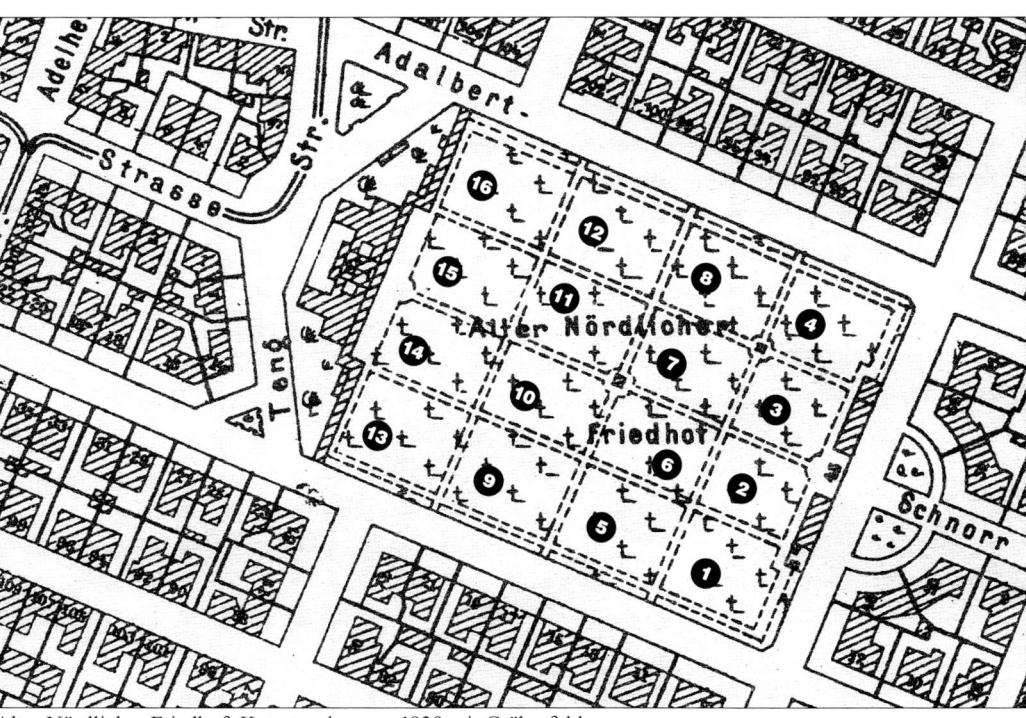

Denkmal für in München verstorbene französische Soldaten (7–10–2/3)

Alter Nördlicher Friedhof; Katasterplan von 1939 mit Gräberfeldern

Die Umfassungsmauern, gleich dem ehem. Hallengebäude und den Arkaden in rotem Rohbackstein, sind außen durch Lisenen und einen Fries aus hochformatig eingestellten Backsteinen gegliedert. An den Längsseiten innen sind vier *Brunnen* der Bauzeit angebracht, neuromanische Säulenädikulen aus (z. T. stark verwittertem) Sandstein mit vorgelegter Brunnenschale nebst Bodenbecken aus Granit; in die Rundbogenblenden eingesetzt sind große Reliefs: an der Nordmauer westlich

Brunnen an der Nordmauer

Brunnen an der Nordmauer

Brunnen an der Südmauer

Daniel in der Löwengrube, östlich der Prophet Jonas mit dem Walfisch, an der Südmauer östlich die Auferweckung des Lazarus durch Jesus, westlich Aufbau samt Relief nicht erhalten.

Die fehlenden Partien der Einfriedung ersetzte Hans Döllgast 1955 durch nur 2 m hohe Mauern aus hellen, unverputzten Ziegeln; in gleichem Material errichtet wurden die vier sattelgedeckten Torpfeiler am vergitterten Haupteingang im Osten, das nördlich anschließende neue Nebengebäude, die in die nunmehr einspringenden Ostecken neu eingefügten Nebeneingänge und die baulichen Ergänzungen des schwer beschädigten südlichen Arkadentraktes, der eine Pultabdeckung erhielt. Die in ihrer charaktervollen, zeitlosen Schlichtheit heute als „interpretierender Wiederaufbau" (Peter/Wimmer 1998) gewürdigte Konzeption Döllgasts ist mit seiner Instandsetzung des Südfriedhofs, der Alten Pinakothek und von St. Bonifaz zu vergleichen.

Der im Luftkrieg stark reduzierte Bestand von Grabdenkmälern wurde 1959–65 zugunsten der Nutzung des Areals als Erholungsgrün weiter verringert und eingeebnet bis auf etwa 850 verbliebene, großenteils mehr oder weniger beschädigte Grabdenkmäler, von denen hier nur wenige gestalterisch oder biographisch bedeutsame aufgeführt werden können (Auswahl der historisch bemerkenswerten Persönlichkeiten meist nach E. Zuber (1984); hier auch zahlreiche nicht mehr erhaltene Prominenten-Grabstellen erwähnt). Künstlerisch weitaus bedeutendstes Denkmal, eine plastische Komposition von höchster Qualität, ist das eigene Grabmonument des Bildhauers Michael Wagmüller, † 1881 (s. Feld 9–15–4/5).

Arkaden (Südflügel):

(A–1) Reitzenstein, Christoph Frhr. von (1837–77), Rittmeister; große Kalkstein-Ädikula, am Sockel Trophäenrelief. – An der Südwand: Dubois, Emil († 1895) und Dr. Edmund († 1898), prakt. Arzt; antikisierende Kalksteinstele. – (A–2) Familiengruft

Alter Nördlicher Friedhof, Arkaden

von Maffei, u. a. Paul (1852–1914), Carl Friedrich (1809–81), Tabakfabrikant, und dessen Sohn Guido (1838–1922), Maler; große Ädikula mit zwei Rotmarmorsäulen, in Blendnische Sarkophag, im Giebel Madonnenrelief. – (A–3) von der Tann-Rathsamhausen, Ludwig Frhr. (1815–81), General (bayerischer Heerführer 1870/71); schwarzpolierte Tafel in rundbogiger Weißmarmorrahmung. – (A–4) Familiengruft der Reichsgrafen von Berchem, u. a. Kaspar (1807–81), kgl. Kämmerer, Major, seine Gemahlin Sophie geb. von Eichthal (1815–98), und Maximilian (1842–1910), General; Monument beschädigt, Inschrifttafel erhalten (vgl. Reis 1935, Abb. 20). – (A–5) Grahn-Young, Lucile (1819–1907), Tänzerin, Hofballettdirectrice; antikisierende verjüngte Granitstele mit Triglyphenfries. – (A-6) Thieme, Carl (1844–1924), Gründer und Generaldirektor der Münchner Rückversicherung (auf den Neuen Friedhof verlegt); schwarzpolierte Wandverkleidung. – (A–7) Fragment: weibliche Gewandfigur, auf Pfeiler mit Urne gestützt. – (A–8) Familie Martin Riedl; große Weißmarmor-Ädikula mit korinthischen Pilastern, Inschrifttafel fehlt. – (A–9) Fragment: auf Weißmarmor-Sarkophag sitzende weibliche Figur mit Urne und Palmzweigen, wohl um 1900. – (A–10) Heute ohne Namen; Sandstein-Ädikula mit Muttergottesrelief in der Nische. – (A–11) Fragment einer rundbogigen Ädikula mit zwei Schwarzmarmorsäulen. – (A–13) Ehem. Gruft der Pfarrer von St. Ludwig (Fragment, ohne Inschrift). – (A–15) Koenig, Auguste († 1896), Hauptmannsgattin, Sohn Karl († 1902), kaufmännischer Director, Gatte Heinrich († 1904), k. Hauptmann a. D., und Familie; schwarzpolierte Wandverkleidung mit Inschrift. – (A–16) Fries, Bernhard (1820–79), Landschaftsmaler; spätklassizistische Rotmarmorstele (früher auf 5–15–2).

Ehem. Arkaden-Nordflügel (zerstört, heute niedrigere Einfriedung):

Davor Fragmente, u. a. Familie Menrad (Josepha, † 1899; Dr. Joseph, † 1928, Oberstudiendirektor), Rotmarmor-Sockelzone, auf vortretendem Mittelteil beschädigte Gruppe zweier weiblicher Gewandfiguren (Sandstein), Ende 19. Jh.

An der Mauer rechts (nördlich) vom Haupteingang:

(Ostmauer)
(M–re–11/12) Beetz, Dr. Wilhelm (1822–86), Physiker, TH-Prof.; Marmor-Inschrifttafel mit „Bronzenägeln", vorgelegt Gittereinfriedung. – (M–re–17) Hauck, Hieronymus (1825–85), Prof. an der Industrieschule; gegossene Bodenplatte mit Inschrift.

(Nordmauer, von Osten)
(M–re–40/42) Harless, Gottlieb Christoph-Adolf (1806–79), evang.-luth. Theologe; (reduzierte?) Rotsandsteinstele mit Ädikula-Umriss, profillos, mit eingelassener Inschrifttafel. – (M–

re–49/51) Oldenbourg, Rudolf (1811–1903), Verleger; neuklassizistisch, nach Entwurf von Joseph Bühlmann; Breitädikula (Kalkstein) mit großer Inschrifttafel, Pilaster mit akanthusbelegten Volutenkapitellen, als Abschluss zwei liegende Voluten mit Ranken (der Tote auf den Waldfriedhof verlegt). – (M–re–53) Münzing, Simon († 1871), Rittmeister und Familie; Neurenaissance-Ädikula, Kalkstein. – (M–re–55) Wolf, Xaver († 1879), Oberst, und Frau Josephine, geb. Kaiser († 1879); Sandstein-Breitpostament, darauf Sarkophag und verstümmelte Sitzfigur (Engel oder Genius), der ein Ovalschild mit graviertem Kreuz und Palmzweig hält (Schild und zwei Inschrifttafeln dunkelpoliert). – (M–re–59) Familie Banfield: Elizabeth (1837–78), Gattin von John Jameson B. (Jurist, St. Marnocks, Co. Dublin), deren Mutter („ihrer ältesten Tochter folgte") Josephine (1809–82), geb. Frech, brit. Oberstein-Witwe, deren Sohn Thomas (1849–98), kgl. bayer. Oberst, und Flora Anna B. (1841–1917); Kalkstein, Breitsockel, an der Mauer Flachobelisk, davor antikisierende weibliche allegorische Figur, die an den Obelisken schreibt (Arme verstümmelt). – (M–re–63) Gyßling, Walter (1836–1903), Direktor des Revisions-Vereins, und Frau Luise († 1889); Kalkstein-Wandplatte mit drei eingelassenen Bronzetafeln (zwei Inschriften, oben Wappen). – (M–re–66) Fischer, Carl (1838–91), Bildhauer, und Familie; an Mauer gelehnt, auf Felsbrockensockel verwitterter Sandsteinpfeiler, Oberteil gehäuseartig verbreitert mit (jetzt leerer) Rundbogennische und Giebel; neuere Inschrifttafel. – (M–re–72/74) Kollmann, Franz Joseph (1800–94), 1834–60 Stadtbaurat in Augsburg; Familien-Grabstätte, drei neugotische, zinnengekrönte Kalkstein-Wandplatten mit Spitzbogenblenden, die mittlere breiter mit zwei Blenden. – (M–re–76/78) Hussel, Dr. med. Otto (1833–1924), Nervenarzt und Landschaftsmaler, mit Familie; großes neuklassizistisches Kalkstein-Flachgehäuse mit seitlichen Fenstern, an den vorderen Ecken dorische kannelierte Säulen, Triglyphenfries. – (M–re–81) Grafen Seyssel d'Aix: Sofie geb. Gräfin Yrsch (1805–72), Camill (1836–95), Ludwig (1825–92) und Amélie geb. Freiin von Hofenfels (1845–1903); dunkler polierter Breitobelisk mit Inschrift. – (M–re–82/84) Schmidt, Albert (1841–1913), Architekt, Akademieprofessor; Grabmal „frühgotisch" in Bamberger Sandstein; auf zwei Stufen frontal Sarkophag mit Blendarkaden, auf der gewölbten Deckplatte Kreuz; darüber an der Mauer spitzbogiger Nischenaufbau mit Blendmaßwerk und Giebel; nach eigenem Entwurf (Erstbegräbnis: Adelheid Schmidt geb. Hutschenreuter

Grabmal Dr. Joseph von Poezl († 1881; M–re–102)

Grabmal Familie Menrad, vor ehem. Arkaden-Nordflügel

aus Sonneberg, 1843–72, und Tochter Marie, 1872). – (M–re–88/89) Familie Entres (u. a. Therese, Bildhauerswitwe, und Theobald, Kaufmann, sowie Otto, geb. 1814, Guido und Hermann); an der Mauer stark verwitterter monstranzartiger Sandsteinaufbau, im Mittelfeld verstümmeltes Reliefkruzifix, sicher Arbeit des Bildhauers Joseph Otto Entres, geb. Fürth 1804, † München 1870; sein Sohn Guido, geb. 1846, starb durch Unfall 1909. – (M–re–94) Familie von Horstig gen. d'Aubigny von Edelbrunner: Juliana Katharina (1853–77), Franziska geb. Albert († 1900), Gutsbesitzerswitwe; nach E. Zuber hier begraben auch Rudolf Johannes (1858–1936), Architekt, Baurat am Univ.-Bauamt; an der Mauer schwarzpolierte Inschrifttafel mit barockisierendem Rahmen, im kleinen Schweifgiebel Wappen und Tuchgehänge; davor auf der Grabstätte Postament mit Steinvase. – (M–re–102) Poezl, Dr. Joseph von (1814–81), Jurist, Univ.-Prof., Reichsrat; Neurenaissance, Rotsandstein, vom Typus des Pfeilergrabes; in Ädikulanische Porträtbüste in hellem Sandstein mit verwitterter Signatur; Pyramidendach. – (M–re–107/108, unweit links vom Nordeingang) Huber, Prof. Dr. Johannes Nepomuk (1830–79), Philosoph, Schelling-Anhänger, Altkatholik; hellrötlicher Marmor, hohes Postament mit Inschrift, darauf dorische Säulenädikula mit Bronze-Bildnisbüste. – (M–re–141?) Tann, Sigmund Frhr. von der († 1871), und Guido Friedrich († 1881), Major a. D.; stumpfer Granitobelisk mit Wappen. – (M–re–142/143) Limpöck, Carl Frhr. von (1830–74), letzter seines

Grabmal Oberst Xaver Wolf († 1879; M–re–55)

Grabmal Dr. med. Otto Hussel († 1924; M–re–76/78)

Grabmal Prof. Albert Schmidt († 1913; M–re–82/84)

Grabmal Prof. Dr. Johannes Nepomuk Huber († 1879; M–re–107/108)

Geschlechts, k. b. Kämmerer, Kürassiermajor, Adjutant und Freund des Prinzen Luitpold, der 1874 das Grabdenkmal stiftete; frontal gestellter Sarkophag, bez. Conrad Knoll; an der Mauer klassizisierender verjüngter Aufbau mit reichem plastischem Bronzedekor (von unten: Inschrifttafel; zwei Putti mit gesenkten Fackeln und Wappen; Porträtmedaillon in Stein, schwerbeschädigt, oben rechts Putto; als Abschluss Bronze-Trophäen mit Helm, Orden und Kranz). – (M–re–146) Freiherren von Schleich, u. a. Wilhelm (1810–1887), Bezirksgerichtsrat; an der Mauer verwitterter neugotischer Aufbau, über polierter Inschrifttafel Spitzbogennische mit Hochrelief-Figurengruppe. – (M–re–148) Familie Gerber (u. a. nach E. Zuber: Dr. Ing. Heinrich, 1832–1912, Direktor der Cramer-Klettschen Fabrik, Konstrukteur eiserner Brücken und Bahnhofshallen z. B. in München); an der Mauer kleine neuromanische Säulenarkade um Inschrifttafel; abgetrepptes Dach mit imitierter Ziegeldeckung, bez. 1884 (Fragment?). – (M–re–150/152) Bauernfeind, Dr. Karl Max von (1818–94), Geodät, Direktor der TH München; Grabdenkmal nach Entwurf von Joseph Bühlmann; Kalkstein-Ädikula (oberer Abschluss fehlt), in der Mitte Postament mit Inschrift und Porträtbüste (Bronze) vor lorbeergerahmter Kreisnische. – (M–re–162/163) Buchner, August (1815–86), Kunst- und Handelsgärtner; Entwurf von Emanuel (nach E. Zuber: Gabriel) Seidl, mit Muttergottes von Anton Pruska (Guss der kgl. Erzgießerei); nur fragmentarisch erhalten: niedriger Breitsockel, darauf von Voluten flankiertes Postament mit erneuerter Inschrift (vgl. Jahresmappe der Dt. Ges. f. Christl. Kunst 1905, S. 17).

An der Mauer links (südlich) vom Haupteingang:

(Ostmauer)

(M–li–5) Steub, Dr. Ludwig (1812–88), Rechtsanwalt, Schriftsteller; heute nur kleine Inschrifttafel mit Namen und Lebensdaten in die Mauer eingelassen, Rahmung fehlt. – (M–li–8/9) Fäustle, Dr. Johann Nepomuk von (1822–87), bayer. Justizminister, und Frau Philippine geb. Freiin von Stengel (1830–94); an der Mauer Bronze-Inschrifttafel mit geohrtem Steinrahmen, in den vier Ecken (Schein-)Bronzenägel in Rosettenform. – (M–li–10) Schöll, Dr. Rudolf (1844–93), Prof., Altphilologe; völlig überwachsene Inschrifttafel. – (M–li–10/11) Neureuther, Gottfried von (1811–87), Architekt, mit Frau Friederike geb. Mack (1814–81) und Sohn Lorenz N. (1849–1931), Architekt; an der Mauer querrechteckige schwarzpolierte Inschrifttafel (wohl

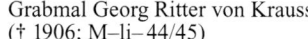

Grabmal Georg Ritter von Krauss († 1906; M–li– 44/45)

Künstlergrabstätte 1883–1905 (M–li–52–57)

Fragment). – (M–li–13) Gemminger, Dr. med. Max (1822–87), Konservator der zoologischen Sammlung der Universität München; kleine Inschrifttafel (Fragment). – (M–li–16) Safferling, Benignus von (1827–99), General, Kriegsminister; Fragment: schwarze Inschriftplatte, darunter Weißmarmorsockel. – (M–li–19) Hertling, Max Frhr. von (1839–91), Major, kgl. Kämmerer; kleine moderne Inschrifttafel: „Grabstätte Hertling".

(Südmauer, von Osten)

(M–li–37) Wex, Willibald (1831–92), Maler; Fragment: Inschrifttafel, ohne Rahmen. – (M–li–44/45) Krauss, Georg Ritter von (1826–1906), Industrieller, Lokomotivkonstrukteur, und Familie; stattliche Ädikula mit ionischen Schwarzmarmorsäulen und Dreiecksgiebel, die eine große Inschrifttafel umschließt; sign. Zwisler & Baumeister. – (M–li–46/47) Benzino, Joseph (1819–98), kgl. bayer. Hofrat; Bronze-Inschrifttafel, der Steinrahmen bez. J. Lallinger (wohl Fragment). – (M–li–52–57) Künstlergrab, im späten 19. Jh. von Münchner Künstlern für 14 Berufsgenossen gestiftet (Sterbedaten 1883–1905); an der Mauer große, querrechteckige Inschrifttafel, flankiert von Pfeilern mit Bronzereliefs (links das Künstlerwappen, rechts Stadtwappen, jeweils von einem Putto gehalten), im Gebälk Inschrift: MÜNCHENER KÜNSTLER IHREN GENOSSEN. Namen der

Alter Nördlicher Friedhof, Grabmal Carl Frhr. von Limpöck († 1874; M–re–142/143)

Familiengrab Wilhelm Lodter († 1894) und Gustav Schneider († 1885; M–li–78)

Namenloses Grabmal von E. Knecht, 1894 (1–1–?)

Grabmal Dr. Karl Max von Bauernfeind († 1894; M–re–150/152)

hier bestatteten Maler (alphabetisch): Boshardt, Caspar
(1823–87), Ebert, Carl (1821–
85), Gabl, Alois (1845–93),
Gräfle, Albert (1809–89),
Grob, Konrad (1828–1904),
Hoff, Conrad (1816–83),
Kirchner, Albert Emil (1813–
85), Langko, Dieter (1819–
96), Lichtenheld, Wilhelm
(1817–91), Stäbli, Adolf
(1842–1901), Vogel, Johann
Friedrich (1829–95; Kupfer-
stecher), Weber, Franz Xaver
(1829–87), Weinholdt, Moritz
(1861–1905), Zimmermann,
Albert (1809–88). – (M–li–
64/65) Franqué, Dr. med.
Arnold von (1801–68), Hof-
rat, und Albert (1865–1900), Bezirksamtassessor; Granitpostament mit Bildnisbüste in Sandstein. – (M–li–67/68) Montgelas,
Ludwig Maximilian Graf von (1814–92), Kämmerer und bayer.
Gesandter, jüngerer Sohn des Staatsministers und Begründer
der zweiten Linie des Hauses (1919 in die Familiengruft in
Egglkofen überführt); dreiachsiges Neurenaissance-Wanddenk-
mal aus Weißmarmor, vorkragender Mittelteil mit Segmentgiebel. – (M–li–78) Lodter, Dr. chem. Wilhelm (1864–94), und
Schneider, Gustav (1846–85), Kaufmann, mit Familien; an der
Mauer großer hochrechteckiger Aufbau; schwarzpolierter
Steinsockel und (asymmetrisch) rechts davon Inschrift-Posta-
ment, auf das sich von links die Bronze-Relieffigur einer Trauernden mit aufgeschlagenem Buch stützt, rechts im Relief-Hin-
tergrund klein die ägyptischen Pyramiden; links oben Bild-
hauer-Signatur H(einrich) WADERÉ / MÜNCHEN 1896; links
unten: GUSS v. C(osmas) LEYRER. MÜNCHEN. – (M–li–
88/90) Mirbach, Alfons Frhr. von (1812–85), Gutsbesitzer in
Roggenburg, Kämmerer; Postament mit Inschrift, darauf Kreuz.
– (M–li–99) Lingg, Hermann Ritter von (1820–1905), Dr. med.,
Schriftsteller; bemerkenswertes neuklassizistisches Grabdenkmal, hoher stelenartiger Aufbau vor der Mauer; gebößter Sockel, darüber antikisierendes Relief eines bärtigen Sängers mit
Lyra – wohl Lingg als Orpheus – zwischen jungem Mann und
Mädchen; Abschluss in der Art eines Obeliskenstumpfes mit
Inschriften, bez. C. SCHMIESSINGER. – (M–li–101/102)
Schegg, Dr. Peter Johann (1815–85), Theologieprofessor;
schwarzpolierte Inschrifttafel mit dekorativem Kalksteinrah-
men. – (M–li–121) Leoprechting, Karl Frhr. von (1801–84),
k. b. Generalleutnant a. D.; geohrte Inschrifttafel mit Wappen
im Halbkreisgiebel. – Davor am Boden Felssockel mit schräg
gestellter Inschrifttafel für Luitgarde Gräfin von Lösch (1888–
1907). – (M–li–127) Gümbel, Dr. Wilhelm Ritter von (1823–
98), Geologe, Oberbergrat, Ehrenbürger von München, und
seine Frauen Emma geb. Wahl († 1883, Erstbestattung) und
Katharina geb. Labroiße († 1903); an der Mauer schwarze Inschrifttafel, davor Säule mit Inschrift „Te saxa loquuntur" und
Steinvase; Material: schwedischer Trapp (vgl. Ries 1935,
Abb. 23). – (M–li–128/129) Schlör, Gustav von (1820–83),
Jurist, Direktor der Bayer. Ostbahn, bayer. Handelsminister
1866–71, Abgeordneter, und Frau Wilhelmine geb. Gareis
(1823–90); an der Mauer querrechteckige schwarze Inschrifttafel in hellem Neurenaissance-Kalksteinrahmen mit Dekor, als
Abschluss Segmentgiebel (jetzt leer) mit Postament (Bekrönung fehlt); bez. Ronchetti. – (M–li–144/145) Stroell, Johann
Baptist (1815–97) und Dr. Adolf von (1849–1918), Direktoren
der Bayer. Hypotheken- und Wechselbank, mit Familie; vom
Ädikulaaufbau nur Sockel und große Inschrifttafel erhalten.

Grabmal Dr. med. Arnold von
Franqué († 1886; M–li–64/65)

Grabmal Herrmann Ritter von
Lingg († 1905; M–li–99)

Feld 1:

(1–1–4) Stölzel, Dr. Carl (1826–96), TH-Prof., Metallurg, und
Auguste geb. Ploch (1833–92); schwarzer Obelisk. – (1–1–15)
Lamberg, Franziska Gräfin von, Fabrikbesitzersgattin (…)
Riefler sowie (nach E. Zuber) hier auch Riefler, Dr. Siegmund
(1847–1912), Kommerzienrat, Ingenieur, Erfinder (u. a. der
nach ihm benannten Uhrenhemmung); auf Felsbrockensockel
Marmorpostament und -kreuz, Inschrift beschädigt. – (1–1–?,
nahe Südostecke) Jetzt namenlos; auf Steinsockel mit konvexer
Vorderseite Bronze-Sitzfigur einer jungen Frau mit Palmzweig,
bez. E. KNECHT FEC. 1894. – (1–4–8) Stephinger, Hildegard
(1871–97), Apothekersgattin; auf poliertem Postament kleine
Steinfigur einer an das Kreuz gelehnten Trauernden. – (1–7–9)
Boyen, Oscar von (geb. 1824 Königsberg, † 1902 Niederpö-
cking) und Frau Mathilde geb. Hensche († 1906); neuklassizis-
tisch, neugrüner schwedischer Syenit, auf Sockel Postament mit
Inschrift, im Fries Wappen, gewölbtes Dach mit Voluten, darauf
Vase mit Porträtmedaillon und Girlanden (vgl. Ries 1935,
Abb. 22). – (1–9–8) Kopp, Josef (1839–1906), Bildhauer, Kon-
servator des Kunstgewerbevereins, und Frau Agathe; Kalkstein,
in Pfeilerform, im Gehäuse Bronzerelief des Schmerzhaften
Heilands (Halbfigur). – (1–10–25/26) Buchner, Karl (1845–
93), Architekt, Kommerzienrat, und Familie; darüber Relief der
Frauen am Grabe Jesu und Kreuzfragment. – (1–12–4) Braun,
Dr. Julius (1825–69), Univ.-Prof., Kunst- und Kulturhistoriker;
Stele mit Bronze-Bildnismedaillon, stark überwachsen. – (1–
12–5/6) Schönwerth, Franz Xaver (1810–86), Ministerialrat,
Sprach- und Brauchtumsforscher, und Familie; rohes, vorn
geglättetes Postament, darauf Kreuz. – (1–12–7/8) Familie
Weiss/Knoll (Ende 19. Jh.), Beispiel für den Typus der symbol-
haft abgebrochenen Säule, Rotmarmor auf Granitsockel. –
(1–12–10?) Familie Dietl; Stele mit kleinem Bronzerelief der
Pietà, sign. FM; Anfang 20. Jh. – (1–14–29; Nordostecke)
Silbernagl, Isidor (1831–1904), Dr. phil. et theol., Professor des
Kirchenrechts und der Kirchengeschichte; auf Sockel schwarz-
polierter Block mit Gebälk und Walmdach, sign. Sepp und
Schnelldorfer.

Feld 2:

(2–1–10) Bauer, Wilhelm (1822–75), Erfinder des U-Boots;
leicht schräg gestellte ovale Steinplatte am Boden, mit Inschrift
und Umrissdarstellung eines „Brandtauchers", 20. Jh. – (2–4–
1) Kurzbauer, Eduard (1840–79), Maler, und Familie; barockisierender Pfeiler in Art einer Lichtlaterne mit Gehäuse. –
(2–15–5) Horschelt, Theodor (1829–71), Maler; völlig überwachsen.

Grabmal Familie Moser (3–1–4)   Grabmal Prof. Johann Bauschinger († 1892; 3–3–4)   Grabmal Karl Gustav Hellquist († 1890; 4–13–27)   Grabmal Prof. Jakob Froschhammer († 1893; 7–5–22/24)

Feld 3:

(3–1– 4) Familie Moser, u. a. Ferdinand, kgl. Förster; große neuklassizistische Sandsteinstele mit Relief Orpheus und Eurydike, Anfang 20. Jh. – (3–1–20, gegenüber Osttor) Braun, Louis (1836–1916), Maler, Akademieprofessor, und Sohn Hans (1886–1918), Flieger und Sportler; völlig überwachsen, unten schräg gestellte, wohl jüngere Inschrifttafel. – (3–3– 4) Bauschinger, Johann (1834–92), TH-Professor der Mechanik, und Familie; schwarzer Breitobelisk mit kreisrundem Bronze-Porträtmedaillon (sign. J. Cacci?). – (3–6–27) Leoprechting, Ferdinand Frhr. von (1846–1920), Generalmajor, und Familie; verjüngte Stele, sign. P. Fischer. – (3–9–8) Fried, Heinrich-Jakob (1802–70), Maler und Konservator; Inschriftsockel, Oberteil (wohl Kreuz) nicht erhalten. – (3–9–29) Frey, Ignaz (1791–1879), kgl. Galerie-Conservator a. D., und Familie, u. a. Sohn Anton (1827–90), k. Zentralgemäldegalerie-Restaurator a. D.; Postament mit Kreuz.

Feld 4:

(4–1–22, nahe Südostecke) Kügle, Andreas (1846–1902), Gastwirt, Privatier; schwarzes Postament mit Inschrift, sign. Heiligensetzer, darauf Engel mit Signatur der Galvanoplastischen Kunstanstalt Geislingen. – (4–1–29, Südostecke) Familie Britsch, u. a. Georg (1826–91), Gutsbesitzer, und Familie Moos; schwarzer Obelisk, sign. P. Fischer, davor große, prächtige Schmiedeeisen-Einfriedung. – (4–2–20) Helferich, Johann Renatus Alfred von (1817–92), Hofrat, Univ.-Prof. der Nationalökonomie; auf Felsbrockensockel Postament mit Inschrift (am Sockel Zitat Joh. 11,25), darauf Kreuz. – (4–6–1) Elisabeth Traut geb. Lapp (1841–92) und Ludwig T. (1842–1921); polierter Obelisk von auffallender Höhe. – (4–13–27) Hellquist, Karl Gustav (1851–90), schwedischer Kunstmaler (verheiratet mit Julia, Tochter des Malers Ludwig Thiersch); Denkmal nach Entwurf von Friedrich Thiersch; auf Sockel Postament mit Inschrift, darauf Kreuz mit Flachreliefdekor in Anlehnung an irische Hochkreuze (vgl. Marschall 1984, S. 390). – (4–14–6) Herrmann, Herman von (1809–98), Architekt, 1872–82 Vorstand der Obersten Baubehörde, und Familie; neuklassizistisch, Kalkstein, auf Sockelzone mit Voluten verjüngte Stele mit Lorbeerkranz und Akroterien. – (4–14–29) Dürr, Wilhelm (1815–90), großherzogl. Badenscher Hofmaler, und Sohn Wilhelm d. J. (1857–1900), Maler, Akademieprofessor; leicht verjüngte Stele, an der Basis Jugendstilornament, Inschrift wohl erneuert, Abschluss dreipassähnlich mit Akanthusdekor.

Feld 5:

(5–1–26) Dobeneck, Constantin Frhr. von (1820–1903), Landgerichtsrat, und Familie; dekorativ bereicherter Sandsteinobelisk. – (5–1–27) Familie Moser; neuklassizistisch, Muschelkalk, mit Relief eines geigenden kleinen Engels, als Abschluss verhüllte Urne, Anfang 20. Jh. – (5–3–6) Tillmann, Dr. Heinrich (1852–1939), Direktor der Bayer. Staatsbibliothek; schräge Inschriftplatte am Boden. – (5–5–3) Kahl, Dr. theol. Adolf von (1846–1914), Oberkonsistorialrat, und Familie; Granitsockel, darauf Weißmarmorpostament samt Kreuz. – (5–10–9) Gemming, August (1837–93), Leutnant, Altmünchner Original und Autor; neuklassizistischer Muschelkalkpfeiler. – (5–15–22) Poschinger, Anna von (1868–72), und Eckart (1878–?); Rotsandsteinsockel in Balusterform, unten mit Akanthus belegt, Oberteil fehlt.

Feld 6:

(6–1–16) Eckert, Jakob (1847–82), Bildhauer (?, überwachsen). – (6–9–5/6/7) Wimpfen, Dagobert Frhr. von († 1881), kgl. Kammerherr, und Wilhelm (1865–1911), Rittmeister, mit Familie; poliertes Granitpostament (ehemals wohl mit Kreuz darauf), flankiert von zwei freistehenden Inschriftplatten. – (6–11–5) Feury, Gustav Frhr. von (1838–93), kgl. Bezirksamtmann, und Familie; symbolhaft abgebrochene Säule, polierter Granit. – (6–12–29/32 und 6–13–29/32, Nordostecke) Grabplätze für das Georgianum (vgl. Prof.-Huber-Platz 1); romanisierendes Kalksteinpostament mit Kreuz. – (6–13–28) Buchner, Ludwig (1852–1905), Weingroßhändler, und Familie; schwarzpoliertes Postament mit romanisierenden Pilastern und – im Halbrundgiebel – Bronzerelief (Engelsbüste mit Spruchband), darauf Kreuz mit vorn eingelassenem Bronze-Reliefkruzifix.

Feld 7:

(7–4–31) Carl, Dr. Philipp (1837–91), Prof., Physiker, Astronom, und Familie; Sandsteinpostament mit Reliefdekor über dem rundbogig geschlossenen Inschriftfeld, darauf wohl ehemals Kreuz. – (7–5–22/24) Froschhammer, Jakob (1821–93),

Grabmal Familien Britsch und Moos (4–1–29)

Theologe und Philosoph, prominenter Altkatholik; antikisierende Ädikula mit kannelierten ionischen Pilastern sowie Gebälk mit Lorbeerfries; in flacher Nische Konsole (ehemals mit Bildnisbüste); beiderseits vom Unterbau Voluten; Enzenauer Nummulitenmarmor (vgl. Ries 1935, Abb. 2). – (7–6–29) Familie Hertlein; symbolhaft abgebrochene, stattliche Säule, sign. Heiligensetzer. – (7–10–2/3) 193 französische Soldaten, 1870/71 in Münchner Lazaretten gestorben (s. oben); symbolisch abgebrochene Säule, bekrönt mit kleiner Urne; Inschriften kaum noch lesbar; 1876 von der französischen Regierung errichtet. – (7–12–21) Rummel-Waldau, Eduard Frhr. von (1841–94), k. Premierleutnant a l. s., und Frau Luise, geb. Wagner, verwitwete Schtscherbakov (1839–1901); nur Postament (ehemals wohl mit Kreuz), sign. Heiligensetzer. – (7–13–3) Giehrl, Max Ritter von (1840–96), General; überwachsenes Felsbrockenpostament mit eingelassener schwarzer Inschrifttafel. – (7–13–15) Familie Leonrod, u. a. Karl Frhr. von (1815–1905), kgl. Kämmerer, Generalleutnant; Breitobelisk. – (7–13–21) Slevogt, Friedrich Ritter von (1832–70), Hauptmann; laut Inschriften auf den Längsseiten gestorben an bei Bazeilles 1870 erlittener Verwundung, Grabmal gestiftet von Prinz(regent) Luitpold; Hochgrab aus Granit mit Eckakroterien auf dem Deckel, an der vorderen Schmalseite Bronzewappen.

Feld 8:

(8–1–11) Schrott, Dr. Ludwig (1828–1917), Schulreferent, rechtskundiger Stadtrat, und Familie; hohe neugotische Muschelkalkstele mit Fialenbekrönung, im Giebelfeld Wappenrelief. – (8–3–13) Lang, Dr. Carl (1849–93), Prof., Direktor der k. b. meteorologischen Centralstation, und Frau Lotte; roh behauene Granitstele. – (8–7?–?, nahe Ostrand) Brunner, Creszenz († 1915), Weißwarengeschäftsinhaberin, und Familie; neuklassizistische Kunststeinstele mit Relieftondo (Halbfiguren-Pietà). – (ehem. 8–10–24) Davideit, Heinrich (1833–94), Hofschauspieler (Denkmal zerstört). – (8–13–22/23) Maurer, Friedrich (1812–1906), Kunstmaler, sowie Karl (1838–1913), Maler und Kunsthändler, und Familie; verjüngtes Postament. – (8–13–29) Lehr, Julius (1845–94), Univ.-Prof., Nationalökonom; symbolhaft abgebrochene Säule, sign. Heiligensetzer. – (8–14–25) Riefstahl,

Grabmal Michael Wagmüller († 1881; 9–15–4/5)

Wilhelm (1827–88), Maler, Akademieprofessor (1870–77 in Karlsruhe); überwachsenes niedriges Postament, davor schräg angelehnte Inschriftplatte. – (8–14–29) Karl, Josef († 1888), Bäckermeister, Hoflieferant, und Familie; Breitobelisk, sign. Heiligensetzer.

Feld 9:

(9–1–41) Baldinger, Friedrich von (1810–93), und Familie, u. a. Dehn, Georg (1843–1904), Architekturmaler; Inschriftplatte am Boden (Fragment?). – (9–8–44) Alwens, Carl von (1820–89), Jurist, Politiker; völlig überwachsen. – (9–13?–1) „Grabstätte der Familie Fix"; Schmiedeeisenkreuz auf Granitsockel. – (9–14–40) Bodenmüller, Alphons (1848–86), Maler; überwachsener Felsbrocken mit an Vorderseite eingelassener Inschrifttafel. – (9–15–4/5; Nordwestecke) Wagmüller, Michael (1840–81), Bildhauer; das Hauptwerk des Künstlers, von ihm als Grabmal seiner Töchter Michaela und Gabriele 1876 modelliert und auf der Pariser Weltausstellung erfolgreich präsentiert, in der Folge zu seinem eigenen Denkmal geworden. Die für die Rundumansicht vorzüglich komponierte Gruppe der auf einem Sarkophag sitzenden überlebensgroßen Trauernden mit entschlafenem Kind an der Brust, aus weißem Carraramarmor gearbeitet, wurde schon von Alexander Heilmeyer (1931) als „ein klassisches Werk des Naturalismus" gewürdigt und zugleich ihre ungeschützte Aufstellung im Freien beklagt, die bis heute andauert. Als eine der Hauptleistungen der Münchner Plastik des 19. Jh. von überragender Bedeutung (s. oben). – (9–15–43) Hoesslin, Dr. Gustav von (1854–1925), Geh. Hofrat, Obermedizinalrat, und Familie; Postament, heute ohne Aufsatz (Kreuz?).

Feld 10:

(10–1–11) Götz, August († 1882), protestantischer Pfarrer, und Wilhelm (1844–1911), Prof., Geograph, mit Familie; schwarzer Obelisk, sign. A. Lallinger. – (10–1–26) Bühlmann, Joseph (1844–1921), TH-Prof., Architekt (entwarf u. a. die Grabdenkmäler M–re–49/51 und M–re–150/52), und Familie; Muschelkalkpfeiler, vorderseitig eingelassene schwarze Inschrifttafel. – (10–1–38) Ehepaar Schober (Gypsformator, † 1883, und Frau, † 1881; Inschrift beschädigt); z. T. verwitterter Rotsandsteinpfeiler, Oberteil leicht verbreitert mit Giebeldach, an seiner Vorderseite die kleinen Porträt-Profilbüsten des Ehepaars in hellem Sandstein (?), sign. Börsch 1878. – (10–2–37) Heese, Clara (1861–1921), Hofschauspielerin; Felsbrockensockel, daran schräg gelehnte Inschrifttafel (Fragment?). – (10–3–4) Schmädel, Otto Ritter von (1836–97), Oberst; am Boden liegende Platte mit Kranzrelief über Inschrift. – (10–3–41; nahe Ostrand) Hoelzle, Franz Josef (1834–1908), Palaisverwalter des Prinzen Ludwig Ferdinand, und Frau Sofie († 1918); auf roh behauenem Sockel poliertes Granitpostament mit Inschrift, darauf Kreuz;

Grabmal Michael Wagmüller

sign. A. Fischer. – (10–3–42; rechts von vorigem) Bussmann, Dietrich (1836–1906), Hofschlossermeister und Hoflieferant; dekorativ reich gestaltetes Schmiedeeisenkreuz, sicher aus eigener Werkstatt. – (10–5–44) Kolb, Georg Friedrich (1808–84), Statistiker, freisinniger Politiker und Publizist; nur noch Postament. – (10–6–4; nahe Westrand) Schmid, Georg († 1882), und Familie; neugotische Sandsteinädikula. – (10–8–35) Maillinger, Josef (1831–84), Kunsthändler und Sammler, der den

Grundstock des Münchner Stadtmuseums stiftete, und Verwandte; Sockel mit Schweifdach, darauf Schmiedeeisenkreuz. – (10–8–43) Doll, Anton (1826–87), Maler; auf Felsbrockenpostament Gusseisenkruzifix. – (10–11–2) Müller, Hippolyt (1834–76), kgl. b. Hof- und Kammermusiker, Cellist; Breitobelisk, sign. L. W. Grimm. – (10–11–27) Moradelli, Hofschlosserfamilie, u. a. Alois (1842–1908); stelenartig stilisiertes Schmiedeeisenkreuz im Geist der jugendstilzeitlichen Reformkunst, sicher aus der eigenen Werkstatt. – (10–13–33/34) Jenisch, Georg Ritter von (1800–79), Generalmajor, und Familie; neuklassizistisch, hoher obeliskartig proportionierter Aufbau, links mit Tuch verhängt, an Vorderseite übereinander Wappen, Sarkophag mit Helm darauf und Porträtmedaillon.

Feld 11:

(11–3–1) de Ragisch, Johann Baptist († 1877), (…)händler, Hausbesitzer; antikisierende Ädikula mit Akroterien-Schweifgiebel. – (11–3–7) Familie Kellerer; ursprünglich Kindergrab, wohl 1898; auf schwarzem Postament Steinfigur eines knienden kindlichen Engels. – (11–6–38) Strobl, Rudolf (1833–1904), Sänger, kgl. Hofmusiker; schwarzer stumpfer Breitobelisk, Granit. – (ehemals 11–13–21) Pecht, Friedrich (1814–1903), Maler, Kunstschriftsteller und Kritiker; nicht erhalten. – (3. Reihe von Norden, etwa in der Mitte) Weibliche Gewandfigur auf Säulenstumpf gestützt, sign. Villeroy & Boch/Merzig.

Feld 12:

(12–1–33; Südostecke) Riehl, Wilhelm Heinrich (1823–97), Kulturhistoriker, Prof., Direktor des Bayerischen Nationalmuseums; schwarzpoliertes Postament mit Inschrift, darauf Kreuz; sign. J. Lallinger. – (12–2–5) Trautwein, Theodor (1833–94), Bibliothekar und Alpinist; Schmiedeeisenkreuz. – (12–2–31/32) Christ, Wilhelm von (1831–1906), Gräcist, Univ.-Prof.; hohe antikisierende Muschelkalkstele mit Flachgiebel. – (12–3–22) Pfefferle, Josef (1833–1908), Fassmaler, Begründer einer führenden Rahmenhandlung und Vergolderwerkstatt, und Frau Monika (1855–1918); Schmiedeeisenkreuz auf Felsbrockensockel. – (12–3–32/33) Waldenfels, Mathilde von (1858–1935), Malerin, Bildhauerin; Granitsockel mit Kreuz. – (12–5–1) Rossbach, Dr. med. Michael (1841–94), Prof., Pharmakologe und Klinikchef, und Frau Emma geb. Broili (1846–1922); stattliche Kalksteinstele in Anlehnung an spätgotische Epitaphien; Porträtrelief (Halbfigur) des Verstorbenen im Talar mit seinem Buch „Physikalische Heil-Methoden", am erhöhten Rand gotische Umschrift, in den oberen Ecken Embleme der Medizin (links: Schlange mit Gefäß) und Wissenschaft (rechts: Eule); unten Inschrift mit kleinem Salamander; Quersatteldach. – (12–6–1) Berchthold, Joseph (1833–94), Univ.-Prof., Jurist; neuromanisches Postament mit Kreuz. – (12–6–32/33) Dennerl, Egid (1828–1901) und Familie; schwarzpoliertes Postament, darauf galvanoplastische Figur einer an Kreuz gelehnten Trauernden. – (ehem. 12–7–5) Bechstein, Ludwig (1843–1914), Graphiker, bekannter Illustrator (nicht erhalten). – (12–8–31) Familie Jaeger: Theodor (1836–96), Josefine (1843–1913) und Rosy (1876–1928), sowie (nach E. Zuber) auch Bernhard (1882–1930), Maler; Tuffstein, in der Art einer gotischen Lichtsäule, in der nördlichen Nische Bild des Schmerzhaften Heilands, sign. CCG MC. – (12–10–11) Günther, Sigmund (1848–1923), TH-Prof., Geograph, Abgeordneter; barockisierende Tuffsteinstele mit (beschädigter) Inschrift aus Bronzebuchstaben. – (12–11–25/27) Bartels, Hans von (1856–1913), Maler, und Familie; zwei rotmarmorne Inschriftplatten am Boden, Einfriedung aus Eisengussteilen (sign. J. L. Kaltenecker u. Sohn, München). – (12–13–11) List, Ludwig (1858–1903), Gastwirt (Künstlerlokal Malkasten) und Frau Philippine; Gruftplatte am Boden. – (12–13–13) Jetzt ohne Namen; turmartiger Aufbau, am Oberteil Künstlerwappen zwischen Halbfiguren von Engeln an den Ecken,

im kleinen Giebel Mosaik (Baumeister-Emblem), Anfang 20. Jh. – (12–13–16) Leoprechting, Marquard Frhr. von (1839–97), Oberst; obeliskartig, roh behauen, mit verwittertem Wappenrelief. – (12–13–32/33) Kiliani, Dr. Martin (1858–95), Chemiker, seit 1888 Techn. Direktor der Aluminium-Industrie AG Neuhausen (bei Schaffhausen); schwarzpolierter Breitobelisk. – (12–14–3; Nordwestecke) Bürger, Wilhelm (1845–96), Baumeister und Architekt; auf Sockel hohes schwarzpoliertes Postament mit Inschrift, darauf beschädigte Kalksteinfigur eines schwebenden Engels. – (12–14–9) Keppler (Kripgans), Heinrich (1851–95), Schauspieler, Regisseur; stumpfer Breitobelisk, Kalkstein. – (12–14–11) Nachbaur, Franz (1830–1902), Kammersänger, Wagner-Tenor, und Familie, u. a. Sohn Franz (1873–1927), Intendant des Landestheaters Meiningen; Postament und querrechteckiger Obeliskenstumpf mit vergoldeter Inschrift. – (12–14–11) Markwald, Adolf (1823–96), Consul a. D.; schwarzpolierter Obelisk, daran Porträtmedaillon in Bronze. – (12–14–31) Euler-Chelpin, Karl-Felix-Eduard von (1809–1900), kgl. Oberpostrat, kgl. griech. Hauptmann, und Familie; hohe barockisierende Stele mit Wappen im halbrunden Schluss. – (12–14–32; Nordostecke) Stählin, Adolf (1823–97), Reichsrat, Präsident des Oberkonsistoriums; hohes schwarzpoliertes Postament, darauf kleines Kreuz.

Feld 13:

(13–1–11) Unterrichter von Rechtenthal, Oskar Frhr. von (1847–1904), Oberst, k. Kämmerer, und Familie; Rotmarmorobelisk auf Sockel mit Inschrift aus Bronzebuchstaben.

Feld 14:

(14–1–4) Multerer, Franz (1864–1920), Maler, und Familie, u. a. Franz M. († 1898), Liqueurfabrikant; Sockel und Kreuz in strengen Formen. – (14–4–43) Trautschold, Carl Friedrich Wilhelm (1815–77); Maler. – (14–10–33) Lebschée, Carl August (1800–77), Maler und Zeichner, u. a. von Altmünchner Ansichten; 1983 Aufstellung einer (alten) Ersatz-Stele. – (14–11–22/23) Dahn, Friedrich (1811–89), Schauspieler am Münchner Hoftheater, Vater des Schriftstellers Felix Dahn. – (14–12–24/25) Barthelme, Hugo (1822–95), Maler (Inschrift unlesbar).

Feld 15:

(15–1–24) Zumbusch, Julius (1832–1908), Bildhauer, und Frau Emilie geb. Hesse (1844–79); nur Postament mit Inschrift erhalten. – (15–1–33) Diez, Wilhelm von (1838–1907), Maler, Akademieprofessor; rundbogige Stele (sign. R. Gschwendner) mit Schale in Giebelöffnung, schlicht im Reformstil. – (15–3–22)

Alter Nördlicher Friedhof, Grabmal Dr. med. Michael Rossbach († 1894; 12–5–1)

Fabrice, Friedrich von (1836–97), Generalmajor, Militärhistoriker; schwarze Inschrifttafel am Boden (Fragment). – (15–6–19/20) Meinel, Karl Eugen von (1821–97), Dr. jur., hoher Staatsbeamter in Ansbach, und sein Schwager Zorn, Eduard (1852–1903), k. Oberst, Kommandeur des Kadettenkorps; schwarzes Postament mit Inschrift, darauf Kreuz. – (5–13–3) Niklitschek, Adalbert (1847–85), Konzertsänger; nur Sockel erhalten; 1984 wurde der Bergahorn gefällt, der mit seinem Wachstum das einstige Schmiedeeisenkreuz angehoben hatte.

Feld 16:

(16–1–19) Lang, Heinrich (1838–91), Schlachtenmaler; roh behauener, stumpfer Granitobelisk, an der Vorderseite Bronze-Reliefporträt bez. fecit E. KOCH (18)92. – (16–1–17) Wulffen, Bertha von geb. Freiin von Mettingh (1824–1904), kgl. preuß. Oberstleutnantswitwe; Grabmal von Bildhauer Heinrich Waderé 1905, nur als Fragment erhalten: Breitsockel, in der Mitte flachkonkav, darauf querrechteckiger Block mit Allianzwappen-Relief und Inschrifttafel (1 Petrus 1,18); darüber ursprünglich flachbogig geschlossene Ädikula mit Relief „Ostermorgen" (der Auferstandene), beiderseits halbhohe, zurückgesetzte Pfeiler mit Blumendekor am Gesims. – (16–14–15; Nordweg nahe Nordwestecke) Fischer, Christian Ernst (1823–97), aus Marktbreit, und Ernst (geb. 1857, † 1912 Geestemünde), kgl. preuß. Baurat; schwarzer Pfeiler mit Inschrift und Schweifdach; mit Kriegsschaden. – (ehem. 16–14–1) Brunn, Dr. Heinrich von (1822–94), Univ.-Prof., Archäologe; mit Bildnisrelief von Erwin Kurz, 1894 (nicht erhalten).

Arcisstraße 59. Auf zuvor unbebauter Parzelle schuf Baumeister Andreas Bürkel 1889–90 für sich selbst ein in dimensionaler und stilistischer Hinsicht palastartiges, markantes Wohn- und Geschäftshaus in architektonisch herausgeforderter Lage an der südwestlichen Ecke Georgen-/Arcisstraße. Der ausmittig in die Fassade an der Arcisstraße gesteckte Hauszugang führt über ein Zwischenpodest zum rückwärtigen Treppenhaus am abgeschrägten Hofwinkel. Eine doppelläufige Podesttreppe erschloss gemäß Eingabeplan vier Wohnungen unterschiedlichen Zuschnitts je Etage. Beachtung verdient die mittige Betonung der Straßenfassaden: Kolossalpilaster und Segmentbogengiebel wurden der neubarocken Fassade vorgelegt und schaffen im Zusammenklang mit dem oberhalb des 1. Obergeschosses umlaufenden Gurtgesims und dem reichen Stuckdekor eine vergleichsweise erhabene Wirkung. Das im April 1944 mit einem geringen Brandschaden davongekommene Mietshaus wurde 1977–78 umfassend modernisiert (rekonstruktive Instandsetzung der Fassaden, Fenstererneuerung und Dachgeschossausbau, Neuaufteilung der Wohneinheiten sowie Einbau eines Personenaufzugs).

Arcisstraße 59, Ecke Georgenstraße

Arcostraße

Kurze Verbindung zwischen dem Südanfang der Barer Straße und der Sophienstraße, 1862 benannt nach Ludwig Graf von Arco (1773–1854, zweiter Gemahl der Kurfürstin Maria Leopoldine, Witwe Karl Theodors), dessen nach seinem Tod vom Landwirtschaftlichen Zentralverein erworbenes Gartenpalais die städtebauliche Erschließung in diesem Bereich der Maxvorstadt bis 1860 blockierte (vgl. Barer Straße, Vorspann). Zur Lage des in Nord-Süd-Richtung gestreckten, nach Rambaldi (1894) „unscheinbaren" Palais mit geometrisch angelegtem Garten im Westen und kurzer Kastanienallee im Osten bis zur Ottostraße (vor der Bastion e der ehem. Wallbefestigung) vgl. den Stadtplan von Pachmayr 1802/03, Wenngs Atlas 1849 (Plan Maxvorstadt Nr. 5; als Eigentümer Karl Graf v. Arco, Reichsrat angegeben) und das Stadtmodell von Seitz (Mitte 19. Jh.). Von der originalen spätklassizistischen Mietshausbebauung ist nur ein Rest an der Südseite erhalten; das schon 1847 erbaute Eckhaus Sophienstraße 5 (s. dort) am Westende lag außerhalb des Arco-Areals, an dessen Südrand die neue Straße durchgebrochen wurde. An der Nordseite heute Finanzbehörden (vgl. Sophienstraße 6; Erweiterungsbau Arco-/Barer-/Karlstraße 1991 von Hilmer und Sattler). (Siehe Flurkarte S. 1061)

Arcostraße 1 (Block mit Barer Straße 3). Anstelle bereits bestehender Stallungen ließ der Lohnkutscher und spätere Weingastwirt Anton Tafelmeier im Abstand weniger Jahre (1859–60 und 1862–63) durch den Baumeister Reinhold Hirschberg zwei formal entsprechende großzügige Miets- und Geschäftshäuser „zwischen der verlängerten Barer- und Sophienstraße" errichten. Die Zimmererarbeiten übernahm Joseph Stitzinger, die Maurerarbeiten Georg Bleibinhaus. Mit dem zunächst erbauten Anwesen an der Barer Straße 3 (1859/60) wurde ein vom Magistrat wenige Monate zuvor neu festgelegtes Alignement umgesetzt und so die Verlängerung der Barer Straße nach Süden hin markiert. Im Erdgeschoss des Gebäudes Barer Straße 3 befand sich ein Gastlokal, in den Etagen darüber lagen ebenso wie im Anwesen Arcostraße 1 je zwei Wohnungen (mit Dunkelzonen). Entgegen der 1. Planung wurden die Fenster des 4. Obergeschosses rundbogig ausgeführt, die Hofdurchfahrt entlang der südlichen Baulinie später zum Laden ausgewechselt. Die Sanierung des respektablen spätklassizistischen Anwesens erfolgte in den späten 1980er Jahren.

1887 ließ der Apotheker Pachmayr im Erdgeschoss des Anwesens Arcostraße 1 Umbauten vornehmen. Wie die Bauten an der Arcostraße insgesamt, so war auch Haus Nr. 1 von erheblichen Kriegszerstörungen betroffen: Im Januar 1945 wurde das Dachtragwerk vollständig zerstört, das 4. Obergeschoss war für einige Monate unbewohnbar. Als Charakteristikum des Komplexes Barer Straße 3/Arcostraße 1 ist die Ausbildung eines Entresol anzusprechen. Dieses Halbstockwerk zwischen dem Erd- und dem 1. Obergeschoss prägte bis zu den Zerstörungen im Zweiten Weltkrieg die Erscheinungsweise beinahe aller Bauten der Arcostraße.

Arcostraße 1

Arnulfstraße (Ostteil)

Von der Nordwestecke des Bahnhofsplatzes ausgehende Hauptverbindung von der Innenstadt Richtung Westnordwest über das ehemalige Marsfeld (Kasernenviertel) und den Südrand von Neuhausen nach Nymphenburg, 1890 nach Prinz Arnulf von Bayern (1852–1907, dritter Sohn des Prinzregenten Luitpold) benannt. Der ursprünglich Salzstraße genannte östliche Anfangsteil endete beim Augustinerkeller; der Bereich bis zur Hasen-, heute Seidlstraße war mittig von den drei (staatlichen) Salzstädeln eingenommen – zwei hier seit 1778/80 (als Ersatz für die auf dem Promenadeplatz), abgebrochen 1857/60, der kleinere dritte im Westen 1825/26 erbaut, in der Folge städt. Getreidemagazin und ab 1849 Salzstadel- oder Jägerkaserne, 1890 abgebrochen, Standort etwa im Bereich des heutigen Starnberger Bahnhofs; sie mussten dem sukzessiven Wachstum des Hauptbahnhofes weichen (vgl. Chevalley/Weski 2004, Bd. 1, S. 89 ff.). Verlängerter Straßenausbau ab ca. 1890 durch das ehem. Marsfeld bis zum Steubenplatz, erst nach dem Zweiten Weltkrieg bis zum Romanplatz; Straßenbahn seit 1890 bzw. 1891 (zunächst Dampfstraßen- bzw. Pferdebahn) nur bis zur Spatenstraße, 1925 bis Donnersbergerstraße, 1937 bis Romanplatz verlängert (ab Steubenplatz zunächst noch durch Kleingartengelände). Im vorliegenden Band liegt nur die nordseitige Bebauung zwischen Bahnhofplatz und Mars- bzw. Maillingerstraße im zu bearbeitenden Gebiet (3. Stadtbezirk/Maxvorstadt; Südseite s. Chevalley/Weski 2004).

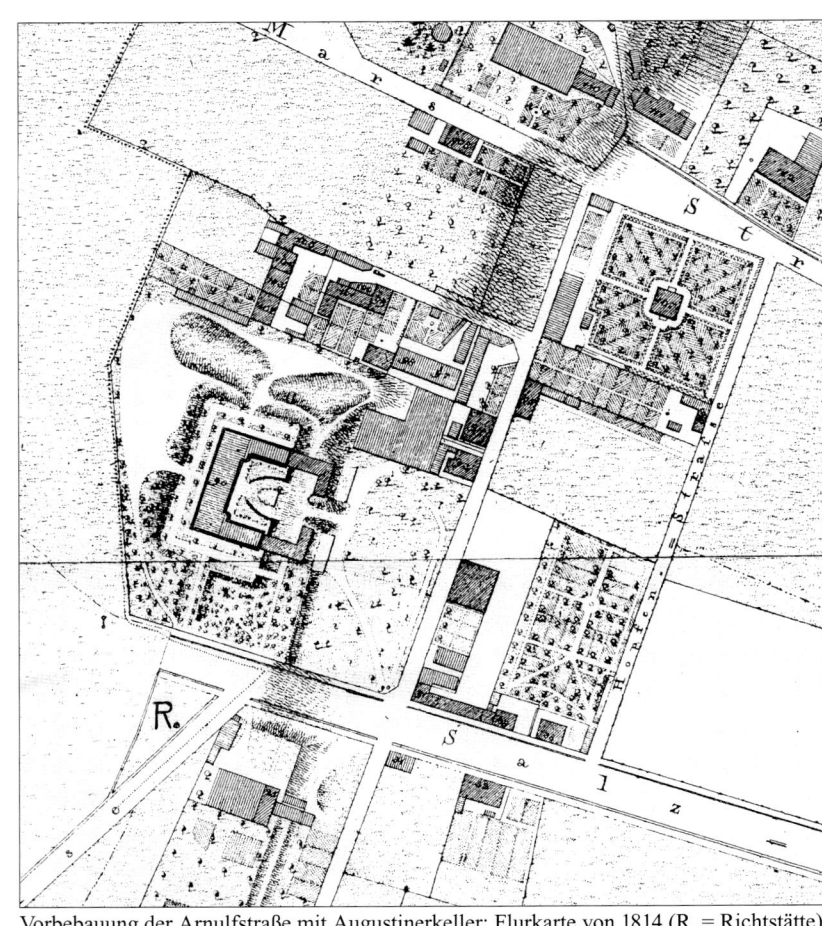

Vorbebauung der Arnulfstraße mit Augustinerkeller; Flurkarte von 1814 (R. = Richtstätte)

An der noch im mittleren 19. Jh. vorstädtisch-lückenhaft bebauten Nordseite der ehemaligen Salzstraße (vgl. Wenngs Atlas 1850, Stadtmodell von Seitz) entstand im späten 19. Jh. zwischen dem Anfang der Dachauer und der Seidlstraße eine lange Reihe fünfgeschossiger Neurenaissancehäuser (mit Rückseite an der Hirtenstraße), überwiegend Hotels oder bald nach Erbauung als Hotels adaptierte Mietshäuser (vgl. die analoge Entwicklung an der Bayerstraße südlich des Bahnhofs, s. Cheval-

ley/Weski 2004). Das schon um 1870 genannte Hotel Deutscher Kaiser (Arnulfstraße 2/Ecke Dachauer Straße) erhielt 1893/95 einen Neubau von Karl Stöhr, der es 1923 auch umbaute; westlich folgten die Hotels Wolff (Nr. 4, 1884; Umbau 1923 von Karl Stöhr), Eden (Nr. 6–8, 1881/82), Ingolstädter Hof (Nr. 10; als Wohnhaus erbaut 1879), Centralhotel (Nr. 16/18, 1895 von Johann Grübel, ursprünglich Wohnhaus, ab 1919 Bürohaus) und Sächsischer Hof (Nr. 22, 1887 von J. Grübel, ursprünglich

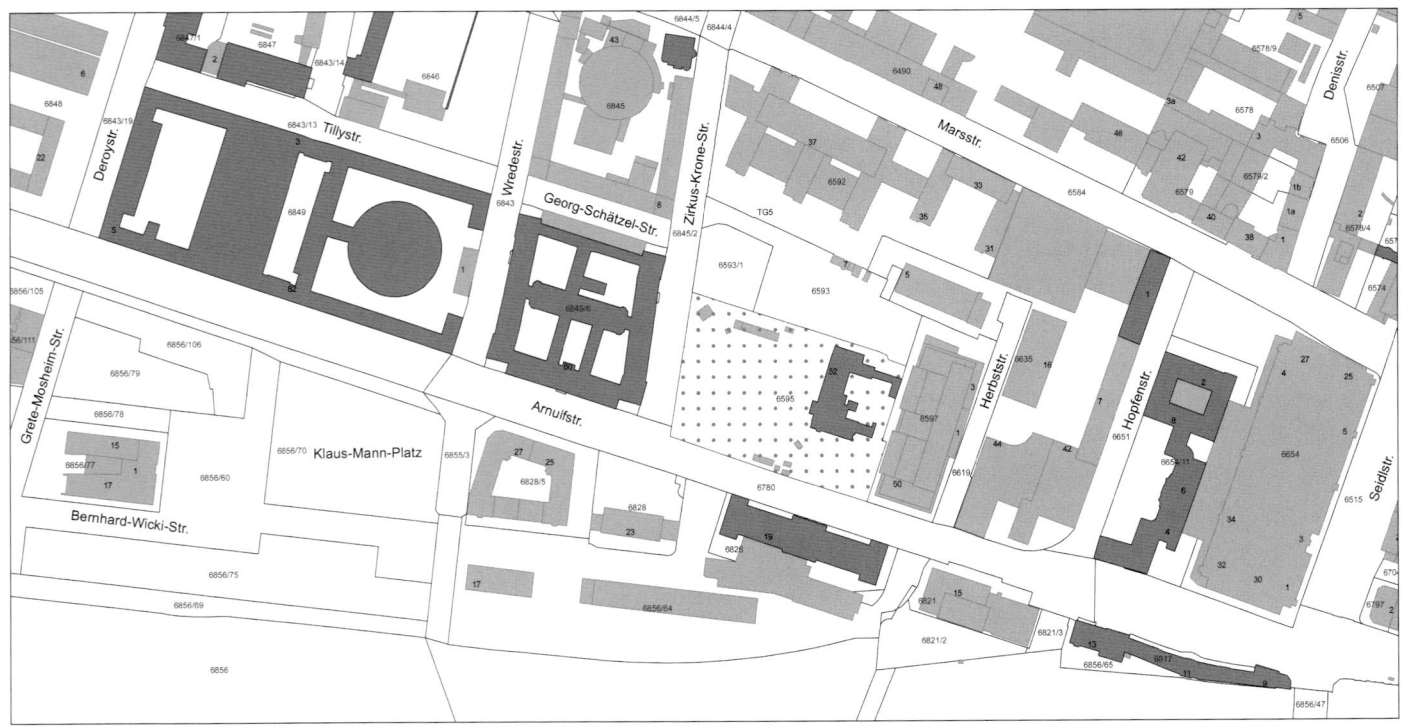

Arnulfstraße; Flurkarte, M. 1:5 000

Wohnhaus; Umbau 1914 von Karl Stöhr). Diese gesamte großstädtische Bebauung in Formen des späten Historismus fiel dem Luftkrieg zum Opfer und wurde in den 1950er Jahren durch Hotel- und Büro-Neubauten vom damals dominierenden Typus – meist monotone Lochfassaden, Steildach – ersetzt; eine Ausnahme bilden im Osten das (ehem.) Hotel Deutscher Kaiser (jetzt NH-Hotel, 1958–60 von Hans Knapp-Schachleiter, Hochhausscheibe über Kaufhaus-Flachbau) und am anderen Ende (Ecke Seidlstraße) der etwas erhöhte Baukörper des Hotels Residenz, als letzter Neubau auf lange brachliegendem Ruinengelände entstanden.

Auf dem westlich der Hasen-, nachmals Seidlstraße gelegenen Maffeianger entstand 1905–12 der Kolossalbau des ehem. Verkehrsministeriums, gipfelnd in einer im Stadtbild dominierenden Kuppel (s. Hopfenstraße 4, 6, 8) und im Westen durch einen die Arnulfstraße überbrückenden Torbau mit einem lang gestreckten Südflügel entlang dem Bahngelände verbunden (Arnulfstraße 9/11/13, s. Chevalley/Weski 2004, Bd. 1, S. 63 ff.). Die Salzstraße endete vor dem Augustinerkeller an ihrer Nordseite (s. Nr. 52), an dessen Ostseite (bis zur Hopfenstraße) in den letzten Jahrzehnten ein Quartier stattlicher Bürogebäude entstanden ist, darunter der Komplex des Bayerischen Rundfunks mit einem Hochhaus von 1974–76 an der Ecke Arnulf-/Hopfenstraße (vgl. Rundfunkplatz 1). Westlich vom Augustinerkeller wurden in der Zwischenkriegszeit auf ehemaligem Marsfeld-Gelände Großbauten der damaligen Reichspost verwirklicht, die (ehem.) Oberpostdirektion (s. Arnulfstraße 60) und das weitläufige Paketzustellamt (s. Nr. 62). An der Stelle des lang gestreckten dreiteiligen Neurenaissance-Komplexes der kriegszerstörten Marsfeldkaserne (Arnulfstraße 90–94, erbaut 1895/96; andere Teile des Komplexes schon 1887 ff.) stehen heute Finanzamtsgebäude. – Südlich gegenüber vom Augustinerkeller ist in Wenngs Atlas von 1850 das „Hochgericht" eingetragen, die um 1778 wegen Errichtung der neuen Salzstädel (s. oben) vom Bereich etwa der späteren Hauptbahnhofs-Nordostecke („Haupt Stat" auf Volckmers Stadtplan von 1613) hierhin verlegte Hinrichtungsstätte; 1900–02 wurde hier die Eisenbahndirektion (später Bundesbahn-Zentralamt) errichtet (Arnulfstraße 19, s. Chevalley/Weski 2004, Bd. 1, S. 64). Weiter westlich jenseits der 1890–94 erbauten Hackerbrücke über die Bahn ist seit 2004 auf ehem. Bahngelände (zuletzt Containerbahnhof) der neue Stadtteil „Arnulfpark" im Entstehen. Westlich schließt sich das Gelände der ehem. Lokomotivfabrik Krauss an (hier 1866–1935; heute Firma Mercedes), rückseitig ursprünglich von der nach Norden abzweigenden Bahnstrecke nach Landshut umrundet (heute Landshuter Allee, Teil der Stadtautobahn Mittlerer Ring). Vom einstigen Krauss-Werk ist nur noch das markante barockisierende Verwaltungsgebäude Helmholtzstraße 2/Ecke Arnulfstraße erhalten, erbaut 1922–23 (früher Maxvorstadt, jetzt zu Neuhausen).

Arnulfstraße 9/11/13. Teil des ehem. Verkehrsministeriums, s. Chevalley/Weski 2004, Bd. 1, S. 62 f.; vgl. Hopfenstraße 4, 6, 8 und Rundfunkplatz 2, Westteil des ehem. Verkehrsministeriums.

Arnulfstraße 19. Ehem. Bundesbahn-Zentralamt, neubarocker Risalitbau, 1900–02, s. Chevalley/Weski 2004, Bd. 1, S. 64.

Arnulfstraße 52. *Augustinerkeller.* Die Hangkante der Niederterrasse westlich der Stadt wurde vor der Ausdehnung der Bebauung von Kiesgruben (s. Sandstraße) und einer Reihe von Bierkellern genutzt. An der Ecke Salz-/Spatenstraße (heute Arnulf-/Zirkus-Krone-Straße) befand sich (nach Spengler 1967) bis 1805 die Richtstätte (Kopfstätte, zu unterscheiden vom Galgenberg weiter südlich an der Landsberger Straße), die in den 1770er Jahren von der Gegend nördlich des späteren Bahnhofs westwärts hierher verlegt worden war – nach C. A. Regnet (1879)

Arnulfstraße 52, Augustinerkeller

auf das Marsfeld, „wo der Knorrkeller steht" (vielleicht im südwestlichen Erweiterungsbereich des Biergartens?). Gemäß dem Plan der westlichen Bierkeller bei Megele (I, 1951) befand sich die Richtstätte allerdings auf einem dreieckigen Grundstückszwickel südlich der Arnulfstraße gegenüber dem Augustinerkeller, westlich neben dem ehem. Oberkandlbräukeller. Die letzte der im 19. Jh. nur vereinzelten Hinrichtungen mit dem Schwert fand 1854 auf dem Marsfeld statt.

Als wie heute noch dreiflügelige, nach Osten geöffnete Anlage auf viereckiger Aufschüttung ist der Bierkeller bereits auf dem 1812 datierten Stadtplan von Rickauer/Schleich zu erkennen. Megele (I, 1951) grenzt die Entstehung (nach Vermessungsplänen) in die Jahre 1803 und 1808 ein (1807?) – an der Stelle „befand sich im Jahre 1803 noch eine Kiesgrube". Nach U. Walter (1992) gehörte das Gelände 1821 dem Büchelbräu-Besitzer Hierl, 1836 dem Bierbrauer Knorr (s. Brienner Straße 11/13/15); „die große Faßhalle im Erdgeschoss wurde schon damals für Festzwecke herangezogen" (= der zur Lagerung der leeren Fässer benutzte westliche Hauptflügel). 1843 wurde eine Kegelbahn gebaut, 1853 wiederum ein Plan (von Arnold Zenetti) für ein Sommerhaus mit Kegelbahn eingereicht. 1862 erwarb Josef Wagner, Besitzer der Augustinerbrauerei, den Knorrkeller; nach Verlegung der Brauerei von der Neuhauser Straße (s. dort Nr. 27) an die Landsberger Straße (s. Chevalley/Weski 2004) 1876/84 wurde auch der Kellerbetrieb von der Arnulfstraße abgezogen; seitdem diente der Augustinerkeller nur noch als Gaststätte mit großem Biergarten (zunächst nur „Sommerkeller"). Für diese – nunmehr ganzjährige – Nutzung erfolgte 1895/96 ein grundlegender Umbau des niedrigen Gruppenbaus nach Plänen von Baumeister Franz Xaver Renner: Türen und Fenster erhielten Rahmungen im Stil der Deutschen Renaissance, das mächtige Walmdach des Westflügels in der Mitte einen Turmaufsatz (Lüftung?) mit Belvedere; die beiden Fasshallen im Hauptflügel wurden zu zweischiffigen Trinkhallen mit dorisierenden Holzsäulen und Balkendecken umgestaltet, die Auffahrtsterrasse im Süden angelegt. Unausgeführt blieb ein Plan von Albin Lincke zu einer hölzernen Bierhalle samt Nebenräumen an der Westseite des Gartens (1901). Sein heutiges Gesicht erhielt der dem Saaltrakt südlich vorgelegte Eingangsbereich bei einem Umbau 1931 mit Erweiterungen; die um 3,6 m nach Süden vorgerückte neue Eingangsfassade übernahm die stilistischen Merkmale der alten, bereichert um den dreiseitigen Erker des Bierstüberls links vom Portal. Der mit einer hölzernen Flachtonne gedeckte Saal erhielt seine heutige Gestaltung nach dem Zweiten Weltkrieg. Der unterirdische ehem. Lagerkeller wurde 2000 als Gastraum eingerichtet: zwei parallele, lang gestreckte Räume mit Tonnengewölben in sorgfältigem Rohbackstein-Mauerwerk, westlich im rechten Winkel ein langer gewölbter Gang und an dessen Beginn zwei Kompartimente mit böhmischen Kappen, das eine nördlich vorgelegt.

Arnulfstraße 60, Oberpostdirektion (vorne West- und Südseite); Aufn. 1928

Schwerpunktbereichen eingesetzten Schmuckelementen, hier Rohback-stein-Tor- und Fensterrahmungen in der Art des norddeutschen Expressionismus. Diese dekorativen Details entwarf Eugen Kindler. Die kolossale fünfgeschossige Blockrandbebauung – Länge der Hauptfront im Süden 120 m – wird in den Eckbereichen durch vier siebengeschossige turmartige Risalite gegliedert, die neben der Nord- und Südfront um einen Achse zurücktreten, hingegen an den Enden der Seitenfronten leicht vorgezogen sind. Die Putzfassaden mit der additiven Vielzahl ihrer reich versprossten Fenster werden durch die gezielt eingesetzten Backsteinrahmungen und -verdachungen vor der Monotonie bewahrt. Auf diese Art dekorativ bereichert ist vor allem der Bereich über dem Haupteingang in der Mitte der Südseite, der zudem durch Reliefs am

Arnulfstraße 60. Ehem. *Oberpostdirektion (heute Deutsche Post AG)*. Ein Luftbild um 1920 zeigt das Grundstück auf dem Marsfeld westlich des Augustinerkellers noch unbebaut. In dem größten Projekt, das die 1920 gegründete bayerische Reichspost-Bauabteilung durchzuführen hatte, wurden bisher an vier verschiedenen Stellen (u. a. im Verkehrsministerium) untergebrachte Bereiche der Post-, Telegraphen- und Fernsprechverwaltung zusammengefasst. Der Entwurf stammt von Robert Vorhoelzer (1884–1954). Die Ausführung war der erste große Auftrag für den damaligen Postbaurat, späteren TH-Professor Georg Werner (1894–1964).

Neben dem Verkehrsministerium (s. Arnulfstraße 9–11/Hopfen-straße 10) war die Oberpostdirektion von 1922–24 mit 40.000 m² Grundfläche, 155.000 m³ umbautem Raum und ca. 520 Räumen damals Münchens größter Verwaltungsbau. Der annähernd quadratische Komplex, gemäß dem Straßennetz zum Parallelogramm verzogen, verbindet in einer in den frühen 1920er Jahren verbreiteten Weise Merkmale der Neuen Sachlichkeit, hier vor allem flächenhafte Putzfassaden und bündige Fenster, mit in

Scheitelstein (Postwagen, Postreiter, zwei Postboten) betont wird, sowie die Mitte der Westfassade, die in Bezug zur axialen Anlage der benachbarten Paketpost (s. Arnulfstraße 62) zudem von einer Attika abgeschlossen war (durch Aufstockung verdrängt). Die originalen Zeltdächer der Eckrisalite wurden nach 1945 durch Flachdächer ersetzt; die spätere Aufstockung des Südtraktes (um 1972) durch ein Terrassengeschoss mit vorkragender Dachplatte und die zwei Überbrückungen der Wredestraße zur Paketpost hin veränderten das Gesamtbild gravierend.

Oberpostdirektion, „Prunkhof" mit Brunnen

Oberpostdirektion, Eingang

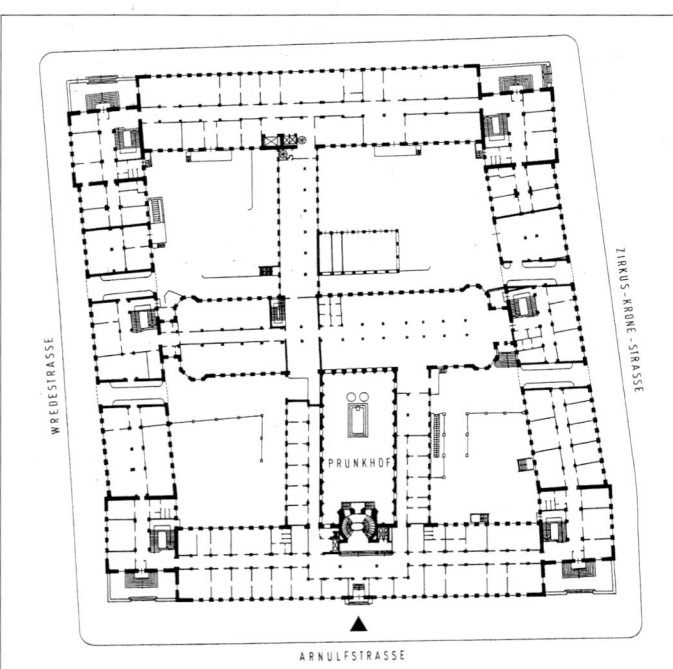

Arnulfstraße 60, Oberpostdirektion; bauzeitlicher Grundriss

Oberpostdirektion, südöstliches Treppenhaus

Eingang, Scheitelstein mit Reliefs

West-Mitteltrakt enthielt im obersten Geschoss die große Halle der Fernsprechauskunft mit Stahlbetonbindern und Oberlicht (jetzt horizontal unterteilt). Als besonders fortschrittlich galt an dem Verwaltungsbau das Konstruktionssystem aus Außenwänden, eingespannten Decken und Stützen, zwischen denen gemäß dem Fensterraster versetzbare Leichtsteinwände den Grundriss variabel gestalten.

Arnulfstraße 62. *Paketzustellamt* (mit Deroystraße 3/5, Tillystraße 3 und Wredestraße 1). Auf bis dahin unbebautem Gelände am Südrand des Marsfeldes entstand im Anschluss an die neue Oberpostdirektion (s. Nr. 60) die großzügige, funktionell geprägte Anlage des Paketzustellamtes auf in Ost-West-Richtung gestrecktem rechteckigem Grundriss (ca. 230 x 100 m) zwischen der Arnulfstraße im Süden und der Wredestraße im Norden. Für den zwischen 1925 und 1930 errichteten weitläufigen, niedrigen Bau zeichneten Robert Vorhoelzer, Walther Schmidt und Franz Holzhammer verantwortlich. Eine schmale, zweigeschossige Randbebauung vorwiegend mit Verwaltungsfunktionen ist an der Ostseite geöffnet. Inmitten des großen Osthofes ist die Rotunde der Paketverteilung platziert, eine Stahlbetonhalle, die nur im Westen durch ein Gelenk mit dem schmalen Quertrakt der Lager- und Zollhalle verbunden ist.

Oberpostdirektion, Hauptfront von Süden vor Umbau 2008

Oberpostdirektion, Westseite an der Wredestraße

Der Binnenbereich ist durch ungleich hohe Trakte in fünf verschieden große Höfe geteilt, darunter der in der Mittelachse auf Hauptportal, Vestibül und Haupttreppenhaus folgende „Prunkhof" mit keilförmigen Rohbackstein-Wandvorlagen an den umgebenden Fassaden und einem steinernen Zierbrunnen (Bodenbecken, nach unten verjüngter Vierkant-Brunnenstock mit Bronzekugelaufsatz). Die formalen Details der Raumgestaltung verbinden Neusachlichkeit mit Anklängen an Neuklassizismus und Art déco: im aus dem Queroval entwickelten Haupttreppenhaus Schmiedeeisengländer in barockisierenden Art-déco-Formen; anliegend hinter je zwei dorisierenden Rotmarmorsäulen in jedem Geschoss ein mittlerer Vorplatz mit Mosaikboden und Kassettendecke; in den sechs um Rechteckaugen gelegten Nebentreppenhäusern einfachere Gittergeländer; in den Eckvestibülen steinerne Wandbrunnen mit Spitzgiebeln. Der hohe Ost-

Arnulfstraße 62, Paketzustellamt, Verteilungs-Rotunde

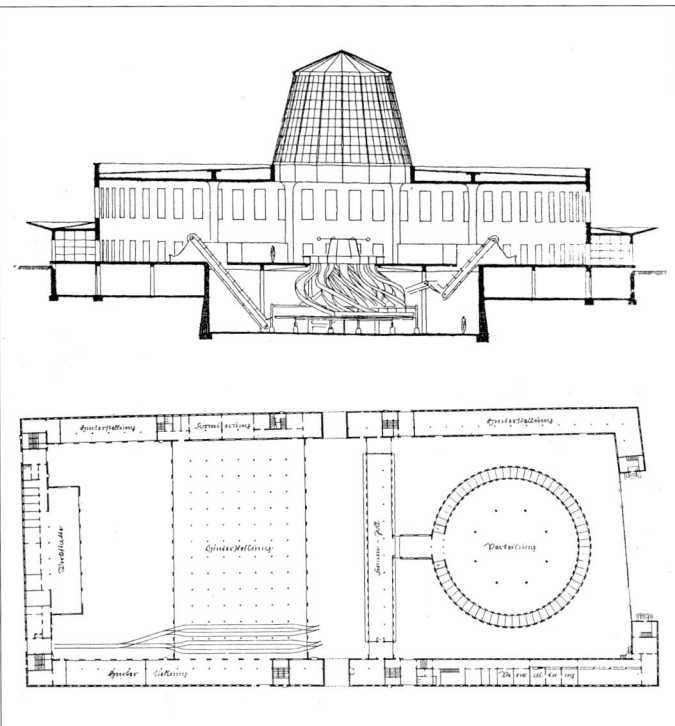

Oberpostdirektion, Haupttreppenhaus

Arnulfstraße 62, Paketzustellamt; Grundriss und Schnitt, um 1925

◁ Arnulfstraße 62, Paketzustellamt; Aufn. um 1926

Völlig frei von traditionellen Anklängen ist der Rundbau der Paketverteilung (Durchmesser 52 m), ein frühes Hauptbeispiel einer reinen, aus Betriebsabläufen konform entwickelten Zweckarchitektur in Stahlbeton. Ein Kranz von acht Pilzsäulen trägt die Flachdecke, deren Mitte von einer sich konisch verengenden Glaslaterne von 14 m Durchmesser durchbrochen ist; darunter war im Tiefgeschoss – für das Personal bewusst nicht direkt sichtbar – die mechanisierte Paketverteileranlage angeordnet, durch Schrägbänder mit der Sortierhalle ver-

Paketzustellamt, Hof

Paketzustellamt, Südtrakt

Paketzustellamt, Verteilerraum; Aufn. 1926

bunden; deren zylindrische Außenwand durchbrechen die gleichmäßig gereihten Rechteckfenster über den 56 Türen zu den ringsum radial angeordneten Kabinen, deren Ausgänge ein konzentrisches vorkragendes Schutzdach umgibt. 1983–85 wurde der (seit 1969 nicht mehr benützte) Rundbau unter Erhaltung der Grundstrukturen durch Fridolin Christen und Franz Stauda (mit Bildhauer Reinhold Gräbl) zur Kantine umgebaut und durch zwei Brückenübergänge mit der Oberpostdirektion verbunden. Somit blieb eine der in ihrer elementaren Klarheit eindrucksvollsten Raumgestaltungen der frühen Moderne in München weiterhin erlebbar.

Diese grenzt westlich von den beiden Mitteldurchfahrtstoren der Längstrakte an die große Fahrzeugeinstellhalle (ursprünglich für Lieferwagen und Straßenbahnen mit einem Raster von 7 zu 12 Pilzsäulen). Der Westtrakt ist hofseitig zur Kraftfahrzeug-Werkstatt verbreitert.
Die niedrige Umfassungsbebauung zeigt eine durchaus noch traditionelle äußere Gestaltung mit (ursprünglich grünlichen) Putzflächen, versprossten Fenstern, steinernen Sohlbänken, Traufgesims, abgewalmten Dächern und (ehemals) Gauben. Das breitbogige Haupteinfahrtstor im Süden (bez. 1926) ist von Haussteinrustika mit Wappenadler als Keilsteinrelief gerahmt und von sechs allegorischen Reliefs der vier Weltteile sowie des See- und Landverkehrs (Kogge, Elefant) von Josef Wackerle flankiert. Die Tonnenwölbung der Durchfahrt wie deren Hofseite gliedern Rohbacksteinstrukturen.

Paketzustellamt, Südtrakt, Durchfahrtstor

Augustenstraße; Flurkarte, M. 1:5000

Augustenstraße

1808 benannte man das kurze Stück zwischen Dachauer und Brienner Straße des seinerzeitigen Straßenlaufs nach der ältesten Schwester König Ludwigs I., Gemahlin des Vizekönigs Eugène Beauharnais. Der weitere Verlauf nordwärts hieß bis 1812 Friedrichstraße, was man jedoch in diesem Jahr zugunsten der prominenteren Patronin des Südstücks aufgab. 1829 legte die Lokalbaukommission für den „Königl. Hofbanquier Titl. Herrn Marx" den Abschnitt zwischen der Karlstraße und der Brienner Straße fest, „mit dem Befehle, daß die pavillonartige Bauart auch bei den Nebengebäuden beobachtet, und diese dennoch so gebaut werden müssen, daß sie auf keiner Seite über die Hauptgebäude vorstehen". Man nahm die Parzellierung für die Brüder Marx vor, die zahlreiche Flächen auch weiter nördlich besaßen. Hauptbeteiligter Baumeister der hier entstandenen Bauten war bis zum großen Häuserbankrott Joseph Höchl. Von den Bauten dieser Zeit blieben keine erhalten.

Die Kreuzung Augusten-/Gabelsbergerstraße (bis 1862 Kasernstraße) regelte die Baulinienkommission 1853 und 1854 im Zusammenhang mit den Bauanträgen des Melbers Ignatz Zettler sowie des Maurerpoliers Schuster. Die Eckbebauung bildete einen geschlossenen Block, entgegen dem Antrag der Bauwerber forderte der Magistrat drei statt zwei Geschosse, amtlicherseits favorisierte man in dieser Lage Doppel- und Dreifachwohnhäuser, die mit Stichbogenfenstern spätbiedermeierlich schlicht entstanden. Die besagte Bautengruppe blieb nicht erhalten. Aus dieser Zeit der zweiten Bauwelle Mitte des 19. Jh. hat sich mit Augustenstraße 45 der Mittelbau eines Dreispänners erhalten, wurde jedoch in den 1870er Jahren aufgestockt.

1865 stellte der Privatier Joseph Marx den Antrag auf „Vermessung und Vertheilung von Bauplätzen" für ein 6,86 Tagwerk großes Gelände östlich der Augustenstraße zwischen der Gabelsbergerstraße im Süden und der Theresienstraße im Norden. Zur Erschließung legten die Baubeamten schließlich die Enhuber- sowie die Steinheilstraße in den Block. Straßenbahnverkehr gab es seit 1882 bis Theresienstraße, seit 1902 auch nördlich davon bis zur Görresstraße; ihn ersetzte die 1980 eröffnete U-Bahn (Stationen Theresienstraße und – am Nordende – Josephsplatz).

In der Folge wurden in größeren Abständen Bäume gepflanzt. Zum markanten Point de vue der Augustenstraße wurde im Norden der Turm der 1898–1902 erbauten Josephskirche (vgl. Josephsplatz 1).

Die wenigen in die Denkmalliste eingetragenen Bauten entlang der Augustenstraße verdeutlichen die herben Verluste durch die Bombardements im Zweiten Weltkrieg und stellen ihrerseits bereits Zweitbebauung bzw. -überformung dar. Die Stadtplanung veranlasste die Lokalbaukommission schon 1949, Überlegungen zur Verbreiterung der Augustenstraße anzustellen, es wurden dabei die massiven Zerstörungen insbesondere auf der Westseite des Straßenzugs ins Kalkül gezogen. 1957 schließlich weitete man die Baulinien des gesamten Verlaufs der Augustenstraße bis zur Josephskirche im Norden auf 22 Meter Abstand auf. Und es waren ebenfalls verkehrsräumliche Argumente, die man gleichzeitig für die Auflage von Eckeinklinkungen an den Kreuzungen ins Feld führten. Der Hauptausschuss bezeichnete die Augustenstraße als „wichtige[n] Verkehrszug zwischen Bahnhofsgebiet und den Wohngebieten in Schwabing". Das heutige Erscheinungsbild der Augustenstraße ist gerade wegen der zwischen den Häusern der Zweit- und denen der Drittbebauung springenden Baulinien an der Westseite verhältnismäßig inhomogen. – Theatergeschichtlich bedeutsam war das 1944 im Luftkrieg zerstörte Anwesen Augustenstraße 89 (fünfgeschossiges Neurenaissance-Mietshaus von 1877), dessen rückseitig anschließender Saalbau (1888 von Jakob Heilmann) 1912–25 Sitz der Kammerspiele war – ab 1917 unter Leitung von Otto Falckenberg –, die dann in das Schauspielhaus umzogen (s. Maximilianstraße 26/28). Hier begann die Laufbahn Bertolt Brechts (Dramaturg bis 1924; 1922 Uraufführung von „Trommeln in der Nacht").

Augustenstraße 16. Das nur wenige Meter tiefe, lang gestreckte *Rückgebäude* im Hof des Anwesens Augustenstraße 16 befindet sich an der südlichen Parzellengrenze, gemäß seiner Widmung erhält es Licht fast ausschließlich von Norden her. Das rein zu Atelierzwecken dienende Seitengebäude wurde 1899–1901 von der Baufirma Dietrich Voigt für den Generaldirektor Gustav Ebermayer errichtet, der die Liegenschaft noch im Jahr 1900 an die Hoffotografen Gebr. Carl, Christian und Friedrich Lützel veräußerte. Die Ateliers im 2. Obergeschoss wurden 1939 als Wohnungen adaptiert. Im Zuge der baulichen Wiederherstellungen nach erheblicher Kriegszerstörung (das Vordergebäude wurde im Juli 1944 vollständig zerstört, es war 1888 für den Landschaftsmaler Carl Millner errichtet worden) kam es zum Rückbau eines ursprünglich vorhandenen 2. Zwerchgiebels sowie zu Schlichtungen des Fassadendekors (ausf. Firma Alfred Kunz & Co.). Hauptakzent der ursprünglich malerisch vielgliedrigen Fassadengestaltung ist der polygonale Erkerturm mit Kupferhaube an der nordwestlichen Gebäudeecke, unterhalb des Traufgesimses sind jugendstilige Flachreliefs mit Tierdarstellungen

Augustenstraße 16, Rückgebäude

◁ Augustenstraße 16,
Rückgebäude

Augustenstraße 16, Relief

zu sehen. Im Mittelzug des sich ostwärts anschließenden Zwerchhauses wurde in ein nierenförmiges Medaillon ein sich küssendes Paar gestaltet. Die beiden breit gelagerten Austritte oberhalb des 1. Obergeschosses werden von bemerkenswerten Jugendstilgittern bewehrt.

Augustenstraße 20/22 (mit Briennerstraße 45a, 45b, 45c). Der Neubau einer „städtischen Pfandleihanstalt" erfolgte zwischen 1929 und 1931 nach den Plänen Fritz Beblos und Hermann Leitenstorfers. Der Komplex umfasst zwei vormalige Mietshausparzellen an der Augustenstraße, greift weit nach Osten hin aus und reicht nördlich hinter die Anwesen Augustenstraße 24, 26 und 28 hinein. Das seit 1754 existierende städtische Leihhaus, während seiner Geschichte in verschiedenen Bauten der Stadt untergebracht (u. a. Rochusstraße 6, Westenriederstraße 1), bewirtschaf-

tete das Gebäude bis 1990. Schalter, Tresorräume und Versteigerungshalle waren im Erdgeschoss untergebracht, Direktorium und Rechnungswesen nahmen die Räume im rückwärtigen Obergeschoss ein. Wie schon beim 1926 begonnenen sog. Hochhaus an der Blumenstraße kombiniert Leitenstorfer, hier zusammen mit Beblo, Natursteinsichtigkeit im Sockelbereich mit Blankziegeln im darüber aufgehenden Blendmauerwerk. Merklich gewinnt die starke ornamentale Reduzierung bei der Fassadendurchbildung ihre Ausrichtung an der architektonischen Auffassung der Neuen Sachlichkeit.

Augustenstraße 37. Nach Beseitigung biedermeierzeitlicher Vorgängerbebauung errichtete der Bauunternehmer Michael Heitzer 1904 das fünfgeschossige Mietshaus in Ecklage für sich selbst. Der zweiflügelige Bau bildet zusammen mit Augustenstraße 39 das östliche Straßenportal der Rottmannstraße an ihrer Einmündung in die Augustenstraße. Acht Jahre nach Fertigstellung des nördlichen Pendantbaus (Augustenstraße 39) wurden in der Fassadenbehandlung modernere Formen umgesetzt, Elemente des Heimatstils neubarock anverwandelt. Im Zuge der Wiederherstellung nach dem Zweiten Weltkrieg vereinfachte man die Dachzone; die Kupferhaube, Bekrönung des dreigeschossigen polygonalen Erkers an der Ostfassade, wurde nicht wiederholt. Letzterer schuf eine städtebauliche Korrespondenz zum Aufbau des Eckerkers am gegenüberliegenden Mietshaus.

Augustenstraße 39. Als Ersatz eines biedermeierzeitlichen Vorstadthauses ließ A. Grünwald 1895–96 den bestehenden, prächtigen Eckbau durch Karl Stöhr ausführen. Seit Erbauung des südlich gegenüberliegenden Anwesens Augustenstraße 37 bildet es mit diesem das östliche Straßenportal der Rottmannstraße an deren Einmündung in die Augustenstraße. Das zweiflügelige Mietshaus nahm gemäß Eingabeplan zwei Wohnungen je Etage auf, erschlossen durch das Treppenhaus im Hofwinkel. Die Behandlung der Fassade in Neurenaissanceformen (unter Einfluss des Jugendstils) wird gekennzeichnet von einem Wechsel gefasster Putzflächen und Blankziegeln, es wurden in späterer Zeit Glättungen an der Fassadenzier vorgenommen. Bis zu seiner Zerstörung infolge des Luftkrieges fand sich das Türmchen des Eckerkers von einem geschweiften Pyramidendach bekrönt.

Augustenstraße 37

Augustenstraße 20/22

Augustenstraße 45

Augustenstraße 39   ▷

Augustenstraße 53   ▷▷

Augustenstraße 45. An der Westseite der Augustenstraße ließ sich Privatier Brunner 1853 durch Baumeister G. Kisehertt und Zimmermeister Georg Bleibinhaus einen Dreispänner errichten. In einem breit gelagerten, zweigeschossigen Haus mit Hofdurchfahrt in der mittleren Achse befanden sich drei abgeschlossene Wohneinheiten, der Riegel war im Norden und Süden abgewalmt. Vor 1874 kam es zur Realteilung, die mittlere Baueinheit ließ Ferdinand Björksten durch Baumeister Ludwig Deiglmayr aufstocken und im Wesentlichen in der noch heute nachvollziehbaren Weise gestalten. So wurde das ursprüngliche, niedrige Obergeschoss zu einem unechten Mezzanin. Auch die Rundbogenschlüsse und von Konsolen getragenen Sohlbänke rühren von diesem Umbau her. 1928 fanden im Erdgeschoss Umbauten für das Münchner Holzkontor durch Heinrich Krombach statt. Im Januar 1945 erlitt das Anwesen einen Brandschaden. 1976 konnte der geplante Abbruch abgewendet werden. So ist das kleine Haus, Rudiment eines ursprünglich dreigliedrigen Wohnhauses, ein seltenes Zeugnis der klassizistischen Vorstadtbebauung. (In den späten 1990er Jahren nahm man einen hofseitigen Anbau vor, mit vollständiger Aufglasung des 1. Obergeschosses. Der Ausbau des Dachgeschosses zur heutigen Gestalt erfolgte 2004.)

Augustenstraße 52. Anstelle zweier Vorgängerhäuser errichteten 1886–87 J. Schretzmayr & A. Hering das bestehende Miethaus für den Metzgermeister Franz Herzog. Der mittig in die Fassade gesetzte Hauszugang führt in das zentrale, rechteckige Treppenhaus mit Oberlicht, dieses erschließt gemäß Eingabeplan zwei Wohnungen je Etage. Die siebenachsige Straßenfront zu vier Vollgeschossen wurde reich in Neurenaissanceformen instrumentiert. Über dem rustizierten Erdgeschoss verklammern kräftig durchgebildete Gurtgesimse die beiden Hauptgeschosse, die Fenster des 3. Obergeschosses wurden rundbogig geschlossen, mit Scheitelsteinen dekoriert und von Pilastern flankiert. Die ebenfalls neurenaissant dekorierte Hauseingangstür betont, zusammen mit der leicht vorspringenden Fenster-

Augustenstraße 52

verklammerung darüber, behutsam die Mittelachse des Gebäudes. Seiten- und Rückgebäude wurden 1889 errichtet (Totalzerstörung des Seitengebäudes im Juli 1944), eine erste Unterkellerung des Hofes fand 1900 statt, die Folgen des Luftkriegs betrafen Dachtragwerk und 3. Obergeschoss.

Augustenstraße 53. Eine wohl klassizistische vorstädtische Bebauung an der nordwestlichen Ecke Gabelsberger-/Augustenstraße ist nachweisbar. Schon 1902 plante die Firma Heilmann und Littmann den bestehenden großzügigen Wohn- und Gastwirtschaftsbau „Regensburger Hof", in den Formen der deutschen Renaissance, für die „Aktiengesellschaft Paulanerbräu zum Salvatorkeller". Infolge nachbarschaftlicher Auseinandersetzungen kam er erst zwischen 1905 und 1907 zur Ausführung. Seit Bestehen des Gebäudes befinden sich im Erdgeschoss Gasträume, in den Obergeschossen Wohnungen, von zwei Treppenhäusern erschlossen. Es handelte sich ursprünglich um einen großen Wirtschaftskomplex mit einem von der Augustenstraße her zugänglichen Wirtsgarten und einem Gartensaal, der als eigenes Nebengebäude ausgeführt worden war. Durch die Folgen des Luftkriegs wurde das Anwesen erheblich in Mitleidenschaft gezogen (Brandschäden im Dezember 1944 und Januar 1945, unbewohnbar bis auf das 2. Obergeschoss herunter). Die Wiederherstellung nach dem Krieg erfolgte vereinfachend, das ursprünglich die Fassade an der Augustenstraße nach oben hin abschließende große Zwerchhaus, Pendant desjenigen zur Gabelsbergerstraße hin, wurde nicht wiederhergestellt. Der polygonale Eckerker oberhalb der abgeschrägten Ecke ist städtebaulicher Akzent des Straßenkreuzungspunktes, zumal nach Aufweitung der westlichen Baulinie der Augustenstraße nach dem Zweiten Weltkrieg. (Fassadeninstandsetzung und Fenstererneuerung zur heutigen Gestalt in den späten 1990er Jahren.)

Augustenstraße 54. Auf einer schmalen Parzelle zwischen der Augustenstraße im Westen und der Richard-Wagner-Straße im Osten errichteten die Brüder Rank das Wohn- und Geschäftshaus 1907/08 für sich selbst. Die Hofdurchfahrt in der südlichen Achse führt zum Treppenhaus im eingeklinkten Hofwinkel; dieses erschließt gemäß Eingabeplan eine Wohnung je Etage, einen kurzen nördlichen Rückflügel mit umfassend. Im Luftkrieg wurden das Dachtragwerk und das Treppenhaus total zerstört (4.10.1944), die Wiederherstellungsarbeiten plante 1946 Ing. Erich Stein. Das vorhandene Dachhaus bildete den entscheidenden Akzent des Mittelzugs der Fassade, es wurde stark vereinfacht wiederholt. Die jugendstilig anverwandte, reich geglie-

Augustenstraße 54; Aufn. vor 1914

Augustenstraße 54

Augustenstraße 107

derte Fassadengestaltung ist grosso modo nachvollziehbar geblieben, zur Fassadenfläche hin angeschliffene Flacherker verklammern die äußeren Fensterachsen vertikal, dazwischen sind vor dem 2. und 3. Obergeschoss Austritte (bauzeitliche Balkongitter) eingespannt. Nachträgliche Schnittstein-Verblendungen schließen das Erdgeschoss und das darüberliegende entresolartige Geschoss zusammen.

Augustenstraße 107. Für den Maurermeister Eugen Heiß errichtete 1887–88 Michael Reifenstuel das Wohn- und Geschäftshaus auf zuvor unbebautem Areal (im unmittelbaren Umgriff großer Gärtnereianlagen). Gemäß Eingabeplan erschließt das Treppenhaus im südwestlichen Hofwinkel des zweiflügelig angelegten Baus (Zugang hofseitig) zwei Wohnungen je Etage. Für den Bronzewaren-Fabrikanten Leopold Rössler baute J. Sperber 1890 Kellerräume zur Werkstätte aus. 1909/10 erfolgte der Einbau einer Dachgeschoss-Wohnung durch Konrad Böhm. Bis auf das zweite Obergeschoss herunter wurde das Haus im Februar 1945 von Brandbomben in Mitleidenschaft gezogen; die Wiederherstellung der oberen Geschossdecken erfolgte schließlich 1947. Die Erneuerung der Fenster zur heutigen Gestalt fand in den mittleren 1980er Jahren statt. In der charakteristischen Gruppierung der Fenster sowie dem gestalterischen Wechsel von Blankziegeln und Putzelementen findet sich eine Neurenaissance mit nordischen Anklängen verwirklicht.

Augustinerstraße

(Vgl. Ensemble Altstadt.) Kurze, gekrümmte Verbindung von der Übergangssituation der Kaufinger- zur Neuhauser Straße – unmittelbar vor dem ehem. (inneren) Neuhausertor, dem späteren Schönen Turm – nordwärts zum Westende des (erst im 19. Jh. erweiterten) Frauenplatzes; Teil des außenseitigen Straßenringes um die ehemalige Befestigung der hochmittelalterlichen ältesten Stadt, in deren Erweiterungsgebiet im späten 13. Jh. das Augustinerkloster entstand. Der am Straßenbeginn im Süden vortretende Chorschluss der (profanierten) Kirche (s. Neuhauser Straße 2) und nördlich anschließend die konkave Ostfront des Polizeipräsidiums (s. Ettstraße 2), der Nachfolgebau des ehem. Augustinerklosters samt Garten bzw. des Augustinerstocks, begrenzen die Augustinerstraße westseitig. An deren Ostseite zeigen Sandtners Stadtmodell von 1570 wie auch spätere Ansichten, u. a. Stimmelmayrs Skizzen (gegen 1800), und noch das Seitzsche Stadtmodell des mittleren 19. Jh. eine kompakte Eckbebauung nur im Süden, ansonsten noch den

ehem. Stadtgraben und Gartenmauern, vor allem die des vor der Frauenkirche gelegenen, 1866 abgebrochenen Dechanthofes (vgl. Frauenplatz, Vorspann). Von den drei im späten 19. und frühen 20. Jh. an der Ostseite entstandenen stattlichen Geschäftshäusern ist nur das südliche (heute Fa. Hirmer, s. Kaufingerstraße 28; erbaut 1914 mit Straßenverbreiterung) noch in annähernd originaler Form erhalten. – ARCHÄOLOGISCHE BEFUNDE s. Kaufingerstraße 28.

Augustinerstraße 2/3. Ostflügel des Polizeipräsidiums, 1910–1913 von Theodor Fischer; s. Ettstraße 2/4.

Augustinerstraße von Süden

Barer Straße

Gerade Nord-Süd-Achse der im frühen 19. Jh. planmäßig nach dem Rastersystem angelegten Maxvorstadt, 1808 Karolinenstraße – südlich des gleichnamigen Platzes – bzw. Wilhelminenstraße nördlich von ihm benannt nach den beiden Gemahlinnen Max I. Josephs, Auguste Wilhelmine von Hessen-Darmstadt (gest. 1796, Mutter Ludwigs I. und des Prinzen Carl) und Karoline von Baden (gest. 1841). Beide Abschnitte gemeinsam wurden 1826 auf Anordnung Ludwigs I. nach der Schlacht bei Bar-sur-Aube (26./27. Februar 1814, mit bayerischer Beteiligung; vgl. Arcis- und Briennerstraße) umbenannt. Der Südteil, in seinem Anschluss an die Stadtmitte zunächst noch durch bestehende Gartenanwesen blockiert (vgl. Stadtpläne von 1812 und 1814), wurde um 1824 bis zur (gleichzeitig nach Osten verlängerten) Karlstraße ausgebaut und erst um 1860 über den Vorplatzbereich des ehem. Arco-Gartenpalais hinweg in Schrägführung nach Süden bis zur Einmündung in die Ottostraße durchgezogen und über diese an den zentralen Verkehrsknoten Lenbach- bzw. Karlsplatz angebunden. Erst dadurch sowie durch die nördliche Verlängerung am 1860 über die Schellingstraße hinaus wie auch dank der Straßenbahn (1882 bis Schelling-, 1888 bis Adalbertstraße, 1894 bis zur Einmündung in die schräg verlaufende Nordendstraße und weiter) erhielt die Barer Straße eine gewisse Priorität in der Reihe der Nord-Süd-Parallelen der Maxvorstadt; ihre Bedeutung wird zudem durch den in ihrer Achse auf dem Karolinenplatz situierten Obelisken bekräftigt. Für den Blick vom Südteil bildet die ferne Turmspitze der Ursulakirche in Schwabing den (geplanten oder zufälligen?) Abschluss.

Von der klassizistischen bis späthistoristischen Erstbebauung, im Süden anfangs in offener Bauweise mit Familienhäusern, teils mit Mietshausreihen (vielfach schon in der sog. Gründerzeit umgebaut oder ausgewechselt), im Norden mit Mietshäusern des späten 19. Jh., hat wenig den Zweiten Weltkrieg überdauert. Der Mittelabschnitt tangiert die begrünten Rechteckareale, in welchen die Alte und die Neue Pinakothek situiert sind (s. Barer Straße 27, 29), bzw. östlich gegenüber der Alten Pinakothek das große Karree der ehem. Türkenkaserne (s. Türkenstraße 17), heute u. a. Standort der Pinakothek der Moderne (s. Barer Straße 40).

Von abgegangener Bebauung waren architektonisch und/oder historisch bemerkenswert u. a. im Abschnitt südlich des Karolinenplatzes westseitig Nr. 7: Hotel Union (Kath. Casino), 1907/08 von Richard Berndl in barockisierend-jugendstiligen Formen, mit rückseitigem Saalbau (Theatersaal für 1500 Personen mit Empore und Bühne); Nr. 11 (alt Nr. 4): Hotel Marienbad, „altes Familienhotel mit Garten, warme und kalte Bäder" (Baedeker 1873), mit prominenten Gästen (u. a. Gottfried Semper), Bad erbaut 1855, Hotel seit 1858, umgebaut 1910/11 von Max Ostenrieder, heute nur freistehender Bauteil von 1910 im rückseitigen Garten. Ostseitig Nr. 18: Gaststätte Zum Weißen Lamm, rückseitig (drittes) Vereinsheim der (1873 gegründeten) Künstlergesellschaft Allotria, mit Holztonne ge-

wölbter Saal, 1887 von Gabriel Seidl gestaltet (z. T. mit Ausstattung von Lorenz Gedon aus dem zweiten Allotria-Saal, vgl. Lenbachplatz 8); die Häuserreihe nördlich der Karlstraße heute durch die Fachhochschule ersetzt, s. Karlstraße 6 (mit Barer Straße 10/12).

Zwischen Karolinenplatz und Gabelsbergerstraße westseitig ehemals bemerkenswerte Baugruppe, von Süden: mit alter Nr. 6 palastartiges dreigeschossiges Wohnhaus, 1846 von dem Gärtner-Schüler Anton von Braunmühl für Baron von Bernhard in romanisierenden Formen erbaut, mit Längsfront im Süden (Schmalseite zur Straße) und kleinen polygonalen Eckerkern. – Mit alter Nr. 6½ (später Nr. 17) Haus des Hofmalers Joseph Stieler (gest. 1858), 1841/42 von Franz Jakob Kreuter, zweigeschossig mit Sichtziegelfassade und ornamentaler Attika, Mittelrisalit erhöht mit Flachgiebel. – Alte Nr. 7 (später Nr. 19) zweigeschossiges klassizistisches Walmdachhaus von ca. 1810, im Oktober 1846 durch Ludwig I. von einer Gräfin Wahl erworben und Lola Montez (ab August 1847 „Gräfin von Landsfeld") zur Verfügung gestellt, die nach Umbau durch Eduard Metzger hier im Juni 1847 einzog und am 11. Februar 1848 aus dem von einer Volksmenge belagerten und danach z. T. verwüsteten Haus flüchten musste. Metzger erhöhte den straßenseitig fünfachsigen Bau um ein Attikageschoss mit Zierfries und vorkragendem,

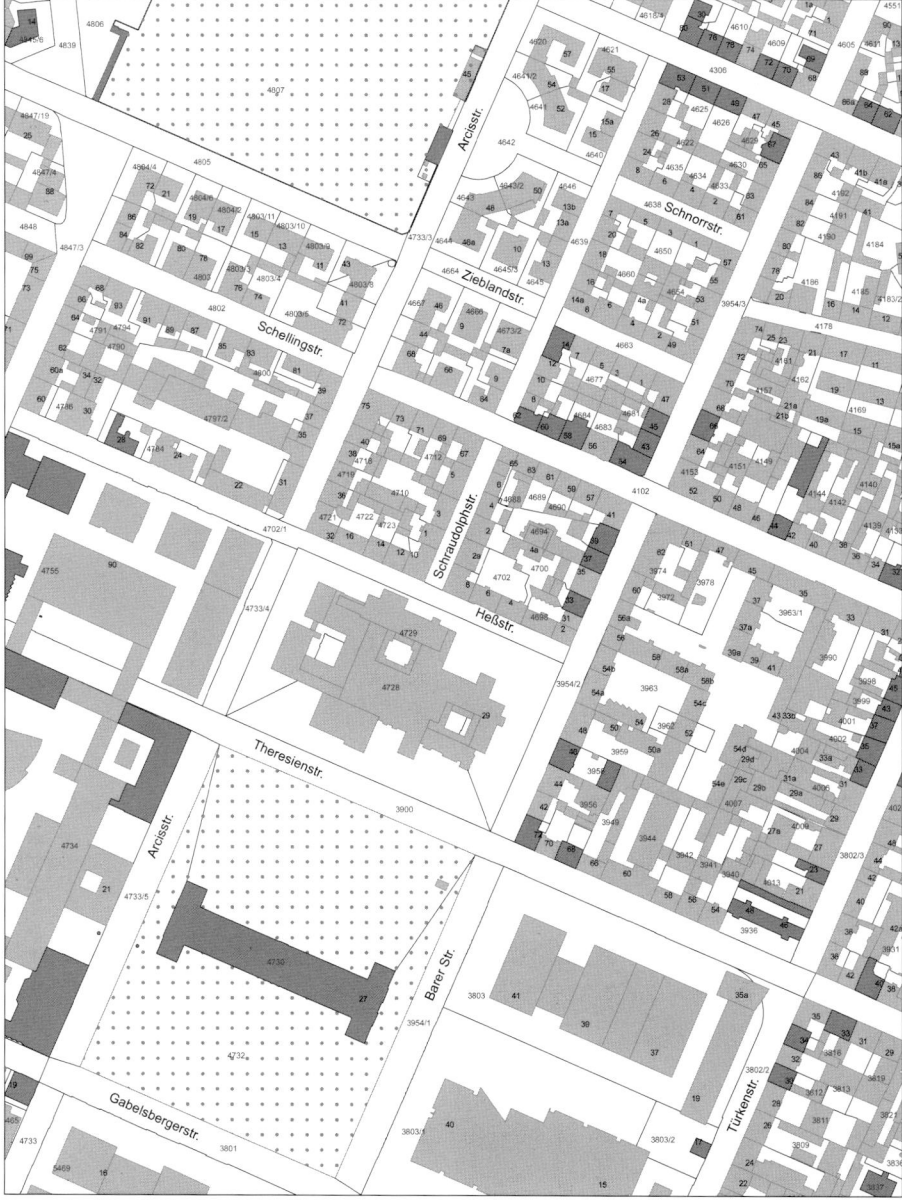

Barer Straße; Flurkarte, M. 1:5000

Barer Straße 21, 22, 23 (rechts Gabelsbergerstraße 6), abgebrochen 1938

Barer Straße 34; abgebrochen nach 1974

flach geneigtem Dach; rückseitig im Garten Krokodilwürger-Brunnen von Johann Leeb (heute Kunstmuseum Genf); 1849 im Besitz einer Gräfin von Geldern, 1882 im Neurenaissancestil aufgestockt und umgebaut, die beiden kurzen rückseitigen Flügel erweitert. – Die Häuser mit den ursprünglichen Nummern 6, 6½ und 7 wurden abgebrochen zugunsten des monumentalen Neubaus der Lebensversicherungsbank Arminia (1923 von der „Allianz" übernommen; Barer Straße 15), 1914–16 von German Bestelmeyer, eines neuklassizistischen, zwei Höfe umschließenden Vierseitkomplexes mit turmartig gerundeten Ostecken und sechssäuligem dorischem Balkon am Haupteingang; nach 1933 in das Parteibauten-Quartier einbezogen („Reichsorganisationsleitung der NSDAP"), im Luftkrieg zerstört. – Nördlich folgte eine geschlossene Reihe von zwei vier-, dann zwei dreigeschossigen klassizistischen Wohnhäusern, deren letztes, das Eckhaus mit der früheren Nr. Gabelsbergerstraße 6, um 1850 dem Bildhauer Anselm Sickinger gehörte (Wenngs Atlas). Abbruch der Häusergruppe in der NS-Zeit für geplanten Führerkanzlei-Neubau (s. Arcisstraße 12); hier 1965–72 Institutsbauten der Technischen Universität (2007 abgebrochen). – Im dahinter gelegenen Gartenbereich (ehemals Nr. 21) stand in der Zeit um 1900 das Haus des Künstlerinnenvereins mit Saal, Lesezimmer und neun Schulateliers. – Gegenüber an der Ostseite war bis zum Abbruch nach 1974 noch (in schlechtem Zustand) das letzte klassizistische Wohnhaus an der Barer Straße erhalten (Nr. 34, erster Entwurf 1825 von Anton Baumgartner; viergeschossiger Eckbau). – Im kriegszerstörten Haus Nr. 50 wohnte 1922–32 der österr. Schriftsteller Hermann Bahr.

Barer Straße 3 (vormals Ottostraße 3, siehe Flurkarte S. 452). Vgl. Arcostraße 1.

Barer Straße 18, 21, 24. Vgl. Ensemble Maxvorstadt II.

[**Barer Straße 24.** Bürogebäude (ehem. Bayer. Gemeinde-Unfall-Versicherungs-Verband), 1954–55 von Franz Berberich; das Äußere ein Versuch, moderne Konstruktion mit traditionellen Gestaltungselementen zu verbinden: farbig abgesetzte plastische Ornamente (Sonne, Mond, Motive aus Tier- und Pflanzenwelt), weit vorkragender Dachüberstand, zurückgesetztes Terrassengeschoss mit abgewalmtem Satteldach; mit Prinz-Ludwig-Straße 11.]

Barer Straße 27. *Alte Pinakothek.* Die heutigen Bayerischen Staatsgemäldesammlungen, deren erlesener Kernbestand an alten Meistern in der Alten Pinakothek präsentiert wird, sind aus einer der ältesten und bedeutendsten fürstlichen Kunstsammlungen Europas hervorgegangen, an deren Beginn die im Auftrag Herzog Wilhelms IV. (reg. 1508–50) geschaffenen Historienbilder – mit Albrecht Altdorfers „Alexanderschlacht" von 1529 als Höhepunkt – sowie Porträts stehen. Kurfürst Maximilian I. (1597–1651) sammelte vor allem Werke Dürers, Max Emanuel (1679–1726) niederländische und flämische Malerei. Außer der Residenz – mit der „Grünen Galerie" – wurde das Neue Schloss in Schleißheim mit der Großen Galerie im Mittelpunkt Hauptaufbewahrungsort. Kurfürst Karl Theodor von Pfalzbayern ließ für eine repräsentative Auswahl 1778–83 durch K. A. von Lespilliez ein Galeriegebäude über den nördlichen Arkaden des Hofgartens (s. dort) errichten und öffnete es der Allgemeinheit. Im Zusammenhang mit dem sukzessiven Verlust der pfälzischen Territorien kamen die Wittelsbacher Galerien aus Mannheim, Zweibrücken und Düsseldorf nach München; infolge der Säkularisation und durch die rege Sammeltätigkeit Ludwigs I. (frühe Italiener; Altniederländer und Altdeutsche der Sammlungen Boisserée und Wallerstein) vervielfachten sich die Bestände. Mehrfach wurden Erweiterungen der Bildergalerie am Hofgarten nach Norden und Westen erörtert, 1816

Barer Straße 3

Barer Straße 24

auch ein Neubau Klenzes an der Ostseite des Odeonsplatzes. Im Zusammenwirken von Kronprinz Ludwig, Klenze und dem Maler und Galerieinspektor bzw. (ab 1822) Direktor Johann Georg von Dillis wurden mehrere Standortmöglichkeiten für einen Neubau geprüft und schließlich das rechteckige Areal zwischen Barer-, Theresien-, Arcis- und Gabelsbergerstraße in der Maxvorstadt erworben, das der Kronprinz bevorzugte. Schon am 20. April 1822 war der Planungsauftrag König Max Josephs an Leo von Klenze ergangen, dessen Projekt am 10. Juni 1824 „definitiv angenommen" wurde. Am 2. Oktober 1824 wurde der 25. Mai des Folgejahres für die Grundsteinlegung bestimmt, die aber wegen verzögerter Bewilligung der Baugelder durch die Ständeversammlung auf den 7. April 1826 (den Geburtstag Raffaels) verlegt werden musste. 1827 begann schon die Verkleidung der Außenmauern mit fein gebrannten Ziegeln und Sandstein; der Rohbau war im September 1831 unter Dach, 1833/34 wurden die Säle stuckiert und ausgestattet, am 16. Oktober 1836 die Galerie eröffnet. Restarbeiten im Erdgeschoss, an der Dekoration der Loggia und der Statuengalerie am Äußeren wurden noch bis 1842 fortgesetzt. – Von dem an der Raumausstattung der Pinakothek mitwirkenden Baurat Jean Baptiste Métivier liegt ein Projekt zu einem vierflügeligen, klassizistisch monumentalen Galeriebau wohl aus der frühen Planungsphase um 1822/23 vor (AMTUM).

Im Sinne seines hellenisch geprägten Idealismus und Kulturerneuerungsprogramms gab Ludwig I. der Galerie den u. a. durch Vitruv überlieferten Namen „Pinakothek" (Alte seit Errichtung der Neuen Pinakothek 1846–53). Gleich nach seiner Thronbesteigung wirkte er auf eine repräsentativere, auch Kosten steigernde Ausgestaltung hin. Grundlegend wurde die Zusammenarbeit Klenzes mit dem Galeriefachmann Dillis, der letztlich die vor Brandgefahr, Straßenstaub, Lärm und Reflexlicht schützende Freistellung inmitten eines begrünten, früher auch umzäunten Geviertes und somit die städtebauliche Isolation anregte und die lange Ost-West-Erstreckung mit Nordlicht für die Kabinette in das Projekt einbrachte. Die rationelle Grundrissbildung des 152 m langen doppel-T-förmigen, an den Enden von Quertrakten abgeschlossenen zweigeschossigen Baukörpers mit 27 m Firsthöhe stand in den Grundzügen von Beginn an fest – im Obergeschoss eine nach dem Prinzip der Enfilade verbundene Folge von sieben – schließlich im Verhältnis 1 2 1 3 1 2 1 – wechselnd großen rechteckigen Bildersälen mit steilen Hohlkehlendecken und Oberlichten, begleitet im Norden von thematisch jeweils zugeordneten Kabinetten für die Kleinformate mit Seitenlicht, im Süden von einer in verglasten Rundbogenarkaden geöffneten Loggia von 25 Flachkuppeljochen mit Zugängen zu den einzelnen Sälen. Im östlichen Quertrakt lag südlich das dreiläufige Haupttreppenhaus, in der Mitte unten das

Barer Straße 27, Alte Pinokothek; Aufn. um 1880

Alte Pinakothek, Rubenssaal; Aufn. um 1888

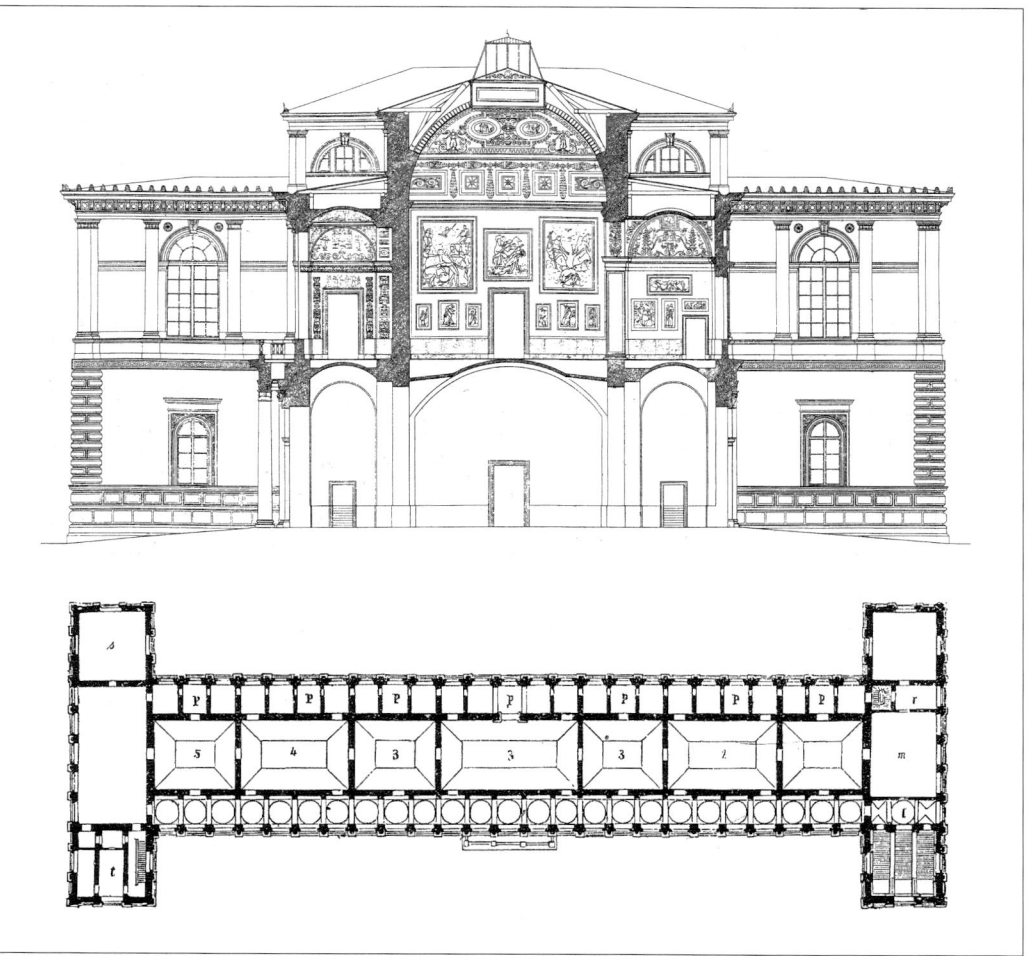

Barer Straße 27, Alte Pinakothek; Grundriss Obergeschoss und Querschnitt, um 1888

tetrastyle Vestibül und darüber – neben einem auf die Treppe folgenden Vorplatz in Fortsetzung der Loggia – der sog. Stiftersaal („Vestibule worin die Bilder der Stifter") sowie im Norden ein „Reservesaal"; in der Mitte des westlichen Querflügels lag der an Größe dem zentralen Rubenssaal gleichende Italienersaal zwischen der Direktion (südlich) und einem Kopier-, später Bildersaal im Norden. Das Erdgeschoss, mit einem zweiten weiträumigen Vestibül in der Mitte des Längstraktes, enthielt unter den großen Bildersälen die Magazine, ansonsten Räume für Verwaltung und Restaurierung, das Kupferstich- und das Handzeichnungskabinett (Vorläufer der Staatl. Graphischen Sammlung) und im Westflügel die hervorragende Vasensammlung Ludwigs I., die im Gesamtprogramm die sonst verlorene Malerei der Antike repräsentierte (heute im Antikenmuseum).

Am Außenbau überragt die Folge der großen Oberlichtsäle die schmalen Bahnen der Begleiträume – Kabinette bzw. Loggia; auch die über die Flucht des Längsbaukörpers vortretenden Enden der Querflügel sind entsprechend niedriger (heute – ähnlich wie in einer frühen Planungsstufe – mit flachen Dreiecksgiebeln abgeschlossen). Am Längsbau gelangte Klenze – abweichend von stärker palladianisch bzw. klassizistisch geprägten Vorstufen mit zwei bzw. einem mittleren Risalit – zu einer für die Zeit großzügig „modernen", gleichförmigen, nicht traditionell rhythmisierten, lediglich durch den ionischen viersäuligen (zerstörten) Balkonvorbau im Süden akzentuierten Gliederung (vgl. Königsbau der Residenz, Gärtners Staatsbibliothek) in Formen der italienischen Hochrenaissance – der Zeit des damals zuhöchst verehrten Raffael –, mit Rustikasockel, „Bramantefenstern" – rundbogig in Ädikulen mit gerader Verdachung – im Erdgeschoss und darüber südseitig der großen Arkadenloggia mit ionischer Halbsäulengliederung, Gebälk samt prächtigem Konsolgesims und (ehemals) bekrönender „Künstlerbalustrade" –

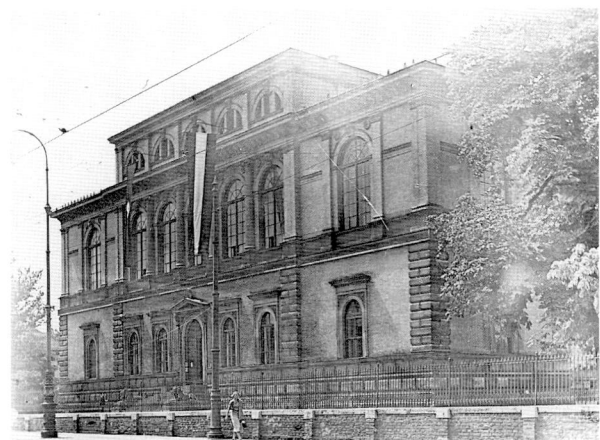
Alte Pinakothek, Ostseite; Aufn. vor 1945

Alte Pinakothek nach Kriegszerstörung; Aufn. 1945

24 Figuren (Kelheimer Marmor) damals besonders geschätzter Maler der nördlichen wie südlichen Schulen nach Modellen Ludwig Schwanthalers, bis 1840 ausgeführt von Ernst Mayer, Ernst Hähnel, Francesco Sanguinetti, Johann Leeb, Ludwig Schaller und Giuseppe Lazzarini (erhalten nur die beschädigte Dürer-Figur von Mayer). Im Norden ist das Obergeschoss achsenweise durch Pilaster und die Kabinettfenster vom einfacheren Bramantetypus samt kleinen Querrechteckfenstern (-blenden) darüber gegliedert. Über der zurückgesetzten, pilastergegliederten Hochwand des Saaltraktes erhoben sich früher die vierkantigen, verjüngten Oberlicht-Laternen. Die Gliederung der Querflügel ist ihrer Dreiteilung entsprechend rhythmisiert, mit kräftig rustizierten Ecken im Erd- und toskanischer Pilasterordnung im Obergeschoss, wobei der erhöhte Langbau am Ost- und Westende jeweils als Flachrisalit mit dem Säulenarkadenmotiv analog der Loggia im Obergeschoss vorgezogen ist. Dem (ursprünglichen) Haupteingang in der Mitte der Ostseite ist eine Freitreppe mit zwei ruhenden Sandsteinlöwen von Ernst Mayer (1834; oder – nach Thieme/Becker – 1835 von dessen Schüler Johann Halbig) vorgelegt, die angeblich in den 1920er Jahren durch Kopien ersetzt wurden. (2005 Wiedereröffnung des sog. Klenzeportals.) – Der Backsteinbau ist außen mit kleinformatigen, hellen, fein gebrannten Ziegeln – ein Frühbeispiel für die Wiederaufnahme der Rohbacksteintechnik – in Verbindung mit Abbacher Grünsandsteingliederungen verblendet.

Von der in zurückhaltender Weise vornehm-repräsentativen Raumgestaltung mit Stuckmarmorsockeln und -türrahmen, seidendamastbespannten Wandflächen für die nach ästhetischen Gesichtspunkten meist symmetrisch gruppierten, dicht gehängten Gemälde, profilierten Gesimsen und reich stuckierten, vergoldeten Klostergewölben ist nichts erhalten außer dem nördlichen Bogentor im Rubenssaal. Die Präsentation erfolgte saal-

Alte Pinakothek, ehem. Loggia; Zustand um 1935

Alte Pinakothek,   ▷
Südseite

Alte Pinakothek   ▷
von Südwesten

Alte Pinakothek,   ▷▷
Nordseite; Aufn. 1986

weise nach Schulen geordnet. Die programmatische Aussage konzentrierte sich auf die nach Entwürfen von Peter Cornelius ornamental und figürlich ausgemalte, 25 Kompartimente umfassende Loggia im Obergeschoss mit großen Bogenfenstern im Süden, Wandpfeilern und Pendentifkuppeln – eine Raumschöpfung in Anspielung auf Bramante/Raffaels Loggien im Vatikan (die bereits in der Petersburger Eremitage Katharinas II. nachgebildet worden waren). In Kongruenz mit der Künstlerbalustrade am Äußeren darüber entrollte ein differenziertes Bildprogramm die philosophisch, allegorisch und symbolisch interpretierte Geschichte der europäischen – vor allem italienischen und deutschen – Malerei, chronologisch jeweils außen beginnend und in dem Raffael gewidmeten Mitteljoch als geistigem Höhepunkt zusammengeführt. Die je Kuppel auf fünf Felder – eines davon im Scheitel – und auf die Lünetten der Nordwand konzentrierten Bilddarstellungen wurden von Clemens Zimmermann und Mitarbeitern al fresco ausgeführt. Gleich den von Cornelius ausgemalten Festsälen der Glyptothek hatte auch die Pinakothek in der Loggia ein ganz mit den Mitteln zeitgenössischer Kunst gestaltetes ideelles Zentrum.

In der Frühphase der verselbständigten Bauaufgabe des öffentlichen Museums wurde die Pinakothek zum für das ganze 19. Jh. vorbildhaften Prototyp eines reinen Galeriegebäudes im Unterschied zu sämtlichen Kunstgattungen gewidmeten Sammlungsgebäuden wie dem Louvre oder dem Berliner (Alten) Museum wie auch zu in bestehenden Komplexen adaptierend eingerichteten Museen (Louvre, Brera, Wiener Belvedere). Ihre überzeitlich gültigen architektonischen wie funktionellen Qualitäten gründen u. a. auch in der maßvoll gehandhabten Repräsentation, die der Präsentation der Exponate den Vorrang einräumt und zugleich ihrer ideellen Würde Ausdruck verleiht, während in späteren historistischen Museumsbauten wie der Dresdner Galerie oder

dem Kunsthistorischen Museum in Wien der gestalterische Anteil des Aufwandes wächst. Klenzes Pinakothek ist trotz ihrer von der Hochrenaissance abgeleiteten Würdeformen, mit der Säulenarkadenfolge der Loggia als Höhepunkt, nicht mit einem Schloss, Palast oder palastartigen Staatsbau zu verwechseln, sondern eindeutig als von innen nach außen zweckhaft entwickelter Galeriebau erkennbar und darin den meisten Museen der Folgezeit überlegen. Die ursprüngliche Wirkung ihrer Schauräume (wie auch derjenigen in der Glyptothek) mit ihrer dekorativen Ausstattung ist – bei etwas gesteigertem Aufwand – in Klenzes Mehrspartenmuseum der Neuen Eremitage in St. Petersburg (1839 ff.) nachvollziehbar (in die auch die dortige Kopie der vatikanischen Loggia einbezogen wurde).

Luftangriffe am 9. März 1943, am 24./25. April (Brand), 12. und 16. Juli und vor allem am 17. Dezember 1944 machten die (zuvor geräumte) Alte Pinakothek zur Totalruine mit einer rund neun Achsen breiten Fehlstelle im Mittelteil der Südseite und erheblichen Substanzverlusten auch im Norden; Löschwasser, Witterungsschäden und Metalldiebstahl setzten das Zerstörungswerk fort, ein Wiederaufbau erschien aussichtslos und nicht finanzierbar bis zur Vorlage eines (auch Kosten sparenden) Projektes von Hans Döllgast, nach welchem unter Leitung des Landbauamtes München der formal reduzierte Wiederaufbau erfolgte: 1952 begannen Sicherungsmaßnahmen, 1953 die Bauarbeiten, bis am 7. Juni 1957 zunächst das Hauptgeschoss eröffnet wurde, dem bis 1963 sukzessive der Ausbau der Erdgeschossräume (als Depots und nunmehr auch Galeriesäle) folgte. Döllgasts bis heute als denkmalpflegerisch bemerkenswerte „schöpferische Wiederherstellung" und als „interpretierender Wiederaufbau" gewürdigtes Konzept sah die Konservierung des überwiegend erhaltenen Teils der Klenze-Fassaden, nicht jedoch die originalgetreue Rekonstruktion der fehlenden Partien in der Mit-

Barer Straße 27, Alte Pinakothek,
Treppenhaus

Barer Straße 29, Neue Pinakothek; Holzstich nach August Splitgerber, Ende 19. Jh.

te der Süd- und Nordseite vor, die vielmehr unter Übernahme der Fensterachsen und -formate als Ziegelrohbau (aus Trümmermaterial) mit Stahlrohrstützen und Sichtbetonelementen ergänzt wurden. Im Inneren wurde die alte, funktionell bewährte Raumfolge, verbunden mit um die Dekoration reduzierter, doch würdiger Ausstattung, beibehalten, jedoch der Eingang in die Mitte der Nordseite verlegt und damit an der Stelle des einstigen Haupttreppenhauses Ausstellungsfläche gewonnen. An der Stelle der Loggia entstand ein durch beide Geschosse gehendes, in seiner Art einzigartiges neues Treppenhaus mit zwei entgegengesetzten kolossalen Läufen und gleich dem Mittelvestibül geschlämmten Rohziegelwänden, welche die Ästhetik und Gesinnung der Wiederaufbauzeit reflektieren. Durch die von der Bauherrnseite Döllgast aufgedrängte radikale Treppenhauslösung

Alte Pinakothek, Ostseite, Freitreppe

Rosselenker vor der Alten Pinakothek

unter völliger Aufgabe der Loggienreste wurde die südliche Arkadenschauseite gleichsam funktionslos und von der Struktur des Raumgefüges abgehängt. Verändert wurde auch die Dachzone, nunmehr mit liegenden Oberlichten statt der einstigen Kästen. Die Mehrzahl der großen Bogenfenster im Obergeschoss der beiden Quertrakte wurde zugunsten von Hängeflächen in den Sälen vermauert. Döllgasts rohbauartiges, von ihm selbst als reversibel bzw. später komplettierbar bezeichnetes Wiederaufbaukonzept, geprägt durch einen zeittypischen, ethisch wie ästhetisch und funktional begründeten puristischen Minimalismus, wurde auch bei den konservatorisch und technisch notwendigen Instandsetzungsmaßnahmen der Folgezeit beibehalten (1977–80 Dachbereich und Saal-Wandverkleidungen; 1984 ff. Fassadensanierung; 1994–98 Gesamtinstandsetzung).

Der umgebende Garten, ursprünglich geometrisch angelegt und von einem Eisenzaun begrenzt, ist völlig verändert und mit modernen Skulpturen (museale Objekte) ausgestattet; an der Arcisstraße (s. dort, nach Nr. 21) Bronzegruppe des Rosselenkers, 1931 von Hermann Hahn.

[**Barer Straße 29.** *Neue Pinakothek.* Das im Auftrag Ludwigs I. nach der Alten Pinakothek auf dem begrünten Straßengeviert nördlich von ihr aus Privatmitteln errichtete Museumsgebäude war in seiner Bestimmung allein für Gegenwartskunst, die der König gleichfalls förderte und sammelte, zu seiner Zeit einzigartig. Grundsteinlegung am 12. Oktober 1846, Eröffnung am 25. Oktober 1853, entworfen von Oberbaurat August von Voit, wohl unter Einflussnahme Friedrich Gärtners (dem W. Mittelmeier (1977) den Entwurf insgesamt zuschreiben wollte; doch vgl. G. Goldberg in: Festgabe 1981, S. 45 f.). Zweigeschossiger Rechteckbau (107 x 29 m) mit rustiziertem Sockel und aus dem Block herausragendem Mittelteil mit den fünf großen Oberlichtsälen des Hauptgeschosses, die von ebenso vielen Rechtecksälen mit Oberlicht im Süden und einer Reihe von 14 Kabinetten mit Seitenlicht im Norden flankiert wurden; an der östlichen Schmalseite Freitreppe, Eingangsloggia und große Doppeltreppenhalle; im Westen lag der beleuchtungstechnisch innovative Rottmannsaal (für die 23 enkaustischen Wandgemälde griechischer Landschaften Carl Rottmanns von 1838–50, ursprünglich für die Hofgartenarkaden vorgesehen). Im Erdgeschoss wechselten die Nutzungen im Lauf der Zeit, ursprünglich u. a. Gemäldereproduktionen auf Porzellan und antike Kleinkunst (kgl. Antiquarium). Das Äußere, das als wenig attraktiv galt, sah große Wandflächen für einen von Wilhelm von Kaulbach 1847–53 entworfenen, 1850–54 von Christoph Nilson ausgeführten allegorischen Freskenzyklus vor, der unter verschiedenen Aspekten die Blüte der Kunst unter Ludwig I. – mit z. T. ironischen Details – thematisierte (bald durch Witterung

Neue Pinakothek nach Kriegszerstörung; Aufn. 1945

Neue Pinakothek, Neubau (kein BDm)

geschädigt; Kaulbachs Ölskizzen in der Neuen Pinakothek). Die Ruine des 1944 erst ausgebrannten, dann zusätzlich durch Sprengbomben zerstörten Gebäudes wurde größtenteils 1949, in der Folge auch die zeitweise allein noch stehende Ostfassade abgebrochen. Vgl. Luftbild S. 245.

Dem *Neubau* der Bayer. Staatsgemäldesammlungen für die Bestände aus dem 19. Jh. ging 1966–67 ein Wettbewerb voraus, dessen Gewinner, Alexander Freiherr von Branca, auch den ausgeführten Bau entwarf; Grundsteinlegung 16. Juli 1975, Richtfest 1. Dezember 1976, Eröffnung 28. März 1981. Der Westteil des asymmetrischen, weitgehend fensterlosen, mit Naturstein verkleideten Komplexes enthält die Verwaltung, Restaurierungswerkstätten und Doerner-Institut (Prüf- und Forschungsanstalt für Maltechnik); der Museumsteil im Osten, mit schräg gestellten Glasdächern, ist mit seiner nach Art einer Doppelschleife auf unterschiedlichem Niveau verbundenen Saalfolge um zwei Innenhöfe gruppiert. Höfe und Umfeld sind gärtnerisch gestaltet und mit Wasserspielen und -flächen sowie Plastiken (in musealem Besitz) ausgestattet.]

Barer Straße 33. Das Mietshaus wurde 1875 zusammen mit dem im Zweiten Weltkrieg zerstörten Anwesen Barer Straße 31 (Ecke Heßstraße) von Baumeister Johann Thomas für den Privatier Alois Keller errichtet. Die Hofdurchfahrt in der nördlichen Achse führt zum rückwärtigen Treppenhaus, das eine Wohnung je Etage (mit Dunkelzonen) erschließt. 1890 ließ der Prokurist Peter Rech Küchenbalkone ausbauen. Thomas instrumentierte in den mittleren 1870er Jahren die reich gegliederte Fassade in Neurenaissanceformen, aufwendig, wie dies in der Maxvorstadt bis dahin ungesehen war. Die Konsolen der Sohlbänke und auch die Scheitelsteine der Segmentbogenfenster des rustizierten Erdgeschosses haben sich erhalten. Mit kräftig profilierten Wasserschlägen sind die Hauptgeschosse zusammengefasst, im 1. Obergeschoss tragen Pilaster Verdachungen in Dreiecksgiebelform. Die Verklammerung zu den Fenstern im 2. Obergeschoss stellen gefelderte Brüstungszonen her. Hier finden sich segmentbogige Verdachungen mit kurzen Schultern über diamantierten Konsolen. Die Suprafenestralen sind über einer Agraffe floral dekoriert. Kannelierte Pilaster flankieren die Fenster des 3. Obergeschosses. Infolge der Kriegszerstörungen sind Traufgesims und Dach vereinfacht. Im Januar 1945 brannte das Dachtragwerk ab, ein weiterer Bombenschaden im April 1945 betraf das Anwesen bis zum 1. Obergeschoss.

Barer Straße 37. Auf zuvor unbebautem Grund errichtete der Baumeister Kilian Stützel das Mietshaus 1876/77 für sich selbst. Die Bauarbeiten begannen, während die Erbauung des nördlich angrenzenden Hauses 39 (Bauherr war hier ebenfalls Stützel) in vollem Gange war. Die Hofdurchfahrt in der südlichen Achse führte über das rückwärtige, erneuerte Treppenhaus in ursprünglich eine Wohnung je Etage. Die reich gestaltete Fassade in Neurenaissance wird vertikal durch die Engsetzung der Fensterachsen sowie die Drängung von Detailformen rhythmisiert: Die drei mittleren Fensterachsen bilden einen flachen Mittelrisalit. Erdgeschoss und darüberliegendes Entresol wurden rustizierend gleich behandelt. Die Verdachungen der Fenster der Hauptgeschosse – mit Kaffgesimsen zusammengefasst – bestehen in kräftigen Gebälkstücken. 1978 erfolgte die Generalsanierung des Gebäudes, ein weiterer Zugang wurde in der nördlichen Achse geschaffen, das Anwesen behutsam den Bedürfnissen der Galerie Neumeister angepasst (ergänzende Bauten im Hinterhof; die historischen Rückgebäude waren im Juli 1944 erheblich zerstört worden). – Eine Gedenktafel erinnert seit 1988 an den Schriftsteller Oskar Maria Graf, der 1919–31 im Atelierhaus I wohnte.

Barer Straße 33

Barer Straße 37

Barer Straße 39   Barer Straße 43   Barer Straße 45

Barer Straße 39. 1875/76 errichtete Baumeister Kilian Stützel das in Hinblick auf seine Zeitstellung von einer bemerkenswerten Italianità geprägte Mietshaus, das in der Maxvorstadt neue Maßstäbe setzte. Die mittlere Durchfahrt erschließt über das nebenliegende Treppenhaus zwei repräsentative Wohnungen je Etage. Die reich gegliederte Fassade im Stil der Neurenaissance macht die stilistische Adaptation eines italienischen Palazzo der Hochrenaissance aus. Erdgeschoss und das darüberliegende Quasi-Entresol finden sich rustiziert, das Erdgeschoss in Quaderform, das 1. Obergeschoss als Streifenrustika. Die Fenster beider Geschosse tragen Scheitelsteine, im Erdgeschoss bossiert, im 1. Obergeschoss diamantiert. Der Hauseingang mit zweiflügeliger Haustür, ebenfalls in Neurenaissanceformen, ist als Ädikula gestaltet, kannelierte Pilaster tragen ein massives Gebälk. Die geohrten Faschen der Fenster des 2. Obergeschosses besitzen Verdachungen in Segmentbogenform, die schlichteren geohrten Faschen des 3. Obergeschosses Verdachungen in Form von Dreiecksgiebeln. Die segmentbogig geschlossenen Fenster des 4. Obergeschosses weisen Scheitelsteine in Konsolenform mit eingeschriebenen Akanthusblättern auf. Der Architrav des Traufgesimses ist gezahnt. Der bestehende Erhaltungsgrad der Fassade ist bemerkenswert. (Durch Brand wurde das Anwesen im März 1943 bis zum 3. Obergeschoss herunter in Mitleidenschaft gezogen, im Juli 1944 folgten weitere Zerstörungen.)

[**Barer Straße 40.** *Pinakothek der Moderne.* Der freistehende Rechteckbau in der Südhälfte des ehemals von der Türkenkaserne (s. Türkenstraße 17) weitgehend umschlossenen, im Westen (zur Alten Pinakothek hin) geöffneten Karrees wurde 1996–2002 von Stephan Braunfels (nach Wettbewerb 1991/92) erbaut. Die Eröffnung fand am 13. September 2003 statt. Der in Ost-West-Richtung gestreckte, diagonal von zwei Seiten erschlossene Flachdachblock mit überhöhter Rotunde ist durch die Ausgewogenheit zwischen Architekturaussage und den Exponaten zugemessener Eigenwirkung gekennzeichnet. Die westliche Schmalseite liegt schräg gegenüber der Alten Pinakothek, auf welche die innere Schrägachse ausgerichtet ist. (Getrennter schmaler Ergänzungsbau entlang der Süd- und Ostseite vorgesehen.) An der Barer Straße wurde 2002 die monumentale Stahlskulptur „Buscando la Luz" von Eduardo Chillida aufgestellt.]

[**Barer Straße 41.** Das fünfgeschossige Mietshaus an der Ecke zur Schellingstraße entstand 1938–39 nach Abbruch des Vorgängerbaues von 1873 (des seinerzeit ersten Hauses im gesamten Block). Die Baupläne wurden gefertigt von Hermann Reinhard

Alker, mit Stempel der „Sonderbaubehörde Ausbau der Hauptstadt der Bewegung"; Ausführung durch die Bauunternehmung Hartlaub und Eichbauer. Bezeichnendes Beispiel für die Bauaufgabe des Großstadthauses in der NS-Zeit. Fassadengestaltung schlicht, mit Erdgeschossverkleidung und Fensterrahmungen in Naturstein. Über den schmalen (jetzt vermauerten) Stichbogentüren beiderseits der Ecke – den ursprünglichen Kundeneingängen zur Zweigstelle der Stadtsparkasse im Haus – Steinreliefs (Stadtwappen, Bienenkorb). In den Obergeschossen ursprünglich insgesamt 13 Wohnungen. 1950 Zweigstellenumbau und Dachstuhlerneuerung. (Abb. s. S. 995)]

Barer Straße 43. Mietshaus, Neurenaissance, reich gegliedert, 1897–99 von Johann und Lorenz Grübel; bildet Einheit mit Schellingstraße 54, vgl. dort.

Barer Straße 45. Auf zuvor unbebautem Areal errichtete Architekt Nikolaus Debold 1875–76 auf dem nördlich an den sog. Schellinggarten (später Barer Straße 43/Schellingstraße 54) angrenzenden Grundstück das zunächst viergeschossige Mietshaus mit reicher Gliederung im Stil der Neurenaissance für sich selbst. Die Aufstockung eines weiteren Geschosses erfolgte 1888 für den Dekorationsmaler Adolph Sievers. Das 4. Obergeschoss setzt die Binnengliederung von 1. bis 3. Obergeschoss nicht fort, der flache Mittelrisalit, der die drei mittleren Fensterachsen der Hauptgeschosse zusammenfasst, endigt am Gesims darunter. Das neben der Hofdurchfahrt in der südlichen Achse liegende Treppenhaus erschließt zwei Wohnungen (mit Dunkelzone) je Etage. Im Juli 1944 wurde das Rückgebäude zerstört,

Barer Straße 40, Pinakothek der Moderne von Nordwesten (kein BDm)

das Vordergebäude erheblich in Mitleidenschaft gezogen. In der Nachkriegszeit erfolgte mit Ausnahme der Fenster des 4. Obergeschosses eine Auswechslung zu solchen mit Einscheibenverglasungen. Der Ausbau des Dachgeschosses zur heutigen Gestalt erfolgte 2002/03.

Barer Straße 46. Das Mietshaus ist ein vorzügliches Beispiel für die mit den Architekturauffassungen wechselnden Fassadengestaltungen, überdies bauprotokollarisch greifbar. 1864–65 wurde es durch Johann Widmann für den Kaufmann Bernhard Birkenheuer zunächst zu vier Geschossen erbaut. Sieben Achsen mit mittigem Eingangsrisalit rhythmisierten die ostseits der Neuen Pinakothek gegenüberliegende Fassade ausgewogen. Das rückwärtig neben der mittigen Durchfahrt gelegene Treppenhaus erschloss gemäß Eingabeplan zwei Wohnungen je Etage. Der ursprünglich schlichten Gestaltung der Fassade lag eine Orientierung an den Formen eines späteren Maximilianstils zugrunde. 1876 stockte Maurermeister M. Vornehm für den kgl. bayerischen Hauptmann Adolph Kummer ein weiteres Geschoss auf, dies ohne Fortsetzung des schmalen Mittelrisalits. Die Fassade wurde gleichzeitig klassizisierend überformt. 1909 fanden weitere Umbauarbeiten für den Eigentümer Johann Barmaneder statt, eine Verlegung des Eingangs aus der Mittelachse in die südliche Achse sowie eine erneute Fassadenänderung hin zu Formen eines heimatstilig anverwandelten Jugendstils. Von 1909 rührt auch das noch erhaltene reliefierte Madonnenmedaillon zwischen 1. und 2. Obergeschoss her. Infolge von Detonationen in der unmittelbaren Nachbarschaft wurde das Dachtragwerk im Januar 1945 durch Luftdruck zerstört. Im Zuge der Wiederherstellungsarbeiten nach dem Zweiten Weltkrieg kam es zur Glättung der Fassade, die nur Gesimse und die Putzlisenen der vertikalen Fensterrahmungen beließ.

Barer Straße 66. Auf zuvor unbebauter Parzelle errichtete der Baumeister Johann Jäger 1863–64 das Mietshaus für sich selbst. Das rückwärtig der mittigen Hofdurchfahrt zugeordnete Treppenhaus erschließt zwei Wohnungen je Etage (mit Dunkelzonen). Die bauzeitliche innere Struktur des Hauses ist weitgehend erhalten. In den Jahren nach dem Zweiten Weltkrieg kam es zur Glättung der ursprünglich neurenaissant dekorierten Fassade und zum Einbau von Fenstern mit Einscheibenverglasungen.

Barer Straße 67. Ursprünglich zu vier Geschossen wurde das Wohn- und Geschäftshaus 1876–77 für den Bauunternehmer Michael Piller erbaut. Das zentrale Treppenhaus erschließt gemäß Eingabeplan zwei Wohnungen (mit Dunkelzonen) je Etage. 1903 erfolgten nach Plänen des Baumeisters Memminger die Aufsetzung eines weiteren Stockwerkes und die Herstellung des vorhandenen Dachhauses mit Zwerchgiebel für Josef Müller. Die Fassade ist durch Dekor in spätklassizistischen Formen charakterisiert, der nach oben hin zunehmend schlichter wird. Während im 1. und 2. Obergeschoss die Frieszonen oberhalb der Fenster reich ornamental ausgestattet sind, werden die profilierten Fenstergewände des 3. Obergeschosses von Akroterien bekrönt, die 1909 geschaffenen straßenseitigen Fenster zeigen nur mehr profilierte Rahmungen mit glatten Scheitelsteinen in geradem Sturz. (Im November 1944 wurden die südlichen Gespärre des Dachtragwerkes zerstört.)

Barer Straße 46

Barer Straße 66

◁ Barer Straße 46, Madonnenmedaillon

Barer Straße 69. Im Sinne malerischen Städtebaus bildet das von Johann Widmann 1887–88 für sich selbst aufgeführte Mietshaus eine stilistisch ergänzende Gruppe mit den Häusern Adalbertstraße 70–80 und Adalbertstraße 49–53 (vgl. dort). Der viergeschossige Bau zu drei Fensterachsen, in den Formen nordischer Neurenaissance, wird mittig von einem turmbekrönten Erker akzentuiert. Die Fensterrahmungen bestehen aus groben Putzbossen, die mit verschlemmten Putzquadraten alternieren. Einen beinahe urtümlichen Eindruck verstärken raue Scheitelsteine, die kräftige Streifenrustika des Erdgeschosses sowie die Rauputz-Eckrustizierungen des Erkers. 1897 wurde eine Kellerwohnung eingebaut, zugänglich von der nordwärts gelegenen Hofdurchfahrt. Das Haus ist stilrein und weitgehend original erhalten.

Barer Straße 67

Barer Straße 69

Blumenstraße

Ihren erstmals wohl auf dem amtlichen Stadtplan von 1826 genannten Namen erhielt die Straße angeblich (nach Rambaldi 1894 und Stahleder 1992) von dem an ihrem nordöstlichen Beginn beim Rosental zeitweise (doch erst später) abgehaltenen Blumenmarkt, nach G. K. Nagler (1863) von den Blumen und Gesträuchen im einstigen Stadtgraben und Zwinger. Mit ihrem vom Viktualienmarkt nach Südwesten gerichteten geraden Abschnitt von fast 500 m Länge – zwischen einstigem Einlaßtor und Angertor – und der im Bogen gegen Nordwesten bis zum Sendlinger Tor führenden Fortsetzung entspricht ihr Verlauf der ehemaligen Wallbefestigung von 1619/48, die unter Maximilian I. an der Außenseite des Stadtgrabens entlang der mittelalterlichen Stadtmauer angelegt worden war, und zwar deren den Südteil der Altstadt vom Einlaß- bis zum Sendlinger Tor umgürtendem Abschnitt. Die außenseitig dem Wall vorgelegten Bastionen – von Nordosten q, r, s und a – sind z. T. noch an den inneren Grundstücksgrenzen ablesbar (s. Nr. 11–17 und 29) und waren bereits im 18. Jh. mit Privatgärten ausgefüllt (vgl. Stadtpläne von M. de Groth, 1748 und 1759; auf Bastion r damals eine Remise, im 19. Jh. als Stadel bezeichnet, nach G. Wenng 1850 städtisch, bald danach durch Wohnhauszeilenbau ersetzt). In verschiedenen Phasen seit Anfang des 19. Jh. bebaut, z. T. unter Einbeziehung älterer Strukturen und Bezeichnungen auf der innerstädtischen Seite (vgl. im Einzelnen Rambaldi 1892, Häuserbuch IV 1966, und Stahleder 1992), erhielt die Blumenstraße erst um 1873/74 ihre endgültige Ausdehnung und Gesamtbenennung und den Charakter einer das Südende der Altstadt umrundenden breiten Ringstraße (die außen konzentrisch von der dem Wall vorgelegten Glacisstraße – s. Müllerstraße – begleitet wird).

An der Altstadtseite blieb noch lange Zeit die mittelalterliche doppelte Stadtmauer samt Innerem Einlaßtor (wohl bis 1826) und Angertor (bis 1869/71) erhalten und wurde großenteils durch die 431 m lange Schrannenhalle von 1852/53 (s. Viktualienmarkt 15) und deren sukzessive Nachfolgebauten im 20. Jh. ersetzt (s. Nr. 22, 26 und 28/28a/28b). An der Außenseite dominierten ursprünglich klassizistische Wohnbauten, darunter die markante Walmdachhäusergruppe Nr. 5 und 7 (s. dort) mitsamt dem 1934/35 zugunsten des Durchbruchs der verlängerten Corneliusstraße abgetragenen viergeschossigen Haus Nr. 9 (alt

Nr. 11), erbaut um 1827 für Tischlermeister Anton Schauer nach nicht erhaltenem Tekturplan (die am 31. Mai 1827 genehmigte Erstplanung von Maurermeister Franz Gießl und Zimmermeister Reifenstuel wurde nicht ausgeführt; dreigeschossiges freistehendes Rückgebäude 1826 von Maurermeister Schöpke und Zimmermeister Reifenstuel). Die benachbarte kompakte Mietshausbebauung am Straßenanfang (Nr. 1 und 3 samt Utzschneiderstraße und Am Einlaß) entstand nach Abbruch des Äußeren Einlaßtores (1844).

Der gebogene westliche Straßenabschnitt erhielt erst nach Abbruch der dortigen Stadtbefestigung in den 1870er Jahren seine boulevardmäßige Gestaltung mit zwei Fahrbahnen und mittlerer Grünanlage (in der später Marionettentheater und Englische Kirche entstanden, s. Nr. 32 und 36) sowie dem Schulhaus Sendlinger-Tor-Platz 14 (s. dort). Die Erstbebauung wurde in der Zeit des späten Historismus und Jugendstils sowie natürlich seit dem Zweiten Weltkrieg vielfach ausgewechselt. In jüngster Zeit wurden altstadtseitige Abschnitte unter dem Namen Prälat-Zistl-Straße (1984) sowie An der Hauptfeuerwache (1995) abgetrennt (s. jeweils dort). Die (provisorisch-ersatzweise) Einbeziehung in den Altstadtring bedingte die schräg geführte Verkehrsanbindung an den Sendlinger-Tor-Platz mit störender Aufweitung städtebaulicher Strukturen. – ARCHÄOLOGISCHE BEFUNDE s. Prälat-Zistl-Straße.

Blumenstraße 1. Das Areal zwischen dem heutigen Verlauf der Blumenstraße im Nordwesten, der Frauenstraße im Nordosten, der Rumfordstraße im Süden sowie Am Einlaß im Südwesten befand sich bis zu seiner Bebauung nach 1835 im Eigentum des kgl. bayer. Geheimrats Joseph von Utzschneider. In diesem Bereich, vor Innerem und Äußerem Einlaßtor, bildeten Krankenhaus- und Lazarettbach einen kleinen See, der noch 1830 nachweisbar ist. Bis spätestens 1845 regulierte man den Bachverlauf und legte das Terrain trocken (vgl. die zeichnerische Wiedergabe Am Einlaß 1). Dem repräsentativen, städtebaulich prägenden Eckbau kommt, der stadtplanerischen Funktion seines Standorts entsprechend, eine große Bedeutung zu. Das in klassizistischen Formen gehaltene Mietshaus bildet eine Einheit mit dem Anwesen Frauenstraße 2 (vormals); es wurde 1843–44 für den Zimmer- und Tischlermeister Michael Reifenstuel von Johann Bürkl (Fa. Joseph Höchl Witwe) in der stilistischen Nachfolge Friedrich Gärtners nach einem Plan von Friedrich Bürklein errichtet. Der Zugang zu den Wohnungen (gemäß Eingabeplan zwei je Etage, unterschiedlich großen Zuschnitts) erfolgt durch die Hofdurchfahrt im Westflügel, hier über eine halb gewendelte Treppe mit Zwischenpodesten im eingezogenen Treppenhaus. Im hohen Erdgeschoss, die Fassade machen profilierte Rundbögen mit schwebenden Verdachungen aus, ist ein Entresol eingeklinkt. Auch die Fenster der von schlichten Gurtgesimsen zusammengefassten Hauptgeschosse sind rundbogig geschlossen, die Westfassade zeigt ebenfalls schwebende Verdachungen der enger gestellten Fenster. Die beiden aus der Erbauungszeit stammenden gusseisernen Balkonkörbe vor der nördlichen und südlichen Fensterachse der Westfassade haben sich erhalten. 1873 gelangte das Gebäude in die Hände des Kommerzienrats Max Kustermann. Bis zum 3. Obergeschoss herunter wurde das Anwesen stark kriegsbeschädigt; die Herstellungsarbeiten zogen sich bis 1949 hin. Die Adaption des Dachraums zu Wohnungen erfolgte nach 1975.

Blumenstraße; Flurkarte, M. 1:5000

Blumenstraße 1 (rechts)

Blumenstraße 3

Blumenstraße 5, Straubinger Hof

lich eine dem Nachbarhaus Am Einlaß 4 ähnliche Fassadengliederung auf, u. a. mit geraden Verdachungen im 1. Stock. Vestibül und die dahinter folgende Treppe trennten ursprünglich das Gastzimmer rechts vom Nebenzimmer links; in den Obergeschossen lagen Wohnungen. Von den Kellerräumen sind die straßenseitigen gewölbt (ehem. Eiskeller). An der Stelle des mehrfach, vor allem 1852 (durch Maurermeister Joh. Babenstuber und Zimmermeister Reifenstuel) umgebauten und z. T. aufgestockten Rückgebäudes entstand 1949 eine Tankstelle mit Garage (= Am Einlaß 2a).

Blumenstraße 6. Jetzt Prälat-Zistl-Straße 6, vgl. dort.

Blumenstraße 7. Auf dem amtlichen Stadtplan von 1826 ist das klassizistische Wohnhaus bereits eingetragen (noch nicht auf dem kleinen Lageplan zu einem Nachbarbauantrag desselben Jahres). Das Seitz-Modell der Stadt (um 1845) sowie alte Ansichten (u. a. der Schrannenhalle samt Umgebung von 1858) zeigen einen freistehenden viergeschossigen Walmdachbau vom Typus der beiderseitigen Nachbarhäuser (vgl. Nr. 5). Als Grundstückseigentümer unterschrieb auf die Nachbaranwesen betreffenden Bauanträgen von 1826 und 1827 der Elementarschullehrer Andreas Lang, der auch noch in Wenggs Atlas 1850 angeführt ist (1864 Metzgermeister Greif). Ein Lageplan von 1852 zeigt rückseitig eine begrünte Hoffläche bis zum Krankenhausbach und beiderseits verschieden große Nebengebäude, deren längeres links an das von Nr. 5 grenzte.

Nach schweren Kriegsschäden wurde das Haus 1948 von Architekt Reinhard Riemerschmid mit den alten Umfassungsmauern, jedoch auf zwei Geschosse reduziert und mit völlig veränderter Innenraumeinteilung, für die Internationale Filmallianz GmbH wiederaufgebaut. 1978 erfolgte eine Adaptierung für die gegenwärtige Mietnutzung als „Bürgerhaus Glockenbachwerkstatt e. V.". Erhalten ist die klassizistische Rahmung des mittigen Eingangstores mit Faszien und gerader Verdachung auf Volutenkonsolen; gemäß den alten Ansichten hatte das Erdgeschoss statt fünf ursprünglich neun Öffnungen, dem 1. Stock entsprechend. Das heutige profilierte Traufgesims und Walmdach passen sich dem klassizistischen Typus an. Das rechts anschließende Tor in den Formen des Klassizismus ist jedoch jünger.

Blumenstraße 3. Wohn- und Geschäftshaus in spätklassizistischer Stiltradition, Mitte 19. Jh.; bildet eine Einheit mit Utzschneiderstraße 2 und Am Einlaß 1, vgl. dort.

Blumenstraße 5. Gastwirtschaft *Straubinger Hof.* Der im Bereich der früheren Wallbefestigung errichtete viergeschossige, freistehende Walmdachbau repräsentiert – gleich den beiden ehemals rechts benachbarten Häusern – einen in München im frühen 19. Jh. verbreiteten klassizistischen Typus (der z. B. der Müller- und Sonnenstraße ihr Gepräge gab). Auf dem Stadtplan von 1826 ist das Haus bereits eingetragen. Der allein erhaltene Baueingabeplan für das einstige zweiflügelige, zweigeschossige Wirtschaftsgebäude an der Rückseite, gefertigt 1827 von Joseph Höchl im Auftrag des Bierwirtes Scheibenberger, setzt das wohl kurz davor vermutlich auch von Höchl errichtete Hauptgebäude voraus. Nach G. Wenng gehörte es 1850 dem Privatier J. Staltmeier. Die Brauereibesitzer Gebr. Schmederer ließen es 1864 durch Maurermeister Reinhold Hirschberg und Zimmermeister M. Mayer z. T. umbauen – durch Beseitigung des mittig gelegenen Vestibüls wurde die Gaststätte erweitert. 1922/23 Umbau (u. a. zwei Treppen) durch Ing. Hans Moser zum Verkaufs- und Bürohaus der Firma Carl Spaeter & Co.; 1930 Wiedereinrichtung der Gaststätte durch die Paulaner-Salvator-Thomasbräu AG mit entsprechenden Änderungen. Nach beträchtlichen Luftkriegsschäden z. T. verändert wiederhergestellt. 2000 Gaststättenumbau.

Der kubische Baukörper mit Rundbogenfenstern im rustizierten Erdgeschoss und niedrigerem letztem Stockwerk wies ursprüng-

Blumenstraße 7

Blumenstraße 11/13

Blumenstraße 22, Hochbunker

Blumenstraße 11/13. Das Doppelhaus aus Nr. 11/13 entstand durch die Vereinigung zweier Anwesen. Der Ostteil Nr. 11 ist auf Stadtkarten ab 1849 eingetragen, auf dem Seitzschen Stadtmodell (Mitte 19. Jh.) dargestellt als kubischer, dreigeschossiger Walmdachbau mit längsseitig fünf Fensterachsen, freistehend entsprechend der klassizistischen Bebauung der Blumenstraße. Nach G. Wenng war 1850 der Pflastermeister S. Feigl Eigentümer; um 1910 der Kaufmann August Neresheimer. Das Grundstück erstreckt sich rückseitig schräg südwestlich in die Tiefe gemäß der Flanke der ehem. Bastion r (St.-Jakobs-Bollwerk; Kurtine) der Wallbefestigung des 17. Jh. (dieser Schräglage passen sich auch die mehrfach erneuerten Rückgebäude von Nr. 11/13 an).

Der Westteil Nr. 13 – vier Fensterachsen breit – wurde zu einem späteren Zeitpunkt an Nr. 11 angebaut (westlich an Nr. 15 anschließend, die Baulücke füllend), eingetragen auf Stadtkarte von Mey/Widmayer 1865, zusammen mit der westlich angrenzenden, geschlossenen Bebauung. Nr. 13 ist somit zwischen 1850 und 1865 entstanden.

Nr. 11 und 13 erhielten zu unbekanntem Zeitpunkt, obwohl in unterschiedlichem Besitz, eine gemeinsame Fassadengestaltung in spätklassizistischen Formen samt 3. Obergeschoss, Nr. 11 wurde demnach aufgestockt (vgl. Ansicht von 1954). Eine 1934 beantragte Fassadenvereinfachung wurde nicht ausgeführt. Als Eigentümer von Nr. 11 wird 1924 die Deutsche Städte-Reklame genannt, Nr. 13 war damals (wie später auch Nr. 11) Eigentum der Stadt.

1901 wurde Nr. 13 durch Neurenaissance-Ladenfront mit Rechteckfenstern sowie dekoratives Zwerchhaus mit Giebel verändert, 1935 das Erdgeschoss durch zwei große Schaufensterarkaden umgestaltet, das Zwerchhaus vereinfachend zur Dachgaube reduziert. 1986 Großinstandsetzung des Doppelhauses durch die Landeshauptstadt für Amtsräume, Läden in Nr. 13 beseitigt (Erdgeschoss-Angleichung an Nr. 11).

Blumenstraße 14. Jetzt Prälat-Zistl-Straße 14, vgl. dort.

Blumenstraße 22. *Hochbunker.* Für die insgesamt 23 Luftschutz-Hochbunker im Stadtgebiet aus der Zeit des Nationalsozialismus ist die Einkleidung in regionaltypische historisierende Formen charakteristisch. Die mit der modernen wehrtechnischen Funktion verbundene Ungeschlachtheit des Baukörpers wurde äußerlich im Sinne des Heimatschutzes, mit Vorliebe unter Verwendung von Stilzitaten der Fortifikationsarchitektur von der Renaissance bis zum Klassizismus, in ihrer brutalen Wirkung gemildert und in die Umgebung eingepasst. Die Grundform variiert – außer zylindrischen, achteckigen und rechteckigen Türmen gibt es den quadratischen Typus wie an der Blumenstraße auf einem nicht mehr bebauten Teilgrundstück der einstigen

Schrannenhalle (vgl. Viktualienmarkt 15). Der freistehende Betonbau mit 1,3 m starken Wänden über quadratischem Grundriss ist sechsgeschossig mit rustikaverstärkten Ecken, Konsolgesims, steilem Zeltdach und achteckiger Laterne. Er wurde 1941 nach Plänen von Karl Meitinger als Luftschutzturm für 1200 Personen errichtet. Dem rustikagerahmten Rundbogeneingang an der Nordostseite ist eine zweiarmige Freitreppe mit Balustergeländer vorgelegt.

Blumenstraße 23. An der Stelle einer vorstädtischen Bebauung aus klassizistischer Zeit ließ Baumeister Josef Burger 1897 nach Plänen von Julius Loew ein fünfgeschossiges Miets- und Geschäftshaus großstädtischen Typs mit vier Läden im Erdgeschoss errichten. Die aufwendige, vornehme Fassadengestaltung zeigt jugendstilzeitlich klassizisierende Formen gemäß dem damals als Geschmackskorrektiv propagierten Vorbild „um 1800"; mit ihrer Symmetrie widerspricht sie gleichzeitigen altertümlich-heimatstiligen Tendenzen. Der rhythmische Wechsel der Achsenbreite und von Rau- und Glattputz (vielleicht auch des Farbtones?) gliedert die Fläche spannungsvoll; die Eingangsachse ist als schmaler Mittelrisalit mit flachem Giebel betont, das niedrigere letzte Geschoss durch einen Mäanderfries abgesetzt. Treppe rückseitig rechts vom mittigen Flur; in jedem Obergeschoss zwei Wohnungen.

Blumenstraße 26. Schule der Armen Schulschwestern (*Angergymnasium*; vgl. Unterer Anger 1). Der fünfgeschossige Dreiflügelkomplex mit einem langen Osttrakt an der Blumen- und einem kürzeren Nordtrakt an der Corneliusstraße entstand im östlichen Anschluss an das Angerkloster im Bereich der einstigen Stadtmauer und des abgebrochenen Mittelteils der Schran-

Blumenstraße 26, Portal

Blumenstraße 23   Blumenstraße 26, Schule der Armen Schulschwestern

nenhalle von 1851–53 (s. Viktualienmarkt 15). Ähnlich den städtischen Schulen vor dem Ersten Weltkrieg (z. B. Gebelestraße, Deroystraße, Führichstraße) ist der hier etwas stärker historisierende Baukörper – zwischen 1914 und 1916 von Franz Xaver Boemmel als Haustöchterschule errichtet – unter weitgehendem Verzicht auf Gliederungen und Dekor auf die den barocken Klostertypus zitierende Grundform reduziert, mit dem durch Putzblenden bereicherten Mittelrisalit samt Dreiecksgiebel und Uhrturm an der langen Ostfront als Dominante. Die Streifenrustika im Erdgeschoss und das kraftvolle, das oberste Geschoss absondernde Gesims unterstreichen die Horizontale. Die großformatigen Fenster in den glatten Putzflächen nähern sich der

Sachlichkeit. Die stärksten traditionellen Akzente setzt die Bauplastik aus rheinischem Vulkantuff: die beiden kraftvollen, vasenbekrönten Säulenportale der Längsfront, die mächtige Christophorusfigur an der Ecke, die Nordtür mit Relief der Rosenkranzmuttergottes; am Mittelrisalit über dem 1. Stock Mädchenköpfe, im Giebelfeld großes Relief der Strahlenkranzmadonna. Den Hauptfirst über dem Risalit ziert ein Dachreiter. Der Nordflügel ist gegen die Klosterbebauung durch einen niedrigeren Annex mit den Turnhallen herabgestuft.

Innere Erschließung in den beiden straßenseitigen Flügeln durch Mittelgänge, im schmalen linken (südwestlichen) Flügel durch Gang entlang der Kommunmauer. Den beiden Vestibülen mit Differenztreppen sind rückseitig benachbart die zweiläufigen Treppenhäuser angeschlossen. Die innere Ausstattung des Hauses – u. a. Türgerüste – stammt noch weitgehend aus der Bauzeit; im 1. Stock Besprechungszimmer mit Vertäfelung und Schrankwerk, im 2. Stock in Ecklage die Hauskapelle mit moderner Ausstattung; im westlichen Annexbau übereinander zwei Turnhallen, die untere mit Bühne im Süden, beide noch mit originaler

Blumenstraße 26, 1. Obergeschoss, Besprechungsraum

Blumenstraße 26, 1. Obergeschoss, Nebentreppe im Nordflügel

Blumenstraße 26, Erdgeschoss, Turnhalle

Blumenstraße 26, Eingangstür

Vertäfelung und Sportgeräten. – Nach Luftkriegsschäden Wiederherstellung des obersten Geschosses und Dachgeschossausbau. 1992 Fassadenrenovierung; im Hof Bau einer unterirdischen Zweifach-Turnhalle mit Bühne. Um 1997 Einbau eines Musiksaales im Dachgeschoss (Flügel Blumenstraße, linke Hälfte).

Im linken der beiden gewölbten Vestibüle an der Blumenstraße erinnert eine Gedenktafel an Bau und Geschichte des Hauses.

rung durch die Bauunternehmung Karl Stöhr. Der Gesamtkomplex entstand an der Stelle des damals abgetragenen Südteils der einstigen Schrannenhalle (s. Viktualienmarkt 15). Das Hochhaus (Nr. 28b), mit leicht konvergierenden Schmalseiten auf trapezförmigem Grundriss, ist ein Stahlbetonskelettbau mit Ziegelausfachung und Stahlbetondecken, äußerer Verkleidung mit Hartbrandziegeln – einer im Hinblick auf die mittelalterliche, vor allem in der Frauenkirche verkörperte Lokaltradition

Blumenstraße 26, Erdgeschoss, Wandbrunnen

Blumenstraße 28/28a/28b, Reliefs am Portal des Längstraktes

Blumenstraße 28/28a/28b. Ehem. *Technisches Rathaus* (Städtisches Hochhaus). Am äußersten südlichen Scheitelpunkt der Altstadt, an der Biegung der dem Verlauf der ehem. Stadtmauer folgenden Blumenstraße, realisierte die Stadt in den 1920er Jahren im Anschluss an das bereits 1917 vollendete Amtsgebäude am Unteren Anger 3 (s. dort) ein weitläufiges Bauvorhaben zur Unterbringung der technischen Verwaltungsfunktionen (u. a. Elektrizitätswerke, Baubehörden). Den Wettbewerb von 1919 gewann Hermann Leitenstorfer – ab 1921 Baurat im Stadtbauamt – mit dem Konzept eines lang gestreckten, durch Flacherker rhythmisch gegliederten Traktes an der Blumenstraße in Verbindung mit einem achtgeschossigen Kopfbau, der als quer gestellte, in der Umgebung dominante Baumasse den spitzen Winkel zwischen Blumenstraße und Unterem Anger abschneidet. Im Verlauf der – in Zusammenarbeit mit Baurat Dr. Edward Knorr unter Oberleitung von Stadtbaurat Fritz Beblo – weiterentwickelten Planung kam schließlich ab 1926 ein auf zwölf Geschosse gesteigerter, 45 m hoher Kopfbau zur Ausführung – nach damaligen europäischen Begriffen eines der wenigen Hochhäuser Deutschlands in der Zwischenkriegszeit und das einzige in München. Infolge der Inflationszeit verzögerte sich der Abschluss der Bauarbeiten bis 1929; Bauausfüh-

gewählten Fassadenausbildung – und Hochrechteckfenstern (Holz, weiß gestrichen). Das mit Brannenburger Nagelfluh verkleidete Erdgeschoss enthält seitlich in Arkaden geöffnete Vorhallen mit gemauerten Gewölben. Ab dem sechsten Obergeschoss verjüngt sich der Bau mittels abgefaster Ecken; die drei obersten Stockwerke werden – in frei historisierender Assoziation – vertikal durch an Strebepfeiler erinnernde Lisenen und polygonale Eckerker gegliedert. Das technisch und in den handwerklichen Details gediegene, im Kontrast zu vorausgehenden Architekturphasen sachlich wirkende, andererseits im Vergleich mit dem „Neuen Bauen" gemäßigt moderne Verwaltungshochhaus bildet als Rohbacksteinbau mit Einzelbefensterung ein süddeutsches Pendant zu ähnlich gestimmten hanseatischen Bürogroßbauten (etwa im Hamburger Kontorhausviertel), die eine gleichsam zeitlose Anpassung an regionale Traditionen suchen. Das Technische Rathaus ist auch im Zusammenhang mit anderen zeitgenössischen Projekten zu verstehen, die das Münchner Stadtbild durch an Schwerpunkten rings um das Zentrum gesetzte vertikale Akzente im großstädtischen Sinne aufzuwerten bestrebt waren (Hermann Sörgels Vorschlag eines Hochhausringes, Theodor Fischers Plan eines Hochhauses am Sendlinger-Tor-Platz).

Blumenstraße 28/28a/28b, Paternoster (mit Dr. Habel); Aufn. 1997

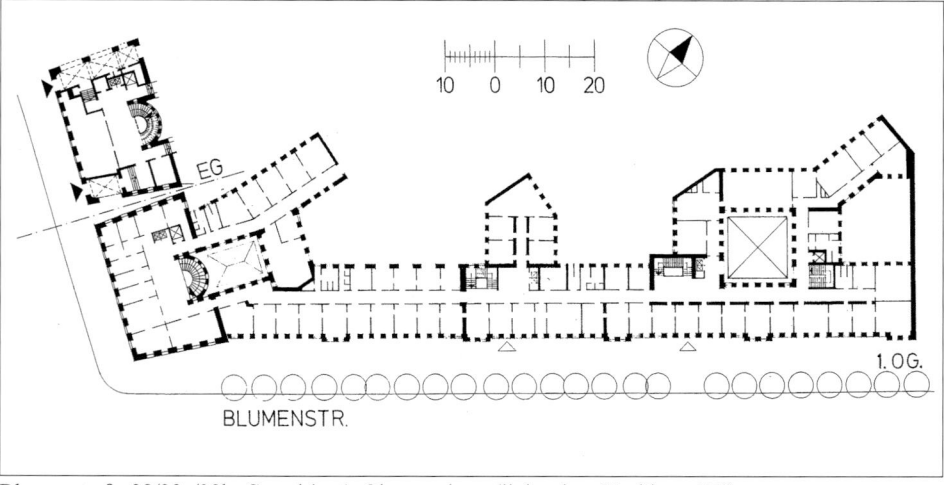

Blumenstraße 28/28a/28b; Grundriss 1. Obergeschoss (links oben Hochhaus-EG)

Blumenstraße 28/28a/28b, Städtisches Hochhaus

Blumenstraße 28/28a/28b

Im Inneren sind die Amtsräume dreiseitig um den rechteckigen Mittelflur gruppiert, der sich in voller Breite gegen das an die Rückseite gelegte, halbrunde Treppenhaus – mit je einem geschwungenen Lauf zwischen den Geschossen (bis zum sechsten Stock) – öffnet. An einer Schmalseite des Flurs liegt der noch erhaltene und funktionierende (zur Rarität gewordene) Paternoster, daneben ein Lastenaufzug. Interessant die den steigenden Treppenläufen folgende Befensterung zum Lichthof hin sowie die außen die Zwickel des Halbzylinders überfangenden beiden Bögen.
Beiderseits des (im Erdgeschoss überdachten) Lichthofs stellen Gänge die Verbindung mit den anschließenden Längstrakten her – einem kürzeren fünfgeschossigen am Unteren Anger im Anschluss an den dortigen Altbau (Nr. 3) und den städtebaulich weit wirksameren sechsgeschossigen, 58 Achsen (ca. 138 m) langen Trakt entlang der Blumenstraße (Nr. 28/28a), der an die Schule der Armen Schulschwestern (s. Blumenstraße 26) grenzt. Er wird durch fünf zweiachsige Risalite und zwischen ihnen durch ein kräftiges Gesims unterhalb des somit abgesetzten obersten Geschosses unterteilt. Die auf diese Weise sekundär strukturierte dominierende Horizontale unterscheidet zusammen mit der verputzten Oberfläche den Längsbau vom Hochhaus. Die Front an der Blumenstraße akzentuiert – rechts von der Mitte – ein barockisierendes Hauptportal aus Naturstein mit stilistisch konträren Steinschnittreliefs von Karl Knappe (am Schlussstein Wappen von München, beiderseits „Wasser" und

Blumenstraße 28/28a/28b, 2. Obergeschoss, Treppenhaus

„Feuer"). Die moderne Aufstockung erfolgte leicht zurückgesetzt über dem erhaltenen originalen Traufgesims. Die zweibündige Anlage erweitert sich gegen den Hofbereich durch unregelmäßige Annexe.

Blumenstraße 29. Ehem. *Blumensäle* (Gast- und Mietshaus, jetzt städt. Dienststellen). Auf der dem mittelalterlichen Angertor vorgelegten Bastion s – einem reinen Erdwerk – der Wallbefestigung aus der 1. Hälfte des 17. Jh. verzeichnet bereits der Stadtplan von M. de Groth (1748) den regelmäßig angelegten

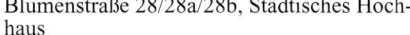

Blumenstraße 29; Holzstich, um 1863

Garten des Oberstleutnants Rosenfeldt, der Rickauer/Schleich-Plan von 1812 den „Glas-Garten" schon mit dem Kernbestand des später mehrfach veränderten Gebäudes. Nach G. K. Nagler (1863) wurde die Gastwirtschaft Glasgarten „auf dem Stadtwalle erbaut, und stammt aus der Zeit des Churfürsten Carl Theodor", also aus dem letzten Viertel des 18. Jh. Der primitive Holzstich bei Nagler zeigt die Fassade bereits nach Umbau und Erweiterung im mittleren 19. Jh. Der klassizistische Ursprungsbau, leicht abgeknickt gemäß der konkaven Baulinie der Straßenkrümmung folgend und mit konvexer Eingangsachse in der Mitte – also mit Merkmalen noch des heutigen Hauses –, war zweigeschossig mit Mansarddach (Plan im LBK-Akt). 1851 ließ der Bierbrauer Mathias Pschorr das Gasthaus aufstocken (mit rechts abgewalmtem Dach) und links einen weitläufigen Anbau errichten, vor allem einen Saalbau mit zwei Räumen übereinander und drei Achsen breiter Straßenfront (Schmalseite) im

Maximilianstil; die Pläne signierten Maurermeister (Jordan) Maurer und Zimmermeister Karl Stitzinger. Der Saal diente vor allem als Tanzlokal, in späterer Zeit als Café. Den rückseitig auf der ehem. Bastion gelegenen, etwa dreieckigen Garten säumten mehrfach umgestaltete Nebengebäude.

Im späten 19. Jh. ließ Ludwig Deiglmayr als Eigentümer wie Planfertiger das Etablissement – künftig „Blumensäle" genannt – großzügig erweitern und umbauen. Der Altbau – das allein heute noch bestehende Vordergebäude – wurde 1889 (Datum ehemals an der Fassade) rückseitig erweitert, der Flügel rechts von der konvexen Eingangsachse ganz ausgewechselt, ein 3. und niedrigeres 4. Obergeschoss aufgesetzt und die Fassade in Neurenaissanceformen gegliedert; links von der mittleren Durchfahrt lag weiterhin ein Gastraum und dahinter die noch erhaltene Treppe mit Eisengeländer in Spiralformen; die Obergeschosse enthielten Wohnungen (heute städtische Diensträume). Auch der links anschließende (alte) Saalbau wurde umgestaltet. Der bisherige Garten an der Rückseite wurde 1892/93 völlig durch einen neuen großen Saalbau mit halbrunder Orchesternische und gusseiserner Galeriekonstruktion ausgefüllt (um 1914 „Kristallpalast"; 1924 Umbau zu Lichtspielhaus „Film-Palast" durch Arch. Wilhelm Borchert; im Luftkrieg zerstört). Das kommerzielle Unternehmen wechselte mehrfach Eigentümer(gesellschaft), Namen und Nutzungen bis zur Zwangsversteigerung 1930, nach der nur noch die Gaststätte „Blumensäle" weitergeführt und 1947 nochmals instand gesetzt wurde (vgl. Bauer 1982). Das nach Kriegsschäden allein wiederhergestellte Vorderhaus erhielt nach Durchbruch der kurzen Papa-Schmid-Straße (1950) an der Stelle des einstigen älteren Tanzsaales bzw. späteren Cafés eine moderne, schlichte Neugestaltung der freigelegten östlichen Seitenfront (1954).

Blumenstraße 31 (mit Angertorstraße 2). Sog. *Gerberblock*. In zwei Zügen wurde zwischen 1907 und 1913 auf einer Parzelle, die anstelle der Bastion südlich des Angertores ausgewiesen worden war, von den Gebr. Rank ein Wohn- und Geschäftshauskomplex für die Firma Karl Gerber GmbH errichtet. 1907–08 entstand zunächst als vormalige Angertorstraße 2 der Neubau eines Verlags- und Druckereigebäudes, das nach Demolierung eines schon in der Wenngschen Erfassung abgebildeten Kleinbaus tief in die Parzelle reicht (vgl. Müllerstraße 40, ehem. Rückbebauung). Gemäß dem Eingabeplan von 1907 befanden sich im Erdgeschoss neben der Hausmeisterei drei Läden sowie ein großzügiger Maschinensaal. In den Geschossen darüber lagen die Setzersäle (1. Obergeschoss), die Büro- und Geschäftsräume sowie die Buchbinderei (2. Obergeschoss); darüber

Blumenstraße 29

schließlich die Papierlager. In den Jahren 1912–13 ergänzte wiederum die Firma Gebr. Rank den Komplex um einen nördlich angeschlossenen Wohn- und Geschäftshausneubau, wodurch die zunächst unbebaute Ecke Blumen-/Angertorstraße durch den polygonalen Eckerker markant geschlossen wurde. Während die Fassade des früheren Baus an der Angertorstraße 2 eine Verbindung von internationalem Jugendstil und lokaltypischen Bauelementen leistet (Ohrwaschel), lässt die Fassadengestaltung des Anwesens an der Blumenstraße 31 klassizisierende Tendenzen erkennen. Die Fassadenanordnung verschleiert das Nebeneinander der Nutzung Wohnfunktion und Lagerbestimmung.

Blumenstraße 31 (vormals 33). Das wie Nr. 35 ursprünglich ganz, seit 1907 nur noch dreiseitig freistehende viergeschossige Walmdachhaus entstand 1854 im Auftrag der Fabrikantenbrüder Jacob und Abraham Koch. Der schlichte, kubische Bau entsprach einem verbreiteten klassizistischen Typus, die Gliederung der Straßenseite verwendete jedoch keine antikisierenden Elemente mehr, sondern eher als romantisch-spätklassizistisch zu umschreibende Motive wie z. B. Stichbogenfenster mit Verdachungen in Keilsteinrustika oder die noch erhaltene großflächige Blendenteilung beiderseits der Mittelachse. Eingang und Treppe sind an die rechte Seitenfront gelegt, jedes Geschoss enthielt eine Wohneinheit. Die Pläne von 1854 tragen u. a. die Unterschriften „Hirschberg, Geschäftsführer" (vielleicht Baumeister Reinhold Hirschberg?) und des Zimmermeisters Josef Kampfersack (?, schwer lesbar).

Blumenstraße 31, Seitengebäude an der Angertorstraße

Blumenstraße 31, sog. Gerberblock

Blumenstraße 32, Marionettentheater

Blumenstraße 32, Gedenktafel

Im Auftrag des Kaufmanns Moritz Braun erfolgte 1880 durch Maurermeister C. Walbrun die Umgestaltung der Straßenfront in zeitgemäß aufwendigen Neurenaissanceformen zugleich mit inneren Veränderungen; derselbe Bauherr ließ 1889 noch den prächtig gegliederten polygonalen Mittelerker im 1. Stock anfügen. Nach längerer Verwahrlosung wurde das Mietshaus von der Stadt erworben und im Zusammenhang mit der Gesamtsanierung des „Gerberblockes" (s. Nr. 31) 1981–85 für Verwaltungszwecke adaptiert, dabei durch einen Verbindungsbau über der Durchfahrt rechts an Nr. 35 angeschlossen.

Blumenstraße 32. *Marionettentheater.* In der Entwicklungsgeschichte des deutschen Puppentheaters spielte das 1858 von Joseph Leonhard Schmid (genannt „Papa Schmid"; † 1912) ins Leben gerufene Münchner Marionettentheater eine herausragende Rolle, die wesentlich auch im Wirken des Grafen Franz von Pocci († 1876), des Verfassers zahlreicher „Kasperlkomödien", begründet ist. Jahrzehntelang spielte die Puppenbühne in wechselnden Quartieren, zunächst in der Prannerstraße 11 (dort Eröffnung am 5. Dezember 1858), 1860–62 in einem Parterresaal des Odeons, in der Folge in mehrfachem, z. T. kurzfristigem Wechsel in verschiedenen Gaststätten und in eigenen Bretterbuden in Gasthausgärten, zuletzt ab 1888 in einem Holzbau auf dem städtischen Grundstück Marsstraße 13 (Maffeianger). Brandschutzbestimmungen veranlassten schließlich – im Verein mit der Initiative des Stadtschulrates Georg Kerschensteiner – den Magistratsbeschluss vom Dezember 1899 zur Errichtung eines gemauerten städtischen Marionettentheaters auf dem Gelände der ehemaligen Stadtbefestigung an der Blumenstraße, etwa im Bereich des einstigen Angertores. Die Grundsteinlegung erfolgte am 16. Juli, die Eröffnung am 4. November 1900. Der kleine Bau gilt als erstes selbständiges Marionettentheater der Welt. Der beauftragte Architekt Theodor Fischer, damals städt. Bauamtmann, konzipierte die anmutige Reduktion ei-

nes klassizistisch-biedermeierlichen Theaters – einen verputzten Walmdachbau (18,45 x 13,54 m) mit Lisenengliederung und zweisäuligem dorischem Portikus vor der rundbogigen Eingangsnische; den Dreiecksgiebel füllte ursprünglich ein Gemälde von Hans Beatus Wieland (Kasperl Larifari zwischen zwei weiblichen Gestalten). Als einzige Zierformen wirken die durch Girlanden bereicherten Fenstergitter. An der linken Schmalseite *Gedenktafel* an Joseph Leonhard Schmid (Bildnismedaillon in Bronze). Zu Theodor Fischers Entwurf gehörte auch eine Gruppe von (nicht mehr vorhandenen) Pappeln. Bombenschäden vom Juli 1944 wurden bald nach Kriegsende behoben, 1986–88 eine gründliche Restaurierung und Modernisierung (Arch. Ernst Hürlimann) durchgeführt. Der fast den ganzen Bau einnehmende Zuschauerraum mit ansteigenden Sitzreihen und rechteckigem Bühnenportal in gerundeter Proszeniumsnische erhielt – nach schon früheren Vereinfachungen – eine neue Gestaltung. Die hölzernen Heizkörperverkleidungen im Foyer stammen noch von 1937 (Entwurf von Walter Oberholzer). – Bemerkenswert ist der umfangreiche Bestand an historischen Figuren, Bühnenbildern, Modellen und Ausstattung (heute als Leihgabe im Puppentheatermuseum München). Nicht erhalten blieb ein weiteres namhaftes Beispiel der Bauaufgabe – das von Paul Brann gegründete „Marionettentheater Münchener Künstler", für das 1910 im Ausstellungspark ein stattliches neuklassizistisches Gebäude nach Plänen von Paul Ludwig Troost errichtet wurde (an der Stelle eines bescheidenen Vorgängerbaues von 1908).

Blumenstraße 35. Das für den kgl. Landbaumeister Karl Bergmann 1819–20 von Rudolf Röschenauer erbaute Mietshaus entstand südwestlich des Angertors auf einer Parzelle, deren Bebauung kurze Zeit nach der Planierung des Vorwalls arrondiert worden war (bei Wenng 1850 Haus Nr. 22, Eigent. J. Wickert). Eine Gruppe von wenigen Mietshausbauten, die im zweiten und dritten Jahrzehnt des 19. Jh. hier errichtet wurden, markiert das südliche Alignement der Blumenstraße von ihrem westlichen Knick (nach Süden) bis zur Angertorstraße im Osten. Das südöstlich rückwärtige Treppenhaus erschloss gemäß Eingabeplan eine Wohnung je Etage (zu je vier Zimmern mit tiefen Dunkelzonen). Die in frühen klassizistischen Formen reich gegliederte Fassade wird von einer vertikalen Betonung des Mittelzugs dominiert: Der seichte Risalit hebt die eng gesetzten mittleren Fensterachsen hervor, das Dachgesims nimmt die beschriebene Risalitbewegung auf. Im Risalit bestechen die Fenster der beiden Hauptgeschosse durch ihre antikisierend-klassische Instrumentierung; für das 1. Obergeschoss wählte man ein rhythmisiertes Palladio-Motiv, für das 2. Obergeschoss eine Art rhythmischer Travée mit Dreiecksgiebel und Wellenfries unterhalb der Sohlbank. (Insbesondere infolge der intensiven Nutzung in den mittleren 1970er Jahren wurde das Gebäude strukturell und substanziell in Mitleidenschaft gezogen.)

Blumenstraße 31 (vormals 33)   ▷
Blumenstraße 35   ▷▷

Blumenstraße 36, St. Willibrord
von Südosten

Blumenstraße 36. Altkatholische (früher Englische) *Kirche St. Willibrord.* In der ab 1873 angelegten Mittelbegrünung der Blumenstraße im Bereich des ehem. Stadtgrabens wurde um diese Zeit das (neue) Glockenbachbrunnhaus (als Ersatz des bisherigen am Ende des Oberangers wohl von 1617) errichtet, das ab 1892 als elektrotechnische Versuchsstation diente; 1892 wurde der Wasserturm, 1911 das Brunnhaus abgebrochen (Megele I 1951).

In die westliche Giebelfront der ursprünglich Englands Patron St. Georg geweihten Kirche ist der Grundstein eingelassen, dessen englische Inschrift von der Grundsteinlegung am 1. Juni 1911 durch Bischof Bury unter Rev. Chaplain D. Cowling berichtet. Auftraggeber war die englische Kirchenbaugesellschaft in London, die Planungen stammen von Heinrich Bergthold. Die Altkatholische Gemeinde mietete das kleine Gotteshaus nach dem Ersten Weltkrieg und erwarb es 1932. Nach schweren Kriegsschäden 1944 wurde es bald nach Kriegsende wiederhergestellt; von der bei Zauner (1914) beschriebenen Ausstattung ist nur noch der Taufstein (ohne den Deckel; Sandstein) erhalten.

„Blankziegelbau von anspruchsloser guter Form … in Anlehnung an englische mittelalterliche Kleinbauten" (Karlinger in: Wanderbuch 1922, S. 79). Das Langhaus ist ein Saal mit (moderner) Flachdecke, Westempore (1931), kleinen seitlichen Spitzbogenfenstern und größerem Maßwerkfenster im Westen; jenseits des spitzen Chorbogens (Beton) kreuzgratgewölbter Altarraum mit Glasgemälde im Maßwerkfenster der Ostseite. An der Südseite östlich im Verhältnis großer, quadratischer Turm (Höhe 25 m) mit Eckstreben, Gesimsteilung und flachem Zeltdach, am Westende Vorzeichen. Am unverputzen Äußeren Natursteinsockel, Gesims in annähernd halber, Strebepfeiler bis in Dreiviertelhöhe und profiliertes Traufgesims; nördlich neuer Anbau als Eingang zum ausgebauten Untergeschoss. Sakristei (ursprünglich mit Orgelraum darüber) im Turm, mit pultgedecktem Eingangsvorbau an der Ostseite.

Blumenstraße 37. Südwestlich des Angertors gelegen, zählt das nach 1826 entstandene Mietshaus zur Erstbebauung an der Südseite der Blumenstraße, nach Planierung des Walls zwischen Sendlinger Tor und Angertor. Die ersten Bauten des heute von der Blumenstraße im Norden, der Angertorstraße im Osten sowie der Müllerstraße im Süden gebildeten Blocks entstanden in

Blumenstraße 36, Altkatholische Kirche St. Willibrord von Südwesten

der 1. Hälfte des 19. Jh. und sind damit als frühe Mietshausbauten vorstädtischen Zuschnitts anzusprechen. Die Grundrisse der tiefen Vordergebäude waren gekennzeichnet durch breite Dunkelzonen (Nebenräume und Alkoven ohne direkte Belichtung). Das Nebeneinander der Fassaden bildete einen variantenreichen Formenschatz. Während beim östlich benachbarten Anwesen Blumenstraße 35 das Erdgeschoss als Wirtschaftsgeschoss behandelt wurde, zeichnet sich Haus Nr. 37 durch ein Hochparterre mit ausmittiger Hofdurchfahrt aus, dessen klassizistische Fassade in der Art der Klenzeschen Bauten an der Ludwigstraße ausgebildet ist. Als Beitrag der jüngeren Zeit sind Fensterauswechslungen sowie der Ausbau des Dachgeschosses mit stehenden Dachfenstern anzusprechen.

Blumenstraße 43. Das Mietshaus auf schmaler Parzelle (mit vorstädtischer Vorgängerbebauung an der Ostflanke der einstigen Haiturm-Bastion der Wallbefestigung) wurde 1899 für Metzgermeister Anton Hörmann nach Plan von Korbinian Schmid begonnen, vollendet 1901 für Baumeister Joseph Burger nach Tekturplan von Paul Böhmer, der die ursprünglich in Neurenaissanceformen vorgesehene Fassadengestaltung im Sinne der deutschen Renaissance abänderte. Im Erdgeschoss – ehemals mit Gaststätte – ist die Durchfahrt mit anschließender Treppe rechts angeordnet. Die ursprüngliche Bedachung des Mittelerkers wurde später durch ein Zwerchhaus ersetzt.

Blütenstraße

Ursprünglich ein auch als solcher bezeichneter „Feldweg" (vgl. Wenngs Atlas 1850/Maxvorstadt Plan Nr. 21 und Stadtplan von 1858/59), 1875/77 benannt „nach den umliegenden blühenden Wiesen" (Dollinger 1995). Damals noch am Nordrand der Maxvorstadt, in deren streng orthogonales Schema sich der vergleichsweise schmale und kurze, zwischen Barer- und Türkenstraße eingespannte, bis heute vorstädtisch niedrig, mit früher meist nur dreigeschossigen Mietshäusern bebaute Straßenzug nicht einfügt. (Der einstige Feldweg führte wesentlich weiter nach Westen.) Nordseitig zweigt die dem einstigen Türkengraben folgende Nordendstraße ab (s. dort). Im kriegszerstörten, 1955 wiederaufgebauten Haus Nr. 10 wohnte bis 1944 der Maler, Graphiker und Medailleur Maximilian Dasio (Inschrift auf dem u. a. mit Nachbildungen von ihm entworfener Münzen geschmückten Flacherker). (Siehe Flurkarte S. 25)

Blütenstraße 1. Auf einer vergleichsweise kleinen Parzelle (zuvor befand sich hier ein landwirtschaftliches Wirtschaftsgebäude) an der Südseite der Blütenstraße ließ sich 1889–90 der Schweinemetzger Johann Turber von Architekt Nikolaus Debold das bestehende Wohn- und Geschäftshaus errichten. Der heutige Bestand kann als weitgehend original bezeichnet werden. Es befindet sich in jedem Geschoss eine Wohnung, auch die Erschlie-

Blumenstraße 37

Blumenstraße 43

Blütenstraße 1

Blütenstraße 2

ßung des Dachgeschosses zu Wohnräumen ist entstehungszeit-lich. Die insgesamt schlichte Fassade wurde mit wenigen Neure-naissance-Architekturelementen dezent dekoriert.

Blütenstraße 2. Das von Baumeister Heinrich Lehmpuhl für sich selbst errichtete dreigeschossige Mietshaus entstand 1888–89 als Erstbebauung auf einer breiten Parzelle, deren stark aus-winklige Einmessung vom vormaligen Verlauf des Türkengra-bens bedingt war. Das zentrale Treppenhaus mit Oberlicht er-schließt zwei Wohnungen je Etage, der Ausbau des Dachge-schosses (ebenfalls zwei Wohnungen) ist entstehungszeitlich, die Durchfahrt zum Hinterhof erfolgt durch die westliche Ach-se. In faszinierender Entsprechung gibt die bestehende Fassade in den Formen der nordischen Neurenaissance den Eingabeplan von 1888 wieder (Instandsetzung der Fassade 2001), wie das An-wesen insgesamt als weitgehend original erhalten angesprochen werden kann. Die Backsteinfassade wird von hausteinernen Tür- und Fenstergerüsten gegliedert. Ein charakteristisches Motiv der Neurenaissance ist die gemeinsame Verdachung zweier eng ge-stellter Fenster. Die eng gesetzten beiden östlichen Fensterach-sen werden durch einen seichten rustizierten Risalit hervorge-hoben.

Blutenburgstraße; Flurkarte, M. 1:2 500

Blutenburgstraße (Ostteil bis Maillingerstraße)

Nordwestlich verlaufender, in Verlängerung der Karlstraße von der Maxvorstadt nach Neuhausen führender Straßenzug, der an der Pappenheimstraße seinen Anfang nimmt und südöstlich des Rotkreuzplatzes in die Nymphenburger Straße mündet. Die zu-nächst „nördlicher Marsfeldweg" genannte, weil das Marsfeld nördlich begrenzende Straße ist als parallel zur Nymphenburger Straße verlaufender Feldweg spätestens seit dem frühen 19. Jh. nachweisbar. Die Straße erhielt ihren Namen 1876–77, benannt nach dem 1432 erstmals erwähnten Wittelsbacher Wasserschloss Blutenburg an der Würm in Obermenzing (s. Chevalley/Weski 2004, Bd. 2, Seldweg 15). Entlang der Straße, die noch 1876 auf Höhe der Maillingerstraße endete, befanden sich um die Mitte des 19. Jh. zwei Wohnhäuser im Kreuzungsbereich mit der Pappen-heimstraße sowie ein einzelnes (abgegangenes) Anwesen auf der nördlichen Seite zwischen Pappenheim- und Adamstraße. Mit dem weiteren Bau einer spätklassizistischen Villa im Jahr 1876 (1984 zum Abbruch freigegeben; vgl. Nr. 18) bildeten die vier Häuser zunächst die einzige Bebauung der Straße. Diese setzte, zeitgleich mit der militärischen Bautätigkeit auf dem Marsfeld, in den beiden letzten Jahrzehnten des 19. Jh. ein. Auf dem Gelände südlich der Straße, zwischen Pappenheim- und Maillingerstraße, wurde 1891–94 als Teil des umfangreichen Komplexes der Mili-tär-Bildungsanstalten das mit 142 m Fassadenlänge monumentale Gebäude der bis dahin in der Maxburg untergebrachten Kriegs-schule errichtet (vgl. Pappenheimstraße 14).

Blutenburgstraße 2 (mit Pappenheimstraße 12). Auf zuvor un-bebautem Areal entstand 1885 das zunächst vierstöckige Wohn- und Wirtschaftsgebäude über einem stumpfen Winkel an der neu festgelegten Ecke Blutenburg-/Pappenheimstraße (vorm. Ecke „Aeussere-Karls"-/Marsfeldstraße). Bauherr des städtebaulich dominierenden Eckgebäudes war der Gastwirt Andreas Strom-mer, die Baupläne stammen von Architekt Freundorfer. Gemäß Eingabeplan erschlossen zwei Treppenhäuser je eine Wohnung in jedem Flügel. 1897 ließ Strommer durch Rathart Vogel ein 4. Obergeschoss über beiden Flügeln errichten. Zwei Jahre später vergrößerte man nach Plänen von Syrus Süss das Wirtschaftslo-kal im Erdgeschoss mittels eines Durchbruchs der Brandmauer zum westlichen Teilhaus. Die bis auf heute überkommene Ge-staltung der Neurenaissancefassade entspricht dem Vorschlag des Eingabeplans. Die Rhythmisierung der Fassade wurde durch eine Eng- und Weitsetzung der Fensterachsen erreicht, begleitet von einer vertikalen Verklammerung der Fensterdekorelemente der beiden Hauptgeschosse. Die Fensterachsen zur Straßenecke hin sind ebenso wie die westliche Fensterachse an der Bluten-burgstraße risalitartig hervorgehoben. Bis in die späten 1990er Jahre stellte das Haus auch in Hinblick auf seine geschlossen ge-bliebene Dachhaut ein bemerkenswertes Zeugnis für den bürger-lichen Wohnbau der späten Gründerzeit dar.

Blutenburgstraße 2

◁ Blutenburg-
straße 6

Blutenburgstraße 6. Mit einer Länge von 40 m erhebt sich die Straßenfassade des wuchtigen ehem. Verwaltungsgebäudes der Bayernwerk AG an der Nordseite der Blutenburgstraße. Als Bauleiter fungierte Architekt Josef Sollmann, für die Planungen wurden u. a. die Architekten Albert und Rock herangezogen, die Ausführung setzte 1924–25 (bez.) die Fa. Karl Stöhr um. Über auswinklig hufeisenförmigem Grundriss erstreckt sich das neu-barocke, reich gegliederte Gebäude tief in die zuvor unbebaute Parzelle zwischen Blutenburg- und Nymphenburger Straße hinein. Kolossale Wandvorlagen ziehen ein Halbgeschoss, Hochparterre sowie 1. und 2. Obergeschoss unter einem reduzierten Kaffgesims zusammen. Zwischen diesem Wasserschlag und dem kräftigen Traufgesims darüber ist der Fassade ein weiteres Geschoss mit kleineren Fenstern eingeschrieben. Zwei seichte Seitenrisalite finden ihre Fortsetzung in zwei Dachhäusern zu je drei Fensterachsen (die Spitzböden der eigens abgewalmten Dachhäuser ausgebaut). In das Mansarddach oberhalb der sieben mittleren Achsen wurden stehende Dachfenster mit Dreiecksgiebeln gesetzt. Der Bau ist ein später historistischer Vertreter der schlossartigen Anverwandlung eines Verwaltungsbaus, ein Zwitter aus residenzieller Anmutung und kleinteiliger Innenstruktur mit zahllosen Büroräumen (eine Ausnahme bilden wenige repräsentative Räume wie Direktion und Sitzungssaal). Die mittleren drei Fensterachsen der insgesamt 13 Fensterachsen zählenden Front sind durch weitere Bauzier hervorgehoben: Oberhalb der Fenster des Hochparterres tragen vier Konsolsteine einen steinernen Austritt mit schmiedeeisernem Gitter, die Verdachungen der Fenster des 1. Obergeschosses werden von Blattranken- und Vasenmotiven bekrönt, das mittlere Fenster des 2. Obergeschosses überdies von einem Dreiecksgiebel mit einer überdimensionalen Blattzunge, die gleich einer hybriden Agraffe Verdachung und das darüberliegende Kaffgesims verklammert.

Blutenburgstraße 18 siehe Nymphenburger Straße 39 und 41.

[**Blutenburgstraße 18.** Der Münchner Magistrat sah für die Bebauung entlang des Marsfeldwegs ab der Pappenheimstraße nach Westen eine offene Bauweise mit zweigeschossigen Villen vor. Das Anwesen, das 1876 der kgl. Oberbaurat Eduard Metzger für sich selbst in spätklassizistischer Tradition errichtete, war einer der letzten Vertreter dieser Bauten in der westlichen Maxvorstadt; es wurde Mitte der 1980er Jahre abgebrochen.]

Bräuhausstraße

(Vgl. Ensemble Altstadt, Kern des Graggenauer Viertels.) Verbindet in östlicher Fortsetzung der Münzstraße das Südende des Platzl mit der Hochbrückenstraße; benannt nach dem Weißen Bräuhaus bzw. Hofbräuhaus (zu älteren Namen vgl. Stahleder 1992). Die Nordseite wird von der Nebenfront des Hofbräuhauses (vgl. Platzl 9) und dem markanten Neurenaissance-Eckhaus Neuturmstraße 1 (s. dort) begrenzt, die Südseite von nach den Luftkriegsschäden stark veränderten oder durch Neubauten ersetzten Mietshäusern; gut erhalten nur Nr. 8. Am Erdgeschoss von Haus Nr. 2 rustizierte Pilastergliederung von 1893 (sonst verändert). (Siehe Flurkarte S. 316)

ARCHÄOLOGISCHE BEFUNDE: Unter dem Bürgersteig vor Haus Nr. 10 untertägige Reste eines spätmittelalterlichen Turmes (Fundst.-Nr.: 7835/0388). Die Verlegung einer Fernheizungsleitung erforderte 1956 eine Baustellenbeobachtung, welche die Dokumentation der Fundamentreste des „Turmes bei der Einschütt" erbrachte. Durch diesen Turm floss der Einschüttbach (Verlängerung des Kaltenbachs) in Richtung Norden aus der Stadt. Der Turm, der zur Stadtmauer gehörte, datiert ins 14. Jh.

Bräuhausstraße 8. An der Stelle von zwei Bürgerhäusern – auf Sandtners Stadtmodell von 1570 zweigeschossig-traufständig mit aneinander stoßenden Ohrwascheln, auf Stimmelmayrs Skizze gegen 1800 dreigeschossig – entstand 1904 das bestehende viergeschossige, traufständige Mietshaus mit Läden im Erdgeschoss, gemäß Inschrift durch die Baumeister Herrmann Berthold und Leonhard Hägele. Die leicht konvex geknickte historisierende Raupputzfassade wird durch einen aus der Mitte nach rechts verschobenen Flachrisalit, der im Oberteil nochmals erkerartig vorkragt, und im Abschnitt links davon durch einen Flacherker im 2. Stock mit Reliefdekor gegliedert; die rechte Fassadenhälfte zieren eine Reliefansicht von München im Jahre 1750 (mit der erwähnten Bauinschrift) und darüber das Stadtwappen. Neuer Dachausbau mit Zwerchhaus über dem Risalit. Im Eingangsflur beiderseits Reliefs, vor dem Treppenhaus Ziergitter. Nach Häuserbuch I (1958) erwarben die beiden Architekten das Haus 1906 bei Zwangsversteigerung (Vorbesitzerin Walburga Gottschalk, Rauchwarenhändlerswitwe).

Bräuhausstraße 8

Bräuhausstraße 8, Reliefdekor

Brienner Straße

(Vgl. Ensembles Maxvorstadt I und II.) Die über 1400 m lange, den Odeonsplatz im Osten mit dem Stiglmaierplatz im Westen verbindende, repräsentative Hauptachse der im frühen 19. Jh. im rechtwinkligen Schema neu angelegten Maxvorstadt ist der begradigte ehemalige „Fürstenweg" von der Residenz in Richtung Schloss Nymphenburg. Gemäß dem abschließend im Wesentlichen von Karl von Fischer und dem Gartenarchitekten Friedrich Ludwig von Sckell bestimmten städtebaulichen Konzept wird die Straße axialsymmetrisch vom kreisrunden Karolinenplatz und dem rechteckigen Königsplatz unterbrochen und endet auf dem als Rondell intendierten, nur fragmentarisch realisierten Stiglmaier-, ursprünglich Kronprinzplatz, dem Ausgangspunkt der Nymphenburger Straße; bis heute fortgeschrieben erhielt sich die für die Maxvorstadt vorgesehene offene, durchgrünte Bebauung mitsamt schmalem Vorgartenstreifen. (Die Konzeption mit Rechteck- und Kreisplatz ist vergleichbar mit Weinbrenners Schlossstraße in Karlsruhe.) Der (ältere) Westteil von der schrägen Abzweigung des auf der ehem. Wallbefestigung angelegten Maximiliansplatzes und der ihm außenseitig parallelen Ottostraße erhielt 1808 den Namen Königsstraße im Hinblick auf Bayerns neuen politischen Rang (vgl. Berlin 1701, Stuttgart 1811); der Westteil jenseits des Königsplatzes hieß bis 1812 Kronprinzstraße. Etwas später entstand der Anfangsteil im Osten zwischen Odeons- und Maximiliansplatz auf dem Gelände der Stadtbefestigung westlich des Schwabinger Tors (auf dem nachmaligen Odeonsplatz; 1817 abgebrochen). Ablesbar macht die beiden Entstehungsphasen die minimale Abweichung der Straßenachse nach Norden östlich der Ottostraße sowie die Klenzes städtebaulichen Intentionen entsprechende geschlossene Bebauung in diesem Bereich, der auch den rechteckigen Wittelsbacherplatz an der Nordseite der Straße miteinschließt. Der Luitpoldblock (s. Brienner Straße 11) wie ihm westlich gegenüber die ehemalige Braun- und Schneider-Block (kriegszerstört; Wiederaufbau auf zurückgesetztem Standort) an der Südseite der Brienner Straße sind in ihrer Schrägposition konzeptionelle Bestandteile der symmetrischen Bebauung um den Maximiliansplatz (s. dort). Nördlich davon bildete die Brienner Straße die südliche Begrenzung des im 18. Jh. angelegten Zweibrücken-Gartens samt Palais (s. Brienner Straße 14), der sich von der Westseite des nachmaligen Wittelsbacherplatzes bis auf das Grundstück Brienner Straße 16 (s. dort) erstreckte, nach 1822 parzelliert und weitgehend mit einer Häuserreihe im Palaststil bebaut wurde (s. Wittelsbacherplatz 1, Brienner Straße 10, 12, 14).

Der Katasterplan von 1808 zeigt entlang der Südseite des Zweibrücken-Gartens den letzten, nördlichsten Abschnitt der die ehem. Wallbefestigung als strategische Verbindung umrundenden sog. Rumford-Chaussee (Allee), der in der Folge beidseitig zur nachmaligen Brienner Straße verlängert wurde, sowie noch den gewundenen Verlauf des alten Fürstenweges und bereits auch die erste Hälfte des Luitpoldblocks. Letzterer ist auf dem Stadtplan von Rickauer/Schleich 1812 bereits als vollendet dargestellt, ebenso der Braun- und Schneider-Block wie die gesamte neue Achse der Königs- und Kronprinzstraße samt Karolinen- und Königsplatz. Die östliche Fortsetzung, der Anfangsteil der Achse, erscheint auf Klenzes „Generalplan" von 1816 (SGSM, Inv. Nr. 26654; vgl. Odeonsplatz) für die städtebauliche Anlage vor dem Schwabinger Tor, mitsamt einem in der Folge nicht ausgeführten Torbau zwischen den beiden den Straßenbeginn flankierenden Eckhäusern am Odeonsplatz (vgl. Brienner Straße 1, erbaut 1824/25, und Odeonsplatz 1/2, erbaut erst 1828/29 anstelle des erhöht auf der Bastion gelegenen Chédeville-Schlösschens). Das Tor plante Klenze als Pendant zu dem von ihm 1816–18 erbauten Hofgartentor östlich gegenüber (s. Odeonsplatz, ohne Nr.), das somit zum Zielpunkt sowohl der Brienner Straße (zumindest ihres Ostteils) wie der sie östlich fortsetzenden Hofgartenstraße entlang der Residenz-Nordseite wurde. Klenze hat nicht nur die Bebauung um den Ostteil der Brienner Straße und des Wittelsbacherplatzes (vgl. dort; Bebauungsplan Klenzes von 1822) selbst entworfen bzw. mitbestimmt, sondern auch den grundlegend durch Karl von Fischer (gest. 1820, mit Sckell) gestalteten Westteil durch Errichtung der die Mittelachse unterteilenden und dominierenden Akzente des Obelisken auf dem Karolinenplatz (1828–33) und der Propyläen auf dem Königsplatz (1854–64) entscheidend geprägt und seit dem Baubeginn der Glyptothek (1816 ff.) auf die Ausformung des Königsplatzes bestimmenden Einfluss erlangt.

Ludwig I. befahl 1826 bald nach seiner Thronbesteigung die Umbenennung der gesamten Achse vom Odeons- bis zum Stiglmaierplatz in „Brienner Straße" nach der Schlacht bei Brienne-La-Rothière am 1. Februar 1814, die durch das Eingreifen bayerischer Truppen unter Wrede zugunsten der Alliierten entschieden worden war (nach weiteren Schlachten der sog. Befreiungskriege bei Arcis und Bar-sur-Aube wurden kreuzende Querstraßen benannt).

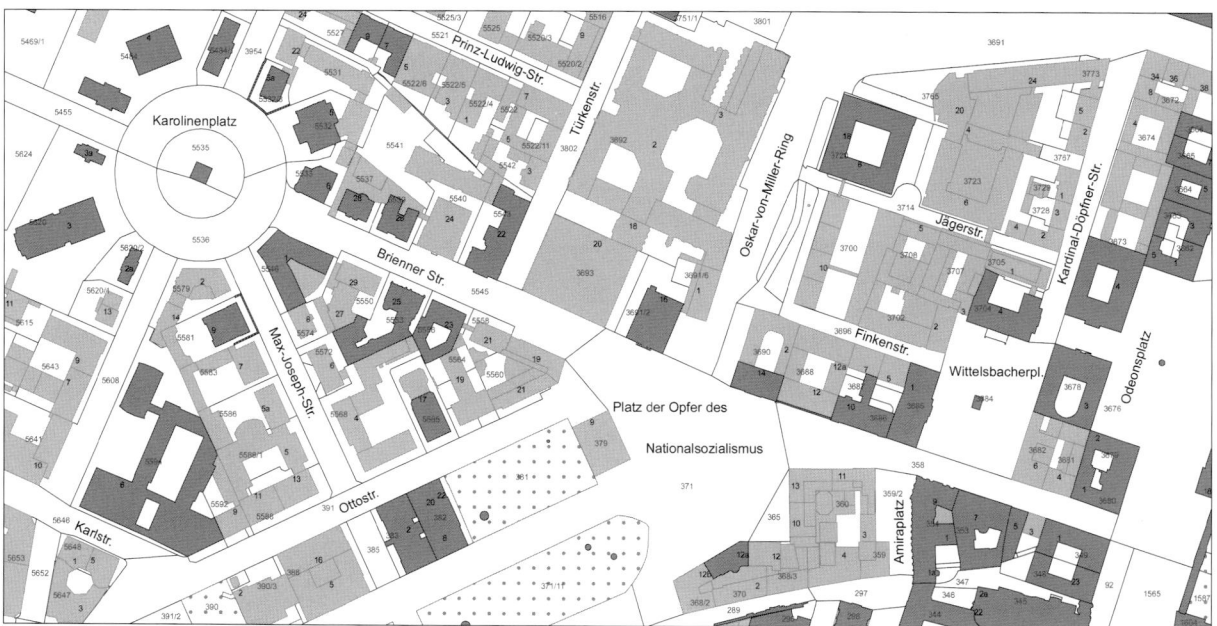

Brienner Straße 1–28; Flurkarte, M. 1:5000

Blick in die Brienner Straße Richtung Hofgartentor; Lithographie von Gustav Kraus, um 1835

mehrfacher bedauerlicher Abbrüche an sich noch wiederaufbaufähiger Kriegsruinen (vgl. Schleich 1978, S. 52 ff.).

Abfolge der Straßenabschnitte, von Osten:

Der architektonisch von Klenze geprägte, den Wittelsbacherplatz südlich tangierende Anfangsteil zwischen Odeons- und Maximiliansplatz ist durch geschlossene Bebauung mit z. T. palaisartigen Wohnhäusern unter bewusstem Ausschluss von Begrünung gekennzeichnet und hat weitgehend seinen vornehm-dezenten Charakter bewahrt, dem einzelne späthistoristische Fassaden in der Wiederaufbauzeit mittels klassizisierender Reduktion sogar wieder angenähert wurden, so Nr. 3, 4 und der Luitpoldblock Nr. 11/13/15 sowie die stilistisch angepassten Neubauten Nr. 10, Wittelsbacherplatz 6 und (schon 1938/40) Amiraplatz 1.

Die klassizistische Erstbebauung an der frühesten unter den Münchner monumentalen Repräsentations- oder Prachtstraßen – ihr folgte zeitphasenverschoben die Ludwigstraße – ist nur in Fragmenten erhalten wegen weitgehenden Ersatzes durch vornehme, im Detail aufwendigere Neubauten im Zeitalter des späten Historismus und nach den umfangreichen Zerstörungen im Zweiten Weltkrieg, doch ist dank weitgehender Bewahrung der originalen Maßstäblichkeit und Proportionen der unaufdringlich-intime, harmonische Gesamtcharakter des ursprünglichen städtebaulichen Konzeptes bis heute anschaulich geblieben, sogar trotz

Die entwicklungsgeschichtliche und städtebaulich-konzeptionelle, auch als leichter Achsenknick wahrnehmbare Zäsur an der südseitigen schrägen Abzweigung von Maximiliansplatz und Ottostraße wurde nach dem Zweiten Weltkrieg gravierend verstärkt durch die Einführung des um 1955 von Norden durchgebrochenen Oskar-von-Miller-Ringes (vgl. Brienner Straße 16), wodurch im Verein mit dem zurückgesetzten reduzierten Wiederaufbau des Braun- und Schneider-Blockes (südseitig, heute Maximiliansplatz 9) ein erweiterter, verkehrsreicher Kreuzungsbereich entstand, der den Namen „Platz der Opfer des Nationalsozialismus" erhielt (s. dort); bereits der Neurenaissance-Eckbauteil des Braun-Schneider-Blocks von Carl Del Bondio hatte mit seinem Kuppelturm einen gewichtigen neuen Akzent gesetzt. Im Bereich westlich dieses neuen Altstadtring-Abschnittes verschwand um 1950 die Ruine einer gegen Mitte des 19. Jh. neu eingefügten, von der Brienner Straße durch eine Grünfläche getrennten Stadtteildominante, die bis 33 m hohe Baumasse des neugotischen Wittelsbacher-Palais, an dessen Stelle weitläufige Bankneubauten entstanden (vgl. Brienner Straße 18/20).

Ehem. Braun- und Schneider-Block; Aufn. um 1930

Der Abschnitt von der Otto- bzw. Türkenstraße im Osten bis zum Karolinenplatz hat mit seiner Bebauung gemäß dem Pavillonsystem samt Vorgärten die Merkmale der städtebaulichen Konzeption von Fischer und Sckell weitgehend bewahrt, obwohl kein einziges Gebäude aus dem frühen 19. Jh. mehr erhalten ist. Gerade die Ruinen der im Luftkrieg zerstörten letzten klassizistischen Häuser wurden, obwohl nur ausgebrannt und durchaus wiederaufbaufähig, durch dem Rang und Charakter des Ensembles weniger angemessene Neubauten ersetzt, so Nr. 21 (ehemals

Ehem. Päpstliche Nuntiatur vor der Kriegszerstörung; Aufn. um 1930

„Braunes-Haus"; Aufn. um 1933

Brienner Straße 22–28 (von rechts)

viergeschossiges Mietshaus im Florentiner Rustika-Rundbogen-
stil à la Klenze, 1831 von Friedrich Schöpke, Gruppe mit dem
östlichen Nachbar-Eckhaus, s. Brienner Straße 19) und Nr. 27
(ursprünglich Nr. 17, später 13, Walmdachpalais mit niedrigen
Seitenflügeln, 1822 von Rudolf Röschenauer für Bauunternehmer Franz Xaver Gampenrieder, nachmals dem Fürsten Carl zu
Oettingen-Wallerstein gehörig); das Grundstück des ausgebrannten westlichen Nachbarhauses (alt Nr. 18, später 14, 1828
von Fr. Schöpke, viergeschossig im Klenze-Stil) wurde dem

Ehem. Brienner Straße 22, alte Schack-Galerie; Aufn. um
1920

Ehem. Brienner Straße 21, Wohnhaus von Richard Wagner;
Zeichnung, um 1860

Neubau Karolinenplatz 1 zugeschlagen (s. dort), einer bemerkenswerten Auseinandersetzung mit dem Ensemblecharakter.
Der Neubau Nr. 24 nahm den Palais-Typus der Umgebung auf.
Das erwähnte Haus Nr. 27 wurde 2007 klassizisierend umgestaltet.

Im kurzen Abschnitt zwischen Karolinen- und Königsplatz sind
die Mittelgrundstücke seit Abtragung der Kriegsruinen unbebaute Grünflächen geblieben. Nördlich stand (alte Nr. 38, später
45) ein 1828–31 von Jean-Baptiste Métivier als eigenes Spekulationsobjekt erbautes dreigeschossiges Palais mit Seitenrisaliten und geschoss- wie achsenweiser Pilastergliederung, vermietet an Reichsrat Carl von Lotzbeck, ab 1838 Eigentum des sardi-
nischen Gesandten Marchese Fabio Pallavicini, seit 1864 des
prominenten Hoffotografen Joseph Albert (erworben mit Kredit
Ludwigs II.; 1865 rückseitiger Atelieranbau), ab 1878 des Groß-
kaufmanns Barlow, ab 1930 sog. *Braunes Haus*, Parteileitung der
NSDAP (adaptiert von Paul Ludwig Troost), dessen Kellergeschoss 2006 ausgegraben wurde; hier ist ab 2008 der Neubau des
NS-Dokumentationszentrums vorgesehen (vgl. unten Archäologische Befunde). Die südlich gegenüberliegende zweigeschos-

Brienner Straße mit Propyläen, Westseite; Gemälde von Karl Walther, 1942

sige Villa (Nr. 19, später 15) mit turmartigen Eckrisaliten erbaute Karl von Fischer 1810, sie wurde noch in demselben Jahr Besitz des badischen Gesandten Graf Degenfeld, 1849–53 von
J. B. Métivier für Erwein Fürst von der Leyen umgebaut und war
1887–1934 Sitz der Päpstlichen Nuntiatur (1917–25 Nuntius
Eugenio Pacelli). – Die beiden pavillonartigen Walmdachhäuser
an den Ecken der Arcisstraße bzw. an der Ostseite des Königsplatzes, darunter (südlich) Karl von Fischers eigenes Wohnhaus,
mussten 1934 den „Ehrentempeln" der NSDAP weichen, von denen seit 1947 nur die Sockel erhalten sind (vgl. Arcisstraße 12,
Meiserstraße 10).
Die zuletzt bebaute Äußere Brienner Straße, wie inoffiziell der
Abschnitt westlich der die Stadterweiterung symbolisch abschließenden Propyläen genannt wurde, hat nach Zerstörung und
Wiederaufbau keinen historischen, gestalterisch einheitlichen
Charakter mehr. Der früher mit einem kleinen Halbrondell –
heute zugunsten des Verkehrs stark ausgeweitet und abgeschrägt
– hinter den Propyläen beginnende Abschnitt bis zur Augustenstraße war bis zum Zweiten Weltkrieg durch eine vornehme, offene Bebauung vorwiegend mit palaisartigen Villen geprägt
(vgl. Gemälde von Karl Walther 1942, Städt. Galerie München).
Im ehem. Haus Nr. 21 (später Nr. 18) an der Südseite, um 1850
Eigentum des kgl. Rates Fr. Lampel, das Ludwig II. 1864 vom
Rentier F. Th. Jochmus erst mietete und im folgenden Frühjahr
kaufte, wohnte Richard Wagner von Oktober 1864 bis zu seiner
durch politische Umstände erzwungenen Abreise in die Schweiz
am 10. Dezember 1865. Im Herbst 1866 ließ Wagner das von ihm
sein „Schiff" (Zuflucht) genannte Haus räumen und die Einrichtung nach Tribschen bei Luzern bringen; die schlicht biedermeierliche, später Julius Knorr gehörende Villa wurde 1892–94 und
1904 für den Verleger und Kunstsammler Thomas Knorr durch
Emanuel Seidl aufwendig-historistisch umgestaltet und erwei-

Brienner Straße 36–41 (von links; alte Nrn.); Aufn. um 1936

tert (Standort der Vorplatz unmittelbar östlich der heutigen Berufsoberschule Brienner Straße 37). Die beiden westlich benachbarten Einzelhäuser (ursprünglich Nr. 22 und 25, später 19 und 22) ließ Adolf Friedrich Freiherr bzw. (ab 1876) Graf von Schack 1871–74 durch Lorenz Gedon (Ausführung Maurermeister Georg Lenbach) zu einem malerisch-asymmetrischen Palais mit Mittelturm umbauen, einem Prototyp der deutschen Renaissance (1944 zerstört, heute hier die zuvor erwähnte Berufsoberschule Nr. 37 und das Hansahaus Nr. 41, letzteres mit rückseitigem Flügelbau Nr. 39, der Restsubstanz des 19. Jh. enthält). Schack hatte bereits 1856 das östliche der beiden Anwesen erworben und dahinter im Garten 1862 nach Entwurf von Eduard Gerhardt ein kleines freistehendes Gebäude für seine Kunstsammlung errichten lassen, das 1865 durch einen lang gestreckten Galerietrakt von Heinrich Hübsch erweitert wurde; nach Übergang der Gemäldesammlung an Kaiser Wilhelm II. baute Emanuel Seidl 1894/95 die Galerie um (vgl. Prinzregentenstraße 9, Neue Schack-Galerie). Die nur über Schacks Grundstück zugängliche, südlich dahinter gelegene Gartenvilla Nr. 23 (um 1850 Eigentum des Privatiers M. Speiser) war ab 1860 (damals Nr. 20) als Wohnsitz des Historienmalers und (ab 1864) Akademiedirektors Carl von Piloty (gest. 1886) ein kultureller und gesellschaftlicher Mittelpunkt. – An der Ecke Brienner-/Luisenstraße (nördlich des Schulkomplexes Luisenstraße 29, s. dort) wurde unweit vom Ausgang des U-Bahnhofs Königsplatz ein Bronzepferd von Alexander Fischer (1965) aufgestellt.

An der Nordseite der Brienner Straße westlich der Propyläen waren nach G. Wenng (1850) mehrere Anwesen im Besitz von Künstlern: Nr. 35, ein im Garten stark von der Straße zurückgesetztes Walmdachhaus, gehörte dem Maler Moritz von Schwind

(ab 1847 Akademieprofessor in München, gest. 1871), Nr. 34 seit 1838/39 dem kgl. Bauinspektor Friedrich Ziebland (gest. 1873), Nr. 30/31 dem Bildhauer Johann Leeb (gest. 1863) und Nr. 28 mit Augustenstraße 7 dem Bildhauer Johann Evangelist Riedmüller (Schwanthaler-Mitarbeiter, gest. 1895). An der Westseite des ehem. Schwind-Grundstückes wurde um 1898 der Südteil der neuen Richard-Wagner-Straße durchgebrochen (s. dort; Ensemble), in dieser Epoche auch die Bebauung in diesem Bereich in herrschaftlich-vornehmem Charakter erneuert (im Luftkrieg vernichtet); östlich der Richard-Wagner-Straße entstand (heute hier südlicher Erweiterungsbau der Lenbach-Galerie, vgl. Luisenstraße 33) mit damaliger Nr. 43 1911–13 das Haus des Kommerzienrates Freundlich, ein nobler Walmdachbau mit westlich vorgelegter Arkadenhalle (Entwurf Gabriel Seidl, Ausführung Heilmann und Littmann, Relieffries von Anton Pruska), westlich der Richard-Wagner-Straße mit Nr. 41 (an der Stelle des Zieblandhauses) 1901/02 die palastartige Villa des Bankiers Theodor Klopfer ebenfalls von Gabriel Seidl (Ausführung Heilmann und Littmann, Bauplastik von Anton Pruska), mit durch ionische Kolossalsäulenpaare gegliederter Natursteinfassade, innen u. a. eine Bildergalerie, und westlich benachbart (statt der Gruppe Nr. 30/31/33) das sog. Ungererpalais, 1898/99 von Eugen Drollinger (heute Neubau Isar-Amper-Werke, s. Brienner Straße 40).

Die Brienner Straße, mitsamt den angrenzenden und von ihr durchschnittenen Plätzen ein Hauptwerk klassizistischer Stadtbaukunst, war vor allem in den ersten Jahrzehnten ihres Bestehens ein bevorzugter Wohnsitz des Adels, des diplomatischen Corps und von arrivierten Künstlern; heute dominieren Dienstleistungen. Der geschlossen bebaute Ostteil bis zum Maximiliansplatz, seit 1877 mit Straßenbahnverkehr (seit 1986 U-Bahnkreuzung Odeonsplatz, Bahnsteig Ostwest) entwickelte sich zu einer der heute nobelsten Geschäftsstraßen.

ARCHÄOLOGISCHE BEFUNDE: Untertägige Teile des ehem. „Braunen Hauses" (kriegszerstört) sowie Vorgängerbauten des 19. und 20. Jh. (Fundst.-Nr.: 7835/0303). Bei bauvorgreifenden Untersuchungen für das geplante NS-Dokumentationszentrum kamen 2006 die Kellergeschosse des im Zweiten Weltkrieg zerstörten

„Braunes Haus", Fundlage der Papier- und Aluminiumblechfragmente

„Braunes Haus", beschriftetes Aluminiumblech

Brienner Straße 1 mit Theatinerstraße 23 (links)

Brienner Straße 1, Palais Moy

Gebäudes zum Vorschein. Neben Mauerzügen, die auf das 1828–29 errichtete Palais Barlow zurückgehen, konnten auch jüngere Anbauten, besonders solche nach 1930, als das Gebäude als NSDAP-Parteizentrale („Braunes Haus") diente, dokumentiert werden. In einigen Kellerräumen befanden sich die Reste des Parteiarchivs sowie technische Einbauten. Neben teilweise noch lesbaren Brieffragmenten sind dünne, randlich perforierte, beschriebene Aluminiumbleche zu nennen.

Brienner Straße 1. *Moy-Palais* (mit Theatinerstraße 23). Laut (moderner) Bauinschrift in Kranzreliefs an der Nordseite 1824–1825 von Leo von Klenze errichtet und 1950 wiederaufgebaut. (Biller/Rasp 1997, Dehio 1996 und Ausst. Kat. Klenze 2000 geben als Baujahr 1819 an, J. Wiedenhofer 1822). Das Baugrundstück liegt am Nordrand der Altstadt unmittelbar nördlich der Theatinerkirche und wurde in seiner Südhälfte (Theatinerstraße 23) von der um 1817 im Gefolge des östlich benachbarten Schwabinger Tores abgetragenen mittelalterlichen Stadtmauer durchquert, der an der Außenseite – etwa in der Mitte des Komplexes – der damals überwölbte Stadtgrabenbach vorgelegt war. Die Erwerber des Doppelanwesens waren Bürgerliche; laut Häu-

serbuch II (1960) gehörte Theatinerstraße 23 1823 dem Juwelenhändler Franz Xaver Trautmann, das Eckhaus Nr. 24 (jetzt Brienner Straße 1) bis 1830 dem Schönfärber Anton Gsellhofer. Das südliche Haus Nr. 23 erwarb 1833 Feldmarschall Fürst Karl Philipp von Wrede († 1838); in der Folge gehörte es dem Bankier Jakob von Hirsch, 1857–75 Graf Albert von Rechberg und danach wechselnden bürgerlichen Besitzern (ab 1938 der Bayern-Lebensversicherung). Das Eckhaus kam 1830 an den Grafen Arco bzw. ab 1842 Arco-Stepperg, seit 1893 ist es im Familienbesitz der Grafen Moy de Sons.

Die Bebauung im Anschluss an den Nordturm der Kirche ist bereits in Klenzes Generalplan für die neue Platzanlage vor dem Schwabinger Tor von 1816 als Vierflügelkomplex vorgesehen, allerdings mit schmalerem Nordflügel und an die Nordostecke anschließendem Tor als Pendant zum Hofgartentor gegenüber. Eine Ostfassadenansicht Klenzes (um 1817?) zeigt noch keine Zweiteilung, dafür aber ein Mittelportal (Ausst. Kat. Klenze 2000, S. 310). Die Ausführung erfolgte erst 1824 durch Baumeister Joseph Höchl. Eine Ministerialentschließung vom 17. Juni 1817 schrieb hinsichtlich Geschosszahl und Traufhöhe die Bezugnahme auf das ehem. Theatinerkloster südlich der Kirche vor. Damit wurde der Klenzebau wesentliches Element eines organischen städtebaulichen Übergangs von der Alt- in die Neustadt; überdies nimmt er eine Schlüsselposition am Beginn der Neubebauung entlang der Achse Odeonsplatz–Ludwigstraße wie als östlicher Auftakt der neuen Brienner Straße ein. Die Fassadengliederung im Sinne einer klassizistisch formulierten Renaissance-Rezeption entspricht der von Klenze für diesen Stadtbereich entwickelten Typologie – rustiziertes Erdgeschoss mit rundbogigen Einfahrtstoren und (ursprünglich) rechteckigen Fenstern, Gurtgesimse, in der Beletage Fensterädikulen mit Brüstungsfeldern und Dreiecksgiebeln (vgl. Theatinerkloster), im 2. Stock profilierte Fensterrahmungen, Kranzgesims mit Konsolen und vergleichsweise steiles Dach als Pendant zu dem des Klosters. Der Westflügel mit fünf Fensterachsen im Norden an der Brienner Straße ist um ein Geschoss erhöht als Übergang zur höheren Nachbarbebauung.

„Braunes Haus"; Aufnahme während der Grabungen 2006

Brienner Straße 3, kriegszerstört; Aufn. 1945

Das Moy-Palais (Eckhaus) enthielt bis zur Kriegszerstörung (vor allem am 17. Dezember 1944) eine überaus repräsentative Innenausstattung aus der Zeit des späten Historismus, orientiert an verschiedenen Stilvorbildern: neubarockes Treppenhaus, Saal mit cinquecenteskem Charakter, weitere Räume in italienischer und deutscher Renaissance, in Frühbarockformen und in einem an die Reichen Zimmer der Residenz erinnernden Rokoko. Die im Luftkrieg ausgebrannten Gebäude mit überdies bedeutenden Fehlstellen in Fassaden- und Mauerwerkssubstanz wurden um 1950/52 von Architekt Georg Hellmuth Winkler in äußerlich alter Form wiederaufgebaut, nunmehr mit großen Schaufensterarkaden im Erdgeschoss (wie schon vor dem Krieg an Nr. 23). Der zuvor unansehnliche Hof wurde gegen Westen etwas erweitert, erhielt eine analoge Fassadengestaltung nebst Aufstockung und wurde durch zwei Passagen öffentlich erschlossen; mit Mosaikpflasterung und einem Schalenbrunnen aus Muschelkalk (Entwurf Winkler, 1951) bildet er seither einen zudem durch den Blick auf die Theatinerkuppel attraktiven Fußgängerbereich. 1999/2000 Restaurierung und Dachausbau.

Briennerstraße 1–5, 7, 9–14, 16, 19–28. Vgl. Ensemble Maxvorstadt II.

[**Brienner Straße 3.** Ursprünglich Ostteil eines um 1825 wahrscheinlich von Leo von Klenze entworfenen und von Joseph Höchl ausgeführten Doppelmietshauses (früher Nr. 1/2, heute Nr. 3 und 5) mit Fassade in italienisierenden Formen. Die (nach dem Luftkrieg noch erhaltene) Fassade von Nr. 3 war vier Achsen breit, mit (nicht originaler) Pfeilerteilung im Erdgeschoss (links Eingang, sonst Schaufenster), im 1. Obergeschoss Bandrustika, im 2. und 3. Obergeschoss Rundbogenfenster, gerahmt von Pilastern und Archivolte. Erste Wiederaufbaupläne für das Wohn- und Geschäftshaus 1947 von Heinrich Volbehr; Ausführung 1950/51 nach Tekturplan von G. Hellmuth Winkler (Bauherrin Hildegard Sick; im Erdgeschoss Modegeschäft L. H. van Hees), fünfgeschossig mit in klassizistischen Formen völlig neu gestalteter, durch Kolossalpilaster gegliederter Fassade. Reste älterer Bausubstanz nur im Keller und an der Erdgeschoss-Straßenfront.]

[**Brienner Straße 4.** Geschäftshaus mit ehem. *Café Odeon*, 1908 von Heilmann & Littmann. Der viergeschossige neuklassizisti-

sche Bau mit Schaufensterarkaden (urspr. Café) im Erdgeschoss, durchgehender Balkonbalustrade darüber sowie plastischem Zierfries über dem 2. Obergeschoss wurde nach dem Zweiten Weltkrieg um die dekorativen Elemente (u. a. Putzfelder) auf das Grundgerüst der Gliederung reduziert (Bank für Gemeinwirtschaft; heute Teil des Bayer. Staatsministeriums des Innern wie die genannten Nachbaranwesen). Der Vorgängerbau entstand 1824–25 nach Plänen von Leo von Klenze und Joseph Höchl (Klenze war auch erster Besitzer, er bewohnte das Gebäude jedoch nicht) mit Fassade im florentinischen Rustikastil – seitlich Rustikalisenen; Rundbogenöffnungen mit Bossenrahmen, dreigeschossig, später aufgestockt; Lichthof linksseitig, an den des Méjan-Palais (s. Wittelsbacherplatz 6) grenzend; Rückgebäude an das Odeon grenzend. Ab 1826 gehörte das Haus diversen Adelsfamilien.]

Brienner Straße 4, ehem. Café Odeon; Aufn. um 1910

Brienner Straße 10

Brienner Straße 5. Wohn- und Geschäftshaus. Vom 1825 erstellten Erstbau für Lotto-Collecteur Xaver Lindmayr (vgl. Stadtarchiv LBK 1584) liegen vier Grundrisse Joseph Höchls für Keller, Erd- und zwei Obergeschosse vor. Der vier Fensterachsen breite Bau hatte sein Treppenhaus im Südwesten, an dem vorbei der Eingangsflur entlang dem Westrand des Grundstücks zum an der Südseite des Hofes gelegenen Rückgebäude führte. Das 1. Obergeschoss. dürfte (gemäß Schnitt von 1862) von Anfang an niedriger gewesen sein. 1862 wurde das Erdgeschoss durch A. (?) Berger im Auftrag des Damenkleidermachers Ch. Fick völlig umgebaut. 1888 erfolgte nach Plänen und unter Bauleitung von Architekt Georg Meister ein weitgehender Umbau (damals auch Aufstockung?): „Auswechslungen" und „Adaptierungen am Wohngebäude des Civilingenieurs Albert Heinrich Wachter"; Keller, Erdgeschoss und 1. Stock wurden als Verkaufsladenbereich mit innerer Stützenteilung völlig erneuert, die gesamte Fassade in Neurenaissanceformen neu gestaltet, wobei die beiden weitgehend in Öffnungen aufgebrochenen Untergeschosse von den beiden palastartig gegliederten Wohngeschossen darüber deutlich geschieden sind; die Eingangsachse ist risalitartig betont; den Abschluss bildet ein kräftiges Konsolgesims. Es dürfte sich um einen weitgehenden Neubau gehandelt haben, der nur aus baurechtlichen Gründen als Umbau deklariert wurde. Gegen die voluminösen, im klassizistischen Umfeld auffallenden Details (Naturstein) wurden Vorbehalte geäußert (daher Fassadentektur). 1890 umstrittener Ausbau einer Dachwohnung. Der Verkaufsbereich wurde, wohl vor allem innen, 1938 von Hönig und Söldner umgestaltet. Das Wohn- und Geschäftshaus wurde nach Luftkriegsschäden wieder aufgebaut. Im 2. Obergeschoss dekorativer Fahnenstangenhalter.

Brienner Straße 3; Aufn. 1996

Brienner Straße 5

Brienner Straße 7. Der lang ge-streckte Bau entstand als letzter (der Erstbebauung) in der städte-baulich als Südabschluss des Wit-telsbacherplatzes wichtigen Häu-serreihe; noch Stadtpläne von 1826 und 1837 verzeichnen hier eine Baulücke mit kleinforma-tiger Restbebauung zwischen Stadtgraben und ehem. Wall. Un-ter dem Grundstück kreuzen sich der (ehem.) westliche Stadtgra-benbach (unter dem Rückgebäu-de) und der Palaisbach. In Wenngs Atlas (1849) ist die Lücke bereits mit dem Haus des Generals Carl Graf von Vieregg geschlossen (vgl. das etwa gleichzeitige Stadtmodell von Seitz). Auf Ansicht vor dem Um-bau von 1909 dreigeschossig, von genuteten Lisenen begrenzt; im (damals nicht mehr original be-fensterten) Erdgeschoss neun

Brienner Straße 7 (rechts)

stichbogige Schaufensterarkaden (in der linken Achse Durch-fahrt), darüber Firmenwerbeschrift „F. Steigerwalds Neffe"; in den beiden Obergeschossen Stichbogenfenster; Traufgesims friesartig mit flachen Konsolen italienisch-spätmittelalterlichen Typs.
1909–11 Umbau des Wohn- und Geschäftshauses mit Aufsto-ckung, Hofunterkellerung und Flügelbau von Ludwig C. Lutz für Rentiere Philomena Humplmayer; Bauleiter Karl Solbig, Bauführer in der ausführenden Firma Karl Stöhr. In der vor-nehm-neuklassizistischen Fassadengestaltung steigert sich das Schwergewicht des Aufwandes nach oben – über dem flach rus-tizierten Erdgeschoss (mit Stichbogenarkaden wie zuvor) im 1. Obergeschoss nur rustizierte Fensterrahmungen, über den Fenstern im 2. Obergeschoss Dreiecksgiebel auf knappen Volu-tenkonsolen; das neue, niedrigere 3. Obergeschoss attikaartig abgesetzt und durch Dekor umschließende toskanische Halbsäu-lenpaare gegliedert. Zwei alte Fahnenstangen. – Im Erdgeschoss Geschäfte (1913 Änderungen, mit hofseitigem Anbau eines po-lygonalen Glaspavillons, Arch. L. C. Lutz), in den Obergeschos-sen ursprünglich je eine Großwohnung mit zweibündigem Grundriss (Mittellängsgang, straßenseitig je sechs Zimmer); Treppe in U-Form rückseitig, rechts von der Durchfahrt. 1919 Ausbau des Dachgeschosses, Ateliereinbau 1935. Instandset-zung des Dachgeschosses und Dachstuhl-Erneuerung 1945–48. – An der West- und Südseite des Hofes zweigeschossiges Rück-gebäude, im Obergeschoss Galerieräume mit Oberlicht für eine Kunsthandlung (Wimmer & Co., später Alfons Kolb), wieder aufgebaut und aufgestockt 1955; der schmale östliche Hofflügel 1909 angebaut. – Letzte Fassadenrenovierung 2003.

Brienner Straße 9 siehe Amiraplatz 1, 1a.

Brienner Straße 10. Das Grundstück gehörte zum vormaligen Zweibrücken- oder Rechberg-Garten (s. Nr. 14). Ursprünglich ein in der inneren Disposition annähernd spiegelbildlich konzi-piertes Doppelanwesen, erbaut 1824–25 durch Maurermeister Rudolf Röschenauer für den kgl. Oberrechnungsrat Johann von Greiner nach Entwurf von Leo von Klenze, zusammengefasst durch eine (gleich Nr. 12) elfachsige, repräsentative Fassade in römisch-florentinischen Hochrenaissanceformen, die geschoss-weise durch Gurtgesimse geteilt wurde. Die jeweils äußeren Achsen der Gesamtfront waren als von rustizierten Lisenen ein-

gefasste Risalite mit rundbogigen Einfahrtstoren ausgebildet. Das rustizierte Erdgeschoss hatte Rundbogenfenster, die beiden Hauptgeschosse Rechteckfenster mit geraden Verdachungen – im 1. Stock zusätzlich mit flankierenden Pilastern, an den Risa-liten mit Dreiecksgiebeln. Das niedrigere letzte Geschoss war durch hohe, vertikale Volutenkonsolen gegliedert, vgl. Ludwig-straße 6/8/10. Die Erschließung erfolgte durch ovale Treppenhäu-ser neben der Durchfahrt. – In den 1830er Jahren war Gräfin Elise von Sandizell Eigentümerin des palastartigen Doppel-Mietshauses. 1849 gehörte die Westhälfte (alte Nr. 46) dem Reichsrat Graf G. von Sandizell, die östliche (alte Nr. 47) dem Schneidermeister V. Hilbert; letztere bildet bis heute die südliche Hofbegrenzung des Arco-Palais (s. Wittelsbacherplatz 1), dem sie in neuerer Zeit angeschlossen wurde.
Nach der Kriegszerstörung – doch war die Fassade im Wesentli-chen erhalten – erfolgte ein *Neubau* als Geschäftshaus mit ver-änderter Geschosszahl, mit einem zusätzlichen, über dem Erd-geschoss eingeschobenen Mezzaningeschoss. Auch ansonsten wurden die Gliederungen im Detail frei variiert, ins Erdgeschoss Säulenarkaden als Schaufenster eingebaut, der Mitteleingang mit einer Natursteinädikula und barockisierendem Sprenggiebel eingefügt, die Volutenkonsolen im obersten Geschoss weggelas-sen. Trotzdem behielt die veränderte Fassade ihren Stellenwert im klassizistisch geprägten Ensemble.

[**Brienner Straße 11/13/15.** (Mit Amiraplatz 3 und Jungfern-turmstraße, ehem. Nr. 4.) Sog. *Luitpoldblock*, städtebaulich und geschichtlich wichtiger Bestandteil der Ensembles Maxvorstadt I und II (s. dort). Rickauers Stadtplan von 1812 zeigt bereits den unmittelbar nördlich vor dem Stadtgraben gelegenen Block aus Wohn- und Geschäftshäusern (ursprünglich Maximiliansplatz 7/8/9/10/11/12), den 1810–12 wahrscheinlich der Maurermeister Joseph Deiglmayr für den vielseitigen Unternehmer Joseph Utz-schneider († 1840) aufführte, der hier u. a. auch eine bis 1851 be-stehende Brauerei und 1818 sein berühmtes optisches Institut einrichtete (vgl. Müllerstraße 40). Der dreiseitig freistehende Block ist in städtebaulicher Hinsicht als Abschluss der nordöst-lichen Schmalseite des an der Stelle der ehem. Wallbefestigung angelegten Maximiliansplatzes zu verstehen, von dem er gelenk-artig zur Brienner Straße überleitet. Die sechs viergeschossigen Mietshäuser bildeten einen symmetrischen Rechteck-Komplex um einen nach Süden offenen Hof, an den sich zum Salvator-

◁ Brienner Straße 11/13/15, sog. Luitpoldblock

Brienner Straße 11/13/15, ehem. Café Luitpold vor Kriegsschäden; Aufn. um 1900

Ehem. Café Luitpold; Aufn. um 1900

platz hin ein in der Folge mit Nebengebäuden der Brauerei bebauter Obstgarten anschloss. Die große Baumasse in schlicht klassizistischen Formen war vertikal durch vier Eckrisalite, horizontal durch ein doppeltes Gurtgesims über dem rustizierten Erdgeschoss und ein einfaches unter dem niedrigeren 3. Stock gegliedert; die Eckpavillons hoben sich auch in der mächtigen Walmdachzone heraus. Den Komplex erwarben 1825 der Kaufmann Angelo Sabbadini und sein Schwiegersohn Ludwig Knorr († 1852; daher die lange übliche Bezeichnung „Knorrhäuser"), der u. a. einen Erweiterungsbau am (heutigen) Amiraplatz errichten ließ. Der vielfach in großen Spekulationsunternehmen tätige Besitzer ab 1885, Heinrich Höch, ließ den Komplex 1886–88 durch Otto Lasne aufstocken und in höchst repräsentativen Neurenaissanceformen vollständig umbauen, wobei die Eckpavillons durch Turmaufsätze französischer Art mit vorgeblendeten prachtvollen Zwerchhäusern erhöht wurden. Hofüberbauung und südlicher Erweiterungsbau nahmen das am 1. Januar 1888 eröffnete Café-Restaurant Luitpold auf, mit seinem schlossartigen, von namhaften Künstlern in verschiedenen historischen Stilen ausgestatteten Raumensemble eines der aufwendigsten Beispiele dieser Gattung im Zeitalter des späten Historismus überhaupt, überdies als gesellschaftlicher Treffpunkt, in dem auch Literaten und Künstler verkehrten, und als Konzertcafé bis zum Zweiten Weltkrieg berühmt. In einem rückwärtigen Teilbereich wurden 1929 die Luitpold-Lichtspiele eingerichtet. Die im Zusammenhang mit dem „Blauen Reiter" (2. Ausstellung 1912) berühmt gewordene Kunsthandlung Hans Goltz hatte 1911–28 im Hause ihren Sitz (zugleich gab es 1912–15 die Galerie Goltz, Odeonsplatz 1). Nach wiederholten Luftkriegsschäden 1942–45, durch die vor allem der Westtrakt weitgehend zerstört wurde, erfolgte der sukzessive Wiederaufbau (Wiedereröffnung des Cafés in stark reduzierter Form 1948, nach Umbau durch Arch. Reinhard Riemerschmid abermals 1962) unter Verzicht auf die Dachaufbauten, wobei die Fassaden in einer klassizisierend sich dem Ursprungszustand wieder annähernden, der Umgebung angepassten Gestaltung neu redigiert wurden. Bei der Gesamtsanierung 1975–77 mit Anbau am Amiraplatz wurde die allein noch von 1886–88 stammende (später erhöhte) Neurenaissance-Südfassade am Salvatorplatz, deren Erhaltung aus Ensembleschutzgründen gefordert worden war, schließlich wegen statischer Probleme abgebrochen und rekonstruiert. 1989 Einbau des Palmengartens, einer transparent überdachten Passagen-Lichthof-Anlage als Café und Ladenzentrum. Davor auf dem Gehsteig *Brunnen* mit Bronze-Hermenfigur des Prinzregenten Luitpold, 1983 von Josef Henselmann, Guss von Mocnik, München.

Brienner Straße 11, 13, 19. Vgl. Ensemble Maxvorstadt I.

Brienner Straße 12. Zeitweilig *Palais Eichthal* genannt. Ursprünglich Teil des Zweibrücken-Gartens (vgl. Nr. 14). Dem auf zwei Parzellen 1824–25 (Plangenehmigung 9. September 1824) durch Maurermeister Franz Gießl für die Kaufleute Gebr. Riezler (Eigentümer 1849: Kaufmann Franz Xaver Riezler) errichteten, elf Achsen breiten Mietshaus gab der entwerfende Architekt Leo von Klenze eine repräsentative Putzfassade palastartigen Charakters. In Klenzes Schaffen steht neben der französisch-klassizistisch formulierten Rezeption der italienischen Hochrenaissance – Hauptbeispiel Leuchtenbergpalais (s. Odeonsplatz 4) – ein zweiter Entwicklungsstrang, der an den Rustikastil des Quattrocento anknüpft (eine europäische Strömung; vgl. Schinkels ehem. Palais Redern in Berlin, 1829/30), beginnend mit dem nicht erhaltenen Eckhaus Ludwig-/Galeriestraße von 1820/21

Brienner Straße 12, ehem. Palais Eichthal

(s. Ludwigstraße 2) und gipfelnd im Königsbau der Residenz. Mit dieser Stilvariante wie durch die bei Klenze dominierende additiv-parataktische Gliederungsweise (die in der Folge auch für Gärtner typisch wird) bildet die Fassade von Nr. 12 einen Kontrast zur rhythmisierten Tektonik des benachbarten Bayrstorffpalais (s. Nr. 14) von Métivier.

Das Erdgeschoss mit Mitteldurchfahrt und ehemals Wohnungsfenstern – im frühen 20. Jh. einfühlend zur Ladenzone umgestaltet – und das niedrige Zwischengeschoss mit Stichbogenfenstern und volutenförmigen Schlusssteinen aus Terrakotta werden durch einen breiten Terrakottafries mit einem reichen, antikisierenden Palmettenband von den beiden oberen Geschossen mit Rundbogenfenstern abgegrenzt. Die rhythmisch geschichtete Putzquaderung, an der Sockelzone kräftiger ausgebildet, ist mit Radialfugen auf die verschiedenartigen Fensterschlüsse bezogen. Auch die Sohlbänke der Fenster des letzten Geschosses tragen eine antikisierende Ornamentik. Seitlich wird die Fassade von breiten Lisenen eingefasst, den oberen Abschluss bildet ein Konsolgesims. – Ab 1913 war das Haus Sitz der für die Avantgarde bedeutsamen Kunstgalerie von Hans Caspari († 1930).

Die nach Kriegszerstörung allein erhaltene, modern hinterbaute Fassade – Büro- und Geschäftshaus Deutscher Ring Lebensversicherung (Plan 1951 von G. H. Winkler) – wurde 1986 zuletzt restauriert. Ursprünglich wurde der Hof von niedrigen Nebengebäuden flankiert, sein (später überbauter) Nordteil bis zur Finkenstraße war gärtnerisch gestaltet.

Brienner Straße 14. Ehem. *Palais Bayrstorff* (später *Almeida*). Der Grund an der Nordseite der neuen Königs- bzw. Brienner Straße war zunächst ein ausgedehntes Gartengelände, in dem der Katasterplan von 1808 wie der Stadtplan von Rickauer 1812 ein sich in Nord-Süd-Richtung erstreckendes Gebäude zeigen – das Palais Zweibrücken, ein zweigeschossiges villenartiges Gartenschlösschen des 18. Jh. (mit niedrigen Seitenflügeln), das dem Generalleutnant Christian Frhr. von Zweibrücken († 1817) gehörte, einem Sohn Herzog Christians IV. von Zweibrücken und der ihm morganatisch angetrauten Tänzerin Marie Anne Camasse, Gräfin von Forbach; es lag zwischen einem geometrisch strukturierten Garten im Osten und einer englischen Anlage im Westen (vgl. Gemälde von Domenico Quaglio, 1822; Trost 1973, Abb. 217). Als Vorbesitzer des Gartenanwesens nennt L. Hübner 1803 den General Reichsgrafen von Taufkirchen, „Stifter war der General und Stadtkommandant Graf von Daun". Der nach 1812 gräflich Rechbergsche Garten wurde 1822 vom Finanzministerium als möglicher Bauplatz für die Pinakothek erworben, dann jedoch privatisiert und parzelliert.

In den 1820er Jahren entstand auf dem Ostteil des Geländes die geschlossene Bebauung vom Wittelsbacherplatz (Arco-Palais) bis zur Grenze des englischen Gartenteils (vgl. Wittelsbacher Platz 1, Brienner Straße 10, 12), deren westlichen Abschluss der Neubau Nr. 14 bildete, einem Fassadenplan mit Walmdach gemäß ursprünglich freistehend konzipiert. Klenzes Entwurf von 1823–24 für Prinz Karl von Bayern, den Bruder Ludwigs I., wurde nicht realisiert; stattdessen errichtete Architekt Jean Baptiste Métivier den anspruchsvollen Palast in klassizistischen Formen als seinen ersten Wohnbau und auf eigene Kosten laut seinem eigenen Werkverzeichnis 1824–25 (die Datierung in der Literatur schwankt zwischen 1823 und 1826) und verkaufte ihn an Sophie Petin (1796–1838), die 1823 zur Freifrau von Bayrstorff – auch Bayersdorf(f) geschrieben – erhobene Geliebte und später (1834) Gemahlin des Prinzen Karl; von ihr ging das Palais an ihre mit dem portugiesischen Grafen Almeida verheiratete Tochter Sophie († 1912) über.

Métivier, überwiegend als Raumgestalter eng mit Klenze zusammenarbeitend, hat hier einen von Klenzes Palaisbauten sich deutlich unterscheidenden Typus entwickelt, der mit dem korinthischen Blendportikus samt Dreiecksgiebel am Mittelrisalit und dem Giebel an der westlichen Schmalseite eine stärkere Betonung tektonischer Strukturen erstrebt, mit denen sich die für den feinsinnigen Dekorateur kennzeichnende zarte Profilierung und Ornamentik verbindet. Gemeinsamkeiten mit Klenzes Fassaden (etwa des Leuchtenbergpalais) sind Elemente wie die Bandrustika im Erdgeschoss, die rustizierten Ecken, die profilierten Fensterumrahmungen samt geraden Verdachungen und das Konsolgesims. Das mittlere Rundbogentor flankieren Rundbogennischen mit Kandelabern, darüber kragt auf Konsolen ein Balkon mit filigranem Eisengeländer vor. Üblicherweise wird an dem dreigeschossigen, neun Achsen breiten Bau mit dem dreiachsigen Giebelrisalit ein enger Anschluss an den vorherrschenden Münchner Palasttypus des 18. Jh. wie überhaupt ein Nachleben barocken Repräsentationsanspruches mit demgemäß herkömmlicher Grundrissbildung konstatiert, womit jedoch nur Teilaspekte von Métiviers durchaus zeitgemäßer Leistung bei der Formulierung einer freilich traditionellen Bauaufgabe umschrieben werden. Das einstige Innere wurde übereinstimmend als höchst erlesene Einheit von architektonischer Struktur, Ausstattung und Einrichtung gerühmt. Den Mittelteil nahm die zur weiträumigen Halle erweiterte, gewölbte Durchfahrt ein; links von ihr lag hofseitig die U-förmig gewendelte Treppe. Die Repräsentationsräume im 1. Stock waren straßenseitig nach dem Prinzip der Enfilade angeordnet und der Größe nach zum mittleren Salon hin gestaffelt. Den Hof schloss das um eine halbrunde Exedra gruppierte Nebengebäude (u. a. Stall und Remise) mit Rückfassade zur Finkenstraße ab.

Brienner Straße 14, ehem. Palais Bayrstorff (später Almeida)

Das 1923 von der Aachener und Münchener Versicherung erworbene und z. T. umgebaute Palais brannte im Luftkrieg bis auf die Umfassungsmauern aus und wurde 1949/50 bzw. 1952/53 mit völlig neuer Raumeinteilung und rückseitigem Erweiterungsbau von Architekt Franz Baumann wiederhergestellt (Ausführung Fa. Karl Stöhr), das Äußere 1993/94 restauriert. Die linke Seitenfront wie die Hauptfassade des nördlichen Anbaus grenzen heute an den anstelle des einstigen Gartens (vgl. Brienner Straße 16) 1955 durchgebrochenen Oskar-von-Miller-Ring. Der Südgiebel war vor 1944 mit Akroterien besetzt, das Giebelfeld enthält heute die Wappen von München und Aachen. In den Nischen zu Seiten des Portals wurden – anstelle der Figuren auf dem ersten Entwurf – besonders formschöne Kandelaber aus dem Eisengusswerk Bodenwöhr aufgestellt. Die früher zweiflügelige Eingangstür wurde in angepasster Form erneuert. Heute im Erdgeschoss beiderseits des Durchgangs zum modern umbauten Hof Ladennutzung, darüber Büros.

Brienner Straße 16. Ehem. *Disconto-Gesellschaft*, jetzt *Bayerische Landesbank/Bayern LB* (Altbau). Als nach dem Ersten Weltkrieg das Palais Bayrstorff (s. Brienner Straße 14) veräußert wurde, entstand im Westteil des zugehörigen Gartens der Neubau der Münchner Filiale der Disconto-Gesellschaft Berlin (die zuvor einen Bauplatz im Alten Botanischen Garten ins Auge gefasst hatte). Dem nahezu freistehenden Bau, erstellt 1922–23, zwischen dem reduzierten ehem. Palaisgarten im Osten und dem mit Bäumen bepflanzten (heute bebauten) Vorplatz des (kriegszerstörten) Wittelsbacher Palais im Westen gelegen, gab Architekt Max Littmann in Anpassung an den ursprünglichen, immer noch überwiegenden Charakter der Umgebung das Gepräge eines neuklassizistischen Palais, womit er überdies einer um 1910/20 verbreiteten Zeitströmung entsprach. Gleich den Münchner Klassizisten variierte er auch Elemente des Palaststils der italienischen Renaissance, dazu ließ er auch barocke Traditionen anklingen.

Erdgeschoss und Mezzanin, durch Bandrustika zusammengefasst und durch einen viersäuligen toskanischen, mit Vasen bekrönten Balkonvorbau aus Kalkstein vor dem Rundbogenportal bereichert, entsprechen in etwa dem im 18. Jh. vorherrschenden Münchner Palaistypus. Die hohen Fenster des Hauptgeschosses über der breiten Gurtgesimszone sind durch gerade Verdachungen, die drei mittleren der Eingangsfront durch Dreiecksgiebel ausgezeichnet. Das 3., niedrige Obergeschoss wird durch Relieffelder mit antikisierendem Stuckdekor fries- oder attikaartig zusammengezogen; darüber weit vorkragendes Konsolgesims und flaches Walmdach. Die inneren Strukturen sind mehrfach verändert worden; an das mit Stuckdekor-Resten und hinter Pfeilerstellung links anliegender zweiläufiger Treppe mit mehrfarbigem Marmor-Balustergeländer teilweise erhaltene Vestibül

Brienner Straße 16

schloss sich der von Pfeilern umringte, glasüberdachte Kassenhof an.

Nach den Begriffen der zu Sparsamkeit genötigten Bauzeit war das noble Spätwerk Max Littmanns durch das Streben nach Einfachheit unter Verzicht auf bis dahin übliches „dekoratives Beiwerk" charakterisiert. Links schloss sich an die Straßenfront das nicht erhaltene Pfeilergittertor der Hofeinfahrt an, rechts wurde der breite Zwischenraum zum Almeida-Palais (Nr. 14) an der Stelle der bisherigen Garteneinfriedung mit Mauer und Zaun durch eine lange erdgeschossige Arkadengalerie mit Geschäften geschlossen, ein attraktives Element der Urbanisierung, das um 1955 beim Durchbruch des neuen Oskar-von-Miller-Ringes beseitigt wurde. An die Nordostecke des dadurch zu stark isolierten Bankgebäudes schloss sich der Neubau des Bayerischen Brauerbundes an (1956/57 von Sepp Pogadl; zuvor im abgebrochenen Gartenhaus untergebracht); davor *Bierbrunnen*, Bronzeschale mit Reliefs (1958).

Der Altbau der Bayer. Landesbank wurde 1992–94 grundlegend saniert und restauriert unter Einbau einer Kundenhalle und einer neuen Treppe (Architekturbüro Stiebale). Der Landesbank-Komplex war unterdessen großflächig nach Westen und Norden erweitert worden, vgl. Brienner Straße 18/20.

[Brienner Straße 18/20. *Bayerische Landesbank/Bayern LB.* Zwischen Brienner Straße 16 (s. dort, heute zur Landesbank gehörig) und dem Beginn der Türkenstraße, im ehemals unbebauten Vorgartenbereich des ehem. Wittelsbacher-Palais, entstand 1961–64 der rechteckige, kompakte Block der (damaligen) Bayer. Gemeindebank, ein Stahlbetonskelettbau mit Faltdach nach Plänen von Fred Angerer, nördlich davon sowie hinter Nr. 16 1977–82 der weitläufige Komplex der Bayer. Landesbank nach Entwurf der Architektengemeinschaft Beck-Enz-Yelin

Ehem. Wittelsbacher-Palais; Stahlstich von J. Riegel (nach Lebschée), um 1850

Ehem. Wittelsbacher-Palais nach Kriegsschäden; Aufn. 1945

(Eberhard Beck, Rüdiger Enz und Christof Yelin), mit blaugrauer Stahl- und Granitverkleidung, gruppiert um einen großen polygonalen Eingangshof (mit Glasbrunnen von Florian Lechner) und zwei weitere Nebenhöfe, durch Ladenpassagen erschlossen, mit Ostseite zum neuen Oskar-von-Miller-Ring (s. dort), Nordseite zur Gabelsbergerstraße (Ladenpassage gegenüber der Markuskirche), Westseite an der Türkenstraße (zugehörig das historische Palais Dürckheim, s. Türkenstraße 4). An der Gabelsbergerstraße steinerner Sitzlöwe, bez. Alfred Görig 1981, Nachbildung eines kriegszerstörten vor dem Südportal des Wittelsbacher-Palais (das originale Pendant von Johann Halbig heute vor der Kath. Akademie an der Gunezrainerstraße in Schwabing).

Das ehem. *Wittelsbacher-Palais*, erbaut 1843–49 von Friedrich von Gärtner (gest. 1847, vollendet von Klumpp) für Kronprinz Maximilian (II.) nach dessen Wunsch in englisch-gotischen Formen, doch bezogen von dessen abgedanktem Vater Ludwig I. (gest. 1868), war ein symmetrisch komponierter, durch erhöhte Mittelrisalite (außer im Norden) und polygonale Ecktürme gegliederter dreigeschossiger Vierflügelkomplex (61 x 65 m) mit Westfront in der Flucht der Türkenstraße. Der Hauptfassade im Süden war bis zur Brienner Straße hin eine ca. 50 m tiefe eingezäunte Grünfläche mit Mittelzufahrt (und später Kastanienreihen) vorgelegt; ein größerer, etwa quadratischer Garten im englischen Stil (von Hofgärtner Ludwig Carl Seitz) erstreckte sich von der Ostseite bis zur (einstigen) Finkenstraße, ein weiterer kleiner Gartenteil hinter dem Palast. Die Hoffassaden waren zwischen Strecklisenen (vgl. Maximilianstraße) fast völlig in Spitzbogenarkaden aufgelöst, unten als offene Umgänge, in den Obergeschossen als große Maßwerkfenster. Der ab 1887 vom Prinzen, späteren König Ludwig III. bewohnte, nach dem Sturz der Monarchie für Zwecke der Staatsregierung (1919 Sitz der Räteregierung) genutzte Bau, ab 1933 Sitz der Gestapo (mit Gefangenenbau, Folterkeller), wurde nach unterschiedlich schweren Luftkriegsschäden (Ende 1944) 1950 komplett abgetragen.
Vorgängerbau Brienner Straße (alt Nr. 43)/Ecke Türkenstraße, um 1844 beseitigt (Grünfläche vor dem Wittelsbacher-Palais): Haus des Kunstmalers Moritz Kellerhoven, erbaut 1811/12 von Karl von Fischer, bescheidener zweigeschossiger Walmdachbau (vgl. Ausst. Kat. Carl von Fischer 1982, S. 132, 216, 228 f.; Zimmermann 1984).]

[**Brienner Straße 19.** (Teil der Ensembles Maxvorstadt I und II, s. dort.) Nachkriegsbau an der abgeschrägten Ecke im spitzen Winkel zwischen Brienner- und Ottostraße, städtebaulich bedeutsame Position. Der kriegszerstörte Vorgängerbau, 1831 von Friedrich Schöpke für den mehrfach als Bauunternehmer aktiven Privatier Georg Senger errichtet (Besitzer um 1850 C. Graf von Berchem), war ein stattlicher viergeschossiger Mietshausblock in den Formen der Klenze-Nachfolge. Westlich schloss sich das ähnliche Haus mit der heutigen Nr. 21 an (1830 von F. Schöpke, ebenfalls für G. Senger), dessen allein erhaltene Fassade 1953 abgebrochen wurde.]

Brienner Straße 22. Ehem. *Palais Berchem*, heute Verwaltungsgebäude der Bayerischen Landesbank. Die Vorbebauung bestand in einem ab 1819 von Franz Xaver Gampenrieder (1784–1843) für Cajetan Graf von Berchem errichteten klassizistischen Palais – ein dreieinhalbgeschossiger Risalitbau über regelmäßigem quadratischem Grundriss mit zentraler Rundtreppe und Treppenhauslaterne.
Zwischen 1897 und 1899 entstand anstelle dieses Gebäudes durch Gabriel von Seidl ein Palaisneubau mit rückwärtigem Stallgebäude für den kgl. Unterstaatssekretär Maximilian Graf von Berchem. Die beiden Flügel des viereinhalbgeschossigen Baus erstrecken sich an Brienner- und Türkenstraße. Im Sinne klassizistischer Verpflichtung waren die beiden Straßenfronten

Brienner Straße 22, ehem. Palais Berchem

Brienner Straße 22; Aufn. um 1900

ähnlich gegliedert. Das als rustizierter Sockel behandelte Erdgeschoss zeigte streng neuklassizistische Züge, die Gliederung der Obergeschosse einen festlich barockisierenden Einschlag. Der Südseite an der Brienner Straße ist ein breiter Bodenerker mit Balkon (ursprünglich von Trophäen bekrönt) vorgelegt. Die östliche Seitenfront ist im Mittelfeld eingezogen und durch Kolossallisenen zusammengefasst. Die entstandene Betonung der Mitte wurde in die Dachzone hinein durch Segmentbogengiebel mit halbkreisförmigen Öffnungen fortgesetzt. Dabei vermittelten stehende Volutenkonsolen über das halbe oberste Geschoss hinweg zum Traufgesims. Im Norden war dem Palais auf einem Sockel, der die Rustika des Hauptgebäudes fortsetzte, eine Loggia in Höhe des 2. Geschosses mit zwei Arkadenöffnungen angesetzt. Insgesamt ergab sich ein heute nur mehr reduziert nachvollziehbares Bild im Sinne synthetisch komponierter Stilelemente.
Für die Bayerische Gemeindebank, den folgenden Besitzer des Palais Berchem, plante und führte die Fa. Held & Francke 1927 einen dreigeschossigen Anbau entlang der Türkenstraße aus. Das Loggia-Motiv wurde um drei Achsen verlängert und im Norden schloss sich der heute noch sichtbare Gebäudeblock zu vier Achsen im Quadrat an. Dieser Anbau wurde durch Architekt Hans Wagner 1933 zu den heutigen Dimensionen aufgestockt.
Ein aktenkundiger Bericht von Baurat Karl Meitinger belegt, dass durch die Bombardements hauptsächlich die Dach- und Giebelaufbauten beschädigt worden waren. Im Zuge der Wiederherstellung des Gebäudes wurde schon im September 1945 durch Architekt Georg Beer ein neuer Dachstuhl aufgesetzt, der die Aufbauten der Vorkriegszeit nicht wiederholte, sowie nach bauamtlicher Empfehlung die Fassade umgebildet und vereinfacht. Es verschwanden, von flankierenden schlichten Kasten-

rahmungen abgesehen, die Dekore des abschließenden Attikageschosses, der am Gurtgesims über dem 3. Geschoss ehemals umlaufende Mäanderfries und auch die Brüstungsbalustraden vor den Fenstern im Hauptgeschoss. So ergab sich nach der Wiederherstellung eine reduzierte klassizierende Gesamterscheinung. Von den originalen Interieurs erhalten blieben das in der Nordwestecke situierte kleine, quadratische Vestibül, das östlich anschließende ovale Treppenhaus mit Schmiedeeisengeländer, gewölbte Gänge im 1. Stock sowie der Sitzungssaal, sämtlich mit reichem neubarockem Stuckdekor.

Brienner Straße 23. Ehem. *Haus der Deutschen Ärzte.* Als Ersatz für das zugunsten geplanter NS-Parteineubauten an der Arcisstraße abgebrochene Haus des Münchner Ärztevereins entstand an der Brienner Straße der Neubau des Hauses der Deutschen Ärzte an der Stelle des nach dem letzten Besitzer benannten Palais Poschinger. Dieses im Kern sicher noch klassizistische, nobel-schlichte zweigeschossige Walmdachhaus mit Neurenaissance-Zutaten war (nach M. Megele) um 1819 von Rudolf Röschenauer für General Johann Baptist Graf Waldkirch erbaut worden (Aufstockungsgenehmigung 1823). Später gehörte es u. a. dem Münchner Bürgermeister Kaspar von Steinsdorf (1797–1879).

An Roderich Ficks Neubau von 1935–36 beeindruckte seit jeher die den persönlichen Stil des Architekten kennzeichnende Verbindung eines maßvoll-zurückhaltend historisierenden, gleichsam zeitungebundenen Traditionalismus mit gediegener Handwerklichkeit bis ins letzte Detail. In seiner vornehmen Einfachheit schloss sich der dreigeschossige, niedrig proportionierte Putzbau mit sparsamer Muschelkalkgliederung und mäßig steilem Walmdach der originalen Bebauung im Ensemble an, das freilich z. T. bereits mit aufwendigeren späthistoristischen Typen durchsetzt war (vgl. das Nachbarhaus Nr. 25). Einziges stärker betontes Element ist die Rustikarahmung des mittigen Rundbogenportals mit gesprengtem (barockisierendem) Giebel, der die schriftbandartige Inschrifttafel und das Ärzteemblem – Kelch und Schlangen aus Bronze, von Bernhard Bleeker – einschließt. Die niedrigeren, zweigeschossigen Nebenflügel – im Westtrakt Saal mit Fenstertüren – umschließen, den Grundstücksgrenzen entsprechend, einen unregelmäßig fünfeckigen Hof, den Bernhard Bleekers *Hundebrunnen* von 1935 schmückt. Um die aus dem kelchförmigen Becken aufragende Balustersäule (in Muschelkalk) gruppieren sich drei aufgerichtete Windhunde aus Bronze, gegossen von Josef Heubl.

Vom Vorgängerbau übernahm das Ärztehaus u. a. einige Kellerräume, die z. T. zu einem tonnengewölbten, durch Gurte unterteilten Casino zusammengefasst wurden. In der vorderen linken Ecke des Hauptgebäudes liegt die eingespannte, gewendelte Haupttreppe mit Muschelkalkstufen.

Seit 2003 „OberÖsterreich.Haus" der Raiffeisenlandesbank Oberösterreich.

Brienner Straße 25. Ehem. *Galerie Böhler.* Erstbebauung auf dem Grundstück war ein klassizistisches zweieinhalbgeschossiges Walmdachhaus mit straßen- wie rückseitigem Mittelrisalit, errichtet 1811 von Joseph Deiglmayr für den Zimmermeister und Bauunternehmer Joseph Gampenrieder (der 1822 durch Rudolf Röschenauer auch das westliche Nachbarhaus errichten ließ). Das 1832 durch Carl Deiglmayr umgebaute Haus ließ der Lahrer Schnupftabakfabrikant Carl Freiherr von Lotzbeck (1786–1873), erblicher Reichsrat der Krone Bayerns, 1850 durch Jean-Baptiste Métivier „völlig erneuern" und die Fassade umgestalten.

An der Stelle des zuletzt Baron von Hirsch gehörigen Hauses entstand 1904–05 nach Plänen von Gabriel von Seidl der bestehende Bau im Auftrag des Hofantiquars (Kunsthändlers und -sammlers) Julius Böhler (Bauausführung Karl Stöhr), bemerkenswert als eines der wenigen weitgehend erhaltenen Bei

Brienner Straße 23, ehem. Haus der Deutschen Ärzte

spiele der für die „Kunststadt" typischen Gattung des Kunsthändlerhauses. Der freistehende palastartige Hauptbau mit vier nach Höhe und Gestaltung differenzierten Geschossen und Walmdach nimmt als Baukörper Bezug auf die durch den Klassizismus geprägte Umgebung, ist im Detail jedoch – bezeichnend für Seidl – in historisierend freiem Umgang mit dem Formenrepertoire verschiedener klassischer Entwicklungsphasen fast flächendeckend reich, aber vornehm zurückhaltend gegliedert. Das Erdgeschoss in kraftvoller, gebänderter Kalkstein-Rustika ist als Sockel behandelt, mit rustizierten ionischen Säulen zu Seiten des Rundbogenportals und der außen angefügten rundbogigen Durchfahrtstore. Den hervorgehobenen 1. Stock gliedern kräftige Blendarkaden mit gekuppelten toskanischen Kalksteinsäulen, Balusterbrüstungen und reichem Stuckdekor (von Julius Seidler) in den Bogenfeldern; die Zwickel sind mit Marmorintarsien gefüllt. Dem mittleren Balusterbalkon entsprachen früher mit Vasen besetzte Brüstungen über den seitlichen Durchfahrten. Einfacher in Putz gegliedert ist der 2. Stock, mit geraden Fensterverdachungen, während das attikaartig niedrigere letzte Geschoss ursprünglich reich dekoriert war. Nicht erhalten sind die Fledermausgauben auf dem Dach (heute drei Standgauben) und die türmchenartigen Kaminköpfe. Vom Habitus eines symmetrischen Palazzo unterscheidet sich die schlichte, asymmetrische Rückansicht, die eher zeitgenössischen Mietshäusern gleicht. Links schließt sich schiefwinklig – bedingt durch die im Hinblick auf die Max-Joseph-Straße schrägen Grundstücksgrenzen im Blockinneren – ein zweigeschossiger Galerietrakt an.

Innen enthielt das Haus „im Erdgeschoss Ausstellungs- und Geschäftsräume, in den beiden oberen Geschossen die Privat-

Brienner Straße 25, ehem. Galerie Böhler

sammlung des Besitzers und dessen Wohnung" (MB I 1912). Das weiträumige Vestibül mit stuckierter Kassettendecke teilt quer ein Unterzug auf zwei marmorierten toskanischen Säulen. Links schließt sich schräg ein Ausstellungsraum mit Balkendecke und tonnengewölbtem, zart stuckiertem Alkoven an. Es folgt im Hofflügel eine große Ausstellungshalle mit Oberlichtlaterne und schmalerem, halbrund geschlossenem Südteil mit erhöhter Balusterestrade und Rahmenstuck. Neben dem ersten Raum des schräg anschließenden Hoftraktes blieb ein holzgetäfelter Personenaufzug erhalten (Maschinenfabrik A. Stigler, München, 1914); daneben liegt ein Treppenaufgang mit Holzbalustergeländer. Das in die Obergeschosse des Hauptgebäudes führende Treppenhaus – mit Balustergeländer und Rahmenstuck – ist halbrund zum Hof vorspringend an der Südwestecke angesetzt, mit eigenem Seiteneingang sowie vertäfeltem Personenaufzug (Fa. Kleindienst, München, 1930). Die Räume im 1. Stock weisen noch vielfach Gestaltungselemente der Bauzeit wie Vertäfelungen und Holzkassettendecken auf, der Mittelsaal eine stuckierte Tonne; auch der Gang und ein Kabinett (zur Rückseite) sind gewölbt. Im 2. Stock Spiegeldecken (z. T. stuckiert).

An die Remise am Hofende rechts, erbaut 1909 durch Karl Stöhr, mit Balustrade vor dem Obergeschoss, schließt sich links ein korinthisches Säulenportal an, das über den stuckiert kreuzgratgewölbten Vorraum den Zugang zu drei 1905/06 rückwärts angebauten Ausstellungshallen mit Oberlicht bildet. 1914 durch K. Stöhr Umbau der rückwärtigen Ausstellungsräume und Einbau eines Ateliers. Nach Kriegsschäden vor allem im oberen Bereich Wiederherstellung 1946 durch Architekt Max Ott. 1983 übersiedelte Wolfgang Ketterer mit seiner Galerie aus der Stuckvilla ins Böhler-, seitdem „Karolinenpalais" (hier bis 2001); heute Conferenz Centrum Nörr Stiefenhofer Lutz.

![Brienner Straße 25, Balusterbalkon]

Brienner Straße 25, Balusterbalkon

Brienner Straße 26. Vorgänger war ein 1814 von Maurermeister Franz Gießl für Gregor Deist errichtetes Mehrfamilienhaus, ein kubischer Walmdachbau zu vier Geschossen (je eine Wohneinheit) mit Dreiecksgiebel am Mittelrisalit und steilem Walmdach;

rückseitig Stallgebäude auf flachwinkeligem Grundriss. Nach G. Wenng 1849 Eigentum des Hofklaviermachers J. B. Klüh.

Im Frühjahr 1909 abgebrochen nach Erwerb durch den prominenten Antiquar (Buchhändler) Jacques Rosenthal, der Dr. Gustav von Cube mit der Neuplanung beauftragte, an der Erwin Rosenthal, der Sohn des Bauherrn, mitwirkte. Zwei Entwürfe in Neo-Louis-XVI-Formen wurden als im Umfeld zu aufwendig abgelehnt, das u. a. auf kräftige Kolossalpilaster verzichtende Ausführungsprojekt am 12. März 1910 vom Innenministerium und am 22. Juni des Jahres von der Lokalbaukommission genehmigt; Ausführung durch Baugeschäft Karl Stöhr; Rohbau am 4. November 1910 angezeigt, Wohnungsbewilligung am 3. April 1911 erteilt, Geschäftseröffnung am 8. Mai des Jahres. Die Innenausstattung stammte von den renommierten Firmen Ballin und Anton Pössenbacher. In der NS-Zeit waren Jacques und Erwin Rosenthal genötigt, das Wohn- und Geschäftshaus 1935 an eine Versicherung zu verkaufen, das in der Folge von der Parteiorganisation KdF genutzt wurde.

Der kubische, freistehende Walmdachbau palastartigen Gepräges entspricht dem in der Umgebung dominierenden Pavillonsystem, die vornehme neuklassizistische Gestaltung – in dem von Cube bevorzugten Stil – ist zeitgemäß reduziert. Das in Naturstein flach rustizierte Erdgeschoss mit den Geschäftsräumen ist zu Seiten des Mittelportals in Form von Balusterbalkone tragenden Risaliten mit je zwei Schaufensterarkaden vorgezogen. Die drei Obergeschosse werden durch flache kannelierte Pilaster zusammengefasst; Brüstungsfelder im 2. Obergeschoss mit Dekor, die Mitte durch Balkon akzentuiert; im 3. Obergeschoss knappe Gitterbalkone; das ausladende Traufgesims reich profiliert.

Brienner Straße 28. Ehem. *Palais Matuschka*. Der freistehende Bau geht im Kern noch auf das 1812 von Maurermeister Benedikt Betzl (Petzl) erbaute, schlicht klassizistische Wohnhaus zurück, einen dreigeschossigen Walmdachblock mit zahlreichen Gauben, der mehrfach, vor allem 1872, verändert worden war. Dr. Franz Graf Matuschka ließ 1895–96 eine grundlegende Überformung nach Entwurf von Emanuel Seidl vornehmen (Bauführer Jakob Wening), wodurch das Haus – dem gestiegenen Anspruch im Umfeld entsprechend – einen palastartigen Charakter außen wie innen erhielt. Seidls Schwager, der Brauer Gabriel Sedlmayr, erwarb es 1899 und ließ es als seinen Wohnsitz in Details adaptieren. Nach Luftkriegsschäden – zerstört wurden vor allem Dachgeschoss und Dachstuhl – mit Vereinfachungen außen wie innen für Büronutzung wiederhergestellt (wie die Nachbarhäuser Nr. 24, 26 und Karolinenplatz 6 durch die Bayer. Landesbank).

Brienner Straße 26

Brienner Straße 28, ehem. Palais Matuschka

Der kubische, über dem kräftigen Hauptgesims (in alter Traufhöhe) um ein Attikageschoss aufgestockte Bau erhielt durch
E. Seidl eine vornehme Fassadengestaltung, in der sich klassizistische und neubarocke Elemente durchdringen. Das Erdgeschoss und die vier balkontragenden dorisierenden Säulen sind
in wechselnd glatten und roh behauenen Streifen rustiziert (Naturstein); die Balkonbalustrade und die Mittelädikula im 1. Stock
mit Hermenkaryatiden und wappenübergreifendem Segmentgiebel setzen einen festlichen barockisierenden Akzent, während
ansonsten eine ruhig wirkende Blendengliederung die Fenster
der beiden Hauptgeschosse zusammenfasst, die im Attikageschoss durch eine Lisenengliederung fortgesetzt wird. Nicht
mehr erhalten ist die teils plastische, teils gemalte Sgraffito-Or-
namentik in den Brüstungsfeldern sowie im Attikageschoss an
den Lisenen und um die Fenster, sodass heute der klassizisie-
rend-ruhige Charakter überwiegt, zumal auch die originale,
reich differenzierte Polychromie mitsamt vergoldeten Details
fehlt; ebenfalls abgegangen sind die einstigen Vasen auf den Bal-
konecken und der Gitterzaun des Vorgartens samt den laternen-
bekrönten Pfeilern der Einfahrt links und das barockisierende
Rückgebäude. Neu hinzugefügt wurden die Dachgauben.
Beim Innenausbau fügte Seidl rückseitig die (entsprechend der
Treppenrundung) segmentbogig vortretende zweigeschossige
Diele mit nordseitiger Treppe ein, zugänglich vom Ende der
rechten (östlichen) Seitenfront durch ein Vestibül mit Differenzstufen. Straßenseitig war über die Freitreppe vom Vorgarten her
der Speisesaal zu betreten, in der Ecke links daneben lag die Küche, rückseitig links von der Diele ein Nebentreppenhaus. Der
1. Stock enthielt weitere Repräsentations- und Gesellschafts-
räume, u. a. zwei Salons, Billardzimmer und Bibliothek, der
2. Stock die privaten Wohn- und Schlafräume, das Dachgeschoss
die Personalunterkünfte (vgl. Grundrisse in MBB II 1899).

Brienner Straße 37. Städt. Berufsoberschule, 1958–60 errichtet,
Teil des Berufsbildungszentrums an der Luisenstraße 29, vgl. dort.

[**Brienner Straße 40.** *Isar-Amperwerke AG.* Vorgängerbau war
das 1898–99 von Eugen Drollinger im Auftrag des Fabrikanten
Carl Ungerer errichtete palastartig-vornehme, dreigeschossige
Doppelanwesen Brienner Straße 38/40. Das neubarocke, um ei-
nen gemeinsamen Hof gruppierte sog. Ungererpalais war in
Wirklichkeit ein Mietobjekt hochherrschaftlichen Charakters,
das in jeder der beiden Hälften pro Etage eine Wohnung mit elf
Zimmern und reichlich Nebenräumen enthielt. Die Amperwerke

Brienner Straße 37–56; Flurkarte, M. 1:2 500

Brienner Straße 40 (kein BDm)

Elektrizitäts-Aktiengesellschaft (1955 mit den Isarwerken fusio-
niert) erwarb das Ungerer-Anwesen 1921 und dazu 1934 noch das
klassizistische Nachbarhaus Nr. 37 (erbaut 1827). In den nach
Kriegszerstörung (1945) von Heinz Schilling aufgeführten *Neubau* von 1950–52 wurden Restbestände des Hauses 38 einbezogen. Den viergeschossigen Hauptbau (Haus A) mit kalksteinver-
kleidetem Erdgeschoss und verputzten, in der Höhe jeweils reduzierten Obergeschossen mit steinernen Fensterumrahmungen,
Ecklisenen und Mäanderfries am profilierten Traufgesims akzentuiert der asymmetrisch situierte (durch die Vorbebauung bestimmte) Eingang, den Natursteinpfeiler mitsamt einer Balkonbrüstung umschließen. Ein niedrigerer Zwischenbau (in transpa-
renter Form erneuert) bildet die Verbindung zu dem formal leicht
reduzierten, etwas jüngeren Eckbau (Haus B, errichtet 1955) im
Osten. Der sich in die Grundstückstiefe erstreckende, um einen
Lichthof gruppierte Grundriss ist durch die teilweise Verwendung von Bausubstanz des Vorgängerhauses bedingt. Im Innern
waren (vor 1998) Foyer, Treppenhaus und Lichthof durch besondere Großzügigkeit und aufwendige, gut erhaltene Ausstattung
charakterisiert, die Vierkantpfeiler des Treppenhauses mit hellem Juramarmor verkleidet; das Glasgemälde der Rückwand in
seiner Thematik auf die Bedeutung der Elektrizität für die Zivili-
sation bezogen (bez. F. Heubner und Franz Mayersche Kunstanstalt 1951). Das über die Funktionalität hinaus bewusst repräsentative Verwaltungsgebäude mit seinen deutlich neuklassizistischen, in der Tradition der 1930er Jahre stehenden Anklängen
gehört einerseits zu den markantesten Beispielen einer konservativen Richtung innerhalb der Münchner Architektur der Wiederaufbauzeit nach 1945, andererseits ist seine Formensprache einschließlich der Verwendung des Natursteinmaterials von der Berücksichtigung des Sichtbezuges zu den benachbarten Propyläen
bestimmt. Die östliche Schmalseite von Haus B ist zudem durch
die Nichtbebauung des Nachbargrundstücks südlich der Lenbachvilla zum Abschluss der platzartigen Erweiterung westlich
der Propyläen geworden. – Bei Umbau 1998–99 weitgehend entkernt und außen z. T. verändert.]

Brienner Straße 45a, 45b, 45c siehe Augustenstraße 20/22.

Brienner Straße 53. Von der Baufirma Herrmann ließ sich der
Baumeister Ludwig Trauth auf einer großen, bis dahin unbebauten Parzelle an der Südseite der Brienner Straße 1890 zwei viergeschossige Mietshäuser in spiegelbildlicher Entsprechung aufführen. Im Süden schloss sich eine parkartig angelegte Grünfläche an, zur Brienner Straße hin hatte der Bauwerber eine Vorgartenlinie zu beachten, die die Baulinienkommission des Stadt-
magistrats für die Brienner Straße als einer von Prachtbauten gesäumten Ausfallstraße Richtung Nymphenburg festgeschrieben
hatte. Gemäß der Bauordnung von 1879 war die Gebäudetiefe

Brienner Straße 53

vergleichsweise gering, die großzügig zugemessenen Wohnungen erstreckten sich in tiefe östliche Rückflügel hinein. Das Treppenhaus war in eine einspringende Ecke (geforderte Belichtung von Nebenräumen) des Hofwinkels gelegt. Der bedeutende Münchner Neurokokobau, reich stuckiert und nach Plänen des Architekten Ludwig Herrmann ausgeführt, ist ein Lehrstück für die frühe Instrumentierung einer Fassade in Formen, die weniger die Durchbildung des Gesamten bestimmten, sondern als reine Applikaturen umgesetzt wurden. Die mittleren fünf der sieben Fensterachsen sind enger gesetzt, die äußeren beiden werden im Erdgeschoss von Dreiviertelsäulen, die jeweils eine ausschwingende Balkonplattform tragen, und in den Geschossen darüber von Pilastern hervorgehoben. Das Gebäude wurde in den späten 1980er Jahren zwischenzeitlich als großes Bürohaus mit tief nach Süden reichendem Ausbau adaptiert. (Der erwähnte westliche Pendantbau Haus Nr. 55 wurde im rückwärtigen Abschnitt erheblich kriegszerstört. Bis in die späten 1940er Jahre zogen sich Überlegungen zum historisierenden Wiederaufbau des Anwesens hin. 1967 wurde schließlich das Haus zugunsten eines Bürogebäudes mit Tiefgarage abgebrochen.)

Brienner Straße 54. Auf einer Parzelle, die sich zur Erbauungszeit von der Nordseite der Brienner Straße bis zur nördlich gelegenen Neuen Straße (heute Rottmannstraße) erstreckte, ließ sich 1865 der Steinmetzmeister Josef Hermannsdorfer von Architekt Josef Weyrather ein viergeschossiges Mietshaus errichten. Die Hofdurchfahrt in der östlichen Achse führt zum nebenliegenden Treppenhaus, das gemäß Eingabeplan (vor seiner vollständigen Entkernung 1985) zwei Wohnungen mit Dunkelzonen je Etage erschloss. Ein erster Ausbau des Dachgeschoss war 1897 für den Kunstmaler Hugo Kauffmann erfolgt. (Die bestehende Fassadengestaltung ist das Ergebnis einer Instandsetzung von 1986–87, bei der man die Charakteristika des Spätklassizismus beachtete.)

Brienner Straße 54b. Jetzt Rottmannstraße 17, vgl. dort.

Brienner Straße 56. Das Areal am östlichen Aufschluss (Schleißheimer Straße nordwärts, Brienner Straße ostwärts) des seinerzeit kreisrund aligniierten Stiglmaierplatzes (s. dort) ließ der Apotheker Ludwig Haiss 1875 durch Baumeister Max Steinmetz mit drei Gebäuden überbauen; die Platzfassaden der so entstandenen spätklassizistischen Rondellgruppe (vgl. Stiglmaierplatz 2 und Schleißheimer Straße 2) bilden einen einheitlichen konkaven Schwung. Die Hofdurchfahrt des Eckgebäudes Brienner Straße 56, in die östliche Achse der Fassade an der Brienner Straße gesteckt, führte gemäß Eingabeplan über das nebenliegende Treppenhaus in die großen Etagenwohnungen (mit tiefen Dunkelzonen). Wegen des Anschlusses der geraden Fassadenlinie an der Brienner Straße zur geschwungenen zum Stiglmaierplatz hin ergaben sich fünfeckige Eckräume. Die bestehende Fassadengestaltung ist das Ergebnis einer Redaktion der Jahre 1914–15 (Eigentümer Senatspräsident Wilhelm von Haiss), bei der man klassizistische Elemente zugunsten flächiger Fensterrahmungen aufgab (Arch. Franz Rank). Residuen der ursprünglich klassizistischen Gestaltung sind die horizontale Gliederung, die Streifenband-Putzrustika im Erdgeschoss sowie die Konsolen des Dachgesimses.

Bruderstraße

Der in einem Flachbogen entlang der Ostseite des ehem. Papiererbachs verlaufende Straßenzug, der mit seinem Namen bereits in Wenngs Atlas 1850 erscheint, verbindet das östliche Ende der Christoph- bzw. den Anfang der Liebigstraße im Süden mit der Prinzregentenstraße im Norden. Benannt (gemäß Rambaldi 1894) nach einer Tafernwirtschaft, die 1790 der Wirt Joseph Brüderle kaufte. Heute meist Neubauten nach Luftkriegsschäden (vgl. den Beitrag von Johannes Hallinger).

Bruderstraße 1

Bruderstraße 1. Auf dem südöstlichen Terrain des Von Maffeischen „Tabacks-Fabrikanten-Garten" wurde im Zuge der Genehmigung des Neubaus von der Baulinienkommission eine Parzelle arrondiert, die vorsah, dass das Gebäude in seiner ganzen Erstreckung entlang der Bruderstraße über dem schließlich überwölbten Papiererbach zu stehen kam (die Überwölbung am Durchstich zur Christophstraße war schon 1877 erfolgt).

Brienner Straße 56

Brienner Straße 54

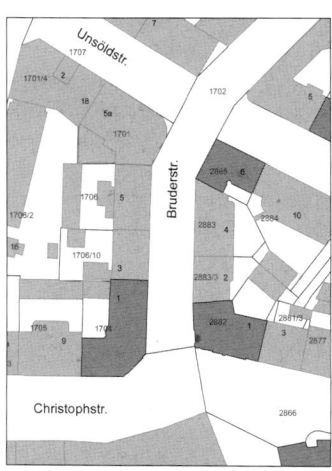

Bruderstraße; Flurkarte, M. 1:2500

Bauherr des 1885–86 nach Plänen von Emil Lange errichteten Mietshauses war Hofrat Moritz Hemmer. Die Aufstockung des Anwesens erfolgte 1908 durch Architekt Carl Vent. Das südlich neben der Hofdurchfahrt von der Bruderstraße her angeschlossene Treppenhaus großbürgerlichen Zuschnitts führt gemäß Eingabeplan in zwei großzügige Wohnungen je Etage, von denen die westliche Wohnung mit einem „Warte-Raum" ausgestattet wurde, der über eine eigene Türe mit dem Treppenhaus verbunden war. Das prächtige Mietshaus ist in städtebaulicher Hinsicht ebenso markant wie es prägend war (zahlreiche Bauten im unmittelbaren Umgriff folgten dem bestimmenden Anwesen Bruderstraße 1 stilistisch). Mit abgeschrägter Ecke wuchtig in die Sichtachse der Liebigstraße gestellt, bildet es optisch deren östlichen Abschluss, mit pyramidalem Dach, flankiert von runden Zwiebelhauben über runden Eckerkern. Die Rhythmisierung der drei Fassaden geschah in geläufiger Weise durch Eng- und Weitsetzung sowie Verkuppelung von Fensterachsen. Vor allem die Fassadenpartie zwischen den beiden Erkern besticht durch eine phantasiereiche Instrumentierung in Neurenaissanceformen. (Im Januar 1945 wurde das Dach infolge Luftdrucks beschädigt). Bemerkenswerte Bauinschrift (Rotmarmorplatte): „Dieß Haus wurde auf einem Areale, das vordem zur äußeren Stadtbefestigung /Remparts/ gehörte, und nachmals einen Theil des Maffei-Anwesens bildete, erbaut von dem praktischen Arzte Dr. Moritz Hemmer und dessen Ehegattin, Franzisca, geborene Promoli, nach den Plänen des Architekten Emil Lange, Direktors der K. Kunstgewerbeschule zu München und ausgeführt von dem Baumeister Max Haeussler. AO DNI 1886".

Bruderstraße 6. An der südöstlichen Ecke von Bruder- und Unsöldstraße (bis 1970 östliche Fortsetzung der Galeriestraße und ebenso genannt) errichteten 1878 der Zimmermeister Michael Stitzinger und der Baumeister Max Steinmetz das Mietshaus auf dem Areal der Mühle am Stadtmühlbach. Das in den Hofwinkel des Eckgebäudes eingeklinkte, gestreckt oktogonale Treppenhaus mit halber Wendel und breiter Laterne erschließt gemäß Eingabeplan zwei Wohnungen je Etage mit Nassbereichen in der Dunkelzone. Die östlich angeschlossene Hofdurchfahrt wurde in den 1980er Jahren modern überbaut, die entstandenen Wohnräume mit den östlichen Wohnungen zusammengeschaltet. Mit Ausnahme der ebenfalls in den späten 1980er Jahren ausgewechselten Fenster ist die in den Formen der klassischen Neurenaissance gehaltene Fassade weitgehend bauzeitlich überkommen. Hervorzuheben sind die vergleichsweise selten überlieferten Konsolen am Dachgesims sowie die erhaltene Kniestockdurchfensterung.

Brunnstraße

(Vgl. Ensemble Altstadt.) Mit ihrer westlichen Fortsetzung, der Josephspitalstraße (s. dort), Teil eines das westliche Hackenviertel erschließenden Straßenrasters, im Osten mittels Doppelknick (nach 1960 platzartig erweitert) an die Hackenstraße (s. dort) in einem älteren Siedlungsbereich angebunden. Den östlichen Sichtabschluss bildet das Rechbergpalais (s. Hackenstraße 7). – Der Name war nach H. Stahleder (1992) ursprünglich auf ein benachbartes Umfeld (Josephspital-, Damenstiftstraße) bezogen, erst um 1800 auf die heutige Brunnstraße, die zuvor – so bei J. P. Stimmelmayr gegen 1800 – Kreuzbräugasse genannt bzw. (seit dem 14. Jh. belegt) zur Schmalzgasse gerechnet wurde (vgl. Kreuzstraße). (Siehe Flurkarte S. 161)

ARCHÄOLOGISCHE BEFUNDE: Größere Bodeneingriffe und Umbauten sind aus jüngerer Zeit nicht bekannt. Deshalb ist mit untertägig erhaltenen Resten von Bauwerken, unter der Straße mit verrohrten Bächen und Pflastern und unter den Gebäuden mit Resten von Vorgängerbauten, möglicherweise mit Brunnen und Latrinen, zu rechnen. – Unter Brunnstraße 1, 4, 5, 7, 9 und 11 befinden sich Teile mittelalterlicher und neuzeitlicher Bebauung.

Bruderstraße 6

Blick in die Brunnstraße nach Osten

Brunnstraße 1–5, 7, 9, 11, 13. Vgl. Ensemble Altstadt, Straßenbildfolge Hackenstraße – Brunnstraße.

[**Brunnstraße 1.** (Vgl. Hackenstraße 7.) Als Vorbebauung zeigt Sandtners Stadtmodell von 1570 westlich einen schmalen erdgeschossigen Stadel (auf heutiger Baulinie; später hier ein Wohnhaus) und östlich daneben ein stark in den in diesem Bereich doppelt abgeknickten Straßenraum vortretendes zweigeschossiges Satteldachhaus (Firstrichtung Ost-West) mit Erker an der abgeschrägten Ecke. Gemäß Wenngs Atlas (1849) waren sowohl das schmale Haus Brunngasse 6 im Westen wie das weit vorspringende Eckhaus, damals Hundskugel 8, Eigentum des Privatiers (Bräumeisters) Georg Wittenzeller. Der Westgiebel von Hundskugel 8 bildete optisch den Abschluss der Brunnstraße (vgl. Stadtmodell von Seitz, Mitte 19. Jh.). 1871

Brunnstraße 1

erwarben der Hofvergolder Joseph Radspieler und seine Ehefrau Maria das Doppelgrundstück; nach Abbruch der Bebauung 1875 ließen sie auf stark zurückgesetzter Baulinie (entsprechend der südseitigen Bauflucht der Brunnstraße) im Zusammenhang mit der Straßenverbreiterung das bestehende viergeschossige Mietshaus errichten, das sich mit Geschosszahl und -höhe, Fassadengestaltung samt -dekor sowie Dachform völlig dem um die gleiche Zeit umgebauten und aufgestockten Komplex des Radspielerhauses anschließt (vgl. Hackenstraße 7), jedoch eine selbstän-

Brunnstraße 5

Brunnstraße 7; Aufn. 2007

Brunnstraße 9

meister J. Thomas, beim Anwesen Brunnstraße 5 „Auswechslung und Aufbau" umzusetzen, für Brunnstraße 7 schließlich „Abbruch und Neubau" vorzunehmen; dies geschah unter Beibehaltung von im Kern spätmittelalterlichen Kelleranlagen, deren Gewölbekalotten in das späte 18./frühe 19. Jh. gesetzt werden können (Dipl.-Ing. Andreas Poost, 2001). Die schlicht neurenaissant dekorierten Fassaden (beide zu je sechs Achsen) belegen gerade in ihrem Nebeneinander ein Charakteristikum des entsprechenden Stils: die Rhythmisierung durch Eng- und Weitsetzung von Fensterachsen. Heute sind die Erdgeschossräume beider Anwesen zusammengeschaltet, die Dachlandschaft von Brunnstraße 7 wurde nach 2001 unter Preisgabe der älteren Gauben, aber orientiert an der Gestaltung des Eingabeplans von 1885, neu aufgebaut.

dig zu nutzende Einheit bildet. Die mittlere der fünf Achsen ist durch einen Kastenerker mit Breitfenstern betont, das Erdgeschoss – heute mit breiter Durchfahrt links sowie Verkaufsladen – ist stark verändert; der dreigeschossige Seitenflügel begrenzt den Hof westlich.]

Brunnstraße 5. Mietshaus, spätklassizistisch, Mitte 19. Jh., vgl. Brunnstraße 7.

ARCHÄOLOGISCHE BEFUNDE: Brunnen des Mittelalters oder der Neuzeit (Fundst.-Nr.: 7835/0299). Im Innenhof des Hauses wurde 2000 ein Brunnen von ca. 1 m Durchmesser und 5 m Tiefe entdeckt und nach Dokumentation wieder verfüllt. Der Brunnen dürfte zum ehemaligen Anwesen der Ratsfamilie Schrenckh gehört haben, die bis 1598 in den Häusern Brunnstraße 3 und 5 nachgewiesen ist. Die Lage innerhalb des Grundstücks und die Konstruktion aus Ziegelsteinen sprechen eher für eine Datierung in das späte Mittelalter.

Brunnstraße 6. Wohn- und Geschäftshaus, neubarock, mit Erker, bez. 1894; vgl. Damenstiftstraße 11.

Brunnstraße 7. Die heutige Überlieferung der beiden Anwesen Brunnstraße 5 und 7 ist als symptomatisch für den Veränderungsdruck anzusehen, der innerstädtische Bauten einer boomenden Metropole betrifft. Die beiden Gebäude, die schon 1819–23 in der Hand eines Besitzers waren, befanden sich seit 1885 im Eigentum des Blumenfabrikanten Martin Burger (Brunnstraße 5 seit 1871). Burger, der an beiden Anwesen zahlreiche Auswechslungen und auch Aufbauten vornehmen ließ, beauftragte 1898–99 den Bau-

Brunnstraße 7; Aufn. 1995

Brunnstraße 9. Als eines der seltenen noch fast vollständig erhaltenen Handwerkerhäuser der Altstadt von hoher Bedeutung, typisch für die mittelalterliche Parzellenstruktur: bei 45 m Tiefe nur 5,5 m breit (drei Fensterachsen); Erschließung durch einen 1,2 m breiten Flur entlang der rechten (westlichen) Kommunmauer. Auf dem Sandtnerschen Stadtmodell um 1570 zweigeschossig mit Kastenerker in Obergeschossmitte und Halbgiebelgaube (Ohrwaschel) rechts. Von der mittelalterlichen Substanz sind noch Teile erhalten (Kommunmauern; Kommunzeichen bzw. sog. Lichtnischen). Unter den wechselnden Besitzern im 17. und 18. Jh. befanden sich vielfach Leinweber und Lohnkutscher.

In der bestehenden Form ist das spätbarocke Bürgerhaus weitgehend ein Neubau von 1782 (in diesem Jahr Erwerbung durch den Leinweber Anton Salcher) unter Verlängerung nach rückwärts um ca. 7 m; bemerkenswertes Beispiel einer (zeittypisch) im Wesentlichen symmetrischen Anlage: je Geschoss zwei Mietwoh-

Brunnstraße 9, Türbeschlag

Brunnstraße 9, Flur im Erdgeschoss

Brunnstraße 9, Treppe

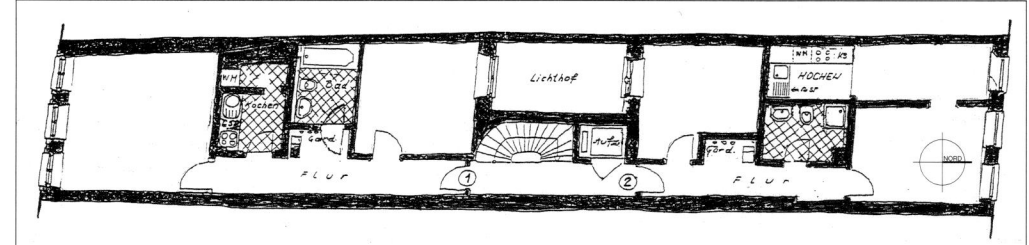

Brunnstraße 9; Grundriss 1. Obergeschoss (nach Sanierungsplan 1994)

Brunnstraße 9, Rückgebäude   Brunnstraße 11 (Mitte)

nungen (Stube, Küche, Kammer, Schlafraum) beiderseits des in der Mitte gelegenen kleinen Lichthofs; zwischen diesem und dem Flur die schmale, flach gewendelte Treppe (sog. Isartaler Typus). Türen z. T. noch mit Schlössern und Beschlägen erhalten. Fassade der Obergeschosse mit schlicht frühklassizistischer Gliederung durch Putzrahmen und -felder. Dachstuhl (Dendrochronologie: 1779) im Zweiten Weltkrieg großenteils zerstört; Erdgeschoss (mit Laden, zuletzt Café-Bar) nach 1945 verändert. Das zweigeschossige Rückgebäude mit Mansarddach entstand 1788. – 1994/95 erfolgte eine denkmalpflegerisch vorbildhafte Gesamtsanierung mit neu ausgebautem Steildach in der ursprünglichen Höhe.

Brunnstraße 11. Das äußerlich wohl um 1955 vereinfachte Handwerkerhaus war vom 16. bis zum 18. Jh. im Besitz von Leinwebern, im 19. und frühen 20. Jh. meist von Bäckermeistern. Typologisch hat es mit dem Nachbarhaus Nr. 9 viele Gemeinsamkeiten, u. a. die gleiche Breite und Tiefe, hofseitige Traufhöhe, gleichartiges, doch erst 1827 errichtetes Rückgebäude. Die zuletzt völlig glatte straßenseitige Fassade – schon vor dem Zweiten Weltkrieg aufgestockt und z. T. vereinfacht – hatte eine spätklassizistische Gliederung etwa des mittleren 19. Jh. mit Fensterumrahmungen und waagrechten Verdachungen im 1. und 2. Stock und über letzterem ein Gurtgesims. Erhalten blieb zwischen den beiden ersten Obergeschossen lediglich der Tondo mit der frontalen Reliefhalbfigur der hl. Maria mit gefalteten Händen, vom nazarenischen Typus des 19. Jh. – 1998 erhielt die Fassade des Bürgerhauses (ungenehmigt) wieder Fensterumrahmungen in freier Anlehnung an die spätklassizistische Gliederung.

Burgstraße

(Vgl. Ensemble Altstadt.) Im Altstadtgefüge höchst bedeutsame Verbindung von der Ostseite des Marktes (Marienplatz) nordwärts zum Torturm an der Südseite der mittelalterlichen Herzogsburg, des Alten Hofes (s. dort). Die östliche Häuserzeile grenzt rückseitig an die älteste Stadtmauer des 12./13. Jh. (Reste u. a. beim Wiederaufbau von Nr. 4 sowie kürzlich bei Nr. 8 nachgewiesen) bzw. greift mit Rückgebäuden über sie hinaus bis an den tiefer gelegenen ehem. Stadtgraben (Pfisterbach; vgl. Sparkassenstraße).
Die von der marktseitigen Giebelfront des (Alten) Rathauses ausgehende östliche Bauflucht wird vom mit dem Schlichtigerbogen überfangenen Durchgang unterbrochen (s. Nr. 8). Die im Mittelteil im Gegensinn minimal einwärts gebogene westliche Häuserreihe endet an der Altenhofstraße; an deren Nordseite bildet das stark gegen Osten vortretende Haus „Löweneck" (Neubau 2005; s. Altenhofstraße/Vorspann) zusammen mit dem Torturm des Alten Hofes den markanten Nordabschluss des Stra-

ßenbildes, das trotz aller Veränderungen und Verluste heute zu den wenigen mit erlebbarem Altstadtcharakter in zeitlosem Sinn gehört – was in hohem Maße auch dem traditionalistischen, zwar lang gestreckten, doch gestalterisch verbindend wirksamen Nachkriegsbau Nr. 4 zu verdanken ist. Auch die beiden Ostfassaden des Kaufhauses Beck (Marienplatz 11 von 1954, Burgstraße 1 von 1949/51 mit Erker) suchten mit den profilierten Putzrahmungen der Fenster Altstadtatmosphäre wieder zu gewinnen, was später (1962) bei Nr. 7 mit Steinrahmung um die sprossenlosen Fenster weniger gelang. (Siehe Flurkarte S. 48)

ARCHÄOLOGISCHE BEFUNDE: Größere Bodeneingriffe und Umbauten sind aus jüngerer Zeit nicht bekannt. Deshalb ist mit untertägig erhaltenen Resten von Bauwerken, unter der Straße mit verrohrten Bächen und Pflastern und unter den Gebäuden mit Resten von Vorgängerbauten, möglicherweise mit Brunnen und Latrinen, zu rechnen. – Unter Burgstraße 2/Sparkassenstraße 1 und Burgstraße 3, 5 und 10 befinden sich Teile mittelalterlicher und neuzeitlicher Bebauung.

Burgstraße 2. Zugehörig Rückgebäude Sparkassenstraße 1 (s. dort). Das nördlich an das (1862 hier erweiterte) Alte Rathaus angrenzende Bürgerhaus – immer mit dem Rückgebäude Sparkassenstraße 1 am ehem. Pfisterbach verbunden –, auf Sandtners Stadtmodell von 1570 ein dreigeschossiges Traufhaus mit Erker in der linken Achse und Pultdachgaube links, erscheint so auch auf Stimmelmayrs Skizze des späteren 18. Jh., damals dem „Hascher Brandweiner" gehörig.
Der Privatier Josef Forster, kurzzeitig Eigentümer, ließ das Haus 1877 durch das Baugeschäft Osswald, Adam u. Cie. umbauen und die Fassade neu gestalten; das Rückgebäude entstand damals zwischen den alten Kommunmauern als schmuckloser viergeschossiger Neubau. Von der reichen Gliederung der viergeschossigen Fassade an der Burgstraße in frühen Neurenaissanceformen, die noch stark der spätklassizistischen Tradition verpflichtet waren, sind heute nur noch horizontale Gesimse, vor allem das unter dem abgesetzten obersten Geschoss, sowie Kniestock und Traufgesims erhalten. Das Erdgeschoss und der 1. Stock enthielten eine Gastwirtschaft („Zum schwäbischen Donisl", zuvor im südlichen Nachbarhaus), der 2. und 3. Stock je eine Wohnung.
Der Weinwirt und -großhändler Heinrich Eckel ließ 1890 durch Baumeister Max Steinmetz das Vorderhaus umbauen, das Rückgebäude überdies aufstocken. Durch seine Witwe Therese Eckel erfolgte 1908 ein weiterer Umbau des nunmehr an der neuen Sparkassenstraße stehenden Rückgebäudes durch Baumeister Max Albrecht, mit neuer Fassadengestaltung in heimatstiligen, schon an die Sachlichkeit anklingenden Formen, mit Putzfeldern zwischen den Fenstern und durch Gesims abgesetztem 4. Stock.

Burgstraße 2   Burgstraße 3

Blick in die Burgstraße zum Alten Hof; Aufn. 1937

Blick in die Burgstraße nach Norden; Aufn. 1996

zels Vorbesitzern, dem Maurermeister Jordan Maurer (ab 1842) bzw. dessen Witwe Maria, wiederverheirateter Hirschberg, auf den planenden und ausführenden Baumeister der klassizistischen Phase geschlossen werden kann, ist bislang ungeklärt.

Burgstraße 4/Sparkassenstraße 5. Ehem. *Städtisches Wohnungsamt.* Der Neubau – bis 1997 Städt. Wohnungsamt – ersetzte vier im Luftkrieg 1944 zerstörte, zuvor 1920–30 sukzessive von der Stadt erworbene Anwesen – drei Altmünchner Bürgerhäuser (samt Rückgebäuden an der Sparkassenstraße) sowie südlich davon das nach dem Brand von 1842 auf zwei Parzellen neu entstandene Zengerbräuhaus, das 1897 die Fa. Franz Kathreiners Nachf. erwarb (die das noch bestehende Rückgebäude Sparkassenstraße 3 umbaute, s. dort).

Der etwa 50 m lange fünfgeschossige Bau, von 1952–53 vom Wiederaufbaureferat der Stadt München nach Plänen von Roderich Fick und Rudolf Röder errichtet, mit gemäß der Straßenführung leicht konkav abgeknickter Fassade wird durch zwei asymmetrisch angeordnete Elemente untergliedert – das Portal mit Dreiecksgiebel im kunststeinverblendeten, in großen Rechteckfenstern (u. a. der ehem. Schalterhalle im Südteil) geöffneten Erdgeschoss sowie weiter rechts von dem hohen, dreiseitig-polygonalen Spitzdacherker (als Gliederung des Fassadenknicks). Die vier Obergeschosse (Ziegelbauweise, verputzt) mit im 1. Stock erhöhten Sprossenfenstern und Hermann Kaspars modern-stilisierter Architekturmalerei in Anlehnung an Altmünchner Vorbilder der Renaissance- und Barockzeit zeigen auf beispielhafte Weise das Bemühen der frühen Wiederaufbauphase um Einfügung in das Altstadtbild und die versuchte Wiederbelebung einer traditionellen Gestaltungsweise. Einbezogen ist die Bauinschrift im 1. Stock. Der zugehörige Neubauflügel Sparkassenstraße 5 ist völlig sachlich-schmucklos. Im Zentrum des Gesamtkomplexes liegt das weiträumige Treppenhaus mit filigranem Gittergeländer. Die originale Ausstattung – Flügeltüren, Fenster, Böden, Uhren – ist teilweise erhalten. 1997–99 Umbaumaßnahmen (Arch. Gerhard Lehmann) des Verwaltungsbaus für das Kulturreferat und andere städtische Dienststellen.

Nach Luftkriegsschäden wurden die beiden obersten Geschosse des Vorderhauses und das Dach des Rückgebäudes 1949 umgebaut, die Fassade an der Burgstraße 1955 radikal purifiziert. Seit 1928 städtischer Besitz, mehrfach baulich verändert; im Rückgebäude Weinhaus Schneider.

Burgstraße 3. Sandtners Stadtmodell von 1570 zeigt ein aus zwei Häusern entstandenes dreigeschossiges Traufhaus mit zwei Flacherkern und Zwerchhäusern an der Südhälfte; bis etwa 1600 und wieder ab 1907 war das Anwesen mit Dienerstraße 21 verbunden (Neubau nach Kriegszerstörung, vor 1945 mit reich stuckierter Fassade des 18. Jh., aufgestockt). Stimmelmayr (Ende 18. Jh.) skizziert an der Burgstraße ein viergeschossiges Traufhaus mit acht Fensterachsen und Eingang links.

Im Laufe der sorgsam durchgeführten Instandsetzung und Restaurierung des Wohn- und Geschäftshauses im Jahr 1992 wurde festgestellt, dass der Kernbestand noch weitgehend barockzeitlich ist, so auch der komplett erhaltene Dachstuhl (Fälldatum der Hölzer 1693/94). Doch weisen u. a. die – abweichend von Stimmelmayr – sechs Achsen der heutigen Fassade und die zweibahnige Kelleranlage unter dem Nordteil, die einheitlich mit Hängekuppeln gewölbt ist, auf Umbaumaßnahmen in klassizistischer Zeit hin, die wohl erst nach einer kurzen Phase in Staatsbesitz (1813–16, General-Zoll- und Mautdirektion) vorgenommen wurden, vermutlich im Auftrag der Melberfamilie Oberleitner (Eigentümer 1816–42). Aus älterer Zeit stammt auf jeden Fall der unregelmäßig strukturierte rückwärtige Gebäudeteil rechts (nördlich) vom Hof (innen stark erneuert, 1895 aufgestockt). Die Durchfahrt lag in der zweiten Achse von links; rechts daneben das Treppenhaus; Erschließung durch diesem anliegenden Längsgang; straßenseitig jeweils vier Räume, gleich den Gängen noch mit (z. T. abgehängten) Spiegeldecken, deren Vouten von Stuckprofilen gesäumt sind; auch Türstöcke und z. T. Füllungstüren stammen noch aus klassizistischer Zeit. Die Fassadengliederung der drei Obergeschosse – profilierte Fensterumrahmungen, gerade Verdachungen – folgt als bürgerlich-bescheidene Reduktion dem Vorbild von Klenzes Bauten am Odeonsplatz. Das Erdgeschoss war ursprünglich in Putz rustiziert, mit Keilsteinfugen über den Rechtecköffnungen bzw. dem Rundbogentor, das 1857 durch Maurermeister Reinhold Hirschberg ein Pendant in der zweiten Achse von rechts erhielt. In der Folge wurde das Erdgeschoss mehrfach für Geschäftszwecke umgebaut und seine Fassade verändert, u. a. 1873 durch den damaligen Eigentümer, Maurermeister Kilian Stützel, 1915 durch Architekt Stefan Wollmann für den Wäschereigeschäftsinhaber Kommerzienrat Friedrich Rosner und noch später. Ob von Stüt-

Burgstraße 4/Sparkassenstraße 5 ▷

Burgstraße 5. Sog. *Weinstadel.* An Münchens bekanntestem
Bürgerhaus, das bislang als ältestes der erhaltenen galt (vgl.
Sterneckerstraße 2), sind bisher am Bau selbst die Probleme der
Homogenität des Bestandes bzw. verschiedener Phasen noch
nicht erschöpfend untersucht worden, die ältere Besitzgeschichte
wurde durch H. Stahleder (2006) geklärt.
Burgstraße 5 bildete mit Dienerstraße 20 bis 1820 (und wieder
seit 1913) eine für die Altstadt typische tiefe Doppelparzelle mit
zwei durch schmale Trakte beiderseits des Hofes verbundenen
Häusern, deren westliches an der Dienerstraße 1550 und 1631
ausdrücklich als das vordere bezeichnet wurde. Sandtners
Stadtmodell (um 1570) zeigt an der Dienerstraße ein stattliches,
sechs Fensterachsen breites dreigeschossiges Traufhaus mit
zwei Flacherkern, Zwerchhaus und zwei Ohrwascheln (Halbgiebelgauben), an der Burgstraße das noch bestehende, sehr
ähnliche Haus, ausgezeichnet durch ein repräsentatives Portal
und einen darüber vorkragenden, risalitartig wirkenden Flacherker mit Zwerchhaus (letzteres nach zeitweiligem Verlust nach
1890 wiederhergestellt). Der fragmentarisch erhaltene Arkadenhof fügt sich in die Parzellenbreite von Dienerstraße 20 ein,
auch ein Indiz für dessen Vorrangstellung als Hauptgebäude,
während das Haus an der Burgstraße leicht schräg und nach
Süden versetzt angebunden ist. Dienerstraße 20 – heute
ein Neubau – war im letzten Zustand vor dem Zweiten Weltkrieg ein viergeschossiges Traufhaus mit Steildach und einer
schlichten Fassadengliederung wohl des mittleren 19. Jh. (im
Kern älter?).
Als Besitzer ab 1542/43 ist der herzogliche Pfleger zu Neustadt,
Balthasar von Morndell (Merndel u. ä.), überliefert; die Details
im Arkadenhof sowie Portal und Eselsrückentür an der Burgstraße weisen auf eine frühere Entstehungszeit etwa um 1520
hin; wohl noch früher zu datieren sind die kräftigen gefasten
Bandrippen der dortigen Keller- und Erdgeschossräume, vergleichbar denen in der Pfeilerhalle des nahen Alten Hofes (wohl
15. Jh.) und in derjenigen des städt. Zeughauses (jetzt Stadtmuseum, 1491–93). 1550 erwarb der Ratsherr Kaspar von Barth auf
Harmating (d. Ä.) das Anwesen, vielleicht im Vorgriff auf den
1550 erfolgten Kauf durch die Stadt, die es 1550–52 durch den
Stadtmaurermeister Hans Aernhofer d. Ä. als Sitz der Stadtschreiberei und des städt. Weinstadels gründlich umbauen (das
Vorderhaus vielleicht von neuem erbauen) ließ (dendrochronologische Fälldaten 1548/49). Nach Verlegung der Stadtschreiberei in das Haus Tal 1 (s. dort) war der Komplex ab 1612 wieder
in wechselndem Privatbesitz, zunächst bis 1630 wieder der Ratsfamilie Barth und in der Folge angeheirateter adeliger Nachkommen; der Weinstadel im unteren Bereich blieb noch bis 1809
städtisch. An Johann Georg Dominik von Linprun, 1759 Mitbegründer der Akademie der Wissenschaften, der am 14. Juni 1787
in dem von ihm erst kurz zuvor erworbenen Anwesen starb, er-

Burgstraße 5, sog. Weinstadel

Burgstraße 5, Fassadenmalerei; Aufn. 1964

innerten bis zum Zweiten Weltkrieg Gedenktafeln am bzw. im
Haus an der Burgstraße. Dieses erlitt am 18. März 1944 Luftkriegsschäden vor allem im oberen Bereich der Nordhälfte, wurde mit einem Notdach über der Fehlstelle 1951 eher provisorisch
instand gesetzt und in Keller, Erdgeschoss und 1. Stock als
Weinstube (zunächst „Pfälzer Weinkeller", später mit dem an die
Tradition anknüpfenden Namen „Weinstadel") eingerichtet – eines der in München sehr selten gewordenen Gastlokale mit historischem Ambiente.
Im Zuge der gründlichen Gesamtinstandsetzung nach Planung
von Architekt Richard Zehentmeier durch die Firma Gebr. Rank
1962/63 wurde bei der vorausgehenden Fassadenuntersuchung
durch das Bayerische Landesamt für Denkmalpflege unter den
Putzschichten des 19. und 18. Jh. (letztere mit Malereiresten) die
reiche originale Fassadenmalerei von 1552 freigelegt und ergänzend restauriert (Kunstmaler und Restaurator Josef Lorch, Füs-
sen); die im 18. Jh. abgeschlagenen horizontalen Gesimse mitsamt dem Kassettenfries über dem Erdgeschoss wurden nach
Ansatzspuren rekonstruiert, die kriegszerstörte rechte Halbgie-

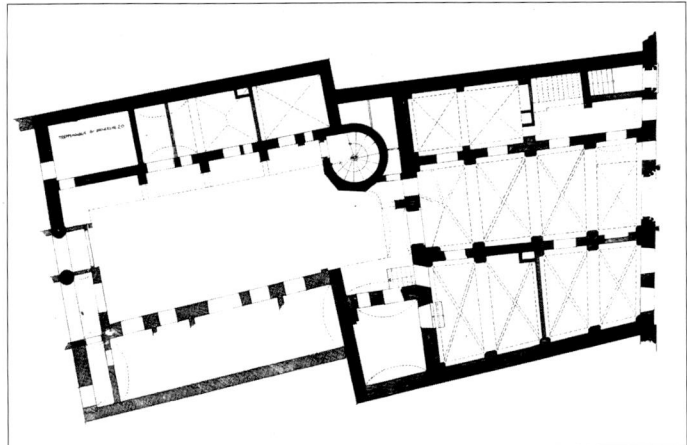

Burgstraße 5; Grundriss Erdgeschoss, 1948 (linke Hälfte Hof)

Burgstraße 5, Innenhof;   Burgstraße 5, Innenhof
Zeichnung, um 1900

belgaube und das baufällige Zwerchhaus ersetzt. 1991/92 fand eine Gesamtrestaurierung einschließlich der Fassade statt. 2007 erneut grundlegende Fassadeninstandsetzung begonnen.

Die 1962/63 zurückgewonnene originale Fassadengestaltung, die nach den Rechnungen für den Hofmaler Hans Müelich (Mielich) gesichert ist (der auch an der Raumausstattung mitwirkte), veranschaulicht eine in der Zeit der Renaissance und des Manierismus in Süddeutschland und speziell auch in München verbreitete Interpretation des Äußeren von Bürgerhäusern, in der sich reale plastische Gliederungen mit illusionistisch gemalten Elementen verbinden. So ist im Erdgeschoss ein Quadermauerwerk dargestellt, darüber ein Diamantquaderfries, die Fenster des 1. Stocks sind von Ädikulen mit perspektivischen Volutenpilastern und flachen Dreiecksgiebeln umgeben, die im 2. Stock von Karyatiden flankiert. An der linken Halbgiebel-

gaube wurde das Datum MDLII freigelegt. In das Gliederungssystem einbezogen wurden die älteren skulptierten Kalktuffumrahmungen der beiden Tore, die bereits frühe Renaissanceelemente frei verarbeitende Ädikula mit dünnen Säulen und gedrehtem kapitellartigem Abschluss des mittleren Stichbogenportals und das mit einem Eselsrücken schließende Türgewände samt Oberlicht am rechten Rand vor der einläufig geraden, geschossweise von Podesten unterbrochenen Treppe vom Typus der sog. Himmelsleiter; die rechte Halbgaube darüber ist als Speicheröffnung ausgebildet. Alter Bestand ist auch das ornamental bemalte Türblatt dieses Hauseingangs. Je drei parallele Keller- und Erdgeschossräume sind kreuzgewölbt, letztere im mittleren Fletz und in den beiden jetzt verbundenen Räumen südlich daneben mit kräftigen gefasten Bandrippen und flachbogigen Gurten. Im 1. Stock (heute Gasträume) südlich Raum mit gotisierender Holzstütze, Vertäfelung und Decke, der Nordraum mit Holztonnen gewölbt (an der Nordwand Inschrift „renoviert 1953/1991"); im 2. Stock Putzdecken mit Stuckprofilen, wohl 18. Jh.

Der Laubenhof – einst ein in der Altstadt verbreiteter Typus – mit (nach KDB 1902) früher vier Arkaden im Norden, drei im Westen und zwei im Osten, war schon vor den Luftkriegsschäden unvollständig erhalten und wurde 1944 weiter reduziert. Die vorgeblendete Laubenarchitektur ruht auf im Erdgeschoss vorkragenden, geschwungen profilierten Konsolen. Die geschlossenen Brüstungen werden achsenweise durch geometrisch strukturierte Tuffsteinpostamente gegliedert; die Bögen im 1. Stock ruhen auf steinernen gedrehten Pfeilern, die Lauben im 2. Stock hatten dünnere, offenbar hölzerne Vierkantstützen (als solche z. T. in einfacher Form erneuert). Bemerkenswert ist der in der Nordostecke eingefügte polygonale Treppenturm mit steinerner Schneckenstiege und profiliertem Steingewände der Rechtecktür. Heute ist nur noch der Ostteil des Arkadenhofes in wesentlichen Teilen erhalten, vom Nordflügel nur die Konsolen samt Brüstung und Pfeilerpostamenten im 1. Stock (Vorkriegsaufnahmen zeigen ihn mit eisernen Balkongittern und Holzrahmenverglasung des 19. Jh.; die Südarkaden sind eine moderne vereinfachte Ergänzung). Stilistisch mit dem Laubenhof vergleichbar sind die (freilich im Detail wesentlich differenzierteren) Arkaden der fürstbischöflichen Residenz in Freising (dat. 1519).

Burgstraße 5, Erdgeschoss, mittleres Gewölbe

Burgstraße 5, Erdgeschoss, sog. Himmelsleiter

Burgstraße 5, Untergeschoss, nördliches Seitengewölbe

Burgstraße 5, Erdgeschoss nach Osten; Aufn. 1937

Burgstraße 6 (mit Rückgebäude Sparkassenstraße 11, s. dort). Sandtners Stadtmodell (um 1570) zeigt ein dreigeschossiges Traufhaus mit zwei Aufzugsgauben und stattlichem Rückgebäude am Pfisterbach, Stimmelmayr skizziert einen in der Barockzeit erneuerten viergeschossigen Bau, der – mit einer durch reichen, zarten Spätrokoko-Stuckdekor gegliederten Fassade und im 19. Jh. verändertem Erdgeschoss (rustikagerahmtes Rundbogentor zwischen Neurenaissance-Ladenstöcken) – bis zum Abbruch 1909 existierte (Abb. bei Erdmannsdorffer 1972 und Bauer/Graf 1996). Das Anwesen hatte seit der Barockzeit prominente Besitzer, im späten 17. Jh. den Hofmaler Johann Anton Gumpp, 1699–1720 das Stift Rottenbuch, dann Bartholomäus Graf von Costa, ab 1749 den kurfürstl. Leibarzt Johann Joseph Perger, 1757–90 den bayerischen Staatskanzler und Reformator des Rechtswesens Wiguläus Xaverius Aloysius Frhr. von Kreittmayr, in der Folge bis 1835 die Grafen von La Rosée. Zwischen den alten Kommunmauern baute Karl Stöhr (Entwurf und Ausführung) 1909–10 für die Schöningerschen Relikten (Erben des Buchdruckereibesitzers Gottfried Schöninger) das bestehende viergeschossige Wohn- und Geschäftshaus zusammen mit dem Rückgebäude Sparkassenstraße 11 (s. dort) und gemeinsamem, in den südseitig gelegenen Hof gerundet vorspringendem Treppenhaus. Die gesamte Erdgeschosszone (samt Untergeschoss) enthielt Verkaufsräume (1914 Einbau der Gaststätte „Burghof" durch Arch. Heinrich Bergthold), der 1. Stock Ausstellungsräume (1916 zu Büros umgebaut), die oberen Stockwerke je eine Wohnung im Vorder- und Rückgebäude. Das Bankhaus A. M. und I. Heilbronner als neuer Besitzer ließ das Erdgeschoss 1921/22 durch Heilmann und Littmann für seine Zwecke umgestalten; seit 1927 städtischer Besitz (1999 saniert). An der neubarock gegliederten Fassade an der Burgstraße ist das rustizierte Erdgeschoss in drei verschieden breiten Arkaden geöffnet, die rechte als Eingang mit dekorativem Gitter abgeschlossen. Am mittleren Flacherker wurde (wie schon am Vorgängerbau) eine *Gedenktafel* an den hier am 27. Oktober 1790 verstorbenen, um die bayerische Gesetzgebung verdienten Freiherrn von Kreittmayr angebracht. Der Fassade an der Sparkassenstraße 11 hingegen (s. dort) gab Karl Stöhr an die deutsche Renaissance anklingende Formen.

Burgstraße 6

ARCHÄOLOGISCHE BEFUNDE: Abschnitt der mittelalterlichen Stadtmauer (Fundst.-Nr.: 7835/0340). Während Abbruch- und Neubautätigkeiten 1952 konnte die Baugrube der Stadtmauer in der Kommunwand zum Anwesen Burgstraße 4 dokumentiert werden.

[**Burgstraße 7.** Am Eckhaus (alt Nr. 6; Neubau 1962/63 von Buchheim und Hartinger) erinnert eine nordseitig an der Altenhofstraße angebrachte Bronze-*Gedenktafel* an Wolfgang Amadeus Mozart, der im 1944 zerstörten Vorgängerbau, genannt Sonneneck (aufgestockt und umgestaltet 1875 von Johann Marggraff) vom 6. November 1780 bis 11. März 1781 das Eckzimmer im 2. Stock gemietet hatte und hier die Oper „Idomeneo" komponierte (weiterer Gedenkstein in der Süddurchfahrt des benachbarten Altes Hofes, s. dort).
Das Eckhaus, westlich verbunden mit einem zugehörigen zweiten Bauteil, der neben dem noch bestehenden Haus Altenhofstraße 4 (s. dort) vorsprang, war im Besitz des Hofbaumeisters

Enrico Zuccalli von 1681 bis zu seinem Tod am 8. März 1724. Frühere Eigentümer waren u. a. der Münzmeister Anton Hundertpfund (um 1520) und die für den Hof tätigen Goldschmiede Hanns und Lukas Reimer (Ende 16./Anfang 17. Jh.). Wie das Stadtmodell von J. Sandtner von 1570 erkennen lässt, entstand das „Sonneneck" durch Vereinigung von zwei gotischen Bürgerhäusern, die – wie die Anordnung der acht Fensterachsen an der Ostseite deutlich macht – bis ins 19. Jh. jeweils nur umgebaut wurden.] – ARCHÄOLOGISCHE BEFUNDE s. Altenhofstraße 1–3.

Burgstraße 8. Das Bürgerhaus, in dem François de Cuvilliés d. Ä. lebte und 1768 verstarb, stammt im Kern aus dem späten Mittelalter (im Ostteil des Kellers fand sich ein Rest der ersten Stadtmauer) und wurde mehrfach um- und ausgebaut (1620 Aufstockung, neuer Dachstuhl; 1. Hälfte 18. Jh. veränderte Fassade und Innengestaltung); bemerkenswert ist der sog. *Schlichtingerbogen* (15. Jh.), eine überbaute doppelte Überbrückung der Ledererstraße zum Nachbargebäude Burgstraße 10.
Das in Jahrhunderten gewachsene, laufend instand gesetzte und veränderte Haus ist eines der wenigen komplett erhaltenen Beispiele der Gattung in der Altstadt, aufgrund seiner baugeschichtlich komplexen, 1991 und 2002 untersuchten und dokumentierten Strukturen lange ein denkmalpflegerischer Problemfall bis zur mustergültigen Generalsanierung 2001–03. Die Parzelle am Ostrand des ältesten Stadtkerns fällt rückseitig zum Pfisterbach (heute Sparkassenstraße) ab, an dem ein bis 1864 zugehöriges Rückgebäude stand (Eckhaus Ledererstraße 2, auf Sandtners Stadtmodell von 1570 zwei- bis dreigeschossig mit Satteldach, zuletzt klassizistisch/viergeschossig von ca. 1830, leider 1969 abgebrochen und durch Neubau von sprödem Charakter ersetzt).
Die mittelalterliche Geschichte des Anwesens ist umstritten; nach Häuserbuch I (1958) und C. Oelwein (2003) ist die urkundliche Verleihung des vor der Burg gelegenen bisherigen Marstalls an den Münchner Bürger (Bildhauer) Berthold den Schnitzer, datiert vom 20. Oktober 1342, auf Burgstraße 8 zu beziehen, während nach H. Stahleder (1995, 2006) der Marstall nördlich des vom Schlichtingerbogen überbrückten Durchgangs zu suchen ist. Unter den späteren Besitzern, zugleich des durch die Bogenübergänge angebundenen Hauses Nr. 10, sind (nach Häuserbuch I und C. Oelwein) im späten 14. Jh. Konrad der Preysinger, um 1400 das Ehepaar Otto und Adelheid Schimel (die hier eine vornehme Gastwirtschaft betrieben, in der an Weihnachten 1397 eine politisch motivierte Schlägerei stattfand), und Wilhelm von Egenhofen (gest. 1471/72) zu nennen, mit dem möglicherweise spätgotische Umbaumaßnahmen zu verbinden sind.

Burgstraße 8, Gedenktafel

Nach der Feststellung von H. Stahleder (2006) hingegen war das Haus 1364/83 Eigentum der Goldschmiedfamilie Hayden. Seit dem Ende des 16. Jh. war das Haus im wechselnden Besitz meist von Hofbeamten; der Stadtschreiber Dr. Georg Locher, der es 1617 erwarb, ließ die Aufstockung und den mächtigen Dachstuhl ausführen. Zur Zeit, als François de Cuvilliés hier am 14. April

1768 starb, gehörte es dem kurfürstlichen Kammerrat Bernhard Lorenz von Klingensperg auf Schönhofen, in der Folge von 1776 bis 1862 Bierwirten. J. P. Stimmelmayr (im späteren 18. Jh.) nennt es des „Wirths Donisl Haus" – vermutlich nach einem (unbekannten) Pächter mit Vornamen Dionys hieß die Wirtschaft „Zum bayerischen Donisl" (im Gegensatz zum „Schwäbischen Donisl", einst in derselben Alten Häuserzeile neben dem Alten Rathaus). 1863 erwarb der Schneidermeister Johann Baptist Eger das Anwesen, das seinen Nachkommen bis 1990 gehörte.

Burgstraße 8

Das Haus ist in seiner Struktur zweiteilig, durch eine in Erdgeschoss und 1. Obergeschoss bis in die älteste Phase zurückgehende kräftige Zwischenwand – ursprünglich Rückwand – in einen älteren, von der Burgstraße im Westen her und einen etwas jüngeren rückseitigen, von Osten her belichteten Bauteil geschieden. Die Ostwand im Keller- und Erdgeschoss ist ein Rest der ältesten Stadtmauer des 12. oder eher schon 13. Jh. (und zwar des inneren der beiden Mauerzüge), mit zeittypischem Füllmauerwerk aus Ziegeln mit Kiesel-Mörtel-Füllung. Der Zwischenraum vom älteren vorderen Hausteil bis zur Stadtmauer wurde nach dem Schwinden von deren Wehrfunktion infolge Stadterweiterung in einer zweiten Bauphase durch drei noch bestehende Ost-West-Wände geschlossen, der Umfang des Hauses demnach etwa verdoppelt (3. Viertel 13. Jh.), nördlich daneben die Stadtmauer mit einem Fußgängertor durchbrochen – es entstand der später vom Schlichtingerbogen überspannte Durchgang von der Burg- zur Ledererstraße (mit einstiger Brücke über den Pfisterbach).
Nach dem Stadtviertel-Großbrand von 1418 erfolgte ein umfassender Umbau (Dendro-Fälldaten um 1425 der Balkendecken über Erdgeschoss, 1. und 2. Obergeschoss sowie der Treppenwechsel an der einläufigen Treppe vom Typus „Him-

Burgstraße 8, 3. Dachgeschoss

Burgstraße 8, sog. Himmelsleiter

Burgstraße 8, Erdgeschoss mit Gewölbe und Kellerabgang

melsleiter"); in der Südostecke des Erdgeschosses wurde eine Halle mit Mittelpfeiler und vier Kreuzgratgewölben geschaffen und der gewölbte Keller unter der Südwestecke angelegt (Nordwestkeller älter). Kleinere Baumaßnahmen sind durch das Fälljahr 1447 der Decke des Nordostkellers belegt.
Jakob Sandtners Stadtmodell von 1570 zeigt den spätgotischen Bauzustand – ein stattliches, dreigeschossiges Vorderhaus mit großen Spitzbogenöffnungen im Erdgeschoss, zwei Flacherkern und Zinnenvorschussmauer vor dem Satteldach sowie die bereits zweigeschossig überbaute Brückenverbindung zum ebenfalls mit Zinnen abgeschlossenen Nachbarhaus Nr. 10. Der linke Erker ist bis heute erhalten, der ehemals rechte an dem breiten Abstand zwischen der zweiten und dritten Fensterachse von rechts noch ablesbar.
Aus der Zeit des Stadtschreibers Dr. Locher stammen ein tonnengewölbter Keller im Südosten, das 3. Obergeschoss und das mächtige, beide Gebäudeteile überspannende, viergeschossige Dachwerk, eines der wenigen alten und zugleich eindruckvollsten, technisch interessantesten in der Altstadt (Dendro-Fälldatum 1619) – ein zweifach liegender Kehlbalkendachstuhl mit Hängewerk in den drei oberen Geschossen; das untere Geschoss ist stützenfrei (was mehrfach statische Hilfskonstruktionen nötig machte), mit andreaskreuzförmigem Windverband. Ein Deutscher Kamin am Südgiebel im 1. Dachstuhlgeschoss trägt das eingeritzte Datum 1730; die Aufzugsgaube im Süden erscheint schon auf der Ansicht von Stimmelmayr aus dem späteren 18. Jh. (Aufzugswinde erhalten); bei der Dachstuhlsanierung 2001 ff. wurden die vier Schleppgaubenränge wiederhergestellt und im 1. Obergeschoss eine umlaufende Galerie eingezogen.
Im 18. Jh. – vielleicht um 1730 – erfolgten umfassende innere Grundrissänderungen, wobei die spätgotischen Großräume in der rückseitigen Haushälfte (1. und 2. Obergeschoss) kleinmaßstäblich unterteilt und der Treppenbereich umgestaltet wurden. Mitteldiele und straßenseitige Zimmer im 1. Obergeschoss haben barockzeitliche Hohlkehlen-Putzdecken. Vielfach sind noch Fenster und Türen dieser Bauphase erhalten. – Auch die straßenseitige Putzfassade wurde im 18. Jh. neu gestaltet (vielleicht 1730?), und zwar lediglich durch kompliziert geohrte Profilrahmen um die Fenster, seitliche Rustikalisenen und ein reich profiliertes Traufgesims (ob weitere dekorative Details oder Fassadenbemalung vorhanden

Burgstraße 8, 1. Obergeschoss, Türbeschlag

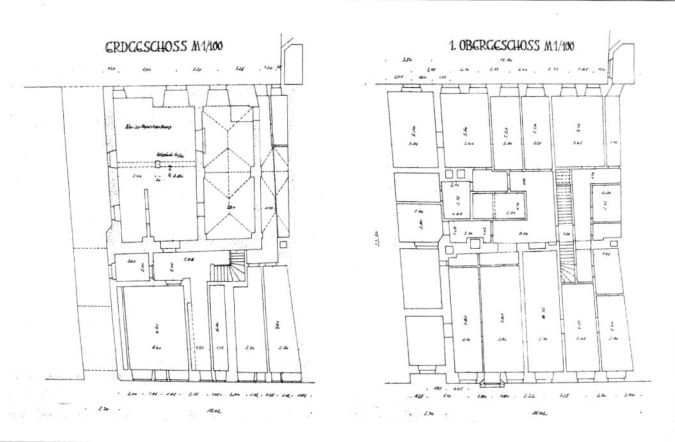
Burgstraße 8, Grundrisse Erd- und 1. Obergeschoss, 1949

waren, ist ungewiss; vgl. Oelwein 2003, S. 94). Ältere Aufnahmen zeigen zusätzlich zwei gleichartig gerahmte Blindfenster im 1. und 3. Stock an der Stelle des rechten beseitigten Flacherkers sowie im unteren Blendfeld eine Rundnische mit Madonnenrelief wohl des mittleren 19. Jh., zudem im Erdgeschoss einen durchgehenden Neurenaissance-Ladenstock sowie am Dach die (in der Zwischenkriegszeit beseitigten) Schleppgauben. Leider wurden bei einer Renovierung nach 1945 die Fensterumrahmungen in der unteren Hälfte verändert (jetzt auch unten geohrt, unter der Fenstersohle in der Mitte – statt beiderseitig – heruntergezogen). Die barockisierende *Gedenktafel* mit biografischen Angaben über den im Hause verstorbenen Architekten François Cuvilliés ist mit 1908 datiert, also aus der Zeit der erneuten Würdigung des lange verpönten Rokoko. (Seine Wohnung konnte bisher nicht identifiziert werden.) Das im 19. Jh. durch Schaufenster veränderte Erdgeschoss wurde 2001/03 neu gestaltet.

Aus der Wohnung des Schriftstellers und Künstlers Herbert Achternbusch (1. Obergeschoss – Südteil) wurden von ihm 1993 gefertigte Wandmalereien teilweise abgenommen und ins Münchner Stadtmuseum übertragen.

Der doppelte sog. *Schlichtingerbogen*, so nach Besitzern des Zerwirkgewölbes in der Barockzeit genannt (daher auch Zerwirkbogen; vgl. im Einzelnen Stahleder 1992) geht gemäß Bauforschung in seiner Substanz bis ins 15. Jh. zurück; die östliche Überbrückung wurde im 18. Jh. um ein

Burgstraße 8, sog. Schlichtingerbogen

3. Obergeschoss aufgestockt (Dachbalken-Dendrodatum 1734). Die Situation des zur Ledererstraße abfallenden Durchgangs gehört heute zu den wenigen in der Altstadt mit noch einem gewissen Milieuwert.

ARCHÄOLOGISCHE BEFUNDE: Im Rahmen von Umbaumaßnahmen fanden 2002 bauarchäologische Untersuchungen statt, bei denen die Reste der ältesten Stadtmauer Münchens sowie spätmittelalterliche Fundamente dokumentiert werden konnten.

Burgstraße 10. Sog. *Falkenhaus*. Das Anwesen war im Mittelalter Zubehör der Hofhaltung (vgl. Stahleder 1995a, S. 264 und Stahleder 2006), im 16. Jh. Wohnsitz des herzoglichen Falkners, mit dem Vorgängerbau des späteren Zerwirkgewölbes (s. Ledererstraße 3) als zugehörigem Rückgebäude. Seit 1594 in wechselndem Privatbesitz. Sandtners Stadtmodell von 1570 zeigt das gotische Vorgängerhaus mit drei großen Erdgeschossöffnungen, je fünf Fenstern in den beiden Oberschossen, Grabendach und Zinnenabschluss; rechts schließt sich wie heute noch der (doppelte) zweigeschossig überbaute Schlichtingerbogen (s. Nr. 8) an, der seit dem 15. Jh. die damals zusammengehörigen Häuser Nr. 8 und 10 verband. Das bestehende viergeschossige Bürgerhaus mit drei breiten Fensterachsen wurde wohl im 17. oder 18. Jh. neu errichtet (vielleicht mit Ausnahme der Südwand zum Bogen hin). Auf Stimmelmayrs Skizze erscheint „des Steger Kramer Eckhaus" in seiner heutigen Grundform (nach Häuserbuch I 1958 war der Handelsmann Paul Stöger Eigentümer von 1736–71, danach seine Tochter). Domenico Quaglios Ansicht des Alten Hofes von Süden (1812) zeigt eine barockzeitliche Gliederung der Westfassade durch Putzrahmen um Fenster und Brüstungsfelder, ein Foto vor 1937 eine einfache spätklassizistische Gliederung etwa des mittleren 19. Jh., die später vereinfachend überarbeitet wurde (so wohl schon im Zustand von 1939

Blick in die Burgstraße mit Burgstraße 10 und 12 (v. rechts); Radierung von Domenico Quaglio, 1811

in Häuserbuch I dargestellt) – heute ist sie auf profilierte Fensterrahmungen, Sohlbänke, ein Gurtgesims über dem Erdgeschoss und ein knappes Traufgesims beschränkt. Die Südostecke neben dem Schlichtingerbogen ist abgeschrägt, das heutige Dach niedriger als vor dem Zweiten Weltkrieg. Rückseitig ein zum kleinen Hof an der Nordseite geneigtes Pultdach bzw. Halbgiebel.

Burgstraße 12. Zur mittelalterlichen Besitzgeschichte vgl. Stahleder (2006). Im Kern wohl aus dem 17. Jh. (nach 1611) stammend, wurde das ehem. Bürgerhaus um 1780 erneuert und 1976–77 weitgehend entkernt, nachdem die frühklassizistische Fassade 1947 vereinfacht worden war.

Sandtners Stadtmodell von 1570 zeigt ein dreigeschossiges Traufhaus mit drei Gauben und rückseitigem Flügelbau sowie rechts anschließend ein sehr schmales Gebäude mit zwei vorkragenden Obergeschossen (Fachwerk?). Beide Anwesen wurden 1611 unter einem Besitzer, dem Goldschmied Albrecht Gottbewahr, vereinigt und umgebaut (Häuserbuch I 1958). Angesichts der sukzessive erfolgten Reduzierung der historischen Substanz ist eine baugeschichtliche Analyse heute nur noch sehr eingeschränkt möglich. Im unteren Teil könnte noch Substanz des 17. Jh. vorhanden sein (kreuzgratgewölbte Kellerräume; Eingangsflur entlang der rechten Kommunmauer mit flacher Stichkappentonne); ein viergeschossiger Neubau dieser Zeit kann vermutet werden. Stimmelmayr (wohl vor 1771, vgl. Nr. 10) skizziert das Haus noch viergeschossig mit fünf Fensterachsen. Der (bis 1976) identische Grundriss aller fünf Obergeschosse deutet auf einen weitgehenden Umbau im späteren 18. Jh. hin; die ehemalige reiche Fassadengliederung in frühklassizistischen Formen stammte von etwa 1780; in den 1780er Jahren fanden kurzfristig mehrfache Besitzwechsel statt; 1786 erwarb der Hofmaler Augustin Joseph Demmel († 1789) das Haus und geriet durch Baumaßnahmen in finanzielle Schwierigkeiten. Die vor 1976 noch erhaltene zweiläufige Holztreppe am Ende des Flures, die bis in den 5. Stock hinaufreichte, besaß Brettbaluster und eine Vase auf dem untersten Anfängerpfosten, die formal in die Zeit des Übergangs vom Rokoko zum Frühklassizismus wiesen, ebenso war im 5. Stock noch eine Tür mit Rokokobeschlägen vorhanden. Die beiden jeweils etwas niedrigeren obersten Geschosse, früher durch ein profiliertes Gesims von den vier Untergeschossen abgesetzt, könnten vielleicht auf eine Aufsto

ckung in klassizistischer Zeit schließen lassen – ihre einstige Putzgliederung war etwas schlichter (sie ist schon auf einer Ansicht von 1937 beseitigt, auf derjenigen von 1939 im Häuserbuch I jedoch noch dargestellt); es müsste in diesem Fall eine Aufstockung mit gleicher Grundrissbildung und mit Verlängerung der Treppe erfolgt sein. Domenico Quaglios Ansicht des Alten Hofes von Süden (Radierung, 1811) zeigt bereits den sechsgeschossigen Bau, mit Stichbogenöffnungen im Erdgeschoss – den Eingang allerdings in der zweiten Achse von rechts wie auch auf einem Vorkriegsfoto, das eine offenbar frühklassizistische Schnitztür sowie Neurenaissance-Ladenstöcke zeigt.
Die Fassadengliederung wurde 1947 völlig abgeschlagen. Das Gebäude, nach Behebung von Schäden des Zweiten Weltkriegs als Hotel Burghof genutzt, wurde 1976–77 zum Geschäftshaus umgebaut und wegen des als verwinkelt und unübersichtlich

Christophstraße; Flurkarte, M. 1:2 500

Christophstraße

Verbindung von der Pilotystraße bzw. dem heutigen Altstadtring im Westen zum Ansatz der Liebigstraße im Osten, ursprünglich Neue Pferdstraße, seit 1878 benannt nach Christoph dem Starken oder Kämpfer (1449–1493), jüngstem Bruder der Herzöge Sigmund und Albrecht IV., der – da von der Mitregierung ausgeschlossen – ein unkonventionell-abwechslungsreiches Leben führte, das ihn bleibend volkstümlich machte (vgl. den der Sage nach von ihm gehobenen und geworfenen Steinblock in der Alten Residenz). Zur Planung und Entstehung der im Westteil heute noch klassizistisch geprägten Straße vgl. Häuser Nr. 2, 4, 7, 8. –ARCHÄOLOGISCHE BEFUNDE s. Karl-Scharnagl-Ring.

Burgstraße 12

Burgstraße 10

◁ Burgstraße 12; Aufn. vor 1937

Blick in die Christophstraße von Osten (links Seitzstraße 3)

nicht akzeptierten Grundrisses sowie gravierender statischer Probleme weitgehend entkernt mit Ausnahme der gewölbten Keller (im Vorderhaus bis 1990 Teil einer Gaststätte) und des freilich völlig modernisierten Eingangsflures. Die Fassade erhielt eine gemalte Felderteilung als bescheidenen Ersatz der verlorenen plastischen Gliederung.

ARCHÄOLOGISCHE BEFUNDE: Detailbefunde des Mittelalters oder der Neuzeit, darunter unterschiedliche Fußbodenniveaus und ein Brunnen (Fundst.-Nr.: 7835/0339). Im Zuge des Innenumbaus konnte 1977 an der Südostfront des Hauses unter dem Ziegelbodenabtrag ein Schnitt durch zwei nebeneinanderliegende Räume gelegt werden. Als einziger Befund unter den in eine Sand-Mörtelschicht eingebetteten Ziegelsteinen im westlichen Raum kam direkt über dem anstehenden Boden eine einlagige Pflasterung aus großen Kieselsteinen zutage, im östlichen Raum zusätzlich zwei weitere Ziegellagen, davon eine mit überlagerter Schicht aus fast vergangenem Holz. Weitere Befunde oder Funde fehlen. In der Nordostecke des Kellers stieß man auf einen Brunnenschacht, der beim Ausräumen des Kellers zur Hälfte abgetragen worden war und in dem angeblich viele Tierknochen lagen.

Christophstraße 8   Christophstraße 6   Christophstraße 4   Christophstraße 2

Christophstraße 2. Auf zuvor unbebautem Areal nördlich der kgl. Hofheuwaage errichtete Joseph Höchl 1828 das im Kern klassizistische Wohn- und Geschäftshaus mit einer für die baurechtliche Situation seiner Entstehungszeit charakteristischen Gebäudetiefe. Das der mittigen Hofdurchfahrt ohne Ausbau westlich nebenliegende Treppenhaus mit gewendelter Treppe erschließt eine Wohnung je Etage (Nebenräume in den Dunkelzonen). 1875 stellte Architekt J. Widmann in den Erdgeschossräumen östlich der Durchfahrt einen Metzgerladen für Johann Bauhofer her. Im Dezember 1944 brannte der Dachstuhl ab, drei Wochen später wurde das Haus durch eine Sprengbombe stark beschädigt. Die Wiederherstellungsarbeiten sahen von einer Erneuerung der Rustizierung des 1. Obergeschosses (gemäß Eingabeplan von 1928) ab. Als Charakteristikum klassizistischer Fassadengestaltung sind die Rundbogenfenster im 1. Obergeschoss anzusprechen.

Christophstraße 4. Auf zuvor unbebautem Grund nördlich der kgl. Heuwaage errichtete 1827 der Baumeister Joseph Höchl das klassizistische Wohn- und Geschäftshaus für sich selbst. Gemäß den baurechtlichen Möglichkeiten der Zeit besitzt es eine erhebliche Gebäudetiefe, wodurch zwischen den hof- und straßenseitig belichteten Räumen Dunkelzonen entstanden. Blendbögen gliedern die Wände der mittigen Durchfahrt, das westlich rückwärtige Treppenhaus ohne Ausbau erschließt über eine Dreiviertelwendel gemäß Eingabeplan eine Wohnung je Etage. (Schon der Eingabeplan von 1827 belegt den Ausbau des Dachgeschosses als Wohnung). In den östlich der Hofdurchfahrt gelegenen Räumen kam es 1883 zu Umbauten, der Bader Karl Nieberlein betrieb hier einen Laden, Eigentümer des Anwesens war der Fotograf Franz Neumaier. 1926 erfolgte der Einbau des großen Ladenfensters westlich des Eingangs. Zu dieser Zeit war das Erdgeschoss – dem westlichen Nachbargebäude entsprechend – rustiziert. (Im März 1944 erlitt das Anwesen Beschädigungen infolge Luftdrucks.)

Christophstraße 6. Ohne Vorgängerbebauung entstand wohl im Zuge der Errichtung der Anwesen Christophstraße 2 und 4 (s. dort) das diesen in Struktur und ursprünglich auch hinsichtlich der Fassadendekoration ähnliche Anwesen. Die östliche Parzellengrenze wurde vom westlichen Beschlacht des Kanalbächls gebildet, das die Christophstraße und weiter nordwärts den westlichen Stadtgrabenbach im Verlauf der Sigmundstraße unterquerte. Das ovale Treppenhaus, das sich der mittigen Hofdurchfahrt westlich rückwärtig anschließt, führt gemäß Eingabeplan zu zwei Wohnungen je Etage (mit Dunkelzone). Im Oktober 1943 erlitt das Rückgebäude einen erheblichen Schaden infolge Luftdrucks, im März 1944 machte eine Sprengbombe die Räume des Vordergebäudes zur Straße hin unbewohnbar. Die Instandsetzung, weitgehend zur heutigen Gestalt, nahm man nach den Plänen des Architekten Hein Grothe 1949 vor.

Christophstraße 7   Christophstraße 7, Hofseite

Christophstraße 7. Der Magistrat der Stadt München hatte 1823 die Durchführung der Sigmundstraße (bis 1878 Alte Pferdstraße) beschlossen. Zwei Jahre später beschäftigte sich die Baulinienkommission mit der Arrondierung der südlich gelegenen Christophstraße (bis 1878 Neue Pferdstraße) sowie den auszuweisenden Bauplätzen auf dem noch unbebauten Areal. Für eine zukünftige Blockbebauung formierte man die Bauplätze zwischen der Christophstraße im Süden, der Wurzerstraße im Westen, der Sigmundstraße im Norden und der Kanalstraße (heute Seitzstraße) im Osten. Hier ließ der Hofkistlermeister Johann Baptist Hemmer auf den drei östlichen Parzellen einen geschlossenen Baublock nach den Plänen Joseph Höchls in insgesamt drei Bauabschnitten ausführen: zunächst 1829–30 entlang des östlichen Alignements als Kopfbau des Blocks ein prächtiges viergeschossiges Mietshaus zu neun Achsen (dieser heute als Seitzstraße 15 gezählte Hausstock ist ein Kriegstotalverlust); rund zehn Jahre später entstand südwestlich anschließend das Anwesen Christophstraße 7; 1843 schließlich wiederum formal entsprechend der nordwestliche Ergänzungsbau an der Sigmundstraße (ebenfalls Kriegstotalverlust, heute Teil von Seitzstraße 15).

In Erschließung und Gestaltung ist das Anwesen Christophstraße 7 ein gut überliefertes Beispiel für – das in der Art Klenzes – klassizistische Bauen im spätbiedermeierlichen München. Der in der östlichen Achse liegende Eingang erschließt über das nebenliegende Treppenhaus gemäß Eingabeplan zwei Wohnungen je Etage. Die Fassadengestaltung besticht durch ihre gehobene Schlichtheit, das Erdgeschoss war ursprünglich rustiziert. Auch hofseitig haben sich in Erdgeschoss, 1. und 2. Obergeschoss die bauzeitlichen Rundbogenfenster erhalten. (Im März 1944 wurde das Dachtragwerk teilweise zerstört, im Januar 1945 erlitt das Haus Schäden durch Luftdruck.)

Christophstraße 8. Ab 1827 entstand in dichter Folge auf dem zuvor unbebautem Areal zwischen der kgl. Hofheuwaage im Westen und der „Artillerie- und Fuhrwesenkaserne" im Osten die geschlossene Häuserzeile der Anwesen Christophstraße 2–8/ Seitzstraße 13. Das westliche Anhebungsgebäude der Südseite der Christophstraße (vormals Neue Pferdstraße 1) ist ein Total-verlust. Die Baulinienkommission des Magistrats hatte sich schon 1824–25 mit der Arrondierung des Geländes beschäftigt, Bauwerber war Baumeister Joseph Höchl. Die westliche Achse des Mietshauses kam über dem schließlich überdeckten Ka-nalbächl zum Stehen, 1934 wurde die Kommunmauer (mit Christophstraße 6) unter die ehemalige Bachsohle tiefer gelegt (endgültige Auflassung des Bachlaufs 1897).

Das im Kern klassizistische Mietshaus Christophstraße 8 wurde um 1829 errichtet. Die heutige Struktur des Erdgeschosses ist auf die Ladenauswechslungen zurückzuführen, die Max Albrecht 1895 für Josef Kroner vornahm. Das heutige Aussehen der Fas-sade ist das Ergebnis einer Glättung der Nachkriegszeit, noch 1934 war das Erdgeschoss rustiziert (1994 erfolgte der Ausbau des Dachgeschosses).

Crusiusstraße

Kurze west-östliche Verbindungsstraße zwischen Am Gries/Reit-morstraße und der Widenmayerstraße, die exakt in die Lage der schließlich nicht vergebenen Hausnummer 30 an der Widen-mayerstraße eingemessen worden ist. Ihren Namen erhielt die Straße 1934 nach dem hochdekorierten Altphilologen und Präsi-denten der Bayerischen Akademie der Wissenschaften Otto Crusius (1857–1918).

Für einen Ausbau der westlich der Oettingenstraße gelegenen Seeaustraße liegen seit den 1890er Jahren Magistratsplanungen vor, zu einer Verwirklichung eines weiteren Zusammenschlusses von Isarufer und Lerchenfeldstraße, also der östlichen Saumstra-ße des Englischen Gartens ist es jedoch nicht gekommen. Die Beseitigung eines Karosseriewerks nördlich vor dem Vinzenti-num in den 1970er Jahren und die gänzliche Beseitigung der Kleinhäuser von Am Gries bis in den April 1984 haben eine kuriose Freifläche geschaffen, auf die die Crusiusstraße heute unvermittelt zuführt. Das Straßenstück fungiert nun als Zubrin-ger der Reitmorstrasse bzw. für die Hinterhöfe der Häuser an der Widenmayerstraße. (Vgl. auch Reitmorstraße/Vorspann.)

Dachauer Straße (bis Lothstraße)

Lange nordwestliche Ausfallstraße, die im westlichen Zentrum der Stadt in unmittelbarer Nähe des Hauptbahnhofs ihren An-fang nimmt, die Stadtbezirke Maxvorstadt, Neuhausen-Nym-phenburg, Moosach und Feldmoching-Hasenbergl (hier die Grenze zu Allach-Untermenzing bildend) durchläuft und jen-seits des Burgfriedens in die nach Dachau führende Münchner Straße übergeht. Der bereits um 1660 als Moosacher Straße erwähnte Straßenzug wurde bis zu seiner endgültigen Namens-gebung 1877 in eine ‚Innere' und eine ‚Äußere Dachauer Straße' unterschieden. Erstere, 1812 noch als Wiesenfelder Straße (als geographischer Hinweis auf das nahe Oberwiesenfeld) bezeich-nete Straße verbindet als nordwestliche Tangente den Bahnhofs-platz (ursprünglich Schießstätte und kgl. Salzniederlage) mit dem Stiglmaierplatz. Ihre erste Kreuzung bildet das westliche Ende der Elisenstraße bzw. das östliche Ende der Marsstraße. Im weiteren Verlauf Richtung Nordwesten zweigt, noch ehe die Karlstraße geschnitten wird, in stumpfem Winkel die Augusten-straße ab. An der Gabelung wurde 1933 die Bronzegruppe des Delphinbrunnens (1902) aufgestellt. Den Stiglmaierplatz in nordwestlicher Richtung verlassend, zweigt zunächst die hier noch relativ schmale Schleißheimer Straße nach Norden ab. Anschließend nimmt die Dachauer Straße an einer platzartigen Erweiterung, in deren südöstlichem Bereich seit 1961 der ursprünglich für den Viktualienmarkt geschaffene (und dort ca. 1831–96 aufgestellt gewesene) Fischmarktbrunnen steht, mit der Maßmann-, Gabelsberger-, Sand und Kreittmayrstraße weitere vier Straßen auf. Erneut nach Nordwesten abknickend, verlässt die Dachauer Straße an einer rechtwinkligen Kreuzung mit der Lothstraße das hier zu behandelnde Gebiet. Als Relikte der zunächst auf ihren innersten Bereich konzentrierten frühesten Bebauung der Straße sind zumindest in ihrem Kern die beiden Mietshäuser Dachauer Straße 26 und 28 (1827/30) anzusehen. Von der vor allem in der 2. Hälfte des 19. Jh. weit über den Stiglmaierplatz hinausgreifenden und sich Ende des 19. Jh. stark verdichtenden Bebauung zeugen die Häuser Dachauerstraße 61 (1861/62), 153 (1885), 147 (1887/88) und 151 (1893).

Im relativ schmalen, großstädtisch-kompakt bebauten Südteil der Dachauer Straße, die zwischen dem schmalen, trapezförmigen Haus Bahnhofplatz 5 im Stil des mittleren 19. Jh. und dem Hoch-haus-Hotel Arnulfstraße 2 (vgl. Arnulfstraße/Vorspann) beginnt

Dachauer Straße
ab Stiglmaierplatz
nordwärts (Bild-
mitte; nach links:
Nymphenburger
Straße; im
Hintergrund
Kasernenviertel);
Luftaufnahme
um 1905   ▷

Blick in die Dachauer Straße von Süden (Bahnhofplatz)

Dachauer Straße 15–61; Flurkarte, M. 1:5000

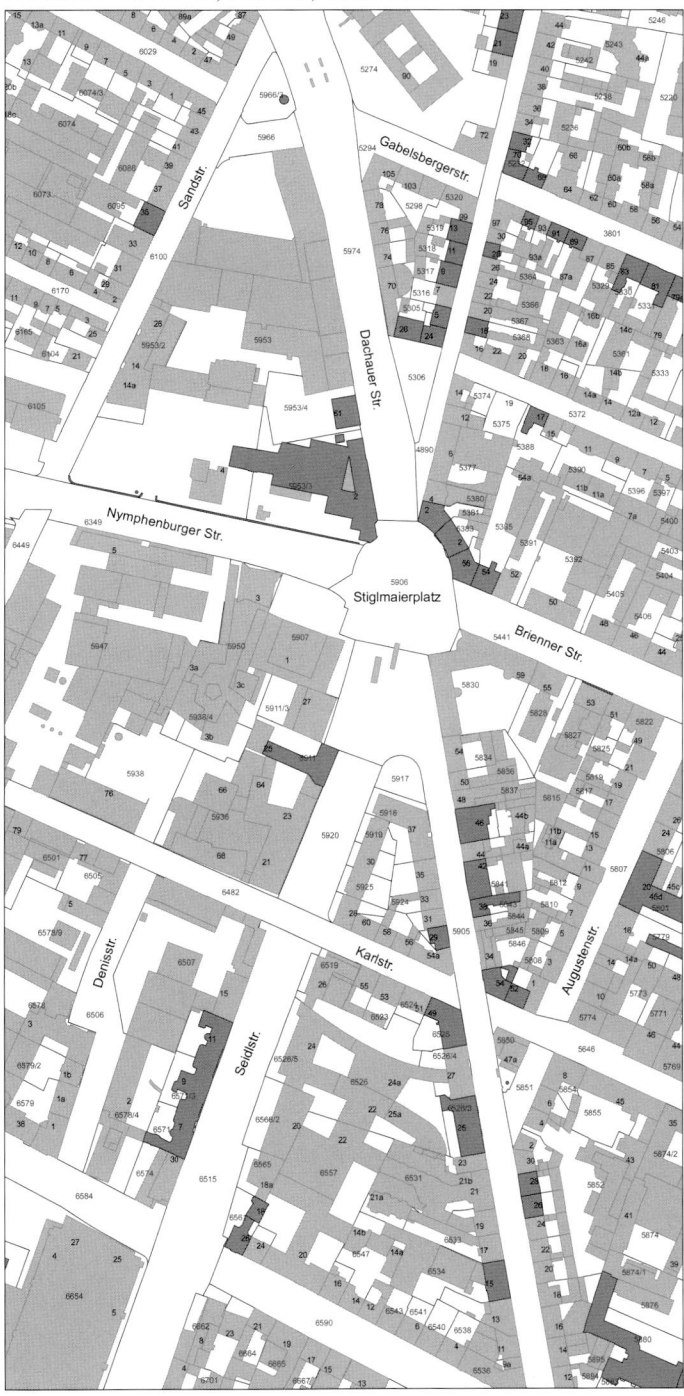

und unweit nördlich von der amorphen Aufweitung an der Kreuzung mit der Elisen-/Marsstraße unterbrochen wird, sind unter geschichtlichem Aspekt zu erwähnen: Nr. 16, ein stark vereinfachtes Mietshaus von 1891 mit den 1907 eröffneten (mehrfach erneuerten) Gabriel-Lichtspielen des „Kino-Pioniers" Carl Gabriel, Münchens ältestes noch existierendes Kino. – Nr. 21, das ehem. Apollotheater, erbaut 1895/96 von Heilmann & Littmann in Mietshaus von 1883 (heute Neubau Hotel Ibis). – Nr. 27, ehem. Postamt, 1936 von Franz Holzhammer und Walther Schmidt anstelle eines Poststalles erbaut, fünfgeschossige sachliche Fassade, horizontal genutet, mit knappem Konsolgesims; kürzlich durch Neubau ersetzt. – Der Abschnitt zwischen Stiglmaierplatz und Gabelsbergerstraße wurde nach den Luftkriegszerstörungen ostseitig verbreitert; westseitig 2007 Abbruch der Löwenbräu-Bebauung nördlich von Nr. 61 zugunsten des Komplexes Nymphenburger Höfe (vgl. Nymphenburger Straße 2, 4). Am Straßenknick an der Kreuzung mit Gabelsberger-, Maßmann- und Sandstraße entstand nach dem Zweiten Weltkrieg eine platzartige Aufweitung (mit dem transferierten Fischbrunnen, s. unten), nordseitig begrenzt vom stattlichen, ziegelverblendeten Flachdachblock des städt. Gesundheitsamtes (1864–68 nach Entwurf von Karl Delisle und Albert Jacoby). Den Abschnitt bis zur Lothstraße säumen nur links Mietshäuser, rechts entstand auf ehem. Militärgelände der Neubau der Fachhochschule (Nr. 98b, ehem. Oskar-von-Miller-Polytechnikum, 1965-69 nach Entwurf von Fred Angerer). Ehem. Zeughaus s. Lothstraße 17.

Die Straßenbahn befuhr die Dachauer Straße bis Stiglmaierplatz ab 1876 (erste Münchner Pferdebahnlinie Promenadeplatz–Bahnhof–Nymphenburger Straße), ab 1908 bis Leonrodplatz.

Dachauer Straße (vormals). *Delphinbrunnen.* In der markanten Situation der Straßengabelung zur Augustenstraße wurde der (nach Megele 1951) von Heinrich Düll und Georg Pezold entworfene Brunnen am 27. September 1903 enthüllt. Die von Ferdinand von Miller gegossene Bronzegruppe des auf einem Delphin reitenden Bacchanten trägt die Signatur des Bildhauers „1902 A.[rthur] Storch". Das pavillonartige Elektrizitäts-Unterwerk nördlich dahinter, 1898/99 von den städt. Bauräten Friedrich Uppenborn und Robert Rehlen (nach Megele I von Adolf Schwiening) erbaut, wurde 1933 von Eduard Herbert und Otho Orlando Kurz in zeitge-

Dachauer Straße, Delphinbrunnen

Dachauer Straße/Joseph-Ruederer-Straße, Fischmarktbrunnen

mäß sachlichen, leicht klassizisierenden Formen erweitert und umgestaltet, wobei auch die Brunnengruppe in einer Mauernische neu aufgestellt wurde.

Nach Abbruch der Mauer steht der Brunnen mitsamt dem gerundeten, niedrigen Steinbeckenrand heute frei im platzartigen Zwickel.

Dachauer Straße/Josef-Ruederer-Straße. *Fischmarktbrunnen.* 1831 wurde der Fischmarkt vom Marienplatz (Fischbrunnen; s. dort) auf den Nordteil des Viktualienmarktes verlegt; den hier errichteten Brunnen zeigen u. a. Marktansichten von Heinrich Adam (1843) und Anton Höchl (1867; s. Duvigneau 1994, Abb. 46 f.). Wegen Umgestaltung des Marktes wurde er 1895 abgebaut und im Zwickel Dachauer/Gabelsbergerstraße wiederaufgestellt. 1958 wegen Kreuzungserweiterung abermals abgetragen und 1961 westlich gegenüber im (bis zum Luftkrieg bebauten) Zwickel Dachauer/Sandstraße wiedererrichtet (Steinmetz Karl Oppenrieder).

Der (im Luftkrieg z. T. beschädigte) Brunnen aus Donaukalkstein besteht aus dem polygonal achteckigen Becken auf Trittstufe und dem stark verjüngten, mit kleinen Bronze-Wasserspeiern besetzten Achteckpfeiler, dessen Kapitell den dorischen Typus frei abwandelt; den dekorativen Abschluss bilden alternierend akroterienartig aufgerichtete Muscheln und Delphine, deren Schwänze sich zu einem aufragenden Knauf vereinigen.

Dachauer Straße 15. Für den Maschinenfabrikanten Friedrich Unger entstanden auf zuvor unbebauten Baugründen die beiden Mietshäuser Dachauer Straße 13 (Kriegsverlust) und 15 in einem Zug. In Struktur und Gestaltung entsprachen die Gebäude, 1871–73 von J. Thomas erbaut, einander exakt. Die beiden nördlichen Achsen von Haus Nr. 13 waren mit den beiden südlichen Achsen von Haus Nr. 15 zu einem markanten Mittelrisalit zusammengezogen; hier waren parallel die beiden Hofdurchfahrten untergebracht. (Der Zugang zum ausmittigen, nach rückwärts ausgebauten Treppenhaus erfolgt bei Nr. 15 heute über den Hinterhof.) Die 1889 von Syrus Süss neu gestalteten Fassaden bestachen durch einen erhabenen, festlichen Neurenaissancedekor, rustiziert waren Erdgeschoss und 1. Obergeschoss. Die beiden Geschosse darüber wurden durch kräftige Gesimse horizontal und durch reich instrumentierte Fensterrahmungen verklammert. Vergleichsweise selten haben sich im Traufgebälk ein noch teilweise dekorierter Architrav, ein durchlaufender Zahnfries sowie ein verkröpftes Gesims erhalten. Der Gebäudekomplex wurde im Zweiten Weltkrieg erheblich in Mitleidenschaft gezogen: Im

September 1943 brannte das Dachtragwerk aus und im Juli 1944 das tief in die Parzelle reichende rückwärtige Seitengebäude, ein ursprünglich mehrgliedriger malerischer, repräsentativer Wirtschaftsbau, seit den 1880er Jahren Sitz der kgl. bayer. Hofdruckerei des Eduard Mühlthaler. (Der Austausch der Fenster zu solchen mit Einscheibenverglasungen erfolgte 1984, die wenig moderate Zurichtung der Erdgeschossfassade wurde 1994 vorgenommen).

Dachauer Straße 25, Vorbau zur Hofseite

Dachauer Straße 25. Auf der Parzelle an der Westseite der Dachauer Straße, wo schon im späten 18. Jh. Bebauung nachweisbar ist, ließ sich der Schreinermeister Joseph Berchtold 1886–89 von Michael Reifenstuel in zwei Abschnitten das breit gelagerte (über 35 m) Doppelmietshaus errichten. Der lang gestreckte, fünfgeschossige Bau, mit reich gegliederter Neurenaissancefassade und Mansarddach, dominiert den Straßenraum, der östlich davor von Karl-, Dachauer und Augustenstraße platzartig gebildet wird; daneben stellt das prächtige Anwesen den südlichen Point de vue der Augustenstraße dar. In einem ersten Zug wurde 1886–87 Haus Nr. 25 zu neun Fensterachsen mit akzentuiertem Mittelrisalit, in dem eine Durchfahrt untergebracht war, erbaut. 1889 erfolgte die Errichtung des nördlich anschließenden, kleineren Mietshauses zu drei Fensterachsen, mit eigener Durchfahrt und separatem Treppenhaus (gewendelte Podesttreppe mit tropfenförmiger Laterne) an der nördlichen Parzellengrenze. Gemäß Eingabeplan erschloss das nördlich neben der Durchfahrt befindliche Treppenhaus in Haus Nr. 25 (1988 wurden hier beachtliche, aber nicht mehr restaurierbare Wandmalereien aus der Erbauungszeit dokumentiert) zwei Wohnungen unterschiedlichen Zuschnitts je Etage. In jeder Etage von Haus Nr. 25a (vormals) war eine großzügige Wohnung untergebracht. Die unterschiedlichen Fensterbreiten und Abstände der beiden Mietshäuser wurden bei der Fassadengestaltung durch instrumentelle Gleichbehandlung kaschiert. (Nach einem früheren Luftangriff wurden die Häuser im Oktober 1944 durch Sprengbomben erheblich beschädigt).

Dachauer Straße 15

Dachauer Straße 25; Aufn. 1995

Dachauer Straße 28

Dachauer Straße 26

Dachauer Straße 29

Dachauer Straße 38

doppelläufiger Podesttreppe. Die bestehende Fassade ist das Ergebnis einer 1977 erfolgten behutsamen Redaktion. (Im Januar 1945 wurde das Seitengebäude leicht, das Rückgebäude vollständig zerstört).

Dachauer Straße 29. Die Wenngsche Aufnahme belegt für die nordwestliche Ecke an der Karl-/Dachauer Straße eine biedermeierzeitliche Bebauung: Auf einem trapezförmigen Grundstück stand ein dreiflügeliges Wohn- und Wirtschaftsanwesen. Anstelle dieser Bautengruppe ließ sich Sporermeister August Grimm 1880–81 in zwei Bauabschnitten ein repräsentatives Mietshaus errichten. Den ersten Bauabschnitt, nach den Plänen Nikolaus Debolds, macht das noch erhaltene Anwesen Haus Nr. 29 aus. Gemäß Eingabeplan führt der Hauszugang in der nördlichen Achse zur doppelläufigen Podesttreppe, die eine Wohnung je Etage erschließt. Die in den Jahren nach dem Zweiten Weltkrieg geschlichtete Neurenaissancefassade (moderate Renovierung 1988) zeigt einen Dekor, der auf Fensterrahmungen und Gurtgesimse reduziert ist. Ursprünglich waren Erdgeschoss und 1. Obergeschoss rustiziert. 1909 ließ der kgl. Hoffriseur Julius Piskorz durch Max Deschl Veränderungen im Laden vornehmen.
(Das Haus Nr. 29 an der Dachauer Straße ist der vergleichsweise schmale Rest des im Luftkrieg untergegangenen Komplexes, den das Mietshaus mit den westlich anschließenden Teilhäusern bildete; das Anwesen Karlstraße 54a war auch für August Grimm ein Jahr nach Beginn der Bauarbeiten an Haus Nr. 29 an der Dachauer Straße von Pius Piussi aufgeführt worden.)

Dachauer Straße 26. Baumeister Joseph Höchl errichtete 1829 für den Schäfflermeister Hochbrukner auf zuvor unbebauter Parzelle das nördliche Teilhaus des ehemaligen Doppelanwesens. Das ursprünglich vorstädtisch zugeschnittene, spätklassizistische Mietshaus zählte vier Achsen und hatte zwei Obergeschosse. 1870–71 ließ Schreinermeister Johann Wittmann durch Maurermeister Roth die nördliche Hofzufahrt überbauen und das gesamte Anwesen um zwei weitere Geschosse erhöhen. Die Hofdurchfahrt in der nördlichen Achse erschließt das mittige, rückwärtig vor der Grundlinie eingezogene Treppenhaus, das über eine doppelläufige Podesttreppe zu zwei Wohnungen in jeder Etage führt. Der frühen Entstehungszeit entsprechend wiesen die Wohnungen tiefe Dunkelzonen auf. (Im Juli 1944 brannte das zugehörige Rückgebäude vollständig aus).

Dachauer Straße 28. Den Kern des um 1827–30 errichteten, klassizistischen Mietshauses bildet ein zweigeschossiges schlichtes Vorstadthaus (ursprünglich mit abgewalmtem Dach), dessen südliche Hofzufahrt freigestellt war. Dieser Bau war auf zuvor unbebautem Areal entstanden. 1863 ließ der „Brantweiner" Friedrich May den Bau durch Georg Bleibinhaus nach Süden um eine Fensterachse verbreitern und zugleich zwei weitere Geschosse aufsetzen. Das 4. Obergeschoss erhielt das Haus 1895 im Auftrag des Kaufmanns Josef Bader, ausführender Architekt war August Brüchle. Bis zum Umbau 1895 charakterisierte die innere Struktur des Hauses eine wohl vom Ursprungsbau herrührende, unbefriedigende Treppenhaus-Situation: das mittig vor die rückwärtige Grundlinie eingeklinkte Treppenhaus mit halbgewendelter Podesttreppe war nur über den Laden an der Straßenfront erreichbar. 1895 schuf man mittels eines von der Hofdurchfahrt zugänglichen Korridors entlang der rückwärtigen Grundlinie über eine Stiege eine eigene Erschließung, nun mit

Dachauer Straße 42   ▷

Dachauer Straße 42, Muttergottesfigur

Dachauer Straße 42, Erker

Dachauer Straße 38. Anstelle einer in der 1. Hälfte der 1850er Jahre entstandenen Vorbebauung errichtete J. Schretzmayr 1885–89 für den Schmiedemeister A. Lehringer das fünfgeschossige Wohn- und Geschäftshaus. Gleichzeitig ließ er das bestehende Seitengebäude aufstocken. Zunächst war die innere Struktur des Erdgeschosses auf den inhäusigen Übergang zum Treppenhaus im Hofwinkel ausgerichtet. Die ostwärts zwischen Durchfahrt in der südlichen Achse des Anwesens und dem Treppenhaus liegenden Räume konnten nur nachgeordnet genutzt werden. 1903–05 führte Johann Baptist Neumeyer die Verlegung des Hauseingangs zugunsten der Schaffung zusätzlichen Wohn- und Wirtschaftsraums durch. Die Wohnungsvorplätze kamen in einem eigenen pavillonartigen Ausbau zu liegen, die bestandene rückwärtige Einklinkung des Hofwinkels wurde so aufgehoben. Den Hauptakzent der Neurenaissancefassade bildet ein zweigeschossiger Flacherker mit Segmentbogengiebel mittig vor dem 2. und 3. Obergeschoss, in den hinein zwei Fensterachsen eng gesetzt worden sind. In gängiger Weise wurde das 1. Obergeschoss sockelgleich behandelt und erhielt eine schlichte Putzstreifen-Rustika; beachtenswert ist der geschossweise Wechsel der Verdachungsformen, im 4. Obergeschoss wählte man rundbogige Stürze. (In den 1970er Jahren Fensterauswechslungen am Vordergebäude sowie weitere Modernisierung der historischen Ausstattung; Fassadeninstandsetzung 1999; Nutzungsänderung des Ladens zu einem Lokal 2006; in den frühen 1990er Jahren durchgreifender Umbau des Rückflügels.)

Dachauer Straße 42. Anstelle einer älteren Vorbebauung ließ sich 1900–01 der Schmiedemeister Karl Baader vom „Architektur-Büro, Bau- und Steinmetz-Geschäft" Georg Meister das fünfgeschossige Wohn- und Geschäftshaus errichten. Die südlich ausmittige Durchfahrt (von einem dreiteiligen Schmiedeeisengitter in Jugendstilformen bewehrt) führt über das nebenliegende Treppenhaus zu zwei großen Wohnungen je Etage, dies gemäß Eingabeplan. Die protokollarisch belegten verschiedenen Fassadengestaltungen, die von Bauwerber, Planer und Magistrat erwogen wurden, illustrieren die amalgamierbare Fülle an Formen der Erbauungszeit. Man entschied sich schließlich für eine phantasiereiche, malerische Anverwandlung der Fassade in deutschen Renaissanceformen, partienweise jugendstilig dynamisiert. In ihren Großformen wird die reich dekorierte Fassade durch zwei Flacherker vor der zweiten und fünften Achse sowie von der Schweifgiebelfassade des Zwerchhauses, die über den Mittelzug der Fassade aufgipfelt, dominiert. Ein von bildhauerisch gestalteten Konsolen getragener Austritt befindet sich vor

den mittleren Fenstern des 1. Obergeschosses. Zwischen den mittleren Fenstern des 2. Obergeschosses steht auf einer Dreiviertelsäule die Steinfigur einer Muttergottes mit Jesuskind, beschirmt von einem neugotischen Baldachin. Infolge einer Brandbombe wurde das Anwesen (vor allem das Seitengebäude) im Dezember 1944 arg in Mitleidenschaft gezogen. 1982 erfolgte die behutsame, die historische Bau- und Gestaltungsabsicht nachvollziehende Renovierung der Fassade zur heutigen Gestalt.

Dachauer Straße 46

Dachauer Straße 46. Auf einer breiten Parzelle an der Ostseite der Dachauer Straße war, noch vor 1865, ein viergeschossiges freistehendes Miets- und Geschäftshaus mit Walmdach errichtet worden, das 1915–16 dem Neubau des bestehenden Anwesens weichen musste. Der „Neu- und Umbau eines Lichtspieltheaters und Wohngebäudes" nach Plänen des Architekten Oswald Schiller geschah im Auftrag von Adalbert Pfaller, unter Preisgabe des offenen Systems und Ausnutzung der gesamten Parzellenbreite. Typisch für die Zeitstellung ist die Fassadengestaltung als jugendstilig anverwandelter, monumentaler Heimatstil zu charakterisieren. Die von einem mächtigen Wasserschlag ausgeschiedenen unteren beiden Geschosse weisen als entscheidende Gestaltungsmerkmale den über sechs Achsen konvex ausgreifenden Balkon auf, eingespannt zwischen zwei

Dachauer Straße 46, Flur des Foyers

Dachauer Straße 46, Fassadendetail

Dachauer Straße 46, Eingangsbereich

Risalite, deren Ecklisenen von Atlanten getragen werden. Entsprechend ist der Mittelzug der oberen Geschosse von zwei Polygonalerkern mit konkaven Flanken eingerahmt (im Oktober 1944 erheblicher Luftdruckschaden, in dessen Folge das Haus geräumt werden musste; geglättete Wiederherstellung der Fassade in den oberen drei Geschossen). Als entscheidende Dominante der Gestaltung des Innenausbaus ist die seinerzeitige Nutzung als frühes Münchner Lichtspielhaus (ehem. Regina-Kino) zu erwähnen, seit 1976 zum Münchner Theater für Kinder adaptiert. Beachtung verdient die Innenausstattung, von der zahlreiche Abschnitte und Ausstattungteile aus der Entstehungszeit überkommen sind: keramische Fliesen und Formstücke sowie plastische Dekorationen ganzer Wände, deren stilistische Tendenz auf den Art déco hinweist.

Dachauer Straße 46, Theater für Kinder, Blick zur Bühne

Dachauer Straße 61. Als repräsentative Fabrikantenvilla errichtete 1861–62 Reinhold Hirschberg ein dreigeschossiges klassizistisches Wohnhaus mit flachem Mittelrisalit an der Westseite der Dachauer Straße auf dem Areal des „Lichterfabrikanten" Wassermann (vorm. Kerzenfabrik Ullmann), südöstlich der großen Sandgrube. In jedem Geschoss befanden sich sechs großzügige Wohnräume, vom Erdgeschoss und 1. Obergeschoss aus erfolgte der Übergang vom Wohnhaus in die rückwärts angebaute Fabrikationsanlage. Das Grundstück der Kerzenfabrik mit neu entstandener Fabrikantenvilla war umgeben von Flächen, die sich im Eigentum des Großbrauereibesitzers Ludwig Brey (nachmals Löwenbräu AG) befanden, der schließlich wenige Jahre später auch das Areal der Kerzenfabrik zukaufte. 1870 brannte das Gebäude ab, 1883 errichtete Albert Schmidt ein südliches Durchfahrtstor, das die Zufahrt von der Straße in die dahinter gelegene Brauereianlage bewehren sollte. Im Juli 1944 zerstörte eine Brandbombe Dachtragwerk und 2. Obergeschoss, im Dezember kam es zu weiteren Beschädigungen infolge Luftdrucks. Bei der Aufstockung des Hauses um ein weiteres, niedrigeres Geschoss 1961 beachtete man den Rhythmus der Fensterachsen des klassizistischen Baus nicht.

Dachauer Straße 147. Nach einem Plan von Josef Simon erbaute 1887–88 der Maurermeister Josef Heilmeyer das Wohn- und Gastronomiegebäude für Josef Lerchl auf zuvor unbebautem Grund. Das Eckhaus markiert als östlicher Anhebungsbau die Südseite der Loristraße. Zur Zeit seiner Fertigstellung hatten seine Bewohner südwestwärts den freien Blick über unbebautes Areal zur Baustelle der erst 1895 fertiggestellten St.-Benno-Kirche (s. Ferdinand-Miller-Platz 1). Die Ostseite der Dachauer Straße und damit den unmittelbaren städtebaulichen Umgriff des

Dachauer Straße 61

Mietshauses machten wuchtige königliche Militärbauten aus, wie das gegenüberliegende kgl. Proviant-Magazin oder weiter nordwärts das kgl. Zeughaus.

Über Läden und Gaststuben befanden sich gemäß Eingabeplan drei Wohnungen je Etage, der Zugang zum Treppenhaus im Hofwinkel erfolgt von der Dachauer Straße her. Josef Poll setzte 1899–1900 für den Gastwirt Josef Bettinger ein Ecktürmchen auf, das nach der Kriegsbeschädigung des Hauses nicht wiederholt wurde. Charakteristikum der Fassadengestaltung mit Elementen einer Neurenaissance-Dekoration ist die jeweils entsprechende horizontale Verklammerung der beiden nördlichen Fensterachsen der Hausfassade an der Dachauer Straße und der beiden östlichen Fensterachsen der Fassade an der Loristraße. Bis zur Glättung nach dem Krieg war dieses Eckmotiv, das im Eckturm aufgipfelte, zusätzlich durch Stuckpilaster hervorgehoben, die die verklammerten Fensterachsen flankierten; hiervon haben sich einzig die noch verbliebenen profilierten Deckplatten vor dem Traufgesims erhalten. Doch wurden die Fensterachsen des Eckmotivs auch vertikal verklammert: Stuckrahmen fassen Brüstungsschürzen und Sturzfelder zusammen, von Gesimsstücken getrennt. Die Einfriedung entlang der Loristraße stammt von 1936. Im Februar 1945 wurde das Haus infolge eines Brandbomben-Totalschadens vollständig unbewohnbar. (Der Ausbau des Dachgeschosses erfolgte 1989.)

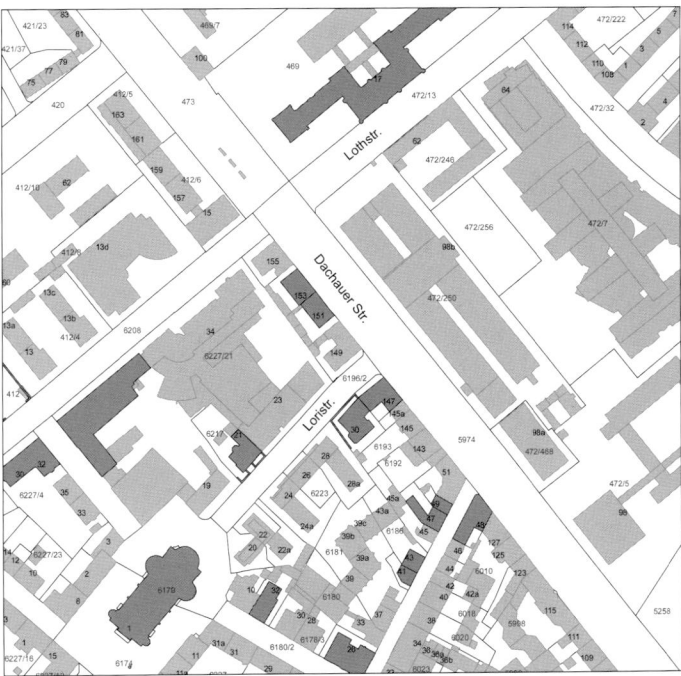

Dachauer Straße 147–153, Flurkarte, M. 1:5000

◁ Dachauer Straße 147

Dachauer Straße 151
und 153 (von links)   ▷

Dachauer Straße 151. Auf bislang unbebautem Grund ließ sich 1893 der Gastwirt Friedrich Gut durch Xaver Aumiller das vergleichsweise große Mietshaus als südliches Pendant des schon 1885 erbauten, formal entsprechenden Gebäudes Dachauer Straße 153 errichten. Letzteres hatte Friedrich Gut 1892 erworben. Die schlicht instrumentierte Fassadenzier in spätklassizistischer Tradition (für die Entstehungszeit nehmen sich die angewandten Zierformen retrospektiv aus) ist wie der vorstädtische Zuschnitt der Wohnungseinteilungen charakteristisch für ein Mietzinsobjekt dieser Lage. Bei Haus Nr. 151 haben sich Fensterverdachungen erhalten, die bei Haus Nr. 153 bewusst aufgegeben worden sind. Zur Erbauungszeit war das südliche und westliche Vorfeld des Mietshauses von zwar bereits arrondierten, jedoch noch nicht bebauten Parzellen geprägt, man hatte freien Blick auf die Baustelle der St.-Benno-Kirche (1895 vollendet). Im Osten dominierten die Blankziegelbauten des kgl. bayerischen Militärs das Stadtbild. (Von den Auswirkungen des Zweiten Weltkriegs blieb das Vordergebäude weitgehend verschont. Die Auswechslung der Fenster zu solchen mit Einscheibenverglasung erfolgte 1978).

Dachauer Straße 153. Das viergeschossige Mietshaus zu acht Fensterachsen in spätklassizistischer Tradition wurde durch Josef Kirschenhofer 1885 für Ludwig Rummel errichtet und kam 1892 in den Besitz des Gastwirts Friedrich Gut (vgl. Dachauer Straße 151). Bei einer von Baumeister Nikolaus Beck für den Besitzer Hans Meister durchgeführten Überarbeitung der Fassade 1934 wurden die Fensterverdachungen entfernt, die sich beim südlichen Pendantbau erhalten haben. (Zur topographischen Situation während der Jahre der Erbauung des Baublocks an der Dachauer Straße vgl. ebenfalls Dachauer Straße 151.)

Damenstiftstraße

(Vgl. Ensemble Altstadt, Straßenbild Damenstiftstraße.) Die Damenstiftstraße, benannt nach dem 1784 im vormaligen Salesianerinnenkloster gegründeten adeligen Damenstift (s. Nr. 1, 3), trug zuvor wechselnd andere Namen (vgl. Stahleder 1992), u. a. auf Stadtplänen des 18. Jh. (M. Paur 1729, M. de Groth 1748) „Auf dem Kreutz"; dieser Name bezog sich gemäß Beschriftung auf den Stadtgrundrissen von A. v. Riedl und G. M. Weißenhahn (um 1780/82) auch – und historisch primär – auf den südlich anschließenden Teil der Kreuzstraße (s. dort) bis zur Allerheiligenkirche am Kreuz. Der Nord-Süd-Straßenzug Eisenmannstraße–Damenstiftstraße–Kreuzstraße ist Bestandteil eines den westlichen Bereich des Hackenviertels bis hin zur zweiten Stadtbefestigung erschließenden Straßenrasters. Die Damenstiftstraße hat wie nur wenige Altstadtstraßen wesentliche Teile ihrer Bebauung aus der Zeit vor dem Zweiten Weltkrieg und somit noch nachvollziehbaren Altstadtcharakter bewahrt, der vor allem durch Neubauten des 18. Jh. sein Gepräge erhielt. Die Ostseite wird zur Hälfte von der St.-Anna-Kirche an der Nordostecke und der südlich anschließenden, lang gestreckten (allein erhaltenen) Fassade des ehem. Klosters bzw. Damenstiftes begrenzt (s. Nr. 1, 3). Das der Eingangsfront der Kirche gegenüberliegende Eckhaus Damenstiftstraße 2 hob sich mit seinem altertümlichen Ostgiebel noch bis etwa 1840 von den Traufseithäuserreihen der Umgebung ab.

Damenstiftstraße (vorne); Stadtmodell von Jakob Sandtner, 1570

Damenstiftstraße; Flurkarte, M. 1:2500

ARCHÄOLOGISCHE BEFUNDE: Größere Bodeneingriffe und Umbauten sind aus jüngerer Zeit nicht bekannt. Deshalb ist mit untertägig erhaltenen Resten von Bauwerken, unter der Straße mit verrohrten Bächen und Pflastern und unter den Gebäuden mit Resten von Vorgängerbauten, möglicherweise mit Brunnen und Latrinen, zu rechnen. – Unter Damenstiftstraße 1, 2, 3, 4, 6, 8, 9, 11, 12, 14, 16 und 18 befinden sich untertägig Teile mittelalterlicher und neuzeitlicher Bebauung.

Damenstiftstraße 1. *Kath. Damenstiftskirche St. Anna* (vgl. Nr. 3 und Altheimer Eck 15).

BAUGESCHICHTE: In dem von der Damenstiftstraße im Westen und dem Altheimer Eck (früher Saumarkt) im Norden rechtwinklig eingeschlossenen Bereich befand sich der seit dem 15. Jh. nachweisbare Komplex des Indersdorfer Hofes mit einer spätgotischen St.-Anna-Kapelle von 1440 (?), deren Bau Herzog Albrecht III. gefördert haben soll (Erweiterung oder Neubau 1496 durch Lukas Rottaler); das Patrozinium könnte sich auf die Namenspatronin seiner zweiten Gemahlin, Anna von Braunschweig, beziehen (Stahleder 1995a, S. 583 stellt die Erbauungszeit 1440 infrage). Das einschiffige Kirchlein mit Strebepfeilern – also gewölbt –, eingezogenem, polygonal schließendem Chor im Osten und Dachreiter über dem Westgiebel (vgl. Sandtners Stadtmodell um 1570 und die Stadtpläne von T. Volckmer 1613 und W. Hollar) stand südlich neben der heutigen Barockkirche (etwa im Bereich des nördlichen Damenstiftsportals). Östlich dahinter im Hofbereich entstand im späten 16. oder frühen 17. Jh. ein stämmiger achteckiger Turmbau mit Zwiebeldach (vgl. Sandtner und Volckmer), verbunden mit einem „kirchenähnlichen Bau" (Häuserbuch III). Das Augustiner-Chorherrenstift Indersdorf musste sein Stadthaus aus finanziellen Gründen 1675 aufgeben und gegen das Anwesen Fürstenfelder Straße 16 vertauschen. Kurfürstin Henriette Adelheid schenkte den Komplex den Salesianerinnen, einem 1610 in ihrer savoyischen Heimat gegründeten Orden, den sie in Bayern ansässig machte (1667 in München, 1692 in Amberg). Die ersten aus Vercelli berufenen Klosterfrauen lebten zunächst an der Theatinerstraße, erst ab 1675 im nunmehrigen St.-Anna-Kloster, das sukzessive baulich erneuert wurde. Der große barocke Klosterneubau, den Giovanni Antonio Viscardi um 1690 begann – Ausführung durch Johann Georg Ettenhofer – war noch um 1720 nicht vollendet. Unter

Blick in die Damenstiftstraße nach Süden; Aufn. 1964

Kurfürst Karl Albrecht entstand 1733 (1732?)–35 die noch bestehende Kirche, gleichzeitig wurde 1733–40 der Klosterbau bis zum Abschluss weitergeführt.

Maria Anna, Witwe des Kurfürsten Max III. Joseph, stiftete 1783 den St.-Anna-Orden und in Verbindung mit dieser Auszeichnung ein Damenstift mit Äbtissin, Dechantin und zehn adeligen Kapitulardamen (dem 1793 das aufgehobene Prämonstratenserkloster Osterhofen einverleibt wurde). Sitz des neuen Damenstiftes wurde 1784 das bisherige St.-Anna-Kloster, aus dem die Salesianerinnen in das 1783 wegen Verschuldung aufgehobene Kloster Indersdorf übersiedeln mussten (von wo sie 1831 nach Dietramszell umzogen). Das 1784 auch baulich erneuerte Damenstift wurde in der Säkularisationszeit 1802 ff. im weltlichen Sinne stufenweise reorganisiert (u. a. durch Verzicht auf das gemeinsame Leben) und mit dem Würzburger Damenstift verbunden. Zugunsten des bis heute (als Stiftungsverwaltung) existierenden Damenstiftes, das noch Besitzer des Anwesens Altheimer Eck 15 ist, wurde 1835–39 der vermietbare Großbau Ludwigstraße 23 errichtet (s. dort).

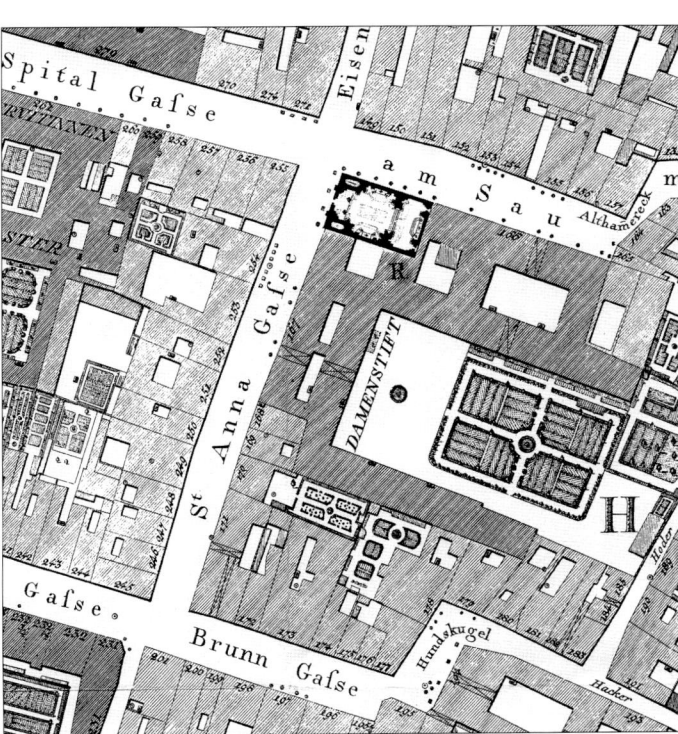

Bereich um die Kath. Damenstiftskirche St. Anna; Stadtplan von J. Consoni, 1806

Gemälde der Muttergottes mit hl. Josef und Darstellung des Klosters St. Anna, um 1730/35 (Kloster Dietramszell)

Damenstiftstraße 1, Kath. Damenstiftskirche St. Anna

St. Anna; hist. Längsschnitt

BAUBESCHREIBUNG: Die Kirche St. Anna, „einer der malerisch prunkvollsten Räume der barocken Sakralbaukunst Münchens" (Lieb 1941), wurde nach Entwürfen des Hofunterbaumeisters (unter Effner) Johann Baptist Gunetzrhainer erbaut; Ausführung offenbar durch dessen Bruder Ignaz Anton Gunetzrhainer (möglicherweise auf den Klosterbau zu beziehen). Den Grundstein legte Kurfürst Karl Albrecht am Dreifaltigkeitssonntag, dem

31. Mai 1733 (nach anderen Angaben 1732); Weihe durch seinen Bruder, den Freisinger Fürstbischof Johann Theodor, am 9. Oktober 1735.

Die äußerlich zu einem schlichten Rechteck (28 x 16 m) zusammengefasste Kirche weist im Inneren eine differenzierte Raumstruktur auf, deren Hauptmotiv die Abfolge zweier Kuppelkompartimente ist. An das schmale, tonnengewölbte Eingangsjoch mit eingestellter konkaver Empore, deren Untersicht in drei kleine Flachkuppeln geteilt ist, schließt sich der mit einer Hängekuppel überwölbte, quadratische Hauptraum von ca. 10 m Seitenlänge und fast 18 m Höhe an, flankiert von Querarmen mit Tonnengewölben; östlich folgt der etwas schmalere, querrechteckige Altarraum gleichfalls mit Hängekuppel, begleitet von tonnengewölbten Abseiten. Der kreuzförmige, die axiale Ausrichtung mit zentralisierenden Tendenzen verschmelzende Raum ist als zeitgemäße Weiterentwicklung von Viscardis Dreifaltigkeitskirche zu verstehen, der

Messe in St. Anna; Radierung von W. Unger nach Adolf Menzel, 1873

mit der Hintereinanderschaltung verschieden großer Kuppeln auf J. M. Fischers Berg am Laim zuführt. Ein Hauptmerkmal ist die Instrumentierung der Pfeilermassive mit korinthischen Säulen (vgl. Theatinerkirche, Dreifaltigkeitskirche, Fürstenfeld, Rohr, Seligenthal, Berg am Laim). N. Lieb (1941) rechnet die Raumschöpfung dem „Einflußkreis Effners" zu.

Im Gegensatz zum Inneren ist das Äußere schlicht, die nördliche Längsfront äußerst nüchtern. An der Westfront flankieren die von Pilastern gerahmten Außenachsen die breitere, von einem (in der Attikazone wiederholten) Segmentgiebel abgeschlossene Mittelachse, auf deren ebener Grundfläche die schräg gestellten rahmenden Pilaster eine konkave Einziehung andeuten, der die konvexe Portalädikula aus rotem Marmor im borromineken Sinn entgegen schwingt; die Herzen Jesu und Mariä im Giebelfeld bezeugen deren besondere Verehrung im Salesianerinnenorden. Einzelne Fassadendetails sind aus Tuffkalkstein (Sockel, Basen, Kapitelle, Vasen). Die geschnitzten Torflügel stammen von der letzten Fassadenrenovierung 1980.

Im Innenraum war für die Erscheinungsqualitäten nicht nur der Ausstattung, sondern der gesamten Oberflächen der Raumschale die Inszenierungskunst der Brüder Asam maßgebend: Egid Quirin schuf den Stuck, die Altäre mitsamt Figuren und die Kanzel, Cosmas Damian die Deckengemälde (1735 vollendet).

St. Anna, Blick zum Chor; Aufn. um 1900

St. Anna nach Kriegszerstörung; Aufn. 1945

Damenstiftskirche St. Anna, Blick zum Chor

Damenstiftskirche St. Anna, Blick zur Empore

Damenstiftskirche St. Anna; Grundriss und Längsschnitt, um 1900

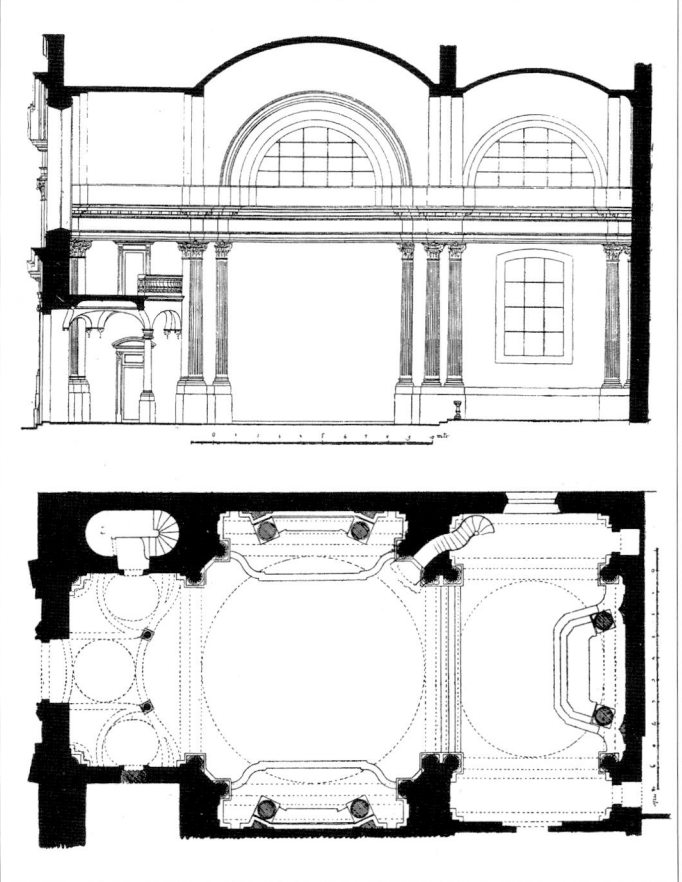

Die Zerstörung im Zweiten Weltkrieg setzte am 2. Oktober 1943 mit Sprengbombenschäden ein, am 24. April 1944 brannte der Dachstuhl ab; Sprengbombentreffer am 22. November 1944 ließen nur noch die Außenmauern mit Dekorationsresten stehen, von Tonnengewölben und Pendentifs nur Ansätze, von den Seitenaltären den beschädigten architektonischen Aufbau samt Dachengeln, vom Hochaltar nur die Figur Johannes des Täufers links.

Der Wiederaufbau dieser Filialkirche von St. Peter wurde vor allem von der Bruderschaft der Ehrenwache des Heiligsten Herzen Jesu, die hier seit 1896 ihren Sitz hat, und durch private Spenden gefördert. In einer ersten Phase 1946–52 wurden die Fassaden restauriert und ein neuer Dachstuhl auf einen Eisenbetonkranz aufgesetzt (Arch. Hans Schedel; Baufirma Fries & Co.), 1948 nach der Währungsreform ein Kirchenbauverein gegründet, der zusammen mit der Bruderschaft und der Stiftungsverwaltung zu St. Anna eine originalgetreue, vollständige

St. Anna, Abendmahlsgruppe im Chor

Rekonstruktion des Inneren anstrebte. Die von Architekt Erwin Schleich geleiteten Arbeiten führte die Baufirma Gebr. Rank aus, die u. a. die Gewölbe in der alten Form, jedoch in einer neuen Konstruktion (Flachziegelbauweise) wieder einzog. Die 1952–65 ausgeführte, z. T. noch bis 1980 fortgesetzte Rekonstruktion steht in einer Reihe für München bezeichnender, seinerzeit z. T. umstrittener Wiederherstellungen spätbarocker Kircheninterieurs in der Nachkriegszeit. Besonders interessant ist die Ausführung der Decken- und Altarbilder durch Josef Lorch und Franz X. Marchner in annähernd monochromer, sepiafarbener Grisaillemalerei nach Schwarzweißphotos aufgrund einer fehlenden Farbbilddokumentation. Die früher offenbar differenziertere Polychromie der Raumfassung ist jetzt im Wesentlichen auf weiß/gold abgestimmt.

Thema der Malerei in der Hauptkuppel war bzw. ist der im Kreisrund angeordnete Zug der Jungfrauen zum verklärten Lamm auf dem Berge Sion gemäß der Vision des Johannes, der in seherischer Entrückung in einem der Zwickel dargestellt ist (in den anderen die drei übrigen Evangelisten; vgl. Offb. 14,1–4); in der Altarraumwölbung Gottvater von Engeln umgeben, über der Orgel Engelskonzert. Auf dem samt Tabernakel rekonstruierten Hochaltar Gemälde der hl. Anna selbdritt mit Engelschören (nach Joseph Ruffini),

Damenstiftskirche St. Anna, Fresko von Cosmas Damian Asam, 1735; Aufn. vor 1945

Auszugsbild hl. Augustinus (nach Balthasar August Albrecht); Seitenaltarbilder links Mariä Heimsuchung (nach George Desmarées), rechts hl. Margareta Maria Alacoque (urspr. hl. Franz von Sales, von B. A. Albrecht).

Die Altäre mit ihren gewundenen Stuckmarmorsäulen wurden von Jakob Schnitzer, Augsburg, rekonstruiert bzw. (Seitenaltäre) ergänzt; Kopien zerstörter Stuckfiguren (u. a. hl. Josef am Hochaltar rechts) von den Tiroler Bildhauern Hans Ladner und Anton Gogl; Stuckdekor von Wilhelm Maile. Nach der Altarweihe durch Weihbischof Johannes Neuhäusler nebst offizieller Eröffnung am 11. Juli 1965 wurden die Ausstattungsarbeiten noch bis 1980 fortgeführt (u. a. Orgelempore, Seitenaltäre; 1972 Hochaltartabernakel von Josef Schnitzer; 1976 Kanzel von A. Gogl; 1967 Pfeilerfigur Maria unter dem Kreuz in Stuck von Walter Bidlinger nach zerstörtem Holzoriginal). Die Fassaden wurden 1964 und 1975 abermals restauriert.

Ein in dieser Art selten gewordenes Zeugnis barocker Frömmigkeit ist die jetzt ständig in der linken Abseite des Altarraums aufgestellte, etwa lebensgroße, gefasste Holzfigurengruppe des letzten Abendmahls aus der 1. Hälfte des 18. Jh., ein die Einsetzung des Altarsakraments realistisch-szenisch vergegenwärtigendes plastisches Ensemble, wie es sonst vor allem im katholischen Südeuropa (Spanien, Italien) oder in Polen – u. a. im Rahmen von Sacro-Monte- oder Kalvarienberg-Zyklen – zu finden ist. Eine alte Aufnahme (BLfD, Bildarchiv) zeigt die Gruppe am Gründonnerstag/Karfreitag vor dem Hochaltar platziert, mit noch verhülltem Hl. Grab. Auch eine Funktion im Rahmen der Fronleichnamsprozession – auf Triumphwagen oder Tragebühne – erscheint denkbar.

Damenstiftstraße 1-4, 6-12, 14, 16, 18. Vgl. Ensemble Altstadt, Straßenbild Damenstiftstraße.

Damenstiftstraße 3. *Ehem. Damenstift* (vgl. Altheimer Eck 15). Die Baugeschichte des mit der St.-Anna-Kirche verbundenen Klosters ist im Einzelnen noch ungenügend erforscht. An der Stelle von Vorgängerbauten, u. a. des Indersdorfer Hofes (vgl. Nr. 1/Kirche), entstand (wohl unter Einbeziehung des Gebäudes von Viscardi und Ettenhofer von ca. 1695) 1733–39 ein neuer Klosterbau der Salesianerinnen von Johann Baptist Gunetzrhainer, zu dem der Grundstein angeblich ein Jahr nach demjenigen zur Kirche gelegt wurde (Westenrieder 1782, Mayer/Westermayer 1880). Ein mit den Salesianerinnen nach Dietramszell gelangtes Ölgemälde (Hl. Familie, um 1735/40) zeigt wohl etwas vereinfacht die damalige Klosteranlage als Drei- (oder Vier-)flügelkomplex mit dreigeschossigen Straßenfronten und zweigeschossigem Südflügel mit Erdgeschossarkaden, um einen großen Gartenhof gruppiert; L. Westenrieder (1782) hebt ausdrücklich den „sehr schönen Garten" hervor. Der Stadtplan von M. de Groth (1748 u. ö.) zeigt, sicher schematisiert, einen etwa quadratischen Komplex mit der Kirche an der Nordwestecke und zwei verschieden großen Rechteckhöfen, deren östlicher, größerer den Garten einschließt. Die Ansicht der Kirchenfront in Cuvilliés' „Architecture bavaroise" (1769–76) zeigt auch eine Achse der barocken dreigeschossigen Klosterfassade, die demnach durch Gurtgesimse und geohrte Putzrahmen um die Fenster gegliedert war (zur Hofseite s. unten).

Damenstiftstraße 3, ehem. Damenstift, Portal

Da nach Verlegung der Salesianerinnen nach Indersdorf die Übergabe des Klosters an das neu gegründete Damenstift bereits am 15. Januar 1785 erfolgte, kann damals kein völliger Neubau ausgeführt worden sein (Lieb 1988: „Anstelle des Salesianerinnenklosters erbauten 1784/85 der Land-Hofmaurermeister Anton Baumgartner und der bürgerliche Maurermeister Matthias Widmann den einfachen Trakt des Damenstifts"), sondern allenfalls ein Umbau (nach Mayer/Westermayer, 1880, wurde das Kloster „sehr ansehnlich hergerichtet"); der Nordbau (s. Altheimer Eck 15) wurde aufgestockt. Der Grundriss auf dem Stadtplan von J. Consoni (1806), der wesentlich von dem de Groths abweicht, dürfte im Ganzen auch schon für die Zeit vor dem Umbau zutreffen. Eine Hofansicht vor dem Zweiten Weltkrieg zeigt die noch erhaltene barocke Putzgliederung Gunetzrhainers samt offensichtlich nachträglich vermauerten Erdgeschossarkaden des Ost- wie des nur zweigeschossigen Südflügels.

Der Bauteil an der Damenstiftstraße, der zwei schmale Höfe (und einen dritten neben der Kirche) umschloss, diente ab 1802 verschiedenen Schulzwecken (mietweise), war u. a. Sitz der 1833 gegründeten Polytechnischen Schule (eines Vorläufers der 1868 gegründeten Techn. Hochschule) und der (bedeutenden) Bibliothek des Polytechnischen Vereins, zuletzt der Ludwigs-Realschule (so seit 1891 genannt; seit 1833 als Gewerbeschule in dem Gebäude). Im alten Damenstift hatte lange Zeit der Bildhauer Johann Halbig († 1882), Professor an der Polytechnischen Schule, sein Atelier.

Der 1944 schwer beschädigte, aber nicht grundlegend zerstörte Bau wurde 1956 durch die Stadt erworben, 1957 mit Ausnahme der straßenseitigen Fassade abgebrochen und 1961–63 nach Plänen von Hans Jaud mit einem neuen Schulgebäude hinterbaut; Eröffnung der Städt. Salvator-Realschule für Mädchen am 9. Juli 1963 (vgl. Salvatorplatz 1).

Die dreigeschossige, 19 Achsen lange Putzfassade in der Gestaltung von 1784/85 ist wohl das ansehnlichste Beispiel unter den relativ seltenen Münchner Bauten am Übergang von barocker Tradition zum frühen Klassizismus; kennzeichnend ist – unter Verzicht auf Risalitbildung – die gleichmäßige Reihung der flach geschichteten, aus tafelartigen Rechteckformen zusammengesetzten Gliederung (dem österreichischen „Plattenstil" entsprechend). Als kraftvolle, letztlich noch barocke Akzente eingesetzt sind lediglich die beiden von Ädikulen gerahmten Rundbogenportale mit Wappen der Gründerin des Damenstiftes (Bayern/Sachsen); der Stuckdekor stammt (nach Schnell 1981) von Franz Xaver Feichtmayr d. J.; geschnitzte Türflügel von Johann Ritter (nach Original erneuert).

Damenstiftstraße 4. Sandtners Stadtmodell von 1570 und Volckmers Stadtplan von 1613 zeigen hier noch einen Garten- bzw. Hofbereich, der zum nördlich benachbarten Eckhaus Damenstiftstraße 2 und (nach Häuserbuch III) um 1635 mit diesem „zu einer Behausung" gehörte, 1665 jedoch wieder abgetrennt wurde (vgl. Damenstiftstraße 6). M. Paurs Stadtplan von 1705 verzeichnet offenbar eine niedrige Bebauung (?). Stimmelmayrs primitive Skizze zeigt das Bürgerhaus bereits mit fünf Fensterachsen und drei Obergeschossen (das oberste niedriger?) sowie mit Rundbogentoren in der Mitte und der rechten Außenachse als „das nachmalige Maurermeister Haus", also offenbar im Zustand vor 1774; in diesem Jahr erwarb es (aus zuvor wechselndem Adelsbesitz) der Stadtmaurermeister Balthasar Trischberger († 1777); nach ihm übernahm es dessen seit 1779 mit seiner Witwe verheirateter Schüler und Nachfolger Matthias Widmann († 1825).

Das mittels Quellen- und Bauforschung wie stilkritisch noch näher zu untersuchende Haus gehört zu den bemerkenswertesten Schöpfungen des Münchner Frühklassizismus, die reich gegliederte, anspruchsvolle Fassade mit Stuckdekor zu den aufwendigsten Bürgerhausfronten dieser Phase. Das rustizierte Erdgeschoss, ursprünglich mit Rundbogentoren in den jeweils äußeren

Damenstiftstraße 3, ehem. Damenstift

Ehem. Damenstift, Innenhof, kriegszerstört;
Aufn. um 1920/30

Achsen (nur das Durchfahrtstor rechts ist erhalten), wies dazwischen drei vergitterte Rechteckfenster über Brüstungsfeldern auf (Aufn. v. O. Aufleger, MB I, 1912); 1882 und 1912 (Ladeneinbau mit zwei rechteckigen Schaufenstern) wurde es gravierend verändert; 1957 beim Wiederaufbau des 1944 im Luftkrieg beschädigten Hauses – die beiden oberen Geschosse und das modern ausgebaute Dach waren ausgebrannt – erhielten die Schaufenster den heutigen Korbbogenschluss; die Schäden an den oberen Fassadenpartien wurden behoben.

Durchgehende Gliederungen sind allein das Gurtgesims über dem Erdgeschoss und das Konsolgesims an der Traufe. Den Eindruck bestimmen die aufwendigen, betont plastischen Umrahmungen der dicht gereihten Fenster in den beiden Hauptgeschossen; deren unteres ist als Piano nobile mit Tuchgehängen auf den herabgezogenen Brüstungsplatten und durch Dreiecksgiebel ausgezeichnet, zwischen deren Volutenkonsolen Girlanden eingehängt sind. Zwischen den geraden, ebenfalls auf Voluten ruhenden Fensterverdachungen im 2. Stock, die durch feinen Zahnschnitt bereichert sind, vermitteln Girlanden zu den niedrigen Fenstern des letzten Geschosses, die durch Scheitelornamente mit dem abschließenden Konsolgesims verknüpft sind.

Die lange Durchfahrt ist mit teils quadratischen, teils querrechteckigen böhmischen Kappen auf z. T. verdoppelten Gurten gewölbt; in der Mitte links zwischen ihr und dem Lichthof liegt das um zwei Pfeiler gewendelte Treppenhaus mit schlichtem Eisenstabgeländer (Doppel-U-Formen) sowie mit in die Untersichten eingetieften Rundfeldern (vgl. Erdgeschoss in Roßmarkt 15); die Wohnungstürstöcke noch original mit mäanderartigen Oberlichtgittern (Türblätter neu). Alt sind auch noch die Durchfahrtstorflügel mit Oberlichtgittern, hofseitig noch z. T. mit klassizistischem Schnitzdekor (straßenseitig Ansatzspuren). Die Rückfassade ist durch große Werkstattfenster verändert.

Die gemeinhin gegen oder um 1800 datierte, aufwendig-noble Hausfront – durch Verzicht auf Wandgliederung gleichwohl im bürgerlichen Rahmen bleibend – steht in der Tradition „klassisch" geprägter Fassadengestaltungen von François Cuvilliés d. Ä., etwa seines Palais Fugger-Zinneberg von 1759 (ehemals Theatinerstraße 11); in Details wie Auffassung steht sie der Hauptwache (s. Marienplatz 1) wie dem Ständehaus (s. Roßmarkt 15) – beide von François Cuvilliés d. J. († 1777) – nahe. Ein von M. Widmann oder gar schon von B. Trischberger der Fassadengestaltung zugrunde gelegter Entwurf eines namhaften Architekten ist in Betracht zu ziehen, eine Frühdatierung – evtl. sogar kurz nach Erwerb durch Trischberger 1774 – nicht auszuschließen. Andererseits sind Umfang und Datierung (erst ab 1807?) von M. Widmanns Anteil am Ständehaus, wie überhaupt die ihm eigenen Entwurfsqualitäten noch unklar. Die kargen Details im Inneren eher um 1800 (oder bürgerlich-schlicht?); gemäß Biller/Rasp (2003) wurde das Haus „nach 1800 unter Verwendung älterer Teile errichtet".

Damenstiftstraße 6. Wie Nr. 4 (s. dort) ursprünglich ein Garten bzw. Hof von Damenstiftstraße 2, Ende 16./Anfang 17. Jh. dem Bildhauer Hubert Gerhard und seinen Nachkommen gehörig, im 17. Jh. bebaut, bis 1802 in wechselndem Adelsbesitz. Stimmelmayrs Skizze (späteres 18. Jh.) zeigt das Wohn- und Geschäftshaus bereits sieben Achsen breit, jedoch noch dreigeschossig, damals mit Einfahrtstor ganz rechts. Vermutlich kurz nach 1800 wurde das Haus aufgestockt und umgebaut (1802–05 fand mehrfach ein Besitzwechsel statt, beim Verkauf 1804 mit großer Wertsteigerung); als Architekt könnte der im Nachbarhaus Nr. 4 wohnende Matthias Widmann infrage kommen.

Die Gestaltung der klassizistischen Fassade allein durch Fensterumrahmungen wie beim aufwendigeren Nachbarhaus Nr. 4 zeigt eine stufenweise Reduzierung des Formenapparats nach oben hin: im 1. Stock Stuckgirlanden unter den Fenstersohlbänken und den geraden Fensterverdachungen, über den geohrten Putzrahmen des 2. Stocks Aufsatzfelder mit Spiralornamentik. Die im Erdgeschoss eingebauten Ladenstöcke und der Erker in der Mitte des 1. Stocks über dem Rundbogentor, mit Madonnenrelief wohl nach Rokoko-Vorbild, stammen aus der Zeit des späten Historismus um 1900.

Die flach gedeckte Durchfahrt weitet sich in der Mitte links zu einem Vorplatz der Treppe; diese ist bis zum 1. Stock zweiläufig mit flachen Kreuzgratgewölben und Gurten ausgebildet, die Fortsetzung gewendelt und schlicht. Die Torflügel der Durchfahrt sind noch klassizistisch, mit vergitterten Öffnungen im Oberteil. Den Hof flankieren jüngere Werkstattflügel.

Damenstiftstraße 8. Ehem. (sog.) *Palais Lerchenfeld.* Im heutigen Anwesen sind drei Parzellen vereinigt (früher von links bzw. Süden Nr. 12, 13 und 14). Sandtners Stadtmodell von 1570 zeigt in der Mitte ein zweigeschossiges Traufhaus mit zwei Halbgiebelgauben (,Ohrwascheln'; im 15./16. Jh. Zimmermeistern gehörig), rechts davon ein erdgeschossiges Traufhaus, links einen Stadel mit Halbgiebel bzw. Pultdach. Auch Volckmers Stadtplan von 1613 scheint noch diesen Zustand wiederzugeben, auch auf dem von Paur 1705 ist die Bebauung offenbar noch ziemlich niedrig. Das rechte Haus (alt Nr. 14) war 1667–1705 im Besitz des Hofbildhauers Balthasar Ableitner; Nr. 12 und 13 gehörten ab 1693 dem (späteren) Regimentsrat Franz Joseph Gugler von und zu Zeilhofen, der 1707 auch Nr. 14 kaufte; die drei vereinigten Parzellen erwarb 1718 der Hofkammerrat Johann Baptist Ruffini und schließlich 1726 Johann Sigmund Spruner, gräfl. Törringscher Hofmarksverwalter zu Seefeld, der die großzügige Neubebauung durchführen ließ, die unter dem Namen Lerchenfeld-Palais bekannt, jedoch bis heute noch nicht erklärbar ist, da (zumindest nach Häuserbuch III) unter den Hausbesitzern kein Freiherr dieser Familie nachzuweisen ist (wohl aber 1802/03 kurzzeitig beim Nachbarhaus Nr. 6). Als Bauzeit sind die Jahre um oder nach 1730 anzunehmen; der Entwurf wird allgemein Ignaz Anton Gunetzrhainer zugeschrieben; auch wurde eine Mitwirkung Nikolaus Gottfried Stubers vermutet (Biller/Rasp 1997); nach N. Lieb (1982) stammt der – den Fassadencharakter wesentlich mitbestimmende – Stuckdekor wohl von Johann Baptist Zimmermann, während Chr. Thon (1977) das Palais gar nicht erwähnt. Mit seinen reich bewegten Fensterrahmungen und Verdachungen ist es in jedem Fall der Effner-Nachfolge zuzuordnen (vgl. Palais Preysing, s. Residenzstraße 27). Mit dem bezeichnenderweise wappenlosen Quasi-Palais scheint sich der bürgerliche Bauherr in hochrangigem Adelsdienst finanziell doch übernommen zu haben (1739 und 1741 Zwangsverwaltungen). 1751 wurde das seitdem wieder dreigeteilte Anwesen versteigert; den Mittelteil erwarb 1757 der kurfürstl. Hofkammerrat Franz Anton Stubenrauch.

Damenstiftstraße 8, sog. Palais Lerchenfeld

Damenstiftstraße 6

Damenstiftstraße 4

Von dem im Luftkrieg 1944 völlig ausgebrannten Bau blieb wenig mehr als die Fassade stehen, die vor 1949 gesichert wurde. Die Stadt erwarb 1957 die Bauteile mit den (alten) Nrn. 13 und 14 und ließ bis 1958 hinter der zugleich restaurierten Fassade durch Erwin Schleich das Städt. Bestattungsamt errichten; 1974/75 wurde auch der linke Flügelbau (alt Nr. 12) hinzu erworben und angleichend instand gesetzt.

Aus der insgesamt 15 Fensterachsen langen Gesamtfassade hebt sich der breitere, im engeren Sinn palastartig behandelte Mittelbau mit sieben Achsen – davon drei als flacher Mittelrisalit – deutlich heraus. Im Erdgeschoss ist zwischen den genuteten Flanken die dreiteilige Eingangspartie mit über dem großen Rundbogentor segmentbogig hochgezogenem, kräftigem Gesimsabschluss stark betont; die über dem Portalscheitel angebrachte Stuckbüste der Immaculata mit Blumenkranz zitiert das Wessobrunner Gnadenbild, die Mutter der schönen Liebe. Die Reihe der prächtigen Fensterädikulen darüber im Piano nobile mit den schräg gestellten schlanken Pfeilern und den mit zartem Bandwerkdekor gefüllten Halbkreisfeldern unter den volutengetragenen Schweifverdachungen gehört zu den reizvollsten Inventionen der Münchner spätbarocken Architektur. Etwas reduziert wird das Motiv lediglich in den drei Risalitfenstern des 2. Stocks wiederholt, während zwischen die Stichbogenfenster der beiden Obergeschosse in den flankierenden Rücklagen Brüstungsfelder mit einem Mäandermotiv als flächig-graphischer Kontrast eingefügt sind. Die jeweils vierachsigen, durch genutete Lisenen eingefassten Flügelbauten sind bewusst schlicht gehalten, jedoch im Zusammenhang der breit gelagerten symmetrischen Gesamtfront bedeutsam, da sie die Wirkung des festlichen Mittelbaus kontrapostisch stützen und steigern. – Beim Wiederaufbau wurden zwei Nebeneingänge beiderseits des Mittelrisalits wieder zu Fenstern rückverwandelt und die zuletzt

Damenstiftstraße 8, sog. Palais Lerchenfeld, Mittelbau

Ziergarten im Südteil und weiteren begrenzenden Nebengebäuden. – Beim Neubau von 1957/58 suchte Erwin Schleich etwas vom Charakter des einstigen Baudenkmals wieder anschaulich zu machen, so im Empfangsraum und im Innenhof.

Damenstiftstraße 11. (Vgl. Ensemble Altstadt, Straßenbildfolge Hackenstraße–Brunnstraße.) Drei Häuser der ursprünglich vier Häuser umfassenden Parzelle (ehem. Damenstiftstraße 6, vgl. Wenng 1850, Häuserbuch III 1962) finden sich spätestens 1570 in einer Hand, 1621 kommt das vierte Haus hinzu (Besitzer der vier Anwesen ist nun der Geistliche Georg Schön, Kaplan Herzog Wilhelms V.). In der auf Sandtners Stadtmodell 1570 dargestellten Vorgängerbebauung fällt das gotische Eckhaus mit Pultdach (Halbgiebel im Süden) und Zinnen auf. Auf Stimmelmayrs Skizze (gegen 1800) ist bereits eine viergeschossige Gesamtbaugruppe dargestellt („das hernach neu und höher gebaute Weber Eckhaus"). 1861 erwirbt das Areal der Kaufmann Pankraz Schmittinger, der die ursprüngliche Bebauung (ein- bis dreigeschossige, trauf- und giebelseitige Anwesen mittelalterlichen Gepräges) demolieren und bis 1864 von Josef Weyrather einheitlich bebauen ließ. Das repräsentative Miets- und Geschäftshaus in den Formen des späten Klassizismus erstreckt sich viergeschossig über 15 Fensterachsen entlang der Damenstift- und zu sieben Achsen entlang der Brunnstraße, den nordöstlichen Kreuzungspunkt beider Straßenzüge dominierend. Bereits der Eingabeplan sah ein ausgebautes Dachgeschoss vor. Die ausmittig in die Fassade an der Damenstiftstraße gesteckte Hofdurchfahrt führt zum rückwärtigen Treppenhaus im Hofwinkel. Die Fassade zur Damenstiftstraße war ursprünglich mit einachsigen Seitenrisaliten und dreiachsigem Mittelrisalit, dem Portal, rhythmisiert. Die Vorsprünge der Seitenrisalite wurden im Zuge der Fassadenglättung im Ladengeschoss aufgehoben. Die Brüstungsfelder der Hauptgeschossfenster dieser Risalite sind zusätzlich in Stuck ornamentiert. Die Fenster der Hauptgeschosse sind schlicht profiliert gerahmt, hohe Sturzfelder tragen Gesimsstücke, kleine Konsolen halten die Fensterbänke im 2. Obergeschoss. Zusammen mit dem für den Kaufmann Konrad Schmittinger erstellten Neubau des angrenzenden Hauses Brunnstraße 6 baute Feodor Elste das Eckhaus 1893 um und

Damenstiftstraße 11

Damenstiftstraße 11, Bauteil Brunnstraße

nicht mehr vorhanden, jedoch dokumentierte mittlere Aufzugsgaube rekonstruiert.

Das mittlere Gebäude war mit vier Flügeln um einen aus der Achse der gewölbten Durchfahrt leicht nach Norden verschobenen Hof gruppiert, den östlich Lauben mit Balustergeländer abschlossen; es besaß ein ovales Treppenhaus und z. T. reich dekorierte Räume. Rückseitig schloss sich ein zweiter Hof in der Breite aller drei Bauteile an, mit kleinem

Damenstiftstraße 18

Damenstiftstraße 16

Damenstiftstraße 12

Damenstiftstraße 18. Die älteste nachweisbare Bebauung der Parzelle Damenstiftstraße 18 (ehem. 8, vgl. Wenng 1849, Häuserbuch III 1962) bestand, um 1480, aus einem „Haus, Höfel und Backhaus". 1835 erwarb der Kupferschmied Joseph Seitz das zweigeschossige, durch zwei „Münchner Ohrwaschel" charakterisierte Haus auf offener Gant. Seitz ließ 1853 durch den Maurerpalier Josef Weyrather durchgreifende Umbauten des im Kern barocken Mietshauses vornehmen. Für den Kupferschmied Heinrich Seitz erfolgte 1884 der Umbau des Hauses zu einem viergeschossigen Wohn- und Geschäftshaus mit einer Fassade im Sinne des späten Klassizismus nach Plänen von Karl Hock. Der Hauszugang in der nördlichen Achse führt zum rückwärtigen Treppenhaus, das gemäß Eingabeplan eine Wohnung je Etage erschließt. Die Fenster zeigten schlichte Ohrenrahmungen. Nach erheblicher Kriegszerstörung wurde 1946 das Gebäude über dem 2. Obergeschoss (unter Beibehaltung der Ruinensituation im 3. Obergeschoss) verdacht und die Fassade zur heutigen Gestalt geglättet.

rundete die Ecke ab; diese ziert eine Marienfigur von 1890, restauriert 1983. Den Bombardements des Zweiten Weltkriegs fiel das Dachgeschoss zum Opfer, es wurde 1946 gänzlich erneuert. Die Schaufensterauswechslung zur heutigen Gestalt erfolgte 1954. – Der östlich anschließende Bauteil Brunnstraße 6 weist im rustizierten Erdgeschoss zwei korbbogige Schaufenster auf, über dem linken einen polygonalen, mit Stuckreliefs verzierten Erker bis zur Traufe (ehemals um ein Geschoss samt Zwiebeldach höher), rechts davon jeweils Doppelfenstergruppen.

Damenstiftstraße 12. Die Parzelle Damenstiftstraße 12 (ehem. 11, vgl. Wenng 1849, Häuserbuch III 1962) befand sich über vierhundert Jahre lang, erstmals nachweisbar für das Jahr 1488, im Besitz von Bäckern. Den giebelseitigen, zweigeschossigen Satteldachbau der frühen Neuzeit ließ 1888–89 der Bäckermeister Josef Dallmayer, der das Anwesen zehn Jahre zuvor übernommen hatte, von Johann & Lorenz Grübel durch den Neubau eines Wohn- und Geschäftshauses ersetzen. Der bestehende Bau ist weitgehend original erhalten. Die Hofdurchfahrt in der südlichen Achse führt zum mittig in den Grundriss gesetzten, von oben belichteten Treppenhaus, dessen halbgewendelte Podesttreppe gemäß Eingabeplan zwei Wohnungen je Etage erschließt. Vier Fensterachsen bestehen aus jeweils zwei eng gesetzten Fenstern (zwischen den beiden mittleren des 1. Obergeschosses setzte man ein Madonnenrelief in die Fassade). Engsetzung und gemeinsame Verdachung zweier oder mehrerer Fenster waren charakteristisch für die Neurenaissance. Die Hauptgeschosse sind zwischen Gurtgesimse eingespannt. Die linke Achse ist als seichter Eingangsrisalit ausgebildet und war ursprünglich von einem Ziergiebel überhöht, der jedoch nach der Luftkriegsbeschädigung des Dachstuhls nicht wiederhergestellt worden ist.

Damenstiftstraße 16. Das seit dem frühen 16. Jh. nachweisbare Anwesen gelangte 1851 in den Besitz der Malerseheleute Michael und Anna Stranzinger. Zu dieser Zeit befand sich in jeder Etage eine Fünfzimmerwohnung, zugänglich über den Hauseingang in der südlichen Achse (heutiger Eingangsbereich des Hotels „Münchner Kindl"), der zum nördlich nebenliegenden, längsovalen Treppenhaus führte. Rückseitig war die nordwestliche Ecke der Grundlinien des Hauses zur Ausbildung eines Lichthofs eingeklinkt. 1893 wurde das Erdgeschoss zum Weinlokal umgenutzt (1909 „Weinrestaurant Californien"), 1913 richtete Paul Breitsameter ein „Caffe- und Auskochgeschäft" ein. Schon 1897 ist an der Neurenaissancefassade zwischen den mittleren Fenstern des 2. Obergeschosses eine Figur des Münchner Kindls nachgewiesen. Die Bombardements des Zweiten Weltkriegs haben dem Anwesen durch Luftdruck zugesetzt. Die heutige Erscheinungsweise ist das Ergebnis von Instandsetzungs- und Anpassungsmaßnahmen 1994.

Deroystraße

Verbindet das Westende des Marsplatzes mit der Arnulfstraße im Süden; gemäß dem ehemals meist militärischen Charakter der Bebauung am vormaligen Marsfeld (vgl. Marsplatz und -straße) gleich der östlich parallelen Wredestraße 1890 nach einem bayerischen Heerführer benannt – General Bernhard Erasmus Graf von Deroy (geb. 1743 in Mannheim) fiel 1812 im Gefecht bei Polozk in der ersten Phase von Napoleons Russlandfeldzug (vgl. sein Denkmal an der Maximilianstraße). (Siehe Flurkarte S. 571)

Deroystraße 1. Ehem. *Gewerbeschule.* Die heutige Gestalt des großzügigen Monumentalbaus in barockisierenden Formen, der vom Stadtbauamt nach den Plänen Robert Rehlens 1914–16 errichtet wurde, ist ein in seinem Erscheinungsbild reduzierter Kompromiss aus vereinfachter Wiederherstellung nach den Kriegsbeschädigungen und den fortgesetzten Forderungen nach Vergrößerung der Unterrichtsräume. Über einem souterraingleich durchfensterten Sockelgeschoss erheben sich an der Deroystraße heute einheitlich fünf Unterrichts- und Verwaltungsgeschosse. Westlich des zweiachsigen Eckbaus mit Turm bestand bis in den Zweiten Weltkrieg die Hauptfassade entlang der Deroystraße als klar nachvollziehbarer fünfgliedriger Bauabschnitt.

Deroystraße 1, ehem. Gewerbeschule

Deroystraße 1, ehem. Gewerbeschule

Zwischen drei leicht zurückgesetzte Fassadenflächen – die äußeren zu sechs, die mittlere zu fünf Achsen – waren symmetrisch zweiachsige Risalite gesetzt, deren Wandflächen um ein Geschoss die Trauflinie der Fassade überragten und die von zweigeschossigen geschweiften Giebeln bekrönt wurden. Die beiden Giebel sind verschwunden, die Trauflinie des gesamten Gebäudes wurde auf die Höhe des Giebelansatzes der verlorenen Risalite gebracht. So entstand die optische Verschleifung des Baus, der bezüglich seiner Monumentalität sowie des sparsamen Fassadendekors ein Zeuge neubarocker Formenwahl ist. Das mittlere Fassadenfeld zu fünf Achsen wird von einem mittigen Flacherker über zwei Geschosse akzentuiert und von einem Giebel in gestauchter Bogenform abgeschlossen. Die Fassadengruppe an der Marsstraße gliedert sich in zwei Bauabschnitte: nördlich der dreigeschossige Eckbau mit überhöhendem Turm, zu drei Achsen an der Mars- und zu zwei Achsen an der Deroystraße gelegen, südlich der höhere, vierachsige und viergeschossige Bauabschnitt, der ein eigenes Walmdach trägt. Die Bekrönung des Turms, der in der Fassade einen eigenen Vorsprung bildet, hat die ursprüngliche Gestalt seiner Bauzeit behalten. Über der Trauflinie ist ein nur wenig hoher, leichter Rücksprung zu einem achteckigen Plateau mit querformatigen Fenstern, darüber zentral, zurückgesetzt, der zweigeschossige ganz kupferbeschlagene Turm mit hochrechteckigen Fenstern unten und Okuli oben. Die Bekrönung des Turms macht ein zweizoniger Kupferhelm aus. Hier im Turm war 1942 die Luftschutzbeobachtung der Standortkommandantur Luftschutzleitung untergebracht worden. Die heutige, radikal begradigende Aufstockung mit dichter Fensterreihe stammt von 1956. Die beiden Eingänge – der linke unter dem Turm, der rechte im südlichen der beiden Risalite – sind durch skulptierte Muschelkalkädikulen hervorgehoben, mit erhaltenen Schnitztoren (das linke samt innerem Windfang); auf den rechten Eingang

folgt das tonnengewölbte Vestibül mit Differenztreppe, Gedenktafel (rechts) an die Erbauung durch die Stadt München 1914–15 und Ansicht (links) des originalen Bauzustandes; anschließend die zweiläufige Haupttreppe mit gegossenem, reliefiertem Kugelaufsatz am Anfänger und vergittertem Geländer.
Der Verbindungsbau zur Gewerbeschule an der Pranckhstraße 2 wurde 1975 hergestellt.

Deroystraße 3/5. Teil des ehem. Paketzustellamtes, s. Arnulfstraße 62.

[**Dianastraße 1.** Stark vereinfachtes späthistoristisches Mietshaus (um 1890/1900), mit seinem erhöhten polygonalen Eckerkerturm städtebaulich wirksam im Straßenbild der Emil-Riedel-Straße (siehe Abb. S. 177) und über deren Nordende hinaus bis zur Widenmayerstraße an der Isar.]

Dienerstraße

(Vgl. Ensemble Altstadt.) Die Dienersgasse – so noch auf dem Consoni-Stadtplan 1806 – erhielt ihren Namen von der im 14. und 15. Jh. erwähnten Familie Diener, bis 1407 Eigentümer des Hauses Nr. 22 (s. dort). Sie verband – verkehrsfunktionell als (leicht versetzte) Fortsetzung des Rindermarktes – den Ostteil des Marktes (Marienplatzes) mit einem der beiden nördlichen Stadttore der ältesten hochmittelalterlichen Kernstadt (das andere bildete unweit westlich den Abschluss der von der Markt-Westseite ausgehenden parallelen Weinstraße).
Westseitig wurden die ursprünglich acht, später z. T. vereinigten Bürgerhausparzellen zwischen Markt und Landschaftsgasse (vgl. Sandtners Stadtmodell, 1570; an der Marktecke Ratstrinkstube mit Erkerturm) mit dem Monumentalbau des Neuen Rathauses ab 1867 bzw. 1889 (nördliche Erweiterung) besetzt; nördlich davon weitet sich seit Abtragung der Luftkriegsruinen die unbebaute Fläche des sog. Marienhofes (s. dort). Die Häuser der Ostseite waren mit Rückgebäuden an der Burgstraße verbunden; die Häuserzeile nördlich der Altenhofstraße ist auf dem ursprünglich wohl nicht bebauten westlichen Vorgelände des Alten Hofes entstanden, zu dessen Westtor ein gässchenartiger Bauwich zwischen zwei Vorgängerhäusern des heutigen Dallmayr-Komplexes (s. Nr. 14) den Zugang herstellte.
Den nördlichen Abschluss bildete das (nach der Stadterweiterung Innere) Schwabinger Tor der ersten Stadtbefestigung mit vorgelegter Brücke über den Stadtgraben, in der Folge zwischen Nachbarbebauung eingezwängt (auf Sandtners Modell von 1570 mit drei Obergeschossen und Zeltdach) und wechselnd nach deren auch den Turm innehabenden Besitzern benannt – seit dem Spätmittelalter Krümleinsturm nach Stadtschreiber Peter Krümlein (2. Hälfte 14. Jh.) und dessen Familie, der das westliche Nachbaranwesen Dienerstraße 11 gehörte; später wurden die Eigentümer des östlich angrenzenden Anwesens Nr. 12 namengebend für Muggenthaler-, Larosée- bzw. zuletzt Polizeiturm. Von den Freiherren von Muggenthal erwarb Nr. 12 Ladislaus Graf Törring, der bzw. dessen Witwe durch Enrico Zuccalli einen Palastneubau aufführen ließ, in den der barock umgestaltete Torturm einbezogen wurde (vgl. Nordansicht des Turmes samt Umgebung von J. Stridbeck, um 1700); das Palais gehörte ab 1752 Gräfin La Rosée und wurde 1796 kurfürstliches Polizeigebäude (1816–19 Neubau des Lorenzistockes, s. Alter Hof). 1842 wurde der Torturm (den von Norden im letzten Zustand ein Gemälde von Michael Neher zeigt) als baufällig und Verkehrshindernis abgetragen. Westseitig entstand zwischen Gruft- und Schrammerstraße 1850 das neugotische Hotel Englischer Hof (Dienerstraße 11; vgl. Marienhof). (Siehe Flurkarte S. 48)

ARCHÄOLOGISCHE BEFUNDE: Größere Bodeneingriffe und Umbauten sind aus jüngerer Zeit nicht bekannt. Deshalb ist mit untertägig erhaltenen Resten von Bauwerken, unter der Straße mit verrohrten Bächen und Pflastern und unter den Gebäuden

Dienerstraße 15 (vor Umbau 1912)

Dienerstraße 12; kriegszerstört; Aufn. um 1940

Dienerstraße 14/15

mit Resten von Vorgängerbauten, möglicherweise mit Brunnen und Latrinen, zu rechnen. Darüber hinaus befinden sich noch Teile der ersten Stadtbefestigung im Boden. Unter Dienerstraße 12 (Alter Hof), 14, 15, 16, 18, 19, 20 und 21 wurden Teile mittelalterlicher und frühneuzeitlicher Bebauung ergraben.

[**Dienerstraße 12.** Westlicher Annex des Alten Hofes (sog. Estererbau); s. Alter Hof (Lorenzistock).]

Dienerstraße 14/15. *Geschäftshaus Dallmayr.* Der heutige Bau entstand über fünf mittelalterlichen Parzellen, die durch einen schmalen Bauwich (Hofeinfahrt, ursprünglich zum Westtor des Alten Hofes) unterbrochen wurden. Sandtners Stadtmodell (um 1570) zeigt die fünf verschieden hohen Traufhäuser mit ihrer abwechslungsreichen Dachzone. – Die beiden Häuser nördlich der Hofeinfahrt (Häuserbuch I 1958: Dienerstraße 13*) wurden Ende des 16. Jh. vereinigt; Stimmelmayr (um 1800) stellt „das Hofgeschmeidemacher Haus mit zehn Kreuzstöcken und einem Eck und Höfl" als dreigeschossigen Bau mit (richtig) neun Fensterachsen dar. Es gehörte im späten 18. Jh. dem Hofgeschmeidemacher Anton Vinzenz Hirschaböck, der die bis zum Abbruch 1912 bestehende palastartige frühklassizistische Fassadengestaltung (Neubau?) veranlasst haben muss. An der neun Achsen breiten Front mit dreiachsigem Mittelrisalit waren die beiden Obergeschosse durch ionische Kolossalpilaster zusammengefasst, der vielleicht spätere 3. Stock über dem kräftigen Konsolgesims aufgesetzt. Der entwerfende Architekt dieses wohl repräsentativsten Münchner Bürgerhauses dieser Stilphase ist nicht ermittelt (Abb. bei Erdmannsdorffer 1972, T. 51).
Südlich der Hofeinfahrt stellt Stimmelmayr zwei schmale viergeschossige Häuser dar: nach Häuserbuch I die alte Nr. 14 (wo 1869 der Deutsche Alpenverein gegründet wurde; vor 1912 fünfgeschossig mit reicher frühklassizistischer Putzfassade) und Nr. 15B, an das sich südlich das breitere dreigeschossige Haus Nr. 15A mit zwei Ohrwascheln anschließt. Letzteres wurde 1747 durch Leonhard Matthäus Giessl als Bauführer und Johann Paur für den Kaufmann Johann Franz Roux umgebaut, aufgestockt und erweitert (nach Feldbaum 1996).

1887 erwarb der Kaufmann Alois Dallmayr, kgl. bayer. Hoflieferant, das seit 1830 vereinigte Doppelhaus Nr. 15A und B und ließ es 1888 aufstocken. Sein Delikatessengeschäft verkaufte er 1895 dem Ehepaar Anton und Therese Randlkofer; letztere, inzwischen verwitwet, erwarb in der Folge die gesamte Häusergruppe: 1897 Haus Nr. 15, 1899 das rückseitige Nachbaranwesen Altenhofstraße 1 (seit Kriegszerstörung bis 2004 unbebaut, vgl. Altenhofstraße/Vorspann) und schließlich 1911 Dienerstraße 13 und 14.
An der Stelle von Nr. 13/14 ließ die Bauherrin, unter deren Leitung sich das Delikatessengeschäft A. Dallmayr zu einem der führenden in Deutschland entwickelte, durch das für seine Geschäftshausbauten bekannte Architekturbüro Eugen Hönig & Karl Söldner 1912 einen großzügigen fünfgeschossigen, 13 Achsen breiten Neubau mit mächtigem Steildach aufführen, dem Haus Nr. 15 als leicht vorspringender, sieben Achsen umfassender Südteil angegliedert und gestalterisch angeglichen wurde (sein Erdgeschoss wurde ausgewechselt, Außenmauern und z. T. die inneren Strukturen der Obergeschosse blieben erhalten; SBZ 1913). Die vornehme, repräsentative Gliederung der Putzfassade wurde im Wesentlichen der des frühklassizistischen alten Bauteils Nr. 15 nachgebildet, das Erdgeschoss in große Schaufensterarkaden aufgelöst, der etwa in der Mitte gelegene Eingang durch eine Natursteinrahmung (bez. 1912) mit skulpturalem Schmuck von Julius Seidler betont. Die Einfügung der im Verhältnis zur herkömmlichen Parzellenstruktur der Altstadt überlangen Fassade in das (nach 1945 durch den sog. Marienhof gegenüber aufgebrochene) Straßenbild erfolgte meisterhaft modulierend durch mehrfache vertikale wie horizontale Rücksprünge und Absetzungen, gestaffelte Pilaster im Mittelabschnitt und andere feine gestalterische Variationen. (Nicht erhalten sind vier Plastiken von J. Seidler auf der Balustrade im Mittelteil über dem 2. Obergeschoss).
Nach schweren Luftkriegsschäden 1944 vor allem im Nordteil erfolgte der Wiederaufbau bis 1952 durch Architekt Eugen Hönig, den Sohn des Erbauers, in dem Vorkriegszustand weitgehend entsprechender Form mit vereinheitlichtem (über dem Südteil angehobenem) Dachbereich. An dem den Hof (aufgefüllter Graben des Alten Hofes, s. dort) im Süden als Quertrakt abschließenden rückwärtigen Teil von Haus Nr. 15 polygonaler Treppenturm mit Kegeldach.
Das heute die gesamte Erdgeschosszone einnehmende, mehrfach durch Säulen- und Pfeilerarkaden abwechslungsreich gegliederte Geschäft zählt auch in der wiederhergestellten Nachkriegsform zu den äußerst seltenen in München, die noch eine historische Atmosphäre bewahrt haben. Besondere künstlerische Akzente sind die Kalksteinplastiken von Georg Albertshofer aus der Bauzeit: ein Brunnen (sign.) mit zwei Kindern und einem Fisch; ein Putto mit Früchtekorb am Treppenaufgang im Süden; ein Schaufensterbrunnen mit kleiner Bronzefigurengruppe eines Knaben auf Schildkröte. Im Nordteil – vier Fensterarkaden entsprechend – waren ursprünglich drei Vermiet-Läden untergebracht, ganz links Hausflur und Treppe. Am äußersten Ende rechts früher die Durchfahrt zum Hof.

Dienerstraße 16. *Wohn- und Geschäftshaus Rabel.* Sandtners Stadtmodell (um 1570) zeigt das schmale, sehr tiefe Traufhaus mit mächtigem Satteldach zweigeschossig mit Flacherker in der rechten der drei Achsen, Stimmelmayr (gegen 1800) das inzwischen viergeschossige „Handelsmann Mayer Haus mit einigem Ecke", d. h. mit dem bis heute vorhandenen Vorsprung neben dem zurückgesetzten Nachbarhaus Nr. 17. Der Kaufmann Joseph Mayer war Eigentümer 1761–84.
Der in Restteilen wohl bis heute mittelalterliche Bau wurde im 18. Jh. aufgestockt und erneuert. Der seit N. Lieb (1941) angenommene Umbau 1747 durch Leonhard Matthäus Giessl ist nach

◁ Dienerstraße 16, 17, 18, 19 (von links)

Dienerstraße 16, Hofflügel

Richtigstellung durch M. Feldbaum (1996) auf das Nachbarhaus Nr. 15 zu beziehen; Feldbaum scheint stattdessen ein Umbau nach 1750 wahrscheinlich, wofür er den 1761 gegenüber 1750 stark erhöhten Kaufpreis als Indiz ansieht; doch stieg der Verkaufswert auch in der Folgezeit jeweils stark an, so 1785, 1808 und 1871 (Häuserbuch I).

Das in die Tiefe gestreckte Haus erschließt entlang der (großenteils nach 1945 erneuerten) nördlichen Kommunmauer ein langer, enger Erdgeschossflur, an dessen Ende im wohl im 18. (oder frühen 19.?) Jh. angebauten kurzen Hofflügel die gewendelte Treppe in annähernd quadratischem Schacht und mit klassizistischem Holzbalustergeländer liegt. Ebensolche Baluster weisen die Holzlauben an den beiden Hofseiten im Westen und Norden auf. Die Wohnräume in den Obergeschossen hatten vor allem im Mittelbereich kein Tageslicht und waren zu Seiten eines Mittelflurs angeordnet (Grundriss heute z. T. verändert).

Die klassizistische Form der erwähnten Baluster wie vielleicht auch die ehemalige (auf einem Foto von 1910 erkennbare), wohl klassizistische Putzgliederung an der schmalen Fensterachse des Vorsprungs im Süden (heute vereinfacht) lässt auf Veränderungen oder Umbau um oder nach 1800 schließen. Der heutige reizvolle Stuckdekor an der Hauptfront – mit gebogenen Verdachungen und Muttergottesrelief im 2. Stock – ist wohl, wie in jedem Fall die Brüstungsgitter, einer neubarocken Fassadenredaktion oder zumindest Dekor-Überarbeitung der Jahrhundertwende zu verdanken (ein Fassaden-Teilplan von 1876 zeigt keine Ornamentik). 1911 wurden die zuvor gerundet schließenden Öffnungen im Erdgeschoss (Haustür, zwei Schaufenster) in Rechteckform gebracht. – Seit 1876 gehört das Altmünchner Bürgerhaus der Kaufmannsfamilie Rabel. Nach Luftkriegsschäden wurde es 1945 und in der Folge laufend weiter instand gesetzt und vor allem im oberen Bereich umgebaut.

Dienerstraße 17. Sandtners Stadtmodell (um 1570) zeigt auf dem schmalen Eckgrundstück mit langer Seitenfront zur Altenhofstraße einen dreigeschossigen Bau mit Flacherker an der Westseite und nach Süden geneigtem Pultdach. Besitzer waren vom 16. bis ins 19. Jh. hinein meist Bäcker; Stimmelmayr (gegen 1800) zeichnete das zu seiner Zeit viergeschossige „Bäcker Eckhaus".

Der Apotheker Dr. Fritz Pflaum kaufte das Anwesen 1897 und ließ 1900–01 durch das Baugeschäft Voigt und Prestele das bestehende Wohn- und Geschäftshaus errichten, das auch die zurückspringende Baulinie im Westen übernahm. Auf der schmalen Altparzelle erhält es Licht nur von den beiden Straßenfronten, das Treppenhaus vom Hof des Nachbarhauses Dienerstraße 16 her. Erdgeschoss und 1. Stock mit zwei Geschäften, vor allem dem des Bauherrn, auf das der Name „Storchenapotheke" von Dienerstraße 6 gegenüber übertragen wurde (Hauszeichen – ein Stuckrelief mit Storchenpaar – an der Ecke), waren äußerlich durch Rustika und große Korbbogenöffnungen von den beiden Wohngeschossen darüber unterschieden, zu denen der kleine Turmerker mit Kuppeldach an der Ecke gehört. Die schmale Westfassade war in Mischformen aus deutscher Renaissance und Jugendstil gegliedert, die Südseite an der Nebenstraße schmucklos.

Nach erheblichen Kriegsschäden in den Obergeschossen wurde das Haus gemäß einem Umbauplan vom Februar 1948 mit Stempel des Architekten Eugen Karl Hönig (unterschrieben M. Hönig) in den Folgejahren vor allem äußerlich vereinfachend umgestaltet, die großen Bogenfenster im 1. Stock und die rundbogigen Wohnungsfenster in den Obergeschossen der Westseite in Rechteckformen verändert, der geschweifte, gegen Norden ansteigende Halbgiebel der Westfront und ein Flacherker in der Eingangsachse der Südseite beseitigt. Auf dem Scheitelstein des Storchenreliefs die Initialen des damaligen Besitzers Rudolf Wiemer. – Auch in der reduzierten, jedoch traditionalistischen Neugestaltung behielt der Bau seinen Stellenwert in der Altstadtumgebung.

Dienerstraße 18. Das häufig umgebaute Altmünchner Bürgerhaus gehört zu den wenigen in der Altstadt, die teilweise noch ins späte Mittelalter – in die Zeit der Spätgotik – zurückgehen; so der zweischiffig angelegte, gewölbte Keller zu vier Jochen. Der viergeschossige Baukörper des schmalen Eckhauses zeigt heute noch dieselben Fensterachsen wie auf dem Sandtnerschen Stadtmodell von 1570: drei im Westen an der Dienerstraße, drei im Ostteil der langen Seitenfront an der Altenhofstraße, während deren westliche Hälfte nach wie vor fensterlos ist – Sandtner zeigt hier einen kleinen Erker im 1. Stock, der ebenso wenig erhalten ist wie der flache Mittelerker an der Westseite. Das nur von den beiden Straßenseiten her belichtete hoflose Eckhaus weist bei Sandtner ein Pultdach, einen mit Zinnen besetzten Halbgiebel im Westen und eine turmartige Erhöhung über den drei befensterten Achsen der Nordseite auf. Dieser Abschluss des Gebäudes wurde wohl im späteren 18. Jh. durch das bestehende halbe, ausgebaute Mansarddach mit Schopfwalm zur Dienerstraße ersetzt; in diese Umbauzeit weisen auch die ehemalige Fassadengestaltung mit frühklassizistischen Putzrahmen um die in vertikalen Blenden zusammengefassten Fenster sowie die gewendelte Treppe in der Südostecke hin. Heute ist die 1957 erneuerte Fassade vollkommen glatt. Im Erdgeschoss fand bereits 1853 eine Umgestaltung der stichbogigen Ladentüren und Schaufenster statt (seit Ladenauswechslung 1896 rechteckig). Erdgeschoss und 1. Stock wurden im Inneren für die Firma Peter Palmers weitgehend umgebaut.

Dienerstraße 19. Auf der schmalen, tiefen Altstadtparzelle steht auf Sandtners Stadtmodell um 1570 ein dreigeschossiges, drei Fensterachsen breites Bürgerhaus mit Flacherker in der Mitte, der in ein Zwerchhaus übergeht. Stimmelmayrs Skizze (gegen 1800) zeigt ein viergeschossiges Haus mit zwei Ohrwascheln – „des Baders Haus" (im ganzen 18. Jh. im Besitz von Barbieren). Im letzten Zustand vor dem Abbruch 1897 wies der viergeschossige Bau drei große Zwerchhäuser und eine spätklassizistische Fassadengestaltung etwa aus dem 3. Viertel des

Dienerstraße 19; Fassadenaufriss, vor 1940 (links Nr. 18)

19. Jh. auf. 1897 erwarb Architekt Ludwig Christian Lutz das Anwesen, führte bis 1898 einen neubarocken Neubau nach eigenem Entwurf aus und verkaufte das fertige Wohn- und Geschäftshaus an den Justizrat und Rechtsanwalt Karl Pailler; seit 1918 Juwelier Merkl.

Die drei Achsen breite Fassade des fünfgeschossigen, sich in die Tiefe erstreckenden Hauses ist im unteren Geschäftsbereich weitgehend in Öffnungen aufgelöst (das Erdgeschoss heute völlig verändert, im 1. Stock die drei Fensterarkaden noch erhalten). Die drei Wohngeschosse darüber, mit ursprünglich von einer Schweifkuppel abgeschlossenem Mittelerker, sind vom Unterbau durch den reich stuckierten Erkerfuß – mit Datum 1898 und Madonnenrelief (Halbfigur der Immaculata) – und die prächtigen eisernen Balkongitter deutlich abgesetzt. – Nach Kriegsschäden vor allem im Dachbereich wurde das Haus sukzessive instand gesetzt und um 1950 die reiche neubarocke Fassadengliederung größtenteils beseitigt.

Dienerstraße 22 (jetzt zu Marienplatz 11 gehörig). Von dem Bürgerhaus ist nur noch die spätbarocke Fassade erhalten. Das Anwesen – auf Sandtners Stadtmodell (um 1570) ein dreige-

Dienerstraße 22; ▷
Aufn. 1995

schossiges, wie heute sieben Fensterachsen breites Traufhaus mit Flacherker – war vom 17. bis ins frühe 19. Jh. im Besitz von Handelsherren. Im 18. Jh. erfolgte ein Umbau mit Aufstockung; z. T. ungleiche Fensterabstände deuten auf die Übernahme älterer Bestandteile hin. Stimmelmayr (gegen 1800) stellt das Haus viergeschossig dar und nennt Kaufmann Tusch als Eigentümer – es gehörte (nach Häuserbuch I) Franz Anton Tusch von 1766 bis 1790. Da der Vergleich der Erwerbungskosten in diesen beiden Jahren eine enorme Wertsteigerung erkennen lässt, könnte der spätbarocke Umbau in der Zwischenzeit erfolgt sein. Gewisse Details, vor allem die bereits frühklassizistisch anmutenden Rahmungen der Fenster im 2. Obergeschoss, lassen an diese Zeit denken; doch erwecken andere Ornamente, etwa die auf den Verdachungen der Fenster des 1. Stocks, den Verdacht auf eine neubarocke Überarbeitung der Fassade, was die Datierung erschwert. Die qualitätvolle Stuck-Halbfigur der Muttergottes auf Wolken mit zwei Engelsköpfen im 1. Stock wurde mit dem Stil Johann Baptist Straubs in Verbindung gebracht.

Das Erdgeschoss war bereits vor dem Zweiten Weltkrieg, in dem das Kaufmannshaus Schäden erlitt, in Schaufenster aufgelöst; es wurde bei der Neuhinterbauung der bestehenden Fassade und Angliederung an das südlich angrenzende Kaufhaus Ludwig Beck abermals völlig verändert. Fassade 2007 renoviert; Erdgeschoss abermals umgestaltet (Korbbogenöffnungen).

Dienerstraße 22, Stuckrelief

Dreifaltigkeitsplatz

(Vgl. Ensemble Altstadt, Platzbild Dreifaltigkeitsplatz.) Der kleine, quadratischem Format angenäherte Platz, trotz umrahmender Neubebauung um 1800 (Nr. 1) und im späten Historismus mit für heutige Münchner Altstadtverhältnisse beachtlichem „Milieuwert", geht auf den 1543 (nach andern Angaben schon um 1270 oder um 1443) hierher verlegten eigenen Friedhof zurück, der dem Heiliggeistspital schon im 13. Jh. zugestanden bzw. spätestens bei der Pfarreigründung 1271 bestätigt worden war (seine ursprüngliche Lage wird im engsten Kernbereich des Spitals angenommen). Auf Sandtners Stadtmodell von 1570 (wie ähnlich auf den Stadtplänen von T. Volckmer von 1613 und von W. Hollar) ist der Friedhof dargestellt, der im Norden bis an den vor den dortigen Häusern verlaufenden Strohhammerbach (Name erst seit ca. 1800) reichte; letzterer verschwand unter einer Bogenöffnung des ostseitigen Vorgängerhauses von Nr. 3. An der Südseite, an das westliche Schmalende eines zum Spital gehörigen (Doppel-)Stadels (heute Wohnhaus Westenriederstraße 13, s. dort) anschließend, stand – großenteils im Bereich der jetzigen unbebauten Verbindung vom Platz zur Westenriederstraße – die 1679–81 erbaute Dreifaltigkeitskapelle (Sitz einer bedeutenden Bruderschaft), die 1802 profaniert und mit dem Stadel gemeinsam zur Knabenschule umgebaut wurde (vgl. Stadtplan von J. Consoni 1806; um 1825 abgebrochen). J. P. Stimmelmayrs Skizzen, gegen oder um 1800 entstanden, zeigen die gebogene Friedhofsmauer, die Dreifaltigkeitskapelle mit Dachreiter und Zwiebelhelm, ein „Totenkapellchen" und die umgebenden Häuser. Der offenbar schon seit 1769 nicht mehr benutzte Spitalfriedhof wurde offiziell 1789 zusammen mit den anderen innerstädtischen Friedhöfen aufgehoben. Die Oberfläche des 1818 erstmals mit dem heutigen Namen belegten Platzes wurde um 1980 neu gestaltet (Pflasterung mit Strukturen, gegen Süden ansteigende Stufen, Baumgruppe).

Dreifaltigkeitsplatz 1.

Das um 1790/1800 frühklassizistisch redigierte Bürgerhaus verwendete ältere Bestandteile. Gemäß archäologischer Grabung (1995) seit Ende 12., spätestens 13. Jh. genutztes Gelände; Besitzerfolge ab 1534 bekannt (Häuserbuch IV 1966). Auf Sandtners Stadtmodell sind zwei zweigeschossige Traufhäuser dargestellt (wohl ein Besitz; Fundamente durch Grabung nachgewiesen). 1715 durch Vermächtnis als Benefi

Dreifaltigkeitsplatz von Westen

zium an das Kollegiatstift U. L. Frau gekommen (bis 1789); 1790–1858 Eigentum der Kaufmannsfamilie Riezler (zusammen mit Tal 4 und Heiliggeiststraße 2a, s. dort); vermutlich der Handelsmann Johann Martin Riezler ließ um 1800 den noch bestehenden, weitgehenden Neubau aufführen (Datierung um 1812 in Häuserbuch IV wohl etwas zu spät; dendrochronologische Daten für Balken im Erdgeschoss 1793/94 und 1797/98, in Obergeschossen und Kehlbalkendach 1798/99). Auf Stimmelmayrs Skizze (um 1800) bereits viergeschossig – „das vorhin nicht so hohe Haus", demnach zu seiner Zeit aufgestockt bzw. höherer Neubau.

Die schlichte Fassade wird lediglich durch die Putzrahmen um die Fenster und ein profiliertes Traufgesims gegliedert. Das Altmünchner Tradition entsprechende Fassadengemälde mit der Krönung Mariens durch die Dreifaltigkeit ist wohl eine neubarocke Schöpfung (oder Wiederholung?) von etwa 1900 (zuletzt 1981 restauriert), scheint aber auf einen Entwurf von Hofmaler Augustin Demmel zurückzugehen. – Die überbaute Grundfläche ist, wegen schräger Baulinie, trapezförmig, der Grundriss von letzterer ausgehend in die Tiefe entwickelt. Im Erdgeschoss links zweischiffige kreuzgratgewölbte Halle (jetzt Gaststätte), ursprünglich mit drei (z. T. ersetzten) Pfeilern; in der Mitte ehem. Durchfahrt, in der zweiten Achse von rechts Flur bis zur zweiläufigen Treppe mit Brettbalustergeländer. In den Obergeschossen ursprünglich je zwei durchgehende Wohneinheiten mit Zugängen beiderseits des Treppenhauses. Die Wohnungsgrundrisse und Gestaltungsdetails (u. a. Türen, Fenster) bis jetzt gut erhalten; insgesamt bescheiden-bürgerlich in durchaus noch spätbarocker Tradition.

Wegen der unmittelbaren Nähe des Hauses zum Viktualienmarkt wurde bis in die jüngste Zeit das Erdgeschoss im Anwesen am Dreifaltigkeitsplatz 1 hauptsächlich als Lager genutzt. Die frühesten nachweisbaren Umbauarbeiten am Anwesen sind für das Jahr 1812 belegt. 1873 ließ der Kaufmann Georg Sedlmayer durch J. Emmerling Umbauten im Erdgeschoss vornehmen. August Fingerle richtete 1904 ebenfalls im Erdgeschoss Lagerräume für den Eierhändler Josef Glockner ein. 1998 Sanierung mit umfangreichen statischen Sicherungsmaßnahmen.

ARCHÄOLOGISCHE BEFUNDE: Funde des 12. bis 16. Jh. (Fundst.-Nr.: 7835/0004). Eine archäologische Ausgrabung fand 1994–95 anlässlich der Renovierung samt geplanter Unterkellerung des im Bereich der ersten Stadterweiterung gelegenen Grundstücks statt. Im bestehenden Gebäude kamen neben Hinweisen auf Vorgängerbauten auch Funde, die für eine Nutzung des Platzes seit dem 12./13. Jh. sprechen, zum Vorschein. Die mehrphasige Parzellenbebauung gliedert sich wie folgt: 2. Hälfte 12. Jh.: Spuren eines Pfostenbaus, Knochenabfälle und ein kleiner befestigter

Dreifaltigkeitsplatz; Flurkarte, M. 1:2500

Dreifaltigkeitsplatz 1

Dreifaltigkeitsplatz 3

Dreifaltigkeitsplatz 1, Fassadengemälde

Dreifaltigkeitsplatz 2

akzentuierend der Vielgestaltigkeit gründerzeitlicher Architekturauffassung unterworfen.

Dreifaltigkeitsplatz 3. 1860 wurde der Vorgängerbau des heutigen Hauses von der Parzelle Tal 75 (heute Tal 6) abgeteilt und für den Gastwirt Leonhard Lechner in ein Wohnhaus mit eigenem Hofraum umgebaut. Besitznachfolger beider Anwesen wurde 1896 der Gastwirt Franz Gruber, der schließlich 1901–03 das bestehende Wohn- und Gastwirtschaftsanwesen nach Plänen von Max Ostenrieder in den Formen deutscher Renaissance errichten ließ. Das fünfgeschossige Anwesen beherbergt gemäß Eingabeplan zwei Wohnungen je Etage, die über den mittigen Hauszugang vom rückwärtigen, eingezogenen Treppenhaus erschlossen werden. Die westseitigen Öffnungen des Erdgeschosses werden von rundbogigen Raupulzbossen gerahmt, ein einfaches Gurtgesims betont den Übergang zu den vier Obergeschossen. Der Mittelzug der Fassade wird von einem flachen Erker zu zwei Fensterachsen akzentuiert, der oberhalb des 1. Obergeschosses anhebt und in ein Dachhaus ausläuft. Dieses bietet der im Dachgeschoss untergebrachten Wohnung (1992 modern angepasst) einen überdachten Austritt unter einer Doppelarkade, im Geschoss darunter (4. Obergeschoss) wurde ein breiter Austritt unter einem Segmentbogen geschaffen. (Auswirkungen des Luftkriegs betrafen das Gebäude in nur geringem Umfang). Im Rahmen einer Hausgrabung kam es 1994 zur archäologischen Befundsicherung der Reste einer Ziegelmauer und von Knochenfunden im Bereich des früheren Heiliggeist-Friedhofs.

ARCHÄOLOGISCHE BEFUNDE (unter Bürgersteig vor Nr. 3): Ziegelmauer sowie Körpergräber unbekannter Zeitstellung (Fundst.-Nr.: 7835/0007). Bei Verlegung einer Leitung vor dem Haus Dreifaltigkeitsplatz 3 wurden 1994 Ziegelmauern sowie menschliche Knochen in gestörter Lage dokumentiert. Die Ziegelmauer verläuft in Nord-Süd-Richtung. Im Osten befand sich eine Abbruchschicht der Mauer. Im gleichen Befund lagen menschliche Knochen, einige von ihnen möglicherweise noch in situ. Sonstige Bestattungen wurden wohl bei Abbruch der Mauer gestört.

Graben zur Entsorgung des Anwesens; umzäunte östliche Parzellengrenze; die südliche Parzellengrenze bildete der Strohhammerbach; im Westen reichte die Ausdehnung wohl bis zur Heiliggeiststraße, da die Parzelle erst später zweigeteilt wurde. Spätes 12./frühes 13. Jh.: mächtige Aufplanierung aus lehmiger Schuttschicht mit Überresten abgebrochener Öfen, vermutlich aus der Nähe, aus dem unterhalb der Peterskirche und südlich der Heiliggeistkirche handwerklich und landwirtschaftlich genutzten Gelände. Das Areal lag zuerst außerhalb der Stadtmauer und wurde im frühen 13. Jh. in den Befestigungsring einbezogen. Außerdem erfolgte der Ausbau und die Befestigung des Entsorgungsgrabens. Die zunächst spärliche Bebauung wurde ab dem späten 14. Jh. verdichtet durch Umsiedlung der Fischer aus dem Grieß. Im Westen ist die Abtrennung eines Teils der Parzelle und Steinhausbebauung bis zur Grundstücksgrenze zu beobachten. Vermutlich stand das östliche Nachbarhaus bereits schon als Steinbau. Der ältere Pfostenbau wurde durch ein neues Holzgebäude ersetzt. Ferner erfolgten das Zuschütten des Ehgrabens an der alten Parzellengrenze und die Pflasterung als Zufahrtsweg. Im 15. Jh.: Umbau des bestehenden Gebäudes, dessen südlicher Teil in Stein ausgeführt wurde und vermutlich den Abschluss zum Dreifaltigkeitsplatz bildete, der damals als Friedhof genutzt wurde. Im 16. Jh.: auf gesamter Parzelle entsteht ein zweiteiliges Haus. 1534 ist der Ersteintrag des Hauses Nr. 1 am Dreifaltigkeitsplatz im Häuserbuch belegt. Um 1800: Umbau zu viergeschossigem Haus und Verlegung des Durchgangs von der Südwestecke in die Mitte der Parzelle.

Dreifaltigkeitsplatz 2. Das weitgehend original erhaltene Mietshaus in Ecklage wurde 1895–96 von der Baufirma Heilmann & Littmann für den Hoffischer Fritz Steinbacher erbaut, anstelle eines spätmittelalterlichen dreigeschossigen Satteldachbaus. Dieses Anwesen befand sich kontinuierlich seit dem 16. Jh. in den Händen von Fischern, mit ihm waren durch die Jahrhunderte Fischtruhen-Rechte verbunden. Der Neubau mit Flacherker und Schweifgiebel entstand östlich der sog. Seefischhalle (Lage des vorm. Fischerturms). Die beiden gestauchten Bögen im Erdgeschoss der Fassade zum Dreifaltigkeitsplatz hin waren ursprünglich mit Putzbossen verkleidet. Formelemente einer Neurenaissance deutscher Auffassung werden hier nur mehr

Dreifaltigkeitsplatz 4. Das heute wie aus einem Guss wirkende Miets- und Gastronomiegebäude in Ecklage vereinigt die historischen Parzellen Viktualienmarkt Nr. 7 (nördlich) und Nr. 8 (südlich). Vor Freigabe zur Bebauung wurde der Bauplatz von der Baulinienkommission des Magistrats neu aligniiert, dabei die südliche Grundlinie nach Norden gerückt, um den west-östlichen Durchzug zwischen Viktualienmarkt und Westenriederstraße zu verbreitern. Der Stadtfischer Michael Werner ließ ab 1882 das viergeschossige, im Kern barocke Gebäude mit vier Fensterachsen auf Nr. 7 von Josef Grassl spätklassizistisch überformen und von Alois Bischoff einen breiten, ebenfalls viergeschossigen Riegel entlang der Westenriederstraße ansetzen. Im südlichen Teilhaus waren gemäß Eingabeplan zwei kleine Wohnungen je Etage über dem Gastlokal untergebracht, im älteren nördlichen Teilhaus erschloss ein rückwärtiges Treppenhaus wiederum kleine Wohnungen (je eine) in den Etagen oberhalb eines Ladens. Die von kleinen Konsolen getragenen Sohlbänke im 1. Obergeschoss der Südfassade weisen ein unterschiedliches Niveau auf – die vier des älteren Bestands sitzen

Dreifaltigkeitsplatz 4

etwas tiefer – und haben damit einen entscheidenden Aussage-wert für die Genese des Gesamtbaus. Unter Verwendung des alten Dachstuhls vollzog 1910–11 Max Albrecht eine Aufsto-ckung des gesamten Hauses um ein Geschoss. Und es fand die zweite Überformung des Baus ganz im Sinne der dekorativen Ausprägungen des Münchner Heimatstils statt. Protokollarisch belegt ist die magistrale Debatte um die Fassadengestaltung. Die herausragende Lage des Gebäudes wurde ins ästhetische Kalkül gezogen und Fassadendetails eigens genehmigt. Das oberste Geschoss wurde an den abgeschrägten Ecken im Süd-westen und Südosten als Erker zu drei Achteln ausgebildet. Die aufgesetzten Dreiecksgiebel sowie die Fensterläden der Fenster des 4. Obergeschosses markieren diese letzte entscheidende Umformung. Bis nach dem Zweiten Weltkrieg war das Erdge-schoss des nördlichen Bauabschnitts als Laden genutzt worden und die beiden Hausteile weitgehend unverklammert. Die end-gültige räumliche Zusammenlegung der beiden Erdgeschosse zum einheitlichen Gastronomiebereich geschah 1964. Die volkstümliche Fassadenmalerei im Eingangs- und Eckbereich ist signiert „Bertram Müller 1974. Rest. R. Haberer 2001". 1993 wurde das Dachgeschoss ausgebaut.

Dürnbräugasse

(Vgl. Ensemble Altstadt.) In der östlichen Stadterweiterung des 13./14. Jh.; kurze, schmale, leicht gebogene Verbindung vom Tal nach Norden zur Hochbrückenstraße, benannt nach der ehem. Gastwirtschaft zum Dürnbräu, dem Eckhaus Tal 21 (s. dort; nach einem Bierbrauer der 1. Hälfte des 17. Jh.). Zu älteren Namen vgl. Stahleder 1992. Westseitig das Eckhaus Tal 19 (s. dort); nördlich daneben an der Hofeinfahrt von Hochbrückenstraße 4 barockisierendes Gittertor mit Inschrift („J. B. Daentl 1839"; er-warb das Haus erst 1935).

Dultstraße

(Vgl. Ensemble Altstadt.) Kurze, von der Sendlinger Straße ost-wärts zum Oberanger hinabführende Verbindung, heute mit nur einem Baudenkmal (s. Sendlinger Straße 11). Der seit dem Spät-mittelalter tradierte Name steht im Zusammenhang mit den auf dem Anger (vgl. St.-Jakobs-Platz) veranstalteten Dulten (Jahr-märkten). Beim Bau des Angerblocks an der Nordostseite (1963 ff.; Sendlinger Straße 7/Oberanger 6, vgl. Sendlinger Straße/Vorspann) wurde die Dultstraße verbreitert.

Eisenmannstraße

(Vgl. Ensemble Altstadt.) Die ehemals sehr schmale Gasse, heute ohne Baudenkmäler – die Ostseite nimmt das Warenhaus „Oberpollinger am Dom" von 1961/62 ein (vgl. Neuhauser Straße/Vorspann) – ist Nordteil einer Nord-Süd-Verbindung im Hackenviertel (s. Damenstift- und Kreuzstraße), die vor dem Bau des Jesuitenkollegiums eine Fortsetzung jenseits der Neuhauser Straße hatte; Name nach einer westseitig (Ecke Neuhauser Stra-ße) von 1562 bis 1636 ansässigen Bierbrauerfamilie. Die Stadt-grundrisse von M. Paur (1729) sowie von A. v. Riedl und von G. M. Weißenhahn (um 1780) zeigen die Gasse vor ihrer Verbrei-terung. J. P. Stimmelmayrs skizzenhafte Fassadenabwicklungen stellen die Ostseite vor und nach der Verbreiterung von „etwa an-no 1805" dar, mit durchgehend viergeschossiger klassizistischer Neubebauung, die auch der Consoni-Stadtplan von 1806 (mit sehr geringer Gebäudetiefe) verzeichnet. Nach Rambaldi (1894) begann diese Baumaßnahme bereits unter Kurfürst Karl Theodor (gest. 1799) „durch Abtragung und Zurücksetzung zweier Häu-ser" und wurde 1802 mit dem Abbruch des Eckhauses Neuhauser Straße (ehem. Nr. 13) abgeschlossen. (Zu Hauserwerbungen durch die Stadt 1802 und z. T. schon früher vgl. Stahleder 2005).

ARCHÄOLOGISCHE BEFUNDE: Größere Bodeneingriffe und Um-bauten sind aus jüngerer Zeit nicht bekannt, deshalb ist mit untertägig erhaltenen Resten von mittelalterlichen und frühneu-zeitlichen Bauwerken wie verrohrten Bächen und Pflastern zu rechnen.

Elisenstraße

Verbindung vom Nordende des Karlsplatzes westwärts zur Lui-senstraße, entlang der Südseite des 1808–14 angelegten Alten Botanischen Gartens (s. dort), heute einer städtischen Grünan-lage; die Südseite begrenzen der monumentale neubarocke Jus-tizpalast (s. Elisenstraße 1a, 1b/Prielmayerstraße 7), das gotisie-rende Neue Justizgebäude (s. Prielmayerstraße 5) und der 1984 vollendete Büro- und Geschäftshauskomplex „Elisenhof" (Arch. Herbert Kochta), der mehrere bis 1974 noch erhaltene klassizis-tische Mietshäuser an der Elisen- und Luitpoldstraße (hier u. a. das Hotel Schottenhamel) sowie den Neurenaissancebau der Bundesbahndirektion am Bahnhofplatz (erbaut 1874 für die Ost-bahngesellschaft) ersetzte. Bis zum Abbruch zugunsten des Jus-tizpalastes um 1890 erstreckte sich an der Südseite das Herzog-Clemens-Gartenpalais (zuletzt Kadettenkorps). Der Verkehrs-weg zwischen ihm und dem Botanischen Garten wurde 1808 nach Prinzessin Elisabeth Ludovica (1801–73), Tochter Max I. Josephs und später Gemahlin Friedrich Wilhelms IV. von Preu-ßen, benannt. Im Zuge der Neugestaltung des Alten Botanischen Gartens nach der Brandzerstörung des Glaspalastes (1931) wur-de um 1936 die Elisenstraße stark nach Norden verbreitert (Fahr-bahn von 8,5 m auf 17 m), sodass sie – im Westen gerade mit der Marsstraße (s. dort) verbunden – um 1970 nach Verkehrsberuhi-gung der Ost-West-Achse südlich davon Teil eines Umleitungs-systems werden konnte.

Elisenstraße 1a, 1b. *Justizpalast*; s. Prielmayerstraße 7.

Emil-Riedel-Straße

Relativ kurzer, aber breiter Straßenzug der St.-Anna-Vorstadt, der als nordöstlicher Arm der Oettingenstraße von dieser auf Höhe der Rosenbuschstraße abzweigt und im Norden auf Höhe der Isar sowie der westlich abzweigenden Karolinenstraße in spitzem Winkel in die Widenmayerstraße einmündet. Die Straße war ursprünglich das südliche Teilstück des auf Höhe des Para-diesgartens, eines im 18. Jh. angelegten kleinen Parkensembles mit stattlichem Gasthaus (1894 abgebrochen), von der Bogen-hauser Straße abzweigenden und parallel zur Isar nach Norden führenden Bogenhauser Fußwegs. Die Bebauung der Straße, die

Dianastraße 1/Emil-Riedel-Straße

noch 1865 lediglich aus einem stattlichen Kupferhammer sowie einem einzelnen privaten Anwesen bestand, nahm erst um die Jahrhundertwende konkrete Formen an. Nachdem zunächst die westliche Seite eine geschlossene Bebauung in gemischten Stilformen erhalten hatte (Jugendstil Nr. 1, Neurenaissance Nr. 9, Neubarock Nr. 17), folgte innerhalb weniger Jahre die Erschließung der östlichen Straßenseite überwiegend in den Formen des späten Jugendstils (Nr. 2–8, 16, 18). Im Straßenbild hat auch das Eckhaus Dianastraße 1 (s. dort) mit einem Türmchen noch Stellenwert. Die Straße erhielt ihren Namen 1907 in Erinnerung an Emil Freiherr von Riedel (1832–1906), bayerischer Finanzminister von 1877 bis 1904. Straßenbahn von 1906–63.

Emil-Riedel-Straße 1. Anstelle eines zuvor demolierten Wohn- und Wirtschaftsanwesens ließ sich Baumeister Ferg das bestehende Mietshaus 1907 (bez.) nach Plänen von Kaltenthaler und Dinglreiter erbauen. Es schloss sich nördlich an den kurz vorher aufgeführten dreiflügeligen Block an der Gabelung Oettingen-/Emil-Riedel-Straße an. Zur Zeit seiner Entstehung bestand für die Bewohner des Anwesens freier Blick nach Osten zur Isar hin, da das dortige Gelände noch nicht bebaut war. Gemäß Eingabeplan erschließt das Treppenhaus, rückwärts neben dem Zugang in der nördlichen Achse, zwei Wohnungen je Etage. Die Gestaltung der insgesamt flächig aufgefassten Fassade machen Mischformen von Jugendstil und Heimatstil aus. In traditioneller Weise verklammern schlichte Gurtgesimse die beiden Hauptgeschosse, ein flacher, zweigeschossiger Polygonalerker ist der Fassade ausmittig vorgesetzt, er bedient das 3. Obergeschoss als Austritt. Weitere Fassadenzier besteht in den charakteristischen Putzeintiefungen. (Im März 1944 zogen Spreng- und Brandbomben das Anwesen erheblich in Mitleidenschaft, der Dachstuhl brannte vollständig, das 3. Obergeschoss teilweise aus. Eine erste Fenstererneuerung wurde 1975 vorgenommen, die Instandsetzung der Fassade zur heutigen Gestalt geschah 1998.)

Emil-Riedel-Straße 2. Oberhalb der nördlichen Verlaufslinie der Rosenbuschstraße, die vom Magistrat im Vorfeld der Genehmigung zum Bau des großen Eckgebäudes eigens behandelt und verabschiedet wurde, entstand das nach Plänen von Eduard Herbert und Otho Orlando Kurz errichtete Mietshaus 1908–09 in

Emil-Riedel-Straße; Flurkarte, M. 1:2 500

einem Zug mit dem nördlich anschließendem Haus Nr. 4. Der die Parzellen rückwärtig im Osten begrenzende Hofhammerschmiedbach wurde im gleichen Jahr eingewölbt, um die Passage der Rosenbuschstraße zu schaffen. Die Erbauung der beiden Häuser (Bauwerber war Baumeister Georg Frankenberger), wenige Jahre darauf schlossen sich Nr. 6 und 8 nordwärts an, veranschaulicht sprechend das Vorgehen des Magistrats bei der Erschließung der nördlichen St.-Anna-Vorstadt: Der Viererblock entstand auf dem Terrain des vormaligen sog. Kupferhammers, die Bebauung wertete das Quartier vom Gewerbe- zum gehobenen Wohngebiet auf, aus dem Bogenhauser Fußweg, der bis 1890–91 am Kupferhammer in Höhe der Paradiesstraße eine wenig repräsentative Engstelle hatte, wurde die ansprechend bebaute Emil-Riedel-Straße. Zur Zeit der Erbauung der Häuser erlaubten die rückwärtigen Fenster nord- und ostwärts freien Blick über die Isar, da dort das „griesige" Gelände noch nicht bebaut worden war.

Das vom Hofwinkel her belichtete Treppenhaus erschließt gemäß Eingabeplan zwei Wohnungen unterschiedlichen Zuschnitts je Etage. Die Behandlung der Fassade besticht durch die asymmetrisch freie Anverwandlung jugendstiliger Formen, die heute freilich auf Großformen reduziert sind. Die Portaleinfassung des

Emil-Riedel-Straße 1

Emil-Riedel-Straße 2–8 (von rechts) mit Paradiesstraße 10 (links)

Emil-Riedel-Straße 2

lando Kurz, in den Formen eines späten Jugendstils durchplanen. Haus Nr. 6 greift mit einem Rückflügel an der nördlichen Parzellengrenze tief nach ostwärts aus, der somit überbaute Hofhammerschmiedbach war hierfür vorher eingewölbt worden. Der mittige Hauszugang führt zum Treppenhaus im Hofwinkel, die Hofdurchfahrt liegt in der südlichen Achse. Wie der innere Zuschnitt des Hauses spiegelsymmetrisch demjenigen des nördlich angrenzenden Hauses Nr. 8 entspricht, so verfuhren die Architekten auch bei der Gestaltung der Fassaden. Haus Nr. 6 erhielt vor seiner nördlichen Fensterachse einen massiven zweigeschossigen polygonalen Erker, der das 3. Obergeschoss mit einem Austritt bedient. Der Dachzone oberhalb der beiden südlichen Fensterachsen ist ein Zwerchhaus eingesetzt, das ein konvex ver-

◁ Emil-Riedel-Straße 6
und 8 (von rechts)

Emil-Riedel-Straße 4   ▷

Hauszugangs von Westen her veranschaulicht einen phantasiereich monumentalisierenden Umgang mit dem internationalen Jugendstil. (Im Haus Nr. 2 war ein erster Dachgeschossausbau 1922 vorgenommen worden. Im September 1943 zerstörte eine Sprengbombe das Haus bis in das 3. Obergeschoss herunter; infolge weiterer Kriegsbeschädigung im Juli 1944 brannte das eigens errichtete Notdach wiederum ab. Die Fassadeninstandsetzung zur heutigen Gestalt nahm man Ende der 1980er Jahre vor.)

Emil-Riedel-Straße 4. 1908–09, gleichzeitig mit dem südlich angrenzenden Eckbau (vgl. die Verortung des gesamten Baublocks unter Emil-Riedel-Straße 2) wurde das Mietshaus auf zuvor unbebautem Grund für Baumeister Georg Frankenberger neu errichtet; als Planfertiger zeichneten Eduard Herbert und Otho Orlando Kurz. Die Hofdurchfahrt ist in die südliche Achse gesetzt. Ein eigener Hauszugang erschließt gemäß Eingabeplan zwei Wohnungen je Etage. Schon 1909 wurde der Dachraum nördlich des Treppenhauses als Dachwohnung adaptiert, 1923 plante man den Ausbau des südlichen Abschnitts. Die Fassade wird akzentuiert von einem zweiachsigen seichten Flacherker, der ausmittig vorgelegt in einem Zwerchhaus ausläuft. Zwischen den beiden Fenstern des Zwerchhauses hat man eine neubarockjugendstilige Wappenkartusche mit dem Münchner Kindl angebracht, die bauzeitlich ist und nach Instandsetzung der Fassade (dreiteilige Fenster moderner Handhabbarkeit) chronogrammatisch angepasst wurde. (Im September 1943 hatte eine Sprengbombe das Haus bis zum 3. Obergeschoss herunter teilweise zerstört; im April 1945 zog ein Bombentreffer auf dem Gehsteig vor dem Haus die Fassade in Mitleidenschaft.)

Emil-Riedel-Straße 6. Die südlich angrenzenden Häuser Emil-Riedel-Straße 4 und 2 hinsichtlich Baulinie, Kubatur und Baustil fortsetzend, ließ Georg Frankenberger ein Jahr nach diesen 1909–11 auch die großzügigen Häuser Emil-Riedel-Straße 6 und 8 von den gleichen Architekten, Eduard Herbert und Otho Or-

schliffenes Traufgesims durchstößt und dessen Dreiecksgiebel man Stucklisenen einschrieb. Ein Fries aus Blüten macht das Giebelgebälk aus. Mehrfach gestufte Putzeintiefungen und mit Perlschnüren eingefasste Putzfelder strukturieren die Fassadenfläche zusätzlich. (Im Juli 1944 zerstörten Brandbomben das Haus bis zum 3. Obergeschoss herunter. 1995 erfolgte der Dachgeschossausbau zur heutigen Gestalt, die modern handhabbaren Fenster wiederholen die Dreiteiligkeit ihrer historischen Vorgänger.)

Emil-Riedel-Straße 8. Der 1909–11 nach Plänen von Eduard Herbert und Otho Orlando Kurz errichtete Block Emil-Riedel-Straße 6/8 setzt die südlich angrenzenden Häuser Emil-Riedel-Straße 4 und 2 hinsichtlich Baulinie, Kubatur und Baustil (später Jugendstil) fort. Haus Nr. 8 greift mit einem Rückflügel an der südlichen Grundstücksgrenze ostwärts tief in die Parzelle, wie bei Haus Nr. 6 war hierfür der zu überbauende Hofhammerschmiedbach vorher eingewölbt worden. Mit der Errichtung des Doppelmietshauses wurde außerdem die westliche Baulinie des Blocks, den die Emil-Riedel-Straße im Westen mit der Paradiesstraße im Norden und der Rosenbuschstraße im Süden bildet, geschlossen. Denn schon 1909 war nördlich anschließend der maßgebliche Eckbau Paradiesstraße 10 ebenfalls für Baumeister Frankenberger entstanden. Hauszugang und Hofdurchfahrt erfolgen in der zweiten Achse, das nebenliegende Treppenhaus im Hofwinkel erschließt die Wohnungen der Obergeschosse. Innerer Zuschnitt des Hauses und Gestaltung der Fassade entsprechen dem Haus Nr. 6 beinahe spiegelsymmetrisch. Der südlichen Fensterachse ist ein massiver zweigeschossiger polygonaler Erker vorgesetzt, der das 3. Obergeschoss mit einem Austritt bedient. In der Dachzone oberhalb der beiden nördlichen Fensterachsen erhebt sich ein Zwerchhaus, das ein konvex verschliffenes Traufgesims durchstößt und dessen Dreiecksgiebel man Stucklisenen einschrieb. Ein Fries aus Blüten macht das Giebelgebälk aus. Wie bei Haus Nr. 6 strukturieren mehrfach gestufte Putzeintiefungen und mit Perlschnüren eingefasste Putzfelder die Fassade. (Im März 1944 wurden Vorder- und Rückgebäude Opfer von Brandbomben, bei teilweiser Zerstörung des Dachtragwerkes. Ein zweigeschossiger Ausbau des Dachraums zum Spitzboden hin – eklatant bei der Durchfensterung der Giebelfläche des Zwerchhauses – stellt einen typologischen Konflikt dar, modern handhabbare Fenster wiederholen die Dreiteiligkeit ihrer historischen Vorgänger.)

Emil-Riedel-Straße 9. Anstelle einer schlichten, dreigeschossigen Vorbebauung aus dem Jahr 1863 ließ sich die „Privatierswitwe" Karolina Schuhmann 1900–02 das bestehende Mietshaus von Leonhard Moll errichten, gleichzeitig mit dem westlich anschließenden Haus Nr. 9 an der Paradiesstraße (Bauherr war dort Xaver Großberger). Es entstand als nördlicher Eckbau über einem stumpfen Winkel an der Einmündung in die Paradiesstraße. Die am Hofwinkel eingerückte Grundlinie schafft die Belichtung der Küchen und des trapezförmigen Treppenhauses, das gemäß Eingabeplan zwei Wohnungen je Etage erschließt. Die Fassade zur Emil-Riedel-Straße hin wird von einem Schweifgiebel akzentuiert, der einem kleinen Zwerchhaus vorgeblendet ist, im Gesamt wird sie von einer flächigen Umsetzung neurenaissant ge-

Emil-Riedel-Straße 9

wonnener Dekorteile geprägt. (Ihre Redaktion ist das Ergebnis von 1996–97 stattgehabten Instandsetzungen.)

Emil-Riedel-Straße 16. In Anlehnung an den Verlauf des alten Bogenhauser Fußwegs (= Oettingen- und Emil-Riedel-Straße) legte der Magistrat die westliche Baulinie des unregelmäßig trapezförmigen Baublocks fest, den Emil-Riedel-Straße (W), Dianastraße (N), Widenmayerstraße (O) und Paradiesstraße (S) bilden. Schon 1897 hatte man das Areal in sechs Parzellen eingeteilt, späterhin mit den Anwesen Emil-Riedel-Straße 16 und 18 sowie Widenmayerstraße 42, 43, 44 und 45 bebaut. Der flächenmäßig größte Bauplatz im südwestlichen Abschnitt des beschriebenen Blocks wurde als Nr. 16 der Emil-Riedel-Straße zugedacht, hier errichtete das Landbauamt (= Staatl. Hochbauamt) 1901–03 nach den Plänen von Bauamtmann Adolf Schulze ein großes Verwaltungs- und Wohngebäude und unterhielt südlich anschließend bis in die 1990er Jahre ein Baumagazin.
Der Staatsbau Emil-Riedel-Straße 16 war 1903 bezugsfertig, die von Stengel & Hofer für den Privatier Johann Venzl erbauten weiteren fünf Anwesen entstanden erst ab 1909. Dabei begann man mit der Erbauung des nördlichen Kopfbaus Nr. 45 an der Widenmayerstraße, die Lücke zwischen diesem und Emil-

Riedel-Straße 16 schloss man erst 1911 mit Abschluss der Arbeiten an Emil-Riedel-Straße 18. Das Verwaltungs- und Wohngebäude des königlichen Baumagazins stand also über sechs Jahre frei, mit blanker nördlicher Brandmauer. Vergleichsweise weit im Norden der St.-Anna-Vorstadt hatte hier der Staat ein Projekt umgesetzt, das sich formal am aktuellen Baustil der umliegenden Wohnbauten orientierte – hierin dem Landesinstitut für Arbeitsschutz in der Pfarrstraße 3 vergleichbar, das ebenfalls von Schulze geplant wurde.
Streng symmetrisierend steckte Schulze den Zugang mittig in den Bau. Das rückwärts über die Grundlinie ausgeklinkte Treppenhaus erschließt gemäß Eingabeplan zwei Einheiten in jeder Etage. Das Erdgeschoss war zunächst als Büro genutzt worden. Die Gestaltung der siebenachsigen Fassade kann als barockisierender Jugendstil bezeichnet werden. Dabei wies die Blockhaftigkeit des großen Gebäudes den eingesetzten Dekorelementen die Aufgabe einer Flächenbewältigung zu. In die Dachzone oberhalb der Eingangsachse setzte Schulze ein kleines Zwerchhaus, die hierfür gesprengte Trauflinie tariert die Breitenwirkung der Fassade aus. Die Dachzone erfuhr in den 1990er Jahren zusätzliche Aufbauten, nachdem sich der Staat zu einer Nutzungsänderung des gesamten Areals entschlossen hatte.

Emil-Riedel-Straße 17. Auf zuvor unbebauter Parzelle ließ sich 1895–96 Schreinermeister Josef Mösl das südlich freigestellte (Hofdurchfahrt) viergeschossige Mietshaus durch Josef Paul errichten. Das tief ins Grundstück reichende Haus gibt einen ab 1895 oft wiederkehrenden Mietshaustyp wieder, der schließlich durch eine Novellierung der Münchner Bauordnung im Juli 1895 ermöglicht worden ist: Ein breiter Mittelflügel ist dem Vorderhaus rückseitig angesetzt, seine Breite ist geringer als die Frontlänge des Vorderhauses, das Treppenhaus erhält Seitenlicht, wie auch die nordwestseitig eingeklinkte Grundlinie des Hauses die Setzung weiterer Fenster erlaubte. Die Fassadenmitte wird durch Engsetzung und verklammernde Verdachung zweier Fensterachsen in einem flachen Risalit und in der Dachzone durch die Bekrönung mit einem heute vereinfachten Schweifgiebel betont. Der vergleichsweise spät in Neurenaissanceformen dekorierte Bau ist als bündiger Zeuge dieser Stilrichtung überkommen. Eine Putzstreifenrustika macht das Erdgeschoss aus, durch ein schlichtes Kaffgesims von den Obergeschossen geschieden. Ornamentierte Brüstungszonen und segmentbogenförmige Verda-

Emil-Riedel-Straße 17

Emil-Riedel-Straße 16

chungen, denen Frauenköpfe in dynamischem Muschelwerk eingeschrieben sind, bilden die Fensterrahmungen des 1. Obergeschosses, Dreiecksgiebel mit kurzen Schultern wurden als Verdachungen des 2. Obergeschosses gewählt, wobei die Giebelfelder wiederum Muscheln einnehmen. Durchaus üblich, wurden die Fenster des 3. Obergeschosses schlichter verdacht. (Die Fassadeninstandsetzung und Fenstererneuerung von 1976 folgten sachte dem ursprünglichen Zustand. Der Dachgeschossausbau zur heutigen Gestalt fand 1994 statt.)

Emil-Riedel-Straße 18. Der unregelmäßig trapezförmige Häuserblock, der von der Paradiesstraße im Süden, der Emil-Riedel-Straße im Westen, einem kurzen Stück auf Höhe der Dianastraße im Norden sowie der Widenmayerstraße im Osten beschrieben wird, befand sich um 1909/10 zum größten Teil im Eigentum des Privatiers Johann Venzl (mit Ausnahme eines schmalen Abschnitts im Westen des Blocks, der zusammen mit Haus Nr. 16 an der Emil-Riedel-Straße als Magazin des kgl. Landbauamts Teil des Staatsärars war). Von Heinrich Stengel und Paul Hofer wurden die genannten Parzellen, fünf an der Zahl, geschlossen überplant und bis 1911 in nur drei Jahren bebaut. 1909 hatten die Bauarbeiten am nördlich an Nr. 18 anschließenden Mietshaus, dem Kopfbau des Häuserblocks begonnen. Mit der Errichtung des bestehenden Hauses Nr. 18 wurde die Fassadenfolge entlang der Ostseite der Emil-Riedel-Straße zwischen Haus Nr. 16 und Widenmayerstraße 45 schließlich geschlossen. Das rückwärtig neben dem ausmittigen Hauszugang befindliche Treppenhaus erschließt zwei Wohnungen je Etage, gemäß Eingabeplan. Hauptakzent der jugendstiligen Fassadengestaltung ist ein zweiachsiger Flacherker zu drei Geschossen, mit schmalen Seitendurchfensterungen, der vor dem Dachhaus einen Austritt bildet. Das Dachhaus schloss bis zum Umbau des Dachgeschosses 1975 im Norden bündig mit der senkrechten Linie des Erkers ab. Die Erweiterung zur bestehenden Gestalt erfolgte in diesem Jahr durch den Architekten Ludwig M. H. Wiedemann. Die Dekorteile der Fassaden bestehen aus getreppten Putzbändern: Gurtgesimse, übergreifende Lisenen und die Sohlbänke wurden in dieser Art strukturiert, auch die Portaleinfassung folgt diesem Gestaltungsprinzip. (Ein frühes Bombardement im September 1942 zog die Dachwohnung in Mitleidenschaft. Die bestehenden Fenster sind den historischen angenähert. 1998–99 erfolgte die Instandsetzung der Fassade zur heutigen Gestalt.)

◁ Emil-Riedel-Straße 18

Englischer Garten

Ab 1789 in den Isarauen durch Benjamin Thompson Graf von Rumford und Friedrich Ludwig von Sckell angelegter Volksgarten (bis 1799 mit Militärgärten verbunden), 1792 eröffnet, ab 1799 von Reinhard Freiherr von Werneck weiterentwickelt (Anlage des Sees), 1799 um die Hirschau im Norden erweitert, ab 1804 von F. L. Sckell gartenkünstlerisch umgestaltet. Klassischer Landschaftsgarten, sich über fünf Kilometer in den Isarauen erstreckend, mit geschwungenen Wasserläufen und Wegen sowie weiten Sichtflächen zwischen dem Baumbestand. Im Südteil (zwischen Prinzregentenstraße und Isarring) zahlreiche Parkbauten und Denkmäler; Nordteil (Hirschau) rein landschaftlich.

Der Englische Garten, dank seiner Ausdehnung wie seiner künstlerischen Gestaltung einer der bedeutendsten Landschaftsgärten des Kontinents, hat als natürliche Vorgabe die Isarauen, die sich nordöstlich der Altstadt und nördlich der St.-Anna-Vorstadt (Lehel), von den Fortsetzungen der mehrfach Namen und Lauf ändernden Stadtbäche durchzogen, entlang dem linken Isarufer flussabwärts in Richtung Freising erstrecken. (Unter vergleichbaren Voraussetzungen entwickelte sich der Wiener Prater.) Die 1387 erstmals erwähnte „Au vor dem Schwabinger Tor" (am heutigen Odeonsplatz), im Vorfeld der um diese Zeit an der Nordostecke der Stadt entstandenen Neuveste und späteren Residenz, wurde bis ins 18. Jh. vom herzoglichen, ab 1623 kurfürstlichen Hof intensiv als günstig nahe gelegenes Jagdrevier genutzt, in dem ein erheblicher Wildbestand gehalten wurde und häufig Hofjagden – bisweilen mit prominenten Gästen –, Feste und Feuerwerke stattfanden. Hirschanger und Hirschangerwald im heutigen südlichen Teil des Parks und die Hirschau als sein Nordteil sind in diese Frühzeit zurückgehende Flurbezeichnungen. Tobias Volckmers Stadtplan von 1613 zeigt am oberen Rand (s. Abb. S. XXVII) in der Mitte die Übergangssituation von den alten Hofgärten bei der Neuveste zum Jagdrevier in den Auen (mit eingezeichnetem Wild) sowie unweit östlich nahe der Vereinigung mehrerer Bachläufe ein lustschlossartiges Renaissancegebäude, höchstwahrscheinlich die im 16. Jh. mehrfach erwähnte Neue fürstliche Schwaige, von der aus das Revier vermutlich betreut und ökonomisch genutzt wurde (der bemerkenswerte Bau ist bisher noch nicht erforscht und genau lokalisiert worden). Den Auenbereich verwalteten der im Lehel ansässige Au-Jägermeister und der in Schwabing wohnende Au-Knecht. Durch die Anlage der Wallbefestigung Maximilians I. ab 1619 entstand im Übergangsbereich zwischen Residenz samt Neuem Hofgarten einerseits und der freien Naturlandschaft andererseits eine Zäsur, die erst im Laufe des 19. Jh. durch Entfestigung und vor allem großstädtisch-späthistoristische Bebauung nicht verschwand, sondern ihren Charakter änderte; die Anlage der Prinzregentenstraße um 1890, die weitgehenden Luftkriegszerstörungen und die stark reduzierte, völlig andersartige Neubebauung sowie der nördliche Beginn des Altstadtringes haben diese städtebaulich bedeutsame, empfindliche Übergangszone in den letzten hundert Jahren wiederholt gründlich umgestaltet.

Im Zeitalter der Aufklärung, als sich frühromantisches Naturgefühl und rationales Nützlichkeitsdenken verbanden, wurde die Erschließung der Isarauen unter beiderlei Gesichtspunkten fast zwangsläufig aktuell – einerseits ihre gestalterische Interpretation und Ausformung als Landschaftsgarten im englischen Stil, andererseits ihre Nutzung vornehmlich zu landwirtschaftlichen und militärischen Zwecken. Die Gartengründung 1789 erfolgte im Rahmen der Reformpolitik und Zugänglichkeitsöffnungen (u. a. Hofgarten 1780) des Kurfürsten Karl Theodor und seines Staatsmannes Benjamin Thompson – ab 1792 Reichsgraf von Rumford. Dem weltläufigen Angloamerikaner ist die Initiative wie die erste grundlegende Konzeption für die Anlage des – anfänglich auch (Karl-)Theodorpark genannten – Englischen Gartens zu verdanken, speziell auch hinsichtlich der in der Frühphase stark hervortretenden ökonomischen wie militärischen Aspekte. Für die gartenkünstlerische Gestaltung wurde Rumford, dessen Leitung der Park bis 1798 unterstand, der damals noch in Mannheim ansässige Hofgärtner Friedrich Ludwig von Sckell, der Schöpfer des Schwetzinger Schlossparks, zur Seite gestellt, der persönlich mit dem langen Holzstab den geschwungenen Erschließungsweg vom Hofgarten zum Hirschangerwald ins Gelände zeichnete. Die Direktiven des Jahres 1789 – u. a. des kurfürstlichen Gründungsdekretes vom 13. August – beinhalteten die Anlage eines (bislang fehlenden) Volksgartens für die Stadtbewohner (im Jahr der französischen Revolution nicht zuletzt in der Absicht, mögliche Unzufriedenheit abzufangen) sowie die Anlage von Militärgärten, wie sie gleichzeitig auch in den anderen pfalzbayerischen Garnisonsstädten entstanden (Kleingärten für die Beschäftigung und den Unterhalt der Soldaten), dazu eines Elevengartens (mit Festungsmodell) für die Schüler der neu gegründeten Militärakademie, eines Manövergeländes, einer Veterinärschule (s. Veterinärstraße 13), einer Baumschule (nördlich von letzterer) sowie einer Ackerbauschule, Schweizerei (Mustergut für Viehzucht samt Kleewiesen) und Schäferei. Elf (nicht erhaltene) Brücken sollten Muster verschiedener Konstruktionsarten und Stile vorstellen. Durch die gleichzeitige Anlage des Isardammes (mit Allee an der späteren Ifflandstraße) 1790 durch den Ingenieur-Hauptmann Adrian von Riedl wurden die Wasserverhältnisse reguliert. Die Planungen wurden umgehend realisiert, wovon sich der Kurfürst bereits bei seiner Rundfahrt am 26. Mai 1790 ein Bild machen konnte; den 1792 der Öffentlichkeit übergebenen Park besichtigte Kaiser Franz II. am 26. Juli. Am stadtnahen Westrand entstand um

Englischer Garten, Eisbach und Monopteros; Aufn. um 1900

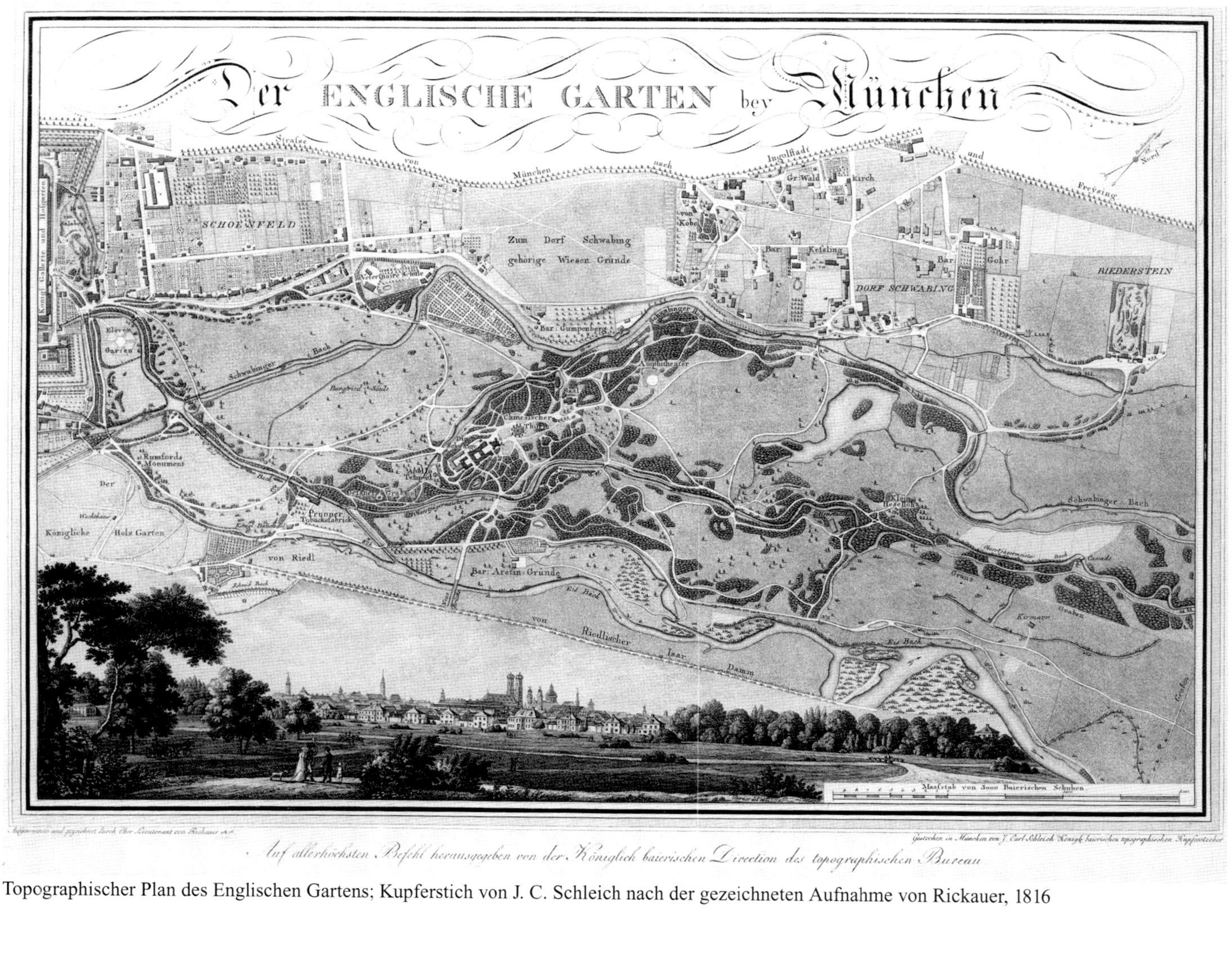

diese Zeit die zum neuen Schönfeldviertel gehörende, ab 1808 so benannte Königinstraße (s. dort) mit offener, einzeiliger Villenbebauung, am südlichen Hauptzugang 1804–06 das Prinz-Carl-Palais (s. Franz-Josef-Strauß-Ring 5), bei dem schräg gegenüber die „Harmlos" genannte Figur aufgestellt wurde (s. Galeriestraße). Ein Plan vom „Theodor Park/Vermessen von churfürstl. Forst-Eleven ao. 1793" (HStA, PLS 5692) zeigt die vollendete Anlage im Erstzustand mit dem kleinen, gerundeten Elevengarten beim Hauptzugang, den aufgereihten kleinen Militärgärten im Bereich östlich der (an ihrer Westseite bereits bebauten) Königinstraße, dem landschaftlich vielgestaltigen, aus dem Hirschangerwald hervorgegangenen Mittelteil samt den eingestreuten Parkbauten – u. a. Ökonomiehof, Chinesischer Turm und benachbarte Gaststätte, Rumfordhaus – sowie die damals noch vorwiegend landwirtschaftlich (als Getreidefelder, Kleewiesen, Weiden) genutzten großen Freiflächen, die im südlichen und nördlichen Parkteil dominierten, gesäumt von Baum- und Buschpartien vor allem entlang den Bachläufen. – Die Vermutung, die Anlage des Englischen Gartens gehe „in ihren Grundzügen wohl" auf Maximilian von Verschaffelt (Hofoberbaudirektor 1796–1801 als Nachfolger von C. A. Lespilliez) zurück (Thieme/Becker 1940) erscheint unbegründet.

Topographischer Plan des Englischen Gartens; Kupferstich von J. C. Schleich nach der gezeichneten Aufnahme von Rickauer, 1816

Englischer Garten;   ▷
topographische Karte, M. 1:25 000

Englischer Garten, Blick nach Süden zur Innenstadt

Mit Rumfords Weggang und dem Regierungsantritt des Kurfürsten, ab 1806 Königs Max Joseph begann eine Periode umfassender Änderungen. Unter der Leitung von Reinhard Freiherr von Werneck 1799–1804 (schon ab 1797 unter Rumford tätig) wurde die ökonomische Nutzung intensiviert, doch 1800/02 auch der Kleinhesseloher See im Nordteil in seiner ersten Form angelegt (1812 erweitert); im Dezember 1799 wurden im Südteil die Militärgärten aufgelöst, im Norden der Park um die Hirschau enorm vergrößert. – Mit der Ablösung Wernecks 1804, der mit der Leitung der Pagerie abgefunden wurde, durch F. L. von Sckell als Intendant sämtlicher Hofgärten (bis zu seinem Tod 1823) traten die gartenkünstlerischen Aspekte ganz in den Vordergrund, gemäß denen (in einer Denkschrift Sckells von 1807 festgelegt) der Park in der Folgezeit zu seiner endgültigen Gestalt weiterentwickelt wurde. Sckells Konzeption des strengen, klassischen Landschaftsgartens mussten etliche der nach moderner Auffassung als verspielt und sentimental geltenden Staffagebauten weichen, die auf dem erwähnten Elevenplan von 1793 und auch noch auf dem 1806 in Kupfer gestochenen Plan des Englischen Gartens von J. Carl Schleich nach Rickauer eingetragen sind. An später abgegangenen Parkbauten und -einrichtungen verzeichnet der Plan von 1806 mit Namen den Elevengarten (im Anfangsbereich der späteren Prinzregentenstraße), das Geßnerdenkmal und den Apollotempel (s. unten bei Steinerne Ruhebank) sowie das halbrunde antikisierende Amphitheater von 1793 (ca. 150 m nördlich des Rumfordhauses); die Prunnersche Tabakfabrik am Ostufer des Eisbaches wurde um 1818 zum bis ins späte 19. Jh. benützten Dianabad umgebaut (an der Nordseite der heutigen Himmelreichstraße). Im Norden zeigt der Plan den Kleinhesseloher See im kleineren Umfang von 1802. An beidseitigen Kleinbauten erwähnenswert sind auch ein ionischer Dianatempel (oder Salettl) und ein „Gotischer Tempel" mit chinesischem Dach (s. Chinesischer Turm).

Ludwig I., der als Kronprinz den Englischen Garten als möglichen Standort für die Walhalla erwogen hatte (ca. 1809), bereicherte die Parklandschaft um den wahrzeichenhaften Monopteros, die Steinerne Ruhebank und die Denkmäler für Sckell und Werneck. 1882 entstand das (später durch Neubauten ersetzte) Seehaus. Ab 1890 bildete die neu angelegte, vom Prinz-Carl-Palais ausgehende Prinzregentenstraße (s. dort) eine markante südliche Begrenzung, gesäumt durch eine (kriegszerstörte) Zeile herrschaftlicher Mietshäuser gegenüber dem Park. Diese Konzeption wurde durch den Bau des „Hauses der deutschen Kunst" (s. Prinzregentenstraße 1) 1933–1937 an der Nordseite der Straße innerhalb der Grünfläche weitgehend durchbrochen. Die 1937/38 durchgeführte Verbreiterung der Königinstraße (s. dort) am Westrand wurde inzwischen (1990/93) wieder rückgängig gemacht. Der Ausbau der querenden Fahrstraße (für Omnibusse) zwischen Martiusstraße und Tivoli 1934 sowie die Anlage der Lastenstraße (1993 zum Isarring ausgebaut) nördlich von Kleinhesselohe 1937/38, die eine starke Zäsur zwischen dem Süd- und Nordteil des Parks schuf, bedeuteten schwerwiegende Eingriffe. Im Zweiten Weltkrieg erlitt der Englische Garten mitsamt seinem Baumbestand schwere Schäden, wurde durch 680 große Bombentrichter aufgewühlt, die Parkbauten und -denkmäler zum Teil beschädigt, der Chinesische Turm 1944 durch Brand zerstört (1952 rekonstruiert). Große Verwüstungen richteten ein Ulmensterben 1947 sowie Stürme 1963, 1988 (im Nordteil) und 1990 an. Im Zeitalter der Wegwerfgesellschaft leidet das Gartenkunstwerk von Weltrang laufend durch verschiedenartige Überlastung und Vandalismus.

Der Englische Garten ist insgesamt – von der Prinzregentenstraße im Süden bis zum Aumeister bzw. zur Leinthaler Straße im Norden – 5,4 km lang, der 2,2 km lange Südteil (bis zum Isarring) mit zum Teil geschweiften Längsseiten rund 500–700 m breit. Die Grünfläche (1988: 373,73 ha) wurde im Lauf der Zeit in den Randbereichen wiederholt bald reduziert, bald erweitert,

Englischer Garten; Aufn. um 1950

Englischer Garten, Kleinhesseloher See nach Osten

und mehrfach von Industrieansiedlungen begrenzt, so der Süd-teil im Osten von der erwähnten Tabakfabrik (später Dianabad) und der Tivoli-Kunstmühle (s. Am Tucherpark und Tivolistraße); der Nordteil, die Hirschau, wurde am Beginn von der noch be-stehenden Firma Loden-Frey (hier ab 1870) im Westen und der Lokomotivfabrik Maffei an der Gyßlingstraße im Osten (hier 1837–1935; zuvor ab 1814 Lindauerscher Eisenhammer) regel-recht eingeschnürt (vgl. Gyßlingstraße).

Den Englischen Garten durchfließen in Längsrichtung westlich der Schwabinger Bach und östlich der Eisbach, die sich vor dem Großen Wasserfall (s. unten) kreuzungsartig berühren; vom Eis-bach zweigt in der Folge links der Oberstjägermeisterbach ab und von diesem kurz nach seinem Beginn links der ihn mit dem Schwabinger Bach verbindende Entenbach. Das malerische Erscheinungsbild des unregelmäßig begrenzten, mit dem ihn speisenden Oberstjägermeister- und dem Schwabinger Bach in Verbindung stehenden, 86.410 m² großen Kleinhesseloher Sees im Norden bereichern drei verschieden große Inseln – die Kur-fürsten-, Regenten- und (als größte bei See-Erweiterung 1812 neu geschaffene) Königsinsel. Große zusammenhängende Wie-senflächen gibt es im Süden zwischen Haus der Kunst und Mo-nopteros (westlich die Schönfeldwiese im Bereich der einstigen Militärgärten, östlich die Große und nördlich von ihr die Kleine Karl-Theodor-Wiese) sowie im Norden zwischen dem zentralen, schon vor 1789 vorhandenen Hirschangerwald, in dem die meis-ten Parkbauten liegen, und dem Kleinhesseloher See (Werneck-wiese). Im Südosten erstreckt sich jenseits des Eisbaches bis zur Lerchenfeldstraße hin der alte Hirschanger (Spiel- und Sport-platz für Schüler seit 1911, darauf 1944–53 Schuttberg mit Luft-kriegstrümmern); weiter nördlich liegen im östlichen Rand-bereich der Apollohain (bis zur Steinernen Ruhebank), die Plan-tagen- und die Bauerwiese sowie beim See die Hochzeitswiese (um nur die größerflächigen Einheiten zu nennen).

Auf den ab 1799 in den Englischen Garten einbezogenen und ausgestalteten Nordteil jenseits von Kleinhesselohe (also nörd-lich des heutigen Isarrings) geht F. L. von Sckell am Ende seiner 1807 dem König überreichten sog. Denkschrift ein, wo er die mit der Parkerweiterung um die Hirschau verbundenen Absichten, den Vorzustand und die Ausbaumaßnahmen anspricht. Man habe die sich noch eine Stunde abwärts erstreckende, 316 Tag-werk umfassende Hirschau mit dem Garten verbunden, „weil man den Reitenden und Fahrenden eine größere Ausdehnung zum Durchlaufen verschaffen wollte", und „diesen 2ten Theil der öffentlichen Promenade (…) 1804 in einem unkultivierten, noch ganz mit Dornen und Disteln überwachsenen Zustand übernommen", in den drei folgenden Jahren dann das Gelände „im einfachen ungeschmückten styl der Natur" für die Öffent-lichkeit erschlossen. Nicht ausgeführt wurde ein Gestaltungs-plan Sckells von 1811, der auch das westlich angrenzende Areal des Schlosses Biederstein einbezog und im Norden den Bau eines Palais Royal (etwa im Bereich der Südostecke des heutigen Nordfriedhofs) vorsah. Am äußersten Nordende des neu kul-tivierten Bereichs entstand 1810/11 das Aujägermeisterhaus (s. Sondermeierstraße 1). Der sog. Forstteil im Nordosten zwi-schen Aumeister und Isar wurde erst 1929 von der Forstverwal-tung an den Englischen Garten abgetreten. Dessen markante nördliche Begrenzung bilden heute die Föhringer Ring genann-te Schnellstraße und der 1908/09 erbaute Nordring der Bahn (weiter südlich durchquerte die Hirschau ab 1902 ein zur Ma-schinenfabrik Maffei an der Gyßlingstraße führendes Industrie-gleis, abgebaut um 1950). Vgl. auch Gyßlingstraße (Vorspann und Nr. 12, 15).

PARKBAUTEN UND DENKMÄLER OHNE HAUSNUMMERN (ALPHABETISCH):

Brücken in großer Zahl über die Bachläufe, vielfach mit Stein- und Eisengeländern vor allem des späten Historismus.

Die *Burgfriedenssäule Nr. 13* ca. 150 m südwestlich des Monop-teros trägt an der Vorderseite diese (auch als 12 lesbare) Zahl und das Datum 1724. Der ca. 2,5 m hohe Tuffsteinpfeiler mit Sockel, Gesims und abgerundet schließendem Oberteil, der in Blenden vorderseitig das Stadtwappen, rückseitig die bayerischen Rauten zeigt, repräsentiert eine barockzeitliche Version des spätmittelal-terlichen Typus, wie er sonst die Grenzen der Stadtgemarkung be-zeichnete (vgl. Marsstraße, vor Nr. 46), und steht im Zusammen-hang mit der Herausnahme des kurfürstlichen Jagdreviers der Hirschau aus dem Burgfrieden im Jahre 1724. Die Aufstellung an

◁ Englischer Garten; topographische Karte, Ausschnitt (Südteil) mit ein-getragenen Denkmälern:

1 Haus der Kunst (Prinzregentenstr. 1)
2 Rumford-Denkmal
3 Japanisches Teehaus
4 Wasserfall
5 Burgfriedenssäule
6 Monopteros
7 Steinerne Ruhebank
8 Ehem. Orangerie
9 Ökonomiegebäude
10 Gaststätte Chinesischer Turm
11 Chinesischer Turm
12 Karusell
13 Rumfordhaus
14 Sckell-Denkmal
15 Werneck-Denkmal
16 Seehaus (Kleinhesselohe 3)
17 Gaststätte Hirschau (Gyßlingstr. 15)
18 Tivoli-Kraftwerk (Gyßlingstr. 12)

Burgfriedenssäule Nr. 13

der neu festgelegten Grenze erfolgte (nach Winschiers 1990) am 5. Juni 1728. 1981 gereinigt und restauriert. (Vgl. die gleichartige Burgfriedenssäule Nr. 22 mit Datum 1724 im Stadtmuseum.)

Der *Chinesische Turm*, nördlich gegenüber der ihm zugeordneten Gastwirtschaft (Englischer Garten 3) gelegen, wahrzeichenhafter und gesellschaftlicher Mittelpunkt des Gartens, verdankt seine Entstehung sicher der Anregung Benjamin Thompsons (ab 1792 Graf Rumford), der die „Pagode" von ca. 1760 in Kew Gardens/London (nach Vorbild der Porzellanpagode in Nanking) kannte. Der am 26. September 1789 begonnene Bau war im Mai 1790 fertig. Nach Entwurf des Militärarchitekten Ing.-Leutnant Joseph Frey in Mannheim (ab 1796 in München) führten unter Aufsicht von Johann Baptist Lechner die Hofzimmermeister Johann Baptist Erlacher und Martin Heilmayr den Holzbau aus (weitere beteiligte Meister und Handwerker bei Dombart 1972). – Im Luftkrieg brannte der Turm am 13. Juli 1944 vollständig ab. Nach Kriegsende erhielt der in traditioneller Bautechnik alterfahrene Architekt Prof. Franz Zell den Auftrag zu einer Rekonstruktionsplanung. Doch erst dem am 12. Juli 1951 konstituierten „Verein zum Wiederaufbau des Chinesischen Turmes" ist die Realisierung zu verdanken; am 12. Juli 1952 konnte das Richtfest, am 6. September 1952 die Übergabe an die staatliche Verwaltung gefeiert werden. (Das Holzmodell von 1951 für den Wiederaufbau befindet sich heute im Museum für Gartenkunst, Schloss Fantaisie, Donndorf.)

Das Vorbild der wesentlich höheren, schlankeren Pagoden in London und Nanking ist in München sehr selbständig und frei abgewandelt, der Vertikalismus stark reduziert zugunsten einer betonten abschnittsweisen Verjüngung, überdies der exotische Typus in eine unverkleidete, ungefasste Holzkonstruktion gemäß heimischer traditioneller Zimmermannstechnik umgesetzt. Der rund 25 m hohe Turm ist über zwölfeckigem Grundriss entwickelt. Die Fichtenholz-Konstruktion verjüngt sich jeweils stark in den fünf Geschossen mit ihren von gefasten Stützen und von Balken getragenen, leicht konkaven, mit Lärchenschindeln belegten Dächern, deren Rand an den zwölf Seiten jeweils konkav einschwingt, sodass insgesamt der Eindruck einer Wellenbewegung vom angestrebt chinesischen Charakter entsteht; die Ecken sind mit vergoldeten Holzglocken behängt. Das Erdgeschoss bildet eine offene Halle von (am Dachüberstand) 16 m Durchmesser mit zwei Ringen von je zwölf Stützen und sechs weiteren um den Treppenkern gruppierten. Die vier bis auf 6 m Durchmesser verjüngten Obergeschosse dienen als von Holzgeländern mit verschränkten Diagonalstäben abgesicherte Umgänge, doch ist die ursprünglich viel gerühmte, intendierte Aussicht über den Park heute infolge Baumwuchs minimiert. Im Kern des Bauwerks liegt die Wendeltreppe mit Brettbalustergeländer. Das polygonale Zeltdach über dem letzten Geschoss endet in einer kupfernen Spitze mit kugelförmigem Knauf (zugleich Blitzableiter; ursprünglich von den Kupferschmieden Messer und Michael Leithner). Um 1790 wird eine heute im Detail nicht nachvollziehbare zumindest partielle Fassung des Innenraumes in Blau erwähnt. Den originalen Bodenbelag im Erdgeschoss hatte Stadtpflastermeister Philipp Zisch gefertigt.

Typengeschichtlich ist der Chinesische Turm ein vergleichsweise spätes Beispiel der im 17./18. Jh. vor allem im aristokratisch-höfischen Bereich verbreiteten modischen Chinoiserie – hier in einer Phase des Übergangs als interessante Umdeutung zum Ausstattungszubehör einer von vornherein öffentlichen, einer großen Stadt zugehörigen Parkanlage, deren weiterer Ausgestalter F. L. von Sckell im frühen 19. Jh. das Requisit eines nicht mehr seiner Auffassung und dem Zeitgeschmack entsprechenden, verspielten Exotismus nur widerwillig duldete und späteren Abbruch nach zu erwartender Vermorschung empfahl.

Englischer Garten, Chinesischer Turm

[Das *Japanische Teehaus*, als authentischer Ort der rituellen Teezeremonie, wurde im Jahr der Olympischen Spiele 1972 auf einer Insel im 1969 zum Teich erweiterten Schwabinger Bach unweit nördlich des Hauses der Kunst aufgestellt (wo damals die Ausstellung „Weltkulturen und moderne Kunst" stattfand), in Verbindung mit einem Teegarten und einem Steg aus Steinplatten. Den hölzernen Fertigbau entwarfen Soshitsu Sen XV. Urasenke, 15. Hauptmeister der Familie Urasenke, und Mitsuo Nomura, Tokio. Nach den Spielen wurde er als Stiftung dem Freistaat übergeben.]

Englischer Garten, Japanisches Teehaus

Der *Monopteros* Leo von Klenzes (1832–37), sowohl reizvolle Staffagearchitektur in der Parklandschaft wie viel besuchter Aussichtspunkt, ist zugleich dem Gedenken an die beiden Fürsten gewidmet, unter denen der große öffentliche Garten gegründet und ausgestaltet wurde. Blickpunkt schon von weitem für den Parkbesucher von der Innenstadt her, auf künstlicher Anhöhe am Nordende einer großen Lichtung – der Karl-Theodor-Wiese – rund 750 m von der Prinzregentenstraße entfernt, bietet die kleine Tempelrotunde einen der bekanntesten Ausblicke auf die ferne Altstadtsilhouette – zusammen mit der weiträumigen baum- und buschgesäumten Rasenfläche im Vordergrund ein Bild von keineswegs dramatisch-vielgestaltigem, vielmehr eher lyrisch-stimmungsvollem, anmutigem und insofern „münchnerischem" Charakter (etwa im Gegensatz zu Ansichten von Prag). Dank seinem bevorzugten Standort im weltbekannten Großstadtpark erzielt der Rundtempel unter seinesgleichen ein Höchstmaß an öffentlicher Wirkung.

Ein schon von Friedrich Ludwig von Sckell 1807 vorgeschlagener Rundtempel auf künstlichem Hügel am Rand des Hirschangerwaldes, ein „Pantheon" mit dem Standbild des Königs Max Joseph und Wittelsbacher-Büsten, wurde nicht ausgeführt (die Idee ging später in das „Walhalla"-Konzept Ludwigs I. ein). Doch war das Projekt nur aufgeschoben; Klenze befasste sich ab 1822 mit Vorplanungen und fertigte 1827 einen Entwurf. Die durch Ludwig I. veranlasste Realisierung im nahen Umfeld der einst vorgesehenen Situierung des Pantheons erfolgte jedoch zugleich als Ersatzbau für den als baufällig abgebrochenen hölzernen Apollotempel von 1790, auf dessen Unterbau Klenze 1838 die Steinerne Bank (s. dort) errichtete. Die Vorbereitungen zum Neubau begannen 1831, die Arbeiten 1832 mit dem Aufmauern des 15 m hohen zylindrischen Ziegelfundamentkerns in der Mitte des aufzuschüttenden Hügels, für den Schutt von der Baustelle des Festsaaltraktes der Residenz verwendet wurde. Die

Englischer Garten, Monopteros

Monopteros, Kuppel

Monopteros, Denkmal

Errichtung und Gestaltung des Hügels (bis 1836) plante und leitete Hofgartenintendant Carl August Sckell (gest. 1840; Neffe und Amtsnachfolger von Friedrich Ludwig von Sckell). Klenze, der parallel dazu die Planung der Tempelarchitektur weiterentwickelte und 1833 den Kostenvoranschlag vorlegte, konnte mit Schreiben vom 18. Januar 1834 dem König von einer beträchtlichen Kostenreduzierung dank des nun vorgesehenen preisgünstigeren Baumaterials, des Ebenwieser Kalksteins (aus dem unteren Naabtal), berichten; erstmals ist auch von der beabsichtigten mehrfarbigen Fassung des Gebäudes die Rede. Am 7. Oktober 1836 war der Bau vollendet, das Gerüst entfernt; im Folgejahr wurde das 1837 datierte Denkmal im Inneren aufgestellt. – Restaurierungen fanden 1898, 1952–55 (nach leichten Kriegsschäden) sowie 1980–82 statt. Tempel wie Hügel sind unter heutigen Verhältnissen seit Jahrzehnten dem Vandalismus ausgesetzt.

Die Gattung des antiken Monopteros, des dem Wortsinn nach „einflügeligen", aus einer Reihe tragender Säulen gebildeten Rundtempels (vgl. Tholos in Delphi, Romatempel auf der Akropolis), war seit dem 18. Jh. als sentimentale Gartenstaffage (z. B. Apollotempel in Neuruppin und Schwetzingen; Venustempel in Stowe und Wörlitz oder als Denkmalgehäuse Leibniztempel Hannover, Keplerdenkmal Regensburg) wieder weit verbreitet (vgl. Weibezahn 1975); auch Klenze hatte in seiner Studienzeit vor 1800 einen runden Athenatempel entworfen. Sein Münchner Monopteros von 1836, ein mit den drei Stufen des Unterbaus (Krepidoma) 16 m hoher, offener Rundbau, besteht aus zehn ionischen, wie bei der Glyptothek unkannelierten und nicht verjüngten „römischen" Säulen, dreiteiligem Gebälk mit Akroterienfolge (Stirnziegel aus Blech) auf dem stark vorgekragten Kranzgesims und in Holz konstruierter, innen kassettierter, außen kupfergedeckter Kuppel, die ein Metallknauf in Form eines von Voluten gestützten Pyr (Zirbelnuss) krönt. Als einem der Protagonisten der Entdeckung der Polychromie in der antiken Architektur wie bei ihrer neuzeitlichen Wiederanwendung kam Klenze der maßstäblich intime Bau im antiken Stil als Möglichkeit zu beispielhaftem Experimentieren gelegen. Eine sorgfäl-

Rumford-Denkmal; Aufn. 1945

Rumford-Denkmal

tige, aquarellierte Zeichnung mit Darstellung der in ihrer Ornamentik natürlich der Antike verpflichteten mehrfarbigen Fassung an Säulenhälsen, Kapitellen, Gebälk, Akroterien, Kuppelknauf (und Kuppelkassetten) sandte er mit erläuterndem Begleitschreiben vom 2. Juni 1837 an das Royal Institute of British Architects in London. Freilich erwies sich wie fast überall im Norden auch dieser Versuch einer farbigen Fassung von Architektur als nicht witterungsbeständig und gab zu Erneuerungen Anlass, so zuletzt nach 1980.

Das im Inneren 1837 aufgestellte Denkmal aus Tegernseer Marmor (Sockel Rotmarmor) hat die Form einer antikisierenden zylindrischen Stele mit Akroterien und vergoldeter Antiqua-Inschrift: „Dem Gruender dieses Gartens/gegen Ende des XVIII Jahrhunderts/Churfuersten Karl Theodor/und/dessen Erweiterer und Verschoenerer/im Anfange des XIX/Koenig Maximilian I/errichtete dieses Denkmal/im Jahre MDCCCXXXVII/ Koenig Ludwig I."

Denkmal für Friedrich Ludwig von Sckell

(Nach Klenzes Plänen wurde 1865 ein korinthischer Monopteros im Nymphenburger Park errichtet.)

Das *Rumford-Denkmal* wurde 1795–96 nach Entwurf des Bildhauers Franz Jakob Schwanthaler als ältestes einer verdienten Persönlichkeit gewidmetes öffentliches Denkmal Münchens am Südostrand des Englischen Gartens (unweit der Lerchenfeldstraße) errichtet zu Ehren des unter Kurfürst Karl Theodor in verschiedenen hohen militärischen wie zivilen Positionen tätigen Staatsmannes, der maßgeblichen Anteil an der Anlage dieses öffentlichen Landschaftsparks hatte; dies feiern – im Rahmen von Rumfords vor allem sozialreformerischem Wirken insgesamt – in zeitüblich poetischer Form die beiden Inschrifttafeln.

Über einem zweistufigen Kalktuffsockel erhebt sich auf querrechteckigem Grundriss der antiken Grabmaltypen verpflichtete, vertikal proportionierte Aufbau aus Molassesandstein, bestehend aus einem blockartig breit gelagerten Unterbau mit Inschrifttafeln an den Breitseiten und dem volutenflankierten Oberteil mit Gebälk und Dreiecksgiebel. In die vertieften Rechteckfelder des Oberteils ist auf der dem Garteninneren zugewandten Seite das ovale Alabaster-Bildnisrelief Rumfords im Profil eingelassen, auf der anderen Seite – zur Straße hin – ein Hochrelief mit zwei allegorischen weiblichen Gestalten Hand in Hand, links Bavaria mit ovalem Schild (auf Schwanthalers Entwurf im MStM, Inv. Nr. 5 1988, mit den bayerischen Rauten), rechts Abundantia mit Füllhorn in Anspielung auf die Blüte des Landes unter Karl Theodor und seinem Staatsminister; durch einen Kugelaufsatz auf der Giebelspitze – auf alten Abbildungen sichtbar – war diese Seite als Hauptansicht hervorgehoben.

Das im Zusammenhang mit der Ausstattung des Englischen Gartens entstandene, dem bayerischen Staat gehörige Denkmal wurde dem Grafen Rumford bereits zur Zeit seines Wirkens in Bayern (1784–98), doch während vorübergehender Abwesenheit in London, „von seinen Freunden" bzw. „von Münchens dankbaren Einwohnern" gewidmet (Dombart 1972, S. 129). Karl Theodor hatte als Reichsvikar 1792 den Amerikaner Benjamin Thompson (1753–1814) zum Reichsgrafen von Rumford (Stadt in Massachusetts; heute Concord) erhoben. – Das durch den Luftkrieg vor allem im Giebelbereich beschädigte Denkmal wurde 1954/55 und 1981 restauriert. (Vgl. das jüngere Rumford-Denkmal an der Maximilianstraße.)

Das *Denkmal für Friedrich Ludwig von Sckell*, den Hofgartenintendanten, dem die Gestaltung des Englischen Gartens in erster Linie zu verdanken ist, entwarf noch in dessen Todesjahr 1823 Leo von Klenze im Auftrag des Königs; 1824 führte es der Bildhauer Ernst von Bandel (nachmals Schöpfer des Hermanns-Denkmals im Teutoburger Wald) aus. Das stark verwitterte Original in Grünsandstein wurde 1932 abgetragen (nur die Säule; die Abb. bei Alckens 1936 zeigt allein den Unterbau), 1939 eine von Bildhauer Georg Pezold gefertigte Kopie in Kalktuff aufgestellt; zuletzt 1983 restauriert.

Das ca. 9 m hohe Denkmal steht auf einer Halbinsel am Ostufer des Kleinhesseloher Sees unter einer Baumgruppe. Über Stufenpodest und vierseitig umlaufender steinerner Sitzbank auf Konsolen erhebt sich der kubische, in seiner Detailgestaltung an antike Sarkophage gemahnende Unterbau mit Inschriften und Abschluss durch liegende Voluten zwischen Eckakroteren; darauf steht eine korinthische Säule mit palmettengemustertem Schaft, dessen Unterteil die allegorischen Relieffiguren der vier Jahreszeiten umgeben; den Abschluss bildet ein dekorativer Aufsatz mit Pyr (Zirbelnuss; zunächst war an eine Büste Sckells gedacht). Die Inschriften erwähnen Namen und Lebensdaten (1750–1823) des Geehrten, die Stiftung des Denkmals durch Max I. Joseph 1824 und die Erneuerung 1939.

Steinerne Ruhebank, Exedra; Aufn. um 1940

Steinerne Ruhebank, Rückwand

Die *Steinerne Ruhebank*, im Auftrag Ludwigs I. 1838 nach Entwurf von Leo von Klenze unweit südöstlich der Rückseite der Ökonomiegebäude (Englischer Garten Nr. 2) errichtet, steht auf einer Halbinsel des Eisbaches unter einer malerischen Baumgruppe auf dem kreisrunden, zweistufigen Unterbau des einstigen Apollotempels von 1790. Die auf eine weitere Sockelstufe gestellte halbrunde Sitzbank vom Typus der antiken Exedra – Material: Kelheimer Kalk – wird von geschweiften Wangen mit Greifenfüßen eingefasst. Auf der Rückenlehne die Antiqua-Inschrift „Hier wo ihr wallet war sonst Wald und Sumpf"; an der Außenseite Rechteckblenden. Der halbrunde Vorplatz mit gemusterter Flusskieselpflasterung. Letzte Restaurierung 1983. – Der hölzerne Apollotempel, ein 1789/90 nach Entwurf von Johann Baptist Lechner errichteter zehnsäuliger toskanischer Monopteros mit Kuppel, wurde bald baufällig und nach Fertigstellung von Klenzes Monopteros (s. dort) an anderer Stelle abgebrochen. Der in Ansichten von Simon Gaßner (1790), Johann Jakob Dorner (1795), Georg von Dillis (1810) und Carl August von Lebschée (1835) überlieferte kleine Rundbau, der eine Apollofigur von Joseph Muxel umschloss, bildete den Mittelpunkt des seinerzeitigen Apollohaines, in dem seit 1793 auch ein heute verschollenes Denkmal für den damals hochgeschätzten Zürcher Idylliker Salomon Geßner aufgestellt war (1838 entfernt, vor dem Zweiten Weltkrieg im Ökonomiehof).

Der *Große Wasserfall*, 1814/15 nach Konzeption Friedrich Ludwig von Sckells als romantisches Naturschauspiel in ebenem Gelände künstlich angelegt, liegt im innenstadtnahen Südteil des Gartens im Bereich einer höchst eigenartigen Bachkreuzung – nominell der mit den Spitzen sich berührenden, ein X bildenden Knickstellen des Schwabinger Baches (westlich) und des Eisbaches (östlich; zum Teil auch zum Oberstjägermeisterbach gerechneter Abschnitt). Den nördlichen Abfluss des Schwabinger

Baches aus der Kreuzung flankierten 1798–1806 zwei Sägemühlen (die eine bis 1803 Getreidemühle). F. L. von Sckell plante hier gemäß seiner Denkschrift von 1807 den „natürlichen Wasserfall" zu situieren, mit Felsbrocken, rahmenden Baum- und Buschpflanzungen und Aussichtsbrücke im Norden (im Zug der wichtigen Karl-Theodor-Fahrstraße). Von dem 1808 genehmigten Projekt fertige Hofbauintendant Andreas Gärtner 1813 ein Modell. Der sowohl von der Brücke her in seiner bildhaften Gesamtheit wie aus den seitlichen Baum- und Gebüschpartien her partiell aus der Nähe zu betrachtende, über eine lediglich niedrige, leicht konkave Staustufe schnell strömende Wasserfall erhält sein angestrebt „malerisches" Aussehen durch eine Vielzahl gezielt angeordneter, die aufschäumenden Wassermassen teilender roher Tuffsteinblöcke, das sich mit den Geräuschen, den Flimmereffekten des Lichtes im Wasser und den Verschattungen durch Bäume und Gebüsch zu einem künstlichen Naturerlebnis verbindet. Die Anregungen zur Gestaltung wie zu dem attraktiven Sujet überhaupt bezog Sckell aus der von den Zeitgenossen besonders geschätzten niederländischen Landschaftsmalerei des 17. Jh. (z. B. Allaert van Everdingen und Jacob van Ruisdael, die mehrfach Wasserfälle darstellten), andererseits natürlich aus der nahen Alpenregion. – Der *Kleine Wasserfall* befindet sich am Oberstjägermeisterbach in der Hirschau („Cascade" schon auf Plan von 1806).

Östlich benachbart an einem parallelen Nebenarm des Schwabinger Baches stand das seit Zerstörung im Luftkrieg (1944) ruinöse, 1956 abgebrochene *Brunnhaus* von Friedrich von Gärtner, das die beiden 1842–44 vor der Universität errichteten Brunnen speiste (s. Geschwister-Scholl-Platz). Nach Franz Hallbaums Urteil (1927) störte der fabrikmäßige Rohbacksteinbau die poetische Stimmung des Wasserfalls.

Kinderkarusell siehe Englischer Garten 4 (vormals).

Großer Wasserfall

Sog. X-Brücke

Denkmal für Reinhard Frhr. von Werneck

Das *Denkmal für Reinhard Freiherrn von Werneck* (gest. 1842), Direktor des Englischen Gartens 1797 bzw. 1799–1804 als Nachfolger Rumfords und Vorgänger Friedrich Ludwig von Sckells, wurde laut Inschrift den Verdiensten des Generalleutnants „um Verschoenerung des Gartens durch erste Anlage des Sees [1802] gewidmet von Ludwig. I. (...) 1838." Das von Leo von Klenze entworfene, ca. 6,4 m hohe Denkmal aus „weißem Marmor" (Kelheimer Kalkstein), ursprünglich in Wachsfarben leicht polychromiert (Dombart 1972), steht auf leichter künstlicher Anhöhe unweit dem Nordostufer des Kleinhesseloher Sees und nördlich vom Seehaus; es hat die antikisierende Form einer vertikalen Inschriftstele mit rahmender Ädikula aus freistehenden Hermenkaryatiden, dreiteiligem Gebälk und Akroterien; den Sockel flankieren steinerne Sitzbänke mit geschweiften Wangen. Restauriert 1979 und 2005. (Zum Motiv der Hermenpfeiler mit Frauenköpfen vgl. Ausst.Kat. Klenze 2000, S. 501. – Auch Klenzes Denkmal für Graf Schlitz-Görtz in Regensburg von 1822/24 weist derartige Pfeiler auf, deren Köpfe – gemäß Klenzes Zeichnung „Allegorien für Wohltätigkeit und Bürgersinn" – ihre Gesichter allerdings nach drei Seiten hin wenden.)

Vgl. Gyßlingstraße mit Nr. 12 und 15.
Vgl. auch Kleinhesselohe 1–5.
Vgl. Sondermeierstraße 1 (Aumeister).

GEBÄUDE MIT HAUSNUMMERN:

[**Englischer Garten 1a.** Die ehem. *Orangerie*, Rest der um 1895 am Nordende der Oettingenstraße angelegten kgl. Hof-, später Staatsgärtnerei (Hofblumen-Treibgarten), ist ein Pultdachbau mit hohen, schmalen Rechteckfenstern an der Ostseite und schmälerem zweigeschossigem Annex im Süden. (Zur Verwaltung des Englischen Gartens gehörig, heute für Kunstausstellungen genutzt.) Nördlich Torpfeiler mit Kugeln, Teil der durch etwas erhöhte Pfeiler gegliederten Einfriedungsmauer. – Auf dem Gelände der 1950 aufgegebenen Staatsgärtnerei entstand 1950–55 nach Entwurf von Richard Eckert auf kammartigem Grundriss der zweigeschossige, mit Satteldächern gedeckte Komplex des Senders Freies Europa (Englischer Garten 1; Stiftung des amerikanischen Volkes), der nach der „Wende" nach Prag übersiedelte (heute Hochschulinstitute).]

Englischer Garten 2. Der *Ökonomie- und Verwaltungsbau,* ursprünglich kurfürstl. Schwaige – landwirtschaftlicher Musterbetrieb zur Viehzucht nach Schweizer Vorbild –, bildet mit dem Gaststättenbau nördlich davon (s. Nr. 3) eine axial angeordnete Gruppe. Erbaut 1790/91 (erweitert 1792/93) nach Angaben von Benjamin Thompson (ab 1792 Graf Rumford) und Entwurf von Johann Baptist Lechner, ausgeführt durch Hofmaurermeister Simon Streitner und Hofzimmermeister Johann Baptist Erlacher unter Bauaufsicht von Franz Thurn. Kern des verschiedentlich umgebauten und erweiterten, nach schweren Luftkriegsschäden wiederaufgebauten Komplexes ist ein erdgeschossiger Flügelbau, der im Süden einen quadratischen geschlossenen und nördlich davon einen zum Gaststättenbau hin offenen, gärtnerisch gestalteten und mit einem Ziergitter abgegrenzten Hof umschließt. In der Mittelachse beider Quertrakte rundbogige Durchfahrten, über der nörd-

Englischer Garten 1, Orangerie

lichen an der Seite zum Ehrenhof kleiner Dacherker mit Floriansfigur, über der Süddurchfahrt spätere Aufstockung mit Zeltdach. Das Nordende des Westflügels pavillonartig gegen Westen verbreitet, mit ausgebautem, verblechtem Mansarddach (Verwaltung; mit dem ehemaligen Pendant östlich gegenüber ursprünglich Gärtner- und Hausmeisterwohnung). Sonst ziegelgedeckte Satteldächer, zum Teil mit Schopfwalm endend. An drei Seiten Annexe und weitere Wirtschaftsgebäude aus verschiedenen Phasen, vor allem im Süden axial um einen dritten, ehemals größeren Hof gruppiert. Letzte Instandsetzung mit Veränderungen 1981.

Englischer Garten 2, Ökonomiegebäude, nördlicher Hof

Englischer Garten 2, Ökonomiegebäude von Südwesten

Englischer Garten 3, Gaststätte Chinesischer Turm

Englischer Garten 3. Die *Gaststätte Chinesischer Turm* (ursprünglich Chinesische Wirtschaft oder Palais u. ä.) ist eine 1912/13 errichtete annähernde Nachbildung des Vorgängerbaues von 1789/90. Diesen hatten nach Direktiven Benjamin Thompsons (ab 1792 Graf Rumford) und Entwurf von Johann Baptist Lechner Hofmaurermeister Simon Streitner und Hofzimmermeister Johann Baptist Erlacher ausgeführt. Der teilweise in Holz konstruierte, morsch gewordene Bau wurde 1912 abgetragen und durch einen völlig massiven Neubau in derselben Grundform, jedoch leicht vergrößert (wohl nur um die ehemaligen Seitenarkaden) und mit zum Teil veränderten Details ersetzt. Die ausführende Baufirma Gebrüder Rank feierte hier am 7. Dezember 1912 ihr fünfzigjähriges Bestehen. Instandsetzungen 1951 und 1982/83.

Die dem nördlich gegenüber sich erhebenden Chinesischen Turm zugeordnete Gaststätte, mit Freiausschank und Biergarten gesellschaftlicher Mittelpunkt des Gartens, bildet zusammen mit den sich rückseitig im Süden anschließenden Ökonomiegebäuden (s. Nr. 2) eine axial angeordnete Baugruppe. Der sich über hohem Sockel (Kellergeschoss) erhebende rechteckige Baukörper erhält den angestrebten exotisch-malerischen Charakter durch seine horizontale wie vertikale Staffelung und die chinesische Bauart zitierenden, konkav geschweiften Walmdächer mit Zieraufsätzen. Diese kupfergedeckten Dächer sitzen über dem zweigeschossigen, herausragenden Hauptbaukörper in der Mitte und den vier erdgeschossigen, vortretenden Eckpavillons, zwischen welche vorderseitig (im Norden) die über dem Sockelgeschoss erhöhte Gasthausterrasse mit dekorativem Nagelfluhgeländer und zweiläufiger Freitreppenanlage eingespannt ist. Die eingeschossigen pultgedeckten Nebentrakte an den Längsseiten sind zwischen den Eckpavillons leicht zurück-

gesetzt und von je drei großen Rundbogenfenstern des Hauptsaales durchbrochen. Der Bau von 1789 hatte stattdessen an den Längsseiten offene Arkadengänge mit Brüstungsgeländer. Der gelb und weiß gestrichene Erstbau enthielt außer dem großen Wirtssaal „von vornehmen Verhältnissen" mit eingelassenen Spiegeln mehrere weitere Zimmer, „Porcellain-Zimmer", Küche und weitere Nebenräume; erwähnt werden auch Bildhauerarbeiten von Schöpf, der zusammen mit dem Bildhauer Schwarzthaller und dem Steinmetz Schweinberger auch außen an Treppe und Terrasse tätig war. Der Hauptsaal der Gaststätte wurde zuletzt 1992 neu gestaltet (mit Gemälden von Linprun als Leihgaben der Schlösserverwaltung); darüber im Obergeschoss liegt der Bankettsaal.

Verschiedene kleinere Staffage- und Funktionsbauten der Zeit um 1790 im nahen Umkreis wurden schon infolge des von F. L. Sckell um 1807 vertretenen Geschmackswandels wieder beseitigt, so ein polygonaler „gothischer Tempel" mit konkav geschweiftem Spitzdach im chinesischen Stil und ein um einen Baum gelegter, überdachter polygonaler Tanzplatz (beide unweit östlich von der Gaststätte), ein hölzerner Lust- und Speisesaal (Vorläufer heutiger Biergartengebäude), „chinesisch" geformte Brücken u. a.

Englischer Garten 4 (vormals). Ein *Kinderkarussell,* obligat in jedem Volkspark, besaß der Englische Garten schon seit der Biedermeierzeit (nach 1823); das Aussehen des schlichten, polygonalen Holzbaus mit Zeltdach ist durch ein Foto des Architekten Franz Zell von 1908 überliefert (Dombart 1972, Abb. S. 191). Der aufwendigere, noch bestehende Ersatzbau von 1913 – eine historische Rarität – entstand auf Initiative des kgl. Obersthofmeisterstabes als Gemeinschaftswerk des Schwabinger Bildhauers Joseph Erlacher (Firma Gebr. Erlacher) und des Dekorationsmalers August Julier, der auch den Betrieb übernahm (Schmid 1993). Der im besuchten Parkzentrum unweit nordöstlich des Chinesischen Turms stehende hölzerne, mehrfarbig (vor allem weiß und grün) gefasste Zwölfeckbau repräsentiert den an der Phase „um 1800" orientierten neubiedermeierlichen Zeitgeschmack. Zwischen die in der Art von toskanischen Säulen stilisierten Rundstützen sind weiß gestrichene Holzgitter bzw. Gittertüren im Gartenlaubenstil eingespannt; das weit vorkragende Zeltdach ist mit Schindeln gedeckt. Die Drehbühne ist mit einem abwechslungsreichen Ensemble von hölzernen, bemalten Objekten – Tieren zum Reiten, historischen Fahrzeugen – ausgestattet; außerdem enthält das Innere eine Spielorgel sowie Bilder von Sternzeichen, Münchner Originalen und Märchengestalten. (Letzte Restaurierung um 1980.)

Englischer Garten 5. Das sog. *Rumfordhaus,* auch Rumfordsaal oder -schlösschen genannt, ein maßstäblich intimer frühklassizistischer Bau von 1790/91, rechtzeitig fertiggestellt vor den im Parkgelände abgehaltenen Schwabinger Manövern vom Mai 1791, wurde nach Entwurf des Hofkriegsratsassessors Johann Baptist Lechner von Hofmaurermeister Simon Streitner (auch Streittner, Streiter) und Hofzimmermeister Johann Baptist Erlacher, die Dachdeckung in Kupfer von Kupferschmiedmeister Michael Leithner ausgeführt. Das im Schwerpunktbereich des Gartens etwa 135 m nordnordwestlich vom Chinesischen Turm gelegene, typologisch an ein kleines Herrenhaus erinnernde Gebäude repräsentiert in München vielleicht am besten den international, besonders auch im angloamerikanischen Bereich vorherrschenden vornehm-schlichten Palladianismus (wie ihn z. B. auch der später in München tätige E. J. von Herigoyen vertrat); ein gestalterischer Einfluss oder Hinweis des den Bau veranlassenden Kriegsministers Benjamin Thompson (ab 1792 Graf Rumford) ist zu vermuten. Ursprünglich als Militärcasino, d. h. in erster Linie Offiziers-Speiseanstalt dienend, wurde das Gebäude in der Folge auch

Englischer Garten 4, Kinderkarussell

Englischer Garten 5, Rumfordhaus

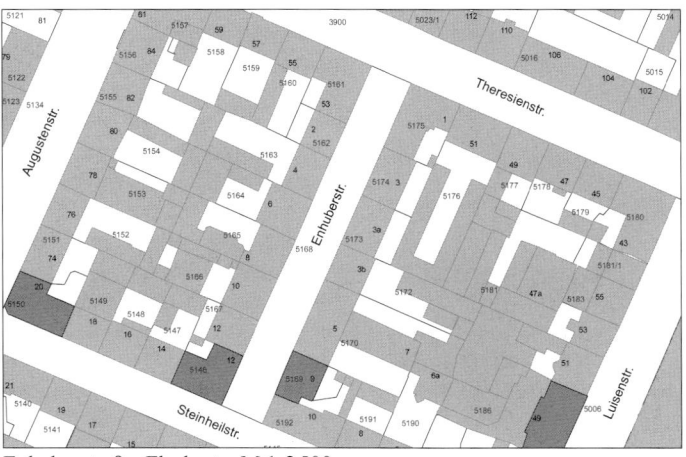

Enhuberstraße; Flurkarte, M 1:2 500

vom Hof bei Jagden und für andere Veranstaltungen genutzt (heute verpachtet; seit 1966 Kinderfreizeitstätte des Kreisjugendrings München-Stadt).

Der querrechteckige, traditionell gelb gestrichene, rau verputzte Bau mit hellsilbergrauer Gliederung und ebenfalls hell gefassten Holzsäulen umfasst ein Sockelgeschoss (mit Gewölben; ehemals wohl u. a. Küche), ein hohes Hauptgeschoss – nach Beschreibung der Bauzeit mit dem 150 Personen fassenden Spiegelsaal von 16 Fuß (ca. 4,80 m) Höhe und vier weiteren großen Zimmern – sowie ein niedriges Obergeschoss mit kleinen querrechteckigen Fenstern (ehemals Wirtswohnung; Innenräume heute schmucklos; großer Raum – der ehem. Speisesaal?, doch mit neuer Zwischendecke – am Südende; räumliche Disposition und Veränderungen bisher nicht untersucht). Die Fassadengliederung ist einfach, mit kleinen querrechteckigen Fenstern im Sockel- und im niedrigen oberen Geschoss sowie Hochrechteckfenstern (mit wohl jüngeren Korbgittern) im Hauptgeschoss; den Eingängen in der Längsseitenmitte sind vorn wie rückseitig sechssäulige ionische Portiken mit verjüngten Holzsäulen und Dreiecksgiebeln vorgelegt, welche die jeweils doppelläufigen Freitreppen überfangen. Die Schmalseiten dreiachsig, die nördliche zweigeschossig, die südliche mit zwei Rechteckfenstern zu Seiten eines großen Rundbogenfensters, das durch eine profilierte Putzrahmung in Form eines um die seitlichen Öffnungen reduzierten Palladiomotivs (Serliana) ausgezeichnet ist – wohl die Belichtung des ehem. Saales. Auf eine vertikale Gliederung wurde verzichtet; das hölzerne Gebälk ist dreiteilig mit fasziertem Architrav, glattem Fries und profiliertem Kranzgesims. Das mäßig steile Walmdach wird vom Satteldach des Eingangstraktes mit den beiderseitigen Portiken durchkreuzt, der im Inneren eine wohl veränderte, kleinteilige Raumaufteilung aufweist.

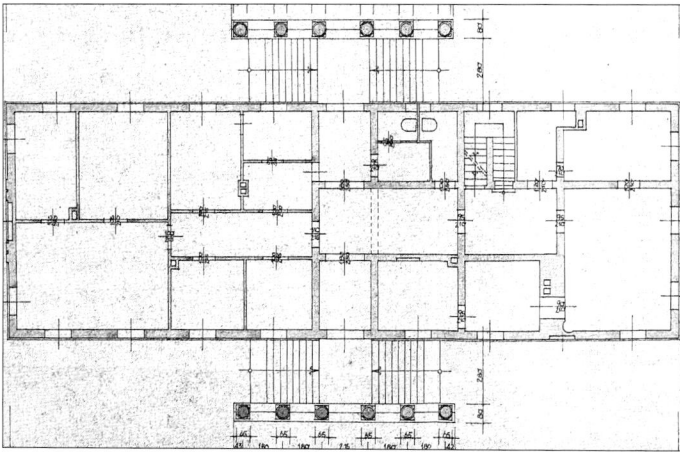

Rumfordhaus; Grundriss Erdgeschoss, 1947

Enhuberstraße

Kurze, geradlinig nach Nordosten führende Straße der Maxvorstadt, die, als Teil der geometrisierenden Stadterweiterung des 19. Jh. streng parallel zur Augustenstraße im Westen und Luisenstraße im Osten verlaufend, die Steinheil- und die Theresienstraße verbindet. Von ihrer ursprünglich geschlossenen Bebauung aus der Zeit um 1875/90 hat sich lediglich das Haus Nr. 9 (1877) sein bauzeitliches Aussehen bewahren können. Die zwischen 1874 und 1876 angelegte Straße wurde 1877 nach dem Genremaler oberbayerischen Volkslebens, Karl von Enhuber (1811–1867), benannt.

Enhuberstraße 9. Auf zuvor unbebautem Grund ließ sich 1877 Franz Xaver Kollmer das viergeschossige Mietshaus von Heinrich Lehmpuhl errichten, Kollmer war Eigentümer und Bauherr mehrerer Objekte in diesem Quartier. Gemäß Eingabeplan nahm jede Etage zwei Wohnungen mit tiefen Dunkelzonen auf. Die Fassade ist ein gut überliefertes Beispiel für die gestalterischen Charakteristika der Neurenaissance, einer Instrumentierung mit Stilelementen der italienischen Renaissance. (Für das Haus Nr. 9 an der Enhuberstraße ist eine alternative Fassadentektur im späten Maximilianstil mit Akroterien in den Verdachungen protokollarisch belegt, was den Reichtum an Stilvarianten illustrieren mag.) Mit dem Ziel einer Rhythmisierung der Fassadenfläche sind die vier mittleren Fensterachsen der insgesamt sechsachsigen Front eng gesetzt. Das durchfensterte Erdgeschoss macht eine Raupütz-Streifenrustika aus, die Brüstungszone der Fenster des 1. Obergeschosses besteht aus zwei Gurtgesimsen, Gesimse fassen die Hauptgeschosse zusammen. Die Verdachungen der Fenster des 1. Obergeschosses sind gruppierte Segmentbögen und Dreiecksgiebel über Akanthuskonsolen. Die Verdachungen des 2. Obergeschosses bilden schlichte Gesimsstücke. Die Fensterrahmungen des 3. Obergeschosses zeigen schlichtere, geohrte Profile mit stilisierten Scheitelsteinen. Der Zahnfries des Dachgebälks ist erhalten geblieben, ebenso die vergleichsweise seltene Kniestockdurchfensterung. (Im Dezember 1944 und Januar 1945 wurde das Anwesen von Spreng- und Brandbomben in Mitleidenschaft gezogen, das Dachtragwerk zunächst verschoben und dann zerstört. Die behutsame Fenstererneuerung wurde 1991 vorgenommen.)

Enhuberstraße 9

Erzgießereistraße

Geradlinige Straße der Maxvorstadt, die in nordöstlichem Verlauf die Nymphenburger Straße im Süden und die Dachauer Straße im Norden verbindet. Ein bereits auf Stadtplan von 1820 eingetragener Weg wurde bald darauf als „Feld-Straße" die Zufahrt zur Königlichen Erzgießerei. Die Umbenennung in Erzgießereistraße erfolgte um 1840. Neben dem dominierenden Gebäude der im Zweiten Weltkrieg zerstörten Königlichen Erzgießerei (s. unten) prägte zunächst eine lediglich im nördlichen Bereich angesiedelte lockere Bebauung einzelner Anwesen die Straße. In den Hausnummern 41, 43 und 47 hat sich ein eindrucksvolles Ensemble kleinteiliger Vorstadthäuser aus der Zeit um 1860 erhalten. Die Neubebauung des südlichen Teils der Straße zwischen Kreittmayr- und Nymphenburger Straße erfolgte überwiegend nach dem Zweiten Weltkrieg.
[Die abgegangene *Kgl. Erzgießerei* (alt Nr. 14, später 15, heute Nr. 17–21), ein von Ludwig I. (schon als Kronprinz) gefördertes Unternehmen, das Weltruf erlangte, flankierte bis zur Zerstörung im Luftkrieg 1943/44 den Mittelabschnitt der Erzgießereistraße zwischen den (erst später angelegten) Querachsen Linprun- und Kreittmayrstraße (heute hier Mietshäuser des späten 20. Jh.). Westlich der Erzgießereistraße, günstig platziert in der Nähe der benötigten Sandgruben (vgl. Sandstraße), entstand

nach Plänen von Leo v. Klenze 1824–26 das Werkstattgebäude (Altbau, 1846/47 von Karl Klumpp aufgestockt), das mit den flankierenden, stark zurückgesetzten Gießhäusern für Bronze- bzw. Eisenguss einen rückseitigen offenen Hof einschloss. Gegenüber an der Ostseite der Straße (heute Nr. 16–22) errichteten Klenze und sein Mitarbeiter Johann Ulrich Himbsel 1828–29 das Große Gießhaus, das 1843 nach Osten erweitert wurde; hier wurde u. a. die Kolossalfigur der „Bavaria" gegossen (nordseitig Aufstellung einer hochragenden hölzernen Bavariahütte für Schwanthalers Modell). Nördlich vom Altbau entstand 1858 das bis zum Zweiten Weltkrieg existierende Erzgießereimuseum mit Gussmodellen und Abgüssen, das 1863/64 einen Flügelbau erhielt (zuletzt Erzgießereistraße 29, nach Kriegsschäden verändert, um 1987 abgebrochen). Inspektor der Erzgießerei war von 1825 bis zu seinem Tod 1844 Johann Baptist Stiglmaier, dann sein Neffe Ferdinand von Miller d. Ä. († 1887, vgl. Ferdinand-v.-Miller-Platz), in dessen Besitz die Kgl. Erzgießerei (weiterhin unter ihrem Namen) 1873 überging; 1931 wurde sie mangels Aufträgen geschlossen. F. v. Miller hatte unweit südlich am Beginn der Straße ostseitig sein klassizistisches villenartiges Wohnhaus (ehem. Nymphenburger Straße 22; s. dort/Vorspann) mit nach Norden anschließendem Garten, der bis weit ins 20. Jh. unbebaut blieb. Nördlich davon – Erzgießereistraße 14/Ecke Linprunstraße – stand die im Luftkrieg zerstörte (baugeschichtlich noch zu untersuchende) Neubarockvilla, angeblich von Gabriel Seidl erbaut und umgebaut, in welcher der Goldschmied und Kunstgewerbler Prof. Fritz v. Miller († 1921, Sohn von Ferd. v. Miller d. Ä.) und sein Sohn, der Architekt Rupert v. Miller, wohnten. – An das einstige Unternehmen, das mitsamt Museum bis zum Ersten Weltkrieg als Sehenswürdigkeit galt, erinnert außer dem Straßennamen heute nur das neue Hotel Erzgießerei Europe (Nr. 15, Ecke Linprunstraße).]

Erzgießereistraße 41. Auf zuvor unbebautem Grund errichtete der Bautechniker Josef Tausend zusammen mit dem formverwandten Haus Nr. 43 (Bauwerber war dort Conrad Barth) das spätklassizistische Vorstadthaus 1877–78 für Wolfgang Stelzner. Die südlich freigestellte Hofzufahrt von Haus Nr. 41 bedingt infolge des Parzellenzuschnitts eine abgeschrägte Grundlinie des Hauses. Die innere Struktur wird von vergleichsweise klein-

Erzgießereistraße; Flurkarte, M. 1:2 500

Ehem. Erzgießereistraße 14/Ecke Linprunstraße; Aufn. um 1940

Erzgießereistraße 41 und 43 (von links)

teiligen Wohnungszuschnitten geprägt. Substanziell sah sich das Gebäude infolge eines Totalschadens im Januar 1945 (Haus unbewohnbar/Notdachstuhl von J. Bergmaier) arg geschwächt, entsprechend sind bis heute mehrere Instandsetzungsstadien an den Fenstern ablesbar.

Erzgießereistraße 43. Bautechniker Josef Tausend erbaute das mit dem südlich angrenzenden Mietshaus Nr. 41 formverwandte, spätklassizistische Vorstadthaus 1877 für den Zimmermeister Conrad Barth. Wie dort wird das Innere des Hauses von vergleichsweise kleinen Zuschnitten geprägt. Erhebliche Kriegszerstörungen im Januar 1945, in deren Folge auch Haus Nr. 43 unbewohnbar geworden war, haben das Gebäude in seinem Bestand reduziert (ablesbar am Nebeneinander der Fenster unterschiedlichen Alters). Während die Gliederung der vierachsigen Fassade von Haus Nr. 41 durch die Eng- und Weitsetzung von Fensterachsen erfolgte, war die Rhythmisierung der Fassade von Nr. 43 untergeordnetes Gestaltungsziel. Beachtung verdient die aus der Erbauungszeit überkommene Ladensituation im Erdgeschoss.

Erzgießereistraße 47. Auf zuvor unbebautem Grund ließ sich der Bauunternehmer Josef Bommer 1863–64 das bestehende, bis 2002 gut nachvollziehbare spätklassizistische Vorstadthaus durch den Baumeister Heuberger errichten. Zwei kleine Wohnungen je Etage erschloss das Treppenhaus, zugänglich von der Hofdurchfahrt in der nördlichen Achse her. Charakteristisch für die Erbauungszeit ist die eher schlichte Dekoration der Fassade (vgl. Haus Nr. 41 und 43): Einfache Gesimsstücke bilden die Verdachung der Fenster des 1. Obergeschosses, ebensolche die Sohlbänke der Fenster darüber. Eine erste, erhebliche Beeinträchtigung des Bestandes ist infolge eines Bombardements im Januar 1945 zu verzeichnen, das Dachtragwerk und die schon seit der Erbauungszeit eingebaute Dachwohnung wurden zerstört. Das historische Erscheinungsbild der Fassade erfuhr in jüngster Zeit eine Veränderung durch die Aufstockung eines 3. Obergeschosses in Leichtbauweise. Die 2002 stattgefundenen Modernisierungen belegen einen Eklektizismus der Erhaltungsmöglichkeiten zwischen moderner, gestalterisch abgesetzter Ergänzung und altartiger Zurichtung unter Orientierung an ursprünglich überbauten „Vorvorzuständen": Das Erdgeschoss wurde 2002 historisierend

gemäß Eingabeplan von 1863 rückgebaut, Stichbogenfenster ersetzten hier postmoderne Nachkriegsgestaltungen mit weiten Betonstürzen.

Erzgießereistraße 48. Der Bierwirt Brückner ließ sich 1864 von Maurermeister Gottlieb Meier und Zimmermeister Wenig das Wohn- und Wirtschaftsanwesen an der nordöstlichen Ecke Erzgießerei-/Dachauer Straße erbauen. Die Grundlinie der beiden spätklassizistischen Straßenfassaden (mit abgeschrägter Ecke) folgt der Charakteristik des

Erzgießereistraße 48

Straßenanschlusses in einem leichten spitzen Winkel. Gemäß Bestandsplan von 1905 befanden sich im Erdgeschoss Läden, ein Gastlokal mit angeschlossenem Tanzsaal, darüber wurden vom Treppenhaus im Hofwinkel drei Wohnungen unterschiedlichen Größenzuschnitts in jeder Etage erschlossen. Die Hofdurchfahrt befand sich bis 1910 in der östlichen Achse der Fassade an der Dachauer Straße, wurde schließlich als Laden mit Vorplatz und einem zusätzlichen Zimmer adaptiert. Im Vergleich zum erwähnten Bestandsplan ist die heutige Fassade erheblich geschlichtet: Putzbänder-/lisenen, einfache Gurtgesimse, Eintiefungen der Brüstungszonen und schlicht profilierte Sohlbänke sind Rudimente einer vormals reicheren Dekoration. (2005 wurde die Geschosszahl der maximal zulässigen Bauhöhe angepasst; bei der Modernisierung des Erdgeschosses verfolgte man hingegen eine historisierende Wiedergewinnung.)

Erzgießereistraße 49. Die Errichtung des Mietshauses durch Josef Stadler in den Jahren 1902–03 vollzog sich als Überbauung des Pavillonzwischenraums zwischen dem schon 1863–64 errichteten südlich angrenzenden Haus Nr. 47 an der Erzgießereistraße und dem um 1900 vollendeten zweiflügeligen Eckbau im Norden (an der Einmündung des Straßenverlaufs in die Dachauer Straße). Die Häuser Nr. 49 und 51 (auch als Dachauer Straße 141 nummeriert) waren beide Eigentum des Privatiers und Molkereibesitzers Roman Bader. Zur Trennung der Anwesen kam es 1919. Im Erdgeschoss des Hauses befand sich in den Räumen südlich der Durchfahrt ein Laden, in den Obergeschossen darüber je eine Wohnung. Der in neubarocken, aber vergrößernd stilisierten Formen gehaltene Fassadendekor entspricht der Erstgestaltung. Die Fensterersetzung wurde 1980 vorgenommen.

Erzgießereistraße 47

Erzgießereistraße 49

Blick in die Ettstraße nach Norden, links Turm von St. Michael und ehem. Albertinum; Aufn. nach 1913

Ettstraße

(Vgl. Ensemble Altstadt.) 1886 nach dem an St. Michael wirkenden Komponisten vor allem sakraler Musik Kaspar Ett (1788–1847) benannt, zuvor (u. a. auf Stadtplänen von M. Paur, 1729 und J. Consoni, 1806) „Weite Gasse", noch früher Jesuitengässl u. a. Die kurze Straße (nördlich von der Karmeliterstraße fortgesetzt) wird westseitig von der östlichen Längsfront der Jesuitenkirche St. Michael (Nachfolgebau des Schäftlarner Klosterhofs) und einem anschließenden Kollegtrakt mit (heute in der Höhe reduziertem) Turm an der Ecke der Maxburgstraße begrenzt (vgl. Neuhauser Straße 6), ostseitig am südlichen Anfang von der Eingangsfassade der profanierten Augustinerkirche (vgl. Neuhauser Straße 2) und nördlich anschließend vom Komplex des Polizeipräsidiums mit eingefriedetem Eingangsvorhof (s. Ettstraße 2), Nachfolgebau des säkularisierten Augustinerklosters.

ARCHÄOLOGISCHE BEFUNDE: An der Ecke Ettstraße/Maxburgstraße Baustellenbeobachtung und Fundbergung: neuzeitliche Turmverfüllung (Fundst.-Nr.: 7835/0365). Bauarchäologische Untersuchungen 1998 an einer Ecke im Turm ergaben, dass dieser bis auf 3 m Tiefe mit Bauschutt, Knochenmaterial und neuzeitlichen Scherben aufgefüllt ist.

Ettstraße; Flurkarte, M. 1:2500

Ettstraße 2/4. *Polizeipräsidium* (mit Augustinerstraße 2/3 und Löwengrube 2/3), baulich im Zusammenhang mit der ehemaligen Augustinerkirche (vgl. Neuhauser Straße 2). Das Polizeipräsidium steht auf dem Areal des 1802 aufgehobenen, 1911 abgebrochenen Augustinerklosters, das sich seit dem Erstbaubeginn 1291 sukzessive zu einem der nächst Residenz, Jesuitenkolleg und Herzog-Maxburg größten Baukomplexe in der Altstadt entwickelt hatte. Es nahm den gesamten Block nördlich der Augustinerkirche zwischen der Ettstraße im Westen, der Löwengrube im Norden und der gekrümmt der ältesten Stadtbefestigung folgenden Augustinerstraße im Osten ein. Die Befestigungsanlagen samt Graben sind in diesem Abschnitt noch auf Sandtners Stadtmodell von 1570 zu sehen, auf dem das Kloster als noch relativ kleine, um drei Höfe – der größte an der Nordseite der Kirche sicher der Kreuzgang – gruppierte Anlage dargestellt ist, im Norden und Westen von weiteren Nebengebäuden, Hof- und Gartenflächen umgeben. Am auffälligsten ist ein stattliches Giebelhaus im spitzen nordöstlichen Winkel zwischen Augustinerstraße und Löwengrube. Umfassende Baumaßnahmen sind nach den Großbränden von 1429 und 1434 anzunehmen. Nach N. Lieb (1941) fanden 1575/76 Ausbaumaßnahmen statt. Die Vogelschau-Stadtpläne der 1. Hälfte des 17. Jh. von Volckmer, Hollar und Merian zeigen, vielleicht etwas vereinfachend schematisiert, als Hauptteil des Komplexes einen Hof nördlich der Kirche, nordseitig von einem dominierenden Querflügel begrenzt; genauer ist die Klosteransicht bei F. Milensius 1613 mit zwei Höfen nebeneinander (Herrbach, in: OA 111 [1986], Abb. 2). In der Barockzeit erfolgte von 1653 bis etwa 1660 ein völliger, stark erweiterter Neubau, in der Hauptsache um einen großen, querrechteckigen Hof an der Nordseite der Kirche („Kreuzgärtel" auf einem Lageplan von 1710); jenseits des zur Kirche parallelen Nordtraktes, der u. a. das Refektorium enthielt, erstreckte sich ein zweiter weiter „Klosterhof" (so 1710) nach Norden; im Westen entlang der heutigen Ettstraße, neben der Seitenfront von St. Michael, lag der Klostergarten. Im Osten bildete ein langer, konkaver Trakt entlang der Augustinerstraße den Abschluss, der auf den Ansichten von M. Wening (um 1700) noch fehlt, jedoch schon auf den eindrucksvollen Vogelschau-Ansichten von Johann Matthäus Steidlin (um 1731) viergeschossig dargestellt ist, zusammen mit der neuen, sechs kleine Höfe umschließenden Bebauung entlang der Löwengrube, dem sog. Augustiner-Mietstock aus sieben gleichartigen, viergeschossigen Häusern, einer typengeschichtlich höchst bemerkenswerten, etwa 100 m langen Anlage von 1708–12, die von Johann Georg Ettenhofer und Stadtmaurermeister Hans Mayr ausgeführt wurde (nach Herrbach, in: OA 111 [1986], S. 38). Diese zur Erhöhung der Klostereinnahmen bestimmte Mietshausgruppe wurde nach der Verstaatlichung zu Beginn des 19. Jh. klassizistisch umgestaltet und an verschiedene Privatleute verkauft. 1709 entstand auch ein Klostertrakt an der Westseite des Nordhofes, 1724–27 folgten zwei weitere Mietshäuser an der Augustinerstraße (als Nordteil der dortigen konkaven Gesamtbebauung).

Als bemerkenswerte Einrichtungen sind die als schön bezeichnete, wohl barocke Klosterbibliothek – Beispiel einer in München völlig untergegangenen Gattung – und die Brauerei im Nordwestbereich Ecke Ettstraße/Löwengrube zu erwähnen, die 1328 erstmals genannt wird (natürlich schon zuvor existierte).

Im 19. Jh. diente der sog. Augustinerstock (auch Augustinergebäude) – mit Ausnahme der als Mauthalle genutzten ehem. Kirche im Süden und der privatisierten Mietshäuser im Norden – der Unterbringung des Justizministeriums und verschiedener Justizbehörden, was mehrfach Um- und Erweiterungsbauten zur Folge hatte (u. a. Schwurgerichtstrakt im nördlichen Hof). Nach Vollendung des neuen Justizpalastes (s. Prielmayerstraße 5) bestimmte die Staatsregierung das Areal als Bauplatz für das neue Polizeipräsidium (gegründet 1799; ab 1808 in der ehem.

Ettstraße 2/4, Polizeipräsidium, Westflügel (rechts ehem. Augustinerkirche)

Ettstraße 2/4, Polizeipräsidium, Grundriss Erdgeschoss, um 1914 (rechts ehem. Augustinerkirche)

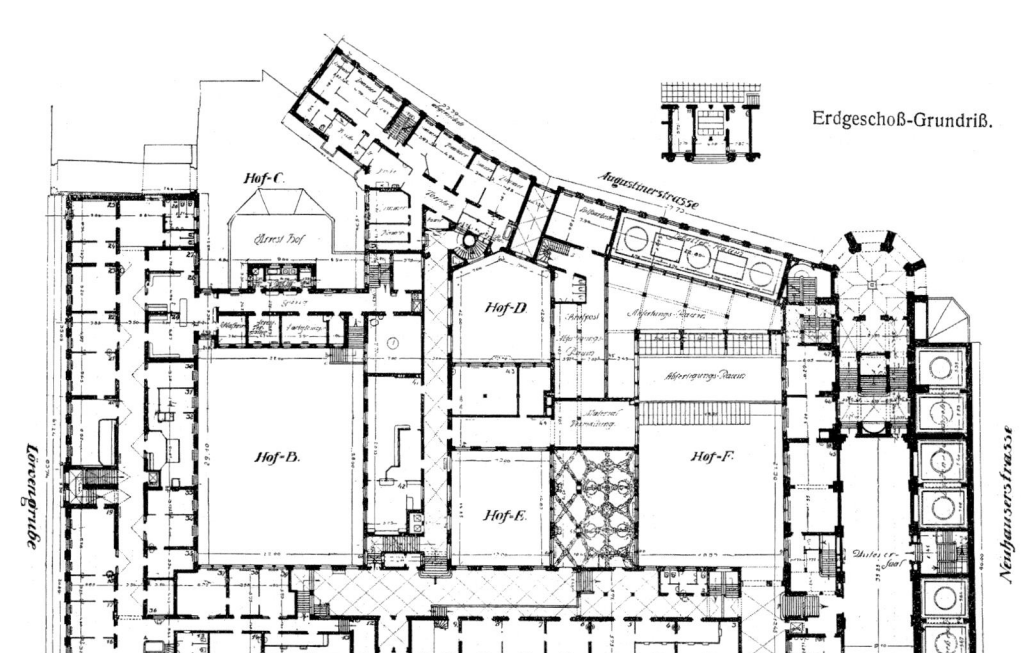

Stadtschreiberei im Tal 1, 1826–1914 im ehem. Institut der Englischen Fräulein an der Weinstraße untergebracht). Im Architektenwettbewerb von 1908/09 gewann der Entwurf von Delisle und Ingwersen den ersten Preis. Ausgeführt wurde allerdings ein während der Bauarbeiten laufend weiterentwickeltes Projekt von Theodor Fischer, der 1909 einen dritten Preis gewonnen hatte und mit der weiteren Bearbeitung, im Oktober 1910 dann auch mit der Bauausführung beauftragt wurde. Während nach langen öffentlichen Kontroversen die ehem. Kirche im Süden erhalten blieb, erwarb der Staat im Norden die Mehrzahl der privatisierten Mietshäuser zur Erweiterung des Baugrundes zurück. Nach Abbruch der Altbauten ab Januar 1911 begann im Juli die Grundaushebung; bis Spätherbst 1912 war der Neubau größtenteils unter Dach; Ende 1913 konnte die Schutzmannschaft (zuvor Weinstraße 10), im März 1914 die Polizei einziehen. Leiter des Baubüros war Bauamtsassessor Franz Geiger, mit August Thomeier als Bauführer; Ausführung der Erd-, Beton- und Maurerarbeiten durch die Firma Leonhard Moll. Die Raumausstattung erfolgte durch die Vereinigten Werkstätten für Kunst und Handwerk. Für die künstlerische Ausgestaltung außen wie innen zog Fischer eine Reihe namhafter Bildhauer und Maler hinzu.

Das Polizeipräsidium, der größte Neubaukomplex des frühen 20. Jh. in der Altstadt, ist aufgrund seiner Vereinigung von vielseitig differenzierter Funktionalität mit der städtebaulichen Einfügung in das durch den Dom im Osten, St. Michael im Westen, das ehem. Karmelitenkloster im Norden und die einbezogene ehem. Augustinerkirche (vgl. Neuhauser Straße 2) im Süden umschriebene Areal als eine der Meisterleistungen Theodor Fischers zu werten. Die Umrisse entsprechen im Wesentlichen denjenigen des ehem. Klosters, die um insgesamt sechs verschieden große

Polizeipräsidium, Ostflügel (Augustiner-
straße 2/3)

Ettstraße 2/4, Polizeipräsidium, Nordflügel

Höfe gruppierte Baumasse ist jedoch erheblich verdichtet und auf durchschnittlich sechs Nutzungsebenen erhöht worden, die gestalterisch freilich z. T. auf unterschiedliche Weise, etwa als Zwischen- oder Dachgeschosse, in ihrer Wirkung reduziert sind. Die drei rund 100 m langen Außenfronten sind, der jeweiligen Situation entsprechend, völlig unterschiedlich gestaltet, jede mit eigenem Zugang, wobei der Haupteingang für den Besucherver-kehr an die als Schaufront ausgebildete Westseite gelegt ist. Hier ist zwischen dem vortretenden Westende der ehem. Kirche und dem weiter vorgezogenen, an den Nordflügel westlich angesetz-ten niedrigeren Dienstwohngebäude eine dem ehem. Klostergar-ten entsprechende Platzsituation gegenüber der Baumasse von St. Michael geschaffen worden, freilich notwendigerweise abge-grenzt durch künstlerisch gestaltete Mauern und Gitterzäune. Im Süden liegt neben der Kirche eine Pfeilereinfahrt; im bevorzug-ten Blickfeld von Süden her stehen quergestellt die den Haupt-zugang flankierenden gekehlten Muschelkalkpylonen mit lie-genden Löwenfiguren von Bernhard Bleeker. Der stark zurück-gesetzte, hohe Westtrakt ist durch ein schlichtes Sockel- und Erdgeschoss, Jugendstil-Putzrahmen um die Fenster im 1. Stock, rasterartige Putzrahmenstrukturen in den beiden unterschiedlich hohen oberen Geschossen und geschweifte Zwerchhäuser im Dachgeschoss gekennzeichnet. Repräsentativstes Detail am Ge-samtbau ist hier die dreiachsige Portalzone – eine Fischers Auf-fassung gemäß völlig unpathetische, stark dekorative Variante des traditionellen Triumphbogenmotivs mit reichem, kleinteili-gem Reliefschmuck von Bernhard Halbreiter, Fresko von Julius Diez im Bogenfeld (Personifikation des Gesetzes, flankiert von der strafverhängenden und der strafvollstreckenden Justiz) so-wie einem Sinnspruch auf dem schmalen Abschlussgesims. In die kleinen Fenstergiebelfelder des 2. Stocks sind Kleinplastiken von Georg Römer aus glasierter Terrakotta eingesetzt (u. a. die zwölf Tierkreiszeichen). Der Westflügel endet mit dem hohen Westgiebel des Nordtraktes samt filigran durchbrochenem Uhr- und Glockenturm, den eine flache Schweifhaube mit Anklängen an den Augsburger Stil der Elias-Holl-Zeit deckt. Westlich vor-gelegt ist dem Nordbau das nur viergeschossige Wohngebäude mit Walmdach, Zwerchgiebeln, Fensterläden und westlich zwei Flacherkern, die farbige Majoliken von Josef Floßmann zieren. Am einfachsten behandelt ist die an den Wohnbau anschließende, zweckhaft wirkende Fassade des Nordflügels an der Löwengrube mit zwei zusammengefassten Untergeschossen, abgesetztem 6. Geschoss (Aufstockung; ursprünglich Dachgaubenreihung) und Treppenhaus-Flacherker neben der Einfahrt, den ein vielfiguri-

Ettstraße 2/4, Ostflügel, Portal

Ettstraße 2/4, Polizeipräsidium, Westflügel, Hauptportal; Aufn. 1985

ges allegorisches Relief der „Salus publica" von Jakob Bradl ziert (in den Rechteckfeldern darüber früher Fresken der sechs Hauptlaster von Bruno Goldschmitt). Die Pfeilerreihung der Erdgeschosszone ist der einzige Anklang an den verbreiteten zeitgenössischen Neuklassizismus; im Hauptgeschoss darüber Jugendstil-Putzrahmen wie an der Westseite. Der höhere, völlig sachliche östlichste Abschnitt des Nordflügels wurde erst um 1928 nach Erwerb des dortigen alten Wohnhauses des ehem. Augustiner-Mietstockes ergänzend angebaut (das östlich anschließende, äußerlich klassizistische Wohnhaus Löwengrube 1 im spitzen Winkel zwischen Löwengrube und Augustinerstraße stand noch bis zum Zweiten Weltkrieg; 1925 als Postamt adaptiert, blieb aus dieser Zeit nur das Erdgeschoss mit Fenstergittern erhalten; 1999/2000 stattdessen Erweiterungsbau des Polizeipräsidiums).

Der konkave, im Süden an den vorspringenden Chor der ehem. Klosterkirche angebundene fünfgeschossige Ostflügel beeindruckt durch seine bewusst monoton-additive, von keinen gliedernden Elementen unterbrochene Gestaltung mittels auch an den anderen Seiten wiederkehrender Motive – in der Erdgeschosszone die neuklassizistischen Wandpfeiler samt Gebälk wie im Norden, im Hauptgeschoss die jugendstiligen Fensterumrahmungen wie sonst auch, im Dachgeschoss die Gaubenreihung und einzelne Zwerchhäuser mit Schweifgiebeln wie an der Westfront. Das wichtigere der beiden Eingangstore ist in eine tiefe Nische gelegt, das ovale Oberlicht flankieren die freskierten allegorischen Figuren von „Krieg" und „Frieden" von Bruno Goldschmitt.

Für die Außengestaltung des Großkomplexes bezeichnend ist, dass Fischer „ein entschiedener Feind falscher Monumentalität" (Geiger 1922, S. 22) und somit dem wilhelminischen Neoklassizismus wie dessen archaisierenden Übersteigerungen abgeneigt war; ebenso ist in seinem Werk der stilbezogene Historismus zugunsten einer freien Verwertung und Kombination traditioneller Gestaltungselemente überwunden. Naturstein (Tuffkalk) ist nur für den Sockel und wenige Details verwendet; ansonsten dominiert bis heute „das starke ruhige Grün der Putzflächen, erzeugt durch den Anstrich mit Keimschen Mineralfarben, das blendende Weiß der Fensterteilung, das (...) helle Rot des Schwandorfer Biberschwanz-Daches" (Geiger 1922, S. 24). Die einzelnen Höfe waren durch verschiedene Farbanstriche gekennzeichnet, die 1999 wiederhergestellt wurden. – Hervorgehoben wurde an Fischers an sich groß dimensionierter Konzeption seit jeher der Verzicht auf zur Schau gestellte Macht unter Vermeidung auch der bloß additiven Monotonie eines Bürokomplexes.

Die repräsentativsten Räume legte Fischer in den westlichen Haupttrakt. Hier folgt auf das Windfang-Vestibül die quer gelegte, mehrteilige Halle mit gemauerten Netzrippenwölbungen, im zweischiffigen Südteil mit zwei achteckigen Pfeilern aus Wallenfelser Graumarmor und Kreuzgratgewölben. Hier schließt sich östlich (zwischen den Höfen E und F) der gewölbte, durch Pfeilerpaare asymmetrisch geteilte Rapportsaal (zugleich Fest- und Prüfungssaal, später Verkehrszentrale) an, ursprünglich mit reicher ornamentaler Deckenmalerei von Anton Kiesgen. Das bewusst auf Monumentalität verzichtende dreiläufige Haupttreppenhaus liegt dem Haupteingang gegenüber. Die gestalterisch einfache Halle im 1. Stock mit Spiegeldecke wirkt vor allem durch den geometrisch strukturierten Mosaikplattenboden; an der Westwand Kriegerdenkmal. Gegen Norden sind westlich anliegend die Direktionsräume aufgereiht, mit dem Dienstzimmer des Präsidenten im Verbindungstrakt zum nordwestlichen Eckbau (mit der Dienstwohnung). Am Nordende der Raumflucht liegt die Bibliothek, zugleich Sitzungssaal, mit (kriegszerstörter) Stuckdecke von Wilhelm Nida-Rümelin. Bemerkenswert ist ferner der gewölbte Treppenhausbereich im Nordflügel; an diesen schließt sich südlich – zwischen den Höfen B und C – das in Beton konstruierte achtgeschossige Arrest-

Ettstraße 2/4, Nordflügel, Relief

haus mit den Gefängniszellen an. Nutzungen des Präsidiums wurden auch in den gewölbten Seitenschiffsbereich der einstigen Klosterkirche eingebaut.

Das Polizeipräsidium ist natürlich im weiteren Sinn auch eine Stätte politischer Geschichte, die hier nur mit dem Hinweis auf die Einsetzung Himmlers als kommissarischer Polizeipräsident im März 1933 (bis 12. April) angesprochen werden kann; unter ihm und seinen Nachfolgern wurde das Gebäude „eine zentrale Stelle des nationalsozialistischen Terrors in ganz Deutschland" (vgl. Weyerer 1996, S. 26 f.).

Im Zweiten Weltkrieg erlitt das Polizeipräsidium in vielen Bereichen unterschiedlich schwere Schäden, die vor allem 1945–48 durch das Landbauamt unter Erhaltung des äußeren Erscheinungsbildes allmählich behoben wurden; die größte Fehlstelle erstreckte sich an der Westfassade von der zweiten bis zur sechsten Fensterachse von Süden.

Ettstraße 2/4, Erdgeschoss, Halle, Südteil; Aufn. 1985

Ettstraße 2/4, Erdgeschoss, Halle; Aufn. 1985

Färbergraben

(Vgl. Ensemble Altstadt.) Der Färbergraben, benannt nach einem hier (am Grabenbach) einstmals – jedoch keineswegs dominierend – ausgeübten Gewerbe, ist Teil des die Befestigung der ältesten, hochmittelalterlichen Stadt außenseitig umziehenden Straßenrings, und zwar des im Südwestsektor, dem Hackenviertel, gelegenen Abschnitts, der im Osten an der Sendlinger, im Nordwesten an der Kaufingerstraße endet, ehemals jeweils knapp vor den dortigen (inneren) Stadttoren. Die Bebauung erfolgte beidseitig, die nordseitigen Parzellen mit Rückseite zum Stadtgrabenbach reichten über ihn hinweg vielfach bis an die nördlich parallele Fürstenfelder Straße (s. dort), zu der über die (modern platzartig erweiterte) Sattlerstraße eine Querverbindung besteht. Infolge starker Straßenverbreiterung (um 3–6 m) erhielt die Nordseite zwischen Sendlinger und Sattlerstraße 1874/76 auf zurückgesetzter Baulinie eine neue homogene Mietshausbebauung mit Neurenaissancefassaden, von der nur Nr. 10 erhalten blieb. Auch an der Südseite wurde die Bausubstanz vor allem im späten 19. Jh. weitestgehend ausgewechselt (vgl. Nr. 14/Vorgängerbauten), desgleichen beiderseits des kurzen, nach Norden abgebogenen Straßenteils von der Sattlerstraße bzw. der Abzweigung des Altheimer Ecks bis zur Kaufingerstraße. An diesem Straßenabschnitt standen ostseitig vor dem Zweiten Weltkrieg das Kaufhaus Knaggge und Peitz (mit eingezogener Ecke zur Sattlerstraße; 1887/89 von Karl Stöhr, 1910/13 von demselben umgebaut) und nördlich anschließend die 1888/89 von Hartwig Eggers für den Allgemeinen Gewerbeverein erbaute Gewerbehalle, ein Ausstellungsbau mit zweigeschossiger, in große Fensterarkaden aufgelöster Neurenaissancefassade. (Zu den früheren Eckhäusern an der Kaufingerstraße s. dort, Vorspann; ostseitig seit dem Spätmittelalter Stadtschmiede mit südlich anschließender Oberer Fleischbank). Am Färbergraben sind an Bausubstanz aus der Zeit vor dem Zweiten Weltkrieg außer Nr. 11 nur die beiden Eckhäuser am östlichen Ende erhalten (s. Sendlinger Straße 2 und 4).

ARCHÄOLOGISCHE BEFUNDE: Größere Bodeneingriffe und Umbauten sind aus jüngerer Zeit nicht bekannt. Deshalb ist mit untertägig erhaltenen Resten von Bauwerken, unter der Straße mit verrohrten Bächen und Pflastern und unter den Gebäuden mit Resten von Vorgängerbauten, möglicherweise mit Brunnen und

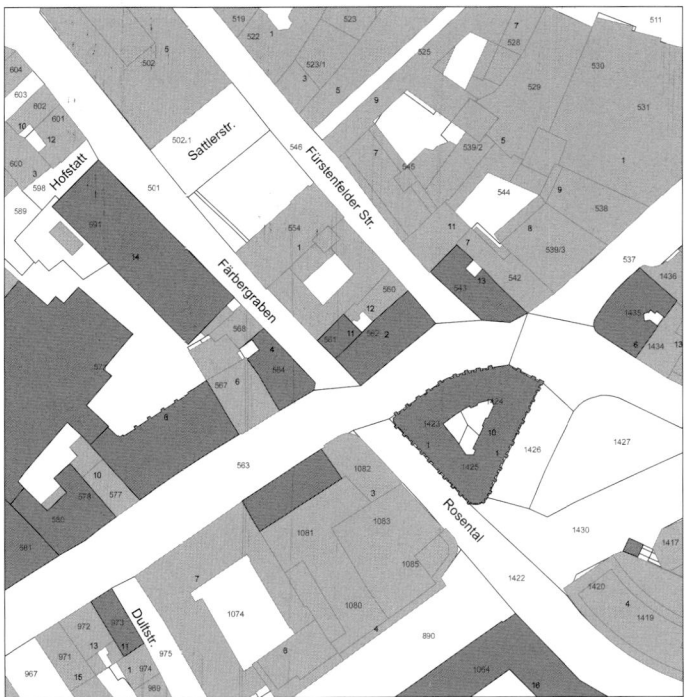

Färbergraben; Flurkarte, M. 1:2 500

Latrinen, zu rechnen. – Unter Färbergraben 1, 5, 11 (zugl. Fürstenfelderstraße 12) und 14 befinden sich Teile mittelalterlicher und neuzeitlicher Bebauung. – Bei den Grundstücken Nr. 4, 6, 14 sowie Neuhauser Straße 1 und Altheimer Eck 2 wurde beim Wiederaufbau nach dem Zweiten Weltkrieg die Mauerfront zurückversetzt, sodass sich heute die Fundamente der ehemaligen Straßenfront unter dem Gehwegpflaster des Färbergrabens befinden.

Färbergraben 1. ARCHÄOLOGISCHE BEFUNDE: *Kanal der Neuzeit* (Fundst.-Nr.: 7835/0200). 2006 fand eine bauvorgreifende archäologische Untersuchung statt. Im nördlichen Bereich der Baugrube waren wegen extremer Störungen durch die Gebäudefundamentierungen keine archäologisch relevanten Befunde mehr vorhanden. Im südlichen Bereich der Baugrube konnte im Profil das Gerinne des gefassten Stadtbaches dokumentiert werden, das vermutlich um 1900 in dieser Form entstand.

Färbergraben 11. Auf Sandtners Stadtmodell (1570) ist ein dreigeschossiges Traufseithaus mit Ohrwaschel rechts dargestellt, auf Stimmelmayrs Skizze (um 1800) ein viergeschossiger

Färbergraben 11

Bau in gleichartiger Häuserzeile. Im Zuge der Straßenverbreiterung wurde die nordseitige Baulinie zurückgesetzt; im Rahmen der gestalterisch homogenen, viergeschossigen Neubebauung mit Mietshäusern entstand am östlichen Ende (neben dem damals der veränderten Situation angepassten Eckhaus Sendlinger Straße 2, s. dort) das allein nach Luftkriegsschäden erhaltene Haus Nr. 11 (früher 10) im Auftrag des Bäckermeister-Ehepaars August und Katharina Rosner, das (seit 1865 Eigentümer des nördlich angrenzenden Anwesens Fürstenfelder Straße 12, s. dort) den Bauplatz 1876 erwarb (Häuserbuch IV 1962). Gestalterisch bildete das viergeschossige Wohn- und Geschäftshaus im Neurenaissancestil mit Läden im Erdgeschoss, Wohnungen darüber sowie Mansarddach mit Gauben eine Gruppe mit den ehemals westlich benachbarten Häusern (alt Nr. 9 und 8), deren Fassaden jeweils mittig durch eine die Fenster zusammenfassende, plastisch wirkende Gliederung betont wurden. Der entwerfende Architekt von Nr. 11 ist bisher nicht ermittelt (vielleicht Baugeschäft F. Hintsche wie beim ehem. Nachbarhaus Nr. 9).

Färbergraben 14. (Vgl. Sendlinger Straße 8.) Sog. *Schreiberbau*. Der zu den fortschrittlichsten, kompromisslosen Neubauten der Nachkriegszeit in der Innenstadt – fast bezeichnenderweise in einer Lage abseits der städtebaulichen Schwerpunkte – zählende erweiternde Verwaltungsbau der Süddeutschen Zeitung entstand an der Stelle eines mehrere schmale Altparzellen zusammenfassenden, späthistoristisch fassadierten Druckerei-Altbaus von 1892 (Färbergraben, alte Nr. 23) und des viergeschossigen Neurenaissancehauses Nr. 25 von 1897. Aus betrieblichen Gründen erfolgte die Realisierung des vom verantwortlichen Architekten Detlef Schreiber mit Herbert Groethuysen und Gernot Sachsse 1963 entwickelten Projektes in zwei Bauabschnitten bis 1970. Dem fünfgeschossigen Stahlbeton-Skelettbau liegt ein Raster von 7 zu 7 m zugrunde. Die letztlich von Vorbildern Mies van der Rohes abgeleitete Vorhangfassade besteht aus schwarz eloxierten Aluminiumsegmenten mit eingesetzter Verglasung zwischen vertikalen Doppel-T-Trägern. Die Fronten im Erdgeschoss sind zugunsten eines umlaufenden Arkadengangs hinter

◁ Färbergraben 14, sog.
Schreiberbau

das Betonskelett zurückgenommen. Der Grundriss ist konsequent dreibündig gegliedert mit in die Mitte gelegten Versorgungs- und Erschließungseinrichtungen. Drei Obergeschosse enthalten Großraumbüros, eines Einzelzimmer, das 5. Obergeschoss Küche, Kantine und Büroräume; das Casino im zurückgesetzten Dachgeschoss ist von der Straße nicht sichtbar. – Im Zuge einer künftigen Nutzung und Neubebauung des SZ-Areals ist der Abbruch vorgesehen (Stand 2007).

Falckenbergstraße

(Vgl. Ensemble Altstadt.) Benannt 1968 nach dem bedeutenden Regisseur, Schauspiellehrer und von 1916–44 künstlerischen Leiter bzw. Intendanten der Münchner Kammerspiele, Otto Falckenberg (1873–1947); zuvor Nordteil der Herrnstraße (s. dort), die in drei jeweils abgewinkelten Abschnitten entlang der Außenseite des Grabens vor der mittelalterlichen Stadtmauer, im schmalen Zwischenraum hinter der Wallbefestigung des 17. Jh. entstanden war; als Herrnstraße erstmals auf Katasterplan von 1814 bezeichnet, einschließlich des damals noch von Gärten, Klein- und Gartenhäusern gesäumten Nordastes. Aus der Frühphase erhalten ist allein noch ein heute zu den Kammerspielen gehöriger Trakt, das sog. Dall'Armi-Schlösschen zwischen Falckenbergstraße 2 und Maximilianstraße 22 (s. unten). Die geschlossene Bebauung erfolgte in der 2. Hälfte des 19. Jh., beginnend mit den Eckhäusern Maximilianstraße 20 und 22 (s. dort). Das Südende flankieren heute zum gewachsenen Komplex der *Kammerspiele* (vgl. Maximilianstraße 26/28, Schauspielhaus) gehörende Betriebsgebäude an den Ecken zur Hildegardstraße: östlich Falckenbergstraße 2 von 1961 (später mehrfach umgebaut und erweitert), westlich der 1997–2001 erbaute freistehende Block (mit Westseite an der Neuturmstraße) des Probengebäudes („Neues Haus" mit Werkraumtheater) von Gustav Peichl und Walter Achatz (Wien) sowie Stefan A. Schumer (München). Den früheren Zusammenhang der Falckenbergstraße mit der Herrnstraße im Süden unterbricht heute der unregelmäßige Komplex eines 1965–68 erbauten Parkhauses (Hochbrückenstraße 9). (Siehe Flurkarte S. 774)

Falckenbergstraße 2. Das ehem. *Dall'Armi-Gartenhaus* („Dall-Armi-Schlösschen") – früher Herrnstraße 54 – ist als wohl das letzte der ehemals zahlreichen Gartenhäuser bedeutsam, die auf dem Gelände der in ihrer fortifikatorischen Funktion nicht mehr benötigten maximilianischen Wallbefestigung der 1. Hälfte des 17. Jh. entstanden waren. Auf dem „Bollwerk hinter dem Bräuhaus" vom Typus der „halben Bastion" (Betz 1959), als Bastion m bezeichnet, zeigen schon die Stadtpläne von Matthias Paur (1705), Maximilian de Groth (1748, „Herrn von Drechsler Garten") und Major Pfister (1785) einen Garten mit rechtwinkligem Wegenetz und Haus – bei Pfister mit ziemlich lang gestrecktem Gebäude, möglicherweise dem bestehenden (oder einem Teil davon); um diese Zeit im Besitz der Gebrüder Nockher. Stimmelmayrs Skizze wohl aus dem späteren 18. Jh. zeigt den „Lebzelter Scheyerl Garten mit dessen Haus" (er war Pächter der Nockher), einem fünf Achsen langen, zweigeschossigen Walmdachbau (vielleicht vor 1785). In seiner späteren Länge (bis ca. 2000) mitsamt dem leichten Knick der Westfassade erscheint der spätestens um 1800 errichtete Bau u. a. auf den Stadtplänen von Consoni (1806) und Rickauer (1812, als Besitz „v. Jacobi" = Friedrich Heinrich von Jacobi, Philosoph und Schriftsteller, 1807–12 Präsident der Akademie der Wissenschaften, wohnte hier von 1805 bis zu seinem Tod 1819); im Adressbuch von 1818 als „Nro. 343 D'Allarmi's, Andreas, königl. General-Controlleurs

◁ Blick in die Falckenbergstraße nach Norden; Aufn. 1995 vor Teilabbruch des Dall'Armi-Hauses (rechts)

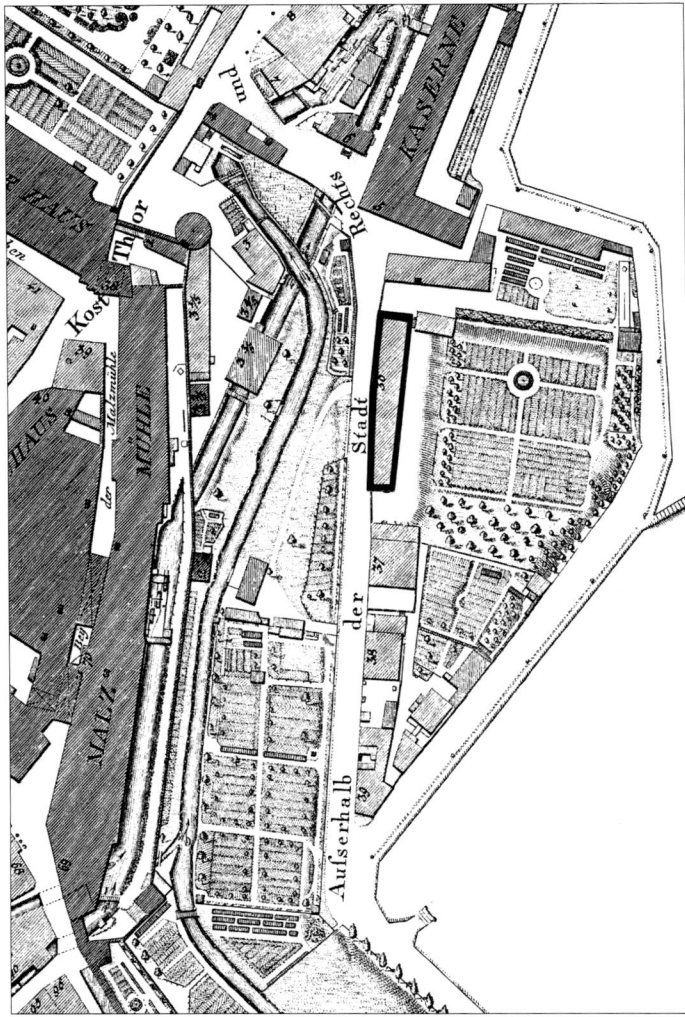

Lageplan von J. Consoni, 1806 (hervorgehoben: Falckenbergstraße 2) ▷

Falckenbergstraße 2; Aufn. 2007

Falckenbergstraße 2, Treppe

Falckenbergstraße 2, ehem. Dall'Armi-Gartenhaus, Ostfassade zum Innenhof; Aufn. 2007

Falckenbergstraße 9

der Staats-Schulden-Tilgungs-Kommission, Söhnen erster Ehe gehöriges Gebäude und Garten". Nach Erika Drott (1996) ging das Gartenanwesen am Ende des 18. Jh. in den Besitz der (in Person des Vorgenannten) aus Trient zugewanderten wohlhabenden Kaufmannsfamilie Dall'Armi über. 1835 kauften Johann Joachim Tipp und Joseph Vigl das Anwesen und richteten hier eine Weingeist-, Spiritus-, Likör- und Essigfabrik ein, die ihr Teilhaber Anton Riemerschmid (1802–1878) 1852 erwarb; es wurde so zum Stammhaus der Anton Riemerschmid Weinbrand- und Likörfabrik. Um die Zeit ihrer Verlegung auf die Praterinsel (s. dort; 1870) entstand rings um den Garten der sog. Riemerschmidblock zwischen Maximilianstraße (s. Nr. 22–30), Stollberg-, Hildegard- und Falckenbergstraße.

Von den beiden Längsfassaden mit drei unterschiedlich hohen Geschossen ist die geknickte Straßenseite zu 17 Achsen bis auf das profilierte Traufgesims ohne Gliederungen (vereinfacht?); die dem einstigen Garten zugewendete Ostfassade weist eine bis um 1800 übliche frühklassizistische Putzgliederung mit geohrten Fensterfaschen – im höheren Mittelgeschoss zusätzlich mit Brüstungsfeldern und Scheitelstein – sowie Putztafeln zwischen den Obergeschossen auf. 1997–2002 Umbaumaßnahmen im Zusammenhang mit dem südlich benachbarten Betriebsgebäude-Neubau, wobei von den bis dahin 17 Achsen die 7 südlichen (4 davon wohl etwas jünger) abgebrochen wurden. Nach Restaurierung Sitz der Intendanz der Kammerspiele (vgl. Maximilianstraße 26/28). Innere Erschließung durch Treppe der Bauzeit am Nordende (mit jüngerem Eisengeländer) und Flure entlang der Straßenfront; im 1. Stock wurden Wandmalereien wohl aus der 2. Hälfte des 19. Jh. freigelegt und ergänzend restauriert.

ARCHÄOLOGISCHE FUNDE: Ältere, vermutlich neuzeitliche Reste der Vorgängerbebauung des Dall'Armi-Hauses von 1800 (Fundst.-Nr.: 7835/0369, 7835/0371). Im Zusammenhang mit dem Umbau der Münchner Kammerspiele fanden 1999 Fundamentsondagen statt, die ergaben, dass Partien des Vorgängerbaus für die Fundamente der Außenwände des Neubaus genutzt wurden, da der Neubau in der Sondage exakt auf der älteren Mauer aufsitzt. Diese ältere Mauer gehörte wohl zu dem Gebäude, das auf Plänen des 18. Jh. erscheint. Außerdem konnte eine Niveauerhöhung des Außengeländes festgestellt werden.

Falckenbergstraße 9. Das nur dreigeschossige, rückseitig an das viergeschossige Haus Am Kosttor 2 (s. dort) angebaute, jedoch als selbständige Einheit erschlossene Mietshaus bildete zusammen mit dem südlich angrenzenden (nach Kriegsschäden stark veränderten) Haus Nr. 7 (früher Neuturmstraße 10) eine vom Bauherrn, Baumeister Anton Roth, selbst entworfene und 1879–89 verwirklichte Gruppe. Von den drei zugehörigen Häusern hat allein das niedrigere Falckenbergstraße 9 die originale

reiche Fassadengestaltung im Stil der Neurenaissance behalten, mit flachbogigen Schaufenstern und Ädikulatür (rechts) im rustizierten Erdgeschoss, achsenweiser Pilastergliederung in den Obergeschossen sowie mit stark betonten Horizontalgesimsen, deren mittleres mit den Fensterbrüstungen im 2. Obergeschoss verkröpft ist. – Innen gewendelte Treppe mit Gusseisen-Stabgeländer; Türstöcke und -blätter erhalten. Das Speichergeschoss enthielt hofseitig im Verbindungsbau zu Am Kosttor 2 ein Maleratelier. Das Haus steht mit seiner Rückseite am Ostufer des überwölbten Malzmühlbaches.

Falkenturmstraße

(Vgl. Ensemble Altstadt, Kern des Graggenauer Viertels.) Die schmale Gasse zwischen der Nordostecke des alten Hofmarstall-Kunstkammer-Komplexes aus dem 16. Jh. (vgl. Hofgraben 4) und dem kleinen Platz Am Kosttor (s. dort) verläuft entlang der Innenseite der früheren Stadtmauer am Nordrand der ersten Phase der östlichen Stadterweiterung aus dem 13. bis frühen 14. Jh. Am westlichen Ende dieses Stadtmauer-Abschnitts erhob sich der 1470 erstmals urkundlich erwähnte, doch wohl ältere rechteckige *Falkenturm*, ursprünglich wohl für die Falknerei, dann vom 16. Jh. bis 1826 (zur Eröffnung der neuen Fronfeste) als staatliches Kriminalgefängnis genutzt und nordseitig durch Anbauten erweitert (vgl. Maximilianstraße 10). Die Lücke zwischen ihm und dem Kosttor schloss das in der 2. Hälfte des 17. Jh. erbaute, 62 m lange kurfürstliche (bzw. kgl.) *Malz- oder Dörrhaus*, das zum südöstlich des Kosttores sich erstreckenden Komplex des Weißbräuhauses gehörte, ein mächtiger Satteldachbau zu Lagerzwecken, in dessen Südwand die alte Stadtmauer einbezogen wurde; 1808 erfolgte der gründliche Umbau zum Hauptgebäude des von der Ostseite des Marstallplatzes nach Süden verlegten *Zeughauses*, dessen Binnenhof die reicher gestaltete Nordfassade zugewandt war. Zusammen mit dem Zeughaus, das dem Bau der Maximilianstraße weichen musste, wurden der Falkenturm und der östlich anschließende lange Gebäudetrakt 1863 abgetragen, die Straße in der Folge an der Nordseite, z. T. mit Rückgebäuden der Maximilianstraße (vgl. dort Nr. 10, 12, 14), neu bebaut und am Westende mit einer kurzen, abgewinkelten Verbindung (über dem ehem. Pfisterbach) zur neuen Prachtstraße verlängert. (Siehe Flurkarte S. 774)

Falkenturmstraße 14

Falkenturmstraße 12

Falkenturmstraße 8

Falkenturmstraße 2 siehe Maximilianstraße 6, 8.

Falkenturmstraße 8. Das gegenüber der einstigen Stadtmauer gelegene Anwesen – auf Sandtners Stadtmodell von 1570 ein dreigeschossiges Traufhaus mit Ohrwaschel links – hatte als Rückgebäude stets dieselben Besitzer wie Pfisterstraße 7 (s. dort) und wurde zugleich mit diesem 1894 durch den noch bestehenden, reich stuckierten Neubau von Ernst Dressler im Neurokokostil ersetzt. Die mittlere der drei Doppelfensterachsen ist als flacher Risalit von rustizierten Lisenen eingefasst; der prächtige Stuckdekor im Anschluss an heimische Vorbilder des mittleren 18. Jh. ist auf den Fries über dem Erdgeschoss, die Fensterbekrönungen und das obere Ende der Lisenen im 3. Obergeschoss konzentriert. Das veränderte Erdgeschoss wurde beim Einbau der „Adlerpassage" gestalterisch angepasst redigiert (Gesamtinstandsetzung mit Pfisterstraße 7 1978–82).

Falkenturmstraße 12. Auf Sandtners Stadtmodell (1570) noch unbebaut (Garten oder Hof), auf Stimmelmayrs Skizze im späteren 18. Jh. viergeschossiges Traufhaus, „das Platzl Bräuhaus von hinten". Das Wohnhaus aus dem Jahr 1899 bildet das Rückgebäude von Platzl 4, 4a (s. dort).

Falkenturmstraße 14. Der hervorgehobenen Ecklage am Kosttor entsprechend und in praktischer Laufdistanz zu den Verwaltungs- und Wirtschaftsbauten des fürstlichen Hofes (Alter Hof, Residenz, Marstall, weißes Bräuhaus) standen die ab 1524 greifbaren Eigentümer des Anwesens in hofgeschützten Erwerbsverhältnissen, u. a. die Familie des Hofkapellmeisters Orlando di Lasso und folgend generationenweise Hofbedienstete. In deren Händen befand sich bis 1887 auch die südlich anschließende, 1899 im „Orlando-Haus" aufgegangene Parzelle (heute Platzl 4a). Gemäß dem Sandtnerschen Stadtmodell bestand die Vorbebauung des heutigen Hauses Nr. 14 in einem zweigeschossigen Satteldachbau mit Ohrwaschel an der nördlichen Traufseite. Dieser Bau wich einem Mietshausneubau, den Baumeister Johann Grübel 1882–83 für den Schuhfabrikanten Emil Bischoff ausführte. Es entstand ein großzügig geschnittener, palaisähnlicher Neurenaissance-Eckbau mit prächtig durchgebildeten Fassaden. Das mittels eines Lichthofs erhellte Treppenhaus, erschlossen durch den ausmittig in die Fassade an der Fal-

kenturmstraße gesetzten Hauszugang, führt zu einer Wohnung je Etage; kuriose Grundrisse gab man den Salons, die von der abgeschrägten Ecke her belichtet werden. Dieser Ecklösung setzte Grübel einen zweigeschossigen Erker (hervorgehoben durch abgetreppte Pilaster und Dreiviertelsäulen) vor, der das 3. Obergeschoss als bewehrter Austritt bedient, aufgipfelnd in einem von einem Schweifgiebel flankierten Ädikulamotiv, letzteres als Hervorhebung eines stehenden Dachfensters über dem Eckakzent. Die zur abgeschrägten Ecke hin anstehenden Fensterachsen der beiden Straßenfassaden sind zu einem Risalit zusammengefasst, der bis zum Traufgebälk durchgebildet ist, hier ist auch den beiden Hauptgeschossen eine Rustika vorgelegt, an den Ecken alternieren diamantierte mit flächigen Steinanschnitten. (Mit Ausnahme geringer Luftdruckschäden zählt das Haus zu den wenigen Bauten Münchens, die den Zweiten Weltkrieg weitgehend schadlos überstanden.)

Feldherrnhalle siehe Odeonsplatz.

Ferdinand-Miller-Platz

Ferdinand von Miller d. Ä. (1813–1887), nach dem der Platz noch in seinem Todesjahr benannt wurde, Inspektor und seit 1873 Besitzer der nahe gelegenen kgl. Erzgießerei (s. Erzgießereistraße), war auch Eigentümer des Platzareals und stiftete 1883 den Baugrund für die in dessen Mitte freistehende Bennokirche aufgrund eines Gelöbnisses anlässlich der seinerzeitigen Errichtung der „Bavaria". Das Oskar von Millersche Haus an der Südwestecke (ehemals F. Miller-Platz 2, jetzt Gaiglstraße 15), 1898/99 nach Plänen von Leonhard Romeis (der selbst hier wohnte) in aufwendiger deutscher Renaissance erbaut (im Luftkrieg zerstört), war neben der Kirche lange Zeit der einzige ausgeführte Bau an dem Platz, für dessen Ausgestaltung Romeis Pläne ausgearbeitet hatte. Der Platz liegt im Schnittpunkt der Loristraße, in deren Sichtachse die Kirche steht, mit der Gaiglstraße, die deren Vorplatz tangiert, und der Kreittmayrstraße, deren beide Abschnitte auf die Querhausapsiden von St. Benno ausgerichtet sind. (Siehe Flurkarte S. 485)

Blick auf den (außer St. Benno) noch unbebauten Ferdinand-Miller-Platz; Luftaufnahme von 1890

Ferdinand-Miller-Platz 1. *Kath. Pfarrkirche St. Benno.* Freistehender Monumentalbau in Platzmitte. Für die neue Pfarrkirche in der westlichen Maxvorstadt – den Bereich westlich der Schleißheimer und nördlich der Nymphenburger Straße – gewann der 31-jährige Leonhard Romeis den vom Zentralkirchenverein 1884 ausgeschriebenen Wettbewerb vor Konkurrenten wie Georg Hauberrisser und Heinrich von Schmidt. Die kostenlose Überlassung des Bauplatzes durch Ferdinand von Miller (1883) entschied die Standortfrage zugunsten eines Platzes, der die Mitte eines geometrisierend angelegten Neubauviertels in der Nähe der von Millerschen Erzgießerei bildete (vgl. Erzgießereistraße). Romeis wurde laufend von Fritz von Miller beraten, dessen Familie an der Errichtung der Kirche regen Anteil nahm; Bauführer war Architekt Aemilios Franke. Die Grundsteinlegung erfolgte 1888 durch Erzbischof Antonius v. Steichele am Fest des hl. Benno (16. Juni), der 1580 zum Patron von Stadt und Land erklärt worden war (vgl. Frauenkirche). 1892 wurden das Dach aufgerichtet und die Turmkreuze aufgesetzt; die Weihe nahm Erzbischof Antonius von Thoma am 13. Oktober 1895 vor. Die Ausstattung zog sich noch länger hin. – Nach schweren Luftkriegsschäden am 24. Oktober 1944 sowie am 7. Januar und 20. April 1945 – Zerstörung des Dachstuhls, der Mittelschiffsgewölbe, der Orgel und der meisten Glasgemälde – erfolgte der Wiederaufbau in originaler Form bis 1952 (neues Dach Dezember 1947 fertiggestellt, 1950 Neueinwölbung durch Baufirma Müller). Verloren sind die bemerkenswerten Wandbilder von Matthäus Schiestl beiderseits im Chor (Übertragung der Reliquien des hl. Benno; Kartons erhalten). Nach der gründlichen Instandsetzung des Äußeren (1981–83) gab die Innenrestaurierung von 1990–92 dem Raum im Anschluss an einen Entwurf von 1908 eine die Strukturen interpretierende farbige Fassung.

Die Bennokirche ist das Hauptwerk des Architekten Leonhard Romeis (1854–1904, seit 1886 Professor an der Kunstgewerbeschule) und neben der Pfarrkirche St. Anna das Hauptbeispiel der Neuromanik in München. Da Altbayern keine differenziert strukturierten romanischen Vorbilder aufzuweisen hatte, schuf Romeis (nach einer Studienreise ins Rheinland) eine Synthese aus Motiven verschiedener salier- und stauferzeitlicher westdeutscher Kirchen, zitierte u. a. die Dome in Limburg (Zweiturmfront, Fensterrose), Bamberg (Querschiffapsiden nach Art des dortigen Ostchors), Worms (Vierungskuppel), Speyer und Basel sowie die Dreikonchenanlagen Kölns (St. Aposteln, St. Maria im Kapitol, Groß St. Martin), gelangte jedoch insgesamt

zu einem hohen Maß an künstlerischer Homogenität und – unter Einbeziehung von Bauplastik, Malerei und Ausstattung – zu einer aufwendigen Gesamtschöpfung im Sinne des streng stilreinen und doktrinären späten Historismus, noch ohne die freien gestalterischen Varianten der darauffolgenden Reformkunstphase. Die stattlichen Dimensionen der kreuzförmigen Basilika mit zwei Fassadentürmen und Vierungskuppel – Länge 71,2 m, Mittelschiffhöhe 22 m, Kuppel innen 34 m, außen 48 m, Türme 64 m hoch – entsprechen der einstigen Seelenzahl der Pfarrei (rund 25.000). Die städtebauliche Situation bedingte die Ausrichtung nach Norden (genauer NNO). Der innen verputzte Backsteinbau (mit einzelnen Natursteingliederungen) ist außen völlig mit Marktbreiter Muschelkalk verkleidet und mit Ziegeln gedeckt. Das nach dem „gebundenen System" angelegte Langhaus umfasst drei quadratische Mittelschiffsjoche mit Kreuzrippengewölben und sechs kreuzgratgewölbte Seitenschiffsjoche samt in Dreierarkadengruppen geöffnetem Laufgang (Triforium) darüber an der Mittelschiffswand, im Süden ein auch die Turmerdgeschosse einbeziehendes kurzes Eingangsjoch mit seitlich anschließenden Apsidialkapellen – westlich Tauf-, östlich von Millersche Pietàkapelle; die Orgelempore ruht auf drei Arkaden. – Den Nordteil der Kirche bildet eine Dreikonchenanlage mit achteckiger, rippengewölbter Vierungskuppel über Trompen, kreuzrippengewölbten queroblongen Kreuzarmen und kalottengewölbten Apsiden, deren Wände nach Art einer zweigeschossigen, z. T. durchbrochenen Arkadenstellung gegliedert sind. Den über einer Freitreppe erhöhten Altarraum flankieren gewölbte Nebenräume, der das Apsiserdgeschoss gürtende Umgang enthält die Sakristei und darüber eine zur Kirche geöffnete Empore. Unter dem Altarraum liegt die dreischiffige kreuzgratgewölbte Krypta mit stämmigen Säulen und Würfelkapitellen (Büste des hl. Benno, Anfang 17. Jh., aus dem Dom stammend, erworben 1987).

Unter Münchens Kirchen aus dem 19. Jh. zeichnet sich St. Benno durch die weitgehende Erhaltung seiner reichen, von namhaften Künstlern geschaffenen Ausstattung aus; dem Architekten in enger Mitarbeit verbunden war vor allem der Bildhauer Heinrich Waderé, von dem u. a. die abwechslungsreiche Bauplastik (Kapitelle) stammt. Im System der Polychromie ist das Schwergewicht auf die Kreuzarme gelegt. Die drei Apsiden wurden großenteils mit Mosaiken der Firma Rauecker (München-Solln) ausgekleidet; in der Kalotte der Hauptapsis der thronende Christus des Weltgerichts, umgeben von Medaillons mit Engeln (1905/06, nach Entwurf von Karl Wahler); am Gurtbogen davor

Ferdinand-Miller-Platz 1, Kath. Pfarrkirche
St. Benno von Osten

St. Benno, Hauptportal

St. Benno, Portal am rechten Seitenschiff

St. Benno von Süden, rechts Bennosäule

St. Benno von Norden

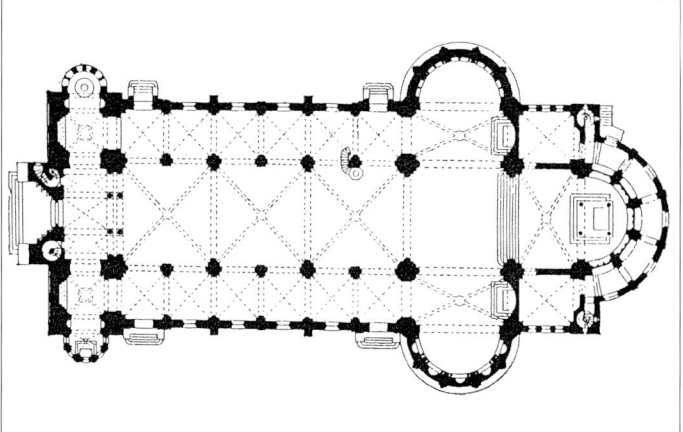

St. Benno; Grundriss

St. Benno, Krypta

St. Benno, Blick in den Chor

St. Benno, Blick zum Chor; Aufn. 1996   St. Benno, rechtes Seitenschiff; Aufn. 1996   St. Benno, Kanzel; Aufn. 1996

die Klugen und Törichten Jungfrauen; in den Bogenzwickeln der Querhausapsiden Medaillons mit den Aposteln; weitere Mosaik-verkleidungen in der Tauf- und Pietàkapelle. Die fünf Glasge-mälde im Chor (dank Auslagerung erhalten) stellen Heilige dar: in der Mitte St. Benno von Firma Zettler, die anderen – Petrus, Paulus, Korbinian und Bonifatius – von der Mayerschen Hof-kunstanstalt.

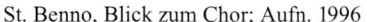
St. Benno, Hochaltar

Den Hochaltar – 1893–95 nach Entwurf von Romeis und Wade-ré – stiftete Prinzregent Luitpold mit seiner Familie (auf dem An-tependium des Marmorstipes links das Wappen von Bayern, rechts das der letzten bayerischen Königin Marie Therese von Österreich). Der metallene Altaraufsatz hat die Form eines ro-manischen Reliquienschreines mit erhöhtem Tabernakel in der Mitte; beiderseits unter Blendarkaden die Relieffiguren der Schutzheiligen Korbinian und Benno und der Namenspatrone des Regentenhauses: Luitpold, Augusta, Ludwig, Theresia, mo-delliert von H. Waderé, gegossen von Cosmas Leyrer, feuerver-goldet von L. Harrach. Auf den Ecken des überfangenden Kup-pelziboriums mit vier Marmorsäulen und plastischem Schmuck von Alois von Miller sitzen die Figuren der vier Evangelisten von Anton Heß. – Die flachen Seitenaltarnischen in der Blick-achse der Seitenschiffe (vgl. Köln, Groß St. Martin) sind mit Kaseinmalereien von Karl Rickelt ausgefüllt: links Krönung Mariens (dat. 1899), rechts Gnadenstuhl (dat. 1897); auf dem Marienaltar Sitzfigur der Muttergottes (Weißmarmor), flankie-rende Reliefs und Flügelgemälde aus dem Marienleben von Balthasar Schmitt; die sechs Weißmarmor-Relieffiguren von Heiligen in der Arkadenreihe über dem Wilhelms- oder Dreifal-tigkeitsaltar (rechts) stammen von Georg Albertshofer.

Die polygonale steinerne Kanzel (Entwurf: Romeis und Waderé) ruht auf Säulenarkaden; in die Brüstung sind vier Bronzereliefs von Waderé (Guss von Cosmas Leyrer) eingelassen: Übergabe des jungen Benno zur Erziehung an Bischof Bernward von Hil-desheim; Bennos Verzicht auf die Abtswürde von St. Michael in Hildesheim; Fisch- und Schlüsselwunder des hl. Benno; seine Verehrung in München, mit Porträts von Romeis, Waderé, Prinz-regent Luitpold und Gattin, Erzbischof Thoma und Ferdinand von Miller. – Von Anton Pruska wurde der reich skulptierte Taufstein geschaffen, den vier auf den Evangelistensymbolen stehende Säulen umgeben. Von A. Pruska stammt auch in der Kapelle gegenüber die steinerne Altarfigur der Pietà (1920). – Die Kreuzwegreliefs aus Muschelkalk an den Außenwänden der Seitenschiffe, Arbeiten von H. Waderé (1906), fassen jeweils die Stationen zu einer architektonisch gerahmten Gruppe zusam-men. – Kruzifix und Schmerzensmutter (gegenüber der Kanzel) stammen von Balthasar Schmitt. – Der reiche Mosaikfußboden im Mittelschiff mit symbolischen Motiven trägt die Signatur der Gebr. Bernardon. – Zwei skulptierte Weihwasserbecken aus Rot-marmor sind 1900 datiert. – Die z. T. geschnitzten Kirchen-bänke, Beicht- und Chorstühle fertigte Schreinermeister Josef Enzensberger.

Die beiden Seitenkapellen am Eingangsjoch sind mit Mosaiken und Wandinkrustation sowie Mosaikfußböden ausgestattet; an der Kalotte der Pietàkapelle (östlich) Namenspatrone der Familie von Miller; in die Seitenwände eingelassen links das Bronzeepitaph zum Gedenken an den Erzgießer Ferdinand von Miller sen. (1813–1887) von 1913 mit dessen frontaler Relief-Halbfigur und Wappen, rechts Bronzereliefbildnis des Goldschmieds und Kunstgewerblers Fritz von Miller († 1921) von 1930, nach Modell Rupert von Millers von 1918 (sign.). In der Taufkapelle links Relief des Auferstandenen von Heinrich Waderé (sign.), in Quattrocento-Manier, rechts in Untersberger Marmor das Reliefbildnis des Architekten Leonhard Romeis († 1904), ebenfalls von Waderé signiert. – An den Pfeilern der Orgelempore ein Kreuzigungsrelief von Waderé (sign.) sowie ein Bronzerelief zum Gedenken an den ersten Stadtpfarrer Joseph Thanner († 1923) mit dessen Bildnis, sign. Gg. Busch.

St. Benno, Vierungskuppel

Am quaderverkleideten Außenbau dominieren die nach Art des Rheingebietes rautengedeckten Fassadentürme. Signifikante Gliederungselemente sind Lisenen, Blenden und Rundbogenfriese, an den Seitenschiffen Strebepfeiler (mit den Evangelistensymbolen bekrönt) und -bögen, an den drei Apsiden und dem Vierungsturm Zwerggalerien. Die Eingänge sind nach Art romanischer Stufenportale ausgebildet, besonders aufwendig (u. a. vom Bamberger Fürstenportal inspiriert) das vorspringende, mit einer Arkatur übergiebelte Hauptportal mit Gewändefiguren alttestamentarischer Patriarchen und Propheten und Tympanonrelief des Schöpfers der Welt (Halbfigur), wohl von Waderé; die Bronzetürflügel (nach Hildesheimer Vorbild) mit Reliefs neutestamentlicher Gleichnisse. Das Kreuzigungsrelief im Fassadengiebel stammt von Anton Pruska, die ädikulaartig komponierten Kriegerdenkmäler mit Reiterfiguren St. Martin und St. Georg beider-

Gedenktafel für L. Romeis († 1904)

St. Benno, abgegangenes Wandbild im Chor

seits des Portals von Karl Killer. Die gestuften Seitenportale – je zwei – sind durch Tympanonreliefs und z. T. äußerst reiche, virtuos geschmiedete Beschläge ausgezeichnet.

Zum neuromanischen „Gesamtkunstwerk" gehören auch bemerkenswerte Kirchengeräte, u. a. eine von Erzbischof Thoma gestiftete große Monstranz (von Harrach, 1895) und ein gleichzeitiger Kelch mit Motiven nach Katakombenmalereien.

◁ Gedenktafel für Ferdinand von Miller, 1913

St. Benno, ▷ Pietà-Kapelle der Familie von Miller

St. Benno, ▷▷ Taufkapelle

Ferdinand-Miller-Platz, Bennosäule

Ferdinand-Miller-Platz. *Bennosäule.* Den Wettbewerb für den Entwurf der Bennosäule gewann 1907 der noch junge Architekt German Bestelmeyer. Die Ausführung erfolgte als Geschenk der Johann-Sedlmayr-Stiftung zur Verschönerung der Stadt, die Weihe am 8. Dezember 1910 durch Erzbischof Franz von Bettinger. Auf achteckigem Stufenunterbau, Sockel und 11,6 m hoher Porphyrsäule mit romanisierendem Kapitell steht die 3,1 m hohe, von Georg Albertshofer modellierte und von Ferdinand von Miller gegossene Erzfigur des hl. Benno im bischöflichen Ornat in frontaler, symmetrischer Haltung mit segnend ausgebreiteten Armen. Die asymmetrische Situierung im Platzgrundriss südöstlich der Kirche ist charakteristisch für den zeitgenössischen „malerischen" Städtebau.

Filserbräugasse

(Vgl. Ensemble Altstadt.) Eine der kurzen, äußerst schmalen Gassen im ältesten Stadtkern, die den Frauenplatz mit der Weinstraße im Osten verbinden (und ebenso mit der Kaufingerstraße im Süden), benannt nach einem Bierbrauer, dem im 17. Jh. das Eckhaus Weinstraße 8 gehörte. Nach den Luftkriegsschäden heute ohne Baudenkmäler.

ARCHÄOLOGISCHE BEFUNDE: Größere Bodeneingriffe und Umbauten sind aus jüngerer Zeit nicht bekannt, deshalb ist mit unterhalb des heutigen Straßenkörpers erhaltenen Resten von mittelalterlichen und frühneuzeitlichen Bauwerken wie verrohrten Bächen und Pflastern zu rechnen.

Finkenstraße

Benannt nach einem um 1820/30 hier ansässigen Mehlhändler Bartholomäus Fink; sein Haus ist rechts auf Domenico Quaglios Ansicht des Zweibrückenschlösschens dargestellt (vgl. Brienner Str. 14). Schmale Verbindung von der Westseite des Wittelsbacherplatzes (Nordseite des Arco-Palais) zum Oskar-von-Miller-Ring (s. dort), in den der kurze, nach Norden abgeknickte Westarm der Straße räumlich einbezogen wurde; er endet an der Jägerstraße. Die Südseite wurde ursprünglich von (später erneuerten bzw. ausgewechselten) Rückgebäuden der Anwesen Brienner Straße 10, 12, 14 (s. dort) begrenzt. Bebauung nach Zerstörung im Luftkrieg völlig neu. Vor Haus 10, in Grünfläche am Oskar-von-Miller-Ring, 1958 errichtetes *Denkmal für Carl Benz*, der in München im Herbst 1888 seinen „Patentmotorwagen" ausstellte und mit ihm seine ersten Fahrten durch die Stadt unternahm, 1958 von Rolf Nida-Rümelin.

Franz-Josef-Strauß-Ring

(Vgl. Ensemble Altstadt; dessen nordöstliche Begrenzung.) 1989 nach dem im Vorjahr verstorbenen bayerischen Ministerpräsidenten (seit 1978) Franz Josef Strauß (geb. 1915 in München) benannter nördlichster Teil des um 1967/70 angelegten Altstadtrings Nordost, und zwar des Abschnitts entlang der Ostseite der Staatskanzlei (ehem. Armeemuseum; s. Nr. 1); bildet zusammen mit dem südlich anschließenden Karl-Scharnagl-Ring die Nordhälfte des gemäß Bebauungsplan von 1965 verwirklichten Großprojektes einer zugunsten der Fußgängerzone Altstadt notwendigen Verkehrsumgehung. Die flach S-förmige Verbindung vom Westanfang der Prinzregentenstraße bis zum Westteil des Forums der Maximilianstraße wurde in einem im Luftkrieg weitgehend zerstörten Viertel durchgebrochen und dabei die Galeriestraße (Ostteil heute Unsöldstraße) sowie die schmale, gerade Nord-Süd-Achse Piloty-/Wurzerstraße durchschnitten; an der Pilotystraße (s. dort) blieb – gegenüber der Staatskanzlei – ein stark vom Ring zurückgesetzter Rest der ostseitigen Wohnhausbebauung erhalten, der dem gesteigerten städtebaulichen Anspruch natürlich nicht genügen kann. Im Bereich der heutigen Straßenfläche samt Tunnelrampe (1972) waren – östlich der Rückseite des Armeemuseums – an zwei parallelen Bachläufen Mühlen situiert: südlich die Köglmühle (gegründet 1331 als Vordere Schellmühle, 1618 bei Anlage des Hofgartens verlegt, 1890–1922 nur noch als Elektrizitätswerk in Betrieb) und nördlich davon die 1368 erwähnte Kainzmühle (ursprünglich Mittermühle, Neubau 1878/79 als St.-Anna-Kunstmühle, 1965 abgetragen). 1992 wurde der Köglmühlbach revitalisiert und nördlich im jetzt begrünten Bereich zwischen Prinz-Carl-Palais (s. Nr. 5) und Staatskanzlei zu einem Weiher erweitert; ostseitig steht hier seit 1966/69 der Komplex der Obersten Baubehörde, während die kompakte späthistoristische Bebauung am Beginn der Prinzregentenstraße (s. dort) und südlich anschließend bis zur Galeriestraße völlig verschwunden ist. Optisch den südlichen Abschluss bildet der in der Gabelung der Marstall- und Wurzerstraße bis zu acht Geschossen aufragende westliche Block des Bürokomplexes „Hofgartenpalais" (2001–03 von Hilmer & Sattler und Albrecht). (Siehe Flurkarte S. 320)

Franz-Josef-Strauß-Ring 1. *Bayerische Staatskanzlei* (ehem. *Bayerisches Armeemuseum*); s. auch Galeriestraße 8/10.

Der sog. *Untere Hofgarten* – der unterhalb einer begradigten Hangkante tiefer gelegene, kleinere Ostteil der Anlage von ca. 1610/20 – wurde (ausgehend von einem älteren Garten samt Lusthaus von 1560 ff. in der Nordostecke) mit Arkaden am Nordrand, einem großen Weiher und als Ostabschluss einer Gruppe von drei Gartenhäusern (das nördliche unter Einbeziehung des alten Lusthauses) um- bzw. neugestaltet (s. Hofgarten), das mittlere Lustschlösschen 1769 durch ein „Philatorium" (kurfürstl. Spinnerei) von Karl Albrecht von Lespilliez ersetzt (Umbau).
Nach der Thronbesteigung Max Josephs änderte sich die Situation am Unteren Hofgarten noch radikaler im Sinne zeitgemäßen Nützlichkeitsdenkens. An der Stelle der Lusthäuser entstand

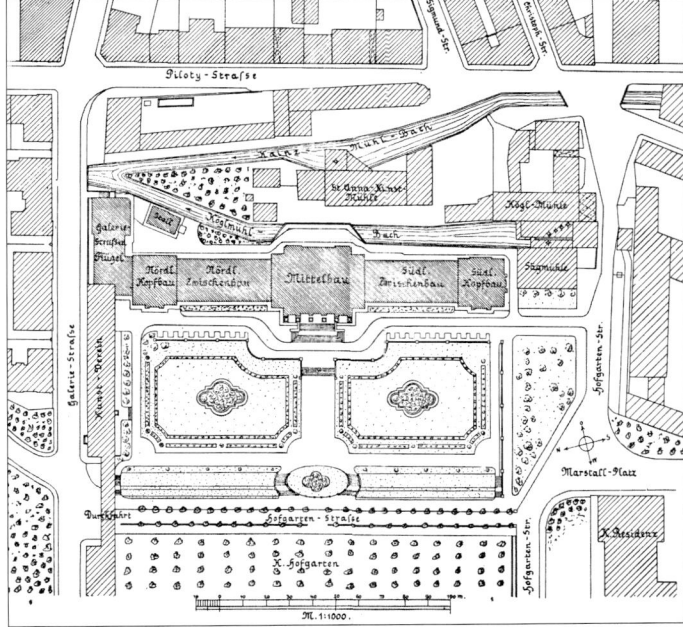

Franz-Josef-Strauß-Ring 1; Lageplan des ehem. Armeemuseums, um 1905

Franz-Josef-Strauß-Ring 1, ehem. Armeemuseum; Luftaufnahme um 1930

1801–04 (Teilbezug) bzw. 1807 (Südflügelvollendung) die *Hof-gartenkaserne* nach Plänen und unter Leitung des Kriegsökono-mierates Joseph Frey, ein 189 m langer viergeschossiger Bau mit einem (zur Bauzeit veralteten) Mansarddach über dem Mittel-risalit, dessen westlichen Uhrengiebel eine Weißmarmorbüste Max Josephs von Roman Anton Boos (1803) krönte. Die langen Flügelbauten wurden durch Lisenen rhythmisch gegliedert und durch Risalite mit Dreiecksgiebeln unterteilt. Der nüchterne Zweckbau – die Unterkunft des Infanterie-Leibregiments –, des-sen Vorfeld als Exerzierplatz geplant und somit dem Hofgarten entzogen war, wurde, da gegen Ende des 19. Jh. zum städtebau-lichen Problem und zur sozialen und hygienischen Belastung ge-worden (1893 Typhusepidemie), nach langen, kontroversen Über-legungen über die zukünftige Nutzung des schließlich vom Militär nicht aufgegebenen wertvollen Geländes 1899/1900 mit-samt der an der Südseite des Exerzierplatzes gelegenen Seiden-hauskaserne von 1796 (ursprünglich Fabrik) abgebrochen.

Ehem. Bayerisches Armeemuseum: Der Kasernenhof (Exerzier-platz) mitsamt dem Seidenhausareal im Süden konnte wieder be-grünt werden, als anstelle der Hofgartenkaserne der 160 m (mit Nordflügel ca. 177 m) lange Monumentalbau des Bayerischen Armeemuseums 1900–05 nach Plänen und unter Leitung des Geh. Oberbaurates im Kriegsministerium Ludwig von Mellinger entstand, dem als Mitarbeiter Wilhelm Maxon und Gottfried Kurz zur Seite standen. Die 1899 einsetzende Entwurfsarbeit wurde noch während der am 8. Juni 1900 mit dem ersten Spaten-stich begonnenen Bauarbeiten weiterentwickelt, vor allem die endgültige Gestaltung des kuppelgekrönten Mittelbaus erst 1902–03 festgelegt; bereits im Herbst 1902 konnten die Dienst-wohnungen im nördlichen Seitenflügel an der Galeriestraße, 1904 das Hauptgebäude abschnittsweise bezogen werden; der repräsentative Mittelbau war zuletzt fertiggestellt. Am 12. März 1905 fand die Übergabe und feierliche Eröffnung des Museums durch Prinz Ludwig (den späteren König) und Kriegsminister Adolph Frhr. von Asch statt. – Von den ausführenden Firmen sind vor allem Heilmann & Littmann sowie (für die Eisenbeton-konstruktion des Kuppelbaues) Wayss & Freytag zu nennen.

Mit ausdrücklichem Bezug auf Klenzes benachbarten Fest-saalbau der Residenz lehnte sich der Neubau in freier Wei-se an die italienische Hochre-naissance an, freilich in einer für den späten Historismus be-zeichnenden, z. T. schon von Zeitgenossen kritisierten Mo-numentalisierung. Fortschritt-lich war demgegenüber die an amerikanische Geschäftsbau-ten (etwa von H. H. Richard-son oder Adler & Sullivan) er-innernde Auflösung der Rück-lagenwände in achsenweise von großen Rundbögen zu-sammengefasste Fenster und noch mehr die Eisenbetonkon-struktion des zentralen Kup-pelbaus, für die man sich erst 1901 entschieden hatte. Die untergehängte, noch gänzlich historisierende Ausgestaltung der großen Kuppelhalle in Ra-bitztechnik, die noch nicht (erst etwas später in der Bres-lauer Jahrhunderthalle) er-reichte Identität von Konstruktion und Erscheinungsbild kenn-zeichnet das Armeemuseum als Hauptbeispiel einer entwick-lungsgeschichtlichen Übergangssituation.

Die Sammlungen des 1881 eröffneten Armeemuseums waren zuvor unzureichend in fünf Sälen des um 1864 erbauten Zeug-hauses (s. Lothstraße 17) untergebracht. Die Darstellung der Heeresgeschichte in ihrer Verflechtung mit der Landes- und Dynastiegeschichte gewann im Zeitalter ständiger Verluste an bayerischer Eigenständigkeit erhöhte Aktualität und erklärt auch den besonderen architektonischen Aufwand des Neubaus mit der großen Ruhmeshalle als Mittelpunkt samt der vorge-legten Würdeform des Portikus und der 51 m hohen Kuppel als städtebaulichem Signal. Die Schausammlungen nahmen Sockel- und Erdgeschoss der langen Trakte zwischen den drei Risaliten ein, in den beiden Geschossen darüber waren Kriegs-archiv und Armeebibliothek untergebracht (daher das ehema-lige Motto ARMIS ET LITTERIS an der Attika), im südlichen Kopfbau die Kommandantur samt Dienstwohnung, im nörd-lichen nebst rückwärts anschließendem Nebenflügel die Feld-zeugmeisterei sowie die Inspektion und Intendantur der Techni-schen Institute.

Ehem. Armeemuseum nach Kriegszerstörung; Aufn. um 1945

Franz-Josef-Strauß-Ring 1, Bayerische Staatskanzlei, Westseite

Bayerische Staatskanzlei, Ostseite

Im Zweiten Weltkrieg erlitt das Armeemuseum vor allem am 17. Dezember 1944 und weiter im Frühjahr 1945 schwere Bombenschäden; von den Zwischentrakten gingen die beiden oberen Geschosse fast völlig verloren, während von den Untergeschossen und den drei Risaliten die Umfassungsmauern und wenigstens im ruinösen Zustand auch innere Strukturen großenteils vorhanden waren. Während viele Münchner Bauten, die z. T. noch schwerere Schäden aufwiesen, wiederhergestellt wurden, förderte die lange Vernachlässigung der Ruine des Armeemuseums den weiteren Verfall. Das Museum, dessen Bestände seit 1945 dem Bayerischen Nationalmuseum unterstellt worden waren, wurde schließlich 1969 ins Neue Schloss in Ingolstadt verlegt. Unter dem Vorwand der Verkehrsgefährdung auf dem rückseitig neu angelegten Altstadtring wurden die Flügelbauten und Eckpavillons in den 1960er Jahren bis auf den Sockel abgetragen, der ohne sie unproportioniert wirkende, nach der wissenschaftlichen und ästhetischen Rehabilitierung des Historismus wieder höher geschätzte Mittelbau hingegen 1982 baulich gesichert; doch war in der Folgezeit die Erhaltung des isolierten, nur schwer in eine Neubebauung zu integrierenden, bewusst als „Pickelhaube" missverstandenen Kuppelbaus gefährdet.

Bayerische Staatskanzlei: Nach zunächst vorgesehener Nutzung im Rahmen des neu gegründeten „Hauses der Bayerischen Geschichte" kam – nach öffentlichen Kontroversen – 1990–93 der schon lange anstehende, im Finanzgarten (s. nach Franz-Josef-Strauß-Ring 5) zuvor gescheiterte Neubau der Bayerischen Staatskanzlei zustande – unter Einbeziehung des leider um seine gelenkartigen Verbindungsachsen zu den Seitenflügeln nochmals reduzierten, 1990–92 ansonsten restaurierten Kuppelbaus, dessen für die Stadtsilhouette unverzichtbare Er-

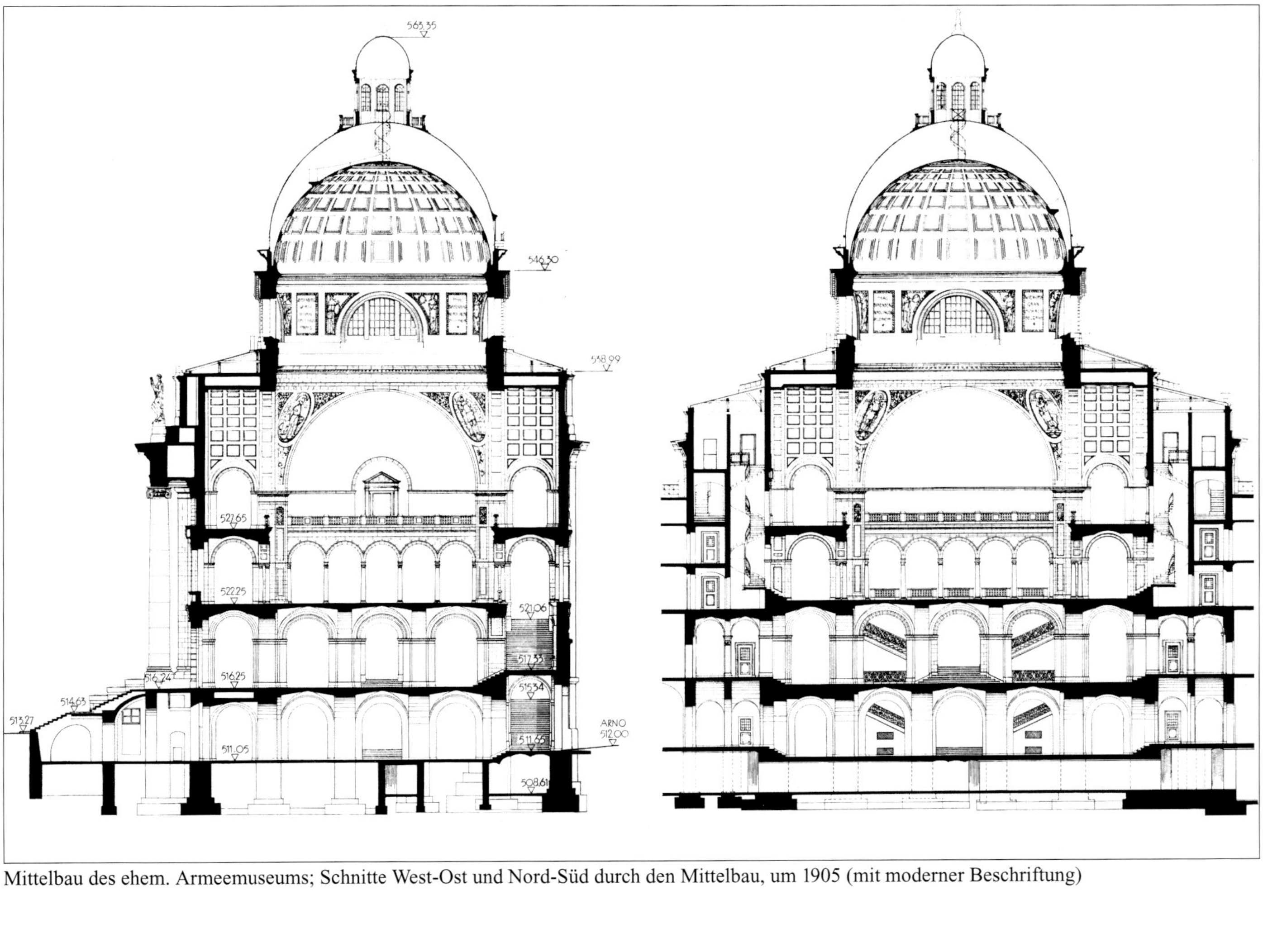

Mittelbau des ehem. Armeemuseums; Schnitte West-Ost und Nord-Süd durch den Mittelbau, um 1905 (mit moderner Beschriftung)

Der allein vom Armeemuseum erhaltene Mittelbau wendet seine repräsentative, über einer mächtigen Freitreppe erhöhte Hauptfassade aus grauem Mainsandstein (mit Granitsockel) dem Hofgarten zu. Den Portikus von sechs ionischen, unkannelierten Säulen schließt (in palladianischer und französisch-klassischer Tradition) ein dreiteiliges Gebälk mit plastischer Bekrönung ab: Muschelkalkfiguren „Eintracht" und „Stärke" von Hugo Kaufmann in der Mitte sowie vier Trophäen von Anton Pruska. Sie bilden – außer den das Halbkreisfenster des Kuppelunterbaus flankierenden Relieffiguren der „Victoria" und der „Pax" und den als Schlusssteinen dieses Fensters und des Hauptportals eingesetzten Staatswappen – fast die einzigen Schmuckelemente an dem mit seiner kraftvollen Rustika an die fortifikatorische Architektur des 16. Jh. (etwa eines Sanmicheli) anknüpfenden Mittelbau, der in seinem Habitus die Verwandtschaft zum zeitgenössischen monumentalen Neoklassizismus nicht verleugnet. Den

Bayerische Staatskanzlei, Mittelbau, Westseite

Mittelbau, Mosaik „Frieden"; Aufn. 1981

haltung sich auch städtebaulich in der durch Verkehrsmaßnahmen aufgeweiteten, amorph gewordenen Umgebung bewährt hat. Bei den weitestgehend verglasten, gartenseitig konvex gewölbten neuen Trakten orientierte sich der Architekt Diethard Johannes Siegert am Typus der Orangerie; kompakte Eckpavillons bilden den seitlichen Abschluss (der nördliche überfängt teilweise die hier endenden nördlichen Hofgartenarkaden, s. Galeriestraße 8, 10).

einzigen polychromen Akzent bilden die von Carl Marr entworfenen Glasmosaiken in den Halbkreisfeldern über den drei mittleren Fenstern hinter der Kolonnade; dargestellt sind der bayerische Löwe sowie „Krieg" und „Frieden". Die von einem Umgang mit Balustrade und einer Laterne abgeschlossene Kuppel von nur gering überhöhter, optisch halbkugelförmig wirkender Form ist an stereometrischer vorbarocker Typologie orientiert; 1982 erhielt sie ihre im Ersten Weltkrieg durch Schiefer ersetzte Kupferdeckung zurück. – Die ursprünglich keiner Straße, sondern einem Gewerbegebiet (St.-Anna-Kunstmühle und Köglmühle) zugewendete Rückseite ist als vergleichsweise schlichter Putzbau mit Seitenrisaliten und Attika ausgebildet; die im Hauptgeschoss arkadenartig dicht gereihten Fenster belichten die Haupttreppe. Hier liegt unter einer neuen, an zwei Pylonen aufgehängten Vordachkonstruktion der heutige Haupteingang vom Ring her.

Bayerische Staatskanzlei, Haupttreppenhaus, Gedenktafel

Oberes Vestibül mit Blick in das Haupttreppenhaus; Aufn. 2007

Der Mittelbau, im Inneren 1990/91 nach dem Konzept von Egon Georg Kunz wiederhergestellt bzw. ergänzend rekonstruiert (Farbgebung Günther Menath), enthält im unteren Teil übereinander zwei mehrschiffige, gewölbte Pfeilerhallen, die einst die Museumsebenen verbanden; die obere – auf dem Niveau des Westportals über der Freitreppe – ist als Vestibül in den Details reicher ausgebildet. An dessen Ostseite liegt das Haupttreppenhaus – eines der monumentalsten des Historismus in München, zugleich repräsentativ wie platzsparend konzipiert, in der Hauptsache eine zweiarmig-gegenläufige Anlage mit vorgelegtem kurzem Mittellauf vom Mittelschiff des Vestibüls her, die in der durch die Arkadenfensterreihe erhellten Höhe beiderseits im rechten Winkel mit kurzen Läufen das Niveau der Kuppelhalle erreicht, die durch Säulenarkaden mit dem Treppenschacht verbunden ist. In die Stirnwand des unteren Podestes ist die an die Gründung und den Neubau des Armeemuseums erinnernde Marmortafel mit vergoldeter Antiqua-Inschrift eingelassen, gerahmt von einem Ädikularahmen in italienischen Renaissanceformen mit Trophäenreliefs und in das Gebälk eingefügtem Bildnismedaillon des Prinzregenten Luitpold. Das nur teilweise erhaltene Schmiedeeisengeländer wurde von Herbert Nusser ergänzend wiederhergestellt. Steinerne Trophäenreliefs füllen die Arkadenzwickel unter den Treppenläufen, Reliefs historischer Helmformen schmücken die Keilsteine.

Ideelles Zentrum des Armeemuseums war die „Ruhmeshalle", programmatisch wie typologisch angeregt von derjenigen des Wiener Heeresmuseums und der (auf Wien reagierenden) im Berliner Zeughaus sowie auch vom „Pantheon" des Prager Nationalmuseums. Die den Vorbildern entsprechend geplanten großen Historiengemälde an den halbrunden Schildwänden wurden nicht mehr ausgeführt. Die 32 m hohe Halle ist die neuzeitliche Version eines Hochrenaissance-Zentralbaues vom Kreuzkuppelschema, mit den in die tonnengewölbten Kreuzarme eingespannten Säulenarkaden der Galerie letztlich von byzantinischen Raumformen abgeleitet, womit auch der Marmorfußboden im Stil der Cosmaten harmoniert. Während die tragende Eisenbetonkonstruktion mit mächtigen Parabelbögen sowie der Unterbau mit den Pfeilerverkleidungen in Kelheimer Kalkstein, den Galerien auf Rotmarmor-Säulenpaaren und dem Fußboden den Krieg mit Schäden überstanden hatten, waren die untergehängten Betonschalen und Rabitzkonstruktionen der Gewölbezone nur in Resten erhalten, die wegen ihres schlechten Zustandes beseitigt und um 1990 durch eine Rekonstruktion ersetzt

Bayerische Staatskanzlei, Mittelbau, Kuppelinneres; Aufn. 2007

Haupttreppenhaus mit Kuppelhalle

wurden. Diese verzichtete auf das originale Bildprogramm – die Personifikationen der bayerischen Orden in den vier Pendentifs, die Relieffiguren und Schlachtennamen in dem durch Thermenfenster erhellten Kuppeltambour –, sodass der wiederhergestellte, höchst imposante Raum sich heute als reine Architektur präsentiert, abgesehen von den noch erhaltenen Reliefwappen der vier Stämme Bayerns an den Pfeilern. Originale Substanz ist die innere Betonschale der (zweischaligen) Kuppel mit ihrer Rabitzkassettierung.

Bayerische Staatskanzlei, Kuppelhalle nach Norden; Aufn. 2007

Kuppelhalle nach Osten

Franz-Josef-Strauß-Ring 5. *Prinz-Carl-Palais.* (Vgl. Ensemble Altstadt – Bauten- und Platzgruppe Residenz/Hofgarten/Max-Joseph-Platz/Odeonsplatz sowie Ensemble Prinzregentenstraße.) Von den vornehmen villenartigen Privathäusern, die in den klassizistischen Stadterweiterungen Münchens – Schönfeld- und Maxvorstadt – zunächst vorherrschten, ist bis heute das Prinz-Carl-Palais das allgemein bekannteste und dies aufgrund seiner künstlerischen Qualität wie seiner gelenkartigen Schlüssellage am Verbindungsweg zwischen dem Hofgarten und dem seit 1789 angelegten Englischen Garten bzw. am Übergang vom Residenzbereich zu dem seit 1795 entstandenen Schönfeldviertel. Verändert und zugleich enorm verstärkt wurde die städtebauliche Wirkung durch die Anlage der Prinzregentenstraße ab 1891, deren westlichen Blickpunkt die Eingangsfront des Palais bildet; die gravierende Störung des Achsenbezuges durch die Straßentunnelrampe (1969–72) gleicht teilweise die kürzlich revitalisierte Nord-Süd-Verbindung zwischen den beiden Grünanlagen aus. Es kennzeichnet die Leistung des Architekten Karl von Fischer, dass der maßstäblich intime zweigeschossige Bau sich zu allen Zeiten innerhalb großräumiger Bezüge wahrzeichenhaft behaupten konnte.

BAUGESCHICHTE: Bauherr war der aus Lothringen stammende Abbé Pierre de Salabert, ehemals Abt von Tholey, Großkomtur des Malteserordens, Erzieher und Religionslehrer Max IV./I. Josephs, mit dem er 1799 nach München gekommen war, wo er am Hof und in der Gesellschaft eine Rolle spielte. Ihm waren umfangreiche Grunderwerbungen im Bereich der ehem. Wallbefestigung gelungen (vgl. unten, Finanzgarten). Am 25. Januar 1804 legte er dem Kurfürsten Plan und Schnitt seines künftigen Wohnsitzes mit Gliederung in ionischer Ordnung vor. Mit der Planung wurde (nach eigener Angabe) im März 1804 der erst 21-jährige Karl von Fischer beauftragt, ebenfalls ein Kurpfälzer, der seinem Lehrer Maximilian von Verschaffelt nach Wien gefolgt war. Den ersten, dort noch ausgearbeiteten Entwurf musste er auf Veranlassung des Abbés, der keine Familie besaß, unter Beibehaltung der repräsentativen Hauptfassade erheblich reduzieren; ausgeführt wurde schließlich ein hakenförmiges Fragment aus Haupttrakt und kurzem linksseitigem Flügel an der Rückseite; die schmucklose nördliche Schmalseite war nur vier Achsen breit. Der Grundstein wurde am 24. Mai 1804 gelegt, der Bau im August 1806 bezogen. Nach Salaberts Tod am 21. Februar 1807 konnte Fischer von dessen erbendem Neffen nur ein bescheidenes Honorar für seine Bauführung erstreiten; König Max I. Joseph erwarb das Gebäude, das seitdem Palais (oder Pavillon) Royal genannt wurde, im August 1807 mit allem Zubehör. Kurz nach seiner Thronbesteigung übertrug es Ludwig I. am 14. November 1825 seinem Bruder, dem Prinzen Carl (1795–1875; bayer. Feldmarschall), der seinen Wohnsitz durch Jean Baptiste Métivier adaptieren und beträchtlich erweitern ließ: Entlang der Von-der-Tann-Straße (damals Frühlingstraße) entstand, gemäß dem eigenen Werkverzeichnis des Architekten, ein lang gestrecktes dreigeschossiges „Flügelgebäude, enthaltend Ställe, Remisen, Appartement der Aides de Camp (Generaladjutanten), Bibliothek und Dienerschaftwohnung". Weiters gibt Métivier an, 1828/29 die „neue Innendekoration und vollständige Wiederherstellung des Pavillon Royal" ausgeführt zu haben, der bis 1831 opulent eingerichtet wurde.

BAUBESCHREIBUNG: Repräsentative Fernwirkung und Ausstrahlung sind vor allem der aufwendigen Würdeform des viersäuligen ionischen Portikus zu verdanken, der die Mitte der neun Fensterachsen breiten östlichen Schauseite bildet; über dem vorgezogenen großen Rundbogentor der ehemaligen Einfahrt ist den Rundbogenfenstern des Saales im 1. Stock ein knapper Balkon vorgelegt. Die große Ordnung setzen die beide Geschosse

Franz-Josef-Strauß-Ring 5, Prinz-Carl-Palais, Ostseite; Aufn. 1980

Prinz-Carl-Palais, Nordseite; Aufn. 1976

zusammenfassenden Kolossalpilaster fort; an den beiden fünfachsigen Seitenfronten – von denen ursprünglich nur die südliche voll ausgeführt wurde – begrenzen Dreiviertelsäulen die Mittelrisalite, die im Obergeschoss durch schmale Relieffelder und einen Balkon akzentuiert sind, der auf rustizierten Säulen zu Seiten des rundbogigen Erdgeschossfensters ruht. Der Sockel – mit Stichbogenfenstern – und die Wandflächen des Erdgeschosses sind zart rustiziert, die Gurtgesimse werden von den dekorierten Sohlbänken der Obergeschossfenster begleitet, das hohe, dreiteilige Gebälk ist reich profiliert. Der Putzbau ist traditionell gelb gestrichen (so schon auf einem Aquarell von Heinrich Adam 1839 dargestellt), nur Portikussockel, Sockelabdeckung, Basen und Kapitelle sind aus (zumindest heute ungefasstem) Tuffkalkstein; der jetzige helle Anstrich geht auf die Restaurierung (nach Befund) von 1961 zurück. –

Prinz-Carl-Palais nach Kriegsschäden, Südseite; Aufn. 1946

Prinz-Carl-Palais, Obergeschoss, Bürgermeisterzimmer

die problematische Zeichnung eines Konsolgesimses verschollen sind, was die Beurteilung schwierig macht). Die ehemalige Durchfahrt ist durch toskanische Pilaster gegliedert und mit böhmischen Kappen gewölbt. Der querrechteckige Festsaal im Obergeschoss öffnet sich mit drei Rundbogentüren zum Balkon; mit seinen korinthischen Pilastern zu Seiten der Mitteltüren jeder Wand – an den Längsseiten verdoppelt –, dem Intarsienfußboden, vergoldeten Flügeltüren, in Rottönen marmorierten Stuccolustro-Wandfeldern, dem stuckierten Girlandenfries und der reich bemalten Deckenzone mit kuppelähnlich in Wirbelform kassettiertem Mittelfeld gehört er zu den bedeutendsten unter den wenigen erhaltenen Palastinnenräumen Münchens.

Die harmonische Proportionierung und die dichte, ausgewogene, alle Flächen überdeckende Textur der Gliederungselemente kennzeichnen Fischers Erstlingsbau als frühes Meisterwerk eines Hochbegabten, der hier – noch vor seinen Studienreisen nach Frankreich und Italien – die ihm durch Verschaffelt und das zeitgenössische Wiener Umfeld vermittelten Anregungen, das Vorbildrepertoire der Antike und des Palladianismus einschließlich des Louis XVI und selbst barocke Reminiszenzen in einer überzeugenden Schöpfung zusammenzufassen verstand. Gewisse formale Voraussetzungen lassen sich vor allem an den Risaliten des Wiener Josephinums feststellen (1783–85 von Isidor Canevale; u. a. Pilaster, Gesimsband, Gebälkaufbau); zweifellos kannte Fischer auch das gleichzeitig im Bau befindliche Rasumofsky-Palais von L. de Montoyer. Die kleinteilig-gedrängten Details in den Risalit-Rücklagen, darunter der samt dem Portal vorgekröpfte Balkon und das Palladiomotiv darüber sind wohl der am stärksten traditionsverpflichtete Bereich der Fassadengestaltung.

Im Altbau ist die klassizistische Raumausstattung – vor allem Tafelparkett, geschnitzte Füllungstüren, Stuckdekor und reiche Dekorationsmalerei an den Spiegeldecken – weitgehend erhalten geblieben; sie wird wohl im Wesentlichen Métivier zuzuschreiben sein, allenfalls tektonische Grundstrukturen und Gliederungen dürften noch auf Fischer zurückgehen (dessen Pläne bis auf

NUTZUNGSGESCHICHTE: Nach dem Tod des Prinzen Carl war das Palais Royal 1876–1919 – vom Staat vermietet – der repräsentative Sitz der Österreichisch-Ungarischen Gesandtschaft. Nach verschiedenen inadäquaten Zwischennutzungen wurde es 1924 zur Dienstwohnung des bayerischen Ministerpräsidenten – bis März 1933 Dr. Heinrich Held – bestimmt und instand gesetzt. Im August 1925 wohnte Reichspräsident von Hindenburg während seines Staatsbesuchs in den Gästezimmern.

In der Ära des „Dritten Reiches" fand 1937 nach Plänen von Fritz Gablonsky ein aufwendiger Um- und Erweiterungsbau zum Gästehaus statt (1937 und 1938 kurze Aufenthalte Mussolinis). Das gleichzeitig restaurierte Palais wurde in zurückhaltend angepassten Formen auf etwas schmalerem Grundriss beträchtlich nach Westen erweitert, die Nordseite mitsamt neuem Mittelrisalit nach dem Vorbild des Südflügels ergänzt, die neue Westfassade mit einem Blendportikus mit ionischen Pilastern analog dem Ostrisalit ausgestattet. Im Inneren wurde das bisherige Treppenhaus bis zum Nordrisalit hin erweitert, seine Wandgliederung mit korinthischen Pilastern entsprechend fortgeführt. Zugunsten der gleichzeitig vorgenommenen Verbreiterung der Von-der-Tann-Straße (s. dort) wurde Métiviers Nordflügel von 1826 – zuletzt Dienstwohnung des bayerischen Finanzministers – abgebrochen.

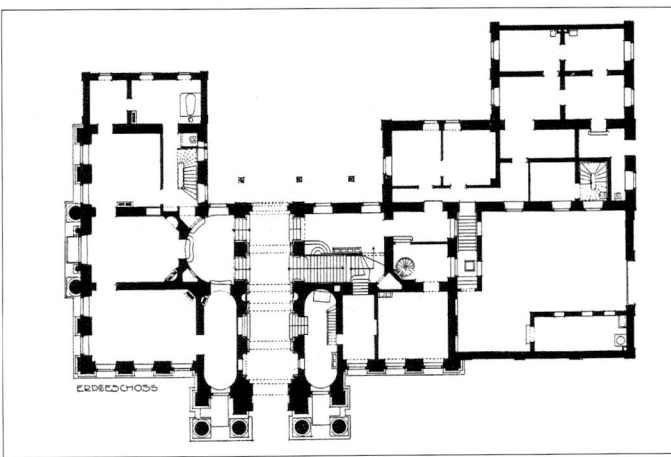

Franz-Josef-Strauß-Ring 5, Prinz-Carl-Palais; Grundriss Erdgeschoss, 1912

Prinz-Carl-Palais; ehem. Durchfahrt

Prinz-Carl-Palais, Tür im Festsaal

Prinz-Carl-Palais, Obergeschoss, Festsaal (Marmorsaal)

Prinz-Carl-Palais, Erdgeschoss, Blauer Salon (Arbeitszimmer des Ministerpräsidenten)

Das im Zweiten Weltkrieg nur wenig beschädigte Gebäude diente 1948–68 als Sitz der neu gegründeten Bayerischen Akademie der Schönen Künste, überdies bis 1967 als Notquartier für ausgewählte Bestände der Glyptothek und der Antikensammlungen, die hier bis zur Wiedereröffnung der Museen am Königsplatz ausgestellt wurden. Seit 1969 dient das Palais als – vor allem auch für Repräsentationszwecke genutzter – Dienstsitz (nicht Wohnung) des Bayerischen Ministerpräsidenten. Nachdem der

Bau des Altstadtringtunnels (1969–72) sogar seine Existenz gefährdete und der Unterfangung mit einer Stahlbetonplatte 1970 die Kellerräume zum Opfer fielen, wurde es 1971–75 durch das Landbauamt München unter Leitung von Hans Heid restauriert und umgebaut, wobei die Gartenfront von 1937 leicht vorgerückt und in den damaligen Erweiterungstrakt eine zentral gelegene zweigeschossige Empfangshalle in modernen Formen mit Treppe, Galerie und Oberlicht eingefügt wurde. Nicht verwirklicht wurden seit 1967 erwogene Pläne, den Neubau der Staatskanzlei im anschließenden Finanzgarten zu errichten (vgl. Prinzregentenstraße 7 und Franz-Josef-Strauß-Ring 1).

Hinter **Franz-Josef-Strauß-Ring 5.** Öffentlich zugänglicher *„Finanzgarten"*. Die Stadtpläne des 18. Jh., so der von M. Paur (1705) und der von M. de Groth (1748.) wie auch eine Stadtansicht von M. Wening (1701), zeigen nördlich vom Hofgarten eine polygonale Bastion der von 1619 bis ca. 1640 angelegten Wallbefestigung, deren Innenraum von dem kleinen, regelmäßigen Garten der Theatiner mitsamt einem Zeltdachhäuschen ausgefüllt wird. Diese sog. Garten- oder Theatinerbastion, ein mächtiges Erdwerk, bildete die Mitte der geraden Nordfront der um den Hofgarten herumgeführten Umwallung. Während letztere nach der seit 1795 allmählich durchgeführten Entfestigung sonst überall verschwand, blieben ablesbare, freilich stark verschliffene Reste allein in dem nicht überbauten Gartenareal zwischen Galerie- und Von-der-Tann-Straße bis heute erhalten.

Den seit der Säkularisation staatseigenen Theatinergarten ersteigerte Abbé Salabert am 5. Januar 1802, kurz darauf erwarb er noch weitere benachbarte Grundstücke, u. a. den nordöstlich anschließenden Frederico- oder Galli-Garten (angelegt nach 1700 durch Generalfeldmarschall Johann Leonhard de Frederico, † 1751; seit 1798 kurfürstl. Bleichplatz) sowie zuletzt (1804) den westlich der Bastion gelegenen Wolfschen Garten; den gesamten, z. T. trickreich und durch Protektion erworbenen Besitz fasste er zu einer einzigen Gartenschöpfung zusammen und erbaute an deren Nordostende 1804–06 sein Palais. So entstand – wohl nach Angaben des Malers Johann Christian Mannlich – eine den polygonalen Erdwall der Bastion, dessen gerade westliche Fortsetzung und das vorgelegte Grabengelände samt Wasserlauf einbeziehende Anlage im zeitgemäßen Stil des Landschaftsgartens, die – im Unterschied zur ebenen Weiträumigkeit des benachbarten Englischen Gartens – die angestrebte ab-

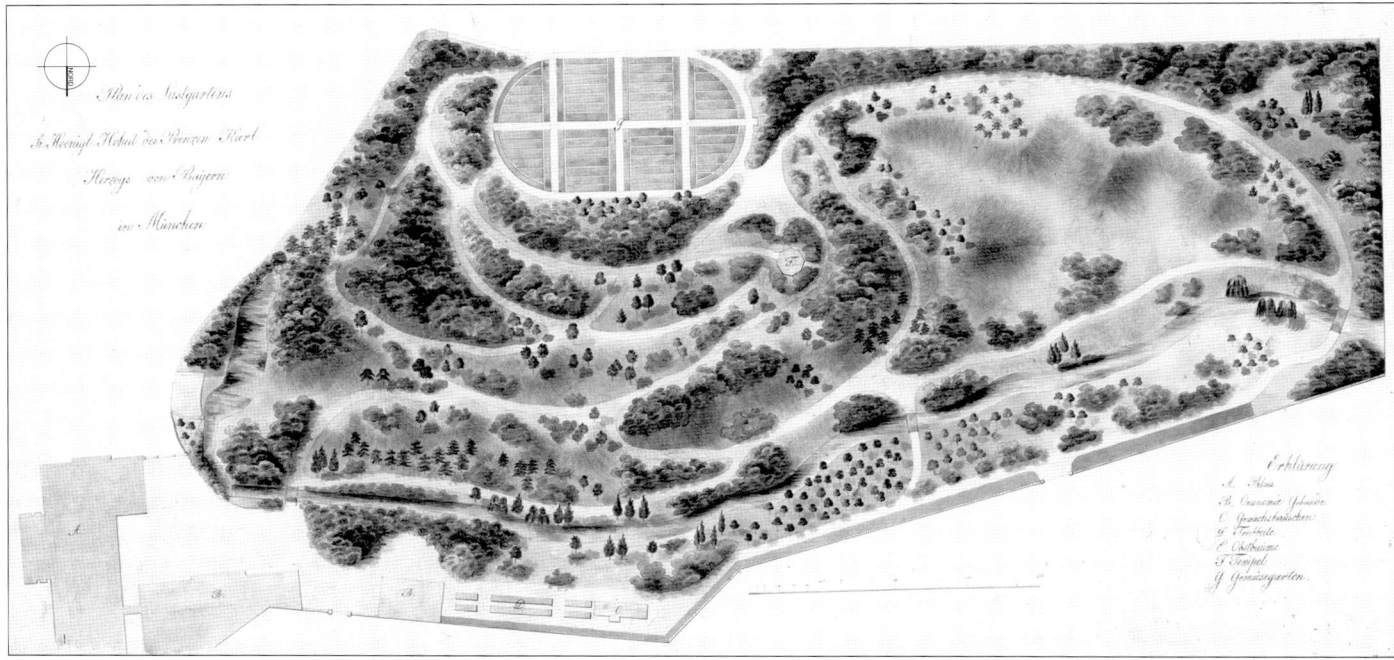

Plan des „Lustgartens" (heutiger Finanz-, neuerdings Dichtergarten) des Prinzen Karl, von F. Hiller, 1837

Hinter Franz-Josef-Strauß-Ring 5, Finanzgarten, Wallrest

wechslungsreiche Wirkung im Sinn des romantischen Natur-
gefühls durch stimmungsvolle bildhafte Kompositionen auf begrenztem Raum (etwa 200 x 100 m) erzielte und durch die vorgegebenen Niveauunterschiede sogar noch steigern konnte. Das
„Palaisbächl" auf der Grabensohle wurde malerisch ausgeformt
und am Ende (südwestlich des Palais) zu einem kleinen Weiher
erweitert. Auf der Wallhöhe setzte (nach G. Stinglwagner) Baumeister Michael Mittermayr 1802/03 auf einem gewölbten, zur
Grotte umgestalteten Unterbau der Befestigung einen achteckigen hölzernen Gartenpavillon mit blechgedecktem Kuppeldach
(kriegszerstört). Der ehem. Theatinergarten innerhalb der Schan-
ze lebte als regelmäßig angelegter Gemüsegarten bis 1955 weiter.
Friedrich Ludwig von Sckell, Hofgartenintendant seit 1804, regte nach Salaberts Tod (1807) den Erwerb von dessen Palais samt
Garten durch den König an, um den Zusammenhang zwischen
Hof- und Englischem Garten verbessern und das diesen in seinen Augen störende Gebäude zumindest im Sinn einer Staffage
in die ihm vorschwebende große landschaftliche Konzeption in-
tegrieren zu können. In seiner Denkschrift vom 6. März 1807
(Freyberg 1989, S. 106) bedauerte er das Weiterbestehen des
Restwalles an der Galeriestraße, den er z. T. abtragen, zu einem
lieblichen Hang umgestalten und „mit einem griechischen Tempel der alten Tugend" bekrönen wollte, „den die schönsten Bäume überschatten" sollten. In der Tat wurde das Geländerelief
überarbeitet, doch unterblieb die von Sckell angestrebte Vereinigung mit dem Englischen Garten – die Einfriedung blieb bis
heute bestehen.
Wie das Prinz-Carl-Palais unterstand auch der Park seit 1876 der
Verwaltung des Finanzministers, dem er im Anschluss an dessen
Dienstwohnung im 1826/28 erbauten Nordflügel zur Benützung
überlassen wurde; 1878 wurde eine größere Ausholzung vorgenommen, an der Ostseite der Holzzaun durch ein Gitter ersetzt,
1885 das stinkende Palaisbächlein überwölbt. Im Zusammenhang
mit einer Verbreiterung der Galeriestraße entstand ein Gitterzaun
auch an der Südseite, unterbrochen von zwei neubarocken, von
Balusterbrüstungen abgeschlossenen Terrassen (kriegszerstört,
an der Stelle der östlichen heute die sog. Kanzel).
Die Maßnahmen des „Dritten Reiches" 1937 – Verbreiterung
der Von-der-Tann-Straße, Abbruch der Bebauung an deren Südseite, Erweiterung des Palais nach Westen und Neuanlage eines
Gartenparterres, schließlich der Neubau des Zentrallandesmi-
nisteriums im Westen (s. Ludwigstraße 2) – hatten auch Auswirkungen auf den Garten; im Wall unweit des Palais wurde ein
noch erhaltener Bunker (sog. Gauleiterbunker) angelegt. – Im
Zweiten Weltkrieg wurden die meisten Bäume vernichtet, der
Garten verwüstet, durch Bombentrichter umgepflügt, der Pavillon zerstört. Die Anlage von US-Autowerkstätten mit Garagen
und Parkplätzen im Norden und Westen beanspruchte beträchtliche Gartenflächen. Der größere unebene Anteil konnte nach

einer Bepflanzungsaktion am 28. September 1955 der Öffentlichkeit übergeben werden. Die Grotte unterhalb des einstigen
Pavillons, ein Ovalraum mit Stichkappenwölbung, wurde 1962
restauriert, durch ein Gitter (nach Entwurf von Herbert Alt-
mann) abgeschlossen und mit Inschrifttafel und der Bronzefigur der „Großen Sitzenden (Nausikaa)" von Toni Stadler
(1957/58) zu einer *Heinrich-Heine-Gedenkstätte* ausgestaltet.
Unweit südlich davor wurde kürzlich das lebensgroße Bronze-
standbild des russischen Dichters *Fjodor Tjutschew* (1803–
1873) aufgestellt (sign. A. Kowaltchuk 2003), der lange in München lebte. Dem Tunnelbau unter dem Palais (um 1970) musste
das vorgelegte Parterre samt Brunnen von 1937 (sog. Palaisgarten) weichen. Die von 1968 bis um 1975 vorgesehene Teil-
bebauung mit der Bayerischen Staatskanzlei (Projekt Uwe
Kiessler) unterblieb schließlich (vor allem aus aktuell gewordenen Sicherheitsgründen). Seine letzte rehabilitierende Ausformung, verbunden mit einer Nachpflanzung, erhielt der Garten
1983–85. Künftiger Name „Dichtergarten".

Nähe **Franz-Josef-Strauß-Ring.** Figur des sog. *„Harmlos"*; s.
Galeriestraße.

Frauenplatz; Flurkarte, M. 1:2 500

Frauenplatz

Der Höhenschichtenplan des Altstadtkerns (Abb. S. XVII) verzeichnet im Nordbereich eine zungenartige sanfte Erhebung, die
sich gegen Osten bis gegen den Terrassenrand beim Alten Hof
erstreckt und am heutigen westlichen Frauenplatz zu ihrem
(einst) höchsten Punkt von über 517,5 m ü. M. ansteigt (etwa im
Bereich der monströsen Brunnenanlage von 1972). Dieses nach
Rambaldi (1894) „im Volksmund" noch sogenannte Frauenbergl
– im Nivellement des ältesten Stadtkerns nördliches Gegenstück
zum Petersbergl, während in der Senke dazwischen der Markt
situiert wurde – ist Standort der Kirche zu Unserer Lieben Frau,
die 1271 zur zweiten Pfarrkirche, 1495 zur Stifts- und 1821 zur
erzbischöflichen Domkirche erhoben wurde. Die geringe Erhebung ist heute noch an den Häusersockeln der schmalen, von
Osten und Süden radial auf den Frauenplatz zuführenden „Gäß-
chen" – so deren zutreffende Bezeichnung noch auf dem Consoni-Stadtplan von 1806 – ablesbar, auch an der gegen Westen
minimal ansteigenden Sohle des Domsockels. Der wesentlich
steilere, freilich modern (1972) terrassierte Abfall auf der nördlichen Platzerweiterung zur Löwengrube hin ist teilweise auch
durch den hier einst verlaufenden Stadtgraben des ältesten Be-

festigungsringes zu erklären (ehem. Dechaneibächl, westliche Fortsetzung des Hofgrabenbaches).

Der die Pfarrkirche von Beginn an umgebende, bei deren erweitertem Neubau im späteren 15. Jh. durch eine nach Süden verlegte Einfriedungsmauer (vgl. Stadtmodell von J. Sandtner 1570 und Stadtplan von T. Volckmer 1613) begrenzte Frauen-Freithof (der aus Platzgründen 1480 eine Filiale bei der Salvatorkirche erhielt) wurde wie alle innerstädtischen Begräbnisplätze gemäß kurfürstlicher Verordnung von 1789 aufgelassen. Der schmale Zwischenraum von Friedhof und südlicher Bebauung hieß Kirchhof-Gasse; der Name Frauenplatz wird erstmals 1815 genannt.

Den Freiraum um die Kirche begrenzten vor allem im Norden und Westen zur Pfarrei und dem Stift gehörige Gebäude. Auf der heute etwa dreieckigen Platzfläche vor der Zweiturmfront des Domes stand bis zum ersatzlosen Abbruch 1866 der 1427 gestiftete, 1803 verstaatlichte Dechanthof mit rückseitig im 16. Jh. dem westlich benachbarten Augustinerkloster abgekauftem Garten und Nebengebäuden (das Sandtner-Modell von 1570 zeigt ihn in der Gestalt von zwei ungleich hohen Baukörpern mit Satteldächern, ein Aquarell von Josef Puschkin 1865 als zweigeschossiges Walmdachhaus mit leicht abgeknickter Fassade und zwei vielleicht noch gotischen Flacherkern). Auf der heute freien nördlichen Platzerweiterung zur Löwengrube hin stand bis ca. 1798 eine stiftische Wohnbebauung für Kantor, Organist und 2. Kooperator. Nach Osten hin schloss sich zwischen Frauenplatz und Löwengrube eine schmale Reihe zur Kirche gehöriger Häuser an (heute Frauenplatz 12–15) – von Westen Frauenschule, Poetenschule, Benefiziatenhaus, Bruderhaus mit Saal sowie das Mesnerhaus (heute Dompfarramt) – sämtlich mehrfach umgebaut bzw. erneuert (vgl. Sandtners Stadtmodell von 1570 und die Ansicht nach Stand von 1939 in Häuserbuch II), nach Zerstörung im Zweiten Weltkrieg durch eine gestalterisch homogene, fünfgeschossige Zeilenbebauung mit Lochfassaden und traditioneller Putzrahmengliederung ersetzt, die an der Südseite die mehrfach abgetreppte alte Baulinie wieder aufnahm und den westlichen Kopfbau (Nr. 15) wie ehemals als städtebaulich wirkungsvollen Pavillon mit Zeltdach ausbildete. – Weitere zum Stift gehörende Häuser lagen an der Nordseite der Löwengrube, so das Propsthaus (jetzt Nr. 19) und das zeitweilige Pfarrhaus (ab 1760, heute Nr. 21) und weiter westlich das Kapitelhaus (von 1575 bis 1851, vor 1939 Nr. 8) und Kaplanhaus (bis 1802, ehem. Nr. 10), alle nicht erhalten. Das nach Kriegszerstörung neu erbaute, dreiseitig freistehende Haus Frauenplatz 10 an der Südostecke (Buchner-Haus) war bis Anfang des 19. Jh. das 1487 von Martin Ridler gestiftete Reiche Almosenhaus. Von den nach den Kriegsschäden unauffällig erneuerten Häusern der Südseite des Platzes war früher Nr. 9 (Vorgänger des „Bratwurstglöckl") bemerkenswert, das viergeschossige Wohnhaus des Architekten Johann Michael Fischer (ab 1736, wohl hier gestorben am 6. Mai 1766) mit dekorativer Stuckfassade und Mansarddach.

An der Südwestecke wurde 1888 die zuvor sehr schmale Liebfrauenstraße (s. dort) zur „Domfreiheit" mit freiem Schrägblick von Süden auf die Frauentürme erweitert.

◁ Frauenplatz, Fundament der Südwand der Frauenkirche aus verschiedenen Materialien, darunter Spolien

1970–72 wurde die Oberfläche des Frauenplatzes in die gemäß damaliger Ästhetik neu gestaltete Fußgängerzone einbezogen. Im Westbereich entstand unter einer Baumpflanzung eine aus Granitblöcken als Sitzstufen formierte große Brunnenanlage (1972 nach Entwurf von Bernhard Winkler), auf der Terrasse nördlich des Domes der Bennobrunnen aus zweierlei Granit mit Figur des Stadtpatrons (1972 von Josef Henselmann).

Frauenplatz, ehem. Wohnhaus von J. M. Fischer (zerstört)

ARCHÄOLOGISCHE BEFUNDE: Hochmittelalterliche Baubefunde, spätmittelalterliche Kulturschichten sowie Bestattungen des Mittelalters und der Neuzeit (Fundst.-Nr.: 7835/0176, 7835/0319, 7835/0362). Im Zuge umfangreicher Kanalarbeiten wurden 1849 zweischalige Mauerzüge freigelegt. Wahrscheinlich handelt es sich um die Reste der südlichen Friedhofsmauer. Bei Kanalbauarbeiten kamen 1952 südlich der Türme der Frauenkirche Skelette, gemauerte Grabschächte und Ziegelmauerwerk zum Vorschein. Die Bestattungen gehören zu dem bis ins 18. Jh. belegten Domfriedhof. Wegen Tunnelvortriebs der zweiten S-Bahn-Stammstrecke im direkten Umgriff der Frauenkirche mussten 2005 an drei Stellen Sondierungen zur statischen Beurteilung der Standfestigkeit der Frauenkirche angelegt werden. Dabei wurden im an der Nordseite des Nordturmes angelegten Schnitt Bestattungen des 17./18. Jh. erfasst (s. Abb. S. XL). Den Toten in den Gräbern waren Paternoster, Haken-Ösenverschlüsse, Stecknadeln von Totenhemden und Leichentüchern sowie Kruzifixe beigegeben. Außerdem stieß man auf Bestattungen mit Keramik des 16. Jh. in den Grabgrubenverfüllungen. Ferner erfolgte die Dokumentation des Turmfundaments, das aus großen Tuffquadern besteht. Darüber hinaus ließen sich noch Spuren der Holzverschalung der dazugehörenden Baugrube nachweisen. Dem Fundament war eine Ziegelmauer vorgeblendet. Der erste Bestattungshorizont saß auf dieser Mauer auf, deren Krone teilweise für Bestattungen ausgebrochen wurde. Die Ziegelmauer, die nach Ausweis von Auswaschung ursprünglich wohl freigelegen hatte, reichte bis zur Fundamentunterkante des Turms. Wahrscheinlich handelt es sich um einen Hangverbau, der im 13. Jh. das Siedlungsplateau zu großen Teilen einfasste. Im Profil folgten auf den Laufhorizont des 13. Jh. Verlandungs- und Auffüllschichten des 14. und frühen 15. Jh. Darüber lag eine Schuttschicht, in die ab dem 16. Jh. Gräber eingetieft wurden. Ferner wurde der mittelalterliche Stadtbach nahe an der Kirche erfasst. In dem entlang des nördlichen Langhauses geöffneten Schnitt stieß man auf einen Bestattungshorizont des 18. Jh. sowie auf B: reste (Spolien) des hochmittelalterlichen Kirchenbaus. Außerdem könnte sich in einer neuzeitlichen Ausbruchgrube der Rest der ersten Stadtmauer befunden haben. Im an der Südseite der Kirche gelegten Schnitt wurden wiederum meist barocke Bestattungen mit Schuhschnallen, Rosenkränzen, Marienamuletten und Kruzifixen angetroffen. In dem Füllmaterial der barocken Grabgruben befand sich umgelagerte hoch- und spätmittelalterliche Keramik. Ferner sind zwei mittelalterliche Bestattungen zu erwähnen, die von der Kirchenwand geschnitten werden. Überreste einer mittelalterlichen Kulturschicht zeichneten sich ebenfalls ab. Schließlich konnte noch nachgewiesen werden, dass Kirchenwand und Pfeiler nicht gleichzeitig aufgemauert wurden.

Unter Frauenplatz 2, 9, 11, 13, 14, 14a und 15 befinden sich untertägig Teile mittelalterlicher und neuzeitlicher Bebauung.

Frauenplatz 1, Kath. Metropolitan- und Stadtpfarrkirche Unserer Lieben Frau (Dom, Frauenkirche); Aufn. vor Kriegszerstörung

Frauenplatz 1. *Kath. Metropolitan- und Stadtpfarrkirche Unserer Lieben Frau (Dom, Frauenkirche).*

BAUGESCHICHTE: Zur Baugeschichte des Vorgängers der bestehenden spätgotischen Frauenkirche liegen keinerlei schriftliche Quellen vor; die erst durch Grabungen nach dem Luftkrieg bekannt gewordenen Fakten sind gemäß spärlichen geschichtlichen Nachrichten und stilistischen Indizien zu deuten. Die Frauenkirche steht am Nordwestrand der Ursprungsstadt des 12. Jh. knapp innerhalb des ältesten Befestigungsringes. Ihre Ersterwähnung am 24. November 1271 erfolgte aus Anlass der Pfarrneugründung durch Bischof Konrad von Freising (am 29. März 1273 durch Papst Gregor X. bestätigt), der von der „Mutterkirche" (matrix) St. Peter wegen „unermeßlichen" Bevölkerungswachstums die Nordhälfte der um diese Zeit sich auch räumlich stark erweiternden und neu befestigenden Stadt abtrennte (zugleich auch Hl. Geist als Spitalspfarrei) und mit eigenem Friedhof und Pfarrschule ausstattete; die zur Pfarrkirche erhobene Filialkirche St. Maria – kirchenrechtlich als „simplex capella" bezeichnet – war demnach bereits vorhanden und nach archäologischem Befund sogar stattlich dimensioniert.

Für den *Vorgängerbau* ergibt sich aufgrund der durch Adam Horn (1952, 1954, ergänzende Grabung 1956 durch W. Titze) publizierten Grabungsfunde von 1946–53 und ihrer späteren Interpretation durch Walter Haas der Grundriss einer im Mittelbereich des heute östlich und westlich längeren Domes bzw. im Wesentlichen unter dessen Mittel- und Südschiff gelegenen,

durchwegs kreuzgewölbten Kirche von 60 m lichter Länge aus zwei Bauphasen. Das spätromanische Langhaus, nach H. Ramisch wohl erst nach dem völligen Übergang Münchens aus der bischöflichen in die wittelsbachische Herrschaft (1240) entstanden, typologisch etwa der Salzburger Pfarr-, heutigen Franziskanerkirche (geweiht 1223) vergleichbar, war als Pfeilerbasilika mit vier quadratischen Mittelschiffs- und der doppelten Anzahl von Seitenschiffsjochen gemäß dem sog. gebundenen System angelegt; an der Stelle der westlichen Seitenjoche erhob sich das Turmpaar. Der somit höchst anspruchsvollen Westfront war in ganzer Breite eine Vierstützenvorhalle vorgeschaltet (vgl. Stiftskirche Altötting). – Im Osten schloss sich, jenseits des Lettnerfundaments, eine früh- oder hochgotische, gestaffelte Chorpartie mit drei polygonalen Schlüssen und weit vorgeschobenem mittlerem Längschor an, insgesamt ein Grundrissschema analog dem für den ganzen deutschen Südosten vorbildhaften Regensburger Dom (ab 1273), dem die dortige Dominikanerkirche vorausging (vgl. auch St. Stephan in Wien). Somit könnte der östliche Erweiterungsbau der Frauenkirche durchaus bereits durch die Erhebung zur Pfarrkirche 1271 veranlasst worden sein, doch wird vielfach seine Entstehung erst um 1300 oder im 1. Viertel des 14. Jh. zur Zeit Ludwigs des Bayern angenommen, der seine 1322 verstorbene erste Gemahlin Beatrix von Schlesien-Glogau im demnach schon vorhandenen Chor unter einem (in Resten ergrabenen) Hochgrab bestatten ließ und einmal „fundator" genannt wird. Ob Ablassgewährungen 1295, 1299 und 1300 mit Bauarbeiten in Verbindung stehen, ist ungewiss. An die nordöstliche Hauptchor-Schrägachse schloss sich eine sechseckige (Michaels-)Kapelle an. Die bisherige, letztlich auf Adam Horn basierende baugeschichtliche Periodisierung wurde durch Christl Karnehm (in: MBM 113, 1984) und Christian Behrer (2001) in Frage gestellt. Demnach

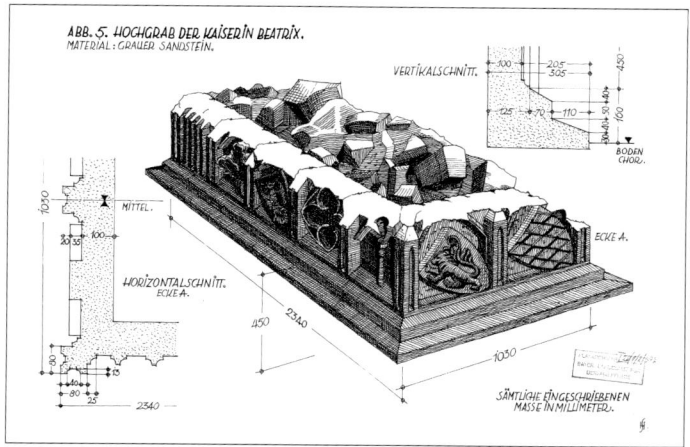

Fragmente vom Hochgrab der Königin Beatrix († 1322)

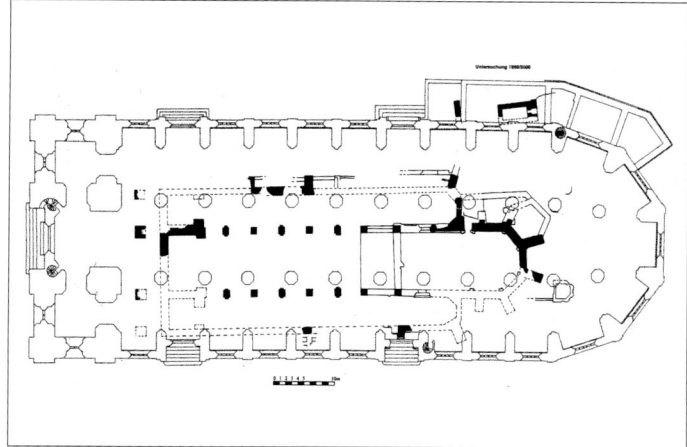

Grundriss der Frauenkirche mit Befunden der Vorgänger-Basilika (schwarz markiert)

Vesperbild, um 1400 (Kapelle 25); Aufn. 1979

Erlöser am SO-Portal, um 1430; hist. Aufn.

bilden Langhaus und Chorteil baulich eine fugenlose Einheit und seien somit zeitlich homogen; der Chor wurde allenfalls nach einer Bauunterbrechung aufgeführt und unter Ludwig dem Bayern lediglich umgebaut und gewölbt. Die gotische Chorlösung mit dem dreifach gestaffelten Grundriss ist zeitlich freilich schwer mit dem traditionellen Schema des Langhauses (gebundenes System?, Stützenwechsel) in Einklang zu bringen. Es bliebe freilich noch zu klären, ob und von wo an der vorgeschobene Chor eine Erweiterung und die polygonalen Seitenchorschlüsse nur einen Ersatz romanischer (in einem Plan von A. Horn angenommener) Apsiden darstellten. Die Lage der in den Quellen mehrfach erwähnten Michaelskapelle ist nach C. Behrer ungewiss. Baumaterial der alten Frauenkirche war in der Hauptsache Backstein, mit Details im Sockel- und Basenbereich aus Tuff (Langhaus) bzw. Sandstein (Chor, auch Rippen und Dienste). Seit Kaiser Ludwig († 1347), der – trotz nie aufgehobenen Kirchenbanns – hinter dem sog. Kaiseraltar bei seiner ersten Gemahlin beigesetzt wurde, war die Frauenkirche Grablege der in München regierenden Linie des Hauses Wittelsbach (spätere Grüfte auch in der Michaels- und Theatinerkirche).

Aus der alten Frauenkirche (vor 1468), für die im 14. und 15. Jh. reichlich Stiftungen überliefert sind, blieb eine nicht geringe Anzahl von Kunstwerken bis heute erhalten, darunter Grabungsfunde von 1946 ff. (meist im Diözesanmuseum Freising) wie ein steinerner Reliefkopf von etwa 1250, eine künstlerisch bemerkenswerte Konsole mit Christophoruskopf (Stein, um 1320), Fragmente vom Hochgrab der Königin Beatrix († 1322) mit Blendmaßwerk und Wappenschilden (jetzt im Chorumgang über dem Abgang zur Gruft) und ein Fresko-Bruchstück mit Engelskopf (um 1410). Aus der alten in die neue Kirche übernommen wurden u. a. ein steinerner Schmerzensmann von ca. 1325/30 mit freigelegter Fassung (jetzt am Pfeiler links vom Chorbeginn), der Schmerzensmann und die Muttergottes (beide Stein, um 1330/40) am heutigen Westportal, eine Verkündigung (Stein, um 1400) am Südwestportal (Kopien; Originale im Diözesanmuseum), ein bemerkenswertes Vesperbild (Sandstein, gefasst) von ca. 1400 aus dem Salzburger Umkreis (Kapelle 25), der Erlöser mit erhobenen Händen und faltenreichem Mantel und die „Schöne Muttergottes", zwei Steinfiguren im Weichen Stil von etwa 1430 (heute am Südostportal), aus etwa der gleichen Zeit der Erlöser und die Muttergottes vom Nordostportal (heute über dessen Innenseite) sowie die gefasste Figur des Erlösers von ca. 1450 in der heutigen Sakramentskapelle (Kapelle 13).

Frauenkirche, Dreikönigsfenster (Kapelle 16), Detail

Der heute in der Osthälfte des Domes konzentrierte reiche Bestand historischer Farbverglasungen umfasst noch zahlreiche aus der alten Frauenkirche vor 1468 übernommene, so die qualitätvolle Margareten-Scheibe des frühen 14. Jh. in der Sakristei und die Fragmente eines Passionszyklus des späten 14. Jh. in Kapelle 8 (Fenster-Oberteil). Ein von Bürgermeister Erhard Astaler gestifteter Scheibenzyklus von etwa 1400 ist jetzt in Kapelle 14 (Fensterzeile 6–9) eingesetzt. Aus der Zeit um 1430 stammen in Kapelle 16 das Dreikönigsfenster vom sog. Dreikönigsmeister (Zeile 3–6) und die sog. Rot-Grüne Passion (Zeile 16–19) und in Kapelle 18 das Sieben-Freuden-Mariä-Fenster. Interessant sind die hellfarbigen sog. Weißscheiben von etwa 1460 mit einem Leben-Jesu-Zyklus in der nördlichen Turmkapelle (Nr. 28).

Der in die neue Frauenkirche übertragene Hochaltar Gabriel Anglers von 1434–37, gemäß dem außerordentlichen Preis von über 2500 Gulden sicher einer der aufwendigsten Flügelaltäre der Zeit, der auf zwei Radierungen von Nikolaus Solis von der Fürstenhochzeit 1568 zu erkennen ist, wurde im frühen 17. Jh. abgebaut und ist nicht erhalten. Doch existieren noch die Tafel-

Ehem. Hochaltar von Gabriel Angler, davor Kreuzaltar; Radierung von Nikolaus Solis, 1568

bilder des alten Kreuzaltares (?) von etwa 1440 (vielleicht von G. Angler oder dessen Werkstatt); das vielfigurige Mittelbild, die „Münchner Domkreuzigung", ein Hauptwerk der bayerischen Malerei der Zeit, ist heute in Kapelle 16 aufgestellt, mit modernen Flügelbildern (die Originale gelangten in die Kunsthalle Zürich). Eine fragmentarische Inschriftplatte samt Wappen für Johannes Ligsalz († 1359) und Ehefrau ist das älteste erhaltene Grabdenkmal (heute in Kapelle 18). Aus der alten Frauenkirche stammen noch die beiden ältesten Glocken (1442, 1451).

Auf einen geplanten *Kirchenneubau* weist erstmals ein Brief des Tegernseer Abtes Caspar Ayndorfer vom 20. Oktober 1458 hin, der dem Münchner Rat hierfür den Münchner Steinmetzmeister Hans (Haldner) empfahl. Gründe für das groß angelegte Bauvorhaben waren die Reparaturbedürftigkeit der alten Kirche, deren zu gering gewordene Fassungskraft, wachsender Bedarf an Familienkapellen durch Mess- und Altarstiftungen und das Repräsentationsbedürfnis der Stadt sowie des Herzogshauses im Wettbewerb mit den anderen Wittelsbacher Residenzstädten, die sämtlich große Hallenkirchen-Neubauten veranlasst hatten – Landshut mit Langchor, Heidelberg, Straubing, Ingolstadt und Amberg mit Umgangschören. Das dynastische Interesse war durch die Zugehörigkeit der Hofhaltung zur Frauenpfarrei und durch die herzogliche Grablege mit dem Rang und Anspruch des Hauses Wittelsbach veranschaulichenden Kaisergrab motiviert, dem (bis 1944) die Wappenschlusssteine im Chor – von Westen folgten auf das Stadtwappen Rautenschild, Löwe und Reichsadler – Ausdruck verliehen (vgl. das gleichzeitige neue Kaisergrab darunter und die Decke im Alten Rathaussaal). Die Dimensionen des Neubaus mit ausgedehntem Chor stehen ohne Zweifel auch im Zusammenhang mit der hierarchischen Erhöhung zur Stiftskirche, die der politisch hoch ambitionierte Albrecht IV. (reg. 1465–1508) im Sinne landesfürstlicher Unabhängigkeit von den reichsfürstlichen Bischöfen anstrebte.
Die ersten drei Spatenstiche nahm Stadtpfarrer Ernst Pütrich am 5. Februar 1468 vor; die Grundsteinlegung vollzog am 9. Februar

Frauenkirche, ehem. Dachstuhl von 1477/78, Detail

Herzog Sigismund, der sich bei Überlassung der Regierung an seinen jüngeren Bruder Albrecht IV. u. a. die geistlichen Präsentations- und Patronatsrechte vorbehalten hatte (Albrecht hielt sich zudem gerade in Straubing auf). Daran erinnern zwei Inschrifttafeln beiderseits in der südöstlichen Portalnische (Brautportal), westlich eine kleine mit Datumsangabe, östlich eine große mit Relief, die in lateinischen Distichen den 29-jährigen Sigismund feiert. Der städtische Maurer- und Baumeister Jörg von Halsbach († 1488; zuvor wohl in herzoglichem Dienst) hat gemäß Inschrift auf seinem Grabdenkmal (Westwand innen)

Flügelaltar („Münchner Domkreuzigung", Kapelle 16); Aufn. 1979, damals mit Kopien der Flügelbilder

Deckplatte mit Relief des
hl. Arsatius, 1495 (Kapelle 16)

„den ersten, mittleren und letzten Stein vollführt"; Nachfolger wurde sein bisheriger Polier Lukas Rottaler. Noch 1468 wurden die Michaelskapelle samt Gruft darunter sowie der Nordturm abgebrochen und der Neubau mit der Nordmauer, neuem Nordturm, Chorschluss und vier östlichen Freipfeilern begonnen, während die alte Kirche noch bis 1472 weiter dem Gottesdienst verfügbar blieb. Beim Besuch Kaiser Friedrichs III. 1473 war Gabriel Anglers übertragener Choraltar bereits aufgestellt, vielleicht auch schon die neue Kaisertumba (s. unten); in diesem Jahr besichtigte der Eichstätter (später Regensburger) Dombaumeister Matthäus Roritzer den Bau, desgleichen 1474 eine Konferenz der Baumeister Moritz Ensinger von Ulm, Friedrich Spies aus Ingolstadt, Michael Sallinger aus Pfarrkirchen/Eggenfelden und Konrad Roritzer aus Regensburg zur Konsultation speziell auch hinsichtlich der künftigen Wölbung. Das große Fenster der Westfront wurde 1475 verglast, 1476 waren die Umfassungsmauern und Pfeiler samt Gewölbeanfängen fertig, vielleicht auch schon die Turm- und Seitenkapellen gewölbt; 1477/78 errichtete Meister Heinrich von Straubing den riesigen Dachstuhl, eine Kehlbalkenkonstruktion von 31 m Spannweite und 21,3 m Höhe. Die zügige Vollendung wurde durch einen dreijährigen

Ablass (Bulle Papst Sixtus IV. von 1480) wesentlich gefördert. 1484–87 erfolgte die Einwölbung der drei Schiffe in Ziegeln mit Formsteinrippen und Tuffstein-Kreuzungsstücken. 1490 wurde nachträglich die Westempore für die neue Orgel eingezogen. Für die Farbverglasung liegen zahlreiche Nachrichten seit 1475 bzw. 1480 vor, die sich im Jahrzehnt vor und nach 1500 häufen.

Für ein Muster zu den Turmhelmen wurde Zimmermeister Wilbold schon 1489 entlohnt; die quadratischen Turmgeschosse waren wohl seit 1477 fertig, Glockenstiftungen 1487 und 1490 setzen auch die Achteckgeschosse mit den Glockenstuben voraus. Spätestens seit dem Aufsetzen des rein horizontal strukturierten letzten Achteckgeschosses (Türmerstube), das 1493 auf der Stadtansicht in Schedels Weltchronik dargestellt ist, erscheinen Spitzhelme nicht mehr vorstellbar. Die vorerst flach gedeckten Turmabschlüsse wurden 1492 mit Geschützen bestückt (bedrohliche Situation u. a. durch Erbfolgestreitigkeiten und Türken) – damals kein Einzelfall (vgl. Wittenberg). Erst 1524/25 – nach einer Besichtigungsreise der Meister nach Augsburg – erhielt das mächtige Turmpaar seine „welschen Hauben" (wohl durch Stadtmaurermeister Wolfgang Ringler und Zimmermeister Wolfgang oder Konrad Rainer), auf die Meister Niklas Dazmann die vergoldeten Knäufe setzte. Die im Grunde immer genutzte, allenfalls zuvor benedizierte Kirche, in der auch einzelne Altarweihen erfolgt sein dürften, erhielt ihre abschließende Weihe (laut späterem Zitat einer Quelle aus der Zeit Albrechts IV.) am 14. April 1494 (die Person des konsekrierenden Bischofs ist nicht geklärt). Mit der Übertragung der Reliquien des hl. Arsatius (Bischof von Mailand im 4. Jh.) aus Ilmmünster am 10. März 1495, für die der Goldschmied Hans Löffler einen neuen Schrein fertigte (Deckplatte mit silberner Relieffigur, heute als Predella auf dem Altar in Kapelle 16), war die Errichtung des Kollegiatstiftes – durch Verlegung der bisherigen Stifte Ilmmünster und Schliersee laut Bulle Papst Innozenz VIII. von 1492 – gleichsam symbolisch vollzogen. Das den Landständen angehörige (später „churfürstliche") Stift mit einem Propst (seit 1595 mit dem Recht der Pontifikalien) und einem (seit 1739 infulierten) Dekan an der Spitze, spielte eine bedeutende Rolle in der herzoglichen Verwaltung, insbesondere seit 1570 im Geistlichen Rat; ihm war (neben sieben Landpfarreien) die Pfarrei Unserer Lieben Frau inkorporiert, seit 1783 auch die Hofkapelle angegliedert; 1803 wurde es säkularisiert.

Frauenkirche; Grundriss und Schnitt des Neubaus von 1468–1488, um 1900

BAUBESCHREIBUNG: Die durch ihre Länge (gesamt 109 m) und ihr Volumen (mit 31 m hohem Mittelschiff) alle mittelalterlichen Kirchen Altbayerns übertreffende Frauenkirche ist eine backsteingotische Halle mit Chorumgang, deren drei annähernd gleich hohe Schiffe durch elf mächtige Achteckpfeilerpaare und profilierte Scheidbögen getrennt werden. Das letzte östliche Stützenpaar ist enger gestellt (vgl. St. Jakob in Straubing, Abteikirche St. Lambrecht/Steiermark), das Mittelschiffgewölbe bis an den Chorscheitel weitergeführt (vgl. Augsburger Dom, Ostchor; Freising, St. Georg), der Umgang nur durch die Binnenchorerhöhung und die fünfseitige äußere Umfassung gebildet. Baukörper wie Raum werden entscheidend durch die fast zur Höhe der Seitenschiffe hochgezogenen Einsatzkapellen (26,5 m hoch; vgl. Frühbeispiele im Eichstätter Dom und in Eggenfelden) zwischen den nach innen gezogenen Strebe- oder Wandpfeilern geprägt, die außen nur als flache Lisenen in monotonem Rhythmus die ansonsten glatten, homogenen Backsteinflächen gliedern; die Wandflächen dazwischen werden von den ungewöhnlich langen, 20 m hohen Fenstern – vierbahnig, im Chorpolygon fünfbahnig, mit meist erneuertem Maßwerk – durchbrochen, die trotz Farbverglasung dem Raum eine indirekte Lichtfülle geben, wobei dem von Westen Eintretenden nur das Chorschlussfenster sichtbar ist (sagenhafter „Teufelstritt" im Boden: der Teufel hatte den Eindruck, die Fenster seien vergessen worden). Minimale Schildwand-Rudimente über den Mittelschiffarkaden lassen die Genese aus dem Typus der Staffelhalle (vgl. Heiliggeistkirche, Pfarrkirche Eggenfelden) erkennen, die hier nur annähernd zur Halle gesteigert ist, womit die Sonderung der drei Schiffsgewölbefolgen durch kräftige profilierte Scheidbögen auf Büstenkonsolen korrespondiert. Die jochweise durch Gurtrippen getrennten reichen Sternrippengewölbe des Mittelschiffes wie die im Uhrzeigersinn gedrehten, dynamisch wirkenden Sternfigurationen über den Seitenschiffen ruhen an den

Frauenkirche, Mittelschiffgewölbe, Chorschluss; Aufn. 1979

Freipfeilern auf konsolenartig verkürzten Dienstrudimenten, während polygonale Dienste in voller Länge nur an der Wandpfeilerseite ausgebildet sind. Die aus Rippendreistahlfigurationen komponierten Gewölbe in den beiden seitlichen Umgangsjochen wurden beim Wiederaufbau z. T. verändert – das Westjoch erhielt einen Gewölbestern analog den Seitenschiffen, wie ihn auch die nördliche Turmkapelle aufweist im Gegensatz zur symmetrischen Sternform in der Südturmkapelle. Die Einsatzkapellen weisen (originale) Netzgewölbe mit Wappenschilden und Konsolen auf.

Der großförmig geschlossene, prismatische Baukörper mit dem mächtigen, durch drei (1983 rekonstruierte) Schleppgaubenränge belebten Steildach (Firsthöhe 58 m) wird markant abgestuft und geteilt durch den ihn über dem flacher geneigten Pultdach des Kapellenkranzes gürtenden schmalen, abschließenden Wandstreifen des Hallenschiffs, der als hell verputzter Maßwerkblendenfries gestaltet ist (vgl. die einstige Abstufung der Dachzone der Heiliggeistkirche, dort allerdings zwischen Mittel- und Seitenschiff).

Das in den geschlossenen Umriss eingebundene Paar der rund 99 m hohen Westtürme wirkt durch das spannungsvolle Widerspiel kraftvoller Körperlichkeit und differenzierter, durch zarte Ornamentik bereicherter Gliederung. Die ca. 58 m hohen quadratischen Turmunterbauten – unten mit fast 15 m Seitenlänge, die mit der Verjüngung nach oben hin leicht reduziert wird, und bis auf die Erdgeschosskapellen nur mit kleinen Öffnungen – werden von breiten Eckvorlagen mit je drei schmalen Blenden vertikal gefasst, wirksamer jedoch horizontal durch von filigranen Blendmaßwerk- und Bogenfriesen begleitete Gesimse in zunehmend höhere Geschosse geteilt. Am zweigeschossigen Oktogon darüber, mit Uhren und großen, maßwerkgeteilten Schallfenstern, sind die Diagonalseiten mit flachen, die Vertikale betonenden Strebepfeilern besetzt. Das abschließende Turmstubengeschoss ohne vertikale Gliederung, mit zwei Stichbogenfenstern an jeder Seite, hat eher den Charakter einer waagrechten Attika. Die kupfergedeckten Hauben (vgl. den Turm von S. Maria dell'Orto in Venedig) werden (seit Sauermost 1973) heute meist als Anspielung auf den Felsendom in Jerusalem als vermeintlichen Tempel Salomons interpretiert (vgl. dessen Darstellung – allerdings mit Zwiebelkuppel – in Bernhard von Breidenbachs Reisebericht von 1486). Die Türme flankieren das hinter Freitreppe und Portalnische zurückgesetzte pultgedeckte Eingangsjoch mit der (erneuerten, 1994 bis zum ersten Pfeilerpaar vorgezogenen) Orgelempore und darüber dem fünfbahnigen Westfenster; das Pultdach steigt bis zu der die Türme rückwärts verbindenden, waagrechten Blendwand aus dem späten 16. Jh. (Dehio 1996, 2006) auf, in die der Westgiebel ablesbar einbezogen wurde.

Frauenkirche, Westtürme; Aufn. 1982

Die vortretenden netzgewölbten Portalvorhallen im Westen wie (je zwei) an den Längsseiten (Kapellen 21 und 26 im Süden bzw. 4 und 9 im Norden, die beiden letzteren knapper und in Stichbogen geöffnet) wurden sämtlich mit älteren Bildwerken ausgestattet (s. oben); das repräsentativste – allein mit Gewände- und Archivoltenfiguren –, das Brautportal im Südosten, der Stadtmitte nächstgelegen und Zielpunkt der Mazarigasse, wurde deshalb zur Anbringung der beiden erwähnten Bauinschriften von 1486 ausersehen. Die in die profilierten Portalgewände eingesetzten, reich geschnitzten Eichenholztüren stammen von Ignaz Günther (1771/72; Entwürfe im Stadtmuseum; Westportal nach Kriegsschäden z. T. vereinfacht restauriert) und umschließen in ihren Bogenfeldern Ovalmedaillons mit den Reliefs der Stiftspatrone Maria (westlich), Sixtus (nordwestlich), Benno (nordöstlich), Arsatius (südwestlich) und Donatus (Brauttor).

Die sterngewölbte alte Sakristei im Norden (heute Sakramentskapelle, Nr. 13; 1984 neu ausgestattet), vom Chorumgang zugänglich durch ein prächtig steingerahmtes Portal ähnlich dem westlichen der Kirche, mit Emporenkapelle darüber und flankierenden Nebenräumen (ursprüngl. westlich Vorplatz, östlich Schatzkammer), wurde 1603 wohl durch Hans Krumpper um die sog. Bennosakristei (zwei verschieden große Räume) nach Westen erweitert. Unter der vor dem Zweiten Weltkrieg mit Kreuzgratgewölben gedeckten, danach weitgehend umgebauten Bennosakristei wurden bei Grabungen 1999 ältere Mauerreste und Bestattungen freigelegt.

Die für mittelalterliche Verhältnisse ungewöhnlich kurze Bauzeit von nur 20 Jahren in Verbindung mit einer (fast) nahtlosen Homogenität von Entwurfskonzept und Ausführung zeugt vom Organisationstalent des Baumeisters, von der Wirtschaftskraft des städtischen Bürgertums dieser Generation, von der nach spannungsreichen Phasen erreichten Symbiose von Herzogshof und Stadt und gemeinsamer Entschlossenheit zu zügiger Durchführung des Großprojektes. Ermöglicht wurde dies durch ein Höchstmaß an Rationalität hinsichtlich Grundplan, Detailgestaltung, Bauführung und Baumaterial; zur Backsteinherstellung erwarb die Stadt eigens Lehmgründe in Haidhausen, für den Sockel wurde heimische Nagelfluh verwendet, für einzelne Details (Blendmaßwerk, Abdeckungen an den Türmen) Tuffstein.

Hatte man früher (ohne St. Martin in Landshut zu berücksichtigen) die Frauenkirche als „das Symbol bayerischen Wesens und Charakters" (Sighart 1853) – mit einem Beigeschmack behäbiger Schwerfälligkeit – verstanden, so haben die Analysen der letzten Zeit vermehrt Gesichtspunkte einer neuen wie äußerst positiven Wertung erbracht, etwa im Hinblick auf die höchst differenzierte Lichtführung und -wirkung, welche die (allenfalls mit St. Jakob in Neiße vergleichbare) körperhafte Wucht der dicht gereihten Achteckpfeiler zu einer „Facettenwand" (Knopp 1970) sublimiert. Insgesamt wird der Dom heute als technisch-organisatorische Großleistung von stilistisch-ästhetisch wie architektonisch innovativer Eigenart gewürdigt, als eine Schöpfung, die eher zeitgemäße Modernität (nach P. de la Riestra, in: Toman 1998 selbst im europäischen Rahmen) als eine ermattete Spätphase repräsentiert und mit ihrer großzügigen Kompaktheit und Einfachheit eine Alternative zu flamboyanter Formüberwucherung entwickelt hat. (Vgl. weiters die Würdigungen von Lieb/Sauermost 1973, Pfister/Ramisch 1983 u. ö., Nussbaum 1985/94 und Kurmann, in: Monachium Sacrum I, II, 1994.) Ein wesentliches Charakteristikum stellen die hochgezogenen Einsatzkapellen (vgl. frühe Beispiele am Eichstätter Dom) zwischen dem zukunftsträchtigen Element der Wandpfeiler dar und damit verbunden die homogene Außenhaut (vgl. St. Martin in Amberg). Der wahrzeichenhaft geformte, bis heute im Stadtbild dominierende Westabschluss ist als körperhafte Zweiturmgruppe mit Fernwirkung zu verstehen und nicht als Schaufront, die schon wegen der durch den vorgelagerten Dechanthof bis 1866 beengten Situation nicht zur Geltung gekommen wäre.

Frauenkirche, Westportal; Aufn. vor 1945

Frauenkirche, Brautportal; Aufn. 2008

◁ Hl. Christophorus, um
1520/25 (Kapelle 12)

Hl. Georg (rechts)
und hl. Rasso, um 1520
(Kapelle 12)   ▷

Deckplatte des sog. Kaisergrabs

AUSSTATTUNG: Im Gegensatz zu der (nach dem Bombenkrieg
wiederhergestellten) Roharchitektur der Frauenkirche hat deren
Ausstattung und die durch sie erfolgte Rauminterpretation
wiederholte gründliche Veränderungen und Verluste erfahren;
trotzdem blieb eine Fülle von Kunstwerken aus verschiedenen
Phasen erhalten. Innerhalb der spätgotischen Erstausstattung,
die auch ältere Stücke übernahm, war die Ausgestaltung des
erhöhten (in seinem Niveau später mehrfach veränderten) Binnenchores mit dem alten Hochaltar von 1434/37, dem neuen
Chorherrengestühl und der Wittelsbacher-Sepultur von zentraler
Bedeutung. Von der über der (ursprünglich relativ kleinen) Fürs-
tengruft errichteten Tumba, nach dem prominentesten Vertreter
der Dynastie meist als Kaisergrab bezeichnet, blieb nur die
Deckplatte aus Adneter Rotmarmor (ca. 3,10 x 1,55 m) erhalten,
ein zweizoniges Relief mit dem zwischen Engeln, also in der
Verklärung thronenden Kaiser Ludwig IV. und darunter der fa-
miliengeschichtlich bedeutsamen Versöhnungsszene zwischen
Herzog Ernst und seinem Sohn Albrecht III. (1435, nach der
Agnes-Bernauer-Tragödie). Die z. T. lückenhaften Inschriften
weisen auf Albrecht IV. († 1508) als Stifter und auf die (ihn eingeschlossen) hier beigesetzten Wittelsbacher hin. Die qualitätvolle Reliefplatte ist seit jeher unterschiedlich datiert und zugeschrieben worden; zuletzt hat Hans Ramisch (1997) Argumente
für eine Entstehung bald nach 1468 (also um 1470) in unmittel-
barem Zusammenhang mit dem Kirchenneubau und für eine
Autorschaft Hans Haldners vorgebracht. Die bisherige Forschung ging überwiegend von einer Datierung ins späte 15. Jh.,
etwa 1480/90 aus; J. Sighart (1853) hatte eine vage Quelle von
1438 („Maister Hanns der Steinmeissel") zitiert; Ph. M. Halm
(1928) schrieb die Deckplatte Erasmus Grasser als Spätwerk (um
1505/08) zu; Georg Lill (1932) hingegen sprach sich für das Datum 1470/80 aus. Volker Liedke (1974) nimmt eine Entstehung
um 1485/90 und als Steinmetzen Matthäus und Marx Haldner
an, Bruder und Sohn des nach 1482 verstorbenen Meisters Hans.
(Die reliefierten Seitenwände der Tumba gingen um 1620 verloren.) – Von dem (mit mehrfachen späteren Änderungen) im Wesentlichen bis Anfang 1945 erhaltenen, reich geschnitzten Chorgestühl – datiert (vollendet) 1502 – blieb eine große Zahl von Ei-
chenholz-Halbfiguren (Propheten, Apostel) und -Statuetten von
Erasmus Grasser und seiner Werkstatt erhalten (heute meist wieder am neuen Chorgestühl von 1993 angebracht).
Immer noch eindrucksvoll ist der erhaltene, heute auf den Ostteil der Kirche konzentrierte Bestand an für deren Neubau gefertigten
spätgotischen Glasgemälden, die meisten aus Münchner Werkstätten, so das wahrscheinlich von Herzog Sigismund gestiftete,
1480 datierte Speculum- oder Heilsspiegelfenster (Kapelle 16;

mit älteren Einschlüssen), das gleichfalls von den Wittelsbachern gestiftete Herzogenfenster von ca. 1485 (Kapelle 14, Oberteil; ursprünglich vielleicht im Chorscheitel), das sog. Legendenfenster (mit Heiligenlegenden) von etwa 1490 (Kapelle 17) und das etwa gleichzeitige Märtyrerfenster (Kapelle 19) sowie das Dornenkrönungsfenster (mit Stiftern und Heiligen) von etwa 1490/1500 (Kapelle 20); außerdem Verklärung Christi und Bethlehemitischer Kindermord von ca. 1485/90 (Kapelle 22) sowie eine Anzahl von weiteren Einzeldarstellungen, -scheiben und Fragmenten. Künstlerischer Höhepunkt ist das nach seinem Stifter, dem Ratsherrn Wilhelm Scharfzandt benannte Scharfzandtfenster von 1493, seit 1955 wirkungsvoll im Chorscheitel, ein Hauptwerk des Straßburgers Peter Hemmel von Andlau, des führenden süddeutschen Glasmalers seiner Zeit (von unten: Stifterpaar mit Heiligen vor dem Auferstandenen, der Kapellenpatron St. Rupert – nach dem früheren Standort – nebst anderen Heiligen, Darstellung im Tempel, Geburt Christi, Mariä Verkündigung). Einige andere Glasmalereien stammen aus der Salvatorkirche, u. a. das Martyrium der hl. Katharina von ca. 1500 in der Sakramentskapelle.

Die Restbestände spätgotischer beweglicher Ausstattung sind gleichwohl künstlerisch von z. T. hoher Qualität. Ein besonders hochwertiges Ensemble monumentaler, gefasster Holzfiguren wurde nach Restaurierung im Bayerischen Landesamt für Denkmalpflege 1990/94 wieder in der Kapelle 12 der St. Anna- und Georgsbruderschaft zusammengeführt: links an der Westwand der ausdrucksvoll bewegte hl. Christophorus, ein von Alfred Schädler (1994) Hans Leinberger zugeschriebenes Hauptwerk der altbayerischen Plastik um 1520/25, an der Fensterwand der hl. Georg von Hans Leinberger und der dem sog. Meister des Hochaltars von Rabenden als dessen Hauptwerk zugeschriebene hl. Rasso, beide um 1520. Die lebensgroße mittlere Hängefigur der hl. Anna selbdritt von ca. 1515/20 in künstlerisch anderer Auffassung wird Stephan Rottaler zugeschrieben (?).

Frauenkirche, Chorscheitel, Scharfzandtfenster, 1493

Chorgestühl von 1502; Aufn. vor 1945

Schutzmantelmadonna von Jan Polack, um 1510 (Chorscheitelkapelle)

Von spätgotischen Flügelaltären ist wenig geblieben. In den neugotischen Altar (den einzig erhaltenen) der Tulbeck-Kapelle unter dem Nordturm sind das Schreinrelief von ca. 1475 – die thronende Muttergottes mit zwei Engeln und dem Stifter, Bischof Johannes Tulbeck (-peck) – und als Seitenfiguren die hll. Elisabeth und Agnes (um 1500) eingefügt. – Der Andreasaltar in Kapelle 14 von 1513 mit dem Meister des Hochaltars von Rabenden

zugeschriebenen Schreinfiguren und Flügelreliefs sowie mit Außenflügelgemälden aus dem Umkreis Jan Polacks stammt aus der einstigen Nikolauskapelle auf dem Haberfeld (vgl. Michaelskirche) und erhielt um 1990 einen neuen gotisierenden Schrein. – Der nach seinem Herkunftsort benannte Memminger Altar im Chorhaupt über dem Grufteingang ist ein 1860 erworbenes Werk der Strigel-Werkstatt um 1500. – Von Jan Polack stammen die bemerkenswerte querformatige Tafel mit der Schutzmantelmadonna und dem Stifter, Kanonikus Nikolaus Sänftl (um 1510, Chorscheitelkapelle 15), und vier Passionsbilder in Kapelle 14. – In Kapelle 25 hängt eine Tafel von ca. 1500 mit der Kreuzabnahme. – In der Taufkapelle (Nr. 20) sind über dem Altar zwei Einzelfiguren Johannes des Täufers und des Evangelisten von etwa 1510 und an der Westwand ein wohl schwäbisches Relief der Maria Assumpta von ca. 1520 angebracht. – Die hervorragende Arbeit eines Passauer Meisters um 1520 (nach Schädler 1994) ist die große Muttergottesfigur am südlichen Choreingangspfeiler. – Die Sitzfigur des hl. Nikolaus, des Patrons der Bäckerzunft, in Kapelle 23 stammt von ca. 1500. – Schon erwähnt wurde das silberne Arsatiusrelief von 1496 (Kapelle 16). – Die turmartig aufgebaute, fialengekrönte kunstvolle Automatenuhr im nördlichen Chorumgang aus der Zeit um 1500, doch später mehrfach verändert, umschließt im Gehäuse eine Figurengruppe der Fürbitte Christi und Mariens vor Gottvater wohl von Erasmus Grasser. – In der Tulbeck-Kapelle blieb der hohe Fahnenschrank der Weinschenkenzunft von 1470/80 erhalten. Bemerkenswerte Geschichtsdokumente sind – neben einer Reihe von Totenschilden adeliger und patrizischer Familien – eine Anzahl spätgotischer Rotmarmor-Grabplatten. An die Nordwand seiner Familienkapelle im Nordturm gelehnt (ursprünglich Grabdeckplatte vor dem Altar) ist die ganzfigurige Reliefplatte für den Freisinger

Muttergottesfigur am südlichen Choreingangspfeiler, um 1520

Automatenuhr, um 1500

Frauenkirche, Tulbeck-Kapelle, neugotischer Altar mit Schreinrelief von ca. 1475

Epitaph für Dr. Philipp Dobereiner († 1577);
Aufn. von 1914

Bischof Johannes Tulbeck († 1496, zuvor Stadtpfarrer der Frauenkirche), Hans Haldner als eines seiner Hauptwerke zugeschrieben. – Die Reliefplatte für Stiftsdekan und Stadtpfarrer Dr. Balthasar Hundertpfund († 1502, Kapelle 7) ist (ähnlich dem Kaisergrab und dem Aresinger-Epitaph in St. Peter) zweigeteilt – oben die thronende Muttergottes, darunter der kniende Verstorbene mit Wappen. Sie wurde von Volker Liedke (1975) ebenso Marx Haldner zugeschrieben wie die Grabplatte des Propstes Dr. Johannes Neu(n)hauser († 1516, Halbbruder Albrechts IV.; links vom alten Sakristeiportal), die unterhalb der Inschrift sein im offenen Sarg liegendes Skelett zeigt. – Die Grabplatte für Kanonikus Franz Tichtl († 1520, am Nordpfeiler zur Tulbeck-Kapelle) mit dessen Relieffigur unter einer Blendarkade weist schon Renaissancemerkmale auf (zugehöriger Segmentgiebel in Kapelle 4).
An der Westwand zwischen Südturmkapelle und Empore angebracht sind die kleine Rotmarmor-Reliefplatte für den blinden Organisten und Hofkapellmeister Albrechts IV. Conrad Pau-

mann († 1473), einen der großen Musiker seiner Zeit, mit dem innovativ realistischen Ganzfigurenporträt des auf dem Portativ spielenden Meisters nebst umgebenden Instrumenten, sowie die baugeschichtlich bedeutsame Inschrift-Grabplatte des Baumeisters Jörg von Halsbach († 1488; zugehörig ursprünglich seine fragmentarisch erhaltene Bildnisbüste und ein Schmerzensmann, beide in Ton, jetzt im Diözesanmuseum). Darüber angebracht sind (Kopien der) Gedenkbildnisse samt -inschriften des Baumeisters sowie des Zimmermeisters Heinrich von Straubing, Jan Polack zugeschrieben (um 1485/90).
Im Verlauf des 16. Jh. wurde die Erstausstattung lediglich bereichert bzw. in den zeitgenössischen Formen der Renaissance und des Manierismus fortgeschrieben, namentlich im sepulkralen Bereich. Hier sind aus dem reichlich erhaltenen Bestand hervorzuheben das Ligsalz-Epitaph (Wolfgang L., † 1524, und Ehefrau Anna, † 1544) mit drei an einem Südpfeiler angebrachten Gemälden (Auferstehung, Paulus, Petrus) von Hans Mielich (sign. und dat. 1550), das manieristische, reichgeschnitzte Ädikula-Epitaph des Stiftsdekans Dr. Philipp Dobereiner († 1577) mit einer Kreuztragung als Hauptbild (rechts von der alten Sakristeitür), das Rotmarmor-Epitaph des Dr. Georg Barth zu Harmating († 1566) mit Relief des Ölbergs und der Familie, das mit anderen Barthschen Grabplatten des 16.–18. Jh. zu einer querrechteckigen Gruppe zusammengefasst ist (Kapelle 5), sowie das Rotmarmor-Epitaph für Gabriel Ridler († 1581) mit Relief Christi Himmelfahrt (Kapelle 18). Die stattliche Rotmarmor-Relieftafel für Carol Kheckh (Keck, † 1592) und seine Frau Katharina († 1597) zeigt unter einem Kreismedaillon mit der Dreifaltigkeit die zahlreiche Familie in einem Kirchenraum kniend (Südpfeiler zur Südturmkapelle). An den Turmpfeilern beiderseits der Vorhalle sind vier Rotmarmor-Epitaphien von Kanonikern angebracht: Bernhard Eisenreich († 1584, Brustbild, darunter Wappen) sowie die frontalen, schematisch gekleideten Relieffiguren für Abraham Ridler († 1580), Alexander Andorfer († 1611) und Johann Pantaleon Pronner († 1618), sämtlich von konventionellem Typus. – Zwei Gemälde mit der Brotvermehrung und der Aussendung der Jünger in Kapelle 20 sind der Mielich-Nachfolge zuzuordnen, ein ehem. Altarbild der vierzehn Nothelfer von ca. 1580 (im Diözesanmuseum) Christoph Schwarz zuzuschreiben. Das im Wesentlichen noch spätgotisch geprägte Erscheinungsbild des Raumes dokumentieren die von Nikolaus Solis 1568 aus Anlass der Hochzeit Wilhelms V. und Renatas von Lothringen

Reliefplatte für Conrad Paumann
(† 1473)

Reliefplatte für Bischof Johannes Tulbeck
(† 1496)

Reliefplatte für Dr. Balthasar Hundertpfund
(† 1502)

Frauenkirche, Gemälde Maria Himmelfahrt von Peter Candid (Kapelle 10; ehem. Hochaltar); Aufn. 1979

Bennobogen; Stich vor Abbruch 1858

gefertigten Radierungen. Eine Darstellung der Fürstenhochzeit von 1613 (Wolfgang Wilhelm von Pfalz-Neuburg und Magdalena von Bayern; Radierung von W. P. Zimmermann) zeigt die veränderte Situation im Hochchor mit neuem, provisorischem Hochaltar, auf dem Hubert Gerhards nachmals auf die Marien-

säule gesetzte Muttergottesfigur steht, und dem bereits ausgeführten Bennobogen. Die im herzoglichen Auftrag erfolgte grundlegende Neuausstattung und -interpretation des Binnenchores (der diejenige im Liebfrauenmünster zu Ingolstadt vorausging) war nicht nur Ausdruck veränderten Geschmacks, sondern Deklaration neuer, gegenreformatorischer Frömmigkeit in unlösbarer Verbindung mit der Veranschaulichung der Führungsposition, die das Herzogtum Bayern in dieser Phase als Vormacht des Katholizismus im Reiche erlangt hatte, und zudem frühes Beispiel eines Raumgestaltungskonzeptes im Sinne des Theatrum sacrum. Die in diesem Zusammenhang 1576 erfolgte Erwerbung der Reliquien des hl. Benno († 1106) aus Meißen (vgl. auch die des Cosmas-Damian-Schreines in St. Michael), der zum Landespatron erklärt wurde und Wallfahrten anzog, war Anlass für die Fertigung des Paulus van Vianen zugeschriebenen meisterlichen Silberbüstenreliquiars von 1604, das heute – zusammen mit Sekundärreliquien wie Mitra, Stab und Mantel des hl. Benno – in Kapelle 19 aufbewahrt wird. Ursprünglich stand das Büstenreliquiar unter dem 1604 im Chorbeginn eingezogenen (1858 abgebrochenen) Bennobogen, einer vierseitigen Triumphbogenarchitektur vom Schema des altrömischen Ianus quadrifrons nach Entwurf von Hans Krumpper (ausgeführt von Melchior Pader u. a.). Von den mit dem Bennobogen verbundenen Altären stammen mehrere Gemälde, so der hl. Mauritius von Hans Rottenhammer (1604) nebst Oberbild der Pietà von H. Krumpper (jetzt Kapelle 19), das Rottenhammer zugeschriebene, 1699 datierte Ecce-Homo-Bild samt Predella und Oberbild vom einstigen Füllaltar (Stiftung des Patriziers Franz Füll von Windach; jetzt Kapelle 7) sowie die von Fra Paolo da Castelfranco (Pietro Piazza) 1605 gemalten Gemälde des Petrus- und des Paulusaltares samt Oberbildern von Krumpper, jetzt in Kapelle 8 bzw. 22. (Der den Bennobogen einst überragende Kruzifixus von Bartholomäus Steinle heute in Zangberg b. Mühldorf.) – Erst unter Maximilian I. wurde 1620 der neue, bis zum Gewölbe reichende Hochaltar aufge-

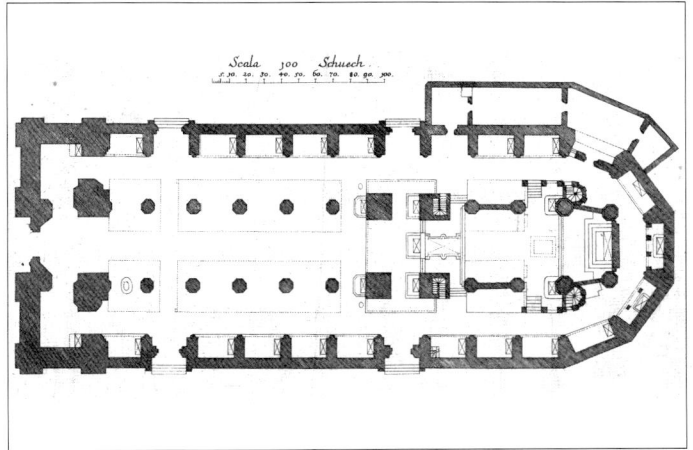

Frauenkirche; Grundriss mit im 17. Jh. neu gestaltetem Binnenchor; M. Paur/M. Wening, um 1700

Silberbüstenreliquiar des hl. Benno, 1604 (Kapelle 19)

richtet, ein Säulenretabel in strenger Ädikulaform von dem Kistler Heinrich Schön nach Entwurf von Krumpper; erhalten blieben allein die zugehörigen Gemälde von Peter Candid, nämlich das kolossale Hauptbild Mariä Himmelfahrt (7,94 x 4,34 m), jetzt über dem Nordostportal (Kapelle 10), die Verkündigung Mariä von der Predella und das Auszugsbild Gottvater (Kapelle 11) sowie von der Rückseite der Auferstandene und die bedeutsame Stiftungsinschrift, die auf den historisch folgenreichen Sieg in der Schlacht auf dem Weißen Berg bei Prag 1620 Bezug nimmt (jetzt Kapelle 17). (Im Hinblick auf den politischen und kulturellen Kontext zu erwähnen ist Jakob Baldes Ode auf das Hochaltarbild – ein Hinweis zugleich auf Münchens Rolle als eines der Zentren neulateinischer Literatur.)

Erhalten blieb trotz späterer Transferierungen das im Auftrag Maximilians I. – seit 1623 im Besitz der zuvor pfälzisch-wittelsbachischen Kurwürde – laut Inschrift 1622 errichtete repräsentative Kenotaph über der spätgotischen Kaisertumba, der Grabstätte seines Geschlechtes, ein gleichfalls von Hans Krumpper entworfenes und modelliertes Schwarzmarmorgehäuse mit von Dionys Frey gegossenen Bronzeplastiken und -appliquen, bekrönt von zwei auf der Bedachung sitzenden, die Kaiserinsignien haltenden Genien, welche die Krone flankieren, und umgürtet von einer Balustrade mit Kandelabern an den Ecken. Die beiden leicht überlebensgroßen Standbilder vor den Längsseitenmitten stellen die Herzöge Wilhelm IV. († 1550) und Albrecht V. († 1579) dar (wohl vom Innsbrucker Kaisergrab angeregt). Die an den Ecken knienden Standartenträger hingegen wurden von dem geplanten, doch unvollständig ausgeführten Kenotaph Wilhelms V. in St. Michael, einem Werk von Hubert Gerhard und Carlo Pallago, übernommen.

An bemerkenswerter erhaltener Ausstattung der Ära Maximilians I. († 1651) zu nennen sind zwei Gemälde in Kapelle 16 mit der Krönung Mariens von Johann Rottenhammer (1605/08) und der Kreuzauffindung durch die hl. Helena von Matthias Kager (1605), von dem auch eine Darstellung des Jünglings von Naim in Kapelle 19 stammt, weiters drei Altarbilder von Ulrich Loth: Anbetung der Könige (1626; Kapelle 5), hl. Georg (1632, Kapelle 23) und hl. Margaretha mit Georg (1632, Kapelle 23) sowie das Altarbild mit dem hl. Bartholomäus von Wilhelm Schöpfer (um 1627, Kapelle 25). Das seinerzeit berühmte, als ein Werk Caravaggios geltende Altarbild mit der Anbetung der Hirten (um

1640; Kapelle 22) wird neuerdings dem Neapolitaner Francesco Fracanzano zugeschrieben. Das Altarbild Mariä Verkündigung in Kapelle 24 ist ein Werk Joachim Sandrarts von 1646, das zugehörige Predellenbild wegen seiner Hintergrundansicht des Münchner Marienplatzes topographisch bemerkenswert. Das traditionell Van Dyck zugeschriebene Gemälde mit dem Gekreuzigten (um 1630/40) in Kapelle 8 wurde erst 1838 erworben. – Das Türrelief mit dem Marientod in Kapelle 20 entstand zu Beginn des 17. Jh. – Aus der Zahl der Grabdenkmäler im Kircheninnern ragen vier Bronzegüsse heraus: in Kapelle 27 die kartuschenförmige, 1601 datierte Tafel für Stiftspropst Georg Lauther († 1610), ebenda das von Hans Krumpper entworfene Epitaph für den Hofgießermeister Martin Frey († 1603) mit Kreuzi-

Epitaph für Jacob Burchard († 1619)

gungsrelief, die Gedenkstätte der Priesterbruderschaft (1620; Kapelle 8) mit Bronzereliefs nach Entwurf von Krumpper und das ebenfalls von ihm modellierte Epitaph des Arztes Dr. Jacob Burchard († 1619) mit Relief der Beweinung Christi, das an einem der nördlichen Seitenschiffspfeiler angebracht ist. Stattliche Rotmarmor-Reliefplatten erinnern an Wilhelm Lew († 1613; Ritterfigur, von 1602; aus der ehem. Franziskanerkirche, jetzt am Nordostpfeiler des Südturms) und Johannes Petrus Bianchi aus Mailand († 1615, mit Marienkrönung; am Nordostpfeiler des Nordturms).

Auch aus der Zeit des Hoch- und Spätbarock sind in erster Linie einige qualitätvolle Altarbilder ohne zugehörige Retabel erhalten geblieben, so drei Gemälde von Andreas Wolff: Vermählung

Frauenkirche, Kenotaph, sog. Kaisergrab, mit Figur Albrecht V.

Kenotaph, Figur Wilhelm IV.

Mariens (1688; Vorhalle), hl. Rupert (Kapelle 17) und hl. Katharina (Kapelle 11). von Melchior Steidl die Taufe Jesu von 1703 in der Taufkapelle (Nr. 20) und das Ovalbild des hl. Johannes von Nepomuk von 1703 (in Silberrahmen von 1730/31) in Kapelle 18, Hans Deglers hl. Apollonia von 1714 in Kapelle 3 sowie das querformatige Bild des Bethlehemitischen Kindermordes von Jacopo Amigoni (um 1717/20) in Kapelle 7. – An Holzplastiken zu nennen sind die Schmerzhafte Mutter von ca. 1700 in Kapelle 8 sowie Andreas Faistenbergers realistisch-ausdrucksvoller hl. Sebastian von 1696 in Kapelle 14. Die Silberbüste des hl. Antonius in Kapelle 22 wurde 1732/33 von dem Augsburger Franz Anton Bettle gefertigt.

Eine Restaurierung mit teilweise neuer Akzentsetzung fand in den 1770er Jahren, stilistisch am Übergang vom Rokoko zum Frühklassizismus statt; kennzeichnend für die zeittypische Auffassung war vor allem der Ausbau der Glasgemälde (1774). Ignaz Günther fertigte 1771/72 die schon erwähnten, noch vorhandenen Eichentüren und ein neues Langhausgestühl (um 1775, Reste in Chorkapellen); das gotische Chorgestühl bereicherte er durch vergoldete Holzreliefs mit Szenen aus dem Marienleben (1774); zwölf dieser Reliefs sind heute an der östlichen Abschlussschranke des Hochchores beiderseits der dortigen Mariensäule von 1994 angebracht, auf welcher die vergoldete Holzfigur der Immaculata (nebst einem Putto) von 1778 steht. Diese Figur krönte einst den Schalldeckel der 1778/79 von Roman Anton Boos geschaffenen Kanzel (1863 beseitigt; Reliefs im Bayeri-

Grabmal Kardinal Franz von Bettinger († 1917)

Grabmal Lothar Anselm Frhr. von Gebsattel († 1846)

schen Nationalmuseum und Diözesanmuseum). Mitunter Boos zugeschrieben wird auch das Grabdenkmal des Münchner Stiftsdekans und Propstes zu Habach, Karl Anton von Vacchieri auf Castelnovo († 1781), in Kapelle 15, mit auf dem Segmentgiebel liegendem, auf einen Totenkopf gestütztem Putto. An den Besuch Papst Pius VI. 1782 erinnert eine Rotmarmor-Inschrifttafel mit Wappen in Kapelle 23.

Das seit 1783 mit der Hofkapelle (und dem aufgehobenen Stift Indersdorf) bzw. seit 1790 mit der Hofpfarrei (Hofbistum) vereinigte kurfürstl. Kollegiatstift wurde 1803 säkularisiert, die Frauenkirche – zeitweilig nur noch Stadtpfarrei – gemäß dem bayerischen Konkordat von 1817 im Jahre 1821 zur Kathedrale des Erzbistums München und Freising erhoben (Gedenktafel an die hier von Nuntius Serra am 23. September 1821 verkündigte Errichtung der acht Diözesen des Königreiches im Chorumgang am nordöstlichen Chorpfeiler).

Wenig erhalten blieb von der eingreifenden Restaurierung und völligen Neuausstattung, die 1857–63 unter der Leitung des Architekten Matthias Berger (Gewinner der Konkurrenz) bewusst überstürzt, um der Kritik zuvorzukommen, durchgeführt und nach seiner Ablösung bis 1868 durch Ludwig Foltz fortgesetzt wurde. Die Raumschale erhielt eine neue Fassung in dunkleren Tönen, u. a. mit Sternen an den blauen Gewölbeflächen, die Glasgemälde wurden im Hinblick auf eine mystische Raumstimmung wieder eingesetzt – wenn auch meist in veränderter Situierung und z. T. will-

Frauenkirche, Kathedra mit Holzreliefs von Ignaz Günther, 1771/72 und Mariensäule mit Immaculata von 1778

kürlich kombiniert – sowie durch neue vermehrt, die gesamte nachmittelalterliche Ausstattung weitgehend beseitigt und im Sinne der erstrebten Stileinheit durch eine aufwendige in neugotischen Formen ersetzt, in welche die erhaltenen mittelalterlichen Kunstwerke einbezogen wurden (manche von ihnen entfernte M. Berger sogar, der in seinem ästhetischen Gesamtkonzept z. T. noch über den Stilpurismus hinausging). Die einheitliche neugotische Ausstattung, großenteils nach Entwürfen von Berger und Foltz – u. a. der mächtige Hochaltar, 23 Seitenaltäre an den Chorpfeilern und in den Seitenkapellen, Kanzel, Orgelgehäuse und Pfeilerfiguren mit Fialenbaldachinen – war das Gemeinschaftswerk namhafter Münchner Künstler, darunter die Bildhauer und Altarbauer Anselm Sickinger, Joseph Knabl, Kaspar Zumbusch, Georg Schneider und Johann Halbig (ehem. Triumphkreuz) und der Maler Moritz von Schwind (ehem. Hochaltarflügel). Infolge der Missachtung durch Folgegenerationen wurde die neugotische Ausstattung weder vor noch nach der Domzerstörung im Zweiten Weltkrieg geborgen; erhalten blieben nur minimale Reste, so als einziger gesamter Altar der in der nördlichen Turmkapelle (1863 von Johann Wirth; mit Skulpturen des 15. Jh., s. oben), zwei Flügel des Benno- und Korbinianaltars mit Gemälden von Max von Manz (1865, jetzt Kapelle 6) und vier Hochreliefs von den Flügeln des Auferstehungsaltars (1863 von Max von Widnmann, Kapelle 14). – Eine mehrfach erwogene neugotische Umgestaltung und aufwendige Bereicherung auch des Äußeren mit dem Hauptziel, die „stilfremden" Turmkuppeln durch Spitzhelme zu ersetzen (u. a. Projekt von Ludwig Lange, 1857), ist unterblieben. – Das als störend empfundene Kaisergrab wurde 1859 aus dem Chor ins Schiff und 1891 unter die Orgelempore versetzt.

Dokumente der Diözesangeschichte sind die Grabdenkmäler der Erzbischöfe – die beiden gotisierenden steinernen Wandplatten mit Relieffigur für Lothar Anselm Frhr. von Gebsattel, den ersten Erzbischof († 1846), nach Modell von Ludwig von Schwanthaler (Vorhalle, Nordwand) und für Gregor von Scherr († 1877) von Paul Sayer (Kapelle 10); kleineren Formats sind die Epitaphe im Umgang an den Chorsüdpfeilern für Antonius von

Blick auf die Frauenkirche nach Kriegszerstörung; Aufn. 1946

Steichele († 1889) von Anton Heinrich Hess, Antonius von Thoma († 1897) von Heinrich Waderé (Sandstein) und Franz Joseph von Stein († 1909) von Georg Busch (Bronze). Monumental stilisiert ist die Rotmarmor-Relieffigur des Kardinals Franz von Bettinger († 1917) von August Weckbecker (1920) an der Westwand. (An Erzbischof Carl August Graf von Reisach, † 1869 als Kurienkardinal, erinnerte früher eine Gedenkplatte.) Eine gewisse Revision der neugotischen Umgestaltung bedeutete die Innenrestaurierung 1932 nach dem Konzept von Josef Schmuderer mit Wiederherstellung der vermeintlich ursprünglichen Raumfassung gemäß damaliger Befundinterpretation und einzelnen geschmacklichen Veränderungen an der Ausstattung. Das Kaisergrab wurde in die enge südliche Turmkapelle versetzt.

Durch Luftangriffe im Zweiten Weltkrieg, vor allem am 9./10. März 1943, am 27. November und 17. Dezember 1944 sowie am 7. Januar und 25. Februar 1945, wurde der Dom wiederholt getroffen, schwerstens beschädigt und teilweise zerstört. Die Chorumfassungswand wies im Südosten eine Fehlstelle auf, die Gewölbe der drei Schiffe sowie fünf der mächtigen Schiffspfeiler waren eingestürzt, die Gewölbeanfänger und z. T. die Kapellengewölbe zerrüttet, Turmkuppeln, Westempore und sogar die Gruft schwer beschädigt; vom mächtigen Dachstuhl standen nur noch ungedeckte Restteile im westlichen Drittel. Die ältere (vorneugotische) bewegliche Ausstattung einschließlich der Glasgemälde war zuvor größtenteils geborgen worden.

Frauenkirche, Blick zum Chor; Aufn. vor Kriegszerstörung 1943

Innenansicht nach Kriegszerstörung; Aufn. 1945

Der die Architektur rekonstruierende *Wiederaufbau*, eine aufwendige technische Großleistung, erfolgte 1947–53 durch die Dombaumeister Theodor Brannekämper und Georg Berlinger in nahezu originaler Form, doch z. T. modernem Material: die fünf wiedererrichteten Mittelschiffspfeiler in Stahlbeton mit Ziegelschale, die Gewölbekonstruktion samt Rippen in Stahlbeton(fertigteilen), die Gewölbeschalen in leichtem, akustisch verputztem Bimssteinmauerwerk; der vollkommen neue Dachstuhl (Richtfest am 22. September 1948) wurde als kombinierte Stahl- und Holzkonstruktion ausgeführt. Die in Holz konstruierten und notdürftig verschalten Turmkuppeln wurden 1953 durch neue in Stahlbetonweise ersetzt und wieder mit Kupferblech gedeckt, wobei sich durch die Umsetzung in ein anderes Material offenbar eine minimale Abweichung von dem früheren kraftvoll gespannten Umriss ergab. – Der Innenraum erhielt 1954 ff. eine dem Zeitempfinden entsprechende puristisch-karge Gestaltung in hellen, wenig nuancierten Putztönen und mit äußerst sparsamer Einrichtung, wobei nur ein geringer Teil der erhaltenen Kunstwerke – als isolierte Einzelstücke appliziert – wieder eingebracht wurde. Den neuen großen Triumphbogenkruzifixus schuf Josef Henselmann (1954). Die Kanzel (mit Reliefs von Blasius Spreng, 1957) und die Orgel von Josef Zeilhuber (Gestaltung Georg Berlinger, 1956) wurden inzwischen wieder entfernt. Während die alte Farbverglasung vor allem in der Osthälfte des Domes wieder eingesetzt wurde, erhielten die westlichen Kapellen durch ihre hellfarbige Großflächigkeit kontrastierende neue Glasgemälde (1957–65) nach Entwürfen von Wilhelm Geyer, Peter Gitzinger, Karl Knappe, Max Lacher und Robert Radolt; von letzterem u. a. das Fenster in Kapelle 27 zum Gedenken an den Eucharistischen Weltkongress in München 1960. Das davor gelegene Westende des südlichen Seitenschiffs wurde 1953 zum (bis heute belassenen) Standort des Kaiser-Kenotaphs bestimmt, das 1943 aus Luftschutzgründen in der benachbarten Turmkapelle eingemauert worden war.

Das Niveau des erhöhten Binnenchores wurde mehrfach verändert, so 1821 und beim Wiederaufbau angehoben und 1971/72 anlässlich einer liturgischen Neugestaltung des Altarraumes abgesenkt, wobei u. a. das Nachkriegs-Chorgestühl zugunsten angestrebter Transparenz wieder beseitigt und die Gruft umgebaut wurde.

Die Wittelsbacher-Gruft unter dem Chor, ursprünglich ein nur ziemlich kleiner Raum mit den Sarkophagen (außer welcher noch eine Anzahl weiterer privater Grüfte entstanden war), 1823 umgebaut und erweitert, wurde nach den Luftkriegsschäden (1944) bis 1953 in abermals erweiterter Form als Unterkirche neu angelegt. An die zahlreichen hier bestatteten Mitglieder des Herrscherhauses – von Kaiser Ludwig IV. bis zum letzten bayerischen König Ludwig III. († 1921) – erinnern heute nur die Inschriften auf den modernen Nischenverschlussplatten in der Ost-

wand beiderseits des Eingangs; u. a. ruhen hier die Herzöge der Münchner Linie des 14. und 15. Jh. und die gesamtbayerischen Herzöge Albrecht IV. († 1508), Wilhelm IV. († 1550) und Albrecht V. († 1579), ferner Herzog Ernst († 1560), Administrator der Hochstifte Passau und Salzburg, und Kardinal Philipp Wilhelm († 1598), Fürstbischof von Regensburg (dort im Dom sein großes Kenotaph). In dem seit 1971 niedrigeren, damals abermals neu gestalteten schlichten Raum wurde 1977 das Passionsaltar-Triptychon von Carl Kaspar (1916/17) aufgestellt, ein expressives Hauptwerk moderner religiöser Malerei. Benachbart in der Südwand die Grabnischen der Erzbischöfe aus der Nachkriegszeit. – In der südlich schräg anschließenden, 1671 angelegten Kapitelgruft, einem schlichten, gangartigen Raum mit Wandnischengräbern, wurden die Stiftskanoniker, Adelige und Patrizier sowie bis 1917 die Erzbischöfe beigesetzt, bis heute noch die Mitglieder des Metropolitankapitels.

Schon eine Innenrestaurierung 1980 revidierte teilweise die Rauminterpretation der Wiederaufbauphase, vor allem durch eine neue Fassung (ockergelbe Gewölberippen).

Das 500. Weihejubiläum 1994 war Anlass zu einer grundlegenden Restaurierung und Neuredaktion des Inneren ab 1991, wobei auf der Grundlage neu erbrachter Befunde eine Raumfassung im Anschluss an das Farbkonzept der Spätgotik erstellt wurde – helle Pfeiler und Wände, ockergelbe Gewölberippen, lichtgraue Gewölbekappen, farbige Konsolen und Schlusssteine (das ursprüngliche Erscheinungsbild bereicherten überdies Fresken an den unteren Pfeilerpartien). – Im Rahmen der Neukonzeption für die Einrichtung des Binnenchores – künstlerische Gestaltung durch Elmar Hillebrand, Köln – wurde dieser wiederum durch ein Chorgestühl, an dem beidseitig der größte Teil der erhaltenen Grasser-Figuren vom spätgotischen Vorgänger sowie an der Außenseite die Wappen der Erzbischöfe angebracht sind, und durch eine transparente Holzvergitterung im Abschlussbereich gegen den Chorumgang abgegrenzt und im Chorscheitel hinter der erzbischöflichen Kathedra eine Mariensäule aufgerichtet, welche die Muttergottesfigur des Roman Anton Boos von der einstigen Kanzel (1778) trägt; die Säule flankieren die zu Tafeln zusammengefassten vergoldeten Reliefs Ignaz Günthers (1774) vom einstigen Chorgestühl. Am Beginn des Hochchores steht frei der neue Weißmarmor-Altar, auf den Stufen der rotmarmorne Ambo.

Ein Hauptanliegen der letzten Domrestaurierung war die Rückführung des größten Teils der zahlreichen, nach dem Zweiten Weltkrieg notdürftig deponierten, erst 1971 wieder aufgefundenen und in der Folgezeit sorgsam restaurierten Ausstattungsstücke der verschiedenen Kunstgattungen vom Spätmittelalter bis zum Historismus, wobei im Sinne kultischer Kontinuität eine Annäherung an die überlieferten Altarpatrozinien und Bildprogramme der einzelnen Kapellen angestrebt und manches alte Andachtsbild wieder erneuter Verehrung dargeboten wurde. Die Kapellen wurden wieder – wie vor 1860 – mit künstlerisch individuell gestalteten, auf deren Ikonographie Bezug nehmenden Gittern von Manfred Bergmeister abgeschlossen, über den Kapellenaltären reduziert-historisierende Retabel aufgerichtet, welche die meist barockzeitlichen Altargemälde und Plastiken in einen architektonischen und räumlichen Gesamtzusammenhang einbinden. Den neuen Fußbodenbelag und die neue, wie im 19. Jh. bis zum ersten Freipfeilerpaar vorgezogene Musikempore entwarf Carl Theodor Horn, den Prospekt der neuen großen Orgel von Georg Jann (1993) Wolfgang Gsaenger.

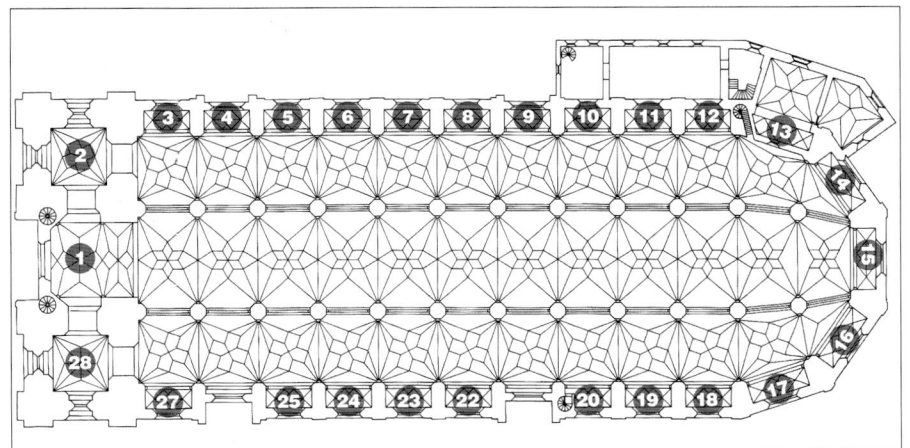

Frauenkirche; Grundriss nach Wiederaufbau (mit eingetragenen Kapellen-Nummern)

Frauenkirche, Blick zum Chor; Aufn. 1959   Frauenkirche, Blick zum Chor   Frauenkirche, Blick durch das südliche Seitenschiff

Die Reihe der Erzbischofs-Epitaphien wurde in der Nachkriegs-zeit fortgesetzt mit der Kalkstein-Reliefbüste für Kardinal Michael von Faulhaber († 1952) von Theodor Georgii an einem südlichen Chorpfeiler und den großen Bronzereliefplatten von Hans Wimmer für die Kardinäle Joseph Wendel († 1960, Kapelle 27) und Julius Döpfner († 1976, Kapelle 22).

Historisch und genealogisch bedeutsam sind die insgesamt 115 ringsum an den Außenwänden des Domes angebrachten Epita-phien (einige von den ehem. Friedhöfen der Salvator- und der Franziskanerkirche), überwiegend aus Rotmarmor und gestalte-risch einfach, häufig mit Wappen, z. T. verwittert und kriegsbe-schädigt; 1982 ff. wurden sie mit Mitteln der Messerschmitt Stiftung restauriert (Acrylharzvolltränkung). Vier Epitaphien mit Reliefs des vor dem Gekreuzigten knienden Verstorbenen erinnern an Kanoniker des Stiftes U. L. Frau (Nummern nach Katalog von Baumann 1986): Nr. 47 Dr. Bernhard Pettenbeck † 1634, Nr. 59 Christoph Ligsalz † 1646, Nr. 19 Stiftsdekan Dr. Johann Keller † 1679 und Nr. 3 Dr. Kaspar Höger † 1708, Pfar-rer zu U. L. Frau. Wegen ihrer Rotmarmor-Reliefs hervorzuhe-ben sind: Nr. 57 Kaspar Weiler † 1580 und Ehefrau Sabina † 1559, mit figurenreicher Auferweckung des Lazarus (wohl um 1560); Nr. 66 Eustachius Ligsalz † 1576, mit qualitätvoller Relieffigur des jung Verstorbenen neben seinem Wappen; Nr. 34 Petronella Stromair † 1601, mit unbeholfen-origineller Liegefigur; Nr. 8 Stephan Höck †1661, mit Schutzmantelma-donna; Nr. 23 Fam. von Delling, Marienkrönung in Barock-

ädikula (wohl um 1730), das größte der Epitaphien. Nr. 86 Ferdinand Ligsalz † 1679, in Form einer kleinen Ädikula, ist bemerkenswert durch das eingelassene Bronzerelief der Kreuz-abnahme (Orig. Diözesanmuseum). Nr. 95 „Asamische Begräb-nus", Inschriftplatte für Maria Anna † 1731, die erste Frau des „Wohl Edlen und kunstreichen Herrn Cosmas Damian Asam" († 1739), der vermutlich auch hier bestattet war. Einzelne wert-volle Epitaphien wurden ins Innere verbracht, so das des Archi-tekten Johann Michael Fischer († 1766, jetzt Kapelle 27, Nach-bildung nach Kriegsschaden).

ARCHÄOLOGISCHE BEFUNDE: Funde wurden dokumentiert unter den Fundst.-Nrn. 7835/0168, 7835/0316, 7835/0317, 7835/0318, 7835/0323. Bereits 1822 wurde bei der Restaurierung der inne-ren Sakristei ein gemauertes Gewölbe aufgedeckt, unter dem sich eine mit menschlichen Knochen angefüllte Gruft befand, die anschließend wieder zugeschüttet wurde. Vermutlich ist diese im Zusammenhang mit dem Bau des späten 15. Jh. oder mit dem barocken Anbau zu sehen. Nach den Kriegszerstörun-gen fanden 1946–47 und 1949–50 anlässlich des Wiederaufbaus archäologische Grabungen im Kirchenschiff statt. Dabei wurde der Grundriss einer dreischiffigen Basilika mit Doppelturm-fassade im Westen freigelegt. Zwischen dem Westabschluss der Kirche und dem Chor lagen acht Joche, wobei der Hauptchor um ein Joch nach Osten hinausgeschoben war. Ferner gelang die Aufdeckung des Süd- und Nordportals sowie des Westportals, das zwischen beiden Türmen lag. Unter der ausgegrabenen Ba-silika stieß man auf fünf Mauerzüge, die nicht im Verband mit der alten Kirche standen, sondern zu einem Vorgängerbau ge-hörten. Anlässlich des Einbaus einer Warmluftheizung im Be-reich des Westabschlusses genau zwischen den beiden Turmfun-damenten der romanischen Basilika fanden 1953 weitere ar-chäologische Untersuchungen statt. Dabei kamen ältere Sied-lungsspuren mit Pfostenlöchern und ein verbrannter Lehmfuß-boden, unter dem sich keramisches Fundmaterial sowie Kno-chen und Ziegelsplitt befanden, zum Vorschein. Außerdem wur-de der westliche Abschluss der alten Marienkirche freigelegt. Diese besaß einen vorhallenartigen Anbau mit vier Pfeilern. Nach einer Bodenniveauerhöhung wurden in diesem Bereich Gräber angelegt. Aus zwei dieser Beisetzungen stammen hoch-mittelalterliche Keramikscherben. In einem anderen befand sich eine Kupferkassette, die einen Schnurrest, drei Lederschuhsoh-len und organische Fragmente (Fäden, Fasern) barg. Die anthro-

Epitaph des Eustachius Ligsalz
(† 1576)

Epitaph des Johann Michael
Fischer († 1766); Aufn. vor 1945

pologische Untersuchung des Knochenmaterials ergab, dass es sich um Individuen handelte, die vermutlich der damaligen Führungsschicht angehörten. Umbaumaßnahmen und die Unterkellerung der östlichen Domsakristei erforderten 1999 abermals archäologische Maßnahmen. Dabei konnte ein nach außen führender Lichtschacht einer unter der Sakristei liegenden Gruft erfasst werden. Ferner stieß man auf das Fundament eines polygonalen Anbaus an die gotische Sakristei, der vermutlich aus der Abbruchschicht eines Vorgängerbaus aus dem 13. Jh. errichtet wurde. Ebenfalls konnten Reste der ersten Stadtmauer aus dem 12. Jh. lokalisiert werden. Eine Überraschung bildete die Aufdeckung eines Kalkbrennofens, der beim Bau der ersten romanischen Basilika genutzt wurde.

Frauenplatz 7. ARCHÄOLOGISCHE BEFUNDE: Mittelalterliche und neuzeitliche Bestattungen, gemauerte Grabschächte und vermutlich neuzeitliches Ziegelmauerwerk (Fundst.-Nr.: 7835/ 0176). Bei Kanalbauarbeiten wurden 1952 südlich der Türme der Frauenkirche Skelette, gemauerte Grabschächte und Ziegelmauerwerk freigelegt. Die Bestattungen gehören zu dem bis ins 18. Jh. belegten Domfriedhof.

Frauenplatz 8. ARCHÄOLOGISCHE BEFUNDE: Bebauungs- und Siedlungsspuren des Mittelalters und der Neuzeit (Fundst.-Nr.: 7835/0320). Die geplante Wiederbebauung mit Unterkellerung der nach dem Krieg nur notdürftig bebauten Parzelle erforderte 2001 archäologische Untersuchungen, bei denen eine mehrphasige Bebauung beobachtet werden konnte. Als älteste Befunde sind mehrere mit Fundmaterial des 12. und 13. Jh. überdeckte Pfostengruben zu fassen. Im 14. Jh. bis um 1400 ist die Errichtung einer Kommunwand auf der Parzellengrenze zum westlich benachbarten Grundstück nachweisbar. Ein als Gemeinschaftslatrine genutzter Schacht mit neuzeitlicher Verfüllung schloss sich an. Dieser datiert vermutlich ins späte Mittelalter und wurde mit dem Neubau des Hauses im 19. Jh. aufgegeben. Eine weitere mit Holz ausgesteifte Grube diente vermutlich ebenfalls als Latrine oder auch zur Wasserversorgung. Sie ist mit Material des 14. und 15. Jh. verfüllt. Weitere Bauphasen sind durch verschiedene Mauern belegt, wobei die jüngste Phase wohl ins 19. Jh. weist.

Frauenplatz 8, Kommunwand mit Latrine

Frauenplatz 8, Brunnen unter dem Fußboden

[**Frauenplatz 11.** Ehemals zu Weinstraße 11 gehöriges Geschäftshaus (s. dort), mit dem dort erwähnten Laubenhof. Vom Neubau, laut Inschrift am äußersten Pfeiler links „erbaut durch K(arl) Stöhr A. D. 1914", stammt nach dem Wiederaufbau des luftkriegszerstörten Hauses nur noch die Erdgeschossfassade mit reicher Kalkstein-Bauplastik: über dem Hauseingang von Figuren flankierte Kartusche, über den rundbogigen Schaufenstern Büsten als Schlusssteine, an der Hausecke hl. Christophorus, sign. F(ranz) Drexler. Der Entwurf zum Neubau von 1914 stammt wohl von Max Neumann (wie Weinstraße 11). G. Steinlein (1923) bildet bemerkenswerte Interieurs dieses Architekten ab, die wohl in diesem Teil des Komplexes lagen – die Schalterhalle des Bankhauses Tyralla, Zimmermann & Co. und Neumanns eigene Wohnung.]

Frauenplatz 11, Bauplastik

Frauenplatz 12. ARCHÄOLOGISCHE BEFUNDE: Mittelalterlicher Stadtgraben und vermutlich mittelalterliche Vorgängerbebauung des Anwesens (Fundst.-Nr.: 7835/0321). Bei Abbrucharbeiten im Anwesen Frauenplatz 11/12 (heute 12) wurden 1911 Stadtgraben und ältere Mauerreste dokumentiert.

Frauenstraße

(Vgl. Ensemble Altstadt.) Zu Beginn des 19. Jh. am Südrand der östlichen, keilförmig sich zum Isartor verengenden Stadterweiterung des 14. Jh. angelegt. Der Verlauf zwischen Viktualienmarkt-Südseite und Isartorplatz entspricht dem der Wallbefestigung aus der 1. Hälfte des 17. Jh.; feldseitig südwärts zur heutigen Rumfordstraße hin vorgelegt waren ihr die polygonalen Bastionen o (östlich) und p (weiter westlich). Das Gelände zwischen Frauen- und Rumfordstraße wurde nach Auflassung der Festung gewerblich genutzt (vgl. Chevalley/Weski 2004, S. 547/Rumfordstraße und Wenngs Atlas 1850/Anger-Vorstadt, Pl. Nr. 6, 7), vor allem durch die Utzschneidersche Lederfabrik (Name eingetragen auf Katasterblatt 1809 und Umgebungsplan von 1812). Nordseitig zur Westenriederstraße (an der Innenseite der einstigen, im 15. Jh. verdoppelten Stadtmauer) hin erstreckte sich ein Teilabschnitt des mittelalterlichen Stadtgrabens bzw. des Zwingers zwischen den beiden Befestigungssystemen des 14./15. und des 17. Jh. Für diesen Stadtrandbereich entwarf Friedrich Ludwig von Sckell 1811 im Zusammenhang mit dem am Ostende 1812 durch E. J. von Herigoyen erbauten Isartortheater (vgl. Westenriederstraße 1) eine lang gestreckte Grünanlage im engli-

Blick in die Frauenstraße, Nordseite (links Frauenstraße 9)

Blick in die Frauenstraße, Südseite nach Westen
(links Haus Nr. 22)

schen Stil, die zwar auf dem erwähnten Stadtumgebungsplan von 1812 eingetragen ist, jedoch niemals ausgeführt wurde. Vielmehr wurde dieses vom Staat im Hinblick auf den Theaterbau erworbene, zuvor städtische Gelände ab etwa 1817 parzelliert, verkauft und meist mit Mietshäusern bebaut (ehem. Synagoge s. Westenriederstraße 7). Ebenso entstand seit ca. 1860 eine geschlossene Mietshausbebauung an der Südseite. Die Grundstücke erstreckten sich nördlich wie südlich vielfach bis zur jeweiligen Parallelstraße und umfassten demnach jeweils zwei Wohngebäude, eventuell durch weitere Hofbebauung verbunden oder auch geschieden.

Zwischen Frauen- und Westenriederstraße entstand 1900/01 mit Ostseite zur Zwingerstraße der dreiseitig freistehende Block der Riemerschmid-Handelsschule (s. Frauenstraße 19); östlich davon erstreckt sich bis zum Isartorplatz das heute unbebaute, begrünte Gelände, auf welchem im Osten das Isartortheater und dahinter (westlich) ein spätklassizistisches Schulhaus (1866/67

von Arnold Zenetti) standen, die beide im Luftkrieg zerstört wurden; die nach Süden zum ehem. Wall leicht ansteigende Grünfläche wurde an der Südseite durch Fahrbahnerweiterung reduziert. Die Frauenstraße ist heute der schmalste Teil des die Altstadt entlastenden Verkehrsrings. Sie ist durch eine in dieser Geschlossenheit in der Innenstadt selten gewordene, überwiegend noch erhaltene Mietshausbebauung des späten Historismus und der Reformstilphase gekennzeichnet. – Ungeklärt ist die Bedeutung des (nach Stahleder 1992) erstmals 1810 verwendeten Namens, der sicher in Verbindung mit der gleichzeitig in entsprechender Situation als nördliches Gegenstück angelegten Herrnstraße (s. dort) zu sehen ist (vgl. Überlegungen bei Rambaldi 1894). Auf Consonis Stadtplan von 1806 trägt die südseitig entlang den differenziert dargestellten Gartenbepflanzungen im Stadtgrabenbereich eingezeichnete Straße noch den Namen „Links dem Einlaß" (vgl. Am Einlaß) bzw. im Ostteil „Rechts dem Isar Thore".

Frauenstraße 4. Der Privatier Anton Dafner ließ 1853–54 das bestehende Mietshaus auf einer Baulücke zwischen dem wuchtigen Eckbau Blumenstraße 1/Frauenstraße 2 im Westen und einem wohl ebenfalls in den 1840er Jahren entstandenen Komplex im Osten, gehörig dem Dekorationsmaler Sebastian Mangold, durch Baumeister Peter Erlacher errichten. (Letzterer hatte bereits 1846 eine Bebauung der freien Parzelle geplant, die jedoch unverwirklicht blieb.) Das rückwärtig neben der Hofdurchfahrt in der westlichen Achse liegende Treppenhaus erschließt oberhalb des Gastlokals eine Wohnung je Etage, dies gemäß Eingabeplan. Bis zu einer Schlichtung zu unbekannter Zeit war das Erdgeschoss rustiziert. Auch die Profilierungen der Stichbogenfenster in den Geschossen darüber wurden einer Vereinfachung unterzogen. Vom ursprünglichen Fassadendekor haben sich wenige Gliederungselemente wie durchlaufende Gurtgesimse und geglättete Putzlisenen erhalten.

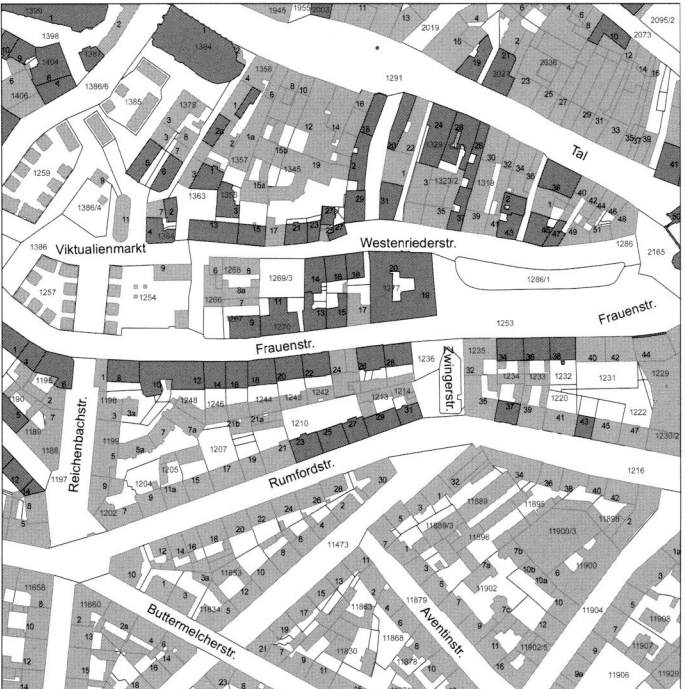

Frauenstraße; Flurkarte, M. 1:5 000

Frauenstraße 4 (links)

◁ Frauenstraße 6

Frauenstraße 6. Die ab 1860 vom Münchner Magistrat umgesetzte Stadterweiterung des Gärtnerplatzviertels verfolgte ein sternförmiges Grundrisskonzept. Der Anschluss der Reichenbach- an die Frauenstraße war unmittelbar östlich neben dem Vorgängerbau des heutigen Anwesens Frauenstraße 6 vorgesehen. (Mit einer Straßenfront über dem noch heute charakteristischen Knick in ihrer Grundlinie stand hier seit den 1840er Jahren ein dem Maler Sebastian Mangold gehörendes, stattliches Wohnhaus mit dreiflügeligem, rückwärtigem Wirtschaftsgebäude.) Nachdem 1877 der Durchstoß der Reichenbachstraße schließlich vollzogen war, stand das Anwesen an der Frauenstraße Nr. 6 mit einem sich nach Westen hin verjüngendem trapezförmigem Hof offen zur neuen Reichenbachstraße. So ließ L. Gröber bis 1882 die bestehenden zwei- und dreigeschossigen Bauten zur Fünfgeschossigkeit erhöhen und überformen und den Riegel entlang der Reichenbachstraße durch Georg Lenbach neu aufführen. (Dieser durch ein eigenes Treppenhaus erschlossene Teil des Anwesens, heute Reichenbachstraße 2, wurde im Luftkrieg total zerstört.) Geschäfte, u. a. das Café Gröber, waren im Erdgeschoss untergebracht, in den Geschossen darüber gemäß Eingabeplan je eine vergleichsweise großzügige Wohnung. Als Verbindungsgang zwischen dem nördlichen Flügel des Wohnhauses an der Frauenstraße und einem dreigeschossigen, von einem Ziergiebel bekrönten Rückgebäude (bez. „Gröber Hof 1882/1892/1992") im südwestlichen Bereich des Hofs errichtete Oscar Strelin für den Cafetier L. Gröber als nordwestliche Gebäudeflanke 1891–92 eine zweigeschossige Loggia (bez. 1892) mit je drei Arkaden im Erdgeschoss und einem durch drei Rundbogenfenster belichteten „Freiluftgang" im 1. Obergeschoss. In die beiden südlichen Arkaden der Loggia ließen Gröbers Erben 1949, „in der Zeit größter Autodiebstahlsgefahr", durch den Architekten M. Roth je einen abschließbaren „Autoeinzeleinstell-

raum" einbauen. Im Zuge der Innenhof-Neugestaltung 1891–92 errichtete das Baugeschäft Strelin auch die Holzveranda über einem Nebenraum des ehem. Cafés im östlichen Hofwinkel. Die vereinfachende Wiederherstellung des Hauses nach dem Zweiten Weltkrieg zog sich bis 1951 hin. Ein erster Dachgeschossausbau erfolgte 1961. Die bestehenden Stichbogenfenster wurden beibehalten. Der 1996–97 neu erstellte, dreigeschossige moderne Erker an der abgeschrägten Hausecke ersetzt einen Vorgänger zu drei Achteln. Die Fassadenmalerei oberhalb des Erkers in Höhe des 4. Obergeschosses, eine Maria Immaculata (1961 erneuert), ist Rest der Malerei, die bis zum Zweiten Weltkrieg die Straßenfassade des Hauses völlig bedeckt hatte. Als Entwerfer gilt Prof. Leder, für die Ausführung zeichnete F. Hildebrand verantwortlich. (Das heutige Erscheinungsbild des Hofbereichs ist das Ergebnis von 1991–94 stattgehabten umfangreichen Instandsetzungs- und Modernisierungsarbeiten.)

Frauenstraße 8. Anstelle eines 1856–57 auf zuvor unbebautem Grund entstandenen Gebäudes (Bauwerber war Privatier Josef Ilg, ausführender Baumeister I. Seybold) ließ der Obstgroßhändler Michael Süß 1911 das breit gelagerte Wohn- und Geschäftshaus erbauen, in dessen Erdgeschoss der Eigentümer ein Ladengeschäft und rückwärtig die entsprechende Lagerhaltung betrieb; ausführende Baumeister des in spätgründerzeitlichen Mischformen errichteten Baus waren Hans Hartl und Johann Baptist Schmidbauer. Die sechs Bögen mit grober Putzrustika des Ladengeschosses sind weitgehend original erhalten, auch die im dritten Bogen zurückgesetzt eingestellten kleineren Arkaden, in die der Hauseingang gesteckt wurde, entsprechen dem Eingabeplan. Das rückwärtig eingezogene Treppenhaus erschließt über eine doppelläufige Podesttreppe zwei Wohnungen je Etage. Vier kolossale Wandvorlagen übergreifen die drei Hauptgeschosse, betonen die Mitte und scheiden zwei Fensterachsen auf jeder Seite aus. Das 4. Obergeschoss besticht durch seine mit kantigen Anschlüssen ein- und ausschwingende Fassade. Die Auffassung

Frauenstraße 8

Frauenstraße 6, Rückgebäude, westlicher Anbau

Frauenstraße 6, Rückgebäude, südlicher Anbau

Frauenstraße 6, Holzveranda im nordöstlichen Innenhofwinkel

der Fassade markiert einen Umbruch in der stilistischen Orientierung der Architektur vor dem Ersten Weltkrieg: Bekrönende Vasen sowie von Zierpilastern eingefasste Festons in den Brüstungszonen der Fenster stellen eine zeitlich rückwärts gewandte Empire-Garnitur dar, die Behandlung des 4. Obergeschosses verweist auf die reformierte Architekturauffassung des späten Jugendstils. Die gemäß Eingabeplan ursprünglichen Fensterläden des letzten Obergeschosses sind als eher regionaltypische, heimatstilige Spielart zu betrachten.

Frauenstraße 9. Anstelle des heutigen Wohn- und Geschäftshauses hatte ein seit den frühen 1820er Jahren nachweisbares, freistehendes kleineres Wohngebäude Bestand. Zu dieser Zeit erstreckte sich die Parzelle von der Westenriederstraße im Norden bis zur Frauenstraße im Süden, mit erheblichem Niveauabfall nach Norden hin und durchschnitten vom Verlauf des östlichen Stadtgrabenbaches. Der Maurermeister Franz Häusleigner ließ 1887–88 mit dem Ziel der Spekulation den kleinen Vorgängerbau an der Frauenstraße demolieren, nutzte die für die Situation nördlich des ehemaligen Walls charakteristische Terrainbeschaffenheit der Parzelle (Gefälle um mehrere Meter) und

Frauenstraße 10/12

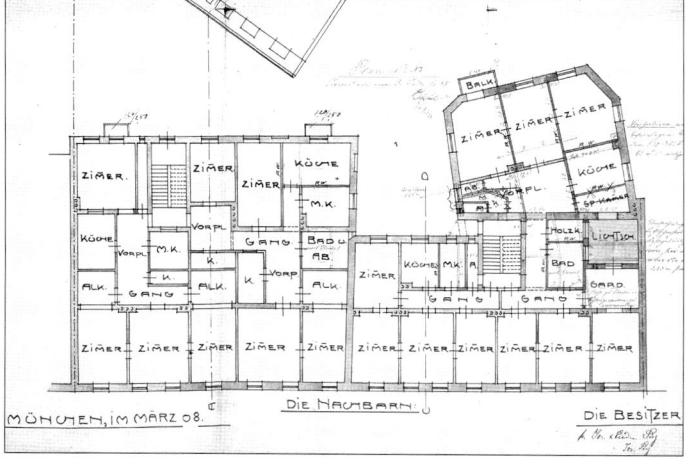

Frauenstraße 10/12; Grundriss 3. Obergeschoss, 1908

ließ zwei Keller tief auskoffern. Das viergeschossige Mietshaus beherbergt gemäß Eingabeplan oberhalb des Ladengeschosses zwei Wohnungen in jeder Etage. 1982 wurde das Haus umfassend modernisiert: Die Struktur des Erdgeschosses wurde durch Verlegung der Zugangssituation und zugunsten einer Tiefgarageneinfahrt in der östlichen Achse nachhaltig verändert. Ursprünglich gelangte man durch einen Hauszugang in der mittleren Achse zum zentralen, von oben belichteten Treppenhaus, heute befindet sich die Erschließung in der neben der Tiefgaragenzufahrt liegenden Achse. Die Hofzufahrt lag westlich des Hauses, das die Zufahrt bewehrende bauzeitliche Schmiedeeisentor wurde seiner Funktion enthoben und als Zierelement versetzt. Die Dreiachsigkeit der Westfassade des Hauses zum Viktualienmarkt hin gab man auf, schuf fünf Fensterachsen, die man zudem historisierend in Neurenaissanceart rhythmisierte. Die bestehende Putzstreifenrustika im Erdgeschoss ist ebenfalls eine Rekonstruktion von 1982. Im gleichen Jahr erfolgte der Ausbau des Dachgeschosses zur heutigen Gestalt, dieses war ebenso wie das ganze Anwesen weitgehend schadlos durch den Zweiten Weltkrieg gegangen. (Abb. siehe S. 233)

Frauenstraße 10/12. Die Gründe südlich der Frauenstraße lagen auf dem Areal der ehem. Utzschneiderschen Fabriken. Auf der Parzelle des heutigen Mietshausblocks Frauenstraße 10/12 betrieb bis in die Jahre um 1850 der Unternehmer Fr. Schreiner eine „Wattfabrik", die ihre notwendige Energie aus der Wasserkraft des Rossschwemmbaches gewann. Um 1860 ließ Josef Seitz die Gebäude, die auswinklig zur Straße und mit mehreren Metern Abstand von dieser jeweils hart am westlichen und östlichen Beschlacht des Rossschwemmbaches standen, abreißen und durch eine breite Neubebauung am geschlossenen Alignement der Frauenstraße ersetzen. Der Bachlauf war zur Sicherung des Baugrundes zuvor überwölbt worden. Es entstanden zwei Häuser, das östliche (ehem. Frauenstraße 8) über nahezu quadratischem Grundriss, das westliche (ehem. Frauenstraße 9), mit tiefem, leicht abgewinkeltem Rückflügel nach Süden. Das westliche Teilhaus erschließt ein Treppenhaus im Hofwinkel, mit gewölbtem Hauszugang; das östliche Teilhaus wird durch ein vor der Grundlinie eingezogenes Treppenhaus über der Hofdurchfahrt erschlossen; doppelläufige Podesttreppen führen gemäß Eingabeplan zu zwei Wohnungen in jeder Etage, diese mit tiefen Dunkelzonen (im westlichen Flügel durch einen aufgeglasten Lichtschacht abgemindert). Die Anwesen erfuhren 1908–09 die für das heutige Erscheinungsbild entscheidenden Umbauten: Die Brüder Josef und Ludwig Seitz, beide Kunstmaler, ließen die Baugruppe durch das Baugeschäft Stefan Wollmann (Bautafel mittig zwischen 1. und 2. Obergeschoss) um ein 4. Obergeschoss aufstocken und die Fassaden in den Mischformen des Münchner Heimatstils „modernisieren". In den einhundert Jahren seines Bestandes wurde das Erdgeschoss des Doppelhauses häufig verändert. (Hervorzuheben ist das bauzeitliche Zirbel-Täferwerk der vormals als Weinstube betriebenen Gasträume in Haus Nr. 10.) Die stereotype Abwicklung der einander formal entsprechenden Fassaden wird einzig durch vier Erker mit kupfernen Hauben vor den Fenstern des 2. Obergeschosses rhythmisiert. Den Eindruck der unbetonten Reihung befördern die bändergleichen Kaffgesimse, die die drei Hauptgeschosse einspannen. Als Reflex heimatlichen Bauens (behördlicherseits als „Maskerade" bezeichnet) sind die verschraubten Zierläden vor dem 4. Obergeschoss zu sehen, etliche Bauten um den Viktualienmarkt griffen dieses Stilmittel auf. Fünf über die Fassade verteilte, von Kupferdächern bewehrte Medaillons (1909) zeigen historische Münchner Stadtansichten der unmittelbaren Umgebung des Anwesens, wie z. B. Isartor oder Viktualienmarkt. (Das heutige Erscheinungsbild der Fassade wird von einer modernen Fensterauswechslung geprägt.)

Frauenstraße 11

Frauenstraße 11. Der Vorgängerbau des heutigen Anwesens war das Rabbinerwohnhaus der nördlich von diesem gelegenen, 1889 zugunsten des Neubaus an der Maxburgstraße aufgegebenen Synagoge an der Westenrieder-/vormals Theaterstraße (vgl. Westenriederstraße 7). In dem zweigeschossigen Bau waren außerdem die Frauenbäder untergebracht. Nach Demolierung der Anlage ließ sich der Buchdrucker Heinrich Kutzner 1890–92 durch August Exter ein Wohn- und Geschäftshaus errichten. Dem breiten Gebäuderiegel an der Straße ist mittig ein Rückflügel angesetzt. Das von oben belichtete Treppenhaus (1980 Einbau eines Personenaufzugs in das Treppenhaus-Auge) erschließt gemäß Eingabeplan drei Wohnungen je Etage. Die Fassade war ursprünglich in den Formen der klassischen Neurenaissance dekoriert. Hinsichtlich ihres historischen Bestandes ist diese freilich nur mehr bedingt nachvollziehbar; die bestehende Reduktion des Dekors ist nicht die Folge von Kriegszerstörung: Zwei Glättungen sind belegt, eine erste 1939 und eine weitere im Rahmen der 1980 erfolgten Generalinstandsetzung. (Einen ersten Dachgeschossausbau hatte man bereits 1936 vorgenommen, in den 1980er Jahren erfolgte dann der Umbau zur heutigen Gestalt. Der Einsatz von Einscheibenverglasungen ist als historisch entpflichtete Interpretation einer Fassadengestaltung aufzufassen.)

Frauenstraße 13. Für die „Actienbrauerei zum Eberl-Faber" wurde das Wohn- und Geschäftshaus über rechteckigem Grundriss mit kurzem westlichem Rückflügel 1902–03 durch Oscar Strelin von Grund auf neu erbaut; schon bauzeitlich mit Dachwohnung. (Dem Neubau wich ein Vorgängeranwesen, das auch in den Jahrzehnten zuvor stets Bierwirtschaft war, u. a. um 1850 im Besitz von Bierwirt Franz Xaver Kumpfmüller.) Der ausmittig in die Fassade gesetzte Hauszugang erschließt über einen stichkappengewölbten Zwischenraum das Treppenhaus im Hofwinkel; dieses mit doppelläufiger Podesttreppe (polygonale Podeste durch Schrägsetzung der Wohnungstüren). Über dem Ladengeschoss des Neubaus, dessen historische Binnenstruktur weitgehend erhalten ist, befinden sich in jeder Etage zwei Wohnungen; dabei ist das jeweils westliche Fenster der Straßenfassade der Wohnung zugeschlagen, die sich in den Rückflügel hinein erstreckt, die drei anderen Fenster gehören jeweils der helleren Wohnung an der Straße an. Abgesehen von der modernen Fensterauswechslung ist auch die Fassade des vom Zweiten Weltkrieg nicht in Mitleidenschaft gezogenen Anwesens original überkommen (die Instandsetzung nach Befundung erfolgte 1984). Die beiden den äußeren Fensterachsen des 2. Obergeschosses angesetzten eingeschossigen Erker bedienen das 3. Obergeschoss als Balkone. Deren Brüstungszone, die pilasterähnlichen Wandvorlagen des 4. Obergeschosses und die Giebel der Dachgauben prägen neubarocke Formen. (Zwischen den beiden mittleren Fenstern des 2. Obergeschosses, herausgehoben durch aufwendiges Stuckornament, befindet sich unter ebenfalls neubarocker Baldachinarchitektur eine Mondsichel-Madonna.) – Vgl. Westenriederstraße 14 (seit 1890 in gleichem Besitz).

Frauenstraße 14/16. Die beiden viergeschossigen Mietshäuser mit erhaltener Kniestockdurchfensterung entstanden 1864 in einem Zug für Anton Streicher auf dem Grund der ehem. Utzschneiderschen Lederwarenfabrik, die der Vater des Bauherrn,

Frauenstraße 13

Frauenstraße 15

◁ Frauenstraße 13, Fassadendetail mit Madonnenfigur

Sebastian Streicher von 1840 bis 1860 weiterbetrieben hatte; ausführende Baumeister waren Gotthab und Theodor Haseick. Die bei Nr. 14 in der westlichen Achse und bei Nr. 16 in der östlichen Achse gelegenen Ein- und Durchfahrten vermitteln jeweils über Hausgänge zu den zentralen Treppenhäusern (ungewöhnlich schmale Treppenhaus-Augen bewirken hier eine nur schwache Belichtung von oben), die mittels einer halb gewendelten Podesttreppe gemäß Eingabeplan zwei Wohnungen je Etage erschließen. Die Fassaden in spätklassizistischen Formen erfahren durch Putzlisenen eine vertikale Gliederung, durch Gurtgesimse, gerade Verdachungen der Fenster und Sohlbänke eine horizontale Betonung. Das Erdgeschoss bei Nr. 14 war ursprünglich rustiziert, ein Stichbogen machte die Hofdurchfahrt aus. Die Struktur des Erdgeschosses von Nr. 14 wurde 1877 von Baumeister Waldbrunn durch Laden- und Werkstatteinbauten für Josef Breitsamer stark verändert. Hier wurde zudem 1893 der Hofraum als Lagerraum für den „Hofdrahtwaren-Fabrikanten" Franz Bogner unterkellert. Für J. Dehè wurden 1936 im Anwesen Nr. 16 Wohnungsteilungen vorgenommen. Hier bewirkte die Auswechslung der Fenster des 1. Obergeschosses zu solchen ohne Querstreben einen stark veränderten Eindruck der Fassadenschichten.

Frauenstraße 18

Frauenstraße 14/16

Frauenstraße 15. Schon Wenngs Stadtplan von 1850 belegt das Anwesen des Schönfärbers Paul Gsellhofer an der Westenrieder-straße (alte Zählung Nr. 5, jetzt 15). Die Firma Gsellhofer befand sich unweit der ehem. Utzschneiderschen Tuchwarenfabrik, später Lederwarenfabrik Sebastian Streicher, und damit in unmittelbarer Nähe zum Hersteller der Waren, die von der Fa. Gsellhofer veredelt worden sind. Paul Gsellhofers Witwe, Antonie Gsellhofer, ließ 1876–77 von Franz Kil ein fünfgeschossiges Miets-haus mit doppeltem Keller (dieses war aufgrund der charakteris-tischen Terrainbeschaffenheit nördlich des ehem. Walls möglich; vgl. Frauenstraße 9) an der heutigen Frauenstraße 15 aufführen. Dem annähernd quadratischen Bau (Wohnungsgrundrisse mit Dunkelzonen) an der Straße ist östlich ein Rückflügel angesetzt. Der ausmittige Hauszugang führt zum Treppenhaus im Hof-winkel; eine doppelläufige Podesttreppe erschließt zwei Woh-nungen je Etage, dies gemäß Eingabeplan. Die Neurenaissance-fassade des im Zweiten Weltkrieg nicht in Mitleidenschaft gezo-genen Hauses wurde bereits zu Anfang des 20. Jh. erheblich vereinfacht und der Dekor neubarock akzentuiert. Die ursprüng-lichen Kniestockfenster sind seit nach dem Zweiten Weltkrieg vermauert.

Frauenstraße 18. In einem Zug mit dem dazugehörigen Hinter-gebäude ist das Mietshaus 1876 von Baumeister Johann Thomas für sich selbst errichtet worden; es entstand auf dem Gelände der ehem. Lederwarenfabrik des Sebastian Streicher. Eine über die mittige Hofdurchfahrt erschlossene Stiege führt zum rückwärti-gen, über der Durchfahrt gelegenen Treppenhaus; eine doppelläu-fige Podesttreppe erschließt gemäß Eingabeplan zwei Wohnun-gen je Etage (Wohnungsgrundrisse mit Dunkelzonen). Erdge-schoss und 1. Obergeschoss charakterisierte eine Putzstreifenrus-tika (Erdgeschoss heute verkleidet). Die mittleren fünf Fenster-achsen wurden zu einem flachen Risalit zusammengefasst, die je äußeren beiden Fensterachsen, wie dies für die Neurenaissance üblich ist, wurden eng gesetzt und im 2., 3. und 4. Obergeschoss gemeinsam verdacht. Nachdem das Anwesen 1905 in den Besitz des Münchner Zeitungsverlags gekommen war, fanden zahlreiche Umbaumaßnahmen statt, die in die Binnenstrukturen eingegriffen haben. Das Haus hat seinen originalen Fassadendekor weitgehend erhalten. Die vereinfachende Fensterauswechslung erfolgte im Zuge der Generalinstandsetzung des Gebäudes 1985–86.

Frauenstraße 19. *Städt. Riemerschmid-Wirtschaftsschule*, mit Westenriederstraße 20. Das nach Süden zur Frauenstraße (ehem. Wall) leicht ansteigende Grundstück, im Norden von der Wes-tenriederstraße (früher „Hinter den Mauern") begrenzt, liegt im Bereich der Stadtmauer aus dem 1. Drittel des 14. Jh. nebst vor-gelegter Zwingermauer des 15. Jh. und Stadtgraben; es wurde am Westrand vom Katzenbach tangiert und quer dazu vom Stadt-grabenbach durchzogen. Das auf dem Stadtplan von Consoni

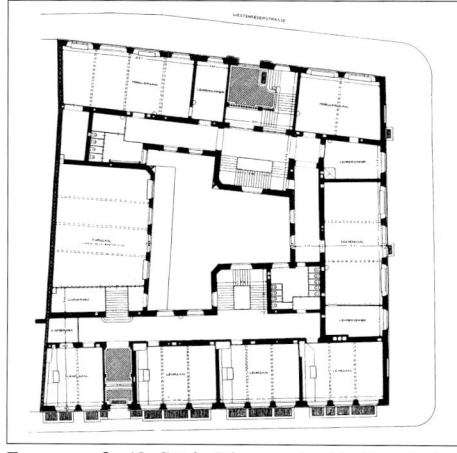

Frauenstraße 19, Städt. Riemerschmid-Wirtschafts-schule; Grundriss Erdgeschoss, 1911

Frauenstraße 19, Städt. Riemerschmid-Wirtschaftsschule, Süd- und Ostseite

1806 an der Ostseite des Katzenbachs eingetragene Haus Nr. 229 war das um 1614 unter Einbeziehung des zum Wasserturm um-gebauten Stadtmauerturmes über dem Bach errichtete städtische „Brunnhaus am Katzenbach", das 1834 durch den städt. Baurat Karl Muffat umgebaut wurde. Auf dem Seitzschen Stadtmodell des mittleren 19. Jh. ist die bauliche Anlage mit hohem Turm im Nordwesten über dem Bach und niedrigem Turm im Osten dar-gestellt. Das 1850 genannte „Wohnhaus mit Pumpwerk, ange-bautem Wasserturm nebst Wasserreservoir" wurde 1893 durch den städtischen Neubau einer Elektrischen Zentralstation mit Maschinenhaus ersetzt (Häuserbuch IV 1966), das sog. Westen-riederwerk, das schon im April 1900 wieder abgebrochen wurde. Das Schulgebäude im barockisierenden Jugendstil von 1900–01 nach Entwurf des städt. Baurates Robert Rehlen, lagebedingt ein kompakter, dreiseitig freistehender Vierflügelkomplex, östlich durch die kurze Zwingerstraße von der nicht mehr existierenden Volksschule von Arnold Zenetti 1866–67 (erweitert 1887 von Friedrich Loewel) getrennt, galt als „beachtenswerte Zwischen-stufe zwischen dem Schulhaustyp älterer Art (wie östlich be-nachbart) und dem modernen Schulhausbau, wie er seit der Zeit um 1900 immer mehr Norm wurde" (Wanderbuch 1922, S. 74) – durch Architekten wie Theodor Fischer, Carl Hocheder und Reh-len selbst. Die barockisierend gegliederten (in einzelnen Details vereinfachten) Putzfassaden des viergeschossigen, im Norden über einem Sockelgeschoss erhöhten Blockes sind durch die neu-artig großformatigen, reich unterteilten Fenster der außenseitig angeordneten Lehrsäle geprägt; die Gänge grenzen an den Hof, in den die beiden Treppenhäuser im Norden und Süden vortreten. An ihnen ist die ursprüngliche Doppelfunktion abzulesen – der Südflügel enthielt die (1862 von dem Unternehmer Anton Rie-merschmid gegründete) Handelsschule für Mädchen, die beiden anderen Flügel „Unterrichtsräume und Ateliers für die städtische Fortbildungs-Malschule" (MB I 1912; Gewerbeschule); beide Tei-le verbindet westlich des Hofes ein zwei Turnhallen übereinander enthaltender Trakt. Breites Querformat weisen die (ursprünglich vierteiligen, erneuerten) Fenster der weiträumigen Zeichensäle des Nord- und Ostflügels auf. In der zurückhaltend historisieren-den Gliederung vorwiegend durch Putzrustika dominieren das kräftige Gesims über dem Erdgeschoss und ein weiteres Gurtge-sims über dem 1. Stock, das über den Zeichensaal- bzw. am Süd-trakt über schwerpunktmäßig ausgewählten Lehrsaalfenstern ver-dachungsartig hochgezogen ist. Aus städtebaulichen Gründen hebt sich der Ostflügel mit Satteldach und (in Details vereinfach-ten) Volutengiebeln am Nord- und Südende als Einheit aus dem Gesamtbaukörper heraus (Südrisalit drei-, Nordrisalit zweiach-sig); die großen Blendfelder an den beiden Enden der Ostfassade unterstützen die stärkere Gewichtung der Giebelfronten. Die Dachzone mit liegenden Fenstern und Lüftungstürmen ist z. T. verändert (heute mit Gauben, Südtrakt modern aufgestockt).

◁ Frauenstraße 19,
Städt. Riemer-
schmid-Wirt-
schaftsschule,
Nordseite an der
Westenriederstraße

Durch aufwendigere Gestaltung heben sich nur das neubarocke Naturstein-Portal der Nordseite mit allegorischem Relief (bez. 1901) um das Oberlicht und das anschließende Vestibül mit Stichkappenvoute und Steinbalustergeländer am Aufgang zum 1. Stock heraus. Der Südeingang ist eher unauffällig, dahinter ein Vestibül mit zwei Kreuzgratgewölben. An der Südwand des Hofes zahlreiche Sgraffito- und Fresko-Muster, bez. 1939.
An der Fassade zur Zwingerstraße im Erdgeschoss rechts in Blendfenster Reliefansicht der Situation vor dem Schulhausbau 1900/01 mit abgebrochenem Turm und Gedenkinschrift.
Durch Kriegsverlust der benachbarten Bebauung im Osten (Schule, Theater) bis hin zum Isartor ist die städtebauliche Bedeutung der Riemerschmid-Schule enorm gewachsen.

Frauenstraße 20. Auf dem Gelände der ehem. Lederfabrik des Sebastian Streicher ließ die Bauunternehmung Huber & Hagg 1875–76 das bestehende Wohnhaus nebst Rückgebäude errichten. Ursprünglich waren zwei Wohnungen in jeder Etage untergebracht, zugänglich über das eingezogene, rückwärtige Treppenhaus, das vom Durchgang in der mittleren Achse aus erreichbar war. 1904 kam es für den Münchner Zeitungsverlag zu Änderungen wegen der Einrichtung von Arbeitsräumen (der Verlag bewirtschaftete außerdem die benachbarten Anwesen 18 und 22). Eine Generalsanierung mit Verdoppelung der Abgeschlossenheiten, Unterkellerung des Hofraums zugunsten des Einbaus einer Tiefgarage sowie einer Aufhebung der historischen Zugangssituation erfolgten 1986–88. Heute betritt man das Haus über das Nachbaranwesen Nr. 18 und also von rückwärts her, die vormalige Hofdurchfahrt nahm die Abfahrtsrampe zur Tiefgarage auf. Der Dachgeschossausbau zur bestehenden Gestalt datiert in die genannte Zeit. Vergleichsweise dicht überliefert ist die Fassadengestaltung (unter Ausnahme der Fenster) in den Formen der klassischen Neurenaissance: Die Fensterprofilierungen und -verdachungen werden mit der Geschosszahl nach oben hin einfacher, diejenigen des 4. Obergeschosses finden sich nur mehr schlicht geohrt, die rhythmisiert an das Traufgesims gesetzten Konsolen sind als ornamentalisierte Rudimente eines Kranzgesimses aufzufassen (Zeichen für die sehr späte Phase der Neurenaissance).

Frauenstraße 22. Als Mietshaus zu fünf Geschossen erbaute Johann Thomas das Anwesen 1876 auf dem vormals unbebauten Grundstück (Teil der Bauplatzausweisung auf dem ehem. Lederwaren-Fabriksgelände des Sebastian Streicher) für sich selbst.

Westlich der mittig in die Fassade gesetzten Hofdurchfahrt führt eine Stiege zum rückwärtig vor der Grundlinie eingezogenen, über der Durchfahrt liegenden Treppenhaus. Zwei Wohnungen mit Dunkelzonen sind in jeder Etage untergebracht, dies gemäß Eingabeplan. 1909 wurde für den Münchner Zeitungsverlag, dem auch die Häuser Nr. 18 und Nr. 20 an der Frauenstraße gehörten, in der neu geschaffenen Hofunterkellerung ein Maschinenraum eingerichtet. Mit Ausnahme des fehlenden Konsolgesimses und der 1978 modern ersetzten Fenster (asymmetrische Fensterteilungen bei den größeren Formaten) und Dachgauben vermittelt das Haus einen weitgehend originalen Eindruck. Wegen der Höhenentwicklung der von kräftig durchgebildeten Gurtgesimsen zusammengefassten 2. und 3. Obergeschosse wird das 4. Obergeschoss als Halbstock artikuliert. Diese beiden Hauptgeschosse werden von kolossalen Wandvorlagen überspannt, die zugleich die Seitenrisalite betonen. Als charakteristischer Kunstgriff einer Fassadengestaltung, die ihr Formenrepertoire aus Neurenaissance und Neubarock gleichermaßen schöpft, ist die vertikale Verklammerung von Sturz- und Brüstungsfeldern (vor dem 1. Obergeschoss sowie in den Risaliten mit Balustern) zu sehen.

Frauenstraße 26. Auf dem Gelände der Streicherschen, vormals Von-Utzschneiderschen Lederfabrik (seit 1802 laufende Verarbeitung der bei den Metzgern in unmittelbarer Nähe anfallenden Häute) ließ Metzgermeister Anton Braun 1875 das bestehende Wohn- und Geschäftshaus durch Architekt Reinhold Hirschberg errichten. Das Anwesen kam über dem Katzenbach zum Stehen, der zuvor zur Sicherung des Baugrundes, hier unmittelbar südlich des bestehenden Durchstichs unter die Frauenstraße überwölbt worden war. (Auch für eine Metzgerei war das Vorhandensein von idealerweise fließendem Gewässer durchaus von Bedeutung.) Ursprünglich gelangte man durch die Einfahrt in der östlichen Achse über ein Podest zum mittig rückwärtigen Treppenhaus, das oberhalb des Erdgeschosses zwei Wohnungen je Etage (gemäß Eingabeplan mit Dunkelzonen) erschließt; heute erfolgt der Zugang hofseitig. Die reich gegliederte Fassade in den Formen der klassischen Neurenaissance ist weitgehend original erhalten, mit Ausnahme der modernen Fensterauswechselung (1980) und des durch die Folgen des Zweiten Weltkriegs abgegangenen Konsolgesimses der Traufe. Bis zum Gurtgesims über dem 3. Obergeschoss werden die äußeren Achsen mit breiteren Fenstern gleichsam wie flache Bodenerker behandelt. Im 2. Obergeschoss wird der Rhythmus des 1. Obergeschosses wiederholt, doch sind die inneren Pilaster als Dreiviertelsäulen formuliert. Im 3. Obergeschoss werden die Bodenerker von prominenten Ädikulamotiven abgeschlossen: Karyatidenpilaster tragen über Triglyphen Dreiecksgiebel. Bemerkenswert bei der Durchformung dieser Fassade ist der Einsatz von Pilastern als vertikale Gliederungselemente im 1. und 2. Obergeschoss.

Frauenstraße 22

Frauenstraße 20 (rechts 18)

Frauenstraße 28. Auf dem Gelände der Streicher-schen, weiland Von-Utzschneiderschen Lederfabrik, hier anstelle der dem Wasserkraftwerk östlich angeschlossenen Verarbeitungsgebäude, ließ sich Georg Braun das bestehende Mietshaus (Rückgebäude und Vordergebäude in einem Zug) 1874–75 von Max Steinmetz errichten. Östlich rückwärtig an der mittigen Hofdurchfahrt liegt das Treppenhaus und erschließt über eine doppelläufige Podesttreppe gemäß Eingabeplan zwei Wohnungen (mit Dunkelzonen) je Etage. Die Fassade erfährt durch die Engsetzung je zweier Fensterachsen (dem klassischen Charakteristikum der Neurenaissance) östlich und westlich des mittigen Eingangs eine Rhythmisierung. Die profilierten Faschen der Fenster der Obergeschosse sind durchwegs geohrt. In einem gängigen Wechsel sind die Fenster des 1. und

Frauenstraße 28, an der Brandmauer Wandmalerei von R. Haas, 1978

Frauenstraße 26

3. Obergeschosses je alternierend mit Segmentbogen und Dreiecksgiebel verdacht. Agraffen/Konsolen vermitteln zum Gurtgesims unter der Brüstungszone des 3. Obergeschosses. Ein gemalter Mäanderfries schließt das 4. Obergeschoss unter der Traufe ab. (Die bauzeitliche Situierung des Anwesens ist heute nur mehr bedingt nachvollziehbar, da das ursprünglich östlich angrenzende Nachbargebäude, ein Eckhaus, nach seiner Totalzerstörung im Zweiten Weltkrieg nicht wiederhergestellt worden ist, vielmehr der Stadtverwaltung an einer Aufweitung des Straßenraums der Zwingerstraße gelegen war; vgl. dort.)

Frauenstraße 34/36/38. Auf dem Gelände seiner ehem. Lederwarenfabrik ließ sich Anton Streicher drei stattliche fünfgeschossige Mietshäuser errichten. Zwischen 1864 und 1866 entstanden die Häuser mit den heutigen Nrn. 34 (durch Michael

eng gesetzt sind. Die Fassaden waren ursprünglich mit schlichten spätklassizistischen Formen dekoriert. Bei Nr. 34 ist im Jahr 1940 für Maria Schenk durch Baumeister Wilhelm Borchert eine durchgreifende Fassadenglättung belegt. Der entsprechende Eingabeplan referiert dabei, dass 1940 der Dekor der Fassade von Nr. 36 bereits weggeglättet war. Die drei Häuser haben unterschiedliche Anteile ihres Fassadenschmucks bewahrt: Bei allen dreien hat sich einheitlich das Gurtgesims über dem Ladengeschoss erhalten, bei Nr. 34 ist hier auch der zugehörige Zahnfries noch sichtbar; hingegen ist bei Nr. 34 das Gurtgesims über dem 2. Obergeschoss verschwunden, das bei Nr. 36 und 38 einschließlich des Schmuckfrieses erhalten geblieben ist. (Ein sprechendes Beispiel für den Stilpluralismus der Jahre um die Reichsgründung ist, dass für das Haus Nr. 38 eine Planungsvariante in den Formen des reichen Maximilianstils, vgl. Frauen-

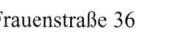
◁ Frauenstraße 38

Frauenstraße 36 ▷

Frauenstraße 34 ▷▷

Reifenstuel jun.) und 38 (durch Gottlieb und Karl Stitzinger). Das frei verbliebene Grundstück dazwischen wurde 1869 mit einem in Form und Struktur weitgehend verwandten Mietshaus durch Baumeister Ludwig Deiglmayr geschlossen. Jeweils westlich an der mittigen Hofdurchfahrt liegen rückwärtig die Treppenhäuser. Sie führen gemäß den Eingabeplänen zu zwei Wohnungen je Etage mit Dunkelzonen. Über den als Ladengeschosse konzipierten Parterres (einheitlich sind die Stürze der Hofdurchfahrten niedriger als die nebenliegenden Fensterstürze) bestehen die Rhythmisierungen der Fassaden in seicht vor- und zurückgesetzten Flächen: So werden die äußeren Fensterachsen von Lisenen flankiert, die mittlere (bei Nr. 34 eine Fensterachse, bei Nr. 36 und 38 zwei über der Mitte) ist einheitlich durch einen breiten Vorsprung hervorgehoben, während östlich und westlich der Mitte jeweils zwei Fensterachsen

Frauenstraße 36, Relief über dem Eingang

straße 44, der Lokalbaukommission vorgelegt worden war.) Bei Nr. 34 erfolgte der Dachgeschossausbau zur heutigen Gestalt 1993, bei Nr. 36 und 38 in den 1950er Jahren. Von den drei Anwesen an der Frauenstraße wurde das Haus Nr. 38 durch den Luftkrieg am stärksten zerstört und 1946 wiederhergestellt. Auch sind hier die Strukturveränderungen nicht zuletzt durch den Einbau einer Tiefgaragenzufahrt erheblich.

Frauenstraße 44. Auf einer tiefen, zur Zeit der Planeingabe von der Frauenstraße im Norden bis zum Stadthammerschmiedbach im Süden sich erstreckenden Parzelle ließ sich der Vergolder Christian Winter 1863–64 durch Franz Kil ein respektables Wohnhaus mit zwei Wohnungen je Oberstock errichten. Dieses entstand auf dem Grundstück einer Essigfabrik. Im Hinblick auf Größe und Ausstattung des Neubaus ist eine bauliche Aufwertung dieses Stadtbereichs durch denselben, wie vom Magistrat beabsichtigt, zu konstatieren. (Die städtebauliche Situation, in die hinein der Neubau entstand, war durchaus disparat: Gleich östlich schloss sich die „Städt. Armen-Beschäftig. Anstalt" an, westlich fand sich das neue Anwesen in der Nachbarschaft einer Bierwirtschaft, nordwestlich gegenüber stand das 1812 durch von Herigoyen errichtete Isartortheater, damals Städt. Leihamt; nur zwei Jahre nach Fertigstellung des Hauses Nr. 44 entstand nach den Plänen Arnold Zenettis ein großer repräsentativer Schulhausneubau westlich anschließend an das Isartortheater. Die Erbauung des Hauses Nr. 44 an der Frauenstraße markiert somit einen echten städtebaulichen Umbruch.) Heute findet sich der historische Umfang des 1864 mit gotisierender Gliederung vollendeten Mietshauses auf Fassadenabschnitte reduziert (Abbruch des Hauses 1989–90). Zusammen mit der Fassade des Hauses Rumfordstraße 43 bildet sie einen historischen Appendix (bewahrt infolge behördlicher Intervention) eines beinahe gigantischen Stadtviertel-Sanierungsprojektes, das von privaten Investoren bis in die 1990er Jahre verwirklicht wurde. Eine spezifische denkmalpflegerische Haltung offenbart sich in der Tatsache, dass man bereits 1926 beseitigte gotische Zinnenbekrönungen der Fassade erneut rekonstruierend aufsetzte.

Frauenstraße 44

Fürstenfelder Straße

(Vgl. Ensemble Altstadt.) Die vormalige Fürstenfelder Gasse folgt innenseitig dem gebogenen Verlauf der ältesten, hochmittelalterlichen Stadtbefestigung in deren Südabschnitt zwischen (Innerem) Sendlinger Tor und (Innerem) Kaufinger Tor, dem späteren Schönen Turm; die Anwesen an der Außenseite (südwestlich) grenzten rückwärts an Stadtmauer und Graben bzw. waren später z. T. über ihn hinweg mit Rückgebäuden am Färbergraben verbunden (vgl. Behrer 2001). Ihren Namen erhielt die Gasse von dem an der Südwestseite (Nr. 14) gelegenen Fürstenfelder Hof, dem 1289–1801 dem Zisterzienserkloster gehörigen Stadthaus; auf Sandtners Stadtmodell von 1570 ein gotischer Komplex mit (St. Leonhard geweihter) Kapelle rechts von der den Vorhof abschließenden niedrigen Mauer; Neubau um 1653 (Pläne im BHStA), auf Stimmelmayrs Skizze (gegen 1800) ein lang gestreckter dreigeschossiger Bau mit Kapelle rechts, nach Verkauf schon vor der Säkularisation in Privatbesitz, nach Brand 1823 klassizistisch erneuert und doppelt aufgestockt; kriegszerstört. Weiter westlich weitere Stadthäuser von Klöstern, u. a. zwischen Sattlergasse (kurze Verbindung zwischen Fürstenfelder Gasse und Färbergraben, heute zu rechteckiger Platzfläche erweitert) und Kaufingerstraße (bis zum ehem. Schönen Turm) dem Kloster Ettal gehörende Baugruppe.

J. Stridbecks Straßenansicht gegen Westen (um 1700) zeigt die nordseitige Bebauung, meist Rückgebäude von Anwesen an der Kaufingerstraße, darunter rechts das kurz zuvor errichtete, lang gestreckte, palastartige, dreigeschossige Haus Nr. 8 mit Flacherkern über den beiden Ädikulaportalen, nach J. P. Stimmelmayr (gegen 1800) das „Baron Mayrische Haus von hinten", da im Besitz mit Kaufingerstraße 8 verbunden; zeitweilig (um 1700) Sitz der von Johann Senser und Marx Christoph Freiherr von Mayer gepachteten kurfürstlichen Tabakregie („Toback Apalto" bei Stridbeck), in der 1. Hälfte des 19. Jh. von prominenten Mietern

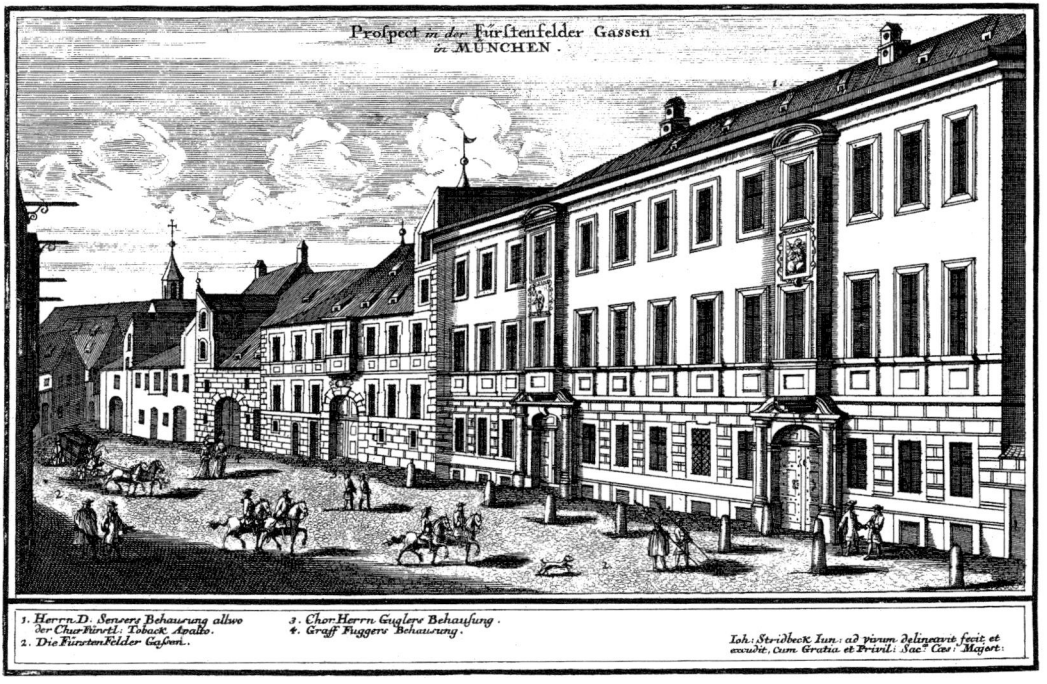

◁ Fürstenfelder Straße; Stich von Johann Stridbeck, um 1700

Fürstenfelder Straße 12 (kein BDm)

Fürstenfelder Straße 13   ▷

Fürstenfelder Straße 13; Südseite;
Aufn. 1953

wie Johann Nepomuk Ringseis und Friedrich Wilhelm von Schelling bewohnt; kriegszerstört. Das westliche Nachbarhaus (Nr. 7) war im 19. Jh. Südteil des Geschäftshauskomplexes der Schüsselpassage (s. Kaufingerstraße/Vorspann).

Bausubstanz aus der Zeit vor dem Zweiten Weltkrieg ist nur am östlichen Ende erhalten (vgl. Nr. 13 und Sendlinger Straße 2). (Siehe Flurkarte S. 198)

ARCHÄOLOGISCHE BEFUNDE: Größere Bodeneingriffe und Umbauten sind aus jüngerer Zeit nicht bekannt. Deshalb ist mit untertägig erhaltenen Resten von Bauwerken, unter der Straße mit verrohrten Bächen und Pflastern und unter den Gebäuden mit Resten von Vorgängerbauten, möglicherweise mit Brunnen und Latrinen, zu rechnen. Unter Fürstenfelder Straße 12 (zugl. Kaufingerstraße 11) und Fürstenfelder Straße 13 (zugl. Färbergraben 11) befinden sich Teile mittelalterlicher und neuzeitlicher Bebauung.

[**Fürstenfelder Straße 12.** Der Grundriss des stark erneuerten viergeschossigen Hauses lässt noch Merkmale des Altmünchner Bürgerhaustypus erkennen, die Gestaltung der (vor dem Zweiten Weltkrieg um ein Geschoss höheren) Fassade wirkt klassizistisch (wohl 1. Hälfte 19. Jh.); Erdgeschoss verändert. (Vgl. Färbergraben 10.)]

Fürstenfelder Straße 13. Das markant situierte viergeschossige Bürgerhaus im Stil des Spätbarock, am Südrand des ältesten Stadtkerns mit zweimal gerundetem Knick den Übergang von der Rosen- zur Fürstenfelder Straße vermittelnd, gehört mit seiner dekorativ reichen, 17 Fensterachsen langen, konvex gebogenen Fassade zu den eindrucksvollsten der Altstadt, ist zudem nach Abbruch des südlich benachbarten Inneren Sendlinger Tores (Ruffiniturm) 1808 zum nordöstlichen Abschluss der Sendlinger Straße geworden. Im Gegensatz zu seiner Bedeutung ist der Forschungsstand ungenügend.

Der Hausname Berneck (Häuserbuch III 1962) geht vielleicht auf die Besitzerfamilie Perner im Spätmittelalter zurück. Das Sandtnersche Stadtmodell zeigt um 1570 in der Ecksituation zwei parallele, gegeneinander versetzte Häuser (das nördliche mit Pultdach und Stufen-Halbgiebel) samt Zwiebeldach-Treppenturm im Winkel; seit 1650 waren sie in einer Besitzerhand vereint. Den bestehenden viergeschossigen Bau, der die Ecksi-

tuation in neuer Weise interpretierte, zeigt Stimmelmayr im späteren 18. Jh. in seinen skizzierten Abwicklungen der Rosen- und Fürstenfelder Straße, erläutert als „das gerundete Eckhaus des jüngern Le(c)hners, Kaufmanns"; gemeint ist Matthias Anton Lechner, Besitzer um 1760/70; dieser oder wahrscheinlicher sein Vater, der Handelsmann Franz Anton Lechner, der das Haus 1731 kaufte, kommen als Bauherren des Spätbarockhauses (um 1730/40) in Betracht. Die dekorativen Stuckrahmungen um die Fenster erinnern an den Stil des in der Zeit um 1730 erbauten Lerchenfeldpalais (s. Damenstiftstraße 8; Ignaz Anton Gunetzrhainer zugeschrieben), des 1897 abgebrochenen Hauses Ledererstraße 2 mit einst einer der schönsten Stuckfassaden Münchens (1738 von Philipp Jakob Kögelsperger) oder des einstigen Schimonhauses in der Kaufingerstraße (um 1750). Ob eine Quelle von 1733 (Lieb 1941 S. 120), in welcher von der durch I. A. Gunetzrhainer erbauten „Lechnerischen, nunmehr Secretari Neissingerischen Behausung" die Rede ist, sich auf dieses Anwesen bezieht, muss vorerst offen bleiben (Häuserbuch III erwähnt Neissinger nicht, der vielleicht nur Mieter war).

Den abgeschrägten, gerundeten Eckbereich begrenzen rustizierte Putzlisenen. Stimmelmayrs Ansichten lassen offenbar drei Eingangstüren erkennen; den heute einzigen Hauseingang an der Fürstenfelder Straße umgibt eine schlichte barockisierende Rahmung mit Verdachung. Ansonsten ist das Erdgeschoss in neuerer Zeit wiederholt umgebaut und durch Schaufenstereinbauten verändert worden, u. a. 1889 (große rechteckige Ladenstöcke); die bestehenden korbbogigen Schaufenster gehen auf die Neugestaltung des Erdgeschosses durch Architekt Josef Wölker 1910 zurück. Noch aus dem 18. Jh. stammt das von den kleinen Lichthöfen flankierte Treppenhaus mit seinen kräftigen Holzbalustern – eines der wenigen in der Altstadt erhaltenen, doch gleich den anderen stark erneuert.

Fürstenfelder Straße 13, Treppe

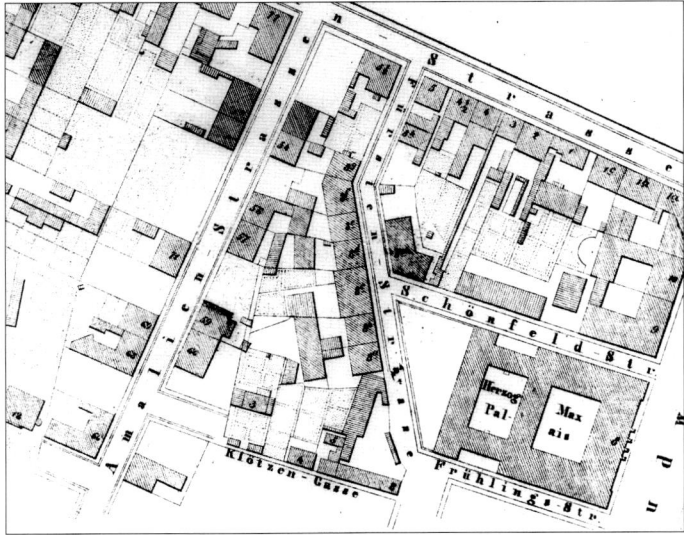

Fürstenstraße; Ausschnitt aus Gustav Wenngs „Topographischem Atlas von München", 1850

Fürstenstraße

Alte Straße der Maxvorstadt, die in südlich/nördlicher Richtung schräg zu dem orthogonalen Straßensystem der ausgewiesenen Rasterung verläuft. Sie reicht mit einem Knick im nördlichen Bereich vom Oskar-von-Miller-Ring im Süden bis zur Theresienstraße im Norden. Bis zu deren Umbenennung 1977 schloss die Fürstenstraße die südlich des Rings gelegene Kardinal-Döpfner-Straße (s. dort) mit ein. Die innerhalb der Maxvorstadt unregelmäßige Anlage der Fürstenstraße erklärt sich aus dem Verlauf der zu Anfang des 19. Jh. über dem zugeschütteten Türkengraben (ein 1702 begonnenes ehrgeiziges Projekt des Kurfürsten Max II. Emanuel) hergestellten Straße, dem sog. Fürstenweg (vgl. Straßenbeschreibung Türkenstraße). Die historisch überlieferte Bausubstanz des kurzen Straßenstücks stammt in für die Maxvorstadt seltener Dichte aus der Mitte des 19. Jh.

Fürstenstraße 1. Vgl. Ensemble Maxvorstadt I.

Fürstenstraße 3/5. Die südliche Hälfte (heute Nr. 3, ehem. Nr. 8a) des Doppelanwesens an der Fürstenstraße wurde für den Kistlermeister Peter Riedel, die nördliche Hälfte (heute Nr. 5,

Fürstenstraße; Flurkarte, M. 1:2500

Fürstenstraße 3 und 5 (von links)

ehem. Nr. 8b) für die Privatiere S. Pflieger erbaut, beide 1843 durch Baumeister Gottfried Fischer. In jeder Etage befand sich gemäß Eingabeplan eine Wohnung (mit Dunkelzone). Der Zugang der beiden Häuser erfolgt entsprechend ihrer weitgehend spiegelsymmetrischen Struktur beim südlichen Anwesen durch die Hofdurchfahrt in der südlichen Achse, hier über das nördlich nebenliegende Stiegenhaus mit halb gewendelter Podesttreppe, beim nördlichen Anwesen durch die Hofdurchfahrt in der nördlichen Achse, dort über das südlich nebenliegende Treppenhaus, ebenfalls mit halb gewendelter Stiege zwischen den Podesten. Die breite Fassade des Doppelhauses ist ein sprechendes Beispiel für die antiklassische Ausrichtung des Maximilianstils, der romanisierend, weniger kompakt, eher leicht ist und auf den anschaulich tragenden Einsatz von Architekturelementen verzichtet. Entsprechend hat der reduzierte Fassadenschmuck eine stark applikative Tendenz. Zwei Gurtgesimse, über dem Erdgeschoss und unter dem 3. Obergeschoss (mit erhaltenem Zahnfries), spannen die Hauptgeschosse ein. Segmentbogige Verdachungen mit schwebenden Schultern rahmen die Fenster der Hauptgeschosse. Zudem hat sich hier das Konsolgesims der Traufe erhalten. Die heutige Nr. 3 erfuhr 1979 eine Sanierung und den Ausbau des Dachgeschosses, wobei das gut überlieferte bauzeitliche Dachtragwerk beschnitten wurde. Eine seinerzeit bedeutsame bautechnische Neuerung stellten die sog. russischen Kamine dar, die durch die Modernisierung aufgehoben wurden. Bei Nr. 5 fanden 1978–79 durchgreifende Sanierungs- und Modernisierungsarbeiten statt, 1995 wurde der Dachgeschossausbau zur bestehenden Gestalt vollzogen. Die Fensterinstandsetzung geschah 2001.

In einem Zug mit dem Vordergebäude waren rückwärtig Möbelwerkstätte und Stallung für den Kistlermeister Riedel erbaut worden. Als Hersteller von „Möbel- und Galantery-Arbeiten" hatte Riedel um die Mitte des 19. Jh. in München einige Bedeutung erlangt. Die Möbelwerkstätte wurde schließlich 1887 zu einem Fotoatelier umgebaut.

Fürstenstraße 6

Mietswohnung mit Dunkelzone. Schon 1850 kam das Anwesen (ehem. Fürstenstraße 8d) in den Besitz des Hufschmiedmeisters Cölestin Pauli. Die Durchfahrt in der südlichen Achse führt zum nördlich nebenliegenden, hinter die rückwärtige Grundlinie eingezogenen Treppenhaus. In seinen schlichten klassizistischen Formen entspricht das Haus den Anwesen Fürstenstraße 11, 15 und 17. Vom Fassadenschmuck hat sich bei Nr. 9 der Zahnfries zwischen Erdgeschoss und 1. Obergeschoss erhalten. 1913 wurde das Erdgeschoss durch Liebergesell & Lehmann für den in Bernried ansässigen Freiherrn von Wendland zur Restauration umgebaut (eine Gastwirtschaft ist auch heute noch hierin untergebracht). Der Dachgeschossausbau erfolgte 1950. Beachtenswert ist der Überlieferungsgrad des wohl auch in die Mitte des 19. Jh. zurückreichenden Mittelgebäudes; hier hat sich u. a. das bauzeitliche Stiegenhaus erhalten.

Fürstenstraße 6. Das Miets- und Geschäftshaus (ehem. Fürstenstraße 8m) wurde für Kleopha Fertl 1846–47 durch Kaspar Mittermayer erbaut. Es steht über einem stumpfen Winkel als eine Dominante an der Ecke Fürsten-/Rheinbergerstraße (um 1850 hieß die Rheinbergerstraße noch wie ihre Verlängerung östlich der Ludwigstraße Schönfeldstraße). Dem Haus kam eine Vermittlung zu zwischen der am vormals freien Platz hoch aufragenden Rückfassade des Herzog-Max-Palais (heute Landeszentralbank) und der einfachen, spätklassizistischen Bebauung der Fürstenstraße. Das Haus wird durch ein Stiegenhaus erschlossen, das südlich neben der Durchfahrt von der Fürstenstraße her liegt; in die Laterne der halb gewendelten Podesttreppe baute man 1959 einen „Ein-Personen-Aufzug" ein. In jedem Geschoss waren gemäß Eingabeplan zwei großzügige Wohnungen untergebracht (zwischenzeitlich wurde die Zahl der Wohnungen verdoppelt). Die großen Fensterflächen des Erdgeschosses verdeutlichen die Tendenz des Maximilianstils, Fassadenwände gleichsam von architektonisch tragenden Funktionen zu befreien. Die 1884 durch Johann Widmann für Anna Bemmelmann vollzogene Erhöhung der Entresolfenster an der Rheinbergerstraße konnte diese Wirkung nur noch verstärken. Zwei Gurtgesimse spannen über dem hohen Erdgeschoss die Hauptgeschosse ein. Den Rundbögen der Fenster der Hauptgeschosse folgen rundbogige, schwebende Verdachungen. Die Rhythmisierung der Fassade geschah durch einfache Engsetzung der Fensterachsen. Den oberen Abschluss der Dreiergruppen, in leicht tiefer liegenden Putzfeldern, stellen Zahnfriese her. Auch hat sich das Konsolgesims der Traufe erhalten. Besonders hervorgehoben ist der Fassadenzug oberhalb der hohen Durchfahrtsarkade, mittig in die Fassade an der Fürstenstraße gesetzt. Die Öffnungen der Hauptgeschosse sind hier Gruppierungen dreier Rundbogenfenster, wobei den unteren Dreiviertelsäulen eingestellt worden sind. Der Dachgeschossausbau erfolgte 1939. An der abgeschrägten Ecke der Fassade befindet sich eine Gedenktafel für den Komponisten Joseph Gabriel Rheinberger, der bis zu seinem Tod 1901 hier wohnte (nach ihm benannt ist der westlich der Ludwigstraße gelegene Abschnitt der vormaligen Schönfeldstraße). Der aus Liechtenstein stammende Musiker war u. a. ab 1877 Hofkapellmeister in München.

Fürstenstraße 9

Fürstenstraße 10

Fürstenstraße 9. In dem für den Schmiedemeister Meier 1843 von Erlacher und Maurer erbauten Mietshaus befand sich gemäß Eingabeplan in jeder Etage eine vorstädtische

Fürstenstraße 10. Franz Xaver Reifenstuel errichtete 1849 für Max Kuppelmayr an der Fürstenstraße 10 (früher Nr. 8h) ein rechteckiges zweigeschossiges Vorstadthaus. Das Haus kam mit seiner dreiachsigen Schmalseite und einem halben Walmdach an der Straße zu stehen mit Zugang an der Längsseite; ansonsten blieb das Grundstück entlang der Fürstenstraße nach Süden unbebaut (bis zum Grundstück mit der Erstnummer 8m, heute Fürstenstraße 6). Zusammen mit Zimmermeister Ehrengut stockte der nunmehrige kgl. Maurermeister Max Kuppelmayr 1861 diesen Bestand um zwei Geschosse auf und verlängerte den Bau um weitere neun formverwandte Fensterachsen nach Süden. Der Neubau ergab einen dreigliedrigen Baukörper mit geschlossener Fassade zur Straße. Der Altbestand wurde zum tieferen nördlichen Pavillon uminterpretiert, dessen Treppenhaus aufgegeben; dieser Bauabschnitt wird heute vom zentra-

Fürstenstraße 10, Hofseite

Fürstenstraße 10, Gedenktafel

Fürstenstraße 6, Gedenktafel

len Treppenhaus her über Zwischentreppen erschlossen. Die fünf südlichen Fensterachsen markieren in etwa die Breitenerstreckung des dahinterliegenden, wiederum tieferen Gebäudeabschnitts, dessen Grundriss, den Parzellengrenzen folgend, unregelmäßig ist. Das zentral gelegene Treppenhaus erschloss gemäß Eingabeplan zwei Wohnungen je Etage; die nördlichen hatten mehrere Räume in Dunkelzonen. Die spätklassizistische Fassadengestaltung folgte dem Typ der Klenzeschule mit Ritzquaderung und Segmentbogenfenstern (ab ca. 1835 weit verbreitet).

Fürstenstraße 10, Christusfigur am Eckerker des Innenhofs

Um 1900 wurden rückwärtig am mittleren Bauabschnitt die Brüstungen der Lauben im 1. und 2. Obergeschoss mit neugotischem Maßwerk versehen, die südliche Rückfassade des nördlichen Flügels durch einen dreigeschossigen Flacherker (Blankziegel mit Schnittsteingliederungen) mit schmalen Seitendurchfensterungen ausstaffiert. Im unteren seiner Sturzfelder ist ein Spruchbandengel u. a. mit dem Münchner Kindl als Steinrelief angebracht. In der entsprechenden romantisierenden Auffassung

Fürstenstraße 10, wohl spätgotisches Auferstehungs-Relief an der Westseite des Innenhofs

erhielt auch die rückwärtige Fassade des südlichen Bauabschnitts eine neugotische Verblendung in Backsteinen, auch dem Aborterker wurde ein gotisierender Erkerturm aufgesetzt; unter einer Kupferverdachung hängt an dessen Außenseite in Höhe des 1. Obergeschosses ein beinahe lebensgroßer Kruzifixus (weitere Spolien, u. a. ein Auferstehungs-Relief, im Hof).

Die Auswirkungen des Zweiten Weltkriegs führten zu massiven Zerstörungen des nördlichen Pavillons im rückwärtigen Bereich; dieser ist heute weitgehend neu gebaut. Auch wurden nach dem Krieg die Stichbogenfenster der Straßenfassade zu geraden Stürzen zugesetzt. Der Ausbau des Dachgeschosses erfolgte 1964 und 1982. (Der Zithervirtuose Johann Petzmayer, Lehrer Herzog Maximilians in Bayern, verstarb im Anwesen Fürstenstraße 10 im Jahre 1884.)

Fürstenstraße 11. Für den Schlossermeister Heinrich Grobe wurde das Mietshaus an der Fürstenstraße 11 (im Sinne der Erstparzellierung Nr. 8e) 1843 von Johann Nepomuk Bürkl (Fa. Joseph Höchl Witwe) gemäß Eingabeplan mit einer Wohnung je Etage und quer gelagerten schmalen Korridoren errichtet. Neben der Durchfahrt in der südlichen Achse liegt das vor der rückwärtigen Grundlinie eingestellte Stiegenhaus mit einer doppelläufigen Podesttreppe. Die in spätklassizistischen Formen ausgeführte Fassade des Hauses entspricht in ihrer Schlichtheit den Nachbaranwesen Fürstenstraße 9, 15 und 17. Doch wurden bei Nr. 11 auch die geschossteilenden Gurtgesimse weggeglättet und finden sich heute nur mehr durch horizontale Hervorhebungen in der Fassadenbemalung wiederholt (Fassadeninstandsetzung 1978). Die Anlage der Stichbogenfenster folgt der Klenzeschule und kam ca. 1835 auf. (Der Dachgeschossausbau erfolgte 1977 und 2002.)

Fürstenstraße 15. Gleichzeitig mit dem südlich angrenzenden Nachbaranwesen Fürstenstraße 11 entstand das 1843 von Johann Nepomuk Bürkl (Fa. Joseph Höchl Witwe) errichtete Mietshaus an der Fürstenstraße 15 (früher Nr. 8f) für den Schäfflermeister Georg Holzapfel. Die Hofdurchfahrt in der nördlichen Achse erschließt das nebenliegende, vor der Grundlinie eingezogene Treppenhaus, dieses modern adaptiert. Alle Fenster der in schlichten spätklassizistischen Formen gehaltenen Fassade weisen die stichbogigen Stürze der Klenzeschule auf (ab ca. 1835 üblich). Einfache Kastenrahmungen umgeben die Fenster des Erdgeschosses, die geschosstrennenden Gurtgesimse haben sich im Gegensatz zum südlich benachbarten Haus Nr. 11 erhalten. Durchgreifende Umbauten ab 1988 führten – hier gut nachvollziehbar – zum problematischen Nebeneinander von moderner Ergänzung und modischem Ersatz. (Rückwärtig ließ der Schmiedemeister Haubner 1858 von Georg Bleibinhaus eine „Pferdehufbeschlag-Brücke" errichten, zwischenzeitlich abgegangen.) Der Dachstuhl brannte infolge des Luftkriegs ab.

Fürstenstraße 17. Für die Witwe des Schäfflermeisters Georg Holzapfel (1843 schon Bauherr des südlich anschließenden Nachbargebäudes) errichtete Josef Deiglmayr 1862 das spätklassizistische Mietshaus, vorstädtisch klein und schlicht auf einer trapezförmigen Parzelle (früher Nr. 8g) am stumpfen Winkel der hier nach Norden abknickenden Fürstenstraße. Das vor der Grundlinie eingezogene Treppenhaus wird durch die Hofdurchfahrt in der südlichen Achse erschlossen. In die segmentbogigen Fensterrahmen der Obergeschosse sind rechteckige Sprossenfenster gesetzt, die verbleibenden Bogenfelder kaschieren Rollokästen. Das Anwesen ist weitgehend original erhalten, der Dachgeschossausbau noch nicht erfolgt (Status 2007).

Fürstenstraße 11, 15 und 17 (von links)

Gabelsbergerstraße, südliche Bebauung zwischen Arcis- und Barer Straße, nördlich davor die Pinakotheken; Luftaufnahme um 1905

Gabelsbergerstraße

Lang gezogener Straßenzug der Maxvorstadt, der, als Teil der rechtwinklig-geometrisierenden Stadterweiterung des 19. Jh., in gerader, nordwestlich verlaufender Linie den Oskar-von-Miller-Ring (vgl. dort) und die Dachauer Straße verbindet. Im Osten geht die Straße im rechten Winkel von der Amalienstraße (s. dort) aus, nahebei westlich setzt der Turm der evangelischen Markuskirche (s. Gabelsbergerstraße 6) einen dominanten Akzent. Zwischen Türken- und Arcisstraße prägen die mit großzügigen Grünflächen umgebenen Monumentalbauten der Pinakothek der Moderne (s. Barer Straße 40) sowie der Alten Pinakothek (s. Barer Straße 27) das Erscheinungsbild der Gabelsbergerstraße, im Anschluss daran, zwischen Arcis- und Luisenstraße, der geschlossene Baublock der TU-Gebäude (s. Arcisstraße 21). Die um das Jahr 1808 angelegte Straße trug zunächst dreierlei Namen (zwischen Jäger- und Barerstraße „Ritterstraße", zwischen Barer- und Luisenstraße „Theresienstraße" und westlich der Luisenstraße „Apollostraße"), ehe sie 1812 die Gesamtbezeichnung Ludwigstraße bekam. Noch 1826 endete sie westlich der Augustenstraße in einem Acker, östlich der Türkenstraße am nördlichen Ast der Jägerstraße. 1849/51 reichte sie, mittlerweile nach der zwischen Barer- und Türkenstraße gelegenen und im Volksmund „Türkenkaserne" genannten Infanterie-Kaserne (1823–26; im Zweiten Weltkrieg zerstört) Kasernstraße genannt, bis zur Schleißheimer Straße im Westen bzw. bis zur Amalienstraße im Osten. Kurz vor der Einmündung in die Amalienstraße wurde sie noch 1858/59, obwohl bereits durchgehend projektiert, unterbrochen durch das Gartengrundstück des Generalleutnants Freiherr von Heideck (der Durchbruch zur Dachauer Straße war zu dieser Zeit bereits vollzogen). Diese Lücke war erstmals nachweisbar 1876 geschlossen. Der großflächige Straßendurchbruch des Oskar-von-Miller-Rings und die Anlage des Altstadtringtunnels in diesem Bereich (1967–72) schuf die heutige Situation der platzartig verbreiterten Einmündung der Gabelsbergerstraße in den Oskar-von-Miller-Ring. Eine erste nennenswerte Bebauung der Straße setzte mit Ausnahme der in den 1820er Jahren errichteten öffentlichen Großbauten der Infanterie-Kaserne und der Alten Pinakothek in der Mitte des 19. Jh. ein. Eine nahezu geschlossene Bebauung erhielt bis 1865 vor allem der westliche Bereich zwischen Augusten- und Schleißheimer Straße (vgl. die Haus-Nrn. 68, 70, 79 und 95) sowie der der Infanterie-Kaserne (heute Pinakothek der Moderne) gegenüberliegende Bereich zwischen Türken- und Barerstraße (vgl. die Gruppe biedermeierlicher Mietshäuser Nr. 11 bis 17). Das späte 19. Jh. konnte vor allem mit stattlichen Neurenaissancefassaden weitere bis heute prägende Akzente setzen (vgl. Nrn. 9, 36, 49, 51, 71, 89). Der 1862 verliehene definitive Straßenname erinnert an den Geheimen Kanzlisten und Sekretär im Bayerischen Ministerium des Innern, Franz Xaver Gabelsberger (1789–1849), der als Erfinder der Stenographie gilt.

Eine starke Zäsur des in seiner Länge ohnehin nicht im Zusammenhang überschaubaren Straßenbildes bedeutete seit jeher der Bereich zwischen Barer- und Arcisstraße mit der nordseitig stark zurückgesetzten Alten Pinakothek. Ihr südlich gegenüber entstand erst sukzessive im mittleren 19. Jh. eine offene Bebauung mit Privathäusern, u. a. das klassizistische Eckhaus Gabelsbergerstraße 6 (später 25) des Bildhauers Anselm Sickinger (vgl. Barer Straße/Vorspann) und die Villa Nr. 11 (zuletzt 31) des Malers Toni Stadler, 1899–1900 von Gabriel Seidl, eines der signifikantesten Künstlerhäuser Münchens, anspruchsvoll genau gegenüber der Mittelachse der Gemäldegalerie platziert. Die gesamte Bebauung gegenüber der Pinakothek wurde in der NS-Zeit abgebrochen zugunsten des geplanten, den „Führerbau" (s. Arcisstraße 12) ergänzenden Kanzleigebäudes (Modell 1938–39 von Leonhard Gall), das nicht über das Kellergeschoss hinauskam; über diesem entstanden 1965–72 drei pavillonartige Institutsbauten der Technischen Universität, die 2007 abgebrochen wurden. Hier erhält die Alte Pinakothek 2007–10 ein von den drei Straßen stark zurückgesetztes Pendant in Form des Neubaus für die Hochschule für Fernsehen und Film sowie das Staatliche Museum für Ägyptische Kunst (Entwurf Peter Böhm, Köln).

Gabelsbergerstraße 31–37, links ehem. Villa Toni Stadler; Aufn. um 1935

Gabelsbergerstraße 6. *Evang.-Luth. Markuskirche.* Zu München zweiter evangelischer Kirche (nach St. Matthäus) wurde der Grundstein am 10. November 1873 gelegt; die Weihe fand am 28. Oktober 1877 statt. Selbständige Pfarrei ist St. Markus (wie St. Lukas) seit 1900. Nach den fortschrittlichen Intentionen des planenden und zunächst auch ausführenden Architekten Rudolf Wilhelm Gottgetreu – 1852–88 Professor an der Münchner Polytechnischen (Hoch-)Schule – sollten sich die von ihm bevorzugten neugotischen Gestaltungselemente (vgl. Hotel Vier Jahreszeiten) mit der Verwendung des Gusseisens im Innenausbau (Stützen, Emporen) verbinden – ein im zeitgenössischen Sakralbau nicht unübliches Verfahren (vgl. St. Augustin in Paris, 1860–68; Innenausbau der Hauptsynagoge in Fürth, 1864/65; weitaus häufiger im Profanbereich). Doch kam nach seinem Rücktritt von der Bauleitung 1876 unter seinem beauftragten Nachfolger Prof. Eberlein eine konventionelle Lösung mit Natursteinpfeilern zustande.

Der freistehend in die Zeilenbebauung eingeschobene Baukörper kommt heute wegen der gesteigerten Höhe der Nachbarhäuser noch weniger zur Geltung als früher; die Fernwirkung geht fast allein von dem vor die Fassade gestellten Turm aus (der wohl eher zufällig für den Blick vom Friedensengel den Point de vue hinter dem Prinz-Carl-Palais bildet). Nördlich schließen sich die Emporenhalle des Langhauses und – zwischen den beiden nördlichen Empo-

Gabelsbergerstraße 6, Evang.-Luth. Markuskirche (rechts); Aufriss 1876 (links)

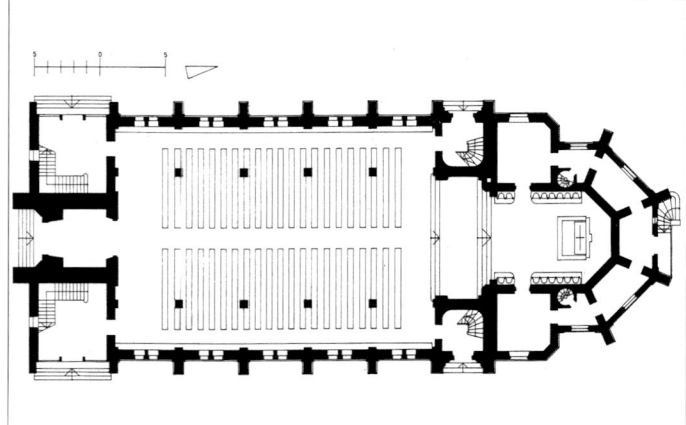

Evang.-Luth. Markuskirche; Grundriss (Zustand 1984)

Gabelsbergerstraße; Flurkarte, M. 1:5000

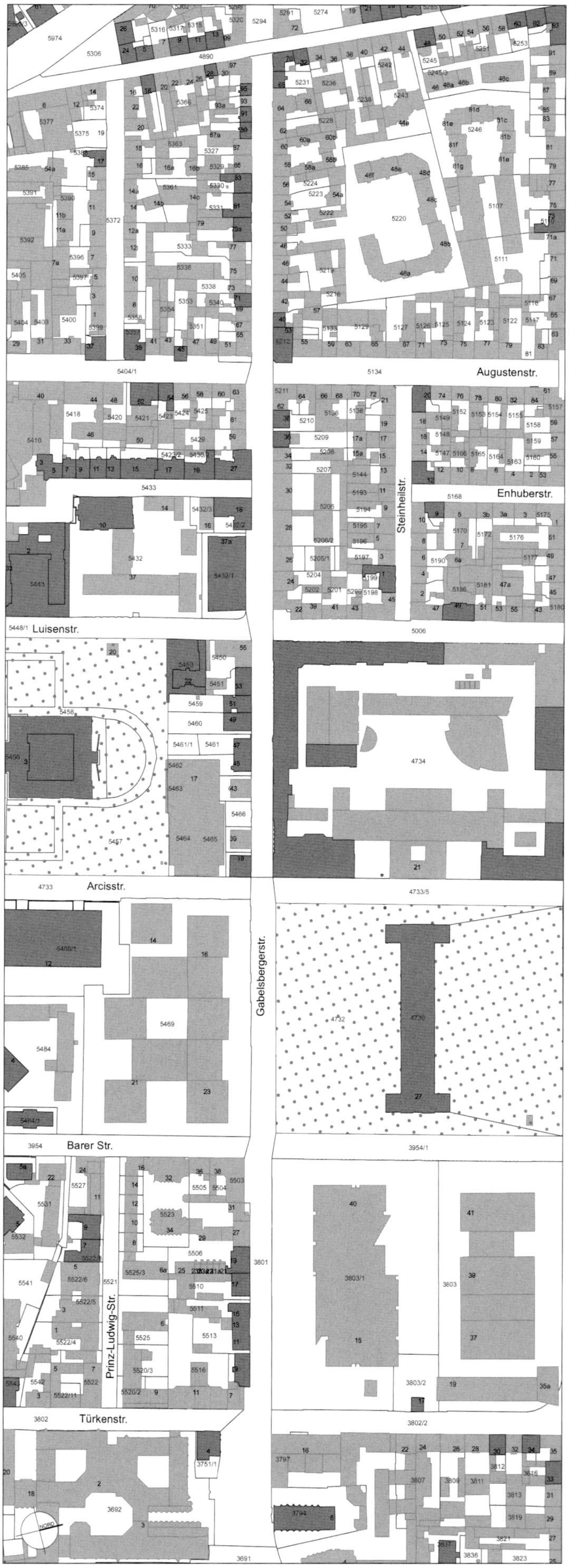

renaufgängen – ein leicht eingezogenes Vorjoch als Überleitung zum mit fünf Achteckseiten geschlossenen, von Sakristeiräumen flankierten und umgebenen Altarraum an. Die steinernen Langhauspfeiler sind an den Ecken mit Runddiensten besetzt, in der Laibung mit (vereinfachten) Kapitellen unter den die Emporen tragenden stichbogigen Arkaden. Das äußere Erscheinungsbild war früher vom roten Backstein in Verbindung mit Sandsteindetails wie der Portalrahmung mit fialenflankiertem Wimperg geprägt; die Verbindung von (hier freigestelltem) Turm und abgetreppt schließenden, mit Fialen besetzten Seitenschiffsfronten stand sichtlich in der Nachfolge der Mariahilfkirche und der Haidhauser Johanniskirche.

Ein erstes Mal wurde die neugotische Gestaltung 1936 anläßlich der Renovierung durch German Bestelmeyer reduziert – u. a. Entfernung des ursprünglichen Altars; neue (noch erhaltene) Glasgemälde von Hermann Caspar im Altarraum.

Nach schweren Luftkriegsschäden 1944, u. a. Einsturz der Gewölbe im Schiff, erfolgte 1946–48 ein verändernder Wiederaufbau durch Max Unglehrt, mit Holzbalkendecken, segmentförmigem Schluss des Chorbogens, neuer Steinkanzel und Beseitigung des neugotischen Dekors an Emporenkapitellen und Brüstungen.

Bei einer radikalen äußeren wie inneren Umgestaltung 1955–57 durch Gustav Gsaenger wurde die Kirche dem herrschenden Zeitgeschmack und mit diesem verbundenen Funktionsvorstellungen angepasst, mit einem zwitterhaften Gebilde als Ergebnis. Das Äußere wurde in einen Struktur- und (z. T. farbig differenzierten) Putzbau verwandelt, der Turm zwischen – die früheren Emporenaufgänge in den Turmwinkeln ersetzende – Erweiterungen eingebunden und unter Verzicht auf den Spitzhelm stark erhöht. An die Stelle der Nachkriegs-Flachdecken im Inneren traten segmentbogige mit Stuckornamenten.

Die Innenrenovierung 1978/79 unter Leitung von Theo Steinhauser gab dem Raum eine farbige Fassung durch Walter Senf, der auch die ornamentale Verglasung der Schiffsfenster entwarf.

Von der originalen Kanzel von 1877 ist ein Holzrelief – die Halbfigur eines Evangelisten (Lukas?) – erhalten geblieben.

Gabelsbergerstraße 9. Das Mietshaus entstand auf zuvor unbebautem Grund. Es schloss westlich an den vormaligen Lodererbräu an, eine Gastwirtschaft an der Ecke Türkenstraße. Das in Folge des Zweiten Weltkriegs einzig in der Dachzone, und auch

Gabelsbergerstraße 9

Gabelsbergerstraße 11/13/15 (von links)

hier nur gering belastete Gebäude (das Dachgesims 1946 glättend entfernt) wurde 1891 von Johann Widmann für den „Restaurateur" Otto Niedermayer – mit Gastwirtschaft im Erdgeschoss – erbaut. Der mittige Hauszugang führt in das rückwärtige Treppenhaus, dessen doppelläufige Podesttreppe gemäß Eingabeplan zwei Wohnungen je Etage erschließt. Das äußerlich prächtig erhaltene Gebäude erfuhr im Innern Veränderungen, insbesondere die fortgesetzten Auswechslungen im Ladengeschoss haben die ursprüngliche Struktur weitgehend aufgehoben. Doch ist die Fassade als höchst bemerkenswerte Vertreterin der Dekorationsauffassung in klassischen Neurenaissanceformen weitgehend original überkommen. Das vollwertige 1. Obergeschoss wird in der Fassadengliederung entsprechend dem Erdgeschoss rustiziert und damit wie ein Mezzanin behandelt. Akanthusfries und Gurtgesims trennen Erdgeschoss und 1. Obergeschoss voneinander; 2. und 3. Obergeschoss sind als Hauptgeschosse durchformuliert. Im Sinne der klassischen Neurenaissance sind jeweils die beiden äußeren Fensterachsen eng gesetzt, gemeinsam verdacht und besitzen eine gemeinsame Brüstungszone. Symmetrisch in die Fassade gesetzt, übergreifen zwei Flacherker die Hauptgeschosse und bedienen mit ihrem oberen Abschluss das 4. Obergeschoss als Balkone. Die Brüstungsgitter der Balkone sind bauzeitlich erhalten geblieben. Der Dachgeschossausbau zur heutigen Gestalt erfolgte 1990, die Fenster wurden 1991 erneuert.

Gabelsbergerstraße 11/13/15. Die im Westen und Osten abgewalmte Mietshausgruppe aus drei ursprünglich freistehenden Häusern wurde 1853–55 von Max Kuppelmayr auf eigens eingemessenen Parzellen errichtet. Das Haus Nr. 11 wurde für den Stuckator Leo Böck erbaut, Nr. 13 entstand für den Lackierermeister Josef Holzinger, Nr. 15 für den Stallmeister Tümmler. Ursprünglich standen die Häuser frei, doch wurde 1866 für den Registrator Schiedermaier das mittlere Haus nach beiden Seiten hin um eine Fensterachse erweitert und an die äußeren angeschlossen. Jedes der drei Anwesen wird vom Hof her erschlossen, die Treppenhäuser bei Nr. 11 und Nr. 13 bleiben eingezogen, das Treppenhaus bei Nr. 15 wurde als eigener Anbau an die rückwärtige Hoffassade gesetzt. Die ursprüngliche Hofdurchfahrt in der östlichen Achse des mittleren Anwesens (Nr. 13) wurde als Laden adaptiert. Das Haus Nr. 11 gelangte 1871 in den Besitz das Huf- und Wagenschmiedmeisters Georg Nagelsperger und ist in den 1880er Jahren bereits in der heutigen schlichten Form belegt, mit Ausnahme der beiden Gurtgesimse, die an den Nachbarhäusern noch erhalten sind, sowie des Konsolfrieses, der ebenfalls bei Nr. 13 und Nr. 15 erhalten ist. Die heutige Struktur des Erdgeschosses rührt von Ladenumbauten 1884 durch Baumeister M. Satz her.

Gabelsbergerstraße 17

Gabelsbergerstraße 19

Gabelsbergerstraße 17. Das für den Schreinermeister Philipp Ekstein anstelle eines niedrigen Handwerkerhauses 1860 von M. Deiglmayr errichtete Mietshaus besaß ursprünglich im Erdgeschoss eine Rustizierung und Rundbogenfenster sowie abschließende Zahnfriese zwischen den Lisenen. Der Zugang zum modern adaptierten Treppenhaus erfolgt wie bei den benachbarten Anwesen Gabelsberger Straße 11, 13 und 15 vom Hof her. Die heute weitgehend geglättete Fassade mit Lisenen und Stichbogenfenstern war neuklassizistisch dekoriert. Das verwirklichte Haus stellt die Hälfte einer ursprünglichen Doppelmietshausplanung dar, zu der es nicht kam. Dies ist an den rechten beiden Fensterachsen erkennbar, die klar auf eine Mitte hin konzipiert und gegliedert worden sind. Auch wurde das Dach nach dem Zweiten Weltkrieg mit flacherer Neigung, als es seiner Vorkriegsgestalt entspricht, erneuert.

Gabelsbergerstraße 19. Das heutige Mietshaus stellt die 1896 durch Baumeister Franz Xaver Ilg für sich selbst erfolgte Zusammenlegung zweier eigenständiger, bereits vor 1865 nachweisbarer Mietshäuser dar, die schließlich 1894 zur Fünfgeschossigkeit aufgestockt wurden, gegliedert in je paarweise eng gesetzte sechs Fensterachsen. Dabei wurden die Treppenhäuser aufgehoben und zentral rückwärtig vereinigt (heute modern adaptiert) und die frei werdenden Flächen Schlafzimmern und Küchen zugeschlagen. Die reich gegliederte und stuckierte Fassade hat ihren prächtigen spätklassizistischen Dekor bewahrt. Zur Akzentuierung der beiden Hauptgeschosse wurde das 1. Obergeschoss wie ein Mezzanin behandelt und mitrustiziert. Alle Fenster erhielten eine gerade Verdachung, mittig sind den Verdachungen der Fenster der Hauptgeschosse Akroterien aufgesetzt. Den Rhythmus der Fassade bestimmen die beiden doppelachsigen

Flacherker, die drei Geschosse übergreifend oberhalb des Erdgeschosses ansetzen und bis zum Kranzgesims über dem 3. Obergeschoss reichen, hier von einem niedrigen Dreiecksgiebel abgeschlossen.

Gabelsbergerstraße 36. Auf einer Parzelle, unmittelbar westlich neben der ehem. „Hofwagenfabrik", entstand anstelle einer 1865 nachweisbaren Vorgängerbebauung 1896–97 das viergeschossige Mietshaus für Frau A. Stephan, ausführender Architekt war Eugen Behles. Die repräsentativ gestaltete Hofdurchfahrt in der östlichen Achse führt über einen vestibülartigen Vorraum in das Treppenhaus im Hofwinkel; dieses erschließt über eine dreiarmige Podesttreppe gemäß Eingabeplan eine Wohnung in jeder Etage. Die Grundlinien beschreiben ein Querrechteck mit kurzem Rückflügel, in dem Bedientenkammern und Küche untergebracht waren. Ursprünglich bekrönte eine kupferne Spitzhaube den Dacherker, der als Verlängerung des Flacherkers in der Fassadenmitte aufzufassen ist. Doch ist darüber hinaus die Fassade in den Formen der deutschen Renaissance (in Backstein mit Hausteingliederung) weitgehend original erhalten; auch der Rhythmus der Konsolen im Traufgesims sowie der kleineren in der Frieszone der Verdachungen entspricht dem Eingabeplan von 1896. Nach einem Fliegerschaden wurde im April 1945 ein Notdachstuhl aufgerichtet, in den späten 1970er Jahren erfolgten die Sanierung und der Dachgeschossausbau des Gebäudes.

Gabelsbergerstraße 38. Baumeister Roth, der Geschäftsführer des Unternehmens der Witwe Deiglmayr, errichtete 1860 als Erstbebauung das bescheidene vorstädtische Anwesen mit östlich abgewalmtem Dach für den Zimmermeister Joseph Schelle. Zwei Wohnungen sind, gemäß Eingabeplan, in jeder Etage un-

◁ Gabelsbergerstraße 36

◁◁ Gabelsbergerstraße 38

◁◁◁ Gabelsbergerstraße 40

tergebracht. Der Eingang in das rückwärtig eingezogene Treppenhaus befindet sich hofseits. Die Dachwohnung mit der bestehenden Folge von Gauben entstammt der Ersterbauung. Eine Ladenauswechselung von 1890 ergab die heutige Struktur des Erdgeschosses. Die Fassade des Mietshauses in schlichten klassizistischen Formen wird durch Lisenen und Stichbogenfenster gegliedert. (Ein 2003 in Erwägung gezogener Abbruch des grundrisslich und konstruktiv weitgehend intakt überlieferten Gebäudes, das auch im Inneren einen überdurchschnittlich hohen Grad an wandfester Ausstattung aus der Erbauungszeit aufweist, kam bisher nicht zur Ausführung; Status: 2007.)

Gabelsbergerstraße 40. Das wohl als Erstbebauung für den Bäckermeister Michael Wurm vor 1850 errichtete Mietshaus stellte ein gängiges Beispiel für eine nur zweigeschossige einfache Vorstadtbebauung dar. 1877 ließ derselbe Bauherr durch Ludwig Bayer zwei (!) Stockwerke aufsetzen. Die Hofdurchfahrt in der westlichen Achse führt zum östlich nebenliegenden Treppenhaus, das über eine gewendelte Podesttreppe gemäß Eingabeplan in jeder Etage eine Wohnung mit quer gelagertem Flur erschließt. Das Haus Nr. 40 hat die in vergleichbaren Fällen meist verlorene Rustizierung des Ladengeschosses bewahrt. Die bestehende Schlichtheit der Fassade mit geohrten profilierten Fensterrahmungen entspricht dem Zustand um ca. 1880, auch ein Dachgeschossausbau erfolgte noch nicht (Status: 2007).

Gabelsbergerstraße 45/47. Die westliche Hälfte des 1861 für den Glasermeister Anton Ferst durch Johann Babenstuber erbauten Doppelwohnhauses (Erstbebauung der Parzellen) gelangte schon 1863 in den Besitz des Glasmalers Burkhardt, der sich 1864 von Mathias Leithe an der rückwärtigen Grundstücksgrenze ein zweigeschossiges Atelier aufführen ließ, das später den Neubauten der Technischen Universität weichen musste. 1896

Gabelsbergerstraße 45/47

sind beide Halbhäuser des Anwesens als Eigentum der Brüder Christian und Heinrich Burkhardt belegt. Die Hauszugänge (bei Nr. 45 mit bemerkenswerter Portaleinfassung) wurden in die je seitliche Fassade gesteckt, sie erschließen gemäß Eingabeplan je eine Wohnung in jeder Etage. Die freigestellte Hofzufahrt bei Nr. 47 wird durch einen korbbogenförmigen Torbogen mit Ziegelverdachung und dekorativem Eisengitter akzentuiert.

Gabelsbergerstraße 47, Gittertor; Aufn. 1995

Gabelsbergerstraße 49   Gabelsbergerstraße 51

Die spätklassizistischen Formen des Gebäudeblocks aus zwei formal entsprechenden Häusern haben sich weitgehend erhalten. Schlicht ist die Fassade zur Straße gegliedert: ein Gurtgesims setzt die Hauptgeschosse vom Erdgeschoss ab. Profilierte Kastenrahmen umgeben die Fenster des 1. und 2. Obergeschosses einheitlich. Zusätzlich weisen die Fenster des 1. Obergeschosses breite Sturzfelder und gerade Verdachungen auf. Die Abfolge der Gauben entspricht dem Zustand des 19. Jh. Das seit 1970 leer stehende Gebäude wurde 1998–2000 unter teilweiser Beibehaltung der originalen Ausstattung wie Treppenhaus, Haus- und Wohnungstüren sowie der Decken- und Wandverkleidungen wieder instand gesetzt. Der Anbau von wintergartenähnlichen Austritten vor die Rückfront aller Wohneinheiten setzt sich klar vom historischen Bestand in Gestalt und Bauart ab.

Gabelsbergerstraße 49/51. Als Doppelwohnhaus mit formidentischer Fassadengliederung und spiegelsymmetrischer Wohnungseinteilung wurden die beiden Halbhäuser für E. Gampert 1872 durch den Baumeister (Mathias?) Berger errichtet. Ein mächtiger, breit gelagerter Querriegel steht entlang der Straße, seine Rückflügel umschließen einen Binnenhof. Die Hauszugänge erfolgen spiegelsymmetrisch, bei Nr. 49 über die Hofzufahrt in der westlichen Achse, bei Nr. 51 über die Hofzufahrt in der östlichen Achse. Breite Zwischentreppen führen in die nebenliegenden Treppenhäuser mit großzügigen Podesttreppen (bei Nr. 51 2006 Einbau eines Lifts in das Treppenhaus-Auge). Ursprünglich wurde jede Etage von einer großzügigen Wohnung eingenommen; die ersten Wohnungsteilungen bei Nr. 49 sind 1932 im 2. und 3. Obergeschoss belegt. Die ehedem reiche Deckenstuckierung hat sich in einigen Räumen des Obergeschosses erhalten. Die verfälschende Aufstockung bei Nr. 51 wurde nach dem Zweiten Weltkrieg vorgenommen, sie verändert den Eindruck der weitgehend bauzeitlich erhaltenen Neurenaissancefassade. Diese wird von seichten Risaliten zu je drei Fensterachsen rhythmisiert, die an den von der Straße abgewandten Schmalseiten des Doppelwohnhauses mittig und in der Straßenfassade je außen gesetzt sind. Die in ihrer Mitte betonten, von der Straße abgewandten Fassaden hatten in den heute vermauerten, nackten Mauerflächen des 1. Obergeschosses ursprünglich Okuli. Die Fensterrahmungen des 1. Obergeschosses sind durch geohrte Faschen hervorgehoben. Segmentbogengiebel verdachen im 2. Obergeschoss die je mittleren Fenster der Risalite sowie die der Straßenfassade. Der gleichsam applizierte eingeschossige Erker im 1. Obergeschoss bei Nr. 49 entstand nach Plan von Josef Singer 1895 für den kgl. Hauptmann Frhr. von Schilling-Cannstatt. (Der Dachgeschossausbau bei Haus Nr. 51 zur heutigen Struktur erfolgte nach 1983; 1998 ff. vollzog man räumliche Anpassungen zugunsten einer Büronutzung.)

Gabelsbergerstraße 53

Gabelsbergerstraße 53. Für den Lackierermeister Josef Mader wurde das stattliche Anwesen 1865 von Georg Bleibinhaus und J. Seybold als Erstbebauung errichtet. Zwei Wohnungen nahmen gemäß Eingabeplan jede Etage ein, erschlossen durch das heute modern adaptierte Treppenhaus, das rückwärtig westlich neben der mittigen Hofeinfahrt liegt. Die spätklassizistische Fassade ist weitgehend original erhalten, einschließlich des Konsolgesimses der Traufe. Vertikale Putzlisenen gliedern die Fassade in je seitliche Gruppen zu vier Fensterachsen und einer weiters nicht betonten, freigesetzten mittleren über dem Eingang. Zwei Gurtgesimse formen die Brüstungszone unter den Fenstern des 1. Obergeschosses. Einheitlich sind die Fenster der beiden Hauptgeschosse mit geraden Verdachungen versehen. Kleine Konsolen befinden sich unter den Fensterbänken im Erd- und 3. Obergeschoss. (Der Dachgeschossausbau erfolgte 1984, eine umfassende Sanierung des Gebäudes dann 1986–87.)

Gabelsbergerstraße 57 (vormals). Ehem. *Institut für Technische Physik der Technischen Universität*, später *Institut für Mechanik, Thermodynamik und Konstruktion im Maschinenbau*, s. Luisenstraße 37a.

Gabelsbergerstraße 68. Als dreigeschossiges Vorstadtmiets-haus (Erstbebauung der Parzelle) mit zwei verschieden großen Kleinwohnungen je Etage wurde das Anwesen 1843 von Maurerpolier Friedl für sich selbst erbaut. Ein rückwärtiges, eigens ausgebautes Treppenhaus, westlich an der mittigen Hofdurchfahrt gelegen, erschließt gemäß Eingabeplan zwei Wohnungen je Etage. 1863 erfolgten durch Hönig & Anton Wenig die Aufstockung um ein Geschoss und der Einbau einer Dachwohnung mit der heutigen Gaubenfolge für den Bauherrn Josef Schmid. In ihren schlichten Formen der Biedermeierzeit vermittelt die Fassade einen treffenden Eindruck der Erstbebauung entlang der Gabelsberger-/ehedem Kasernstraße. Die ganze Fassade ist von kräftigen Lisenen eingefasst, die die äußere wie die Begrenzung zur Traufe hin gewährleisten. Die heutigen, gemalten Fensterrahmungen und Ornamente können als historisierende Wiederholung eines verlorenen Vorzustandes nicht belegt werden.

Gabelsbergerstraße 70. Die Gabelsbergerstraße schneidet die Schleißheimer Straße an der östlichen Linie in einem leicht stumpfen Winkel. An dieser bis dato unbebauten Ecke ließ sich

Gabelsbergerstraße 70

Gabelsbergerstraße 68

Gabelsbergerstraße 71

der Privatier Hr. Schroedl 1861–63 von Heuberger das bestehende Wohn- und Geschäftshaus als biedermeierlichen Eckbau errichten. Das im Hofwinkel über der Grundlinie liegende Treppenhaus, zugänglich über den mittig in die Fassade an der Gabelsbergerstraße gesetzten Hauseingang, erschließt drei Etagen je Wohnung, dies gemäß Eingabeplan. (Eine durchgreifende Überformung in der Auffassung des frühen Jugendstils 1897–98 kam nicht zustande, es erfolgte im gleichen Jahr ein Besitzerwechsel.) Die heutige Erscheinungsweise des Anwesens ist das Ergebnis einer umfassenden Generalsanierung 2003–05, in deren Zuge das Dachtragwerk aus der Erbauungszeit vollständig weichen musste.

Gabelsbergerstraße 71. Das für Franz Numberger anstelle einer bereits 1850 nachweisbaren Vorbebauung 1889–90 von Honigferd errichtete Haus mit westlichem Rückflügel ist hinsichtlich seiner inneren Struktur und Ausstattungsdetails weitgehend original erhalten. Die Hofdurchfahrt (Flügeltor sowie der hölzerne Bohlenboden bauzeitlich) in der östlichen Achse führt zum Treppenhaus im Hofwinkel, das über eine doppelläufige Podesttreppe gemäß Eingabeplan eine Wohnung in jeder Etage erschließt. Die Fassade in Neurenaissanceformen jedoch zeugt im Zusammenspiel von tatsächlich gebauten und erhaltenen sowie von gemalten Dekorelementen von einer ehedem geschlossenen Überformung. So sind die seitlichen Abschlusslisenen in gesamter Fassadenhöhe, die Verdachungen und Baluster der Brüstungszone der Fenster im 2. Obergeschoss sowie das Gurtgesims über letzterem nur aufgemalt. Dagegen ist das Gurtgesims mit Zahnfries über dem Erdgeschoss original erhalten geblieben. Die auch das 1. Obergeschoss übergreifende Rustizierung wurde vereinfacht wiederhergestellt.

Gabelsbergerstraße 79a. Auf bis dahin unbebauter Parzelle ließ sich der Holzhändler Georg Mathais 1861 von Reinhold Hirschberg ein dreigeschossiges Doppelmietshaus (heute Nr. 79a und Nr. 81) erbauen, das östlich und westlich freigestellt war. 1898 schließlich wurde das Haus nach Plänen von Alois Bischoff nach Osten um eine Achse über der ehemaligen Hofzufahrt verbreitert und um zwei weitere Obergeschosse erhöht. Durch die Umbaumaßnahme kam es von der freigestellten Doppelhausbebauung zur geschlossenen Zeile in diesem Straßenabschnitt. Der Rhythmus der z. T. vereinfachten, spätklassizistischen Fassadenabwicklung, der 1898 entstanden war, erreicht seine Ausgewogenheit unter Einbeziehung der Fassade des westlichen Nachbargebäudes. Erhebliche Schlichtungen, die gerade im Nebeneinander der beiden Fassaden augenfällig werden, haben bei Haus Nr. 79a zu einer Aufhebung von Stilhinweisen geführt. Die innere Struktur des hofseitig zugänglichen Hauses wird geprägt von einer 1985–86 erfolgten erheblichen Erhöhung der Anzahl an Wohneinheiten. (Der Dachgeschossausbau zur bestehenden Gestalt geschah gleichzeitig. Die zweite östliche Achse nahm das Tiefgaragenportal auf.)

Gabelsbergerstraße 79a   Gabelsbergerstraße 81   Gabelsbergerstraße 83

Gabelsbergerstraße 81. In Entsprechung der baulichen Entwicklung des östlichen Nachbargebäudes (vgl. Nr. 79a) kam es 1899 zur Verlängerung des bereits bestehenden Mietshauses um eine Achse nach Westen hin sowie zur Aufstockung um zwei weitere Geschosse (Verbau der ursprünglich freigestellten Hofzufahrt zu einer Hofdurchfahrt; die heutige Ausmittigkeit des Zugangs rührt von dieser westlichen Verbreiterung unter Beibehaltung der Struktur des Ursprungsbaus her). Durch die Umbaumaßnahme kam es von der freigestellten Doppelhausbebauung zur geschlossenen Zeile in diesem Straßenabschnitt.

Der so entstandene breite Gebäudeblock mit östlichem Rückflügel wurde von Georg Mayr für sich selbst hergestellt. Das rückwärtige Treppenhaus im Hofwinkel erschließt über eine halbgewendelte Podesttreppe gemäß Eingabeplan zwei vergleichsweise konservativ zugeschnittene Wohnungen (Grundrisse mit Dunkelzonen infolge der bestehenden Gebäudetiefe) mit quer gelagertem Korridor in jeder Etage. Zwei viergeschossige flache Bodenerker reichen bis an das Gurtgesims unter den Fenstern des 4. Obergeschosses heran und spannen als vertikale Gliederungselemente die vier Fensterachsen der Hauptgeschosse ein. Die Obergeschosse der beiden Bodenerker machen dreigeteilte Kreuzstockfenster aus, wobei die des 1. und 2. Obergeschosses eine Verklammerung von Sturzfeld und Brüstungszone erfuhren. Die Fenster des 4. Obergeschosses sind allesamt rundbogig geschlossen (bei einem Wechsel von dreiteiligen Kreuzstock- und zweiteiligen Querstockfenstern), ihre Scheitel zieren Löwenfratzen und Masquerons. Kordongesims zwischen dem 3. und 4. Obergeschoss und Fensterbankgesims des 4. Obergeschosses fielen in eins, die Sohlbankabschnitte der drei Fenster im Mittelzug der Fassade finden sich jedoch verkröpft hervorgehoben. Die Konsolen des Kranzgesimses wurden rhythmisiert eingestellt, sie sind nicht mehr Verkleidung realer Architektur, sondern modelliertes Bild von Architektur. Im Mittelfeld der Fassade tragen die Fenster in jedem Geschoss andere Segmentbogen- bzw. Wellengiebelverdachungen, die in ihrer Durchformung die spezifisch neubarocke Erscheinungsweise der Fassade bestimmen. Entsprechend waren die Gauben, in ihrer Reihung heute noch wie ursprünglich platziert, mit lyraförmigen Wangen ausgebildet. Die Fassade kann als eines der wenigen Beispiele für die Durchbildung einer Münchner Fassade in der Stilart des Neubarock im Unterschied zur rein applikativen Anverwandlung einer Straßenfront gelten.

Gabelsbergerstraße 83. Das heutige Gebäude entstand anstelle eines in den sechziger Jahren des 19. Jh. von Maurermeister Josef Lutz für sich selbst errichteten Hauses. Karl Leykum, der Inhaber der später im Erdgeschoss des Hauptgebäudes sowie im Rückgebäude ansässigen lithographischen Kunstanstalt, ließ es 1903–05 von Architekt Alois Prestele errichten. Dem Gebäudeblock ist westlich ein Rückflügel angesetzt, das neben der mittigen, in floralem Jugendstil ornamentierten Hofdurchfahrt gelegene Treppenhaus befindet sich im Hofwinkel. Jedes Geschoss nimmt gemäß Eingabeplan zwei Wohnungen auf. Die reich dekorierte Doppelerkerfassade des fünfgeschossigen Mietshauses zu vier Fensterachsen wird von Jugendstilformen beherrscht. Das 1. Obergeschoss ist mit einer in Putzfelder uminterpretierten Rustika verkleidet und damit den Sockelgeschossen mezzaninverwandt zugeschlagen. Die beiden Hauptgeschosse werden von den beiden, in den äußeren Achsen sitzenden Erkern rhythmisiert. Die Erker bedienen das 4. Obergeschoss mit Balkonen. Den Fassadenrhythmus von außen nach innen umleitend setzt am Kranzgesims über dem 3. Obergeschoss ein zweiachsiger Flacherker an, der über der Traufe von einem doppelt geschweiften Giebel überhöht ist, dem in Traufhöhe um 1900 hochmodische, eckige Voluten aufsitzen. Zum Erkerfuß vermittelt ein hohlkehlenartiger Fries, der figural-vegetabil stuckiert ist. (Die Erneuerung der Schaufenster zur heutigen Gestalt rührt von 1989 her.)

Gabelsbergerstraße 83, Fries am Erkerfuß

Gabelsbergerstraße 89/91

Gabelsbergerstraße 89/91. Bereits auf der Wenngschen Einmessung von 1851 sind die beiden Häuser zu finden (als Haus Nr. 9d und 9e an der Kasernstraße). Das östliche Haus Nr. 89 (bei Wenng 9e) war wohl als zweigeschossiges Vorstadthaus zu vier Fensterachsen mit westlich freigestellter Hofdurchfahrt für den Steinmetz Kaspar Munz erbaut worden. Das westliche Haus Nr. 91 (bei Wenng 9d) war 1849 als östlicher Ergänzungsbau an eine Folge dreier gleicher Wohnhäuser angesetzt worden, die zwei Jahre vorher entstanden waren (heute Nrn. 93, 95, 97); hier sind als Baumeister Josef Singer und als Bauwerber der Veterinärarzt J. Krimm belegt. Schon ein Jahr nach dessen Fertigstellung erhöhte man Haus Nr. 91 1850 nach den Plänen Baumeister Friedrich Schöpkes zur Viergeschossigkeit.

Nach den Plänen von Bauzeichner Luidl wurden 1878–80 durch den Bauunternehmer Josef Singer die beiden Ursprungsbauten aneinander gerückt, indem die Hofzufahrten als Hofdurchfahrten überbaut wurden. Straßenseitig wurden die neu entstandenen Achsen als zweiachsiger Risalit behandelt. So liegt bei Nr. 89 die Hofdurchfahrt an der westlichen Grundstücksgrenze, bei Nr. 91 an der östlichen. Bauherr Metzgermeister Josef Engelhart ließ von Luidl auch Haus Nr. 89 erhöhen und so ein geschlossenes Doppelmietshaus umsetzen. (Die gemäß ihrer Entstehung in offener Bauweise erstellten Baukörper waren spätklassizistisch geprägt, wurden dreißig Jahre nach ihrer Erbauung in ein geschlossenes Bausystem integriert, eine Entwicklung, die charakteristisch für die Maxvorstadt ist.) Während bei Nr. 89 die Fassadendekoration weitgehend original überkommen ist, wurde sie bei Nr. 91 nach dem Zweiten Weltkrieg vereinfacht. Doch ist die ursprüngliche Rustika des Erdgeschoss bei beiden Anwesen verschwunden, die des 1. Obergeschosses hat sich bei Nr. 89 erhalten. Der Dachausbau bei Nr. 89 entspricht in der Abfolge der Gauben der in der Erstausführung projektierten Dachwohnung, 1995 instand gesetzt.

Gabelsbergerstraße 95

Gabelsbergerstraße 95. Max Brunner ließ sich durch Mathias Leithe ab 1847 ein schlichtes Dreifachwohnhaus zu drei Geschossen an der Gabelsbergerstraße errichten, an welches 1849 durch Josef Singer ein viertes, gleichartiges angebaut wurde (vgl. die Beschreibung unter Haus Nr. 91). Der bestehende Bau stellt das mittlere der drei Teilhäuser dar. Das Anwesen an der heutigen Gabelsbergerstraße 95 wurde schon zwei Jahre nach

seiner Fertigstellung durch Friedrich Schöpke zur Viergeschossigkeit aufgestockt. Der Umbauplan belegt, dass die Hofdurchfahrt in der östlichen Achse ursprünglich schmäler war und das Erdgeschoss drei Rundbogenfenster einnahmen. Die klassizistische Fassade hat ihre historische Schlichtheit bewahrt. Ein Dachgeschossausbau ist noch nicht erfolgt. (1984 modernisierte man die Fenster, formal an die bauzeitlich üblichen Formen angelehnt; im Jahr 2000 Instandsetzung des Treppenhauses.)

Gaiglstraße

Kurze Verbindung von der Südseite des Ferdinand-Miller-Platzes (s. dort; Vorplatz von St. Benno) westwärts zur Lothstraße, 1890 benannt nach Sebastian Gaigl († 1876), Wohltäter des Städt. Waisenhauses. Zur Stadtplanung vgl. Gaiglstraße 20. Meist Neubauten nach Luftkriegsschäden. (Siehe Flurkarte S. 485)

Gaiglstraße 20. Auf zuvor unbebauter Parzelle entstand 1914 für Georg Eder das Anwesen Nr. 20 an der südöstlichen Ecke, die der Straßenverlauf mit der Lothstraße bildet; Planfertiger war Architekt Max Rose. Das Eckhaus wurde in einem Zug mit Lothstraße 28, aber mit eigener Erschließung errichtet. Die nach 1895 trassierte Gaiglstraße ist der späteste der drei annähernd parallel von der Lothstraße im Westen nach Osten führenden Straßenzüge (die Kreittmayrstraße führt, 1891 genehmigt, auf das Chorhaupt der Bennokirche zu, weiter südlich verläuft die Gaiglstraße an der Eingangsseite des Kirchenbaus vorbei und wurde nicht – wie ursprünglich vorgesehen – gleich den anderen bis zur Erzgießereistraße durchgezogen; und schließlich noch weiter südlich projektierte man 1865 die Linprunstraße, 1875 so benannt, die sich auf Höhe der Südwestfassade der Bennokirche forumsartig aufweitet).

Der barockisierende Wohnkomplex Lothstraße 28/Gaiglstraße 20 gibt hinsichtlich seines Zuschnitts ein gut nachvollziehbar ge-

Gaiglstraße 20, Blick von der Lothstraße

bliebenes Zeugnis für die Bestrebungen ab, in vorstädtischer Umgebung Wohnraum für gehobene Ansprüche zu schaffen (Magdkammern und Bäder in jeder Wohneinheit). Das südliche der beiden Teilhäuser erhebt sich zweiflügelig über einem Winkel, dessen Spitze man durch Begradigung der Fassadenfläche an der Lothstraße ausglich. Die Bebauung der Parzelle geschah unter Beachtung einer fünf Meter tiefen Vorgartenlinie an der Lothstraße. Der Zugang von der Gaiglstraße her führt zum Treppenhaus im Hofwinkel, das nicht über die rückwärtige Grundlinie gelegt wurde. Gemäß Eingabeplan waren in jeder Etage zwei Wohnungen untergebracht. Das Kellergeschoss wurde als Souterrain ausgebildet, das Erdgeschoss als Hochparterre. Die beiden Hauptgeschosse werden von einem kräftigen Kordongesims oberhalb des Erdgeschosses und einem Gurtgesims oberhalb des 2. Obergeschosses zusammengefasst, letzteres wird von einem darunter verlaufenden Putzband begleitet. Die intrafenestrale Flächenbewältigung wurde mit schlicht eingetieften Feldern im Putz bewerkstelligt. Hervorgehoben finden sich die Portale: Kantig stilisiert, sachlich reduziert wandte man barocke Grundformen an, die Giebelfläche wurde nach unten eingebaucht, um das darüberliegende, auf barocke Bassgeigenfenster anspielende Treppenhausfenster zu vermitteln.

Jedem der beiden Teilhäuser setzte Max Rose in der Fassade an der Lothstraße einen polygonalen Bodenerker mit Seitendurchfensterungen vor, der bis zur Traufe reicht. Die entscheidende Redaktion der Fassade nach dem Zweiten Weltkrieg unternahm man 1986 hofseits, 1987 straßenseitig. 2002 erfolgten die Erneuerung des Dachstuhls – Neigung und also Erscheinungsbild der Zeit vor dem Zweiten Weltkrieg berücksichtigend –, der Ausbau des Dachgeschosses sowie der Anbau eines Aufzugs.

Galeriestraße

Verbindung zwischen Ludwigstraße im Westen und – heute verkürzt – dem jetzt unbebauten, begrünten Bereich am Beginn der Königinstraße und des Franz-Josef-Strauß-Rings im Osten, südlich begrenzt von der langen Rückseite der nördlichen Hofgartenarkaden bzw. der um 1780 über ihnen erbauten kurfürstlichen Gemäldegalerie (s. Nrn. 2–6a), nach der die Straße benannt ist, im Norden ehemals von der Innenseite der Wallbefestigung Maximilians I. von 1619 ff. mitsamt ihrer Bastion im (heute zum Prinz-Carl-Palais gehörigen) sog. Finanzgarten (s. Franz Josef Strauß-Ring 5), in dem sich noch Reste des Walls erheben. „Die Galeriestraße bildet den Beginn des 1790 innerhalb der Wälle rings um die Stadt als öffentliche Promenade angelegten Rampartsweges" (Rambaldi 1894). Der seit 1886 zu ihr gerechnete ehemalige Ostteil wurde 1970, nach Anlage des radikal trennenden Altstadtrings, in Unsöldstraße umbenannt (s. dort). Von 1890–1961 wurde die Galerie- samt Unsöldstraße von der das Lehel im Bogen erschließenden Straßenbahn zwischen Ludwigstraße und Maxmonument befahren. – Galeriestraße 2/2a/2b/4/4a/6/6a und 8/10 vgl. Ensemble Altstadt, Platzgruppe Residenz/Hofgarten/Max-Josephs-Platz/Odeonsplatz. (Siehe Flurkarte S. 320)

Galeriestraße (am östlichen Ende; vormals, heute Nähe Franz-Josef-Strauß-Ring). *Jünglingsfigur*, sog. *„Harmlos"*, 1803 von Franz Jakob Schwanthaler (Kopie, 1983); am einstigen Beginn der Königinstraße. Die Widmungsinschrift auf der leicht konvexen Vorderseite des Sockels aus Tegernseer Marmor nennt den Stifter – den Kultusminister Theodor Graf Topor Morawitzky –, den Bildhauer Franz Schwanthaler und das Datum 1803. Im Sommer dieses Jahres wurde die 1,72 m hohe Weißmarmorfigur vor dem nördlichen Hofgartentor am (damaligen) Beginn des Englischen Gartens aufgestellt, mit der auf die neu geschaffenen Anlagen bezogenen programmatischen Inschrift auf der Tafel, auf welche sich der Jüngling stützt (in Kapitalen): „Harmlos wandelt hier, dann kehret neu gestaerkt zu jeder Pflicht zurük (sic!)" Die im öffentlichen Freiraum aufgestellte gräzisierende Jünglingsfigur – freilich mit deren Nacktheit umkleidender Efeuranke – ist

Galeriestraße, Figur des sog. „Harmlos"

im lange retardierend-barock gestimmten München ein bemerkenswertes Zeugnis klassizistischer Antikenrezeption. Das vorbildhafte griechische Ideal wurde in die zeitgemäß weichere Empfindsamkeit umgesetzt, wie sie auch den Charakter der Parklandschaft kennzeichnet. Th. Dombart machte auf die mehrfache Bezeichnung der Figur als Antinous – der jugendliche Freund Kaiser Hadrians – in der 1. Hälfte des 19. Jh. aufmerksam. Der volkstümliche Name „Harmlos" nach dem Anfangswort der Inschrift ist seit 1832 nachweisbar.

Die seit jeher wiederholt durch Vandalismus beschädigte, wieder instand gesetzte Figur stürzte bei einem Luftangriff (1944/45) mit mehrfachen Bruchstellen vom Sockel und wurde nach ihrer Restaurierung durch Georg Röck 1954 wiederaufgestellt. Nach weiteren Beschädigungen, u. a. Abschlagen des Kopfes 1969, wurde das Original ins Residenzmuseum (Königsbau) gebracht und durch eine Kopie auf dem am Standort verbliebenen Sockel ersetzt.

Galeriestraße 2–6a, Hofgartenarkaden (Rückseite) von Westen

Galeriestraße 2–6a, Hofgartenarkaden, Osthälfte

Galeriestraße 2/2a/2b/4/4a/6/6a. *Hofgartenarkaden*, Nordtrakt (vgl. Hofgarten) nebst darüber gebautem, lang gestrecktem Gebäude (der ehem. Gemäldegalerie), 1779–83 von Karl Albert von Lespilliez. Nach dem Zweiten Weltkrieg Wiederaufbau 1952 nach Plänen von Josef Wiedemann (u. a. Kunstverein, Nr. 4, Deutsches Theatermuseum, Nr. 4a). Siehe im Einzelnen Hofgarten (Geschichte mit Umbauung; Hofgartenarkaden).

Galeriestraße 8/10 (vormals). Nördliche *Randbebauung des Unteren Hofgartens*. Zur Baugeschichte im Einzelnen (im Rahmen der Geschichte des Lust- und des Hofgartens) s. Hofgarten. Beim Bau der Bayerischen Staatskanzlei 1989–93 (Arch. Diethard Johannes Siegert; s. Franz-Josef-Strauß-Ring 1) wurde das Ostende der Hofgartenarkaden (zwei Joche) in den Nordrisalit ablesbar einbezogen, aus dessen hoher, portalartiger Nische die

Galeriestraße 8/10, Hofgartenarkaden von Norden (im Hintergrund Staatskanzlei); Aufn. 1995

Brunnhaus mit Turm u. Kunstverein nach Kriegszerstörung; Aufn. 1945

Galeriestraße 8/10, Arkaden am Unteren Hofgarten von Norden; Aufn. 1985

zeitig mit der berühmten Soleleitung von Reichenhall nach Traunstein konstruierte Pumpwerk zur Wasserversorgung von Hofgarten und Residenz wurde zu Beginn des 19. Jh. zum Teil erneuert, nach 1846 durch Leo von Klenze die gesamte Anlage umgebaut und umgerüstet. Erhalten sind zwei (erst 1967 stillgelegte) Turbinen von 1885 nach dem 1851 von Dominique Girard erfundenen System sowie die durch sie betriebenen Kolbenpumpen von 1846 (nach System des frühen 19. Jh.).

Die modern überdachte Folge von 13 Pfeilerarkaden im Obergeschoss, ursprünglich Vorderfront einer Aufstockung wohl des späten 16. Jh., wurde von Maximilian I. in die westlich anschließenden Hofgartenarkaden einbezogen, im 19. Jh. durch Klenze verändert und 1865–66 mit dem (1890 erweiterten) Neurenaissancebau des Kunstvereins von Eduard Riedel überbaut, dessen Ruine man um 1951–52 abtrug.

niedrigere Bogenfolge gleichsam herauswächst mitsamt der das obere Arkadengeschoss wieder zum begehbaren Gang ergänzenden bügelartigen Stahlkonstruktion und transparentem Dach.

Der im Ostteil zwölf kreuzgratgewölbte Joche umfassende Gang im Untergeschoss (1560 ff.), ein Überbleibsel des Lusthauses Herzog Albrechts V. mit Resten von Rollwerkmalerei, ist heute in vier durch Rundbogenöffnungen verbundene Räume unterteilt, die südseitigen Arkaden sind vermauert, in Pfeilernischen stellenweise noch (bzw. wieder) die originalen toskanischen Rotmarmorsäulen sichtbar. Rückseitig (im Norden) schließt sich eine Raumflucht mit Gewölbeanfängern und neuer Betondecke an (ehem. Keller des Kunstvereins). Die westliche Fortsetzung des Untergeschosses bildet das Brunnhaus Maximilians I. von 1613/14: östlich eine Brunnenkammer mit drei Kreuzgratgewölben (und zwei erhaltenen Pumpenanlagen), westlich anschließend ein weiterer Raum mit vier Kreuzgratgewölben, in dem ältere Fundamente der Zeit Albrechts V. ausgegraben wurden. An die östliche Brunnenkammer schließt sich nördlich der Turbinenraum mit Kreuzgrat- und Stichkappenwölbung an; den westlich benachbarten Raum teilt der Länge nach eine Zwischenwand.

Das 1613 ff. von Hans Reifenstuel aus Tegernsee, einem der begabtesten Techniker der Zeit, etwa gleich-

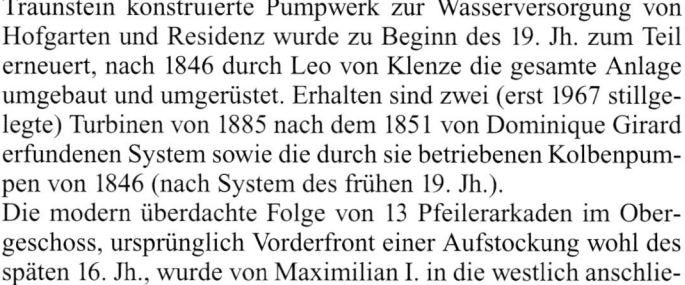

Ehem. Brunnhaus von Norden und nördliches Hofgartentor; Radierung, 1805; vorn links Figur des „Harmlos"

Freigelegte Hofgartenarkaden mit Nischenmalerei; Aufn. 1953

Galeriestraße 8/10, ehem. Brunnhaus, Turbinenraum; Aufn. 1985

Galeriestraße 8/10, ehem. Brunnhaus, Pumpraum; Aufn. 1985

Georgenstraße, östlicher Abschnitt zwischen Friedrich- und Leopoldstraße; Luftaufnahme nach 1905

Georgenstraße

Straße der nördlichen Maxvorstadt, die in mehrfach verschwenkendem Verlauf von der Leopoldstraße im Osten bis zur Lothstraße im Westen führt. Sie wird seit 1856 Georgenstraße genannt, nach der sog. Georgenschwaige, dem Versorgungsgut des Klosters Schäftlarn, das im heutigen Nordwest-Schwabing das Areal zwischen der Schleißheimer Straße im Westen, dem Petuel-Ring im Norden, der Belgradstraße im Osten und der Hohenzollernstraße im Süden ausmachte. Noch 1888 reichte der tatsächlich bebaute Abschnitt der Georgenstraße nur bis zur Kurfürstenstraße/ehemals Türkengraben (die bestehende Bebauung zwischen Nordend- und Kurfüstenstraße auch noch nicht durchbrochen), ihr heutiger westlicher Abschnitt bis zur Schleißheimer Straße und Lothstraße war in einer Geradlinigkeit projektiert, die schließlich nicht verwirklicht worden ist. Die beiderseitigen Grundstücke im östlichen Anfangsteil hatten den Vorzug, rückseitig an den Akademiepark (vgl. Akademiestraße 2) bzw. den weitläufigen Garten des Prinz-Leopold-Palais im Norden zu grenzen. 1888 waren an der südlichen Seite der Georgenstraße zwischen der Leopold- und heutigen Kurfürstenstraße nur acht Parzellen bebaut. Bis heute besteht in diesem Abschnitt die Bebauung in villenartigen ehem. Ein- und Mehrfamilienhäusern, die entsprechend der ökonomischen Bedarfsänderung Institute, Büros und Galerien aufgenommen haben. Ab der Nordend- bis zur Lothstraße im Westen besteht die Bebauung aus geschlossenen, meist fünfgeschossigen Blöcken.

In der Georgenstraße am Südrand Schwabings wohnten und wirkten zahlreiche Persönlichkeiten aus dem Kunst- und Geistesleben. Für München als Kunstzentrum von Bedeutung war die von 1891–1905 im (abgegangenen) Gartenhaus Nr. 16 (hinter Nr. 12/14, heute Neubau des Priesterseminars, am Südrand des Leopoldparks) mietweise untergebrachte Kunstschule des slowenischen Malers Anton Ažbe (1862–1905, Wohnung Georgenstraße 40), die überwiegend von Osteuropäern besucht wurde, u. a. von Wassilij Kandinsky (der um 1900 im Eckhaus Georgenstr. 35 wohnte). Westlich daneben ebenfalls im Rückbereich, ehem. Nr. 15a (später 18?), stand die eigene Villa des Architekten Friedrich Thiersch, ein malerischer Rohbackstein-Neurenaissancebau mit weitem Dachüberstand, erbaut 1889/90, im Luftkrieg zerstört. Im Haus Nr. 40 wirkte 1915–32 die Hans-Hofmann-Schule für Bildende Kunst. – Von den Nachkriegs-Neubauten wird die Mietshausgruppe Nr. 23–25 (1979 ff. von Peter Petzold) in der Fachliteratur erwähnt.

Ehem. Villa von Friedrich Thiersch; Aufn. um 1900

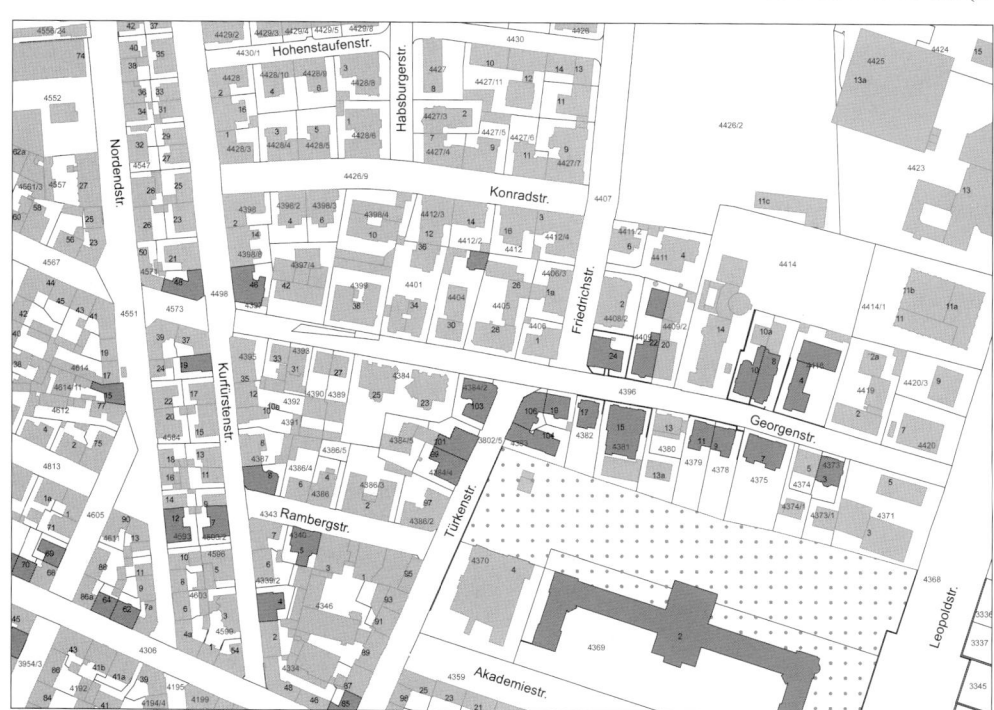

Georgenstraße 3–48; Flurkarte, M. 1:5000

Georgenstraße 3

Georgenstraße 4

Georgenstraße 3. Der Tonkünstler Felix von Rath ließ sich 1885–86 durch Liebergesell & Lehmann eine repräsentative Villa an der Georgenstraße errichten, die schließlich 1905, zwanzig Jahre später, ganz nach den stilistisch amalgamierenden Dekorationsauffassungen der Zeit des Münchner Jugendstils durch Paul Ludwig Troost überformt wurde. Korrespondenzen in der Tradition des Klassizismus deuten die retrospektive Stellung des Baus an und setzen ihn von den prägenden Asymmetrien der gründerzeitlichen Architektur ab. Troost, der seit 1903 bei Martin Dülfer arbeitete, gab dem Äußeren der Villa mit Putzlisenen und kantig profiliertem Traufgesims ein würdig-strenges Aussehen. Er übernahm den Mittelrisalit der straßenseitigen Fassade und schuf einen massiven Vorbau. Das Vordach wird mit eingestellten ionischen Säulen von wuchtigen Vierkantpfeilern getragen; über der Eingangstüre wurde ein Madonnenrelief (nach Michelangelo) angebracht. Die Grundrissgestalt folgt im Wesentlichen einem Quadrat: Das Fenster des ehem. Wohnzimmers wölbt sich außen konvex vor, das räumlich dominierende ehem. Musikzimmer ist südlich durchfenstert, es nimmt den sog. Gartensaal sowie den östlichen Anraum ein. Die Süd- und Gartenfassade besteht über einem ehem. erhabenen Gartenabgang (zur Garagenzufahrt adaptiert) aus einem zu drei Achteln vorgebauten Bodenerker, der den Balkon des Obergeschosses trägt. Schon 1906 fanden weitere Umbauarbeiten für den Nachbesitzer Josef Graf von Montgelas statt, u. a. wurde die rückwärtige Einfriedungsmauer zur Akademie der Bildenden Künste hin errichtet. Nach der Kriegszerstörung des Dachstuhls wurde dieser für Freiherrn von Moreau wieder als Mansarddach aufgestellt. Der Ausbau des Dachgeschosses zur heutigen Gestalt erfolgte dann 1956. Im Hause lebte der Bildhauer Georg Brenninger bis zu seinem Tod am 14. November 1988.

Georgenstraße 4. Die Georgenstraße ist in ihrem östlichen Abschnitt zwischen der Leopoldstraße im Osten und der Friedrichstraße im Westen, also über eine kurze Strecke ihres gesamten Verlaufs hinweg, für Bauten in offener Bauweise ausgewiesen. Vor die Bauten entlang der Südseite legte der Magistrat in diesem Abschnitt eine drei Meter breite Vorgartenlinie, vor denjenigen im Norden schrieb man fünf Meter Abstand zum Trottoir vor.
Der „Commerzienrat und Baumeister" Max Steinmetz erbaute das freistehende, repräsentative Zweifamilienhaus Nr. 4 in der Art einer italienischen Renaissancevilla (zunächst einheitlich dreigeschossig) 1892–94 für sich selbst, nach Niederlegung eines großen Schuppens, der an der Nordostecke der Parzelle stand. Die Planung zum Neubau stammt von Architekt August Thiersch. (Die Einfriedung des Grundstücks, bauzeitlich erhalten, war schon vor dem bestehenden Komplex entstanden; sie stammt von 1888–89, Max Steinmetz hatte sie selbst gestaltet.)

Zwei Hauptgebäude, das größere nördlich tief im Grundstück, das andere, etwas kleinere südlich an der Georgenstraße platziert, verband man mit einem schlanken Gelenkbau. Die Räume im Gelenkbau wurden den Wohnbereichen der beiden Familienhäuser zu unterschiedlichen Anteilen zugeschlagen; gartenseitig nimmt das Hochparterre einen loggienartigen Korridor ein. Die beiden Portale und Treppenhäuser plante Thiersch in Bodenerker, die er vor die westliche Grundlinie setzte und damit die beachtliche Gebäudelänge rhythmisierte. Die Bodenerker erhielten Erkertürme, die die Trauflinie der Häuser durchstoßen und von flachen Zeltdächern mit verschattendem Dachüberstand abgeschlossen werden.
Aus dem Eigentum von Max Steinmetz gingen die beiden Häuser in verschiedene Hände über, weshalb sich auch die weitere Baugeschichte des Komplexes gabelt. Durch eine Stockwerksaufsetzung auf das rückwärtige Familienhaus, 1922–23 durch Reg.-Baumeister Benno Biehler für Siegfried König, entstand eine vollständige zusätzliche Wohneinheit. Nebeneffekt der Baumaßnahme war, dass die Trauflinie des Treppenhaus-Erkerturms unter der Trauflinie des massiv gewordenen hinteren Hauses zu liegen kam, die Bauabsicht des Ursprungsbaus also „verwässert" wurde. 1945, kurz vor Kriegsende wurde der Verbindungsbau von einer Bombe getroffen, dessen 2. Obergeschoss zerstört und oberhalb des 1. Obergeschosses erst 1947 durch ein Notdach geschlossen, das Alfred Kunz und Co. für Willibald Grun errichtete. (Infolge des Bombentreffers und des nicht überdachten Anschlussriegels waren Sicherungsarbeiten am südlichen Treppenhaus notwendig geworden.) Architekt Rudolf Weitzmann stockte schließlich 1959–60 den Verbindungsbau für denselben Bauherrn wiederum zur Dreigeschossigkeit auf.
Flach geneigte Dächer mit verschattendem Dachüberstand, weiß gehaltene Mauer- und auch Rücklagenflächen, von denen sich

Georgenstraße 4, Gartenseite

die Hau- und Schnittstein-Bauelemente streng absetzen, bestätigen die Italianità der Herkunft des Bautyps und belegen die Gestaltungsabsicht August Thierschs. Dies wird vor allem an der beinahe antikisch aufgefassten, nur vom malerisch gestalteten Garten her einsehbaren Ostfassade des Verbindungsbaus deutlich, der hier wie ein aufgebrochenes Peristyl gestaltet worden ist. Den heute leeren Wandfeldern zwischen den zwangsläufig aufgeglasten Arkaden waren ehem. Göttergestalten eingestellt, oberhalb der Nischen wurden Medaillons mit je einem Künstler der italienischen Renaissance (Bramante, Brunelleschi, Donatello, Michelangelo) in die Fassade gesetzt. Das malerische, villenartige Haus Georgenstraße 4 ist einer von mehreren Villenbauten des Historismus in diesem Abschnitt der Georgenstraße, die gerade im Nebeneinander verdeutlichen, dass zwischen 1890 und dem Ersten Weltkrieg Landhäuser in verschiedenen Stilbeachtungen dekoriert werden konnten, die Stilpluralität auf ihren Höhepunkt zusteuerte. (Die Renovierung der Fassaden und Außenanlagen sowie der Treppenhäuser erfolgte 1997–98).

Georgenstraße 7. Auf den beiden alten Hausnummern 2 und 2a an der Georgenstraße ließ 1885 der Privatier Heinrich Sitzler von dem Architekten Josef Vasek ein zweigeschossiges Doppelwohnhaus errichten. Der villenartige Bau mit Mansarddach und Oberlicht wurde in den Formen der deutschen Renaissance backsteinsichtig und mit Putzgliederung ausgeführt. Über einem Souterrain, in dem Küche und Wirtschaftsräume untergebracht waren, liegt das Hochparterre. Die rückwärtig angebauten Wintergärten waren eigens fundamentiert, von den südlich gelegenen Wohnzimmern im Hochparterre aus zugänglich und trugen die Balkone der Schlafzimmer darüber. Das östliche Halbhaus weist ein größeres Breitenmaß auf, doch entsprachen in dieser ersten Bauphase die Einteilungen der beiden Halbhäuser einander achsensymmetrisch. Die Eingänge lagen in den beiden mittleren Achsen eng nebeneinander, sie waren in einer ersten Planungsphase als Seiteneingänge konzipiert, sind jedoch von der Lokalbaukommission revidiert worden. In flachen Seitenrisaliten sind die jeweils beiden äußeren Achsen der straßenseitigen Fassade zusammengefasst. Die Verdachungen der Obergeschossfenster sind einheitlich gerade mit schmalem Sturzfeld. Segmentbogengiebel machen die Verdachungen der Hochparterrefenster der Seitenrisalite aus, in der zurückgesetzten Mauerfläche der Mittelzone sind im Erdgeschoss Dreiecksgiebel zu sehen.

Schon wenige Jahre nach der Fertigstellung ließ Direktor Karl Thieme 1888 die mittlere Trennmauer des Doppelhauses entfernen und dieses so zu einem villenähnlich freistehenden Privathaus vereinigen. Die Firma Albert Schmidt legte die beiden parallelen Eingänge zusammen unter einem repräsentativen Portal in neubarocker (amalgamierender) Wiederholung eines Triumphbogenmotivs. Im Inneren schließen sich ein mit Marmor verkleideter Treppenaufgang aus dieser ersten Ausstattungsphase an sowie folgend ein großzügiges quer gelagertes Vestibül. Das östlich neben dem Eingang eingebaute Treppenhaus hat seine Gestalt und sein von 1888 stammendes Treppengeländer bewahrt. Auch die Balkon- und Abgangsgeländer der Gartenseite sind original verblieben. Zwischen 1903 und 1905 ließ Karl Thieme durch Richard Riemerschmid Ausstattungsarbeiten vornehmen, von denen sich etliches erhalten hat. Die

Georgenstraße 7, Treppenhaus

Georgenstraße 7

baulichen Änderungen, die damit einhergingen, waren von vergleichsweise kosmetischen Ausmaßen: So wurden die Ostfenster im südöstlich gelegenen Speisezimmer zur heutigen Gestalt umgebaut, die Trennwand zwischen diesem und dem westlich angrenzenden Musikzimmer geöffnet (heute rückgebaut) sowie zwischen dem Speisezimmer und dem nordöstlichen Salon ein vermittelndes Boudoir eingerichtet. Der nordöstliche Salon des Hochparterres weist eine jugendstilige, intarsierte Wandvertäfelung mit entsprechender Tür auf. Bemerkenswert ist auch der Stuckfries im Sinne des Jugendstils im nordöstlichen Raum des Obergeschosses, ehemals Schlafzimmer. Während der Zeit des Nationalsozialismus wurde das Anwesen als Beamtenhaus genutzt. Ab 1974 befand sich das Institut für Kunstgeschichte der Ludwigs-Maximilians-Universität in der ehem. Villa. Die ehem. Schlafzimmer im Obergeschoss dienten als Professorenzimmer, die übrigen Räume waren der Verwaltung und der Präsenzbibliothek zugeschlagen. Der Auszug des Instituts für Kunstgeschichte erfolgte 2007.

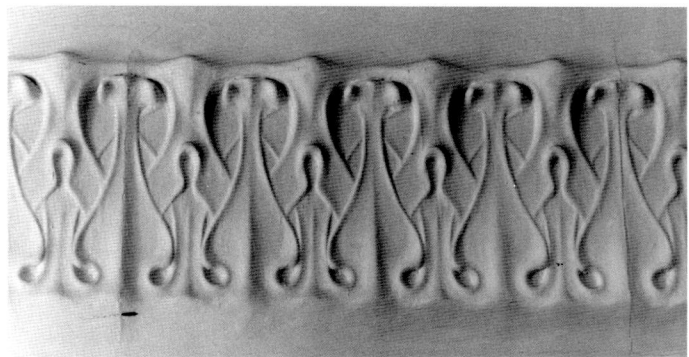
Georgenstraße 7, 1. Obergeschoss, Stuckfries

Georgenstraße 7, Vestibül

Georgenstraße 8. Auf den Parzellen Georgenstraße 8 und 10 steht auf der Stadtkarte von 1891 ein Doppelhausblock, erbaut 1880–82 von Architekt Josef Hölzle (selbst Bauherr); Nr. 10 (s. dort) wurde nach Verkauf an Baron Bissing 1902–03 völlig umgestaltet, nachdem Nr. 8 ab 1900 durch einen Neubau ersetzt worden war. Anstelle einer ursprünglich harmonischen Neurenaissancegruppe (beschrieben in der Wiener Bauindustriezeitung 1891) kam ein extremer Stilkontrast zustande. Eigentlicher Auftraggeber des Doppelhausprojektes war wahrscheinlich der Maurermeister und Immobilienhändler Josef Weyrather, dessen Tochter Hölzle heiratete; mit ihr zusammen bezog er das ab 1900 aufwendig erneuerte Haus Nr. 8, das als Architektenwohnhaus auch unter dem Aspekt der zeitgenössischen Münchner Künstlervilla zu würdigen ist. Der heute geläufige Name „Pacelli-Palais" geht auf die angebliche Absicht zurück, das Haus dem päpstlichen Nuntius anzubieten (Eugenio Pacelli wirkte als solcher in München 1917–25); die früher übliche Bezeichnung „Hölzle-Haus" wäre angemessener.

Der Fassaden-Tekturplan zum „Umbaue des Architekten Josef Hoelzle", von ihm im März 1900 signiert, sowie der „Tekturplan über die inneren Änderungen (im) Neubau J. Hölzle" vom 13. August 1901 geben nur die Kommunmauer zum Nachbarhaus Nr. 10 (ohne dessen rückwärtigen Flügel) als alten Bestand an; es handelt sich somit um einen völligen Neubau auf geänderter Grundrissfläche und mit anderer Geschossteilung. Der durchschnittlich nur zehn Meter breite, stark in die Grundstückstiefe hinein entwickelte Neubau mit Keller und Souterrain enthielt gemäß den Eingabeplänen im Parterre, von Süden aneinandergereiht, Speisezimmer (mit Erker im straßenseitigen Risalit), Salon mit südlich anschließender offener Loggia (mit Mosaikwand entlang dem Speisezimmer), dreiläufige prunkvolle Haupttreppe, das Jagdzimmer mit nach Osten vortretendem Dreiseitschluss und Binnentreppe sowie am (heute in seinen Strukturen veränderten) Nordende ehemals Fremdenzimmer (an der Ecke), Küche und eine an sie angebaute kleine Wendeltreppe; zwischen Speisezimmer und Küche erschließt ein Flur entlang der Westwand die Raumflucht. Im Obergeschoss mit im Wesentlichen gleichem Grundriss befand sich straßenseitig im Süden das Wohnzimmer mit Achteck-Erker an der Ecke, es folgten Boudoir (mit Marmorkamin, sonst verändert), Treppenhaus, Hauskapelle (mit Dreiseitabschluss im Osten; heute modernisiert) und rückseitig im Norden Schlafzimmer samt Bad im Osten. Im Souterrain waren – über dem Keller – im Südteil Heizungsräume, im Nordteil Personalwohnungen untergebracht. – Die opulent ausgestattete Raumfolge in verschiedenen historischen Stilen (altdeutsch, Renaissance, Barock, Rokoko, frühklassizistisch) ist wohl das bedeutendste, umfangreichste Beispiel von den wenigen erhaltenen herrschaftlichen Interieurs des späten Historismus in München. Repräsentativer Mittel- und

Georgenstraße 8

Höhepunkt ist das mit Marmor verkleidete, mit reich dekorierten und bemalten böhmischen Kappen gewölbte Treppenhaus, mit Marmorbalustergeländer, Wandgliederung durch Pilaster bzw. Halbsäulen zu Seiten des großen Mittelfensters und Glasmalereien; Deckenmalereien sign. G. Nothhelfer, Glasgemälde sign. F. X. Zettler, München, und R.(ichard) Holzner. Im benachbarten Jagdzimmer Vertäfelung, Gobelins und Binnentreppe. Eine dem Charakter dieser Räume angemessene Nutzung ist seit Jahrzehnten ein Problem (vgl. SZ, 19.06.1997 und 22.05.1999).

Die äußere Gestaltung mit anspruchsvoller Natursteinverkleidung (meist Sandstein) sowie mit Bauplastik von Hans Schneider ist durch eine selbst für die Zeit des späten Historismus ungewöhnliche, gedrängte Detailfülle und Häufung von Repräsentationselementen gekennzeichnet, stilistisch zwar neubarock, aber in dieser maniert-disharmonischen Unruhe ohne Vorbild in der Barockarchitektur. Der schmalen Straßenfront verleiht der von Kolossalsäulen mit Flachgiebel eingefasste Mittelrisalit Monumentalität; ihn flankieren asymmetrisch rechts die Eckloggia mit kuppelgekröntem Erker darüber und links ein hochragender, pompöser Kuppelturm mit (heute verglaster) Loggia. Die

Georgenstraße 8, Treppenhausfenster

Georgenstraße 8, Erdgeschoss-Loggia

vom Salon im Hochparterre zugängliche zweijochige Arkaden-loggia an der Ecke trägt an der Rückwand im Westen zwei anti-kisierende Mosaiken (Szenen mit Reiter bzw. Kentaur), die Kreuzgratgewölbe sind reich bemalt. Den angrenzenden zwei-achsigen Risalit (innen Salon, darüber Boudoir) mit begrenzen-den Kolossalpilastern schließt ein gebrochener Giebel (in der Art Lukas von Hildebrandts) mit Reliefdekor ab, hinterfangen von einer mit Figurengruppen besetzten Attika. In der Eingangs-achse rechts daneben (zwei Schnitztüren mit vergitterter Öff-nung), heute ohne die frühere Vorhalle, öffnet sich oben die Dreifenstergruppe des Treppenhauses in Form des sog. Palladio-motivs (oder Serliana) samt zwei Liegefiguren, die eine Schluss-steinkartusche mit den Bauherren-Initialen JH (ligiert) flankie-ren. Rechts davon schließt die polygonal vortretende Kapellen-achse eine von Eckfigurengruppen umgebene Achtkant-Kuppel mit Laterne ab. Die gesamte Zone des Mansarddaches ist durch die drei unterschiedlichen kupfergedeckten Kuppeln, durch At-tiken, Plastiken und Kamin äußerst abwechslungsreich gestaltet. Die dem Eingang vorgelegte Unterfahrt in Form einer säulenge-tragenen Terrasse (auf Plan mit Inschrift 18 JH 99) wurde 1937 leider beseitigt; damals wurde auch die mit Flusskieseln verklei-dete Brunnennische am straßenseitigen Sockel durch ein Fenster ersetzt. Erhalten blieb hingegen die mit ihrer reichen barockisie-renden Gestaltung dem Gebäude entsprechende straßenseitige

Georgenstraße 8, Treppenhaus, Deckengemälde

Einfriedung aus Kalkstein mit Balustern, Schmiedeeisengitter sowie schräg gestelltem Torbogen an der Ecke; letzterer flankier-te mit seinem östlichen Pendant das originale, von hohen Later-nenpfeilern begrenzte Gittertor der Einfahrt. – An die nördliche Schmalseite ist heute ein moderner, viergeschossiger Anbau angeschlossen, der sich bis zur Südseite des Leopoldparks er-streckt (1961 von Franz Düll für Bayer. Schuhwaren-Einkaufs-vereinigung). – An dem exuberanten Spätling des Historismus wurde das funktionalistische Prinzip der äußerlichen Ables-barkeit innerer Strukturen in geradezu paradoxer Weise mittels einer übersteigerten Fülle heterogener Stilzitate verwirklicht und zugleich ins Absurde verkehrt; man darf vielleicht einen ideolo-gischen, unterschwellig auch ein wenig ironischen Dialog zwi-schen den Bauherren Hölzle und Bissing vermuten.

Georgenstraße 8, Treppenhaus mit Eingangsbereich

Georgenstraße 8, 1. Obergeschoss, Wohnzimmer

Georgenstraße 8, Erdgeschoss, Salon

Georgenstraße 8, Erdgeschoss, Jagdzimmer

Georgenstraße 9   Georgenstraße 10, Süd- und Westfassade   Georgenstraße 10, Nordfassade

Georgenstraße 9. Die östliche Hälfte des heute bestehenden Doppelhauses wurde für Emilie von Hösslin 1883–84 von Jakob Heilmann errichtet, in einem Zug mit der vom gleichen Architekten für den Kunstmaler Georg von Hösslin erbauten, jedoch in seiner Gliederung von Nr. 9 abweichenden, westlichen Haushälfte Nr. 11. Das Haus Nr. 9 reicht tiefer ins Grundstück bei mit Nr. 11 gleicher straßenseitiger Baulinie. Der im Osten gelegene Seiteneingang führt ins Souterrain, in dem die Wirtschaftsräume des großzügigen Anwesens untergebracht waren, ins Hochparterre, in das Obergeschoss und die Dachwohnung. Der villenartige Bau wurde in den Formen der deutschen Renaissance, die Rohbacksteinfassaden mit Hausteingliederung ausgeführt. Der östliche Seitenrisalit mit Pyramidendach dominiert den Eindruck der stark malerisch aufgefassten Fassade, die symmetrische Entsprechungen weitgehend aufgegeben hat. Dem Originalzustand entspricht die westliche Fensterachse der straßenseitigen Fassade. Hier bekrönt ein Dachhäuschen mit von Voluten geschmückten Flanken, ein Doppelfenster gemeinsam verdachend, die ornamental entsprechende Fensterrahmung des 1. Obergeschosses. Unter dem seichten Balkon hebt die

Georgenstraße 10; Grundriss   ▷
Erdgeschoss, 1910

Georgenstraße 10; Zustand um 1900

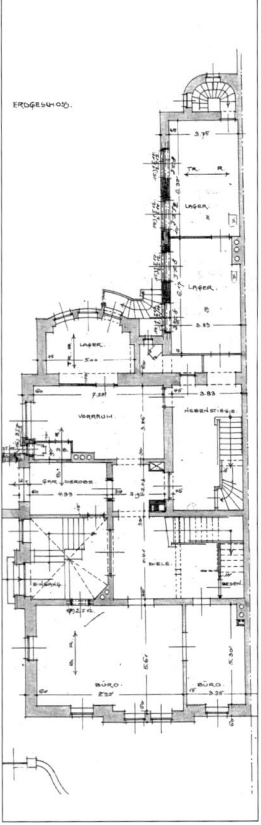

Fensterachse mit einem großen dreiteiligen Rundbogenfenster an. Ein klar vereinheitlichendes Gestaltungselement ist die beide Haushälften umlaufende attikaähnliche Brüstungszone. Darüber hinaus sind die Veränderungen bei Haus Nr. 11 eingreifender. Die Garteneinfriedung wurde ebenfalls durch J. Heilmann 1884 zusammen mit derjenigen bei Nr. 11 ausgeführt. In den Jahren 1989–90 erfolgten Umbau, Restaurierung und Dachgeschossausbau.

Georgenstraße 10 (ehem. *Palais Bissing*). Das Haus Georgenstraße 10 entstand zusammen mit Nr. 8 (s. dort) 1880–81 als Doppelvilla nach Entwurf des Bauherrn, des Architekten Josef Hölzle. Durch die späteren Umbauten – zuerst 1900–01 von Nr. 8 in üppigstem Neubarock – ergab sich der extreme Stilkontrast zwischen den beiden Blockhälften. Die westliche Villa Nr. 10 zeigen der Umbauplan und eine Ansicht von 1902 als dreigeschossigen kubischen Bau mit aufwendigen Neurenaissancefassaden und niedrigem Mansarddach. Von den Mittelrisaliten im Westen und Süden, beide mit Zwerchhäusern darüber, war der südliche, straßenseitige mit Säulenpaaren reich instrumentiert; ihm war eine viersäulige Erdgeschossloggia mit Balkon darüber vorgelegt. Die Ecke war mit einem schräg gestellten Kastenerker besetzt, der um ein weiteres, turmartiges Geschoss mit steilem Zeltdach vom französischen Typ erhöht war.

Der Ägyptologe Friedrich Wilhelm Freiherr von Bissing (1873–1956) ließ das Haus 1902–03 durch den noch jungen Architekten (Schüler und Assistent von Friedrich Thiersch), auch Archäologen Ernst Robert Fiechter (1875–1948, geb. in Basel) im Reformstil vollständig umbauen (Ausführung Baugeschäft Josef Kalb), u. a. zur Aufnahme seiner Sammlungen, die er in der Folge großenteils dem bayerischen Staat stiftete bzw. verkaufte (heute im Museum Ägyptischer Kunst). Der Baukörper, dessen Mansarddach erhöht wurde, blieb in seiner Grundform erhalten, wurde aber sämtlicher historisierender Gliederungen entkleidet und in einen flächigen Putzbau verwandelt, der – mit Anklängen an den Heimatschutzstil – die künftige Neue Sachlichkeit vorwegnimmt, allerdings noch kombiniert mit neuklassizistischer, vor allem auf den Eckbereich mit dem Erker, auf das Eingangsportal, auf die nördliche, konvex gewölbte Fassade und auf die Traufe konzentrierter Dekorationsmalerei (ursprünglich von Franz Ringer nach Entwurf von E. R. Fiechter). In sie sind programmatisch Tondi mit den Porträtköpfen berühmter Dichter und Künstler einbezogen, am Erker Schiller, Michelangelo, Raffael, Haydn und Sophokles, an der Nordfassade Caesar. Der Runderker – ohne Turmaufbau – ersetzte den eckigen; der Säulenvorbau des südlichen Mittelrisalits wurde beseitigt zugunsten eines relativ kleinen Balkons im 1. Obergeschoss; die Balkontür erhielt eine besonders reiche dekorative Versprossung. Der an die linke Seitenfront verlegte Eingang erhielt ein jugendstilig geschwungenes Vordach (rekonstruiert). (Zur reich differenzierten Farbgestaltung – die zwischenzeitlich abgenommenen blauen Fensterläden mit weißen Ornamenten wurden jüngst wieder ersetzt – vgl. SBZ 1903.) Gemäß den Intentionen von Bauherr und Architekt erfolgte der Umbau „als Reaktion und Demonstration des entgegengesetzten architektonischen Prinzips" in radikaler Abkehr vom überladenen Späthistorismus des östlich angrenzenden Hauses (Münchner Fassaden 1974).

Das stärker an Vorgaben von 1880 gebundene Innere wurde um 1903 von den Einrichtungsfirmen Pössenbacher und Fritsche ausgestattet. Auf das westlich situierte Vestibül mit Differenzstufen folgt geradeaus die Diele samt dreiläufiger Podesttreppe im Osten. Im Süden zur Straße hin lagen im Erdgeschoss zwei Büroräume, im 1. Obergeschoss Arbeitszimmer (mit Runderker und Balkon) und Bibliothek, im Norden das Schlafzimmer mit Veranda, die 1904 durch einen Erkeranbau mit flachbogiger Fensterwand ersetzt wurde (außen Fassadenmalerei ähnlich dem Vordererker). Nördlich der Diele mit Haupttreppe bildete ein Nebentreppenhaus die Verbindung zum hofseitig rechts anschließenden Nebenflügel für die Sammlung, der 1920 zu Lagerzwecken umgebaut und 1947 von Willi Feldmann mit Büroräumen aufgestockt wurde (damals Direktionsgebäude Süddeutsche Knappschaft). Die nach Kriegsschäden und Vereinfachungen 1976–79 erfolgte Rehabilitierung des stilgeschichtlich bedeutenden Baudenkmals erfolgte nach Konzept von Architekt Gottfried Münzel, die Fassadenmalerei wurde von Elmar Albrecht nachvollzogen, das Innere zu Eigentumswohnungen adaptiert und das Haus an der Nordseite – nach Abbruch des alten Nebenflügels – durch einen viergeschossigen modernen Anbau erweitert.

Georgenstraße 11. Das für den Kunstmaler Georg von Hösslin 1883–84 von Jakob Heilmann erbaute Haus entspricht in seiner Grundstruktur der östlichen Haushälfte an der Georgenstraße Nr. 9, doch hat die schon vom Bauherrn gewünschte Aufgabe symmetrischer Korrespodenzen mit der Nr. 9 im Verbund mit fortgesetzten späteren Veränderungen einen eigenen Eindruck ergeben. Darüber hinaus ist die historische Gestalt des Hauses Nr. 11 seit den eingreifenden Umbaumaßnahmen 1933 nur mehr eingeschränkt nachvollziehbar. Der villenartige Bau wurde in den Formen der deutschen Renaissance, die Rohbacksteinfassaden mit Hausteingliederung ausgeführt. Im Sinne des Erstzustandes ist der westliche Eckrisalit deutlich breiter als bei Nr. 9. Doch befand sich der Hauseingang ursprünglich in der östlichen Achse der straßenseitigen Fassade. Ein Jahr nach der Erbauung richtete Nikolaus Debold im Obergeschoss ein Maleratelier mit

großem Westfenster ein (heute vermauert). 1911 wurde durch Liebergesell & Lehmann der rückwärtige Pavillon angebaut. 1933 schließlich verlegte man den Eingang an die Westseite des Hauses mit hohem Aufgang, hob die Dächer über den beiden östlichen Achsen der Straßenfassade sowie über dem Eckrisalit an, um ein ausgebautes 2. Obergeschoss, heute Hausmeisterwohnung, zu schaffen. Für die Belichtung der neu entstandenen Räume wurde am Seitenrisalit der Dreiecksgiebel über dem gemeinsam verdachten Doppelfenster des Obergeschosses entfernt. Außerdem wurde auf dem rückwärtigen Pavillon eine Sonnenterrasse errichtet. 1943 erfolgte der Einbau eines Luftschutzkellers. Heute dient das Anwesen als Seminargebäude des Kunsthistorischen Instituts der Ludwig-Maximilians-Universität (Status: 2007).

Georgenstraße 15. Bereits 1890 war die Garteneinfriedung in der erhaltenen Form vorgenommen worden. 1892 begannen die Arbeiten an dem für die Oberstenwitwe Wilhelmine Gebhard von Nikolaus Debold erbauten großzügigen und repräsentativen Mietshaus anstelle einer weit von der Straßenlinie zurückgesetzten Vorbebauung aus den frühen 1880er Jahren (vgl. Stadtplan von 1888). Es entstand ein mächtiger Gebäudeblock in den Formen der klassischen Neurenaissance, mit mittigem straßenseitigen Eingang, in der Fassade von zwei gleichartigen Erkern flankiert, und zwei rückwärtigen, symmetrischen Pavillonanbauten. Eine flache Glaspyramide belichtet als Oberlicht das zentrale Treppenhaus, das über Vestibül und Eingangstreppe im Hochparterre zu erreichen ist. Den großbürgerlichen Charakter der beiden Wohnungen je Etage kennzeichnen die hinter der zentralen Haupttreppe gelegenen, den Hausangestellten vorbehaltenen Nebentreppen. Bereits der erste Bauantrag sah die Erstellung einer Dachwohnung vor. 1896 richtete wiederum Nikolaus Debold im Souterrain eine Hausmeisterwohnung ein. 1917 erfolgte der eingreifende Umbau zur Chirurgischen Heilanstalt durch Eduard Deiglmayr für den Geheimen Kommerzienrat Eugen Ruckdeschel; u. a. wurden die Fenster der rückwärtigen Pavillons zugesetzt.

Georgenstraße 17. Der Stadtplan von 1888 referiert auf der Parzelle der heutigen Georgenstraße 17 eine dicht an die Straßenlinie gerückte Bebauung. Durch Aufstockung um ein Geschoss und den Ausbau des Dachgeschoss ließ 1903 Oberamtsrichter Dr. Paul Homberger die Vorbebauung durch Karl Stöhr überformen und zu einem repräsentativen Einfamilienhaus gestalten; mit funktionalen Einheiten im Souterrain. Garten- und Straßenfassade wurden als neubarocke Giebelfassaden formuliert, rückwärtig ein Gartenabgang vom Hochparterre angebaut. Auch die Vorgarteneinfriedung stammt aus der Erbauungszeit und ist original erhalten.

Georgenstraße 11

Georgenstraße 15

Georgenstraße 17

Georgenstraße 19   Georgenstraße 22

Georgenstraße 24

Georgenstraße 19. In einem Zug ließ sich Baumeister Johann Sperber bis 1896 die drei Mietshauseinheiten Georgenstraße 19 und Türkenstraße 104/106 auf einem bislang unbebaut gebliebenen Grundstück an der Ecke Georgen-/Türkenstraße durch Ludwig Seemüller erbauen. Die drei Mietshäuser in den Formen der Neurenaissance bilden einen hufeisenförmigen, nach Osten geöffneten Block. Georgenstraße 19 erschließt das mittig rückwärtig ausgebaute Treppenhaus, zugänglich über den in die der Straße abgewandten Fassade gesteckten Hauszugang, es führt gemäß Eingabeplan zu einer Wohnung je Etage mit quer gelagerten Korridoren. Ursprünglich saß in der Dachschräge zur Georgenstraße ein Dachhaus mit Rundbogenfenster und einem Giebelfeld in den Binnenformen der Muschel, doch wurde dies nach den erheblichen Zerstörungen im Luftkrieg nicht wiederhergestellt. Das Anwesen an der Georgenstraße 19 ist als das am stärksten kriegsbeschädigte der Dreiergruppe anzusprechen. Dies lässt sich auch an seiner heutigen, in den Hauptgeschossen sichtlich geglätteten Fassade und der modernen Fensterauswechslung in den Obergeschossen ablesen. Der entscheidende bauliche Akzent, der übereck gesetzte Erker mit Erkertürmchen und Zwiebelhaube, ist eine historisierende Wiederholung aus den Jahren der letzten Instandsetzung 1983–84.

Georgenstraße 22. Das Vordergebäude Georgenstraße 22 entstand 1887–88 als westlicher Teil des Doppelhauses, das es mit Georgenstraße 20 bildete. Bauwerber und Baumeister in Personalunion war Xaver Aumüller (bis 1889 errichtete er auch das westlich angrenzende Eckhaus Georgenstraße 24, vgl. dort). Es war ein dreigeschossiges Neurenaissance-Mietshaus mit einer großzügigen Wohnung je Etage entstanden, das Treppenhaus legte Aumüller in die nordwestliche Ecke. Eine Belichtung der wegen der Bautiefe zwangsläufig in eine Dunkelzone geplanten Räume wurde mittels eines Lichthofs erreicht, den das Haus mit

dem Nachbargebäude teilte. Eine erste bauliche Änderung nahm Baumeister Max Stadler 1895 für den kgl. bayerischen Major Friedrich Lobenhoffer vor, man baute rückwärts ein zweigeschossiges, loggienähnliches Zuhaus als Veranda an (heute zugefenstert). 1902–03 stockte Baumeister Heinrich Hilgert für die „Bezirksamtsmannswitwe" Antoin. Freifrau von Feury das Anwesen um ein 3. Obergeschoss auf; der nördliche große Raum im neu entstandenen Geschoss wurde als Atelier ausgebildet. Es war zu einem Nebeneinander zweier Teilhäuser unterschiedlicher Bauhöhe gekommen, hoch ragte die Brandmauer von Nr. 22 über das Mansarddach von Nr. 20 hinaus. 1933 führte das Baugeschäft Hans Tax im 1. und 2. Obergeschoss Wohnungsteilungen durch. Ursprünglich fanden sich im Erdgeschoss der Südfassade die beiden Fenster westlich und östlich des Bodenerkers rundbogig geschlossen; die Auswechslung zu solchen mit geraden Stürzen erfolgte durch Meinrad Freiherr von Ow für Olga Freiin von Ow-Wachendorf im Jahr 1965.

Das Rückgebäude hinter Haus Nr. 22 errichteten die Gebrüder Ludwig für die Freiin Ebner von Eschenbach in den Jahren 1910–11. Das an die westliche Grundstücksgrenze gelegte klassizisierende zweigeschossige Gebäude verband Atelier und Wohnräume. Der Eingang vom Süden her, unter der Terrasse hindurch, führt zu einer mitten ins Gebäude gelegten Halle, die man mittels eines Oberlichts belichtete. 1935 entschloss man sich, auch im Hintergebäude zwei abgeschlossene Einheiten herzustellen.

Georgenstraße 24. Auf zuvor unbebautem Grund errichtete der Bauunternehmer Xaver Aumüller 1888–89 das Wohn- und Geschäftshaus als einen städtebaulich markanten Neurenaissancebau an der nordöstlichen Ecke Friedrich-/Georgenstraße. Er erhielt zwei Flügel, unter Beachtung der vorgeschriebenen Vorgartenlinie an der Georgenstraße. Bauwerberin war Aumüllers Gattin Maria. Schon nach Abschluss der Arbeiten am Rohbau wechselte das Mietshaus den Eigentümer; für Samuel Schwabacher wurden die Fassaden gestaltet und die Bewohnbarkeit hergestellt. (Die östliche und südliche Einfriedung stammt von Aumüller, die zum Nachbargrundstück an der Friedrichstraße im Norden entstand 1898 durch die Baufirma Josef Kalb.) Das über fünfeckigem Grundriss im Hofwinkel liegende Treppenhaus, von der eingeschrägten Ecke her belichtet, erschließt über eine großzügige, halbgewendelte Podesttreppe gemäß Eingabeplan zwei Wohnungen in jeder Etage. Der Hauseingang mit dekorativ betontem Portal befindet sich in der Mitte der Fassade an der Georgenstraße. Zwei böhmische Kappen, im pompeijanischen Stil ausgemalt, wölben den dahinterliegenden Verbindungsgang zum Treppenhaus. Jeder Wohnung im 1. und 2. Obergeschoss schlug man einen straßenseitigen Austritt zur Georgenstraße hin zu. 1927–28 kam es zur Erschließung des Dachraums im Flügel an der Georgenstraße mit einer Dachwohnung, Emil Ludwig

Georgenstraße 22, Rückgebäude

sorgte hierfür durch Aufbau der Treppenhaus-Einfassungsmauern; Bauwerberin war Rosa von Kremer. Die Höhenentwicklung des mächtigen Eckbaus wird von den steilen gekappten Pyramidendächern über den drei Eckrisaliten gewährleistet. Die Fassaden wurden gängig durch Eng- und Weitsetzung der Fensterachsen rhythmisiert. Auch das 1. Obergeschoss rustizierte man, behandelte es also sockelgleich und hob so das 2. und 3. Obergeschoss als Hauptgeschosse heraus, die man überdies mit durchgehenden Eckrustizierungen zusammenfasste. Entsprechend wurden hier die Fenster reicher ausgestattet: Segmentbogige Verdachungen erhielten die eng gesetzten Fensterpaare in den Eckrisaliten, Dreiecksgiebel die Fenster in den Fassadenmittelzügen. Neben der schlüssigen Nachvollziehbarkeit der Herkunft der Binnendekoration kann auch die Großform des kompakten Baus die Orientierung des Architekten am italienischen Palastbau der Renaissance nicht verleugnen. (Über die Jahrzehnte fanden in der Ladenzone an der Friedrichstraße zahlreiche Umbaumaßnahmen statt. Dachreparaturen datieren ins Jahr 2002. Partienweise führte man jüngst Fensterauswechslungen durch.)

[**Georgenstraße 28.** Am 1954 vereinfachten Mietshaus (1886 von Dietrich und Voigt) aufwendiges Neurenaissanceportal.]

Georgenstraße 30. Wilhelm Burri, der Inhaber einer Telegrafenbauanstalt, beauftragte Martin Dülfer zum Bau des in seiner Umgebung exotisch anmutenden Einfamilienhauses, das 1897–1898 als Gartengebäude hinter einem zwischenzeitlich ersetzten

Georgenstraße 30   ▷

Georgenstraße 30, Deckentäfelung und Türsturz (oben), Stuckdetail (unten)

monumentalen Vordergebäude zum Stehen kommen sollte. Die Einplanung in die nordwestliche Parzellenecke erklärt die Auswinkligkeit der Grundlinien, der freilich die malerische Vielgestaltigkeit des späthistoristischen Villenbaus ausgleichend zu Pass kam. Der Bau ist auf die Nutzung durch eine Familie hin ausgelegt, Küche und weitere Wirtschaftsräume verlegte man ins Souterrain. Die südliche Hauptschauseite dominiert ein polygonaler Bodenerker, der Keller- und Erdgeschoss überspannt und den vergleichsweise kleinen Salon mit einem Erkerraum erweitert; mit seiner Deckfläche bedient er einen schmiedeeisenbewehrten Austritt darüber. Das Schopfwalmdach mit weitem Überstand wird wie auch der Kniestock an den Traufseiten über Ständerfachwerk vermittelt. Dem südlichen Giebel ist unter dem Unterzug der vorgesetzten Stirnfläche (charakteristisch stichbogenförmig hochgezogen) ein Erkerfenster eingeschrieben, das auf einer Konsole ruht. In die westliche Dachfläche ist ein dreieckiger Erker mit ausgefachtem Fachwerk gesetzt. Die westliche Grundlinie springt hinter dem Salon über einen Meter ein, in den Versprung setzte Dülfer auf Höhe des 1. Obergeschosses einen von kräftigen Konsolen getragenen Balkon. Die Außenhaut besteht einheitlich aus horizontalem Rillenputz. Es ist protokollarisch überliefert, dass Dülfer eine zweite, etwas frühere Gestaltungsvariante, die man später verwarf, zum Gegenstand des Genehmigungsverfahrens gemacht hatte: Statt des Fachwerks plante er Stuckfelder, die ornamental gefüllt werden sollten, jugendstilig dynamisierter Stuck sollte den Eindruck der Fassaden dominieren. Doch am Außenbau der vergleichsweise kleinen (dies im Hinblick auf derartige Villenbauten generell und das Œuvre Dülfers im Besonderen) Villa wurde schließlich auf den Einsatz von Stuck verzichtet. (Am bemerkenswert überlieferten Anwesen wurde 1982 eine Renovierung der Fassade vorgenommen, 1984 Renovierungsarbeiten im Inneren.)

Georgenstraße 28, Portal
(kein BDm)

Georgenstraße 30, Balkon; Aufn. 1981

Georgenstraße 30, Eingangsbereich

Georgenstraße 46

Georgenstraße 48

Georgenstraße 46. Auf zuvor unbebautem Grund errichtete 1906–07 Baumeister Alois Lechleitner das Anwesen in markanter Lage für sich selbst, es bildet die nordöstliche Ecke von Kurfürsten- und Georgenstraße. Dabei wurde die Baulinie der Kurfürstenstraße aufgeweitet, im Süden eine Vorgartenlinie vorgeschrieben (die Einfriedung vor Haus Nr. 46 ist im Kern die bauzeitliche). Die Grundlinie des zweiflügeligen Baus beschreibt einen stumpfen Winkel, ebenfalls auswinklig (unregelmäßig fünfeckig) wurde das Treppenhaus, zugänglich von dem in die Fassade an der Georgenstraße gesetzten Hauszugang, in den Hofwinkel eingeschrieben; die Belichtung des Stiegenhauses wurde durch eine Einklinkung der Grundlinie erreicht. Gemäß Eingabeplan befanden sich oberhalb der Läden des Erdgeschosses je drei Wohnungen im 1. und 2. Obergeschoss, im 3. Obergeschoss schließlich zwei Wohnungen und ein Atelier. Die Ladenauswechslung zur heutigen Struktur nahm 1914 das Baubüro Stefan Wollmann für den Privatier Karl Guggenheimer vor. Schon 1939 waren die Dachräume zu Wohnungen adaptiert worden, doch wurden diese während des Luftkriegs zerstört; 1957 waren die erneuten Dachgeschossausbauten amtlich abgeschlossen. Die asymmetrisch-malerische Durchbildung des Fassade ist im Großen nachvollziehbar geblieben, wie auch etliche Elemente der Binnengestaltung von einer ursprünglich prächtigen Jugendstilfassade künden: horizontaler Rillenputz im Erdgeschoss, vertikaler Rillenputz vor dem 1. Obergeschoss, flächiger floraler Dekor unterhalb des Balkons und ebenso eingeflachte Rahmungen, von denen sich freilich nur wenige erhalten haben. (Der Luftkrieg zog das Anwesen erheblich in Mitleidenschaft: Das Dachtragwerk war ein Totalschaden, das Haus vorübergehend nur im Erdgeschoss zu bewirtschaften. Der Wiederaufbau wurde ab Sept. 1946 nach den Planungen von Architekt Ferdinand Szauer verwirklicht.)

Georgenstraße 48. Auf zuvor unbebautem Grund errichtete Baumeister Mathias Krenn sen. 1888–90 das Anwesen in markanter Lage für sich selbst, es bildet die nordwestliche Ecke von Kurfürsten- und Georgenstraße und also den Pendantbau zum gegenüberliegenden Haus Georgenstraße 46 und mit diesem das Straßenportal. Die westliche Baulinie der Kurfürstenstraße (s. dort, Vorspann) wird durch den Verlauf des ehem. Türkengrabens bestimmt. Die Grundlinien der Straßenfassaden beschreiben einen leicht spitzen Winkel, zur gestalterischen Entschärfung schrägte man die Gebäudeecke ab. Vor Fertigstellung des Rohbaus kam das Anwesen in das Eigentum der Ziegeleibesitzerin Josefa Roth, die es vollenden ließ. (Frau Roth war zu dieser Zeit auch Bauherrin des westlich anschließenden, großzügigen Mietshausneubaus, heute Nordendstraße 50, den Baumeister Josef Tausend für sie errichtete.) Der mittig in die Fassade an der Georgenstraße gesetzte Hauszugang führt in das pavillonartig

ausgebaute rückwärtige Treppenhaus, dieses erschließt gemäß Erstzustand zwei Wohnungen je Etage. 1902 wurde für den neuen Eigentümer Baumeister Franz Burgauer im Erdgeschoss eine Gastwirtschaft mit eigens absperrbarem Flaschenhof und die gegebene Nebenzimmer-Einteilung geschaffen (ausführender Architekt war Anton Wurz). Die Herstellung des heutigen Ladenzuschnitts westlich des Hauszugangs wurde 1964/65 nach Plan von Ernst Stemmer vorgenommen. Die Fassade des Anwesens überliefert versatzstückartig bauzeitliche Zier: Fensterrahmungen und ein kräftig durchgebildetes Dachgebälk mit rhythmisiert eingesetzten Konsolen (entgegen einem Kranzgesims, das vom Dachtragwerk her zu denken ist). Die infolge von Glättungen beseitigten vertikalen Gliederungselemente, wie sie für Neurenaissancefassaden allzumal in dieser Lage typisch sind, fehlen und lassen gestaltete Fenster in der Fassadenfläche gleichsam „schweben".

Georgenstraße 53. Als Erstbebauung auf zuvor unbebauter Parzelle errichtete Baumeister Georg Leibold 1897–99 das Anwesen für sich selbst; dicht an das schon 1890 vollendete östliche Nachbaranwesen Arcisstraße 59, mit dem zusammen der Neubau ein nach Süden offenes Hufeisen bildet. Das westlich freigestellte neubarocke Mietshaus wird vom Eingang an der Westseite her erschlossen, gemäß Eingabeplan führte das Stiegenhaus im Hofwinkel zu zwei unterschiedlich großen Wohnungen je Etage. Ein polygonaler Eckerker überspannt die drei Obergeschosse, bildet vor dem Dach ein oktogonales Turmgeschoss aus und wird von einer Zwiebelhaube abgeschlossen. Der Dachzone oberhalb der nördlich ausgerichteten Fassade an der Georgenstraße wurde ein geschweifter Blendgiebel mit großer Fensteröffnung eingeschrieben, der das Atelier im Dachhaus dahinter

Georgenstraße 55/57, Westflügel

Georgenstraße 53

Georgenstraße 55/57

Georgenstraße 59

prominent hervorhebt. Der Unterzug des Erkers wurde ähnlich reich gestaltet wie das Portal der Seitenfassade. Es haben sich die zweiflügelige Hauseingangstür sowie Teile des bauzeitlichen Hofgitters erhalten.

Georgenstraße 55/57. Auf bislang unbebautem Grund wurde die Wohnanlage 1927–28 für die „Witwen- und Waisenkasse des Reichs- und Staatsdienstpersonals in Bayern" von Steidle & Sepp errichtet. Die Anlage beschreibt ein schlankes Hufeisen um einen lang gestreckten, nach Norden offenen Innenhof (Beispiel der in Wien verbreiteteren Gattung des Straßenhofs). In den zueinander parallelen, im rechten Winkel an die Straße gesetzten Flügeln befinden sich jeweils drei Teilhäuser mit je eigenen Treppenhäusern. Jedes Treppenhaus wiederum erschließt zwei Kleinwohnungen je Etage. Der nur wenig tiefen, südlich-rückwärtigen Spange, die die beiden parallelen Flügel verklammert, sind in den Hofwinkeln Viertelkreise angesetzt. Jeweils nach außen sind den Wohnungen im 1. und 2. Obergeschoss Korbbalkone angeschlossen. Den äußeren Eindruck bestimmen die viergeschossigen, straßenseitig abgewalmten nördlichen Teilhäuser, die von eigenen abgewalmten Dacherkern überhöhten Fensterachsen der Treppenhäuser sowie das von Konsolen getragene

mächtige Kaffgesims, das die Trauflinie der mit drei Geschossen niedrigeren südlichen Teilhäuser aufgreift und in den Fassaden der beiden höheren nördlichen Teilhäuser fortsetzt. Ansonsten bleibt die Außenerscheinung sparsam sachlich. Der Luftkrieg erbrachte eine Totalzerstörung des südöstlich rückwärtigen Teilhauses sowie Teilzerstörungen innenhofseitig an den an der Georgenstraße gelegenen Teilhäusern im Norden. Die Wiederherstellung erfolgte rekonstruierend.

Georgenstraße 59. Auf einem bislang unbebauten Grundstück ließ sich Georg Haugenstein das tief ins Grundstück reichende Mietshaus mit Erker und Zugang von der Ostseite 1903 von Berthold Neubauer erbauen. Es bildet mit dem westlich angebauten Anwesen einen Innenhof aus. Vier Wohnungen befinden sich gemäß Eingabeplan in jeder Etage. Das ausgebaute Dachgeschoss mit Atelier war schon im ersten Bauplan vorgesehen. Die Wangen des Dachhauses waren von um 1905 hochmodischen eckigen Voluten flankiert. Ursprünglich jugendstilig dekorierte Putzgliederungen fassen die Fensterachsen zu Bändern zusammen, doch sind diese nur stark geglättet erhalten. Auch die vereinfachende moderne Fensterauswechslung trägt zur Veränderung des historischen Eindrucks bei.

Georgenstraße 53–142; Flurkarte, M. 1:5000

Georgenstraße 65

Georgenstraße 67

Georgenstraße 65. Für Elise Riedmayer wurde 1898 von Georg Müller das viergeschossige Mietshaus mit östlichem Rückflügel auf einem davor unbebauten Grundstück errichtet. Das im Hofwinkel untergebrachte Treppenhaus erschließt gemäß Eingabeplan zwei Wohnungen je Etage. Die Giebellinie des die Neurenaissancefassade dominierenden Zwerchgiebels bestand bis zur Kriegszerstörung des Dachstuhls aus jeweils zwei doppelt ein- und ausgeschwungenen Voluten. Auch die östliche Hausseite zeigte bis zum Zweiten Weltkrieg einen Zwerchgiebel, der jedoch nicht wiederhergestellt worden ist. Der in die dritte Fensterachse gesetzte Erker greift über zwei Geschosse und bedient das 3. Obergeschoss als Balkon. 1940 wurde der Laden im Erdgeschoss in eine Wohnung verwandelt. Der Dachgeschossausbau erfolgte 1989.

Georgenstraße 67. Das Gebäude wurde 1899 für den Baumeister Georg Schindler auf einem vorher unbebauten Grundstück von Hans Moser an der südöstlichen Ecke Georgen-/Isabellastraße als Mietshaus errichtet. Das Treppenhaus im rückwärtigen Hofwinkel erschließt gemäß Eingabeplan drei Wohnungen je Etage. Die leicht vereinfacht erhaltenen Fassaden in den Formen der Neurenaissance sind in ihren Dachzonen mittig von Zwerchhäusern überhöht, die von Dreiecksgiebeln mit Schultern abgeschlossen werden und ehedem von den um 1900 hochmodischen eckigen Voluten flankiert waren (heute vereinfacht). Gängig ist das Erd- und Ladengeschoss rustiziert, sind die Hauptgeschosse zwischen zwei Gurtgesimsen eingespannt und besteht die vertikale Gliederung in Putzlisenen, die bei den Hauptgeschossen zwei Stockwerke übergreifen. Der halbrunde Erker mit oktogonalem Erkerturm und Spitzhaube stellt einen städtebaulichen Akzent der Straßenkreuzung Georgen-/Isabellastraße dar. 1996 fand eine Auswechslung der Erdgeschossfenster statt.

[**Georgenstraße 68.** Mietshaus (um 1900) mit z. T. vereinfachter Fassade, am Eckrisalit noch barockisierende Gliederungen, im 2. Obergeschoss Gitterbalkon.]

Georgenstraße 71. Das für Karl Menzinger 1910 von Josef Huber erbaute Mietshaus entstand gleichzeitig mit dem lang gestreckten und formverwandten Haus Isabellastraße 13 (vgl. dort) an der südwestlichen Kreuzung Isabella-/Georgenstraße. In das Anwesen an der Georgenstraße 71 wurde der Hauszugang in die

westliche Achse gesetzt, gemäß Eingabeplan ist in jedem Stockwerk eine Wohnung untergebracht. Mit Ausnahme der ehemals ornamentierten Sturzfelder der Fenster des 2. Obergeschosses ist das in jugendstiligen Formen errichtete Haus in seiner Schlichtheit original erhalten. Auch das Feld des Zwerchgiebels ist ohne Zierrat belegt. Der Dachgeschossausbau sowie das großzügige rundbogige Atelierfenster entsprechen der Ersterbauung. Die Fensterachse unter dem Atelier wird überdies von einem zweigeschossigen Runderker betont, der die Wohnung des 3. Obergeschosses mit einem Balkon bedient.

Georgenstraße 82. (Noch 1903 plante der „Realitätenbesitzer" Josef Sedlmair die Errichtung von festgebauten Schutzdächern auf dem Grundstück für die Unterbringung von Wägen, Karren und Brenn-/Bauholz. Im Jahre 1910 jedoch weist Sedlmair darauf hin, dass er aus Gründen der Rentierlichkeit an dieser Absicht nicht mehr festhalte, da der Grund zwischenzeitlich als Bauplatz ausgewiesen wurde und auch Verkaufsverhandlungen unternommen worden seien; eines der vielen Beispiele für die eklatante Bodenpreissteuerung im München dieser Zeit.)
In den Jahren 1911–12 wurde das Mietshaus als Erstbebauung für die Baumeistersgattin Karoline Stockel nach den Plänen Georg Guinins errichtet. Der tiefe Bau erhielt einen kurzen östlichen Rückflügel. Der Hauszugang erfolgt in der westlichen Achse, das rückwärtig anschließende Treppenhaus führt gemäß Eingabeplan zu einer Wohnung je Etage, wobei die Bäder in die Dunkelzonen gesetzt wurden. Im 4. Obergeschoss plante Guinin ein Atelier mit großzügiger Nord-Durchfensterung nach rückwärts ein. Dieses wurde wie das gesamte Dachtragwerk durch den Luftkrieg erheblich in Mitleidenschaft gezogen. Die Wiederherstellung des Ateliers erfolgte leicht vereinfachend. Beim Wiederaufbau des Dachhauses oberhalb der Straßenfront verfuhr man ebenfalls reduzierend: Die zuvor drei Fensterachsen ver-

Georgenstraße 68 (kein BDm)

Georgenstraße 71

Georgenstraße 82

Georgenstraße 86

minderte man auf zwei, auf den überhöhenden Dreiecksgiebel, ursprünglich mit Okulus, wurde vollständig verzichtet. Die überlieferte Fassade dokumentiert gemäß ihrer Instrumentierung im Großen eine Formgewinnung aus dem Jugendstil. Der Architekt gestaltete mit unterschiedlichen Fensterformaten, dies sogar variierend zwischen den einzelnen Geschossen. Mit einem zweiachsigen Erker mit schmalen Seitenfenstern überspannte er die Hauptgeschosse, setzte diesen jedoch asymmetrisch in die Fassade. Die Binnenformen sind zurückgenommen versachlichend gestaltet, die Fassadenfläche strukturieren schlichte Putzbänder.

Georgenstraße 86. Auf zuvor unbebautem Grund ließ sich der Bauunternehmer Hans Gottschall von Architekt G. Kraemer 1913–15 das bestehende Mietshaus durchplanen. Es ist in Bestand und Struktur erstaunlich dicht überliefert. Seiner Anlage nach veranschaulicht das Anwesen einen nach der Novellierung der Bauordnung 1895 oft wiederkehrenden Mietshauszuschnitt: Dem Vorderhaus ist nach rückwärts ein breiter Mittelflügel angesetzt, dessen Seitenwände dann nur den vorgeschriebenen Mindestabstand zu den Grundstücksgrenzen (und nicht selten zu den Nachbargebäuden) halten, die Durchfahrt hat somit auf einer der Seiten zu liegen, im vorliegenden Fall westlich, das Treppenhaus entweder mit Seitenlicht an einer einspringenden Ecke oder bei einem sehr breiten Bau, wie eben Georgenstraße 86 einen darstellt, regelrecht zentral im Haus, dann mit einer Belichtung von oben. Die beschriebene Grundrisslösung kann jedenfalls als eine bauwirtschafts-funktionalistische bezeichnet werden, die ganz die maximale Bebauung und also ökonomische Ausschöpfung zum Ziel hatte. Gemäß Eingabeplan befinden sich in jeder Etage zwei Wohnungen unterschiedlicher Größe, wobei man die Bäder in die Dunkelzone hinter dem Treppenhaus legte und auch von diesem her indirekt belichtete. Das Dachgeschoss ist seit der Erbauung des Hauses als Dachwohnung mit Atelier adaptiert. Der die Fassade mittig akzentuierende zweiachsige Flacherker zu drei Geschossen bedient die Dachwohnung als Austritt. Auch der überkommene Fassadendekor entspricht weitgehend dem Erstzustand: Die Hauptgeschosse sind zwischen einem Wasserschlag oberhalb des Erdgeschosses und einem Gurtgesims oberhalb des 2. Obergeschosses horizontal zusammengefasst. Die Fensterachsen wurden in diesem Feld durch eingetiefte, geglättete Feinputzfelder in den Brüstungszonen der Fenster des 2. Obergeschosses vertikal verklammert. Die Sturzfelder der Fenster im 2. Obergeschoss (mit Ausnahme derjenigen im Erker) erhielten schabrackenähnliche Verdachungen, von flächig vergröberten Guttae akzentuiert. Die Formgewinnung der Fassadengestaltung ist wohl als Ergebnis einer Beachtung jugendstiliger Muster zu sehen, bei deren Umsetzungen freilich verfuhr man schlichtend und sachlich.

Georgenstraße 93. Das Mietshaus wurde 1909 von Ernst Mayrhofer für sich selbst errichtet. Es stellt die westliche Hälfte eines Doppelwohnhauses dar, dessen östliches Haus (ebenfalls von Mayrhofer für sich selbst erbaut) dem Luftkrieg zum Opfer gefallen ist. Das zentral

rückwärtige Treppenhaus, zugänglich durch den leicht ausmittig in die Fassade gesetzten Hauszugang, erschließt gemäß Eingabeplan zwei Wohnungen je Etage an quer gelagerten Korridoren. Die Entfernung der Fensterläden im 4. Obergeschoss des östlichen Risalits sowie derjenigen im nebenliegenden Dachhaus der Mansarde und die Überarbeitung der Fassade 1986 haben das ursprüngliche Aussehen der Fassade verändert. Der verbliebene jugendstilige Stuckzierrat wirkt so „schwebend" applikativ.

Georgenstraße 98. Auf zuvor unbebauter Parzelle errichtete Konrad Böhm 1906–07 das stattliche Mietshaus für den Bildhauer Edmund Wiedmann. Beachtlich dicht ist das Anwesen hinsichtlich Bestand, Struktur und auch seiner Fassadengestaltung überliefert. Der annähernd mittige Hauszugang führt zum rückwärtigen Treppenhaus, das gering über die nördliche Grundlinie gelegt gemäß Eingabeplan zwei Wohnungen in jeder Etage erschließt. Auch der Erstzustand sah die Adaption des Dachraums zur Dachwohnung vor. Bei der Gestaltung der Fassade verfolgte der Architekt jugendstilige Eigenarten: Unterdrückung symmetrischer Entsprechungen in den Großformen und weiche, dynamisierende Anverwandlung des Dekors in den Binnenformen. Scheinbar mittig ist der Fassade ein zweiachsiger und dreigeschossiger Erker eingeschrieben, vor der Dachzone zwittrig von einem vorgelegten Erkerturm (in der östlichen Achse) und einem zurückgesetzten Dachhaus (westliche Achse) überhöht. Stilmerkmal ist auch das asymmetrische Nebeneinander dreigeteilter Kreuzstock- und zweigeteilter Querstockfenster oder der parallele Einsatz variierter bogenförmiger Verdachungen in den Hauptgeschossen und strenge gerade Verdachungen im 3. Obergeschoss; der „Träger wird zu Ornament" durch die verschiedenen Antragstechniken des Fassadenputzes, Wesen eines Extremstils, wie ihn der Jugendstil wohl darstellt: Während das Erdgeschoss in Erinnerung einer Rustika mit einem horizontalen Rillenputz versehen wurde, markiert vertikaler Rillenputz die Brüstungszone der Fenster des 3. Obergeschosses sowie friesartig den Bereich unterhalb des Traufgesimses. Die Fassadengestaltung gibt so im Nebeneinander von Merkmalen des Jugendstils und amalgamierten Dekorationsformen des Neubarock eine individuelle, aber lokal typische Eigenart eines in seiner Reinform freilich internationalen Stils wieder (Fassadenrenovierung und Dachreparatur erfolgten 1979–80).

Georgenstraße 93

Georgenstraße 98

Georgenstraße 99/101. Die beiden formidentischen und auch ihrer inneren Struktur nach symmetrischen Häuser entstanden im Auftrag Johann Venzls 1906–08 durch Heinrich Stengel und Paul Hofer. Das Haus Nr. 99 kam im Jahr der Fertigstellung von Nr. 101 in den Besitz von Ludwig Wasserburger. Die Grundrisse der Häuser bestehen in breiten Rechtecken, denen mittig kurze Rückflügel angesetzt sind, deren seitlichen Außenwände jedoch in Viertelkreisen konkav an die Rechtecke anschließen. In beiden Häusern führen die zentralen Treppenhäuser, in die jeweils äußere Achse der Straßenfassade gesetzt, gemäß Eingabeplan zu zwei Wohnungen je Etage. Die in jugendstiligen Formen gehaltene Fassade des Doppelhauses ist in ihren Putzfeldern stark geometrisierend aufgefasst. Der vierachsige Mittelteil, von einem Zwerchhaus überhöht, wird von zwei äußeren dreigeschossigen Flacherkern gegliedert, die die beiden mittleren Achsen einfassen. Bei Nr. 99 fehlen die am Nachbarhaus noch vorhandenen abstrakten Stuckornamentierungen in den Brüstungsfeldern der Fenster. Die beschädigte Dachzone wurde bei Nr. 99 im Jahr 1950 wiederhergestellt, bei Nr. 101 schließlich 1952.
Hinter Haus Nr. 101 befand sich bis zum Zweiten Weltkrieg ein zweigeschossiges Ateliergebäude im Münchner Heimatstil, das sich Frhr. August von Welden (Besitzer des Anwesens seit 1908) im Jahre 1909 erbauen ließ.

Georgenstraße 110. Nach den Plänen Georg Guinins errichtete 1905–06 der Baumeister Andreas Hainthaler die Mietshäusergruppe für sich selbst (fünf Bauplätze von der Ecke Georgen-/Hiltensbergerstraße im Westen bis zur Ecke Georgen-/Adelheidstraße im Osten, für die Hainthaler zuvor eine Voranfrage auf Genehmigung einreichte). Dabei ist für Nr. 110 an der Georgenstraße protokollarisch belegt, dass die Werkleute den Winter 1905–06 durcharbeiteten, der rein wirtschaftliche Druck also enorm war, eine beinahe obligatorische Begleiterscheinung der Boden- und Bauspekulation hier also in noch übersteigerter Form vorlag. Neben der leicht ausmittigen Hofdurchfahrt liegt westlich angeschlossen das Stiegenhaus, im 3/6-Schluss über die rückwärtige Grundlinie ausgestellt. Gemäß Eingabeplan erschließt die halbgewendelte Treppe zwei Wohnungen in jeder Etage, wobei sich die westlichen in den Rückflügel erstrecken. Die heutige Erscheinung der Fassaden des Anwesens ist von späteren Wiederherstellungs- und Glättungsmaßnahmen geprägt, denn im Juni 1944 betraf der Luftkrieg das Anwesen massiv, sodass es noch im Mai 1946 amtlicherseits hieß: „Freigabe irgend welcher Räume im oben bezeichneten Anw. nicht möglich". Die Straßenfront wird von einem Flacherker akzentuiert, der oberhalb des Hauszugangs anhebend drei Obergeschosse übergreift, vor dem 3. Obergeschoss als rundbogig geschlossene und eigens verdachte Loggia ausgebildet ist. Auch dem Dachhaus darüber legte Guinin einen kleineren Erker mit eigener zwiebelförmiger Verdachung vor. Im Erdgeschoss und 1. Obergeschoss haben sich die Putzstreifenrustiken erhalten; ebenso die Fensterverdachungen in diesen Geschossen, im Erdgeschoss über Stichbögen mit vergröberten Scheitelsteinen, im 1. Obergeschoss mit Schabrackenmotiven und ebenfalls stilisierten Scheitelsteinen. Kolossale Putzlisenen überfangen das 2. und 3. Obergeschoss, wenige, aber charakteristische Zierelemente des Jugendstils sind hier in Form

Georgenstraße 99/101

von Feinputzbahnen erhalten geblieben. (Beim Wiederaufbau wurde das Haus schließlich hofseits um ein Geschoss erhöht. Eine Fassadenredaktion ist für 1980–81 belegt: Der Austausch v. a. der Fenster in den äußeren beiden Achsen der Straßenfront zu asymmetrisch geteilten rührt von daher.)

Georgenstraße 112. Der Beginn der Bauarbeiten an diesem Haus (der ursprünglich fünf Bauten umfassenden Mietshäusergruppe) folgte nach Plänen Georg Guinins 1905–06 unmittelbar auf denjenigen der Arbeiten am östlichen Nachbargebäude. Ein östlicher Rückflügel verläuft entlang der Grundstücksgrenze und deckt sich in seiner Tiefe mit demjenigen des Nachbargebäudes. (Als Verlängerung des Rückflügels nach Norden entstand in dessen Flucht gleichzeitig ein Hintergebäude mit eigener Treppe.) Ein Stiegenhaus mit halb gewendelter Podesttreppe liegt im Hofwinkel, östlich neben der Durchfahrt in der Gebäudemitte. Gemäß Eingabeplan sind in jeder Etage zwei Wohnungen untergebracht. Im Erstzustand war nur der Dachraum westlich des Treppenhauses als Dachwohnung adaptiert. 1920 schließlich erfolgte ein ergänzender Ausbau des Dachraums östlich des Treppenhauses (Architekt war Hans Fries, Bauwerber Josef Reiner). Die Fassade des Hauses wird in der Dachzone von einem Dachhaus überhöht, das ehedem abgewalmt gewesen ist, jedoch nach seiner Kriegszerstörung in dieser Form nicht mehr wiederholt wurde, sondern eine Wiederherstellung als einfaches Pultdach erfuhr. Jedoch ist die Fassade zwischen Sockelzone und Traufgesims gut überliefert (freilich mit Ausnahme der Anfang der 1980er Jahre erneuerten Fenster, eine Maßnahme, bei der auch die mittleren beiden Achsen asymmetrisch geteilt wur-

Georgenstraße 114

Georgenstraße 112

Georgenstraße 110

den). Der Einsatz verschiedener stilisierter Rustiken prägt die Gesamterscheinung. Das Erdgeschoss wurde dabei vergleichsweise traditionell behandelt, das 1. Obergeschoss zeigt jugendstilig dynamisierte Fensterrahmungen, 2. und 3. Obergeschoss wurden als Hauptgeschosse mit kolossalen Wandvorlagen verklammert. Das Motiv der Schabracke dominiert die Gestaltung der Hauptgeschosse: Die Brüstungszonen aller Fenster der beiden Geschosse zeigen variierte Schabracken ebenso wie die Sturzfelder der Fenster unterhalb der Traufzone; auch die Wandvorlagen erhielten Schabrackenkapitelle, freilich fantasiereich anverwandelt.

Georgenstraße 114. Für das 1907–08 errichtete Mietshaus (eines von fünf in einer Zeile zwischen der Hiltensberger- und der Adelheidstraße, die Andreas Hainthaler erbauen ließ) wählte Georg Guinin eine moderne Grundrissvariante, die erst mit der Novellierung der Münchner Bauordnung vom Jahre 1895 möglich geworden war: Dem breiten Vordergebäude setzte er einen schmäleren Rückflügel an und erreichte infolge der so entstandenen seitlichen Ausklinkungen eine vermehrte Belichtung von Osten und Westen. Das Treppenhaus positionierte er quer liegend, mittig ins Gebäude und stellte dessen Belichtung durch ein Oberlicht her. Gemäß Erstzustand sind zwei Wohnungen in jeder Etage untergebracht. Den Mittelzug der Fassade betont ein dreigeschossiger polygonaler Erker. Dieser war bis zur Kriegszerstörung des Gebäudes (der Umfang an Planungen und Genehmigungsverfahren des Wiederaufbaus entspricht denjenigen eines Neubaus) vor der Dachzone von einem einachsigen Dachhaus mit vorgeblendetem Schweifgiebel überhöht. 1949 wurde im Zuge der neuerlichen Erschließung des Dachraums zu Wohnraum das zwischenzeitlich nur mehr von einem Pultdach abgeschlossene Dachhaus um ein weiteres Fenster nach Westen erweitert. 1960 adaptierte man auch den östlichen Abschnitt des Dachraums als Wohnung und erweiterte das Dachhaus auch nach Osten zur bestehenden Dreiachsigkeit. Neben die Dekoration der Fassade mit neubarock anverwandelten Elementen des Jugendstils, die die bestehende Fassade bis heute markieren und als ehedem anspruchsvoll gestalteten Bau ausweisen, trat die Herausforderung, dieser baulichen Überlieferung auch bei der Fenstergestaltung Rechnung zu tragen. (Asymmetrisch geteilte, modern angepasste Fenster schaffen vertikale Linien ohne Vermittlung in die Fassadenzier hinein, eklatant nachvollziehbar an den Ersatzfenstern der vormals dreigeteilten Kreuzstockfenster im Erker der Fassade.)

Georgenstraße 117/119. In einem Zug ließ sich 1899–1900 Heinrich Trenner von Georg Müller die beiden Mietshäuser erbauen, bei identischer Geschosseinteilung und ursprünglich identischer Binnendekoration der Fassaden (im Stil der deutschen Renaissance), die freilich durch Besitzerwechsel und Kriegsbeschädigungen eine je unterschiedliche Veränderungsgeschichte zu verzeichnen haben. Das Haus Nr. 117 besteht in einem Block an der Straße mit westlich angesetztem Rückflügel. Das Treppenhaus im Hofwinkel erschließt gemäß Eingabeplan zwei Wohnungen je Etage. Mittig setzt über dem 1. Obergeschoss ein zweiachsiger Flacherker mit schmaler Seitendurchlichtung an, der zwei Geschosse übergreift und bis zur Kriegszerstörung des Dachstuhls von einem Erkerturm mit geschweifter Kupferhaube abgeschlossen worden war. Den Erker flankieren breite Putzlisenen. Die ursprünglichen Segmentbogenfenster des Dacherkers wurden nicht wiederholt, derselbe mit einem flachen Satteldach bedeckt. Die Fenster werden einheitlich mit Nr. 119 von geohrten Faschen gerahmt. Gemäß Eingabeplan waren auch die Brüstungszonen der Fenster des 3. Obergeschosses mit Festons geschmückt. Das östlich angebaute Tor der Zufahrt in den Hinterhof von Nr. 117 stammt von 1900 und ist leicht vereinfacht.

Georgenstraße 117   Georgenstraße 119

Von einem asymmetrisch-rechteckigen Block an der Straße mit mittig angebautem Rückflügel wird der Grundriss des Hauses Georgenstraße 119 beschrieben. Das zwischen Hauptgebäude und Rückflügel eingespannte Treppenhaus erschließt gemäß Eingabeplan zwei Wohnungen je Etage, die jeweils an einem quer gelagerten Korridor liegen. Der die Fassade dominierende Zwerchgiebel hält ein dreiteiliges Atelierfenster. In das Feld des mehrfach geschweiften Giebels sind mit unprofilierten Stuckleisten Treppen gesetzt, jeweils Segmente ausscheidend, die bis zur Wiederherstellung nach dem Zweiten Weltkrieg mit den Binnenformen von Muscheln stuckiert waren (am Nachbaranwesen Georgenstraße 121 noch erhalten). Der asymmetrisch in der zweiten Fensterachse sitzende Flacherker mit schmalen Seitenbelichtungen übergreift drei Geschosse, Balkonzungen reichen von ihm im 1. und 3. Obergeschoss nach Westen und bedienen die Wohnungen als Balkone. Mit dem Dekor an der Fassade von Haus-Nr. 117 ursprünglich einheitlich bestehen die Brüstungszonen der Fenster des 1. und 3. Obergeschosses aus festonsgeschmückten Schabracken. Die heutige Eingangssituation von der Straße her wurde 1902 geschaffen mit einem reich stuckverzierten Entrée.

Georgenstraße 118. An der nordwestlichen Ecke Hiltensperger-/Georgenstraße ließ sich der Baumeister Nikolaus Beck 1907–08 das repräsentative und, gerade im Hinblick auf die umgesetzte Ecklösung, städtebaulich markante Mietshaus durch Konrad Böhm auf eigens arrondierter Parzelle

Georgenstraße 118

errichten. Mit zwei beinahe gleich großen Flügeln erhebt es sich über einem rechten Winkel. Ein eingetiefter Korbbogen mit angeschrägter Laibung nimmt die zurückgesetzte Eingangstür von der Georgenstraße her auf; diese führt über ein Zwischenpodest (das Erdgeschoss ist als Hochparterre, der Keller als Souterrain ausgebildet) zum auswinklig rechteckigen Treppenhaus im Hofwinkel. Gemäß Erstzustand sind zwei Wohnungen in jeder Etage untergebracht. Der Fassade zur Georgenstraße wurde vor die zweite Fensterachse ein zweigeschossiger Polygonalerker mit Seitendurchfensterungen angesetzt (das 3. Obergeschoss als Austritt bedienend) und ein ebensolcher in gleicher Funktion kam vor die dritte Fensterachse der Fassade zur Hiltensperger-straße. Die Ecke, die die beiden Straßenfronten bilden, wird prominent betont: Breite, flache Putzbänder bereiten oberhalb der Fenster des 1. Obergeschosses diesen Bauteil vor, sie überspannen drei Geschosse, das 2. und 3. Obergeschoss und auch das Turmgeschoss oberhalb der Trauflinie; hier springen die dreigeteilten Kreuzstockfenster zu eng gesetzten, in der Sohlbank verklammerten doppelten Querstockfenstern auf. Beachtung verdient das zweifach gebrochene Zeltdach mit eingeziegelter Dachhaut. (Es ist anzunehmen, dass – ohne protokollarischen Niederschlag – die Fassade zumindest einer Glättungsmaßnahme unterzogen worden ist. Erhalten blieben die stichbogig geschlossenen Fenster im Erdgeschoss, gefaste Fensterprofile, durchgebildete Sohlbankgesimse, die Fensterachsen vertikal verklammernde Putzfelder und die Oberlichtteilungen aller straßenseitigen Fenster. So ist im Ganzen die ursprüngliche Orientierung an Jugendstilformen erkennbar geblieben.)

Georgenstraße 120. Das 1907–08 von dem Architekten Konrad Böhm errichtete Mietshaus entstand gleichzeitig mit dem östlich anschließenden Eckbau Nr. 118 an der Georgenstraße und Haus Nr. 17 an der Hiltenspergerstraße für den Baumeister Nikolaus Beck. Der mittige Hauszugang, mit querovalem Okulus in der Eingangswand, führt über ein Zwischenpodest (das Erdgeschoss ist als Hochparterre, der Keller als Souterrain ausgebildet) zur rückwärtigen doppelläufigen Podesttreppe, die gemäß Eingabeplan zwei Wohnungen je Etage erschließt. Der Gebäudetiefe und den vergleichsweise konservativen Grundrissen entsprechend ergaben sich Dunkelzonen, in die Böhm die Bäder einplante. 1952 wurde eine Schlichtung der ehedem jugendstilig dekorierten Fassade nach den Gestaltungsvorschlägen von Architekt Rudolf Muhr vorgenommen. Im gleichen Jahr baute man auch den westlich des Stiegenhauses gelegenen Dachraum zur Dachwohnung aus. Der Dachraum ostseits der Treppe war schon gemäß Erstzustand als Dachwohnung adaptiert gewesen, deren Räume mit geraden Wänden hinter dem vorhandenen Zwerchhaus, als dem Hauptakzent der Straßenfront des Hauses, zu liegen kamen. Die westliche Öffnung dieser zweiachsig durchfensterten Zwerchfassade führt auf einen Austritt, den der dreigeschossige Erker darunter ermöglicht. Diesem mittig in die Fassade gesetzten, den Höhenzug der Schauseite gewährleistenden Vorbau sind westseitig vor allen Fenstern des Obergeschosses Balkone angesetzt. Den straßenseitigen Austritt aus der Dachwohnung wie auch die Austritte auf die Südbalkone vor den Obergeschossen bilden somit zu Fenstertüren erweiterte Öffnungen. 1986 wurde die bauzeitliche Erscheinungsweise der Fassade um ein Weiteres reduziert: Man ersetzte die mit Festons und geometrisierenden Jugendstilornamenten verzierten, schmiedeeisernen Balkongitter durch formal anspruchslose, verzinkte Baustahlgitter. Und im gleichen Jahr wurde auch eine Ersetzung der Fenster zu solchen mit asymmetrischen Teilungen vorgenommen, wodurch sich eine neuartige, die Gestaltungsabsicht des Erstzustandes erheblich verändernde Vertikaltendenz ergab. (Das Nebeneinander der beiden Bilddokumente zur schrittweisen Ersetzung der Fenster,

Mischzustand vor 1986 neben der aktuellen Ansicht um 2005, belegt klar die „Redaktionsmöglichkeiten" einer Fassade, eben durch die Wahl spezifischer Fensterteilungen.)

Georgenstraße 121. Das tief ins Grundstück reichende Anwesen wurde von Heinrich Volbehr 1900–01 für den Malermeister Georg Geckeler erbaut. Es ist weitgehend original erhalten. Eingang und Hausgang an der westlichen Längsseite erschließen über das zentrale Treppenhaus zwei Wohnungen je Etage, dies gemäß Eingabeplan. Den Eindruck der Straßenfassade des Mietshauses dominiert der zwei Fensterachsen zusammenfassende kantige Flacherker. Er setzt über dem Erdgeschoss an, von Konsolen getragen, übergreift drei Geschosse und trägt vor dem Dachhaus darüber eine Balkonbrüstung. Während die Ornamentik des Dachhausgiebels sowie des Giebels des als Seitenrisalit erbauten nördlichen Vorsprunges der Westfassade Formen der deutschen Renaissance aufgreift, sind die Sturzfelder der Fenster des 1. und 2. Obergeschosses (in die Fassadenfläche geschnittene Maßwerkformen) Reminiszenzen an die Neugotik. Auch die Brüstung des Balkons der Dachwohnung zeigt geometrisierte gotische Fischblasen. Dagegen befinden sich in den ebenfalls in den Putz geschnittenen Sturzfeldern, beim Erker über dem 1. und 2. Obergeschoss sowie in den Sturzfeldern der beiden äußeren Fenster des Erdgeschosses rollwerkartige Stuckdekore. Bemerkenswert und zugleich typisch für den spätgründerzeitlichen Mischdekor ist der Treppengiebel der westlichen Seitenfassade.

Georgenstraße 126. Die beiden renommierten Architekten des Münchner Jugendstils Otho Orlando Kurz und Eduard Herbert errichteten 1909 das bemerkenswerte Mietshaus auf zuvor unbebauter Parzelle an der Nordseite der Georgenstraße. Südlich gegenüber waren bis 1908 in Jugendstilformen regelrecht durchgebildete Mietshäuser entstanden, denen Haus Nr. 126 als stilistisches Pendant entsprechen sollte (erhalten geblieben ist das von Stengel & Hofer errichtete Doppelhaus Georgenstraße 99/101, vgl. dort). Bauherr von Georgenstraße 126 war Baumeister Nikolaus Beck, der als ausführender Bauwerber etliche Grundstücke an der Georgenstraße und den kreuzenden Querstraßen erworben hatte und bebaute resp. bebauen ließ (erhalten sind hiervon u. a. die drei zusammengefassten Häuser Georgenstraße 118 und 120, vgl. dort, sowie Hiltenspergerstraße 17, die bis 1908 in einem Zug nach den Plänen Konrad Böhms erbaut worden waren). Der mittig in die Fassade geschnittene zweiflügelige Hauszugang führt über ein Treppenpodest (das Erdgeschoss ist als Hochparterre ausgebildet, der Keller als Souterrain) zur rückwärtigen doppelläufigen Podesttreppe. Gemäß Erstzustand sind zwei Wohnungen in jeder Etage untergebracht; dabei zeitigt die Gebäudetiefe vergleichsweise konservative Wohnungszuschnitte mit großzügigen, quer gelagerten Vorplätzen und Bädern in den Dunkelzonen. Eine Dachwohnung im Dachraum westlich des Treppenhauses war Teil des Erstzustands, 1924 baute Hans Hönig auch den Dachraum östlich der Stiege zur Wohnung aus (Bauwerber war E. Palm). Im Januar 1945 wurde das Mietshaus infolge des Luftkriegs zum Totalschaden, die nördliche Außenwand bis ins Erdgeschoss herunter zerstört. Die Wiederherstellung des Hauses zur Bewohnbarkeit wurde 1946 nach den Planungen von Architekt Franz Ruf umgesetzt.

Die aufgehende, insgesamt symmetrisch ausponderierte Fassade (1989 instandgesetzt) des bestehenden Hauses ist als ein gut überlieferter Zeuge genuin jugendstilig anverwandelter Hausfronten anzusprechen. Stichbogenfenster machen die großen Öffnungen im Hochparterre aus, sie flankieren das mittige Portal, das von einer breiten, flächig angelegten Einfassung umgeben ist und von einer eingeflachten Volutenverdachung mit eingeschriebenem hochovalem Okulus überhöht wird. Den Mittelzug der beiden Hauptgeschosse fassen zweigeschossige Polygonalerker mit Seitenfenstern ein, deren Unterzüge zu den stichbogigen

Georgenstraße 120

Georgenstraße 120; Aufn. vor 1986

Georgenstraße 121

Georgenstraße 126

Georgenstraße 142

Stürzen darunter sphärisch verschliffen wurden. Der Mittelzug selbst besteht aus eng gesetzten schmalen Fensterachsen mit zweiteiligen Querstockfenstern. Oberhalb der beiden Polygonalerker nimmt ein vorgelegter Balkon, von diesen gleichsam gestützt, mit abgerundeten seitlichen Anschlüssen die gesamte Fassadenbreite ein. (Das 3. Obergeschoss überhöhend hatte bis Anfang 1945 ein hohes Zwerchhaus Bestand.)

Georgenstraße 130. An der nordwestlichen Ecke der Georgen/ Zentnerstraße entstand nach Plänen von Michael Reinhart bis 1904 das bestehende Mietshaus, als Neurenaissance-Eckbau zweiflügelig über einem leicht stumpfen Winkel und auf zuvor unbebauter Parzelle. Entlang der Zentnerstraße war eine fünf Meter tiefe Vorgartenlinie zu beachten; die entstandene Einfriedung rührt noch aus der Erbauungszeit her. Mit kurzer Vortreppe (das Erdgeschoss wurde als Hochparterre, der Keller als Souterrain ausgebildet) führt der ausmittige Eingang von der Georgenstraße her zum Stiegenhaus im Hofwinkel, eingezogen

Georgenstraße 130

hinter der rückwärtigen Grundlinie. Drei Wohnungen sind gemäß Eingabeplan in jeder Etage untergebracht. Die südliche Achse der Fassade an der Zentnerstraße bildet ein Zwerchhaus aus, das ein Geschoss hoch über die Trauflinie hinausgreift, ebenso verfuhr Reinhart mit den beiden östlichen Achsen der Fassade an der Georgenstraße; diese fasste er in einem Zwerchhaus zusammen, das ebenso wie dasjenige der anderen Straßenfront in einer Giebelfassade aufgipfelt und mit diesem unter einem Dachwerk zusammengefasst wurde (den Giebelflächen sind Okuli eingeschrieben, die Verfallung der beiden Satteldächer verläuft diagonal zur Gebäudeecke hin). Es ist davon auszugehen, dass die Fassaden des Hauses reichhaltig dekoriert waren. Dokumente, die diese Annahme stützen könnten, sind bis heute nicht wieder greifbar geworden. Doch sind entscheidende Grundzüge einer späten Neurenaissance-Behandlung erhalten geblieben: Das Erdgeschoss findet sich mit einer einfachen Putzstreifenrustika überzogen, die Achsen der Fassade an der Georgenstraße wurden mittels Eng- und Weitsetzung rhythmisiert, diejenigen der Zentnerstraßen-Fassade bilden eine Parataxe. Die Brüstungszone der Fenster des 1. Obergeschosses entsteht durch parallel umlaufende Kordon- und Sohlbankgesimse. Auch die stilisierten Scheitelsteine der Stichbogenfenster im 3. Obergeschoss haben sich erhalten.

Georgenstraße 142. Baumeister Josef Eckbauer ließ sich 1902– 1903 (bez. 1902) von Eduard Miller den Mietshausbau auf zuvor unbebautem Areal durchplanen und bis zur Vollendung des Rohbaus auch leiten. Das Anwesen entstand über einem vergleichsweise modernen Grundriss: Dem breiten Vordergebäude wurde ein schmälerer Rückflügel mittig angesetzt und dessen Außenwände an den Stößen eingeklinkt, um mittels zusätzlich möglicher Durchfensterungen mehr Licht ins Innere zu bringen. Bei dem nach 1895 häufig umgesetzten Mietshaustyp legte man das Treppenhaus entweder an eine einspringende Ecke mit Belichtung von der Seite (so hier beim Anwesen Georgenstraße 142, zugänglich über den ausmittig in die Fassade gesetzten Hauszugang) oder zentral ins Haus und belichtete es von oben her durch eine Aufglasung der Dachfläche. Gemäß Erstzustand waren in jeder Etage drei Wohnungen untergebracht und auch der Dachraum zu Wohnzwecken erschlossen. Die bestehende Hofdurchfahrt in der westlichen Achse wurde zehn Jahre nach Erbauung nachträglich ausgeführt (Baumeister war Friedrich Spindler, Bauherrin Therese Lindl). Die gut überlieferte Fassade (behutsame Instandsetzung 1982) deckt sich mit einer Tektur, die nach dem Besitzübergang 1903 von Architekt Carl Raweg für den neuen Besitzer Ernest Lindl eingereicht worden war. Die Behandlung der Fassade besticht dadurch, dass in konsequenter Aneignung der Charakteristika des Jugendstils Bauteile asymmetrisch in die Fassade gelegt, deren Massen jedoch symmetrisch ausponderiert wurden. (Als traditionelle Registerteilung freilich sind die im Vergleich mit dem dynamischen Dekor der Fassade strenge Geschosstrennung und -zuweisung durch das Kordongesims oberhalb des Erdgeschosses und das Sohlbankgesims der Fenster des 3. Obergeschosses sowie die geraden Fensterbänke in den unteren Geschossen beibehalten worden.) Der zweiten westlichen Achse ist über kräftigen Konsolen ein eingeschossiger Flacherker vor das 3. Obergeschoss gesetzt, der nach oben in ein polygonal einspringendes Zwerchhaus überleitet, das von einem Pyramidendach abgeschlossen wird. Vor das Fenster des 2. Obergeschosses in der zweiten östlichen Achse setzte Raweg einen weiteren Erker, der schon vor dem Sturzfeld des Fensters darunter sockelähnlich vorbereitet wird und das Fenster im 2. Obergeschoss darüber als mauerbewehrten Austritt bedient. Diesen Erker bekrönt ein Dachhaus mit lyraförmigen Wangen und Dreiecksgiebel. Halbkreisförmige Putzlisenen verklammern die Sturzfelder und Brüstungszonen der Fenster von 1. und 2. Obergeschoss. Den zwischen den Fenstern des 3. Obergeschosses liegenden Wandflächen (Intrafenestrale) wurden relieffartig floral gestaltete Putzfelder eingeschrieben, ebenso der Stirnwand im westlichen Zwerchhaus und dem Sturzfeld der Austrittstür oberhalb des östlichen Erkers; dort mit der Inschrift: „Gott mit uns".

Geschwister-Scholl-Platz/Ludwigstraße/Professor-Huber-Platz, Blick nach Norden

zung wurden erst zwischen 1870 und 1875 nach Plänen von Arnold Zenetti angelegt und 1948/49 nach Kriegsschäden wiederhergestellt; sie widersprechen zwar dem Begrünung ausschließenden Originalkonzept der Ludwigstraße, andererseits erinnert das Rondell an den zeitweise als Nordabschluss der Straße geplanten Kreisplatz. Gärtners monumentale Platzkomposition ist entstehungsgeschichtlich wie städtebaulich und gestalterisch Bestandteil der Gesamtanlage Ludwigstraße (s. dort). Vgl. Geschwister-Scholl-Platz 1 (mit Gedenkstätte „Weiße Rose" sowie Bodendenkmal vor dem Haupteingang).

Geschwister-Scholl-Platz

(Vgl. Ensemble Ludwigstraße/Odeonsplatz.) Rechteckige Erweiterung der Ludwigstraße vor dem Universitätsgebäude, der eine Kreisform einbeschrieben ist; die östliche Hälfte trägt den Namen Professor-Huber-Platz (vgl. dort). Die Fahrbahn in der Mitte flankieren zwei Brunnen römischen Typs, 1840–44 von Friedrich von Gärtner (ohne Nr., s. unten). Die beiden von der Fahrbahn der Ludwigstraße geschiedenen Hälften des quadratischen Universitätsforums, das früher amtlich keinen eigenen Namen trug, wurden 1946 nach den Geschwistern Hans und Sophie Scholl (geb. 1919 bzw. 1921) und nach Prof. Kurt Huber benannt, die 1943 wegen ihres Widerstandes gegen das NS-Regime hingerichtet worden waren. Den Namen der Geschwister Scholl erhielt die von den drei Flügeln der Universität eingeschlossene Westhälfte des Forums, die – wie der Professor-Huber-Platz (s. dort) als ihr östliches Pendant – von einem begrünten Halbrondell eingenommen wird, in dessen Mitte einer der beiden großen Schalenbrunnen Friedrich von Gärtners steht. Die Rasenflächen und die sie außenseitig säumende Baumpflan-

Geschwister-Scholl-Platz mit Professor-Huber-Platz. Zwei *Brunnen* römischen Typs. Im Zusammenhang mit der variantenreichen Vorplanung des Universitätsforums durch Gärtner war in dessen Zentrum 1835–36 ein Obelisk mit Fontäne und vier Löwen vorgesehen, 1839 ein Brunnen mit Figur der Hellas auf eherner Säule, bzw. eine Brunnenvariante als Denkmal der griechischen Befreiung ohne Säule. Ludwig I. entschied sich 1840 schließlich zu einer unprogrammatischen, rein auf die architektonische Wirkung abzielenden Lösung mit zwei monumentalen Doppelschalenbrunnen in gestalterisch freier Analogie zu den von ihm bewunderten Fontänen Berninis auf dem Petersplatz in Rom. Diese wurde 1840–44 von Friedrich von Gärtner verwirklicht. Die 8 m hohen Brunnensäulen mit polygonalem, romanisierendem Sockel, weit ausladender Schale, Balusterschaft und kleinerer oberer Schale in Pilzform wurden nach Gärtners Entwurf in der Maximilianshütte zu Bergen am Chiemsee in Eisen gegossen und mit einem speziell haftenden Bronzierpulver überzogen. Die Unterseite der großen Schale ist gerippt, die gewölbte Überfallfläche der oberen ornamental strukturiert. Die Schalenaufbauten stehen jeweils in einem achteckigen Becken mit Brüstung aus geschliffenem Hauzenberger Granit (ausgeführt von Steinmetzmeister Straub), umgeben von einer flachen Antrittsstufe. Die Wasserzufuhr erfolgte vom Englischen Garten her durch ein eigenes Pumpwerk; der kleine, von Gärtner und Hofbrunnmeister Höss errichtete Backsteinbau des Brunnhauses unweit vom Wasserfall brannte im Zweiten Weltkrieg aus und wurde 1956 abgebrochen (seit 1957 Umwälzpumpe im Hof der Universität). Durch Schenkungsurkunde vom 10. April 1848 vermachte Ludwig I. die beiden Brunnen der Stadt. Nach Luftkriegsbeschädigungen wurden sie 1955–56 wieder instand gesetzt. (Abb. s. S. 837)

◁ Geschwister-Scholl-Platz; Flurkarte, M. 1:2500

Geschwister- ▷
Scholl-Platz 1,
Ludwig-Maximilians-
Universität, Ost-
fassade mit Brunnen

Geschwister-Scholl-Platz 1. *Ludwig-Maximilians-Universität.*
(Vgl. Ensemble Ludwigstraße/Odeonsplatz). Die alte bayerische
Landesuniversität, 1472 durch Herzog Ludwig den Reichen in
Ingolstadt gegründet und 1800 durch Kurfürst Max IV. Joseph
nach Landshut verlegt – seit 1802 nach Gründer und Neugründer
„Ludwig-Maximilians-Universität" genannt – wurde 1826 durch
Ludwig I. in die Hauptstadt verlegt, nicht zuletzt weil hier seit
1759 die Akademie der Wissenschaften ansässig war. In deren
Quartier, der Alten Akademie (s. Neuhauser Straße 8), war bis
1840 auch die Universität provisorisch untergebracht.
Die schon 1826 einsetzenden Überlegungen hinsichtlich eines
Neubaus konkretisierten sich erst, als am 11. April 1835 das Innenministerium Friedrich von Gärtner den Auftrag zu dessen
Realisierung an der neuen Ludwigstraße erteilte, an deren Nordende die Hochschule zusammen mit dem Georgianum (und später dem Max-Joseph-Stift) eine (nicht offiziell) als „Universitätsplatz" bezeichnete platzartige Straßenerweiterung umschließen sollte. Schon am 25. August 1835, dem Namenstag Ludwigs
I., erfolgte die Grundsteinlegung; zur Zeit der Hebeweinfeier am
26. November 1836 war der Rohbau vollendet; die Maurer- und
Verputzarbeiten führte Maurermeister Joseph Höchl († 1838)
aus. 1837 war der Innenausbau im Gange und am Äußeren konnte mit der Dekoration begonnen werden. „Eine lebhafte Diskussion über die Gelehrtenmedaillons der Obergeschossfenster ent-
brannte. Diese Porträts waren dem König besonders wichtig, da
er mit den Gelehrtenköpfen an diesem Bau Zeichen für die
Größe der Vergangenheit setzen wollte. Im Dezember 1839 wurde über die Bildnisse in der (ehem.) Aula entschieden, die Ludwig als Gedenkstätte bayerischer Fürsten sah, die sich um die
Universität verdient gemacht hatten. Die Kosten wurden aus

Staatsmitteln bzw. dem der Universität zugewiesenen Stiftungs-
fonds bestritten" (Ausst. Kat. Gärtner 1992). Im September 1840
wurde der für 1500 Studierende berechnete Neubau bezogen.
Gärtners Altbau – der Ostteil des Komplexes – umschließt mit
drei Flügeln die Westhälfte des quadratischen, von der Ludwigstraße durchschnittenen Universitätsplatzes; der Südflügel ist
durch einen rechtwinklig angefügten Trakt entlang der Straße
verlängert (gesamte Nord-Süd-Länge 176,5 m, Eingangsfront an
der Platzwestseite 124 m). Die nördliche Seitenfront des Nordflügels an der leicht schräg einmündenden Adalbertstraße folgte
auf Anweisung des Königs dem streng rechtwinkligen Schema.
Gärtners (italienisch-)romanisierender Stil (sog. Rundbogenstil), von H. Moninger (1882) „byzantinisch-florentinisch" genannt, ist durch seine Großflächigkeit – mit quaderartig bemalten Putzflächen –, die vergleichsweise kleinen, weit gestellten
Rundbogenfenster und den weitgehenden Verzicht auf plastische
Massen- und Detailgliederung gekennzeichnet; er wurde somit
von der Folgegeneration des späten Historismus kaum verstanden, hingegen wegen seiner wahlverwandt erscheinenden prä-
modernen Nüchternheit im 20. Jh. wiederum geschätzt (beginnend mit Bestelmeyers Erweiterungsbau). Als konstitutive Platz-
und Straßenbegrenzung im Verein mit Pendants an den Gebäuden der Ostseite sind – gemäß dem Wunsch des Königs – die Enden der beiden Seitentrakte als dreiachsige Eckpavillons ausgebildet, deren südlicher jedoch zur Ludwigstraße hin vom Verlän-
gerungstrakt nicht abgesetzt bzw. mit ihm zur sieben Achsen
langen Einheit zusammengezogen ist. Einzige vertikale Gliederungselemente sind schmale Blenden einschließende Doppel-
lisenen mit Akroteren darüber an den Pavillonecken sowie zu
Seiten des neun Achsen breiten Eingangsbereiches in der Mitte
des insgesamt 27 Achsen umfassenden Westflügels. In stärkstem
Gegensatz zu den vergleichsweise kleinen Erdgeschossfenstern
stehen die neun großen Pfeilerarkaden der offenen Eingangshalle. Die gekuppelten Fenster der beiden Obergeschosse haben die
Form italianisierender Biforien, im 1. Stock – auf dem Gurtgesims stehend – von betonter, im Eingangsbereich noch gesteigerter Größe mit maßwerkartig durchbrochenem Schluss. Die
Rundbogenblenden der übrigen Hauptgeschossfenster umschließen die in die Biforienzwickel eingefügten 44 „Medaillon-Bild-
nisse älterer berühmter [bayerischer] Gelehrter en relief, von
Bildhauer Sanguinetti ausgeführt" (Moninger 1882; in Terrakotta, auf rotem Grund). Den horizontalen Abschluss bilden ein
Rundbogenfries, ein reich profiliertes Kranzgesims, eine niedrige Attika und palmettenförmige Akrotere. Die Attika ersetzte
eine dekorative, durchbrochene Kalkstein-Galerie zur optischen
Teilverdeckung des ohnehin relativ flachen, abgewalmten Da-

Ansicht der Universität; Stahlstich von Poppel und Seeberger, um 1850

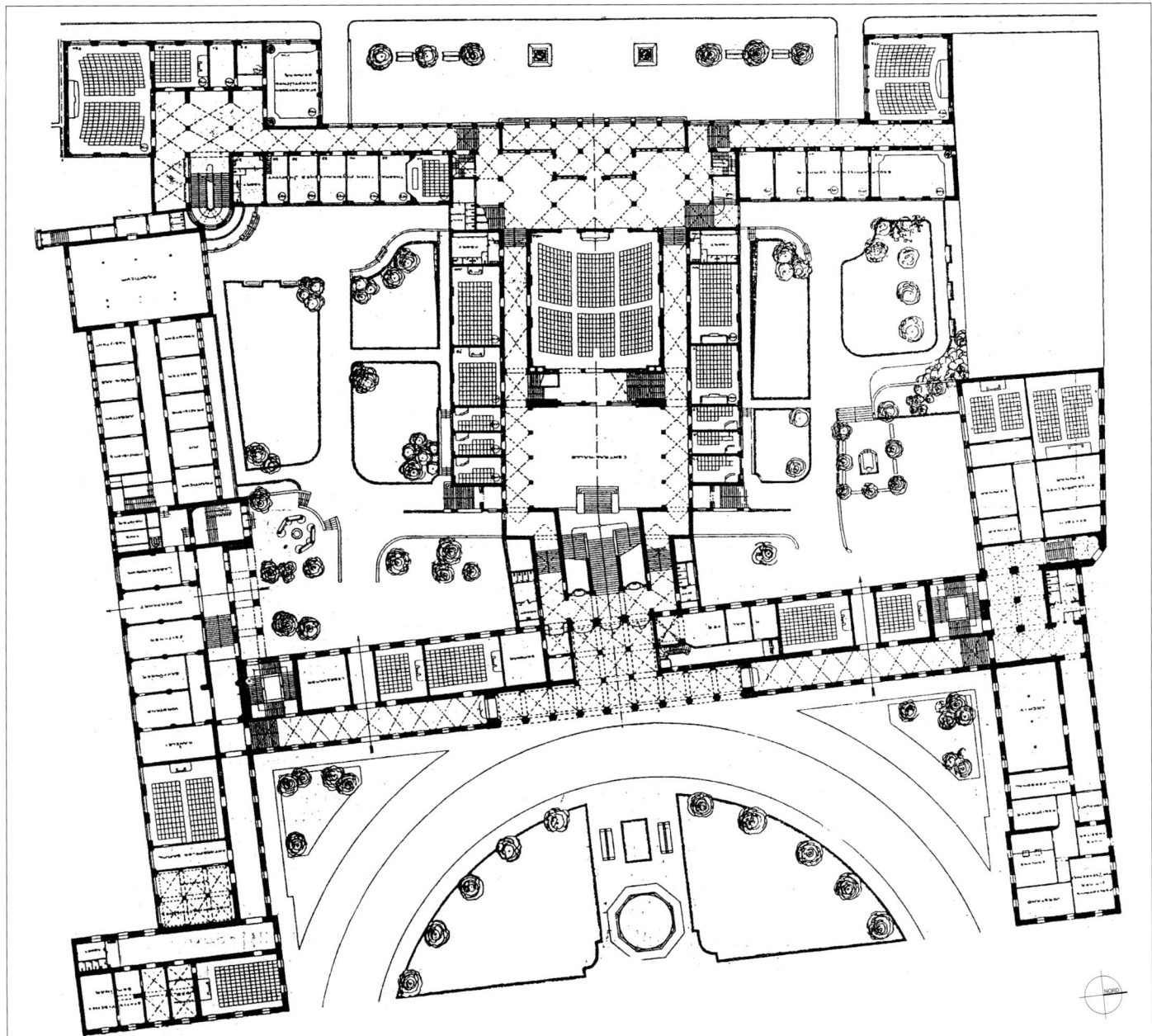

Ludwig-Maximilians-Universität; Schnitt von German Bestelmeyer, 1906 (Osten = rechts)

Ludwig-Maximilians-Universität; Grundriss Erdgeschoss, 1906

Ludwig-Maximilians-Universität von Nordosten    Haupteingang

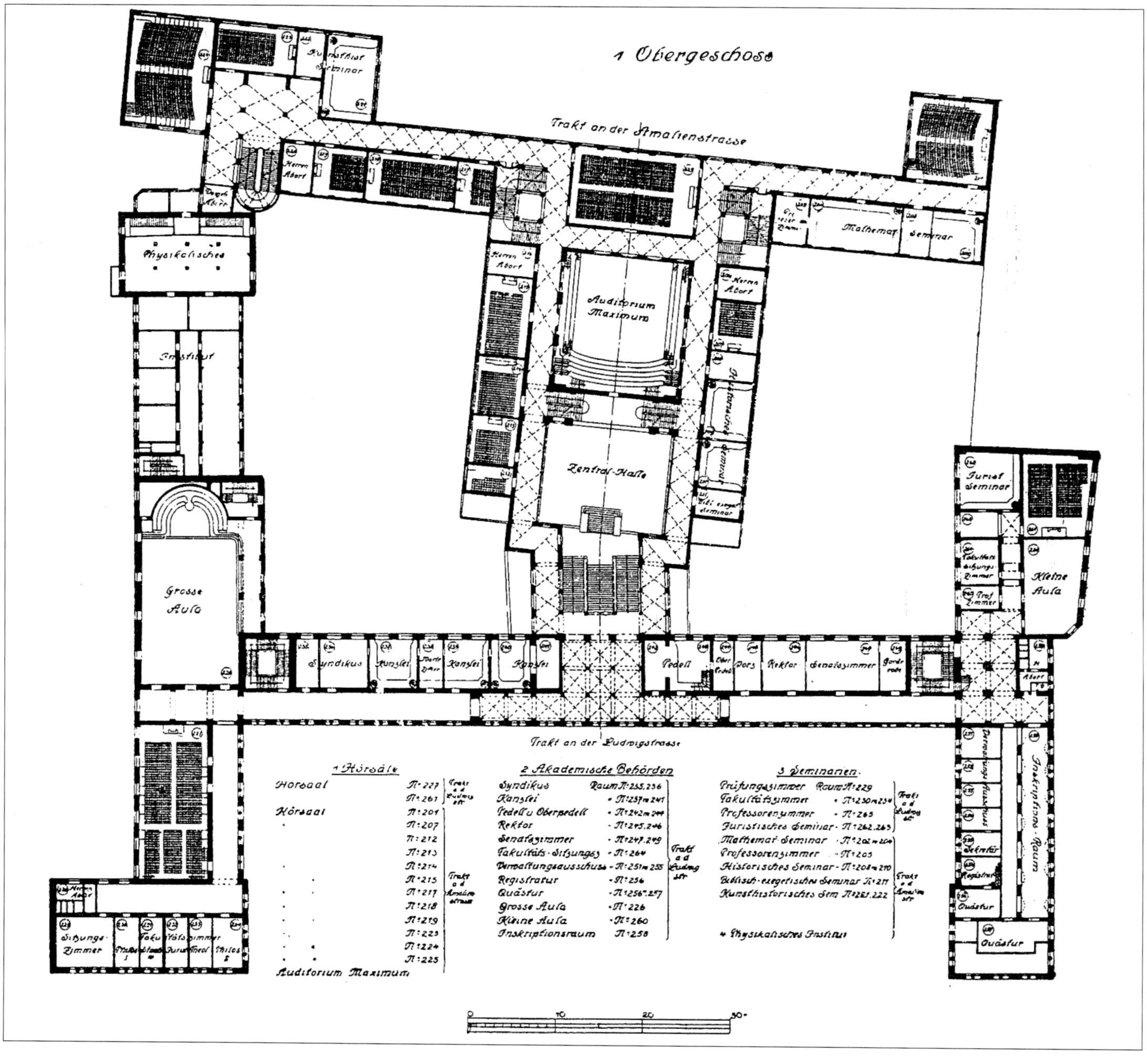

Ludwig-Maximilians-Universität; Grundriss 1. Obergeschoss, 1906

ches, die wegen unsolider Ausführung „in neuerer Zeit" abgenommen werden musste (Reidelbach 1888). Ursprünglich hatte Gärtner für die gekuppelten Fenster und die Gebälkzone eine durch Dekorationsmalerei bereicherte Polychromie vorgesehen, die der König jedoch wegen klimabedingter Haltbarkeitsprobleme ablehnte.

Den Hauptzugang bildet eine romanisierende, kreuzgratgewölbte Säulen- und Pfeilerhalle von drei zu drei Jochen, deren östliches Schiff entlang der Fassade zu einer neunjochigen Arkadenvorhalle verlängert ist; deren Fortsetzung bilden die an die Platzfronten gelegten, im Erdgeschoss kreuzgratgewölbten Gänge (nur der des Nordflügels wurde zur Adalbertstraße hin situiert). Gleichartig ist die Disposition im Hauptgeschoss. An die gewölbten, ursprünglich (vergleichbar dem Treppenhaus in Gärtners Staatsbibliothek) durch Dekorationsmalerei bereicherten und interpretierten Vestibüle schloss sich westlich die (nicht in originaler Form erhaltene) steinerne Haupttreppe an, mit Mittellauf und vom Umkehrpodest an zwei seitlichen Läufen, Glasmalereien am Podest (u. a. Wappen von Ingolstadt, Landshut und München) sowie Bauinschrift. An den beiden Enden des Hauptkorridors sind die noch erhaltenen, mit steigenden Säulenarkaden zum mittleren Schacht geöffneten Nebentreppenhäuser angeordnet. Die meisten Hörsäle, Sitzungszimmer und das Rektorat bzw. (im 2. Stock) die Bibliothek lagen an der Hofseite. Die (große) Aula, in westlicher Verlängerung des Südquertraktes bereits an der heutigen Stelle, nach F. Reber (1876) „akustisch wie künstlerisch verunglückt", war mit den Büsten Ludwigs des Reichen und Max I. Josephs, der Kolossalstatue Ludwigs I. sowie im Fries mit den Medaillonbildnissen bayerischer, um die Universität verdienter Herrscher ausgestattet (nach Moninger 1882 sämtlich von Ludwig von Schwanthaler). – In der Entwicklungsgeschichte der modernen Bauaufgabe Universität nimmt Gärtners großzügig-rationell angelegter wie gestalteter Komplex in einer Zeit, da Hochschulen noch meist ältere Kollegbauten oder adaptierte Gebäude (z. B. Berlin, Prinz-Heinrich-Palais) nutzten, einen hervorragenden Platz ein.

Erste kleinere Erweiterungsbauten entstanden 1892–94 (Physikalisches Institut in westlicher Verlängerung des Aulatraktes) und 1897/98 (Emanuel Seidls westlicher Anbau an der Adalbertstraße, u. a. mit der Kleinen Aula, im Zweiten Weltkrieg völlig zerstört). Die Putzfassade des dreieinhalbgeschossigen Physikalischen Instituts ist mit zurückhaltend romanisierenden Details, u. a. gekuppelten Rundbogenfenstern in beiden Hauptgeschossen, dem Altbau angepasst.

Der *westliche Erweiterungsbau* von 1906–09 ist in seiner großzügigen funktionalen Organisation, seiner für die Entstehungszeit unkonventionell-posthistoristischen, die Reformarchitektur repräsentierenden Formensprache, die neue Konstruktionsmethoden (Eisenbeton) einbezog, sowie dank seiner gestalterischen

Qualität und der die verschiedenen Kunstgattungen vereinigenden Synthese das – später von ihm nicht wieder überbotene – frühe Hauptwerk des 1877 geborenen Architekten German Bestelmeyer, der – seit 1905 Assessor am Universitätsbauamt – gegen die Planungen seines Vorgesetzten, des Ministerialrates Ludwig Ritter von Stempel, seinen eigenen, die Oberste Baubehörde wie das Urteil der Zeitgenossen überzeugenden Entwurf durchsetzte. Unter Stempels (nomineller) Oberleitung wurde ihm als Bauleiter und Vorstand des Baubüros die Ausführung übertragen (Mitarbeiter: die Reg.-Baumeister Geiger und Hermann Bach; Bauführer August Thomeier; ausführende Baufirmen Leonhard Moll und Karl Stöhr; nach SBZ 1910). Hauptelement von Bestelmeyers Konzeption ist die Gärtners Altbau im Osten mit dem gleichfalls dreiflügeligen Erweiterungsbau an der Amalienstraße verbindende, zentral gelegene Kuppelhalle mit Oberlicht mitsamt einer an ihrer Ostseite das Gärtnersche Treppenhaus ersetzenden, wirkungsvollen Binnenfreitreppe, die überdies geschickt ausgleichend zwischen den beiden leicht unterschiedlichen Achsen von Alt- und Neubau vermittelt. Zugunsten des Neubaus erwarb die Universität 13 in den drei Jahrzehnten nach 1820 entstandene Mietshäuser an der Amalienstraße.

Mit dem 90 x 15 m großen westlichen Ehrenhof an der Amalienstraße, der mittleren Eingangshalle mit sieben Arkaden und dem verlängerten Südflügel bildet der Westkomplex ein Analogon zum Altbau, an den auch der romanisierend-wandhafte Charakter der dreigeschossigen Putzfassade erinnert, die auf tektonische Strukturen verzichtet; abweichend sind die großen, reich versprossten Fensterformate, im untersten und obersten Ge-

Vorhalle, Erdgeschoss

Nebentreppenhaus im Altbau
(Gärtnertrakt)

Ludwig-Maximilians-Universität, Altbau, Vestibül im 1. Obergeschoss

Westbau, Vestibül, Wandbrunnen

Trakt an der Amalienstraße, Südteil

Ludwig-Maximilians-Universität, Erweiterungsbau (Westbau) an der Amalienstraße mit Denkmälern

schoss rundbogig, im 1. Stock rechteckig mit Rundbogenfries darüber. Die Sockelzone einschließlich der Fensterumrahmungen sowie der Eingangsbereich mit der Arkadenvorhalle sind mit Nagelfluh verkleidet, das steinerne Wulstgesims über dem Erdgeschoss ornamentiert, ebenso das profilierte Traufgesims mit knappen Kragkonsolen. Der Mittelteil über der Vorhalle ist durch Bauplastik bereichert: an den Fensterpfeilern im 1. Stock sechs Hochrelieffiguren von Josef Floßmann – Augustinus, Papinian, Solon, Hippokrates, Aristoteles und Archimedes als Repräsentanten der Fakultäten –, in den Brüstungsfeldern zwischen den Obergeschossen sieben antikisierende Reliefs von Georg Albertshofer (Allegorien der Jugendideale). An den Fens-

Westbau, Auditorium maximum

Westbau, Figur „Sieg der Wissenschaft"

Westbau, Figur „Wahrheit"

terpfeilern im 1. Stock der Seitenflügel allegorische Halbfiguren (vier Menschenalter, vier Elemente) von Julius Seidler. Die beiden im Ehrenhof freistehenden, 14 m hohen monolithischen Achteckpfeiler aus Granit (auf Nagelfluhsockeln), ursprünglich für die Befreiungshalle bei Kelheim bestimmt, tragen 2 m hohe *allegorische Erzfiguren*, „Sieg der Wissenschaft" und „Wahrheit", von Hermann Hahn (1907/10; gegossen von Wilhelm Rupp). Die mit sieben Arkaden geöffnete kreuzgratgewölbte Vorhalle ist zweischiffig; im nur drei Joche breiten Innenteil drei Portale mit skulptierter Rahmung, über dem mittleren Pelikan als Schlussstein und – vor dem Oberlicht – Reiterrelief des Gründers, Ludwigs des Reichen, von Ernst Pfeifer.

Die Haupträume des Erweiterungsbaues sind in der Hauptachse aufgereiht – von Westen Vestibül, Auditorium maximum, Zentralhalle und Haupttreppe. In der Mitte des Westflügels liegt das zweischiffige Vestibül mit Stichkappenwölbungen, Mosaikboden und Rundstützen aus grauem Veroneser bzw. – in den Seitenkompartimenten – rotem Marmor; die Kapitelle sind bemerkenswert selbständige bildhauerische Inventionen mit Jugendstil-Nachklängen. An der Ostwand gegenüber dem Mittelportal Wandbrunnen mit Mosaik – Allegorie der Zeit, mit Uhr – nach Entwurf von Wilhelm Koeppen (sign.). An den Stirnwänden der Seitenaufgänge Nischen mit Büsten von Goethe (südlich) und Bismarck (nördlich). – Das amphitheatralisch angelegte Auditorium maximum (23 m lang, 21 m breit, 13 m hoch, 800 Sitzplätze) ist als Eisenbetonkonstruktion mit freitragender Empore (mit Gitterbrüstung) an drei Seiten und flacher, kassettierter Stichkappentonne mit Oberlicht eine für seine Zeit bemerkenswerte zweckhafte Raumschöpfung.

Westbau, Vestibül nach Süden

Die weiträumige *Zentral- oder Wandelhalle*, repräsentativer wie – mit den anliegenden Treppen und Gängen – Verkehrsmittelpunkt, gehört neben den Kuppelhallen des Justizpalastes und des Armeemuseums zu den eindrucksvollsten Lösungen dieser Art nicht nur in München. Trotz der Dimensionen und der römische Thermen zitierenden Gewölbe wusste Bestelmeyer den Eindruck des im damaligen Reich verbreiteten schwermassig-„teutonischen" Archaisierens zu vermeiden. Die Halle überspannen eine mächtige Pendentifkuppel mit längsovalem Oberlicht und Tonnengewölbe in den ungleich langen Kreuzarmen – Eisenbetonschalen mit Achteckkassetten an der Untersicht. Im kurzen Westarm – mit großem Ther-

Zentral- oder Wandelhalle mit Mosaik von Julius Diez (kriegszerstört); Aufn. vor 1945

Zentral- oder Wandelhalle nach Osten

menfenster – liegt eine Doppeltreppenanlage sowie der durch drei Säulenarkaden von der Mittelhalle getrennte Vorplatz des rückseitigen Haupteingangs zum Auditorium maximum; der Giebel der Portalädikula umschließt ein Mosaikbild von Julius Diez (Ausführung Th. Rauecker) – eine goldene Samen streuende Frau als Allegorie der Wissenschaft. Die genannte Arkatur wie die zweigeschossigen Pfeiler- bzw. Bogenstellungen vor den Gängen in den seitlichen Querarmen zitieren letztlich ein Gestaltungselement der Hagia Sophia (vgl. Halle im Armeemuseum). Der tiefe Ostarm nimmt die Haupttreppe auf, mit Antrittsläufen sowohl von der Halle im Westen wie vom Vestibül im alten Osttrakt her; den Ostlauf flankieren vom Zwischenpo-

dest an zwei zum Vestibül im 1. Stock des Gärtnertraktes emporführende seitliche Läufe. Auf den Wangen des Treppenlaufes von der Halle her (wo eine erste Skizze Löwen vorsah) wurden große Weißmarmor-Sitzfiguren der Bauherren-Regenten aufgestellt, König Ludwigs I. (links) von dem zum Kreis um Adolf Hildebrand gehörenden schwedischen Bildhauer Knut Åkerberg/ Ackerberg und des Prinzregenten Luitpold von Bernhard Bleeker (1908). Der gesamte Hallenkomplex ist durch Verwendung erlesener Materialien – verschiedenfarbiger Marmorsorten, Mosaikböden, Wandmosaiken, Bronzegitter mit Inschriften, vergoldete Eisengitter am Treppengeländer u. a. – sowie deren künstlerische Verarbeitung gekennzeichnet; bemerkenswert sind die im Einzelnen variierten byzantinisierenden Kapitelle von Alois Miller. Manche Details gingen verloren wie das große Mosaikbild von Julius Diez an der kriegszerstörten östlichen Schildwand über der Treppe (hier heute eine Orgel), die Laternen und Glasmalereien.

Im Anschluss an den Erweiterungsbau wurde auch der Altbau von Bestelmeyer innen z. T. neu gestaltet, vor allem Rektorat und Senatszimmer im 1. Stock (nicht erhalten) sowie die *Große Aula*. Der bestehende Saal wurde um die halbrunde Exedra im Westen und die Abseite gegen Norden – auf hofseitig angesetzten, durch Tonnenwölbungen verbundenen Pfeilern – erweitert. Den erlesen ausgestatteten, jugendstilig-neuklassizistischen Raum prägen die an die büstengeschmückte Exedra (vgl. Odeonssaal) anschließende, gegenüber im Osten ebenfalls gerundete Empore mit den Reliefsymbolen von zwölf antiken Kulturzentren (entworfen von Wilhelm Koeppen) an der Brüstung sowie die prächtige Holzkassettendecke mit Goldsternen samt gefelderter Frieszone. Die Exedra – ursprünglich mit amphitheatralischem Kollegiengestühl – füllt über den Weißmarmor-Büsten der bayerischen Könige (von Alois Stehle) und des Prinzregenten (von Georg Albertshofer) ein großes Mosaikbild-Ensemble nach Entwurf von Wilhelm Koeppen (Ausführung Hofmosaikanstalt Theodor Rauecker, München-Solln) – das Hauptwerk des 1917 früh verstorbenen Künstlers: in der Mitte der Sonnengott Helios/Apollon auf seinem Viergespann, flankierend die gleich antiken Gottheiten stilisierten Verkörperungen von Wahrheit, Weisheit, Kraft und Schönheit. Vor der erweiterten nördlichen Abseite stützen die Empore zwei schwarze Granitpfeiler mit den Relieffiguren des Prometheus und Herakles von Ulfert Janssen an der Vorderseite. In den mächtigen Arkaturen über den Seitenemporen und den Halbkreisfenstern klingt – wie in der Mittelhalle – das Thermenmotiv an. Künstlerisch reich ausgestattet ist der rückwärtige Emporenbereich,

Ludwig-Maximilians-Universität, Westbau, Zentral- oder Wandelhalle nach Westen

Große Aula nach Osten

der hinter einer Pfeilerstellung mit kränzehaltenden Relief-karyatiden von Ulfert Janssen als „Musikloge" nach rückwärts erweitert ist. Die Emporen-Nordwand schmückt eine große astronomische Uhr, nach Bestelmeyers Entwurf ausgeführt von Steinicken & Lohr. Insgesamt kongruiert die reiche Ausgestaltung der Aula mit einem differenzierten sinnhaltigen Bild- und Spruchprogramm auf der Grundlage der Tradition des antiken Geistes.

Im Luftkrieg erlitt der Gebäudekomplex durch Spreng- und Brandbomben vor allem am 13. Juli 1944 sehr schwere, doch unterschiedlich verteilte Schäden (70 %); die Dachzonen gingen fast vollständig verloren. Am schwersten zerstört wurde Friedrich von Gärtners Altbau, der ausbrannte und dessen Fassade im 2. Stock des Mittelbereiches eine etwa fünf Achsen breite Fehlstelle aufwies. Auch die der Zentralhalle zugewandte Schildwand über der Haupttreppe war vernichtet. Nichts mehr erhalten ist vom Nordtrakt von 1897/98 an der Adalbertstraße. Bei dem im Wesentlichen 1946–51 durch das Universitätsbauamt ausgeführten, bis 1953/55 abgeschlossenen Wiederaufbau wurden die Fassade und das Mittelvestibül im 1. Stock des Gärtnerbaus in der originalen Form wiederhergestellt, das Vestibül im 2. Stock entstand neu (mit Wandbild einer Gelehrtengruppe in Spacheltechnik, sign. GV). Am 12. Juli 1958 wurde der wiederhergestellte Lichthof mitsamt Gärtners Vestibül feierlich wiedereröffnet. Der bislang nur drei Achsen tiefe Nordflügel des Ehrenhofs

an der Amalienstraße wurde – auf dem Grundstück eines früher privaten Eckhauses – 1958–60 durch einen Hörsaalbau nach Norden erweitert, der äußerlich die Fassade des Bestelmeyer-Baues übernahm. Der verbleibende Zwischenraum an der Adalbertstraße bis zum Gärtnerbau im Osten wurde 1960–62 durch einen Neubautrakt in sachlichen Formen ausgefüllt, der Gärtnersche Nordostpavillon 1972 als Zugangsbereich zum U-Bahnhof z. T. entkernt.

Über die Innenräume sind zahlreiche plastische Arbeiten aus verschiedener Zeit verteilt, vor allem Büsten namhafter Professoren. Das Mittelvestibül im 1. Stock des Altbaus wurde nach dem Ersten Weltkrieg zur Gedenkhalle mit den Namen der gefallenen Dozenten und Studenten an Wandtafeln ausgestaltet (im Luftkrieg zerstört); wiederaufgestellt wurde nur die das Urbild von Polyklets „Doryphoros" (ca. 440 v. Chr.) rekonstruierende Bronzestatue (Bildhauer Georg Römer, Guss 1920/21; Nachguss vor 1958). An der Westwand des Lichthofs erinnert seit 1958 ein Bronzerelief von Lothar Dietz, gegossen von H. Mayr, München (sign.), an die Widerstandsgruppe „Weiße Rose" von 1943, deren Mitglieder hingerichtet wurden – Willi Graf, Prof. Kurt Huber, Hans Leipelt, Christoph Probst, Alexander Schmorell, Hans und Sophie Scholl; die Geschwister Scholl hatten am 28. Februar 1943 Flugblätter in den Lichthof geworfen. Im anschließenden gewölbten Basement-Raum (ehem. Garderobe) wurde 1997 die Denkstätte Weiße Rose eröffnet. An die Widerstandsgruppe erinnert auf dem Vorplatz vor dem Osteingang ein Bodendenkmal (Bronze, 1988 von Robert Schmidt) in Gestalt verstreuter Flugblätter. – In der Großen Aula, die als einer der wenigen erhaltenen Säle nach 1945 vielfältig – u. a. zu Konzerten – genutzt wurde, erinnert eine Bronze-Inschrifttafel an der Westwand an die hier vom 15. Juli bis 26. Oktober 1946 tagende Bayerische Verfassungsgebende Landesversammlung, an den hier am 16. Dezember 1946 erstmals nach dem Zweiten Weltkrieg zusammengetretenen Bayerischen Landtag und an die Konstituierung des Bayerischen Senats am 4. Dezember 1946. – Die Halle im 1. Obergeschoss am Nordende des Altbaus wurde 2002 nach Thomas Mann benannt und dort eine Bronzebüste des Schriftstellers (1970 von Gottfried Bermann-Fischer) aufgestellt, der seinen letzten Vortrag vor dem Exil am 10. Februar 1933 im Auditorium maximum gehalten hatte („Leiden und Größe Richard Wagners", in der Folge Anlass zum „Protest der Richard-Wagner-Stadt München").

Ludwig-Maximilians-Universität, Große Aula nach Westen ▷

Große Aula, Herakles

Ludwig-Maximilians-Universität,
Südhof, Brunnentempel

Die beiden Höfe verbindet ein Durchfahrtstunnel unter dem Zentraltrakt. Im Südhof steht auf einer Nagelfluhterrasse ein siebeneckiger *Brunnentempel* mit Nagelfluhpfeilern, modern bemalter Decke und Außenhohlkehle sowie geschweiftem Kupferdach; im Inneren, von Steinsitzen umgeben, steht der Eulenbrunnen, ein Schalenbrunnen aus Kalkstein, bekrönt von der Bronzefigur einer sitzenden Eule auf Kugel, 1915 von Eduard Beyrer (sign.).

Gewürzmühlstraße

Verbindung von der St.-Anna-Straße im Westen über den Thierschplatz zur Widenmayerstraße an der Isar im Osten; vgl. im Einzelnen den Beitrag von Johannes Hallinger.

Gewürzmühlstraße 8. Siehe Sternstraße 3 und Thierschstraße 48.

Gewürzmühlstraße 10. Für den Baumeister Michael Heitzer wurde das zweiflügelige Mietshaus 1904–05 von Georg Hagn über einem stumpfen Winkel an der Ecke Gewürzmühl-/Sternstraße erbaut. Das fünfeckige Treppenhaus im Hofwinkel führt gemäß Eingabeplan zu zwei Wohnungen je Etage. Einem Mezzanin gleich wurde das 1. Obergeschoss zusammen mit dem Erdgeschoss rustiziert. Die von dieser Sockelzone ausgeschiedenen Obergeschosse erscheinen gleichsam zusammengedrückt. Mittig über der breit entlang der Gewürzmühlstraße gelagerten Fassade erhebt sich in der Dachzone ein Dachhaus mit neubarock geschweiftem Ziergiebel. Diese Achse der Fassade, zugleich Ein- und Hofdurchgang, wird zusätzlich durch einen der beiden zweigeschossigen Flacherker mit schmaler Seitenbelichtung betont, die die Wohnungen des 4. Obergeschosses mit Balkonen bedienen. Ein Eckerker über einem 5/8-Grundriss begleitet die drei Obergeschosse über der Rustikazone, bildet oberhalb der Traufe einen kurzen Erkerturm aus und wird von einer achteckigen Zwiebelhaube bekrönt. Der rückwärtig an der Gewürzmühlstraße und im Block entlang der Sternstraße anschließende Neubau der Bayerischen Versicherungskammer illustriert die Situation

Gewürzmühlstraße; Flurkarte, M. 1:2500

Gewürzmühlstraße 10

Gewürzmühlstraße 12

der Denkmalpflege in den 1970er Jahren kontrastreich und sprechend. Denn zunächst sollte der ganze Block entlang der Gewürzmühlstraße zugunsten eines Neubaus des an der Sternstraße sichtbaren Zuschnitts weichen, doch konnten die Anwesen Gewürzmühlstraße 10 und 12 im Jahr 1974 vor dem Abbruch bewahrt werden. Städtebaulich ist das Haus Nr. 10 als bewusst gestalteter Akzent in Korrespondenz zum gegenüberliegenden Haus Gewürzmühlstraße 17 (vgl. dort) an der nördlichen Ecke mit der Sternstraße zu sehen.

Gewürzmühlstraße 12. Bereits 1907 war der Neubau von Alois Prestele geplant worden, doch kam er erst 1912 zustande, nachdem das Grundstück in den Besitz Michael Heitzers gelangt war (Eigentümer des nordwestlich angrenzenden Nachbaranwesens Haus Nr. 10). Dieser griff auf den bestehenden Bauplan zurück. Ausgeführt durch Karl Fendt, entstand ein fünfgeschossiges Mietshaus, das über unregelmäßig rechteckigem Grundriss an der Gewürzmühlstraße steht und mit einem Rückflügel weit in das Grundstück reicht. Großzügig ist im Hauptgebäude, erschlossen durch die Hofdurchfahrt in der östlichen Achse, in jeder Etage eine Wohnung untergebracht, dies gemäß Eingabeplan. Zwei Gurtgesimse spannen die drei Hauptgeschosse ein und scheiden das 4. Obergeschoss aus. Das Traufgesims ist sphärisch verschliffen. Der vom 1. Obergeschoss bis zur Traufe übergreifende halbelliptische Erker dominiert gewichtig das Erscheinungsbild der Fassade. Daneben besticht die weitgehend bauzeitlich erhaltene Fassade durch ihre ursprüngliche Glätte.

Gewürzmühlstraße 17. Gleichzeitig mit dem gegenüberliegenden Eckhaus Gewürzmühlstraße 10 (vgl. dort) und mit diesem formal korrespondierend sowie gleichzeitig mit dem Haus Nr. 21 an der Ecke Gewürzmühl-/Sternstraße (vgl. Gewürzmühlstraße 21) ließ Baumeister Michael Heitzer 1904–05 das über einem stumpfen Winkel stehende fünfgeschossige Eckhaus von Georg Hagn errichten (die Parzelle zwischen Nr. 17 und Nr. 21 wurde für denselben Bauherrn schließlich 1908 bebaut; vgl. Gewürzmühlstraße 19). Im Haus Nr. 17 führt der mittig in die Fassade an der Gewürzmühlstraße gesteckte Hauszugang zum Treppenhaus im Hofwinkel, dieses erschließt gemäß Eingabeplan zwei große Wohnungen je Etage. Die hoch aufragenden Fassaden mit reichem jugendstilem Dekor werden an beiden

Gewürzmühlstraße 17

Gewürzmühlstraße 19

Gewürzmühlstraße 21

Straßenläufen von mächtigen Zwerchgiebeln akzentuiert. Die Fassade an der Sternstraße erfährt zudem durch einen viergeschossigen polygonalen Flacherker mit schmalen Seitenbelichtungen eine Betonung der Mitte. Ein formverwandter Flacherker ist auch in die Fassade an der Gewürzmühlstraße gebracht, er setzt jedoch mit seiner Kupferhaube, die nur wenig in die Dachzone hineinragt, über dem 2. Obergeschoss an. 2. und 3. Obergeschoss sind als Hauptgeschosse formuliert; sie werden von mit fruktualem Stuck ornamentierten Lisenen zusammengefasst. Beachtung verdienen auch die stilisierten Scheitelsteine der Fensterstürze, die mit der Höhe der Geschosse an Raffinesse zunehmen: am 1. Obergeschoss glatte Steine im Putzschnitt, am 2. Obergeschoss mit Kettenglied-Applikationen, am 3. Obergeschoss mit Gorgoneion-Motiven. (Der Ausbau des Dachgeschosses erfolgte 1982.)

Gewürzmühlstraße 19. Ernst Dressler errichtete 1907–08 für den Baumeister Michael Heitzer in einem Zug das Hauptgebäude an der Gewürzmühlstraße 19 und das Rückgebäude, das den rückwärtig östlich am Vordergebäude angeschlossenen Rückflügel fortsetzt und mit diesem einen nach Westen offenen Innenhof bildet, erschlossen durch die in die westliche Achse gesetzte Hofdurchfahrt. Mit der Fertigstellung des Hauses Nr. 19 war die unbebaut gebliebene Parzelle zwischen den Häusern Gewürzmühlstraße 17 und 21 (ebenfalls im Besitz von Baumeister Heitzer, vgl. dort) dann geschlossen worden. Das über den ausmittig in die Fassade gesetzten Hauszugang zugängliche Treppenhaus im Hofwinkel des Vordergebäudes erschließt gemäß Eingabeplan zwei Wohnungen je Etage, das Treppenhaus des Rückgebäudes ebenfalls zwei, jedoch kleinere Wohneinheiten in jedem Geschoss. Die Fassade des Gebäudes ist hinsichtlich ihrer Dekoration in der Abwicklung der Fassaden zwischen den Häusern Nr. 17 und Nr. 21 zu verstehen. Auch hier dominiert ein hoch aufgezogener barockisierend-jugendstilig aufgefasster Zwerchgiebel die Fassade, drei Fensterachsen, die von zweigeschossigen Flacherkern flankiert werden, als optische Mitte zusammenfassend. Es finden sich über den stilisierten Scheitelsteinen Gorgoneion-Motive, die meist agraffengleich eine Verklammerung zur Brüstungszone des darüberliegenden Geschosses herstellen. (Der Ausbau des Dachgeschosses im Vordergebäude erfolgte 1987.)

Gewürzmühlstraße 21. Die östliche Achse (mit Hofdurchfahrt) des Anwesens Gewürzmühlstraße 21 kam auf dem ursprünglich beschlachteten und heute verrohrten Lauf des Eisbaches zu stehen, der das Grundstück in nordöstlich-/südwestlicher Richtung durchfließt. Dieses, wie zahlreiche andere Grundstücke an der

Gewürzmühlstraße, befand sich im Besitz des Baumeisters Michael Heitzer, der gleichzeitig mit dem Neubau des bestehenden Mietshauses (1904–05 von Georg Hagn) und vom selben Architekten auch die Häuser Gewürzmühlstraße 17 und 10 (vgl. dort) erbauen ließ. Das mittig rückwärtige Treppenhaus, erschlossen durch einen eigenen, ausmittigen Hauszugang, führt gemäß Eingabeplan zu zwei Wohnungen je Etage. In den Dekor der Fassade, der weitgehend demjenigen von Nr. 17 und Nr. 19 entspricht (stilisierte Scheitelsteine mit Gorgoneion-Motiven, Stuckfelder mit Kartuschen in barockisierend jugendstiliger Auffassung), wurde nur wenig glättend eingegriffen, etwa bei den Brüstungszonen der Flacherkerfenster über der Hofdurchfahrt oder beim Gurtgesims über der Rustika des Erdgeschosses. Die mehrfach geschweifte Giebellinie des Zwerchgiebels wiederholt ebenfalls formal gering variierend die Aufbauten der Nachbarhäuser. (Die Erneuerung der straßenseitigen Fenster erfolgte 1978.)

Glückstraße

Im Bereich vorstädtischer Gartenanwesen als Weg schon auf M. de Groths Stadtplan von 1748 zumindest im Ostabschnitt erkennbar, mit Namen erstmals auf dem Stadtplan von 1812 genannt. Heute als wohl kürzeste Straße Münchens nur aus einem Teilstück am östlichen Ende zwischen den Häusern Nr. 1 und 2 (Ecken an der Kardinal-Döpfner-Straße) bestehend, ehemals westlich über den Südansatz der Amalienstraße bis zum abgeknickten Nordast der Jägerstraße (s. dort) fortgesetzt, nach umfassenden Luftkriegsschäden durch Neubau des Siemens-Forums und Anlage des Oskar-von-Miller-Rings verkürzt. An Haus Nr. 2 von 1957 gemalte Gedenkinschrift an den 1943 zerstörten Vorgängerbau von 1838 (Gasthof zum Goldenen Bären, mit reicher Fassadenmalerei). – Hinsichtlich architektonischem Aufwand und städtebaulicher Bedeutung als südlicher Abschluss der Amalienstraße ausgezeichnet war das klassizistische Walmdachhaus Nr. 6 (später 15), erbaut 1822 von Rudolph Röschenauer.

Glückstraße, ehem. Haus Nr. 6 von Norden ▷

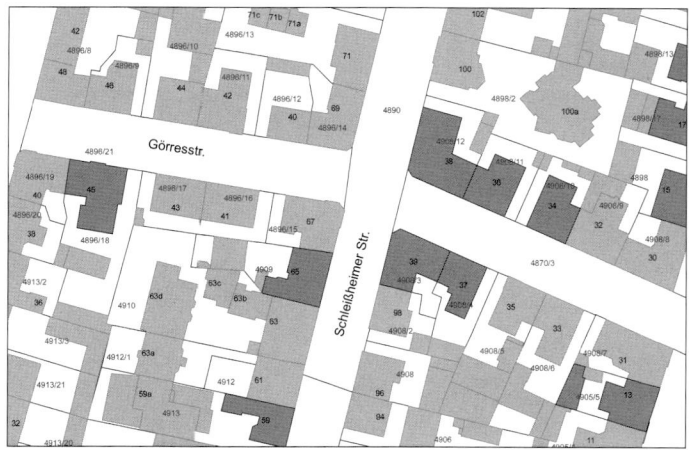

Görresstraße; Flurkarte, M. 1:2 500

Görresstraße 34

Görresstraße 36

Görresstraße

Straße der nordwestlichen Maxvorstadt, die von der nordwestlichen Schmalseite des 1866–69 angelegten Alten Nördlichen Friedhofs nach Nordwesten bis zur Schleißheimer Straße reicht, hier mit einem leichten Knick nach Süden eine Trassenänderung erfährt und an ihrem westlichen Ende in die Lothstraße mündet. Erst 1882 war mit der west-östlichen Verbindung zwischen Schleißheimer und Schwindstraße ein Teilstück der später sogenannten Görresstraße projektiert worden. 1888 erfolgte die Verlängerung nach Osten bis zum o. g. Friedhof hin (den Maßgaben des geometrischen Städtebaus folgend), nördlich an der Scheideggerschen Kunstgärtnerei vorbei, deren Grundstück 1886 weitgehend in der Verlängerung der Zieblandstraße aufgegangen ist. Beispiele für die historische Erstbebauung der Straße haben sich in Form von fünf in einheitlichem Neurenaissancestil erbauten Mietshäusern (1888–91) hauptsächlich innerhalb des älteren Straßenstücks zwischen Schleißheimer- und Zentnerstraße erhalten (vgl. Görresstraße 34–38, 37, 39). Ihren Namen erhielt die Straße 1881 zu Ehren des vor allem für den politischen Katholizismus eintretenden Gelehrten und Publizisten Johann Joseph von Görres (1776–1848; vgl. Schönfeldstraße/Vorspann). Nach Zerstörungen im Luftkrieg vor allem in der Osthälfte neu bebaut. – Straßenbahnverkehr hatte die Görresstraße vom Nordende der Augustenstraße – heute U-Bahnhof Josephsplatz – westwärts bis zur Schleißheimer Straße seit 1903, ostwärts zur Tengstraße seit 1910.

Görresstraße 34. Das Mietshaus erbaute Julius Volk 1890–91 für den Malermeister Andreas Grillmaier, im Jahr der Fertigstellung des Nachbaranwesens Görresstraße 36, das von eben demselben Bauherrn in Auftrag gegeben worden war (vgl. dort). Mit einem westlich angebauten Rückflügel erstreckt sich das Haus in

das Grundstück. Der ausmittige Eingang führt zum Treppenhaus im engen Hofwinkel, dieses erschließt gemäß Eingabeplan drei Kleinwohnungen je Etage. Das westlich abgewalmte Dach bestand ursprünglich als Mansarddach in Blech-/Schieferausführung. Die heutige Struktur des Ladengeschosses ergab sich aus den für den Kaufmann Leonhard Mayerle 1902 durchgeführten Umbauten. Doch haben Maßnahmen nach dem Zweiten Weltkrieg den historischen Eindruck der ehemals im Sinne der klassischen Neurenaissance (gemeinsame Verdachungen eng gesetzter Fenster, hohe Sturzfelder, Pilastermotive) klar durchgebildeten Fassade weitgehend aufgehoben. Die vollzogene Fassadenglättung beseitigte die ursprüngliche Rustizierung des Ladengeschosses. Die 1971 zusammen mit dem Dachgeschossausbau erfolgte Fensterauswechslung rückte die Fassade weiter vom historischen Zustand ab.

Görresstraße 36. Für den Malermeister Andreas Grillmaier wurde das Mietshaus 1889–90 gleichzeitig mit dem westlich anschließenden formverwandten Eckhaus Görresstraße 38 (von Hans Moser für Andreas Kollmannsberger, vgl. dort) durch Georg Müller aufgeführt. In dem straßenseitigen, östlich freigestellten Block und seinem östlichen Rückflügel befinden sich gemäß Eingabeplan in jeder Etage des Anwesens zwei Wohnungen, wovon eine zur Straße und die andere im Rückflügel liegt, erschlossen vom Treppenhaus im Hofwinkel. 1939 wurde der in den westlichen Räumen des Erdgeschosses betriebene Milchladen zu zwei Wohnräumen umgebaut. Die ursprünglich mit Nr. 34 weitgehend verwandte Fassadentektur in den Formen der Neurenaissance ist hier (im Gegensatz zur veränderten dort) nachvollziehbar geblieben, von der vereinfachenden Fensterauswechslung abgesehen: Das Erdgeschoss hat seine Rustika bewahrt, die Geschosse sind durch kräftige Gesimse voneinander

Görresstraße 38

Görresstraße 39

Görresstraße 37 Görresstraße 45

abgesetzt, eng gesetzte Fensterpaare sind gemeinsam verdacht. Der Dachgeschossausbau erfolgte 1982.

Görresstraße 37. Das Mietshaus (straßenseitiges Vordergebäude mit östlich angesetztem Rückflügel) erbaute Paul von Eck 1890 für sich selbst, ursprünglich mit Mansarddach in Blech-/Schieferausführung. Das in den Formen der Neurenaissance errichtete, östlich freigestellte Haus ist weitgehend original erhalten (s. a. den Zahnfries am Traufgesims). Die Treppe im Hofwinkel erschließt gemäß Eingabeplan drei Wohnungen je Etage. Dem Nachbarhaus Görresstraße 39 (vgl. dort) sowie den gegenüberliegenden Häusern Görresstraße 36 und 38 (vgl. dort) hierin vergleichbar ist über dem rustizierten Erdgeschoss ein attikagleiches Band zwischen zwei Gesimsen ausgebildet.

Görresstraße 38. Hans Moser errichtete 1889–90 für Andreas Kollmannseder das Miets- und Geschäftshaus an der nordöstlichen Ecke Görres-/Schleißheimer Straße über einem stumpfen Winkel und mit abgeschrägter Ecke. Es korrespondiert mit dem bis 1889 für denselben Bauherrn errichteten Haus an der südöstlichen Straßenecke gegenüber (vgl. Görresstraße 39). Das ursprünglich als Gastwirtschaft mit Pensionszimmern (entlang langer Korridore aufgereiht) genutzte Anwesen hat zahlreiche Umbaumaßnahmen erfahren. Die Fassade konnte ihre originale Gestalt weitgehend bewahren. Wie bei den Nachbarhäusern setzen Gesimse die einzelnen Stockwerke voneinander ab. Die Rhythmisierung der Fassade besteht nicht in Vor- und Rücksprüngen, sondern im Wechsel von einzeln verdachten Fenstern mit eng gesetzten und gemeinsam verdachten Fensterpaaren, einem Motiv der klassischen Neurenaissance. Einheitlich mit den Nachbarhäusern (Nr. 36, früher auch bei Nr. 34; vgl. dort) sowie den gegenüberliegenden Häusern Nr. 37 und Nr. 39 (vgl. dort) wird die Brüstungszone der Fenster des 1. Obergeschosses attikagleich zwischen zwei Gesimsen ausgebildet und ergibt so ein die Häuser zusammenfassendes Band. Der ursprünglich an der Nordseite des Anwesens gelegene Eingang zu den oberen Stockwerken wurde 1985 in den Hofwinkel verlegt.

Görresstraße 39. Für Andreas Kollmannseder wurde das Miets- und Geschäftshaus 1888–89 von Johann Winkler an der südöstlichen Ecke Görres-/Schleißheimer Straße erbaut, in Korrespondenz zum Haus Görresstraße 38 (vgl. die Fassadentektur dort) an der gegenüberliegenden nordöstlichen Straßenecke, das nach Fertigstellung von Nr. 39 für den gleichen Bauherrn entstand. Über einem leicht spitzen Winkel mit ebenfalls abgeschrägter Ecke steht das in den Formen der Neurenaissance errichtete Gebäude als städtebauliche Anhebungsmarke. Die Treppe im rückwärtigen Hofwinkel erschließt gemäß Eingabeplan zwei Wohnungen je Etage. Die geschossteilenden Gesimse fallen mit den jeweiligen Sohlbankgesimsen in eins. Die Fenster der Hauptge-

schosse wurden vertikal verklammert, die Brüstungsfelder der Fenster des 2. Obergeschosses sitzen den Verdachungen (gerade Gesimsstücke) der Fenster des 1. Obergeschosses auf. In gängiger Weise rhythmisierte man die Fassade nicht durch gestalterische Durchbildung, sondern schlicht mittels einer Eng- und Weitsetzung der Fenster. 1899 wurden im Erdgeschoss von Ferdinand Hönig für Robert Riedel Umbauten vorgenommen. Der großzügige Dachgeschossausbau, bei maximaler Dachraumnutzung auch oberhalb der abgeschrägten Ecke, mit weit an die Traufe vorgesetzten Gaubenfenstern und hohen Gauben (aufgezahnter Kontur des Mansarddachknicks) erfolgte 1984.

Görresstraße 45. Das für Michael Dietl 1894–95 von Georg Müller erbaute Mietshaus besteht aus einem straßenseitigen, östlich freigestellten Block mit östlich angebautem Rückflügel. Entsprechend dem Erstzustand hat das Haus sein Mansarddach bewahrt, ursprünglich in Blech-/Schieferausführung. Der mittige Eingang führt zum rückwärtigen Treppenhaus, das gemäß Eingabeplan drei Wohnungen je Etage erschließt. Die Fassadenmitte ist durch einen von Lisenen flankierten flachen Mittelrisalit und in der Dachzone darüber durch einen Ziergiebel betont. Daneben besteht die Rhythmisierung der Neurenaissancefassade im Wechsel von eng gesetzten und gemeinsam verdachten Fensterpaaren mit einzelnen Fenstern. Das Haus hat seine Erdgeschoss-Rustizierung verloren, wie auch horizontale Gliederungselemente verschwunden sind. Der Einbau der bestehenden Dachwohnung wurde 1938 vorgenommen.

Gyßlingstraße

Beginnend im Süden in dem 1963 durch Anlage des Isarrings (samt John-F.-Kennedy-Brücke) vollständig veränderten Bereich, erschließt die 1905 nach Walter Gyßling (1836–1903), Direktor des Bayer. Dampfkessel-Revisionsvereins, benannte gerade Straße das Areal zwischen dem ursprünglich hier nur schmalen Mittelteil des Englischen Gartens im Westen und der Isar im Osten. Das Gelände an der Ostseite der Straße nahm früher, südlich noch über den heutigen Isarring hinaus, die weitläufige *Lokomotivfabrik Maffei* ein, von der heute allein das Tivoli-Kraftwerk (s. Nr. 12) erhalten ist. Ausgangspunkt der einst bedeutenden, freilich den landschaftlichen Zusammenhang störenden industriellen Entwicklung war ein Eisenhammerwerk, für das der Hofhammerschmied Lindauer 1814 – entgegen dem

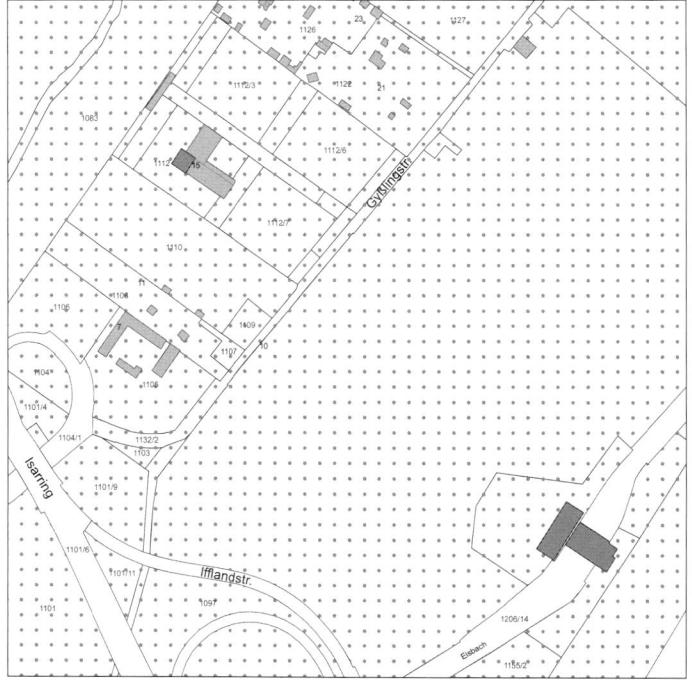

Gyßlingstraße; Flurkarte, M. 1:5 000

Gyßlingstraße 12, Tivoli-Kraftwerk, Südseite

Gyßlingstraße 12, Tivoli-Kraftwerk, Westseite

Protest F. L. von Sckells – die Konzession erhielt. Joseph Anton Ritter von Maffei (1790–1870) erwarb die „Stahlfabrik" 1837 und baute sie zur 1838 eröffneten Maschinenfabrik aus, die 1847 bereits 500 Arbeiter beschäftigte. 1841 verließ die erste in der langen Reihe der berühmten Lokomotiven das Werk (1874 die tausendste), das in der Folge laufend expandierte und 1933 – nach Fusion mit der Maschinenfabrik Krauss – nach Allach verlegt wurde. Das 30 ha große Gelände, 1943 vom Staat erworben, wurde 1952 in den Englischen Garten einbezogen und seitdem entsprechend gestaltet. (Standort des ehem. Lindauerschen Hammers ca. 50 m östlich vom jetzigen Südende der Gyßlingstraße, etwa in der Mitte zwischen Nr. 12 und 15 südlich des verbindenden Weges, am damals anders verlaufenden Eisbach bzw. einem seiner Arme.)

Gyßlingstraße 12, Tivoli-Kraftwerk, Turbinenhalle

Gyßlingstraße 12 (vormals 26). Ehem. Wasser- und Dampfkraftwerk der Maffei-Eisenwerke *(Tivoli-Kraftwerk)*. Die ursprünglich wegen schwankenden Wasserstandes als kombiniertes Wasser- und Dampfkraftwerk konzipierte Anlage von 1895–1896 war zur Selbstversorgung der Maschinenfabrik Maffei bestimmt (vgl. Vorspann) und wird heute, da später u. a. durch die einstige Tivoli-Kunstmühle genutzt (vgl. Am Tucherpark), als Tivoli-Kraftwerk bezeichnet (städtisch; noch in Betrieb). Ursprünglich bestand das Kraftwerk aus drei kleinen Turbinen – zwei Wasserrädern und einer Dampfmaschine (Gesamtleistung 300 PS). 1900 Einbau von drei – noch erhaltenen – Francis-Turbinen; 1985 weitere Modernisierung (Einbau von zwei automatischen Turbinen).

Den als Blankziegelbau angelegten Gesamtkomplex auf T-förmigem Grundriss überfangen drei parallele, gemäß dem Bachlauf nord-südlich ausgerichtete Satteldächer. Zwei Giebelhallen-Einheiten, innen räumlich zusammengefasst, stehen auf einer vierbogigen Brückenkonstruktion über dem Eisbach; sie enthalten Maschinen für die Stromversorgung, in der Unterkonstruktion das Wasserschloss. Die in beiden Richtungen länger gestreckte Kesselhalle bildet im Westen eine Art Eingangsfassade mit sechs Blendarkaden um die (hier unterschiedlich veränderten) Rundbogenöffnungen aus. Die an den anderen Seiten besser – mitsamt den kleinsprossigen eisernen Konstruktionen der Rundbogenfenster – erhaltene Lisenen- und Ortbandgliederung des Sichtbacksteinbaus mit tektonisch schwerpunktmäßig, um die Fenster konstruktiv bedingt eingesetzten Kalksandsteindetails – auch an den Firstzinnen – gibt dem technischen Denkmal ein harmonisches Erscheinungsbild, in dem sich sachliche Einfachheit und eine gewisse Würde verbinden.

Gyßlingstraße 15, Gaststätte Hirschau von Südwesten

Gyßlingstraße 15. *Gaststätte Hirschau* im Nordteil des Englischen Gartens. Die im Frühjahr 1840 eröffnete, ursprünglich „Hasenstall" genannte Wirtschaft erbaute ein Gastwirt auf 1839 erworbenem Waldgrundstück im Hinblick auf die Versorgung der Arbeiter in der benachbarten Maffeischen Fabrik mit Mittagessen und Bier (vgl. Karnehm 1989). Die Merkmale des schlichten kubischen Walmdachbaus noch ganz in klassizistischer Tradition (vgl. Sondermeierstraße 1/Aumeister) wurden auch durch die Aufstockung um ein 3. Geschoss 1874 durch Baumeister Josef Wolf nicht verändert. Die Westseite mit dem Eingang hat fünf, die Nord- und Südseite je vier Fensterachsen; einziges Gliederungsdetail ist das profilierte Traufgesims. Später wurde im Norden ein hölzerner Anbau entlang dem Biergarten angefügt, an die dreiachsige Ostseite ein lang gestreckter niedriger Restauranttrakt mit neuklassizistischem Portalvorbau. (Der Bereich der Anbauten erfuhr seit Ende des 19. Jh. laufend Veränderungen.)

Hackenstraße

(Vgl. Ensemble Altstadt, Straßenbildfolge Hackenstraße–Brunn-straße.) Das 1465 erstmals erwähnte, bis 1874 sehr schmale Hackengäßl (-gäßchen u. ä.) verband im Stadterweiterungs-gebiet des 13. Jh. die Sendlinger Straße mit einem „(im) Hag, Hagen, Hacken" u. ä. genannten Bereich, der für den gesamten südwestlichen Altstadtsektor zwischen Kaufinger-/Neuhauser Straße und Sendlinger Straße – das Hackenviertel – namen-gebend wurde. Nur durch einen Doppelknick konnte diese schmale, ältere Gasse im Westen an den Straßenzug Brunn-straße/Josephspitalstraße in dem großzügig konzipierten Er-schließungsraster angebunden werden, der das Hackenviertel bis hin zum zweiten Stadtmauerring erschloss (vgl. analog weiter nördlich das Altheimer Eck). Dieser abgeknickte Bereich (west-lich der nordseitig einmündenden Hotterstraße) trug bis 1904 den eigenen Straßennamen Hundskugel (Hundskuglgasse u. ä.; zum Namen vgl. Hackenstraße 10 und Hotterstraße 18), zu der die markante, bis heute erhaltene Bürgerhausgruppe an der Nordseite (s. Hackenstraße 6, 8, 10, Hotterstraße 18) gerechnet

Hackenstraße 2; Entwurf zur Fassadenmalerei von Josef Wagner, 1887 (nicht erhalten)

Hackenstraße; Flurkarte, M. 1:2500

Blick in die Hackenstraße von Westen (links Nr. 10, 8, 6, 4)

wurde. An sie schließt sich westlich (Hackenstraße 14) das 1964–66 erbaute U-Bahn-Referat der Landeshauptstadt an, des-sen beide Flügel eine damals platzartig erweiterte Situation im Bereich des Straßenknicks einschließen; im Winkel wurde 1967 der Radspielerbrunnen von Ernst Andreas Rauch aufgestellt (Muschelkalk, Bronze; ein Wasserstrahl aus dem Mund des be-krönenden Kopfes setzt ein Rad in Bewegung). Name und Ge-staltung des Brunnens sind eine Anspielung auf die Familie Radspieler, seit 1848 Eigentümer des südseitig den Bereich des doppelten Straßenknicks begrenzenden Komplexes des ehem. Rechbergpalais (s. Hackenstraße 7, Brunnstraße 1). Auf Vor-schlag des Hofvergolders Joseph Radspieler (1872), der die Kos-ten für die Baumaßnahme weitgehend selbst übernahm, wurde die Hackenstraße 1874 südseitig erheblich (um 6–7 m) verbrei-tert und neu bebaut, das Radspielerhaus durch Umbau der neuen Baulinie angepasst. Die Hackenstraße hat, wie nur wenige in der Altstadt, noch überwiegend Bausubstanz aus der Zeit vor dem Zweiten Weltkrieg bewahrt.

ARCHÄOLOGISCHE BEFUNDE: Größere Bodeneingriffe und Um-bauten sind aus jüngerer Zeit nicht bekannt. Deshalb ist mit un-tertägig erhaltenen Resten von Bauwerken, unter der Straße mit verrohrten Bächen und Pflastern und unter den Gebäuden mit Resten von Vorgängerbauten, möglicherweise mit Brunnen und Latrinen, zu rechnen.
Unter Hackenstraße 2, 3, 5, 6, 7, 8, 10 und 12 befinden sich Teile mittelalterlicher und neuzeitlicher Bebauung.

Hackenstraße 1–8, 10, 12. Vgl. Ensemble Altstadt, Straßenbild-folge Hacken-/Brunnstraße.

[**Hackenstraße 2.** Im Bereich des an das Eckhaus Sendlinger Straße 14 (s. dort) westlich angrenzenden Gartens, der auf Sandtners Stadtmodell von 1570 und bei Stimmelmayr (um 1800; mit dem Hacker-Sudhaus zwischen Gartenmauern) darge-stellt ist, entstand im Auftrag von Matthias Pschorr jun. 1887–88 ein dreigeschossiger Erweiterungsbau des Alten Hackerhauses in deutscher Renaissance mit zwei Bierhallen übereinander (im Obergeschoss ehem. Neurokokosaal), prachtvoller illusionisti-scher, figürlicher und dekorativer Fassadenmalerei in den Ober-geschossen und malerischem Zwerchgiebel. Der farbige Ent-wurf von 1887 zur Fassadenbemalung mit Stempel „Josef Wag-ner / K. Bayerischer / Hof-Decorationsmaler / München" ist er-halten (MStM, II h/633). – Nach schweren Luftkriegsschäden wurde die Gaststätte im Erdgeschoss wiederhergestellt, die Fas-sadenmalerei übertüncht, der ruinöse Oberteil schließlich 1981 in vereinfachter Nachbildung neu erbaut. Vom Altbau stammen noch der Keller und Teile der Pfeilerhalle mit böhmischen Kap-pen im Erdgeschoss.]

Blick in die Hackenstraße von Osten (rechts Nr. 2)

Hackenstraße 3. Gruppe mit Nr. 5 (und ehem. Nr. 1). Ursprünglich Teil einer Gruppe von drei im Auftrag des Metzgermeisters Johann Greif erbauten Häusern, deren westliches (Nr. 1 von 1875), ein markanter fünfgeschossiger Bau mit Ostseite an der Sendlinger Straße und Kuppel über der abgerundeten Ecke, nach Zerstörung im Luftkrieg durch einen schlichten Neubau ersetzt wurde. Die umfassende Baumaßnahme hing mit der Verbreiterung der Hackenstraße nach Süden zusammen, die Vorbebauung wurde 1874 abgebrochen. Baumeister von Nr. 4 wohl dieselben wie beim erhaltenen westlichen Nachbarhaus Nr. 5. Innerhalb der Dreiergruppe wurden – bei gleicher stilistischer Grundhaltung am Übergang vom Spätklassizismus zur Neurenaissance – die drei Einzelgebäude unterschiedlich gestaltet; die Fassade des Wohn- und Geschäftshauses Nr. 3 mit sparsamem Stuckdekor ist durch den dynamisch wirkenden, zugleich funktional bedingten Kontrast von horizontaler unterer Zone (Laden-Erdgeschoss und 1. Obergeschoss) und Vertikalgliederung in den oberen Geschossen gekennzeichnet; deren Mittelteil ist durch Fensterbänder mit Hermenpfeilern und ein attikaartiges zusätzliches 4. Obergeschoss betont. Über dem mittig liegenden Eingang mit dekorativem Torgitter befindet sich eine Kartusche mit Initialen CD (Carl Deibele) im 1. Stock. Das Erdgeschoss ist in Läden aufgeteilt; im Vestibül Wandfelder mit Stuckrahmen. Der 1. Stock enthielt Comptoirs sowie hofseitig Lagerräume (Uhrenlager); in den oberen Geschossen zwei Vierzimmerwohnungen beiderseits der in der Mitte situierten zweiläufigen Treppe. – 1899–1900 Umbaumaßnahmen (u. a. der Läden) sowie Hofunterkellerung für Uhrengroßhändler Carl Deibele (Arch. Emerich Könyves).

Hackenstraße 4. Ein auf Sandtners Stadtmodell dargestelltes Gartengrundstück ist in Resten auch noch bei Stimmelmayr (um 1800) zu erkennen, hier mit einem zweigeschossigen „Lipofski-Eckhaus", das laut Häuserbuch III (in dem der Name Lipowsky nicht erwähnt wird) wohl 1683 aus einem Sommerhaus hervorging und 1892 abgebrochen wurde.
Das bestehende viergeschossige Miets- und Geschäftshaus entstand 1892/93 als Neubarockbau im Auftrag des Hafnermeisters Josef Xaver Mittermayr, dessen Familie das Grundstück seit 1804 besaß. Architekt war Josef Wölker. Die acht Geschäfte im Erdgeschoss haben meist noch die alten Ladenstöcke bewahrt. Die 42 m lange, reiche Putzfassade an der Hackenstraße (bez. 1892 und 1893) wird in den Obergeschossen durch Kolossallisenen sowie drei sehr flache, schmale Risalite mit z. T. rustizierten Pilastern bzw. Lisenen und Doppel- bzw. (in der Mitte) Dreierfenstergruppen gegliedert; entsprechend beleben Zwerchhäuser die Mansarddachzone mit deren Gaubenreihen. Die abgeschrägte Ecke ist mit einem knapp ausladenden Erker besetzt; an der kurzen Seiten-

Hackenstraße 4

Hackenstraße 3

Hackenstraße 5

front zur Hotterstraße begrenzen Lisenen die jeweils äußeren der fünf Fensterachsen.
Im Keller befanden sich weitläufige Werkstätten für den Hafnereibetrieb, der 1959 eingestellt wurde, in den Obergeschossen zwölf Wohnungen. Geringe Kriegsschäden (Dachbereich); seit 1972 Besitz des Süddeutschen Verlags; 1978 Fassadenrestaurierung.

Hackenstraße 5. (Vgl. Hackenstraße 3.) Erbaut gleichzeitig mit Nr. 1 (zerstört) und Nr. 3 (1874–75) für Metzgermeister Johann Greif als

Hackenstraße 5, 1. Obergeschoss, Hermenkaryatiden

„westlicher III. Neubau" der Gruppe; Pläne von Baumeister Peter (?) Wimmer, Tekturen von Baumeister Peter Berger; Wohnungsconsens am 12. März 1875 erteilt. Die Fassade des Wohn- und Geschäftshauses, das der Neurenaissance zuzuordnen ist, ist im Unterschied zu der von Nr. 3 betont horizontal strukturiert mit kräftiger Gesimsausbildung; das Gebälk über dem 2. Obergeschoss ist mit den segmentbogigen Fensterverdachungen verkröpft. Die breiten Außenachsen sind risalitähnlich hervorgehoben mit in ihrer Gewichtung nach oben abnehmender Fenstergruppenbildung, im 1. Obergeschoss mit Hermenkaryatiden; im 3. Obergeschoss einfache, doch von reichem Dekor flankierte Fenster. Insgesamt ist das letzte Geschoss durch reichen, zart geformten Stuckdekor mit pflanzlichen Motiven von den plastischer strukturierten unteren Geschossen unterschieden; der ornamentale Aufwand verdichtet sich im Fries des Traufgebälks. Erdgeschoss (Ladenbereich) schon ursprünglich mit Pfeilerteilung, doch mehrfach verändert; Einfahrt ursprünglich in der zweiten Achse von links. Die Obergeschosse enthielten je zwei Wohneinheiten; feuersicher konstruierte U-förmige Treppe hofseitig in der Mitte; Dachzone mehrfach verändert (u. a. 1909 Wohnungseinbau in der Osthälfte); ursprünglich Reihung gleichartiger, dekorativ gerahmter Gauben. Um 1989 Renovierung und innerer Umbau mit weitgehenden Veränderungen, u. a. Verlegung des Eingangs in die Mittelachse (Arch. Gerhard Lehmann).

Hackenstraße 6. (Vgl. auch Hackenstraße 8.) Auf Sandtners Stadtmodell (1570) ein dreigeschossiges, drei Fensterachsen breites Traufseithaus mit mächtigem Steildach und zwei Ohrwascheln. – Der Liqueur- bzw. Rosogliofabrikant Andreas Sailer, seit 1867 Eigentümer von Nr. 8, erwarb 1879 das schmale östliche Nachbarhaus Nr. 6 hinzu und ließ es 1879–80 durch J. Thomas zwischen den vorhandenen Kommunmauern völlig neu er-

Hackenstraße 8 und 6 (von links; rechts Hotter-straße 18

bauen („Neubau aus Kellergeschoss, Parterre und vier Stockwerken"). Statt der zunächst vorgesehenen ostseitigen Erweiterung von Nr. 8 um zwei Achsen mit Fortsetzung der spätbarocken Fassadengliederung auch an dem allerdings um ein Geschoss auf fünf Stockwerke erhöhten Neubau wurde dieser als weitgehend in sich selbständig genutztes Wohnhaus mit etwas höheren Geschossen und in zeitgemäßen Neurenaissanceformen gegliederter Fassade ausgeführt; deren auf dem genehmigten Plan wie auch noch in Häuserbuch III (1962; Zustand vor dem Zweiten Weltkrieg) dargestellte, auch auf alten Ansichten erkennbare Gestaltung entspricht nicht dem gegenwärtigen Zustand; die heutige Putzfassade mit einer sparsamen Gliederung in der Art des schlichten, bürgerlichen Frühklassizismus gegen oder um 1800 ist demnach einer vereinfachenden Redaktion wohl der frühen Nachkriegszeit zuzuschreiben (mitsamt dem ovalen Marienbild im 1. Stock).

In die östliche der beiden Achsen von Haus Nr. 6 wurde die Durchfahrt (auch für Nr. 8) gelegt, der Verkaufsladen links von ihr mit dem Nachbarraum in der östlichen Achse von Nr. 8 zusammengefasst; auch die dahinter links von der Durchfahrt situierte Treppe diente schon seit 1879 der Erschließung beider Häuser. In den oberen Geschossen jeweils zwei Einfensterzimmer zur Straße, dahinter (östlich der Treppe) Küche (und Bad).

Hackenstraße 7. Ehem. *Palais Rechberg* bzw. seit 1848 *Radspielerhaus* (mit Brunnstraße 1, s. dort). Der durch zwei Entwicklungsphasen der Innenstadtstruktur bedingte Doppelknick von der Brunn- zur Hackenstraße ist südseitig mit dem weitläufigen Vierseitkomplex des Rechberg-Palais bzw. Radspielerhauses besetzt; doch wurde die ursprünglich noch unübersichtlich-kleinteiligere Verkehrssituation um 1874 durch Zurücknahme der südlichen Baulinie sowohl an der Hacken- wie am Ostende der Brunnstraße vereinfacht (vgl. Brunnstraße 1). Der Rechberg/Radspieler-Komplex samt Garten – als ehemals adeliger Wohnsitz im Hackenviertel eher eine Ausnahme – stellt über alle Änderungen hinweg eine bedeutsame architektonische wie geschichtliche Konstante im Altstadtgefüge dar und übertrifft mit seinen Dimensionen die meisten Adelspalais in der Altstadt-Nordhälfte (ausgenommen allenfalls das Törringpalais, vgl. Residenzstraße 2), vor denen er überdies den Vorzug eines Gartens an der Rückseite genießt. Eine eingehende Untersuchung zur

Baugeschichte liegt bisher nicht vor; über die wechselnden Besitzer informiert Häuserbuch III (1962).

Auf Sandtners Stadtmodell (1570) steht in der Ecksituation ein stattlicher dreigeschossiger Satteldachbau mit nord-südlicher Firstrichtung (wohl aus zwei Bauteilen bestehend) und östlich anschließend ein zweigeschossiges Haus mit Grabendach. Der zugehörige Garten ist auch auf Volckmers Stadtplan von 1613 zu erkennen; der ihm südlich parallele, geometrisch aufwendig gestaltete Garten samt Brunnen gehörte zu dem schlösschenartigen Gebäude am Ostende mit Zwiebelturm, einem Rückgebäude des Anwesens Sendlinger Straße 18 (früher 70), das ab 1590 im Besitz Herzog Wilhelms V., ab 1604 der Familie Ridler und 1716–1757 der Grafen Rechberg war. Die beiden Anwesen am Knick der Hackenstraße erwarb 1676 bzw. 1678 der kurfürstl. Revisionsrat Johann Rudolph Wämpl, der (nach Häuserbuch III) 1678 einen Neubau errichten ließ, dessen Art und Umfang bislang nicht näher bekannt sind. Kurzzeitig im Besitz geistlicher Fürsten aus dem Hause Bayern (1680 ff.) ging das Anwesen 1688 an die Freiherren, später Grafen von Rechberg über, die es (nach Häuserbuch III mit einer Unterbrechung von 1805–18) bis 1848 besaßen. Matthias Paurs Vogelschau-Stadtplan von 1705 zeigt den damaligen Bestand – einen Vierflügelkomplex aus zwei Satteldachgebäuden im Westen (im Kern noch das auf dem Stadtmodell von 1570?) und Osten, verbunden durch zwei niedrigere, schmale Längstrakte; die zum geometrisch strukturierten Garten gewendete Südseite ist ohne Öffnungen dargestellt, ebenso die den Garten westlich begrenzende Seitenfront des Vorgängerhauses von (später) Brunnstraße 1. Auf Consonis Stadtplan von 1806 erstreckt sich an der Westseite des Gartens der erst später, wohl jedenfalls nach Erwerb des geometrischen Gartens durch die Rechberg (1716) entstandene, noch bestehende Trakt in südlicher Verlängerung des Westflügels mit dem axial auf den Garten ausgerichteten halbrunden Mittelrisalit, während die Westseite dieses Gartentraktes 1806 noch offenbar fensterlos an die Kommunmauer des Nachbarhauses grenzte; der Garten hatte damals eine kleinteilige Gestaltung im englischen Stil. Die beiden Straßenfronten sind auf Stimmelmayrs Skizze (um 1800) dreigeschossig, mit Einfahrt und Flacherker im Westen. Der klassizistische Architekt Jean-Baptiste Métivier (der hier selbst ab 1817 eine Zeit lang wohnte) vermerkte in seinem eigenhändigen Werkverzeichnis als Nr. 10: „Restauration de l'hotel du Comte C. de Rechberg à la hundsKugel 1817", doch ist nach H. Rau (1997) über Art und Umfang dieser Arbeiten nichts Genaueres bekannt. Für den neuen Eigentümer, den Kammerherrn, später Obersthofmeister Karl Graf v. Rechberg († 1847), war jedenfalls eine Instandsetzung des Palais notwendig geworden.

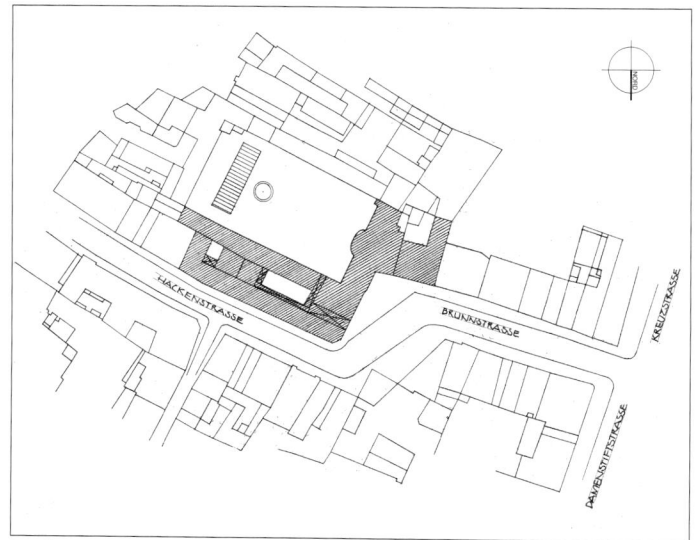

Hackenstraße 7; Lageplan des Palais Rechberg, 1960

Hackenstraße 7, Ostteil von 1874/75

Hackenstraße 7, ehem. Palais Rechberg oder Radspielerhaus von Nordwesten

1827 wurde der bisherige Saal im Nordflügel (zwischen Hof und Hackengasse) durch Maurermeister Xaver Mayr baulich aufgeteilt (LBK, Bauakt). Auf dem Seitzschen Stadtmodell (Mitte 19. Jh.) ist der dreigeschossige Komplex noch vor den großen Umbaumaßnahmen der 1870er Jahre dargestellt, mit dem hier mit einem Zwerchgiebel schließenden Flacherker im Westen. Seit Erwerb 1848 war das Anwesen Eigentum des Hofvergolders Joseph Radspieler und seiner Nachkommen, im 20. Jh. (bis heute) der Familie von Seidlein.

1863 wurde entlang der Straßenfront der (zunächst nur zum Teil ausgeführte) Einbau von Verkaufsläden (achsenweise Rechte_köffnungen) genehmigt. Das heutige Erscheinungsbild des Komplexes geht auf weitgehende Umbaumaßnahmen zurück, die im Zusammenhang mit der 1874 verwirklichten südseitigen Erweiterung der zuvor sehr schmalen Hackengasse vorgenommen wurden. Joseph Radspieler übernahm selbst, um eine geplante direkte Verlängerung der Brunnstraße nach Westen bis zur Sendlinger Straße zu vermeiden, die Kosten der Maßnahme, wobei freilich der Doppelknick des Straßenzuges vor dem Palais erhalten blieb, wenn auch in erweiterter Form. U. a. erwarb er 1871 das westlich benachbarte Anwesen Brunnstraße 1 (s. dort) zum Abbruch und ließ es auf stark zurückgesetzter Baulinie neu errichten; der dadurch freigelegte Südteil des Palais-Westflügels erhielt einen rechtwinklig angesetzten, zwei Fensterachsen breiten Zwickel-Anbau zum Anschluss an Brunnstraße 1 (innen u. a. Nebentreppe); bedingt durch die Zurücknahme auch der gesamten nördlichen Baulinie an der Hackenstraße und überdies durch eine Aufstockung wurde eine völlige Neugestaltung der straßenseitigen Fassaden notwendig. Die Gliederung mitsamt dem zarten Stuckdekor – Hauptmotiv Girlanden – entspricht der Übergangsphase von spätklassizistisch-biedermeierlichem Habitus zum beginnenden Späthistorismus.

Die sukzessive von 1871 bis wohl 1876 durchgeführten Umbaumaßnahmen spiegeln sich in den nur bruckstückhaft erhaltenen Bauakten und wenigen Teilplänen (Stadtarchiv/LBK 19172a) nur unvollständig wieder: u. a. 1871 „Abänderung des Daches und Umwandlung des betr. Dachraumes in ein III. Stockwerk"; 1872 „Fassadenänderung der/des Nebengebäude(s)" und „Stockwerks_aufsetzung auf das Rückgebäude"; 1873 Umbau samt Stockwerksaufsetzung wegen Straßenverbreiterung (einige Pläne signiert von Baumeister Peter Wimmer), in diesem Jahr ausgeführt. Die auf die neue Baulinie zurückgenommene lange Nordfassade wird von der freigelegten Rundung des turmartig erhöhten, klassizistischen Treppenhauses mit Zinnenabschluss unterbrochen.

In östlicher Verlängerung des langen Nordtraktes entstand 1874/75 auf einem Grundstück, auf dem gemäß Wenngs Atlas 1849 das Haus des Nadlermeisters Wilhelm Schmitz stand, doch gleichfalls zurückgesetzt fluchtend ein stilistisch wie der Geschoss- und Traufhöhe nach angeglichener dreiachsiger Anbau, der eine selbständig zu nutzende Einheit mit zwei Werkstätten im Erdgeschoss und Wohnungen darüber bildete und durch seinen Mittelerker wie den barockisierenden Volutengiebel im Straßenbild auffällt; die Erstplanung von Peter Wimmer (Februar 1874) sah eine trocken-spätklassizistische Fassadengestaltung vor, die im Frühjahr durch die Ausführungstektur von

Hackenstraße 7, Treppenhaus

Hackenstraße 7, Durchfahrt nach Osten und Treppe

Hackenstraße 7, Erdgeschoss, Decke im südlichen Verkaufsraum

P. (?) Berger ersetzt wurde. Dieser Bauteil mit dem Nordgiebel
(Rohbau 1875), straßenseitig nur einen Raum tief und mit (ursprünglich) einem Westflügel zu Seiten eines kleinen Hofes,
stieß im Süden an einen noch bestehenden zweigeschossigen
Quertrakt entlang dem Garten in östlicher Verlängerung des
Hauptgebäude-Südflügels. Die Rückseite des Giebelbaues
schließt mit einem Halbgiebel. Das Erdgeschoss, straßenseitig
ursprünglich mit vier schmalen Rechtecktüren, wurde 1917
durch die beiden noch bestehenden Schaufensterarkaden verändert.
Im Luftkrieg wurde der Nordtrakt zwischen Hof und Hackenstraße zerstört (sechs Fensterachsen westlich vom Treppenturm)
und 1950 in äußerlich alter Form wiederaufgebaut.
Der viergeschossige Komplex mit Verkaufsläden im Erdgeschoss und – über vier Aufgänge zugänglich – Wohnungen,
Büros und Praxen besteht in der Hauptsache aus dem vierflügeligen, um den Hof gruppierten Nordteil und der im Kern barockzeitlichen südlichen Ver-
längerung des Westflügels (innen symmetrischer Grundriss
mit 5 Räumen), der an seiner
Westseite um 1875 baulich ergänzt und an Brunnstraße 1
angeschlossen wurde. Der
Vierflügelkomplex ist ostwärts fortgesetzt bis zu einem
zweiten sehr kleinen Hof hinter dem Bauteil mit dem markanten straßenseitigen Volutengiebel; gartenseitig ist der
Südtrakt durch einen zweigeschossigen Flügel weit nach
Osten verlängert. Straßenseitig ist das in Rauputz rustizierte Erdgeschoss in meist flachbogig schließende Schaufenster aufgelöst; die Verkaufsläden wurden mehrfach (u. a.
1909) umgebaut; in einigen
Geschäftsräumen des Westflügels sind Muster-Stuckdecken
(auf Holz), z. T. mit Gemälden, erhalten (Neurenaissance,
Neubarock und Neurokoko).
Zwei Flacherker mit für die
Bauzeit (um 1873) großformatigen Fenstern und ein dritter
an der abgeschrägten Haus-

Hackenstraße 7, Erdgeschoss,
nördlicher Verkaufsraum

Hackenstraße 7, Hof nach Osten

ecke bereichern das Straßenbild im doppelt abgeknickten Abschnitt. Hauptmotiv der zurückhaltenden Gliederung sind die
mit Stuckgirlanden gefüllten Rechteckblenden zwischen 1. und
2. Stock; das schlichte 3. Obergeschoss ist über einem Gesims
abgesetzt, das flache Mansarddach metallgedeckt. Die Nische
im 1. Stock neben der Ecke ist heute leer. Die Einfahrt, westseitig unter dem linken Erker, ist flach gedeckt, links von ihr die
halb gewendelte Treppe mit schlicht klassizistischem Eisengeländer (Andreaskreuze) situiert. Den östlich anschließenden,
von Längsfluren begleiteten Hof begrenzen an den beiden
Schmalseiten im Westen und Osten Flachbogenloggien mit toskanischer, stark geschwellter Mittelsäule; die drei Obergeschosse der Nordseite kragen über einer mächtigen Voute vor, um die
Hoffläche zu erweitern. – Die gartenseitigen Fassaden sind
schlicht; der halbrund-konvexe Mittelrisalit der Westseite, der
die (ehem.) Mittelachse des Gartens markiert, hat im 1. Stock
große Rundbogenfenster, im Erdgeschoss und 2. Stock Stichbogenöffnungen, als Abschluss eine Balusterbrüstung.
Der ca. 64 x 29 m große Garten, heute mit ungleichmäßigem Ra-
sen bzw. Grasnarbe und lockerem Baumbestand, ist der letzte
noch erhaltene historische Privatgarten in der Altstadt. Der im
Ostteil axial situierte Brunnen ist auf dem Stadtplan von Consoni (1806) eingetragen; das Rundbecken aus Salzburger Marmor ist in den Boden versenkt; die kleine Bleifigurengruppe in
der Mitte, ein auf einem Delphin reitender wasserspeiender
Knabe, gilt als Werk von Roman Anton Boos (bzw. nach dessen
Entwurf). Ein zweiter, frühklassizistischer Brunnen von ca. 1780
(Kalkstein), in Form eines von Voluten flankierten kannelierten
Säulenfragmentes mit vorgelegtem Muschelbecken, nach O. J.
Bistritzki (1974) vermutlich von Steinmetz Schweinberger, stand
bis 1873 auf der Straße vor der Westfassade des Palais (vgl.
Stadtplan von Consoni). Vor der Südmauer zwei Plastiken von
Toni Stadler: Gussfigur Sitzende, 1955; Liegende. – Entwürfe
für eine umstrittene Bebauung
im Osten des Gartens (in südlicher Verlängerung des Gie-
beltraktes) werden seit 1983
(zuletzt 2003) gefertigt.
Im Rechberg-Palais starb am
15. Januar 1801 der in der
Schlacht bei Hohenlinden
schwer verwundete französische Divisionsgeneral Louis
Bastoul (Grab auf dem Alten
Südfriedhof). Eine Gedenktafel an der Westfassade erinnert
an Heinrich Heine, der hier
von November 1827 bis Juli
1828 ein bescheidenes Quartier gemietet hatte.

Garten, Brunnenfigur

Hackenstraße 7, Garten nach Westen

Hackenstraße 8. Baulich teilweise mit Hackenstraße 6 verbunden (vgl. dort). Auf dem Stadtmodell J. Sandtners von 1570 erdgeschossige Bebauung. Das Anwesen war im 18. und bis ins mittlere 19. Jh. im Besitz von Hafnermeistern. Das bestehende viergeschossige Altmünchner Bürgerhaus ist seinem Typus nach als zumindest weitgehender Neubau des späteren 18. Jh. anzusehen. Die Putzfassade in spätbarocker Tradition mit Anklängen an den Frühklassizismus verzichtet auf dekoratives Beiwerk (mit Ausnahme der Guttae/Tropfen unter den Fenstern im 2. Obergeschoss), ist jedoch mit ihrer kaum Leerflächen übrig lassenden, rechteckig gefügten, horizontal wie vertikal dichten Tektonik eine der reichsten unter den wenigen aus dieser Zeit in München erhaltenen. Die fünf Achsen breite Front wird axial in Blenden aufgeteilt, die Fenster werden zudem von Putzrahmen mit Keilsteinen umfasst, das oberste Geschoss ist durch ein reich profiliertes Gesims abgesetzt. Die breitere rechte Außenachse ist vielleicht durch den einstigen (wie auch heutigen) Hauseingang bedingt (enthielt jedoch ab 1879 und noch auf einem Grundriss von 1934 einen in das Nachbarhaus Nr. 6 übergreifenden Verkaufsladen). 1826 wurde im Haus Hackenstraße 8 der Maler Anton Doll († 1887) geboren. 1879 ließ der Likörfabrikant Andreas Sailer (Eigentümer 1867–1909) Umbaumaßnahmen zugleich mit dem Neubau von Nr. 6 vornehmen und im Nachbarhaus ein gemeinsames Treppenhaus einbauen. Der damalige Obergeschossgrundriss zeigt straßenseitig in Nr. 8 drei (heute zwei) Zimmer, das östliche mit nur einem Fenster, dahinter einen hakenförmigen Flur (Vorplatz, rechts durchgehend zur 1879 abgebrochenen, an der Ostseite des Hofes situierten Treppe), zwei Dunkelküchen und zwei rückseitige Zimmer, ferner eine dreiseitige Hofumbauung (Rückgebäude). 1887 erfolgte eine Erdgeschoss-Auswechslung in Nr. 6 und 8 (Arch. Heinrich Hilgert) mit drei durch rustizierte Pfeiler getrennten Verkaufsläden und weiterhin dem Einfahrtstor im Osten. 1949 und teilweise 1963 wurde das Erdgeschoss als Gaststätte (Meraner Stuben) mit neuer Fassadengestaltung (Stichbogenöffnungen) umgebaut. Die Obergeschosse wurden 1981–83 (Arch. Volker Schmücking) mit verschiedenen Grundrissänderungen renoviert (1. Stock für Büronutzung, darüber Wohnungen). (Siehe Abb. S. 287)

Hackenstraße 10. Bürgerhaus mit Hauszeichen „Hundskugel". Auf J. Sandtners Stadtmodell 1570 noch ein niedriger Stadel; auf T. Volckmers Vogelschau-Stadtplan 1613 offenbar ein etwas höherer traufständiger Bau mit Ohrwaschel rechts. Am 18. Mai 1741 kaufte der Hofbildhauer Johann Baptist Straub den Stadel von den Bierbrauer-Eheleuten Mathias Xaver und Maria Elisabeth Mayr um 2500 fl. Bereits am 14. September d. J. verschrieb er „aus diesem Stadl, so nunmehr zu einer Behausung errichtet worden", dem Schlosser Ferdinand Dürr (Fertiger des Gitters in der Heiliggeistkirche) ein jährliches Ewiges Zinsgeld von 150 fl. (zu 1000 fl. Hauptsumme). Die wenigen Monate scheinen kurz für einen abgeschlossenen mehrgeschossigen Hausbau. Vielfach wurde der Um- oder Neubau von 1741 dem mit J. B. Straub befreundeten und öfter zusammenarbeitenden Architekten Johann Michael Fischer (gest. 1766) – Straubs Trauzeuge 1738 – zugeschrieben (u. a. von Feulner 1924 und Lieb 1982), was Gabriele Dischinger (Ausst. Kat Johann Michael Fischer 1995) u. a. mit dem Hinweis auf die stilistisch eher um 1760/70 anzusetzende Rauputzgliederung der Fassade in Zweifel zog. Da Straubs Hausmadonna (Original im BNM) 1759 datiert ist, könnten um diese Zeit neuerliche Baumaßnahmen stattgefunden haben, vielleicht eine Fassadenumgestaltung; allerdings deutet eine Annonce von 1746, mit der Straub die Vermietung einer kleinen Wohnung „über 2 Stiegen im Hoff hinauß" anbot (Trautmann 1903, S. 29, Anm. 4), darauf hin, dass der viergeschossige Neubau damals schon vorhanden, vielleicht sein Ausbau vor kurzem erst abgeschlossen war. Nach seiner Heirat mit Straubs Tochter

Hackenstraße 10

Maria Theresia Amalia 1777 zog der Hofbildhauer Roman Anton Boos (gest. 1810) im Hause seines Schwiegervaters ein, das er nach dessen Tod 1784 gemeinsam mit seiner Frau erbte. Nach Witwe und Tochter von Boos gehörte das Anwesen ab 1824 Kaminkehrern, ab 1899 dem Etuifabrikanten Franz Geschier (mit Werkstatt und Geschäft im Erdgeschoss) und seinen Nachfolgern.

An dem durch Luftkrieg, benachbarte Abbrüche in der Nachkriegszeit und Vernachlässigung destabilisierten Haus wurde 1980–84 eine grundlegende Gesamtsanierung durchgeführt, bei der die originale Substanz und Ausstattung, soweit technisch möglich, erhalten blieb (Deckenbalken, Treppe, Türen und Türstöcke sowie Dachstuhl sind großenteils alt, die Fenster in alter Teilung erneuert). Bei den Untersuchungen wurde an der linken (westlichen) Kommunwand zum abgebrochenen Haus Nr. 12 (Neubau U-Bahnamt) in allen Geschossen eine Quadermalerei festgestellt (Außenfassade vor dem Bau von Nr. 10).

Das Wohn- und wohl auch Sterbehaus der renommierten, viel beschäftigten Bildhauer Straub und Boos, die hier auch namhaften Künstlernachwuchs ausbildeten (z. B. Lehrzeit Ignaz Günthers 1743–50), entspricht in den Grundzügen dem in München selten gewordenen Typus eines Handwerkerhauses mit Werkstätten im Erdgeschoss, Eigentümerwohnung darüber sowie weiteren vermietbaren Etagen, wobei im Unterschied zum herrschaftlich-vornehmen und Kaufmannshaus keine Durchfahrt vorhanden ist. Die in den Hauptzügen symmetrische Grundrissdisposition mit zwei möglichen Wohneinheiten je Obergeschoss – eine im Vorder-, eine im Rückgebäude – und die rechts vom kleinen Mittelhof situierte zweiläufig-gewendelte Treppe (statt der in vorbarocker Zeit üblichen einläufigen „Himmelsleiter") sowie insgesamt ein weitgehend rationales Regelmaß bezeugen eine vom herkömmlichen „Altmünchner Bürgerhaus" sich unterscheidende Modernität; traditionell ist in erster Linie der schmale Flur entlang der rechten Hauswand. Die anschließende Treppe hat noch großenteils ihr originales Brettbalustergeländer. Die Hauptwohnräume liegen an der straßen- bzw. rückseitigen Fassade, die (am stärksten erneuerten) Nebenräume samt Küchen gruppieren sich im Kernbereich um Hof und Treppe. Unterkellert (mit Kreuzgratgewölben) ist lediglich das Vorderhaus.

Die fünf Achsen breite Hauptfassade weist auf weißem Glatt-
putzgrund eine Gliederung in körnig-rauem, getöntem Riesel-
bewurf auf (eine vor allem in Landshut verbreitete Technik), die
in flächig stilisierter, abstrahierender Art Rustikaquaderwerk
imitiert (Putz samt Dekor 1980 ff. erneuert und nach Befund gefasst). Das Erdgeschoss ist horizontal gefugt mit Keilstein-An-
deutung an den Halbkreisblenden über den Öffnungen; der
Hauseingang rechts hat noch die alte Füllungstür, die Ladentür
links entstand erst Ende des 19. Jh. durch Verlängerung eines
Fensters. Die geohrten Fensterrahmungen der drei Obergeschosse, deren letztes wesentlich niedriger ist, sind im Gestaltungsauf-
wand hierarchisch abgestuft – im 1. Stock umschließen sie in
Keilsteinform samt Scheitelstein Halbkreisblenden über den
Fenstern, im 2. Stock sind sie lediglich durch Scheitelsteine bereichert. (Dachgauben moderne Zutat; doch in kleinerer Form
auf Ansicht in MB I 1912 vorhanden.)
Bemerkenswert ist die zweifache Fassadenzier mit Hausmadonna und Hauszeichen. Über dem Mittelfenster im 1. Stock ist –
unter einem geschweiften (erneuerten) Schutzblech – seit 1984
eine von Rainer Maria Strixner geschnitzte Kopie des von J. B.
Straub gefertigten (ursprünglich gefassten) Eichenholzreliefs
der Muttergottes angebracht (Halbfigur samt Jesuskind auf Ge-
wölk mit zwei Engelsköpfen; Original im BNM, rückseitig bez.
ST 1759). – Über der Ladentür eingelassen ist ein kleines Relief
mit sechs um eine Kugel gruppierten Hunden, nach K. Trautmann (1903) aus Terrakotta (überstrichen; jetzt angeblich Kopie
von 1980, jedoch nach BLfD-Akt 1980 freigelegt bzw. gereinigt),
wohl nicht eigentlich als Veranschaulichung eines Hausnamens
für das erst 1741 entstandene Gebäude zu verstehen; vielmehr
trug den sehr verschieden gedeuteten Namen „Hundskugel"
(-gugl, -kuchl?) die zweifach abgeknickte Verbindung zwischen
der Brunngasse westlich und dem Hackergässchen östlich (so
auf dem Consoni-Stadtplan von 1806); amtlich hieß so zeitweise
nur die nördlich davon gelegene Häusergruppe (vgl. Hotterstraße 18). Am früheren Haus Nr. 2 (heute 14), dem Hundskugelbad,
befand sich nach J. P. Stimmelmayr eine gemalte Darstellung,
„wie Hunde an der Kegelstatt Kegel scheiben und einer davon
die Kugl in der Tatzen zum Scheiben hält, welches auf diese Gasse oder Platz anspielt". Überdies wird mehrfach auch ein Holzrelief von R. A. Boos erwähnt (vgl. Trautmann 1903, Anm. 5).

Hahnenstraße

Kurze Verbindung in der Schönfeldvorstadt zwischen Von-der-
Tann-Straße im Süden und Schönfeldstraße im Norden; erhielt
ihren Namen nach Vermutung Rambaldis (1894) von einem nahen Wirtshaus Zum roten Hahn; der heutige Name schon 1843
erwähnt, zuvor Schlossergässchen (oder nach Rambaldi
Schmiedgässchen). Lockere Vorstadtbebauung der 1. Hälfte des
19. Jh., im 20. Jh. verdichtet. (Siehe Flurkarte S. 1194)

Hahnenstraße 1/3 (vormals 2/3). Eingabeplan (LBK) vom
23. Mai 1829, Bau eines drei-
geschossigen Wohngebäudes
für Maurerpolier Johann Lieg-
lein, signiert von Baumeister
(Rudolf) Röschenauer und
Zimmermeister (Karl?) Deiglmayr, genehmigt am 9. Juni
1829 mit Auflage, die Baulinie
zurückzunehmen auf die
Flucht von Liegleins gleichzeitigem Neubau Von-der-
Tann-Straße 10. Ausführung
wohl für Maurerpolier Jakob
Staudhamer, da dieser 1831
südseitig das Waschhaus an-
bauen ließ (Maurermeister

Hahnenstraße 1/3

Deiglmayr; Zimmermeister Stitzinger). Später im Besitz des
Bäckermeister Zöttler (1843 genannt), dann des Ritterportiers
Ludwig Steinmetz (Wenngs Atlas, 1849) bzw. von dessen Erben.
Das dreigeschossige, klassizistische Doppelhaus ist spiegelbild-
lich-symmetrisch angelegt, mit in der Mitte nebeneinander situierten Eingängen und Fluren zu den rückseitigen längsovalen
Treppenhäusern. Die schlichte Putzfassade nur durch das durchgehende Sohlbankgesims unter den Fenstern des 1. Obergeschosses sowie das profilierte Traufgesims gegliedert; das 2. Obergeschoss niedriger. In der Mitte des 1. Obergeschosses Muttergottesfigur auf Konsole. Je Geschoss eine Wohneinheit in jeder
Blockhälfte. Nicht mehr vorhanden ist die 1884 genehmigte Einfriedung des schmalen ehemaligen Vorgartenstreifens.

Hartmannstraße

(Vgl. Ensemble Altstadt.) Kurze Nord-Süd-Verbindung zwischen
Promenadeplatz und Löwengrube, früher Knötelgasse (u. a. bei
J. P. Stimmelmayr gegen 1800 und auf dem Consoni-Stadtplan
1806); nach H. Stahleder (1992) Knödelgasse seit vor 1747/48,
bisweilen auch Krautgasse; 1872 nach dem bayerischen General
der Infanterie Jakob Freiherr von Hartmann (1795–1873), Heerführer im Krieg 1870/71, benannt. (Siehe Flurkarte S. 841)

Hartmannstraße 1. Sandtners Stadtmodell zeigt ein fünf Fensterachsen breites, dreigeschossiges Traufhaus mit Flacherker
rechts, Stimmelmayrs Skizze etwa des späten 18. Jh. bereits den
wie heute viergeschossigen, nur vier Fenster breiten Bau mit
Flacherker in der zweiten Achse von rechts, jedoch ohne die beiden seitlichen Halbgiebelgauben („Ohrwascheln"), die – nebst
mittlerer Doppelgaube, geohrten Fensterrahmungen im 1. und
2. Stock sowie Hausfigur an heutiger Stelle – der Vorzustandsplan von 1893 darstellt. Ein Neubau könnte um 1640/50 erfolgt
sein, als das Anwesen dem Maurermeister Balthasar Wölk- oder
Völkhammer gehörte. Im Erdgeschoss des Altmünchner Bürgerhauses wurde 1846 eine Werk-
stätte für den Dachdeckermeis-
ter Heinrich Koch eingebaut
(Maurermeister Kuppelmayr),
weitere Umbaumaßnahmen erfolgten 1890, 1893 und 1938.
Buchbindermeister Theodor
Gämmerler ließ 1893 durch
Oscar Strelin vor allem die
Fassade im Sinne altdeutscher
Renaissance umgestalten – die
Fenster erhielten (nicht mehr
vorhandene) profilierte Ge-
wände, die Dachzone wurde
mit vier unterschiedlich gestalteten Dacherkern bzw. (rechts)
einem Zwerchhaus mit Giebel
im damals verbreiteten Nürnberger Stil malerisch umgestaltet, im Erdgeschoss eine neue
(inzwischen modern veränderte) Ladenfront eingebaut. Das
Innere, mit noch weitgehend
erhaltenen Wohnungsgrundris-
sen, wird durch Flur und (1890
z. T. erneuerte) Treppe in der
linken Achse erschlossen.
Die (von weitem schwer zu be-
urteilende) gefasste Holzfigur
der Muttergottes am Erker
links gilt als bemerkenswerte
spätgotische Arbeit des späten
15. Jh.

Hartmannstraße 1

Hartmannstraße 1, Hausfigur

Hartmannstraße 8. Ehem. *Schlößl- oder Gschlößlbräu.* Das Haus, für das Besitzer seit 1368, im späten 15. Jh. eine Weinschenke und spätestens seit 1539 eine Brauerei nachgewiesen sind (Stahleder 1982 und 1992), ist auf Sandtners Stadtmodell um 1570 als lang gestreckte, zweigeschossige Bebauung aus drei Teilen mit unterschiedlicher Traufhöhe und mit gotischem Zinnengiebel im Süden dargestellt, bei Stimmelmayr im späten 18. Jh. zweiteilig mit viergeschossigem „Eckhaus des Schlößlbräu" im Süden – er erwähnt ein Wirtshausschild mit gemaltem viertürmigem Schlößl und eine alte eiserne Pechpfanne – sowie dem nördlich anschließenden „Bräu- oder Sudhaus" mit Wandbild (Gleichnis vom Splitter und Balken) am linken Ende. Die äußerst schmale Parzelle entlang der Hartmannstraße mit Südseite zur Löwengrube, ohne Hof und nur durch straßenseitige Fenster belichtet, wurde (im 19. Jh.) durch einen Flur entlang der östlichen Rückwand erschlossen.

Das „ehemalige Gschlößlbräuhaus" wurde 1846 im Auftrag des Privatiers Joseph Schmid durch Maurermeister (Carl) Deiglmayr und Zimmermeister Reifenstuel sen. zum Wohnhaus umgebaut und innen weitgehend verändert. Der damalige Vorzustandsplan zeigt einen äußerlich schlicht klassizistisch gestalteten Bau mit nach Osten ansteigendem Pultdach und viergeschossigem Südteil; das gleich traufhohe ehem. Sudhaus im Norden war dreigeschossig, mit sechs Flachkuppeln im Erdgeschoss; rechts davon, wie bis heute zwischen den beiden Bauteilen, lag das damals abgebrochene Treppenhaus. – Eine 1862 durch Schneidermeister Johann Pitroff geplante Aufstockung unterblieb.

Im Auftrag des Hofmöbellieferanten (-fabrikanten, Tapezierers) Moritz Ballin erfolgte 1891/92 durch Johann Grübel ein Umbau zum Geschäftshaus mit weitgehender innerer Auswechslung, Einbau von Schaufensterarkaden, Aufstockung um das 3., durch ein Gesims abgesetzte Obergeschoss und Einrichtung einer Tapeziererwerkstatt im neuen Mansarddach. Die Fassade erhielt ihre heutige neubarocke Gestaltung, in der die durch Stuckdekor bereicherten Fensterverdachungen im 1. Stock dominieren. Die Eingangsachse in der Mitte der Längsseite wurde durch einen Zwerchgiebel akzentuiert.

Nach Verlegung der Firma Ballin in den Neubau schräg gegenüber (s. Promenadeplatz 9) wurde die Erdgeschoss-Nordhälfte 1910 durch Architekt Peter Vollert zum Weinrestaurant umgestaltet. In den Jahren 1908–27 nahm Architekt Heinrich Bergthold

mehrfach Umbaumaßnahmen für den neuen Eigentümer, den Weingutsbesitzer Richard Schwarzwälder aus Deidesheim, vor (Weinrestaurant und -handlung bis heute). Die heutige Fassadengestaltung im Erdgeschoss stammt von 1947 (Arch. Walter von Breunig); 1949 wurde das kriegsbeschädigte Dach wiederhergestellt (Arch. Hans Schelle). – Im Erdgeschoss liegen beiderseits des mittleren Kerns mit Treppe und Anräumen die großen Gasträume, im Süden der Laden.

Heiliggeiststraße

(Vgl. Ensemble Altstadt, Platzbild Dreifaltigkeitsplatz.) Kurze schmale Verbindung zwischen dem Tal im Norden und dem kleinen Dreifaltigkeitsplatz im Süden, seit dem frühen 19. Jh. nach Heiliggeistspital und -kirche benannt, zuvor Fischergasse (-gäßchen u. ä.) nach den hier westseitig seit dem späten 14. Jh. ansässigen Fischern; der einstige Fischerbach an der Rückseite von deren Häusern wurde (nach Rambaldi 1894) um 1820 überdeckt, ist aber noch auf Stadtplänen bis ins 20. Jh. offen dargestellt (aufgelassen nach MB II 1952, vgl. jedoch Rädlinger 2004). Auf dem Stadtplan von T. Volckmer (1613) „Vischer gasn", am Nordende zum Tal hin durch einen Torbogen (des Spital-Areals) abgeschlossen, der auch auf Sandtners Stadtmodell von 1570 und noch bei J. P. Stimmelmayr gegen 1800 dargestellt ist. Das Nordende begrenzt westlich der polygonale Chor der Heiliggeistkirche mitsamt dem im Scheitel angebauten hohen, schlanken Barockturm (vgl. Prälat-Miller-Weg 1). Anschließend ist die Westseite heute aufgeweitet durch den Nachkriegs-Neubau des Pfarrhauses von 1955/56 auf zurückgesetzter Baulinie (wie schon sein Vorgänger von 1847/48 im Unterschied zu dem anders situierten des 18. Jh.) und südlich davon bis vor kurzem durch erdgeschossige Ladenbauten der Zeit nach 1945 (2007 viergeschossiger Neubau Nr. 7/8). Die Westseite ist geschlossen bebaut, mit dem klassizistischen Mietshaus Nr. 2a im Mittelabschnitt (s. dort).

Heiliggeiststraße 2 siehe Tal 4/Rückgebäude.

Heiliggeiststraße 2a. Im Bereich der heutigen Häuser Nr. 1 und 2a ist auf Sandtners Stadtmodell von 1570 noch eine niedrige, zwei- bis dreigeschossige Bebauung samt Rückgebäuden und straßenseitig einem kleinen Hof oder Garten im Norden dargestellt, auf Stimmelmayrs Skizze (ge-

Heiliggeiststraße; Flurkarte, M. 1:2500

Heiliggeiststraße 2a

gen oder um 1800) ein viergeschossiges (Doppel-)Haus mit zwei Eingängen („zehn Kreuzstöcke breit", also weit weniger als später Nr. 1 und 2a zusammen). Nr. 1 und 2a, bis 1856 im Besitz vereint, werden im 16. und 17. Jh. als Pöckhenhaus (Bäckerei) des Heiliggeistspitals erwähnt und 1810 von der Kgl. Wohltätigkeits-Stiftungs-Administration an die Handelsmannswitwe Maria Anna Riezler, Besitzerin von Tal 4 (früher 76), verkauft (Häuserbuch IV 1966). Durch sie oder ihren Sohn Alois (Erbe 1812) wurde offensichtlich der in sich homogene, regelmäßig strukturierte Neubau von Nr. 2a und zugleich wohl auch des gleichartig gestalteten ehemaligen Nachbarhauses Nr. 1 veranlasst (letzteres nach Zerstörung im Luftkrieg lange ein zweigeschossiges Nachkriegs-Provisorium, 2006 aufgestockt). Haus Nr. 2a ist als eines der selten gewordenen, weitgehend erhaltenen Beispiele eines klassizistischen Miets- und Geschäftshauses vom Anfang des 19. Jh. bemerkenswert. Der viergeschossige, sieben Fensterachsen breite Bau von (wie das neunachsige Nr. 1) geringer Grundstücktiefe ist, da rückseitig an die Hofbebauung von Tal 4 gelehnt, mit einem zur Straße geneigten Pultdach gedeckt und besitzt Belichtungsmöglichkeit allein von Westen her. Der durch die beschränkte Situation bedingte Grundriss ist zeittypisch streng symmetrisch. Das außen in Putz rustizierte Erdgeschoss enthielt ursprünglich hinter jeder Arkade einen Laden mit zwei Kreuzgratgewölben hintereinander und rückseitigen dunklen Nebenräumen; die Läden wurden später z. T. umgebaut und zusammengelegt, in der Südhälfte war im späten 20. Jh. ein Café eingerichtet; seit 2005 nimmt eine Gaststätte das gesamte Erdgeschoss (samt Teilen des Rückgebäudes) ein mit Ausnahme des in der Mittelachse platzierten Hauseingangsflures sowie der Durchfahrt in der linken, nördlichsten Achse (vermutlich identisch mit einer 1861 angelegten Durchfahrt zum Hof und Rückgebäude-Bereich). Erhalten sind die Gewölbe zweier ehemaliger Läden nur im Nordteil der heutigen Gaststätte. – Beiderseits der mittigen zweiläufigen Treppe (mit gotisierendem Eisen- bzw. Holzstabgeländer; ostseitig Toiletten) sind in den Obergeschossen jeweils Kleinwohnungen untergebracht, bestehend aus einem großen Zweifensterzimmer zur Mitte hin (mit Gang, Küche und Kammer dahinter) sowie einem kleineren Einfensterzimmer zur seitlichen Kommunmauer hin nebst rückseitigem Alkoven (Schlafplatz). Das klassizistische Haus war nicht unterkellert. Letzte Instandsetzung 2005.

Heiliggeiststraße 3, 6. Vgl. Ensemble Altstadt, Platzbild Dreifaltigkeitsplatz und Dreifaltigkeitsplatz/Vorspann.

Heiliggeiststraße 6. Als Architekt wird in den zeitgenössischen Bauzeitschriften Ludwig Markert (auch Marckert) genannt. Die Eingabepläne von 1897/98 tragen Stempel und Unterschrift des Architekturbüros G(eorg) und M(ichael) Dosch. Gemäß Bauakt übernahm das Baugeschäft Heilmann und Littmann 1896 die Bauleitung und fertigte die Baustatik; mehrfach erwähnt wird der für die Firma tätige Architekt C(arl) Tittrich. Bauherr war der kgl. Hoffischer Fritz Steinbacher (Häuserbuch IV nennt als Eigentümer ihn und seine Frau Babette, Gastwirtseheleute). Nach Kriegsschäden Wiederherstellung vor allem des Dachgeschosses 1950–51. Heute Hotel am Markt.
Der Bau auf schmalem, westlich vom (aufgelassenen) Fischerbach begrenztem Grundstück trat an die Stelle der beiden einstigen Fischerhäuser am Südende zwischen Heiliggeistgasse und Bach. Auf den Stadtmodellen von Sandtner (1570) und Seitz (Mitte 19. Jh.) ist die niedrige, zweigeschossige Vorbebauung dargestellt, die den kleinen Dreifaltigkeitsplatz (s. dort) westlich abschließt; von ihr übernahm der Neubau die Abschrägung an der Südostecke. Die Gelenksituation zwischen dem kleinen Dreifaltigkeitsplatz und dem weiten, erst im 19. Jh. freigelegten Viktualienmarkt (s. dort) interpretiert das Wohn- und Geschäftshaus städtebaulich wirkungsvoll im Sinne der um diese Zeit an-

Heiliggeiststraße 6   Heiliggeiststraße 6

gestrebten malerischen Aufwertung der Altstadt (vgl. Platzl oder Ruffiniblock/Sendlinger Straße 1), wobei der gestalterische Aufwand im Stil der deutschen Renaissance den historischer Bürgerhäuser beträchtlich übertrifft, sich andererseits durch bewusst geschmackvolle Gestaltung von der vorherrschenden Routinearchitektur des späten Historismus abhebt. Mit besonderem Aufwand ist die fernwirksame schmale Südfront am Markt mit dem von fünf Türmchen bekrönten Volutengiebel ausgebildet, der das Datum 1897 trägt. Diese Giebelseite ist überdies im 1. Stock durch eine Balkonloggia mit Balustersäulen bereichert. An der Eckabschrägung wie an der Westseite beleben zweigeschossige Erker den steil aufragenden Baukörper. Der bauplastische Dekor konzentriert sich auf ausgewählte Stellen (u. a. Wappen des Königreichs Bayern an der Südwestecke – der Bauherr war Hoflieferant). Das Portal im Osten wird von einer reich dekorierten Ädikula gerahmt; am Schlussstein die Initialen des Bauherrn (FS) mit Baujahr 1897, Türblatt mit spiralig vergitterten Öffnungen.
Der einstige Fischladen – mit stichbogigen Schaufenstern – im Erdgeschoss wurde 1978 in die Hotelnutzung einbezogen. Der 1. Stock des hoflosen Hauses enthielt eine Großwohnung, die beiden oberen Geschosse je eine größere Wohneinheit im Südteil sowie eine kleine im Norden, zugänglich durch die ostseitig angeordnete Treppe mit Rechteckauge.

Heiliggeiststraße 6; Grundriss ▷
2. Obergeschoss

Heiliggeiststraße 6, Portal

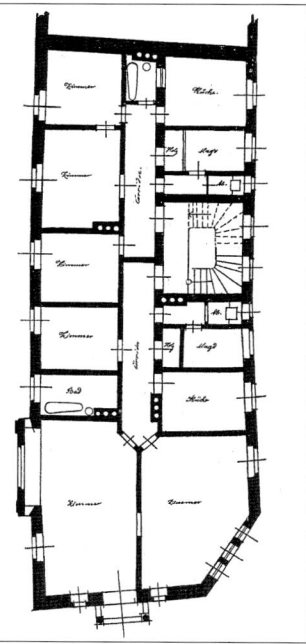

Heiliggeiststraße 7/8. ARCHÄOLOGISCHE BEFUNDE: Siedlungsbefunde und Funde des Mittelalters und der Neuzeit (Fundst.-Nr.: 7835/0304). Im Vorfeld der Wiederbebauung des Grundstücks 2006 wurden vier Sondagen durchgeführt, denen eine Ausgrabung folgte. Dabei kamen neben neuzeitlichen Mauerresten, darunter solche eines Gebäudes des 17. oder 18. Jh., auch hoch- und spätmittelalterliche Baubefunde und Brunnenschächte zum Vorschein. Einige Fundamentzüge gehören vermutlich zu ehemaligen, urkundlich 1380 erwähnten, von der Stadt erbauten Fischerhäusern. Zu den Funden gehören Gebrauchskeramik des 17. bis ins frühen 20. Jh. und mittelalterliche Keramik in umgelagerten Schichten. Die vielen Tierknochen verweisen auf Gewerbe, möglicherweise Metzgerei.

Hermann-Sack-Straße

(Vgl. Ensemble Altstadt.) Nach dem Zweiten Weltkrieg durchgebrochene kurze Verbindung von der Sendlinger Straße zum Oberanger, in östlicher Verlängerung der Hackenstraße; 1955 benannt nach P. Hermann Sack (1380–1440), Guardian des Münchner Franziskanerklosters und Chronist.

Herrnstraße

(Vgl. Ensemble Altstadt.) Die heutige Herrnstraße ist nur der Mittelteil des einstigen zweimal abgeknickten Verlaufs; der kurze, nach Süden zum Isartorplatz abgewinkelte Anfangsteil ist im Thomas-Wimmer-Ring aufgegangen, der zur Maximilianstraße führende Nordast wurde durch den Neubau des großen Parkhauses Hochbrückenstraße 9 (1965–68) abgehängt und 1968 in Falckenbergstraße (s. dort) umbenannt. Die gesamte einstige Herrnstraße ist mit dem ehemaligen Weg im Zwinger zwischen den beiden Stadtbefestigungen identisch, sie verläuft zwischen der Graben-Außenseite der mittelalterlichen Stadtmauer und der Innenseite der in der 1. Hälfte des 17. Jh. vorgelegten Wallbefestigung. Im Knickbereich mit der verlängerten Hochbrückenstraße (s. dort Nr. 14–20), in dem heute nördlich von der Hildegard- und östlich von der Kanalstraße begrenzten Block, war das rechteckige, inselartige Brauhaus-Ravelin der Wallbefestigung situiert, schon auf M. de Groths Stadtplan von 1748 mit Privatgarten, auf Katasterplan 1809 mit „Leonigarten", umgeben von dem hier zum „Leoniweiher" erweiterten

Herrnstraße; Flurkarte, M. 1:2500

Wallgraben, der 1825 trockengelegt und zugeschüttet wurde; die heutigen Vorstadthäuser Nr. 46 (zweigeschossiges Vorstadthaus mit angebautem, verblechtem Mansarddach, wohl 1. Hälfte 19. Jh.) und 48 (baulich stark erneuert) sind mit den ehemals im Leonigarten stehenden Gebäuden identisch; nach Wenngs Atlas 1850 Eigentum des „Postoffic." E. v. Sensburg (vgl. Hochbrückenstraße 14). Seit etwa 1823 bis nach Mitte des 19. Jh. erfolgte die Bebauung mit klassizistischen Mietshauszeilen, der Neubau der Herrnschule (s. Nr. 21) erst 1881/82. Der Name Herrnstraße – vielleicht analog zu Frauenstraße (vgl. Rambaldi 1894) – erscheint erstmals auf dem Katasterplan von 1814; auf Stadtplan von J. Consoni 1806 heißt der Weg noch „Links dem Isar Thore ausserhalb der Stadt". – In der Fachliteratur erwähnt wird das Wohn- und Geschäftshaus Nr. 44, 1995–2000 von Herzog und de Meuron, Eckbau am Westende der Häuserzeile, mit verglasten Fassaden.

ARCHÄOLOGISCHE BEFUNDE: Stadtbefestigung des Mittelalters (Fundst.-Nr.: 7835/0253, 7835/0349). Im Zuge des Abrisses eines Hauses 1987 fanden archäologische Untersuchungen statt. Reste des mittelalterlichen Grundmauerwerks des Prinzessturms, der Zwingermauer und des Stadtgrabens beim Isartor wurden freigelegt. Heute teilweise im Gebäude der Kreissparkasse zugänglich (vgl. Thomas-Wimmer-Ring 1). 1988 konnte eine Profilaufnahme zur Erfassung des Stadtgrabenquerschnittes durchgeführt werden, der teilweise durch Ziegelmauerfundament des 19. Jh. gestört war. Weiterhin sind der in Stein gefasste, überwölbte Bach sowie Reste der Uferverbauung mit Rundhölzern zu nennen.

Herrnstraße 21, Biforien-Fenster

Herrnstraße 21. Das städtische *Schulhaus* entstand in Querlage über einem erst kurz zuvor abgetragenen und eingeebneten Restabschnitt der Stadtbefestigung; die Baulinie an der südlichen Schmalseite entspricht in etwa dem Verlauf der mittelalterlichen inneren Stadtmauer, der Baukörper steht im Bereich der vorgelagerten äußeren Zwingermauer sowie von Graben und Wall (vgl. den Vorzustand auf dem Stadtmodell von Seitz, Mitte 19. Jh.). Wenngs Stadtplan von 1882 zeigt noch das unbebaute Grundstück zwischen Herrnstraße im Norden und Marienstraße im Süden mit Stadtgrabenbach in der Mitte.

Der freistehende Gebäudeblock auf leicht gegen Norden ansteigendem Grund beherrscht mit seiner Westfassade eine begrünte, unregelmäßig platzartige Erweiterung der Hochbrückenstraße, in die hier mehrere Straßenzüge einmünden. Der 1881 begonnene, am 2. Oktober 1882 als zweite protestantische Schule eröffnete Bau von dem städt. Bauamtmann Friedrich

Herrnstraße 21, Volkschule   ▷

Herrnstraße 36

Loewel gehört noch zu dem durch August Voit um 1870 entwickelten palastartig-symmetrischen Schulhaustyp mit in mehreren Geschossen beiderseits eines Längsganges angeordneten Klassenzimmern (z. B. Blumenschule, s. Sendlinger-Tor-Platz 14), den Loewel nach 1880 weiterbildete, vor allem durch eine individuelle, aufwendige Fassadengestaltung, die in den Grundzügen nichtsdestoweniger funktionell begründet ist (vgl. Salvatorplatz 1). So wird die Hauptfront (und in einfacherer Art die Hofseite) durch zwei Treppenhausrisalite mit den Rundbogenportalen (einst für Knaben und Mädchen) kraftvoll in drei Rücklagen mit den durch dichte Fensterreihung ablesbaren Klassenzimmern unterteilt. Das Erdgeschoss, durchwegs mit Rundbogenöffnungen, ist über dem Granitsockel in Putz zart rustiziert, kräftiger nur in den Eckbereichen des Baukörpers wie der Risalite; völlig rustiziert ist das von Gurtgesimsen eingefasste, schlicht behandelte 1. Obergeschoss, während der gestalterische Aufwand auf die beiden durch rustizierte Ecklisenen an Risaliten wie – verdoppelt – am Gebäudeblock zusammengefassten oberen Geschosse konzentriert ist. Den Eindruck bestimmt der Gegensatz zwischen dem Vertikalismus der Treppenhausrisalite mit ihren zusätzlich von ionischen Pilastern flankierten großen Sandstein-Biforienfenstern und dem Horizontalismus der durch einen Sgraffito-Girlandenfries getrennten Fensterbänder mit Sandsteinpfeilern im 3. und 4. Obergeschoss. An den wandhaften, öffnungsarmen Schmalseiten bezeichnet der schmale Mittelrisalit die von hier belichteten Korridorenden. Den Abschluss bilden ein dreiteiliges Gebälk und ein flach geneigtes Walmdach. In die komplexe Stilsynthese sind neben italienischen Renaissancemotiven verschiedener zeitlicher Provenienz – z. B. den eher florentinisch-spätquattrocentesken Biforien mit Mittelsäule und den flankierenden manieristischen Bandrustika-Lisenen – antikisierende und spätklassizistische Elemente (Mäanderfries über den Biforien; die funktionell bedingten Fensterpfeilerreihungen) eingebunden.

Die zweiläufigen Treppen besitzen dekorative Gusseisenstabgeländer; an die Nordtreppe schließt sich ein Durchgang zum Hof mit dreiseitig gebrochener Holzdecke an. Den Hof begrenzt im Süden gegen die tiefer gelegene Marienstraße ein Gitterzaun. – Nicht erhalten ist die parallel zur Herrnschule an der Ostseite des Hofes 1888–90 gleichfalls von Friedrich Loewel erbaute Höhere Handelsschule (ehemals Herrnstraße 19, im Luftkrieg zerstört; Neubau von 1958–60).

Herrnstraße 36. Für den Zimmermeister Max Deiglmayr errichtete auf zuvor unbebautem Grund Rudolf Röschenauer 1826 das breit an der Herrnstraße stehende Mietshaus vorstädtischen Gepräges (östlich benachbart – seit Mitte der 1960er Jahre Einmündung der Stollberg- in die Herrnstraße – befand sich das Anwesen seiner „Exzellenz des Titl. Herrn Grafen von Thurn und Taxis"). Dieses war dreigeschossig, 1827 erfolgte der Ausbau des Dachgeschosses zu Wohnzwecken. 1894 ließ der Blumenfabrikant Johann Wenzel von der Fa. Karl Stöhr das Hauptgebäude aufstocken sowie einen südöstlichen Rückflügel, der eine Verbindung zum schon 1875 erbauten Rückgebäude herstellte, anschließen. Der mittige Hauseingang führt zur rückwärtig ausgebauten Stiege, in jeder Etage sind gemäß Änderungsplan zwei Wohnungen mit Dunkelzonen untergebracht (die Magdkammern erhielten einen Separateingang vom Treppenhaus her). Neurenaissanceformen kennzeichnen die Fassadengestaltung (Renovierung 2001), Hauptakzent, zugleich Betonung der Fassadenmitte, bildet ein schlanker über drei Geschosse ausgreifender Erker mit Seitendurchfensterungen; ursprünglich von einem Erkerturm bekrönt. Dem Sturzfeld des Erkerfensters auf Höhe des 2. Obergeschosses ist eine Neurokoko-Kartusche eingeschrieben. Der Luftkrieg zeitigte 1944 für das Anwesen Herrnstraße 36 Folgen in zweierlei Hinsicht: Zum einen wurde das Dachgeschoss des Vordergebäudes vollständig zerstört, die Wiederaufbauarbeiten wohl erst 1951 abgeschlossen; die Rückgebäude waren stärker als das Vordergebäude in Mitleidenschaft gezogen worden. Zum anderen ermöglichte der Luftkrieg und insbesondere dessen Zerstörungen im östlichen Umgriff von Herrnstraße 36 die schließlich Mitte der 1960er Jahre erfolgte Neutrassierung der Stollbergstraße. Das Mietshaus, ursprünglich Teil einer geschlossenen Zeile entlang der Nordseite der Herrnstraße, wurde so ohne bauliche Anpassung zum Eckbau, mit ungestalteter, blanker östlicher Brandmauer. (Die vollflächige, massive Verbauung der Rückseite nach Abbruch der älteren Rückgebäude erfolgte bis 1998.)

Herrnstraße 21, südliches Treppenhaus

Herzog-Max-Straße, ehem. Hauptsynagoge, Westseite; Aufn. 1887

Herzog-Max-Straße

Am Westrand des Kreuzviertels hinter der ehem. Stadtmauer, schmale Verbindung von der Neuhauser Straße (unmittelbar hinter dem Karlstor) nordwärts zur ehem. Herzog-Max-Burg bzw. deren moderner Nachfolgebebauung (vgl. Pacellistraße 1, 5). Auf dem Consoni-Stadtplan von 1806 Südteil „Herzog Max Gässchen", der (spätere) Nordteil innerhalb des südlichen Vorhofes der Maxburg, den deren Neben- und Wirtschaftsgebäude umschlossen, zugänglich durch einen Torbogen am Ende der zu ihr führenden Gasse. Wie die Maxburg, so ist auch die Gasse nach Herzog Maximilian Philipp (1638–1705, Bruder des Kurfürsten Ferdinand Maria) benannt, der in der (vor seiner Zeit erbauten) Maxburg wohnte. Westseitig heute das Eckhaus Neuhauser Straße 20 (s. dort) und nördlich anschließend das Künstlerhaus (s. Lenbachplatz 8), östlich das Warenhaus Oberpollinger (Karstadt; s. Neuhauser Straße 18) von 1904/05 mitsamt dessen nördlichen Erweiterungsbauten von 1953/54 und 1959/60. Der letzte Erweiterungsbau mitsamt Nordfassade wurde 2004 abgebrochen zugunsten eines weiter nach Norden auf das Grundstück der ehem. Hauptsynagoge ausgreifenden Ergänzungsbaues für das Warenhaus (Entwurf Architekturbüro Heese, Ausführung Lauber Architekten; eröffnet 2005; hier zuvor eine – seit 1938 unbebaute – platzartige Freifläche mit – jetzt z. T. in das Warenhaus integrierter – Tiefgarage).

Die ehem. *Hauptsynagoge* (ehemals Herzog-Max-Straße 7), erbaut 1884–87 von Albert Schmidt, im Juni 1938 auf Anordnung Hitlers (schon vor der Reichspogromnacht im November) abgetragen, war ein freistehender neuromanischer Blankziegelbau mit Werksteinteilen in Form einer Emporenhalle mit Rundpfeilern und Kreuzrippengewölben; zu der Estrade mit Vorbeterkanzel und der von einem Stufenportal gerahmten Hl. Lade im Osten führte eine mächtige Treppenanlage empor; im Westen monumentale Eingangsfront mit breitem achteckigem Mittelturm zwischen kleineren Treppentürmen.

Der im Stadtbild vor allem für den Blick vom Lenbachplatz im Westen her wirkungsvolle Bau war der Ersatz für die zu klein gewordene klassizistische Synagoge an der Westenriederstraße (s. dort). Zeit- und stilgleich neuromanisch war auch das südlich benachbarte Eckhaus Herzog-Max-Straße 5, das jüdische Gemeindehaus (1888–89 von A. Schmidt; mit Betsaal im 1. Stock), das (mitsamt dem zugehörigen Neurenaissancehaus Nr. 3) 1938 zwangsverkauft und nach dem Krieg abgebrochen wurde. – Dem Neubau der Synagoge auf dem Gelände von um 1865 abgebrochenen Wirtschaftsgebäuden (größtenteils auf einer platzartigen Hoffläche) der Maxburg gingen Planungen u. a. von Edwin Oppler, Emil Lange und Albert Schmidt für die Standorte Wittelsbacherplatz und Frauenstraße voraus (vgl. Schmitt 2003). Vgl. St.-Jakobs-Platz (Neubau des Jüdischen Zentrums 2004–07).

Gedenkstein für die Synagoge (am Westrand ihres einstigen Standortes) 1969 von Herbert Peters, mit deutscher und (östlich) hebräischer Inschrift.

ARCHÄOLOGISCHE BEFUNDE: Brunnen unbekannter Zeitstellung (Fundst.-Nr.: 7835/0390). Bei Ausschachtungsarbeiten für die Oberpollinger-Tiefgarage 1967 wurde ein Brunnen angeschnitten. Die Fundstelle lag am westlichen Rand der geplanten Tiefgarage Ecke Herzog-Max- und Maxburgstraße (ehem. Herzog-Max-Straße 7, an der Stelle der früheren Synagoge). Festgestellt werden konnte ein kreisrunder Brunnenschacht mit einem lichten Durchmesser von 1,15 m, dessen Sohle etwa 7 m unter dem heutigen Straßenniveau lag und somit auch in den Grundwasserspiegel reichte. Der Schacht bestand aus innen sorgfältig geglätteten, außen grob behauenen Tuffquadern, von denen noch zwei Lagen (0,42 m bzw. 0,37 m hoch und ca. 0,20 m stark) im Aufgehenden erhalten waren. Der Brunnen war mit Bauschutt angefüllt und enthielt im untersten Teil sandigen, dunkelgrauen Schlick. Trotz sorgfältiger Beobachtung des ausgeräumten Materials konnten nur einige Eisenteile, wenige Tierknochen und Glassplitter festgestellt werde. Keramik wurde nicht geborgen. Interessanterweise war der unterste Quaderkranz auf eine doppelte Lage ringförmig verlegter Bohlenstücke gesetzt. Die 4 cm starken Bohlen bestanden aus Eichenholz. Die Brunnensohle bildete einen Rost aus zugespitzten, ca. 4 cm starken Fichtenplatten, darunter war der gewachsene Boden noch ca. 15 cm tief schwarz-braun verfärbt und mit Schlick durchsetzt.

Herzog-Max-Straße, ehem. Hauptsynagoge, Inneres nach Osten; Aufn. 1887

Herzog-Rudolf-Straße; ehem. Synagoge Ohel Jakov, Innenansicht von 1892

Herzog-Rudolf-Straße

(Vgl. Ensemble Altstadt.) Die 1881 nach Pfalzgraf und Herzog Rudolf (1274–1319), dem auch um die Stadt München verdienten älteren Bruder Kaiser Ludwigs und Stammvater der Pfälzer Wittelsbacher, benannte Straße ist heute auf ihren Südteil zwischen Maximilianstraße und Karl-Scharnagl-Ring beschränkt, während der durch Anlage des Altstadtrings um 1965/70 abgetrennte Nordteil, der die Galeriestraße kreuzend bis zur Prinzregentenstraße reichte, heute den Namen Seitzstraße trägt (s. dort). Noch auf Wenngs Stadtplan von 1880 ist die nachmalige Herzog-Rudolf-Straße Teil der in ihrem Verlauf der Außenseite der einstigen Wallbefestigung folgenden Kanalstraße (s. dort). An der Ostseite der heutigen, verkürzten Herzog-Rudolf-Straße erstreckte sich der kgl. Hofküchengarten, dessen Verbauung mit der Anlage der Maximilianstraße (s. dort) einsetzte. – An der Westseite (ehemals Nr. 3) stand bis zu ihrer gewaltsamen Zerstörung in der NS-Zeit – Brandstiftung am 9./10. November 1938, danach Abbruch – die 1889–92 nach Plänen von August Exter in neuromanischen Formen erbaute orthodoxe *Ohel-Jakob-Synagoge*, an die eine Gedenktafel am heutigen Haus Nr. 1 erinnert. – Unter den zugunsten des Altstadtringes getätigten Abbrüchen ist besonders der Verlust eines viergeschossigen Mietshauses mit ungewöhnlich reicher neugotischer Fassadengestaltung zu bedauern.

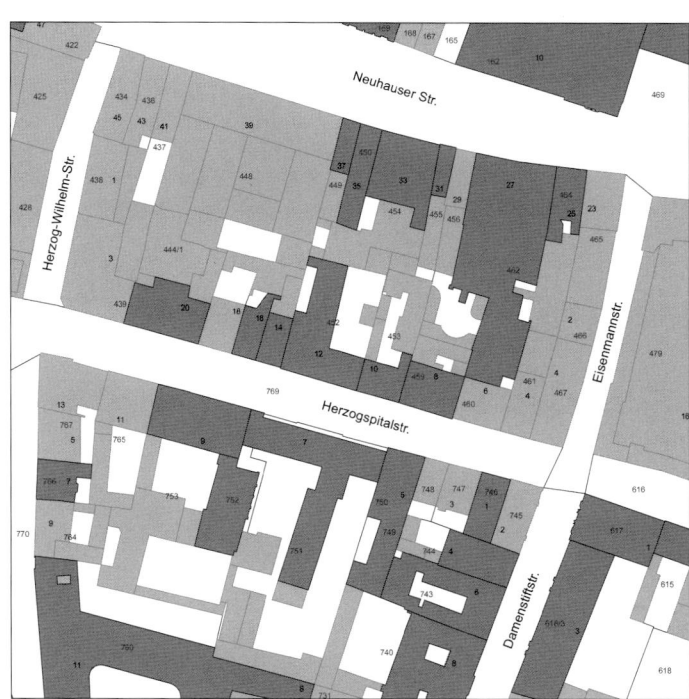

Herzogspitalstraße; Flurkarte, M. 1:2 500

Herzog-Rudolf-Straße 9

Herzog-Rudolf-Straße 9. Die Wenngsche Einmessung von 1850 belegt als Kernbau des heute bestehenden Mietshauses ein Doppelwohngebäude (17b und c an der Kanalstraße), das nach 1825 errichtet worden war und sich zum Zeitpunkt der Aufnahme im Eigentum des C. Theodor Möhl, „K. Cab=Zahlm.", befand. Die beiden Gebäude standen über dem Lauf des Kanalbächls (1997 Auflassung). 1883 ließ die Privatiere Anna Bemmelmann nach Plänen von Johann Widmann einen Rückflügel ansetzen und Umbauten vornehmen. Gemäß Änderungsplan entstand ein Mietshaus gehobenen Zuschnitts, das Treppenhaus im Hofwinkel erschloss über eine halbgewendelte Podesttreppe zwei Wohnungen je Etage, die beiden nördlichen Fensterachsen der Straßenseite wurden der Wohnung im Rückflügel zugeschlagen. 1889 schließlich erfolgte durch den Baumeister Ludwig Bayer die Aufstockung um ein 3. Obergeschoss, Bauwerber war der Buchhalter Max Mappes. Infolge jahrelanger Unterlassung des Bauunterhaltes an der Bachstrecke unter den Häusern entlang der Kanalstraße kam es Anfang des 20. Jh. zu Nachsetzungen. Neufundamentierungen am Anwesen Herzog-Rudolf-Straße 9 nahm 1905 Hans Fraunholz für den Eigentümer Lehmeier vor, verantwortlich zeichnete das Technische Büro A. Kiessling & Sohn. Die Fassade gliedern zwei flache Risalite, die jeweils zwei Fensterachsen einfassen. Der nördliche Risalit läuft nicht (mehr) bis in die Sockelzone herunter. Die Fassadenzone vor dem 2. und 3. Obergeschoss wie auch das Traufgesims überliefern die Durchbildung der Straßenfront in Formen der Neurenaissance schlüssig. Die ursprünglich rundbogig geschlossenen Fenster des Erdgeschosses wurden 1951 durch kleinformatige Zimmerfenster ausgetauscht, wodurch die Höhenentwicklung empfindlich verunklärt wurde; darüber hinaus erscheinen die Fenster des 1. Obergeschosses unvermittelt.

Herzogspitalstraße

(Vgl. Ensemble Altstadt.) Der seit dem späten 18. Jh. übliche Name ist von dem im 16. und 17. Jh. entstandenen Spital- und Klosterkomplex samt Kirche an der Südseite (s. Nr. 7) abgeleitet; zuvor Rörenspeckergasse (vermutlich nach einem Personennamen). Westliche Fortsetzung des Altheimer Ecks (s. dort), zusammen mit der südlich parallelen Josephspitalstraße (s. dort) und einer im rechten Winkel schneidenden Nord-Süd-Achse (s. Eisenmann-, Damenstift-, Kreuzstraße) Bestandteil eines Straßenrasters, der den Westbereich des Hackenviertels bis zur

Herzogspitalgasse; Plan von J. Consoni, 1806

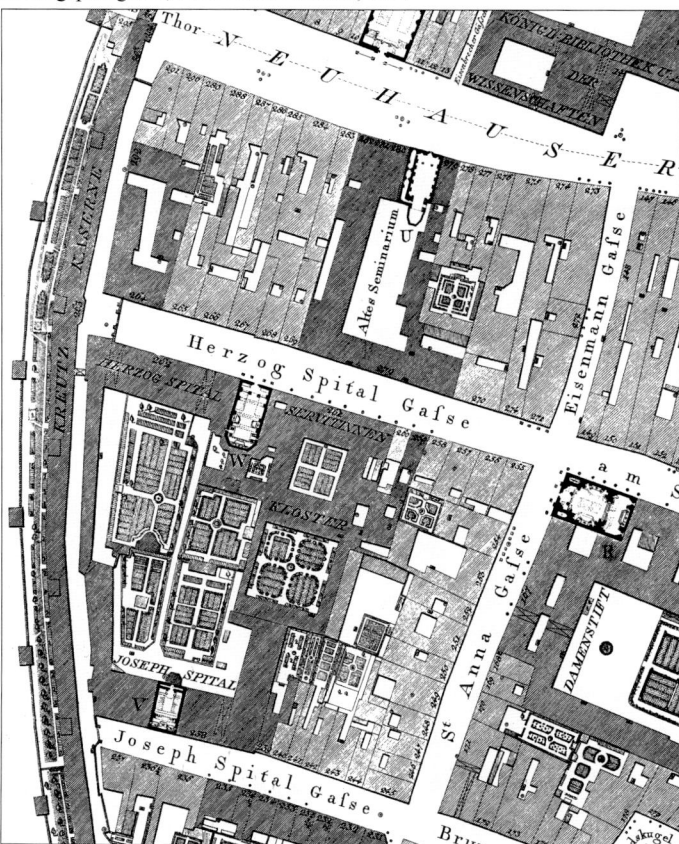

zweiten Stadtmauer erschloss. Die westliche Verlängerung über die Herzog-Wilhelm-Straße hinweg bis zur Sonnenstraße unter Durchbrechung der ehem. Stadtmauer und Wallbefestigung erfolgte 1832, vor allem als Zugang von der Altstadt zur neuen protestantischen Matthäuskirche. Mit einer Anzahl von Baudenkmälern, die den Zweiten Weltkrieg überstanden, gehört die Herzogspitalstraße heute zu den wenigen mit noch teilweise anschaulichem Altstadtcharakter. Die klassizistische Häuserreihe an der Nordseite (s. Nr. 6, 8, 10, 12) ist aus dem Südteil des sich nördlich bis zur Neuhauser Straße erstreckenden ehem. Gregorianischen Seminars entstanden.

ARCHÄOLOGISCHE BEFUNDE: Größere Bodeneingriffe und Umbauten sind aus jüngerer Zeit nicht bekannt. Deshalb ist mit untertägig erhaltenen Resten von Bauwerken, unter der Straße mit verrohrten Bächen und Pflastern und unter den Gebäuden mit Resten von Vorgängerbauten, möglicherweise mit Brunnen und Latrinen, zu rechnen.
Unter Herzogspitalstraße 3, 5, 7, 8, 9, 10, 11, 12, 14, 16, 18 und 24 befinden sich Teile mittelalterlicher und neuzeitlicher Bebauung.

Herzogspitalstraße 1. Die Vorbebauung des bestehenden Hauses bestand gemäß Stadtmodell aus einem Abschnitt eines zweigeschossigen Satteldachbaus, der traufseitig an der Straße stand und sich östlich bis zur Damenstiftstraße (vormals Schmalzgasse) erstreckte. Die Besitzergeschichte des Hauses ist seit Ende des 15. Jh. lückenlos greifbar. Ab 1635 waren die wechselnden Eigentümer bis zum Ende der Kurfürstenzeit Hofbedienstete und -beamte. 1887 erwarben Josef und Therese Schmied, Metzgerseheleute, das Anwesen und entschlossen sich fünf Jahre später zu einem Neubau (bez. 1893). Diesen führte die Fa. Karl Stöhr aus, Bauleiter war Franz Gatterer. Es entstand ein die gesamte Parzelle einnehmender viergeschossiger Wohn- und Geschäftshausbau. Das Treppenhaus kam zentral im Grundriss zu liegen, seine Belichtung erfolgte über einen an die östliche Grundstücksgrenze gelegten Lichthof. Gemäß Eingabeplan befand sich in jeder Etage eine Wohnung. (1917 wurde eine Verbindung zum östlichen Nachbarhaus, dem Eckbau an der Damenstiftstraße, hergestellt.) Eigentümer von Herzogspitalstraße 1 war der Kaufmann Franz Huber, die Eigentümer des heutigen Hauses Damenstiftstraße 2 waren die Relikten des „Hofbuch- und Kunsthändlers" Max Kellerer. Die Ladengestaltung im bestehenden Zuschnitt wurde 1957 vorgenommen. Die Obergeschosse der Fassade wie auch der erhaltene Ziergiebel des Dachhauses oberhalb des akzentuierenden, kräftig durchgebildeten Erkers geben ein reifes Zeugnis für eine Fassadengestaltung in den Formen der nordischen Renaissance ab. Die Kombination von Blankziegelrücklagen und fein geputzten Fensterrahmungen und Ausbaudetails spiegelt eine Orientierung an vorvergangenen

Bauten des Patriziats Norddeutschlands oder der Niederlande wider. (Eine Renovierung der Fassade erfolgte 1981, der Neuanstrich ihrer Putzelemente 1985–86; in diesem Jahr erneuerte man auch die Dacheindeckung.)

Herzogspitalstraße 5. Das Doppelhaus besteht aus zwei seit 1892 im Besitz und z. T. auch baulich vereinten Bürgerhäusern mit Resten mittelalterlicher Substanz. Der westliche Bauteil, seit 1595 Barthsches Seelenhaus (Gedenktafel), wurde 1855 mit neugotischer Fassade weitgehend neu erbaut, der östliche Bauteil 1887 mit Neurenaissancefassade. Die beiden typisch altmünchnerisch schmalen, in die Tiefe entwickelten Bürgerhäuser – früher östlich Nr. 5 und westlich Nr. 6 – sind zwar im Besitz vereint, doch hinsichtlich Gestalt und Grundriss, Geschosszahl und -höhen weiterhin unterschieden. Auf Sandtners Stadtmodell von 1570 sind zwei zweigeschossige Traufhäuser dargestellt, auf Stimmelmayrs Skizze (um 1800) westlich ein nur zweiachsiges, viergeschossiges Haus, östlich das dreigeschossige „Seelnonnenhaus". Jedoch ist das westliche, an das nach Kriegsschäden baulich erneuerte Servitinnenkloster (vgl. Nr. 7) angrenzende, durch eine Gedenktafel des späteren 19. Jh. gekennzeichnete Anwesen das einstige, 1595 von Gabriel Barth, Kanonikus der Frauenkirche, gestiftete Seelenhaus der Familie Barth (der allerdings auch weitere Nachbargrundstücke gehörten). Die Stadt ließ es 1855 mit der in den Obergeschossen noch heute bestehenden gotisierenden Fassade umbauen und z. T. für Schulzwecke nutzen. 1878 wurde das Anwesen an den Privatier Johann Georg Mauch verkauft, der sogleich durch Maurermeister Ludwig Schramm weitgehende Umbaumaßnahmen im Inneren vornehmen ließ – völlige räumliche Neueinteilung im 1., 2. und 3. Stock, Aus- und Aufbau des an der Hof-Westseite zwischen Vorder- und Rückgebäude situierten (nach 1950 beseitigten) Haupttreppenhauses, „Aufmauerung einer III. Etage und Herstellung eines Verbindungsganges von der Haupttreppe im Hintergebäude". Der damalige Grundriss des Vorderhauses, mit schmalem Flur entlang der westlichen Kommunmauer, entspricht dem alten Bürgerhaustyp und deutet auf Übernahme von Altbausubstanz in den Neubau von 1855 wie 1878 hin; die Kommunwand zwischen den beiden Gebäudeteilen ist im 1. Obergeschoss heute noch spätmittelalterlich (Ziegel-/Kiesel-Mauerwerk). Das (heute völlig modernisierte, veränderte) Erdgeschoss enthielt östlich vom Flur einen Verkaufsladen, die an den Maximilianstil gemahnende Fassade der Obergeschosse ist durch dünne Lisenen und Rundstäbe gegliedert, die Fenster des 1. und 2. Stocks sind in Spitzbogenblenden zusammengefasst; die atelierartige große Gaube auf dem Dach hatte ursprünglich einen Zinnenabschluss.
Das ebenfalls dreiachsige, jedoch fünfgeschossige östliche Haus (alt Nr. 5) wurde 1887 durch Maurermeister J. Berthold als an die alte Kommunmauer von Nr. 6 angebauter Neubau errichtet; der Bauherr, Buchbindermeister und Kunsthändler Josef Pfeiffer, erwarb 1892 auch das westliche Nachbarhaus hinzu. Der Neubau von 1887 erhielt eine Neurenaissancefassade mit Mittelerker im 1. und 2. Stock und ein niedriges Mansarddach; das gesamte (heute veränderte) Erdgeschoss enthielt einen Verkaufsladen und rechts davon den Eingang zur in der mittleren Dunkelzone situierten Treppe; die Wohnungen in den Obergeschossen umfassten straßenseitig je zwei, hofseitig ein weiteres Zimmer sowie die im Westen teilweise vortretende Küche.
Beide Häuser zusammen erwarb 1911 das Buch- und Kunsthändler-Ehepaar Daniel und Katharina Hafner. 1990–93 Umbau und Sanierung. Das Doppelanwesen ist Schauplatz des 1975 erschienenen Romans „Die Herzogspitalgasse" von Wolfgang Johannes Bekh.

[**Herzogspitalstraße 6.** Siehe Neuhauser Straße 27.]

Herzogspitalstraße 1   Herzogspitalstraße 5

Herzogspitalstraße 7 und 9. Die *Kath. Herzogspitalkirche* mit Kloster der Servitinnen ist nach Kriegszerstörung ein Neubau von 1945–55; vom alten Bau blieb nur der Turm von 1727/28 im Hof erhalten. Das jetzt zum Servitinnenkloster gehörige Wohnhaus (Vordergebäude) *Herzogspitalstraße 9* wurde 1807 von Hofmaurermeister Joseph Deiglmayr erbaut; die Fassade erfuhr später z. T. Veränderungen (vgl. Nr. 11). Zu den großen Verlusten an historischer Struktur und Substanz in der Altstadt gehört der vom mittleren 16. bis ins 18. Jh. hinein unter Verdrängung zahlreicher Bürger- und Adelshäuser entstandene weiträumige geistliche Komplex von Herzogspital, Josephspital und Servitinnenkloster, der sich – verschieden große Gartenhöfe einschließend – von der Herzogspitalstraße nach Süden bis zur Josephspitalstraße (s. dort) erstreckte und im Westen von der Stadtmauer (s. Herzog-Wilhelm-Straße) begrenzt wurde. Das Herzogspital wurde nach seiner Aufhebung (5. Dezember 1800) bereits im frühen 19. Jh. in Einzelanwesen parzelliert (s. Herzogspitalstraße 9, 11, 13), seine Kirche, das Frauenkloster und das Josephspital fielen 1944 dem Luftkrieg zum Opfer.

Das *Herzogspital* entstand im 3. Viertel des 16. Jh. als Stiftung Herzog Albrechts V., war ursprünglich zur Aufnahme vor allem armer und schwer kranker ehemaliger Hofbediensteter gedacht und wurde von Wilhelm V. und Maximilian I. weiter ausgebaut, wofür sukzessive Anwesen an der Südseite der damaligen Rörenspeckergasse erworben wurden (seit dem späten 18. Jh. Herzogspitalgasse genannt). Der lang gestreckte dreigeschossige Satteldachbau (an der Stelle der heutigen Häuser Nr. 9, 11 und 13, s. dort) hatte einen Kastenerker in der zweiten Achse von links und einen risalitartigen Bodenerker an der Westecke, an die sich südwärts Nebengebäude entlang der Stadtmauer anschlossen, die die Verbindung zum benachbarten, 1626 gestifteten Josephspital herstellten (vgl. Ansichten von Stridbeck, Wening und Stimmelmayr; der Eckvorsprung noch vom Neubau Nr. 13 übernommen). Östlich schloss sich in der Straßenflucht die in den 1550er Jahren durch Hofbaumeister Heinrich Schöttl erbaute, 1572 geweihte *Herzogspitalkirche St. Elisabeth* an, ein dreijochiger Saalraum mit Wandpilastern, sparsam dekorierter Tonnenwölbung und 5/8-Schluss, bemerkenswert als Beispiel eines manieristischen Sakralbaues mit noch gotischen Reminiszenzen. Die einfache, von einem gerundeten Giebel und einem Dachreiter darüber abgeschlossene Eingangsfront der nach Süden gerichteten Kirche lag an der Straße zwischen den langen Trakten des Spitals und des jüngeren Klosters. Als Ziel einer Wallfahrt zum viel verehrten Gnadenbild der Schmerzhaften Muttergottes (von 1651) erhielt die Kirche eine zusätzliche Dimension ihrer Bedeutung, zumal seitdem sich 1690 die Kunde vom mehrfach beobachteten Wunder der Augenwende verbreitete; daraufhin stiftete Kurfürstin Maria Antonia einen Gnadenaltar (an der linken Längswand) mit zwei gewundenen Säulen,

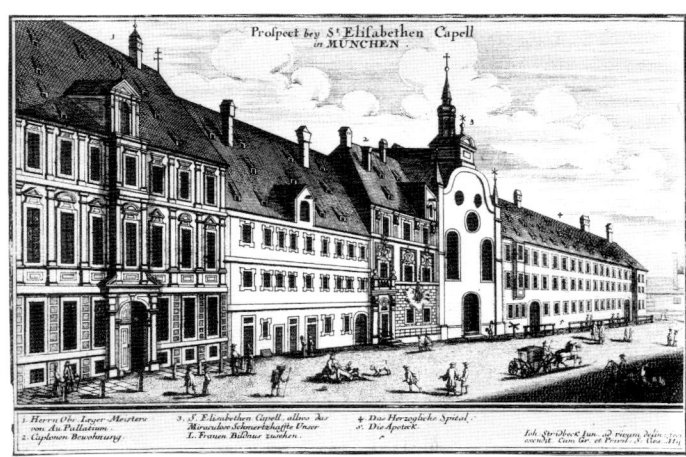

Herzogspital mit Kirche; Kupferstich von Johann Stridbeck, um 1700

und 1698 wurde eine Bruderschaft zu den Sieben Schmerzen Mariä errichtet. Von 1705 bis 1775 betreuten Oratorianer (Nerianer) die Seelsorge. Kurfürstin Therese Kunigunde berief 1715 die Servitinnen aus Venedig nach München, die 1727 in ihrer Hauskapelle die – bis heute fortgesetzte – Ewige Anbetung des Altarsakraments aufnahmen.

Das neue *Servitinnenkloster* erbaute ab 1728 Johann Anton Trubillio (zusammen mit dem Maurermeister Johann Michael Proebstl) östlich der Kirche an der Stelle von drei – im Mittelalter vier – Anwesen (u. a. das bisherige Kaplan- bzw. Nerianerhaus neben der Kirche und das repräsentative Barockpalais des kurfürstl. Oberjägermeisters Franz Karl Frhr. von Ow/Au, um 1680, von Sabine Heym Enrico Zuccalli zugeschrieben; vgl. Ansicht von Stridbeck). Der um mehrere Höfe gruppierte barocke Klosterbau wies zur Straße hin eine lang gestreckte, gleichmäßig gegliederte Fassade auf, deren Mittelteil als flacher Risalit vortrat. Vollendet wurde die weitläufige Anlage erst ab 1732 von Johann Baptist Gunetzrhainer (Dischinger 1988).

Zum Klosterneubau gehörte der heute allein noch erhaltene, 35 m hohe *Glockenturm* von 1727/28, der den damals an den Altarraum der Herzogspitalkirche südlich angefügten, achteckig-längsgestreckten Nonnenchor kennzeichnete. Das von der Straße nicht einsehbare, phantasievolle spätbarocke Gebilde mit Voluten an den abgeschrägten Ecken des obersten Geschosses „ist ein unverputzter Backsteinrohbau mit reizvoll gepflegter Durchgliederung, im Unterbau dem Deggendorfer Turm (von Joh. Mich. Fischer 1722 ff.) verwandt, im Abschluss aber eng mit Fischer von Erlachs Salzburger Turmbekrönungen zusammenklingend und darin eine Vorbereitung der Türme von Berg am Laim" (Lieb 1941; nächstliegende Vorbilder Maria Thalkirchen sowie letztlich die Türme der Theatinerkirche mit ihren Voluten). Der früher Johann Baptist Gunetzrhainer zuge-

Herzogspitalstraße 7, ehem. Servitinnenkloster mit Kath. Herzogspitalkirche; Aufn. vor 1944

Herzogspitalkirche; Aufn. 1945

Herzogspitalstraße 7, Kath. Herzogspitalkirche; Aufn. 1995

◁ Herzogspitalstraße 7,
Kloster und Turm der Her-
zogspitalkirche

Herzogspitalstraße 9   ▷

Herzogspitalstraße 7, Kath. Herzogspitalkirche, Blick nach Süden

schriebene Entwurf stammt nach den Ermittlungen Gabriele Dischingers von Johann Anton Trubillio. Nach schweren Luftkriegsschäden wiederhergestellt; letzte Restaurierung samt Mauerwerkssanierung 1985.

Das Servitinnenkloster überstand als einziges in München – trotz Neuaufnahmeverbots von 1803–26 – die Säkularisation und übernahm 1920 die Verwaltung der Kirche.

Mit Ausnahme des Turms wurden Kirche und Kloster am 24./25. April und vor allem am 22. November 1944 völlig zerstört, erstere mitsamt dem größten Teil ihrer Ausstattung (u. a. klassizistischer Hochaltar; barocker Gnadenaltar, darauf zwei Tabernakelengel von Johann Baptist Straub um 1750; mehrere Ölgemälde; Schutzengel-Figurengruppe von Franz Jakob Schwanthaler, um 1800; Grabplatten). Die nunmehr der Mater dolorosa geweihte *neue Kirche* von Alexander von Branca und Herbert Groethuysen – Grund-

Kath. Herzogspitalkirche, Mater dolorosa

Herzogspitalstraße 9, Durchfahrt und Treppe

steinlegung 12. Dez. 1954, Weihe 4. Dez. 1955 – steht von der Straße nicht sichtbar im Hofbereich, mit nach Süden gerichtetem Altarraum an der Westseite des Barockturms. Sie ist nicht nur als erstes Beispiel moderner Sakralarchitektur in der Altstadt, sondern auch in ihrer gestalterischen Konzeption (verwandt der aufwendigeren Herz-Jesu-Kirche derselben Architekten in der Buttermelcherstraße) bemerkenswert. Der charaktervoll-schlichte, innen geschlämmte Backsteinbau mit durch Betonsäulen abgetrennter rechter Abseite ist auf die beiden Hauptinhalte der Verehrung ausgerichtet: In der Stirnwand ist in einer Rundöffnung mit Farbverglasung das Allerheiligste (in einer barockisierenden Monstranz von Josef Seitz 1935) zur Ewigen Anbetung ausgesetzt; am Ende der Abseite steht in einer Nische das Gnadenbild der Mater dolorosa, 1651 von Tobias Bader aus Birkenholz geschnitzt (ursprünglich unter einem zugehörigen Kruzifixus). Die etwa lebensgroße Figur, im Ausdruck und Faltenwurf noch gotischer Tradition näherstehend als barockem Pathos, wird auch als Mater propitia bezeichnet (Wilh. Zohner, der sie einer Gruppe verwandter Figuren zuordnet); in der Regel ist sie mit einem barocken Ornat bekleidet. – Die Bildhauerarbeiten für die neue Kirche schufen Fritz König (Altar und Ambo) und Blasius Gerg (Chorschranke, Eingang). Orgel 1978 von Wilhelm Stöberl. An der Emporenwand Bildnis des Bildhauers Tobias Bader (17. Jh.). Weitere ältere Kunstwerke in Kirche und Kloster.

Der mit der Kirche gleichzeitige *Neubau von Kloster und Mädchenwohnheim* samt Fürsorgeeinrichtungen (Herzogspitalstraße 7) von denselben Architekten besteht aus einem lang gestreckten fünfgeschossigen Trakt in geschlämmtem Sichtziegelmauerwerk an der Straße, leicht von der alten Baulinie zurückgesetzt und im Westen vom vortretenden Glockenturm abgeschlossen, unter dem der Durchgang zum Hof und zur Kirche liegt, und einem im rechten Winkel anschließenden Hofflügel. Das Erdgeschoss des Straßentraktes ist als verglaste, hinter Rundpfeilern eingezogene Ladenzone ausgebildet, das Flachdach weit vorgezogen.

Herzogspitalstraße 9 (heute mit eigener Hausnummer). Das vor 1944 nur sieben Fensterachsen breite *Vorderhaus* ging wohl durch Umbau und Aufstockung aus einem Teil des 1800 aufgehobenen Herzogspitals hervor, das der Hofmaurermeister Joseph Deiglmayr 1807 als Ganzes erwarb, umbaute und in Einzelanwesen aufgeteilt wieder verkaufte – Nr. 9 an den Landesdirektions- und Salinenrat Josef Ludwig Wolf. Seit 1869 gehört das Anwesen zum Servitinnenkloster, das sich heute im Rückgebäude neben der Kirche befindet (vgl. Nr. 7). Das bestehende Vorderhaus, ein lang gestreckter viergeschossiger Bau, wurde beim Wiederaufbau nach dem Zweiten Weltkrieg stark erneuert und um drei Fensterachsen nach Osten (an der Stelle der zerstörten Herzogspitalkirche) verlängert; die barockisierende Fassadengliederung mit geohrten Fensterrahmungen und Putzfeldern stimmt nicht mit der ähnlich einfachen klassizistischen Vorkriegsgestaltung überein (vgl. Ansicht von ca. 1910 bei Bauer 1994, S. 71 und von 1939 in Häuserbuch III 1962). Das Erdgeschoss wurde neu gestaltet (Café Reber; im Haus seit 1865 ansässig). Alt ist noch die Anlage der Durchfahrt hinter dem (früher von Pilastern flankierten) Rundbogentor mit rechts anliegender einläufiger Treppe, vor deren Antritt eine toskanische Marmorsäule erhalten ist (Treppe z. T. verändert, vgl. Bauer 1994, S. 73).

Rückgebäude: Im Hof hinter Nr. 9 steht westlich vom Kirchturm ein nach dem Luftkrieg mit noch z. T. älterer Substanz wieder aufgebauter Trakt, in dem sich heute das Servitinnenkloster (Klausur) befindet, mit dem schlichten Refektorium im Südflügel, das nach 1944 als provisorische Kirche diente. In den Innenräumen sind Kunstwerke aus altem Klosterbesitz verteilt, vor allem Gemälde des 17. und 18. Jh.

Herzogspitalstraße 8. Das klassizistische Mietshaus von 1806 enthält z. T. ältere Bausubstanz und eine historisch ausgestattete Gaststätte. Die ältere Geschichte des Anwesens ist noch nicht restlos geklärt. Sandtners Stadtmodell (um 1570) zeigt einen wohl zum westlich benachbarten Haus (s. Nr. 10) gehörigen stattlichen Garten mit straßenseitiger Mauer; denselben Zustand stellen die Stadtpläne von T. Volckmer (1613), W. Hollar und M. Merian (1644) dar, der bei stärkster Vereinfachung hier immerhin noch keine geschlossene Bebauung neben Nr. 10 angibt. Hingegen werden in Häuserbuch III (1962) 1566 der Hofkapellsänger Octavian de Albertis und ab 1580 der Architekt und Maler Friedrich Sustris († 1601) nebst seinen Nachkommen als Eigentümer des somit damals schon als bebaut anzunehmenden (?) Grundstücks (nicht aber von Nr. 10) angegeben. Von Franz Füll von Windach erwarben 1622 die Jesuiten das Anwesen, die

Herzogspitalstraße 8; Aufn. 1957

im Block zwischen Neuhauser und Herzogspitalstraße sukzessive das Gregorianische Seminar ausbauten und erweiterten (vgl. näher Herzogspitalstraße 12 sowie Neuhauser Straße 20 – 1583–1601 F. Sustris gehörig – und 33). Der lang gestreckte barockzeitliche Südtrakt des Seminars, heute Herzogspitalstraße 8/10/12, ist auf dem Stadtplan von M. Paur (1705) stark schematisiert und dreigeschossig wiedergegeben, auf J. P. Stimmelmayrs Skizze (Ende 18. Jh.) viergeschossig und zutreffend mit (wie heute noch die Nachfolgebauten) 22 Fensterachsen. Bei der Aufteilung des Komplexes an private Bauherren nach Verlegung des Seminars (1806) erwarb den Ostteil (mit sieben Achsen) des Südtraktes der Kaufmann und Magistratsrat Matthias Scheuchenpflug, der den bestehenden Bau unter Einbeziehung älterer Bestandteile (Umfassungsmauer, gewölbte Keller, Gewölbehalle im Erdgeschoss rechts) errichten ließ. Der Planer der reich gegliederten klassizistischen Fassade ist noch nicht ermittelt.

1864 erwarb das Weinwirtsehepaar Edmund und Karoline Neuner das Mietshaus (1888 dazu Nr. 10), die hier neben einer Weingroßhandlung eine Weinstube einrichteten, welche – 1898 gotisierend umgestaltet – noch heute besteht. Restaurierungen 1926 und nach Luftkriegsschäden.

Die (vergleichbar mit dem Wiener „Plattenstil") in verschiedenen flächigen Putzebenen reich gegliederte, völlig und gleichmäßig aufgeteilte, auf Rhythmisierung verzichtende Fassade weist vom Vorgänger übernommene

Herzogspitalstraße 8, Ausleger

ungleiche Achsbreiten auf. Das sockelartig zurückhaltend behandelte Erdgeschoss ist mit Horizontalfugen rustiziert und erhielt 1806 das Rundbogentor in der Mitte. Die beiden Obergeschosse werden in betontem Vertikalismus durch verschieden breite Lisenen energisch zusammengefasst. Die Rechteckfenster im 1. Stock stehen auf Sohlbänken mit Stuckkonsolen und werden von Halbkreisblenden mit Stuckgirlanden und Scheitelvoluten überfangen; die Fenster im 2. Stock stehen lediglich zwischen Putzfeldern an der Brüstung und über dem Sturz; das Traufgesims ist reich profiliert. Die holzgezimmerten Standgauben mit Dachüberstand sind nicht stilkonforme, heimatstilige Zutaten des späten Historismus. Aus dieser Epoche stammt auch der prächtige schmiedeeiserne Ausleger in Form eines Rebstockes mit Löwenfigur als Schildhalter und neugotischer Hängelaterne.

Herzogspitalstraße 8, Schankraum im Eingangsbereich

Herzogspitalstraße 8, Gastraum

Herzogspitalstraße 8, Fledermaus-
brunnen

Herzogspitalstraße 8, Kredenz

Herzogspitalstraße 8, Tür

der Hofbebauung war das Wohn- und Geschäftshaus an der rechten Hofseite durch ein Treppenhaus mit zwei offenen Lauben verbunden. 1997–99 weitgehende bauliche Erneuerung der Rückgebäude.

[***Herzogspitalstraße 11.** Wie Nr. 9 (s. dort) vereinfachter Neubau klassizistischen Typs – wohl unter Benutzung von Substanz des ehem. Herzogspitals – durch Hofmaurermeister Joseph Deiglmayr, der das Anwesen 1807 an den Kistlermeister Matthias Pössenbacher verkaufte. Es gehörte der renommierten Hofschreiner- und Möbelfabrikantenfamilie Pössenbacher bis 1929, seitdem der Großhandelsfirma Para (Parahaus). Sehr stark erneuert und verändert; über der ursprünglich rundbogigen Einfahrt moderne *Gedenktafel* an den Maler Johann Georg Edlinger (1741–1819), der hier wohnte und am 15. September 1819 starb.]

Der in der Mitte liegende Flur ist in zwei verschiedenen Abschnitten neugotisch gewölbt; an der rechten Wand Inschrift zur Besitzergeschichte des Hauses. Das Weinrestaurant rechts, mit drei Fenstern an der südlichen Schmalseite zur Straße, ist als zweischiffige Halle mit zwei Pfeilern bereits auf dem Seminargrundriss vorhanden, damals als „großes Speisegewölb" benutzt; die teils kreuzgratige, teils unregelmäßige Stichkappenwölbung, heute weiß gestrichen, war ehemals „Renov.. A. D. 1898" bezeichnet und von reicher Dekorationsmalerei samt Spruchbändern überzogen. Erhalten ist hingegen noch die geschnitzte Wandvertäfelung, in deren westliche Längsseite eine Türädikula mit kleiner Holzfigur des hl. Benno im prächtigen, fialenbesetzten Giebel sowie weiter rechts eine Kredenz mit Uhr im Ziergiebel eingefügt sind, mit Details im Stil der spätesten Gotik. In den Schildbögen eine Folge von in Öl auf Blech gemalten Altmünchner Ansichten (nach historischen Vorlagen) von Kunstmaler Eggert (Sigmund E. (?), †1896). Links neben dem Flur ein schmaler zweifenstriger Gastraum mit Stichkappentonne (zur Seminarzeit Küche).

Herzogspitalstraße 10 (vormals Nr. 19). Das klassizistische Wohn- und Geschäftshaus von 1806 wurde beim Wiederaufbau leicht vereinfacht. – Auf Sandtners Stadtmodell (1570) ist ein dreigeschossiges traufständiges Haus in noch fast isolierter Situation (rechts davon niedrigeres Gartenhaus) dargestellt. Ab 1694 gehörte es wie die Nachbaranwesen zum Komplex des Gregorianischen Seminars der Jesuiten, das sich nördlich bis an die Neuhauser Straße erstreckte. Nach dessen Verlegung erwarb 1806 der Stadtrat und Fischermeister Johann Georg Gröber einen Teil davon (Häuserbuch III), und zwar im Mittelabschnitt des lang gestreckten Südflügels an der Herzogspitalstraße (vgl. Nr. 8 und 12), den J. P. Stimmelmayr (gegen 1800) viergeschossig darstellt. Da der (nach Häuserbuch III) 1806 ausgeführte Neubau mit klassizistischer Fassade durch seine vier niedrigeren Geschosse sich von den etwa gleichzeitigen, dreigeschossigen Nachbargebäuden unterscheidet, könnte es sich um einen (weitgehenden) Umbau mit Benützung vorhandener Substanz gehandelt haben. Zur Seminarzeit befand sich hier im Erdgeschoss ein Speisesaal mit zwei Mittelstützen; heute eine Mitteldurchfahrt mit straßenseitigem Rundbogentor (vor dem Zweiten Weltkrieg säulenflankiert). Seit 1888 ist das Anwesen der östlich benachbarten Weinhandlung Neuner angeschlossen (s. Nr. 8), für die das Haus und die Rückgebäude mehrfach adaptiert wurden.

Nach schweren Luftkriegsschäden wurde das Haus nach Plänen von Georg H. Winkler aus dem Jahre 1948 für die Weingroßhandlung Edmund Neuner & Co. wiederaufgebaut, mit völlig neuen Strukturen innerhalb der alten Umfassungsmauern; die an sich schon schlichte Fassade wurde in Details vereinfacht. Mit

Herzogspitalstraße 12. Sog. *Palais Woronzow* von 1807/08. Ursprünglich stand hier das Rückgebäude eines Anwesens an der Neuhauser Straße; auf dem Sandtnerschen Stadtmodell (um 1570) ein bescheidenes zweigeschossiges Traufhaus mit hohem Satteldach und östlich angrenzendem Gartenhof. 1694 wurde es in den großen Komplex des 1574 gegründeten (bis 1773 von Jesuiten geleiteten) Gregorianischen Seminars im Bereich zwischen der Neuhauser Straße (s. dort Nr. 31, 33, 35, 37) im Norden und der Herzogspitalstraße einbezogen; an dieser entstand ein lang gestreckter Trakt an der Stelle der heutigen Haus-Nrn. 8, 10 und 12; J. P. Stimmelmayr (Ende 18. Jh.) stellt ihn als viergeschossigen, 22 Fensterachsen langen Satteldachbau dar, an den sich mit etwas niedrigerer Traufe östlich noch ein weiterer Bauteil (heute Nr. 6) anschloss. Nach Verlegung des Studienseminars in das ehem. Karmelitenkloster (s. Karmeliterstraße 2) 1806 erwarb den Westteil des Südtraktes der kgl. Rat und Hofgerichtsadvokat Ludwig Jakob, der hier 1807/08 durch Maurermeister Franz Ignaz Kirchgrabner und Zimmermeister Franz Mayr ein palastartiges klassizistisches Wohngebäude zu Vermietung oder Verkauf an adelige Interessenten errichten ließ (nach H. Dollinger in Festschrift Wilhelmsgymnasium 1959) – eine in der Hauptstadt des jungen Königreiches mehrfach geübte Bauspekulation, in diesem Fall aber ohne den erhofften Erfolg, da das Viertel nicht vornehm genug war. Schließlich mietete die

Herzogspitalstraße 10

Herzogspitalstraße 11 (kein BDm)

Herzogspitalstraße 12, sog. Palais Woronzow

◁ Herzogspitalstraße 12, Fassadendetail

Herzogspitalstraße 12, Gedenktafel

mittleren durch zwei Toreinfahrten (die linke vermauert), mit Stuckgehängen und weiblichen Maskenköpfen gefüllte Rundbogenblenden über den Fenstern im 1. Stock und reichere Sohlbänke unter den Obergeschossfenstern risalitartig hervorgehoben; Stuckdekor füllt auch die niedrigen Rechteckblenden über den Erdgeschossfenstern. Die Traufe ist ohne Verkröpfung durchgeführt. Ob der Entwurf zu dieser noblen Fassadengestaltung dem Maurermeister Franz Ignaz Kirchgrabner (Sohn eines weit bekannteren Baumeisters) zugeschrieben werden kann, dessen Werk bislang zu wenig erforscht ist, muss vorerst offen bleiben. Jean-Baptiste Métivier, erst 1811 nach München berufen, erwähnt in seinem eigenhändigen Werkverzeichnis unter dem Jahr 1823 lediglich Ballsaal und inneren Umbau der Wohnung des russischen Gesandten, jedoch keine anderen bzw. früheren Baumaßnahmen. Den Ballsaal im 1. Stock eröffnete Graf Woronzow am Weihnachtsabend 1824.

Bei Instandsetzungen nach dem Zweiten Weltkrieg wurde die Fassade in Details vereinfacht; so fehlen heute die dekorativen Bekrönungen der Fenster im 2. Stock und die stuckierten Tuchgirlanden in den Brüstungsfeldern zwischen den Obergeschossen.

Im gemäß den wechselnden Funktionen mehrfach veränderten Inneren stammen aus der Bauzeit um 1807 noch die Durchfahrt mit toskanischen Wandpilastern (Basiszone modernisiert) und vier böhmischen Kappen mit eingetieften Ovalfeldern, weiters das Treppenhaus am südlichen Ansatz des Hofflügels und einige gewölbte Erdgeschossräume. Die um einen Kern aus vier Pfeilern gelegte Treppe wird über Läufen und Eckpodesten von böhmischen Kappen mit eingetieften Rundfeldern überspannt; das einfache Schmiedeeisengeländer ist aus großen und kleinen, an den Enden abgerundeten Elementen zusammengesetzt. Den Hof begrenzt rechts die ehemalige Ostwand des Aula-Traktes mit drei Rundbogenblenden im Erdgeschoss und drei vermauerten Rechteckfenstern darüber. – Links vom Eingang seit 1999 Bronze-*Gedenktafel* (mit Reliefbildnis) für den Dichter Fjodor Iwanowitsch Tjutschew, der 1822–37 und 1839–44 an der russischen Gesandtschaft in München tätig war (vgl. Karolinenplatz 1 und 3 sowie sein Denkmal im Finanzgarten bei Franz-Josef-Strauß-Ring 5).

russische Gesandtschaft das Haus; nacheinander war es Wohnsitz der Gesandten Iwan Borjatinsky (ab 1808), Graf Theodor Pahlen (ab 1815) und Iwan Graf Woronzow-Daschkow (1822–1825), bei dem König Max I. Joseph am 12. Oktober 1825, dem Abend vor seinem Tode, zu Gast war. Das 1830 dann doch versteigerte Haus erwarb der Staat und ließ es für das Alte (Wilhelms-)Gymnasium adaptieren, das zuvor im ehem. Karmelitenkloster untergebracht war; an der Ostseite des Hofes wurde eine neue Aula errichtet (nicht erhalten). Die hier sehr beengte Schule zog 1877 in ihren Neubau Thierschstraße 46 (s. dort); das Gebäude diente danach als Augenklinik und wurde 1921 Sitz des Finanzamtes München-Land.

In den Neubau von 1807 wurden Bestandteile des Gregorianums einbezogen; Hinweise dafür sind u. a. der mit dem Vorgängerbau identische zweiflügelige Grundriss mit dem schmalen Hof an der Westseite des Hoftraktes, die mit Stimmelmayrs Ansicht übereinstimmende Gesamtzahl von 22 Fensterachsen der heutigen Häusergruppe Nr. 8/10/12 und wohl auch der leichte mittlere Fassadenknick.

Die dreigeschossige, eher bürgerlich-zurückhaltend gegliederte Putzfassade verwendet ein noch dem „Plattenstil" nahestehendes Formenrepertoire. Von den zehn Fensterachsen sind die vier

Herzogspitalstraße 14. Das im Kern spätmittelalterliche Haus ist seit dem späten 15. Jh. archivalisch greifbar, das Sandtnersche Stadtmodell weist ein niedriges, traufständiges Bürgerhaus mit Flacherker und zweigeschossigem Ohrwaschel im Westen aus. In unmittelbarer Nachbarschaft zum sog. „Alten Seminarium" im Osten war seit dem 18. Jh. bis 1883 eine Metzgerei im Erdgeschoss des Hauses untergebracht, im selbigen Jahr nahm Josef Muckenthaler für die Gastwirtseheleute Johann und Therese Schneider die Auswechslungsarbeiten für den Einbau einer Gastwirtschaft („Zum Goldenen Stern") vor. 1889 wurde Gabriel Sedlmayr, der stark expandierende Brauereibesitzer, Eigentümer der Wirtschaft und des Hauses. Bis 1872 ist die Dreigeschossigkeit des schlicht biedermeierlichen Anwesens amtlich belegt, in diesem Jahr setzte W. Kleinschmidt für den Garkoch und Metzgermeister Josef Mauerer zwei weitere Obergeschosse auf, die zu dieser Zeit belegten zwei Ohrwaschel wurden rückgebaut. (Die 1984 vorgenommenen baulichen Veränderungen haben die Überlieferung des Hauses in substanzieller und gestalterischer Hinsicht geschwächt.)

Herzogspitalstraße 14 und 16 (von rechts)

Herzogspitalstraße 16. Haus Nr. 16 an der Herzogspitalstraße ist mittels Katastrierung seit Ende des 15. Jh. greifbar, das Sandtnersche Stadtmodell zeigt ein schlichtes traufständiges Anwesen mit Ohrwaschel im Osten. Seit 1602 findet sich das Haus mit den zur Neuhauser Straße 26 gehörigen Flurstücken vereinigt. Seit dieser Zeit bis zum Ende des 19. Jh. waren die wechselnden Eigentümer des Hauses stets Wirte und Bierbrauer. 1901 wurde Gabriel Sedlmayr, der stark expandierende Brauereibesitzer, Eigentümer des Mietshauses, indem er den Komplex Neuhauser Straße 25–28 (alte Nummerierung) und Herzogspitalstraße 16 sowie den westlich angrenzenden Bau Nr. 18 (vormals Nr. 17) erwarb. (Schon 12 Jahre vorher war derselbe in den Besitz des östlich angrenzenden Hauses Nr. 14 gekommen.) Bereits 1607 wurde das Haus mit dem westlichen Nachbargebäude zusammengebaut. 1882 stockte Franz Rose das schlicht biedermeierliche Gebäude für Anna Maria Niedermaier (Witwe des Gastwirts Georg Niedermaier) auf und setzte die charakteristische, oval gewendelte und von oben belichtete Hausteintreppe ins Anwesen. (Die heutige Erscheinungsweise ist das Ergebnis von 1984 vorgenommenen baulichen Veränderungen, in deren Zug es auch zu substanziellen Einschnitten kam.) (Abb. S. 303)

[*Herzogspitalstraße 18.** Haus Nr. 18 an der Herzogspitalstraße ist mittels Katastrierung seit Ende des 15. Jh. greifbar, das Sandtnersche Stadtmodell zeigt ein schlichtes traufständiges, erdgeschossiges Anwesen ohne straßenseitige Durchfensterung, aber mittiger Durchfahrt, wohl eine Scheune. 1607 baute man Haus Nr. 18 mit Haus Nr. 16 zusammen. 1821 kam es in den Besitz des „Bürger und Lehenrössler" Josef Kindsmüller, der zunächst als Lohnkutscher und später als Kornmesser genannt wird. Kindsmüller beauftragte Maurermeister Xaver Widmann und Magnus Hofstetter als Zimmermeister im selben Jahr mit dem Neubau eines schlicht biedermeierlichen Wohnhauses. 1879 kam es zu Änderungen im Erdgeschoss, der Hauszugang wurde von der östlichen Achse in die Mitte des Gebäudes verlegt, auf beiden Seiten des Eingangs hat man Läden eingebaut (Bauwerber war der Kaufmann Martin Riedl, Baumeister M. Steinbrecher). Zu dieser Zeit findet sich das Erdgeschoss des Hauses vollständig von Kappengewölben durchzogen. Einschneidende Umbauten erfuhr das Haus nach 1960 (proj. Planungsbüro Kaufhalle G.M.B.H., Köln), als man die Warenanfuhr für das nebenliegende Großkaufhaus in den kleinteiligen Grundriss des biedermeierzeitlichen Mietshauses legte. (2001 fanden Umbaumaßnahmen in allen Geschossen und eine hofseitige Teilaufstockung statt, 2004 ein weiterer Teilumbau, bei dem man einen kleinteiligen Gewölbekeller zum Basement uminterpretierte.)]

Herzogspitalstraße 20. Der Baumeister Franz Xaver Ilg ersetzte 1899 zwei im Jahr zuvor erworbene Bürgerhäuser durch den noch bestehenden Wohn- und Geschäftshaus-Neubau, der wohl nach eigenem Entwurf entstand. Sandtners Stadtmodell zeigt um 1570 in diesem Bereich noch straßenseitig von Mauern begrenzte Hausgärten. Stimmelmayrs Skizze wohl aus dem späten 18. Jh. zwei Traufseithäuser, links ein dreigeschossiges mit zwei Ohrwascheln, also einen älteren Typus, rechts ein viergeschossiges; letzteres entstand nach Häuserbuch III (1962) 1788 durch den Bierwirt Sebastian Wöstermayr „vermutlich auf der Grundfläche eines Stadels" (vielleicht identisch mit dem auf T. Volckmers Stadtplan von 1613 das Gartenareal östlich begrenzenden Satteldachbau); das andere gehörte bis 1893 als Rückgebäude zu Neuhauser Straße 30 (heute 39/Westteil). Noch auf dem Stadtmodell von Seitz (Mitte 19. Jh.) entsprechen die beiden Häuser der Ansicht von Stimmelmayr.
Vom Wohn- und Geschäftshausneubau von 1899 samt Rückgebäude, zentralem Treppenhaus und zwei Wohnungen je Etage ist nur die Fassade weitgehend erhalten, das Innere stark

Herzogspitalstraße 20   Herzogspitalstraße 18 (kein BDm)

verändert; das Dachgeschoss wurde im Luftkrieg schwer beschädigt. Das innen völlig erneuerte Erdgeschoss ist Teil eines weiträumigen Warenhaus-Verkaufsareals, das auch die nach dem Luftkrieg neu erstandenen Nachbarhäuser Herzog-Wilhelm-Straße 3 (westlich angrenzendes Eckhaus) und Neuhauser Straße 39 (nördlich; erbaut 1952–54) umfasst (Kaufhalle, seit 2000 Multistore; 2001 Umbaumaßnahmen). An der in barockisierenden Formen aus dem Repertoire des 18. Jh. reich gegliederten Putzfassade mit Madonnenrelief ist das Erdgeschoss durch rustizierte Pfeiler ganz in (heute korbbogige) Schaufenster aufgelöst (Hauseingang am rechten Ende) und durch ein doppeltes Gurtgesims klar durch den von Lisenen gegliederten Obergeschossen abgesetzt, deren Fenster paarig zusammengefasst sind – im 2. Stock durch Schweifgiebelverdachungen überfangen. Jeweils in der zweiten Achse von außen ist den beiden letzten Geschossen ein ziemlich flacher Rechteckerker vorgelegt, über dem sich in der Dachzone zwischen stehenden Gauben jeweils ein großes Zwerchhaus erhebt, das ursprünglich detailreicher gestaltet war.

[**Herzogspitalstraße 24.** Städt. Verwaltungsgebäude für Datenverarbeitung, 1974–77 von Kurt Ackermann und Partner, siebengeschossiger Stahlskelettbau in Ecklage mit Läden im Erdgeschoss und vorgehängter Glasfassade, städtebaulich wirkungsvoll als Abschluss der breiten Herzog-Wilhelm-Straße (s. dort) an ihrem Nordende; als qualitätvolles Beispiel zeitgemäßen Bauens in der Altstadt eine Rarität (Ersatzbau für einen kriegszerstörten monumentalen Neurenaissance-Block); mit Herzog-Wilhelm-Straße 2. Im Grünstreifen davor Bronzeplastik von Leopold Fischer.]

Herzogspitalstraße 24

Herzog-Wilhelm-Straße

(Vgl. Ensemble Altstadt.) Der breite, leicht gebogene Straßenzug am Westrand des Hackenviertels wurde 1886 nach Wilhelm V. (gen. „der Fromme", reg. 1579–98, gest. 1626; Erbauer der Michaelskirche) benannt und erhielt erst um diese Zeit seine städtebauliche Neugestaltung samt mittlerer Grünanlage und Allee, als der stadtaußenseitig parallele, verkehrsreiche Ringboulevard der Sonnenstraße (s. dort) längst ausgebaut war. Die Herzog-Wilhelm-Straße nimmt den Bereich der zweiten mittelalterlichen (im 15. Jh. verdoppelten) Stadtmauer mitsamt Zwinger und vorgelegtem Stadtgraben zwischen dem Neuhauser-, heute Karlstor im Norden und dem Sendlinger Tor im Süden ein. Die schmale innenseitige Stadtrandgasse hieß im 19. Jh. Glocken- oder Glockengießergasse, weiter nördlich Kasernengasse (zu den verschiedenen, auch weiteren Nomenklaturen vgl. Stahleder 1992). An der Innenseite der Stadtmauer, beginnend unweit

Stadtgraben in der heutigen Herzog-Wilhelm-Straße; Gemälde von F. P. Mayr, 1842

Sitz des nachmaligen Josephspitals, zuletzt der Feiertagsschule, einer Ende des 18. Jh. von Franz Xaver Kefer gegründeten, sozialgeschichtliche bedeutsamen Institution, abgebrochen 1885). Die Stadt, die Kasernenrestteil und Hofwaisenhaus zwecks Abbruch erwarb, ließ 1879–84 den Stadtgraben auffüllen, sodass die Glockengasse im Osten und die schmale Gasse im Westen außerhalb der turmbewehrten, ab 1815 sukzessive abgetragenen Stadtmauern zu einem einzigen breiten, begrünten Straßenzug (mit 1890 ausgestalteten Anlagen) verbunden wurden. Von der größtenteils späthistoristischen bis jugendstilzeitlichen Neubebauung hat wenig den Zweiten Weltkrieg überdauert; die gesamte Westseite ist – mit Ausnahme des südlichen Eckhauses Sendlinger Torplatz 11 (s. dort) – vollständig mit Büro- und Geschäftshaus-Neubauten der Nachkriegsära besetzt (z. T. mit Durchgängen zur Sonnenstraße), deren horizontal proportionierte Reihung der erhöhte, zwölfgeschossige Eckbauteil des Sonnenblocks an der Südseite der Josephspitalstraße (s. dort, Vorspann) als vertikaler Akzent unterbricht.

An der Ostseite entstand an der Stelle des im Luftkrieg zerstörten Josephspitals das Stadtsteueramt (s. Nr. 11), südlich der Josephspitalstraße im frühen 19. Jh. eine viergeschossige klassizistische Randbebauung an der Westseite des ehem. Bruderhauskomplexes und Friedhofs bei der Allerheiligenkirche (vgl. Kreuzstraße), wovon Restbestandteile in den stark veränderten und aufgestockten Häusern Nr. 19 (?) und 21 erhalten sind (vgl. Nr. 17). Am Südende bilden Nr. 29 und 31 zusammen mit Kreuzstraße 23, 25 und 27 eine einst hinter der Stadtmauer gelegene Kleinhausgruppe. – Den breiten Straßenzug schließt südlich die Baugruppe des Sendlinger Tores ab (s. dort).

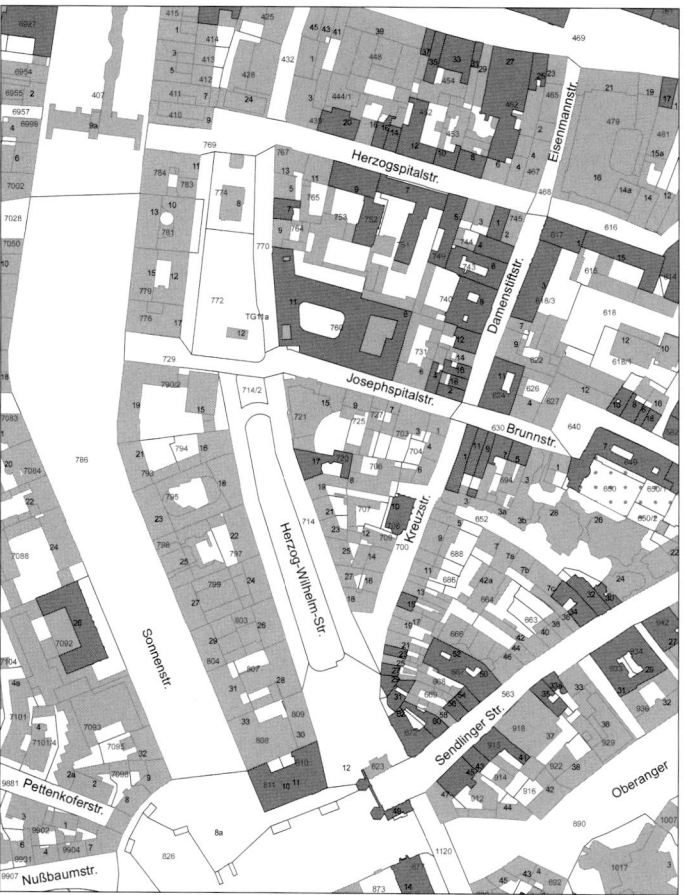

Herzog-Wilhelm-Straße; Flurkarte, M. 1:5000

südlich vom Neuhauser Tor, wurde 1670/71 die ca. 300 m lange, sehr schmale, höchst unpraktikabel platzierte Kreuzkaserne erbaut (so genannt nach dem östlich benachbarten Altstadtbereich „am Kreuz", vgl. Kreuzstraße), umgebaut und erweitert im frühen 18. Jh. (z. T. zuvor städt. Salzstadel), Südteil 1809 eingestürzt und anschließend abgetragen, ein weiterer Abschnitt 1831/32 beim Durchbruch der Herzogspitalstraße (s. dort), der Nordteil, zuletzt u. a. Militärgefängnis, 1883 aufgelassen und danach beseitigt. Die skizzenhaften Abwicklungen von J. P. Stimmelmayr (gegen bis um 1800) zeigen ostseitig die noch wenig ansehnliche Stadtrandbebauung (teilweise zum Herzog- und Josephspital gehörig), westseitig die durch mehrere Risalite gegliederte, viergeschossige Kaserne, südlich von ihr das damalige, von Werkstätten flankierte Haus des Glockengießers, nach dem der südliche Straßenabschnitt zeitweise benannt wurde, und im Süden – gegenüber der Einmündung der Kreuzgasse – das lang gestreckte Hofwaisenhaus (erbaut im frühen 17. Jh., zunächst

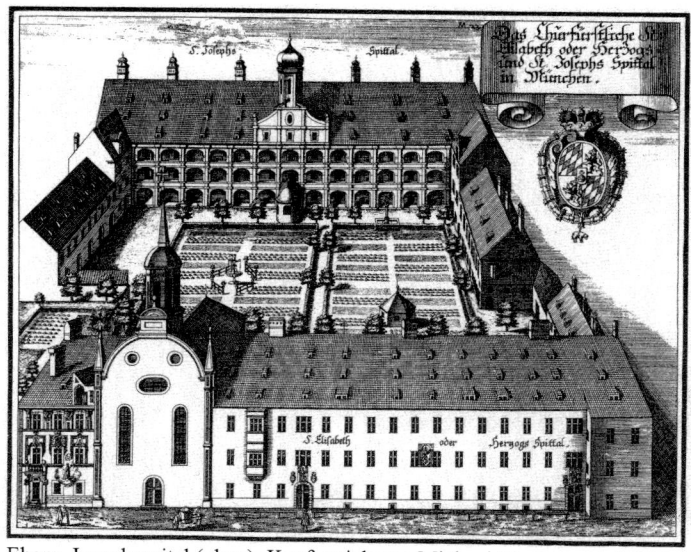

Ehem. Josephsspital (oben); Kupferstich von Michael Wening, um 1700

Den optischen Abschluss im Norden bildet heute – an der Stelle eines kriegszerstörten markanten Neurenaissanceblockes – das städtische Verwaltungsgebäude Herzogspitalstraße 24 (s. dort; 1974–77 von Kurt Ackermann) mit glasverkleideter Fassade; entlang seiner Ostseite stellt der kurze und schmale nördlichste Abschnitt der Herzog-Wilhelm-Straße die Verbindung zur Neuhauser Straße her.

Inmitten des platzartig verbreiterten Straßenabschnitts nördlich der Josephspitalstraße stand bis zum Luftkrieg die 1850/51 von Stadtbaurat Karl Muffat erbaute (später erweiterte und 1888 aufgestockte, ursprünglich protestantische) Volksschule (heute Tankstelle und Tiefgarage).

Denkmäler und Brunnen: In den Anlagen westlich von Haus Nr. 19 Clemens-Brentano-Denkmal, 1981 von Angelika Fazekas (sign.), kompakt-gedrängte Eisenguss-Figurengruppe nach dem Märchen von Gockel, Hinkel und Gackeleia zum Gedenken an den romantischen Dichter, der seit 1833 in München lebte, dem katholisch-konservativen Kreis um Joseph Görres verbunden; er wohnte u. a. 1833–40 in der Herzog-Wilhelm-Straße (heute Nr. 23) bei dem Maler Joseph Schlotthauer und 1840/41 in der Herzogspitalstraße 11 (heute zu 13). – Weiter südlich zwischen den Häusern Nr. 24 (westlich) und 25 (östlich) plastische Muschelkalkgruppe zweier sich bäumender Pferde, 1934 von Franz Mikorey (von einem Brunnen, der bis 1941 am Tassiloplatz stand; 1974 hier aufgestellt). – Im Südteil der Anlagen vom Verleger Heinrich Vogel gestifteter Brunnen aus Bronze mit Gruppe „Auffliegende Vögel" (Schwäne) auf hohem Sockel in flachem Bodenbecken, 1967 von Karl Potzler (sign.), Guss von Hans Mayr.

ARCHÄOLOGISCHE BEFUNDE: Größere Bodeneingriffe und Umbauten sind aus jüngerer Zeit nicht bekannt, deshalb ist zwischen der Herzogspital- und Sendlinger Straße mit untertägig erhaltenen Resten der spätmittelalterlichen Stadtbefestigung mit der vorgelagerten Zwingermauer zu rechnen. Hinzu kommen noch Reste anderer mittelalterlicher und frühneuzeitlicher Bauwerke. Unter Herzog-Wilhelm-Straße 9, 11, 19, 21, 25, 29 und 31 befinden sich Teile mittelalterlicher und neuzeitlicher Bebauung, möglicherweise auch Brunnen und Latrinen. Unter Herzog-Wilhelm-Straße 25 wurden zudem Reste eines aufgelassenen Friedhofs entdeckt.

Bei den Grundstücken Nr. 1 und 3 sowie beim Grundstück Neuhauser Straße 45 wurde beim Wiederaufbau nach dem Zweiten Weltkrieg die Mauerfront zurückversetzt, sodass sich heute die Fundamente der ehemaligen Straßenfront unter dem Gehwegpflaster befinden.

Herzog-Wilhelm-Straße 7. Auf einem Baugrund, der in den Garten des ehemaligen Herzogspitals eingemessen worden war (dieses wurde 1807 gemäß Reskript von Hofmaurermeister Josef Deiglmayr erworben), entstand vor 1814 ein erstes Wohnhaus, das in seiner Breitenzumessung dem heutigen entsprach. Wohl um 1860 kam es zu baulichen Erweiterungen, zwischen 1860 und 1873 verdreifachte sich der Wert des Anwesens. 1883 kam das Haus in den Besitz der Baumeisterfamilie Josef Lutz, die den charakteristischen dreigeschossigen Erker vor einem flachen Risalit, der zwei Fensterachsen zusammenfasst, der Neurenaissancefassade ansetzen ließ. Es ist davon auszugehen, dass auch die Aufstockung um ein 4. Obergeschoss in diese Zeit fällt (das Traufgesims mit dem darunter erhaltenen Konsolkranz datiert wohl in die Jahre um 1890). Die Baufirma Eduard Thom & Co. GmbH erwarb 1921 das Haus, wechselte Wohnräume zu Büroräumen aus und schuf den Dachaufbau, heute drei-, zu seiner Entstehungszeit fünfachsig. Die Hofdurchfahrt in der südlichen Achse führt zum nördlich nebenliegenden rückwärtigen Treppenhaus, dieses risalitartig ausgeklinkt. Der Einbau der beste-

Herzog-Wilhelm-Straße 7

henden Fenster wurde 1982 vorgenommen, die Renovierung der Fassade erfolgte 1984.

Herzog-Wilhelm-Straße 8. ARCHÄOLOGISCHE BEFUNDE: Körpergräber der Neuzeit (Fundst.-Nr.: 7835/0169). Bei Bauarbeiten 1915 wurden Skelettteile gemeldet, die wohl vom ehemaligen Friedhof der Kreuzkirche stammen. Ein ebenfalls gefundenes Grabsteinfragment lässt sich ins 18. Jh. datieren.

Herzog-Wilhelm-Straße 11, Stadtsteueramt

Herzog-Wilhelm-Straße 11, Treppe

Herzog-Wilhelm-Straße 11, Vestibül und Treppenaufgang

Herzog-Wilhelm-Straße 11. *Stadtsteueramt.* Der an der Stelle des im Luftkrieg völlig zerstörten Josephspitals erbaute weitläufige Flachdachkomplex des Stadtsteueramtes gehört zu den markantesten Nachkriegsneubauten in der Altstadt. An den lang gestreckten siebengeschossigen Hauptflügel entlang der Herzog-Wilhelm-Straße schließen sich gegen Osten fünfgeschossige, zwei Höfe umfassende Nebentrakte an. Das Stahlbetonskelett ist mit Mauerwerk ausgefacht; zeittypisch ist am Außenbau die Verbindung eines kleinteiligen Rastersystems mit großflächigen roten Klinkerverblendungen. Den begrünten Haupthof umzieht im Erdgeschoss die Eingangs- und Schalterhalle mit in den Ecken abgerundeter Glaswand; bemerkenswerte ovale Treppenanlage. Der Komplex wurde 1953–54 vom städt. Baureferat Hochbau (Högg) nach Plänen von Karl Delisle und Max Panitz errichtet.

Das ehem. *Josephspital* ging auf eine private Gründung des Baders Melchior Pruckberger von 1614 in einem Haus an der Stadtmauer gegenüber dem Südende der Kreuzstraße zurück (alte Haus-Nr. 224 bzw. Kreuzstraße 25, später Hofwaisenhaus, Feiertagsschule, 1885 abgebrochen); 1626 wurde es in die Stiftung Kurfürst Maximilians I. überführt, der es (zunächst offenbar nur teilweise) an die (spätere) Josephspitalstraße (s. dort) südlich des Herzogspitals verlegte, wo sechs z. T. erst spärlich überbaute Anwesen erworben wurden. Im 17. Jh. mehrfache Erweiterungen; 1682 unter Kurfürst Max Emanuel monumentaler Neubau eines lang gestreckten dreigeschossigen Hauptflügels mit kleiner Kirche in der Mitte und korbbogigen Pfeilerarkaden an der Hofseite (vgl. Ansicht von M. Wening, s. S. 305), eine der markantesten Schöpfungen des Frühbarock in München von einem bisher nicht bekannten Architekten – „der Stil weist noch in die Richtung Marx Schinnagls zurück" (Lieb 1988). Die erst im Jahre 1700 geweihte *Kirche St. Joseph* war ein bescheidener, nach Süden gerichteter Saalbau mit gedrückter, durch Gurte geteilter Wölbung, ihre hofseitige Eingangssituation durch Giebel und Dachreiter gekennzeichnet. 1854 Erwerbung des (seit 1807 privaten) Nachbarhauses an der Herzog-Wilhelm-Straße (alte Nr. 6); 1885 Aufstockung des Hauptgebäudes beiderseits der Kirche mitsamt zwei neuen Schweifgiebeln (an der westlichen Schmalseite und am Ostende der Südfront, letzterer den Kirchengiebeln angeglichen). Die Spitalstiftung ging 1929 in städtischen Besitz über.

Herzog-Wilhelm-Straße 17. Der Baugrund von Herzog-Wilhelm-Straße 17 wurde nach Abbruch des Bruderhausstadels 1814 zusammen mit den Bauplätzen der heutigen Häuser Nr. 19 und 21 eingemessen und von Maurermeister Joseph Höchl bebaut, dessen Familie bis 1877 Eigentümerin des Anwesens blieb. 1914 erwarb der Münchner Rabatt-Spar-Verein das Haus mit Grundstück, ließ die Bebauung niederlegen und beauftragte Fritz Hessemer mit einem repräsentativen Neubau (bez. 1915). Gemäß Eingabeplan befanden sich in den Geschossen des Vorderhauses je eine großzügige Wohnung und im Erdgeschoss die Bankgeschäftsräume; die Hausmeisterwohnung lag im Rückgebäude, das ein eigenes, polygonales Treppenhaus (bauzeitlich, reich gedrechseltes Holzgeländer) erhielt. Die äußere Erscheinungsweise war von Formen des späten Jugendstils geprägt, symmetrisch und sachlich anverwandelt. Vor allem das durch den Luftkrieg zerstörte, prächtige Dachhaus verdeutlichte die Bankbauten eigene starre Anwendung ureigentlich dynamischer Stilelemente (ein dreiachsiges, von einem klassischen Dreiecksgiebel überhöhtes Dachhaus akzentuierte die Fassade). Kaum sechzig Jahre nach Entstehung des Hauses wurde seitens des Landesamts für Denkmalpflege die architekturgeschichtliche Bedeutung des Hauses betont, störende Veränderungen wurden diskutiert – maßstabgebend für die denkmalfachliche Beachtung dieser Bautengruppe grundsätzlich.

Herzog-Wilhelm-Straße 17   ▷

Herzog-Wilhelm-Straße 17; Grundriss Erdgeschoss und Ansicht, 1915

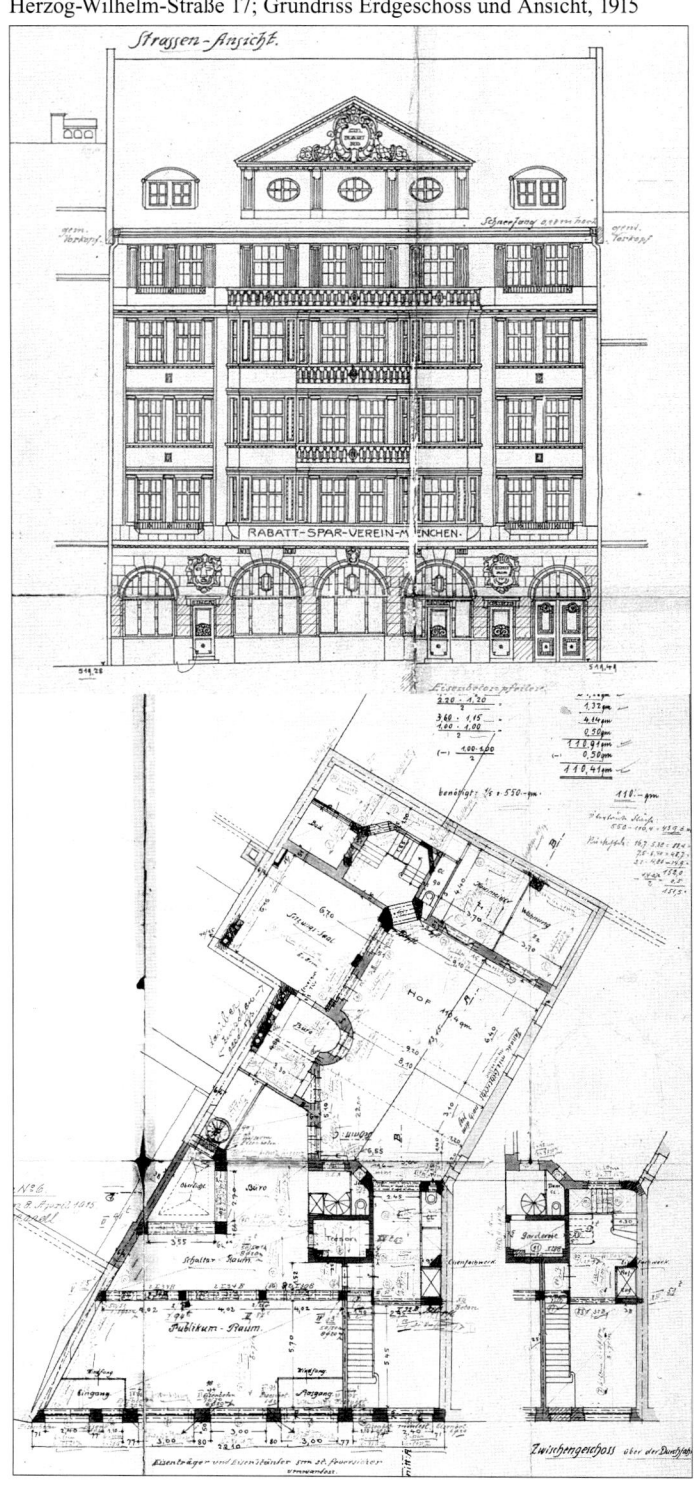

Herzog-Wilhelm-Straße 29 und 31 (von links)

◁ Herzog-Wilhelm-
Straße 29; Grundriss
Erdgeschoss; vor 1857

Herzog-Wilhelm-Straße 29, 31. Vgl. Ensemble Altstadt, Straßenbild Kreuzstraße.

Herzog-Wilhelm-Straße 29 (vormals Kreuzstraße 19), Gruppe mit Nr. 31 und Kreuzstraße 23/25/27. Als einziges der Gruppe kleinformatiger Bürgerhäuser am einstigen Stadtrand gegenüber der Stadtmauer ist Haus Nr. 29 mit seinem charakteristischen dreieckigen Umriss und dem Steildach bereits auf Sandtners Stadtmodell von 1570 – damals noch zweigeschossig – dargestellt (links davon eine niedrige erdgeschossige Bebauung, rechts ein Garten). Zweigeschossig zeigt es auch die naive Skizze von Stimmelmayr (gegen 1800), beschrieben als „ein sich etwas heraus rundendes Haus", womit der durch den Übergang von der Kreuzstraße zur Bauflucht entlang der Stadtmauer bedingte Fassadenknick angesprochen ist. Das kleine Gebäude auf etwa dreieckigem, nach Norden zugespitztem Grundstück ohne Hof und folglich mit Belichtung allein von der Straßenseite her war nach Häuserbuch II zumindest in der Zeit um 1629 Besitz des Heiliggeistspitals, vom späten 17. bis ins frühe 19. Jh. gehörte es Kistlermeistern. Um 1857 wurde es im Auftrag des Maccaroni-Nudel-Fabrikanten Karl Schropp um ein 2. Obergeschoss und ein Dachgeschoss aufgestockt und innen entsprechend umgebaut. Die Erschließung erfolgte, gemäß Plänen der Umbauzeit, durch einen schmalen Flur entlang der rechten Kommunmauer, an dessen Ende in der Spitze des Grundrissdreiecks die gewendelte Treppe lag; diese wurde um 1857 durch eine etwa querovale neue Treppe wohl mit Oberlicht ersetzt. Das gesamte Erdgeschoss wurde 1926 durch Architekt Adam Müller als Konditorei-Café grundlegend umgebaut, dieses um 1984 abermals umgestaltet mitsamt Erweiterung in das rechts benachbarte Haus Nr. 31 hinein (s. dort), das seit 1911 in gemeinsamem Besitz und baulich verbunden ist. (Ein 1912 erwogener fünfgeschossiger

großstädtischer Neubau auf beiden Grundstücken im Anschluss an Sendlinger Straße 62 wurde nicht realisiert.) Der Obergeschossgrundriss weist zur Straßenseite vier unregelmäßig-rechteckige Zimmer auf, dahinter einen finsteren (in seinen Strukturen um 1857 veränderten) Bereich mit Küche und Nebenräumen.

Herzog-Wilhelm-Straße 31 (vormals Kreuzstraße 20), Gruppe mit Nr. 29 und Kreuzstraße 23/25/27. Auf Sandtners Stadtmodell (1570) ist das Grundstück (wohl Garten) noch nicht bebaut, ebenso auf dem die Situation offenbar vereinfacht darstellenden Stadtplan von Volckmer (1613). Das Kleinhaus stammt im Kern wohl aus dem 17. Jh. Von Stimmelmayr (gegen 1800) schon dreigeschossig skizziert und als einspringend „mit einem Eck und engem Winkel" beschrieben – die Südseite zur Straße, bis heute hinter die Baulinie des späthistoristischen östlichen Nachbarhauses (vgl. Sendlinger Straße 62) zurücktretend, ist konvex abgerundet. Doch wurde gemäß Bauakt (LBK) das Vorderhaus 1865 im Auftrag des Privatiers (Milchmanns) Michael Brunner aufgestockt (?) und gleichzeitig das jenseits eines kleinen Hofes gelegene dreigeschossige Rückgebäude im Inneren völlig ausgewechselt. Das Rückgebäude hat zwischen Nachbarbebauung trapezförmigen Grundriss und erhält sein Licht allein vorderseitig vom Hof her. Das dreigeschossige Vorderhaus des biedermeierlich erneuerten Gebäudes erhielt nach mehrmaliger Beschädigung im Zweiten Weltkrieg ein flach geneigtes Notdach; um 1984 wurde das Erdgeschoss dem Café im Nachbarhaus Nr. 29 angeschlossen (die Häuser Nr. 29 und 31 sind seit 1911 in gemeinsamem Besitz und heute auch baulich verbunden; zu einem Neubauprojekt von 1912 vgl. Nr. 29). In der rechten Achse ist die Durchfahrt situiert (Eisentür mit spätklassizistischer Ornamentik), links von ihr hofseitig die Treppe. Ein Grundriss von 1926 verzeichnet im Erdgeschoss zwei Läden, im 1. Stock straßenseitig drei Zimmer von entsprechend der gekrümmten Fassade unregelmäßigem Format.

Heßstraße
Die erstmals auf Stadtplan von 1865 im Abschnitt lediglich nordseitig der die Neue Pinakothek umgebenden Grünfläche eingetragene Straße wurde (nach Rambaldi) 1867 nach der Künstlerfamilie Heß benannt, in erster Linie nach dem Maler Heinrich von Heß (1798–1863), doch gilt auch sein Bruder Peter (1792–1871) als in das Gedenken einbezogen. Die an der Barer Straße beginnende, bald über die Arcisstraße hinaus westwärts bis zur Schleißheimer Straße verlängerte Straße im rechtwinkligen Raster der Maxvorstadt wurde seit 1890/1900 im Kasernenviertel, nach Nordwesten abbiegend, bis zum einstigen Oberwiesenfeld (Exerzier-, später Flugplatz) weitergeführt. Ihre Erstbebauung in der Maxvorstadt mit späthistoristischen Mietshäusern wurde im Luftkrieg nahezu vollständig zerstört.

Heßstraße 28. Anstelle eines freistehenden großen Mietshauses, das in den frühen 80er Jahren des 19. Jh. mit tiefem östlichem Rückflügel entstanden war (nach 1909 war gleichen Zuschnitts ein westlicher hinzugekommen), ließ die Wohnbau-Treuhand-GmbH Nürnberg bis 1954 die bestehende Eigentumswohnanlage als fünfgeschossiges Laubenganghaus errichten. An Planung und Gestaltung war Sep Ruf beteiligt. Das pavillonartig an die Rückfront gesetzte Treppenhaus führt gemäß Erstzustand zu drei Apparte-

Heßstraße 28

ments in jeder Etage, die Hausgänge sind in den Etagen rechteckig zusammengefasst und als aufschließende Verkehrswege hinter die Grundlinie eingeklinkt. Im Unterschied zum formverwandten Wohn- und Geschäftshaus an der Ecke Theresien-/Türkenstraße, das zeitgleich nach den Plänen Rufs entstand, hielt man bei Haus Nr. 28 an der Heßstraße eine mit den Nachbargebäuden gemeinsame Baulinie, ließ den Block aber wie schon seinen Vorgängerbau westlich und östlich freigestellt. Vor vier Obergeschossen überspannen mit schlichten durchgehenden Brüstungen Balkonzungen die Straßenfront in ihrer gesamten Breite; die hohen, schlank geteilten Fenster reichen bis an die Balkonunterzüge bzw. im obersten Geschoss an die Dachplatte heran, letztere wurde flugdachartig nach vorne gezogen. Die Balkonzone kragt in die Fläche des Gehsteigs hinein, die Austrittsfläche vor dem 1. Obergeschoss wurde nicht wie beim vorerwähnten Eckbau an der Theresienstraße über Stahlstützen aufgeständert, vielmehr wird sie von konsolartigen Wangen getragen, die bis unter die Dachplatte als Schotten durchgezogen wurden und denen Stützen vorgesetzt sind. Im Wechsel von weiteren und engeren Schottenabständen setzte man eine Rhythmisierung der Fassade um. Durch die charakteristische Ausführung der Straßenfront wurde dem Bau die Blockhaftigkeit genommen, eine gewisse Leichtigkeit erreicht. Das Haus Heßstraße 28 setzte Maßstäbe im Wohnhausbau der Nachkriegszeit. Das denkmalpflegerische Augenmerk gilt der klaren Linienführung wie den filigranen Bauteilen, die als entscheidende Gestaltungsmittel und -ziele der Bauten Sep Rufs angesehen werden können.

Heßstraße 59. In den späten 70er/frühen 80er Jahren des 19. Jh. entstand an der Südseite der Heßstraße zwischen der Schleißheimer Straße im Westen und der Schwindstraße im Osten eine lange Zeile gleichartiger Mietshäuser als Erstbebauung (den heutigen Nrn. 55–69 entsprechend, die Eckbauten Nr. 53 und 71 formal abgesetzt). Heßstraße 59, das dritte der genannten Anwesen von Osten her, errichtete 1878 Johann Grübel für den Privatier Benno Forstner. Das neben der Hofdurchfahrt in der östlichen Achse liegende Treppenhaus (vor der hinteren Grundlinie eingezogen) erschließt gemäß Eingabeplan zwei Wohnungen je Etage. Mit Ausnahme der nicht mehr rustizierten Fassadenzone des Erdgeschosses bieten die Obergeschosse hinsichtlich ihrer Durchbildung ein seltenes Beispiel für die stilreine Behandlung in Neurenaissanceformen. Ein Kordongesims und darüber ein Sohlbank-

Heßstraße 59   Heßstraße 61

gesims artikulieren die Brüstungszone des 1. Obergeschosses; die Hauptgeschosse werden von diesem Sohlbankgesims sowie dem Fensterbankgesims des 3. Obergeschosses eingespannt. Die Ausbildung des Traufgebälks mit profiliertem Architrav, durchlaufendem Zahnfries und Traufgesims ist beispielhaft überliefert. Zwei flache Seitenrisalite fassen die vier Achsen des Fassadenmittelzugs ein. Die von kannelierten Pilastern flankierten Hauptgeschossfenster der Seitenrisalite wurden vertikal verklammert, die Brüstungszonen der Fenster des 2. Obergeschosses sitzen den geraden Verdachungen der Fenster des 1. Obergeschosses auf; die Verdachungen der ersteren bilden Dreiecksgiebel. Im Fassadenmittelzug wurden die Fenster des 1. Obergeschosses mit ebensolchen Dreiecksgiebeln verdacht, die des 2. Obergeschosses mit geraden Gesimsstücken, dort haben sich außerdem die fein ausgebildeten Sohlbankkonsolen erhalten. Einheitlich wurden alle Fenster des 3. Obergeschosses mit schlichteren Wandvorlagen eingefasst, die den darüberliegenden Architrav des Traufgebälks zu tragen scheinen. (Der Ausbau des Dachgeschosses und der Aufbau der Gauben bei Schonung des bauzeitlichen Tragwerks zur heutigen Gestalt wurden 1993 vorgenommen.)

Heßstraße 61. In den späten 70er/frühen 80er Jahren des 19. Jh. entstand an der Südseite der Heßstraße zwischen der Schleißheimer Straße im Westen und der Schwindstraße im Osten eine lange Zeile gleichartiger Mietshäuser als Erstbebauung (den

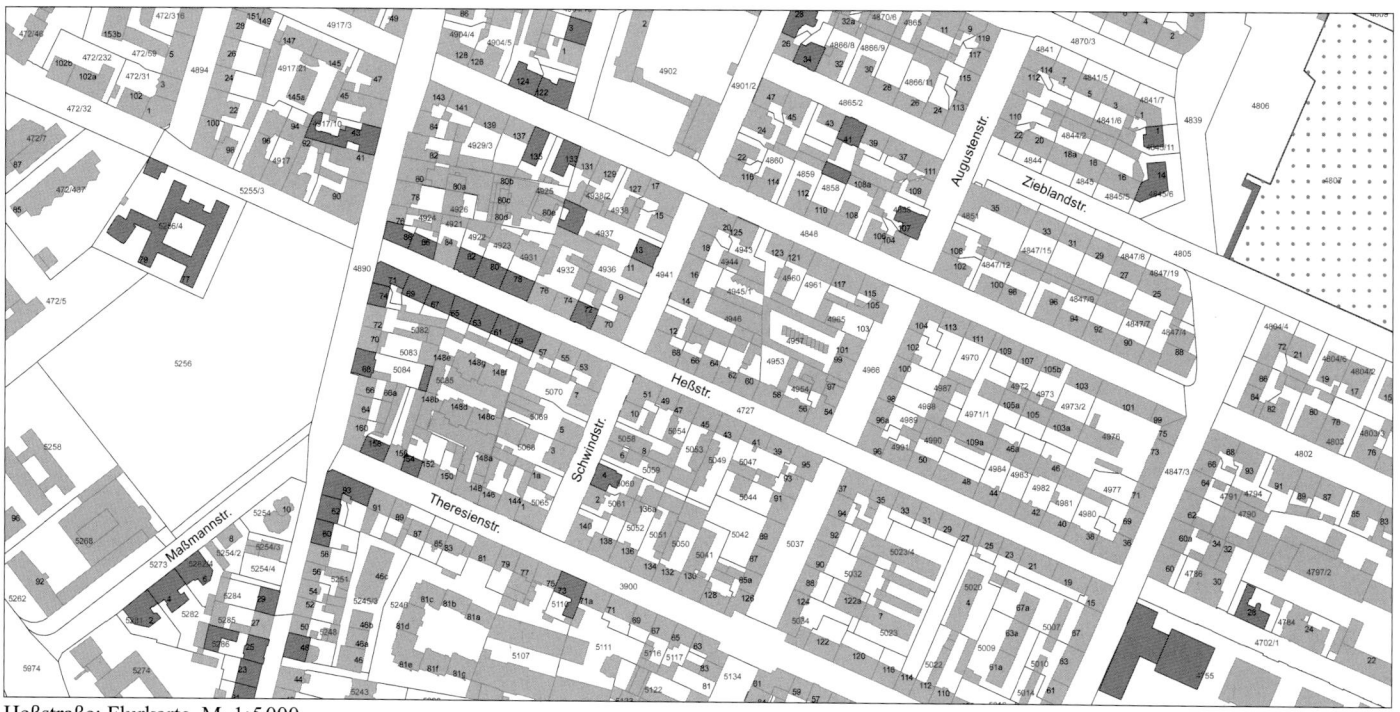

Heßstraße; Flurkarte, M. 1:5 000

heutigen Nrn. 55–69 entsprechend, die Eckbauten Nr. 53 und 71 formal abgesetzt). Gleichzeitig mit Nr. 63 und 65, im Jahr nach Fertigstellung von Haus Nr. 59, erbaute der Bauunternehmer Michael Geißler 1879 das Anwesen für sich selbst. Das neben der Hofdurchfahrt in der östlichen Achse liegende Treppenhaus (vor der hinteren Grundlinie eingezogen) erschließt gemäß Eingabeplan zwei Wohnungen je Etage. Gerade das Nebeneinander der Fassaden von Haus Nr. 59 und 61 veranschaulicht augenfällig die vergleichsweise einfache Instrumentierung der letzteren. Im Erdgeschoss wurde die Putzstreifenrustika zwischenzeitlich entfernt. Einheitlich überzieht die spätklassizistische Fassade ein Rauputz. Schlichte Sohlbankgesimse vor dem 1. und 3. Obergeschoss spannen die Hauptgeschosse ein. Die Verdachungen der Fenster dieser beiden Geschosse bestehen einheitlich aus einfachen, geraden Gebälkstücken, die über ein schlichtes Sturzfeld mit den Fensterprofilen verklammert sind. Die Fensterprofile sind in allen Obergeschossen gleich. Die Rhythmisierung der Fassade bewerkstelligte man mittels einer Engersetzung der mittleren vier Fensterachsen. (1992 erfolgte der Ausbau des Dachgeschosses zur bestehenden Gestalt.)

Heßstraße 63. In den späten 70er/frühen 80er Jahren des 19. Jh. entstand an der Südseite der Heßstraße zwischen der Schleißheimer Straße im Westen und der Schwindstraße im Osten eine lange Zeile gleichartiger Mietshäuser als Erstbebauung (den heutigen Nrn. 55–69 entsprechend, die Eckbauten Nr. 53 und 71 formal abgesetzt). Gleichzeitig mit Nr. 61 und 65 erbaute 1879 der Baumeister Johann Grimm das Anwesen für sich selbst. (Nach Abschluss des Rohbaus wurde das Haus an G. M. Wormser verkauft.) Der leicht ausmittige Hauszugang führt zum Treppenhaus (vor der hinteren Grundlinie eingezogen) und erschließt gemäß Eingabeplan zwei Wohnungen je Etage. Die Rustika des Erdgeschosses ist partiell bauzeitlich erhalten, die Fassadenzonen darüber finden sich rau verputzt. Ein erster Ladeneinbau wurde 1898 für den Privatier Michael Schriefer vorgenommen. Die Fenster in den von Gurtgesimsen eingespannten Hauptgeschossen und die Fenster des 3. Obergeschosses sind gleich profiliert, die Fenster von 1. und 2. Obergeschoss zusätzlich durch gerade Gesimsstücke verdacht. Die Rhythmisierung der spätklassizistischen Straßenfront wird durch Eng- und Weitsetzung der Fensterachsen erreicht. Das Dachgesims ist vereinfacht.

Heßstraße 65. In den späten 70er/frühen 80er Jahren des 19. Jh. entstand an der Südseite der Heßstraße zwischen der Schleißheimer Straße im Westen und der Schwindstraße im Osten eine lange Zeile gleichartiger Mietshäuser als Erstbebauung (den heutigen Nrn. 55–69 entsprechend, die Eckbauten Nr. 53 und 71 formal abgesetzt). Gleichzeitig mit Nr. 61 und 63 erbaute 1879 der Baumeister Jacob Freundorfer für den Schlossermeister Johann Küspert das Mietshaus. Das von der Hofdurchfahrt in der östlichen Achse her zugängliche Treppenhaus (vor der hinteren Grundlinie eingezogen) erschließt gemäß Eingabeplan zwei Wohnungen je Etage. Der Einbau eines Ladens in die westliche Achse wurde für Leonhard Kergl 1892 vorgenommen. Im Unterschied zur entsprechenden Fassadenzone beim östlich angrenzenden Haus Nr. 63 putzte man hier die Streifenrustika des Erdgeschosses fein an wie auch die Oberfläche der oberen Zonen. Auch zog man als Sohlbankgesims der Fenster des 2. Obergeschosses eine weitere Geschosstrennung ein. Die Fensterprofilierung wurde bei allen drei Geschossen gleich ausgeführt, die Fenster der Hauptgeschosse erhielten als Verdachung gerade Gesimsstücke. Bei dem spätklassizistischem Anwesen hat sich außerdem das durchprofilierte Traufgesims erhalten.

Heßstraße 67. In den späten 70er/frühen 80er Jahren des 19. Jh. entstand an der Südseite der Heßstraße zwischen der Schleißheimer Straße im Westen und der Schwindstraße im Osten eine

Heßstraße 63   Heßstraße 65

lange Zeile gleichartiger Mietshäuser als Erstbebauung (den heutigen Nrn. 55–69 entsprechend, die Eckbauten Nr. 53 und 71 formal abgesetzt). Baumeister Johann Mack errichtete 1884–85 das konservativ zugeschnittene, im Kern spätklassizistische Haus für sich selbst. Der mittig ins Anwesen gelegte Zugang führt zum rückwärtigen Stiegenhaus (vor der hinteren Grundlinie eingezogen), das gemäß Eingabeplan zwei Wohnungen je Etage erschließt. Die Erdgeschosszone der Fassade war ursprünglich rustiziert, die heutige Schnittsteinverkleidung bis zum Sohlbankgesims im 1. Obergeschoss hoch rührt von einer Ladenerweiterung 1954 her. Die Hauptgeschosse wurden durch ein unteres sowie durch das Sohlbankgesims vor den Fenstern des 3. Obergeschosses zusammengefasst, die Fassadenflächen blieben weiters unstrukturiert. Die Fensterprofilierung ist in allen drei Obergeschossen gleich, hierin den Häusern Heßstraße 61, 63, 65 und 69 entsprechend. Die Rhythmisierung der Fassade stellte man mit einfachen Mitteln her, durch eine Engsetzung der mittleren vier Fensterachsen, hierin den Anwesen Heßstraße 59, 61, 63 und 65 entsprechend. (Ein teilweiser Ausbau des Dachraums zu Wohnzwecken wurde 1948 verwirklicht.)

Heßstraße 69. In den späten 70er/frühen 80er Jahren des 19. Jh. entstand an der Südseite der Heßstraße zwischen der Schleißheimer Straße im Westen und der Schwindstraße im Osten eine lange Zeile gleichartiger Mietshäuser als Erstbebauung (den heutigen Nrn. 55–69 entsprechend, die Eckbauten Nr. 53 und 71 formal abgesetzt). Das 1884–85 gleichzeitig mit dem östlich benachbarten Haus Nr. 67 erbaute, im Kern spätklassizistische Anwesen errichtete Johann Mack für Johann Jäger. Der mittige Hauszugang führt ins rückwärtige Stiegenhaus, das gemäß Eingabeplan zwei Wohnungen in den Etagen erschließt. 1937 wurden im Erdgeschoss Ladenräume zu Wohnräumen rückgebaut (Bauwerber war Raphael Neuburger). Eine grobe horizontale

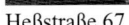

Heßstraße 67   Heßstraße 69

Scheidung der Fassadenzonen erfolgt durch Sohlbankgesimse, die Erdgeschoss und 3. Obergeschoss von den Hauptgeschossen absetzen. Eine belegte Rustizierung des Erdgeschosses ist zwischenzeitlich entfernt worden, wie auch die Konsolen der Fensterbänke einer Schlichtung unterzogen wurden. Einheitlich wurde die Fassadenfläche rau verputzt. Die Fensterprofilierung ist in allen drei Obergeschossen gleich, hierin den Häusern Heßstraße 61, 63, 65 und 67 entsprechend. Im Unterschied zu den nach Osten auffolgenden Häusern Nr. 65, 63, 61 und 59 rhythmisierte Mack die Fensterachsen (hier nur fünf) weiters nur durch geringe Abstandsunterschiede. (Ein erster Dachgeschossausbau, zur Hofseite hin, war 1918 erfolgt; 1988 erschloss man auch den Dachraum nach Norden hin.)

Heßstraße 71. Auf bis dahin als Holzlagerplatz dienendem Grund errichtete Georg Müller 1885 den bestehenden Anhebungs-/Schlussbau der geschlossenen Zeilen an der Südseite der Heßstraße sowie an der Ostseite der Schleißheimer Straße, zusammen mit dem südlich auffolgenden Nachbaranwesen Schleißheimer Straße 74. Die Südseite der Heßstraße schneidet die Schleißheimer Straße in spitzem Winkel, dies machte eine Abschrägung der Hausecke notwendig. Schon gemäß Erstzustand befand sich im Erdgeschoss eine Gastwirtschaft, erster Wirt war Friedrich Steiner. In den Obergeschossen waren gemäß Eingabeplan jeweils zwei Wohnungen untergebracht, mit Zugang von der zweiten östlichen Achse an der Heßstraße her. Die bauzeitliche Gestaltung der Neurenaissancefassade ist bündig überliefert. Das durchlaufende Kordongesims bildet mit dem Sohlbankgesims darüber die Brüstungszone des 1. Obergeschosses. Alle Fenster der Hauptgeschosse finden sich oberhalb geohrter Fensterprofile mit geraden Gesimsen verdacht. Hierin dem nahen Haus Nr. 59 an der Heßstraße vergleichbar, werden die Fenster des 3. Obergeschosses von flachen unstrukturierten Pilastern flankiert. Bemerkenswert ist der Überlieferungsgrad des Traufgesimses, der Konsolenkranz und auch der durchlaufende Zahnfries haben sich geschlossen erhalten. Die Fenster in der abgeschrägten Ecke, das untere als Austritt auf eine von Konsolen getragene Balkonzunge, wurden gestalterisch besonders hervorgehoben. (Die Auswechslung der Fenster zur heutigen Gestalt nahm man 1988–89 vor. Eine Renovierung der Fassade ist für 1997 belegt; im gleichen Jahr erfolgte ein erweiternder Ausbau des Dachgeschoss, 1918 schon ist eine erste Adaption des Dachraums zu Wohnzwecken nachweisbar.)

Heßstraße 72. Die Baulinienkommission des Magistrats wies der südlichen und nördlichen Bebauung der Heßstraße symmetrisierte Parzellengrenzen zu. Bis heute entsprechen die Häuser Nr. 55, 57 und 59 den gegenüberliegenden Nr. 72, 74 und 76 hinsichtlich ihrer äußeren Kubaturen einander. Das spätklassizistische Mietshaus Nr. 72 wurde 1877 von Johann Grübel errichtet. Gemäß Eingabeplan erschließt ein über den Zugang in der westlichen Achse erreichbares Stiegenhaus zwei Wohnungen je Etage. Dem südwestlich gegenüberliegenden Haus Heßstraße 59 vergleichbar, ebenfalls von Grübel erbaut, sind die je seitlichen Fensterachsen Risaliten eingeschrieben, die mittleren vier Achsen enger gesetzt. 1902 erstellte Josef Stark für den Zinngießermeister Johann Hiedl Dachaufbauten und erschloss den Dachraum zu Wohnzwecken. Das aktuelle Erscheinungsbild der Fassade ist von einem kon-

Heßstraße 72

Heßstraße 71 (rechts Schleißheimer Straße 74)

trastreichen Nebeneinander historischer Zonen und den baulichen Ergebnissen eines gestalterisch herausgeforderten Bauwirtschaftsfunktionalismus (1994) geprägt.

Heßstraße 77, 79. Die *Wohnheimsiedlung Maßmannplatz* samt ehem. Baubüro des Bayer. Jugendsozialwerks, ein für Jungarbeiter und Studenten seit 1948 entstandener Komplex, wurde durch eine Selbsthilfe-Initiative als demokratisches Hausgemeinschaftsprojekt in bewusster Anknüpfung an das „Neue Bauen" konzipiert; erster Entwurf von Werner Wirsing, Erweiterungen bis 1951 durch Erik Braun, Gordon Ludwig, Jakob Semmler, Wolfgang Fuchs und Herbert Groethuysen; vierflügelige, niedrige, um begrünten Innenhof in Doppel-H-Form errichtete, schlichte Anlage, mit Erweiterung nach Westen (daran südwestlich Neubau von 1990); Baubüro, nördlich davon an der Nordecke des Maßmannparks.

Heßstraße 77, 79, Wohnheimsiedlung Maßmannplatz, Eingangsbereich

Heßstraße 77, 79, Hof

Heßstraße 82   Heßstraße 80   Heßstraße 78

Heßstraße 78, Einfahrtstor

Der Komplex entstand im Nordteil des kriegsverwüsteten Areals der ehem. Landesturnschule (s. Maßmannstraße) als ein sozial wie typologisch interessantes Experiment der „Aufbauzeit". Werner Wirsings umfassendere Gesamtplanung wurde nur teilweise ausgeführt. 1991–93 Instandsetzungs-, Umbau- und Erweiterungsmaßnahmen. „Die Wohnanlage ist das früheste und bedeutendste architektonische Dokument in Bayern für einen Bruch mit der Vergangenheit und einer vollständigen Neuorientierung an den Idealen der Moderne" (Ausst. Kat. Wunderkinder 2005).

Heßstraße 78. Auf bis dahin unbebautem Grund ließ sich 1888 der Gärtner Alois Mühlbauer von Ferdinand Hönig das bestehende Mietswohngebäude erbauen, das hinsichtlich seiner historischen Gestalt, Struktur und Ausstattung dicht überliefert ist. Der von einem Kolonnadenmotiv hervorgehobene Hauszugang (hier wie bei der in der östlichen Achse liegenden Hofdurchfahrt haben sich die bauzeitlichen Türen erhalten) führt zur mittig rückwärtigen Treppe, die vor der hinteren Grundlinie eingerückt bleibt. Zwei Wohnungen vergleichsweise konservativen Zuschnitts (Dunkelzonen) nehmen gemäß Eingabeplan jede Etage ein. Schon im Erstzustand war das Dachgeschoss als Mansarde gestaltet und ausgebaut. Während dem Erdgeschoss der Neurenaissancefassade eine kräftige Rustika mit facettierten Quaderanschnitten vorgelegt wurde, hob man die Rücklagen der Hauptgeschosse mit einer flacheren Putzquaderrustika hervor. Brüstungszonen sind balustradenartig gestaltet, in charakteristischem Rhythmus setzte Hönig Segmentbogengiebel-, Dreiecksgiebel- und gerade Verdachungen ein. Die Fenster des 1. Obergeschosses werden überdies von kannelierten Pilastern und ionischen Kapitellen, wie bei den Säulen im Erdgeschoss, flankiert, die Fenster des 3. Obergeschosses wurden in gängiger Manier tendenziell schlichter, hier mit geohrten Fensterprofilen und glatten Scheitelsteinen in den geraden Stürzen ausgestattet. Auch das Kranzgesims unter der Traufe hat sich erhalten. (Modernisierung und erweiternder Ausbau des Dachgeschosses erfolgten 2004.)

Heßstraße 80. Auf zuvor unbebautem Grund entstand das von Heinrich Hilgert bis 1890 erbaute Mietshaus. Die Hofdurchfahrt (die bauzeitliche zweiflügelige Türanlage ist erhalten geblieben) in der westlichen Achse führt zum zentral in das Haus gelegten, von oben belichteten Stiegenhaus mit doppelläufiger Podesttreppe. Zwei Wohnungen sind gemäß Eingabeplan in jeder Etage untergebracht (Holzlegen in den Dunkelzonen). Gerade im Nebeneinander mit dem östlich benachbarten Haus Nr. 78 an der Heßstraße verdeutlicht das Mietshaus als beredtes Beispiel eine Stilart der Neurenaissance, die ihr Formenrepertoire weniger aus dem italienischen Palastbau gewann, sich vielmehr am mehrgeschossigen Patrizierbau Norddeutschlands oder der Niederlande orientierte. Dem Erdgeschoss ist eine kräftige Streifenrustika mit

stilisiertem Gewölbeschnitt über den fünf korbbogigen Öffnungen vorgelegt. Der Zahnfries des Wasserschlags unterhalb des 1. Obergeschosses hat sich erhalten. Bauteilverklammerungen spannen 1. und 2. Obergeschoss zu Hauptgeschossen zusammen. Einheitlich werden die Fensteröffnungen in diesen Geschossen von Dreiviertelsäulen flankiert (im 1. Obergeschoss dorisch, im 2. ionisch aufgefasst), diese tragen die Gebälke der Verdachungen. Phantasiereich wurden die Brüstungszonen im 1. Obergeschoss wie die Verdachungsfriese in den Hauptgeschossen ausgebildet. Die Flächenbewältigung schaffte Hilgert durch Rhythmisierung der Fensterachsen. Auch Kranzgesims und Zahnfries des Dachfußes haben sich erhalten. Teil des Erstzustandes sind die beiden Mansarden-Dachhäuser mit aufgesetzten Dreiecksgiebeln und den Giebelflächen eingeschriebenen Okuli. Die drei weiteren einfachen Gauben, über den seitlichen Achsen sowie mittig, sind als stehende Dachfenster ebenfalls Erstzustand; sie waren jedoch ursprünglich nicht eingekupfert, sondern trugen kleine Giebeldächer mit seitlichen Überständen und Schopfwalmen. (In das Treppenauge des ehedem großzügig zugeschnittenen Stiegenhauses stellte man 2004 einen Stempellift ein.)

Heßstraße 82. Von dem im Luftkrieg zerstörten Vorgängerbau, einem 1889 von Heinrich Hilgert für den Installateur Josef Buchauer errichteten viergeschossigen Mietshaus mit Neurenaissancefassade (spiegelbildlich der von Nr. 84 gleich), Erkerturm und ausgebautem Dachgeschoss blieben nur das Kellergeschoss und das parallele einfache Rückgebäude erhalten. In dem sechsgeschossigen Mehrfamilienhaus-Neubau von Grete und Werner Wirsing (Mitarbeiter: Joachim von Poschinger; Bauherr: Heinrich Winter, Heizung und Sanitär) aus den Jahren 1952–54 sind Wohneinheiten unterschiedlicher Größe um das zentral gelegene Treppenhaus gruppiert. Das Dachgeschoss wurde mit einem Flugdach ausgestattet. Die Elemente der betonierten Rasterfassade mit raumhoch verglasten, filigran verstrebten Loggien wiesen eine für die Entstehungszeit bemerkenswerte farbliche Differenzierung auf. Im Erdgeschoss befinden sich Läden mit Vordachplatte über den Schaufenstern.

Heßstraße 86. Die Baugründe von Haus Nr. 86 und dem westlich anschließenden Eckhaus Nr. 88 (vgl. dort) wurden in das Areal einer Gärtnerei eingemessen. Die beiden Häuser stellen eine Baugruppe dar, die Bauarbeiten unter Gottfried Volk begannen 1887 am Eckhaus. Bauwerber war hier wie dort der „Brasiltabakfabrikant" Johann Wunder. Das Erdgeschoss des Hauses Nr. 86 an der Heßstraße war seit jeher einer Ladennutzung gewidmet, u. a. durch einen Metzgerladen. Die Durchfahrt in der östlichen Achse (das zweiflügelige bauzeitliche Tor erhalten) führt zum rückwärtigen, vor der Grundlinie eingezogenen Trep-

Heßstraße 86

penhaus, das gemäß Eingabeplan zwei Wohnungen je Etage – durchaus konservativen Zuschnitts – erschließt. In der Fassadenbehandlung im Stil der Neurenaissance korrespondiert Nr. 86 mit zahlreichen Bauten der Südseite der Heßstraße. Die Hauptgeschosse wurden zusammengefasst und gemeinsam behandelt, die Rhythmisierung der Fassade erfolgte durch Eng- und Weitsetzung der Fensterachsen. Auch die Fenster des 3. Obergeschosses erhielten kräftig durchgebildete Einfassungen. Die Frieszone unter der Traufe macht eine geschlossene Reihe von Konsolen aus. Noch 2006 fand sich das Dachgeschoss straßenseitig nicht ausgebaut. Allein 1896 wurden im Dachgeschoss Übernachtungszimmer für zwei Metzgergehilfen eingerichtet. (Der Vergleich von Nr. 86 mit dem weiter östlich in der gleichen Zeile stehenden Haus Nr. 80 erlaubt kunst- und baugeschichtliche Beobachtungen: Der Rhythmus der Fassade ist bei beiden Häusern gleich, zwei je eng gestellte Fensterachsenpaare werden von drei weit gesetzten Fensterachsen gleichsam eingerahmt. Während man sich bei Nr. 80 für eine Dekorierung in nordischen Renaissanceformen entschied und dabei in stilistischer Hinsicht einen Einschlussbau schuf, wählte man für Nr. 86 aus dem Formenschatz der italienischen Palastarchitektur, die die Häuser entlang der Heßstraße „eigentlich" dominiert.)

Heßstraße 88. Die Baugründe von Haus Nr. 88 und dem östlich aufsolgenden Haus Nr. 86 (vgl. dort) wurden in das Areal einer Gärtnerei eingemessen. Die beiden Mietshäuser stellen eine Baugruppe dar, die Bauarbeiten begannen 1887 am Eckhaus. Bauwerber war hier wie dort der „Brasiltabakfabrikant" Johann Wunder, Architekt Gottfried Volk. (1890 gelangte das Anwesen in den Besitz des Fabrikanten Franz Multerer.) Der Hauszugang im östlichen Bereich der Front an der Heßstraße führt zum eingezogenen Treppenhaus im Hofwinkel des zweiflügeligen Baus; gemäß Eingabeplan befanden sich zwei vergleichsweise konservativ zugeschnittene Wohnungen in jeder Etage. Infolge bewusster Schlichtung und Kriegszerstörung waren bis Ende des 20. Jh. von der anzunehmenden und im Eingabeplan fakultativ referierten, reichen Fassadendekoration im Stil der Neurenaissance nur mehr die Brüstungszone der Fenster des 1. Obergeschosses, die Sohlbänke der Fenster des 2. Obergeschosses, das durchlaufende Sohlbankgesims der Fenster des 3. Obergeschosses sowie das Kranzgesims unterhalb der Traufe erhalten. Das heutige Erscheinungsbild ist das Ergebnis von 1999 bis 2001 stattgefundenen Instandsetzungs- und Rekonstruktionsmaßnahmen (beachtlich ist hierbei der Rückbau als störend empfundener Kunststofffenster im 2. Obergeschoss zugunsten solcher, den originalen nachgebauten). Beim gleichzeitigen Ausbau des Dachgeschosses hielt man an der Neigung des Daches zu den Straßenseiten hin fest, eine Belichtung von diesen Seiten erreichte man mittels niedrig wulstiger Dachflächenfenster.

Heßstraße 88; Aufn. 1996

[Heßstraße 89. Ehem. *Versorgungsamt München.* 1955–57 von Hans und Wassili Luckhardt, Berlin. Über vier niedrigen Querflügeln lang gestreckter Flachdach-Stahlskelettbau mit weinroten Brüstungspaneelen. Galt als signifikantes Beispiel der Nachkriegsarchitektur, 1989 trotz Protesten abgebrochen zugunsten eines Neubautraktes der Fachhochschule.]

Hildegardstraße

Der im Bereich des früheren „Persfabrikangers" angelegte gerade Straßenzug bildet eine leicht schräg geführte südliche Parallele der (jüngeren) Maximilianstraße und wurde 1843 nach Prinzessin Hildegard (1825–1864), Tochter Ludwigs I. und Gemahlin Erzherzog Albrechts, benannt. Den Beginn an der Neuturmstraße im Westen flankieren heute ein Parkhaus von 1965/68 im Süden und der Neubau der Kammerspiele im Norden. Die Osthälfte, die unweit südlich des Maxmonuments an der Thierschstraße endete, wurde beim Durchbruch des breiten Altstadtrings (vgl. Thomas-Wimmer-Ring) abgehängt und der Knöbelstraße (s. dort) zugeschlagen. – In der Fachliteratur erwähnt wird das Wohn- und Geschäftshaus Hildegardstraße 11, 1994–96 von Peter C. von Seidlein anstelle eines Vorgängerbaus aus dem 19. Jh.

Hildegardstraße 3/5. In einer an sich dicht bebauten Umgebung entstand 1872–74 durch Baumeister Reinhold Hirschberg das stattliche Doppelmietshaus auf beinahe unbebautem Grund. Der Magistrat hatte den nördlichen Verlauf der Wurzerstraße zwischen der Hildegardstraße und der Maximilianstraße aufgegeben und zur Bebauung bestimmt. So kam Haus Nr. 3 als westliches Teilhaus auf dem Straßenverlauf zu stehen, das östliche Teilhaus auf dem Grund des Spirituosenfabrikanten Anton Riemerschmied. Der heute einheitlich überformte Komplex ist das Ergebnis von Erweiterungs- und auch Umbauten bestehender Gebäude (die protokollarisch belegt 1860 erbauten Fabrikationsge-

Hildegardstraße; Flurkarte, M. 1:2500

bäude entlang der Hildegardstraße wurden zugunsten des Neubaus demoliert) wie grundsätzlich eines Wechsels von Gewerbe zu gehobenem Wohnen. Neben Stollbergstraße 11 (vgl. dort) berücksichtigte die Häusergruppe bis 1954 auch Hildegardstraße 1, das im Zweiten Weltkrieg schwer getroffen in diesem Jahr abgebrochen wurde. Beinahe herrschaftlich zugemessene Wohnungen machten die Obergeschosse aus. Bei Nr. 3 führt der Hauseingang in der zweiten westlichen Achse zum rückwärts östlich nebenliegenden Stiegenhaus. Dieses ist vor der hinteren Grundlinie eingezogen, seine Zwischenpodeste sind halbrund. In jedem Geschoss befand sich eine Wohnung mit tiefen Dunkelzonen, die vereinzelt zu Alkoven aufgebrochen waren. Haus Nr. 3 wird seit 1970 von der Otto-Falckenberg-Schule genutzt. Bei Haus Nr. 5 befindet sich der Durch-/Zugang in der zweiten Achse von Osten, er führt zum rückwärtig nebenliegenden Treppenhaus, das gemäß Eingabeplan zwei Wohnungen je Etage mit tiefen Dunkelzonen erschließt. Dem Doppelhaus ist mittig ein pavillonähnlich aufgebauter Risalit vorgesetzt, dem vier Fensterachsen eingeschrieben sind, von denen die mittleren beiden eng gesetzt wurden. Den gestalterischen Akzent der im Maximilianstil ausgeführten Giebelfassade bilden die beiden Balkone vor dem 2. und 3. Obergeschoss. Ein Flachgiebel schließt den Mittelzug ab. Den Wohnungen des westlichen Teilhauses wurde eine der Achsen des Risalits zugeschlagen, drei Achsen zählen zu den Wohnungen im Ostteil. Dem für die Bauten an der Maximilianstraße von höchster Stelle vorgeschriebenen Stil hatte auch die äußere Gestaltung des Doppelmietshauses Rechnung zu tragen.

Hildegardstraße 3/5

Hildegardstraße 8, Nord- und Ostfassade

Hildegardstraße 8

Hildegardstraße 8, Eingangstür

Hildegardstraße 8. Die Südseite der Hildegardstraße schneidet die Stollbergstraße in einem spitzen Winkel, weshalb man sich zu einer baulichen Entschärfung durch Eckabschrägung entschied. Das Treppenhaus des 1873 von Ludwig Bayer errichteten viergeschossigen Eckbaus legte man in den Flügel an der Stollbergstraße mit Zugang von der östlichen Schmalseite (bemerkenswerte bauzeitliche Haustüre erhalten). Die östliche Schmalseite behandelte man als Hausfassade, mit entsprechendem dekorativem

Aufwand wurden die vier Fensterachsen gestaltet. Gemäß Eingabeplan erschließt die halbrund gewendelte Podesttreppe eine großzügige Wohnung je Etage. Die Grundrissform des Hauses und der charakteristische Raumaufschluss im Inneren zeitigten eine kuriose sechseckige Grundlinie für die Salons hinter der abgeschrägten Ecke. Letzterer wird auf Höhe des 1. Obergeschosses von einem eingeschossigen Flacherker über kräftigen Konsolen akzentuiert (dieser wurde, an seiner Neurokoko-Ornamentierung leicht nachvollziehbar, erst um 1900 angebaut). Beiden Straßenfassaden ist ein flacher Risalit vorgesetzt, in dem jeweils zwei Fensterachsen eng gesetzt zusammengefasst werden. Die Behandlung der Fassade wird von einem Nebeneinander der Formen des Maximilianstils sowie des späten Klassizismus gekennzeichnet. In beachtlicher Dichte ist die bauzeitliche Fassadenzier erhalten. (1995–96 erfolgten die Instandsetzung der Fassade sowie die Teilerneuerung und Reparatur der Fenster.)

Hiltenspergerstraße (bis Georgenstraße)

1898 nach dem Historienmaler Johann Georg Hiltensperger († 1890) benannt, beginnt im Süden an der Görresstraße gemäß dem rechtwinkligen Schema der Maxvorstadt, alsbald vom Westende des Josephsplatzes (s. dort) ab nach Westen versetzt und leicht schräg geführt im Zusammenhang mit der einer weniger strengen städtebaulichen Auffassung folgenden Aufteilung des Neubauviertels Schwabing-West. Mietshäuser meist neu nach Zerstörung im Luftkrieg. (Siehe Flurkarte S. 344)

Hiltenspergerstraße 15. An der südwestlichen Ecke der Georgen- mit der Hiltenspergerstraße ließ sich 1904–05 Karl Lechleitner auf zuvor unbebautem Grund das große zweiflügelige Jugendstil-Mietshaus von Hans Thaler errichten. Der mittig in die Fassade an der Hiltenspergerstraße gesteckte Hauszugang führt zum annähernd quadratischen Treppenhaus, das durch einen Einsprung der Grundlinie vom Hofwinkel her belichtet wird. Gemäß Eingabeplan waren in jedem Geschoss drei Wohnungen untergebracht. Die im Flügel an der Hiltenspergerstraße zum 4. Obergeschoss ausgebildete Dachzone, dies als Ergebnis der Wiederherstellung nach dem Zweiten Weltkrieg, veränderte die anzunehmende bauzeitliche Höhenentwicklung nachhaltig. Aussagekraft im Hinblick auf die gestalterischen Absichten der Erbauungszeit kommt nur mehr wenigen Elementen der drei Obergeschosse zu: dem übereck geführten Balkon, den je unterschiedlich hohen kantigen Flacherkern sowie dem verschliffenen, zweigeschossigen Polygonalerker mit konvexem Austritt darüber (Balkongitter original).

Hiltenspergerstraße 15

Himmelreichstraße 4

Himbselstraße

(Vgl. Ensemble Prinzregentenstraße; Teil von dessen Nordgrenze.) Kurze nördliche Parallelstraße der Prinzregentenstraße entlang der Rückseite des Bayerischen Nationalmuseums (vgl. Prinzregentenstraße 3) zwischen Lerchenfeld- und Oettingenstraße. An der Nordseite die Archäologische Staatssammlung (Lerchenfeldstraße 2; 1973–75 von Werz und Ottow) und deren Werkstätten- und Atelier-Neubau (Oettingenstraße 15), dazwischen Himbselstraße 1, der jetzt als Städtische Kooperationseinrichtung genutzte Südpavillon des Verwaltungsgebäudes Seeaustraße 2 (s. dort) von 1890/91 (vereinfacht). Ihren Namen erhielt die um diese Zeit angelegte Straße 1890 nach dem kgl. Baurat und vielseitigen Unternehmer Johann Ulrich Himbsel (1787–1860). (Siehe Flurkarte S. 820)

Himbselstraße 2. Siehe Prinzregentenstraße 3 (Bayerisches Nationalmuseum/Nordflügel).

Himmelreichstraße

Kurze Stichstraße von der Oettingenstraße her westwärts in den Englischen Garten, 1900 nach einer benachbarten, damals abgebrochenen Gastwirtschaft „Zum Himmelreich" (ehemals Oettingenstraße 41) benannt. (Siehe Flurkarte S. 734)

Himmelreichstraße 4. Der städtebaulich markante Villenbau entstand bis 1910 hinter der Straßengabelung, die von den Verläufen der Oettingenstraße östlich und der Himmelreichstraße nach Nordwesten beschrieben wird. Das Haus korrespondiert mit dem großen Mietshaus Lerchenfeldstraße 11 (1908 fertiggestellt; vgl. dort), mit dem es das Straßenportal der Oettingenstraße bildet. Während der Magistrat die Baulinie der Ostfassade hart an den Straßenverlauf legte, kam die Westfassade im spitzwinklig zugeschnittenen Grundstück hinter einer Vorgartenlinie

zu stehen. Die an der Stirnseite des Ostflügels ansetzende, aus der Bauzeit erhaltene Vorgarteneinfriedung folgt so einem parabelförmigen Verlauf. Bauherr Hauptmann Richard von Allweyer erwarb das Grundstück und beauftragte die für ihre Villenbauten, meist in den Formen monumentalen Neubarocks, bekannten Architekten-Brüder Alois und Gustav Ludwig mit Planung und Ausführung. (Zunächst legte man einen schlichten Vorgängerbau, der zwischen 1820 und 1825 an der Oettingenstraße entstanden war, nieder.) Über einem hohen Sockelgeschoss mit spitzwinklig zulaufenden Grundlinien entstand der zweiflügelige Einfamilienhaus-Bau mit steilem Mansarddach (mit konvexem Firstverlauf als beachtlicher Lösung zur Dachausmittlung). Die Schauseite nach Süden hin wird von einem architektonischen Vermittlungsmotiv akzentuiert, Zylindersegmente (vor der Dachzone ein zurückgesetztes kleineres) sind den Stirnseiten der beiden Flügel vorgesetzt; im Inneren als ovale Salons ausgebildet. Die Schauseite wird von Estraden und Balkonmotiven geprägt: Die hohen Fenstertüren des Erdgeschoss-Salons führen auf die erhöhte, steinbewehrte Terrasse, dem mittleren Fenster im 1. Obergeschoss ist ein flacher Balkon vorgesetzt, ebenfalls steinbewehrt findet sich eine Estrade vor der Dachwohnung und ursprünglich (nach dem Zweiten Weltkrieg zurückgebaut) war auch die Plattform oberhalb des 2. Obergeschosses von einer Balustrade eingefasst. Die Bauzier des insgesamt neubarock aufgefassten, aber doch sachlich anverwandelten Hauses hat sich weitgehend original erhalten. Kordongesims und Sohlbankgesims, beide flächig vereinfacht, bilden umlaufend die Brüstungszone des 1. Obergeschosses. Die einer Attika ähnliche Brüstung oberhalb des zweigeschossigen Tholus der Hauptschauseite wurde reich ornamentiert. 1912 baute man an den Ostflügel eine Autogarage mit darüber gelegener Chauffeurs-Wohnung an. 1934 stellte man eine Aufteilung der ursprünglich auf die repräsentative Nutzung durch eine Familie zugeschnittenen Grundrisse in vier Wohneinheiten und schon in diesem Jahr einen Luftschutzraum her (ausf. Arch. Joseph Hock).

Hirschauer Straße

Die 1897 nach der Hirschau, dem Nordteil des Englischen Gartens (s. dort) benannte Straße begrenzte dessen Ostrand von der Tivolistraße an nordwärts bis zur Gaststätte Hirschau (vgl. Gyßlingstraße 15). Nach Parkerweiterung und Verkehrsausbaumaßnahmen (Anlage des Isarrings 1963) heute fragmentarisch verkürzt. Östlich des Anfangsteils war bis 1923 die Gartenwirtschaft Tivoli situiert (vgl. Tivolistraße), an deren Stelle die Villen Hirschauer Straße 4 und 6 entstanden.

Hirschauer Straße; Flurkarte, M. 1:2 500

Hirschauer Straße 6, Klinik Dr. Geisenhofer, Altbau

Hirschauer Straße 6, Klinik, Altbau, Gartenseite

Hirschauer Straße 6 (vormals Tivolistraße 4). *Klinik Dr. Geisenhofer.* In der Nachfolge klassizistischer Villen, die Wohnkomfort mit Repräsentation verbanden, erbaute Paul Bücklers 1922–23 das Herrenhaus für Prinz von Hohenzollern-Sigmaringen, im Antragsverfahren vertreten von Oberst Freiherr von Buchwaldt. Gemäß Eingabeplan waren Erd- und Obergeschoss typisch organisiert. Infolge der schon zehn Jahre nach Bauabschluss einsetzenden Sanatoriumsnutzung kann es hinsichtlich der Raumaufteilung zu Umsteckungen (heute ist der historische Bau westlich und östlich von modernen Klinikbauten verstellt). Ein halbrunder Bodenerker gipfelt hofseits in einem halbgeschossigen kreisrunden Erkerturm auf, der der Nordfassade mittig eingestellt ist. Das hochgezogene Kragdach auf schlanken Eisenstützen schnitt man 1958 in die Fassade, mittels einer kreisrunden Aufglasung arbeitete man einer Verdunklung des Erdgeschosses im Foyerbereich entgegen. Einheitlich weisen die Gebäudeecken grob bossierte Eckrustiken auf, einheitlich findet sich ein differenziert ausgebildetes Traufgebälk, alle Fenster erhielten Schnittsteingewände. Die Gartenseite wird von einem Ädikulamotiv beherrscht, das drei eng gestellte Achsen einfasst und dem im Erdgeschoss ein konvexer Vorbau mit drei rundbogigen Fenstern angesetzt ist. Der Vorbau wird von vier ionischen Säulen gebildet (auch die kolossalen kannelierten Pilaster des Ädikulums zeigen ionische Kapitelle), die einen Austritt tragen. Dem Giebelfeld ist ein Okulusfenster eingesetzt. (An der Südseite ein Garten, begrenzt durch Mauer mit Pfeilertor und Pavillon.)

Hirschauer Straße 8 (vormals Nr. 2). Teil der Klinik Dr. Geisenhofer. Im Bereich des historischen Tivoli errichtete Paul Bücklers 1924 (bez.) den villenartigen Bau in offener Bauweise für Hans Thallmaier, in Sichtweite zum zwei Jahre vorher vom gleichen Architekten errichteten Haus Nr. 6, südlich benachbart. Seinem

Äußeren nach kennzeichnen den insgesamt strengen Bau wenige klassizisierende Details: Wuchtige Konsolen tragen über dem Hauseingang von Westen her ein schlichtes Vorzeichen mit kassettiertem Unterzug. Die auf die Freitreppenwangen gestellten pyramidalen Lampenständer sind bauzeitlich. Den Mittelzug der Fassade oberhalb des Zugangs betonen drei schlanke Rundbogenfenster, die ornamental amalgamierte Schlusssteine mit je eigener Verdachung tragen. Die nordseitige Grenzbebauung, eine Garage mit Durchgang zum Garten, entstand gleichzeitig. Seit 1987 ist der Anschluss zum Garten und damit die Verschaltung des prominentesten Raums mit dem Außenbereich durch einen Anbau (ausf. Arch. Jakob Bauer und Partner) verstellt.

Hirtenstraße

Schmale Verbindung von der Dachauer zur Seidlstraße, nördliche Parallele des Anfangsteils der Arnulfstraße; schon auf J. Pachmayrs Stadtplan von 1802/03 beidseitig mit offener vorstädtischer Bebauung, die in der Folge verdichtet bzw. großenteils durch gründerzeitliche Häuserreihen ersetzt wurde; nach völliger Zerstörung im Luftkrieg neu bebaut. Den beherrschenden westlichen Abschluss bildete einst der östliche Mittelrisalit des gleichfalls zerstörten neubarocken Verkehrsministeriums (vgl. Hopfenstraße 4/6/8). Der Name dürfte – wie derjenige der nordseitig abzweigenden kurzen Lämmerstraße – auf eine ehemalige Nutzung des Geländes vor der Stadt zurückgehen.

Hochbrückenstraße; Flurkarte, M. 1:2500

Hirschauer Straße 8; Aufn. 1996

Hochbrückenstraße

(Vgl. Ensemble Altstadt.) Die Verbindung vom Tal im Süden zur Hildegardstraße im Norden ist in Abschnitten entstanden, deren Zusammenhang heute über die platzartige Zäsur vor der Herrnschule (s. Herrnstraße 21) hinweg optisch kaum noch nachzuvollziehen ist. Der ältere Südast bezeichnet innerhalb der östlichen Altstadterweiterung des 13. und 14. Jh. die Grenze zweier Entwicklungsphasen, da am Südende im Tal das 1318/19 erwähnte Kaltenbachtor situiert war, ehe 1337 das weiter nach Osten vorgeschobene Isartor vollendet wurde. Nach der bis 1872 den Kalten- oder Katzenbach mitten im Tal überquerenden Hoch- oder eigentlich Horbrücke wurde 1873 amtlich der hier nach Norden abzweigende Straßenzug benannt, der dem hier Hochbruckmühlbach genannten, in der Folge zweiarmigen (Einschütt und Germbach), gewerblich intensiv genutzten Bachlauf folgte. An der östlichen Ecke zum Tal stand bis 1870 die Hochbruck- oder Horbruckmühle (vgl. Tal 15), nördlich anschließend waren vor allem Lederer (Weißgerber) ansässig (vgl. die Ledererstraße, deren Name früher auf diesen Abschnitt der Hochbrückenstraße bezogen wurde). Zu älteren wechselnden Bezeichnungen für diesen südlichen Straßenteil vgl. Stahleder 1992; auf dem Consoni-Stadtplan von 1806 „bey dem Schleifer" und „Einschütte", in Wenngs Atlas 1850 „Einschütt". Im späteren 19. Jh., beginnend mit dem Abbruch der Mühle 1870 und der Überwölbung der Bachläufe um 1872/73, wurde die Straße sukzessive verbreitert, verbunden jeweils mit Neubauten auf zurückgesetzter Baulinie (vgl. Walter 1987), so zuletzt auch noch bei dem mit seinem Giebel den ersten, südlichsten Straßenabschnitt beherrschenden Polizeigebäude von 1923–25 (s. Nr. 7), von dem ab die Straßenachse leicht nach Osten versetzt ist. – Die nördliche Fortsetzung, quer über eine stumpfwinklige Knickstelle der ehemaligen Stadtbefestigung, der ehemals das vom „Leoniweiher" umgebene Bräuhaus-Ravelin vorgelegt war (vgl. Herrnstraße), wurde 1833 durchgebrochen; hier entstand vor der 1881/82 erbauten Herrnschule (s. Herrnstraße 21) ein unregelmäßiger, platzartiger Kreuzungsbereich mehrerer Straßen, im Norden heute dominiert von dem auf veränderter Baulinie 1965–68 von Gerd Wiegand erbauten Parkhaus Hochbrückenstraße 8 (dessen Abbruch und Neuüberbauung 2007 erwogen wird), neben dem westlich das monumentale späthistoristische Eckgebäude Neuturmstraße 1 (s. dort) aufragt. Der Ostseite des Parkhauses gegenüber situiert ist die um 1860 entstandene Häuserreihe Hochbrückenstraße 14–21 (s. dort); dieser die einstige flach vorgezogene Bastion der Wallbefestigung umziehende nördlichste Abschnitt der Hochbrückenstraße wurde ursprünglich zur Wurzerstraße (s. dort) gerechnet, mit der jedoch seit dem Bau der Maximilianstraße kein Zusammenhang mehr besteht.

[**Hochbrückenstraße 4.** Mietshaus, Ende 19. Jh., stark erneuert. Torgitter zum Hof vgl. Dürnbräugasse.]

Hochbrückenstraße 7 (vormals Ledererstraße 11). *Polizeidienstgebäude.* Der seit 1870 vorgenommene sukzessive Ausbau der Hochbrückenstraße (vgl. Vorspann) fand seinen Abschluss mit den Neubauten an der Westseite des Mittelabschnitts zwischen Lederer- und Bräuhausstraße, der – nach mehrfachen früheren Planungen (vgl. Walter 1987) – erst 1896 mit dem Abbruch der zwischen zwei Stadtbacharmen (östlich Germbach, westlich Einschütt; nach Rädlinger 2004) gelegenen Bebauung, des Wühr- oder Germbades, verbreitert werden konnte. Die vormalige Situation verdeutlichen u. a. der Consoni-Stadtplan von 1806, Wenngs Atlas von 1850 (Graggenauer Viertel, Plan Nr. 4) und das etwa gleichzeitige Seitzsche Stadtmodell. Auf neuer, stark zurückgenommener Baulinie entstanden – über dem westlichen Bachlauf – zuerst 1900 im Norden das fünfgeschossige

Hochbrückenstraße 7, Polizeidienstgebäude

Eckhaus Bräuhausstraße 10 in deutscher Renaissance (heute Nachkriegsneubau) und südlich anschließend erst ab 1923 das neue Polizeidienstgebäude, das mit seinem südseitigen Giebelrisalit den Südabschnitt der Hochbrückenstraße wirkungsvoll abschließt. Außer dem einstigen Badkomplex auf der Insel wurden in der Folge auch die Anwesen Bräuhausstraße 10 und Ledererstraße 11 abgebrochen, letzteres vom 16. bis 19. Jh. Weißgerbern, Zeugmachern und zuletzt Rotgerbern gehörig und 1915 vom Bayerischen Staat erworben.

Als Ersatz für die 1914 abgebrochene Kaserne der Schutzmannschaft (vgl. Weinstraße 11) wurde bereits ab 1911 das Bauprogramm für ein neues Polizeigebäude des Bezirks 1, das auch einige Dienstwohnungen umfassen sollte, ausgearbeitet. 1916 lagen die Pläne des Landbauamtes München (unterschrieben Schulze) für das fünfgeschossige Polizeigebäude am Standort Lederer-/Hochbrückenstraße vor, mit einer noch völlig historisierenden Fassadengestaltung in frei abgewandelten Neubarockformen und mit einem Treppengiebel im Süden. Erst in der Nachkriegszeit wurde 1923–25 unter Bauleitung von Architekt Erhard Fischer die Ausführung möglich, allerdings nach vor allem hinsichtlich der äußeren Gestaltung zeitgemäß völlig neu bearbeiteten Plänen von Rudolf Pfister. Das Polizeidienstgebäude kann als bemerkenswerteste Entwurfsleistung des nachmals in der staatlichen Denkmalpflege wie als Herausgeber von Zeitschriften („Baukunst", „Baumeister") tätigen Architekten gelten, der von 1886–1970 lebte. Zugleich gehört es zu den relativ wenigen markanten Neubauten der 1920er Jahre im inneren Stadtbereich, die auf den Gliederungs- und Dekorationsaufwand des Historismus und der Jugendstilzeit verzichten.

Die Fassadengestaltung sucht eine Synthese von modern-sachlicher Schlichtheit und nicht zeit- und stilgebundenen traditionellen Form- und Materialzitaten herzustellen wie zurückgesetzten Blankziegel-Pfeilerarkaden im Erdgeschoss, Raupputzflächen, Rechteckblenden über dem 2. Obergeschoss, kleinteiliger Fensterversprossung, geraden Fensterverdachungen im 3. Obergeschoss, abgetrepptem Südgiebel und abgestuften Standgauben; auf diese Weise sollte der Neubau in die altstädtische Umgebung integriert werden. R. Pfister konnte dabei an Vorbilder etwa von Theodor Fischer (Polizeipräsidium, vgl. Ettstraße 2/4) anknüpfen; in der Gesinnung vergleichbar sind Leitenstorfers Städt. Hochhaus (vgl. Blumenstraße 28) oder Tendenzen in der damaligen Architektur der Hansestädte.

Der Komplex besteht aus dem fünfgeschossigen Längstrakt im Osten entlang der Hochbrückenstraße, dessen Obergeschosse auf Konsolen und Flachbögen über das klinkerverblendete Erdgeschoss vorkragen und der mit dem abgestuften Südgiebel einen starken vertikalen Akzent setzt, ferner aus dem um ein Geschoss niedrigeren, leicht zurückgenommenen südlichen Seitenflügel, der den Anschluss zur Bebauung an der Ledererstraße sucht, und aus einem weiteren rückwärtigen Querbau im Norden. Zwischen dem Längstrakt und den beiden Querflügeln ist ein großer Hof ausgebildet, der westlich an Nachbaranwesen grenzt; ein zweiter kleinerer Hof im Norden wird halb vom Polizeigebäude, halb vom Eckhaus Ledererstraße 10 umschlossen. Die kreuzgratgewölbte Durchfahrt – ehem. mit 1923 datierter Reliefdarstellung der Vorbebauung – verbindet die Ostseite mit der südöstlichen Hofecke, neben der im Südblock eine der beiden Haupttreppen situiert ist (Aufgang 2), zu der ein Flur vom Eingang an der Südseite herführt. Die andere Haupttreppe (Aufgang 1) liegt im Nordbau neben der nordöstlichen Ecke des großen Hofes, mit der Ostseite durch Eingangsflur und -halle sowie auch mit dem nördlichen kleinen Hof verbunden. Außer den verschiedenen Polizeidienst- und Mannschaftsräumen enthielt der Komplex auch mehrere Dienstwohnungen entlang der Ledererstraße sowie im rückwärtigen Bereich zwischen den beiden Höfen; auch das Dachgeschoss wurde voll ausgebaut. Nach Luftkriegsschäden wurden Instandsetzungsarbeiten im 4. Obergeschoss und Dachgeschoss des Südflügels durchgeführt (Pläne von 1953), in der Folgezeit bis in die Gegenwart verschiedene funktionell bedingte Veränderungen.

[**Hochbrückenstraße 8.** Das *Moradellihaus* (jetzt Wach- und Schließgesellschaft), ein Bürgerhaus wohl des 17. Jh., wurde 1969 durch Erwin Schleich eingreifend restauriert. Der Hausname geht auf eine aus Trient stammende Schlosserfamilie zurück, die seit 1838 durch Generationen Eigentümer war. Sandtners Stadtmodell gibt das Handwerkerhaus (Gerber, Lederer) zweigeschossig wieder, fünf Achsen breit mit Mitteleinfahrt und einem 3., gewerblichen Obergeschoss nur mit einer Ladeöffnung. Wohl im 17. Jh. erfolgte ein Umbau mit Aufstockung, manche Details deuten auf einen weiteren Umbau etwa im mittleren 18. Jh. hin. Der viergeschossige Bau mit Steildach und Halbgiebelgaube links umschließt einen im Süden gelegenen kleinen, dreiseitigen Holzlaubenhof; der lange Hausflur an der Nordseite endet vor der links vom Hof situierten gewendelten Treppe. Eine Beurteilung im Einzelnen ist kaum mehr möglich, da das nach dem Zweiten Weltkrieg verfallende Haus 1969 von Erwin Schleich gründlich saniert, offenbar großenteils rekonstruiert wurde; Unregelmäßigkeiten im Erdgeschossgrundriss deuten auf erhaltene Altsubstanz hin, die dreiseitigen hölzernen Hoflauben – eine für Altmünchner Kleinbürgerhäuser typische Form – sind eine Nachbildung. Die Fassadenbemalung wurde von Hermann Kaspar entworfen.]

Hochbrückenstraße 14. Die Wenngsche Einmessung von 1850 belegt auf dem Areal zwischen Herrnstraße im Süden, der Wurzerstraße (heute nördlicher Abschnitt der Hochbrückenstraße) im Westen und der Hildegardstraße im Norden einen Garten, an dessen südöstlicher Ecke ein Wohngebäude stand, dem westlich ein lang gestrecktes Nebengebäude vorgelagert war (vgl. Herrnstraße/Vorspann und Nr. 46). Als Eigentümer von Garten und Haus ist „Postoffic." E. von Sensburg ausgewiesen. Der noch heute von Westen her in leichtem Schwung hinter die Gebäude an der Herrnstraße führende Weg war die Zufahrt zu diesen Häu-

Hochbrückenstraße 8   Hochbrückenstraße 8, Laubenhof

sern; wie noch am heutigen Niveauunterschied spürbar, bildete der Garten ein leichtes Gefälle von der Wurzerstraße her nach Südosten auf die Gebäude hin. In zwei Zügen sollte sich ab 1853 das städtebauliche Erscheinungsbild des gesamten Umgriffs wandeln: Zunächst ließ Privatier J. Lebold die Häuser Nr. 20 und 18 (vgl. dort) errichten, deren Autorschaft wie auch die beteiligten Werkleute überliefert sind. Auf eine entsprechende archivalisch-protokollarische Verankerung kann für die südlich auffolgenden Häuser Nr. 16 und 14 nicht (mehr) zurückgegriffen werden. (Unterschiede in Trauf-/absoluter Bauhöhe, den Fensterformaten und stilbildender Rhythmisierung der Fensterachsen zwischen Haus Nr. 14/16 und 18/20 verdeutlichen, dass es sich nicht um eine einheitliche Bebauung, vielmehr um vereinheitlichende Bauweise handelt.)

Als das jüngste der vier Häuser wurde Nr. 14 wohl gegen Ende der 50er Jahre des 19. Jh. errichtet. Es bildet den südlichen Abschlussbau an der Ecke Hochbrücken-/Herrnstraße und kam auf in sprechender Weise vielgestaltiger Grundlinie zu stehen, während die Grundform ein Zweiflügelbau ist. Der Eingang wurde schon bauzeitlich in die abgeschrägte Ecke, der zwei Fensterachsen zugeordnet worden sind, gelegt, er führt zwischen der Gaststube und den Läden hindurch nach rückwärts. Dort liegt das Stiegenhaus; wegen der gegebenen Grundliniencharakteristik vermitteln schiefrund auswinklige (restraumartige) Podeste die doppelläufige Treppe. Zwei Wohnungen sind in jeder Etage untergebracht, eine mit den Zimmern nach Westen zur Hochbrückenstraße hin, die andere erstreckt sich in den östlichen Gebäudeabschnitt. Es ist davon auszugehen, dass die Häuser Nr. 14 und 16 in einem Zug durchdekoriert wurden. Haus Nr. 14 hat infolge von Schlichtungen seine erweiterte Auszierung zwischenzeitlich

Hochbrückenstraße 14–20 (von rechts

verloren (Ausnahme bildet die östliche Seitenfassade). Die grobe Strukturierung der Fassaden wird jedoch bündig überliefert, durchlaufende Gurtgesimse und die geschossübergreifenden, die spätklassizistische Fassade in Felder einteilenden Lisenen sind gut nachvollziehbar geblieben.

Hochbrückenstraße 16. Wohl in einem Zug mit dem südlich angrenzenden Haus Nr. 14 (vgl. dort) entstand auf zuvor unbebautem Grund Nr. 16, nach Ausweis der Einmessungen in die Katasterpläne nach 1855, jedoch vor 1859. Ursprünglich führte der fassadenmittige Hauseingang zum rückwärtigen eingezogenem Treppenhaus, das zwei Wohnungen je Etage (mit tiefen Dunkelzonen, die vereinzelt zu Alkoven aufgebrochen waren) erschloss. Im Jahr 2005 nahm man erweiternde Anpassungen an die Hotelnutzung vor, u. a. verschaltete man Haus Nr. 16 über die schon 15 Jahre früher hergestellten Verbindungen hinaus auf allen Geschossen zusätzlich mit dem nördlich anschließendem Haus Nr. 18. Seit 1991/92 fungiert der ehemalige Hausdurchgang als Tiefgarageneinfahrt, für deren Erstellung man die Rückgebäude von Nr. 16 beseitigte. Die bauzeitliche doppelflügelige Toranlage wurde funktionell eingebunden. Im Unterschied zu Haus Nr. 14, dort wurde die Fassadenzier teilweise weggeschlichtet, blieb bei Haus Nr. 16 Dekoration an der Straßenfront erhalten, die in Richtung des Maximilianstils weist, freilich klassizisierend anverwandelt. Geschossübergreifende schlichte Putzlisenen gliedern die Fassadenfläche, unterhalb der Traufe sind der Lisene Blüten kreisrund eingetieft, in gängiger Weise spannen Gurtbögen die Hauptgeschosse ein, bei deren Fenster die charakteristischen schwebenden Verdachungen erhalten geblieben sind. Haus Nr. 16 wurde an das nördlich anschließende Haus Nr. 18, das in einem Zug mit dem weiter nördlichen Haus Nr. 20 bis 1855 entstanden war, bündig angesetzt. Dabei kam es zu einem Traufhöhenunterschied von einem Meter (bei gleicher Dachneigung und Gebäudetiefe). Weiters verdeutlicht das Nebeneinander

Hochbrückenstraße 16

Hochbrückenstraße 16, Hausfigur

der beiden Fassaden, dass man sich für den Bau der Häuser 14 und 16 für größere Fensterformate entschieden hatte, als sie wenige Jahre zuvor bei der Erbauung von 18 und 20 eingesetzt worden waren.

Hochbrückenstraße 18. Gleichzeitig mit dem nördlich anschließenden Haus Nr. 20 (vgl. dort) ließ Privatier J. Lebold 1853–54 von Georg Fischer auch Haus Nr. 18 errichten. Die Bauten entstanden auf zuvor unbebautem Grund in unmittelbarer Nähe zur Riemerschmidschen Spirituosenfabrik, die sich auf gleicher Höhe nordseits der Hildegardstraße befand. Rückwärtig schloss sich als leichter Hang ein ehem. Gartengrundstück an.

Hochbrückenstraße 20   Hochbrückenstraße 18

Noch heute kann der erhebliche Niveauunterschied nachvollzogen werden, den die Baumeister vermittels eines Gefälles in der Hofdurchfahrt (bei Haus Nr. 18 und 20 bis heute erlebbar) ausglichen. 1991 und schließlich 2005 fanden Umbauarbeiten statt, die gerade Haus Nr. 18 einer intensiveren Hotelnutzung aufschließen sollten. Auf allen Geschossen kam es zu Durchstoßungen der Kommunwand mit Haus Nr. 16. Zur Schaffung eines Empfangsbereichs mit anschließendem vergrößertem Frühstücksraum wurde das Erdgeschoss südlich der Durchfahrt praktisch entkernt. In den Obergeschossen waren ursprünglich zwei Wohnungen je Etage mit tiefen Dunkelzonen untergebracht, die Adaption als Hotel machte Umsteckungen in den bauzeitlichen Grundrissen nötig. Eine große, torhohe Aufglasung wurde 2005 in die Laibung der ehem. Hofdurchfahrt geschnitten, die bauzeitlichen Torflügel konnten in situ verbleiben. Zwei kräftige Gurtgesimse, ausgebildet als Sohlbankgesimse vor den Fenstern des 1. und 3. Obergeschosses, gliedern die Geschosszonen. Die Rhythmisierung der spätklassizistischen Fassade geschieht mittels Eng- und Weitsetzung der Fensterachsen, dies im Unterschied zu Haus Nr. 16 und 14. Die Fenster der Hauptgeschosse besitzen schwebende Verdachungen. (Haus Nr. 18 und 20 waren hinsichtlich ihrer Fassadengestaltung ursprünglich gleich behandelt.)

Hochbrückenstraße 20. Gleichzeitig mit dem südlich anschließenden Haus Nr. 18 (vgl. dort) ließ Privatier J. Lebold auch Haus Nr. 20 errichten, 1854 von Carl Deiglmayr. Die Bauten entstanden auf zuvor unbebautem Grund in unmittelbarer Nähe zur Riemerschmidschen Spirituosenfabrik, die sich auf gleicher Höhe nordseits der Hildegardstraße befand. Rückwärtig schloss sich als leichter Hang ein ehem. Gartengrundstück an. Noch heute kann der erhebliche Niveauunterschied nachvollzogen werden, den die Baumeister vermittels eines Gefälles in der Hofdurchfahrt (bei Haus Nr. 18 und 20 bis heute erlebbar) ausglichen. Die neben der Hofdurchfahrt in der südlichen Achse liegende Stiege (halbgewendelte Podesttreppe) bleibt wie üblich vor der hinteren Grundlinie eingezogen, sie erschließt gemäß Eingabeplan eine Wohnung je Etage. Tiefe Dunkelzonen kennzeichnen die Grundrisse der Wohnungen. Die heute geschlichtete spätklassizistische Fassade (Renovierung 2004) war in ihrer Frühzeit dem Haus Nr. 18 entsprechend dekoriert. Wie dieses wurde auch bei Haus Nr. 20 eine Rhythmisierung der Fassade durch Weit- und Engsetzung der Fensterachsen erreicht. Dieses Stilcharakteristikum wie auch die um einen Meter geringere Traufhöhe der Häuser 20 und 18 im Vergleich zu den Häusern 16 und 14 verdeutlichen, dass die geschlossene Zeile zwischen der Hildegardstraße nördlich und der Herrnstraße südlich in zwei Bauphasen hochgezogen wurde.

Hofgarten

(Vgl. Ensemble Altstadt, Bauten- und Platzensemble Residenz/Hofgarten/Max-Joseph-Platz/Odeonsplatz.)

GESCHICHTE UND STRUKTUREN DER ANLAGE SAMT BEGRENZENDER BEBAUUNG: Die für eine Hofhaltung unerlässliche Gartenanlage befand sich zunächst im östlichen Vorfeld der im späten 14. Jh. entstandenen, später zur Residenz erweiterten Neuveste, wo 1409 erstmals ein herzoglicher „Baumgarten an dem Bach" erwähnt wird. Vor allem unter Wilhelm IV. († 1550) erhielt dieser Lustgarten im Bereich des heutigen Marstallplatzes (s. dort) eine aufwendige neue Gestaltung und Ausstattung. Den in der Folge im Einzelnen veränderten letzten Zustand zeigen die Vogelschau-Stadtpläne des frühen 17. Jh. von T. Volckmer und W. Hollar. Unweit nördlich davon, in demselben von Bachläufen durchzogenen Gebiet unterhalb der Hangkante der Isarterrasse, wurde unter Albrecht V. ab 1560 ein weiterer (zunächst als der seiner Gemahlin Anna von Österreich bezeichneter) Lustgarten angelegt; von dem alten war er durch die (1331 erstmals erwähnte, 1618 nach Osten verlegte) Köglmühle getrennt. Den etwa trapezförmigen neuen Garten begrenzte im Osten der schräg nordostwärts gerichtete Lauf des (1618 verlegten) Mühlbachs. In der Nordostecke stand ein zweiflügelig-spitzwinkliges Lusthaus (erbaut 1565/67), vor dessen östlicher Außenseite sich zwei Bacharme vereinigten; entlang der von einer Mauer mit Ziertürmen begrenzten Westseite des Gartens erstreckte sich ein modern-geometrisch gestaltetes Parterre mit zwei Brunnen. Die Mauer trennte den Garten von dem wohl unterhalb der Hangkante von der Neuveste nach Norden führenden Weg (Volckmer wie Hollar ignorieren die Niveauunterschiede). Den Nordabschluss des Gartens bildete, ausgehend vom Lusthaus im Osten, ein ca. 70 m langer, nach Süden offener Arkadengang mit einem Brunnhaus (samt Wasserturm) am westlichen Ende. (Nördlich vom Lustgarten zeigt Volckmers Plan ein Wildgehege, den sog. Hirschanger (s. Abb. S. XXVII, im Bereich östlich der Hofgartenzone weitere kleinere Gartenanlagen, deren Entstehung, Gestaltung und Eigentümer bisher nicht näher erforscht sind; besonders auffällig ist hier unweit östlich des Lusthauses Albrechts V. ein gewiss höfischer, stattlicher zweigeschossiger Bau mit Mittelrisaliten und Ecktürmen, vermutlich die in der 2. Hälfte des 16. Jh. mehrfach genannte herzogliche Neue Schwaige.) Albrechts V. Lusthaus, das im frühen 17. Jh. baulich ergänzt und 1804 abgebro-

chen wurde, ist durch Grundrisse und Beschreibungen gut dokumentiert; die mythologischen Ölbilder Melchior Bocksbergers von 1565/68, die in die Holzkassettendecke des Saales im Obergeschoss des Nordflügels eingelassen waren, sind durch Fotos überliefert, drei von ihnen erhalten (BStGS; die übrigen verschollen; vgl. Anna Bauer-Wild, in: Hofgarten 1988, S. 28 ff.). Einziger erhaltener Bauteil sind 21 Achsen, davon 13 kreuzgratgewölbte Arkadenjoche des westlich an das einstige Lusthaus angeschlossenen Wandelgangs, der im Westen mit Brunnhaus und -turm(unterbau) endet; dieser tief liegende Komplex wurde 1985 aus späteren Verschüttungen und Verbauungen freigelegt (mitsamt nördlich angrenzenden Kellern des 1865/90 darüber gebauten Kunstvereins). Die Arkaden mit ihren toskanischen Rotmarmorsäulen waren später, vor allem im 18. Jh., vermauert worden; gefunden wurden Reste der originalen farbigen und dekorativen Fassungen an Außenfront, Rückwand und Gewölben. Eine zweite, im späteren 16. Jh. – wohl unter Wilhelm V. (reg. 1579–97) – als Obergeschoss aufgesetzte Folge von 13 Pfeilerarkaden blieb nach Abtragung der Kriegsruine des Kunstvereins (um 1951/52) allein stehen und erhielt um 1990 eine transparente Schutzverdachung. Diese heute isolierte Arkadenwand bildete ursprünglich die Südfront eines zweischiffigen Wandelganges, in dessen Pfeilerflächen (z. T. freigelegte) Muschelnischen mit gemalten Blumenvasen eingetieft waren. Der wie das Lusthaus zweigeschossige Arkadentrakt war, zwischen den Ebenen vermittelnd, sowohl dem tief gelegenen Lustgarten Albrechts V. wie der ihn westlich begrenzenden Hangkante zugeordnet, auf der in der Folge der neue Hofgarten Maximilians I. entstand.

Zur Gesamtkonzeption der durch Maximilian I. (reg. 1597–1651) weiträumig und in geometrischem Regelmaß ausgebauten Residenz westlich der (im 16. Jh. bereits mehrfach erweiterten) Neuveste gehörten ein zeitgemäß gestalteter, größerer Hofgarten im Norden sowie das neue Zeughaus, zu dessen Gunsten 1614–1617 der alte Lustgarten östlich der Neuveste planiert wurde (s. Marstallplatz); einzelne Plastiken, Brunnen und dgl. wurden in den neuen Hofgarten oder andere Residenzbereiche übertragen. 1613 erfolgte die Vermessung des angekauften Areals für die Neuanlage durch Tobias Volckmer Vater und Sohn; westlich der Hangkante verzeichnet der Stadtplan des letzteren einen großen „Krautacker". Zeigten die bisherigen Lustgärten einen unregelmäßig-additiven Charakter mit einzeln eingefügten kleineren, in sich geschlossenen geometrischen Partien, so kennzeichneten den Hofgarten – gleich der Residenz – als Ganzes wie im Detail geometrische Strukturen modernster italienischer, französischer und niederländischer Art. Für die originale Gartengestaltung aufschlussreiche Quellen sind Matthäus Merians Stadtplan von 1644, der äußerst genaue, zudem farbig angelegte Tambacher Residenzplan von 1630/50 und die – freilich durch ihren poetischen Einschlag mitunter eher verunklärende – Residenzbeschreibung von Baldassare Pistorini (1644). Die 438 x 234 m große Rechteckanlage nördlich von Residenz, Neuveste und neuem Zeughaus wurde von diesen Gebäuden durch den damals noch bewässerten Stadt- oder Schlossgraben bzw. den ihn östlich fortsetzenden Bach sowie durch einen parallelen Weg und eine Gartenmauer geschieden und im Norden und Westen mit einem langen Pfeilerarkadengang eingefasst, der das Obergeschoss des Arkadentraktes aus dem 16. Jh. geradlinig nach Westen verlängerte. Die Hangkante schied den weit größeren oberen vom unteren Hofgarten im Osten. Der obere Gartenteil, dessen ursprüngliche Struktur Merians Stadtplan etwas vereinfacht und schematisiert wiedergibt, war durch einen rechtwinkligen Wegeraster in Verbindung mit einem Diagonalkreuz gegliedert; im Schnittpunkt der acht Sichtachsen steht der achteckige Hofgartentempel (s. unten). Nach Merian war das geometrische Parterre von einer durch Tore unterbrochenen Mauer (in Wirklichkeit eher Laubengänge) umgeben, kleinere Pavillons oder Lau-

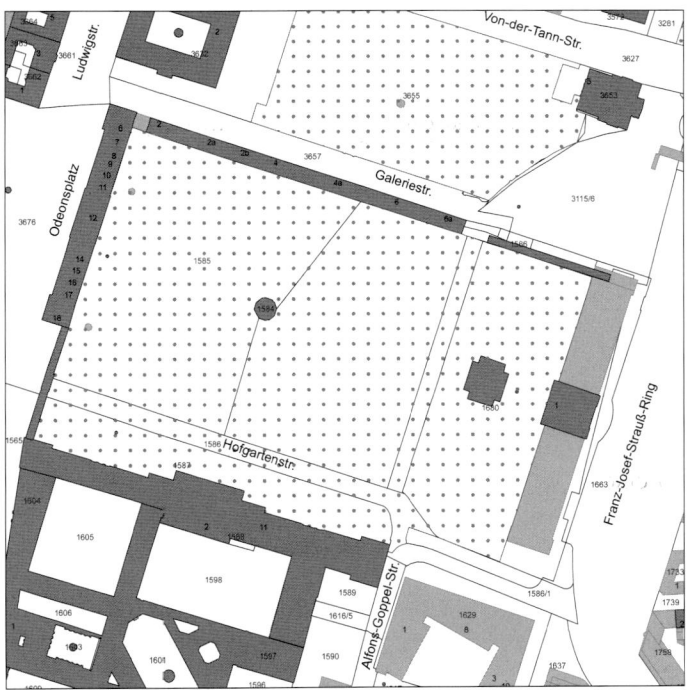

Hofgarten; Flurkarte, M. 1:5000

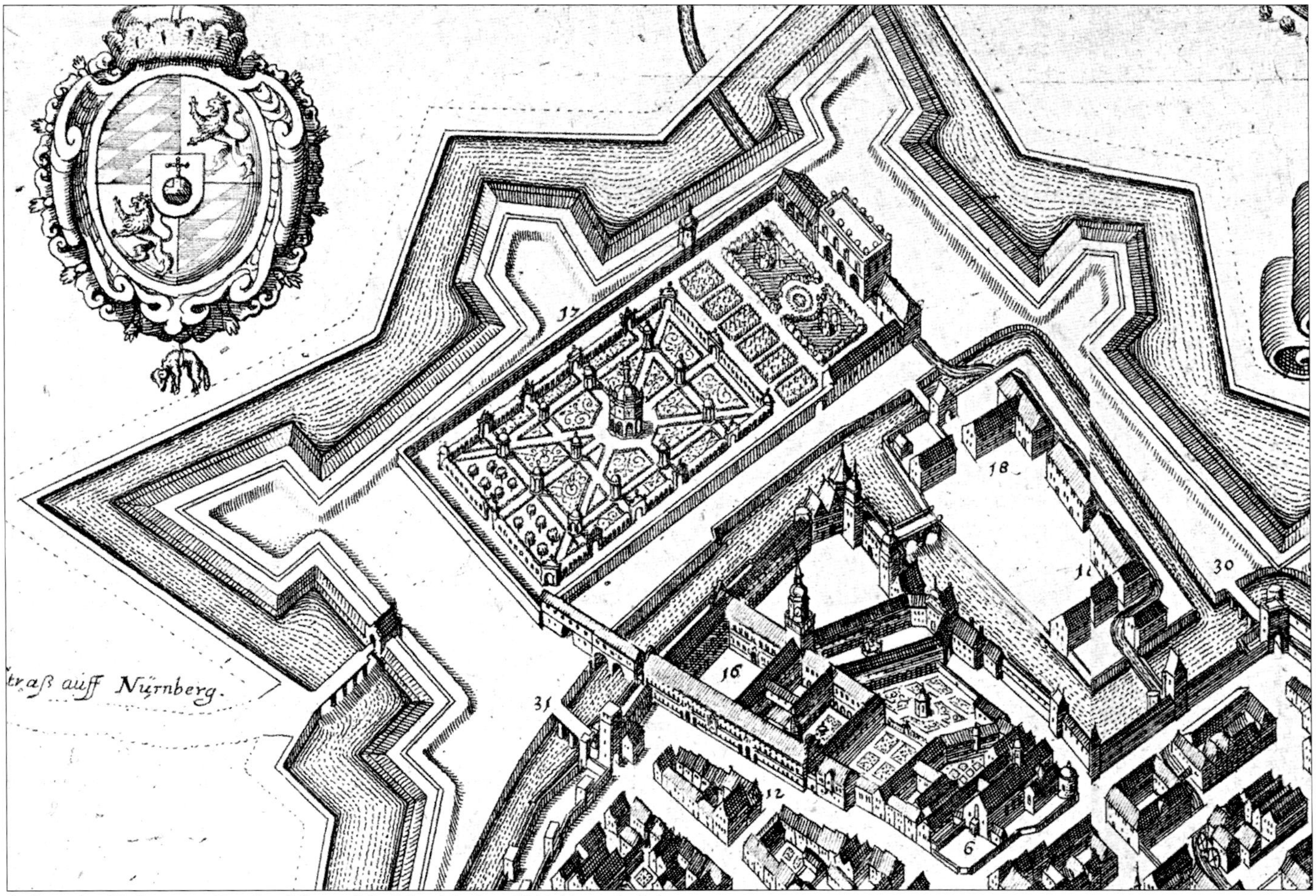

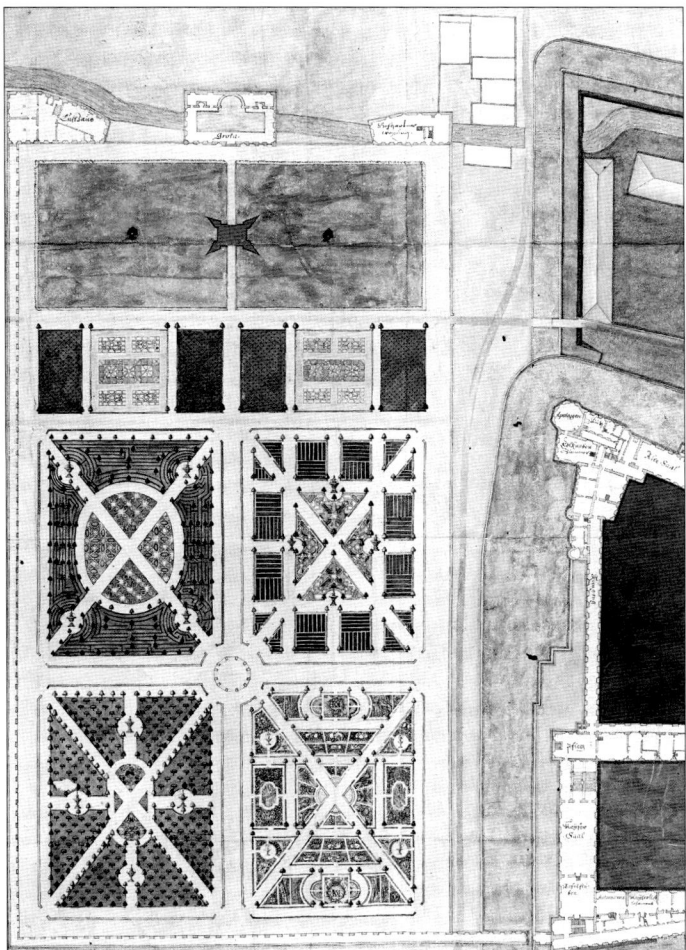

Anlage des Hofgartens; Kupferstich von Matthäus Merian, 1644 (Ausschnitt)

ben standen an den Wegeschnittpunkten. Die ca. 5 m hohe Hangkante wurde abgeflacht und gärtnerisch gestaltet (nach Merian
und auf dem im Detail genaueren Tambacher Plan in sechs
Felder geteilt). In den unteren Hofgarten einbezogen wurde Albrechts V. Lustgarten, zum Rechteck erweitert durch das Grundstück der 1618 nach Osten verlegten Köglmühle. Die untere
Gartenfläche füllte weitgehend ein großes rechteckiges Wasserbecken aus, geteilt durch einen Mittelweg oder Steg mit insel-
artiger Erweiterung, auf der (noch nicht bei Merian) ein Weiherpa-
villon stand. Den östlichen Abschluss bildeten ein Lustschlösschen oder Fischhaus mit Grabendach und von Zierrat (Kugeln?)
besetzter Attika, flankiert von zweigeschossigen Rechteckbau-
ten in den Ecken, in deren nördlichen das vorderseitig begradi-
gend zum Rechteck ergänzte Lusthaus Albrechts V. integriert
wurde; das südliche Pendant diente als Hofgärtnerwohnung.
Hinter den nördlichen Hofgartenarkaden errichtete Maximilian
I., um sie nicht zu unterbrechen, außenseitig (nördlich) als Ersatz
des bisherigen ein neues Brunnhaus samt Wasserturm. In der
Nordwestecke der beiden Arkadengänge war eine Muschelgrot-
te mit Wasserspielen integriert. Im Südwesten verband ein Graben und Weg überbrückender Gang die Nordwestecke der Residenz mit dem Ende der Hofgartenarkaden. Die 1614 gepflanzten
1250 Maulbeerbäume (nach K. Hentzen wohl für die Laubengänge) sowie die in den Rechnungen genannten Quitten-, Apfel-,
Birnen-, Kirsch- und Weichselbäume deuten auf eine Synthese
von Gesichtspunkten der Repräsentation und des praktischen
Nutzens hin; erwähnt werden außerdem Buchsbaumeinfassun-
gen und -arabesken, edler Wein, Eschen und Ulmen sowie zahlreiche Bildwerke. In der neuartig umfassenden Gesamtstruktur
durchdrangen sich das durch den Vieleck-Tempel (s. unten) betonte zentralisierende Schema und die barocke Tendenzen vor-
wegnehmende einseitige Ausrichtung auf die Lusthausgruppe

Hofgarten; Ausschnitt aus dem sog. Tambacher Plan der Residenz, um
1630/50

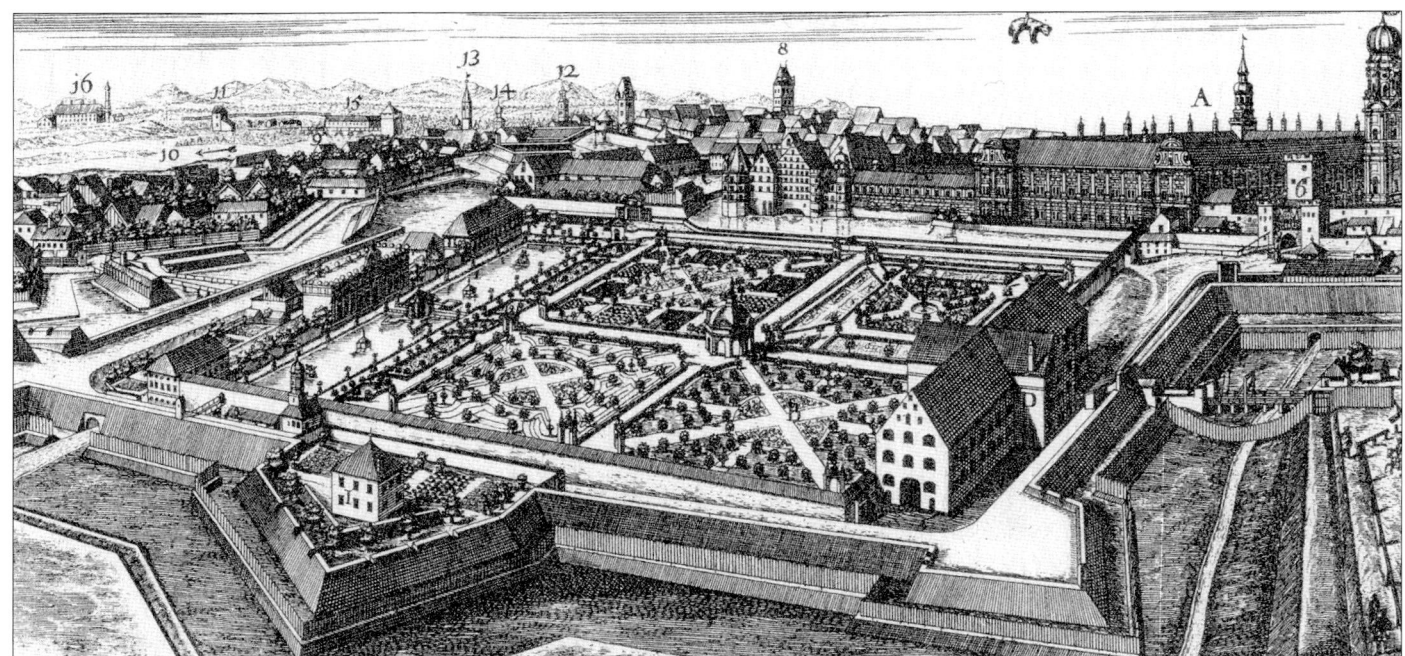

Ansicht des Hofgartens; Kupferstich von Michael Wening, 1701 (Ausschnitt)

im Osten, während der Bezug zur uneinheitlichen Baugruppe Neuveste/Residenz im Süden kaum berücksichtigt wurde. Maximilians neue Münchner Außenbefestigung mit Wällen und Bastionen (1619/38) umschloss, in Erweiterung des innerstädtischen Areals, auch den Hofgarten im Osten, Norden und Westen. Unter dem Kurfürstenpaar Ferdinand Maria und Henriette Adelheid entstand an der Rückseite der Westarkaden 1660/61 der äußerlich schlichte höfische Mehrzweckbau des Turnier- und Reithauses (abgebrochen 1822, s. Odeonsplatz 6–18).
Kurfürst Max Emanuel ließ Ende des 17. Jh. die Bepflanzung des Hofgartens unter Erhaltung der Grundstrukturen im modischen Sinn verändern, wobei insgesamt eine prächtig-dekorative Auffassung dominierte, während die einzelnen Abteilungen unterschiedlich, in sich selbständig ausgebildet waren. Den Damm in der Mitte des Weihers ersetzte eine eiserne Brücke, auf der sternförmig geformten Insel erhob sich nun eine Laubhütte (vgl. die Ansichten von M. Wening gegen und um 1700). Weitere Veränderungen erfolgten unter Karl Albrecht 1734 in einem wiederum vereinheitlichenden Sinn; die Insel im Weiher wurde damals abermals (und nochmals 1792 unter Karl Theodor) neu gestaltet. Unter Max III. Joseph (1745–77), in der Zeit der frühen Aufklärung, setzten sich zunehmend Aspekte der Sparsamkeit und Nützlichkeit wie der zur Einfachheit neigende Zeitgeschmack durch. Der obere Hofgarten wurde 1776 unter Aufgabe der barocken Strukturen in einen stereotypen Baumgarten mit regelmäßigen Reihen von Lindenbäumen und kiesbeschütteten Wegen umgestaltet; erhalten blieben nur die in den 1740er Jahren erneuerten Brunnen in den ehemaligen vier Quartieren sowie die umgebenden Alleen. Den somit im Sinn zeitgenössischer städtisch-bürgerlicher Promenaden radikal umgestalteten, bisher allein der Hofgesellschaft vorbehaltenen Garten öffnete Kurfürst Karl Theodor 1780 konsequenterweise der Allgemeinheit. Auf der Nordseite ließ er 1779–83 die Arkaden durch Karl Albert von Lespilliez aufstocken und zur öffentlich zugänglichen Gemäldegalerie ausbauen, 1796 im Osten den Weiher trockenlegen und auf der oberen Hangkante einen von Toren abgeschlossenen Fahrweg anlegen, der durch das nördliche Hofgartentor (in den Arkaden, heute Nachkriegs-Baulücke) die Verbindung zwischen Altstadt und Englischem Garten sowie Schönfeldviertel herstellte. Neben einem weiteren Zugang an der Westseite entstand als südlicher Annex des Turnierhauses 1774 bzw. 1784/85 das italienische Kaffeehaus (vgl. Odeonsplatz 6–18).

Der völlig dem Nutzdenken geopferte Bereich des unteren Hofgartens verlor für mehr als ein Jahrhundert seine Garteneigenschaft. Das große mittlere Lusthaus baute Lespilliez 1766–69 zur kurfürstlichen Seidenspinnerei (Filatorium) um; an der Südseite des Vorplatzes entstand 1796 an der Stelle eines ehem. Sondergartens (für Gemüse) ein weiteres Fabrikgebäude, das sog. Seidenhaus des Unternehmers Sebastian Altmutter, das schon ab 1803 als Artilleriekaserne diente und 1808 Besitz des Militärärars wurde. Die drei abgebrochenen Lusthäuser ersetzte 1801–1804 (erster Bauabschnitt) bzw. 1807 der viergeschossige, 189 m lange Monumentalbau der Hofgartenkaserne des Infanterie-Leibregiments von Joseph Frey (beide Kasernen 1893 aufgelassen, 1899/1900 abgebrochen); das Areal des ehem. Weihers diente nunmehr als Exerzierplatz. Die 56 Fensterachsen lange Westfassade der Hofgartenkaserne war, um der Monotonie entgegenzuwirken, rhythmisch durch Lisenen gegliedert und in der Mitte – in bewusster Erinnerung an das Filatorium – durch einen kräftigen Risalit mit (an sich nicht mehr zeitgemäßem) überhöhtem Mansarddach akzentuiert; die beiderseitigen gestreckten Walmdachtrakte wurden jeweils durch einen flachen Risalit mit Dreiecksgiebel unterteilt. (Ursprünglich sollte das Filatorium in den Neubau einbezogen werden, der dann aber wegen des rückseitigen Bachlaufs und zusätzlich nötigen Grunderwerbs leicht nach Westen vorgeschoben werden musste.) Die Seidenhauskaserne war ein schlichter dreigeschossiger Walmdachbau mit zwei einen flachen Vorhof im Süden begrenzenden Seitenflügeln. Unter dem Kronprinzen und späteren König Ludwig I. erhielt die Hofgarten-Randbebauung an drei Seiten (außer im Osten) durch Leo von Klenze eine neue Gestaltung im Zusammenhang mit der großzügigen Stadterweiterung und dem Residenzausbau. Die Anlage des Odeonsplatzes bedingte eine völlige Neubebauung an der Hofgarten-Westseite. Hier entstand an der Stelle des früheren überbrückenden Verbindungsbaues zwischen Residenz und Turnierhaus bzw. Arkaden 1816–18 Klenzes neues Hofgartentor (s. Odeonsplatz) in Form eines kleinen römischen Triumphbogens mitsamt den 1822 ff. erbauten beiderseitigen Arkaden zwischen Residenz und Bazar, die mit historischen Wandbildern ausgestattet wurden (s. unten). Nördlich davon, an der Stelle des abgebrochenen Cafés und Turnierhauses, wurde 1825/26 nach Entwurf von Klenze das lang gestreckte, Odeonsplatz und Hofgarten trennende Bazargebäude errichtet (s. Odeonsplatz 6–18); in dessen Erdgeschoss sind ostseitig die, hier als Ersatz für

Hofgarten nach Südwesten

die alten, völlig neu errichteten Arkaden einbezogen, die ursprünglich mit einem Wandgemäldezyklus italienischer Landschaften von Carl Rottmann (1830–33) ausgestattet waren.

Das Galeriegebäude von ca. 1780 an der Hofgarten-Nordseite wurde nach Eröffnung der Alten Pinakothek (1836) zur Aufnahme anderer Sammlungen gründlich umgebaut, die neu gestalteten Arkaden im Erdgeschoss erhielten 39 Wandbilder Carl Rottmanns mit Szenen aus dem griechischen Freiheitskampf (zerstört). Der Westteil der Nordarkaden zwischen Galeriegebäude und Bazar erhielt 1840 einen nordseitig-rückwärtigen Anbau (Laden und Ausstellung der Steigerwaldschen Krystall-Glas-Fabrik; 1856 von Eduard Riedel aufgestockt). Von Klenze umgestaltet wurde auch der Arkadenabschnitt östlich des Galeriebaus mitsamt dem nun reicher als zuvor in klassizistischen Formen gerahmten, von einer Attika mit Figuren (Roma und Athena) von Ernst Mayer abgeschlossenen (nördlichen) Hofgartentor (zerstört). Weiter östlich wurde 1845–46 das Brunnhaus durch Klenze umgebaut und erweitert (Stilllegung 1968), der (kriegszerstörte) Wasserturm klassizistisch umgestaltet.

Der Südseite des Hofgartens gab Klenze mit dem ca. 250 m langen Festsaalbau der Residenz von 1832–42 (Rohbau 1836 fertig) ein völlig neues, einheitlich spätklassizistisches Gesicht; als Westteil einbezogen wurde der äußerlich neu gestaltete Nordflügel der maximilianischen Residenz des frühen 17. Jh. (dessen Fassade schon um 1800 verändert worden war; s. Hofgartenstraße 2, Alfons-Goppel-Straße 11 und vor allem Residenzstraße 1).

Zwischen dem Festsaalbau und der als Verbindung zwischen Max- und St.-Anna-Vorstadt dem Verkehr geöffneten Hofgartenstraße blieb der schmale Streifen des zugeschütteten Stadtgrabenbaches übrig; die hier ab 1852 von Hofgartenintendant Ludwig Carl Seitz im Benehmen mit Klenze ausgeführte dekorative Gestaltung (z. T. mit Zierbeeten) wurde um 2000, in Verbindung mit der Verkehrsberuhigung der Straße, annähernd nachvollzogen. Die Baumpflanzung bzw. Allee gegenüber auf dem leicht über dem Straßenniveau erhöhten Gartenareal beabsichtigte Klenze vor dem Mittelrisalit des Festsaalbaus zugunsten von dessen Frontalansicht zu unterbrechen, was bis heute unterblieben ist. In die Baumkarrees eingefügt wurden 1826 vier Springbrunnen (als Ersatz für frühere inzwischen beseitigte) mit kleinen umgebenden Rondellen. Wiederholte Projekte für einen Ostabschluss des oberen Hofgartens gegen den zum Kasernenreal umgewandelten unteren – u. a. Klenzes Vorschlag einer Fortführung der Arkaden (um 1816 und nochmals 1860/61) oder ein von L. C. Seitz 1848 geplantes Gewächshaus – blieben unausgeführt. Der 1852 aufgestellte Brunnen mit Schwanthalers Najade (s. unten) setzte am Westende der Mittelachse einen neuen Akzent.

Der zweigeschossige, mehrfach veränderte Arkadentrakt des 16. Jh. an der Nordseite des unteren Hofgartens (östlich vom Brunnhaus) wurde 1865/66 in den von Eduard Riedel entworfenen Neurenaissance-Neubau des Kunstvereins einbezogen, den Friedrich Thiersch 1890 umbaute und erweitere (im Luftkrieg Oktober 1943 ausgebrannt); der Kunstverein hatte zuvor seit 1826 seine Ausstellungsräume im Bazar-Nordpavillon; ein Neubauprojekt Ludwig Langes von 1865 für einen Standort an der Nordseite der Galeriestraße war unausgeführt geblieben. Unweit westlich davon verlängerte E. Riedel 1866 den Galerietrakt an seinem Ostende über vier Arkaden durch ein dreigeschossiges Wohnhaus für den Staatsrat Franz von Pfistermeister (Neurenaissance, dem Kunstverein ähnlich; nicht erhalten). – Die vielfach kranken Linden des Hofgartens wurden im Lauf des 19. Jh. durch Kastanien ersetzt, der monotone Baumreihen-Raster 1895–97 von Hofgarteninspektor Leonhard Kaiser durch Einfügung ornamentaler Strauchpflanzungen rhythmisierend untergliedert, wobei die vier Quartiere jeweils am schmalen Ende im Westen bzw. Osten einen um das Brunnenbecken gruppierten halbrunden Abschluss erhielten.

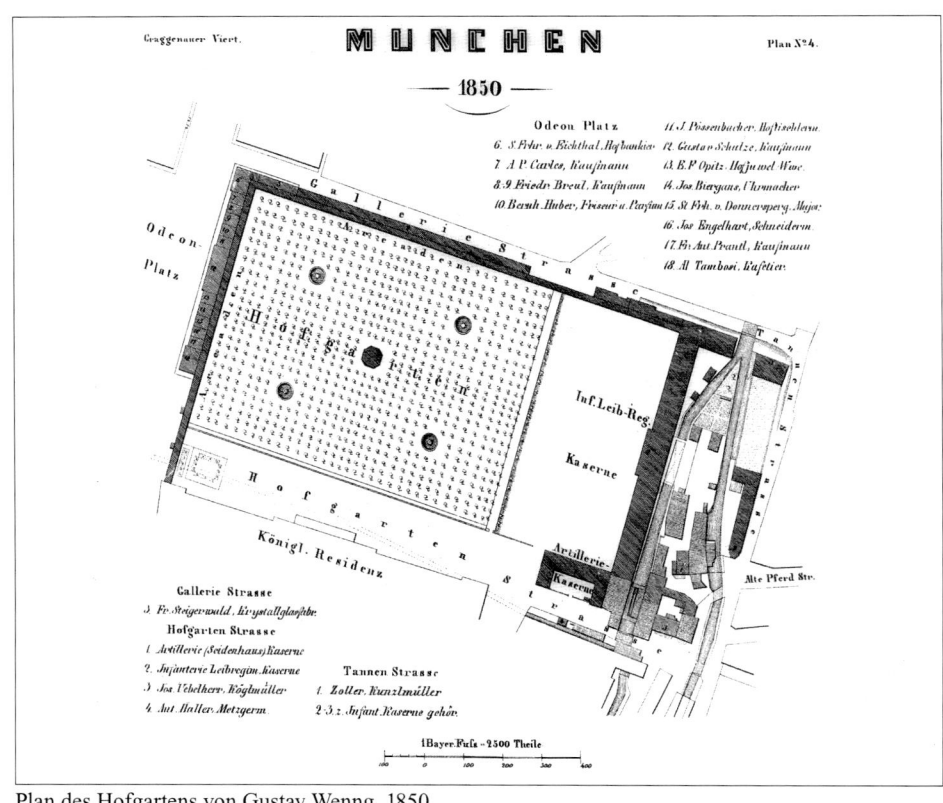

Plan des Hofgartens von Gustav Wenng, 1850

Der städtebaulich unwürdige Zustand des unteren Hofgartens, zunehmend auch unter militärischen Aspekten problematisch (Typhusepidemie 1893), gab wiederholt zu Überlegungen für eine künftige Neugestaltung Anlass, u. a. (um nur die wichtigsten zu nennen) von Gottfried Semper, der den Hofgarten-Ostteil als eine der denkbaren Standort-Alternativen für das im Auftrag Ludwigs II. geplante Richard-Wagner-Festspielhaus vorsah (1866/67), von Feodor Elste, der 1894 ebenfalls ein Wagner-Theater vorschlug,

Hofgarten mit Hofgartentempel nach Osten

sowie eine große städtebauliche Gesamtstudie von Otto Lasne (1895), der als Ostabschluss des Hofgartens einen kuppelbekrönten Monumentalbau für kulturelle Zwecke konzipierte. Zur Ausführung gelangte schließlich 1900–05 Ludwig von Mellingers in einer mächtigen Kuppel gipfelndes Armeemuseum (s. Franz-Josef-Strauß-Ring 1); in diesem Zusammenhang erhielt auch dessen tief gelegener Vorplatz wieder eine gärtnerische Gestaltung, die durch das 1911 aufgestellte Reiterstandbild Ottos von Wittelsbach und 1924 durch das im Mittelbereich eingefügte Kriegerdenkmal verändert wurde (s. unten). Unausgeführt blieben Planungen der Zeit zwischen den beiden Weltkriegen, so ein Großprojekt Richard Riemerschmids für ein Volkshaus mit Konzertsaal als Sitz des Rundfunks und der Musikakademie an der Nordseite (1926), Theodor Fischers Vorschläge zu Umbau und Erweiterung des Kunstvereins (1928) sowie die das gesamte städtebauliche Umfeld zu zerstören drohenden Projekte im „Dritten Reich" für ein neues Odeon im Hofgarten-Westteil.

Durch die Luftangriffe der Jahre 1943–45 wurden sämtliche den Hofgarten umgebende Bauten zu Ruinen, teils mit umfangreichen Fehlstellen, teils in ausgebranntem Zustand mit erhaltenem Mauerwerk. Auch der Baumbestand wurde – vor allem in der Osthälfte – weitgehend verwüstet. 1948–57 erfolgte nach historischen Forschungen und auf ihrer Grundlage entwickeltem Entwurf von Kurt Hentzen eine durchgreifende Neugestaltung des oberen Hofgartens, die in großen Zügen Elemente der originalen Konzeption von 1613 ff. wieder aufnahm. Unter Beseitigung von Resten der Baumreihen wurde eine (vereinfachte) geometrische Struktur mit rechtwinkligem Wegenetz und auf den wiederhergestellten Hofgartentempel in der Mitte bezogenen Diagonalen realisiert, die (wie vormals) in kleinen Rondellen endigen. Diese wurden mit Schalenbrunnen aus rotem Marmor ausgestattet

(1951/56 nach Entwurf des Residenzbauamtes unter Rudolf Esterer und von Bildhauer Josef Wackerle). Das geometrische Parterre umschließen im Norden und Süden Alleen, im Westen und (neu gepflanzt) im Osten mehrere Lindenreihen.

Einzelne Gebäude und Denkmäler:

Hofgartentempel (auch *Dianatempel*), erbaut 1615. Der polygonale offene Kuppelpavillon im Zentrum der geometrischen Anlage gilt als Werk des „Hofbaumeister-Amtsverwalters" Heinrich Schön d. Ä., der 1613 ein Modell des Hofgartens geliefert hatte und (nach Hentzen 1959, S. 18) wegen der vollendeten, unlösbaren Verbindung von dessen Grundriss mit der Gestaltung des Tempels auch als Entwerfer des Gartens insgesamt angenommen werden kann. Der gemauerte, verputzte Zentralbau, außen durch rustizierte Lisenen und dreiteiliges Gebälk mit Triglyphenfries gegliedert, erhebt sich über unregelmäßig zwölfeckigem, doch axialsymmetrischem Grundriss. Der Typus des durch Arkaden zum achtstrahligen Wegestern geöffneten Gartenpavillons verbindet sich mit dem der manieristischen Brunnengrotte dergestalt, dass zwischen Dreierarkadengruppen gegen Nord und Süd und Einzelarkaden im Osten und Westen jeweils eine schmale, geschlossene Achse mit kleinem Rundfenster im Oberteil eingeschoben wurde, die innen mit einem Wandbrunnen besetzt ist. Die vier zum Hauptwegekreuz gerichteten Arkaden werden zusätzlich durch Dreiecksgiebel betont, die dem Fuß der kupfergedeckten Flachkuppel vorgesetzt sind. Über der Kuppel steht auf quadratischem, im Oberteil rundem Sockel die 2,30 m hohe Bronzefigur der *Tellus Bavarica* (oder – wie bei Wening 1701 – Diana), eine seit jeher unbestritten Hubert Gerhard zugeschriebene Hauptleistung der Münchner Plastik der Epoche um 1600. Das vor 1589 entstandene Werk, gemäß einer Ansicht von

Hofgartentempel nach Kriegsschäden; Aufn. 1944

Hofgartentempel, Inneres

Matthias Kager 1611 als Brunnenfigur im südlichen Residenzgarten Wilhelms V. (im Bereich des heutigen Königsbauhofes) befindlich, wurde um 1616/18 mit einigen Veränderungen auf den Hofgartentempel übertragen (heute Bronzekopie von 1952; Original im Kaisersaal der Residenz). Die nach antikisierender Art kaum bekleidete Frauengestalt in manieristisch eleganter Haltung mit einem bei der Neuaufstellung veränderten (auch an Minerva gemahnenden) Helm auf dem Kopf, ist durch ihre Attribute als Personifikation des Bayerischen Landes, seiner natürlichen Reichtümer und seines durch gutes Regiment geförderten Wohlstandes gekennzeichnet. Das umgehängte Hirschfell samt Hifthorn erinnert an Wildreichtum und Jagd, zu Füßen liegen Salzfaß und Wasserurne. Die rechte Hand, ursprünglich mit Ährenkranz, hält den auf die 1623 erlangte Kurwürde hinweisenden Reichsapfel, ein (nach 1945 ersetzter) Ährenkranz hängt seitdem in der Linken. Den runden Sockel-Oberteil umgeben seit ca. 1616/23 vier (nach Kriegsverlust von Franz Lorch nachgebildete) Bronze-Putti von Hans Krumpper mit den Attributen Kurfürstenhut, Kirchenmodell (mit Kuppel und Turm), Füllhorn und Eichenzweig.

Der weiß gestrichene Innenraum, gegliedert durch geknickte dorisierende Pilaster und dreiteiliges Gebälk mit Stierköpfen und Girlanden aus Stuck im Fries, gibt reizvolle Ausblicke in die acht Gartenachsen frei (u. a. auf Theatinerkirche, Armeemuseumskuppel und Festsaalbau-Loggia). In die vier geschlossenen, schmaleren Zwischenachsen sind mit Grottenwerk, Muscheln und Kieseln mehrfarbig verkleidete Wandnischenbrunnen mit Dreiecksgiebeln, balustergestützten Rotmarmorbecken und delphinförmigen Wasserspeiern eingefügt. Der radial gemusterte Mosaikboden und die hölzerne Felderdecke (ursprünglich mit Gemälden von Hans Krumpper) sind erneuert. – Nach dem Zweiten Weltkrieg war der Tempel eine Ruine ohne Decke und Dach, das destabilisierte Ziegelmauerwerk außen fast ohne Putz, z. T. verschoben, mit Rissbildung und schwer geschädigter Gebälkzone; von der Dachzone waren nur Reste erhalten, darunter vor allem der Unterbau des Figurensockels.

Hofgartenarkaden (s. auch Odeonsplatz 6–18 und Galeriestraße 2–6 und 8/10). Von dem zum Garten in 125 Bögen geöffneten Arkadengängen der Zeit Maximilians I. von 1613 ff. ist originale Substanz wohl kaum mehr erhalten; sie wurden mehrfach umgestaltet, durch Nachfolgebauten ersetzt oder in solche einbezogen, vor allem unter Ludwig I. durch Leo von Klenze sowie nach den schweren Schäden im Zweiten Weltkrieg. Erhalten sind jedoch beachtliche Restteile des zweigeschossigen Traktes am Ostende der Nordarkaden, der den Lustgarten Albrechts V. nördlich begrenzte und mit seinem Obergeschoss den Ausgangspunkt für die nach Westen fortgesetzten Arkaden des frühen 17. Jh. bildete (s. oben unter Baugeschichte sowie Galeriestraße 8/10). Maximilian I. ließ die nördlichen Arkaden 1621 durch Peter Candid mit Darstellungen aus der bayerischen Geschichte, vor allem dem Leben Herzog Ottos I. und Kaiser Ludwigs, ausmalen und in Nischen der Innenwand einen Stuckfigurenzyklus mit den Taten des Herkules von Kaspar Riedl (ausgebessert 1739 von Johann Baptist Straub) aufstellen, eine Anspielung auf Maximilian als die Feinde – vor allem die Ketzer – bezwingender „deutscher Herkules" (nicht erhalten).

Über und hinter 43 Arkadenachsen der Nordseite ließ Karl Theodor 1779–81 nach Entwurf und unter Leitung von Karl Albert von Lespilliez die (1783 eröffnete) kurfürstliche Gemäldegalerie erbauen, deren Eingang mittig am Nordende der Nord-Süd-Achse des Hofgartens lag; der Bau enthielt im Obergeschoss einen großen Mittelsaal und beiderseits je eine Folge von drei weiteren Bildersälen, sämtlich durch hoch gelegene Rundfenster (später viereckig verändert) erhellt. Die Fassaden des ca. 175 m langen Walmdachbaues wurden durch reiche frühklassizistische Architekturmalerei nach Entwurf von Joseph Augustin Demmel (1781) gegliedert, die Andreas Seidel ausführte (später übertüncht). An die Stelle des schadhaften Figurenzyklus der Herkulestaten trat eine 1779–81 von Roman Anton Boos gefertigte neue Folge von acht je ca. 2,5 m großen Eichenholzfiguren gleicher Thematik, die in den Nischen des Ostteiles der Nordarkaden aufgestellt wurden (mit Kriegsschäden erhalten; heute im Treppenhaus des Königsbaus der Residenz, eine Gruppe in Schloss Dachau, eine verschollen). Nach Übertragung der Galerie in die Alte Pinakothek wurde das Gebäude stark verändert und nahm ab 1844 die „Vereinigten Sammlungen" auf (Vorläufer u. a. des späteren Völkerkundemuseums). Für die ab 1839 umgestalteten Nordarkaden waren zunächst die von Carl Rottmann im Auftrag Ludwigs I. nach Studienreisen 1838–50 in enkaustischer Technik ausgeführten 23 Wandgemälde mit griechischen Landschaften bestimmt, die jedoch 1853 im Hinblick auf Vandalismusgefahr und Klimaschutz in einem eigenen Saal der Neuen Pinakothek

Hofgartentempel, Figur der „Tellus Bavarica"

Hofgartenarkaden, Brunnhaus und Kunstverein, Ruine um 1945

Hofgarten, alte Hofgartenarkaden, Südseite nach Osten

Hofgartenarkaden, Nordflügel nach Osten

Nördliche Hofgartenarkaden nach Westen

ausgestellt wurden. An ihre Stelle traten – umgeben von Dekorationsmalereien im pompejanischen Stil von Joseph Schwarzmann nach Entwurf von Klenze – 1841–44 39 Fresken von Friedrich Christoph Nilson nach Entwürfen von Peter Heß mit Szenen aus dem (von Ludwig I. tatkräftig unterstützten) griechischen Befreiungskampf von 1821–32 (kriegszerstört; Entwurfszeichnungen und kleine Ölskizzen erhalten). In die Ornamentik einbezogene kleine Deckenfresken stammten von Eugen Napoleon Neureuther. Der Galerietrakt mitsamt den erwähnten späteren Anbauten im Westen (Steigerwald-Laden von 1840 mit Aufstockung von 1856) und Osten (Pfistermeisterhaus von 1866) wurde im Zweiten Weltkrieg unterschiedlich schwer beschädigt (Luftbilder von Juni 1945 zeigen im Gegensatz zu fast allen Gebäuden im Umkreis ein weitgehend vorhandenes Dach) und 1952–54 durch die Baufirma Hans Fries nach Plänen und unter Leitung von Josef Wiedemann (mit Karl Habermann) in äußerlich vereinheitlichter Form und zeitgemäß rigoroser Schlichtheit wiederauf- und neu ausgebaut: Das Erdgeschoss nahm Läden, vor allem Kunsthandlungen auf, darüber entstanden Räume für den Kunstverein (Galeriestraße 4) und das Deutsche Theatermuseum (Nr. 4a; gegründet 1910 als Stiftung der Schauspielerin Clara Ziegler in deren 1944 kriegszerstörter Villa Königinstraße 25), in den seitlichen Teilen Wohnungen. Das Pfistermeisterhaus im Osten wie

Nördliche Hofgartenarkaden,
Wandbild „Korinth"

mehrere anschließende Arkaden mitsamt dem nördlichen Hofgartentor und der aufragende Oberteil des zuletzt von Klenze umgestalteten Brunnhausturmes wurden nicht wiederaufgebaut, sodass hier eine offene Verbindung zwischen dem Hofgarten und dem Bereich Königinstraße/Englischer Garten entstand – heute viel gelobt, in dieser zäsurlosen Form jedoch unhistorisch. Der heute schlichte, wie früher flach gedeckte nördliche Arkadengang wurde 1961 mit 15 monochromen Wandbildern südlicher Landschaften von Richard Seewald und Zitaten antiker Autoren darunter ausgeschmückt; die Wandgestaltung mit Felderteilung erinnert in modern-einfacher Form an die einstige neopompejanische Dekorationsmalerei. – Ähnlich einfach ist auch das heutige Erscheinungsbild des westlichen, muldengewölbten Arkadenganges im Erdgeschoss des 1825/26 von Klenze erbauten Bazars, ehemals mit Rottmanns Wandbilderzyklus italienischer Landschaften (s. im Einzelnen Odeonsplatz 6–18).

Die *Neuen Hofgartenarkaden* am Südende der Westseite, zwischen dem Bazar und dem nordwestlichen Eckpavillon der Residenz eingespannt, entstanden (ohne Vorgänger) mitsamt dem (westlichen) Hofgartentor in ihrer Mitte (1816–18 von Leo von Klenze, s. Odeonsplatz) 1822–26 nach Plänen von Klenze an der Stelle eines ehemals Graben und Weg überbrückenden Verbindungstraktes (s. oben). Die gartenseitigen Pfeilerarkaden (insgesamt 16) haben kräftige Kämpfer (gleich denen des Bazars), die Innenwand ist durch Wandpfeiler, die westliche Außenwand zum Odeonsplatz hin durch rustizierte Lisenen und dreiteiliges Gebälk gegliedert (alles in Putz); in die Achsen beiderseits des triumphbogenartigen Torbaus wie jeweils an den äußeren Enden sind – platzseitig von Kalksteinädikulen gerahmte – Fußgängerdurchgänge eingefügt. Die Flachdecke wie das flach geneigte, kupfergedeckte Satteldach wurden nach Zerstörung im Luftkrieg erneuert, der beschädigte Gemäldezyklus an der Innenwand (ursprünglich Fresken, um 1883/85 in Keimschen Mineralfarben erneuert) restauriert, z. T. rekonstruiert. Der 1826–29 von Schülern des Akademieprofessors Peter Cornelius ausgeführte, von Ludwig I. als Schulungsmöglichkeit und Beschäftigung für junge Künstler gedachte Wandbilderzyklus von demgemäß z. T. anfängerhaften künstlerischen Qualitäten umfasst vor allem (in den durchganglosen Achsen) 12 Darstellungen aus der bayerischen Geschichte; von Süden: 1. Befreiung des deutschen Hee-

Neue Hofgartenarkaden an der Westseite nach Norden

Neue westliche Hofgartenarkaden, Wandgemälde
(Kurwürde 1623)

mann Stilke), 7. Herzog Albrecht III. schlägt Böhmens Krone aus 1440 (Johann Georg Hiltensperger), 8. Sieg Herzog Ludwigs des Reichen bei Giengen 1462 (Wilhelm Lindenschmit d. Ä.), 9. Begründung des Primogenitur-Rechts durch Herzog Albrecht IV. 1506 (Philipp Schilgen), 10. Erstürmung der Godesburg durch die Bayern im Kölnischen Krieg 1583 (Gottlieb Gassen, Entwurf H. Stilke), 11. Erhebung Maximilians I. zum Kurfürsten 1623 (Adam Eberle), 12. Kurfürst Max

Neue Hofgartenarkaden nach Kriegsschäden

Emanuel erstürmt Belgrad 1688 (Carl Stürmer). Über den vier Durchgängen weitere Darstellungen kleineren Formats, von Süden: 1. Bayern erstürmen als erste eine türkische Verschanzung bei Belgrad 1717 (Dietrich Monten), 2. (links vom Hofgartentor) Kurfürst Max III. Joseph stiftet die Bayerische Akademie der Wissenschaften 1759 (Philipp Foltz), 3. (nördlich vom Tor) König Max I. Joseph gibt seinem Volk die Verfassungsurkunde 1818 (D. Monten), 4. Schlacht bei Arcis-sur-Aube 1814 (D. Monten; nicht erhalten). Über dem Eingang zur Residenz malte J. G. Hiltensperger die „Bavaria" mit dem Löwen und einem Schild mit König Ludwigs Wahlspruch „Gerecht und beharrlich". Von Wilhelm Kaulbach stammen die Personifikationen von Bayerns Hauptflüssen über den seitlichen Durchgängen zum Hofgartentor (südlich Rhein und Donau, nördlich Main und Isar; jeweils mit Ludwigsmonogramm). Nicht erhalten sind die gemalten allegorischen Gestalten an den Pfeiler-Innenseiten zwischen den Bogenzwickeln.

Mit den Wandgemäldezyklen in den zur öffentlichen Promenade gewordenen Hofgartenarkaden realisierte Ludwig I. ein komplexes volkserzieherisches Programm, das zugleich Schwerpunkte seines politischen Wirkens wie seiner persönlichen Neigungen widerspiegelte. Der allein an Ort und Stelle erhaltene Historienbilderzyklus in den Neuen Arkaden war bestimmt, vaterländisch-dynastische Anhänglichkeit zu wecken. Rottmanns italienische Landschaften in den Bazar-Arkaden (1943 abgenommen, heute im Residenzmuseum) sollten den vom König geliebten Süden in einer Zeit noch beschränkter Reisemöglichkeiten veranschaulichen. Die Szenen aus dem griechischen Befreiungskampf in den Nordarkaden, ein vor der Zerstörung zu wenig gewürdigtes Beispiel aktueller, politisch-ideologisch motivierter Kunst, offenbaren eine erstaunlich deutliche Stellungnahme angesichts Ludwigs außen- wie innenpolitisch schwieriger Balance zwischen liberalem und autoritärem Kurs (ein derartiger Zyklus wäre damals in Berlin oder Wien undenkbar gewesen) und gehörten gleich den Münchner Propyläen zu den das wiedererstandene Hellas repräsentierenden Nationaldenkmälern (wie sie Griechenland selbst sich zu dieser Zeit noch kaum leisten konnte); zugleich sollte die Akzeptanz des (in Bayern nicht unumstrittenen) philhellenischen Engagements gestärkt werden.

Gedenkstein westlich vor den an die Bayerische Staatskanzlei grenzenden Arkaden, 1996 von Prof. Leo Kornbrust, schwarzer Granitkubus, der mit gravierten handschriftlichen Zitaten der Studentengruppe „Weiße Rose" um Prof. Kurt Huber und die Geschwister Scholl, des Landwirts Josef Hufnagel und des Generals Erwin von Witzleben symbolisch an die aus verschiedenen gesellschaftlichen Schichten stammenden Widerstandskämpfer gegen das NS-Regime erinnert.

res im Engpass von Chiusa 1155 (von Ernst Förster), 2. Otto von Wittelsbachs Belehnung mit dem Herzogtum Bayern 1180 (Clemens Zimmermann), 3. Vermählung Ottos des Erlauchten mit Pfalzgräfin Agnes 1225 (Wilhelm Röckel), 4. Einsturz der Innbrücke beim Mühldorf mitsamt den fliehenden Böhmen 1258 (Carl Stürmer), 5. Sieg Ludwigs des Bayern bei Ampfing 1322 (Carl Hermann), 6. Krönung Kaiser Ludwigs in Rom 1328 (Her-

Neue westliche Hofgartenarkaden nach Süden; Aufn. um 1940

Reiterstandbild Ottos von Wittelsbach. Auf dem Vorplatz des Armeemuseums war von Beginn an ein Reiterstandbild vorgesehen, zunächst eines des Prinzregenten Luitpold als Oberbefehlshabers der bayerischen Armee, dessen Denkmal die Stadt allerdings dann vor dem Nationalmuseum verwirklichte. Erst nachdem sich ein anonym bleiben wollender Stifter – der geadelte Gutsbesitzer Adolf Freiherr von Büsing-Orville – gefunden hatte, beschloss der Prinzregent 1909 die Errichtung des seinem Ahnherrn Otto, dem seit 1180 ersten wittelsbachischen Herzog von Bayern, gewidmeten Denkmals. Entwurf und Guss wurden Ferdinand (II) von Miller übertragen; am 12. März 1911 – dem 90. Geburtstag des Prinzregenten – erfolgte die feierliche Enthüllung durch seinen Sohn, Prinz (später König) Ludwig (III.). Das Denkmal des Gründers des Herrscherhauses – kurz vor dessen Entmachtung entstanden – im Zusammenhang mit dem Monumentalbau dahinter verdeutlicht die ideelle Verflechtung von landes- und wehrgeschichtlichen mit dynastischen Bezügen. Das Denkmal wurde auf einer halbrunden Rustika-Terrasse im Anschluss an die veränderte Freitreppe aufgestellt. Gesichtsausdruck und straffe Haltung suchen den überlieferten leidenschaftlich-streitbaren Charakter Ottos sinnfällig zu machen; die Ritterrüstung entspricht historisch getreu der zu seiner Zeit üblichen, der auf den Rücken geschnallte Dreiecksschild zeigt den bayerischen Wappenlöwen (wie der Sockel), das Banner an der (erneuerten) Lanze den Reichsadler im Hinblick auf Ottos Rolle in der Reichspolitik. Die Dimensionen der Bronzefigur (ohne Lanze ca. 3,5 m) wie des zurückhaltend gestalteten Sockels aus hellem Untersberger Marmorkalk entsprechen keineswegs der zeitgenössisch verbreiteten Tendenz zu archaisierender Gigantomanie bei politischen und militärischen Denkmälern. Kennzeichnend für die Phase nach der bewegten Pathetik des barockisierenden

Hofgarten, Reiterstandbild Ottos von Wittelsbach

Naturalismus wie einer gleichsam impressionistischen Oberflächenmodellierung und Formauflösung ist die in sich ruhige, gesammelt-kraftvolle Haltung von Ross und Reiter, ein maßvoller Realismus, der andererseits noch nicht zur vereinfachenden oder abstrahierenden Stilisierung der Reformkunst hinneigt. B.-R. Schwahn weist auf die Veroneser Cangrande-Figur als vorbildhaften historischen Typus hin. – Restaurierungen 1980 (Verschweißung von Einschusslöchern) und 1992/93.

Kriegerdenkmal. Als mögliche Standorte des Ehrenmals für die im Ersten Weltkrieg gefallenen Münchner waren zunächst die Kuppelhalle des Armeemuseums und die Feldherrnhalle im Gespräch. Die dann verselbständigte Konzeption im unteren Hofgarten vor dem Kuppelbau des Armeemuseums wurde aufgrund zweier Wettbewerbe (1922 und 1923) als Gemeinschaftswerk der Architekten Thomas Wechs und Eberhard Finsterwalder und des Bildhauers Karl Knappe ausgeführt und erst nach der am 24. Dezember 1924 erfolgten Enthüllung in den bildhauerischen Details (bis 1928) vollendet. Auftraggeber war laut Inschrift im Inneren der Obmannsbezirk München-Stadt des Bayerischen Kriegerbundes.

Das auf betontes Pathos verzichtende, aber durch seine Lage vor monumentalem Hintergrund mitbestimmte, Ernst und Würde in angemessener Größe zum Ausdruck bringende Kriegerdenkmal gilt mit Recht als eines der architektonisch und künstlerisch bemerkenswertesten Beispiele der Gattung und ist zugleich als eine der eindrucksvollsten Schöpfungen der 1920er Jahre in München zu werten. Unter Verzicht auf historisierende und naturalistische Details sucht das Denkmal allein durch seine kubisch-stereometrisch gefügte Struktur und das Material – Cannstatter Travertin – zu wirken und steht insofern der Neuen Sachlichkeit, in der Formensprache der Reliefs von Knappe dem Expressionismus nahe. Der beherrschende Steincharakter wie auch die Flachschnitttechnik der vertieften Reliefs lassen entfernt die dem Totenkult gewidmete altägyptische Kunst anklingen.

Hofgarten, Kriegerdenkmal

Kriegerdenkmal, Inneres

Im verschränkten Widerspiel der Gestaltungselemente und Ebenen – dem Aufsteigen des Monuments aus dem vertieften Vorhof, dem Lasten des wuchtigen Decksteins auf den vergleichsweise schmalen Seitenpfeilern, dem Gegensatz von hellem Hof und dämmernder Krypta – beruht die eindringliche Stimmungsqualität des Denkmals. Die Grundidee eines archaischen Hünengrabes ist in moderne kubische Profillosigkeit umgesetzt. Die 250 Tonnen schwere, aus fünf Blöcken zusammengesetzte Deckplatte ruht auf mächtigen Eckquadern und dazwischen an den Längsseiten auf je vier scheibenförmigen Pfeilern mit identischen Tiefschnittreliefs von als Grabwächtern stilisierten Soldaten an den Außenseiten. Zwischen den Tragpfeilern und -blöcken führen Stufen hinab in den Gruftraum mit Bernhard Bleekers überlebensgroßer (2,55 m) Liegefigur des toten Kriegers in zeitgenössischer Uniform mit Helm und Mantel, die Hände über dem Gewehrlauf gefaltet. Das vom Bildhauer nach dem Zweiten Weltkrieg restaurierte Rotmarmororiginal (heute im Bayerischen Armeemuseum in Ingolstadt) wurde 1972 durch einen von Hans Wimmer ausgeführten Bronzeabguss ersetzt.

In die senkrechten, muschelkalkverkleideten Wände des umgebenden, in das Erdreich vertieften Ehrenhofes, in den an den Längsseiten je zwei abgewinkelte Treppen hinabführen, waren ursprünglich die Namen der 13.000 im Krieg 1914–18 gefallenen Münchner eingraviert, in die Schmalseitenwände außerdem Tiefschnittreliefs des ausmarschierenden Heeres (nördlich) und eines Gräberfeldes (südlich). Die nach Schäden im Zweiten Weltkrieg erneuerte Plattenverkleidung verzichtete auf die Namen, die Reliefs gleichen Themas wurden im Format stark reduziert.

Brunnen mit Bronzefigur einer Wassernymphe (im 19. Jh. meist als Najade, später mitunter als Loreley bezeichnet). Der um 1853 von der Hofgarten-Intendanz vor den Westarkaden in der Mittelachse des Hofgartens errichtete Brunnen mit zweistufigem, vierpassförmigem Muschelkalk-Unterbau hat die Gestalt eines Travertin-Kubus mit Bronze-Wasserschalen und -Satyrmasken an vier Seiten; die krönende Sitzfigur einer Nymphe mit Leier sowie einem Fisch zu ihren Füßen, 1852 durch Ferdinand von Miller (sign.) in Bronze gegossen, ist die leicht veränderte Variante eines der Hauptwerke Ludwig Schwanthalers († 1848), der sog. Nymphe von Anif (1841–46, Weißmarmor; Schloss Anif bei Salzburg; zweite Marmorversion von 1847 und ein Gipsabguss

von 1852 im BNM; Originalmodell 1944 zerstört). In ihrer versonnenen Haltung und unsinnlichen Beseeltheit ist diese Verkörperung eines mythischen Naturwesens trotz des antikisierend-klassizistischen Typus stets als charakteristisches Beispiel romantischer Verinnerlichung im Bereich der Plastik verstanden worden (vgl. Volk 1998). 1944 kriegsbeschädigt; 1962 wiederaufgestellt (zwei Becken und drei Masken als Nachguss von Hans Mayr).

Brunnen mit Wassernymphe

Der *ägyptische Obelisk* mit hieroglyphischer Inschrift, vielleicht aus trajanischer Zeit stammend, wurde 1972 (und erneut 1996) als Freiluft-Exponat der Staatlichen Sammlung Ägyptischer Kunst (Inv.-Nr. Gl WAF 39) vor deren Eingang (Hofgartenstraße 2) aufgerichtet. Er ist aus Rosengranit der Steinbrüche bei Assuan gefertigt und war zusammen mit einem 1791 gefundenen Gegenstück vermutlich in einem Isisheiligtum in oder bei Rom aufgestellt. Erstmals 1666 in Rom nachgewiesen, wurde er 1797 von Napoleon aus der Villa Albani („Obelisk Albani") nach Paris gebracht, dort 1816 von Kronprinz Ludwig für die Glyptothek erworben und war bis 1943 in deren Ägyptischem Saal aufgestellt. Höhe (ohne Sockel) 5,60 m, Spitze und untere Partie barockzeitlich ergänzt (Sockelreliefs Kopien von 1996 nach den Originalen im Louvre).

ARCHÄOLOGISCHE BEFUNDE: Baubefunde der Neuzeit (Fundst.-Nr.: 7835/0259, 7835/0354, 7835/0355). Im Südteil des Unteren Hofgartens konnten 1986 beim Bau der Bayerischen Staatskanzlei Teile einer Brücke aus der Zeit vor Maximilian I., ein von Maximilian I. angelegter Teich und Reste des Exerzierplatzes der um 1802/03 errichteten Hofgartenkaserne freigelegt werden. Zusätzlich stieß man im Schutt des Zweiten Weltkrieges auf fünf verbogene Schwerter, die zur Sammlung des Armeemuseums gehört haben müssen.

Hofgarten, ägyptischer Obelisk

Archäologische Grabungen am Unteren Hofgarten; Luftaufnahme von 1986

Hofgartenstraße

(Vgl. Ensemble Altstadt, Bauten- und Platzgruppe Residenz/ Hofgarten/Max-Joseph-Platz/Odeonsplatz sowie Franz-Josef-Strauß-Ring 1.) Der schmale Streifen zwischen der Residenz (bzw. Stadtmauer) im Süden, seit 1832/42 einheitlich in der Gestalt des Festsaalbaues (vgl. Hofgartenstraße 2), und dem 1613–1617 angelegten leicht erhöhten, geometrisch-symmetrisch strukturierten eigentlichen Hofgarten wurde ursprünglich vom zusammen mit der mittelalterlichen Stadtbefestigung entstandenen nördlichen Stadtgrabenbach sowie einem ihn nordseitig begleitenden Weg eingenommen. Der noch auf den Stadtplänen des frühen 19. Jh. dargestellte Wasserlauf wurde, beginnend schon vor der Errichtung des Festsaalbaus, in zwei Etappen von West nach Ost überdeckt (Verlauf unter dem gärtnerisch gestalteten Grünstreifen vor der Residenzfassade); der östliche letzte Abschnitt des Baches zwischen dem Unteren Hofgarten (den östlich die Bayerische Staatskanzlei abschließt) und der Marstallplatz-Bebauung im Süden fließt heute noch unbedeckt entlang der Nordseite des neuen Max-Planck-Institutes. Mit der nördlichen Stadterweiterung und dem Bau des Hofgartentores im Westen (1816/17, vgl. Odeonsplatz) wurde die benötigte Verkehrsverbindung in Verlängerung der Brienner Straße ostwärts durch den Hofgarten zur St.-Anna-Vorstadt hergestellt; der Name „Hofgartenstraße" erscheint auf Stadtplänen von 1814 und 1832. Im Zuge aktueller Maßnahmen zur Verkehrsberuhigung wurde die Hofgartenstraße erst für den Durchgangsverkehr gesperrt und kürzlich ihr harter Belag beseitigt. (Siehe Flurkarte S. 320)

ARCHÄOLOGISCHE BEFUNDE: Funde des Mittelalters und der Neuzeit (Fundst.-Nr.: 7835/0366). 1993 Funde aus dem Kabelgraben zwischen Hofgarten und Residenz: zwei Ofenkacheln, drei Glasfragmente, darunter eines mit Nuppen, ein Tintenfassfragment, eine Bodenscherbe mit Bemalung, ein Henkel und ein glasiertes Tellerrandfragment.

Hofgartenstraße 2.

Festsaalbau der Residenz (s. Residenzstraße 1 und Alfons-Goppel-Straße 11), lang gestreckter Neurenaissancebau, 1832–32 von Leo von Klenze, im Westteil unter umgestaltender Einbeziehung des Vorgängerbaus (Kaisersaaltrakt) aus dem frühen 17. Jh. Vor dem Mittelrisalit Loggia mit Figuren von Ludwig Schwanthaler; vgl. Hofgarten.
Beschreibung im Einzelnen s. Residenzstraße 1 (Residenz).

Hofgraben

(Vgl. Ensemble Altstadt, Kern des Graggenauer Viertels.) Von den beiden heutigen im rechten Winkel den von der ehem.

Hofgraben; Flurkarte, M. 1:2500

Hofgraben von Westen (links Residenzstraße 3, rechts Dienerstraße 12); Aufn. 1995

Hauptpost (zuvor Palais Törring, vgl. Residenzstraße 2) und dem neubarocken Eckhaus Residenzstraße 3 (s. dort) ausgefüllten Block südlich und östlich begrenzenden Straßenabschnitten ist der südliche der eigentliche Hofgraben, da er dem Verlauf des Stadtgrabens an der Nordseite des Alten Hofes (s. dort) entspricht. Dieser zur ältesten Stadtbefestigung aus dem 12. Jh. gehörige Hofgrabenbach ist als offener Wasserlauf u. a. auf T. Volckmers Stadtplan von 1613 und auf den Stadtplänen noch bis ins frühe 19. Jh. zu erkennen. Stimmelmayrs Skizze stellt an der Südseite noch die 1816 abgebrochene Hofkirche St. Lorenz und einen ihr westlich benachbarten runden Turm der Stadtmauer dar (von der auf Sandtners Stadtmodell von 1570 noch größere Teile zu sehen sind); heute begrenzt diesen Straßenteil südseitig der lang gestreckte Lorenzistock des Alten Hofes von 1816/19 (um 2005 gründlich umgebaut). Der Name Hofgraben (oder Am Hofgraben) ist für das 16. Jh. mehrfach belegt (zu älteren und anderen Bezeichnungen vgl. Stahleder 1992). – Den am Ostende nach Norden abgeknickten, kurzen, vom Nordtor des Alten Hofes zur Maximilianstraße ansteigenden Straßenteil begrenzt ostseitig der einstige Hofmarstall- und Kunstkammer-Komplex von 1563/67 (vgl. Hofgraben 4, 1807–1986 Münze, 1857/63 nordwärts durch den Anbau Maximilianstraße 6/8 erweitert, s. dort). Die gegenüberliegende, z. T. erst 1858/60 ausgebaute östliche Schmalseite der ehem. Hauptpost (s. Residenzstraße 2) ersetzte den vormaligen kurfürstl. Haberkasten samt Remise für die Galawagen (vgl. J. P. Stimmelmayr, nach dessen Angabe das nördlich angrenzende Eckhaus „Beym Arsch am Eck" genannt wurde).

ARCHÄOLOGISCHE BEFUNDE: Größere Bodeneingriffe und Umbauten sind aus jüngerer Zeit nicht bekannt, deshalb ist mit untertägig erhaltenen Resten von mittelalterlichen und frühneuzeitlichen Bauwerken wie verrohrten Bächen und Pflastern zu rechnen.

Hofgraben 1a siehe Residenzstraße 2.

Hofgraben 4. Ehem. *Hofmarstall und Kunstkammer* (*Alte Münze*, jetzt *Bayerisches Landesamt für Denkmalpflege*), s. auch die zugehörigen Häuser Pfisterstraße 3 und 5 sowie den nördlichen Erweiterungsbau der Münze Maximilianstraße 6/8. Der stattliche höfische Vierflügelkomplex, noch heute durch einen Gang über das westliche Ende der Pfisterstraße hinweg mit dem Alten Hof (s. dort) und bis Anfang des 19. Jh. durch eine längere Gangfolge nordseitig entlang der Stadtbefestigung hinter dem Franziskanerkloster mit der Neuveste bzw. späteren Residenz verbunden, entstand auf einem zuvor von Bürgerhäusern und einem Bad eingenommenen Areal an der Südseite des Stadtmauerabschnitts zwischen Hexen- und Falkenturm, das östlich vom (ehem.) Pfisterbach, südlich von der Pfisterstraße (entlang dem

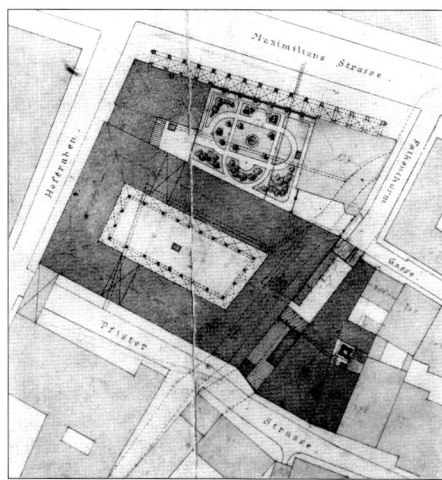

Hofgraben 4; Lageplan von 1877

Graben des Alten Hofes) und westlich von einem früher „Am Haberkasten" genannten, heute zum Hofgraben gezählten Straßenstück begrenzt wird, an dessen Westseite die den Marstall funktionell ergänzende Remise stand (Kastenhaus, später in der Hauptpost aufgegangen, s. Residenzstraße 2). Für den Neubau erwarb der Hof nach 1561 zwei Bürgerhäuser, die zuletzt dem Weißircher (Gerber) Kaspar Seemüller gehörten – offenbar ein Vorder- und Rückgebäude (letzteres schon 1449 erwähnt), nach H. Stahleder (1992) beiderseits des Bachs, sowie nördlich davon ein „Waschhaus unten am Herzogbad neben dem Bach", das zu einem dem Herzog lehnbaren, schon 1368 und noch für 1562 belegten Bad gehörte; auch das „Herzogsbad" musste dem Marstallneubau weichen – nach H. Stahleders Quellenanalyse dessen Nordflügel. Da von den Vorgängerhäusern 1574 berichtet wird, sie seien „zu der fürstlichen Stallung verbaut" worden, wird eine partielle Einbeziehung von Altsubstanz in den Neubau angenommen, was jedoch bisher weder durch Forschungen am Bau selbst noch aus dem Grundrissgefüge eindeutig nachzuweisen war; die großzügige Anlage vor allem der dreischiffigen Stallungen schloss wohl eine Wiederverwendung von Bürgerhausbestandteilen weitgehend aus, es sei denn, man bringt gewisse Unregelmäßigkeiten der Disposition, etwa die ungleich breiten Durchfahrten im Süden und Norden, mit älteren Baustrukturen in Verbindung (doch ist die Unbekümmertheit gegenüber kanonischen Normen ein Kennzeichen des Gebäudes insgesamt). Überträgt man die Binnenstruktur des benachbarten Häuserblocks östlich des Pfisterbaches mit seinen schmalen, sich in

Alte Münze von Norden; Stadtmodell von Jakob Sandtner, 1570

Nord-Süd-Richtung erstreckenden Parzellen analog auch auf die ehemalige Bebauung des Marstallareals, würde dies schwerlich mit Stahleders Überlegungen in Einklang zu bringen sein. Für die von ihm angenommene Lage des Seemüller-Doppelanwesens beiderseits des Baches könnte die Tatsache sprechen, dass Pfisterstraße 3 (früher 1) seit jeher als Heustadel zum Hofmarstall gehörte.

Der Neubau von Marstall und Kunstkammer entstand im Auftrag Albrechts V. „des Prächtigen" († 1579), gemäß den summarischen, nicht näher differenzierten Angaben in den Hofzahlamtsrechnungen in den Jahren 1563–67 (1565 wird auch „des erpauten Marstals gartten" erwähnt, was allgemein auf den gleichzeitig angelegten Lustgarten der Herzogin Anna nordöstlich des späteren Hofgartens bezogen wird). Der früher als „Architekt" des Neubaus geltende Wilhelm Egckl († 1588), der 1560 zum Hofbaumeister ernannt worden war, sich selbst jedoch einmal als der „visier" – des Entwerfens – unkundig bezeichnete (Hartig 1933, S. 243), kann lediglich als Bauleiter und sachkundiger Organisator des Rechnungswesens und der Bauarbeiten angenommen werden, wie denn überhaupt auch dieses Projekt gleich den meisten höfischen (so später die Residenz im frühen 17. Jh., aber auch St. Michael) als schwer aufzuschlüsselnde Gemeinschaftsarbeit zu gelten hat. Michael Petzet (1988, 1989) wies mit gewichtigen Indizien auf den Augsburger Stadtwerkmeister Bernhard Zwitzel hin, der 1563 zusammen mit dem dortigen Zimmermeister Georg Sitt als Gutachter an den Münchner Hof gerufen worden war und als Berater oder sogar Entwerfer an der Marstallplanung mitgewirkt haben kann, zumal seine (nicht erhaltene) Augsburger Stadtbibliothek von 1562/63 typologische Gemeinsamkeiten mit der Münchner Kunstkammer (vor allem die das Obergeschoss füllende galerieartige Weiträumigkeit) aufweist. Otto Hartig (1933) zog außer Egckl den Steinmetz Kaspar Weinhart in Betracht, der ab 1571 als Werkmeister am Hof in Baden-Baden wirkte, in München allerdings in erster Linie als Steinmetz und Bildhauer nachgewiesen ist, dem zumindest die toskanischen Marmorsäulen des Marstallgebäudes zugeschrieben werden können, während für die gedrungenen Tuffsteinsäulen der beiden unteren Hofgeschosse M. Petzet eher den Bildhauer Hans Aesslinger († 1567) in Erwägung zieht und für die farbige Fassung des Arkadenhofes den Maler Hans Ostendorfer (II., † um 1570).

Albrecht V., Stifter der Schatzkammer (1565), Erbauer des Antiquariums samt darüberliegender Hofbibliothek (1568–71) und Gründer der Kunstkammer – einer der bedeutendsten unter ihresgleichen –, gehörte mit diesen Initiativen zu den führenden Kunstsammlern der Zeit. Die Grundkonzeption für die Kunstkammer entspricht der 1565 in München erschienenen Schrift „Inscriptiones vel tituli theatri amplissimi (…)" des flämischen Arztes Dr. Samuel Quiccheberg († 1567); dieser frühe museologische Traktat, in engem Zusammenhang mit dem Münchner Projekt entstanden, erwähnt auch das bauliche Schema einer durch kreuzgangähnliche Gänge erschlossenen Vierflügelanlage. 1566 wurden Sammlungsbestände aus Landshut überführt. Im Todesjahr Albrechts V. (1579) waren die Arbeiten in der Kunstkammer noch nicht völlig abgeschlossen, doch konnten Kenner und vornehme Gäste sie bereits besichtigen (die sie mehrfach schilderten). 1580/81 wird der Verbindungsbogen zum Alten Hof über die Pfisterstraße hinweg in den Rechnungen genannt. Doch ist er – wie sein Pendant im Norden – schon auf dem Stadtmodell J. Sandtners von 1570 dargestellt, auf dem sich der neuartig regelmäßige Renaissancekomplex des Marstalls deutlich von der mittelalterlich-kleinteiligen Struktur der Altstadt abhebt. Die Trapezform des außen im Westen 39 m, im Norden 67 m langen Gevierts mit schräger Ostseite und nur 57 m langer Südfront an der Pfisterstraße ist durch den Bachlauf bedingt.

Die Außenfronten zeigten ursprünglich, gemäß Sandtners Modell, durch die unterschiedlichen Raumnutzungen bedingte Fensterformate in neumodisch regelmäßiger Anordnung – im Erdgeschoss mit den Stallungen kleine Rechtecköffnungen, darüber mittelgroße, im 2. Obergeschoss jedoch für die Zeit ungewöhnlich hohe Rechteckfenster zur Belichtung der Kunstkammer. Die (im Modell) schadhafte Mitte der Westseite ist durch eine (noch dem heutigen Haupteingang entsprechende) Rechtecktür und einen geschweiften Zwerchgiebel akzentuiert, die rundbogigen Durchfahrtstore im Süden und Norden sind mit durch Ritzung angedeuteter Rustika gerahmt; demnach darf man sich im Übrigen wohl eine gemalte Gliederung vorstellen. Die Ostseite zum Bach besitzt auf dem Modell noch keine Tür, dafür aber zwei Aborterker. Die Walmdachflächen sind durch zwei Ränge kleiner Schleppgauben gegliedert, über den beiden Einfahrten sitzen Aufzugsgauben.

Signifikantester erhaltener Bauteil des 16. Jh. ist der dreigeschossige *Arkadenhof*, eines der Hauptbeispiele nördlich der Alpen, bemerkenswert auch als eine der seltenen vierseitigen Anlagen, gekennzeichnet durch einen äußerst freien Umgang mit dem vorbildhaften italienischen Urtypus und dem klassischen Formenkanon, dem hier eine völlig anders geprägte Ästhetik entgegengesetzt wird. Früher verbreitete Wertungen und Interpretationen des Hofes (seit Lübke 1872 u. a. durch Weese 1906) als einer – im positiven Sinne – typisch deutschen, durch Epitheta wie kraftvoll, trutzig, ritterlich u. ä. charakterisierten Schöpfung bemühten sich, einer (kaum ausgesprochenen) negativen Beurteilung etwa als unkanonisches Missverständnis oder gar provinziell entgegenzuwirken (letzteres würde am Münchner Hof freilich nicht zutreffen). Wie A. Weese „bayrische Renaissance und Stammesart" zu konstatieren, wäre zu eng, allein schon im Hinblick auf die Augsburger Herkunft von Egckl und Zwitzel. Das – etwa im Vergleich zur Landshuter Stadtresidenz – Unitalienische ist nach heutiger Sicht in hohem Maße funktionsbedingt – deutlich ablesbar ist die Nutzung des stämmig-robusten Untergeschosses und niedrigen Mittelgeschosses für Marstallzwecke wie die des hohen, leichten und luftigen Obergeschosses als Kunstkammer; die ungleiche Spannweite der Arkaden ist vor allem durch die Durchfahrt bedingt. Die unbekümmert freie Variation des Achsenmoduls, die unklassische Abflachung der Bögen, von denen kaum einer die reine Halbkreisform hat, entspricht verbreitetem nordalpinem Regionalismus (vgl. das bayerische Herzogsschloss Friedberg oder Schloss Amerang wie auch zahlreiche Bürgerhaushöfe; eine als Synthese mit nachwirkender Spätgotik erklärte eigenwillige Variante zeigen schon die Hofarkaden der Bischofsresidenz in Freising 1519). Die stämmige Robustheit der beiden unteren Arkadenreihen mag nicht nur durch das Formempfinden deutscher Baumeister zu erklären sein, sondern auch der zeitgemäßen Tendenz zu tektonischer Verfestigung und formaler Kräftigung entsprechen (vgl. Schlosshof Stuttgart), die konsequent zur Bevorzugung der Pfeilerarkatur führte (vgl. Schlösser zu Friedberg, Trausnitz/Landshut, Heiligenberg, Mährisch Trübau, die Plassenburg in Kulmbach, das Landhaus in Graz oder die Stallburg in Wien, die im Übrigen gleichfalls Marstall und Sammlungsräume kombinierte). Entwicklungsgeschichtlich überholt waren damit die filigran-eleganten, letztlich noch quattrocentesken Säulenarkadenhöfe welscher Meister wie etwa in Spittal oder Butschowitz (um nur die beiden opulentesten Beispiele zu nennen).

Die Architektur des einen Binnenraum von ca. 40 m (Nordseite) zu 11 m einschließenden dreigeschossigen Laubenhofes umfasst je neun (nördlich) bzw. acht Arkaden an den Längs- und drei an den Schmalseiten, mit allein schon durch die ungleich langen

Hofgraben 4, ehem. Alte Münze, jetzt Bayerisches Landesamt für Denkmalpflege, Arkadenhof nach Osten; Aufn. 1996

Fronten, vor allem aber durch die Durchfahrten bedingten unterschiedlichen Spannweiten der Segmentbögen, die auch kein axial auf die Gegenseiten bezogenes System bilden. Die Umgänge sind kreuzgratgewölbt (mit einzelnen Unregelmäßigkeiten). Das fortschrittliche Erschließungssystem der außenseitig an den Raumfluchten entlangführenden regengeschützten Verbindungsgänge (später in der Barockzeit durch das Korridorsystem abgelöst) wurde hier wie meist zu einer die Außenfronten an Aufwand übertreffenden Repräsentationsform ausgestaltet. Die kanonische Abfolge von dorischer (römischer, toskanischer), ionischer und korinthischer (oder kompositer) Ordnung wird im Marstallhof souverän missachtet – die unklassisch kräftigen Erdgeschosssäulen erhielten im Detail denkbar frei geformte ionische Kapitelle, die extrem kurzen, stämmigen Säulen des Mittelgeschosses eine niedrig proportionierte, kraftvoll-plastische nordisch-manieristische Variante des korinthischen Kapitells, während die toskanische, der Intention nach eigentlich stützende Ordnung, hier mit schlankem, geschwelltem Schaft, ins luftige oberste Geschoss versetzt wurde. Naiv negiert wurde im Erdgeschoss der sog. ionische Eckkonflikt, für den die antike Architektur in einer einspringenden Ecke keine Lösung kennt (vgl. aber Klenze im Odeons-

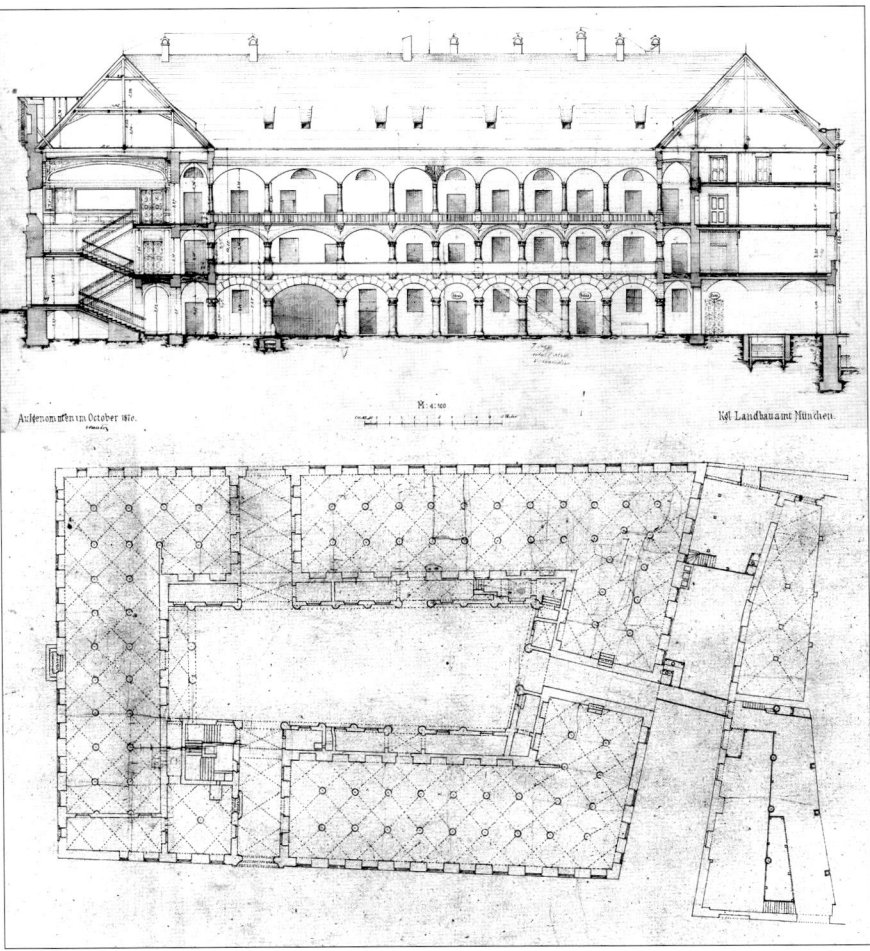

Hofgraben 4; Grundriss Erdgeschoss und Schnitt von 1876

Arkadenhof, Säulenreihe an der Nordseite; Aufn. 1978

saal!) – die Kapitelle der Ecksäulen sind gleich denen der Längsseiten ausgerichtet. (Die konsequente Form zweier zur Einheit sich durchdringender ionischer Kapitelle war – nicht in Ecksituationen! – in Augsburger Renaissanceräumen verbreitet.) Die Bögen der Erdgeschossarkaden säumt schwere Keilsteinrustika, die im 1. Stock sind profiliert, die oberen nur von einem Putzband gesäumt. In die gequaderten Erdgeschoss-Bogenzwickel eingesetzt sind Volutenkonsolen unter den die geschlossene Brüstung im 1. Stock gliedernden Säulenpostamenten, in die durch Dreistrahlgrate geteilten Zwickel im 2. Geschoss hängende Akanthusblätter unter den Säulenpostamenten der Brüstung im 3. Geschoss, die, gleich den toskanischen Säulen aus Rotmarmor, aus schlichten, übereck gestellten Vierkantpfosten gebildet ist. Das Traufgesims ist reich und zart profiliert wohl als dreiteiliges Gebälk aufzufassen.

Arkadenhof, nördliche Durchfahrt nach Süden; Aufn. 1987

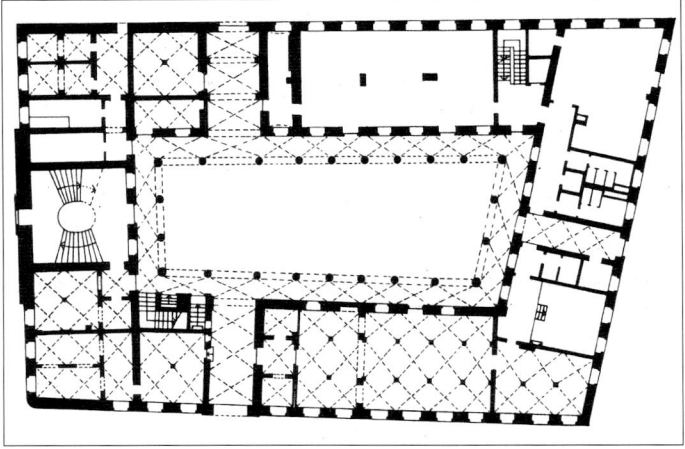

Hofgraben 4; Grundriss Erdgeschoss

Innere Strukturen des 16. Jh. sind fast nur noch im Erdgeschoss – teils in größeren Abschnitten wie vor allem im Südflügel, teils stark verbaut – erhalten geblieben. Die beiden kreuzgratgewölbten Durchfahrten im Norden und Süden sowie der Mitteldurchgang im Ostflügel mit zwei Kreuzgratgewölbe verbindender Tonne unterbrechen die zeitlos gültigem Schema gemäß dreischiffigen Stallungen, deren Kreuzgratgewölbe auf toskanischen Rotmarmorsäulen mit Entasis – ähnlich denen des obersten Hofgeschosses – bzw. auf gerundeten Wandkonsolen ruhen; das Mittelschiff diente dem Verkehr und der Versorgung. (Der für die Zeit bemerkenswert großzügigen Anlage folgten – ohne Hofarkaden – alsbald die gleichfalls vierflügeligen Hofmarställe in Kassel und Dresden. Michel de Montaigne nannte 1580 in seinem Reisetagebuch rückblickend die Münchner Stallungen – gewölbt, für 200 Pferde – schöner, als er solche je in Frankreich gesehen habe.) Eine weitere Unterbrechung bildete westlich von der Süddurchfahrt das hofseitig gelegene, noch erhaltene (stark erneuerte) quadratische Treppenhaus mit je Geschoss drei kurzen, um einen Pfeilerkern gelegten Läufen und gewölbten Untersichten sowie südlich daneben ein gewölbter Einstützenraum (nach Grundriss von 1807). Der niedrige 1. Stock dürfte Personal- und Diensträume enthalten haben; hier blieb im heutigen Raum Nr. 108 (Nordflügel) noch eine Säule nebst Gewölben erhalten. Den einst hohen, als großzügiges, hell belichtetes Raumkontinuum konzipierten 2. Stock nahm die Kunstkammer ein, deren Einrichtung anhand alter Inventare und Beschreibungen (u. a. von Johann Baptist Fickler, 1598, und Philipp Hainhofer, 1611) Lorenz Seelig (1985) rekonstruiert hat; zahlreiche Inventarstücke sind heute noch in verschiedenen Münchner Sammlungen erhalten. Präsentiert wurden die Objekte gemäß S. Quicchebergs Intention in „vier Saalbauten, die sich nach den vier Himmelsrichtungen in größter Ausdehnung erstrecken", und in Sonderräumen für besonders wertvolle Bestände in den Eckbereichen (Hartig 1931, S. 204).

Die in ihrer Konzeption allmählich unzeitgemäß gewordene Kunstkammer, der schon Maximilian I. einzelne Objekte entnahm, verlor – zumal nach der Plünderung durch die Schweden 1632 – an Bedeutung und führte bis zur Räumung des Gebäudes 1807 nur noch ein Schattendasein. Seit dem Bau zusätzlicher Hofstallungen im Bereich der Marstallstraße/Wurzerstraße (s. dort) unter den Kurfürsten Karl Albrecht und Max III. Joseph verlor auch der alte Marstall seit dem mittleren 18. Jh. an Bedeutung zugunsten der Konzentration aller Hofmarstallbauten im Bereich um den Marstallplatz (s. dort) und wurde 1807–09 zum Sitz der Kgl. Münze umgebaut, nachdem deren bisheriges Quartier an der nahen Münzstraße (s. dort) den gewachsenen Anforderungen im erweiterten Königreich Bayern nicht mehr genügen konnte. Auf deren Raumnotstand hatte Heinrich Joseph von Léprieur, der Leiter der Münze, seit 1804 hingewiesen. Nach dem Erlass vom 1. Mai 1807, der die Verlegung in den bisherigen Marstall bestimmte, legte Hofbauintendant Andreas Gärtner schon am 20. Juli König Max I. Joseph Pläne und Kostenvoranschlag für die künftige Münze wie für den neuen Marstall vor. (Zu Varianten und Entwicklung der Planung im Einzelnen s. Petzet 1986 und 1996.) Die nach der kgl. Genehmigung vom 19. Februar 1808 voll einsetzenden Bauarbeiten waren im März 1809 soweit fortgeschritten, dass Amtsräume und Dienstwohnungen bezogen werden konn-

Südflügel, Treppe

Hofgraben 4, Südseite

Südflügel, Dachstuhl, östlicher Bereich

Ehem. Prägesaal, heute Säulenhalle

Ehem. Prägesaal; Aufn. um 1950

ten; aus Anlass der Einweihung am 18. Juli 1809 in Anwesenheit des Königspaares
wurde eine Gedenkmedaille
geprägt. Der als Bauleiter fun-
gierende Hofbaudirektor Franz
Thurn beeinflusste verschiedentlich die Ausführungspla-
nung. Durchgeführt wurden
die Bauarbeiten von Hofmaurermeister Joseph Deiglmayr
und Hofzimmermeister Martin
Heilmayr; Türen und Fenster
fertigte Hofkistlermeister Daniel, Beschläge und Schlösser
Hofschlossermeister Heinrich
Büttgen. Die Gesamtkosten
betrugen 151.302 fl. 56 kr.
Die Nutzung durch die Münze
hatte starke Eingriffe in die innere Struktur zur Folge, vor allem im Erdgeschoss, wo die
dreischiffigen Stallungen vielfältig unterteilt wurden. In der
Mitte des Westflügels entstand
das neue, dreiläufige Haupt-

Hofgraben 4, Westseite; Aufn. 1982

treppenhaus mit kuppeliger Decke (nicht erhalten); das hohe
3. Geschoss, die ehem. Kunstkammer, wurde durch Einzug einer
Zwischendecke geteilt; demgemäß traten an die Stelle der großformatigen Museumsbelichtung durchschnittliche Rechteckfenster im 2. und fast quadratische im neuen, niedrigen 3. Obergeschoss; die letzteres erschließenden Gänge entlang der Innenseite erhielten Halbrundfenster zum oberen Hofarkadenumgang.
Die Haupträume der Münzfertigung lagen im Erdgeschoss östlich der beiden Durchfahrten, im Nordflügel (von Westen)
Schmelzraum, Waage und Weiß-Sud (Sudküche) mit Glühofen,
im Ostflügel nördlich des Durchgangs die sog. Strecke mit drei
durch den darunter fließenden, neu angelegten „Hauptmünz-
amtskanal" betriebenen Wasserrädern und südlich vom Durchgang das Walzwerk („Dampfwalze" auf Plan von 1876). In den
beiden Prägesälen im Südflügel blieben die größten zusammenhängenden Teilabschnitte des ehem. Marstalls anschaulich erhalten, im westlichen Raum drei (z. T. verbaute) Joche, im östlichen
vier Joche der gewölbten Säulenhallen; der größere dieser beiden
Prägesäle, noch mit den im Mittelschiff eingespannten, spätklas-
sizistisch-dekorativen Zugstangen aus Schmiedeeisen, dient heute dem Landesamt für Denkmalpflege als Veranstaltungs- und
Vortragssaal (jetzt sog. Säulensaal). Westlich der Süddurchfahrt
wurde die Hausmeisterwohnung untergebracht. Im 1. Stock wurde – erschlossen durch hofseitige Gänge – im Süd- und Ostflügel
die Wohnung des Direktors („General-Münzwardeins") der
Münze eingerichtet; in der Nordostecke lagen seine beiden Amtszimmer. Außer verschiedenen Arbeits-, Verwaltungs-, Kassen-
und Lagerräumen enthielten die Obergeschosse weitere Dienstwohnungen – das 2. für Kassier, Materialverwalter und ersten
Graveur, das neu eingebaute 3. für die Vorarbeiter. – Unterkellert
war früher nur ein Bereich westlich der Süddurchfahrt im Anschluss an die historische Wendeltreppe. (Das Nachbarhaus östlich des Pfisterbachs wurde erst 1813 als Scheidgebäude ausgebaut, 1846 noch das östlich angrenzende Haus hinzu erworben;
s. Pfisterstraße 3, 5.)
Die vier außenseitigen Putzfassaden der Münze erhielten 1807–
1809 eine neue Gestaltung gemäß der in München in dieser Phase
des Klassizismus dominierenden sparsamen Kargheit und (auch
durch die Notzeit gebotenen) Nüchternheit unter weitgehendem
Verzicht auf Gliederungen und Schmuck. Das rau verputzte Erd-

geschoss wird von einem profilierten Gesims abgeschlossen, die
Fenster im 1. Stock erhielten gerade Verdachungen, die im
2. Stock Sohlbänke auf Konsolen; über dem Konsolgesims mas-
kiert eine (technisch nachteilige, den Eisstau fördernde) Attika
zumindest den Ansatz des klassischer Ästhetik widersprechen-
den Steildaches. Ein repräsentativeres Gesicht erhielt lediglich
die elf Fensterachsen breite Westfassade an dem zum Eingang

Westseite,
Giebel;
Aufn.
1982   ▷

(später bis zum Straßendamm der Maximilianstraße) ansteigenden Seitenast des Hofgrabens; hier wurde den fünf Mittelachsen ein vorgemauerter Eingangsrisalit aufgeblendet, mit Putzquaderung im Sockelgeschoss, Rechteckblende mit Baudatum
MDCCCIX auf Kupfertafel über dem Portal, durch Gesims abgesetztem 3. Obergeschoss mit Inschrifttafel „MONETA RE-
GIA" aus Kupfer und Dreiecksgiebel, der eine Franz Jakob
Schwanthaler zugeschriebene allegorische Hochrelieffiguren-
gruppe aus Stuck umschließt – drei antikisch gewandete Frauen
mit Füllhörnern und Waagen, nach Andreas Hubers Deutung die
drei Monetae (Münzarten), nach Friedrich Kobler (1986) die Personifikationen der Ausmünzung in Kupfer, Silber und Gold.
(Petzet 1986 stellte neben F. J. Schwanthaler auch den Hofbildhauer Joseph Kirchmayer zur Diskussion.) Der Ausführung der
Eingangsfront, die freilich an der schmalen Straße ungenügend

zur Geltung kommt und nur im Schrägblick zu erfassen ist, wurde mit vier Vorentwürfen (von A. Gärtner, Fr. Thurn und H. Léprieur) besondere Sorgfalt gewidmet. – Ab 1857 entstand im Norden ein Erweiterungsbau von Friedrich Bürklein (Direktorswohnhaus, Arkaden), s. Maximilianstraße 6.

Als Produktionsstätte wurde das Münzgebäude laufend verändert, das Äußere 1876 und 1895/96, der Hof 1877 und 1899 renoviert; ein Neubau am Marsplatz (1909–12) nicht realisiert. Bei Restaurierung des Arkadenhofes 1933/34 wurden konstruktive Verbesserungen (z. T. Schubstützen) und Materialauswechslungen sowie eine Putzerneuerung vorgenommen, der Hof mit Kieseln (statt Kleinstein) gepflastert, die Außenfassaden 1933 (Westseite) und 1936 restauriert.

Im Bombenkrieg wurden 70 % der Gebäudesubstanz unbenutzbar; der Nordflügel und der angrenzende Teil des Ostflügels brannten am 17. Dezember 1944 vollständig aus und wurden am

Hofgraben 4, Arkadenhof (Kriegsschaden); Aufn. 1950

7. Januar 1945 durch eine Luftmine weiter z. T. bis zum Erdgeschoss hinunter zerstört. Die Hofarkaden blieben stehen, doch fehlte bei den nördlichen die Mauerkrone oberhalb der Bögen und Gewölbe des letzten Geschosses. Luftbilder vom Juni 1946 zeigen die Südhälfte des Komplexes mit erhaltenen Dächern (über dem Südflügel liegendes Dachwerk mit Mittelhängesäule, wohl 18. Jh., jedenfalls älter als die Attika von 1808; alte Kaminköpfe). Der leichter beschädigte Südflügel wurde bis 1947 wieder benutzbar ge-

macht, die drei anderen Trakte wurden 1950–52 (Richtfest am 9. Juni 1950) mit neuen Zwischendecken in Beton und z. T. ergänzten Außenmauern wiederaufgebaut. 1953 entstand im Westtrakt an der Stelle des alten ein neues Haupttreppenhaus – zunächst nur als Rohbau –, das gestalterisch erst 1957 vollendet wurde. Der Arkadenhof wurde 1961–63 saniert und restauriert mit – für damalige Verhältnisse auffälliger, doch bald wieder vergrauter – Farbgestaltung nach Beratung durch Hermann Kaspar; im Erdgeschoss der Südarkaden wurde 1963 eine baugeschichtliche Inschrifttafel aus Rotmarmor angebracht (Bildhauer Erich Hofmann).

Nach dem Umzug der Staatlichen Münze in den 1983–86 errichteten Neubau an der Zamdorfer Straße erfolgte am 31. Juli 1986 die Übergabe des historischen Vierflügelkomplexes an das Bayerische Landesamt für Denkmalpflege und die abschnittsweise Gesamtrestaurierung und Adaptierung in den Jahren 1987–96, zuletzt (1995/96) die Restaurierung des Arkadenhofes, der abermals einen neuen Putz sowie nach Befund eine Farbfassung in dominierend anthrazitgrauem Ton an Säulenschäften, Arkadenbögen und Gesimsen erhielt, der mit dem Weiß der Dreieckszwickel bei der Obergeschosse, der Gewölbe und Rückwände sowie dem Rotmarmor-Materialton der toskanischen Säulen und Brüstungen im obersten Stock kontrastiert. Der Hof wurde neu mit Bachkieseln gepflastert.

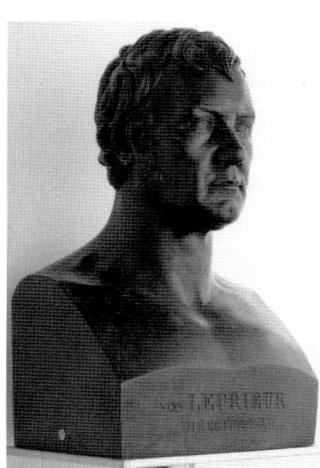

Treppenhaus, Porträtbüste H. J. Léprieur († 1837)

Im Haupttreppenhaus von 1954/57 erinnern eine Bronze-Bildnisbüste des Münzdirektors Heinrich Joseph von Léprieur († 1837; wohl von Johann Baptist Stiglmaier, dessen Ausbildung der Münzdirektor seinerzeit gefördert hatte) und eine große Waage an die frühere Nutzung des Gebäudes. In das Treppenauge wurde 1996 Erich Lindenbergs Installation „Zerbrochene Figur" von Christian Rauchs Gussmodell-Fragmenten (Gips; 1829–35) für das Max-

Treppenhaus, Installation mit Rauchs Modellfragmenten für das Max-Joseph-Denkmal

Joseph-Denkmal auf dem benachbarten gleichnamigen Platz (s. dort) eingebaut, auch im Gedenken an den Monarchen, der 1807 den Umbau zur Münze veranlasst hatte. Ringsum und an den Wänden sind mehrere zugehörige Gipsreliefplatten angebracht, im nördlichen Nebenraum des 1. Stocks die Modelle der Figuren „Bavaria" und „Felicitas publica" vom Denkmalsockel aufgestellt. – Im modernen nordöstlichen Nebentreppenhaus werden seit 1998 in Form einer von Nikolaus Lang konzipierten „Spurensicherung" die 1988/89 aus dem Pfisterbach geborgenen Fundstücke, nach Gattungen geordnet, in 43 Glas-Eisen-Kästen präsentiert.

Der Pfisterbach zwischen der Ostseite der Münze und deren Nebengebäude (s. Pfisterstraße 3) wurde 1875 (eisernes Kesselhaus) und weiter 1890 und 1900 überbaut. Nach Abbruch dieser Einbauten wurde am 18. April 1990 die offene Fußgängerpassage in Verlängerung der Sparkassenstraße nach Norden eröffnet, das ehem. Bachbett darunter um diese Zeit als Kellergeschoss ausgebaut.

ARCHÄOLOGISCHE BEFUNDE: Münze der römischen Kaiserzeit (Fundst.-Nr.: 7835/0110). Aus dem Hof der Alten Münze wurde 1828 ein Denar des Vespasian gemeldet. Es handelt sich sicherlich um einen sekundären Fundort, da sich im Gebäude früher das kurfürstliche Kunstkabinett befand.

Funde des Mittelalters und der Neuzeit (Fundst.-Nr.: 7835/0254, 7835/0352). Bei der Freilegung des Pfisterbaches 1987 barg man aus der Bachverfüllung zahlreiche mittelalterliche und neuzeitliche Funde. Zu den Funden gehören 387 Münzen, mittelalterliche und neuzeitliche heimische (Becherkacheln, Malhornware, Koch- und Nachtgeschirr etc.) und Importkeramik (Kröninger Hafnerei, Schwarzgeschirr, Fayencegefäße aus Salzburg, Steinzeugwasserflaschen, Westerwälder Kannen und Krüge etc.), weiterhin Glasfragmente (Krautstrünke, Becher mit geschliffenen und geätzten Dekoren etc.), Knochenabfall (Paternosterherstellung), weitere Gegenstände aus Knochen (Spielwürfel, Messergriffe etc.), zahlreiche Nahrungsabfälle, Eisengegenstände (Knöpfe, Wallfahrtsgegenstände, Kreuze, Ringe etc.), Produktionsabfälle (metallverarbeitende Betriebe, darunter Zinn und Kupfer), Bleiplomben (meist mit eingedrückten Wappen oder Firmenbezeichnungen), kunstvoll gearbeitete Buchschließen, Rasiermesserhüllen, Fingerhüte, etc. Außerdem konnte am Gebäude Pfisterstraße eine hölzerne Bausubstruktion, die aus grob behauenen, senkrechten Balken mit aufliegenden waagrechten Hölzern unterhalb der Grundmauern des Hauses besteht, dokumentiert werden.

Hofstatt

(Vgl. Ensemble Altstadt.) Sackgasse südlich des Färbergrabens, heute – nach totaler Luftkriegszerstörung – ohne Altbebauung, doch entwicklungsgeschichtlich bedeutsam, entstanden aus einer außerhalb der ersten Stadtmauer im Bereich des (kontrovers erörterten) Altheim gelegenen Hofstatt in Adelsbesitz (vgl. im Einzelnen Stahleder 1992). Im südwestlichen Eckbereich stand vor dem Krieg das durch seinen Zwiebelturm auffällige Neurenaissancehaus des Buchdruckerei-Verlags Manz (Nr. 6). Das frühklassizistische Haus Nr. 8 an der Westseite trug eine Gedenktafel an den Erfinder des Gasmotors Christian Rethmann, der hier 1863–1909 wohnte.

Hopfenstraße

Kurze Verbindung von der Arnulfstraße nordwärts zur Marsstraße, westlich vom gewachsenen Komplex des Bayerischen Rundfunks (vgl. Rundfunkplatz 1), östlich vom Westtrakt des vormaligen Verkehrsministeriums begrenzt (s. Hopfenstraße 8). Der Name – wohl auf die Brauereien im Umfeld bezogen – erscheint auf Stadtplänen seit 1814.

Hopfenstraße 4/6/8 (mit Rundfunkplatz 2). *Büroresidenz Hopfenpost,* ehem. Postdienstgebäude, Westflügel (Rest) des ehem. Verkehrsministeriums (vgl. Chevalley/Weski 2004, Arnulfstraße 9/11/13). Der nördlich vom Hauptbahnhof-Areal zentral gelegene sog. Maffei-Anger, das Geviert von der Arnulfstraße im Süden bis zur Marsstraße, östlich von der Seidl-, zuvor Hasenstraße und westlich von der Hopfenstraße begrenzt, blieb lange unbebaut und diente im späten 19. Jh. als städtischer Lagerplatz (vgl. Stadtplan 1891); 1902 erwarb der Staat den Grund zum geplanten Neubau der bislang getrennt untergebrachten Postdienststellen (Zentralbriefpostamt, Oberpostamt, Generaldirektion der Posten und Telegraphen) – Funktionen, die alsbald in das Neubauvorhaben für das 1903 gegründete eigene bayerische Verkehrsministerium einbezogen wurden. Die kgl. Oberste Baubehörde erstellte ein Vorprojekt als Grundlage für die beim Landtag zu beantragenden Mittel. Unabhängig von diesem Vorprojekt und einem 1903 ausgeschriebenen Wettbewerb, doch gemäß dessen Programm wurde ein Vertrag mit dem Architekten Prof. Carl Hocheder d. Ä. über Planherstellung und Bauausführung „unter eigener Verantwortung" geschlossen, sein Ausführungsprojekt

am 4. März 1905 Allerhöchst genehmigt, der Bau am 5. Oktober 1905 mit dem ersten Spatenstich begonnen und der sukzessiv, im Wesentlichen schon 1912 vollendete Komplex am 29. März 1913 eröffnet. Der lange, flachkonkave Mittelteil des Flügels an der Südseite der Arnulfstraße (Nr. 9/11/13, s. dort) wurde erst 1911–16 fertiggestellt, womit das von drei Seiten von dem Komplex umschlossene einstige Forum an der im Westen überbrückten Arnulfstraße vollendet war (der Torbau über der Straße und die Seitenrisalite des Südtraktes Nr. 9/11/13 sind bereits auf Bestandsplänen und Fotos von 1913 dargestellt). Als Bürovorstand war während der gesamten Bauzeit Direktionsrat Karl Straub tätig, die ausführenden Baugeschäfte waren Peter Schneider, Max Krauss, Leonhard Moll und Karl Stöhr. Das Bildhaueratelier leitete Karl von Lilien (später Lilien-Waldau); von der opulenten Bauplastik, an der zahlreiche renommierte Münchner Bildhauer beteiligt waren (u. a. Georg Albertshofer, Anton Pruska, Ludwig Dasio, Julius Seidler, Wilhelm Nida-Rümelin) ist fast nichts er-

Ehem. Verkehrsministerium; Zeichnung von Otto Quaue, 1926

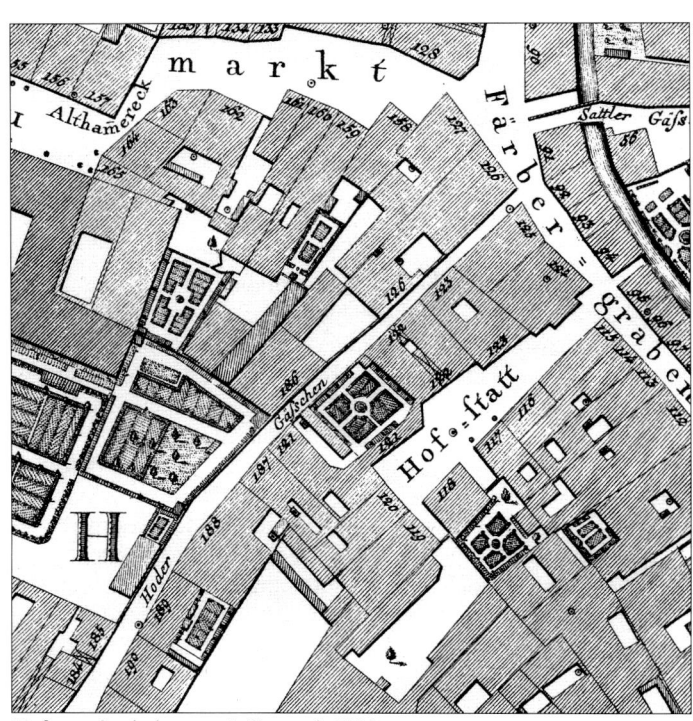

Hofstatt; Stadtplan von J. Consoni, 1806

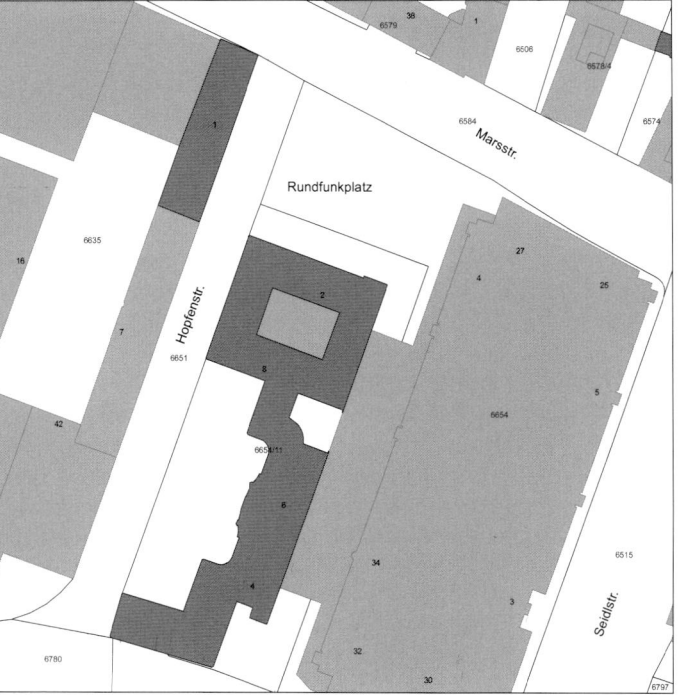

Hopfenstraße; Flurkarte, M. 1:2 500

Hopfenstraße 4/6/8, ehem. Verkehrsministerium nach Kriegszerstörung; Aufn. 1946

halten. (Zu den beschäftigten Architekten, Künstlern, Bau- und Ausstattungsfirmen im Einzelnen vgl. SBZ 1913, S. 137 ff.)

Das Verkehrsministerium, der größte Staatsbau in München vor dem Ersten Weltkrieg, bezeugte mit seinem materiellen und gestalterischen Aufwand, der die rein funktionellen Bedürfnisse weit überschritt, anschaulich Bayerns Reservatrecht auf eigene Bahn und Post im Kaiserreich und setzte somit die Reihe demonstrativ stattlicher Neubauten der Prinzregentenzeit wie Justizpalast, Nationalmuseum und Armeemuseum in nochmals gesteigerten Dimensionen fort. Nach Angabe von 1913 betrug der Umfang der Außenfassaden fast 1 km, der umbaute Raum 361.000 m³; die Baukosten beliefen sich auf fast 10 Millionen Mark. Mit seinem nach zeitgenössischem Begriff in moderner Auffassung abgewandelten und fortgeschriebenen, signifikant süddeutsch-heimischen Barockstil verbanden sich – vornehmlich im Innern wie in der Kuppelhalle oder dem Briefträgersaal – Elemente des späten Jugendstils und einer kaum noch historisierenden Reformarchitektur, in der Konstruktion herkömmliche Materialien und Techniken (Ziegelmauerwerk, Naturstein, Dachziegel) mit neuzeitlichen (Eisenbeton). In der maßstäblichen und formalen Übersteigerung des zugrunde gelegten barocken Formenrepertoires zu fast aufdringlicher, dynamisierter, an den Fassaden nach oben zunehmender Plastizität stellte das Verkehrsministerium gewissermaßen eine Münchner Variante des ansonsten hierorts (bezeichnenderweise) kaum vertretenen wilhelminischen, mitunter auch „teutonisch" genannten Monumentalismus dar (vgl. die Würdigung von Hans Karlinger, in: Wanderbuch 1922, S. 125).

Im Unterschied zu der im strengen Historismus des 19. Jh. üblichen allseitigen Symmetrie (vgl. Justizpalast) war der riesige, sechs verschieden große Höfe, einen großen Lichthof über dem Briefträgersaal im Nordwesten und im Süden zusätzlich das Forum an der Arnulfstraße dreiseitig umschließende Komplex um ein großes Achsenkreuz mit der Kuppel im Schnittpunkt gruppiert, wies aber nach den Eckbereichen hin Abweichungen und Annexe auf – in dieser Spätphase eine nur noch zurückhaltende, sekundäre Auflockerung der Baumasse, eine im Vergleich mit dem „malerischen" Agglomerationsbau des Nationalmuseums zeittypische Neigung zu wiederum sich verfestigender Geschlossenheit. Jeder der vier – gleich dem Justizpalast unterschiedlich gestalteten – Schauseiten des Hauptgebäudes (nördlich der Arnulfstraße) hatte für sich gesehen Dimensionen und Charakter eines Monumentalbaues; an drei Seiten bildeten zwischen den Eckflügeln bzw. -blöcken eingezogene Ehrenhöfe mit jeweils gerundeten Innenecken nach Größe und Ausformung unterschiedliche, platzartige Erweiterungen der tangierenden Straßen. Nur im Norden an der Marsstraße, wo die Baumasse insgesamt in voller Breite zurückgenommen wurde, zu der später Rundfunkplatz genannten Freifläche hin war die lang gestreckte

Fassade abschnittweise vorgestaffelt bis hin zum Mittelrisalit auf konvex-geschweiftem Grundriss. Hinter den prächtigen, individuell ausgebildeten Mittelrisaliten im Norden, Osten und Süden lagen jeweils verschieden gestaltete Durchfahrten bzw. Vestibül- und Treppenhausbereiche. Die Hauptschauseite war im Süden dem Forum an der Arnulfstraße zugewendet, mit Unterfahrt im stark konvex vorgezogenen Mittelrisalit und Vestibül vor der queroval en, von den Armen der Haupttreppe umrundeten Kuppelhalle. Im 2. Stock dieses Südtraktes waren die repräsentativsten Räume untergebracht – in der Mitte der große Konferenz- und Festsaal, links davon (westlich) die prachtvoll ausgestattete Bibliothek mit zwei Galerien und anschließendem Lesezimmer, östlich Salon und Dienstwohnung des Ministers und darüber im 3. Stock dessen Amtsräume. (Weitere Dienstwohnungen standen dem Vorstand des Zentralbriefpostamtes, dem Geheimen Sekre-

Hopfenstraße 4/6/8

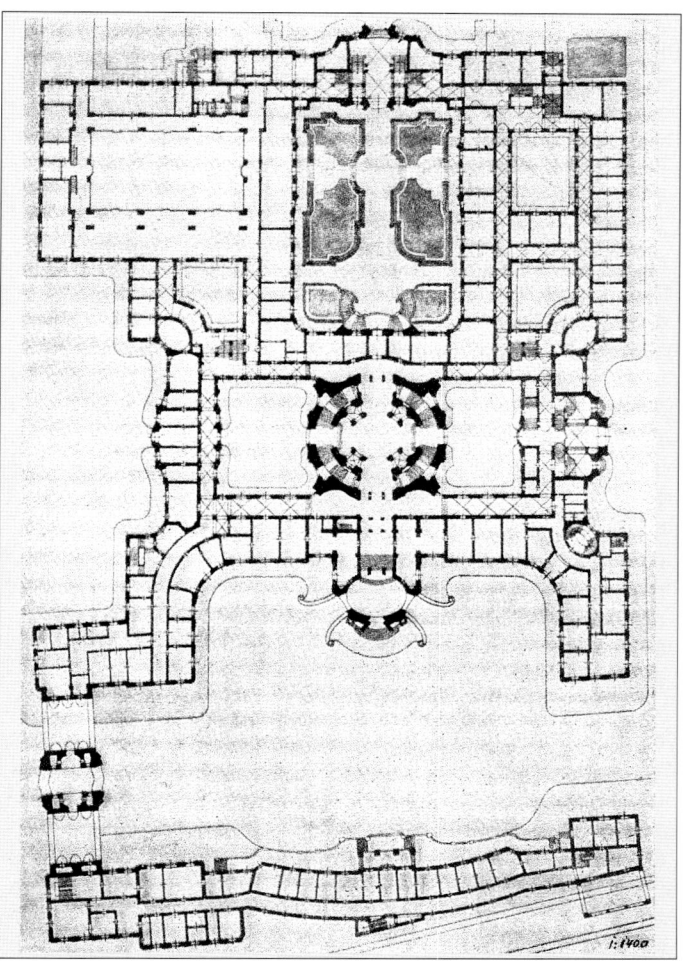
Ehem. Verkehrsministerium; Grundriss Erdgeschoss, 1912

tär, dem Hausverwalter sowie vier sonstigen Bediensteten zur Verfügung.) Der weitaus größte der Höfe, im Norden zwischen Kuppelbau und Nordrisalit gelegen, war gartenkünstlerisch gestaltet. Der vierflügelige Bauteil westlich davon umschloss den 1600 m² großen, zweigeschossigen Briefträgersaal mit von drei Oberlichten durchbrochener, ornamental bemalter Segmentwölbung, einst eine der eindruckvollsten Raumschöpfungen des Reformstils in München. Beherrschende Zusammenfassung des Gesamtkomplexes war die in Ost-West-Richtung querovale, gestelzte, 70 m hohe Kuppel mit 32 m größtem Durchmesser, eine technisch bemerkenswerte Eisenbetonkonstruktion mit Mönch-Nonnen-Deckung und im Scheitel aufge-

Hopfenstraße 4/6/8

setztem Planetarium; der mächtige Tambour war an den vier Hauptseiten in Säulenloggien aufgelöst, die zwischen gerundete Eckverstärkungen mit Schweifgiebeln eingespannt waren.

An der Südwestecke des Hauptkomplexes schloss sich ein die Arnulfstraße mit drei Bögen überspannender Flügelbau mit hohem Haupt- und niedrigerem 2. Ober- sowie Dachgeschoss und stattlichem Torturm in der Mitte an; den schweifgiebeligen Turmabschluss (der allein im Luftkrieg zerstört war) zierten große Zifferblätter. Dieser das Forum im Westen durchlässig begrenzende Torflügel bildete den Übergang zum erst 1916 vollendeten, lang gestreckten Trakt südlich der Arnulfstraße, der mit seinem flach konkaven Mittelteil zwischen Eckrisaliten die städtebauliche Entsprechung zum nördlich gegenüberliegenden Ehrenhoftrakt mit dem Haupteingang samt der dahinter aufragenden Kuppeldominante darstellte. Allein dieser schmale Flügelbau Arnulfstraße 9/11/13 (s. Chevalley/Weski 2004) mit Rückseite zum Bahngelände hat bis heute die originale straßenseitige Natursteinverkleidung mit Suevit (Trachyttuff) bewahrt, einem geologisch höchst bemerkenswerten, im Bauwesen selten verwendeten Material aus dem bayerischen Ries, dessen dunkler Farbton früher das Erscheinungsbild sämtlicher Straßenfronten des Komplexes prägte. Die Hoffassaden waren rau verputzt mit Gliederungen in Stampfbeton, zum Teil mit ornamentaler Malerei belebt. Technisch bemerkenswert war die Verbindung des Gebäudes über den Starnberger Bahnhof zum Bahnpostamt (s. Bayerstraße 12, Chevalley/Weski 2004) durch eine interne elektrische Post-Untergrundbahn (nach Megele I 1951, bereits 1910 erbaut; doch erst 1913 in Betrieb genommen).

Mit der Übernahme der Bayerischen Verkehrsanstalten durch das Deutsche Reich am 5. Mai 1920 erfolgte zugleich die Aufhebung des Verkehrsministeriums; das Gebäude wurde fortan meist als „Verkehrspalast" bezeichnet. In dem weiterhin von den Bahn- und Postbehörden benutzten Komplex begann auch das Rundfunkzeitalter für Bayern; am 30. März 1924 nahm die (1922 gegründete) „Deutsche Stunde in Bayern GmbH" ihren Betrieb auf; der erste Senderaum befand sich im Dachgeschoss des Haupteingangstraktes an der Arnulfstraße (bis zur Einweihung des eigenen Neubaus am 30. Juni 1929, vgl. Rundfunkplatz 1).

Im Zweiten Weltkrieg erlitt das ehem. Verkehrsministerium schwerste Schäden, vor allem durch Sprengbomben im Oktober und Dezember 1944, die den Kolossalbau zwar nicht vernichteten, doch in unterschiedlichem Maße zerstörten. Verschiedene Bereiche wurden nach 1945 für Bahn- und Postzwecke (zum Teil

notdürftig) wiederhergestellt, vor allem der am wenigsten beschädigte, bis heute erhaltene, das Forum südlich zur Bahn hin abschließende Flügel Arnulfstraße 9/11/13 (um 1980 wiederum durch die Bundesbahn restauriert) sowie der Postflügel im Westen entlang der Hopfenstraße. Die übrigen, nur stellenweise nach 1945 noch benutzbaren, weitgehend ruinösen, mit entstellenden Lücken durchsetzten Bauteile wurden abschnittweise abgebrochen, so 1959/60 die nur im äußeren Erscheinungsbild, jedoch nicht konstruktiv beschädigte Kuppel – ein gravierender Verlust für die Stadtsilhouette (die Abbruchkosten kamen schätzungsweise denen für eine Instandsetzung gleich). 1966 wurde der weitgehend erhaltene, dem Verkehr kaum hinderliche Torflügelbau an der Arnulfstraße abgetragen, um 1970 der der einstigen Kuppel vorgelagerte Südflügel an der Arnulfstraße und der Nordtrakt am Rundfunkplatz.

Der *Westflügel* (Hopfenstraße 4/6/8, der Nordteil neuerdings Rundfunkplatz 2), viergeschossig mit Lisenengliederung und Mansarddach, zweifach eingezogenem Ehrenhof (sog. Posthof) und konvexem Mittelrisalit blieb erhalten (nicht mehr vorhanden sind der Mittelgiebel und die beiden schräg gestellten Türmchen über den konkaven Vorhofecken); 1969–72 ließ ihn die Oberpostdirektion sanieren, wobei die kostbare straßenseitige Natursteinverkleidung in die noch bestehende barockisierende, durch Felderteilung belebte Putzfassade umgewandelt wurde, sicher auch durch Fehlstellen und abbruchverursachte Anschlussprobleme bedingt; u. a. wurde die Südseite an der Arnulfstraße begradigt und gestalterisch dem übrigen Gebäude angepasst. Der Ehrenhof wurde durch einen modernen, niedrigen Querriegel mit Einfahrt abgesondert; dieses entstellende Element wurde wieder beseitigt beim neuerlichen Umbau zum Bürogebäude im Auftrag der Firma MOM Mall of Munich (2001/02; Architekturbüros Hoffmann/Amtsberg–Amtsberg & Partner), der die denkmalpflegerischen Gesichtspunkte und noch vorhandene originale Bestandteile und Ausstattungselemente berücksichtigte (Fenster, großenteils nach altem Muster nachgebaut; Dachgauben; Türen; einzelne Gitter u. a.). Von der ursprünglichen Gestaltung des Mittelportals ist nur noch die Natursteinrahmung des darüberliegenden Fensters mitsamt der Büste eines Postillons mit Hut (von Bildhauer Karl von Lilien) erhalten, im Inneren vor allem die korbbogig gewölbte mittlere Durchfahrt sowie zwei Treppenhäuser – ein zweiläufiges im Nordteil zwischen den ehem. Höfen V und VI (mit Durchbrechung nachahmender Reliefstruktur am massiven Geländer) sowie eine Podesttreppe mit steinernem Balustergeländer im Südteil (in der vorspringenden Ecke zwischen dem engeren Mittel- und dem breiteren äußeren Teil des Ehrenhofes). Die Ostseite, seit dem Verlust der Anschlussbebauung bruchstückhaft, erhielt eine bewusst modern gestaltete Fassade teils vorgeblendet, teils mit einem Ergänzungsbau verbunden. Der Nordwestblock, jetzt als Rundfunkplatz 2 mit neuem Zugang von Norden, erhielt an der Stelle des einstigen Briefträgersaals eine Garage („Hopfenpostgarage") mit Einfahrt im Westen. – Auch das östlich davon auf dem Abbruchgelände entlang der Seidlstraße 1988–92 von Hentrich und Petschnigg freistehend errichtete Zentrale Briefpostamt (Seidlstraße 3, Arnulfstraße 30/32/34, Marsstraße 25/27) wird neuerdings als Bürokomplex genutzt.

Aus dem ehem. Verkehrsministerium stammen ein Wandbrunnen (jetzt Prälat-Zistl-Straße 20, s. dort) sowie vier Bronzefiguren von Karl Kroher 1924, ehemals im Kuppelsaal (Ehrenmal), heute an der Richelstraße vor der Verwaltung der Deutschen Bahn.

Hotterstraße

(Vgl. Ensemble Altstadt.) Kurze Verbindung zwischen Färbergraben im Norden und Hackenstraße im Süden, nach Stahleder (1992) aus einer mittelalterlichen Hofstatt hervorgegangen (bis Mitte des 15. Jh. eines Ritters Stephan der Schmiecher; Sackgasse bis 1451) und vermutlich nach einer Person benannt – 1372 „auf dem gaertten, der dez Chodens ist gewesen". Der Name später als Hot, Hoder, Hader, Hotter und ähnlich gedeutet; vielleicht der Herkunft nach ein Angehöriger des tschechischen, um die Grenzstadt Taus siedelnden Stammes der Choden? Ältere Bebauung seit dem Luftkrieg nur noch beiderseits des südlichen Endes der schmalen, leicht gekrümmten Gasse (s. auch Hackenstraße 4); deren Westseite ist im Mittelbereich bereits auf dem Sandtnerschen Stadtmodell (1570) zum Garten des (späteren) St.-Anna-Damenstiftes geöffnet (s. Damenstiftstraße 1, 3 und Altheimer Eck 15), in dem in der NS-Zeit ein Hochbunker errichtet wurde (s. Hotterstraße 10). (Siehe Flurkarte S. 285)

ARCHÄOLOGISCHE BEFUNDE: Größere Bodeneingriffe und Umbauten sind aus jüngerer Zeit nicht bekannt. Deshalb ist mit untertägig erhaltenen Resten von Bauwerken, unter der Straße mit verrohrten Bächen und Pflastern und unter den Gebäuden mit Resten von Vorgängerbauten, möglicherweise mit Brunnen und Latrinen, zu rechnen.

Unter Hotterstraße 10, 11, 12, 13, 15, 16 und 18 befinden sich Teile mittelalterlicher und neuzeitlicher Bebauung.

Bei den Grundstücken Nr. 2, 5, 10 und 16 wurde beim Wiederaufbau nach dem Zweiten Weltkrieg die Mauerfront zurückversetzt, sodass sich heute die Fundamente der ehemaligen Straßenfront unter dem Gehwegpflaster befinden.

[**Hotterstraße 10.** Luftschutz-Hochbunker, 1943 im Ostteil des Damenstift-Schulhofes (vgl. Damenstiftstraße 3) erbaut; Pläne des Landbauamtes München von Karl Hocheder (d. J.) unterzeichnet. Typus des Rechteckblockes mit (innen) fünf Geschossen, rustizierten Ecken, Attika und aufgesetzter Flak-Terrasse. 1947 als zeitgemäß notdürftiges „City-Bunker-Hotel" adaptiert. (Vgl. Hochbunker Blumenstraße 22 und Müllerstraße 7.)]

ARCHÄOLOGISCHE BEFUNDE: Gräben unbekannter Zeitstellung (Fundst.-Nr.: 7835/0385). Beim Erdaushub für den Hochbunker 1943 stieß man ungefähr 18–20 m westlich dieser Straße in 2–3 m Tiefe auf drei parallel laufende, nord-südlich gerichtete Gräben, deren tiefster (am Ostrand der Baugrube) bis zu 1 m tief in den festen Kies einschnitt. Hierbei dürfte es sich um die westliche Begrenzung der Smycher-Hofstatt handeln.

Hotterstraße 13. Sandtners Stadtmodell von 1570 wie Stimmelmayr (um 1800) zeigen auf dem Grundstück ein Kleinhaus zwischen Gartenmauern. Wohl erst in der Zeit nach der Abtrennung

Hotterstraße 13

Hotterstraße 18, Gaststätte „Zur Hundskugel"

Hotterstraße 18; Aufn. um 1940

vom nördlich benachbarten Anwesen (1767) entstand ein größerer Neubau (seit 1831 im Besitz von Metzgern).

Das bestehende (ehem.) Mietshaus, das letzte erhaltene der dreigeschossigen Vorkriegs-Bebauung an der Ostseite der Hotterstraße, ließ der Metzgermeister Andreas Schild 1893 durch Oscar Strelin in Neubarockformen errichten, die sich in etwas einfacher Art dem gleichzeitigen stattlichen Nachbarhaus Hackenstraße 4 (s. dort) anschließen. Die Außenachsen – die linke mit dem Tor – werden von Lisenen eingefasst und durch Segmentbogen mit Muschelnischen über den Fenstern im 1. Stock sowie verschieden große Zwerchhäuser betont. – Seit 1994 zum Nachbarhaus Nr. 13 (erbaut 1977) gehörig und mit ihm im Inneren seit 1992 verbunden.

Hotterstraße 18. (Vgl. Ensemble Altstadt, Straßenbildfolge Hacken-/Brunnstraße). Gaststätte *Zur Hundskugel*. Die herkömmliche Annahme „Münchens älteste Gaststätte – seit 1440" wurde von H. Stahleder (1992) relativiert durch den Hinweis auf das für Münchner Verhältnisse hohe Alter des Gebäudes; er als einziger analysierte kritisch die Geschichte des Hauses, während eine eingehende Bauforschung an der Substanz bisher nicht erfolgt ist. Das Eckhaus repräsentiert heute fast als Unikat den früher in München häufiger verbreiteten Typus des Pultdach- bzw. Halb-

Hotterstraße 18, Gastraum

giebelhauses (vgl. Sandtners Stadtmodell von 1570), vorzugsweise (doch keineswegs ausschließlich) auf Eckgrundstücken, meist ohne Möglichkeit zur Hofbildung wie auch im vorliegenden Fall; mitunter bildeten die Halbgiebel zweier Nachbarhäuser einen gemeinsamen Vollgiebel oder schlossen umgekehrt zwei Pultdächer einen Graben ein.

Gemäß dem ältesten erhaltenen Grundbuch von 1485 gehörte das Anwesen zeitweise Herzog Sigismund. Häuserbuch III (1962) geht von ursprünglich zwei im späten 15. Jh. vereinigten Häusern aus. Ein Ewiggeldverkauf durch den Tagwerker Lienhart Hueter im Jahre 1496 „aus seinem neuen Haus" lässt auf einen Neubau schließen. Auf Sandtners Stadtmodell von 1570 ist ein nur zweigeschossiges Pultdachhaus mit anderer Fenstereinteilung bzw. dichterer Achsenfolge als heute sowie mit drei Eingängen dargestellt, der Flacherker in der zweiten (heute ersten) Achse von links lässt H. Stahleder eine spätere Verkürzung des Hauses im Süden vermuten, verbunden mit Verlegung des Eingangs unter den Erker und Vermauerung der Öffnungen in der Längsfassadenmitte mit heute auffallend breitem Fensterabstand. Als zweigeschossig zu deuten ist auch die schräge Rückansicht des Hauses auf Tobias Volckmers Stadtplan von 1613. Demnach erfolgte ein Neubau oder wahrscheinlicher Umbau nebst Aufstockung erst später, jedoch gemäß den traditionellen Elementen des Pultdaches und Flacherkers zufolge in noch vorbarocker Zeit. In der Literatur wird mehrfach, doch ohne Begründung oder Quellenangabe, um 1640 als Bau- oder Umbauzeit angenommen, vielleicht im Hinblick auf den Hauserwerb (bei Versteigerung) durch den Stadtzimmer- und Unterbaumeister Georg Khayser 1638.

Gastwirte waren Eigentümer seit 1732, als der Weißbierschenk Simon Hinterholzer das Haus erwarb; von dem 1828 verstorbenen Bierwirt Andre Seelmair ist der zeitweilige Name „Zum Anderl-Wirt" abzuleiten. Die heutige Bezeichnung „Zur Hundskugel" erscheint erstmals im Stadtadressbuch von 1896; kurz zuvor hatte der Gastwirt Franz Xaver Kiermaier das Anwesen geerbt. (Zum Namen „Hundskugel" vgl. Hackenstraße 10 mit Hauszeichen.) Auf einer Ansicht von 1910 (Bauer 1982, S. 124) ist das Erdgeschoss dunkler gestrichen, alle Öffnungen von gemalten, geohrten Rahmen in hellem Ton umgeben (insgesamt Glattputz); an der Ecke schräg angebautes Wirtshausschild wohl aus Blech mit Hauszeichen und Aufschrift „Altmünchener Bierstube Hundskugel". Die Löwenbräu AG, Eigentümerin seit 1924, ließ 1951 Instandsetzungsmaßnahmen durchführen. Ein Foto der ersten Nachkriegszeit zeigt das erhaltene Haus noch mit Rauputz, aus dem schmale, glatte Fensterumrahmungen ausgespart sind, mit Gesims am Erker über dem Fenster im 1. Stock sowie glatten Werbeflächenstreifen („Zur Hundskugel – Löwenbräu") über dem Erdgeschoss; auf einer Aufnahme vom Oktober 1952 hat die Fassade bereits einheitlichen Glattputz (BLfD, Bildarchiv). Der Modeschöpfer Rudolph Moshammer, der das Haus 1983 erwarb, ließ es außen wie innen renovieren und einzelne Räume mit transferierten historischen Bauelementen und Antiquitäten ausstatten.

An der schmalen Südseite liegt in der linken der beiden Achsen der Hauseingang und im Halbgiebel eine rundbogige Speicheröffnung. Unter dem profilierten Erkerfuß rechts von der Hausecke ist die Tür zu dem im Sockelbereich vertäfelten Gastraum situiert, der zu den selten gewordenen Beispielen mit gleichsam zeitlosem Milieuwert gehört. Die (vom Hauseingang zugängliche) gewendelte Treppe mit klassizistisch-biedermeierlichem Drechselstabgeländer erhielt wie der Flur im 1. Stock eine transferierte Vertäfelung mit schmalen Pilastern, der Flur zudem eine 1771 datierte ländliche Balkendecke. Im 1. Stock wurde eine transferierte Tiroler Zirbelstube eingebaut, in einem anderen Zimmer eine neugotische geschnitzte Vertäfelung samt Tür.

Isabellastraße (Südteil bis Georgenstraße)

Der gerade, von der nördlichsten Maxvorstadt nach Westschwabing führende Straßenzug setzt in einem nach geänderten städtebaulichen Vorstellungen überplanten Quartier allein die Vorgaben der orthogonal strukturierten Maxvorstadt weit nach Norden fort, und zwar als durch den Alten Nordfriedhof (s. Arcisstraße 45) unterbrochene Verlängerung der Luisenstraße.

Die Bebauung der 1891 bereits in ihrer heutigen Anlage projektierten Straße begann in den letzten Jahren des 19. Jh. auf der östlichen Straßenseite (vgl. die drei 1897–1900 entstandenen Neurenaissance-Häuser Isabellastraße 4, 8, 12). Die ab 1910 erfolgte stückweise Erschließung der westlichen Seite lässt sich in ihrer zeitlichen Abfolge an der noch erhaltenen Bausubstanz deutlich ablesen: Während das Jugendstilhaus Nr. 13 (1910) sowie das in den Formen des späten Jugendstils errichtete Mietshaus Nr. 11 (1915) noch der Vorkriegsarchitektur verpflichtet sind, steht das nur etwa ein Jahrzehnt später erbaute Wohnhaus Nr. 1 (1926) in seiner expressionistischen Manier bereits im Zeichen einer beginnenden Moderne.

Die Straße erhielt ihren Namen 1891 zu Ehren der Prinzessin Maria Isabella (1863–1924), Tochter des Prinzen Adalbert von Bayern (Sohn Ludwigs I.), seit 1883 Gemahlin von Thomas Albert Viktor von Savoyen, Herzog von Genua.

Isabellastraße 1. Auf bis dahin unbebautem Areal entstand für Hermann von Wehner nach Plänen Heinrich Hüthers bis 1927 das große Mietshaus, als Teil einer Reihe gleichartiger Bauten, die entlang der Südseite der Neureutherstraße eine geschlossene Zeile bildeten (vgl. Neureutherstraße 31, 33, 35, 37). Der mittige Hauszugang, mit Flanken in Form abgetreppter Ziegelrücklagen und hohem, blankem Sturzfeld, führt zum rückwärtig über die Grundlinie ausgebauten Treppenhaus. In jedem Geschoss sind gemäß Eingabeplan zwei Wohnungen untergebracht. Bereits im Erstzustand war auch der Dachraum des hohen Mansarddaches zu Wohnzwecken erschlossen. Der kantige, dreieckige Erker, der vor der Mansarde turmartig aufsteht, wie die kielbogenförmigen Verdachungen der vier Gauben lassen die Fassadengestaltung als einen versachlichenden Nachklang des Mietshausbaus um die Jahrhundertwende erkennen. (Abb. s. S. 702)

Isabellastraße; Flurkarte, M. 1:2 500

Isabellastraße 8

Isabellastraße 4. Der stattliche Mietshausbau wurde auf die nordöstliche Ecke Neureuther-/Isabellastraße ausgelegt. Das historische Erscheinungsbild der äußeren Dimensionalität ist wegen des erhaltenen, hohen Walmdachs gut nachvollziehbar geblieben, obgleich die Fassade nur mehr geschlichtet vorliegt. Das Haus errichtete 1897–98 der Baumeister Georg Schindler für sich selbst als Wohnhaus mit Wirtschaftslokalität im Erdgeschoss. Gemäß Eingabeplan befinden sich oberhalb des Lokals drei Wohnungen in jeder Etage, erschlossen durch das mittig im Gebäude liegende Treppenhaus, dieses über den ausmittig in die Fassade an der Isabellastraße gesetzten Hauseingang zugänglich. Im Erstzustand gab es im Erdgeschoss Zimmer ohne Versorgungseinheiten (Angestellten-/Gästezimmer). Es ist davon auszugehen, dass die schlichte Neurenaissancefassade des Hauses Isabellastraße 4 im gleichen Umfang dekoriert war wie beim östlich angrenzenden Anwesen Neureutherstraße 28 (vgl. dort) überkommen ist. Die Mitte der Fassade an der Isabellastraße wird von einem Dachhaus mit geschwungenen Wangen und dreieckigem Giebelaufsatz betont. (Eine Gesamtinstandsetzung, mit neuen Wohnungsaufteilungen, fand 1988–90 statt.)

Isabellastraße 8. Auf zuvor unbebauter Parzelle errichtete 1899 Baumeister Georg Schindler das Mietshaus für sich selbst. Er setzte dabei einen seit 1895 häufig angewendeten Grundrisstyp um: An das Vorderhaus ist ein Mittelflügel angesetzt, dessen Breite um die vorgeschriebenen Abstandsflächen verringert ist. Zusätzliches Licht von den Seiten kann so eingefangen werden. Die Hofdurchfahrt liegt notwendigerweise bei diesem Haustyp entlang einer der seitlichen Grundstücksgrenzen, bei Isabellastraße 8 in der südlichen Achse. Das Treppenhaus befindet sich am Übergang zum Rückflügel nördlich neben dem Durchgang. In jeder Etage befinden sich gemäß Eingabeplan drei Wohnungen, deren eine vollständig den Rückflügel einnimmt. Die Fassade besticht als schlichte Anverwandlung in Neurenaissanceformen, einfache Gurtgesimse scheiden die Hauptgeschosse aus, seichte Putzlisenen, als Parataxe vor den Obergeschossen, stellen den Höhenzug her. Ursprünglich war die Mitte der fünfachsigen Fassade von einem Dachhaus mit geschwungenen Wangen und einem Auszug in Muschelform betont. Die heutige Dachgestalt ist auf die 1946 erfolgte Wiederherstellung der Dachwohnungen nach ihrer Kriegszerstörung zurückzuführen. (Eine Auswechslung der straßenseitigen Fenster erfolgte 1979.)

Isabellastraße 11. Vom viel beschäftigten Architekten Georg Guinin, der in den Jahren vor dem Ersten Weltkrieg zahlreiche Jugendstil-Mietshäuser erbaute, ließ sich der Malermeister Johann Amend 1915 das bestehende Wohnhaus errichten. Guinin wählte einen Grundrisstyp, der ab 1895 besonders oft umgesetzt wurde. Einem Vordergebäude ist ein mittiger Rückflügel angesetzt, dieser rückt bis auf das

Isabellastraße 4 (rechts Neureutherstraße 28)

mögliche Mindestmaß an Abstand an die seitlichen Grenzen heran. So ist weiteres Seitenlicht zu gewinnen. Die Durchfahrt liegt bei dieser Grundrisslösung stets entlang einer der Grundstücksgrenzen, hier rundbogig an der nördlichen. Südlich neben der Durchfahrt, von der einspringenden Ecke her belichtet, liegt das Treppenhaus. Dieses erschließt gemäß Eingabeplan zwei Wohnungen in jedem Geschoss. Die Fassade ist ein schlichtes Zeugnis des Jugendstils. Ein kräftiger, eingeziegelter Wasserschlag wurde unter die Fenster des 1. Obergeschosses gelegt, in Gesimstiefe hat man die Zone des 3. Obergeschosses vor die Fassade gelegt, wodurch dort die intrafenestralen Putzfelder besonders stark hervortreten. Die so ausgeschiedenen Hauptgeschosse wurden durch Putzrücklagen vertikal verklammert. Die Fassade wird von einem Dachhaus zu zwei Fensterachsen und mit hohem Dreiecksgiebel vor dem Mansarddach überhöht, seitlich von zwei kleineren, gemauerten Gauben flankiert. (Erneuerung der Fenster 1996.)

Isabellastraße 12. Auf zuvor unbebautem Grund errichtete Baumeister Georg Schindler 1899–1900 die Bauten Isabellastraße 10 und 12 in einem Zug, die Ausführung lag in den Händen des Bautechnikers Hans Moser. Die beiden Mietshäuser bilden einen spiegelsymmetrischen Rückflügel. Haus Nr. 12 erhielt einen Hofdurchgang entlang der nördlichen Grundstücksgrenze in der entsprechenden Achse. Das Treppenhaus im Hofwinkel erschließt gemäß Eingabeplan drei Wohnungen unterschiedlichen Zuschnitts je Etage, deren eine sich in den tiefen südlichen Rückflügel hinein erstreckt. Die Neurenaissancefassade wird von Rudimenten eines ursprünglich reicheren Putzdekors geprägt. Erdgeschoss und 1. Obergeschoss finden sich rustiziert, die Fenster des 1. Obergeschoss schlicht gerahmt und von wohl geschlichteten Verdachungen gekennzeichnet. Kolossale Putzlisenen überspannen 2. und 3. Obergeschoss. Die Dachzone wird von einem mittig vorgebauten Dachhaus betont, überhöht von einem einfachen Halbkreisgiebel. (Stattgehabte Glättungen verunklären die Stilcharakteristik eines Baus, der schon zu seiner Entstehungszeit gestalterisch herausgefordert war, dies gerade im Hinblick auf die schier grenzenlosen Möglichkeiten, die das spätekklektizistische Stilspektrum aufbieten konnte.) 1981 setzte man die bestehenden Fenster ein. 1990 erfolgte der erweiternde Ausbau des Dachraums zu Wohnzwecken.

Isabellastraße 11

Isabellastraße 12

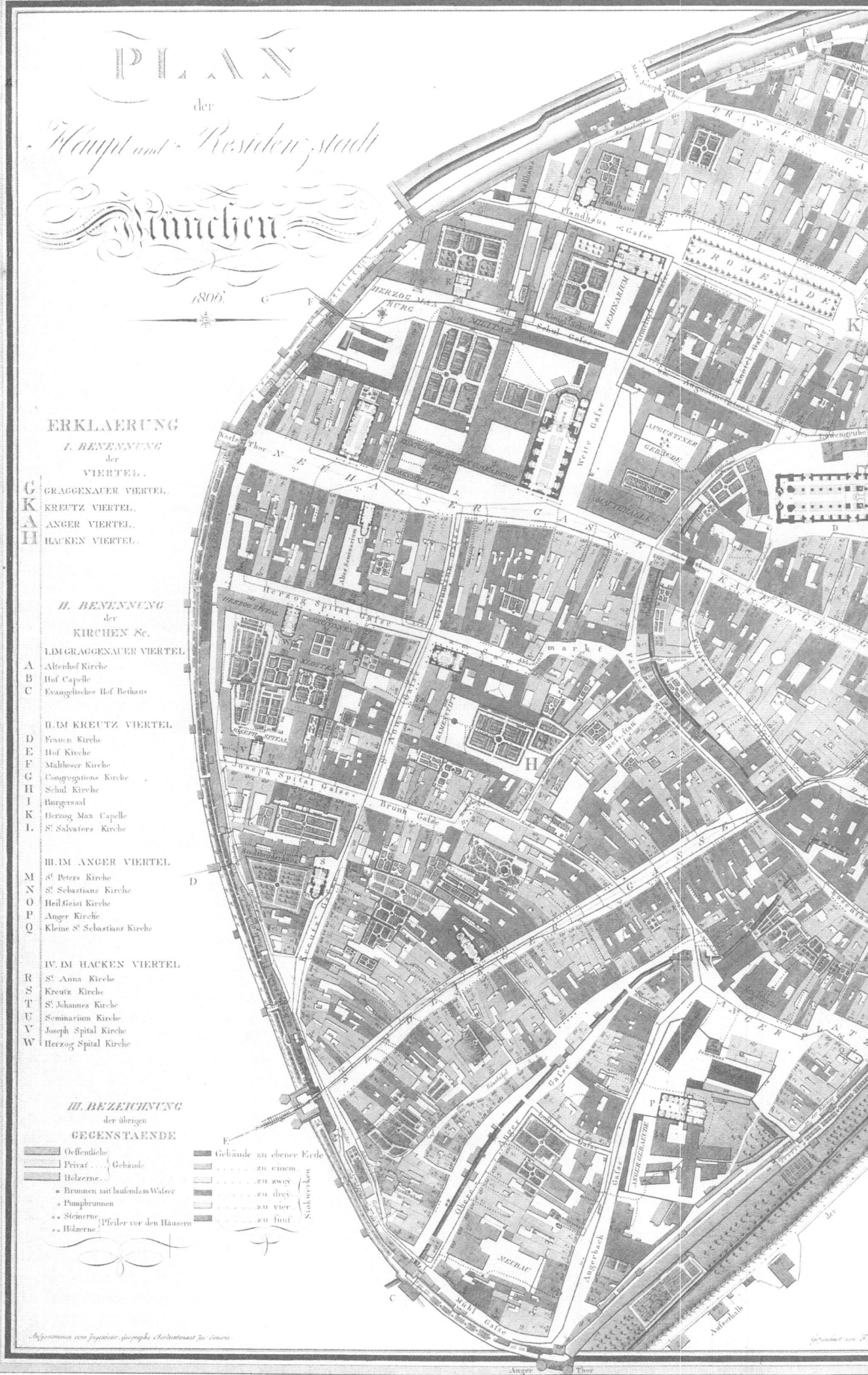

PLAN
der
Haupt und Residenzstadt
München.
1806.

ERKLAERUNG
I. BENENNUNG
der
VIERTEL.

G | GRAGGENAUER VIERTEL.
K | KREUTZ VIERTEL.
A | ANGER VIERTEL.
H | HACKEN VIERTEL.

II. BENENNUNG
der
KIRCHEN &c.

I. IM GRAGGENAUER VIERTEL

A | Altenhof Kirche
B | Hof Capelle
C | Evangelisches Hof Bethaus

II. IM KREUTZ VIERTEL

D | Frauen Kirche
E | Hof Kirche
F | Maltheser Kirche
G | Congregations Kirche
H | Schul Kirche
I | Burgersaal
K | Herzog Max Capelle
L | St. Salvators Kirche

III. IM ANGER VIERTEL

M | St. Peters Kirche
N | St. Sebastians Kirche
O | Heil.Geist Kirche
P | Anger Kirche
Q | Kleine St. Sebastians Kirche

IV. IM HACKEN VIERTEL

R | St. Anna Kirche
S | Kreutz Kirche
T | St. Johannes Kirche
U | Seminarium Kirche
V | Joseph Spital Kirche
W | Herzog Spital Kirche

III. BEZEICHNUNG
der übrigen
GEGENSTAENDE

Oeffentliche
Privat . . . . . Gebäude
Holzerne .

• Brunnen mit laufendem Wasser
◦ Pumpbrunnen
** Steinerne . } Pfeiler vor den Häusern
** Holzerne .

Gebäude zu ebener Erde
. . . . . zu einem
. . . . . zu zwey
. . . . . zu drey
. . . . . zu vier
. . . . . zu fünf